**Die wichtigsten Kategorien des zoologischen Systems, dargestellt am Beispiel der systematischen Stellung von *Apis mellifera*.**

| | | |
|---|---|---|
| Stamm (phylum) | Arthropoda | Gliederfüßler |
| Klasse (classis) | Insecta | Insekten |
| Ordnung (ordo) | Hymenoptera | Hautflügler |
| Familie (familia) | Apidae | Echte Bienen |
| Unterfamilie (subfamilia) | Apinae | Honigbienen |
| Gattung (genus) | *Apis* | |
| Art (species) | *Apis mellifera* | Westl. Honigbiene |
| Unterart (subspecies) | *A. m. ligustica* | Italienerbiene |

**Taxonomische Kategorien und Einheiten im System der Pflanzen am Beispiel der Schafgarbe (*Achillea millefolium*).**

| Taxonomische Kategorien (deutsch, lateinisch, Abk.) | Taxonomische Einheiten (Beispiele, Synonyme) | Übliche Endungen |
|---|---|---|
| Reich (regnum) | *Eukaryota* | *-ota* |
| Unterreich (subregnum) | *Cormobionta* | *-bionta* |
| Abteilung (phylum) | *Spermatophyta* | *-phyta, -mycota* |
| Unterabteilung (subphylum) | *Angiospermae* (= *Magnoliophytina*) | *-phytina, -mycotina* |
| Klasse (classis) | *Dicotyledoneae* (= *Magnoliatae*) | *-phyceae, -mycetes* bzw. *-opsida,* oder *-atae* |
| Unterklasse (subclassis) | *Asteridae* | *-idae* |
| Überordnung (superordo) | *Asteranae* (= *Synandrae*) | *-anae* (bzw. *-florae*) |
| Ordnung (ordo) | *Asterales* | *-ales* |
| Familie (familia) | *Asteraceae* (= *Compositae*) | *-aceae* |
| Unterfamilie (subfamilia) | – | *-oideae* |
| Tribus (tribus) | *Anthemideae* | *-eae* |
| Gattung (genus) | *Achillea* | |
| Sektion (sectio, sect.) | sect. *Achillea* | |
| Serie (series, ser.) | – | |
| Aggregat (agg.) | *Achillea millefolium* agg. | |
| Art (species, spec. bzw. sp.) | *Achillea millefolium* | |
| Unterart (subspecies, subsp.) | subsp. *sudetica* | |
| Varietät (varietas, var.) | – | |
| Form (forma, f.) | f. *rosea* | |

Eugen Drewermann
... und es geschah so

W

Eugen Drewermann

# …und es geschah so

Die moderne Biologie und die
Frage nach Gott

Glauben in Freiheit, Band 3

Religion und Naturwissenschaft
2. Teil: Biologie und Theologie

Walter Verlag
Zürich und Düsseldorf

Die Deutsche Bibliothek – CIP-Einheitsaufnahme

**Drewermann, Eugen:**
Glauben in Freiheit / Eugen Drewermann. –
Zürich ; Düsseldorf : Walter
Bd. 3. Religion und Naturwissenschaft
Teil 2. Biologie und Theologie
... und es geschah so : die moderne Biologie
und die Frage nach Gott. – 1999
ISBN 3-530-16899-8

Alle Rechte vorbehalten
© 1999 Walter-Verlag, Zürich und Düsseldorf
Umschlag, Satz und Lithos: Jung Satzcentrum, Lahnau
Druck und Einband: Wiener Verlag, Himberg
ISBN 3-530-16899-8

«*Was wär' ein Gott, der nur von außen stieße,
Im Kreis das All am Finger laufen ließe!
Ihm ziemt's, die Welt im Innern zu bewegen,
Natur in Sich, Sich in Natur zu hegen,
So daß, was in Ihm lebt und webt und ist,
Nie Seine Kraft, nie Seinen Geist vermißt.*»

J. W. VON GOETHE: Gedichte, 357

# Inhalt

Vorwort . . . . . . . . . . . . . . . . . . . . . . . . . . . . . . . . . . . 13

Einleitung und Überleitung: Am Tor des Himmels und am Abgrund
der Welt . . . . . . . . . . . . . . . . . . . . . . . . . . . . . . . . . . . 17

## DAS LEBEN

I. Spielregeln . . . . . . . . . . . . . . . . . . . . . . . . . . . . . . . . 35

1. Komplexität aus Zufall? . . . . . . . . . . . . . . . . . . . . . . 35
   a) Das menschliche Auge zum Beispiel . . . . . . . . . . . . 35
   b) Der Affe an der Schreibmaschine . . . . . . . . . . . . . . 40
   c) Kumulative Selektion statt Teleologie . . . . . . . . . . . 43
   d) J. H. Conways Lebensspiel . . . . . . . . . . . . . . . . . 46
   e) Selbstähnlichkeit und fraktale Geometrie . . . . . . . . . 49
   f) Genetik und das Land der Biomorphe . . . . . . . . . . . 54

2. Zur Wechselwirkung von Genen und Phänen nach Rupert Riedl . . . . 62
   a) Von Gesetz und Redundanz . . . . . . . . . . . . . . . . . 64
   b) Vier Formen der Ordnung . . . . . . . . . . . . . . . . . . 67
      α) Normierung durch Gesetzeswiederholung . . . . . . . 68
         Die Repetierschaltung der Gene: Von der DNA zum Protein . . 68
      β) Ordnung durch Wechselwirkung . . . . . . . . . . . . 93
         Das Operonsystem . . . . . . . . . . . . . . . . . . . 93
   c) Die Ordnung der Norm . . . . . . . . . . . . . . . . . . . 97
   d) Die Ordnung der Hierarchie . . . . . . . . . . . . . . . . 98
      α) Wie die Tiere laufen lernten – ein Beispiel hierarchischer
         Abfolgen . . . . . . . . . . . . . . . . . . . . . . . . 100
      β) Warum das Entwicklungstempo unterschiedlich ist . . . 106
      γ) Das Rätsel artübergreifender Veränderungen . . . . . . 109
   e) Die Ordnung der Interdependenz . . . . . . . . . . . . . . 112
   f) Die Ordnung der Tradierung . . . . . . . . . . . . . . . . 117

3. Biologische Einsichten und theologische Folgerungen ......... 123
   a) Eine molekulare und morphologische Synthese oder:
      Die inneren Mechanismen der Ordnung ............... 123
   b) Was theologisch nicht mehr geht und wie es (vielleicht)
      weitergeht ....................................... 130

## II. Einsätze ........................................... 145

1. Von Leid und Schmerz und kurzem Glück ............... 145

2. Der Kampf ums Dasein oder: Was «Selektion» bedeutet ........ 152
   a) Der Kampf um Lebensenergie ..................... 152
      α) Wie die Lebewesen sich ernähren ................ 152
         Wie sich die ältesten Bakterien mit Energie versorgen ...... 153
         Glycolyse und Gärung: Die Entstehung heterotropher
         Stoffwechseltypen ............................ 158
         Die «Erfindung» der Photosynthese ............... 162
      β) Der chemische Ablauf der Photosynthese ........... 166
         1. Phase: die Lichtabsorption .................... 170
         2. Phase: der Elektronentransport ................ 173
         3. Phase: die ATP-Bildung ...................... 177
         4. Phase: die Kohlenhydratsynthese aus $CO_2$ ......... 181
      γ) Der Aufbau von Zucker, Stärke und Cellulose .......... 186
      δ) Atmung als Rückreaktion der Photosynthese ......... 194
      ε) Vom Kern der Theodizeefrage: Woher die Grausamkeit
         des Lebens? .................................. 201
         Der $C_4$-Weg als Lehrbeispiel .................... 203
         Die zwiespältigen Folgen der Photosynthese: die «Vergiftung»
         der Atmosphäre mit Sauerstoff ................. 208
         Vom Nutzen der Sauerstoffatmung gegenüber der Gärung ... 215
         Die «Notlösung» der Endosymbiose und die Entstehung der
         Eukaryotenzelle .............................. 218
      ζ) Die «Schöpfung» eines «guten» Gottes? ............. 222
   b) Der Kampf um den Selbsterhalt oder Formen des
      Zusammenlebens: Populationsdynamik, Mimikry, Parasitismus
      und Immunbiologie ............................... 227
      α) Wie lebende Systeme sich vermehren ............... 227
      β) Wie viele Tiere darf es geben? ................... 235
      γ) Zwei-Arten-Systeme, Biozönosen, Nahrungspyramiden und
         Stoffwechselkreisläufe ........................ 240
      δ) Schönheit als Lebenskunst oder: Die Strategie der Mimikry .. 257

|  | Die Welt des Dionysos | 259 |
| :-- | :-- | --: |
|  | Artenbildung durch Mimikry | 262 |
|  | Wie Beutegreifer und Beute einander hinters Licht zu führen suchen | 264 |
|  | Einige Schliche bei Paarung und Brutpflege | 271 |
|  | ε) Parasitismus und Immunbiologie | 283 |
|  | Von Goldfliegen, Zecken, Flöhen, Läusen, Bandwürmern, Plasmodien und Trypanosomen | 283 |
|  | Immunbiologie – der endlose Kleinkrieg im Inneren des Körpers | 300 |
| c) | Der Kampf um die Reproduktion | 316 |
|  | α) Chancen und Verfahren der Fortpflanzung | 317 |
|  | β) Die Entstehung der sexuellen Fortpflanzung | 327 |
|  | γ) Warum es Männchen und Weibchen gibt oder: Die Entstehung der Geschlechter | 341 |
|  | δ) Warum Partner sich «gut riechen» können | 350 |
|  | ε) Aufopferungsvoller Eigennutz oder: Vom Egoismus der Gene | 357 |
|  | Innerartliche Konkurrenzkämpfe oder: Evolutionsstabile Strategien | 357 |
|  | Löwen und andere Tiere zum Beispiel | 369 |
|  | Warum Bienen und Ameisen Staaten bilden | 386 |
|  | Folgen des Gen-Egoismus für den Umgang von Männern und Frauen | 399 |
|  | ζ) Gott und die Gene oder: Vom Wert und Unwert des Individuums | 408 |

III. Kosten und Katastrophen ... 421

1. Einige Gegebenheiten aus Geologie und Klimakunde ... 423
   - a) Von Vulkanismus und Plattentektonik ... 423
   - b) Ein wenig Meteorologie und Ozeanographie ... 438
     - α) Das planetare Windsystem ... 438
     - β) Von Hoch und Tief und was es Theologen angeht ... 451
     - γ) Von Gewittern und tropischen Wirbelstürmen ... 463
       - Gewitter ... 463
       - Tropische Wirbelstürme und Tornados ... 471
     - δ) Von Meeresströmungen, Monsunen und klimatischen Zusammenhängen zwischen Land und Meer ... 476

2. Massenausrottung und Artensterben als Teil der Geschichte des
   Lebens ................................................... 489
   a) Die Ediacara-Fauna und das Leben am Burgess Shale ....... 489
   b) Ein Dutzendmal und mehr: die Zumutung des Massensterbens .. 504
      α) Massensterben im Präkambrium und Kambrium ........ 506
      β) Die Krise im Ordovizium, die Entwicklung des Lebens im
         Silur und Devon, der Gang des Lebens ans Festland und die
         Katastrophe am Ende des Devon ................ 510
         Die Krise im Ordovizium ..................... 510
         Der «Landgang» der Pflanzen im Silur und Devon ....... 514
         Der «Landgang» der Tiere im Devon und Karbon......... 535
         Die Naturkatastrophe im Oberdevon............... 544
      γ) Die größte aller Katastrophen: am Ende des Perm ........ 547
         Der großartige Aufstieg des Lebens im Karbon und Perm ... 547
         Die Form der Katastrophe am Ende des Perm und ihre
         wahrscheinliche Ursache..................... 557
      δ) Das Desaster am Ende der Kreide oder: Der Untergang der
         Dinosaurier ............................. 564
         Von der Trias zur Kreide oder: Von Sauriern, Säugern, Vögeln,
         Insekten und Angiospermen.................... 564
            Die Entwicklung in der Trias ................. 565
            Die Entwicklung im Jura .................. 577
            Die Entwicklung in der Kreide ................ 586
         Geologische Prozesse im Mesozoikum und die Krisen der
         Trias- und Jura-Zeit ....................... 598
         Die Katastrophe am Ende der Kreide ............... 604
      ε) Die «schwingende» Erde und die Entstehung der Eiszeiten .. 613

IV. Anfänge................................................... 627

   1. Der Rahmen der Physik ..................... 630
      a) Ordnung aus Ordnung und Ordnung aus Unordnung ....... 630
      b) Ordnung aus Energieverlust – das Eiskristall z. B........... 638
      c) Ordnung aus Energiezufuhr – von Wolken, Bénardschen Zellen
         und chemischen Uhren ..................... 643
      d) Gestaltbildung in der Biologie – Schleimpilze, Hydren
         und Ameisen ............................ 651
      e) Autokatalyse und Boolesche Zufallsnetzwerke ........... 659
      f) Ein Stück Lebensphilosophie mitten in der Thermodynamik ... 668

2. Das Bild der Chemie . . . . . . . . . . . . . . . . . . . . . . . . . . . 677
   a) Durch Selektion zur Information . . . . . . . . . . . . . . . . . . 679
   b) Die ersten Bausteine des Lebens und ihre Funktionen . . . . . . . . 692
      α) Nucleinsäuren . . . . . . . . . . . . . . . . . . . . . . . . . . 697
      β) Kooperierende Replikatoren . . . . . . . . . . . . . . . . . . 702
      γ) Die RNA als Urgen und der Umfang des genetischen
         Alphabets . . . . . . . . . . . . . . . . . . . . . . . . . . . . . . 708
      δ) Translation und genetischer Code . . . . . . . . . . . . . . . 713
   c) Protozellen mit Membranen und Chromosomen . . . . . . . . . 720
   d) Der lange Weg von den Protozellen zu den Eukaryoten . . . . . . . 735
      α) Der Verlust der Zellwand . . . . . . . . . . . . . . . . . . . . 738
      β) Organellen als Symbionten (oder Sklaven) . . . . . . . . . . . 740
      γ) Die Entstehung der Mitose . . . . . . . . . . . . . . . . . . . 745
      δ) Die Bildung des Zellkerns – und was Theologen davon
         lernen können . . . . . . . . . . . . . . . . . . . . . . . . . . 753

V. ... nur ein leises Wort davon (Hiob 26,14) . . . . . . . . . . . . . . . . 761

   1. Vom Zusammenbruch der rationalen Gotteserkenntnis aus der Natur . 761

   2. Das Bild der Großen Göttin . . . . . . . . . . . . . . . . . . . . . . . 774
      a) Drei griechische Göttinnen . . . . . . . . . . . . . . . . . . . . . 775
         α) Artemis . . . . . . . . . . . . . . . . . . . . . . . . . . . . . . 775
         β) Hera . . . . . . . . . . . . . . . . . . . . . . . . . . . . . . . 780
         γ) Demeter und Persephone . . . . . . . . . . . . . . . . . . . 788
      b) Vom weiblichen Antlitz Gottes oder: Von einer Religiosität
         jenseits der Projektionen . . . . . . . . . . . . . . . . . . . . . . 800

   3. Was heißt: an Gott zu glauben? . . . . . . . . . . . . . . . . . . . . 810
      a) Vier paradoxe Gründe, an Gott als Person zu glauben . . . . . . . 812
         α) Subjektivität . . . . . . . . . . . . . . . . . . . . . . . . . . . 815
         β) Individualität . . . . . . . . . . . . . . . . . . . . . . . . . . 818
         γ) Freiheit . . . . . . . . . . . . . . . . . . . . . . . . . . . . . . 820
         δ) Scheitern . . . . . . . . . . . . . . . . . . . . . . . . . . . . . 825
      b) Drei Bilder, Gott sich vorzustellen . . . . . . . . . . . . . . . . . 829
         α) Der Vater oder: Die Sphäre des Ursprungs . . . . . . . . . . 832
         β) Der Hirte oder: Die Sphäre der Begleitung . . . . . . . . . . 836
         γ) Der Richter oder: Die Sphäre der Bestätigung . . . . . . . . 839
      c) Von der transzendentalen Funktion der Symbole . . . . . . . . 847
      d) «Eine Art von Licht» oder: Wie spricht man *zu* beziehungsweise
         *von* Gott als dem Schöpfer . . . . . . . . . . . . . . . . . . . . 858

Anhang
> Bibliographie . . . . . . . . . . . . . . . . . . . . . . . . . . . . 867
> Bildnachweis . . . . . . . . . . . . . . . . . . . . . . . . . . . . 891
> Register
>> Autoren . . . . . . . . . . . . . . . . . . . . . . . . . . . . . 893
>> Naturwissenschaftliche Begriffe und Sachverhalte . . . . . . . . . . 900
>> Tier- und Pflanzennamen . . . . . . . . . . . . . . . . . . . . . 952
>> Theologische Begriffe und Sachverhalte . . . . . . . . . . . . . . 965

# Vorwort

Seit Schüler- und Studententagen leide ich darunter, wie Religionslehrer und Theologiedozenten über die «Schöpfung» «handeln». Von der Welt, wie sie ist, wissen sie in aller Regel nicht gerade viel, schlimmer, man muß denken, sie wollten davon auch nicht allzuviel wissen. Denn sie fürchten um ihre Glaubenssicherheit. «Und Gott sprach..., und es geschah so», nach dieser Formel aus dem ersten Kapitel des ersten Buches der Bibel stellt sich ihnen religiös noch immer die Welt dar. Doch was «geschah» wirklich *so*, wie die Bibel es in ihren Schöpfungsbildern beschreibt? Die Welt als die Selbstoffenbarung und Selbstmitteilung eines liebenden, weisen und gütigen Gottes? Wenn etwas fraglich ist, so diese altehrwürdige Weltsicht.

ARTHUR SCHOPENHAUER wurde mir als Kind schon verboten zu lesen, und im «Studium» der Theologie lernte ich später, daß sein Denken sich mit dem System des «THOMISMUS» nicht vertrage. Das tut es nun freilich nicht. Doch muß es deshalb schon falsch sein? Wie erklärt sich das unsägliche Leid der Kreaturen? Hat ein Mensch – heute noch – das Recht, Tiere zu töten und ihre geschundenen Körper, zu welchen Zwecken auch immer, zu «nutzen»? Eine solche Frage auch nur zu stellen schien und scheint nach wie vor eine Art Attentat auf den «christlichen Glauben» zu sein. Wie aber, wenn die Welt sich viel einfacher mit CHARLES DARWIN als mit den «Planungen» des Allerhöchsten erklären ließe? Vielleicht «geschah es» überhaupt nicht «so», sondern *so!*

Jedenfalls wirken wir Menschen, wie auf dem Titelbild dieses Buches, in den Maßen des Kosmos wie Wattwanderer am Gestade des Meeres, wie winzig unter einem fast dunklen Himmel. Wir haben aufgehört, im Mittelpunkt der Welt zu stehen, und die Religion hat nicht mehr die Aufgabe, uns mit Hilfe des Glaubens die Welt zu erklären; es genügte, hülfe sie uns, ein Stück Menschlichkeit in dieser Welt zu bewahren. Seit den Tagen IMMANUEL KANTS führt der Weg nicht mehr von der Welt her zu Gott, allenfalls vom Menschen zu Gott in die Welt.

Nächst dem vorangegangenen Buch *Der sechste Tag. Die Herkunft des Menschen und die Frage nach Gott* (Zürich 1998) ist die vorliegende Arbeit vor allem der Auseinandersetzung mit der *Biologie* gewidmet. Allerdings werden wir an manchen Stellen die Thematik erweitern müssen. Die Geschichte des Lebens auf dieser Erde ist nicht zu verstehen ohne eine gewisse Kenntnis der Geologie, ohne eine gewisse Berücksichtigung von Meteorologie und Klimatologie, ohne eine ungefähre Vorstellung von der Bewegung der Erde innerhalb des Planetensystems der Sonne. Kennenlernen werden wir in diesem Buch die Grundgesetze des Lebens: seinen Erhalt, seinen Kampf um Energie, sein Ringen um die Weitergabe der Gene, seine Entwicklungsgeschichte sowie die Entstehung der Strukturen, in denen es sich gebildet hat; und Schritt für Schritt werden wir als religiös suchende Menschen uns fragen, was das so gewonnene Bild über den Gedanken der «Schöpfung» zu sagen vermag. Zu erwarten steht somit von vornherein für jeden religiös Suchenden eine ebenso anregende wie aufregende Lektüre.

Nur eine «Abregung» scheint, bevor es denn anhebt, von Nutzen. Ein Buch, sagt man, werde um so weniger gelesen, je mehr Formeln es enthalte. Ich glaube nicht an ein solches «Gesetz». Ich vertraue vielmehr auf die natürliche Neugier des Lesers, und ich darf ihn versichern, daß es nichts gibt in diesem Buche, was nicht auch für Nicht-Naturwissenschaftler an sich gut begreifbar und wichtig genug zum Begreifen wäre. Der Beweis: ich selber, der Autor, bin kein Naturwissenschaftler «vom Fach». Was ich zu verstehen vermag, kann jeder Interessierte genauso verstehen. Es ist lediglich nötig, das «Theologengrundgefühl» abzubauen, jede Zahl sei «gefährlich», jede Formel «unverständlich» und jeder Begriff der Biochemie «horrend».

Theologen begreifen für gewöhnlich sofort, daß man drei tote Sprachen erlernen muß: Lateinisch, Griechisch und Hebräisch, um Gott zu «verstehen», weil Gott ja sich selbst vor ein paar tausend Jahren in einer bestimmten Kultur vermeintlich «ein für allemal» «geoffenbart» hat; wenn aber Gott, selbst nach Theologenmeinung, sich auch und gerade in der Natur «(ge)offenbart (hat)», sollten wir dann nicht zumindest mit vergleichbarem Fleiß die Milliarden von Jahren alte Sprache des Lebens erlernen?

Wer dieses Buch aufmerksam liest, verfügt in recht kurzer Zeit zumindest über die Grundvokabeln und die grammatikalischen Regeln dieser Sprache des Lebens, und er wird imstande sein, sich in ihr ein Stück weit zu verständigen und an ihr mit Gewinn und, hoffentlich, mit derselben Freude wie der Autor selbst, weiterzulernen. Er wird im gleichen freilich auch merken, wie sich dabei die Denkweisen und die Ausdrucksformen der Theologie wandeln und erweitern (müssen).

Meine große Dankbarkeit gehört all denen, die mir durch ihre Kenntnis, ihre Geduld und ihre Freundlichkeit bei der Fertigstellung dieser Arbeit zur

Seite standen; denn ohne ihren unermüdlichen Fleiß und ihre außerordentliche Hilfsbereitschaft hätte dieses Buch in dieser Form niemals erscheinen können. Besonderer Dank gebührt namentlich Frau Beate Wienand, die mit großer Sorgfalt das Manuskript erstellt hat, sowie allen, die im Walter-Verlag und im Jung-Satzcentrum mit spürbarem persönlichem Engagement an der Drucklegung dieses Buches beteiligt waren.

Paderborn, 15. Mai 1999

# Einleitung und Überleitung:
# Am Tor des Himmels und am Abgrund der Welt

«In der Tat, wenn man mit solchen Betrachtungen ... sein Gemüt erfüllet hat: so gibt der Anblick eines bestirnten Himmels, bei einer heitern Nacht, eine Art des Vergnügens, welches nur edle Seelen empfinden.» Mit diesen Worten beendete noch im Jahre 1755 IMMANUEL KANT seine *Allgemeine Naturgeschichte und Theorie des Himmels* (Werke I 396). In seiner vorkritischen Phase schien es ihm evident, daß man «das Weltgebäude nicht ansehen» könne, «ohne die trefflichste Anordnung in ihrer Einrichtung, und die sicheren Merkmale der Hand Gottes, in der Vollkommenheit ihrer Beziehungen, zu kennen». Ja, er schrieb: «Die Vernunft, nachdem sie so viel Schönheit, so viel Trefflichkeit erwogen und bewundert hat, entrüstet sich mit Recht über die kühne Torheit, welche sich unterstehen darf, alles dieses dem Zufalle, und einem glücklichen Ohngefähr, zuzuschreiben. Es muß die höchste Weisheit den Entwurf gemacht, und eine unendliche Macht selbige ausgeführt haben, sonst wäre es unmöglich, so viele in einem guten Zweck zusammen kommende Absichten, in der Verfassung des Weltgebäudes anzutreffen» (Achtes Hauptstück, Werke I 355).

Mit seiner berühmt gewordenen Studie wollte KANT erreichen, daß man die «Wunder» Gottes nicht länger mehr in äußeren «Eingriffen» und «Offenbarungen» des Allerhöchsten suche, sondern sie in den Gesetzen der Physik verwirklicht finde. Die Natur selbst als ein offenes Buch, dessen Sprache uns ISAAC NEWTON in seinen *Principia* zu verstehen gelehrt hatte, und die Idee eines Gottes selbst als Begriff der Vernunft im Kopfe denkender Menschen – mehr brauchte es für den Vordenker der Aufklärung nicht, um Erkennen und Glauben, um wissenschaftliche Forschung und kirchenunabhängige Frömmigkeit miteinander zu versöhnen.

Wie aber, wenn sich in der Natur so selbstgewiß von «Zweck» und «Absicht» gar nicht reden läßt? Wie, wenn der Zufall eine bestimmende Rolle im Naturgeschehen einnimmt? Wie, wenn der Anblick des bestirnten Himmels den Menschen nicht länger erhebt, sondern vernichtet?

Die Entdeckung, die NIKOLAUS KOPERNIKUS in seinen schier unlesbaren *Sechs Büchern über die Umläufe der Himmelskörper* im Jahre 1543, noch auf dem Sterbebett, im Druck erscheinen ließ, mochte respektvoll dem römischen Papst PAUL III. (1534–1549) gewidmet sein, in Wahrheit sprengte sie das gesamte bis heute verfestigte und verteidigte Weltbild der Kirche aus der Zeit des Mittelalters entzwei.

Gewiß hätte auch die Kirche, wie ARTHUR KOESTLER wissenschaftsgeschichtlich korrekt referiert (*Die Nachtwandler*, 462–471), mit sich darüber reden lassen, ob die Beschreibung der Bewegungen der Planeten und Fixsterne am Himmel nicht erheblich erleichtert würde, wenn man im Unterschied zu dem geozentrischen Bild des PTOLEMÄUS die Sonne (ungefähr!) in den Mittelpunkt der Planetenbahnen stellte; – als eine bloße Möglichkeit der Geometrie, als astronomisch interessante Theorie hätte die Ansicht des KOPERNIKUS keinen dogmatischen Widerspruch finden müssen. Doch ging es denn um Geometrie und Astronomie, um Mechanik und Kinematik, als GALILEO GALILEI 1632 mit seinem *Dialog über die beiden hauptsächlichen Weltsysteme, das ptolemäische und das kopernikanische* seine Gegner, die Jesuiten und die Inquisition, endgültig herausforderte und zu seiner mehr als 350 Jahre währenden Verurteilung geradezu einlud?

Zehn Jahre nach der Hinrichtung GIORDANO BRUNOS, im Jahre 1610 bereits, hatte der «Mathematikprofessor zu Padua» mit seiner *Sternenbotschaft* den Argwohn der kirchlichen Behörde gegen sich erweckt, als er nicht nur die Gestalt des Mondes beschrieb, wie sie durch ein «belgisches» Fernrohr dem menschlichen Auge erscheint, sondern zugleich seine Parteinahme für das kopernikanische Weltbild offen zur Schau stellte und sogar einen gründlichen Beweis für die Richtigkeit desselben ankündigte. Allein schon die Tatsache, daß die bis dahin absolute Autorität von Bibel und Kirche zumindest im Umgang mit der äußeren Natur durch methodisches Forschen und begründete Einsicht abgelöst werden sollte, mußte den Anspruch des päpstlichen Kirchenstaates auf göttliche Unfehlbarkeit zutiefst erschüttern; weit wichtiger aber als die Entthronung der Kirche Roms war der Sturz des Menschen aus seiner zentralen Stellung im Kosmos. Was war er noch, wenn nicht der unvergleichliche Zielpunkt aller Veranstaltungen der Welt? Hatte in dem heiligen Buch der Bibel nicht Gott selbst kundgetan, daß und wie sehr buchstäblich alles sich wesentlich um den Menschen dreht? Hatte er nicht eigens das Volk der Juden zum Träger seiner Offenbarung auserwählt, um schließlich in seinem Sohn Jesus Christus die menschliche Natur anzunehmen?

In ihrer Rahmenerzählung *Am Tor des Himmels* hat die katholische (von ihrer Kirche freilich ebenfalls indizierte) Dichterin GERTRUD VON LE FORT im Jahre 1954 aus dem Munde eines jugendlichen GALILEI-Schülers und seiner Freundin Diana zu sagen versucht, was die Abkehr von dem geozentrischen Weltbild vor 400 Jahren religiös für die Menschen damals bedeutet hat und noch heute bedeutet: «Es war der Augenblick, da sich für uns... das alte Weltbild endgültig auflöste, in lautlosem Sturz zerfiel – was sage ich zerfiel? Es hatte ja in Wirklichkeit niemals bestanden. Die Erde, dieser Schauplatz eines göttlichen Erlösungsdramas, sie befand sich nicht im Mittelpunkt der Welt, sie war ein kleiner einfacher Planet, der mit seinem eigenen Mond demütig um die Sonne kreiste, wie der Jupiter mit seinen ‹Mediceischen Sternen›. Eine jahrtausendalte Täuschung flog auf wie ein vom Feuer ergriffener leichter Vorhang, und wir stürzten mit beiden Augen, nein mit allem, was wir bisher gedacht und geglaubt hatten, in die nackte Unendlichkeit des Weltenraums. Plötzlich schrie Diana auf...» «‹So ist es also wahr, mein Freund›, rief sie außer sich... Unser Glaube hat keine Stätte mehr im All, es gibt nur noch die ewigen Gesetze und uns selbst! ... jetzt ist es entschieden: der Meister wird verurteilt werden, er ist verloren... Eben weil es Wahrheit ist (sc. was er erkannt hat, d. V.), wird er verurteilt werden... Er muß verurteilt werden – haben wir denn nicht eben selbst erfahren, daß in der Unermeßlichkeit da droben kein Platz mehr für den Gott des Glaubens ist? Oder kannst du dir vorstellen, daß für die Geschöpfe unseres winzigen Sterns Gottes Sohn vom Himmel stieg? Aber die Kirche kann dies nicht zugeben, sie darf es nicht zugeben, denn... es ist ja zu furchtbar! ... Wir haben keinen Gott mehr, der sich um uns kümmert, wir haben nur noch uns selbst! ... Hinfort muß der Mensch dem Menschen alles sein! Aber was ist denn der Mensch, und was wird künftig aus ihm werden?›» «‹Es gibt keine ewige Seligkeit mehr,... aber es gibt auch kein höllisches Feuer mehr – es gibt nur noch das Feuer, mit dem sie Giordano Bruno verbrannt haben›» (*Die Erzählungen*, 402–405).

Wäre es möglich, so lautet die eigentliche Frage am «Tor des Himmels», daß «der Glaube» der Kirche in den letzten vier Jahrhunderten nur noch «durch eine offenbare Unwahrheit gerettet» werden konnte? (432)

Bis heute schreibt das dogmatische System der römischen Kirche den Gläubigen unverändert die alten Lehren von der «Vorsehung» eines allweisen, allmächtigen und allgütigen Gottes vor, der just vor 2000 Jahren auf dem Planeten Erde auf einem äußeren Spiralarm unserer Milchstraße Mensch wurde. Die gesamte Welt ringsum hat sich in den letzten 400 Jahren dramatisch geändert, die Dimensionen der Zeit und des Raumes haben sich vor den Augen der Astronomen und Physiker ins Unermeßliche geöffnet, und vor allem: die Muster der Welterklärung haben die mittelalterliche Metaphysik spekulierender Mönche mit unerbittlicher Logik durch die exakten Methoden der modernen

Physik zu ersetzen vermocht; die Mehrzahl der Kirchenfrommen indessen wird immer noch, selbst am Ende des 2. Jahrtausends, in etwa so denken, wie BERTHOLD BRECHT in seinem Bühnenstück über das *Leben des Galilei* einen «sehr alten Kardinal» im Jahre 1616 sprechen läßt: «Ich höre, dieser Herr Galilei versetzt den Menschen aus dem Mittelpunkt des Weltalls irgendwohin an den Rand. Er ist folglich deutlich ein Feind des Menschengeschlechtes! Als solcher muß er behandelt werden. Der Mensch ist die Krone der Schöpfung, das weiß jedes Kind, Gottes höchstes und geliebtestes Geschöpf. Wie könnte er es, ein solches Wunderwerk, eine solche Anstrengung, auf ein kleines, abseitiges und immerfort weglaufendes Gestirnlein setzen? Würde er so wohin seinen Sohn schicken? Wie kann es Leute geben, so pervers, daß sie diesen Sklaven ihrer Rechentafeln (sc. den Astronomen und Physikern, d. V.) Glauben schenken! Welches Geschöpf Gottes wird sich so etwas gefallen lassen» (61)?

Natürlich kann auch die Macht der Kirche nichts daran ändern, daß, all ihrem Widerstand entgegen, die Erde alltäglich einmal sich um die eigene Achse dreht und im Verlauf eines Jahres einmal auf einer Ellipsenbahn sich um die Sonne bewegt; doch ist es ihrer «Glaubensverkündigung» augenscheinlich gelungen, die Frage nach der Stellung des Menschen im Kosmos von den Erkenntnissen der Kosmologie schlicht zu entkoppeln; egal, ob die Welt ein Alter von ein paar tausend Jahren besitzt oder schon viele Milliarden Jahre lang existiert, egal, ob die Erde den Mittelpunkt des Kosmos bildet oder nur ein Planet ist, der eine von über 100 Milliarden Sonnen in unserem Milchstraßensystem umläuft, das wieder nur eines ist von 100 Milliarden anderen – der Mensch, so weiß es die kirchliche Lehre untrüglich, unfehlbar und unabänderlich, bildet gleichwohl Ziel, Zentrum und Zweck aller Abläufe des Universums; er und nur er, der Mensch, ist der «Ort» der Menschwerdung Gottes; die Christozentrik der kirchlichen Dogmatik verstärkt noch die Anthropozentrik, die der biblischen Frömmigkeit von Anfang an eigen war (vgl. E. DREWERMANN: *Der tödliche Fortschritt*, 90–110), und sie erweist sich offenbar als immun gegenüber jeglicher Korrektur. Jeder, der versuchen wollte, den Menschen in den Strom der Entfaltung des Weltalls hineinzustellen, müßte in den Augen der Kirchenfrommen wohl auch heute noch als ein «Feind» der Menschen hingestellt werden.

Im ganzen freilich geht es bei dem Dogma von der Sonderstellung des Menschen im Kosmos eigentlich nicht um die Größe der Freiheit, sondern um das Ausmaß der Beherrschbarkeit des Menschen, eine Erkenntnis, die B. BRECHT dem römischen Kardinal BELLARMIN, historisch einem der Mitunterzeichner des Todesurteils gegen GIORDANO BRUNO, mit sicherem Gespür in den Mund legt: «Bedenken Sie», sagt dort der Mann, der als der größte Dogmatiker und Kirchenrechtler Roms im 17. Jahrhundert gilt, zu dem ungewollt revolutionären Physiker und Mathematiker GALILEI, «was es die Kirchenväter und so viele nach ihnen für Mühe und Nachdenken gekostet hat, in eine solche Welt (ist sie etwa nicht abscheulich?) etwas Sinn zu bringen. Bedenken Sie die Roheit derer, die ihre Bauern in der Campagna halbnackt über ihre Güter peitschen lassen, und die Dummheit dieser Armen, die ihnen dafür die Füße küssen... Wir haben die Verantwortung für den Sinn solcher Vorgänge (das Leben besteht daraus), die wir nicht begreifen können, einem höheren Wesen zugeschoben, davon gesprochen, daß mit derlei gewisse Absichten verfolgt werden, daß dies alles einem großen Plan zufolge geschieht. Nicht als ob dadurch absolute Beruhigung eingetreten wäre, aber jetzt beschuldigen Sie dieses höchste Wesen, es sei sich im Unklaren darüber, wie die Welt der Gestirne sich bewegt, worüber Sie sich im klaren sind. Ist das weise?» (68)

In der Tat, man sollte glauben, die Absichten des Allerhöchsten seien in den Einrichtungen der Natur auf das hellste zu erkennen, befindet doch hier die Gottheit sich gewissermaßen auf ihrem eigensten Terrain, ungetrübt von der Launenhaftigkeit menschlicher Freiheit, die wir im Feld der Geschichte sich so übel hervortuen sehen; nun aber scheint es gar, als sei Gott überhaupt nur als Trost der menschlichen Misère vonnöten, wohingegen der Prachtbau des Universums nach offenbar gründlich anderen Gesetzen errichtet wurde, als wie die Theologen sie in den 1500 Jahren ihrer unangefochtenen Lehrtradition in Gottes eigenstem Buche grundgelegt fanden. Doch die Frage gilt, und sie entlastet in gewissem Sinne die Kirche: Wie sollten die Menschen die Härten und Entbehrungen ihres armseligen Daseins anders zu ertragen vermögen, wenn nicht ein Gott ihnen vorgestellt wird, der, wo die Natur es nicht tut, in seiner unermeßlichen Huld sich gerade ihrer besonders annimmt?

Es ist in B. BRECHTs Drama vom Leben des Galilei der «kleine Mönch», der das Argument des menschlichen Mitleids gegenüber der kalten Klarheit GALILEIscher Mathematik geltend zu machen sucht: «Ich», spricht er, «bin als Sohn von Bauern in der Campagna aufgewachsen. Es sind einfache Leute. Sie wissen alles über den Ölbaum, aber sonst recht wenig. Die Phasen der Venus beobachtend, kann ich nun meine Eltern vor mir sehen, wie sie mit meiner Schwester am Herd sitzen und ihre Käsespeise essen. Ich sehe die Balken über ihnen, die der Rauch von Jahrhunderten geschwärzt hat, und ich sehe genau ihre alten abgearbeiteten Hände und den kleinen Löffel darin. Es geht ihnen nicht gut, aber selbst in ihrem Unglück liegt eine gewisse Ordnung verborgen.

Da sind diese verschiedenen Kreisläufe, von dem des Bodenaufwischens über den der Jahreszeiten im Ölfeld zu dem der Steuerzahlung. Es ist regelmäßig, was auf sie herabstößt an Unfällen. Der Rücken meines Vaters wird zusammengedrückt nicht auf einmal, sondern mit jedem Frühjahr im Ölfeld mehr, so wie auch die Geburten, die meine Mutter immer geschlechtsloser gemacht haben, in ganz bestimmten Abläufen erfolgten. Sie schöpfen die Kraft, ihre Körbe schweißtriefend den steinigen Pfad hinaufzuschleppen, Kinder zu gebären, ja zu essen aus dem Gefühl der Stetigkeit und Notwendigkeit, das der Anblick des Bodens, der jedes Jahr von neuem grünenden Bäume, der kleinen Kirche und das Anhören der sonntäglichen Bibeltexte ihnen verleihen können. Es ist ihnen versichert worden, daß das Auge der Gottheit auf ihnen liegt, forschend, ja beinahe angstvoll, daß das ganze Welttheater um sie aufgebaut ist, damit sie, die Agierenden, in ihren großen oder kleinen Rollen sich bewähren können. Was würden meine Leute sagen, wenn sie von mir erführen, daß sie sich auf einem kleinen Steinklumpen befinden, der sich unaufhörlich drehend im leeren Raum um ein anderes Gestirn bewegt, einer unter sehr vielen, ein ziemlich unbedeutender. Wozu ist jetzt noch solche Geduld, solches Einverständnis in ihr Elend nötig oder gut? Wozu ist die Heilige Schrift noch gut, die alles erklärt und als notwendig begründet hat, den Schweiß, die Geduld, den Hunger, die Unterwerfung, und die jetzt voll von Irrtümern befunden wird? Nein, ich sehe ihre Blicke scheu werden, ich sehe sie den Löffel auf die Herdplatte senken, ich sehe, wie sie sich verraten und betrogen fühlen. Es liegt also kein Auge auf uns, sagen sie. Wir müssen nach uns selber sehen, ungelehrt, alt und verbraucht, wie wir sind? Niemand hat uns eine Rolle zugedacht außer dieser irdischen, jämmerlichen auf einem winzigen Gestirn, das ganz unselbständig ist, um das sich nichts dreht? Kein Sinn liegt in unserem Elend, Hunger ist eben Nichtgegessenhaben, keine Kraftprobe; Anstrengung ist eben Sichbücken und Schleppen, kein Verdienst. Verstehen Sie da, daß ich aus dem Dekret der Heiligen Kongregation ein edles mütterliches Mitleid, eine große Seelengüte herauslese?» (75–76)

Muß nicht, mit anderen Worten, eine Kirche, deren Tröstungen als wohlmeinender Trug entlarvt wurden, von sich aus zum *Be*trug greifen, um mit allen Mitteln die bereits erkannte Wahrheit unbekannt zu machen, schon damit die Menschen tunlichst vor Enttäuschung, Verbitterung und Verzweiflung bewahrt bleiben? Hat sie, wenn andere Trostworte ihr versagt sind, nicht lieber die alten Irrtümer in Ehren zu halten als einem Wissen das Wort zu reden, das mit aller Wissenschaft keine Tränen zu trocknen vermag? Aber, wenn schon Wahrheit nicht länger mehr zählt und es nur noch um ein Palliativ für die

Menge geht, kämpft dann die Kirche nicht lediglich um ihre eigene Größe und Geltung? *Bedarf* sie nicht, so besehen, des Elends der Massen, um ihre Macht unentbehrlich zu machen?

Schon begreifen in BRECHTS Drama vom *Leben des Galilei* die Balladensänger in den Städten Italiens den Umsturz, der in der Lehre dieses Mathematikers angelegt ist. Hat man bislang die Herrschaftsverhältnisse kirchlicher und weltlicher Potentaten zu ihrer Rechtfertigung fälschlich an den Himmel projiziert, so müssen eben diese Verhältnisse durch den Fortschritt wissenschaftlicher Forschung notwendig vom Einsturz bedroht werden. «Als der Allmächtige sprach sein großes Werde», singen die Pamphletisten, «Rief er die Sonn, daß die auf sein Geheiß / Ihm eine Lampe trage um die Erde / Als kleine Magd in ordentlichem Kreis. / Denn sein Wunsch war, daß sich ein jeder kehr / Fortan um den, der besser ist als er. – Und es begannen sich zu kehren / Um die Gewichtigen die Minderen / Um die Vorderen die Hinteren / Wie im Himmel, so auch auf Erden. / Und um den Papst zirkulieren die Kardinäle. / Und um die Kardinäle zirkulieren die Bischöfe. / Und um die Bischöfe zirkulieren die Sekretäre. / Und um die Sekretäre zirkulieren die Stadtschöffen. / Und um die Stadtschöffen zirkulieren die Handwerker. / Und um die Handwerker zirkulieren die Dienstleute. / Und um die Dienstleute zirkulieren die Hunde, die Hühner und die Bettler. – Das, ihr guten Leute, ist die Große Ordnung, ordo ordinum, wie die Herren Theologen sagen, regula aeterni(tati)s, die Regel der Regeln, aber was, ihr lieben Leute, geschah? – Auf stund der Doktor Galilei / (Schmiß die Bibel weg, zückte sein Fernrohr, warf einen Blick auf das Universum) / Und sprach zur Sonn: Bleib stehn! / Es soll die creatio dei / Mal andersrum sich drehn. / Jetzt soll sich mal die Herrin, he! / Um ihre Dienstmagd drehn!» (94–95)

Über die Lehren der Theologen ließe unter wahrheitsuchenden Menschen sich wohl leichthin debattieren, wären ihre Doktrinen nicht immer auch mit den sozialen Verhältnissen der jeweiligen Gesellschaft staatstragend verknüpft. Doch eben deswegen: – unterläge ein Wissenschaftler unter diesen Umständen nicht geradezu der Pflicht zum Widerstand gegen eine Ideologie, welche die Unwissenheit der Menge zum bloßen Machtgewinn mißbraucht? Obläge es dem Naturforscher nicht, das wachsende Wissen im Kampf gegen Elend und Hunger zu nutzen?

Zu spät erkennt BRECHTS GALILEI, daß sich ihm in seinem Leben die «einzigartige Möglichkeit» geboten hätte, durch Mut und Standhaftigkeit auch andere Naturwissenschaftler zu so etwas wie einem hippokratischen Eid zu nötigen, «ihr Wissen einzig zum Wohle der Menschheit anzuwenden»! Er aber hat versagt, und so muß er erkennen, daß, wie es nun steht, man in Zukunft unter dem Titel eines Wissenschaftlers nichts weiter mehr erwarten kann als «ein Geschlecht erfinderischer Zwerge, die für alles gemietet werden können». «Eine Menschheit, stolpernd in diesem tausendjährigen Perlmutterdunst von Aberglauben und alten Wörtern, zu unwissend, ihre eigenen Kräfte voll zu entfalten, wird nicht fähig sein, die Kräfte der Natur zu entfalten... Wenn Wissenschaftler, eingeschüchtert durch selbstsüchtige Machthaber, sich damit begnügen, Wissen um des Wissens willen aufzuhäufen, kann die Wissenschaft zum Krüppel gemacht werden, und eure neuen Maschinen mögen nur neue Drangsale bedeuten. Ihr mögt mit der Zeit alles entdecken, was es zu entdecken gibt, und euer Fortschritt wird doch nur ein Fortschreiten von der Menschheit weg sein. Die Kluft zwischen euch und ihr kann eines Tages so groß werden, daß euer Jubelschrei über irgendeine neue Errungenschaft von einem universalen Entsetzensschrei beantwortet werden könnte» (125–126).

Es ist – bis hin zum Bau der Atombombe und bis hin zur Verwandlung von Menschheitsseuchen wie Botulismus und Pest in die «Kampfmittel» eines zynischen, machtbesessenen Militärs – gefährlich für das Überleben von Zivilisation und Kultur, wenn sich Naturwissenschaftler von den Fragen der geistigen und sozialen Bedeutung ihrer Erkenntnisse für die Menschen ihrer Zeit loslösen und sich nurmehr als Angestellte in einem Dienstleistungsunternehmen von bediensteten Bischöfen, Fürsten, Päpsten oder Geldmagnaten verstehen.

Aber kann denn das mechanistische Weltbild eines GALILEI oder eines LA PLACE wirklich Anspruch auf Wahrheit machen? Erfüllt nicht allein schon die tote Seelenlosigkeit und starre Gefühlskälte dieser Betrachtungsweise die Menschen mit einem solchen Schauder, vermehrt noch durch die unsägliche Weite der leeren Räume, daß sie, verschüchtert wie Kinder, nur um so zutraulicher in die warme Obhut der kirchlichen Lehren zurückstreben werden? *Das* blieb das Standardargument der Theologen gegen das naturwissenschaftliche Weltbild der Neuzeit.

Tatsächlich bedeuteten den theologischen Doktrinen der Kirche Roms die Ansichten des ebenso freigeistigen wie freimütigen Dominikanermönches GIORDANO BRUNO eine weit größere Gefahr als die Grundlegung der Mechanik durch GALILEI: – diesen verurteilte sie nur zum Schweigen; jenen glaubte sie nicht zu Unrecht verbrennen zu müssen, wollte sie nicht selbst in der Glut seiner Visionen zu Asche zerfallen.

BRUNO nämlich hatte die religiöse Konsequenz begriffen, die in den astronomischen Kalkulationen des KOPERNIKUS steckte: Wenn keine kristallenen

Schalen mehr den Himmel über der Erde begrenzten, wenn vielmehr die Erde als eine Kugel im freien Raum um die Sonne kreise, ergab sich dann nicht wie von selbst die Unbegrenztheit des Universums und mit ihr eine Unzahl anderer Sterne und bewohnter Planeten, ja, mußte man dann der Unbegrenztheit des Raumes nicht unbedingt die Unbegrenztheit der Zeit noch hinzufügen?

Für BRUNO gab es keinen Himmel und keine Hölle mehr, keinen einzelnen ausgezeichneten Planeten, auf welchem die «Menschwerdung» Gottes hätte stattfinden können, er postulierte in seinem *Aschermittwochsmahl* die Unendlichkeit des Kosmos, weil seiner Meinung nach nur eine unendliche Schöpfung imstande sei, das Bild eines unendlichen Schöpfers in sich aufzunehmen (vgl. E. DREWERMANN: Giordano Bruno oder *Der Spiegel des Unendlichen*, 27–28); und so wie der menschliche Körper begabt war mit einer unsterblichen, sich ins Unendliche entfaltenden Seele, so erschien jetzt das Weltall selbst als ein organisches, lebendiges Ganzes, duchwaltet und gestaltet von göttlichem Geist.

So ARISTOTELisch-mittelalterlich viele der Argumente BRUNOS sich in der Rückschau von heute auch lesen mögen – die Größe und die Weite seiner Intuitionen sowie die Kühnheit, sie auszusprechen, haben an Frische und Aktualität bis heute nichts eingebüßt. Sie, nicht GALILEIS Mechanik, sind der wirkliche Maßstab, um den geistigen Standort der Kirche Roms auch in unseren Tagen noch zu bestimmen.

Denn paradox wie die Geistesgeschichte der Menschheit zu sein pflegt: – das mechanizistische Weltbild, das GALILEI um 1620 begründete und das ISAAC NEWTON 60 Jahre später zu seinem triumphalen Höhepunkt führte, konnte der Kirche in gewissem Sinne sogar von Nutzen sein: Wenn alle Körper sich von außen durch Druck und Gegendruck, Stoß und Gegenstoß bewegen, was Wunder dann, wenn man auch das Gefüge eines Sozialkörpers wie der Kirche dem Gesetz der Schwerkraft unterstellt sehen mochte? Verlangte nicht die natürliche Trägheit der Menschen wie von selbst nach wirksamen, also mechanischen Mitteln zur Beförderung auch gerade ihres Seelenheils, als da immer noch sind die Ritualien und Formalien heiliger Zeiten und Orte, die Auflagen ehrwürdiger Bekenntnisse und verdienstvoller Verrichtungen und nicht zuletzt das Angebot und Gebot all der gnadenwirksamen Heilsmittel, über welche selbstredend allein die Kirche zu Rom in göttlicher Kraft zu gebieten vermag? Eine mechanische Welt und eine mechanische Erlösung von dieser Welt – beide Systeme koexistierten jahrhundertelang ganz gut miteinander, und zwar um so besser, als sie streng voneinander getrennt blieben. Insbesondere die Zerrissenheit von Seele und Körper kam insgeheim dem moralischen Ideal römischer Weltbetrachtung außerordentlich entgegen, und sie führte außerdem zu der Überzeugung, daß ein Gott schon deshalb notwendig sei, um die Möglichkeit des Lebens als einer beseelten Form der Materie erklären zu können. Wie sollte ein mechanizistisches Verständnis der Natur jemals das Wunder des Lebens begreifbar machen!

Man erinnere sich nur der Unlösbarkeit des sogenannten Leib-Seele-Problems, das von RENÉ DESCARTES in der *Abhandlung über die Methode* (Kap. 5) aufgeworfen worden war. Der Oratorianerpater NICOLAS DE MALEBRANCHE schlug in seinen *christlich-metaphysischen Betrachtungen* von 1683 zur Lösung ein System des «Okkasionalismus» vor, wonach Gott in der Seele des Menschen von Fall zu Fall diejenigen Vorstellungen und Gedanken erzeugt, die dazu nötig sind, um die Dinge richtig erkennen zu können. In jedem Moment also bedurfte es zum Verständnis auch nur der einfachsten Lebensvorgänge eines ständigen göttlichen Eingriffs. Mochte die Welt der Körper immerhin nach mechanischen Gesetzen kausal determiniert erscheinen, so hob die Sphäre des Lebens in ihrer Andersartigkeit sich davon doch nur um so deutlicher ab. Selbst als der große LEIBNIZ in seiner *Monadologie* (Nr. 63) das System der permanenten göttlichen Vermittlung zwischen Leib und Seele in der Philosophie MALEBRANCHES durch sein Konzept einer prästabilierten Harmonie zwischen den Vorgängen im Reich der Materie und den parallel sie repräsentierenden Vorstellungen im Reich des Geistes zu ersetzten versuchte, hatte man im Grunde doch nur den unversöhnlichen Gegensatz von Leib und Seele in die Gottheit verlegt: es war schon deshalb nötig, an Gott zu glauben, weil sich nur so begreifen ließ, wie die Hand eines Menschen es fertigbekommt, ein Stück Brot zu nehmen und zielgerecht zum Munde zu führen!

Es blieb dabei: Gott war die nicht wegzudenkende letzte Antwort auf all die philosophischen Rätsel, die durch die mechanistische Denkweise der Naturwissenschaften in der Neuzeit in die Welt hineingetragen wurden, doch nicht gelöst werden konnten. Nein, GALILEI war es wirklich nicht, den das kirchliche Lehramt zu fürchten hatte; zu fürchten war und blieb hingegen BRUNOS Neuentwurf einer Frömmigkeitshaltung, die der Herausforderung durch die Welt wirklich standhielt!

Genauer gesagt: Das mechanizistische Weltbild trieb den kirchlichen Dogmatismus so lange nicht in die Krise, als die unglaubliche Komplexität und Zweckmäßigkeit aller Lebensprozesse eine finalistische Sicht der Welt zwingend nahezulegen schienen. Das Auge des Adlers zum Beispiel, die Zähne des Hundes, die Gelenkigkeit einer Katze – wies nicht jedes Detail der belebten Welt ein solches Ausmaß an objektiver Vernunft und sinnreicher Einrichtung auf, daß es ohne die Annahme einer planenden Schöpfung aus der Hand eines unendlich weisen und mächtigen Geistes sich durchaus nicht verstehen ließ? Bis in die Gegenwart hinein erhält die Weltanschauung des kirchlichen Dogmas ihre Plausibilität in den Augen der Gläubigen wesentlich durch das Argument der Teleologie: Wenn alles, was lebt, so planvoll agiert und so zweckmäßig funktioniert, muß es dann nicht selbst als der Zweck eines göttlichen Planes entworfen und gebildet worden sein?

Bis zu CHARLES DARWINS Buch über *Die Entstehung der Arten* im Jahr 1859 war es in gewissem Sinne wohl wirklich unvermeidbar, so zu denken; seit den Tagen CHARLES DARWINS aber hat sich durch den Begriff der Evolution mit einem Schlag alles geändert. Die Lehre von dem Zusammenspiel aus Mutation und Selektion bedeutete den Siegeszug des mechanistischen Weltbildes im Herzen der Biologie; dieses Konzept war identisch mit der Stürmung der letzten Bastion, die der kirchlichen Weltdeutung vermeintlich noch blieb. DARWIN – das war das endgültige Ende einer Theologie der ständigen Eingriffe und Offenbarungserweise Gottes in der Natur.

Wie also, muß man sich fragen, ist es ehrlicherweise noch möglich, Theologie zu treiben *nach* DARWIN? Oder anders gefragt: Wie ist es möglich, religiös zu sein nicht trotz, sondern aufgrund der Revolution, die CHARLES DARWIN mit dem Gedanken der Evolution einleitete?

In dem vorliegenden 2. Teil des Versuchs einer zeitgemäßen Schöpfungstheologie ist dies die erste und vorrangige Frage.

Ausgehend von der offenbaren Ordnung des Lebens müssen wir uns fragen, welche Gesetze im Aufbau und in den Funktionsweisen der belebten Natur erkennbar sind und auf welche Weise sich der verhängnisvolle Dualismus von Geist und Materie (metaphysisch), Leib und Seele (anthropologisch), Idealismus und Realismus (erkenntnistheoretisch), Vitalismus und Reduktionismus (biologisch) oder von Gott und Welt (theologisch) überwinden läßt.

Nicht vergessen werden darf dabei in religiöser Absicht das allgegenwärtige Problem der Theodizee, das bereits bei der Frage nach der Herkunft und Zukunft des Menschen in *Der sechste Tag* eine beherrschende Rolle einnahm.

Wie radikal das Problem der «Rechtfertigung» Gottes angesichts dieser Welt sich im Spannungsfeld von Zufall und Notwendigkeit erneut zu Wort melden muß, hat kaum jemand besser gewußt als der spanische Filmregisseur LUIS BUÑUEL. In seinen Erinnerungen *Mein letzter Seufzer* skizziert er seinen «unaggressiven Nihilismus» folgendermaßen: «Der Zufall ist der große Meister aller Dinge. Danach erst kommt die Notwendigkeit. Sie besitzt nicht die gleiche Reinheit... Das ideale Drehbuch, über das ich immer wieder nachgesonnen habe, müßte von einem ganz unscheinbaren, banalen Vorfall ausgehen. Zum Beispiel: Ein Bettler überquert die Straße. Er sieht, wie eine Hand aus dem geöffneten Fenster einer Luxuslimousine eine nur halb aufgerauchte Zigarre hinauswirft. Der Bettler bleibt stehen, um die Zigarre aufzuheben. Da fährt ein anderes Auto ihn an, und er ist tot. – An diesen Unfall läßt sich eine endlose Reihe von Fragen knüpfen. Warum sind der Bettler und die Zigarre einander begegnet? Was machte der Bettler zu dieser Zeit auf der Straße? Warum hat der Mann, der die Zigarre rauchte, sie gerade in diesem Augenblick weggeworfen? Jede Antwort auf diese Frage zieht andere Fragen, immer mehr Fragen nach sich. Wir gelangen an immer neue Schnittpunkte, von denen Wege zu anderen führen, in andere phantastische Labyrinthe, in denen wir uns für unseren Weg entscheiden müssen. Indem wir offen zutage liegenden Gründen folgen, die in Wirklichkeit nur eine Reihe, eine unendliche Häufung von Zufällen sind, können wir in schwindelerregender Weise, ohne anzuhalten, immer weiter zurückgehen in der Zeit, durch die Geschichte hindurch, durch alle Kulturen, bis zu den Urtierchen am Anfang. – Es ist natürlich möglich, das Drehbuch in die andere Richtung fortzuspinnen. Wie der Umstand, daß eine Zigarre aus dem Autofenster geworfen wird und dies den Tod eines Bettlers zur Folge hat, den Lauf der Geschichte total verändern und schließlich das Ende der Welt herbeiführen kann» (162–163).

Wie ist es möglich, das Leben als Vorsehung eines gütigen Gottes zu interpretieren, wenn es bis in die Grundlagen hinein von Zufällen und Sinnlosigkeiten aller Art geprägt ist? Die phantastischen Leistungen der Evolution, die unzweifelhaft nicht das Ergebnis einer bloßen Addition blinder Zufälle sein können, stehen ihrerseits wieder einer Fülle von Katastrophen, Mißerfolgen und offenbaren Fehlern gegenüber, die unmöglich mit dem Gedanken einer planenden Vernunft zu vereinbaren sind. Wir werden auch über diesen seltsamen Widerspruch Rechenschaft ablegen müssen, indem wir vor allem die beiden einander scheinbar widersprechenden Faktoren: den Zufall und die Notwendigkeit, als spannungsreiche, sich wechselseitig bedingende Einheit zu denken haben, freilich stets im Bewußtsein der radikalen Kontingenz von allem, was ist, unsere eigene Existenz inbegriffen.

Denn es ist Buñuel nur zuzustimmen, wenn er notiert: «In Wirklichkeit scheint es mir nicht notwendig, daß es diese Welt gibt, nicht notwendig, daß wir gerade hier leben und sterben. Da wir nur Kinder des Zufalls sind, hätte die Erde, hätte das Universum auch ohne uns weiter bestehen können bis an das Ende aller Zeiten. Eine unvorstellbare Vorstellung, ein leeres, unendliches, theoretisch nutzloses Universum, das von keiner Intelligenz durchdrungen würde, das für sich existierte, ein dauerndes Chaos, ein unerklärlicher Abgrund ohne Leben. Vielleicht gehen andere Welten, die sich unserem Wissen entziehen, so ihren unbegreiflichen Gang. Faszination des Chaos, die wir nicht selten tief in unserem Inneren spüren!» (164)

Auch dieser Frage werden wir nachgehen müssen: Wie verhalten sich Ordnung und Chaos zueinander? Was steht hinter dem Zufall? Wie «tief» in der Beschreibung der Natur ist er verankert? Und: Welche Gesetze sind es, die sich aus dem Chaos ergeben oder die in das Chaos führen?

Dann verbleiben nach Räumung aller anderen Gebiete der kirchlichen Apologetik nur noch zwei Zonen, in denen sie nach wie vor in altbewährter Weise die Lücken gegenwärtiger Naturerkenntnis als «Beweis» für die Notwendigkeit eines Schöpfers zu interpretieren sucht: das ist die Frage nach der Entstehung des Lebens auf dieser Erde sowie die Frage nach der Entstehung des Kosmos selber. Von welcher Art sind die Hypothesen, die bezüglich dieser beiden Fragen sich derzeit begründet vortragen lassen, und wie weit reicht ihr Erklärungswert? Selbst wenn wir im Umfeld dieser Problemstellungen noch auf ein hohes Maß an Spekulationen angewiesen sind und vielleicht sogar noch auf lange Zeit angewiesen sein werden, so tritt doch der Unterschied zwischen der Suche vor allem der Physiker nach einer «Theorie von allem» und der Art der Spekulationen mittelalterlicher Metaphysiker nur um so deutlicher zutage. In jedem Fall werden wir nur weitersuchen und lernen können, wenn wir hinlänglich Klarheit auch darüber schaffen, wo unser Wissen derzeit endet – ja, wo es offensichtlich nicht auslangt, auch wenn wir uns gleichzeitig weigern, religiöse Scheinerklärungen als Antwort auf die noch ungelösten Rätsel der Natur zu akzeptieren.

Die Eigenart und die Eigenständigkeit religiöser Rede wird dabei im Unterschied zu allen naturwissenschaftlichen Aussagen nur um so bedeutsamer und um so dringlicher werden. Hören wir noch einmal Luis Buñuel. Am Ende seiner Betrachtungen über den Zufall zieht er das Resümee: «Glauben und Nichtglauben ist dasselbe. Wenn man mir in diesem Augenblick die strahlende Existenz Gottes bewiese, würde das absolut nichts an meinem Verhalten ändern. Ich kann nicht glauben, daß Gott mich unentwegt überwacht, daß er sich um meine Gesundheit, meine Wünsche, meine Irrtümer kümmert. Ich kann nicht glauben, jedenfalls akzeptiere ich es nicht, daß er mich in alle Ewigkeit strafen könnte. – Wer bin ich für ihn? Nichts, ein Schatten aus Lehm. Mein Auftritt ist so kurz, daß keine Spur von ihm bleibt. Ich bin ein armer Sterblicher, ich zähle weder im Raum noch in der Zeit. Gott kümmert sich nicht um uns. Wenn es ihn gibt, dann ist es so, als gäbe es ihn nicht» (165).

In dieser Weise muß man die Religion betrachten, sobald und solange die Vorstellung von einem Gott wesentlich mit dem Bild eines lästigen Kontrolleurs und ewig nörgelnden Oberlehrers assoziiert bleibt, der im übrigen von den Nöten und Belangen seiner Zufallskreaturen, wie aus Prinzip schon, keine Ahnung hat. Anders freilich, ganz anders verhält es sich, wenn man von der Frage ausgeht, die im Mittelpunkt schon des ersten Teils dieser Arbeit *(Der sechste Tag)* stand: Wie ist es möglich, inmitten einer radikal gleichgültigen Welt nicht gleichgültig zu bleiben; wie ist es möglich, angesichts der völligen Beliebigkeit aller Dinge zur Liebe zu finden; wie ist es möglich, in Anbetracht der Unmenschlichkeit des blinden Spiels von Zwängen und Zufällen, in das wir geworfen sind, Menschlichkeit, Freiheit und Sinn zu begründen?

Soviel steht fest: Wenn von Gott sinnvoll die Rede sein soll, dann einzig im Zusammenhang mit *dieser* Fragestellung. Als «oberste Ursache», als «unbewegter Beweger», als «Sein alles Seienden», als «ens realissimum seu perfectissimum» (als allerrealstes und vollkommenstes Wesen) ist die Gottesidee am Ende der metaphysischen Phase der abendländischen Philosophie- und Theologiegeschichte nicht länger denkbar. Existentiell aber stellt die Gottesfrage sich nur um so eindringlicher: Wie ist es möglich, ein Mensch zu sein unter einem so offensichtlich unmenschlichen Himmel?

Auf eine Weise, die dem Gedankengang BUÑUELS über die Undurchdringlichkeit des Zufalls außerordentlich nahe kommt, ihn aber um ein entscheidendes Motiv ergänzt, hat der amerikanische Schriftsteller THORNTON WILDER in seinem weltberühmt gewordenen Roman *Die Brücke von San Luis Rey* im Jahre 1927 die Frage nach dem Sinn des Lebens und der Möglichkeit einer Vorsehung Gottes aufgeworfen.

An einem Sommertag des Jahres 1714, so WILDERS Erzählung, reißt in Peru eine Hängebrücke und stürzt fünf Menschen in den Tod. Bruder Juniper, der beinahe selber bei dem Unglück ums Leben gekommen wäre, fragt sich, warum der Tod gerade diese Menschen in gerade diesem Augenblick ereilen mußte: Warum hat Gott gerade dieses Schicksal gefügt? Mit akribischer Genauigkeit geht er dem Lebenswandel der Verunglückten nach, um einen geradezu mathematischen Beweis für die Vorsehung Gottes in die Hand zu bekommen. Ist es möglich, den Wert eines Menschen unter den Augen Gottes tabellarisch zu berechnen, zum Beispiel indem man den Faktoren Sittenreinheit, Frömmigkeit und Nützlichkeit eine Skala von 1 bis 10 zuordnet und daraus das Werteprodukt der betreffenden Person ermittelt? «Wenn es überhaupt einen Plan im Weltall gab, wenn dem menschlichen Dasein irgendein Sinn innewohnte, mußte er sich» – überlegt Bruder Juniper – «wenn auch noch so geheimnisvoll verborgen, sicherlich in diesen fünf so jäh abgeschittenen Lebensläufen entdecken lassen. Entweder leben wir durch Zufall und sterben durch Zufall, oder wir leben nach einem Plan und sterben nach einem Plan» (11).

An diesem tragischen Unglück des Jahres 1714 auf einer Hängebrücke in Peru müßte sich also, so klar wie in einem Experiment unter Laborbedingungen, das eine oder das andere zeigen. Doch läßt in dieser Frage der Glaube überhaupt eine Alternative zu? Bruder Juniper ist sich des Ergebnisses seiner Untersuchungen eigentlich im voraus schon sicher; sein Bemühen gilt einzig dem Zweck, den zweifelnden Menschen einen guten, gediegenen Beweis für ihren schwankenden Glauben an Gott zu liefern. Um so bedeutsamer ist die Tatsache, daß sein Versuch, die Theologie in den Rang einer exakten Wissenschaft zu erheben, gründlich mißrät; es gelingt Bruder Juniper nicht einmal, die wirklichen Motive im Handeln und Verhalten seiner «Probanden» aufzuspüren, um für sie die notwendige «Werteskala» aufzustellen, und trotz all seiner weihevollen Darlegungen kann schließlich und endlich keine Rede davon sein, daß er die Ratschlüsse des Allerhöchsten enthüllt hätte. Was also sind wir? «Manche sagen, es gebe kein Wissen für uns und wir seien den Göttern nichts anderes als Mücken, wie die Knaben sie haschen und töten an einem Sommertag; und manche wieder sagen, kein Sperling verliere ein Federchen, das ihm nicht hinweggestreift wurde von der Hand Gottes» (14).

Wie aber leben zwischen einem heidnischen Agnostizismus und einem christlichen Fideismus, die beide dem Erkennen entweder zu viel oder zu wenig zu bieten vermögen?

Die entscheidende Antwort auf diese Frage gibt in Thornton Wilders Erzählung die Äbtissin Madre Maria: Schon jetzt, so denkt sie, erinnert sich an einzelne der damals Verunglückten so gut wie niemand mehr. «Bald aber werden wir alle sterben, und alles Angedenken jener fünf wird dann von der Erde verschwunden sein, auch wir selbst werden für eine kleine Weile geliebt und dann vergessen sein; alle diese Regungen von Liebe kehren zurück zu der einen, die sie entstehen ließ. Nicht einmal des Erinnerns bedarf die Liebe. Da ist ein Land der Liebenden und ein Land der Toten, und die Brücke zwischen ihnen ist die Liebe – das einzig Bleibende (sc. nach 1 Kor 13, d. V.), der einzige Sinn» (141).

Gibt es eine solche Liebe ohne Gedächtnis und ohne Hoffnung, im Verlöschen aller Vergangenheit und aller Zukunft?

In *Der sechste Tag* (398–429) haben wir von der Mystik des Augenblicks gesprochen, doch galt uns der «Augenblick» dort, im Anschluß an die Gedanken des dänischen Religionsphilosophen Sören Kierkegaard, als Synthese zwischen Zeit und Ewigkeit, als Erfüllung des Glücks einer absichtslos leer gewordenen Liebe, als Intensität der Erfahrung einer möglichen Ganzheit des Daseins. Wohl, wir Menschen sind flüchtige Wesen, und selbst das Gedächtnis unserer Liebe verweht wie der Schatten einer Wolke im Wind; doch gerade deswegen bedarf die Schwachheit unseres Lebens und Liebens der Vorstellung eines Lichts, das den Schatten der Wolke über die Erde wirft. *C'est la nuit qu'il est beau de croire à la lumière*, pflegt man in Frankreich zu sagen: – die Schönheit der Nacht liegt darin, an das Licht des Tages zu glauben. Es ist einzig die Liebe, die das absolut Zufällige in Freiheit als notwendig entdeckt, und um diese spielende Freiheit der Liebe in und hinter den Erscheinungen der Dinge muß es uns in religiöser Absicht, nicht zur Erklärung der Welt, wohl aber zur Begründung des Menschseins angesichts der heute denkbaren Modelle von Welterklärung, in diesem Buche zu tun sein. Erst wenn die Mathematik nicht länger der Liebe und die Liebe nicht länger der Welt widerspricht, dürfen wir Bruder Junipers Werk, das äußerlich selbst sich zum Scheitern verurteilt, dem Sinn nach für abgeschlossen erachten.

Wir teilen die Arbeit in zwei Bände: die Frage des Lebens und die Frage der Welt. Im Rahmen der *Biologie* sprechen wir von den *Regeln*, denen das Lebensspiel folgt, von den *Einsätzen* und taktischen Tricks, mit denen es den Kampf ums Dasein führt, von den *Kosten* und Leiden, die ihm die Geschichte der Erde immer von neuem abverlangt, sowie von den Bedingungen seines *Entstehens;* es wird dabei nicht ausbleiben, hilfsweise auch Ergebnisse aus Geophysik und Geologie, Meteorologie und Klimakunde, der Systemtheorie und der Informatik heranzuziehen. Fragen der *Kosmologie* sind seit langem eine Domäne nicht mehr von Bibelforschern, Theologen und Philosophen, sondern von Astronomen, Astrophysikern und theoretischen Physikern. Vor dem Hintergrund ihrer Erkenntnisse werden wir in einem folgenden Band schrittweise die Frage zu erörtern suchen, was die Religion uns Heutigen sagen könnte und sagen müßte und welch eine Rolle wir Menschen in dieser Welt spielen.

# Das Leben

# I. Spielregeln

## 1. Komplexität aus Zufall?

*a) Das menschliche Auge zum Beispiel*

Daß die kirchliche Theologie all die Jahrhunderte nach KOPERNIKUS, BRUNO und GALILEI vornehmlich die Tatsache des Lebens wie einen Beweis für das Wirken der Schöpfermacht Gottes interpretieren würde und interpretiert hat, kann man ihr im Rückblick schwerlich zum Vorwurf machen. Es ist mit dem englischen Biologen RICHARD DAWKINS (*Der blinde Uhrmacher,* 18) in der Tat kaum vorstellbar, «wie man zu irgendeiner Zeit vor 1859, dem Datum der Veröffentlichung von DARWINS *Origin of Species,* Atheist gewesen sein konnte». «Wir sind», sagt DAWKINS (S. 10), «ganz und gar an den Gedanken gewöhnt, daß komplexe Eleganz ein Indikator für vorausgegangene geschickte Planung ist. Dies ist wahrscheinlich der überzeugendste Grund dafür, daß die überwältigende Mehrheit aller Menschen an einen übernatürlichen Gott geglaubt hat oder glaubt.»

Der Gottesglaube mochte, wie in *Der sechste Tag* gezeigt, wohl immer wieder durch die erschreckende Sinnlosigkeit und brutale Zufälligkeit so vieler Erscheinungen des Lebens in Frage gestellt werden, doch der Gedanke auch nur, das Leben selber könne das Ergebnis bloßer Zufälle sein, erschien allzu kühn, ja, er mußte angesichts der unglaublichen Komplexität auch nur der einfachsten Lebensformen geradezu widersinnig anmuten.

Man betrachte, um die Schwierigkeit von Zufallserklärungen lebender Strukturen zumindest ein wenig sich vorzustellen, nur einmal *die Konstruktion des menschlichen Auges,* die immer wieder als eine Art Gottesbeweis bewertet wurde und die in ihrer Komplexität in der Tat erstaunlich ist (vgl. Abb. 1 u. 2).

Wie bei einer Kamera arbeitet die Optik des Wirbeltierauges mit einer Blende, der Iris, welche die Öffnung je nach der Menge des Lichteinfalls vergrößert oder verkleinert; eine Linse wird durch die Kontraktion von zwei Muskeln auf die beabsichtigte Sehschärfe gebracht. Dann fällt das Bild, in um-

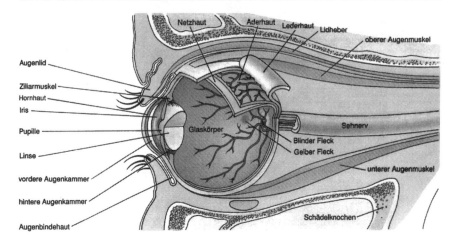

1  Der Bau des Auges.

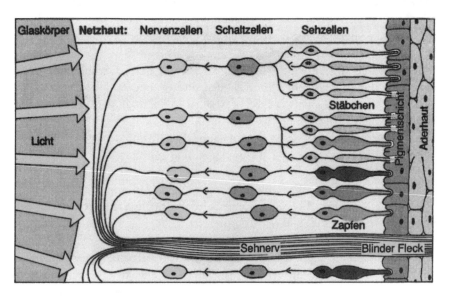

2  Aufbau der Netzhaut.

gekehrter Form, auf den «Kamerafilm», auf die Retina, die Netzhaut. Eine Schicht von etwa drei Millionen Ganglienzellen verarbeitet dort die Informationen, die von den etwa 125 Millionen stäbchenförmigen und den etwa 6 Millionen zapfenförmigen Photozellen aufgenommen werden, ehe sie über den Sehnerv an das Gehirn weitergeleitet werden (DAWKINS, 30).

Dabei geht es keinesfalls um ein einfaches «Abbilden» der Wirklichkeit, vielmehr wird der ankommende Datenstrom elektromagnetischer Impulse schon auf der Ebene der Photozellen in ein äußerst komplexes System vorgegebener Formen und Farben übersetzt.

Was die Farbwahrnehmung angeht, so erkannte bereits THOMAS YOUNG (*On the theory of light and colours*, Philosophical Transactions of the Royal Society of London 95, 1802, 12–48), «daß die Netzhaut nicht an jedem einzelnen Punkt im Gesichtsfeld hundert verschiedene Sensoren von jeweils unterschiedlichem Farbton hat; er stellte die Theorie auf, daß es vielmehr nur drei Arten von Sensoren an jedem einzelnen Punkt gibt und daß Farbeindrücke durch unterschiedliche Kombinationen der Aktivität dieser drei vermittelt werden... HERMANN VON HELMHOLTZ vermutete 1860, daß diese drei Sensortypen auf einen Farbreiz in einem für die jeweilige Farbe spezifischen Verhältnis reagieren – und daß dies ausreicht, um die Farbe darzustellen» (WILLIAM H. CALVIN: *Die Symphonie des Denkens*, 152–159, S. 154).

Tatsächlich zerfallen die zapfenförmigen Photozellen in drei Arten, die jeweils auf blauviolettes, grünes oder rotgelbes Licht ansprechen. Ein bestimmter roter Farbton beispielsweise entsteht dadurch, «daß die gelben und grünen Zapfen im Verhältnis 3 : 1 aktiv werden, während der blaue Zapfen weitgehend inaktiv bleibt.» «Purpur entspricht einer (sc. entsprechenden, d. V.) Aktivitätsverteilung der gelben und blauen Zapfen (die grünen bleiben weitgehend inaktiv).»

Farbe ist also «eine *emergente* Eigenschaft eines *Komitees* von Photorezeptoren».

Das unterstreicht (CALVIN, 154–155) «die Tatsache, daß der Farbton grundsätzlich auf einer *verteilten* Aktivität beruht und nicht eine reine Spezialität ist, die irgendwo im Gehirn ihr eigenes Kämmerchen hat, dessen Aktivität dem Geist die Farbe Purpur signalisiert».

Was die Helligkeitswerte angeht, so ermöglichen es die Stäbchen, indem sie weit weniger Licht zu ihrer Aktivierung gebrauchen als die Zapfen, daß wir auch bei Dämmerlicht Dinge und Bewegungen wahrnehmen können. Ursprünglich nahm man wie selbstverständlich an, daß die Photorezeptoren (Stäbchen und Zapfen) zur Übermittlung von Informationen Impulse «feuern»; in Wirklichkeit aber verhält es sich gerade umgekehrt! Die Photorezeptoren geben ständig Neurotransmitter-Moleküle ab, und nur «wenn die Lichtintensität *zunimmt, sinkt* die Abgabe proportional zur Lichtintensität! Im Dunkeln ist ihr Output also am größten» (CALVIN, 357, Anm. 140).

Doch selbst mit diesem Befund ist die Möglichkeit der Helligkeitswahrnehmung noch nicht geklärt. Wie registrieren die Photozellen, daß jemand das Licht «ausgemacht» hat? Bezüglich dieser Frage wies STEPHEN W. KUFFLER (*Discharge patterns and functional organization of mammalian retina*, Journal of Neurophysiology 16, 1953, 37–68) nach, daß darüber nicht die absolute Lichtstärke entscheidet, sondern eine Empfindlichkeit für Veränderungen der Lichtstärke, die auf einem verstärkten zeitlichen Kontrast beruht. KUFFLER fand, daß jede der Ganglienzellen in der Netzhaut den Input von Tausenden von Photorezeptoren erhält, «vergleichbar einem Trichter, der Regentropfen eines weiten Gebietes einfängt und in einen schmalen Bach leitet. Diese Konzentration ist notwendig, denn es kommen etwa hundert Photorezeptoren auf einen ‹Draht›, der zum Gehirn führt», – das Axon, von denen ca. 1 Millionen gemeinsam den Sehnerv bilden (Abb. 3). Genauer gesagt, «sind es zwei Trichter, die bei einer Ganglienzelle der Netzhaut münden, ein weiter Trichter und ein stärkerer enger Trichter, von denen der eine die Zelle hemmt und der andere sie erregt». «Eine gleichmäßige Belichtung des Augenhintergrundes... stimuliert beide Trichter, und die Meldungen heben sich weitgehend gegenseitig auf. Ein kleiner Lichtfleck... füllt den kleinen Trichter möglicherweise ganz, den größeren aber nur zur Hälfte aus.» «Das Gesamtergebnis der Subtraktion (sc. von Aktion und Reaktion, von Plus und Minus, d. V.) ähnelt... einer Randzone, die ein Zentrum umschließt.»

«Wenn man sich an die Dunkelheit gewöhnt..., wird der weite hemmende Trichter von der Ganglienzelle der Netzhaut abgekoppelt, und da jetzt nichts mehr abgezogen wird, dreht sie ‹weit auf› und erreicht ihre höchste Empfindlichkeit» (CALVIN, 126–129). Daneben gibt es auch Netzhautzellen, bei denen die Trichter genau umgekehrt geschaltet sind; bei ihnen wirkt der schwache, aber weite Trichter erregend und der schmale, aber starke Trichter hemmend; diese Zellen sind offenbar «nicht auf weiße Flecken auf dunklerem Hintergrund, sondern auf schwarze Flecken auf weißem Hintergrund spezialisiert» (129–130). «Die Karte... dessen, was mit einer einzelnen Zelle verbunden ist, bezeichnet man heute als das ‹rezeptive Feld› dieser Zelle – man kann sich... auch eine Schablone darunter vorstellen, wobei die Zelle ständig auf Ausschau ist nach Bildern, die zu ihrer bevorzugten Schablone passen» (130; vgl. ERIC R. KANDEL u. a.: *Neurowissenschaften*, 438–450).

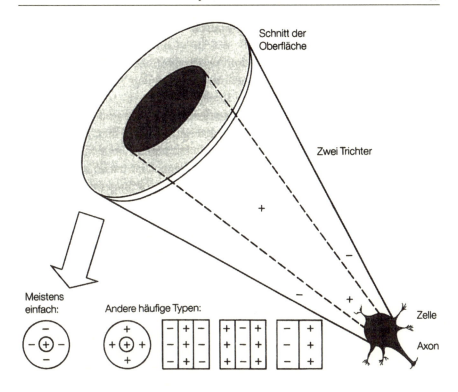

3  Die Zentrum-Randzonen-Struktur des rezeptiven Feldes eines Neurons beruht darauf, daß Erregung (+) aus einem schmaleren Trichter kommt als Hemmung.

Wenn IMMANUEL KANT in seiner Erkenntnistheorie die These aufstellte, daß unsere Sinne die Wirklichkeit nur in den a priori vorgegebenen Formen von Raum und Zeit wahrzunehmen vermöchten, so zeigt heute die Bioneurologie, in wie vielen Details die Formen unserer Wahrnehmung präformiert sind.

Und nun muß man sich vorstellen, daß diese Komplexität auch nur der Fähigkeit einer Photozelle, Helligkeitsunterschiede wahrzunehmen, sich 125 Millionen Mal wiederholt. «125 Millionen Photozellen sind etwa das 5000fache der Anzahl getrennt auflösbarer Punkte in einer Zeitschriftenphotographie von hoher Qualität» (DAWKINS, 32). Die lichteinsammelnden Membranen der Photozelle sind so gefaltet, daß, wenn ein Photon nicht von der ersten Membran gefangen wird, es von der zweiten gefangen werden kann. «Infolgedessen sind einige Augen (sc. von Wirbeltieren, d. V.) fähig, ein einzelnes Photon zu entdecken. Die schnellsten und empfindlichsten Filmemulsionen, die Fotografen zur Verfügung stehen, brauchen zur Entdeckung eines Lichtpunktes ungefähr 25 mal so viele Photonen.»

Aber selbst damit stehen wir noch nicht am Ende des Wunderbaren.

Für ihre Aktivitäten brauchen die Photozellen Energielieferanten und Baupläne für ihre «Werkshallen» – das sind die Mitochondrien und der Zellkern. Auch bei ihnen ist der Komplexitätsgrad enorm. Die energieliefernden Mitochondrien der Photozellen verarbeiten etwa 700 verschiedene chemische Substanzen, und jeder Zellkern im Inneren einer Photozelle enthält «eine digital kodierte Datenbank, deren Informationsgehalt größer ist als alle 30 Bände der *Encyclopaedia Britannica* zusammengenommen. Und diese Zahl gilt für *jede* einzelne Zelle... Die Gesamtzahl der Zellen im Körper (eines Menschen) beträgt etwa 10 Billionen. Wenn wir ein Steak essen, so zerfetzen wir das Äquivalent von mehr als 100 Milliarden Kopien der *Encyclopaedia Britannica*» (32).

Und all das, muß man sich nun fragen, soll durch «Zufall», durch das blinde Walten richtungsloser Verknüpfungen beliebiger Ursachen entstanden sein? Das, natürlich, ist undenkbar. Wem die Einrichtung des Auges als Beweis nicht genügt, der muß nur noch hinzunehmen, daß auch die Ohren, auch die Geschmacksnerven, auch der Tastsinn eine vergleichbare Höhe der Komplexität aufweist und daß die Unwahrscheinlichkeit einer zufälligen Entstehung derartiger Strukturen und Systeme des Lebens mit jedem weiteren Organ mathematisch ins Unvorstellbare weiterwächst. Diese Zufallsunwahrscheinlichkeit allerdings läßt sich berechnen.

### b) Der Affe an der Schreibmaschine

Nehmen wir einmal an, wir suchten nach der Zufallswahrscheinlichkeit eines Ereignisses, dessen Eintreffen oder Nichteintreffen gleich unwahrscheinlich ist, dann benötigen wir zur Festlegung des maximalen Determinationsgehaltes einen Determinationsgehalt, der doppelt so groß ist wie der Determinationsgehalt des Einzelereignisses selbst: also 2 bit$_D$ (2 Ja-Nein-Entscheidungen, binary digits, die Determinationscharakter haben); bei zwei gleichen, also gleich unwahrscheinlichen Ereignissen benötigen wir demnach 4 bit$_D$; die Wahrscheinlichkeit selbst, Determinationszustände durch bloßen Zufall erklären zu können, sinkt mit der negativen Potenz der erforderlichen Entscheidungen:

3 Ereignisse erfordern 6 bit$_D$
bei einer Zufallswahrscheinlichkeit von $2^{-6} = \dfrac{1}{64}$

4 Ereignisse erfordern 8 bit$_D$
bei einer Zufallswahrscheinlichkeit von $2^{-8} = \dfrac{1}{256}$

Und so weiter... (vgl. RUPERT RIEDL: *Die Ordnung des Lebendigen*, 64).
Auch der Determinationsgehalt von Organismen läßt sich auf ähnliche Weise abschätzen, «indem man die Zahl der physikalisch möglichen Kombinationen der auch nach ihrer Position lebenswichtigen Atome oder Moleküle des Systems mit der ungleich kleineren Zahl der lebensfähigen vergleicht». Die Resultate sind enorm: «Für kleine Bakterien sind die Werte zwischen $5 \cdot 10^{10}$ und $10^{13}$ bit$_D$ bestimmt worden. Schon die einfachsten Lebensformen übertreffen der Menschheit komplizierteste Maschine um das Zehn- bis Fünftausendfache an Determinationsgehalt und entsprechend um sehr viele Potenzen an Unwahrscheinlichkeit. Für den menschlichen Organismus errechnen DANCOFF und QUASTLER auf der Basis von 24,5 bit pro Atom mal $7 \cdot 10^{27}$ erforderlichen Atomen... einen Determinationsgehalt von rund $2 \cdot 10^{28}$ bit$_D$. Das ist ein Volumen an Festlegungen, welches den Gehalt aller Bibliotheken dieser Erde übertrifft. Aber auch auf der Basis von Molekülen berechnet, sind es für unseren Körper noch immer $2 \cdot 10^{25}$ bit$_D$» (RIEDL, 64–65; vgl. R. DANCOFF – H. QUASTLER: *The information content and error rate of living things*, in: H. Quastler, ed.: Information theory in biology, Univ. Illinois Press, Urbana 1953, 263–273).
Um Zufalls(un)wahrscheinlichkeiten des Zustandekommens von Strukturen mit einem Determinationsgehalt von $2 \cdot 10^{25}$ bit anschaulich zu beschreiben, verbleibt eigentlich nur noch das Ausweichen in einen Witzfilm, dessen Drehbuch Szenen etwa wie diese vorsieht: irgendwo befindet sich eine Müllhalde, da kommt ein Tornado, der alle Metallteile durcheinanderwirbelt, und als der schwarze Schlauch des Wirbelwindes die Halde verläßt, sieht man eine DC 9 am Himmel entschweben... Andere Vergleiche des Absurden mögen etwas «gnädiger» ausfallen, indem sie immerhin in Rechnung stellen, daß auch die Natur nicht alles auf einmal «erfunden» hat, sondern daß ihr immense Zeiträume zur Konstruktion der vielfältigen Formen des Lebens zur Verfügung standen; doch auch so mildert sich die Problematik nicht. Fragen wir nur einmal ganz einfach: Wieviel Zeit zum Beispiel wäre nötig, um irgend etwas «Sinnvolles», sagen wir, um auch nur die erste Zeile des GOETHE-Gedichtes

am Anfang dieses Buches durch reinen Zufall hervorzubringen? Diese Frage läßt sich beantworten.

Denken wir uns einmal einen Affen, der sein Leben lang nichts anderes täte, als 24 Stunden am Tag auf einer deutschen Schreibmaschine herumzuklappern, und der bei dieser Verrichtung so geübt wäre, daß er es auf konstant 100 Anschläge pro Minute brächte; um dem armen Tier die Arbeit zu erleichtern, wollen wir nicht erwarten, daß es die Groß- und Kleinschreibung der deutschen Orthographie berücksichtigt, ja, wir ersparen es ihm, auch nur die Worttrennung, das Ausdrucken der Leertaste also, durch Zufall miterfinden zu müssen; wir wollen uns mit einem Text begnügen, der im Stil der Majuskelhandschriften der Antike nur in Großbuchstaben ohne Worttrennung, Zeichensetzung und Satztrennung geschrieben ist. Dann enthält der Satz
*Was wär' ein Gott, der nur von außen stieße*
33 Buchstaben, die durch Zufall richtig gefunden werden müßten. Eine deutsche Schreibmaschine enthält die 26 Buchstaben des Alphabets, die drei Umlaute ä, ö und ü sowie, wenn auch in einer anderen Reihe, das Zeichen für ß, das wir großzügigerweise als Großbuchstaben durchgehen lassen wollen – insgesamt also 30 Tasten, die es zu bedienen gilt. Die Wahrscheinlichkeit, für den ersten Buchstaben die richtige Taste zu drücken, beträgt mithin 1 : 30, die für den zweiten Buchstaben wieder 1 : 30, die Wahrscheinlichkeit, daß die ersten beiden Buchstaben richtig aufeinandertreffen, liegt demnach bei $1/30^2$. Die Gesamtwahrscheinlichkeit, alle 33 Buchstaben durch Zufall richtig zu finden, beträgt $1 : 30^{33}$. Unser armer Affe steht also vor der exakt zu bestimmenden Aufgabe, $30^{33}$mal irgendwo nach gut Glück auf die Tastatur seiner Maschine zu drücken. Wie lange braucht er, um eine Zeile GOETHE zu schreiben?

Bei 6000 Anschlägen pro Stunde, also bei 144 000 Anschlägen pro Tag, kommt er auf 52 560 000 Anschläge pro Jahr, eine Zahl, die wir auf $5 \cdot 10^7$ abrunden wollen. Dann können wir $30^{33}$ auch schreiben als $3^{33} \cdot 10^{33}$ und müssen diesen Wert durch $5 \cdot 10^7$ teilen, das ergibt
$$3^{33} \cdot 10^{26}/5 = 3^{33} \cdot 2 \cdot 10^{25}.$$
Ungefähr kommen wir damit auf $10^{41}$ Jahre, die unser Affe vor der Schreibmaschine verbringen muß. Selbst wenn man das Alter des Weltalls einmal sehr hoch ansetzt und auf 20 Milliarden ($2 \cdot 10^{10}$) Jahre datiert (gegenüber den 12–15 Milliarden, die von den Astronomen heute geschätzt werden), so ergibt sich, daß unser Affe $5 \cdot 10^{30}$mal so lang, als die Welt besteht, dafür benötigen würde, durch reinen Zufall auch nur eine einzige Zeile eines GOETHE-Gedichtes in Majuskeln zu schreiben. Vergleichen wir nun mit den lächerlich

wirkenden 33 Buchstaben der ersten Zeile des GOETHE-Gedichtes den eben genannten Komplexitätsgrad auch nur der kleinsten Zelle, so liegt eine Zufallsentstehung biologischer Gebilde definitiv außer jeder denkbaren Möglichkeit. (Vgl. ein ähnliches Gedankenexperiment bei R. DAWKINS, 60–63.)

*c) Kumulative Selektion statt Teleologie*

Rechnungen dieser Art waren (und sind leider auch heute noch) ein entsprechend starkes Argument für die Behauptung der Theologen, einzig eine planende Vernunft, ein Gott also, habe das Ordnungsgefüge des Lebens begründen können. Und doch: So plausibel ein solcher Gedankengang auch erscheint, er enthält zumindest zwei schwere Denkfehler.

Zum einen nämlich ist es nicht richtig, ein ganz bestimmtes Ergebnis als Resultat bloßer Zufallsvariationen erwarten zu wollen; denn mit einer solchen Erwartung würde im Grunde nur wieder der «teleologische» Gottesbeweis in die Argumentation eingeschmuggelt: Man nimmt die Welt, wie sie ist, als Ziel einer Entwicklung – es soll nur entstehen dürfen, was tatsächlich entstanden ist! –, und dann erklärt man, daß dieses Ziel einzig durch absichtsvolles Handeln habe erreicht werden können. Logisch liefert ein solcher «Beweis» das Musterbeispiel für einen Zirkelschluß, der nichts anderes enthält als die Voraussetzung, die man gemacht hat: alles, was sich entwickelt hat, soll als Ziel betrachtet werden, und darum kann es nur durch zielgerichtete Planung entstanden sein. Für eine Zeile GOETHEscher Gedichte mag eine solche Voraussetzung immerhin gelten – ein Dichter muß aus einer Vielzahl von denkbaren Möglichkeiten die in seinen Augen günstigste auswählen, und er muß zugunsten dieser seiner einmal getroffenen Wahl alle anderen Möglichkeiten unterdrücken; in der Natur aber entwickelt sich buchstäblich alles, was möglich ist – bei allen Lebensvorgängen kommt auf die Länge der Zeit etwas «Vernünftiges» heraus, nur ist das, was da als Resultat entsteht, eben nicht ein beabsichtigtes Ziel, sondern ein bloßes Ergebnis. – Schon in *Der sechste Tag* (225–256) haben wir hervorgehoben, daß etwa unsere eigene Existenz als Menschen in der Geschichte der Evolution keinesfalls «geplant» war, sondern daß statt unserer Vorfahren auch ganz andere Lebensformen erfolgreich sich hätten durchsetzen können; auch diese Formen würden sich selbst dann nicht weniger als «beabsichtigt» erscheinen als wir Heutige uns selber.

Wie ungerichtet und zufällig selbst Spitzenleistungen der Evolution sich im einzelnen darbieten, hätte man eigentlich wohl immer schon feststellen können, wenn nicht der außerordentlich hohe Komplexitätsgrad der Strukturen des Lebens diesen Eindruck stets überstrahlt hätte. Paradoxerweise nämlich kann dabei zum Beispiel gerade das Auge, das eben noch als eine so beeindruckende Bestätigung der Zielgerichtetheit in der Evolution erschien, bei näherem Hinblick genau das Gegenteil bezeugen.

Man schaue sich nur noch einmal in Abbildung 2 (S. 36) die Lage der Photozellen an! Vermutlich übersieht man zunächst das Groteske ihrer Anordnung, weil man überhaupt nicht darauf kommt, daß so etwas in wörtlichem Sinne «Verrücktes» möglich ist. «Jeder Ingenieur», schreibt R. Dawkins (114), «würde selbstverständlich annehmen, daß die Photozellen auf das Licht hin ausgerichtet sind und daß ihre Drähte nach hinten zum Gehirn führen. Er würde lachen, wollten wir ihm vorschlagen, die Photozellen vom Licht abzuwenden und ihre Drähte an der dem Licht am *nächsten* gelegenen Seite anzuschließen. Doch genau das ist bei allen Wirbeltier-Retinas der Fall. Jede Photozelle ist tatsächlich nach vorn verdrahtet, und der Draht führt auf der dem Licht am nächsten gelegenen Seite heraus. Der Draht muß über die Oberfläche der Retina bis zu einem Punkt laufen, wo er durch ein Loch in der Retina (dem sogenannten blinden Punkt) hindurchführt, um sich mit dem Sehnerv zu verbinden. Dies bedeutet, daß das Licht, statt ungehindert zu den Photozellen durchzudringen, einen Wald von Verbindungsdrähten durchlaufen muß, wobei es vermutlich zumindest eine gewisse Abschwächung und Verzerrung erfährt. In Wirklichkeit ist sie wahrscheinlich nicht groß, aber dennoch, das *Prinzip* an der Sache würde jeden ordentlichen Ingenieur beleidigen!»

Zur Erklärung dieses merkwürdigen Aufbaus gerade *des* Organs, das immer wieder als Beleg für finalistische «Beweis»führungen herhalten mußte, kann man nur gelten lassen, daß niemand jemals im Sinn trug, irgend so etwas wie ein Auge zu «erschaffen», sondern daß die Evolution gar nicht anders verfahren konnte, als mit kleinen Überlebensvorteilen, die sich erst einmal gebildet hatten, weiter zu experimentieren. Jeder «Fortschritt» der Evolution konnte nur erfolgen, indem er mit den Strukturen weiterarbeitete, die bereits bestanden; und bei diesen Strukturen kam es nicht darauf an, was aus ihnen in einer fernen Zukunft werden würde, sondern wie sie sich im Überlebenskampf jetzt bewährten. Tatsächlich muß die Lage der Photozellen auf der Netzhaut des Wirbeltierauges etwas zu tun haben mit dem Weg, den die Evolution gegangen ist, um die Verarbeitung elektromagnetischer Wellen zur Orientierung im Raum, wenn auch ursprünglich auf einfachstem Niveau wie dem Grubenauge von Schnecken, im Kampf ums Dasein als Vorteil zu nutzen.

Damit stehen wir im Grunde bereits bei dem *zweiten* Denkfehler des finalistischen Argumentes: Es ist offenbar ein fundamentaler Irrtum, sich eine Zufallsentwicklung vorzustellen, in der nur der fertige Text, die GOETHE-Zeile als ganze, akzeptiert werden könnte; unser Gedankenexperiment mit dem maschineschreibenden Affen tut so, als wenn es darum ginge, ein Produkt hervorzubringen, bei dessen Zustandekommen der Weg zum «Erfolg» sich vollkommen von dem kontrollierenden «Wissen» des «Experimentators» abkoppeln ließe; genau das aber ist in dem Prozeß des Lebens nicht der Fall. Das Prinzip der Evolution beruht nicht auf der Zufallshervorbringung fertiger komplexer Strukturen, wie eines ganzen GOETHE-Verses, sondern auf den Überlebensvorteilen gradueller, schrittweiser Veränderungen. Mit den Worten von R. DAWKINS (65–66): «Hätte die Evolution sich auf die Ein-Schritt-Selektion verlassen müssen, so wäre sie niemals irgendwohin gelangt. Wenn es jedoch irgendwie möglich war, daß die blinden Kräfte der Natur die erforderlichen Voraussetzungen für eine *kumulative* Selektion geschaffen haben, so könnten die Folgen seltsam und großartig sein.» Das Prinzip der «kumulativen natürlichen Auslese», nicht die «Ein-Schritt-Selektion» bestimmt die «Richtung» der Evolution, denn sie ist in ihrem Ergebnis nicht zufällig, aber auch nicht final determiniert. «Die Evolution hat kein Langzeitziel…, auch wenn unsere menschliche Eitelkeit die absurde Vorstellung hegt, daß unsere Spezies das Endziel der Evolution darstellt. In der Realität ist das Kriterium der Auslese immer kurzfristig, entweder einfaches Überleben oder, häufiger, Fortpflanzungserfolg.» «Evolution findet statt, weil es in aufeinanderfolgenden Generationen winzige Unterschiede in der Embryonalentwicklung gibt. Diese Unterschiede stammen aus Veränderungen (Mutationen – dies ist das kleine Zufallselement in dem… Vorgang) in den die Entwicklung kontrollierenden Genen» (67).

Was wir zur Erklärung der wortwörtlich «unwahrscheinlichen» Komplexität der Strukturen des Lebens suchen, ist mithin weder eine «Planung», die sich in dem Werdegang der Evolution niederschlüge, indem sie auf überraschende Weise uns die Lektüre eines GOETHE-Verses wie ein Geschenk des Himmels präsentierte, noch auch einen schreibmaschineschreibenden Affen, der ohne Rücksicht auf Sinn und Verstand auf seiner Tastatur in Äonen von Jahren alle Möglichkeiten durchprobierte, die statistisch nur irgend vorkommen könnten; was wir suchen, ist eine Addition von Veränderungen, die mit lebensfähigen Strukturen beginnen und dann durch immer neue kleine Veränderungen immer neue entwickeltere Formen erschaffen. Offenlassen müssen wir hier freilich noch die Frage nach der Entstehung solcher lebensfähigen Strukturen selbst – ob und inwiefern auch sie sich mit dem DARWINistischen

Evolutionsmodell beantworten läßt, werden wir später (S. 692–720) zu untersuchen haben. Vorerst genügt es, mit dem dänischen Dozenten für theoretische Biologie CLAUS EMMECHE den «DARWINismus» zu charakterisieren «als die Theorie vom Überleben bestimmter Typen von Organismen und ihrer graduellen genetischen Veränderung (auf größere Spezialisierung hin). Das heißt, es ist eine Theorie über Organismen, die von vornherein einigermaßen angepaßte, gut konstruierte und hochorganisierte biophysische Systeme darstellen» (*Das lebende Spiel,* 17). Unter dieser Voraussetzung läßt sich ganz gut zeigen, wie es mit Hilfe einfacher Regeln möglich ist, eine Vielzahl zufälliger Formen und dynamischer Prozesse zu erzeugen; vor allem der Zentralgedanke des DARWINismus: das Zusammenspiel schrittweiser Veränderungen (Mutationen) und kumulativer Ausleseeffekte (Selektion) läßt sich mit überraschend simplen Verfahren plausibel machen.

### d) *J. H. Conways Lebensspiel*

Im Jahre 1970 lenkte der Mathematiker JOHN HORTON CONWAY die Aufmerksamkeit auf ein Arrangement von Regeln, die er als «Lebensspiel» bezeichnete (vgl. ELWYN R. BERLEKAMP – JOHN H. CONWAY – RICHARD K. GUY: *Gewinnen: Strategien für mathematische Spiele,* Bd. 4: Solitärspiele, Braunschweig 1985; MARTIN GARDNER: *Mathematical Games,* in: Scientific American, 223, Okt. 1970, S. 120–123). CONWAYS Idee war der Frage gewidmet, wie sich «künstliches Leben» im Computer verhält. Sein «Spiel» wird von einer einzigen Person, ohne Gegner also, gespielt, und es ist ein Brettspiel wie Schach oder Dame, nur viel einfacher.

Man denke sich ein Brett quadratischer Felder, deren jedes von acht angrenzenden Nachbarfeldern umgeben ist; jedes Feld soll den Wert einer «Zelle» besitzen, die zwei Zustände annehmen kann: sie ist entweder «an» – dann befindet sich ein Stein auf dem Feld, oder sie ist «aus» – dann ist kein Stein auf dem Feld. Das Spiel besitzt nur zwei Regeln:

«Eine Zelle wird angeschaltet, wenn drei ihrer Nachbarn ‹an› sind.

Eine Zelle bleibt ‹an›, wenn zwei oder drei ihrer Nachbarn ‹an› sind, sonst geht sie ‹aus›» (EMMECHE, 14).

Um diese Regeln als «Lebensspiel»-Regeln zu interpretieren, kann man die Anweisungen mit CONWAY auch in biologischen Begriffen wiedergeben. *«Überleben»* ergibt sich für jeden Stein mit zwei oder drei Nachbarn, *«sterben»* muß ein Stein mit vier oder mehr Nachbarn (durch Überbevölkerung!)

und jeder Stein mit einem oder keinem Nachbarn (Isolation); *«Geburt»* kommt zustande bei jeder Zelle mit genau drei bewohnten Nachbarzellen. Worauf es bei dem Spiel ankommt, ist nichts weiter, als von Fall zu Fall die Nachbarn jeder Zelle zu zählen und durch Anwendung der genannten Regeln ihren Zustand in der nächsten Generation zu bestimmen – also ein «Update des zellulären Automaten» anzulegen.

Praktisch schlug CONWAY als Spielanleitung vor: «1) der Spieler beginnt mit einem Muster aus schwarzen Steinen; 2) er identifiziert diejenigen, die sterben werden, und legt einen schwarzen Stein obendrauf; 3) er bestimmt die Geburtszellen und legt auf diese einen weißen Stein; 4) nach einer ersten und nach einer zweiten Überprüfung entfernt er die Steine auf den toten Zellen und ersetzt die neugeborenen durch schwarze Steine» (EMMECHE, 15). Mit Mühlchensteinen läßt sich diese Spielanweisung leicht verwirklichen. Natürlich kann man das Spiel aber auch von einem Computer ausführen lassen, der die Generationswechsel weit rascher zu berechnen vermag, und «eigentlich dann erst wird das Spiel richtig lebendig: Kleine vibrierende Muster wogen rhythmisch hin und her, und aus ganz einfachen Keimen entstehen neue Strukturen. Eine dieser Strukturen ist der ‹Gleiter›, der diagonal über das Schachbrett ... kriecht, bis er auf andere Strukturen trifft und sich verschlucken läßt» (Abb. 4).

«Mit der Zeit kreierten Conway und seine Freunde einen kompletten Minizoo von Formen, die entweder beständig waren, teilweise Signale aussendeten (wie eine ‹Gleiterkanone›), die ‹blinkten› oder die umherkrochen ... Conways Spiel ist simpel, aber die Strukturen, die daraus entstehen, können sehr komplex sein» (15–16).

4 Mikroskopischer Ausschnitt aus John Conways «Game of Life» in fünf aufeinanderfolgenden Generationen: ein «Gleiter», der sich diagonal über das Netz von Zellen bewegt. Seine Form verändert sich periodisch. Weiß bedeutet «aus» oder «tot» (leeres Feld), Schwarz «an» oder «lebend» (ein Stein auf dem Feld). Für jede Generation wird der Zustand jeder Zelle nach den genannten Regeln berechnet. Man sieht zwar nur sechzehn Zellen, aber auch die Randzellen haben jeweils acht Nachbarn, die als «tot» (Weiß) gezählt werden. Die oberste Zelle der ersten Generation, die «an» ist (links), hat nur einen lebenden Nachbarn; sie stirbt deshalb in der zweiten Generation.

Kennzeichnend für CONWAYS «*Lebensspiel*» ist eine hohe Sensibilität für die Ausgangsformen: je nachdem, in welcher Konfiguration die Zellen am Anfang des Spiels sich befinden, werden sich grundverschiedene «Geschichten» entwickeln. Immer folgt die Entwicklung dabei den Spielregeln einer einfachen Selbstbezüglichkeit: was aus den Zellverbänden wird, hängt einzig und allein von den Mustern ab, die sie bilden; gleichwohl ist in dem Spiel, zumindest in CONWAYS Formulierung, auch eine Art DARWINistischer Selektion verwirklicht: Die Leere der Nachbarfelder markiert das Thema des Nahrungsmangels, eine Überbesetzung der Felder greift das Thema der Überbevölkerung auf, während mangelnde Nähe einer Zelle zu anderen Zellen einen Reproduktionserfolg ausschließt; hingegen verhilft die «richtige» Konstellation einer Zelle sowohl zu Fortexistenz wie zu Selbstvermehrung.

Allerdings handelt es sich bei CONWAYS «*Lebensspiel*» um nichts weiter als um einen ersten modellhaften Versuch zum Verständnis der komplexen Abläufe in der Welt des Lebens; sein mathematisches Spiel kann und will lediglich zeigen, mit wie wenig Regeln es möglich ist, Zufallsentwicklungen so zu gestalten, daß sich spontan, ohne jedwede Planung, rein deterministisch eine Fülle von Formen bildet, die den Gestalten des Lebens nicht vollkommen unähnlich sind; auch daß die «Spielregeln» selber eine gewisse Ähnlichkeit mit den DARWINistischen Grundregeln zur Erklärung des Evolutionsgeschehens aufweisen, gehört zu dieser Spielanlage. Insbesondere aber ist der Unterschied zu dem «Affenexperiment» eklatant. Er liegt vor allem darin, daß in CONWAYS «Spiel» die verschiedenen Formen, wie im Leben selber, sich in einer breiten Vielfalt auseinander entwickeln; sie sind weder das Produkt eines blinden Zufalls noch einer hellsichtigen Planung; sie sind ganz einfach das ebenso notwendige wie unvorhersehbare Ergebnis eines Zufallsgeschehens, das einer überraschend geringen Zahl bestimmter Grundregeln folgt. Eben darin besteht der Vorzug, aber auch die Grenze dieses Spiels. Das Life-Spiel, meinte MANFRED EIGEN (– RUTH WINKLER: *Das Spiel*, 222), «zeigt zwar in hervorragender Weise, wie aus einfachen Grundregeln eine überaus komplexe ‹reale Welt› aufgebaut werden kann, komplex nicht nur hinsichtlich seiner räumlichen Struktur, seiner Morphologie, sondern vor allem auch hinsichtlich seines funktionellen Verhaltens. ... Jedoch ein wesentliches Charakteristikum fehlt: der ‹schöpferische› Zufall. Der Ablauf des Life-Spiels ist ein Musterexemplar für einen deterministischen Prozeß.»

Während die «Regeln» des «Lebensspiels» an jeder Stelle ein gewisses «selektives» Moment enthalten, ist die Frage noch unbeantwortet, nach welchen Regeln die Veränderungen, die «*Mutationen*» ablaufen, die in DARWINistischer Sicht den Motor der evolutiven Bewegung zur Verfügung stellen. Es sind auch hier recht einfache mathematische Beschreibungen, die dazu verhelfen können, die Entstehung und schrittweise Änderung lebender Formen begreifbar zu machen.

### e) Selbstähnlichkeit und fraktale Geometrie

Jeder, der sich noch ein wenig an die Mathematikstunden seiner Schulzeit vor 20 Jahren erinnert, wird die Frustration verstehen, die der junge BENOIT MANDELBROT (*The Fractal Geometry of Nature*, New York 1982) schon als Kind teilte: all die Dreiecke, Vierecke, Trapeze, Kreise und Ellipsen, die man ihm zur Konstruktion vorlegte, ließen sich nach den einleuchtenden Gesetzen der euklidischen Geometrie mit Zirkel und Lineal aufs Blatt zeichnen, aber es waren rein abstrakte Gebilde, eben «Kegelschnittfiguren», durchaus nichts, was einer lebenden Struktur ähnlich hätte sehen können. Wie, fragte sich MANDELBROT bereits als Schüler, soll es möglich sein, mit solchen Konstruktionen die Schönheit eines Schneekristalls, den Aufbau eines Tannenzapfens, die Form eines Blumenkelchs oder die Gestalt einer Birke zu beschreiben? Nicht einmal in unendlicher Annäherung will es gelingen, mit einem Satz von Vierecken eine Vogelfeder zu beschreiben. MANDELBROT faßte das Ungenügen und die Langeweile des mathematischen Schulbetriebs seiner Tage in die lakonische Bemerkung zusammen: «Wolken sind nicht kugelförmig, Berge nicht kegelförmig, Küstenlinien sind keine Kreise und Rinde ist nicht glatt, und auch der Blitz folgt keiner geraden Linie» (zit. nach JOHN BRIGGS – F. DAVID PEAT: *Die Entdeckung des Chaos*, 128).

Statt dessen zeigt sich in all diesen Gebilden eine auffallende *Selbstähnlichkeit*: bestimmte Details einer Form, die man als Fraktale bezeichnet, wiederholen sich immer von neuem, nur auf immer kleineren Skalen.

Was dabei am meisten beeindruckt, ist die offenbare Allgemeingültigkeit, mit der die «Selbstähnlichkeit» in der Natur als Formprinzip verwandt wird. Gleichgültig, ob in den verästelten Mustern der unzähligen Rinnen, Kanäle und Priele, die das Meer im Zurückfluten bei Ebbe in den Sand zeichnet, oder in dem verzweigten System der Arterien, Adern und Kapillaren des Blutkreislaufs, ob in den Schlierenbildungen, die beim Einrühren von Milch in eine Tasse Kaffee entstehen, oder in den Verteilungsmustern der Milliarden Sonnen einer Milchstraße am Himmel, ob in den Linien und Farben einer Muschel oder in den Streifenzeichnungen einer Giraffe oder eines Zebras – im Größten wie im Kleinsten scheint das Gestaltprinzip selbstähnlicher Strukturen am Werke zu sein. Um ihre Konstruktion zu verstehen, bedurfte es der mathematischen Herleitung von Kurven, die sich nicht mehr mit dem Hauptinstrumentar der NEWTONschen Physik: mit der Differentialrechnung, behandeln ließen, sondern rekursive Gleichungssysteme darstellten. Selbstähnlichkeit, also die ständige Wiederkehr gleicher Formen in unterschiedlichem Maßstab, läßt sich erzeugen, indem man ein und dieselbe Vorschrift immer wieder auf sich selbst anwendet, so als ließe man eine Mehrfach-Verkleinerungs-Kopiermaschine ein bestimmtes Muster beliebig oft ausdrucken.

Ein ebenso einfaches wie bekanntes Verfahren dieser Art wurde bereits 1906 durch H. VON KOCH gefunden (*Une méthode géométrique élémentaire pour l'étude de certaines questions de la théorie des courbes planes,* Acta mathematica 30, 1906, 145–174), und es führt zu Formen, die mit den Umrissen eines Schneekristalls oder einer Küstenlinie mit vielen Buchten vergleichbar sind.

Die geometrische Konstruktion der Koch-Kurve beginnt mit einer geraden Linie, dem *Initiator;* diesen zerlegt man in drei gleiche Teile und ersetzt das mittlere Drittel durch ein gleichseitiges Dreieck, dessen Grundlinie man entfernt. So entsteht eine Figur aus vier Teilen, der *Generator,* den man in allen folgenden Schritten wiederverwendet, indem man erneut jede gerade Strecke in drei gleiche Teile zerlegt, das mittlere Drittel durch ein gleichseitiges Dreieck ersetzt und dessen Grundlinie entfernt (Abb. 5). Die Selbstähnlichkeit der so entstehenden Formen ergibt sich aus dem Konstruktionsverfahren von selbst, denn natürlich ist jeder der vier Teile eines neuen Konstruktionsschrittes eine verkleinerte Abbildung seines Vorgängers (vgl. HEINZ-OTTO PEITGEN – HARTMUT-DIETMAR SAUPE: *Bausteine des Chaos. Fraktale,* 110–115).

Differenzierbar mit den Rechenverfahren von LEIBNIZ und NEWTON ist eine solche Kurve schon deshalb nicht, weil sie ausschließlich aus Ecken besteht, so daß an keinen ihrer Punkte eine Tangente angelegt werden kann, mit deren Hilfe sich der «Anstieg der Kurve in einem Punkt» bestimmen ließe.

1968 hat der Biologe ARISTID LINDENMAYER eine mathematische Beschreibung von *Pflanzenformen* entwickelt (*Mathematical models for cellular interaction in development,* Parts I and II, Journal of Theoretical Biology 18, 1968, 280–315); die Fraktale, die sich daraus ergeben, werden seither als L-Systeme bezeichnet. Schon die KOCH-Kurve ist ein solches L-System, bestehend aus einem Axiom F und bestimmten Ersetzungsregeln; ihre Ersetzungsregeln lauten: F → F – F ++ F – F, wobei + → + und – → –; F wird dabei als eine Strecke interpretiert, + bedeutet eine Drehung im Uhrzeigersinn, – eine

5  Die «*Koch*»-Kurve

Drehung gegen den Uhrzeigersinn (vgl. HARTMUT JÜRGENS – HEINZ-OTTO PEITGEN – DIETMAR SAUPE: *Fraktale – eine neue Sprache für komplexe Strukturen*, in: Chaos und Fraktale, 106–126, S. 115).

Unter allen fraktalen Sprachen ähneln die L-Systeme am meisten den natürlichen Sprachen – schon deshalb eignen sie sich besonders gut, um jene theologisch beliebte, doch absurde Fragestellung unseres «Affenexperimentes» in eine Form zu bringen, in welcher die Mathematik zur Lösung biologischer Probleme tatsächlich beitragen kann. Wie gerade am Beispiel der Koch-Kurve gezeigt, bestehen L-Systeme aus Folgen von Symbolen, etwa den Buchstaben des Alphabets, aus Sonderzeichen wie + oder – sowie bestimmten Ersetzungsregeln.

Nehmen wir zum Beispiel das Ausgangssymbol A und die zwei Ersetzungsregeln A → B und B → AB. In der ersten Stufe wird das Ausgangssymbol (das «Axiom») A nach der ersten Ersetzungsregel durch B ersetzt; in der nächsten Anwendung ist entsprechend der zweiten Regel B durch AB zu ersetzen, und so weiter. Schreiben wir die ersten acht Symbolfolgen aus, so lauten sie:

>A
>B
>AB
>BAB
>ABBAB
>BABABBAB
>ABBABBABABBAB
>BABABBABABBABBABABBAB

Wie man sieht, ist jedes Glied gleich der Summe seiner beiden Vorgänger; nach dem italienischen Mathematiker FIBONACCI («Sohn von Bonacci»; eigentlich Leonardo Pisano: *Liber abaci* – Buch von Abakus, 1202) spricht man von einer FIBONACCI-Folge. Wichtig in unserem Zusammenhang ist die Möglichkeit, ein solches fraktales L-System geometrisch zu interpretieren, seine Buchstabenfolge also zum Beispiel als bestimmte Strecken zu deuten und sie, wie in der Koch-Kurve, mit bestimmten Drehungen und Winkelmaßen zu kombinieren.

Ein einfacher Strauch etwa wie in Abb. 6 links läßt sich herleiten durch das Axiom F und die Ersetzungsregeln

>F → F [+ F] F [– F] mit + → – und – → + sowie [ → [und] → [.

Das Symbol [ bezeichnet den Beginn eines neuen Zweiges, der mit ] abgeschlossen wird. Die Drehungen nach links (–) und rechts (+) erfolgen jeweils um 28,6°, also um etwa ein Siebtel von 180 Grad (vgl. JÜRGENS – PEITGEN – SAUPE: *Fraktale*, S. 116).

Auf diese Weise läßt sich eine Vielfalt von Formen generieren (vgl. etwa die Varianten des SIERPINSKI-Dreiecks bei: PEITGEN – JÜRGENS – SAUPE: *Bau-*

*steine des Chaos*, 287–292); an dieser Stelle genügt es, auf die Möglichkeit zu verweisen, daß die entsprechenden mathematischen Regeln in den genetischen Anweisungen der biologischen Systeme ihr Pendant besitzen. Dann begreift man die hohe Bedeutung, die der fraktalen Geometrie zur Erklärung der Strukturen des Lebendigen zukommt.

6  Auch die wilde Karottenpflanze (rechts), ein Werk von PRZEMYSLAW PRUSINKIEWICZ, ist durch ein L-System erzeugt. Im Modell ist der Prozeß der Bildung von Blüten enthalten. Hier ist die oberste Blüte die älteste und zugleich ausgeprägteste Blüte. In den Blättern sind deutlich die natürlichen selbstähnlichen Strukturen zu erkennen.

## f) Genetik und das Land der Biomorphe

Allerdings haben wir bis jetzt lediglich einen gewissen Einblick in die *Regelmäßigkeit* bestimmter Formen nach streng deterministischen Gesetzen gewonnen; im Grunde haben wir noch nicht mehr erreicht, als Muster zum Stricken und Weben von einigermaßen «natürlich» erscheinenden Formen zu erzeugen. Um das Geschehen der Evolution zu verstehen, müssen wir unserer Betrachtung unbedingt den Faktor der *Mutation,* der Wandelbarkeit der Formen hinzufügen. Wie hoch, so lautet genauer gestellt die Frage, ist die Wahrscheinlichkeit, daß sich aus einer bestimmten Form eine andere erzeugen läßt?

Vorab, um sich von der Wirklichkeit nicht allzu weit zu entfernen, sollten wir uns verdeutlichen, was die Gene, in denen die Mutationen auftreten, alles beeinflussen können. Prinzipiell können Mutationen «in jedem Träger genetischer Information, DNA (sc. Desoxyribonucleinsäure, d. V.) wie RNA (sc. Ribonucleinsäure, d. V.), eintreten. Es ist auch gleichgültig, wo die Informationsträger lokalisiert sind, im Cytoplasma, in den Chromosomen des Zellkerns oder in besonderen Organellen außerhalb des Zellkerns. – Bei tierischen Organismen werden sowohl die Zellen der Keimbahn als auch die des Somas (sc. der Körperzellen, d. V.) betroffen. Im letzten Fall spricht man von *somatischen Mutationen.* Bei Pflanzenzellen sind Keimbahn und Soma nicht voneinander trennbar... Mutationen treten spontan auf... Bei höheren Organismen werden als spontane Mutationsrate Zahlen von rund $10^{-5}$ (1:100 000) pro Gen und Generation genannt. – Mutationen sind für den betroffenen Organismus überwiegend schädlich. Nur selten bringt eine Mutation in der jeweils gegebenen Umweltsituation einen Selektionsvorteil mit sich» (G. Czihak – H. Langer – H. Ziegler [Hg.]: *Biologie,* 159–160). Mutationen können also «überall» auftreten, aber so gut wie immer bedeuten sie Nachteil und Leid, nur ganz selten Vorteil und Erleichterung.

Wichtig in unserem Zusammenhang ist die Tatsache, daß, wie Rupert Riedl (*Die Ordnung des Lebendigen,* 121–122) schreibt, der «*genetische Umfang einer Mutation...* meist klein» ist; «die Erfolgschancen wachsen mit der Kleinheit». «Das Ergebnis einer Mutation betrifft fast nie ein funktionelles Ganzes. Die Vorstellung, daß ein Gen jeweils ein Merkmal bestimmte, mußte längst aufgegeben werden. Die Genwirkungen erweisen sich in doppelter Weise verflochten. – Zum einen zeigt es sich, daß die meisten mutierten Gene Veränderungen an einer ganzen Reihe von Merkmalen zur Folge haben: Man nennt das *Polyphänie* oder *Pleiotropie.* Zum anderen gibt es kein Funktionssystem im Organismus, welches von einem einzigen Gen abhinge. Immer sind einige, zumeist viele Gene beteiligt: Phänomen der *Polygenie*.» Es ist, als wenn die Natur aufgrund der Bedeutung, die Mutationen haben können, sich vor allzu hohen Freiheitsgraden der Veränderung beizeiten hätte schützen wollen – ein Aspekt, den wir sogleich noch näher betrachten müssen; zudem zeigt sich auch, daß die Gene eines Tieres oder eines Menschen nicht einfach ein Gesamtprogramm, eine Art Blaupause für die Konstruktion des fertigen Körpers darstellen; sie ähneln eher einem Kochrezept, einem Steuersystem vieler einzelner lokaler Zellwirkungen aufeinander. Der wichtigste Vorgang ist dabei die *Zellteilung*; Veränderungen *hier* hinterlassen unmittelbar die nachhaltigsten Effekte: wann, wo und wie oft eine Zelle sich teilt, – das ist der Vorgang, der in der Embryonalentwicklung die Gestaltwerdung bestimmt.

Es liegt von daher nahe, zum Studium des Einflusses von Genen auf Zellteilungsvorgänge einem Computer rekursive Programme einzugeben, Regeln also, die in der bereits angegebenen Form an jeder Stelle wieder angewandt werden. RICHARD DAWKINS (*Der blinde Uhrmacher*, 67–93) hat anhand solcher Entwicklungsspiele mit «Biomorphen» ausführlich beschrieben, welch eine hohe Bedeutung der *graduellen, schrittweisen Veränderung* in der Evolution zukommt – ganz wie CHARLES DARWIN es behauptete. Nehmen wir, als den einfachsten Fall, das Baummodell rekursiver Verzweigungen; ein einzelner senkrechter Strich gabelt sich achsensymmetrisch, dann verzweigen sich die Äste in zwei Unteräste usw. Je nach der «Rekursionstiefe», also je nach der Anzahl der Verzweigungsmuster, entstehen Bilder wie in Abb. 7.

Diese sieben «Bäume» unterscheiden sich allein durch ein einziges «Gen», das die Anzahl der Verzweigungen vorschreibt. Die Abbildung ist von der Wirklichkeit nicht weit entfernt – auch «echte» Bäume wachsen nach solchen Verzweigungsmustern, selbst wenn man es ihnen unter dem Einfluß von Boden, Bewässerung, Wind, Klima und Lichteinfall nicht immer sogleich ansieht. Allerdings besitzen Pflanzen Zehntausende von Genen, die im Prinzip allesamt mutieren können; beschränken wir an den gezeigten «Bäumen» die Zahl der «Gene» einmal nur auf 9, dann lassen sich die Winkel der Verzweigung, die Länge der Äste usw. durch einen einzigen Mutationsschritt verändern. Ausgehend von dem 4. Baum in Abb. 7, zeigt die Darstellung, die R. DAWKINS (S. 71) gibt, das folgende Bild (Abb. 8), je nachdem, ob man die Wirkung des jeweiligen Gens um den Wert 1 nach oben oder nach unten verändert: das Gen 9 etwa soll die «Rekursionstiefe», die Anzahl der Verzweigungsschritte bestimmen, dann erhalten wir durch Erhöhung oder Verminde-

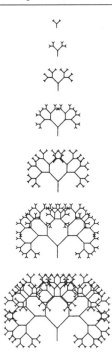

7 Die sieben «Bäume».

rung der Auswirkung dieses Gens um den Wert 1 die schon bekannten «Bäume» 3 und 5 von Abb. 7; andere «Gene» sorgen für entsprechend andere Wirkungen, wie Verzweigung nach unten oder zur Seite, Verlängerung oder Stauchung der Äste usw.; sie führen mithin zu Bildern, die alle nur durch Änderung *eines* der neun Gene aus dem «Baum» in der Mitte durch einen einzigen Mutationsschritt entwickelt wurden, die aber, wie man sieht, bereits recht erhebliche Formunterschiede aufweisen.

Und so kann es nun weitergehen. Wie im «wirklichen Leben» erhält auch in dem «Entwicklungs»-Spiel die nachfolgende Generation ihre Gestalt nicht einfach von der Gestalt der Eltern, sondern von den Werten der eigenen Gene; abweichend von der Wirklichkeit ist freilich die «nichtsexuelle» Vermehrung der Biomorphe, die man sich notfalls als insgesamt weiblich denken müßte; zudem darf in dem Modell stets nur ein Mutationsschritt nach dem anderen stattfinden; – so vorsichtig geht die Natur nicht immer vor. Dafür bietet das Computerprogramm den Vorteil, daß es ein unabsehbares Labyrinth sich verzweigender Gänge in der Biomorphen-Welt zur Verfügung stellt, deren Vielfalt praktisch unendlich und deren Vorausschau prinzipiell unmöglich ist. Das

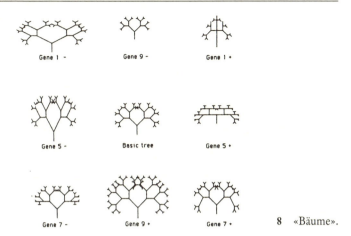

8 «Bäume».

«Land der Biomorphe» ist ein mathematischer Raum, innerhalb dessen «eine endlose, aber geordnete Reihe morphologischer Vielfältigkeit» jeder Kreatur ihren korrekten Platz zuweist, so als warte sie nur darauf, «entdeckt» zu werden. «Alle Geschöpfe im Land der Biomorphen stehen in einer definitiven räumlichen Beziehung zueinander.» «Nahe Nachbarn im genetischen Raum sind Tiere, die sich nur durch eine einzige Mutation voneinander unterscheiden.» «Jede Evolutionsgeschichte besteht aus einem speziellen Pfad, oder einer besonderen Bahn, durch den genetischen Raum» (DAWKINS, 85); diese Bahn aber ist nicht geplant – sie ergibt sich. Und das ist nun entscheidend. Da die Zahl möglicher Biomorphe selbst bei der verschwindend kleinen Zahl von nur neun variierenden Genen bereits astronomisch hoch ist, läßt sich das Evolutionsspiel weder steuern noch im nachhinein rekonstruieren; selbst im Rückblick ist der spezielle Entwicklungsweg, der eine bestimmte Gestalt hat entstehen lassen, kaum noch auffindbar. Wir haben es insofern gegenüber dem «Lebensspiel» CONWAYS mit echtem schöpferischem Verhalten zu tun, nur ist kein Schöpfer vorstellbar, der den Gang der Dinge lenken würde.

Statt dessen lassen sich im «genetischen Raum» die Abstände messen, die bestimmte Lebewesen voneinander trennen; sie entsprechen einfach der Anzahl der Biomorphe, die sich zwischen ihnen befinden und die durch graduelle Veränderungen auseinander hervorgebracht wurden. Je größer die Abstände sind, desto unwahrscheinlicher wird es, daß sich das eine aus dem anderen – durch eine Art Makromutation – ergeben haben könnte. *Natura non facit saltus* – die Natur macht keine Sprünge. Zumindest in der Biologie gilt dieser Satz uneingeschränkt: «je kleiner der Sprung, um so weniger wahrscheinlich ist der Tod, und um so wahrscheinlicher ist es, daß der Sprung zu einer Verbesserung führt» (DAWKINS, 92).

Aber was heißt hier: Tod? Oder Leben?

Nach den Vorstellungen der mathematischen Biologie stellen die Tiere, die auf Erden wirklich leben oder gelebt haben, nur einen winzigen Ausschnitt der theoretisch möglichen Evolutionsbahnen im genetischen Raum dar; jedes Tier ist von einer Vielzahl von Nachbarn umgeben, die nie existiert haben. Doch woran liegt es, daß bestimmte Evolutionsbahnen beschritten werden, andere hingegen nicht? Bei dieser Frage weist das «Evolutionsspiel» eine empfindliche Schwäche auf; denn die einzig korrekte Antwort müßte lauten, daß die Gestaltung der Biomorphe durch *kumulative Selektion,* also durch eine Häufung schrittweiser Mutationen aufgrund eines bestimmten Auslesedrucks, zustande kommt; im «Evolutionsspiel» aber gibt es nur eine künstliche, keine natürliche Auslese. Immerhin ist es möglich, auch die Wirkung natürlicher Auslese in dem Modell nachzubilden.

So lassen sich Details an der Gestalt der Biomorphe festlegen, die ihnen ein Überleben erlauben oder erschweren sollten; ja, es lassen sich andere Biomorphe erzeugen, die aufgrund bestimmter Details als «Räuber», Parasiten oder Konkurrenten in Erscheinung treten, und es wird dann zu beobachten sein, wie zum Beispiel die «Beute»-Biomorphe auf die «Jäger»-Biomorphe reagieren. Zu erwarten steht insbesondere das auch in der Natur zu beobachtende «Wettrüsten» im Sinne einer wechselseitig sich bedingenden Verbesserung der jeweiligen Überlebensstrategien.

Dieses Konzept einer Verknüpfung von gradueller Mutation und kumulativer Selektion erlaubt uns nun, die Frage nach der Entstehung komplexer Strukturen, wie zum Beispiel des Auges, noch einmal neu aufzunehmen. Natürlich ist die Entstehung eines so vielschichtigen Organs wie des Wirbeltierauges nicht durch eine Serie von Makromutationen zu erklären, deren zufälliges Zusammentreffen zu phantastischen Graden der Unwahrscheinlichkeit führen müßte; ebensowenig aber kann es einen ernsthaften Biologen befriedigen, von den Theologen zu erfahren, daß eben der allgütige Gott in seiner Weisheit und Allmacht durch ein besonderes «Eingreifen» in den Gang der Welt das schier Unmögliche durch ein Wunder vollbracht habe. Die Antwort, auf die wir jetzt wohlvorbereitet sind, besteht darin, daß wir den schrittweisen Pfad durch den genetischen Raum entlang einer Kette kontinuierlicher Variablen rekonstruieren müssen, um die Entstehung etwa des Auges erklären zu können; wobei sich ein Hauptproblem immer wieder stellt: Wenn es erst möglich ist, mit dem voll entwickelten Auge «richtig» zu sehen, welch ein Überlebensvorteil soll dann den zu postulierenden Vorstufen des Auges zukommen, und: sind die entsprechenden Lebewesen in den Zwischenphasen überhaupt lebensfähig?

Vor allem ERNST MAYR (*Die Entwicklung der biologischen Gedankenwelt*, Heidelberg 1984) hat, um die vermeintlichen Probleme der DARWINistischen Theorie aufzuzeigen, auf die funktionelle Einheit der verschiedenen Teile des Auges hingewiesen, die allesamt nur in ihrem gemeinsamen Zusammenspiel Sinn machten: «Das Auge», meinte er, «funktioniert entweder als Ganzes oder überhaupt nicht», da, «wenn auch nur das Geringste... falsch läuft – wenn die Hornhaut trübe ist, oder sich die Pupille nicht richtig öffnet, oder die Linse undurchsichtig wird, oder falsch fokussiert wird, – kein erkennbares Bild entsteht... Wie geschah es denn dann, daß es sich durch langsame, stetige, unendlich kleine DARWINsche Verbesserungen entwickelte? Soll man wirklich glauben, daß durch zufälliges Zusammentreffen Tausende und Abertausende von Glücksfallmutationen eintraten, so daß Linse und Retina, die nicht ohne einander funktionieren können, eine synchrone Evolution durchmachen? Welchen Überlebenswert kann ein Auge haben, das nicht sieht?»

Dagegen erweist sich das Prinzip der schrittweisen Veränderung und der kumulativen Verbesserung gerade bei der Entwicklung des Auges als besonders wirksam! R. DAWKINS (98-99; 103-104) argumentiert, um das zu zeigen, folgendermaßen: MAYR behauptete, «daß Linse und Retina nicht ohne einander arbeiten könnten. Woher nimmt er das Recht dazu?... In einer primitiven Welt, in der einige Lebewesen überhaupt keine Augen und andere linsenlose Augen hätten, würden die mit linsenlosen Augen über alle möglichen Vorteile verfügen. Und es gibt eine kontinuierliche Reihe von Xen, so daß jede winzige Verbesserung in der Bildschärfe, vom verschwimmenden Eindruck bis hin zur perfekten Sehschärfe des Menschen, glaubwürdig die Überlebenschancen des Individuums verbessert.» «Einige einzellige Tiere besitzen einen lichtempfindlichen Punkt mit einer kleinen Pigmentmembran dahinter. Die Membran schützt ihn vor Licht aus einer bestimmten Richtung, was dem Tier eine ‹Vorstellung› davon gibt, woher das Licht kommt. Unter den vielzelligen Tieren gibt es mehrere Typen von Würmern und einige Schalentiere, die eine ähnliche Einrichtung besitzen; allerdings sind die pigmentbeschichteten lichtempfindlichen Zellen in einer kleinen Grube angelegt, wodurch eine geringfügig bessere Richtungsbestimmung möglich wird, da jede Zelle selektiv abgeschirmt ist von Lichtstrahlen, die von ihrer eigenen Seite in die Grube fallen. In einer kontinuierlichen Reihe, die von einer flachen Fläche lichtempfindlicher Zellen über eine flache Mulde bis hin zu einer tiefen

Grube reicht, wäre jeder Schritt, wie immer klein (oder groß) er auch sein mag, eine optische Verbesserung. Wenn ich nun eine Grube sehr tief mache und die Seiten umstülpe, erhalte ich schließlich eine linsenlose Lochkamera. Es gibt eine kontinuierliche abgestufte Reihe von der flachen Mulde bis zur Lochkamera.»

Eine solche Lochkamera ermöglicht bereits ein recht klares Bildsehen: wenn das Loch klein ist, wird das Bild schärfer, aber dunkler; wird das Loch größer, wird das Bild heller, aber unschärfer. Dem Nautilus zum Beispiel, einem Kopffüßer mit Schale, ähnlich den ausgestorbenen Ammoniten, genügt ein solches Loch-Kamera-Auge bis heute. Dabei ist es nicht nur erstaunlich, daß das Auge in der Evolution offenbar mehrmals, und zwar völlig unabhängig voneinander, bei Weichtieren wie bei Wirbeltieren, «erfunden» wurde, es muß noch mehr erstaunen, daß der Nautilus die vergangenen 100 Millionen Jahre seiner Evolution nicht dazu genutzt hat, sich ein Linsenauge zuzulegen, wie es seine Verwandten, die zehnarmigen Tintenfische *(Sepiidae)* und die achtarmigen Kraken *(Octopodidae)* getan haben; die Qualität seiner Retina ist so gut, daß eine Linse offensichtlich eine enorme Verbesserung seines Sehvermögens darstellen würde. Vermutlich schließt der Gang, der durch den genetischen Raum zum Nautilus geführt hat, bereits auf der Stufe der Embryonalentwicklung Mutationen in diese Richtung aus.

Doch um nicht nur bei den Augen von Wirbeltieren und Weichtieren stehenzubleiben: MICHAEL LAND (*Optics and vision in invertebrates,* in: H. Autrum (ed.): Handbook of Sensory Physiology, Berlin 1980, 471–592) nimmt an, daß es neun Grundprinzipien der Bilderzeugung gibt und daß die meisten von ihnen selbständig entstanden sind. So benutzen zum Beispiel etliche Weichtiere und Krustentiere das Prinzip des Teller-Reflektors, das mit unserem Kameraauge nichts zu tun hat und am meisten einem Teleskop ähnelt; andere Krustentiere verfügen über ein Facettenauge wie die Insekten. Man sieht: der Selektionsdruck bringt *immer wieder* unter vergleichbaren Bedingungen vergleichbare Ergebnisse hervor, indem er schrittweise die gegebenen Mutationen in eine bestimmte Richtung kanalisiert.

Liest man die Darstellung überzeugter DARWINisten wie R. DAWKINS, so erscheint mithin gerade das ursprünglich so zwingende Theologenargument von der Notwendigkeit des Schöpfungsglaubens angesichts der unwahrscheinlichen Komplexität lebender Strukturen wie zum Beispiel des Auges nach all dem Gesagten ganz im Gegenteil als ein rundum schlüssiger Beweis für die These DARWINS, daß die Natur ihre am höchsten entwickelten und leistungsfähigsten Lebensformen hervorbringe aus ungerichteten zufälligen

Erbänderungen und aus dem Kampf ums Überleben. Mutation und Selektion sind dabei die treibenden und richtenden Faktoren des Geschehens. Und wie wir hörten: Winzig erscheinende Vorteile wie die Fähigkeit, «ein wenig» besser zu sehen (oder zu hören, zu riechen, zu laufen usw.), können im Wettkampf ums Überleben, das heißt bei dem Bemühen, die eigenen Gene erfolgreich weiterzugeben, einen entscheidenden Wettbewerbsvorteil bedeuten. Am Beispiel der Entwicklung des Sehvermögens gewinnt diese Betrachtungsweise ganz offenbar eine schwer zu widerlegende Geschlossenheit.

## 2. Zur Wechselwirkung von Genen und Phänen nach Rupert Riedl

Und doch gibt es berechtigte Zweifel an dieser Sicht der Dinge. Die Hauptschwierigkeit liegt nicht in dem Funkionsvermögen «intermediärer Typen», sondern in der Frage, ob die Selektion wirklich erst und ausschließlich auf der Ebene der lebenden Individuen, der als «Phäne» «ausgedruckten» Gene also, ihre Arbeit aufnehmen kann. An dieser Stelle ist es vor allem der Wiener Biologe RUPERT RIEDL, der dieser Frage nachgegangen ist. In seinem Buch *Die Ordnung des Lebendigen* (1975) fragt R. RIEDL nach den «Systembedingungen» der Evolution, indem er Methoden der Informatik mit Ansätzen der Systemtheorie kombiniert. Voraussetzung und Ausgangspunkt seiner Überlegungen ist die sogenannte *«synthetische Theorie»*, in der «die Mechanismen der Selektion (Darwinismus), Mutation (Neo-Darwinismus) und Populationsdynamik» «einen fundamentalen Erklärungswert» besitzen (15). RIEDL betrachtet diese Theorie, die vor allem von E. MAYR (*Population, species and evolution*, Cambridge, Mass., 1970) mitformuliert wurde, zwar «als eine notwendige, nicht aber als eine zureichende Erklärung» (11).

In der Tat ist die Frage nach wie vor unbeantwortet und mit den Mitteln reduktionistischen Denkens wohl auch unbeantwortbar, woher die in wörtlichem Sinne «unwahrscheinliche» Ordnung in der Natur denn nun eigentlich stammt. Wir verfügen bislang bereits über mathematische Modelle zur Beschreibung von Ordnungszuständen, doch ist damit noch lange nicht das Problem gelöst, wie und warum in der Natur rekursive Mechanismen verwirklicht wurden. Wir können erklären, daß der Selektionsdruck aus einem vorhandenen Angebot geordneter Zustände eine Tendenz zur Optimierung bestimmter Eigenschaften und Fähigkeiten im Sinne einer immer besseren Anpassung an bestimmte Umweltbedingungen erzeugt, doch ist damit keinesfalls schon das Angebot geordneter Zustände selbst erklärt. Vor allem: wie konnte eine kurzsichtige Auswahl zufälliger «Schreibfehler» bei der Weitergabe genetischer Steueranweisungen dahin führen, daß bestimmte Gesetzmäßigkeiten, wie sie in der Morphologie und Systematik der Tierklassen und -stämme zum Ausdruck kommen, über Hunderte von Jahrmillionen sich erhielten und ausdifferenzierten?

CH. DARWIN selber, der kein «Darwinist» war, sah hier noch eine Lücke seines eigenen Erklärungskonzepts. In *Die Entstehung der Arten* von 1859 (4. Kap., S. 120–188, 131–133) zum Beispiel führte er das Prachtgefieder zahlreicher Vögel auf die geschlechtliche Zuchtwahl zurück, fügte aber zugleich vorsichtig hinzu, daß er «dennoch nicht» «alle geschlechtlichen Unterschiede zwischen den Männchen und Weibchen aus dieser Quelle herleiten» wolle; ein Jahr später, am 3. April 1860, bekannte er in einem Brief an einen befreundeten Botaniker in den USA, an ASA GREY, daß er kaum ein Pfauenrad in seinen schillernden Farben und Formen anzuschauen vermöchte, ohne «über und über» zu erschauern: «Allein schon die Sicht einer Pfauenfeder, wo ich auch auf sie stoße und auf sie hinschaue, macht mich krank.» ADOLF PORTMANN (*An den Grenzen des Wissens*, 37–38) zitierte diese Worte als Zeugnis *gegen* den «Darwinismus» – und irrte darin. Die Frage aber bleibt: Was ist das für ein *kausaler* Mechanismus, der die Gesetzmäßigkeiten der Evolution hervorbringt und zugleich die vorhersehbare Mannigfaltigkeit der Arten erschafft?

Schon F. W. J. SCHELLING meinte in seinem *System des transzendentalen Idealismus* von 1800 (3. Hauptabschnitt, D IV, S. 156–167), daß ein Organismus eine Kausalität darstelle, die auf sich selber zurückwirke: «Der Grundcharakter der Organisation», schrieb er, «ist..., daß sie mit sich selbst in Wechselwirkungen, Produzierendes und Produkt zugleich ist» (163). RIEDL greift diesen Gedanken der Sache nach auf und wendet ihn auf das evolutive Geschehen selbst an, dem die Vielzahl der Organismen sich verdankt. *«Meine Theorie»*, erklärt er, «geht von einem vollständigeren Kausalkonzept (sc. als dem der synthetischen Theorie, d. V.) aus, von der Einsicht (nämlich, d. V.), daß die Wirkungen des Evolutionsmechanismus auf das, was wir seine Ursache nennen, selbst zurückwirken. Ich werde zeigen, daß die Chancen, ... mit mutativer Änderung Erfolg zu haben, in allen Ebenen der Evolution verschieden sind; und daß deshalb die Erfolgschancen der Änderung von Merkmalen (Phänen, Ereignissen) über diejenigen der Gene (genetischen Entscheidungen) ebenso wachen wie die der Gene über jene Merkmale. Entscheidungen wie Ereignisse sind über einen ‹Feed-Back›- oder Rückkopplungsmechanismus zu einem Gesamtsystem von Wirkungen verbunden. Dies ist im Wesen ein Selektionsmechanismus, der den Gesetzen der Zufallswahrscheinlichkeit die wachsende Zufalls-Unwahrscheinlichkeit der Organisation des Lebendigen abringt. Dabei führt die Ausnützung der möglichen Wechselabhängigkeiten sowohl zur Ausbildung der vier bekannten molekularen Schaltmuster (sc. der Repetierschaltung, der Vorschaltung, der Gleichschaltung und der Folgeschaltung, d. V.) als auch zu vier korrespondierenden morphologischen Ordnungsmustern der Ereignisse (die wir Norm, Hierarchie, Interdependenz und Tradierung nennen werden). Dynamisch bedeutet dies ein ‹Self-Design›, eine Selbststeuerung in der Evolution ... *Die Konsequenzen der Theorie* sind Evolutionsbahnen, die sich in sich selbst regeln und gestalten, die sich in sich selbst entwerfen» (16).

Entscheidend an R. RIEDLS Konzept ist die Behauptung, daß die Selektion nicht nur, wie in der «orthodoxen» DARWINistischen Theorie, «von Umweltbedingungen in der Organisation der Organismen selbst diktiert wird» (347). Den Nachweis der Berechtigung dieser These führt der Wiener Biologe mit Hilfe der Wahrscheinlichkeitstheorie, indem er zeigt, wie die Mechanismen von Mutation und Selektion notwendig in ein System von Wechselabhängigkeiten führen, in denen nicht eine lineare (exekutive), sondern eine vernetzte (funktionelle) Kausalität vorherrschend ist. Der Bedeutung dieses Ansatzes wegen versuchen wir, RIEDLS Argumentation in den Hauptelementen ausführlicher wiederzugeben, um hernach die Folgerungen zu diskutieren, die sich für die Theologie daraus ergeben.

### a) Von Gesetz und Redundanz

Eine einfache Betrachtung der Welt bereits führt zu einer sonderbaren Zweiteilung: es ist möglich, alle beobachtbaren Tatsachen in Zufall und Notwendigkeit einzuteilen. Fragen wir uns, wie überhaupt der Eindruck von Notwendigkeit in einem gegebenen Datenstrom zustande kommt, so basiert er auf Wiederholungen (redundanten Informationen), in denen die Anwendung einer bestimmten Gesetzmäßigkeit erkennbar wird.

An sich ist der Informationsgehalt eines bestimmten Systems aus seinem Determinationsgehalt (D) und seinem Indeterminationsgehalt ($I_D$, dem tatsächlichen Informationsgehalt oder Zufallsgehalt, ohne erkennbare Gesetzmäßigkeit) zusammengesetzt. Der maximale Informationsgehalt, das heißt, die Menge der Informationen, die wir insgesamt aufnehmen müssen, um ein System vollständig kennenzulernen, ist also

$I_I = I_D + D$.

Da ein Zuwachs an Determination mit einer Abnahme an Zufallsentscheidungen identisch ist und umgekehrt, ist die Summe aus Zufall und Notwendigkeit stets konstant:

$I_D + D = \text{konst}.$

Als Maßeinheit des Informationsgehaltes (I) eines Ereignisses (x) verwenden wir das in der Elektronik übliche *bit*, die digitale Ja/Nein-Entscheidung: Ich muß zum Beispiel einmal eine Münze werfen, um mit einer Ja/Nein-Entscheidung zwei Ereignisse (Zahl und Adler) festzulegen; wenn ich zweimal werfe, ergeben sich vier ($2^2$) Ereignisse, wenn ich dreimal werfe, erhalte ich acht ($2^3$) Ereignisse, bei viermal sechzehn ($2^4$) Ereignisse usw.; es ergibt sich demnach eine Beziehung nach dem Zweierlogarithmus, dem *logarithmus dualis (ld):* ich brauche 2 *bit* zu einer binären Wahl bei 4 Ereignissen, ich benötige 4 *bit* zu einer binären Wahl bei 16 Ereignissen. Bezeichnen wir nun die Wahrscheinlichkeit eines Ereignisses mit P (Probabilität), dann beträgt die Wahrscheinlichkeit (P) zum Beispiel, daß beim Wurf einer Münze der Adler obenauf liegt (x) $^1/_2$; es ist also $P_x = ^1/_2$. Der Informationsgehalt eines solchen Zufallsereignisses ($I_x$) beziehungsweise das Maß an Ungewißheit (die Menge der nötigen Informationen) entspricht dem Kehrwert der Wahrscheinlichkeit; er beträgt in unserem Falle also $^1/P_x = 1/^1/_2 = 2$ – es gibt zwei Möglichkeiten. Verallgemeinernd können wir auch schreiben

$I_x = ld\ ^1/P_x$.

Nehmen wir etwa ein Roulettespiel mit 32 möglichen Feldern (Ereignissen); dann ist die Wahrscheinlichkeit, daß die Kugel gerade in eines der Felder rollt, $P_x = ^1/_{32}$; da der *logarithmus dualis* von 32 = ($2^5$), also 5 ist, beträgt der Informationsgehalt I = 5 *bit* – der Zufall muß fünf gleichwertige Entscheidungen treffen, um ein Ereignis unter 32 möglichen auszulesen. Eine Serie von sechs Ereignissen dieser Art enthielte den Informationsgehalt von I = 6 · 5 = 30 bit. Würde sich nun ergeben, daß eine bestimmte Zahlenfolge gesetzmäßig wiederkehrt, so entfiele alle Überraschung; die Wahrscheinlichkeit P betrüge 1, das Maß an Ungewißheit (der Kehrwert) wäre 1, und der *ld* 1 wäre = 0 (RUPERT RIEDL: *Die Ordnung des Lebendigen*, 31–32).

Die Frage ist nun, in welch einem Verhältnis die Wahrscheinlichkeit von Zufallsentscheidungen (also Indeterminationsereignissen, $P_I$), zu der Wahrscheinlichkeit von Determinationsentscheidungen ($P_D$) steht. Je mehr an gesetzmäßigem Verhalten wir bei einer Kette von Ereignissen kennenlernen, desto mehr nimmt die Ungewißheit ab, desto weniger Informationen benötigen wir. Der allgemeine Determinationsgehalt (D) ergibt sich also aus der Differenz des maximalen Informationsgehaltes (das heißt der maximalen Voraussichtslosigkeit, $I_I$) und des Indeterminationsgehaltes (das heißt des tatsächlichen Informationsgehaltes $I_D$). Es ist:

$D = I_I - I_D$

(RUPERT RIEDL: *Die Ordnung des Lebendigen*, 38).

Wenn alle Ereignisse vom Zufall bestimmt werden, erreicht der Informationsgehalt (I) ein Maximum ($I_I$); ist es aber möglich, ein Ereignis mit Hilfe der Zufallswahrscheinlichkeit vorauszusagen, so verringert sich I auf den tatsächlichen Informationsgehalt ($I_D$). Die Differenz beider Beträge entspricht dem bisher erkannten Determinationsgehalt D.

Da nun $I_I = ld\ ^1/P_I$ und $I_D = ld\ ^1/P_D$, können wir auch schreiben:
$$D = ld\ ^1/P_I - ld\ ^1/P_D = ld\ ^{P_D}/_{P_I}.$$
Nehmen wir, um diese Gleichung auf ein Beispiel anzuwenden, noch einmal das Roulettespiel mit 32 möglichen Feldern. Gesetzt, wir erhielten eine Serie von 16, 12, 4, 20, 8, 30 usw., so könnten wir zunächst immer noch mit 5 $bit_I$ ($2^5 = 32$) rechnen; wir könnten aber auch bereits ein Gesetz erwarten, das da lautet, es dürften nur die geraden Zahlen gewählt werden; damit verringerte sich die Zahl der Möglichkeiten auf 16, mithin auf 4 $bit_I$ ($2^4 = 16$); der Unterschied betrüge also 1 $bit_D$, das die Determinationsentscheidung enthielte: Nur gerade Zahlen sind zu wählen!

Natürlich bleibt es erkenntnistheoretisch ein Problem, wie viele Ereignisse wir benötigen, um Gesetzmäßigkeit zu erwarten. Wenn beim Roulettespiel dreimal eine gerade Zahl getroffen wird, kann es sich immer noch um bloßen Zufall handeln; aber auch eine Serie von 6 oder 10 geraden Zahlen muß nicht auf einem «Gesetz» beruhen: – die 7. oder 11. Wahl kann bereits wieder eine ungerade Zahl ergeben; erst mit der Länge einer regelmäßigen Zahlenfolge wird Gesetzmäßigkeit erkennbar. Es ist allerdings auch möglich, daß eine Folge von geraden Zahlen irgendwann von einer Folge ungerader Zahlen abgelöst wird und wir das Gesetz für die erste Serie durch ein Gesetz, das die Ablösung durch die Folgeserie vorschreibt, erweitern müssen. In jedem Falle muß ein bestimmtes Gesetz oft genug angewandt werden, um als Gesetz erkennbar zu sein. Ordnung, können wir sagen, ist Gesetz mal Anwendung:
$$D = G \cdot a$$
(RUPERT RIEDL: *Die Ordnung des Lebendigen*, 56–58).

Die wiederholte Anwendung einer Gesetzmäßigkeit bezeichnen wir als Redundanz, und da wir ein gewisses Maß solcher Redundanzentscheidungen benötigen, um ein determiniertes System als ein solches zu erkennen, so können wir auch sagen, daß jedes für uns erkennbare determinierte (nicht-zufällige) System sich aus Gesetzes- und Redundanzentscheidungen zusammensetzt:
$$D = G + R$$
Die sichtbar werdende Redundanz ist es, die es uns ermöglicht, in einer Datenfolge Gesetzmäßigkeit festzustellen. Bezeichnen wir den Wahrschein-

keitsgrad, mit dem wir Gesetzmäßigkeit annehmen, als $P_g$, so können wir den Wert von $P_g$ bestimmen als einen Wert, der zwischen zwei Wahrscheinlichkeiten liegen muß: zwischen der Wahrscheinlichkeit eines bloßen Zufallsgeschehens ($P_I$) und eines reinen Determinationsgeschehens ($P_D$). Liegt die größte Unwahrscheinlichkeit vor, daß Gesetzmäßigkeit besteht, so ist $P_g = 0$; ist die Wahrscheinlichkeit von Determination als sicher anzunehmen, so ist $P_g = 1$. $P_g$ selber ergibt sich dann aus dem Verhältnis von $P_D$ und $P_I$:

$$P_g = P_D / (P_D + P_I)$$

(RUPERT RIEDL: *Die Ordnung des Lebendigen*, 34–37).

Die Gesetzeswahrscheinlichkeit wächst nach dieser Formel, je höher die Zahl der bestätigten Erwartungen ($P_D$) wird.

Nun hat die Natur gewiß kein Interesse daran, bestimmte Gesetze so oft anzuwenden, daß sogar wir Menschen sie letztendlich aufgrund ihres hohen Grades an Redundanz wohl doch noch verstehen könnten. Im Gegenteil, je öfter ein Gesetz angewandt werden soll, desto größer wird der Aufwand zur Schaffung und Erhaltung eines bestimmten Determinationssystems sein, desto höher auch wird die mögliche Fehlerrate ausfallen. Daraus ergibt sich die Notwendigkeit, den Redundanzgehalt abzubauen, indem einzelne Entscheidungen anderen übergeordnet werden. Vor allem, je weniger Mutationen zusammenkommen müssen, um einen bestimmten Anpassungsvorteil zu erzielen, desto höher wird die Realisationschance einer solchen Mutation. Der Selektionsdruck selber wird also zu Redundanzabbau, mithin zu Systemisierung führen. Für ein Einzelsystem entspricht der Realisationsvorteil ($V_v$) dem Kehrwert der mittleren Mutationsrate ($P_m$), potenziert mit der Zahl der im System abgebauten redundanten Entscheidungen:

$$V_v = P_m^{-R}$$

(RUPERT RIEDL: *Die Ordnung des Lebendigen*, 127).

Praktisch bedeutet diese Formel, daß schon wenige einsparbare Mutationen exponentiell steigende Vorteile mit sich bringen. Die Komplexität lebender Systeme erklärt sich daher aus der Logik des DARWINistischen Deutungsansatzes der Evolution selber.

### b) Vier Formen der Ordnung

Näherhin lassen sich zwei Grundformen der «Systemisierung», mithin der Differenzierung von Determinationsentscheidungen, bereits auf der Ebene der Genetik feststellen: die Repetierschaltung und die Vorschaltung. Dabei ist es wichtig zu sehen, daß selbst die einfachste Differenzierung, die Einrichtung von Rängen, also von Ober- und Unterordnungen von Entscheidungen, nie nur einseitig, von oben nach unten, wirkt, sondern stets eine Rückwirkung, ein feed-back, nach sich zieht. Systemisierung bedeutet in sich selbst den Übergang von linearer zu funktioneller Kausalität.

α) Normierung durch Gesetzeswiederholung

*Die Repetierschaltung der Gene: Von der DNA zum Protein*

Enorm ist der Selektionsvorteil bereits, wenn ein bewährter Entscheidungsvorgang immer neu wiederholt werden kann. Gebraucht dazu wird eine Befehlseinheit, ein Cistron, das die Funktion eines Repetierschalters übernimmt. Wenn vorhin «Ordnung» als «Gesetz mal Anwendung» definiert wurde, so ist mit der Repetierschaltung von vornherein ein bestimmtes Muster als Norm institutionalisiert. Es kann deshalb nicht wundern, daß schon die einfachsten Vorgänge im Inneren jeder Zelle, etwa die Zellteilung, auf dem Verfahren der Replikation, der Transkription und der Translation beruhen, wie es seit 1953 nach dem WATSON-CRICK-Modell erklärt wird (vgl. JAMES D. WATSON: *Die Doppelhelix*, eingel. v. H. Haber, rororo 9570, Hamburg 1993).

Diese Vorgänge sind so wichtig und für das Leben so elementar, daß wir sie zum Verständnis des Aufbaus von Ordnung ein wenig näher betrachten sollten; die Kenntnis dieser Vorgänge zählt inzwischen zum Allgemeinwissen der Abgangsklassen höherer Schulen, wir aber erarbeiten uns hier die Grundlagen, um später die Frage nach der Entstehung des Lebens auf dieser Erde aufgreifen zu können.

Träger der gesamten genetischen Information ist die DNA. Das ist die Abkürzung des Wortes *Desoxyribonucleinacid* (deutsch: Desoxyribonucleinsäure – DNS). Die drei Teile dieses Namens geben die Bestandteile je eines Bausteins der DNA, je eines Nucleotids, wieder.

9   Haworthprojektion der Struktur von Ribose (den Ziffern der C-Atome der Pentose wird nach Übereinkunft ein ' angefügt).

Da ist als erstes der Wortteil *«Desoxyribo»*. Ribose ist ein Zucker, der aus 5 Kohlenstoffatomen besteht, also eine *Pentose;* deren Strukturformel gibt Abb. 9 wieder.

Mit *desoxy* ist gemeint, daß der Ribose am Kohlenstoffatom C-2' ein Sauerstoffatom «fehlt»; man spricht deshalb auch von *2-Desoxyribose* (vgl. Abb. 10).

10   Haworthprojektion der Struktur von 2-Desoxyribose.

An dieses Zuckermolekül wird nun eine von vier möglichen stickstoffhaltigen organischen Basen gebunden; dabei kann es sich um eine der beiden Purinbasen Adenin oder Guanin handeln oder um eine der beiden Pyrimidinbasen Thymin oder Cytosin (Abb. 11). Die dabei entstehenden Verbindungen bezeichnet man als *Nucleoside* und nennt demgemäß die vier Nucleoside der DNA: Desoxyadenosin, Desoxyguanosin, Desoxythymidin und Desoxycytidin (Abb. 12).

Näherhin ist in einem Desoxyribonucleosid «das C-1-Atom der Desoxyribose mit dem N-1-Atom eines Pyrimidins oder dem N-9-Atom eines Purins verbunden. Diese N-glykosidische Bindung (sc. bei der ein Zuckerrest an ein N-Atom gebunden ist, d. V.) besitzt β-Konfiguration (das heißt, die Base liegt oberhalb der Ebene des Zuckerringes)» (LUBERT STRYER: *Biochemie*, 80).

Ein *Nucleotid* entsteht nun, indem die Alkoholgruppe (−OH) am Kohlenstoffatom C-5' der Ribose eine Esterbindung mit einem Phosphatrest eingeht, wobei ein Molekül Wasser freigesetzt wird. Ein Nucleotid ist also nichts anderes als der Phosphatester eines Nucleosids. (Veresterung ist eine Kondensationsreaktion, das heißt, zwei Moleküle vereinigen sich unter Wasserabspaltung: die Alkoholgruppe [−OH, auch Hydroxylgruppe genannt] reagiert mit dem H-Atom, genauer mit dem abgespaltenen Proton H$^+$ einer Säure, H$_2$O wird frei, und der Alkohol- und der Säurerest bilden den Ester.) Da die Veresterung am C-5'-Atom erfolgt, nennt man diese Verbindungen *Nucleosid-5'-phosphate* oder *5'-Nucleotide*. So entsteht zum Beispiel das Desoxyadenosin-5'-triphosphat (dATP), das in Abb. 13 dargestellt ist.

11  Die chemischen Strukturen der wichtigsten in Nucleinsäuren vorkommenden Basen.

12  Desoxyadenosin – ein Nucleosid.

13 Desoxyadenosin-5'-triphosphat (dATP) – ein Nucleotid (das *d* in dATP bedeutet, daß der Zucker eine *Desoxy*ribose ist, nicht eine Ribose, wie sie in Adenosintriphosphat (ATP), dem wichtigsten Energieträger der Zelle, als Zuckerkomponente enthalten ist. Das Nucleotid *dATP* dient als Vorstufe bei der DNA-Synthese. (Eine Zahl mit einem Strich bezeichnet ein Atom des Zuckers, eine Zahl ohne Strich ein Atom des Pyrimidin- oder Purinringes.)

Namen wie diese können bei Nicht-Chemikern (wie dem Autor!) gewiß zunächst einen abschreckenden Eindruck hinterlassen; doch sollte man sich auch als Theologe davon nicht gleich ins Bockshorn jagen lassen; die Worte beabsichtigen im Grunde nur eine begriffliche Wiedergabe der Strukturformeln, und wenn auch diese bereits eine verwirrend scheinende Komplexität aufweisen, so verhilft uns diese Tatsache doch bereits zu der Einsicht, daß schon die kleinsten Bausteine des Lebens gleichzeitig eine ebenso große Einfachheit (es gibt nur vier Nucleotide!) wie eine schier unübersehbare Vielfalt an Kombinationsmöglichkeiten in sich enthalten, und eben darin können wir ein Grundprinzip von *Ordnung* erkennen: mit einem Minimum an Elementen kann ein Maximum an «Inhalt» «organisiert» werden!

Vielleicht, ehe wir darauf weiter eingehen, sollten wir noch die Begriffe *«Säure»* und *«Base»* definieren. Beides sind korrespondierende Begriffe: Eine Säure ist ein Protonendon(at)or, das heißt, sie verfügt über mindestens ein H-Atom, das sie als Proton abgeben kann. Eine Base ist ein Protonenakzeptor; sie muß zur Aufnahme des Protons ($H^+$) ein freies Elektronenpaar besitzen. Wenn eine Säure, zum Beispiel Phosphorsäure ($H_3PO_4$), ein Proton abgibt, entsteht daraus ihre korrespondierende Base (vgl. Abb. 14).

Phosphorsäure nun ist eine mehrprotonige Säure, und so ist es möglich, die einzelnen Nucleotide über *Phosphodiesterbindungen* miteinander zu vielgliedrigen Ketten *(Polymeren)* zu verknüpfen. Dabei geht die Hydroxylgruppe (–OH) am Kohlenstoffatom C-3' im Zucker des einen Nucleotides eine Esterbindung mit dem Phosphatrest eines anderen Nucleotides ein, indem

14    Phosphorsäure         Proton      Dihydrogenphosphatanion
      (Säure)                           (korrespondierende Base)

$$\text{H—O—P(=O)(OH)—OH} \rightleftharpoons \text{H}^+ + {}^-\text{O—P(=O)(OH)—OH}$$

$$\underset{\text{(Zucker)}}{\overset{\text{(Base)}_1}{|}}\text{—OH} + \text{HO—P(=O)(O}^-\text{)—O—}\underset{\text{(Zucker)}}{\overset{\text{(Base)}_2}{|}} \rightarrow$$

$$\underset{\text{(Zucker)}}{\overset{\text{(Base)}_1}{|}}\text{—O—P(=O)(O}^-\text{)—O—}\underset{\text{(Zucker)}}{\overset{\text{(Base)}_2}{|}} + \text{H}_2\text{O}$$

15 Bildung einer Nucleinsäurekette durch Kondensationsreaktion (Wasserabspaltung).

erneut ein Molekül Wasser frei wird (vgl. Abb. 15). Es handelt sich wieder um eine Kondensationsreaktion, ähnlich der «Peptidbindung» bei der Eiweißsynthese (der Polypeptidbildung), die wir gleich noch besprechen werden.

Auf diese Weise entsteht eine Nucleinsäurekette (die DNA), bei der die Zucker- und Phosphat-Bausteine das «Rückgrat» und die Purin- und Pyrimidinbasen die Seitengruppen bilden. «Ebenso wie die Polypeptide weisen Nucleinsäureketten eine chemisch definierte Orientierung auf: das *3'-Ende* besitzt eine freie Hydroxylgruppe am Kohlenstoffatom C-3' des Zuckers; das *5'-Ende* hat eine freie Hydroxyl- oder Phosphatgruppe am Kohlenstoffatom C-5' des Zuckers» (HARVEY LODISH u. a.: *Molekulare Zellbiologie*, 106; vgl. Abb. 16).

Insgesamt besteht die DNA aus (nur) vier verschiedenen Nucleotiden, die sich einzig in ihrer stickstoffhaltigen Base voneinander unterscheiden und demnach bezeichnet werden als Adenin-Nucleotid, Thymin-Nucleotid, Guanin-Nucleotid und Cytosin-Nucleotid, abgekürzt als A, T, G und C. In diesen vier «Buchstaben» liegt die gesamte Vielfalt des Lebens verschlüsselt,

**16** Ein einzelner DNA-Strang mit nur drei Basen: Cytosin (C), Adenin (A) und Guanin (G). Das Nucleotid am 3'-Ende verfügt über eine freie Hydroxylgruppe am C-3' der Desoxyribose, das heißt über einen Hydroxylrest, der nicht mit einem anderen Nucleotid verbunden ist. Entsprechend befindet sich am 5'-Ende eine freie 5'-Hydroxylgruppe oder, wie hier gezeigt, ein Phosphatrest.

denn einzig die Reihenfolge der beiden Purin- und der beiden Pyrimidinbasen auf der DNA-Kette entscheidet über den «Sinn» der genetischen Information. Es ist dies bereits die Stelle, an welcher der alte philosophische Gegensatz von Materie und Geist sich rein biochemisch wie von selbst auflöst: die Struktur der Materie ist in sich selbst ihre lebendige Bedeutung! Das Gerüst der DNA aus Zucker und Phosphat ändert sich nie, es bildet die «Sprache», in der nur die Stickstoffbasen als die «Worte» wechseln, wie in Abb. 16 ersichtlich ist.

Die *Struktur der DNA* ließ sich zu Anfang der fünfziger Jahre entschlüs-

**17** Die DNA-Einzelstränge werden durch Wasserstoffbrückenbindungen zusammengehalten, dargestellt in den gestrichelten Linien.

seln, als man feststellte, daß die Mengen an A (Adenin) und T (Thymin) sowie an G (Guanin) und C (Cytosin) einander stets gleich sind: A = T und G = C. Das führte die beiden Biochemiker FRANCIS H. C. CRICK und JAMES D. WATSON zu dem Schluß, daß die DNA aus zwei einander gegenüberliegenden Nucleotid-Strängen bestehen müsse und daß stets A und T sowie G und C einander gegenüberlägen. Zwischen diesen Basen bestehen Anziehungskräfte, die zu sogenannten «Wasserstoffbrückenbindungen» führen. Dabei treten Wasserstoffatome, die an Sauerstoff- oder Stickstoffatome gebunden sind und deshalb eine positive Teilladung tragen, in Wechselwirkung mit den freien negativen Elektronenpaaren von Sauerstoff- oder Stickstoffatomen der gegenüberliegenden Base. Zwischen A und T sind genau zwei, zwischen G und C genau drei Wasserstoffbrückenbindungen möglich, wie es Abb. 17 zeigt.

Weil sich stets A mit T und G mit C paart, spricht man von dem *Prinzip der komplementären Basenpaarung*. Die Wasserstoffbrückenbindung, die zwischen den Basen besteht, ist sehr viel schwächer als die Atombindung (auch Elektronenpaarbindung genannt), ein Tatbestand, der sogleich sehr wichtig werden wird.

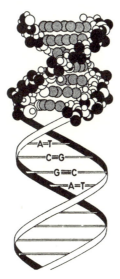

18  Die Doppelhelix ist oben als Kalottenmodell dargestellt, unten nach Art der Stufen einer Wendeltreppe entsprechend der Anordnung der komplementären Basen.

Wie Abb. 18 zeigt, haben wir in der DNA eine Art Strickleiter vor uns, die in sich wie eine Schraube gedreht ist (eine «Doppelhelix»); ihr Zusammenhalt wird allerdings nicht nur durch die Wasserstoffbrückenbindungen und durch hydrophobe Wechselwirkungen zwischen den nebeneinanderliegenden komplementären Basen gewährleistet, sondern ganz wesentlich auch durch hydrophobe Wechselwirkungen und durch sogenannte van-der-Waals-Kräfte zwischen den übereinanderliegenden Basen. Van-der-Waals-Kräfte sind Anziehungskräfte, die sich aus der Wirkung von Schwankungen in der Elektronenverteilung der Atome ergeben: es entstehen vorübergehende Dipole, die einander anziehen (oder abstoßen). (Vgl. HARVEY LODISH u. a.: *Molekulare Zellbiologie*, 106–107.)

Der Durchmesser der Doppelwendel beträgt nur $2 \cdot 10^{-7}$ cm (2 durch 10 Millionen!); er ist so klein, daß wir das beschreibende Wort von der «Doppelhelix» nur als ein Modell zur Deutung der biochemischen Befunde, nicht als Wiedergabe der «Wirklichkeit» verstehen dürfen.

Auf Grund des Prinzips der komplementären Basenpaarung leiteten JAMES D. WATSON und FRANCIS H. C. CRICK 1953 bereits einen Mechanismus für die identische Vervielfältigung *(Replikation)* der DNA ab: sie sagten voraus, daß die Synthese zweier neuer DNA-Stränge durch das *Kopieren* der beiden ursprünglichen DNA-Stränge erfolgt. Es ist nicht zu viel behauptet, wenn man diese Entdeckung als den Beginn der modernen Molekularbiologie überhaupt bezeichnet.

Die *Replikation der DNA* kommt dadurch zustande, daß die Doppelhelix in einem ersten Schritt unter der Einwirkung spezieller Entwindungsproteine auseinandergeschraubt wird. Dann wird der Doppelstrang an den schwachen Wasserstoffbrückenbindungen reißverschlußartig geöffnet; es entstehen einsträngige DNA-Abschnitte, sogenannte Replikationsgabeln, an welche sich jeweils freie komplementäre Nucleotide anlagern. Allerdings wird für die DNA-Synthese ein eigenes Enzym (also ein katalytisch wirkendes Protein), die sogenannte DNA-Polymerase I, benötigt, die ihrerseits aber die Nucleotidverknüpfungen (über die Phosphodiesterbrücken) nur katalysieren kann, wenn die Base des neu hinzutretenden Nucleotids zu der Base auf dem einzelsträngigen DNA-Abschnitt des «elterlichen» Stranges, dem sogenannten Matrizenstrang, komplementär ist. Da die DNA-Polymerase I ihre «Anweisungen» somit von der DNA-Matrize erhält, ist sie ein «matrizenabhängiges» Enzym. Die DNA selbst ist somit als erstes ihre eigene Matrize (vgl. Abb. 19). Sie liefert die Bauanleitung zu ihrer Selbstabschrift, ihrer Replikation.

Die *wirkliche* Bedeutung der DNA aber liegt darin, daß sie die Anweisungen zum *Aufbau der Proteine* von einer Generation an die nächste weitergibt.

Proteine sind für alle Lebewesen von substantieller Bedeutung. Sie besitzen vielfältige Strukturen und können damit eine Vielzahl von Funktionen im Körper übernehmen. Zum einen treten sie in der gerade genannten Weise als Biokatalysatoren (als *Enzyme*) auf, ohne deren Hilfe die meisten biochemischen Reaktionen nicht stattfinden könnten. In einer tierischen Zelle kommen zwischen 1000 und 4000 verschiedene Enzyme mit einer jeweils unterschiedlichen katalytischen Funktion vor (HARVEY LODISH u. a.: *Molekulare Zellbiologie, 77*).

Hinzu kommt der Aufbau von Proteinen mit strukturbildender Funktion, von denen wir wenigstens das *Kollagen* erwähnen wollen. Dieses Faserprotein ist bei Säugetieren das häufigste Protein überhaupt. Es ermöglicht die hohe Zugfestigkeit von Haut, Sehnen und Knochen und kommt im Knorpel, in den Blutgefäßen und den Zähnen vor; seine Masse allein beträgt bei den Säugetieren etwa ein Viertel der Masse an Gesamtprotein.

Andere Proteine dienen der Speicherung und dem Transport von Stoffen – das *Hämoglobin* zum Beispiel in den roten Blutkörperchen bindet den eingeatmeten Sauerstoff.

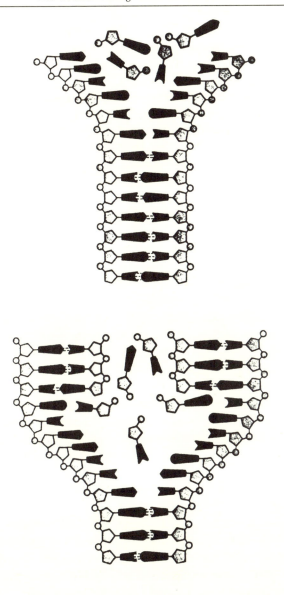

19 Die Replikation der DNA-Doppelhelix erfolgt, indem an den einzelsträngigen Regionen der Replikationsgabel die komplementären Tochterstränge synthetisiert werden.

Später, wenn wir auf die Immunabwehr des Körpers zu sprechen kommen (s. u. S. 305 ff.), werden wir die Rolle bestimmter Proteine als *Antikörper* erörtern müssen.

Andere Proteine ermöglichen die Durchführung koordinierter Bewegungen – von der Fortbewegung der Spermien bis hin zur Bewegung eines Muskels.

Wieder andere Proteine sind für die Übertragung von Nervenimpulsen «verantwortlich»: die Stäbchenzellen in der Retina zum Beispiel (vgl. Abb. 2) enthalten das Rezeptorprotein *Rhodopsin*.

Selbst das neuronale Netzwerk kann sich nur unter der Wirkung eines eigenen Proteins, des «Nervenwachstumsfaktors», bilden; und vor allem viele Botenstoffe *(Hormone)*, wie etwa das *Insulin*, sind Proteine (vgl. auch NEIL A. CAMPBELL: *Biologie*, 80; LUBERT STRYER: *Biochemie*, 17–18).

Und diese ungeheure Vielfalt von Proteinen – von der Bildung der Haare bis zur Bildung der Nervenzellen, ja, bis zu den Enzymen für die Synthese der DNA selbst – wird einzig und allein von den Informationen der DNA gesteuert!

Nun bestehen Proteine allesamt aus Aminosäuren, von denen es wiederum in allen Lebewesen «nur» 20 verschiedene gibt, doch eröffnen deren Verbindungsmöglichkeiten ein praktisch unendliches Feld möglicher «Bedeutungen». Aminosäureketten bis zu 100 Einheiten nennen wir «Polypeptide» und sprechen von Proteinen erst bei Zusammenfügungen von mehr als 100 Aminosäuren. Doch selbst wenn wir nur erst von $20^{100}$ Kombinationsmöglichkeiten bei einem noch sehr kleinen Protein ausgehen, wird die ungeheure Fülle möglicher Lebensformen bereits deutlich.

Die Situation, die sich die Natur mit der Synthese von Polypeptiden unter Anleitung der Informationen der DNA geschaffen hat, gleicht damit tatsächlich in etwa der menschlichen Sprache, wie der amerikanische Linguist NOAM CHOMSKY (*Sprache und Geist*. Mit einem Anhang: Linguistik und Politik, Frankfurt 1970) sie beschrieben hat: als ein Verfahren, mit endlichen Mitteln (an Zeichen und Regeln – mit ca. 20 Lauten und ein paar grammatikalischen Anweisungen der «Tiefenstruktur») eine unendliche Fülle an Ausdrucksmöglichkeiten zu erzeugen. Dieser Vergleich ist weit mehr als eine bloße Analogie (vgl. JOHN MAYNARD SMITH – EÖRS SZATHMÁRY: *Sprache und Leben*, in: M. P. MURPHY – A. J. O'NEILL: *Was ist Leben?*, 83–94); er ist – erneut – ein Modell, das uns hilft zu begreifen, wie in den Prozessen der Natur materielle Ordnung und Geist – entgegen der Meinung des ARISTOTELES und damit der katholischen Dogmatik bis heute! – nicht verschiedene «Substanzen», son-

## Zur Wechselwirkung von Genen und Phänen

| Bezeichnung | Symbole | Strukturformel | | Vorkommen/Bemerkungen |
|---|---|---|---|---|
| Glycin (Glycocoll) | Gly / G | | H−[C−$CO_2$H], H, $NH_2$ | In fast allen Eiweißen (im Kollagen von Knochen und Haut bis zu 30% − Leimsüß); an Entgiftungsmechanismen beteiligt. |
| Alanin | Ala / A | | $CH_3$−[C−$CO_2$H], H, $NH_2$ | In fast allen Proteinen: besonders häufig im Seidenprotein (bis zu 25%). |
| Lysin* | Lys / K | $H_2N−CH_2−CH_2−CH_2−CH_2$− | [C−$CO_2$H], H, $NH_2$ | * Essentielle Aminosäure: in Muskel-, Milch- und Eiprotein; kaum im Getreide- und Leguminoseneiweiß (limitierte biol. Wertigkeit dieser Eiweiße). |
| Serin | Ser / S | $HOCH_2$− | [C−$CO_2$H], H, $NH_2$ | In den meisten Proteinen (reichlich in Seide und Schweiß). |
| Cystein | Cys / C | $HS−CH_2$− | [C−$CO_2$H], H, $NH_2$ | Reichlich in Haaren, Nägeln, Hufen; in geringer Menge in fast allen Eiweißen; Entgiftung toxischer Stoffwechselprodukte. |
| Asparaginsäure | Asp / D | $HO_2C−CH_2$− | [C−$CO_2$H], H, $NH_2$ | Im Spargel (Name!) und in Keimlingen. |
| Valin* | Val / V | $CH_3$\\$CH_3$/CH− | [C−$CO_2$H], H, $NH_2$ | * Essentielle Aminosäure: in allen Proteinen (im Milch- und Eiprotein bis zu 10%); notwendig zur Funktion des Nervensystems und für die Muskeltätigkeit. |
| Leucin* | Leu / L | $CH_3$\\$CH_3$/CH−$CH_2$− | [C−$CO_2$H], H, $NH_2$ | * Essentielle Aminosäure: Aufbau der Plasma- und Gewebeproteine. |

variabler Rest R      □ konstanter Teil

20  Wichtige Aminosäuren.

dern *ein und dasselbe* sind. So wie eine bestimmte Lautfolge als «Wort» im Rahmen der Semantik und Grammatik einer bestimmten Sprache eine bestimmte Bedeutung besitzt, so besitzt ein bestimmtes Protein im Rahmen des spezifischen Funktionszusammenhanges eines bestimmten Organismus eine bestimmte «Aufgabe». Das Leben «spricht» ständig, doch muß es niemanden geben, der spricht, indem er sich der (fertigen) Sprache bedient. Das Leben ist vielmehr seine eigene durch stetes Sprechen sich weiterentwickelnde Sprache, und sie besteht als «Proteinsprache» mit ihren 20 Aminosäuren nun schon seit mindestens 2 Milliarden Jahren (vgl. LUBERT STRYER: *Biochemie,* 19).

Einen guten Eindruck von dem Aufbau und der Bedeutung der Aminosäuren gewinnen wir, wenn wir uns einige von ihnen in der Tabelle von Abb. 20 anschauen.

Wir sehen dann gleich, daß jede Aminosäure einen konstanten Teil besitzt, der sich zusammensetzt aus der Säuregruppe (–COOH, auch Carboxylgruppe genannt) und der Aminogruppe (–NH$_2$); der Unterschied zwischen den Aminosäuren ergibt sich allein aus dem variablen Rest. Die Kondensation der Aminosäuren zu Peptiden und Proteinen (Eiweißen, «Urstoffen») erfolgt, indem die aktivierte Carboxylgruppe der einen Aminosäure mit der Aminogruppe der zweiten unter Wasserabspaltung reagiert (sog. «Peptidbindung», Abb. 21).

Die Wirkung der Proteine ergibt sich freilich nicht nur aus der linearen Anordnung der verknüpften Aminosäuren in der Polypeptidkette, sondern wesentlich auch aus ihrer «Chiralität» sowie aus ihrer spezifischen dreidimensionalen Struktur.

Mit *«Chiralität»* ist gemeint, daß alle Moleküle, die mindestens ein C-Atom mit vier verschiedenen Substituenten besitzen, wie zum Beispiel alle Aminosäuren außer Glycin und natürlich alle Proteine, prinzipiell in zwei verschiedenen Raumstrukturen vorkommen können, die sich wie Bild und

21 Peptidbindung.

Spiegelbild zueinander verhalten, also wie zum Beispiel die linke und die rechte Hand (daher *Chiralität*, von griechisch *cheir* = Hand). In einer «normalen» Umgebung verfügen diese *Enantiomere* über die gleichen chemischen Eigenschaften; physiologisch aber, im Körperinneren, kann ihre Wirkung sehr verschieden sein. Barbitursäure-Derivate zum Beispiel können narkotisch oder krampfauslösend wirken, andere Stoffe können krebsauslösend oder unschädlich sein, je nachdem, welches Enantiomer vorliegt. Dieses Unterscheidungsvermögen (diese «Stereoselektivität») beruht darauf, daß es sich bei allen 20 Aminosäuren, aus denen die Proteine in den Organismen aufgebaut sind, um jeweils nur eines der beiden Stereoisomere handelt. Abb. 22 zeigt die unterschiedliche räumliche Anordnung um ein asymmetrisches Kohlenstoffatom, die zu spiegelbildlichen Molekülen führt.

In *vier* hierarchisch angeordneten Strukturebenen läßt sich darüber hinaus *die dreidimensionale räumliche Struktur* der Proteine beschreiben.

Die lineare Sequenz der Aminosäuren in der Polypeptidkette bildet die *Primärstruktur*.

Die räumliche Anordnung von Aminosäureresten, die in der linearen Sequenz nahe beieinanderliegen, bestimmt die sogenannte *Sekundärstruktur*. Sie ergibt sich aus den Wasserstoffbrückenbindungen zwischen NH- und CO-

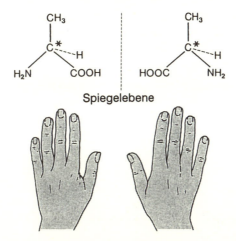

22 Stereoisomere, die sich wie Bild und Spiegelbild verhalten, also Enantiomere sind. In der gezeigten Darstellung ist der mittlere Kohlenstoff ein sogenannter asymmetrischer Kohlenstoff, da er mit vier verschiedenen Atomen oder Atomgruppen verbunden ist. Diese vier Gruppen können auf zwei verschiedene, zueinander spiegelbildliche Weisen angeordnet sein. Das H-Atom befindet sich genau hinter dem asymmetrischen C-Atom.

Gruppen, die regelmäßige Strukturen, wie α-Helix oder β-Faltblatt, ausbilden (vgl. Abb. 23). Bei den meisten Proteinen liegen 60 % der Polypeptidkette in diesen zwei Sekundärstrukturen vor, der «Rest der Kette befindet sich in Zufallsknäueln und Haarnadelstrukturen» (HARVEY LODISH u. a.: *Molekulare Zellbiologie*, 65).

Die sogenannte *Tertiärstruktur* beschreibt die räumliche Anordnung der gesamten Polypeptidkette, also auch von Aminosäureresten, die innerhalb der linearen Sequenz weit voneinander entfernt liegen; auch die räumliche Anordnung der verschiedenen α-Helices, β-Faltblätter und Zufallsknäuel geht darin ein; stabilisiert wird die Tertiärstruktur hauptsächlich durch hydrophobe Wechselwirkungen zwischen unpolaren Aminosäureresten.

Bei Proteinen, die aus mehreren Protein-Untereinheiten aufgebaut sind, beschreibt die *Quartärstruktur* die Anzahl und räumliche Anordnung dieser Untereinheiten zueinander (vgl. HARVEY LODISH u. a.: *Molekulare Zellbiologie*, 59).

Aus den oft arabesk erscheinenden Strukturen der Proteine ergeben sich auch ihre spezifischen Eigenschaften und Funktionen. Im Keratin der Haare zum Beispiel sind mehrere α-*Helices* zu einem Seil verdrillt (vgl. LUBERT STRYER: *Biochemie*, 29). Strukturproteine wie Seide werden von β-*Faltblattstrukturen* gebildet; da die einzelnen β-Faltblätter übereinander angeordnet sind, besitzt Seide eine hohe Reiß- und Dehnungsfestigkeit (vgl. HARVEY LODISH u. a.: *Molekulare Zellbiologie*, 68). (Vgl. Abb. 23.)

Insbesondere bei den Enzymen (Biokatalysatoren) entscheidet ihre dreidimensionale Struktur über ihre *Spezifität*. Unter der Spezifität eines Enzyms versteht man zum einen die Fähigkeit, selektiv nur eine einzige Substanz bzw. Substanzgruppe umzusetzen («Substratspezifität»), zum anderen die Fähigkeit, von den vielen Reaktionsmöglichkeiten eines Substrates nur eine einzige zu katalysieren («Wirkungsspezifität») (vgl. PETER KARLSON: *Kurzes Lehrbuch der Biochemie für Mediziner und Naturwissenschaftler*, 65). Über die Spezifität des Enzyms entscheidet die Größe und Form des «aktiven Zentrums», das aus der Substratbindungsstelle und dem katalytisch aktiven Bereich besteht, an dem die chemische Umsetzung des Substrates stattfindet. «Bei manchen Enzymen sind aktives Zentrum und Substrat bezüglich ihrer Ladungen und/oder Größe komplementär, so daß der Enzym-Substrat-Komplex direkt durch nichtkovalente Bindungen stabilisiert wird. Diese Wechselwirkung ähnelt dem Verhältnis zwischen Schlüssel und Schloß, weshalb man in diesem Zusammenhang auch von einem *Schlüssel-Schloß*-Mechanismus spricht. – Bei anderen Enzymen bewirkt die Bindung des Substrats am Enzym

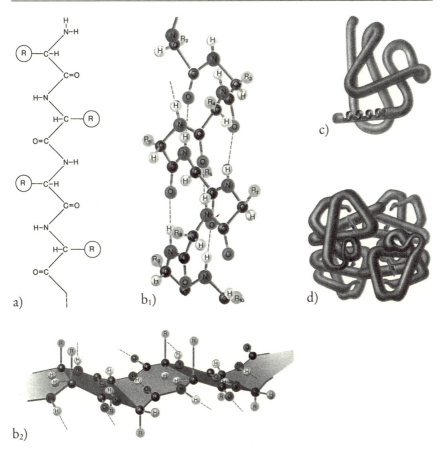

**23** Struktur eines Proteins. a) *Primärstruktur:* spezifische Reihenfolge der Aminosäuren in einer Polypeptidkette; b) *Sekundärstruktur:* α-Helix-Struktur und β-Faltblatt-Struktur. Bei der Helix-Struktur ($b_1$) sind Wasserstoffbrücken zwischen einer CO-Gruppe einer Aminosäure und der NH-Gruppe der dritten in der Helix folgenden Aminosäure ausgebildet; so wird die schraubige Anordnung stabilisiert. Bei der Faltblatt-Struktur ($b_2$) liegen zwei Peptidkettenstücke parallel; zwischen ihnen sind Wasserstoffbrücken vorhanden; c) *Tertiärstruktur:* Modell der Raumerfüllung der Polypeptidkette von Myoglobin; d) *Quartärstruktur* am Beispiel von Hämoglobin.

eine Konformationsänderung, durch die erst die katalytischen Aminosäurereste in die Nähe der Substratbindungsstelle (oder auch *Erkennungsstelle*) gebracht werden, wonach das Substrat umgesetzt werden kann. Ein funktionierendes aktives Zentrum entsteht also nur nach der Substratbindung. Diesen

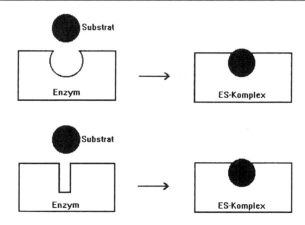

24 Schlüssel-Schloß-Mechanismus und induzierte Anpassung bei Bindung eines Substrats an ein Enzym.

Vorgang nennt man *induzierte Anpassung* ... Moleküle, die zwar vom Enzym gebunden werden, jedoch keine Konformationsänderung induzieren, sind keine Substrate dieses Enzyms» (HARVEY LODISH: *Molekulare Zellbiologie*, 81–82). (Vgl. Abb. 24.)

Indem die DNA die Zusammensetzung der Proteine steuert, legt sie natürlich auch deren Strukturen und damit die entsprechenden Funktionen fest. Das Lebensspiel findet statt als «Dialog» zwischen diesen beiden «Partnern»: der DNA und den Proteinen.

Doch hier nun entsteht ein Problem: die «Sprache» der DNA ist eine andere als die der Proteine – sie muß *übersetzt* werden; die DNA enthält zudem nur einen «Code», der die Anweisungen zur Synthese der Aminosäureketten *verschlüsselt* enthält. Diesen «Code» entziffert zu haben zählt zu einer der wichtigsten Leistungen der Biologie im 20. Jahrhundert, vergleichbar nur den Fortschritten in der Physik der Elementarteilchen.

Ein «Dogma» der Molekularbiologie lautet, daß die Proteinsynthese einlinig von der DNA gesteuert wird, und zwar in zwei Schritten, die man als *Transkription* und als *Translation* bezeichnet (Abb. 25).

Bei der *«Transkription»* (der Umschreibung) wird die «Buchstabenfolge» der DNA, die den Zellkern nicht verlassen kann, in die «Sprache» der RNA, der Ribonucleinsäure, «umgeschrieben». Die RNA unterscheidet sich durch zwei Merkmale von der DNA: sie enthält Ribose als Zuckerkomponente, und

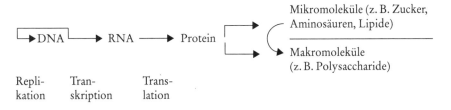

25  Das zentrale Dogma der Molekularbiologie.

statt des Thymin weist sie das strukturell ähnliche Uracil auf, das sich während der RNA-Synthese mit Adenin paart. Ein solcher Strang RNA wird nun (ähnlich wie bei der Replikation der DNA) erneut nach dem Prinzip der komplementären Basenpaarung aus freien Nucleotiden synthetisiert. Die dafür notwendigen Enzyme heißen RNA-Polymerasen und sind (wie auch schon die DNA-Polymerase I) matrizenabhängige Enzyme, die ihre Anweisungen von der DNA-Matrize erhalten. Auf diese Weise entsteht ein einzelsträngiges RNA-Molekül, das wie in einem Negativabdruck die gesamte genetische Information, die auf dem jeweiligen Abschnitt der DNA gespeichert ist und zur Synthese eines bestimmten Proteins gerade benötigt wird, in sich enthält (vgl. Abb. 26).

Das auf diese Weise entstandene einzelsträngige RNA-Molekül wandert durch die Poren in der Kernmembran ins Zellplasma (Cytoplasma) hinaus und gibt so die von der DNA kopierte genetische Information (noch immer in der Sprache der Basensequenzen) als Arbeitsauftrag für die Synthese eines Proteins weiter. Diese RNA heißt deshalb auch «Boten-RNA» (englisch: messenger-RNA, abgekürzt mRNA).

Was jetzt beginnt, ist der Vorgang der «Translation», der Übersetzung der Nucleinsäure-Sprache in die Proteinsprache. Diese «Übersetzung» erfordert einen beträchtlichen Aufwand, da die mRNA als Nucleinsäure (wie auch die DNA) nur nach dem Prinzip der komplementären Basenpaarungen «gelesen» und «verstanden» werden kann. Diese Basenpaarungen sind nur auf spezifische Weise (über Wasserstoffbrückenbindungen) zwischen A und T (bzw. U) sowie zwischen G und C möglich. Eine direkte spezifische Wechselwirkung zwischen der mRNA und den Aminosäuren ist ja schon deshalb nicht möglich, weil die Nucleinsäure-«Sprache» vier Buchstaben, die Protein-«Sprache» aber 20 Buchstaben benutzt.

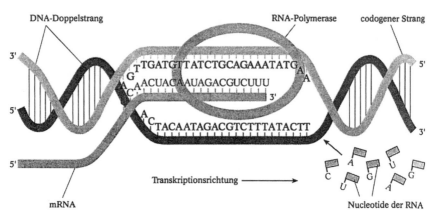

26 Transkription. Der codogene DNA-Strang dient als Matrize für die RNA-Synthese. Man beachte, daß die RNA-Polymerase die Bildung von RNA nur in 5' → 3'-Richtung katalysiert. Der DNA-Doppelstrang ist antiparallel aufgebaut: dem 3'-Ende auf dem einen Strang entspricht ein 5'-Ende an dem anderen Strang und umgekehrt.

Aus diesem Grunde wird ein «Dolmetscher» benötigt, der beide «Sprachen» beherrscht und der die mRNA Wort für Wort von der Nucleinsäure-«Sprache» in die Proteinsprache übersetzen muß.

Die Situation, die wir vor uns haben, ist jetzt diese: Die Nucleinsäure-«Sprache» auf der mRNA bildet «Wörter» mit jeweils drei Buchstaben; der «Dolmetscher» muß also genau wissen, in welch eine Aminosäure er ein ganz bestimmtes «Wort», eine «Buchstabenfolge» von drei «Zeichen» auf der mRNA, «übersetzen» soll: Er muß zum Beispiel «wissen», daß das «Wort» UGG beziehungsweise das «Codon», die Informationseinheit, mit der Basenfolge UGG in die Aminosäure Tryptophan übersetzt werden muß (vgl. Abb. 30). Diese «Übersetzungsleistung» übernimmt eine zweite Sorte von RNA, die man als Transfer-RNA (tRNA) bezeichnet. Alle bisher bekannten tRNA-Moleküle bestehen aus einer einzelsträngigen RNA mit ca. 70–80 Nucleotiden, von denen einige, die grau hervorgehobenen Basen von Abb. 27, nach der Transkription modifiziert werden.

In Lösung, also auch im Zellplasma, falten sich die tRNA-Moleküle in eine dreidimensionale L-förmige Struktur, in der etwa die Hälfte der Nucleotide (erneut nach dem Prinzip der komplementären Basenpaarungen) gepaart sind. Diese Basenpaarungen werden vor allem in der Darstellung der tRNA-Moleküle im Kleeblattmodell deutlich (Abb. 27).

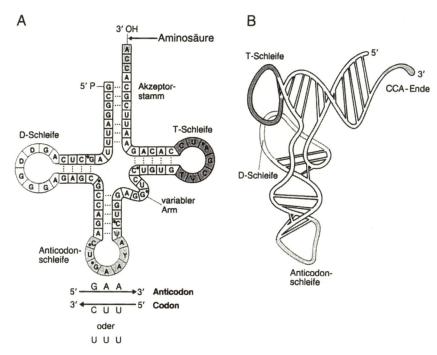

27 Struktur einer transfer-RNA (Phenylalanin-tRNA von Hefe). A) Basensequenz und zweidimensionale Darstellung (Kleeblattstruktur). Die tRNA wird am CCA-Terminus des Akzeptorstamms mit einer Aminosäure (Phenylalanin) beladen. Das Anticodon GAA bindet an das entsprechende Codon (UUC oder UUU) mit gegenläufiger Polarität. Die D-Schleife enthält Dihydro-Uracil. Die T-Schleife ist durch die Sequenz TψC charakterisiert. Die mit * bezeichneten Basen sind methyliert. B) Dreidimensionale Struktur, bestimmt durch Röntgenstrukturanalyse *(schematisch). – A* Adenin, *C* Cytosin, *D* Dihydro-Uracil, *G* Guanin, *T* Ribothymin, *U* Uracil, *Y* Wybutosin, ψ Pseudo-Uracil.

Gemäß ihrer Übersetzerfunktion haben die tRNA-Moleküle zwei wichtige Stellen in ihrem Molekül.

Zum einen verfügen sie über eine Erkennungsregion, mit der sie ein bestimmtes «Wort» auf der mRNA (wiederum nach dem Prinzip der komplementären Basenpaarungen über Wasserstoffbrückenbindungen) «erkennen» können. Da man das «Wort» mit den drei «Buchstaben» (Basen) auf der mRNA als *Codon* bezeichnet, heißt diese Matrizenerkennungsregion mit der jeweils komplementären Sequenz aus ebenfalls drei Basen *Anticodon*.

Zum zweiten hat jedes tRNA-Molekül eine Aminosäurebindungsstelle für jeweils *eine* ganz bestimmte der 20 in den Lebewesen vorkommenden Aminosäuren.

Der Erkennungsmechanismus ist äußerst spezifisch: Für jede der 20 Aminosäuren gibt es ein spezifisches Enzym, eine ganz spezifische sogenannte Aminoacyl-tRNA-Synthetase. Dieses Enzym kann zwischen den verschiedenen tRNA-Molekülen unterscheiden und überträgt jeweils die Aminosäure, für die es spezifisch ist und die es gleichzeitig für die spätere Umsetzung aktiviert, auf das dazu gehörige tRNA-Molekül.

Die eigentlichen Orte, an denen die Proteinsynthese stattfindet, sind die *Ribosomen*, kleine im Zellplasma liegende Partikel. Die Ribosomen stellen alle notwendigen Bindungsstellen für die an der Proteinsynthese beteiligten Moleküle zur Verfügung; sie sind gewissermaßen die «Werkshallen» der Proteinsynthese. Chemisch bestehen sie zu etwa zwei Dritteln ihres Gewichts aus RNA und zu etwa einem Drittel aus assoziierten Proteinen (vgl. LUBERT STRYER: *Biochemie*, 952).

Die Aufgabe der ribosomalen RNA (rRNA) ist es offenbar, die mRNA zu binden, die Aminosäuren für die Proteinsynthese in die richtige Lage zu bringen und wahrscheinlich auch das Zustandekommen der Peptidbindungen zu katalysieren (vgl. HARVEY LODISH u. a.: *Molekulare Zellbiologie*, 123).

Strukturell sind die Ribosomen Ribonucleoproteinpartikel aus einer kleinen und einer großen Untereinheit, die ihrerseits in zahlreiche Proteine und verschiedene RNA-Moleküle dissoziiert werden können. Bei der Proteinbiosynthese legen die beiden Ribosomenuntereinheiten sich um die mRNA und bewegen sich auf ihr vom 5'-Ende in Richtung 3'-Ende entlang. Nach Freisetzung des fertigen Polypeptids dissoziieren die Ribosomen wieder in die beiden Untereinheiten (vgl. Abb. 28).

Eine mRNA kann von vielen Ribosomen gleichzeitig übersetzt werden; eine solche Gruppe von Ribosomen, die an ein mRNA-Molekül angelagert sind, nennt man Polyribosom oder Polysom.

Damit die Proteinsynthese beginnen kann, müssen natürlich als erstes die richtigen «Werkstoffe», eben die Aminosäuren, in die «Fabriken», das heißt zu den Ribosomen, gebracht werden. Diese Aufgabe wird von der tRNA übernommen: Das tRNA-Molekül transportiert «seine» Aminosäure zu einem Ribosom, so daß jedes Ribosom von einer Menge von tRNA-Molekülen mit jeweils einer der 20 Aminosäuren «im Gepäck» umgeben ist. Nun besitzt aber jedes Ribosom nur zwei Bindungsstellen, an denen tRNA-Moleküle «andocken» können; und dort beginnt die Struktur der tRNA-Moleküle ihre «Übersetzungsarbeit» vorzunehmen.

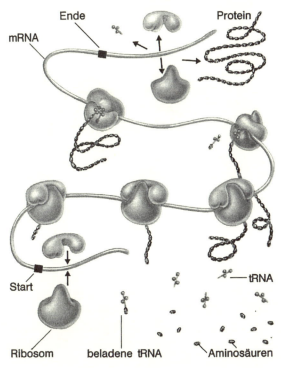

28 Synthese mehrerer gleicher Aminosäureketten an einer mRNA durch einen Ribosomenverband (Polysom). Die beiden Untereinheiten des Ribosoms setzen sich an der mRNA zum funktionsfähigen Ribosom zusammen. Die Aminosäurekette ist um so länger, je mehr Codons «abgelesen» wurden. Während der Synthese beginnt unter Faltung und Knäuelung der Kette die Ausbildung der Raumstruktur. Nach Fertigstellung trennt sich das Ribosom wieder in seine beiden Untereinheiten.

Wieder nach dem Prinzip der komplementären Basenpaarung wird es jetzt zur Frage, ob das Basentriplett auf der tRNA (also das *Anticodon*) dem jeweiligen Triplett auf der mRNA (dem *Codon*) entspricht. Wenn jeweils zwei mit der «richtigen» Aminosäure beladene tRNA-Moleküle entsprechend der Vorlage der Boten-RNA «richtig» nebeneinander im Ribosom angeordnet sind, werden ihre Aminosäuren durch die Bildung einer Peptidbindung miteinander verknüpft. Indem der mRNA-Strang auf diese Weise Triplett für Triplett «abgelesen» und «übersetzt» wird, werden die Aminosäuren, die ja bei ihrer Bindung an die tRNA-Moleküle durch die spezifischen Aminoacyl-tRNA-Synthetasen bereits aktiviert worden sind, an die passende Position

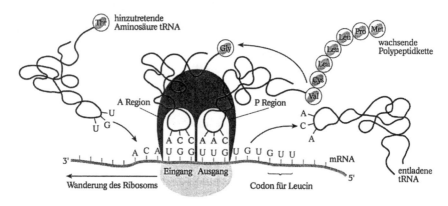

29 Translation. Die mRNA wird in 5' → 3' Richtung von dem Ribosom abgelesen. A = Erkennungsort, P = Verknüpfungsort.

einer gerade neu entstehenden Polypeptidkette angeknüpft. So entstehen die jeweils «richtigen» Aminosäuresequenzen, die von dem «Programm» der DNA «in Auftrag gegeben» wurden (Abb. 29).

Insgesamt ist die Translation (die Proteinsynthese) ein äußerst komplizierter Vorgang, an dem mehr als 100 Makromoleküle, wie mRNA- und tRNA-Moleküle, verschiedene Enzyme, Proteinfaktoren und die Ribosomen, auf eine hochkoordinierte Weise zusammenwirken müssen (vgl. LUBERT STRYER: *Biochemie*, 952).

Daß Leben *Ordnung* ist und auf *Anordnung* beruht – dieser fundamentalen Tatsache gilt es, sich bereits an dieser Stelle, wo wir nur erst die Grundvoraussetzung von Lebensvorgängen berühren, möglichst klar bewußt zu werden; denn nur so werden wir am Ende dieses Buches die Frage aufgreifen können, wie das Zustandekommen einer solchen Ordnung verständlich zu machen ist.

Daß *je drei* Nucleotide gebraucht werden, um eine der 20 Aminosäuren darzustellen, ergibt sich aus einer einfachen Rechnung: Würde eine Aminosäure durch je *eines* der vier Nucleotide bestimmt, so könnte es nur zur Festlegung von vier Aminosäuren kommen; würden je zwei Nucleotide eine Aminosäure codieren, so würden nur $4^2 = 16$ Aminosäuren entstehen; wir brauchen also mindestens drei Nucleotide, um die 20 Aminosäuren zu codieren, und es ist daher kein Zufall, daß die Natur gerade diesen Weg des Triplett-Codons gefunden hat. Damit aber ergeben sich $4^3 = 64$ Variationsmöglichkeiten für die nur 20 Aminosäuren, und so kommen mehrere Tripletts für die Codierung derselben Aminosäure in Frage. Jede der 20 Aminosäuren besitzt also

|  | 2. Buchstabe | | | | |
|---|---|---|---|---|---|
| 1. Buchstabe | **U** | **C** | **A** | **G** | 3. Buchstabe |
| **U** | UUU UUC } Phenylalanin<br>UUA UUG } Leucin | UCU UCC UCA UCG } Serin | UAU UAC } Tyrosin<br> | UGU UGC } Cystein<br>UGG Tryptophan | U C A G |
| **C** | CUU CUC CUA CUG } Leucin | CCU CCC CCA CCG } Prolin | CAU CAC } Histidin<br>CAA CAG } Glutamin | CGU CGC CGA CGG } Arginin | U C A G |
| **A** | AUU AUC AUA } Isoleucin<br>AUG Methionin | ACU ACC ACA ACG } Threonin | AAU AAC } Asparagin<br>AAA AAG } Lysin | AGU AGC } Serin<br>AGA AGG } Arginin | U C A G |
| **G** | GUU GUC GUA GUG } Valin | GCU GCC GCA GCG } Alanin | GAU GAC } Asparagin-<br>säure<br>GAA GAG } Glutamin-<br>säure | GGU GGC GGA GGG } Glycin | U C A G |

30  Der «genetische Code».

etliche spezifische tRNA-Moleküle. Bis heute sind ca. 50 solcher tRNA-Moleküle in einer menschlichen Zelle bekannt (HARVEY LODISH u. a.: *Molekulare Zellbiologie*, 127). Die Dechiffrierung des «genetischen Codes» führte zu der Tabelle von Abb. 30.

Der erste Buchstabe eines Tripletts in der linken senkrechten Spalte, der zweite in der Kopfzeile und der dritte in der rechten senkrechten Spalte treten jeweils zur Festlegung einer der 20 Aminosäuren zusammen. UAA, UAG und UGA sind Terminationssignale, AUG (Methionin) ist Teil eines Initiationssignals (LUBERT STRYER: *Biochemie*, 113). Ansonsten verfügt der genetische Code über keine Pausenzeichen, und er muß (wie ein hebräisches Verb mit jeweils nur drei Buchstaben) in Dreiereinheiten abgelesen werden.

Es ist klar, daß bei diesem Verfahren die Verschiebung des Abschreibe- oder Lesebeginns auch nur um einen Buchstaben (wie sie bei der Rasterschub-Mutation tatsächlich vorkommt) und erst recht der Ausfall oder die Neuverknüpfung von DNA-Teilen (bei Chromosomenmutationen) den «Sinn» der ganzen «Botschaft» entweder vollkommen «unverständlich» machen muß oder aber zu überraschend neuen Bedeutungseinheiten führen kann. Es versteht sich zudem fast von selbst, daß für die Erhaltung der korrekten Buchstabenfolge auf der DNA ein ständiger Reparaturdienst dafür sorgen muß, daß eingetretene Fehler so schnell wie möglich wieder korrigiert werden. Nur daran liegt es, daß zum Beispiel die Folgen eines Sonnenbrandes weitgehend ausgeglichen werden können und nicht etwa baldigen Hautkrebs nach sich ziehen. Bedenkt man, daß der Replikationsvorgang der DNA je nach Organismus nur eine halbe Stunde bis zu einem Tag benötigt, so kann man sich eine Vorstellung nicht nur von der Effizienz, sondern auch von der Zuverlässigkeit dieses ganzen Systems machen, das von allen, vom kleinsten Virus bis zum Schimpansen oder Homo sapiens, verstanden und verwandt wird.

Wie hat dieser ganze außerordentlich komplizierte Mechanismus jemals entstehen können, ohne daß es «jemanden» gäbe, der ihn «erfunden» hätte? Ist nicht der heute existente Translationsapparat ein geradezu schlagender Beweis für die Existenz einer höchsten Vernunft «am Anfang» der Evolution? Viele Theologen, wenn sie auf die «Schöpfung» zu sprechen kommen, argumentieren noch immer so, und vor allem im «Volksglauben» herrscht diese Ansicht unverändert vor – 150 Jahre dogmatischer Abwehr gegenüber dem DARWINISMUS wirken wohl noch lange in Form von Denkverweigerung, angstbesetztem Fanatismus und verordnetem Aberglauben bei den «einfachen Leuten» wie im «gebildeten Klerus» nach. Und doch werden wir sehen, wie präzise die Forschungsergebnisse und Theoriebildungen moderner Biologie mittlerweile gediehen sind, um von der Entstehung des Lebens ein plausibles Bild zu entwerfen, wenngleich, vorweg bemerkt, JOHN MAYNARD SMITH und EÖRS SZATHMÁRY (*Evolution*, 79) zu Recht erklären: «Die Frage nach dem Ursprung des genetischen Codes ist vielleicht das schwierigste Problem in der Evolutionsbiologie.» Wir kommen darauf zurück.

An *dieser* Stelle genügt es, wenn wir uns nur erst auf den rein systemtheoretischen Aspekt beschränken und feststellen, daß das ebenso universelle wie komplexe Zusammenspiel von Nucleinsäuren und Aminosäuren, entstanden im Verlauf von Jahrmillionen, wesentlich *einem* Hauptzweck dient: der «Vermeidung von Redundanz der ... Strukturgene im Original» und der «Produktion ungeheuerer Zahlen molekularer Normteile» (RIEDL: *Die Ordnung des Lebendigen*, 132). Was sich bewährt hat, läßt sich endlos vervielfältigen; und das ist es, worauf es der *Ordnung durch Gesetzeswiederholung* ankommt.

β) Ordnung durch Wechselwirkung

*Das Operonsystem*

Zusätzlich zu der Repetierschaltung ist als Selektionsvorteil von vornherein die Einrichtung einer *Wechselschaltung* zu erwarten, die von zwei möglichen Alternativen je ein Programm einschaltet und damit die Art und den Umfang von Unterbefehlen festlegt, analog etwa dem Programmieren einer Waschmaschine oder eines Backofens. Molekularbiologisch realisiert ist diese Schaltungseinrichtung im *Operonsystem,* in dem ein Operatorgen einer Reihe anschließender Strukturgene vorgeschaltet ist. Der Vorteil einer solchen Vorschaltung ist so groß «wie die Wahrscheinlichkeit der Entscheidungen, die für eine Veränderung eingespart werden. Ist es etwa nötig, die Nachrichten von vier Struktur-Genen gemeinsam abzuschalten, so beträgt die Realisationswahrscheinlichkeit im nicht organisierten Genom $10^{-4}$ mal $10^{-4}$ mal $10^{-4}$ mal $10^{-4}$, also $10^{-16}$. Sind sie aber zu einem Operon organisiert, dann genügt es, den Operator zu treffen. Diese Wahrscheinlichkeit ist nur $10^{-4}$. Der Vorteil entspricht dem Quotienten der Kehrwerte, $10^{16}$ durch $10^4$, also $10^{12}$, er ist ein billionenfacher» (RIEDL: *Die Strategie der Genesis,* 152–153).

Als Beleg einer solchen Selbststeuerung wurde von dem Nobelpreisträger für Medizin aus dem Jahre 1965, von JACQUES L. MONOD, das sogenannte Operonmodell für die Regulation der Proteinsynthese, insbesondere das Lactoseoperon (lac-Operon), gut erforscht (vgl. *Zufall und Notwendigkeit,* 93–97; Lactose – Milchzucker – ist ein Disaccharid aus Galactose und Glucose, ein sogenanntes β-Galactosid). Dieses Operonsystem steuert im Bakterium *Escherichia coli* die Synthese von drei Proteinen. Eines dieser Proteine, das Enzym Galactosid-Permease, ermöglicht es den β-Galactosiden (der Lactose), ins Zellinnere einzudringen (zu «permeieren»), was ohne dieses Enzym nicht möglich wäre; ein zweites Protein, das Enzym β-Galactosidase, hydrolysiert die β-Galactoside (β bedeutet, daß sich die OH-Gruppe am C-1-Atom des Zuckers *oberhalb* der Ringebene befindet); die Funktion des dritten Proteins ist offenbar von geringer Bedeutung, während die der ersten beiden für den Lactose-Stoffwechsel des Bakteriums unerläßlich ist. «Wachsen die Bakterien in einem Milieu ohne Galaktoside, dann werden die drei Proteine in einem kaum meßbaren Umfang hergestellt... Fügt man dem Milieu ein Galaktosid hinzu, das in diesem Falle ‹Induktor› genannt wird, dann erhöht sich fast unmittelbar danach (innerhalb von etwa zwei Minuten) die Rate, mit der die drei Proteine synthetisiert werden, um einen Faktor 1000 und hält sich auf diesem Wert, solange der Induktor vorhanden ist. Wird der Induktor entfernt,

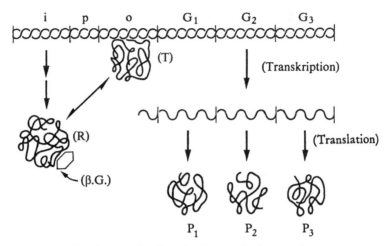

31  Regelung der Synthese der Enzyme des Lactose-Systems.

so fällt die Synthese-Rate innerhalb von zwei bis drei Minuten auf ihren Ausgangswert zurück.»

Die Bestandteile dieses (einfachen!) Operonsystems sind: das Regulator-Gen (i), das die Synthese des Repressorproteins codiert, das seinerseits in zwei verschiedenen räumlichen Strukturen (R und T) vorliegen kann; einerseits kann das Repressorprotein mit einem Induktor-Galactosid (dem β-Galactosid, βG) assoziiert sein (Repressorprotein R); andererseits kann es mit dem Operator-Segment (o) auf der DNA assoziiert sein (Repressorprotein T); ferner das Promotor-Segment (p), das den Ausgangspunkt für die Synthese der Boten-RNA (mRNA) bildet; und zudem die Strukturgene ($G_1$, $G_2$, $G_3$), die die Synthese der drei Proteine ($P_1$, $P_2$, $P_3$) codieren.

In schematischer Darstellung erhalten wir von der Regelung der Enzymsynthese des Lactose-Systems ein Bild, wie es Abb. 31 vermittelt.

Der Ablauf geht so vor sich: Das Regulator-Gen bewirkt die Synthese des Repressors. Dieses Repressorprotein besitzt zwei Bindungsstellen. Mit der ersten kann es sich an das Operatorsegment anlagern und dadurch die Transkription der Strukturgene (durch die RNA-Polymerase) blockieren. Entscheidend ist, daß das Repressorprotein sich nicht mehr an die Operatorstelle anlagern kann, sobald an die zweite Bindungsstelle ein β-Galactosid gebunden worden ist. Sobald also in der Zelle der Ausgangsstoff Lactose zur Verfügung steht, werden auf einmal alle für ihren Aufbau benötigten Enzyme synthetisiert. Ist keine Lactose mehr vorhanden, wird die Synthese aller drei Enzyme gleichzeitig gestoppt.

Die «Logik» dieses Systems ist daher wirklich sehr einfach: «Der Repressor legt die Transkription still, er wird seinerseits durch den Induktor (sc. die β-Galactoside, d. V.) inaktiviert. Aus dieser doppelten Negation geht eine positive Wirkung, eine ‹Affirmation› hervor. Man kann bemerken, daß die Logik dieser Negation der Negation nicht dialektisch ist: sie führt nicht zu einem neuen Satz, sondern zur bloßen Wiederholung des ursprünglichen Satzes, wie er entsprechend dem genetischen Code in der Struktur der DNA niedergeschrieben ist. Die Logik der biologischen Regelsysteme gehorcht nicht der HEGELschen Logik, sondern der BOOLEschen Algebra und der Logik der Elektronenrechner» (MONOD, 95–96; s. u. S. 659ff.).

Entscheidend ist, daß die Etablierung derartiger Regelsysteme selektiv einen solchen Überlebensvorteil bietet, daß «ihre Existenz... geradezu gefordert werden» müßte (RIEDL: *Die Ordnung des Lebendigen*, 134). Freilich wächst mit der Systemisierung auch die Bürde von Entscheidungen, und zwar bereits auf der Ebene des Gen- und Molekularbereiches. Notwendig damit gegeben ist eine neu entstehende Unfreiheit, die «Kanalisation», und zugleich auch ein möglicher Entwicklungsnachteil. Man braucht zwar nur noch ein Gen «abzuschalten», um die Transkription von mehreren Strukturelementen gleichzeitig zu unterbinden, aber man kann nun natürlich auch keines der dazugehörenden Proteine mehr unabhängig von den anderen synthetisieren. Es ist ab jetzt sozusagen ein Alles-oder-Nichts-Prinzip eingeführt, das selbstverständlich neue Abhängigkeiten schafft. Wenn durch die Systemisierung redundanter Determinationsentscheidungen für den Augenblick ein Stück Freiheit gewonnen wurde, so muß dieser Vorteil mithin später wieder durch Freiheitsverlust an die Evolution zurückgezahlt werden. Sobald das Anforderungsmuster (das Außenmuster, die Milieubedingungen) dem Systemisierungsmuster, also dem Binnen- und Epigenese-System, nicht mehr entspricht, müssen sich alsbald enorme Adaptierungsnachteile zeigen. Daran liegt es, daß ein hoher Grad der Spezialisierung einer Lebensform an ihre Umwelt einhergeht mit der Verringerung der Möglichkeiten, auf Schwankungen der Umweltbedingungen erfolgreich zu reagieren. «Überselektion» und verstärkte «Kanalisation» sind die Folgen.

Auf diese Weise ergeben sich bereits aus der Systemisierung der zu erwartenden Schaltmuster der Gene *vier grundlegende Formen der Ordnung*, die genetisch wie morphologisch, auf der Ebene der Gene ebenso wie der Phäne, bei den Systemisierungsmustern nicht anders als bei den Merkmalsmustern von Belang sind: die Repetierschaltung ist identisch mit der Festlegung der *Norm;* die Vorschaltung des Operonsystems führt zu einer *Hierarchie* übereinandergeordneter Vorentscheidungen mit dem Vorteil einer effektiveren Arbeitsweise und dem Nachteil schwindender Flexibilität; das Regulatorgen-Operon-System ist eine Form der Gleichschaltung («wenn N, dann auch M»), mithin der *Interdependenz;* die Folgeschaltung («Nur nach A») ergibt die Ordnungsform der *Tradierung* mit dem Order-on-order-Prinzip, wonach Ordnung auf Ordnung beruhen muß. Kanalisation durch Tradierung wird unvermeidlich, sobald durch hohe Bürde von Entscheidungen des Folgemusters die Erfolgschancen ihrer adaptiven Änderungen völlig schwinden.

Entscheidend ist nun, daß diese vier Ordnungsmuster sich sowohl in den systemisierten Schaltungen im Genom wie in den Funktions- und Merkmalsmustern der Phäne als grundlegend erweisen lassen, indem sie wechselseitig von einander abhängen: «Wir können... nicht nur feststellen, daß die Ordnungsmuster des Phänotypus eine Konsequenz der Systemisierungsmuster des Genotypus darstellen», schreibt Riedl (*Die Ordnung des Lebendigen,* 155). «Die Ordnungsmuster des Genotypus müssen vice versa eine Konsequenz der Systemisierungsmuster des Phänotypus sein.» Beides in Wechselwirkung! «Wenn wir... sagen, ‹die Wandlungsmöglichkeiten von Entscheidungen (sc. im genetischen System, d. V.) entsprechen den Wandlungsmustern ihrer Ereignisse› (sc. der Gestaltmerkmale, d. V.), ist das ja... selbstverständlich. Sagen wir aber, ‹die Ordnungsmuster des Genotypus sind eine Konsequenz der Systemisierungsmuster des Phänotypus›, so wird es... interessant. Wir behaupten damit, daß die Struktur des Genotypus und des epigenetischen Systems sowohl den Funktionsmustern des Phänotypus verwandt sein muß als auch deren Geschichte zu enthalten hat. – Das epigenetische System muß dieselben Typusmerkmale enthalten wie sein Organismus, und es muß die verkürzte Geschichte seines eigenen Aufbaues beinhalten wie dieser.» In dieser Feststellung liegt die eigentliche Bedeutung des «biogenetischen Grundgesetzes» von Ernst Haeckel (*Generelle Morphologie der Organismen,* 2 Bde., Berlin 1866); denn gegeben ist damit die Notwendigkeit, «von der molekularen zur morphologischen Seite desselben Gegenstandes hinüberzuwechseln» (Riedl: *Die Ordnung des Lebendigen,* 157).

## c) *Die Ordnung der Norm*

Außerordentlich im Umfang bereits wird *die Ordnung der Norm* durch die Strukturnormen der Organismen und der Organe. «Tatsächlich ist kein Einzelhomologon denkbar, das nicht aus Normteilen, und fast immer aus mehreren Komplexitätsschichten von Normteilen bestünde. – Es ist ein universelles Merkmal der Pflanzenwelt, daß diese Grenze im Bauplan sehr hoch liegt. Selbst bei den evoliertesten Formen (etwa den Angiospermen) ist schon nach ein bis zwei Sektionsschritten, mit Ast, Zweig, Blüte, Blatt, die Grenze der Normteile erreicht. Ein universelles Merkmal, das, nur wenig abgeschwächt, auch für alle jene niederen, seßhaften Seetiere zutrifft, die man früher so schön die ‹Blumenthiere› zu nennen pflegte. – Aber auch bei den differenziertesten Organismen (in unserem eigenen Bauplan) wird die Grenze nach längstens fünf bis sechs Schritten erreicht» (RIEDL: *Die Ordnung des Lebendigen*, 167). «Der riesige Normen-Unterbau fehlt auch bei den winzigsten Organen nicht, selbst wenn sie, wie unser Haar..., fast gar keinen Überbau besitzen. Eine der Normen-Ketten, die den Normteil ‹Haar› zusammensetzen, lautete z. B.: Haarfollikel mit H.-Zwiebel mit innerer Wurzelscheide mit *Huxleyscher Schichte*, aus Zellen der *H.*-Schicht mit Mitochondrien usf.» (168).

Die Frage ist nun, an welch einer Stelle der Hierarchie der Normschichten ein bestimmter Normteil steht; je höher die Zahl der Folgeentscheidungen ist, die sich aus seiner Position ergibt, desto höher natürlich ist der Bürdegrad, der ihm zukommt; zudem wird die Bürde durch die Zahl der Normteile und die Zahl der Funktionsgruppen weiter erhöht, mit dem Ergebnis, daß die entsprechenden Normen einen hohen Grad an Stetigkeit und Fixierung aufweisen. Das Haar zum Beispiel wurde in den Anfängen der Säugetierentwicklung «erfunden» und kommt so gut wie bei allen Säugetier-Arten vor; – selbst die Wale besitzen noch Borsten an der Oberlippe, Reste wohl der Schnurrbärte der Raubtiere. Allerdings sind Metamorphosen denkbar und unübersehbar: der Igel zum Beispiel hat die Haare zu Stacheln versteift, dem Rhinozeros wächst das «Horn» aus einer Unzahl verklebter Haare...

Der Vorteil derartiger Standardisierungen von Normteilen liegt auf der Hand. Er besteht in einem erheblichen Ordnungszuwachs, der es erlaubt, das Etablierte mit relativ geringen «Betriebskosten» wieder und wieder herzustellen und zudem mit anderen «Bauteilen» verträglich zu machen. Wenige erfolgreiche Mutationsschritte lassen sich auf diese Weise, ähnlich einem neuen Produkt auf dem Markt, rasch durchsetzen. Statt fertige Einheiten herzustellen, arbeitet die Natur, wie mit Legobausteinen, lieber mit vielseitig verwendbaren Strukturen, die sich in standardisierter Form ausgeben und dann je nach Bedarf zusammensetzen lassen.

Tatsächlich ist diese Methode so erfolgreich, daß sie auch in der kulturellen Evolution der Menschheitsgeschichte als «Erfolg der Masse» fest etabliert scheint. Man nehme nur das Beispiel der politischen «Wahlkampf»-Strategie: je inhaltsärmer die ausgegebene Phrase und je öfter ihre Wiederholung, desto höher die «Durchschlagskraft» – glauben die «Generalsekretäre» der jeweiligen Parteien; sie setzen freilich voraus, daß Menschen mit sich umgehen ließen wie mit formbaren Einheiten, und sie vergessen zumeist, wie rasch sie bei dieser Praxis sich selber in lebende Sprechkassetten verwandeln. «Der Erfolg», sagt RIEDL (*Die Ordnung des Lebendigen*, 186), «besteht, wie in der ersten Evolution, darin, mit einem Minimum an Kenntnis (Unterrichtung, Einsicht, Gesetzesgehalt, $bit_G$) ein Maximum an Produktion (Wirkung, Einfluß, Festlegung, $bit_D$) zu erreichen. Das Ergebnis sind ... Klassen von Identitäten mit geminderter oder gar keiner Individualität: Normierte Produkte wie Produzenten. Und wieder sind beide die Bausteine der höheren Strukturen und Funktionen: die Ziegel der Dome, die Autos der Wirtschaft, die Massen der Parteien und alle der Staaten.»

Wie von selber verlangt die Normierung einzelner Bauteile daher nach der zweiten Ordnungsform: der *Hierarchie* ihrer funktionalen Zuordnung in organischen Strukturen.

### d) Die Ordnung der Hierarchie

Die Bedeutung hierarchischer Ordnungsmuster zeigt sich bereits daran, daß wir sogar anorganische Erscheinungen nicht anders als in hierarchischen Mustern zu denken vermögen. Jede Definition eines Begriffes verwendet das hierarchische Schema der Über- und der Unterordnung begrifflicher Felder, etwa wenn wir ein Tier mit seinem Gattungs- und Artnamen bezeichnen und ihm damit eine «binäre Nomenklatur» zuordnen. Im Strom des Lebens entstehen Hierarchiemuster notwendig, wenn wir den Weg durch den genetischen Raum der Biomorphe in DAWKINS' Computersimulation nun in der Realität verfolgen und die schrittweise Zufügung und Fixierung von Merkmalen nach den Gabelungen des Flusses von Determinations-Entscheidungen (Mutationen) betrachten. Liegen die Verzweigungspunkte additiver Merkmale in einem einzigen Ast, so entsteht eine *Schachtel-* oder *Sequenz-Hierarchie:* – die Verzweigungen im Stammbaum etwa der Chordatiere von den Fischen zu den

Säugern kann dafür als Beispiel dienen. Es kann aber auch sein, daß die Fixierungen und Verzweigungen sich kaum näher bestimmen lassen und wir es mit einer *Massen-* oder *Sammelhierarchie* zu tun haben, wie wir sie in den Frühstadien des Lebens ebenso wie in den Massenorganisationen der Gesellschaft, zum Beispiel in Kirche, Militär und Partei, antreffen. Dazwischen steht die *Dichotom-* oder *Alternativ-Hierarchie*, wo in jeder Obergruppe zwei Untergruppen ausgebildet sind. Diese Art von Hierarchie entspricht am meisten unserer Logik des Definierens und Klassifizierens und bildet wohl das Grundmuster auch der beiden anderen Hierarchieformen.

Entscheidend für jede Hierarchie «ist die schrittweise Fixierung von Merkmalen; und zwar die endgültige Fixierung von additiven Merkmalen» (RIEDL: *Die Ordnung des Lebendigen*, 197). Das führt dazu, daß Ketten homologer Systeme ineinander verschachtelt werden können. «Der Komplexitätsgrad eines Systems entspricht... der Summe seiner Einzel-Homologa (bestehend aus allen Minimum-Homologa zuzüglich aller hierarchisch zwischengeordneten Rahmen-Homologa...)» (200). Je größer der Komplexitätsgrad eines Systems ist, desto genauer müssen die einzelnen Merkmale natürlich der funktionellen Nachbarschaft eingefügt sein: «Die Wirbelknochen (zum Beispiel, d. V.) sind ohne Bänder funktionslos, der Wirbel-Bänder-Apparat ist ohne Muskeln sinnlos und alle drei funktionieren weder ohne Gefäßversorgung noch ohne Innervation» (201). Aus der funktionalen Eingebundenheit eines Merkmals in einem System ergeben sich auch die Freiheitsgrade, in denen noch Veränderungen vorgenommen werden können, sowie umgekehrt die Fixierungsgrade, die entsprechend dem oft unglaublich scheinenden Alter der Baupläne der verschiedenen Tierstämme außerordentlich groß sein müssen.

Wie die hierarchische Schichtung fixierter Merkmalskomplexe zeigt, besteht ein Spielraum an «Freiheit», also an «spielerischer» Zufälligkeit, begreiflicherweise nur in den niedersten Komplexitätsbereichen und in den marginalen Positionen, mithin bei sehr geringer Bürde – es ist, politisch gesprochen, allemal leichter, einen Staatssekretär auszuwechseln als einen Minister abzulösen, und immer noch leichter ist ein «Revirement», eine «Wiederbelebung» des Kabinetts, als ein Wechsel des Bundeskanzlers. Das Alter solcher leichter veränderlicher Merkmale am Ende der Hierarchie ist – in evolutionären Zeiträumen – dementsprechend gering, ebenso wie ihre Stetigkeit; in der Systematik kann man sogar von rein akzessorischen Merkmalen sprechen. Dazu zählen etwa die Formen der Färbung, die Muster der Oberflächenstrukturen, die richtungslose Vielfalt der Schmuckfedern bei Vögeln (DARWINS Pfauenschwanz-Problem!) oder die oft grotesk wirkende

Spiralisierung und Einrollung des Gehörns mancher Arten von Schafen, Gemsen, Gnus oder Ziegen. Ganz anders hingegen steht es mit den Systemen maximaler Fixierung, wozu fast alle Merkmale der inneren Anatomie zählen. Daß Einrichtungen wie das Linsenauge, die Hypophyse oder der Arterienbogen sich bei allen Wirbeltieren gehalten haben, zeigt die Bedeutung solcher Funktionsteile, deren Position zentral und deren Bürde hoch ist. Derartige Merkmale finden sich in allen rezenten Nachkommen der Wirbeltiere, und da ihre Bahnen sich schon im Silur, vor rund 410 Millionen Jahren, getrennt haben, muß ihr Alter mindestens 400–500 Millionen Jahre betragen. Setzt man den Fixierungsgrad (F) und den Bürdegrad (B) in eine quantitative Beziehung, so ist sie ungefähr

$$F \approx B^{2/3} \cdot 10^6.$$

Um ein Beispiel für die Entstehung hierarchisch gegliederter Entwicklungsbahnen zu geben, sei einmal der Fixierungsweg der Vorderextremitäten der Wirbeltiere *(Vertebraten)* skizziert.

α) Wie die Tiere laufen lernten – ein Beispiel hierarchischer Abfolgen

Die ältesten *Vertebraten* (Wirbeltiere), die *Agnatha* (die kieferlosen Fische) im mittleren Ordovizium, also vor 460 Millionen Jahren, haben noch keine paarigen Flossen; die Brustflossen stammen erst aus dem Unterdevon (vor ca. 390 Millionen Jahren), und ihre funktionelle Position bleibt marginal; selbst in 100 Millionen Jahren haben die fossilen Agnathen nicht einmal eine Fixierung des Grundmusters erreicht, und das heute noch lebende *Neunauge (Petromyzon)* weist nach wie vor nur zwei Rückenflossen und zwei Schwanzflossen auf (Abb. 32).

Während des Silurs aber vor 410 Millionen Jahren tauchen mit den *Acanthodii* (Stachelhaien) die ältesten zu den *Gnathostomata* (Wirbeltieren mit Kie-

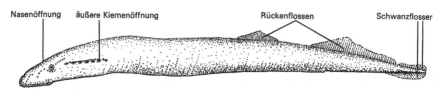

32  Das Neunauge.

fern) zählenden Fische mit einem echten Knochenskelett auf, die, ohne mit ihnen verwandt zu sein, den Knorpelfischen *(Chondrichthyes)* ähnlich sehen, von denen die Haie und Rochen sich bis heute erhalten haben; Körper und Schwanz der Acanthoden sind mit rhombischen Schuppen massiv gepanzert, ähnlich wie bei den Panzerfischen (den *Placodermen,* den Plattenhäutern). Das auffälligste Merkmal dieser altertümlichen Formen, die sich bis zum Perm vor 250 Millionen Jahren erhalten haben, ist jedoch, «daß jede einzelne Flosse mit Ausnahme des Schwanzes, ganz gleich, ob paarig oder nicht, von einem kräftigen Knochenstachel geschützt wurde... Auf jeden Fall sind kräftige, paarige Dornen vorhanden, die die normalen Brust- und Bauchflossen vertreten. Manchmal gibt es außerdem noch mehrere (bis zu einem halben Dutzend) Paare kleiner Flossen. Die Natur hatte noch nicht ‹entschieden›, wie viele Flossenpaare die beste Lösung darstellen, und experimentierte noch. Es ist unterhaltsam, wenn auch fruchtlos, sich auszumalen, wie der weitere Verlauf der Entwicklungsgeschichte der Wirbeltiere gewesen sein könnte, wenn sich die Fischvorfahren der Landwirbeltiere eine höhere Anzahl von Gliedmaßen oder Körperanhängen bewahrt hätten» (A. S. ROMER: *Entwicklungsgeschichte der Tiere,* I 237–239). Die Knochenfische *(Oste-ichthyes),* ebenfalls eine Klasse der *Gnathostomata,* deren Vertreter allerdings, anders als die *Acanthodii,* keine Flossenstachel besitzen und deren Lebensraum in den älteren Formen bezeichnenderweise fast ausschließlich das Süßwasser war, zeigen bereits eine Anordnung der Knochen, die man bis zu Landformen weiterverfolgen kann.

Nun unterteilt man die Knochenfische des näheren in die Strahlenflosser *(Actino-pterygii)* und die Fleischflosser *(Sarco-pterygii).* Die Strahlenflosser, die noch heute in den Stören, Hechten und den meisten Knochenfischen fortleben, besitzen bereits im Silur paarige Flossen, die hauptsächlich aus Haut bestehen, die durch Hornstrahlen gestützt wird. Anders bei den Fleischflossern, die mit Ausnahme der Frühzeit im Devon und Karbon vor 400–300 Millionen Jahren nicht sehr erfolgreich waren, die aber entwicklungsgeschichtlich schon deshalb die größte Rolle spielen, weil sie die Vorfahren aller auf dem Lande lebenden Wirbeltiere sind. Wie bereits der Name sagt, stellt die Flossenstruktur bei den Fleischflossern das auffälligste Merkmal dar. Wohl können auch manche Strahlenflosser aus Gewässern und Sümpfen herausklettern. «Aber niemals haben sich aus solchen Flossen Gliedmaßen entwickelt, die kräftig genug wären, richtige Landtiere zu tragen. Ganz anders verhält es sich mit den Sarkopterygiern. Bei ihnen sind die Flossen kräftige Lappen aus Muskeln und Knochen, die von strahlengestützter Haut gesäumt werden» (ROMER, I 250).

Zur Wechselwirkung von Genen und Phänen

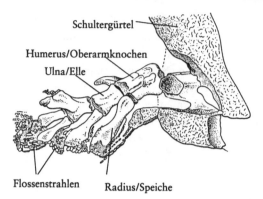

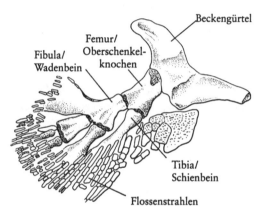

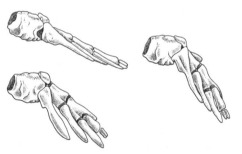

**33** Eusthenopteron – Flossen zu Beinen?

*Links: In minutiöser Kleinarbeit, bei der die oberen Sedimentschichten und danach die Schuppen auf der Außenseite von* Eusthenopterons *Flossen vorsichtig abgetragen wurden, konnten die Wissenschaftler mit verblüffender Detailfülle die präzise Organisation der Knochen von Brust- (oben) und Bauchflosse (unten) aufzeigen. Alle wesentlichen Kennzeichen eines gehenden Tiers waren vorhanden: ein Oberarmknochen, das Pendant zum modernen Humerus, der an einem Schulterknochen angewachsen war, und darunter ein Knochenpaar, das Gegenstück zu den Unterarmknochen Radius (Speiche) und Ulna (Elle) beim Menschen und anderen Wirbeltieren mit Gliedmaßen.* Eusthenopteron *besitzt tatsächlich primitive Arme und Beine. Durch eingehende Untersuchungen, wie diese Knochen miteinander verbunden waren, konnte man den wahrscheinlichen Bewegungsspielraum dieser frühen «Flossenglieder» rekonstruieren.*

Primitive Beine
*Oben: Die Flossen waren aufstellbar (ganz oben), wie man es von durchs Wasser gleitenden Flossen erwarten darf; sie konnten aber auch nach unten abgewinkelt und nach hinten gedreht werden (Mitte und unten), um Bewegungen ähnlich denen eines primitiven Beins zu ermöglichen.*

Insbesondere *Eusthenopteron* (aus der Unterordnung der *Rhipidistia* innerhalb der Odnung der Quastenflosser; Abb. 33) ist von MAHALA ANDREWS und STANLEY WESTOLL als ein Fleischflosser erkannt worden, dessen Flossenstummel alle wesentlichen Merkmale eines gehenden Tieres aufweist: ein Oberarmknochen (das Pendant zum modernen Humerus), der an einem Schulterknochen angewachsen war, darunter ein Knochenpaar, das Gegenstück zu den Unterarmknochen Radius (Speiche) und Ulna (Elle) beim Menschen und anderen Wirbeltieren mit Gliedmaßen. «Eusthenopteron besitzt tatsächlich primitive Arme und Beine» (DAVID NORMAN: *Ursprünge des Lebens*, 81–82).

Im mittleren Devon vor 385 Millionen Jahren unterscheiden sich bei den Fleischflossern bereits deutlich die Lungenfische *(Dipnoi)* und die Quastenflosser *(Crossopterygii)*, die damals zu den häufigsten Süßwasserfischen gehörten und sich als «lebende Fossilien» bis heute erhalten haben. Der australische Lungenfisch *(Epiceratodus)*, der etwa 1 m lang wird, zeigt noch besonders deutlich die «Fleischflossen» der Sarcopterygier (Abb. 34).

Die Quastenflosser wurden im Gegensatz zu den Lungenfischen freilich schon im Karbon immer seltener und verschwanden bis zum frühen Perm vor etwa 290 Millionen Jahren. Insofern bedeutete es eine wissenschaftliche Sensation ersten Ranges, als 1938 vor der ostafrikanischen Küste Frau M. COURTENAY-LATIMER (*My Story of the First Coelacanth*, Occasional Papers der California Academy of Sciences, Nr. 134, San Francisco 1979) einen lebenden 60 kg schweren Fisch aus 300 Meter Tiefe barg, den der Ichthyologe J. L. B. SMITH (*The Search Beneath the Sea*, New York 1956, p. 62; 73) als einen 200 Millionen Jahre alten, ohne spezialisierte Zähne und Kiefer ausgestatteten Quastenflosser erkannte (Abb. 35).

«Die Brustflossen der meisten älteren Quastenflosser», schreibt A. S. ROMER (*Entwicklungsgeschichte der Tiere*, I 252–253), «besaßen ein einfaches Skelett, aber eines, das bereits ein Grundmodell für die Vierfüßerbeine dar-

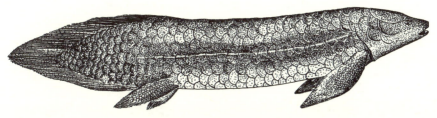

34  Der australische Lungenfisch.

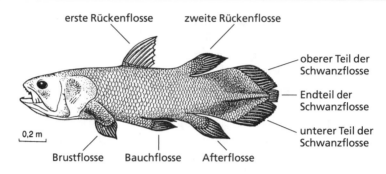

35  Morphologie des Quastenflossers Latimeria.

stellte, aus dem sich diese auch tatsächlich entwickelt haben. Am anderen Ende der Flosse liegt ein einzelner Knochen, der mit dem Schulterskelett verbunden ist; der nächste Abschnitt enthält zwei Knochen, und danach kommt ein unregelmäßig verzweigtes Gebilde. Wir haben es mit einer Konstruktion zu tun, die mit dem menschlichen Arm verglichen werden kann. Der einzelne Knochen im ersten Abschnitt entspricht dem Oberarm bis zum Ellenbogen, die beiden nächsten Knochen bilden den Unterarm mit Elle und Speiche, und darauf folgt eine sich aufzweigende Reihe von Knochen, wie wir sie im Handteller und in den Fingern besitzen. Auch im Schädel finden wir eine Knochenanordnung, die derjenigen der frühen Landwirbeltiere sehr ähnelt und, wenn auch nur sehr weitläufig, mit unserem eigenen Kopf verglichen werden kann» (ROMER, I 253).

Die ersten vierfüßigen *Amphibien*, von denen alle Landwirbeltiere abstammen, erscheinen in einer ausgestorbenen Gruppe, die von dem großen Paläontologen des 19. Jahrhunderts Sir RICHARD OWEN als *Labyrinthodontia* bezeichnet wurde, weil der Zahnschmelz so kompliziert («labyrinthisch») gefaltet war, eine Eigenschaft, die sie von den Crossopterygiern übernommen hatte. Besonders hoch entwickelt war der 1,80 m lange Eryops im Perm, der eine Lebensweise wie ein Krokodil besaß (Abb. 36). Seine kurzen Gliedmaßen erlaubten ein unbeholfenes Watscheln am Land. Sein Kopf war groß und flach, die Augen blickten seitlich aufwärts, außerdem blieb eine Öffnung für ein drittes Auge auf der Mitte der Stirn.

Wie man sieht, ist hier bereits eine Hand mit fünf Fingern ausdifferenziert. Das gleiche gilt für die noch ältere Ordnung der *Ichthyostega* (der Fischschädellurche), die im Wasser lebten und einen Schwanz besaßen (Abb. 37).

36 Labyrinthodontes Amphibium: Eryops mit dem Habitus und der Lebensweise eines Krokodils.

Im Perm und in der Trias, vor 250–230 Millionen Jahren, erscheint schließlich eine Unterklasse der *Reptilien*, die man *Synapsida* nennt (s. u. S. 551–555) und die zu den Vorfahren der Säugetiere gehören, die ihrerseits als mausgroße Wesen im Jura auftauchen. Insbesondere die *Therapsiden* (säugetierähnliche Reptilien) lösten das Problem der Fortbewegung auf dem Festland, indem sie die weit nach außen gerichteten Gliedmaßen ihrer Vorfahren in eine leistungsfähigere Position brachten, wobei die Knie vorn dicht an den Körper herangeführt und die Ellenbogen in ähnlicher Weise rückwärts gestellt wurden. «Mit dieser grundlegenden Veränderung der Position und der Funktion der Gliedmaßen gingen viele Umwandlungen im Bau der Gliedmaßen Hand in Hand... Die Zehen oder die Finger der primitiven Reptilien haben beim Daumen oder bei der großen Zehe beginnend 2, 3, 4, 5, 3 Glieder. Dieselben Zahlen sind auch heute noch bei vielen Eidechsen vorhanden. Die seitliche Beinhaltung scheint die Entwicklung längerer Zehen zur Außenseite der Füße hin gefördert zu haben. Nicht so jedoch die neue Haltung, bei der die Füße nach vorn gerichtet werden. Hierbei finden wir eine starke Tendenz, die Zehenlängen auszugleichen. Viele Therapsiden haben die Gliederzahl bis auf 2, 3, 3, 3, 3 zurückgebildet. Dieselbe Anzahl findet man heute bei vielen Säugern, den Menschen eingeschlossen» (ROMER, II 506–507).

37 Der Fischschädellurch.

38 Cynognathus wirkt bereits säugetierähnlich.

Ein Hauptvertreter der Therapsiden aus der frühen Trias war *Cynognathus,* ein Fleischfresser mit einem «Hundegebiß». Eine Rekonstruktion des Schädels und des Körpers zeigt, in welchem Umfang er bereits viel eher einem Säugetier als einem Reptil glich; vermutlich war er schon mit Haaren bedeckt (Abb. 38).

Als dann am Ende der Trias und im Jura vor 200 Millionen Jahren die ersten primitiven Säuger auftraten, als deren primitive Seitenlinie sich die Kloakentiere *(Monotrematen)* in Gestalt des australischen Schnabeltiers *(Ornithorhynchus anatinus)* und des Ameisenigels *(Tachyglossidae)* erhalten haben, änderte sich die Zahl der Finger nicht mehr.

β) Warum das Entwicklungstempo unterschiedlich ist

Die Bedeutung von Tatbeständen dieser Art ist schwer zu überschätzen. Sie zeigt, wie stark die Ordnung der Hierarchie in der Natur verankert ist. Wenn wir in der Systematik etwa die Crossopterygier dem Stamm der Chordatiere und dort dem 3. Unterstamm der Vertebraten (Wirbeltiere) zuordnen, und zwar als eine Überordnung innerhalb der Klasse der Oste-ichthyes (der Knochenfische) und dann den 1938 gefundenen Quastenflosser als Beispiel einer eigenen Gattung oder Art anführen (vgl. A. S. ROMER, II 679–680), so spiegelt das nicht nur die hierarchische Struktur unseres Denkens wider, sondern es beschreibt eine Abfolge morphologischer Details, die sich im Verlaufe der

Evolution schrittweise etabliert haben. Mit R. RIEDL (*Die Ordnung des Lebendigen,* 241) läßt sich feststellen, «daß die Stetigkeit der Merkmale schrittweise zunimmt, daß sie nach dem Umfange der zu tragenden Bürde von den zentralen zu den peripheren Positionen fortschreitet, daß die tieferen Merkmale ebenso aus der Phase der freien Adaptierbarkeit zurückfallen, wie neue in freizügigsten Versuchen über ihnen aufbauende, lebhaft adaptive Merkmale sie bebürden». «Das Prinzip (sc. der Fixierung, d. V.) hängt mit dem Wachstum der ‹Verantwortung› oder ‹Voraussetzungshaftigkeit› zusammen, welche einer funktionellen Schicht auferlegt wird, sobald eine weitere sich auf ihr einrichtet.»

Aus dieser Einsicht ergibt sich zugleich der Grund für *das unterschiedliche Tempo,* mit dem in der Evolution die einzelnen Äste der Stammbäume in der «typogenetischen Phase» in kurzer Zeit eine große morphologische Distanz zurücklegen, während sie hernach in der «typostatischen Phase» sich nur noch sehr langsam weiterentwickeln.

Neue typogenetische Phasen ergeben sich daraus, daß die Merkmale, deren Umweltverträglichkeit geprüft werden soll, noch wenig belastet sind. Die Sequenz der hierarchisch geschichteten Merkmale erweist sich dabei als chronologische Wiedergabe des Evolutionsverlaufs selbst, da die einzelnen Merkmale einander funktionell voraussetzen. Eine Aufsplittung der Merkmale, das Gewinnen neuerlicher morphologischer Distanz beruht auf «adaptiven Abwandlungen der jüngsten additiven und am wenigsten mit Bürde beschwerten Merkmale» (245). Nur auf diesem Wege wird es einer Art erlaubt, neue Nischen als Lebensraum für sich zu erobern. «Zehen» der Vorder- und Hinterfüße zum Beispiel können sich zu Händen und Füßen formen, aber auch zu paarigen oder unpaarigen Hufen, oder sie können, wie bei den Robben *(Pinnipedia),* zu denen die Seehunde und Walrosse als Abkömmlinge von hundeartigen Raubtieren in der Mitte des Tertiärs zählen, wieder zu Flossen umgeformt werden, doch ohne jemals sich zu einer Fischflosse zurückzuentwickeln. Die Geschwindigkeit, mit der morphologische Merkmale an veränderte Umweltbedingungen angepaßt werden können, ist dabei nach neueren Beobachtungen offenbar weit größer als früher angenommen. Auch dafür ein Beispiel.

«Unlängst wurden die kleinen, buntgefärbten und überaus agilen Anolis-Leguane der Karibik zum Modell. Nachdem Forscher einige dieser Anolis von einer Insel auf eine andere verfrachtet hatten, fanden sich die Tiere in einem veränderten Lebensraum wieder. Während die Echsen auf ihrer Heimatinsel in Bäumen und Büschen gelebt haben, erwies sich die neue Insel, auf der die Tiere ausgesetzt wurden, als eher unwirtlich. Dort wuchs nur sehr niedrige, baumlose Vegetation. Dennoch zeigten die Reptilien Durchhaltevermögen und behaupteten sich auch im neuen Lebensraum. Allerdings entwikkelten die dort über Jahre nachwachsenden Generationen von Anolis zunehmend kürzere Beine. Je spärlicher die Vegetation einer Insel ist, desto kürzer sind auch die Beine der sich dort etablierenden Kleinleguane. – Mit kurzen Beinen können Anolis besser im dünnen Gezweig der dünnen Sträucher balancieren als ihre langbeinigen Artgenossen. Mit langen Hinterbeinen dagegen kommen die karibischen Kletterkünstler besser auf dickeren Ästen und Baumstämmen voran. Diese Abhängigkeit der Beinlänge von der jeweiligen Vegetationsform hatte sich an zahlreichen Anolisarten der Karibik nachweisen lassen. – Nie zuvor war jedoch direkt beobachtet worden, in welch kurzem Zeitraum solche körperbaulichen Anpassungen ablaufen. Durch ihre Experimente fanden Zoologen heraus, daß sich die Anolis in weniger als 15 Jahren einer plötzlich auf dramatische Weise veränderten Umwelt anzupassen vermögen» (MATTHIAS GLAUBRECHT: *Evolution macht den Tieren Beine*, in: Die Welt, 12. Nov. 1998, S. 43).

Allerdings betreffen diese kurzfristigen Veränderungen ersichtlich nicht Strukturmerkmale, sondern lediglich Veränderungen in den Maßeinheiten der Proportionen; von den strukturellen Merkmalen gilt, daß sie nur sehr langsam fixiert werden können und dann, wenn einmal etabliert, die unveränderbare Grundlage aller weiteren Veränderungen bilden.

Daß manche Tiere so außerordentliche Zeitspannen überbrücken konnten, ohne ihre morphologischen Hauptmerkmale einzubüßen, wie zum Beispiel der Quastenflosser oder wie die Kloakentiere, hat freilich seinen Grund nicht allein in der Stetigkeit, die sich aus der Fixierung von Merkmalen mit einem hohen Bürdegrad ergibt, sondern auch in dem Phänomen der «*Anachorese*» – der «Auswanderung» in isolierte konkurrenzfreie ökologische Nischen wie den Tiefseegraben im Komorenbecken, in dem man den Quastenflosser fand, oder den australischen Kontinent, der sich nach der Kreidezeit vor 35 Millionen Jahren geologisch abspaltete (vgl. A. S. ROMER, I 300–301).

Auf die Bedeutung der Umweltfaktoren und die Wirkung des Konkurrenzkampfes werden wir später bei den «Einsätzen» des Lebens noch ausführlicher eingehen. An dieser Stelle ist uns nur erst an der «Logik» der inneren Gesetzmäßigkeit beim Aufbau der Organismen gelegen; die aber begreifen wir allmählich immer besser.

γ) Das Rätsel artübergreifender Veränderungen

Denn wir sind jetzt in der Tat soweit, auf eine Frage zu antworten, die gegen die DARWINistische Erklärung der Evolution immer wieder als Einwand formuliert wurde: Ist es denn möglich, mit dem Konzept kumulativer Mutationen die artübergreifenden Schritte in der Entfaltung des Lebens zu verstehen? Daß es möglich ist, mit Hilfe dieser Theorie zu begründen, warum schon bestehende Arten nach und nach immer vorteilhafter an eine bestimmte Umwelt angepaßt wurden, mag man wohl noch konzedieren; doch wie steht es mit den großen funktionell unteilbaren Merkmalskomplexen, die nötig sind, aus einer Art eine andere Art entstehen zu lassen? Wie läßt sich die Tatsache artübergreifender (transspezifischer) Entwicklung erklären, wenn die Chancen einer Mutation um so geringer werden, je größer der Umfang der Veränderungen ist, der durch ihre Realisation gegeben wäre?

Um es paradox zu sagen: die Konzeption von der Ordnung der Hierarchie, wie R. RIEDL sie vorgelegt hat, erlaubt es zunächst überhaupt erst zu erklären, wieso das Problem der «Organisationslücke» zwischen den Arten zustande kommt: «Wenn die Organisationslücke mit der Anzahl der gleichzeitig zu verändernden *loci* (sc. Genorte, d. V.) zunimmt, dann müssen die Erfolgschancen der Änderung eines Merkmals mit der Anzahl der von ihm abhängigen Phäne wirken» (RIEDL: *Die Ordnung des Lebendigen*, 255). «Evolution führt zu einem Wachsen von Differenzierung und Integration und somit zum lokalen Steigen von Bürdegraden. Deren Folge ist eine Erweiterung der Organisationslücke, welche die Chancen erfolgreicher Änderungsmöglichkeiten in einem Maße heruntersetzt, welches wir als das Phänomen der Überdetermination oder Stetigkeit, das Phänomen fixierter Merkmale beschrieben» (257).

Erst unter dieser Voraussetzung gewinnt ein Modell zur Erklärung der Evolution an Bedeutung, das man als genetische «Speicher-Hypothese» bezeichnen kann und das im allgemeinen in der theoretischen Biologie heute bevorzugt wird: Vorausgesetzt wird, daß mutative Änderungen selbst bei noch so kleinem Vorteil im Genom gespeichert werden; sind alle Änderungen gespeichert, die notwendig sind, um ein komplexeres Funktionssystem zu ändern, so wirken sie im Sinne einer Verbesserung zusammen. Die Bedingung freilich ist, daß all die Änderungen so gering sind, daß sie die Abstimmung des Gesamtsystems nicht stören; und das ist der Punkt, an dem die Notwendigkeit der Etablierung des Hierarchieprinzips im Bereich der Entscheidungen (im Genom) evident wird.

Das gesamte epigenetische System, das heißt die Struktur der Gen-Wechselwirkungen «muß hierarchisch, und zwar in hohem Maße hierarchisch organisiert sein..., weil... dadurch den hierarchischen Funktionsmustern, welche die fortschreitende Differenzierung im Phänbereich aufbauen, am besten, das heißt, mit den größtmöglichen Selektionsvorteilen entsprochen wird. Neben der Voraussetzung, Entscheidungen überhaupt rangen zu können, ist die eigentliche Ursache in jenem Vorteil gelegen, der darin besteht, Dependenzmuster der Phänfunktionen kopieren zu können. Je vollständiger die Entsprechung, um so vollständiger der mögliche selektive Vorteil. Dieser Zusammenhang... muß zur Folge haben, daß nicht nur das Prinzip der Musterung, sondern auch dessen spezielle Zustände (oder Qualitäten) zu kopieren, von der Selektion (durch die ungleichen Adaptierungsvorteile) stetig gefördert werden muß. *Das epigenetische System muß darum einer Nachbildung der speziellen funktionellen Dependenzmuster der von ihm determinierten Phänsysteme zustreben...* Tatsächlich macht erst ein imitatorisches Epigenesesystem verständlich, wie es zu zweckmäßigen, das heißt erfolgreichen Metamorphosen der komplexesten Systeme wie der bebürdetsten Einzelmerkmale kommen kann. Aber auch Metamorphose ist nicht mehr wahllose, sondern zur Gesetzesbeachtung verhaltene Änderung» (R. RIEDL: *Die Ordnung des Lebendigen*, 260–261).

Diese These R. RIEDLs erklärt vor allem, warum es im Evolutionsgeschehen *mehr* an Notwendigkeit gibt, als das DARWINistische Spiel von Mutation und Selektion zunächst vermuten läßt. Der Wandel der Arten (die intraspezifische Evolution) unterliegt nicht minder der Kausalität als die Umwandlung der Arten (die transspezifische Evolution); und die Festlegung bestimmter Merkmale in hierarchischer Ordnung über geologische Zeiträume hin erscheint jetzt als eine von vornherein zu postulierende Notwendigkeit in der Entwicklung des Lebens. Zufallsabhängig bleibt dann immer noch die unübersehbare Vielzahl der Entfaltungsmöglichkeiten, die sich aus der Begegnung der funktionellen Strukturen und ihrer spezifischen Fähigkeiten mit den Bedingungen der ökologischen Nischen ergeben: 300 Millionen Jahre nach dem Auftreten der Quastenflosser im Devon zum Beispiel werden die Füße waldbewohnender Pferde in den offenen Steppen zu Hufen, und noch viel später werden aus den Extremitäten baumbewohnender Primaten menschliche Hände und Füße zum Greifen und zweibeinigen Gehen. Eine solche Entwicklung bleibt nach wie vor unvorhersehbar; auch auf diesen Aspekt werden wir später noch einmal bei der Besprechung der Vielzahl vor allem der «katastrophalen Unvorhersehbarkeiten» der Evolution ausführlich zurückkommen.

Lediglich eine Warnung in «kulturphilosophischer» Absicht sei an dieser Stelle noch ausgesprochen: Gezeigt hat sich der außerordentliche Erfolg, ja, die selektive Notwendigkeit hierarchischer Muster bereits in den Bauplänen des Lebens; hinzufügen muß man dieser Einsicht zudem noch den Hinweis der Verhaltensforschung, wie hierarchische Muster auch in der Sozialstruktur von Tieren die Überlebenschancen einer Art erheblich verbessern können. Wenn bereits Ameisen, Termiten und Bienen mit Hilfe eines im wesentlichen rein olfaktorischen (geruchsmäßigen) und optischen Signalsystems zu den unglaublich scheinenden Komplexitätsgraden ihrer hierarchisch gegliederten Interaktionsmuster imstande sind, um wieviel mehr wird diese Strategie im Überlebenskampf sich dann ebenfalls bei den Säugern, etwa den Huftieren, Primaten und Hominiden bewähren? (Vgl. HERMANN BOLLOW: *Ameisen-Termiten*, 5–25: Ameisen; 69–74: Termiten; 97–102: Soziale Insekten; VINCENT B. WIGGLESWORTH: *Das Leben der Insekten*, 233–247: Die Organisation der Insektenstaaten; RICHARD GERLACH: *Die Geheimnisse im Reich der Insekten*, 201–232: Vollkommene Staaten; KARL VON FRISCH: *Aus dem Leben der Bienen*, Berlin $^6$1959.) Auch in menschlichen Gemeinschaften scheinen Massenhierarchien wie in Militär, Schützenverein und Kirche mit «durchschlagendem» Erfolg gesegnet. Freilich sollten gerade die Ideologen hierarchischer Machtaufteilung eben deshalb nicht vergessen, daß bei längerem «Fortschritt» die Massenhierarchien unweigerlich eines Tages «in die Senilitätsphase der Schachtelhierarchie (der Kammerherren und Kirchenfürsten) einzumünden» pflegen (RIEDL, 268). Die Adaptionsvorteile von gestern werden immer wieder zu den Adaptionseinschränkungen von morgen, und wenn die Fixierung hierarchischer Muster erklärt, warum der Zusammenbruch von Rängen stets mit Chaos und mit der Reetablierung des Alten «bestraft» wird, so erklärt sie zugleich auch, warum erstarrte Systeme von veränderten Selektionsbedingungen des äußeren Milieus nicht mehr toleriert werden. Gewiß: auf die französische Revolution folgte Napoleon, auf den Sturz des Zaren Lenin, auf die Abdankung des deutschen Kaisers Adolf Hitler – ein Phänomen, das S. FREUD in *Totem und Tabu* aus der Identifikation der aufständischen Söhne mit dem gestürzten väterlichen Vorbild psychologisch zu erklären suchte, das sich systemtheoretisch jedoch aus dem Wechsel von Fluktuation und (Re)Organisation erklärt. Nur: hätte man deshalb die Monarchie auf ewig bestehen lassen können oder dürfen? Die Alternative zur Revolution ist die schrittweise Adaption.

*e) Die Ordnung der Interdependenz*

Wenn wir bei der Ordnung der Hierarchie die vertikale Achse des Ordnungsmusters vorgestellt haben, so müssen wir jetzt die «horizontale» Ordnung wechselseitiger Abhängigkeit, die *Ordnung der Interdependenz*, der Betrachtung hinzufügen; – schließlich gäbe es keine Hierarchie, ohne daß bestimmte Merkmale oder Ereignisse mit anderen gleichrangigen Merkmalen oder Ereignissen verknüpft wären, die ihre Bedeutung und Geltung bestimmen.

Phylogenetisch stellen auch die Interdependenzmuster Fixierungen von Merkmalen und Funktionen dar, doch folgen sie nicht, wie bei der Hierarchie, aufeinander, sondern sie treten relativ gleichmäßig, also «nebeneinander» auf. Dabei kann es im Rückblick später zweifelhaft werden, worin der Funktionszusammenhang eigentlich einmal bestanden hat. Beispielsweise zeigen alle Säugetiere nebeneinander die folgende Merkmalskombination: Aortenbogen nach links, sieben Halswirbel, Milchdrüsen an der Ventralseite und Haare auf der Haut – doch warum das so ist, wissen wir nicht.

Insgesamt ist es nicht leicht zu erklären, wie gleichrangige Merkmale durch Ko-Adaption oder Syn-Organisation miteinander verkoppelt werden. Die Frage stellt sich, wie es dazu kommt, daß voneinander unabhängige Merkmale feinste funktionelle Paßflächen herstellen und diese gemeinsam weiteradaptieren. Wie zum Beispiel – das alte DARWINsche Problem – entsteht das Gefiedermuster des Pfaus, das auf dem Zusammenwirken so vieler Federn beruht? Oder: Wie erklärt sich die Koppelung der Vorder- und Hinterflügel der Insekten? Oder: Wieso passen die Ober- und Unterkiefer im Maul eines Säugetieres zusammen? An Fragen dieser Art ist kein Ende. Als Erklärung *in* Frage kommt nur der Gedanke einer Synorganisation: Interdependente Querverbindungen sind überall dort anzunehmen, wo die Funktion allein die Koinzidenz gleichrangiger Merkmale nicht erklärt.

Beispielsweise finden wir im Innenohr der Säugetiere drei Fisch-Kieferknorpel, die ihre Form, ihren Ort und ihre Funktion von einst vollkommen aufgegeben haben. Verständlich ist ein solcher Tatbestand nur, wenn man bedenkt, daß die Bildung von Gelenken oder der Aufbau von Gefäß- und Nervensystemen stets voraussetzt, daß ursprünglich unabhängige (independente) Teile miteinander verbunden (interdependent) werden; sie organisieren sich zu einer höheren Funktionseinheit. Desgleichen bedarf es der Interdependenz, um bei der Änderung der Proportionen etwa des Gesichtsschädels oder der Extremitäten die Einzelteile harmonisch aufeinander abzustimmen.

Doch Synorganisation ist zunächst nur ein Wort. Woher kommt ein solcher

Mechanismus, wenn man nicht wieder an die «Planungen» eines «höheren Wesens» glauben will? *Einen Ansatz zur Lösung dieser Frage kennen wir bereits.*

Um mehrere Phäne (Merkmale oder Ereignisse) genetisch zu beeinflussen, bedarf es der *Pleiotropie* oder *Polyphänie*, also der «Mehrfachwirkungen» genetischer «Entscheidungen», die sich sowohl direkt als auch indirekt geltend machen können; je nachdem, ob das eine oder das andere der Fall ist, spricht man von Mosaik- oder Relations-Pleiotropie. Die Relations-Pleiotropie ist in unserem Zusammenhang besonders wichtig, weil sie die vernetzte Wirkung verschiedener «Entscheidungen» deutlich macht.

Die gesamte Embryoentwicklung zum Beispiel, das epigenetische System, basiert auf dem Zusammenwirken von Tausenden von Genen, unter deren Einfluß der sich entwickelnde Organismus zusammengebaut wird. «Von der natürlichen Auslese», meint R. DAWKINS (*Der blinde Uhrmacher*, 198), «werden Gene immer wegen ihrer Fähigkeit ausgelesen, in ihrer Umgebung zu gedeihen. Wir denken uns diese Umwelt häufig als die Außenwelt, die Welt von Räubern und Klima. Aber vom Standpunkt jedes einzelnen Gens aus gesehen, besteht der vielleicht wichtigste Teil seiner Umgebung aus all den anderen Genen, auf die es trifft... Jedes Gen wird wegen seiner Fähigkeit ausgelesen, erfolgreich mit der Population anderer Gene zusammenzuarbeiten.» Das Ergebnis: «Gene, die Zähne zum Fleischkauen machen, werden im allgemeinen in einem ‹Klima› von Genen gefördert, die einen geeigneten Verdauungstrakt zum Verdauen von Fleisch machen. Andererseits werden Gene zur Konstruktion von pflanzenzermahlenden Zähnen in einem Klima von Genen begünstigt, die geeignete Eingeweide zum Verdauen von Pflanzen herstellen» (200).

An jeder Stelle werden wir deshalb mit verstärkenden oder hemmenden Rückkoppelungsvorgängen rechnen müssen.

Zudem müssen wir uns vor Augen halten, daß der Gen-Pool mit einem ungeheuren Archiv-Material von Genen gefüllt ist, die akut nicht mehr gebraucht werden, jedoch bei entsprechender Konstellation aktiviert werden können. In der Gen-«Bibliothek» sind außerordentlich viele Hinweise auf vorhandene Informationen, im Bilde gesprochen: in der Kartei der Verleihstelle, gelöscht worden, so daß sie nicht «ausgeliehen» und gelesen werden können; sie lagern aber nach wie vor in den «Regalen» und besitzen an sich jederzeit die Möglichkeit zu neuen vielfältigen Verknüpfungen.

Mit der Pleiotropie zusammen hängt zugleich das umgekehrte Phänomen: die *Polygenie*, bei der ein Ereignis (ein Phän) von mehreren Entscheidungen (Genen) abhängt. Die Frage aber lautet jetzt: Wie werden diese wechselseitig voneinander abhängigen Determinationskomplexe so organisiert, daß Mutationen von komplexen, funktionell geschlossenen Phänsystemen möglich werden? Wie kann es zu *Groß-* oder *System-Mutationen,* zu sogenannten *homöotischen Mutationen* kommen?

Drei Formen solcher Groß-Mutationen sind bekannt: *Doppelbildungen, Ersatzbildungen* oder *spontaner Atavismus.*

*Doppelbildungen* treten zum Beispiel auf bei der Bithorax-Mutante der Obstfliege *Drosophila,* auch Taufliege genannt (vgl. C. WADDINGTON: *Genetic assimilation of the bithorax phenotype,* Evolution 10, 1956, 1–13; J. KIGER: *The bithorax complex – a model for cell determination in Drosophila,* Journal for theoretical Biology 40, 1973, 455–467): bei dieser Mutation wird das Metathorax-Segment der Brustregion wie ein zweites Mesothorax-Segment ausgebildet (Abb. 39). Auf der einen Seite zeigt sich das hohe Maß abgestimmter Lage- und Strukturmerkmale, die als Gesamtheit verdoppelt werden: die Form des Mesothorax ist wiederholt, aber auch dessen Behaarung, die Borsten; die Halteren sind mit in Flügel verwandelt; das dritte Beinpaar weist

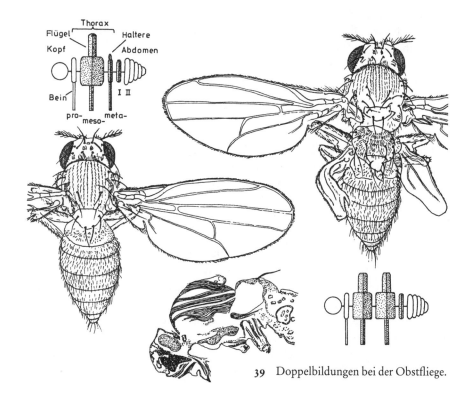

39 Doppelbildungen bei der Obstfliege.

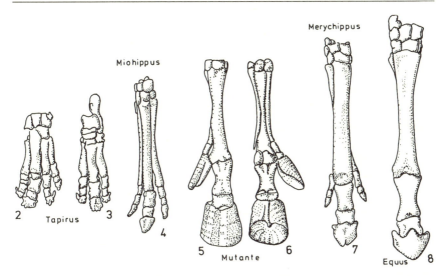

40   Ein Fall spontanen Atavismus' am Beispiel des Zehenskeletts der zweizehigen Mutante des Hauspferdes und der vergleichbaren Formen. 2–3: Vorder- und Hinterlauf des rezenten Tapirs, 4 und 7: Vorderlauf zweier fossiler, und 8: des rezenten Pferdes.

Merkmale des zweiten auf, zugleich aber zeigen sich in der inneren Organisation auch eine Reihe von Fehlern: Teile der Flugmuskulatur und der Innervation fallen aus und lassen eine Funktionstüchtigkeit nicht zu. Die Bithorax-Mutante beweist mithin nicht allein den erstaunlichen Umfang von Synorganisation, sie zeigt auch, wie außerordentlich groß das Maß an Interdependenz sein muß, um funktionsfähige Neuerungen hervorzubringen.

Bei den *Ersatzbildungen* treten durch Einzelmutationen geschlossene Merkmalskomplexe an Stellen auf, an die sie nicht gehören: Flügel anstelle der Halteren, Beinstrukturen am Auge oder anstelle der Antenne, und wieder zeigt sich beides: das hohe Maß an genetischer Organisation und die Notwendigkeit eines noch höheren Ausmaßes, damit ein Organismus entstehen kann, wie wir ihn normalerweise (!) bei korrekter Replikation der Gene antreffen.

*Spontaner Atavismus* schließlich wird möglich durch die alten «Bücher» im «Archiv» des Gen-Pools, von denen wir gerade sprachen. Es gibt zum Beispiel die zwei- und dreizehige Entartung unseres Hauspferdes (Abb. 40). Die Seitenzehen besitzen sowohl die alte Zahl von Knochen und Gelenken als auch die entsprechenden Muskeln. Das Beispiel zeigt, in welch einem Umfang der gesamte Merkmalskomplex nicht nur ursprünglich einmal, auf der Stufe des vierzehigen Eohippus vor 30 Millionen Jahren im Tertiär, organisiert war, es wird auch deutlich, daß das gesamte Organisationsschema in den Genen gespeichert bleibt, auch wenn es von neuen Entscheidungen überlagert wird.

Es ist demnach keine Frage, daß die Natur in großem Umfang sowohl genetisch als auch morphologisch auf die Verfahren der Synorganisation zurückgreift und zurückgegriffen hat. Woher dieser hohe Grad an Interdependenz, an Gleichschaltung von Determinationsentscheidungen, in der Evolution stammt, läßt sich erneut bereits durch den selektiven Vorteil verstehen, den es mit sich bringt, wenn durch höhere Organisation eine bestimmte sonst erforderliche Mutation eingespart wird. Setzt man die Wahrscheinlichkeit für das Auftreten einer Mutation ($P_m$) in der bereits angegebenen Weise auch nur mit $10^{-5}$ an, dann beträgt der Realisationsvorteil ($V_v$) ihrer Einsparung bereits $10^5$:

$$V_v = P_m^{-1} = 10^5.$$

Indessen wird die Gleichschaltung zweier Gen-Entscheidungen nur dann von Vorteil sein, wenn die kombinierte Veränderung von bis dahin unabhängigen Phänen sich adaptiv bewährt. Das setzt voraus, daß es einen entsprechenden Selektionsdruck gibt, der dazu führt, die getroffene Neuerung im Genom zu verankern. Wie genau allerdings die Funktionszusammenhänge der Phäne im epigenetischen System nachgebildet werden, hängt davon ab, wie lebenswichtig sie sind. «Beispielsweise ist die Linse wie die Tränendrüse, welche die Cornea (sc. die Hornhaut, d. V.) feucht hält (und durchsichtig), für unser Sehen fast gleich wichtig. Aber die Toleranz bei der Passung der Linse ist wesentlich geringer. Es wird darum nicht Wunder nehmen, daß für die Einpassung beim Bau der Linse im Epigenesesystem höchst spezielle Regulative eingebaut sind» (RIEDL: *Die Ordnung des Lebendigen*, 293).

Daraus folgt nun etwas sehr Wichtiges. Wir dürfen annehmen, daß die Muster der Gen-Wechselwirkungen am deutlichsten den großen Bauplänen (den systematischen Einheiten, den Typusmerkmalen) der System-Kategorien entsprechen werden. Noch einmal in den Worten von R. RIEDL (*Die Ordnung des Lebendigen*, 294–295): «Der Typus ist das vom Merkmalskollektiv einer Verwandtschaftsgruppe gebildete Muster an Freiheits- und Fixierungsgraden... Wenn... die Selektion der Interdependenz konsequent die genetische Verkettung jener Merkmale (Phäne) fördert, die einen grundlegenden, unmittelbaren und dauerhaften Funktionszusammenhang besitzen, dann wird das System der Gen-Wechselwirkungen eben das Wesentliche (das Übergeordnete und Stetige), eben den Typus der Phänmuster nachahmen. Bei dem außerordentlichen

Wirkungsgrad der Selektionsbedingungen... müssen wir erwarten, daß jeder Epigenotypus einer Verwandtschaftsgruppe seinen Typus längst kopiert hat. Und zwar... natürlich nicht den Phänotypus, das Kollektiv der Merkmale, sondern den morphologischen Typus, das Muster ihrer Fixierungsgrade.»

Damit verstehen wir nicht nur, wie ein (transspezifischer) Artenwandel möglich, ja, notwendig ist, sondern auch, warum die großen morphologischen Merkmalskomplexe der biologischen Systematik entstehen konnten und sich in der Evolution mit einer solchen Beharrungskraft festgesetzt haben.

Zu bedenken bleibt bei so vielen Vorteilen freilich auch hier, daß der Gewinn von heute zum Nachteil von morgen wird. Angewandt auf die menschliche Kulturgeschichte, bedeutet Interdependenz im Leben einer Gruppe gewiß vor der Hand einen besseren Schutz des Einzelnen, eine stärkere (militärische) Absicherung nach außen und einen höheren (sozialen) Lebensstandard; zugleich bedeutet sie aber auch eine größere Abhängigkeit der Individuen, eine Verringerung der Vielfalt und eine Herabsetzung der Flexibilität – Erfahrungen, die wir gegenwärtig bei der vielseitigen Vernetzung gesellschaftlicher Vorgänge durch die Computertechnik als einen bedrohlichen Eingriff in die Privatsphäre und als eine unerträgliche Bürokratisierung menschlicher Beziehungen (bis in die Sprache hinein!) erleben können. Es wird immer schwerer, die einmal getroffenen «Entscheidungen» noch zu revidieren und durch neue zu ersetzen. Das Leben aber ist Veränderung.

*f) Die Ordnung der Tradierung*

Damit sind wir bei der vierten Form von selektiv geforderter Ordnung angekommen: bei der *Ordnung der Tradierung*.

Der entscheidende Vorteil der Tradierung (der Weitergabe identischer Ereignisse) liegt darin, daß für neue Ereignisse nicht neue Entscheidungen eingeführt werden müssen, sondern daß es genügt, alte Entscheidungen zu manipulieren. Das Alte bleibt, doch seine Struktur und seine Funktion wechseln.

Das Phänomen durchzieht alle Ebenen des Lebens.

In der *Embryologie* betrachtete, wie schon erwähnt, als erster ERNST HAECKEL (*Generelle Morphologie der Organismen*, 2 Bde., Berlin 1866) die Ontogenese mit gewissem Recht als eine Rekapitulation der Phylogenese; in der *Verhaltensforschung* können bestimmte Handlungsabläufe zum *Ritual* erstarren und bestimmte Strukturen zu *Symbolen* aufgewertet werden; in der *Kulturgeschichte* ist das Prinzip der Tradierung essentiell.

Daß die gesamte Evolution «als ein Schichtenbau... erhaltener Muster» zu betrachten ist (RIEDL: *Die Ordnung des Lebendigen,* 306), zeigt nicht allein der «spontane Atavismus», daß 20 Millionen Jahre nach dem Miozän immer noch ein Pferd mit drei Zehen zur Welt kommen kann, von Menschen, die mit einem Schwänzchen oder mit einem Fell geboren werden, ganz zu schweigen; der Schluß ist insgesamt unvermeidlich, den G. OSCHE (*Grundzüge der allgemeinen Phylogenetik,* in: F. Gessner: Handbuch der Biologie, III/2, Konstanz 1966, 817-907) gezogen hat: daß solche Fälle die Existenz eines «Kryptotypus» demonstrieren, indem längst funktionslos gewordene Bauanleitungen im Genom wieder aufgegriffen werden können.

Daraus ergibt sich eine wichtige Folgerung für die *Embryologie:* Es muß *Organisatoren* geben, die ihre Wirkung auf streng lokalisierbare Blasteme (Keimgewebe) ausüben und, miteinander vernetzt, die Organdifferenzierung vornehmen. Diese Organisatoren müssen in den palingenetischen (Rekapitulation codierenden) Strukturen stecken, die in der Stammesgeschichte entwickelt wurden und nun in der Embryonalentwicklung wiederholt werden. «Die Medullarplatte (sc. die Neuralplatte, die erste Anlage des Zentralnervensystems in der dorsalen Mittellinie, d. V.) zum Beispiel muß dem noch kaum eingesenkten Nervensystem unserer vorkambrischen Ahnen... entsprechen, die Chorda-Anlage (sc. das frühembryonale Achsenorgan, d. V.) der Rückensaite unserer Vorfahren im Vorstadium des *Amphioxus,* des Lanzettfischchens, die Augenblase dem Vorstadium unseres heutigen Linsenauges usf.» (Abb. 41). «Die Organisatoren, die Träger der organischen Determinationskomplexe, sind also keineswegs beliebige Blasteme (sc. Keimgewebe, d. V.), sondern Interphäne (sc. miteinander verknüpfte Merkmale, d. V.), die in der Embryonalentwicklung rekapitulierten Funktionssysteme früherer Ahnen» (RIEDL: *Die Ordnung des Lebendigen,* 312; 313). Mit anderen Worten: Das epigenetische System ist eine verkürzte Wiederholung seiner eigenen Entstehung.

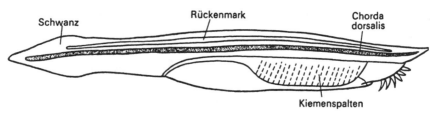

41 Das Lanzettfischchen gilt als Prototyp eines primitiven Chordaten; es läßt bereits mehrere auch für Wirbeltiere charakteristische Strukturen erkennen.

Daraus folgt des weiteren, daß die Muster der epigenetischen Systeme miteinander um so ähnlicher werden, je größer die Verwandtschaft ist, so sehr, daß verwandte Arten ihre tradierten Induktionsbefehle noch «lesen» können. Den Beweis dafür liefern die *«xenoplastischen Transplantationsexperimente»*, bei denen das Reaktionsgewebe bei einer Art entfernt und einer anderen fremden (griech.: *xenos*) Spezies eingepflanzt wird; die Morphogenese zeigt dann, wie der neue Befehlsempfänger die artfremden Befehle «versteht». Bei Experimenten mit Fröschen und Molchen zum Beispiel hat sich gezeigt, über wie enorme Zeiträume hinweg die «Texte» innerhalb der Stammesgeschichte «lesbar» bleiben. Schon 1952 berichtete F. BALTZER *(Experimentelle Beiträge zur Frage der Homologie*, Experientia 8, 1952, 285–297; DERS.: *Über Xenoplastik, Homologie und verwandte stammesgeschichtliche Probleme*, in: Mitt. Naturforsch. Ges., Bern 15, 1957, 1–23), daß das Medullar-Reaktionsgewebe von Amphibien die Induktionsbefehle sogar noch einer Vogel- oder Fisch-Chorda «lesen» kann – der Verständigungsspielraum umfaßt mithin den gesamten Wirbeltierbauplan und überstreckt einen Mindestzeitraum von 400 Millionen Jahren! Erst bei wirklich neuen Gesetzestexten bricht die Verständigung ab.

Stellen wir also fest: Alle homologen Strukturen besitzen ihre im Genom verankerten Organisatoren; Interdependenz, Hierarchie und Tradierung sind im Grunde nur die verschiedenen Seiten ein und desselben Tatbestandes.

Näherhin müssen wir damit rechnen, daß bestimmte Merkmale, die einmal als «Metaphäne» eine spezifische Funktion gegenüber dem äußeren Milieu besaßen, zu «Interphänen» werden können, indem sie im epigenetischen System eine tragende Funktion behalten, während ihre Außenfunktion ersetzt wird. Dadurch kommt es, daß zum Beispiel die Kiemenspalten der Fische auch heute noch bei Vögeln und Säugetieren angelegt sind und den Ansatz zur Entwicklung von so wichtigen Drüsen wie der Schilddrüse und der Thymusdrüse liefern. Die Bedeutung solcher Interphäne in den embryologischen Aufbauvorgängen kann sogar wachsen, gerade weil ihre Außenfunktion gänzlich verschwindet.

Zum Beispiel bleibt die *Chorda dorsalis* (das frühembryonale Achsenorgan zur Entwicklung der Wirbelsäule) bei einigen Tierarten auch heute noch zeitlebens erhalten, bei allen anderen Wirbeltieren aber wurde sie zum Organisationszentrum der Vertebraten-Entwicklung: sie löste sich in Scheiben auf, und ihre Stützfunktion wurde von den Wirbeln übernommen; aus einem Metaphän wurde sehr früh schon ein Interphän.

Natürlich sind die Fixierungsgrade solcher Interphäne entsprechend groß, und das wiederum diktiert die Notwendigkeit der Tradierung. In den Worten von R. RIEDL (*Die Ordnung des Lebendigen*, 325): «Das Epigenesesystem muß von einer Wiederholung seines eigenen Entstehungsmusters ausgehen, weil die wichtigsten Entscheidungen ein Ausmaß an Bürde tragen, welches ihren Ersatz mit Hilfe des Zufalls außerordentlich unwahrscheinlich macht.»

Wenn zum Beispiel in der Phylogenese der Weg von der Fischflosse zur Bärentatze zur Seehundflosse erst einmal gegangen ist, so läßt er sich weder abkürzen noch revidieren; wohl aber kann in jedem Reproduktionsschritt das Spiel von Mutation und Selektion noch einmal eingreifen, um das schon Erreichte neuen Umweltanforderungen besser anzupassen: am Ende wird aus einem Kieferknochen ein Gehörknochen, aus einer Schwimmblase eine Lunge usw. Dem Experiment mit den Metaphänen (der Prüfung der Außenfunktionen bestimmter Merkmale auf ihre Tauglichkeit) wird zugleich ein ebensolches Experiment auf der Ebene der Interphäne entsprechen, nur daß deren Tauglichkeit innerhalb des epigenetischen Systems selbst geprüft wird: junge Phäne etwa können wieder verschwinden, die Phasen von Bildungsvorgängen können verlängert oder verkürzt werden, neue Wege können alte Entwicklungsschleifen abkürzen, sehr alte Merkmale können durch Schematisierung vereinfacht werden. RIEDL kann deshalb (S. 328) sagen: «Die Interphäne sind die Kommandostände, die Archive der organisierten Determinationskomplexe (mit der Abfolge der Bauvorschriften), deren Aufgliederung und Entwicklung logisch, ja selbst Reste der alten Formgebung schematisch wiederholend.»

Von daher wird es verständlich, daß bestimmte Metaphäne selbst dann noch tradiert werden können, wenn sie keine Außenfunktion mehr besitzen. Immer noch, zum Beispiel, haben beim Menschen sich die Ohrmuskeln erhalten sowie die Schwanzwirbel des Steißbeins, an dem sogar noch eine rudimentäre Muskulatur ansetzt – ein Hinweis darauf, daß die Abstimmung der Wirbel, der Muskeln, der Nerven und der Blutgefäße von den Fischen bis zu den Primaten fest verankert war. Umgekehrt zeigt sich beim Vorgang der Rückbildung (der *Rudimentation*), daß die gesamte Induktionskette, entsprechend dem Muster ihrer tradierten Binnenfunktionen, nur schrittweise rückläufig abgebaut werden kann. Bei höhlenbewohnenden Tieren zum Beispiel konnte A. VANDEL (*Biospéologie. La biologie des animaux cavernicoles*, Paris 1964) zeigen, daß bei den Vertebraten als erstes die Cornea (die Augenhornhaut), dann die Linse, dann der nervöse Teil des Bulbus (der Bindehaut) zurückgebildet wird, während der Sehnerv erhalten bleibt. Ebenso ist, um ein entlegenes, doch ganz vergleichbares Beispiel zu geben, das Beckengürtel-System der Wale erkennbar von außen nach innen abgebaut worden.

Das alles zeigt überdeutlich, wie die Evolution verfährt. Sie ist, wie ERWIN SCHRÖDINGER (*Was ist Leben?*, Berlin 1951) betonte, als erstes «Order on Order», eine Tradierung fixierter Ordnungsstrukturen von phantastischer Komplexität und Erhaltungsdauer. Alles Neue kann nur aufbauen auf dem Alten, das als solches nicht geändert, sondern als Voraussetzung des Geänderten weitertradiert wird. Man muß deshalb von vornherein «mit einem Schichtenbau alter Muster rechnen, die sich in der Sequenz ihrer phylogenetischen Entstehung in der Ontogenie übereinanderlagern, in der Datenbearbeitung des epigenetischen Systems nacheinander» (R. RIEDL: *Die Ordnung des Lebendigen*, 336).

Auf diese Weise wird allerdings nicht nur ein Zuviel an Zufall verhindert, es wird zugleich auch der Spielraum an Adaptionsmöglichkeiten eingeschränkt. Das Epigenesesystem entwickelt ein immer größeres Ausmaß an Eigengesetzlichkeit, mit dem Resultat, daß sich Organe bilden können, die ihren Dienst trotz aller Funktionswechsel und Metamorphosen immer noch verrichten, die aber zugleich mit dem Nachteil der Einengung, ja, der möglichen Negativfolgen belastet sind.

Der Wurmfortsatz unseres Blinddarms zum Beispiel ist seit der Zeit der Reptilien im Bauplan des Epigenesesystems verankert und beweist schon dadurch seine «Tauglichkeit»; dagegen aber steht – außerhalb moderner medizinischer Versorgung – eine hohe Sterblichkeitsrate durch Blinddarmentzündungen. – Oder man nehme die offenbaren Halbheiten, ja, «Verrücktheiten» in den genetischen Bauanleitungen, wie wir sie schon beim Bau der Retina betrachtet haben, wie wir sie aber auch beim Bau zum Beispiel des Rückgrats feststellen können, das sich von der Torpedo-Konstruktion der Fische zu der Brücken-Konstruktion der Crossopterygier und der Labyrinthodonten entwickelte, um nun seit rund 5 Millionen Jahren als ein schwankender Mast beim aufrechten Gang balanciert zu werden – Bandscheibenschäden, Krampfadern und Plattfüße bis heute inbegriffen!

Es ist in der Natur nicht anders als in der *Kultur:* auch in ihr kann das Ordnungsprinzip der Tradition eine unerhörte Sicherheit schaffen, indem es den Spielraum immer neuer Entscheidungen von vornherein einengt und rasche Veränderungen unmöglich macht; dann aber ist es gerade der «Erfolg» dieses Prinzips, der zur Gefahr werden kann: man beginnt Einrichtungen, die früher einmal praktisch sinnvoll waren, für unveränderlich, ja, für gottgegeben zu erklären; aus ehemaligen Bedingungen des Überlebens werden jetzt Zielsetzungen des Lebens; die Zukunft wird der Vergangenheit geopfert; immer mehr Freiheit geht zugunsten der Norm des Tradierten verloren; an sich längst sinnlos gewordene Einrichtungen und Verhaltensgewohnheiten erhalten eine symbolische Bedeutung, die ihnen eine groteske Unentbehrlichkeit zuspricht; und schließlich kann schon eine geringfügige Veränderung der Milieubedingungen dem «lebenden Fossil» den Garaus bereiten. Es wird, wenn ruhmreich, zum Ausstellungsstück im Museum der Geschichte. Die mittelalterlich anmutende Denkweise, Organisationsform und Handlungsgewohnheit der römischen Kirche kann hier als ein ebenso fruchtbares wie furchtbares Beispiel dafür dienen, wie das Prinzip der Tradierung zunächst stabile Festigkeit, dann aber, nach Überschreiten eines gewissen Zenits, nur noch hohle Festlichkeit zu bieten vermag.

## 3. Biologische Einsichten und theologische Folgerungen

Für manch einen Leser mag es kein leichtes gewesen sein, sich bis zu dieser Stelle vorzuarbeiten; dafür aber belohnt ihn nun, von der erklommenen Höhe aus, ein faszinierender Ausblick ins Weite, ordnen sich doch vor unseren Augen die Hauptlinien der Entwicklung des Lebens in einer Klarheit, die ebenso überraschend in ihrer Einfachheit wie erschreckend in ihrer unerbittlichen Folgerichtigkeit wirken muß.

*a) Eine molekulare und morphologische Synthese oder:
Die inneren Mechanismen der Ordnung*

Was wir im Rahmen der biologischen Theoriebildung kennengelernt haben, ist immerhin nicht mehr und nicht weniger als eine plausible Erklärung für eines der größten Rätsel des Lebens: wie ein so unglaubliches Maß an Ordnung und «Sinn» in der Evolution sich zu verbinden vermag mit einem so offensichtlichen Maß an Chaos und «Unsinn». Wir haben inzwischen die ersten Einsichten gewonnen, wie beides zusammenhängt und warum es so sich verhalten muß.

Längst liegt der «Gottesbeweis» des Schimpansen an der Schreibmaschine hinter uns. Die Evolution *wird* vorangetrieben durch *zufällige* richtungslose Mutationen (vgl. HANS MARQUARDT: *Natürliche und künstliche Erbänderungen*. Probleme der Mutationsforschung, Hamburg, rde 44, 1957); wenn wir indessen das mechanische Konzept der «exekutiven» Kausalität durch ein funktionelles Modell ersetzen, das die Rückwirkung eines Effektes auf seine eigene Ursache in Betracht zieht, stoßen wir wie von selbst auf die Fähigkeit der Selbstorganisation der Materie zu immer komplexeren Strukturen; was wir benötigen, ist «lediglich» die Einsicht in die Winzigkeit der Schritte, die in unabsehbar langen Zeiträumen dazu führen, *kumulativ* in stets sich erweiternden Verzweigungsmustern das einmal Erreichte zu differenzieren und auszugestalten. – Es ist der Gedanke, der im Erbe des Deutschen Idealismus bereits dem «dialektischen Materialismus» zugrunde lag, daß es zur Erklärung der Natur eines Mittelweges zwischen einem linearen Kausaldenken und einer finalen Metaphysik bedürfe; doch muß die «Dialektik» HEGELS zu einem Denken in ständigen Rückkoppelungsschleifen erweitert beziehungsweise präzisiert werden, und sie muß zugleich von ihrer idealistischen Vorgabe einer «an sich» seienden Vernunft befreit werden.

Wie wir sehen, genügt es keinesfalls, den Zufall als treibende Kraft der Evolution einzuführen; weit wichtiger ist die Erkenntnis, wie der Spielraum des Zufalls durch das Gesetz der Selektion zunächst eingeengt und dann in eine Werkstatt der Ordnung umgewandelt wird. «Progressive Evolution», meint R. RIEDL (*Die Ordnung des Lebendigen*, 352), «reagiert auf neue Bedingungen des Milieus mit fortschreitender Addition, Differenzierung und Abstimmung. Dieser Zuwachs an Organisation hat einen ebensolchen an Merkmalen (Ereignissen E) und erforderlichen Gen-Entscheidungen ($bit_D$ des Determinationsgehaltes D) zur Folge.»

Miteinander zu verknüpfen ist demnach in wechselseitiger Korrespondenz die Entwicklung der Gene wie die Entwicklung der Phäne. Je umfangreicher die Funktionssysteme werden, desto größer natürlich wird das Repertoire des Zufalls, doch um so geringer auch wird die Chance einer erfolgreichen Realisation – sie sinkt sogar exponentiell. Der Realisations-Erfolgs-Nachteil ($V_{ve(neg)}$) steigt zum einen mit der mittleren Mutationsrate ($P_m$), potenziert mit der Anzahl der im System durch Systemisierung vermeidbaren Entscheidungen (R); zum anderen steigt $V_{ve(neg)}$ mit der Wahrscheinlichkeit eines Mutationserfolges ($P_e$), potenziert mit der Vielzahl der Einzelereignisse E, aus denen sich der Mutationserfolg ergeben soll:

$$V_{ve(neg)} = P_m^R \cdot P_e^E \text{ (RIEDL, 127; 352).}$$

Daraus ergibt sich der Zwang zur Systemisierung. Die funktionelle Bürde vieler Merkmale wächst ebenso wie der selektive Ausschluß. Zugleich entsteht die Notwendigkeit, die Redundanz durch hierarchische Entscheidungsmuster abzubauen. Das Genom systemisiert sich zum epigenetischen System. Dabei kehrt die Gleichung der Negativchancen sich um: mit der Zahl der vermeidbaren Entscheidungen steigt exponentiell der Realisations-Erfolgs-Vorteil:

$$V_{ve} = P_m^{-R} \cdot P_e^{-E} \text{ (RIEDL, 139; 353).}$$

Die Folge der Systemisierung besteht in einer Kopierung der vier aufgezeigten Dependenzmuster (Normierung, Hierarchisierung, Interdependenz und Tradierung); sie führt damit zu einem äußerst wichtigen Resultat: Die Schaltmuster der Entscheidungen in den Genen bestimmen die adaptiven Chancen der Ereignisse (Merkmale), die sie festlegen; sobald aber die vom Milieu geforderten Umbildungsmuster den eingebauten Schaltmustern nicht mehr entsprechen, kehrt sich der gerade gefundene exponentielle Vorteil der Systemisierung wieder in einen exponentiellen Nachteil um. Der Spielraum des Möglichen wird immer enger; es kanalisieren sich Richtungen, die später nicht mehr verlassen werden können.

Entscheidend ist jetzt die Folgerung, die sich daraus ergibt. R. Riedl (*Die Ordnung des Lebendigen*, 354) formuliert sie so: «Die zu eliminierenden Fehlanpassungen beruhen ... immer weniger auf dem zufallsvollen Wechsel des äußeren als vielmehr den determinierten Bedingungen des inneren Milieus, auf den Bedingungen der Schaltmuster des epigenetischen Systems.» Ehe, mit anderen Worten, die Bedingungen der Umwelt eine Tauglichkeitsprüfung bestimmter durch Mutation veränderter Merkmale vornehmen können, hat als erstes längst schon eine «innere» Selektion der entsprechenden Veränderungen im Genom auf ihre Verträglichkeit mit den immanenten Systembedingungen stattgefunden. «Das», fährt Riedl fort, «führt zu einer Stetigkeit der Selektion, zu einer Art Überselektion oder Überdetermination ... Sie wird aber nicht nur zunehmend starrer und vom Wechsel der Außenbedingungen immer weniger berührt, sondern beginnt mit zunehmender Systemisierung des Innenmilieus unverbrüchliche Richtungen für jede ihrer Evolutionsbahnen durchzusetzen. Das erklärt die richtungs- und ordnungsvollen Phänomene nun auch der transspezifischen (sc. artenübergreifenden, d. V.) Evolution sowie den kausalen Hintergrund der morphologisch-systematischen Gesetze. Es erklärt das Phänomen der Voraussehbarkeit, das wir als Ordnung erleben. Das Ergebnis ist also eine Selbstordnung des Lebendigen, Gesetzmäßigkeit des ‹self-design›, die wir ... achtungsvoll Harmonie nennen. Jedoch ist es keine prästabilisierte, sondern eine poststabilisierte Harmonie, nicht Entelechie, sondern kausale Eigengesetzlichkeit.»

Was diese letzte Bemerkung für die Philosophie des großen Leibniz von der «besten aller möglichen Welten» sowie für die immer noch Aristotelisch-scholastisch denkenden «Fundamentaltheologen» vor allem der römischen Kirche bedeutet, werden wir sogleich erörtern; vorab ist es noch wichtig zu zeigen, was in der Biologie mit dieser Erweiterung der «synthetischen Theorie» gewonnen ist.

Der ausschlaggebende Erkenntnisfortschritt liegt in der jetzt ermöglichten These, daß «die morphologischen Wirkungen auf die molekularen Ursachen ebenso zurückwirken, wie die molekularen auf die morphologischen» (346). Zu den Auslesebedingungen des äußeren Systems treten die Auslesebedingungen des inneren Systems hinzu, und beide sind miteinander verschränkt.

Immer wieder in der theoretischen Biologie des 20. Jahrhunderts und nicht minder in wichtigen Werken der Philosophie und der Theologie ist die Frage nach dem «inneren Prinzip» gestellt worden: Woher «weiß» ein Lebewesen, wie es sich ontogenetisch entwickeln soll? Und woher stammt der offensichtliche Richtungssinn der Evolution? Es schien schwer, wo nicht völlig unmöglich, Fragen dieser Art zu lösen, ohne unter modern klingenden Begriffen auf die alte Entelechie-Lehre des ARISTOTELES mit ihrer Theorie von einer immanenten Formursache in den Dingen zurückzugreifen. HANS DRIESCH (*Philosophie des Organischen*, 2 Bde., Leipzig 1909; DERS.: *Der Begriff der organischen Form*, Berlin 1919) entwickelte die Idee des «Vitalismus»; HENRI BERGSON (*Evolution créatrice*, Paris 1907) sah in der Natur einen *élan vital* am Werke; LUDWIG VON BERTALANFFY (*Die Evolution der Organismen*, in: D. Schlemmer: Schöpfungsglaube und Evolutionstheorie, Stuttgart 1956, 53– 56) leitete aus dem Gedanken des biochemischen «Fließgleichgewichts» im Stoffwechsel der Organismen das Prinzip eines inneren Regulationsmechanismus als Grundlage des Lebens ab; der Jesuit TEILHARD DE CHARDIN (*Der Mensch im Kosmos*, München 1959) glaubte als visionärer Paläontologe an die Orthogenese (die Richtungsentwicklung) der Lebensformen hin auf die Ankunft des Gottmenschen Christus. Die Schwierigkeit, die solche Konzeptionen zu rechtfertigen schien, lag in der nicht zu leugnenden Tatsache, daß es Zielstrebigkeit und Richtungssinn in der Evolution gibt, daß es aber keine Kausalität gibt, die solche Effekte verständlich machen könnte. Etwas, das *nicht* (im Sinne des mechanizistischen oder reduktionistischen Weltbildes) als Kausalität begreifbar ist – *muß* das nicht (im idealistischen oder kreatianistischen Sinne) als gestaltende Absicht, als vorauszusetzender Plan oder als «prästabilierte Harmonie» im Sinne von G. W. LEIBNIZ interpretiert werden?

Der Standpunkt, den wir jetzt gewonnen haben, befindet sich zwischen zwei Unbegehbarkeiten; er setzt voraus, daß weder der Reduktionismus noch der Finalismus, daß weder der Mechanizismus noch der Spiritualismus (oder Animismus) das gestellte Problem zu lösen vermag: Biologie hat es zu tun mit der Beschreibung *ursächlicher*, nicht «ideeller» Wirkungen – anders ist Naturwissenschaft nicht möglich; in *diesem* Betracht hat der Reduktionismus recht. Es ist aber auch nicht möglich, die Komplexität des Lebens auf das Wirken zufälliger Ursachen zurückzuführen – darin hat die Intuition des *«élan vital»* etwas Berechtigtes. Die vermittelnde Lösung, die R. RIEDL vorschlägt und der wir uns hier anschließen, besteht darin, eine Organisation der Gen-Wechselwirkungen zu postulieren, «welche aufgrund durch Bürde sinkender Adaptionschancen das epigenetische System zu einer Imitation seiner funktionellen Phänsysteme zwingt. Eine solche Systemisierung, obwohl zunächst auch nur von den drängenden Selektions-Bedingungen des ‹äußeren› Milieus durchgesetzt, bildet... ein System ‹innerer› Bedingungen; ein epigenetisches System nach den Gesetzen der eigenen Organisation», entsprechend den vier Ordnungsformen, die wir als Replikation, Vorschaltung, Gleichschaltung und Folgeschaltung kennengelernt haben. «Diese ‹innere› Selektion steht zur ‹äußeren› in einem Verhältnis wie die Betriebs- zur Marktselektion. Auch sie ist letztlich durch die Ansprüche des Marktes, aber über die Funktionsbedingungen des Produktes und die Organisation des Betriebes entstanden, aber zu Eigengesetzen von Test und Toleranz, zu Eigengesetzlichkeit gelangt» (*Die Ordnung des Lebendigen*, 360).

Damit ist eine Position erreicht, die der Auffassung DARWINS, der kein «Darwinist» war, gewiß eher entspricht als der Konzeption des Neodarwinismus, wie sie zum Beispiel von BERNHARD RENSCH (*Die Evolutionsgesetze der Organismen in naturphilosophischer Sicht*, in: Philosophia Naturalis 6 [3], 1961, 288–362; *Das universale Weltbild*, 100–111: Zweckmäßigkeit und Zielstrebigkeit) vor 30 Jahren vertreten wurde. Es ist aber keinesfalls damit auch nur angedeutet oder gar gefordert, man könne oder müsse wieder zu der Theorie der Vererbung erworbener Eigenschaften im Sinne von JEAN-BAPTISTE LAMARCK (*Philosophie zoologique*, Paris 1809; dt.: *Zoologische Philosophie*, Leipzig 1909) zurückkehren, wie es etwa ARTHUR KOESTLER (*Das Gespenst in der Maschine*, Wien–München–Zürich 1968) urgiert hat. Vielmehr bleibt es bei den für gesichert geltenden Erkenntnissen der Molekularbiologie: Ereignisse (Merkmale, Phäne) können nicht direkt auf Entscheidungen (Gene, Mutationen) wirken. Dieser Tatbestand schließt aber nicht aus, sondern verlangt geradezu, daß die Funktionsmuster der Ereignisse, die morphologischen Merkmale, unter dem Druck der Selektion von der Systemisierung der Entscheidungen, von den Strukturen des epigenetischen Systems, imitiert werden und von dort auf die Bildung der Merkmale zurückwirken. Der Neo-Lamarckismus (es gibt direkte Rückwirkungen der Phäne auf die Gene) ist ebenso falsch wie der Neo-Darwinismus (es gibt überhaupt keine Rückwirkung der Phäne auf die Gene). «Die Wahrheit», meint RIEDL (*Die Ordnung des Lebendigen*, 361), «hält die Mitte. Die Postulate: ‹es gibt eine Rückwirkung› versus ‹es gibt keine direkte Rückwirkung› sind beide richtig.»

Ganz entsprechend löst sich auch die Kontroverse zwischen Vitalismus (Entelechie) und Mechanizismus (ungerichteter Kausalität).

Natürlich ist die unerhörte Komplexität und der Richtungssinn der Evolution nicht mit wahllosen Zufallsereignissen (Mutationen) und momentanen, oft genauso zufälligen Selektionsentscheidungen zu erklären; doch genauso richtig ist es, daß der *élan vital* oder die vom Vitalismus eingeführte Lebenskraft nie und nimmer ein Forschungsobjekt der Naturwissenschaften sein kann. Die These, der wir folgen, glaubt nicht an einen Schöpfungsplan – das «Glauben» im Sinne eines Behauptens unbeweisbarer Tatsachen hat in dem Zusammenhang der Fragestellung an dieser Stelle überhaupt nichts zu suchen! Vielmehr gehen wir von einem streng kausalen Mechanismus aus, der dazu führt, der Evolution eine Richtung zu geben und ihr eine Art von Harmonie aufzuerlegen. Dieser «Mechanismus» besteht einzig und allein darin, daß jede Ordnung, wie immer sie entstanden sein mag, auf ihre eigenen Entstehungsbedingungen zurückwirkt.

«Die Harmonie der Schöpfung», schreibt RIEDL (361), «folgt einem Naturgesetz; nur sind dessen Konsequenzen nicht vorgegeben (wie man zunächst glauben mußte), sondern mit ihr entstanden. Die Ordnung der Evolution ist eine Konsequenz nicht prä-, sondern *poststabilisierter* Harmonie.» Oder anders ausgedrückt (S. 407–408): «Die Evolution der Organismen ist fern von Planlosigkeit.» «Die *Selbstwirkung* geht über die scheinbare Passivität des Lebendigen hinaus... In ihr ist Eigen-Steuerung, Rückkopplung, Selbstregulation enthalten; wobei die Steuerteile gesteuert werden und die gesteuerten steuern... Die Funktionssysteme der Ereignisse ziehen die Systemisierung der Entscheidungen nach sich und die Entscheidungsmuster Stetigkeit in jenen der Ereignisse. Jeder Teil ist ebenso Ursache wie Folge... Was übrig bleibt, sind Systeme von Entscheidungen, die Ursache und Wirkung gemeinsam beinhalten. Nicht vom Einzelnen aktiv erworbene Eigenschaften werden erblich, sondern von der Gesamtheit eingeschlagene Richtungen. Der LAMARCKismus überschätzte die Rolle der End-Ereignisse (sc. der Merkmale, d. V.), das Dogma (sc. des Neo-Darwinismus, d. V.) die der Erst-Entscheidungen (sc. der Mutation, d. V.). Weder machen wir Evolution, noch werden wir von ihr gemacht: Wir sind sie selber. – *Die Zielbildung* geht über die vermeintliche Ziellosigkeit hinaus. Daß die Bahnen der Evolution auf bestimmte Zustände zulaufen..., halten wir nun für gewiß. Somit wäre die Evolution voller Ziele. Aber keinem Urfisch war ein Vierfüßer, keinem primitiven Vierfüßer der Mensch in ‹der Wiege gesungen›; es waren nur potentielle Möglichkeiten. Alles scheint vorhersehbare Notwendigkeit; nicht aber die Begegnung von Möglichkeit und Erfordernis. Das Ziel entsteht erst mit seiner Setzung. Es kann weder vorher hinein, noch nachher herausgegeben werden. Weder haben wir die Potenz, Ziele der Evolution festzulegen, noch waren wir von Haus aus angezielt. Das Ziel ist mit uns entstanden... *Die Selbstordnung* geht über die Wahllosigkeit der Ordnungsformen hinaus. Ordnung... enthält...

nach bestimmten symmetrischen Mustern sich wiederholende (und wiederum mathematisch definierbare) Gesetzmäßigkeit. Diese Muster durchziehen alle Kreaturen... Ein System von Mustern, das selbst evolviert von den Symmetrien und Rängen des molekularen Codes bis zu den kompositorischen Symmetrien unserer Dome und Symphonien... Ordnung ist nicht in die Natur hineingetragen; sie ist in ihr enthalten. Ihre Differenzierung, ihr ‹Geist›, ist mit ihr entstanden, ihre Grundformen aber, *ihr Sinn*, nicht erst im Bereich des Lebendigen. Er ist eine Konsequenz der Materie.»

Auf diesen letzten Satz müssen wir noch einmal zurückkommen, wenn wir das Verständnis von Materie in der gegenwärtigen Physik erörtern. Hier genügt es, im Rahmen der Biologie festzuhalten, daß wir die Eigenart des Lebens nur verstehen werden, wenn wir gleichzeitig «Betriebswirtschaftslehre» und «Volkswirtschaftslehre» betreiben – wenn wir nicht nur die «Marktgesetze» von Mutation und Selektion, von Angebot und Nachfrage, betrachten, sondern uns zugleich fragen, was in einem mittelgroßen «Betrieb» passiert, wenn er «marktgerecht» produzieren will, und wie die betriebswirtschaftlichen Entscheidungen und Systembedingungen dann auf die «Marktlage» zurückwirken. SCHELLING hatte recht: Leben ist eine Kausalität, die auf sich selbst zurückwirkt. Was vor 200 Jahren philosophische Intuition bleiben mußte, das läßt sich heute entsprechend den Wahrscheinlichkeitstheoremen der Informatik als *notwendig* erwarten und mit Hilfe der Systemtheorie in Struktur und «Richtungssinn» verständlich machen.

Gleichwohl – so wichtig die vorgetragenen Theorien für die Deutung der Evolution auch sein mögen, sie bewegen sich innerhalb der Bandbreite DARWINistischer Voraussetzungen; sie zählen zu den «Mutationen», die als adaptiver Fortschritt (in der Erkenntnis der Wirklichkeit) deshalb tolerabel sind, weil der Grad der Veränderung (des Denkens, der mit ihnen gegeben ist), nicht allzu groß ausfällt. Anders, sehr anders verhält es sich, wenn wir die gewonnenen Einsichten in die *theologische* Diskussion eintragen; hier stellen sie eine «Makromutation» dar, die ähnlich wirkt wie das Eindringen einer überlegenen Raubtierspezies in ein bis dahin isoliertes Biotop – die Schließung der Straße von Panama zwischen Nord- und Südamerika vor 3,5 Millionen Jahren mag dafür als Beispiel dienen: Die plazentalen Säugetiere, die sich über die entstandene Landbrücke nach Süden hin ausbreiten konnten, brachten durch ihr Auftreten unaufhaltsam den Niedergang der Beuteltiere mit sich, zu denen sie als Beutegreifer in Konkurrenz standen. Selbst wenn wir, etwas weniger dramatisch formulierend, von den sich ergebenden «Konsequenzen heutiger Biologie für die Theologie» sprechen wollten – wir kommen nicht umhin, ein geistiges Desaster zu skizzieren; denn was wäre der komplette Zusammenbruch eines seit 2000 Jahren für göttliche Wahrheit geltenden Weltbildes sonst? Freilich beschreiben wir an dieser Stelle «nur» erst ein wenig konkreter die Problematik, die unter dem Stichwort «die Theodizeefrage» (die Frage der Rechtfertigung Gottes angesichts seiner «Schöpfung») schon in *Der sechste Tag* sich in den Vordergrund drängte.

### b) Was theologisch nicht mehr geht und wie es (vielleicht) weitergeht

Als erstes erlebt die heutige Theologie etwas mit, das sich als *Verschiebung der Perspektive* beschreiben läßt.

Bis in die Gegenwart hinein ließen Theologen es sich angelegen sein, den Schöpfer hymnisch zu preisen ob der Größe, Fülle, Schönheit und Weisheit seiner Werke; man brauchte nur die entsprechenden Psalmen (Ps 19; 104; 148) zu zitieren, und es erhob sich die religiöse Erbauungsliteratur ganz wie von selber über diesem Fundament. Gewiß, man sah auch, daß in der Welt nicht *alles* so zum Besten stand, wie es den biblischen «Zeugnissen» und den theologischen Bezeugungen zufolge hätte stehen sollen; doch fand sich dafür eine überraschend einfache Erklärung: der Teufel, obzwar ursprünglich ein Hilfsgeist des Schöpfers im Himmel, war «ungehorsam» geworden und hatte seither (mutmaßlich gleich zu Beginn der Schöpfung) ein fatales Interesse gezeigt, die so weisen Planungen des Allerhöchsten durcheinanderzubringen. Dieser, unbegreiflicherweise, doch in huldreicher Langmut anscheinend, ließ den entsprungenen Irrgeist gewähren! Nicht gerade, daß er das ganze Werk Gottes, wie er wohl wollte, in den Untergang hätte reißen können, doch mit Leid, Schmerz und Tod, Verwirrung, Unordnung, Bosheit und Destruktion – mit all dem in Fülle vermochte er, ganz offensichtlich, das gesamte Werk Gottes zu infizieren. Die historischen und theologischen Ungereimtheiten, die sich aus einer derartigen Dogmatisierung und Metaphysizierung der kanaanäischen Mythe vom «Morgenstern» (Luzifer) ergeben müssen, haben wir in *Der sechste Tag* bereits genügend erörtert, inklusive des Schadens auch, der von dem päpstlich verordneten Fundamentalismus der römischen «Glaubens»-kongregation für jeden religiös ehrlich Suchenden im Schatten der vatikanischen «Verkündigung» sich ergeben muß (*Der sechste Tag*, 56–63; 82–83). Jetzt aber sind wir imstande, den *Sinn* jenes uralten mythischen Denkens freizusetzen, indem wir den Unsinn einer falschen Wörtlichnahme bestimmter hochpoetischer Bilder ein für allemal beiseite tun.

Denn anders als die dogmatische Lehre kirchlicher Theologie es noch immer behauptet, lassen sich das «Gute» und das «Böse», lassen Aufbau und Abbau, Gestaltung und Zerstörung, Formation und Deformation, lassen «Ordnung» und «Chaos» naturphilosophisch sich nicht als konträre Kategorien einander gegenüberstellen. Die alte Mythe ahnte es anders, in gewissem Sinne richtiger. Wohl: «Gott» und der «Teufel», der «Geist» der «Ordnung» und der «Geist» der «Unordnung» widersprechen einander, doch ist ihr Widerspruch ein nicht endender «Kampf», ein sich wechselseitig bedingendes Hin und Her, ein Schwingen um eben das Zentrum, in dessen schmalem Übergangsbereich so etwas wie Leben überhaupt möglich ist. Die Welt, soweit wir sie in Gestalt der Evolution des Lebens auf dieser Erde bisher kennengelernt haben, ist gerade nicht das Ergebnis eines an und für sich famosen Plans, der dann nur leider durch die widrigen Einflüsse ewiger Neider und Nörgler sich nicht ganz so großartig hätte aufführen können, wie eigentlich vorgesehen – die Welt läßt sich nicht verstehen nach dem Modell einer Wahlkampfrede des Bundeskanzlers, der «blühende Landschaften» in Aussicht stellt und, gewiß, sie auch heraufführen würde, wenn nur die scheeläugige Opposition nicht wäre. Die ganze derart vermenschlichte Betrachtungsweise: die moralisierenden Wertungen von «Gut» und «Böse», die Annahme gegensätzlicher «Willensentscheidungen», die in der Natur vermeintlich aufeinanderprallen, die Vorstellung eines obersten Befehlsgebers und Gestalters und eines aufsässigen Subalternen – das alles, wenn es denn mehr sein will als ein teils tragisches, teils grotesk-clowneskes Bild, um diese so fremdartige Welt dem Menschen ein wenig heimischer (und dafür zugleich auch unheimlicher!) zu machen, ist ein doppeltes Mißverständnis: es irrt in dem, was die Welt wirklich ist, und es täuscht sich in dem, was uns mythische Rede mitteilen kann.

Wie denn: die «Unsinnigkeiten» der Spielregeln des Lebens seien der fremde Eintrag gewisser Störungen in die ansonsten harmonische Schöpfung, die Gott zu seiner «Verherrlichung» und zur Mitteilung seiner «überfließenden Güte» geradezu «verschwenderisch» installiert hätte? Was wir mittlerweile verstanden haben, ist etwas gründlich davon Verschiedenes. Was wir zu sehen bekommen, ist eine Kumulation zufälliger, richtungsloser Mutationen, aus deren Angebot sich nach und nach «Ordnung» gestaltet. Das «Chaos» ist anscheinend nicht das Vermeidbare, das Nicht-sein-Sollende, das «Teuflische» – es ist die Palette der Farben, mit denen zu malen ist!

Und nun muß man nur hinzufügen, daß so gut wie alle Mutationen für die betroffenen Individuen «unsagbares Leid» mit sich bringen (vgl. G. CZIHAK

– H. Langer – H. Ziegler: *Biologie*, 160), dann begreift man bald, daß es nicht nur keinen göttlichen «Plan» gibt, den man als «Vorsehung» dem Weg der Evolution unterlegen könnte, sondern daß es, auch theologisch betrachtet, einen solchen «Plan» durchaus nicht geben *darf*: kein willentlich handelnder, an die elementaren Forderungen dessen, was wir Menschen «Moral» heißen, gebundener «Schöpfer» dürfte eine solche Unmenge an Leid seinen fühlenden Kreaturen auferlegen, wie wir es bis in die Grundeinrichtungen der «Schöpfung» wahrnehmen müssen; nur deshalb konnten die Theologen ja auf den «Teufel» verfallen.

Dabei sprechen wir nur erst von den *Strukturbedingungen* des Lebens; wir sprechen von dem notwendig Dysfunktionalen in den Funktionssystemen der Phäne. Gewiß, mit der absurden Verdrahtung der Photozellen im Wirbeltierauge können wir mittlerweile ganz gut leben, wenngleich sie durch ihre Konstruktion schon *beweist*, daß sie das Ergebnis planender, zielgerichteter Vernunft sicher nicht ist. Andere Konstruktionsmängel der Morphologie indessen wiegen weit schwerer; sie sind allein aus dem Gang einer Evolution zu verstehen, die, so gut es nur gehen mag, einzig weiterentwickeln muß, was sie selber hervorgebracht hat. Ziele sind dieser Evolution absolut fremd, außer daß in ihr Gebilde entstehen, die so lange existieren wollen oder müssen, wie es ihre Konsistenz, ihre Reproduktionsrate und ihre Umgebung gestatten.

Nennen wir nur (noch einmal) ein paar Beispiele.

Die päpstliche Moral, seitdem es sie gibt, mokiert sich über Frauen, die in ihrer Situation keine Möglichkeit sehen, ein neues Kind zur Welt zu bringen. Das sind Mörderinnen, weiß das römische Kirchenrecht und bestraft Leute, die «so etwas» tun, mit Exkommunikation (*Codex Juris Canonici*, § 1398). Das Argument: jede Zygote (befruchtete Eizelle) sei ein Mensch; jede Abtreibung mithin ein Verbrechen! Doch nun betrachte man, was der «Schöpfer» selbst von derlei Gedanken hält! Da muß ein befruchtetes Ei durch die Leibeshöhle der Frau wandern, um endlich an die Stelle zu gelangen, an der es sich in der Gebärmutterschleimhaut einnisten könnte; doch die «Wanderung» selbst und der Versuch der «Nidation» führt zu einem Verlust von mehr als 50% der befruchteten Eizellen – der «Kinder» mithin, die Gott selber gewollt und geschaffen haben soll! Bei so viel göttlichem Leichtsinn im Umgang mit lebenden Menschen müßte es längst zum Gebot kirchlicher Verkündigung zählen, die Ärzte anzuweisen, daß sie nur noch *in vitro* und unter medizinisch kontrollierten Bedingungen «die Befruchtung» einleiten und die «Aufzucht» des so gezeugten Kindes gewährleisten; – der Schoß einer Frau, wie er in der Entwicklung plazentaler Säugetiere sich nun einmal geformt hat, ist aus moralischen Gründen als unerträgliches Sicherheitsrisiko für das ungeborene Leben zumindest in der Anfangsphase zum Zeugen und «Austragen» von Kindern nicht länger zuzulassen. – Eine Moraltheologie, die sich weigert, die Einrichtungen der «Schöpfung» in ihrer Eigenart wahrzunehmen, verurteilt sich durch ihren selbstverschuldeten Realitätsverlust zu einer Kette absurder Forderungen und logischer Ungereimtheiten, und ganz gewiß vermehrt sie noch zusätzlich das schon vorhandene Quantum an Leid durch ein Unmaß vermeidbarer Qualen sinnloser Schuldgefühle und Selbstvorwürfe.

Doch so geht es nun weiter! Die Geburt eines Kindes wird wie zum Mutwillen ausgerechnet durch den einzigen Knochenring getrieben, der sich nicht erweitern läßt (vgl. R. RIEDL: *Strategie der Genesis*, 18–19). Da sterben Mütter bei der Geburt ihres Kindes und hinterlassen ein Wesen, das in seiner Hilflosigkeit ihrer auf Leben und Tod am meisten bedürfte; da werden Kinder geboren, die ihr Leben lang durch den Geburtsvorgang traumatisiert sind: der Ausfall der Sauerstoffversorgung für eine kurze Zeit hinterläßt auf immer neurologische, psychosomatische und psychoneurotische Störungen (vgl. REINHART LEMPP: *Frühkindliche Hirnschädigung und Neurose*, Bern–Stuttgart 1964). Freilich, da gibt es auch wieder die Gegenrechnung: gerade die Probleme der Geburt haben dem Menschen das «extrauterine Frühjahr» einer verlängerten Embryonalzeit beschert, die ihn allererst zum Menschen gemacht hat (vgl. A. PORTMANN: *Biologische Fragmente zu einer Lehre vom Menschen*, 87–105).

Doch dann wieder: die absurd anmutende Nähe von Geburts- und Harnweg! Ausgerechnet die Körperbereiche, die für die Begegnung der Geschlechter in Liebe und Zärtlichkeit die größte Sensibilität und romantischste Verklärung verdienen würden, müssen für den Vorgang der Ausscheidung flüssiger Abfallprodukte des Stoffwechsels herhalten. Wirklich, GUY DE MAUPASSANT ist zuzustimmen, wenn er in der Novelle *Der Riegel* (Gesamtausgabe, II 119–125, S. 121) von einem unbestimmten Ekel bei der Berührung mit der Liebe spricht und es bedauert, «dem Schöpfer in dem Augenblick, da er diese Angelegenheit ins Werk setzte, nicht mit Ratschlägen» habe aufwarten können; er ist sich sicher: «Ich hätte eine schicklichere und poetischere... Vereinigung in die Wege geleitet. Ich finde, der liebe Gott hat sich bei dieser Gelegenheit allzu sehr als... Naturalist gebärdet.»

Dabei haben wir nur erst die «Betriebsprüfung» mutierter Merkmale unter dem Selektionsdruck des inneren und äußeren Systems in Betracht gezogen; die vielfältigen Formen, unter denen der Kampf ums Dasein die «Tauglichsten» durch «natürliche Zuchtwahl» auswählt, haben wir noch gar nicht näher untersucht. Hier aber liegen die Hauptprobleme der sogenannten Theodizeefrage. Bereits CHARLES DARWIN schrieb in *Die Entstehung der Arten* (3. Kap.: Der Kampf ums Dasein, S. 100–101): «Nichts ist leichter, als ganz allgemein die Existenz des Kampfes ums Dasein zuzugeben; nichts aber ist schwerer..., als die Existenz des Kampfes ums Dasein beständig im Auge zu behalten. Ehe wir nicht tief von ihr durchdrungen sind, werden wir den Haushalt der Natur mit all seinen Einzelheiten der Verbreitung, der Seltenheit, des Häufigseins, des Aussterbens und der Veränderung der Geschöpfe nur halb begreifen oder gar völlig falsch verstehen. Wir sehen das Antlitz der Natur heiter erstrahlen; wir sehen überall nur Überfluß an Nahrung. Aber wir sehen nicht oder übersehen, daß die Vögel, die sorglos rings um uns singen, von Insekten oder Samen leben und damit ständig Leben vernichten. Oder wir vergessen, daß viele dieser Sänger oder ihre Eier und Nestlinge von Raubvögeln und anderen Feinden vernichtet werden. Wir behalten nicht immer im Auge, daß zwar heute reichlich Futter vorhanden sein kann, daß das aber noch nicht in allen Jahreszeiten notwendig der Fall ist.»

Was also lernt ein Mensch beim Betrachten «der Vögel des Himmels, die da nicht säen und ernten»? Daß ihr «himmlischer Vater sie trotzdem ernährt» (Mt 6,26)? Offensichtlich gäbe es keine Vögel, ohne daß die Körner oder Insekten genügend vorhanden wären, auf deren Verzehr bestimmte Arten sich – erneut auf eine oft genug phantastisch anmutende Weise – spezialisiert haben. Aber ein «himmlischer Vater»? Er sollte fürsorglicher sein mit seinen Geschöpfen! Erwähnen wir, gewissermaßen zur Vorschau, nur schon, daß der «Kampf ums Dasein» keinesfalls nur auf dem Felde der Nahrungskonkurrenz entschieden wird, sondern im gleichen durch die Verfahren, die eigenen Gene (in den Grenzen der gegebenen Bedingungen des Nahrungsangebotes und der innerartlichen Konkurrenz um Nahrung und Territorium sowie der Bedrohung durch Beutegreifer und Parasiten) optimal zu verbreiten, so fällt der in menschlichen Augen monströs erscheinende Gedanke nur um so schmerzlicher ins Gewicht, daß die Natur die Prämie möglicher «Unsterblichkeit» eben nicht den kunstvollen Gebilden des individuellen Lebens mit dem ganzen Reichtum an Gefühlen wie Glück und Schmerz, Freude und Leid, Angst und Geborgenheit usw. verliehen hat, sondern einzig den einzelligen Gebilden der Keimbahn; nicht in die großen Konstruktionen des Somas (des Körpers), einzig in die «Blaupause» ihrer Entstehung (die Gene) hat die Natur die Gabe eines potentiell «ewigen» Lebens auf Erden investiert.

Und zwischen Geburt und Tod liegt die Unvollkommenheit noch nicht perfekt angepaßter Arten schwer auf den Mitgliedern einer Spezies. «Man glaube nicht», schreibt R. RIEDL (*Die Ordnung des Lebendigen*, 341), «daß sich derlei (sc. die morphologischen ‹Halbheiten› in der Konstruktion der Körpermerkmale, d. V.) auf den Menschen beschränkte. Wir wissen nur von ihm etwas mehr. Der erfahrene Tierpfleger kennt das von all seinen Schützlingen. Man denke an die Bruchempfindlichkeit des Pferdelaufes, des Spangenschädels vieler Vögel, die Anfälligkeit der Flughaut der Fledermäuse; Spezialisierungen außerdem, die allesamt die Zukunft schon besiegelt haben.» Wenn dann eine Art wirklich optimal den Bedingungen ihres Lebensraums angepaßt ist, bedarf es nur kleiner Schwankungen des Klimas, des Nahrungsangebots oder der Zusammensetzung der Arten in dem jeweiligen Biotop, und die Zeit relativer Unbeschwertheit des einzelnen Mitglieds einer Art erweist sich bereits als Vorbotin des Untergangs dieser Art selbst.

Mitleid? Sorgfalt? Gerechtigkeit? Planung?

Das alles sind Vorstellungen, die in die Natur nicht hineingehören!

Und ein weiteres ergibt sich für die Theologie aus dem Gesagten: das ist der *Zusammenbruch ihrer falsch formulierten Alternativen.*

2000 Jahre lang haben Philosophen und Theologen in der Geistesgeschichte des «christlichen» Abendlandes über das Verhältnis von Schöpfer und Schöpfung, Gott und Welt, Freiheit und Notwendigkeit, Geist und Materie, Seele und Körper nachzudenken versucht. Die innere Achse der Auseinandersetzung bot dabei stets der Grundgedanke des ARISTOTELES, daß die Materie, der «Stoff» *(hýle)* nur durch eine geistige Form *(morphé)* strukturiert werden könne. In der Lehre des «Hylemorphismus», die katholischen Theologiestudenten noch heute rund um die Welt als begriffliches Instrumentar der «Scholastik» zum «Verständnis» des «Wesens» von Welt und Mensch unverändert seit dem Hochmittelalter vordoziert wird, gilt die Materie als «weiblich»-passiv, der formgebende Geist hingegen als «männlich»-aktiv. Leben kommt nach dieser Auffassung zustande, indem die «Seele» als «Form des Körpers» *(forma corporis)* sich die Materie «erwirkt». Auf dem Konzil von Vienne im Jahre 1312 wurde diese Doktrin zum definierten Dogma der römischen Kirche erhoben (JOHANNES BRINKTRINE: *Die Lehre von der Schöpfung*, 240–245; DENZINGER-SCHÖNMETZER: *Enchiridion*, Nr. 902); selbst KARL RAHNER (*Geist in Welt*, 358–366) versuchte, dieses Konzept durch eine Verschmelzung mit Gedanken des Deutschen Idealismus zu «aktualisieren». Nun aber hat sich gezeigt, daß es von Anfang an ein Fehler war, zwei heterogene, voneinander getrennte metaphysische Prinzipien zur Erklärung der physischen Wirklichkeit anzunehmen. Was wir auf der Ebene der Biologie bereits zu sehen bekommen, ist vielmehr die Fähigkeit der Materie, sich selber zu immer komplexeren Strukturen zu organisieren. Es sind die biochemischen Prozesse selber, die ihre eigene Ordnung erschaffen. Das «Geistige» ist nicht das dem toten Stoff von einem Schöpfer «Eingehauchte», es ist die sich entwickelnde Struktur immer höherer Komplexitätsgrade. Was wir von seiten der modernen Biologie als Theologen zu lernen haben, ist das Ende jeder Art von metaphysischem Dualismus.

Kann man dann aber nicht – im Sinne von G. W. LEIBNIZ (*Die Monadologie*, Nr. 63) – die Möglichkeit erwägen, es habe der Schöpfer halt die Materie so geschaffen, daß all diese phantastischen Formen des Lebens hätten entstehen sollen und müssen? Also doch eine «prästabilierte Harmonie», nur nicht allein zwischen Körper und Seele, zwischen Vorstellung und Wirklichkeit, zwischen Subjekt und Objekt, sondern eine vorgegebene Harmonie des ganzen Weltalls und all seiner Abläufe?

Einen Gedanken dieser Art hat vor Jahren HOIMAR VON DITFURTH (*Am Anfang war der Wasserstoff*, 13–16; 325–346) vorgeschlagen. Obwohl im Sinne der kirchlichen Dogmatik kein «gläubiger» Christ, empfand er sich selber zu Recht als durchaus religiös. Als Naturwissenschaftler war es ihm allerdings unmöglich, an eine Welt steter göttlicher «Eingriffe» zu glauben: die Entstehung des Lebens, die Entwicklung des Menschen, das alles als «Wunder» und «Machtbeweis» göttlicher Fügung und Lenkung – so ging es nicht! Das Bemühen VON DITFURTHS ging vielmehr dahin, einem breiten Lesepublikum zu zeigen, daß und inwiefern die gesamte Evolution des Weltalls ebenso wie des Lebens auf dieser Erde *notwendig* aus den physikalischen Eigenschaften des «ersten» aller chemischen Elemente: des Wasserstoffs sich ergeben habe. Wenn eine «Vorsehung» im Gang der Dinge anzunehmen sei, dann, so argumentierte DITFURTH, eben in den Gesetzen, die mit der Eigenart der Materie selber gegeben seien. Gestützt auf den Physiker FREEMAN DYSON, referierte DITFURTH die «ungeheuere Entdeckung», «daß schon Minuten nach dem Urknall feststand, daß bestimmte Naturkonstanten – starke und schwache Verbindungskräfte, Gravitation – Werte aufweisen, die auch nicht nur um wenige Prozent anders liegen dürfen, unter- oder überschritten werden können, wenn diese Welt, wie wir sie kennen, entstehen soll. Bei einer etwas stärker entwickelten Gravitation hätte das sich ausdehnende Weltall schon angefangen wieder zu kollabieren, bevor etwas Wesentliches darin geschehen wäre. Und bei einer zu geringen Gravitation wäre die Ausdehnungsgeschwindigkeit so rasch gewesen, daß die Wasserstoffwolken des Anfangs... sich nicht hätten kontrahieren können zu Sternen» (HOIMAR VON DITFURTH – DIETER ZILLIGEN: *Das Gespräch*, 82–83).

Mit Hilfe des «anthropischen Prinzips» entwickelte DITFURTH einen Standpunkt, der gemeinhin als «Deismus» bezeichnet wird: Wenn überhaupt Gott und das Universum nicht im «pantheistischen» Sinne ein und dasselbe sein sollen, so ist zu denken, daß Gott als der Schöpfer seine Welt von Anfang an mit all den Möglichkeiten ausgestattet hat, die im Verlaufe der Zeit dann nach und nach sich realisierten. Alles, was ward und was werden wird, ist insofern «vorhergesehen», als es mit den Mitteln der Wissenschaft vorhersehbar ist; wenn wir nur erst die Gesetze der Welt hinreichend und vollständig genug erkannt haben werden, wird es uns, so steht zu hoffen, von den Anfangsbedingungen der Entstehung des Kosmos her möglich sein, alle weiteren Folgezustände lückenlos abzuleiten.

Damit ist, wohlgemerkt, nicht schon gemeint, daß der große Raum des Zufalls vollständig zu schließen sei; würden wir die Entwicklung des Lebens auf dieser Erde auch nur noch einmal ablaufen lassen, so würden wir gewiß ein vollkommen anderes Szenario erhalten als dasjenige, dem wir selbst uns verdanken. Doch im großen und ganzen läßt sich erwarten, daß überall in den Weiten des Kosmos ähnliche Prozesse ablaufen werden, wie sie bisher abgelaufen sind, und daß eben diese Größe und Fülle in den Grunddaten der Wirklichkeit «vorgesehen» ist und war.

Wir werden noch zu prüfen haben, ob es eine «Theorie von allem» (eine *theory of everything*, «Theo») tatsächlich geben kann und ob wir zur Erklärung der Entstehung des Lebens oder des Weltalls wirklich der Idee eines «Schöpfers» bedürfen. An dieser Stelle aber bleibt vorerst *zweierlei* festzuhalten:

Da ist *einmal* die Tatsache, daß wir die metaphysischen, theologisch instrumentalisierten Fragestellungen und Erklärungsversuche der kirchlichen Lehrtradition allesamt als zu kurz, weil «linear» konzipiert aufgeben müssen. Die gesamte abendländische Denktradition trägt das Verdienst, immer von neuem auf ein mit ihren Mitteln unlösbares Problem hingewiesen zu haben, doch besteht weder Grund noch Erlaubnis, in den alten fruchtlosen Entgegensetzungen weiterzudenken. Insbesondere für die noch anstehenden Fragen der Entstehung des Lebens werden wir von vornherein mit der Notwendigkeit eines vielfältig vernetzten Denkens zu rechnen haben. Doch selbst schon, wenn wir uns im nächsten Abschnitt zu fragen haben, wie denn konkret nun das Leben auf dieser Erde sich entfaltet hat, und vor allem: wie wir den «Kampf ums Dasein» in seiner ganzen Tragik und Grausamkeit, aber auch in seiner mutmaßlichen Größe und Gestaltungskraft uns vorstellen müssen, wird die «Vielschichtigkeit» und die «Vernetztheit», die Komplexität und Komplementarität der Wechselwirkungen von Ursachen und Wirkungen uns beschäftigen müssen.

Dann aber stellt sich, *zum zweiten*, die Frage, ob wir die gesamte Rede von «Geist», «Vorsehung», «Seele» und «Gott» nicht ganz einfach *ad acta* tun sollten als die Reste veralteter Sprachspiele, die aus einem bloßen Mißverständnis der Grundtatsachen der Natur sich ergeben haben? Diese Frage wiegt schwer. Gewiß, wir können weiterhin von «Geist» als dem Organisationszustand komplexer Systeme sprechen, wir können Gebilde, die mit subjektiver Empfindung und Wahrnehmung begabt sind, als «beseelt» bezeichnen, wir können den Ablauf der Evolution zwischen kausaler Notwendigkeit und spielerischem Zufall weiter als «Vorsehung» preisen und darin insbesondere den außerordentlichen Spielraum des «Unvorhersehbaren, Zufälligen», als «kreativ» rühmen; doch wirkt ein solches Sprechen eher als eine Reverenz vor der Vergangenheit denn als die korrekte Wiedergabe der entscheidenden Lösungsansätze der bestehenden Problematik. Die Zeit scheint gekommen, in der es der entsprechenden Begriffe nicht länger bedarf.

Was es mit der *«Seele»* des Menschen – seiner Person, seiner Freiheit, seiner Hoffnung auf «ewiges Leben» auf sich hat, müssen wir freilich auf den Folgeteil dieser Arbeit vertagen; wie aber steht es mit der Frage nach Gott? Ist nicht die Vorstellung eines Gottes bereits jetzt schon um ein weiteres Stück in den Hintergrund gedrängt worden, wenn wir sehen, wie die Vielfalt der Arten des Lebens zwar nicht «rein mechanizistisch», aber auch nicht «rein idealistisch» zu erklären ist, sondern in ihren phantastischen Errungenschaften ebenso wie in ihren erschreckenden Sinnlosigkeiten sich am besten aus dem Prinzip der Selbstorganisation im Wechselspiel von Zufall und Notwendigkeit ableiten läßt?

Tatsächlich brauchen wir die Vorstellung eines Gottes als eines Schöpfers nicht länger mehr, um die Existenz der Birke, die Konstruktion des Lanzettfischchens und die Einrichtung der Wirbelsäule des Menschen zu verstehen. Was wir in *Der sechste Tag* bereits immer wieder erlebt haben, setzt sich hier fort: Es ist schlechtweg irrig, von Gott zu sprechen, um irgend etwas in der Natur erklären zu wollen, oder umgekehrt: von den Einrichtungen der Natur her auf die notwendige Existenz einer alles erklärenden Ursache, genannt Gott, schließen zu wollen; – die Behauptung des Dogmas der römischen Kirche auf dem 1. Vatikanischen Konzil im Jahre 1870, es lasse das Dasein Gottes sich mit Hilfe des Kausalsatzes unzweideutig beweisen (DENZINGER – SCHÖNMETZER, Nr. 3004; 3026), ist ersichtlich falsch. Gott ist kein Begriff, der als eine Kategorie des Verstandes im Sinne der Erkenntnistheorie IMMANUEL

KANTS verwandt werden könnte – bereits die «Definition» Gottes als einer «Ursache seiner selbst» *(ens causa sui)* ist ein Widerspruch in sich. Die Wahrheit scheint zu sein, daß Gott überhaupt nicht als «Ursache» zu denken ist und daß wir die Bestimmung einer Wirkung, die auf ihre eigene Ursache zurückwirkt und sich insofern selbst begründet, besser zur Erklärung der Selbstorganisation der Materie als zur Beschreibung des Wesens Gottes verwenden sollten.

Wozu aber dann noch Gott, wenn das Weltall, wenn die Materie selbst so beschrieben werden muß, wie vormals die Theologen das Wesen Gottes beschrieben? Wozu dann noch Religion? Sollten wir all das nicht denn doch besser durch verbesserte naturwissenschaftliche Erkenntnisse ersetzen?

Die Antwort mag paradox erscheinen, doch sie ergibt sich gerade aus dem Gesagten: Es ist nicht möglich, auf «Gott» zu verzichten, gerade weil wir die einzelnen Lebewesen biologisch als bloße Überlebensmaschinen zur Weitergabe der Gene zu betrachten gelernt haben. Eben weil die Biologie uns das Zusammenspiel von Genen und Phänen so eindrucksvoll vor Augen stellt, ist es unmöglich, mit ihren Erklärungen die Frage zu beantworten, die gerade das Leid und die Sinnlosigkeit des Lebens so vieler Individuen *aus der Sicht dieser Individuen* selber aufwirft.

Alle Erklärungen der Biologie langen gerade so weit, wie naturwissenschaftliche Erklärungen auslangen können: sie begründen, warum es immer komplexere mehrzellige Lebewesen auf dieser Erde gibt; doch daß der «Sinn» der Existenz all dieses Aufwandes nur darin liegen soll, die einzelligen Gebilde der Keimbahn zu beschützen und weiterzutragen, das ist von einem bestimmten Grade der Komplexität an keine ausreichende Antwort mehr für Lebewesen, die sich als einzelne immer weiter von den ursprünglichen (und nach wie vor wirksamen) «Zielen» der Evolution entfernt haben. All die Grundfunktionen der «Sexualität», so sahen wir in *Der sechste Tag* (342–347) bereits, haben sich schon im Erleben der Primaten und erst recht dann des Menschen in eine sich steigernde Ernstnahme des Einzelnen mit all seinen Bedürfnissen, Ängsten und Hoffnungen hineinentwickelt – aus «Sexualität» wurde «Liebe»; und hier erst, hier aber unbedingt, kommt die «Vernunftidee» eines Gottes in Betracht.

Sie ist nicht nötig, ja, sie ist einfach falsch angewandt, wenn sie dazu herhalten soll, die Tatsache der Existenz lebender Wesen auf dieser Erde zu erklären – das geschieht «objektiv» in den Theoriebildungen der Naturwissenschaften. Die Idee eines Gottes hingegen, der als ein absolutes Subjekt sich zeigt, ist unabweisbar, um die Subjekthaftigkeit des Lebens subjektiv vollziehbar zu machen. Wir existieren, gewiß, und die Gründe dafür lassen sich klären; doch daß wir als fühlende, denkende Wesen uns finden inmitten einer unfühlenden, nicht-«denkenden» Natur, läßt unsere Subjekthaftigkeit selber als haltlos und sinnlos erscheinen. Es ist keine Auskunft, zu sagen, mit uns habe die Evolution eine neue Stufe ihrer Möglichkeiten realisiert, indem sie Wesen hervorgebracht habe, die ihrerseits wieder auf die Bedingungen ihrer Entstehung verändernd und mitgestaltend «zurückwirken» könnten. Denn gewiß, das ist der Fall; doch es enthält keine Antwort auf die offene Frage, die spätestens mit dem Prozeß der Anthropogenese in den letzten sechs Millionen Jahren auf dieser Erde aufgeworfen worden ist: was tun, wenn es «Subjekte» gibt, deren Leben nicht länger mehr in den «objektiven» Zielsetzungen der Natur sich erfüllen kann?

Die Sexualität, als Weitergabe der Gene, hat, aus Gründen, die wir noch erörtern werden, zu einer Trennung von Geschlechts- und Körperzellen geführt, mit dem Ergebnis, daß «Unsterblichkeit» auf Erden nur den ersteren verheißen wurde. Wozu dann aber das Leben, wenn alles, was Denken und Fühlen und Suchen nach Sinn allererst begründet und vorantreibt, sich unerbittlich vor die einzig sichere Tatsache gestellt sieht, daß es nach einer verschwindend kurzen Zeit bereits sterben wird?

HOIMAR VON DITFURTH (– DIETER ZILLIGEN: *Das Gespräch*, 98–100) konnte es gegen Ende seines Lebens als eine wirkliche Zumutung beklagen, daß ein denkender Mensch eine Fülle richtiger Fragen an die Natur zu richten vermöge in dem sicheren Wissen, zu seiner Zeit darauf keine Antwort mehr zu bekommen. Doch ist es ein «Trost» für den Einzelnen, sich, wenn er jetzt stirbt, eine zukünftige Menschheit zu denken, die von den Rätseln des Daseins bereits *mehr* zu erkennen imstande ist und, vielleicht, auch weiser die Einrichtungen ihres Lebens zu gestalten versteht? Die alte DOSTOJEWSKISCHE Frage bleibt unverändert bestehen (vgl. *Der sechste Tag*, 37–41), was eine künftige Weltenharmonie, wenn sie denn jemals zustande kommen sollte, mit den Leiden eines jetzt lebenden Menschen (und Tieres) zu tun hat. Das subjektive Leben, die Innenseite des Erlebens verlangt nach der Idee eines Subjekts, das, selbst absolut, die Relativität, die Zufälligkeit, die vollkommene Beliebigkeit unserer subjektiven Existenz mit eben den Voraussetzungen umfängt, die ganz und gar subjektiv sind und niemals als «objektive Tatsachen» sich werden erkennen lassen: Wollen und Wohlwollen, Erkennen und Anerkennen, Einsicht und Absicht, Liebe und Zuversicht. Nicht zur Erklärung der objektiven Welt, einzig zur Begründung des Angenommenseins des Subjekts ist die Annahme des absoluten Subjekts, als welches Gott ist, unerläßlich. Alle Religion ist und kann nur sein, was SÖREN KIERKEGAARD von ihr sagte: sie ist «die Leidenschaft des Subjektiven»; alle «objektive» Erkenntnis gehört ihr nicht an.

In seiner Novelle *Miss Harriet* hat GUY DE MAUPASSANT (Gesamtausgabe, III 171–193) einmal die Frage nach Gott im Leben einer einsamen, alternden Frau als eine verständliche Illusion, als eine Art notwendiger Lebenslüge zu beschreiben versucht; doch je mehr man die Geschichte des französischen Erzählers liest, desto mehr verstärkt sich eher der gegenteilige Eindruck: schon aus Gründen einer so einfühlenden Menschlichkeit, wie sie in dieser Erzählung sich zu Wort meldet, wird es zunehmend zur Pflicht, mit Miss Harriet zu glauben wie Miss Harriet und wie alle, die ihr ähnlich sehen...

Die Geschichte erzählt von dem gutaussehenden alternden Maler Léon Chenal, der in dem kleinen Bénouville in der Normandie vor Zeiten einmal das kläglichste Liebeserlebnis seines vielliebenden und vielgeliebten Lebens mit einer puritanisch-jungfräulichen Schottin hat verzeichnen müssen. Miss Harriet, so erzählt er, war von Gestalt «sehr mager, sehr groß... Ihr Mumiengesicht» ließ «an einen geräucherten Hering denken» (175) und erregte bei ihm eher Heiterkeit als Zuneigung, und dies um so mehr, als sie stets mit kleinen protestantischen Propagandabroschüren unterwegs war, die sie unaufgefordert mit der größten Bereitwilligkeit verteilte. «Ich lieben den Herrn mehr als alles; ich bewundern ihn in aller seiner Schöpfung; ich ihn anbeten in aller seiner Natur, ich ihn tragen immer in meinem Herzen», pflegte sie in ihrem gebrochenen Französisch zu bekennen (176), wie um die unwiderstehliche Komik ihres sittenstrengen und sentimentalen Wesens perfekt zu machen (177). Ihre Zeit verbrachte Miss Harriet damit, «über Land zu irren und Gott in der Natur zu suchen und anzubeten» (178). Es war dieser Zug, der ihr eine erste Annäherung an den ihr eigentlich so fremden Landschaftsmaler erlaubte: «Monsieur, Sie verstehen die Natur auf eine erhebende Weise», erklärte sie ihm und erlebte mit ihm einen der wundersamen Sonnenuntergänge über dem Meer (180), bei dem sie in Sehnsucht und Liebe «wie eine kleine Vogel» geradewegs in den Himmel auffliegen mochte (182). «Sie war», urteilt Léon, «ein braves Geschöpf mit einer Sprungfederseele, die im Idealismus umherhüpfte. Es mangelte ihr an Gleichgewicht, wie es bei allen Frauen um die Fünfzig der Fall ist, die Mädchen geblieben sind. Sie schien in einer säuerlichen Unschuld eingekocht zu sein; allein sie hatte im Herzen etwas sehr Junges, Glühendes und Begeisterungsfähiges bewahrt. Sie liebte die Natur und die Tiere mit einer exaltierten Liebe, die in steter Gärung begriffen war wie ein zu altes Getränk, mit einer sinnlichen Liebe, die sie den Männern nie hätte zuteil werden lassen» (182). Vor den Naturdarstellungen des Malers empfindet Miss Harriet «eine beinahe religiöse Ehrfurcht», sind diese Bilder in ihren Augen doch die «Wiedergabe eines Ausschnittes aus dem Werke Gottes» (183). Doch dieser ihr Gott erscheint dem Maler selbst als «ein spaßiger Biedermann..., eine Art Dorfphilosoph, ohne große Mittel und ohne große Macht, denn sie stellte ihn sich immer untröstlich vor über die Ungerechtigkeiten, die unter seinen Augen begangen wurden – gleich als habe er sie nicht verhindern können. – Übrigens stand sie auf vortrefflichem Fuß mit ihm; sie schien sogar die Vertraute seiner Geheimnisse und seiner Widerwärtigkeiten zu sein. Sie sagte: ‹Gott will› oder: ‹Gott will nicht›, wie ein Feldwebel, der einem Rekruten verkündet: ‹Der Herr Oberst haben befohlen!›» (183)

Doch trotz der enormen Unterschiede im Erleben und in der Lebensauffassung beider hätten von einem bestimmten Moment an gewisse Anzeichen eigentlich sich nicht übersehen lassen, daß Miss Harriet sich in den Maler verliebt haben mußte, wäre da nicht die überaus große Verschlossenheit, ja, die gespielte Gleichgültigkeit gewesen, mit der die alternde Schottin ihre Gefühle zu verbergen wußte, und wäre da nicht das allzu große Interesse Léons gewesen, die Beziehung zu dieser seltsamen Person tunlichst im unklaren zu belassen. Dabei schaute ihn Miss Harriet so ganz sonderbar an, wie «eine zum Tode Verurteilte... Es war eine Art Wahnsinn in ihren Augen, ein mystischer und gewalttätiger Wahnsinn, ... ein unüberwindliches, ungeduldiges und ohnmächtiges Verlangen nach etwas Unwirklichem und nicht zu Verwirklichendem..., als tobe in ihr ein Kampf, ein Ringen zwischen ihrem Herzen und einer unbekannten Macht, die sie bändigen wollte, und vielleicht noch etwas anderes...» (185). Dieses «andere» ist das sichere Wissen, daß es unmöglich ist, ein Mann wie Léon könnte so etwas wie eine Miss Harriet lieben. Als sie den Maler schließlich mit der jungen Céleste überrascht (188), nimmt sie sich in Bestätigung ihres verzweifelten Wissens das Leben, indem sie sich kopfüber in einen Brunnen stürzt (190).

«Ich», erinnert sich Léon, wie um eine postume Bilanz dieses so vergeudeten Lebens zu formulieren, «fühlte auf diesem Menschenwesen die ewige Ungerechtigkeit der gnadenlosen Natur lasten! Für sie war jetzt alles aus, ohne daß ihr, vielleicht, das zuteil geworden wäre, was den Ärmsten der Armen zum Trost gereicht: die Illusion, einmal geliebt worden zu sein! Denn weshalb hatte sie sich verborgen, weshalb floh sie die anderen? Warum liebte sie mit so leidenschaftlicher Zärtlichkeit alle Dinge und alle Lebewesen außer den Menschen? – Und ich verstand, daß sie an Gott glauben mußte, die arme Kreatur, und daß sie auf einen jenseitigen Ausgleich ihres Elends gehofft hatte. Nun würde sie sich auflösen und ihrerseits eine Pflanze werden. Sie würde im Sonnenschein blühen, würde von den Kühen abgeweidet, ihre Samenkörner würden von den Vögeln weggetragen, und aus dem Tierfleisch würde sie wieder Menschenfleisch werden. Doch das, was gemeinhin Seele hieß, war im Grunde des schwarzen Brunnens erloschen. Sie litt nicht länger. Sie hatte ihr Leben gegen andere Leben getauscht, die sie entstehen lassen würde» (192).

Es ist mir keine andere Kurzgeschichte der Weltliteratur bekannt, die, wie MAUPASSANTS *Miss Harriet*, derart eindringlich die endgültige Trostlosigkeit eines Lebens beschreibt, das keine weiteren Perspektiven kennt als das irdische Leben. Gewiß, Miss Harriets Gott trägt all die Züge an sich, die wir in ihrem Vater, wenn wir ihn geschildert fänden, vorgebildet sehen dürften: eine engstirnige, zwanghafte, kleinkarierte Persönlichkeit, die das menschliche Leben betrachtet wie den bloßen Anwendungsfall eines immer schon gewußten, allgemeinen Gesetzes, fernab aller Güte und Herzlichkeit. Doch ist damit der Glaube an Gott selbst schon lächerlich? Was kann ein Mensch dafür, wenn er durch zufällige Umstände in eine Welt hineingeboren wird, in welcher Liebe und Zuwendung als unerreichbar fern erscheinen? In ihrer Sehnsucht nach Gott sucht Miss Harriet eine Zuwendung, die ihr das Gefühl einer absoluten Bedeutung verleihen würde, doch eine solche Liebe findet sich auf Erden nicht und kann dort wohl auch nicht gefunden werden: Kein Mensch ist Gott! Eine «unsterbliche Seele» existiert für GUY DE MAUPASSANT gar nicht; was einmal «Seele» hieß, vergeht vor aller Augen mit dem Zerfall des Körpers, dessen Konfiguration sie einmal war. Fast klingt es zynisch, jedenfalls bewußt makaber, wenn der französische Dichter noch von «ihr», von Miss Harriet spricht, während er den unaufhaltsamen Verfall und Wiederaufbau im Wechsel der Stoffe schildert, aus denen ihr Körper einmal bestand: Es ist der Tod, der endgültig die Tröstungen der Religion als trügerische Illusion erweist. Was aber blieb einem Leben wie dem einer Miss Harriet denn übrig, als alle Glückserwartung auf Erden schon für Illusion zu halten?

Die Idee eines Gottes läßt sich nicht einführen, um weiterhin die Seele vom Körper, den Himmel von der Erde, das Religiöse vom Menschlichen zu trennen und in dieser Trennung womöglich noch Erklärungsgründe für den Ursprung und die Gestalt des Lebens zu gewinnen; doch ist die Idee Gottes, wie wiederholt jetzt schon gesagt, schier unerläßlich, um das Verlangen, Liebe zu schenken und Liebe zu empfangen, inmitten einer oft sehr liebeleeren Welt im Menschen wach zu halten. «Ich glaube an Gott», das bedeute, sagten wir bereits in *Der sechste Tag* (349–351), im wesentlichen gerade so viel wie: «Ich glaube an die Liebe», und im Leben einer Miss Harriet müßte man sogar noch besonders hinzufügen: «Ich glaube an Gott, um den Glauben an die Liebe nicht zu verlieren.»

MAUPASSANT deutet an, es könnte die Religion überhaupt nur eine Ersatzbefriedigung der Zukurzgekommenen sein. Wie aber, sie bildete, gerade umgekehrt, die wesentliche und unverzichtbare Ermutigung zur Vermenschlichung des menschlichen Lebens insgesamt und fände ihre Bestätigung, statt ihrer Aufhebung, in jeder liebenden Erfahrung mit allem, was lebt auf dieser Erde?

Nicht zur Erklärung des Lebens taugt der Begriff des Göttlichen, wohl aber vielleicht zum Begreifen der Kraft, die dem Leben den Wunsch gibt, leben zu wollen.

Freilich, auch diese These müssen wir prüfen.

## II. Einsätze

### 1. Von Leid und Schmerz und kurzem Glück

Die Unmöglichkeit, diese Welt von einem göttlichen Schöpfer her zu erklären, hat unter den abendländischen Philosophen niemand klarer gesehen als ARTHUR SCHOPENHAUER. Sein Gedankengang bestand aus zwei Schritten. Als *erstes* verwahrte er sich dagegen, die offensichtliche Zweckmäßigkeit in der organischen Natur entweder gänzlich zu leugnen, wie es LUCREZ (*De rerum natura*, IV 824–858) und SPINOZA (*Ethik*, I, Lehrsatz 36, Anhang, S. 39–48) versuchten, oder sie mit LEIBNIZ sogleich als «göttliche Weisheit» zu interpretieren. Statt dessen versuchte SCHOPENHAUER (*Die Welt als Wille und Vorstellung*, 2. Bd., 2. Buch, Kap. 26: Teleologie, S. 372–390) die Identifizierung von Teleologie und Theologie zugunsten der Metaphysik des «Willens zum Leben» aufzuheben. Die Existenz von «Teleologie» in der Natur schien ihm allerdings so wenig bezweifelbar wie dem Vater der abendländischen Naturphilosophie, wie ARISTOTELES (*Hauptwerke. Aus der Physik*, 57–60), nur war sie in seinen Augen nicht auf den Menschen ausgerichtet, und sie hatte vor allem nichts zu tun mit einer weise planenden, gütig und göttlich handelnden Vorsehung; *dagegen* sprach ihm vielmehr ebenso evident die monströse Sinnlosigkeit und Grausamkeit des Lebens im ganzen; dessen Grundlage *mußte* daher zutiefst irrational sein.

Verglichen mit dem zeitgleich zu seiner «*Welt als Wille und Vorstellung*» entstandenen Buch DARWINS zur *Origin of species*, mag man SCHOPENHAUER im Rückblick vorwerfen, er habe die Zielursachen *(causae finales)* in seiner Betrachtung zu weit von den Wirkursachen *(causae efficientes)* getrennt; wahr ist jedenfalls, daß es gerade die Vernachlässigung der «Wirkursachen» war, die es ihm in einem *zweiten* Gedankenschritt erlaubte, die Zweckmäßigkeit der organischen Einrichtungen als die Manifestationen eines ihnen zugrundeliegenden metaphysischen Willens zu deuten, der den «Schöpferwillen» Gottes ersetzen sollte. Nach DARWIN freilich ist es insgesamt nicht länger möglich, die Welt als Darstellung *irgendeines* «Willens» zu deuten, weder als die Manifestation des «Willens» eines «vernünftigen» Gottes noch eines «unvernünftigen» Weltengrundes, der selber nichts sein soll als «Wille zum Leben».

Gleichwohl liegt die Stärke SCHOPENHAUERS vor allem in dem phänomenologischen Nachweis der *Ungöttlichkeit* der Einrichtungen des Lebens selber, die bei all ihrer Raffinesse und all ihrem unglaublichen Aufwand schließlich auf nichts anderes hinauslaufen, als den Bestand der jeweiligen Art zu erhalten. SCHOPENHAUER (*Die Welt als Wille und Vorstellung*, 2. Bd., 2. Buch, Kap. 28, Werke, III 398–411) schreibt: «Wenn wir... uns der Natur fremd gegenüberstellen, um sie objektiv zu erfassen, so finden wir, daß sie, von der Stufe des organischen Lebens an, nur *eine* Absicht hat: die der Erhaltung aller Gattungen. Auf diese arbeitet sie hin, durch die unermeßliche Überzahl von Keimen, durch die dringende Heftigkeit des Geschlechtstriebes, durch dessen Bereitwilligkeit, sich allen Umständen und Gelegenheiten anzupassen, bis zur Bastarderzeugung, und durch die instinktive Mutterliebe, deren Stärke so groß ist, daß sie, in vielen Tierarten, die Selbstliebe überwiegt, so daß die Mutter ihr Leben opfert, um das des Jungen zu retten. Das Individuum hingegen hat für die Natur nur einen indirekten Werth, nämlich nur sofern es das Mittel ist, die Gattung zu erhalten. Außerdem ist ihr sein Daseyn gleichgültig, ja, sie selbst führt es dem Untergang entgegen, sobald es aufhört zu jenem Zwecke tauglich zu seyn. Wozu das Individuum dasei, wäre also deutlich; aber wozu die Gattung selbst? dies ist eine Frage, auf welche die bloß objektiv betrachtete Natur die Antwort schuldig bleibt» (400–401).

Die Einsicht in den «Zweck» der Natur kann nur im Subjektiven liegen. Wie aber ließe sich das Subjektive in allen Lebewesen anders charakterisieren denn eben als Wille zum Leben? «Wenn man», meint SCHOPENHAUER, «in dieser Absicht, zuvörderst die unabsehbare Reihe der Thiere mustert, die endlose Mannigfaltigkeit ihrer Gestalten betrachtet, wie sie, nach Element und Lebensweise, stets anders modificirt sich darstellen, dabei zugleich die unerreichbare und in jedem Individuum gleich vollkommen ausgeführte Künstlichkeit des Baues und Getriebes derselben erwägt, und endlich den unglaublichen Aufwand von Kraft, Gewandtheit, Klugheit und Thätigkeit, den jedes Thier, sein Leben hindurch, unaufhörlich zu machen hat, in Betrachtung nimmt; wenn man, näher darauf eingehend, zum Beispiel die rastlose Emsigkeit kleiner, armsäliger Ameisen, die wundervolle und künstliche Arbeitsamkeit der Bienen sich vor Augen stellt, oder zusieht, wie ein einzelner Todtengräber (Necrophorus Vespillo) einen Maulwurf von vierzig Mal seine eigene Größe in zwei Tagen begräbt, um seine Eier hineinzulegen und der künftigen Brut Nahrung zu sichern..., hiebei sich vergegenwärtigend, wie überhaupt das Leben der meisten Insekten nichts als eine rastlose Arbeit ist, um Nahrung und Aufenthalt für die aus ihren Eiern künftig erstehende Brut vorzubereiten, welche dann, nachdem sie die Nahrung verzehrt und sich verpuppt hat, ins Leben tritt, bloß um die selbe Arbeit von vorne wieder anzufangen; dann auch, wie, dem ähnlich, das Leben der Vögel größtenteils hingeht mit ihrer weiten und mühsamen Wanderung, dann mit dem Bau des Nestes und Zuschleppen der Nahrung für die Brut, welche selbst, im folgenden Jahre, die nämliche Rolle zu spielen hat, und so Alles stets für die Zukunft arbeitet, welche nachher Bankrott macht; – da kann man nicht umhin, sich umzusehn nach dem Lohn für alle diese Kunst und Mühe, nach dem Zweck, welchen vor Augen habend die Thiere so rastlos streben, kurzum zu fragen: Was kommt dabei heraus? Was wird erreicht durch das thierische Dasein, welches so unübersehbare Anstalten erfordert? – Und da ist nun nichts aufzuweisen, als die Befriedigung des Hungers und des Begattungstriebes und allenfalls noch ein wenig augenblickliches Behagen, wie es jedem thierischen Individuo, zwischen seiner endlosen Noth und Anstrengung, dann und wann zum Theil wird. Wenn man Beides, die unbeschreibliche Künstlichkeit der Anstalten, den unsäglichen Reichthum der Mittel, und die Dürftigkeit des dadurch Bezweckten und Erlangten neben einander hält; so dringt sich die Einsicht auf, daß das Leben ein Geschäft ist, dessen Ertrag bei Weitem nicht die Kosten deckt» (402–403).

Hinzu kommt die Zerrissenheit, der Selbstwiderspruch des «Lebenswillens» zwischen den Arten: «Die Mannigfaltigkeit der Organisationen, die Künstlichkeit der Mittel, wodurch jede ihrem Element und ihrem Raube angepaßt ist, kontrastirt hier deutlich mit dem Mangel irgend eines haltbaren Endzweckes; statt dessen sich nur augenblickliches Behagen, flüchtiger, durch Mangel bedingter Genuß, vieles und langes Leiden, beständiger Kampf, *bellum omnium* (sc. Krieg aller gegen alle, d. V.), jedes ein Jäger und Jedes gejagt, Gedränge, Mangel, Noth und Angst, Geschrei und Geheul darstellt: und das geht so fort, in secula seculorum (sc. auf immer und ewig, d. V.), oder bis ein Mal wieder die Rinde des Planeten bricht» (404).

Aber, mag man noch einwenden, vielleicht ist dieser ganze ungeheure Aufwand an Qual, Leid und Not doch dazu gut gewesen, uns Menschen hervorzubringen, auf daß zumindest wir, den Naturzwecken enthoben, es dereinst besser haben könnten? Darauf antwortete SCHOPENHAUER recht realistisch: «Nehmen wir... noch die Betrachtung des Menschengeschlechtes hinzu; so wird die Sache zwar komplizirt und erhält einen gewissen ernsten Anstrich; doch bleibt der Grundcharakter unverändert. Auch hier stellt das Leben sich keineswegs dar als ein Geschenk zum Genießen, sondern als eine Aufgabe, ein Pensum zum Abarbeiten, und dem entsprechend sehn wir, im Großen wie im Kleinen, allgemeine Noth, rastloses Mühen, beständiges Drängen, endlosen

Kampf, erzwungene Thätigkeit, mit äußerster Anstrengung aller Leibes- und Geisteskräfte. Viele Millionen, zu Völkern vereinigt, streben nach dem Gemeinwohl, jeder Einzelne seines eigenen wegen; aber viele Tausende fallen als Opfer für dasselbe. Bald unsinniger Wahn, bald grübelnde Politik, hetzt sie zu Kriegen auf einander: dann muß Schweiß und Blut des großen Haufens fließen, die Einfälle Einzelner durchzusetzen, oder ihre Fehler abzubüßen. Im Frieden ist Industrie und Handel thätig, Erfindungen thun Wunder, Meere werden durchschifft, Leckereien aus allen Enden der Welt zusammengeholt, die Wellen verschlingen Tausende. Alles treibt, die Einen sinnend, die Andern handelnd, der Tumult ist unbeschreiblich. – Aber der letzte Zweck von Allem, was ist er? Ephemere und geplagte Individuen eine kurze Spanne Zeit hindurch zu erhalten, im glücklichsten Fall mit erträglicher Noth und komparativer Schmerzlosigkeit, der aber auch sogleich die Langeweile aufpaßt; sodann die Fortpflanzung dieses Geschlechts und seines Treibens. – Bei diesem offenbaren Mißverhältnis zwischen der Mühe und dem Lohn, erscheint uns, von diesem Gesichtspunkt aus, der Wille zum Leben, objektiv genommen als ein Thor, oder subjektiv, als ein Wahn, von welchem alles Lebende ergriffen, mit äußerster Anstrengung seiner Kräfte, auf etwas hinarbeitet, das keinen Werth hat. Allein bei genauerer Betrachtung werden wir auch hier finden, daß er vielmehr ein blinder Drang, ein völlig grundloser, unmotivierter Trieb ist» (407).

«Offenbar ist das Alles nicht zu erklären», fährt SCHOPENHAUER fort, «wenn wir die bewegenden Ursachen außerhalb der Figuren suchen und das Menschengeschlecht uns denken als in Folge einer vernünftigen Überlegung... Daher habe ich gesagt, daß jene Puppen nicht von außen gezogen werden, sondern jede das Uhrwerk in sich trägt... Dieses ist der Wille zum Leben, sich bezeigend als ein unermüdliches Triebwerk, ein unvernünftiger Trieb, der seinen zureichenden Grund nicht in der Außenwelt hat... aus der dargelegten Ursprünglichkeit und Unbedingtheit des Willens ist es erklärlich, daß der Mensch ein Daseyn voll Noth, Plage, Schmerz, Angst und dann wieder voll Langerweile, welches, rein objektiv betrachtet und erwogen, von ihm verabscheut werden müßte, über Alles liebt und dessen Ende, welches jedoch das einzige Gewisse für ihn ist, über Alles fürchtet. – Demgemäß sehn wir oft eine Jammergestalt, von Alter, Mangel und Krankheit verunstaltet und gekrümmt, aus Herzensgrunde unsere Hülfe anrufen, zur Verlängerung eines Daseyns, dessen Ende als durchaus wünschenswerth erscheinen müßte, wenn ein objektives Urtheil das Bestimmende wäre. Statt dessen also ist es der blinde Wille, auftretend als Lebenstrieb, Lebenslust, Lebensmuth: es ist das

Selbe, was die Pflanze wachsen macht. Diesen Lebensmuth kann man vergleichen mit einem Seile, welches über dem Puppenspiel der Menschenwelt ausgespannt wäre und woran die Puppen mittelst unsichtbarer Fäden hiengen, während sie bloß scheinbar von dem Boden unter ihnen (dem objektiven Werthe des Lebens) getragen würden» (408–409).

So auch erklärt sich nach SCHOPENHAUER in metaphysischer Deutung der Selbstwiderspruch des Willens zum Leben, der DARWINsche Kampf ums Dasein, der für jeden menschlich Fühlenden und religiös Denkenden zu den wohl schmerzlichsten und rätselvollsten Fragen des Lebens gehört.

«Auch ich», bekannte ALBERT SCHWEITZER (*Kultur und Ethik,* 339) ein ganzes Jahrhundert noch nach ARTHUR SCHOPENHAUER, «bin der Selbstentzweiung des Willens zum Leben unterworfen. Auf tausend Arten steht meine Existenz mit anderen in Konflikt. Die Notwendigkeit, Leben zu vernichten und Leben zu schädigen, ist mir auferlegt. Wenn ich auf einsamem Pfade wandle, bringt mein Fuß Vernichtung und Weh über die kleineren Lebewesen, die ihn bevölkern. Um mein Dasein zu erhalten, muß ich mich des Daseins, das es schädigt, erwehren. Ich werde zum Verfolger des Mäuschens, das in meinem Hause wohnt, zum Mörder des Insekts, das darin nisten will, zum Massenmörder der Bakterien, die mein Leben gefährden können. Meine Nahrung gewinne ich durch Vernichtung von Pflanzen und Tieren. Mein Glück erbaut sich aus der Schädigung der Nebenmenschen.»

Den Grund für diesen Widerspruch sah SCHOPENHAUER (*Die Welt als Wille und Vorstellung,* 2. Bd., 4. Buch, Kap. 47: Zur Ethik; Werke, III 676–692) in dem Unterschied der Perspektive, je nachdem, ob die Natur «vom Einzelnen oder vom Allgemeinen» aus rede. «Ihr Centrum nämlich», schrieb er (689–690), «hat sie in jedem Individuo: denn jedes ist der ganze Wille zum Leben. Daher, sei dasselbe auch nur ein Insekt, oder ein Wurm, die Natur selbst aus ihm also redet: ‹Ich allein bin Alles in Allem; an meiner Erhaltung ist Alles gelegen, das Übrige mag zu Grunde gehen, es ist eigentlich nichts.› So redet die Natur vom *besonderen* Standpunkte, also von dem des Selbstbewußtseyns aus, und hierauf beruht der *Egoismus* jedes Lebenden. Hingegen vom *allgemeinen* Standpunkt aus, ... also von außen, von der Peripherie aus, redet die Natur so: ‹Das Individuum ist nichts und weniger als nichts. Millionen Individuen zerstöre ich tagtäglich, zum Spiel und Zeitvertreib: ich gebe ihr Geschick dem launigsten und muthwilligsten meiner Kinder preis, dem Zufall, der nach Belieben auf sie Jagd macht. Millionen neuer Individuen schaffe ich jeden Tag, ohne alle Verminderung meiner hervorbringenden Kraft; so wenig, wie die Kraft eines Spiegels erschöpft wird, durch die Zahl der Sonnenbilder, die er nach einander auf die Wand wirft. Das Individuum ist nichts.› – Nur wer diesen offenbaren Widerspruch der Natur wirklich zu vereinen und auszugleichen weiß, hat eine wahre Antwort auf die Frage nach der Vergänglichkeit oder Unvergänglichkeit seines eigenen Selbst. ... Jedes Individuum, indem es nach innen blickt, erkennt in seinem Wesen, welches sein Wille ist, das Ding an sich, daher das überall allein Reale. Demnach erfaßt es sich als den Kern und Mittelpunkt der Welt, und findet sich unendlich wichtig. Blickt es hingegen nach außen; so ist es auf dem Gebiete der Vorstellung, der bloßen Erscheinung, wo es sich sieht als ein Individuum unter unendlich vielen Individuen, sonach als ein höchst Unbedeutendes, ja gänzlich Verschwindendes. Folglich ist jedes, auch das unbedeutendste Individuum, jedes Ich, von innen gesehn, Alles in Allem; von außen gesehn hingegen, ist es nichts, oder doch so viel wie nichts. Hierauf also beruht der große Unterschied zwischen Dem, was nothwendig Jeder in seinen eigenen Augen, und Dem, was er in den Augen aller Andern ist, mithin der Egoismus, den Jeder Jedem vorwirft.»

Weiter als SCHOPENHAUER mit seiner Lehre von der Selbstentzweiung des Willens zum Leben, der im Individuum ebenso zur Erscheinung kommt wie im Allgemeinen, vermag eine philosophische Weltdeutung nicht zu gelangen, die, ausgehend von dem grausigen Erscheinungsbild des immer währenden «Kampfes ums Dasein», eine metaphysische Weltdeutung zu geben versucht. Indem SCHOPENHAUER den Willen des «Schöpfers» in der christlichen Theologie durch den blinden «Willen zum Leben» als Weltenhintergrund ersetzte, gelangte er zu einer Interpretation des Daseins, die auf geniale Weise menschliche Selbsterfahrung mit Lebensweisheit verknüpfte: wer den Willen zum Leben im anderen respektiert statt bekämpft, wird fähig, auf das Leid des irdischen Daseins mit Mitleid zu antworten; der tritt aus dem sinnlosen Getümmel des Kampfes heraus; der allererst gelangt zu der Höhe wirklicher Menschlichkeit. Der Wille ist etwas, das ein jeder in sich und in allem zu fühlen vermag und das ihn deswegen zu Mitgefühl einlädt.

Gedanken dieser Art sind für uns deshalb sehr wichtig, weil sie nicht nur im Anblick der Wirklichkeit der Welt den Unterschied zu den Vorgaben des christlich-jüdischen Weltbildes markieren, sondern zugleich auch die Frage aufwerfen, inwieweit eine philosophische Interpretation des Weltgeschehens *nach* DARWIN überhaupt noch möglich ist. Der SCHOPENHAUERsche Weltentwurf steht den Erfahrungsdaten des «DARWINismus» außerordentlich nahe, doch eben nur auf der Ebene der Phänomene, nicht der Begründungen; vor allem die *Entstehung* der Arten *aus* dem «Kampf ums Dasein», wie sie

DARWIN rein kausal zu erklären versuchte, mußte SCHOPENHAUERS Gedanken, in den verschiedenen Arten kämen bestimmte Ideen zum Ausdruck, als Teil einer Weltbetrachtung erweisen, die sich mit Spekulationen und Intuitionen begnügte, wo Beobachtungen und empirische Überprüfung vorgebrachter Theorien erfordert sind. Seit DARWIN ist keine Philosophie (oder Theologie) mehr möglich, die sich an die Stelle der Naturwissenschaften zu setzen sucht, statt deren Ergebnisse vorauszusetzen. Was also *erklärt* uns das Konzept vom «Kampf ums Dasein»? Wie *äußert* sich dieser «Kampf» empirisch? Und wie vereinbart sich das, was wir sehen, mit den Sehnsüchten der Religion? Darauf müssen wir antworten.

Inhaltlich ist der «Kampf ums Dasein» auf drei Zielsetzungen gerichtet, die nacheinander erfüllt werden müssen und je für sich einen unterschiedlichen Fächer der Wirklichkeit zu erklären vermögen, das sind:

a) der Kampf um Lebensenergie,
b) der Kampf um Selbsterhalt und
c) der Kampf um Reproduktion.

## 2. Der Kampf ums Dasein oder: Was «Selektion» bedeutet

### a) Der Kampf um Lebensenergie

All die grausamen und gräßlichen Erscheinungen des Lebens wären überflüssig und vermeidbar, herrschte auf dieser Erde nicht ein chronischer *Energiemangel*. Nicht das Wirken eines «Teufels» hat dazu geführt, daß ein Tier das andere frißt und daß alle Tiere mittelbar oder unmittelbar von den Pflanzen leben, die ihrerseits wieder sich untereinander den Platz an der Sonne streitig machen – die Äußerungen des Willens zum Leben, die ARTHUR SCHOPENHAUER zu Recht als schrecklich und eines gütigen Schöpfers für unwürdig fand, haben ihren Grund wesentlich in der einfachen Tatsache, daß alles, was lebt, Energie braucht und im Fall des Mangels diese Energie nur im Wettkampf mit anderen Lebewesen zu beschaffen vermag, die demselben Erfordernis folgen.

### α) Wie die Lebewesen sich ernähren

Leben auf unserem Planeten ist nur möglich, indem jener Bruchteil elektromagnetischer Energie, der von der Sonne her die Erde erreicht (etwa 2 cal pro $cm^2$ pro min, von denen nur noch etwa die Hälfte nach Durchdringen der Atmosphäre an die Erdoberfläche gelangt), in biochemische Energie umgewandelt wird. Das Verfahren, das dazu im Verlauf der Evolution gefunden wurde, ist – erneut – von phantastischer Komplexität, seine Aufklärung in unserem Jahrhundert stellt eine Meisterleistung der Biochemie dar, und doch: von «Planung» und «Absicht» kann gerade hierbei durchaus keine Rede sein; denn als sie nun endlich vor ca. 2,5 – 3,4 Milliarden Jahren entstand, *die Photosynthese der (grünen) Pflanzen,* bedeutete der damit verbundene Anstieg an atmosphärischem Sauerstoff, sozusagen einem Abfallprodukt der Photosynthese, nicht nur eine vollständige Umwandlung der Atmosphäre, sondern zugleich auch den Untergang fast aller bis dahin entwickelten Lebensformen. Die ersten «Pflanzen»zellen vergifteten ihre eigenen Vorgänger einfach durch ihr Dasein, das heißt durch den bei ihrer effizienteren Form der Energiegewinnung als Nebenprodukt anfallenden Sauerstoff; sie taten es in wörtlichem Sinne «natürlich» – also ohne Zögern und Mitleid, ohne Vor- noch Nachgedanken. Doch schauen wir uns die Zusammenhänge genauer an.

### Wie sich die ältesten Bakterien mit Energie versorgen

Die ursprünglichsten Formen des Lebens, die sogenannten *Archaebakterien*, leben bis heute im allgemeinen an extremen Stellen der Erde, an heißen Quellen oder in Salzseen, und können uns daher Hinweise auf die Bedingungen geben, unter denen innerhalb weniger hundert Millionen Jahre nach Abkühlung und Verfestigung der Erdkruste, also vor etwa 3,5–4 Milliarden Jahren, das Leben entstanden sein muß (vgl. NEIL A. CAMPBELL: *Biologie*, 535).

Die Archaebakterien gehören zusammen mit den Eubakterien zu den sogenannten Prokaryoten (von griechisch *pro* = vor und *karyon* = Kern). Wie schon ihr Name sagt, besitzen diese lebenden Fossilien aus den Anfangstagen der Evolution noch keinen Zellkern, vielmehr liegt die DNA bei ihnen frei im Cytoplasma vor. Wie sie sich gebildet haben können, ist eine Frage, die wir uns für das Ende dieses Buches aufheben müssen; aber wie konnten sie sich ernähren? Das ist die Frage, die uns an dieser Stelle beschäftigt, wenn wir sozusagen die «Betriebskosten», das heißt die ebenso ungeheuren wie unvermeidlichen Formen und Ausmaße von Leid und Schmerz auf dieser Erde verstehen wollen.

Die Welt, in der die Archaebakterien auf die Suche nach Nahrung gehen mußten, unterschied sich sehr von der heutigen. Tatsächlich dürfte insbesondere «die Zusammensetzung der Uratmosphäre den Entgasungsprodukten heutiger Vulkane geähnelt haben. Das bedeutet, daß sie Kohlenstoff kaum in Form von Methan ($CH_4$), sondern ganz überwiegend in Form von Kohlendioxid ($CO_2$) enthielt. … Nach dem heutigen Stand der Forschung kann man … davon ausgehen, daß die Uratmosphäre hauptsächlich aus Wasserdampf, Kohlendioxid und Stickstoff bestand. In Spuren waren auch Gase wie Schwefelwasserstoff ($H_2S$), Schwefeldioxid ($SO_2$), Chlorwasserstoff (HCl, Cl = Chlor), Fluorwasserstoff (HF, F = Fluor), Wasserstoff ($H_2$), Kohlenmonoxid (CO), Methan ($CH_4$), Ammoniak ($NH_3$) und Edelgase (vor allem Argon) vorhanden.» «Damals wie heute war Wasserdampf kein dauerhafter Bestandteil der Lufthülle. Oberhalb einer bestimmten Konzentration kondensierte er zu Wasser. Das geschah freilich nur, weil sich die Erdoberfläche zu dem Zeitpunkt, als der erste Wasserdampf aus dem Erdmantel ausgaste, bereits genügend abgekühlt hatte. Wasserdampf absorbiert nämlich die Wärmestrahlung, die in geringem Maß im Sonnenlicht selbst enthalten ist, größtenteils aber beim

Auftreten des Sonnenlichts auf der Erdoberfläche entsteht, und heizt sich dabei auf. Hätte sich Wasserdampf zu irgendeinem Zeitpunkt in hoher Konzentration in der Erdatmosphäre angereichert, hätte dies zu einem sich selbst verstärkenden Treibhauseffekt geführt, und auf der Erde wäre eine ‹Wärmehölle› wie auf der Venus entstanden, wo Temperaturen um 480 Grad Celsius und ein Druck von etwa hundert Bar (also das Hundertfache des Luftdrucks an der Erdoberfläche) herrschen. Die Erde entging diesem Schicksal letztlich wohl nur deshalb, weil sie weiter von der Sonne entfernt ist als die Venus und weil die Erdoberfläche dadurch von Anfang an entsprechend kühler war» (MANFRED SCHIDLOWSKI: *Die Geschichte der Erdatmosphäre*, in: Fossilien: Bilder frühen Lebens, 20–31, S. 22–23). Durch die Abkühlung der Erde konnte der Wasserdampf der Atmosphäre kondensieren, so daß durch sintflutartige Regenfälle die ersten Meere sich bildeten.

Die Prokaryoten, die unter diesen Umständen entstanden, waren extremen, sich ständig verändernden Umweltbedingungen ausgesetzt. Hiermit hängt es zusammen, daß sich alle Grundformen der Ernährung und fast alle bekannten Stoffwechselwege bereits bei ihnen finden lassen, noch bevor höher entwickelte Lebewesen auftreten. Die Vielfalt der Stoffwechselvorgänge, die sich bei Prokaryoten beobachten läßt, ist größer als die bei allen höher entwickelten Lebensformen zusammengenommen, und so wundert es nicht, daß bei ihnen weitere, nur bei ihnen vorkommende Ernährungstypen zu finden sind (vgl. NEIL A. CAMPBELL: *Biologie*, 553; 555).

Generell gilt: Jedes Lebewesen muß, um sich zu ernähren, zwei wesentliche Fragen beantworten: Woher bekommt es die notwendige Energie, und wie gelangt es an den Kohlenstoff, den es zum Aufbau seiner organischen Verbindungen benötigt? Als *Energiequelle* kann es die Lichtenergie der Sonne nutzen, man nennt es dann *phototroph* (griechisch: sich von Licht ernährend), doch verhinderte die damals noch sehr intensive UV-Strahlung in den Anfangsphasen des Lebens, daß sich die ersten Organismen dem Sonnenlicht gefahrlos aussetzen konnten; übrig blieb deshalb nur die Energiegewinnung auf chemischem Wege durch Redox-Reaktionen an organischen oder anorganischen Nährstoffen (*Reduktion* bedeutet Elektronenaufnahme, was unter Umständen mit einer Sauerstoffabgabe oder Wasserstoffaufnahme identisch sein kann; *Oxidation* bedeutet Elektronenabgabe, im Spezialfall auch Sauerstoffaufnahme oder Wasserstoffabgabe); solche Lebewesen bezeichnet man als *chemotroph*. Hinsichtlich der *Nahrungsbeschaffung* lassen die Lebewesen sich einteilen in solche, die zum Aufbau ihrer körpereigenen Substanz auf bereits vorhandene organische Nährstoffe als Kohlenstoffquelle angewiesen sind, wie die Tiere, und solche, die einzig $CO_2$ als Quelle für den Zellkohlenstoff benötigen, wie die Pflanzen; die ersteren nennt man *heterotroph* (griechisch: sich von fremdem Material ernährend), die letzteren *autotroph* (griechisch: sich selbst ernährend). Lange Zeit war es unklar, ob die ersten Prokaryoten eine autotrophe oder eine heterotrophe Ernährungsweise besaßen. Da während der frühen Evolution aber für beide Stoffwechseltypen günstige Entwicklungsbedingungen vorlagen, wird heute auch diskutiert, ob nicht beide Ernährungstypen parallel entstanden sein könnten (vgl. HANS G. SCHLEGEL: *Allgemeine Mikrobiologie*, 585).

Die Bedingungen während der frühen Evolution des Lebens waren mit ihrem Vorkommen von Kohlendioxid ($CO_2$), Schwefel (S), Sulfat-($SO_4^{2-}$)Anionen, Eisen-($Fe^{3+}$)Ionen und Wasserstoffgas ($H_2$) sehr günstig für die Entstehung von Stoffwechselvorgängen, die wir als *anaerobe Atmung*, als Atmung *ohne* Sauerstoff, bezeichnen (HANS G. SCHLEGEL: *Allgemeine Mikrobiologie*, 585). Dieser Stoffwechseltyp ist unter den Archaebakterien weit verbreitet und läßt sich bei vielen Vertretern ihrer drei Gruppen finden: nämlich bei den extrem thermoacidophilen («wärme- und säureliebenden») Archaebakterien und bei den methanogenen Archaebakterien, nicht jedoch bei den extrem halophilen («salzliebenden») Archaebakterien. Bei der *Sauerstoff-Atmung*, wie sie bei Tieren und Menschen vorliegt, wird Sauerstoff als Elektronenakzeptor am Ende einer Elektronentransportkette verwendet, wobei Wasser gebildet wird:

$$O_2 + 4\,e^- + 4\,H^+ \rightarrow 2\,H_2O.$$

Bei der *anaeroben Atmung* dient als Endakzeptor für die Elektronen irgendein anderes anorganisches Molekül, wie zum Beispiel elementarer Schwefel bei der *Schwefel-Atmung*, Kohlendioxid bei der *Carbonat-Atmung* oder $Fe^{3+}$-Ionen bei der *Eisen-Atmung* (vgl. HANS G. SCHLEGEL: *Allgemeine Mikrobiologie*, 229).

Bei der *Schwefel-Atmung*, die zum Beispiel von den thermoacidophilen und strikt anaerob wachsenden Archaebakterien *Pyrodictium occultum* und *Pyrodictium brockii* betrieben wird, kommt es zu einer Reaktion von Schwefel mit Wasserstoff (vgl. HANS G. SCHLEGEL: *Allgemeine Mikrobiologie*, 340–341):

$$S + H_2\,(= 2\,e^- + 2\,H^+) \rightarrow H_2S.$$

Bei der *Carbonat-Atmung*, wie sie von den methanogenen Archaebakterien durchgeführt wird, lautet die Reaktionsgleichung (vgl. HANS G. SCHLEGEL: *Allgemeine Mikrobiologie*, 341–344):

$$CO_2 + 4\,H_2\ (= 8\,e^- + 8\,H^+) \rightarrow CH_4 + 2\,H_2O.$$

Die Methanogenen versorgen sich demnach mit Energie, indem sie Kohlendioxid mit Wasserstoff zu Methangas ($CH_4$) reduzieren. Es handelt sich bei ihnen also um anaerob atmende, chemoautotrophe Organismen – sie benutzen ja als Kohlenstoffquelle nur $CO_2$; doch kommen sie dabei auf eine immerhin beträchtliche Energieausbeute:

$$CO_2 + 4\,H_2 \rightarrow CH_4 + 2\,H_2O + 131\ kJ/mol\ CO_2$$
(31,3 kcal/mol $CO_2$).

(*Mol* ist die Einheit der Stoffmenge; 1 mol enthält $6{,}02 \cdot 10^{23}$ Teilchen; diese Stoffportion erhält man, wenn man die Atom- oder Molekülmasse des jeweiligen Stoffes in Gramm abwiegt; *Joule* ist die Einheit der Energie: 1 J = 0,239 cal, 1 cal = 4,184 J.)

Die noch heute lebenden methanogenen Bakterien kommen nur in absolut sauerstofffreier Umgebung vor; als strikte Anaerobier werden sie durch Sauerstoff abgetötet – ein Problem, auf das wir nachher noch zu sprechen kommen werden. Methanogene Bakterien leben in Sümpfen, in den Sedimenten stehender Gewässer, in Reisfeldern, auf dem Meeresboden, in heißen Quellen sowie in den Mägen (Pansen) der Wiederkäuer. An den von ihnen besiedelten Standorten entweicht das entstehende Methan unter Gasblasenbildung und wird deshalb auch als Sumpfgas bezeichnet; für Bergleute, welche die fossilen Reste der Karbonwälder aus dem Inneren der Erde holen, stellen Methangaskonzentrationen im Berg eine ständige Bedrohung dar.

Die methanbildenden Bakterien leben in enger Symbiose mit Bakterien zusammen, die Wasserstoff ($H_2$) produzieren (vgl. Hans G. Schlegel: *Allgemeine Mikrobiologie*, 343–344). Man nimmt an, daß in der Evolution einmal ein Wasserstoff-Methan-Kreislauf auf ähnliche Weise vorgelegen hat wie heute der Sauerstoff-Kohlendioxid-Kreislauf, der Pflanzen und Tiere miteinander verbindet (vgl. Erich Jantsch: *Die Selbstorganisation des Universums*, 162).

Eine weitere Gruppe der Archaebakterien, *die extrem Halophilen*, leben an sehr salzhaltigen Orten – deshalb ihr Name, der auf Griechisch so viel bedeutet wie «salzliebend».

Zu der *dritten* Gruppe, *den thermoacidophilen Bakterien*, den «Wärme und Säure liebenden», werden zum gegenwärtigen Zeitpunkt alle nicht-methanogenen thermophilen Archaebakterien gezählt, die untereinander aber wenig Gemeinsames erkennen lassen. Einige dieser thermoacidophilen Bakterien aus der Urzeit des Lebens fand man in den Tiefseegräben an den Kraterrändern der *Black smokers*. So bezeichnet man die unterseeischen Vulkanschlote, wie man sie 1977 auf dem Dehnungsrücken des Pazifischen Ozeans 320 Kilometer nordöstlich der Galapagosinseln mit dem Tiefseetauchboot «Alvin» in einer Tiefe von 2600 Metern untersuchte (vgl. MICHAEL GROSS: *Exzentriker des Lebens*, 46–52; RUTH OMPHALIUS: *Planet des Lebens*, 34–35). Gerade hier, bei Temperaturen von 90–130 Grad Celsius, überleben die Schwefelbakterien, die Schwefelwasserstoff zu Schwefel oxidieren, der dabei als Nebenprodukt frei wird:

$$2\ H_2S + O_2 \rightarrow 2\ S + 2\ H_2O.$$

Unter diesen extremen Bedingungen dienen die Schwefel oxidierenden Bakterien Muscheln, Krebsen und Würmern als Nahrung. «In der Nachbarschaft der heißen Quellen der Tiefsee existiert also ein Ökosystem, das auf der Biomasseproduktion nicht durch Photosynthese, sondern durch Chemolithoautotrophie (sc. durch Verwendung anorganischer Verbindungen, wie z. B. $H_2S$, als Wasserstoff- bzw. Elektronen-Donatoren, d. V.) beruht» (HANS G. SCHLEGEL: *Allgemeine Mikrobiologie*, 385).

Man kann ganz einfach sagen, daß damals, vor über 3 Milliarden Jahren, alles durchprobiert wurde, was an Energie freisetzenden Reaktionen möglich war, neben Reaktionen mit Schwefel und Eisen insbesondere solche mit Mangan, Kupfer und Magnesium. Das auffälligste heute lebende *Eisenbakterium* ist *Gallionella ferruginea*: In Moorgräben, in Drainagen in der norddeutschen Tiefebene oder in den Flußtälern im nordöstlichen Alpenvorland läßt sich, vor allem im Frühjahr, eine rotbraune Färbung der Gewässer beobachten, die auf die Tätigkeit dieses Eisenbakteriums zurückgeht (vgl. JOSEF H. REICHHOLF: *Der schöpferische Impuls*, 25). Um leben zu können, muß es im Wasser gelöste $Fe^{2+}$-Ionen zu $Fe^{3+}$-Ionen oxidieren. Entscheidend ist, daß bei dieser Reaktion Energie frei wird, und genau diese machen die Eisenbakterien sich zunutze. Die Reaktionsgleichung schreibt sich, trügerisch einfach, wie folgt:

$$2\ Fe^{2+} + \tfrac{1}{2}\ O_2 + H_2O \rightarrow 2\ Fe^{3+} + 2\ OH^- + 135{,}6\ kJ/2\ mol\ Fe^{2+}$$
(32,4 kcal/2 mol).

Die $Fe^{3+}$-Ionen und die Hydroxid-Ionen ($OH^-$) setzen sich als wasserreiches, rotbraunes Eisen(III)-hydroxid ab.

Der Prozeß selbst ist natürlich außerordentlich komplex (vgl. HANS G. SCHLEGEL: *Allgemeine Mikrobiologie*, 385–387); an dieser Stelle genügt es zu begreifen, auf welche Weise sich in den ersten zwei Milliarden Jahren nach der Bildung des Planeten Erde die frühesten Lebensformen mit Energie versorgt haben könnten. $Fe^{2+}$-Ionen waren genügend im Wasser gelöst vorhanden, und die chemischen Reaktionen wurden zudem von den hohen Temperatur- und Druckverhältnissen unterstützt, die zu Beginn der Erdgeschichte herrschten. Über riesige Zeiträume hin konnten Kolonien von Eisenbakterien selbst große Gewässer soweit durchsetzen, daß der Sauerstoff aufgebraucht wurde. Auf diese Weise sind über das rotbraune Eisenoxid-Hydrat ($Fe_2O_3 \cdot x\ H_2O$) auch die Ablagerungen entstanden, die man als Eisenocker oder Sumpferz bezeichnet und aus denen wohl auch das Brauneisenerz hervorgegangen ist. Der Brauneisenstein ist das verbreitetste Eisenerz – die gewaltigen Lagerstätten in Lothringen in der Gegend von Metz und Diedenhofen zum Beispiel sind so entstanden (vgl. JOSEF H. REICHHOLF: *Der schöpferische Impuls*, 25–26).

*Glycolyse und Gärung:*
*Die Entstehung heterotropher Stoffwechseltypen*

Nachdem wir eine gewisse Vorstellung davon erhalten haben, wie sich die allerersten Lebensformen mit Energie versorgt haben (könnten!), müssen wir uns jetzt der Frage zuwenden, wie und wozu die so gewonnene Energie nun genutzt wird.

Die Organismen, die wir bisher kennengelernt haben, ernähren sich – gleichgültig, ob sie hierfür Sauerstoff benötigen (aerob) oder nicht (anaerob) – *chemoautotroph,* das heißt, sie verwenden die bei den Redoxreaktionen mit anorganischen Stoffen gewonnenen Energien zum Aufbau ihrer Zellsubstanz durch Fixierung von $CO_2$ als Kohlenstoffquelle.

Demgegenüber gebrauchen die *chemoheterotrophen* Organismen, die ihre Energie ebenfalls aus Redoxreaktionen beziehen – wobei sie allerdings organische Stoffe, wie zum Beispiel Zucker, verwenden –, die gewonnene Energie zum Aufbau körpereigener Substanz aus den Bestandteilen der von ihnen zersetzten organischen Verbindungen. Organische Verbindungen waren durch abiotische Synthese in den Urgewässern reichlich vorhanden und standen den ersten Prokaryoten zur chemoheterotrophen Nutzung zur Verfügung, so daß parallel zum (chemo)autotrophen Stoffwechselweg der anaerob atmenden Archaebakterien auch die (chemo)heterotrophe Ernährungsweise entstanden sein dürfte. Unter den thermoacidophilen Archaebakterien gibt es folglich nicht nur anaerobe und aerobe, sondern auch autotrophe und heterotrophe Vertreter (vgl. HANS G. SCHLEGEL: *Allgemeine Mikrobiologie,* 116; 585). Die

Vertreter der extrem halophilen Archaebakterien zum Beispiel sind allesamt aerob und heterotroph.

Vermutet wird, daß sich schrittweise insbesondere der Stoffwechselweg der *Glycolyse* (der «Zuckerauflösung») entwickelt hat. Dabei werden organische Moleküle (in der eigentlichen Glycolyse der Zucker Glucose) zu einfacheren Verbindungen abgebaut; die freiwerdende Energie steht dem Organismus zur Verfügung. Chemisch ist die Glycolyse der Stoffwechselweg, der Glucose in Pyruvat (Brenztraubensäure) überführt (vgl. dazu HANS G. SCHLEGEL: *Allgemeine Mikrobiologie*, 244–246); auch dieser Weg ist – natürlich – kompliziert, was schon deutlich wird, wenn wir nur einfach die Strukturformeln von Glucose und Pyruvat einander gegenüberstellen (Abb. 42).

Wichtig ist, daß bei der Glycolyse Energie frei wird, und zwar ohne daß dafür Sauerstoff erfordert würde; da in der Uratmosphäre nahezu kein Sauerstoff vorhanden war, darf man annehmen, daß die Glycolyse damals die vorherrschende Form der Energiegewinnung darstellte. Außerdem ist die Glycolyse der einzige Stoffwechselweg, der bei fast allen rezenten Organismen vorkommt, so daß er schon sehr früh in der Evolution entstanden sein muß (vgl. NEIL A. CAMPBELL: *Biologie*, 555). Bei den später auftretenden Organismen wird das Pyruvat mit Hilfe von Sauerstoff durch den *Citrat-Zyklus* weiter bis zum Kohlendioxid abgebaut (vgl. G. CZIHAK – H. LANGER – H. ZIEGLER: *Biologie*, 98; NEIL A. CAMPBELL: *Biologie*, 184–186; HARVEY LODISH u. a.: *Molekulare Zellbiologie*, 779–780).

42 Strukturformeln von Glucose und Pyruvat.

$$H-\underset{\underset{H}{|}}{\overset{\overset{H}{|}}{C}}-\underset{\underset{H}{|}}{\overset{\overset{H}{|}}{C}}-O-H$$

43  Strukturformel von Ethanol.

Im Fall der *Gärung*, der ursprünglichsten Form der Zersetzung organischer Stoffe, wird das Pyruvat nur in andere organische Verbindungen (zum Beispiel in Ethanol oder Milchsäure) umgewandelt. Prinzipiell sind Gärungen Stoffwechselprozesse, die unter anaeroben Bedingungen ohne Sauerstoff als Oxidationsmittel (als Elektronenakzeptor) ablaufen und zu einem teilweisen Abbau von Zuckermolekülen bis zu charakteristischen Verbindungen führen. Wir erleben die Gärung bei heutigen Organismen etwa bei der alkoholischen Gärung, wenn die Glucose (der Zucker) im Traubensaft durch Mikroben (Hefen) in Wein (Ethanol, Abb. 43 und 44) abgebaut wird.

Bei der Milchsäuregärung erleben wir, daß Milch durch den Einfluß von Milchsäurebakterien «sauer» wird. Bei den Hefen und Milchsäurebakterien liegt in jedem Falle eine chemoheterotrophe Ernährungsweise vor, da bestimmte Zucker (Traubenzucker = Glucose bzw. Milchzucker = Lactose, ein Disaccharid aus den beiden Zuckern Glucose und Galactose) als Energie- und Kohlenstoffquelle benötigt werden (vgl. Abb. 44). Die Milchsäuregärung ist übrigens auch für die Entstehung eines veritablen Muskelkaters verantwortlich, da bei zu anstrengender körperlicher Arbeit die Sauerstoffversorgung der Muskelzellen nicht mehr ausreichend gewährleistet wird und somit aus der Glucose Milchsäure (Lactat) entsteht, welche die typischen Beschwerden verursacht (vgl. Harvey Lodish u. a.: *Molekulare Zellbiologie*, 774); der «Mus-

$$\text{Glucose} \atop C_6H_{12}O_6 \xrightarrow{\text{Glykolyse}} \underset{\text{Pyruvat}}{CH_3-\underset{\underset{O}{\|}}{C}-COO^-} \xrightarrow{O_2} \begin{matrix} CH_3-\overset{\overset{H}{|}}{\underset{\underset{OH}{|}}{C}}-COO^- & \textbf{Lactat} \\ CO_2 + H_2O & \\ CH_3-CH_2OH & \textbf{Ethanol} \end{matrix}$$

44  Einige Wege der Glucose im Stoffwechsel.

kelkater» ist also kein Ruhmeszeichen dafür, daß man «etwas geleistet» hat, sondern nur eine – an sich vermeidbare – Folge der Gärung im Körper.

Was bei der Gärung erzielt werden soll, ist natürlich ein gewisser Energiegewinn zu Gunsten der Mikroorganismen, die von den entsprechenden Abbauprozessen leben. Bei der vollständigen Verbrennung von Glucose mit Sauerstoff (zu $CO_2$ und $H_2O$) werden 2870 kJ (686 kcal) pro mol abgebauter Glucose frei. Da bei der Gärung nur ein teilweiser Abbau der Zucker (bis zum Pyruvat) erfolgt, ist die Energieausbeute hier nicht so hoch – sie beträgt nur 198 kJ (= 47,3 kcal) pro mol abgebauter Glucose. Aber schon damit liegt sie um etwa ein Drittel höher als bei den chemischen Reaktionen etwa der Eisenbakterien, deren Energiegewinn, wie wir gerade sahen, nur bei 135,6 kJ (= 32,4 kcal) pro 2 mol umgesetzter $Fe^{2+}$-Ionen liegt (vgl. JOSEF H. REICHHOLF: *Der schöpferische Impuls*, 26; 29). Allerdings ist jetzt das Vorhandensein organischer Verbindungen, vor allem von Zuckern, bereits vorausgesetzt, und das ist der Grund, warum Gärungen in der Anfangszeit des Lebens noch eine weitaus geringere Rolle gespielt haben dürften.

Indessen wurde die Zersetzung der Überreste *toter* Organismen durch Mikroben von herausragender Bedeutung für das gesamte «Spiel» des Lebens auf dieser Erde, da nur auf diese Weise der Umwelt die für den Aufbau lebender Materie notwendigen chemischen Elemente in Form anorganischer Verbindungen wieder zur Verfügung gestellt werden. Viele der heterotrophen Mikroorganismen sind heute im Wurzelbereich der Pflanzen unerläßlich, aber auch für den Stoffwechsel höherer Tiere; sie bilden eine erste grundlegende Form der Symbiose. Allerdings zerlegen die Bakterien nicht nur verdienstvollerweise Blätter und Tierkörper bis in die anorganischen Bestandteile, aus denen eine Wiederverwendung im Stoffkreislauf (s. u. S. 247) möglich ist, sie können, unkontrolliert, ihre Fähigkeit zur Zersetzung organischer Stoffe auch bereits zu Lasten des Organismus ausüben, von dem sie selbst leben. Symbiose und Krankheit sind, so betrachtet, nur die zwei Seiten ein und derselben Medaille. Wieder ist es nicht eine schuldhafte «Verderbnis» der Natur, die «das Böse» in Gestalt von Krankheit und Tod über die Lebewesen gebracht hätte, vielmehr sind die Prozesse des Abbaus von Anfang an konstitutiv für die Aufbauvorgänge des Lebens. Es gibt das eine nicht ohne das andere. Wir werden später noch sehen, wie phantastisch die Versuche insbesondere des *Immunsystems* sind, die Wirkungen krankheiterregender Bakterien im menschlichen Körper, so gut es geht, einzuschränken; doch ehe wir das Ergebnis dieses viele Hunderte von Jahrmillionen währenden Wechselspiels, dieser Koevolution einzelliger Bakterien und vielzelliger Organismen betrachten, wollen wir hier bereits festhalten, welch einfachen Gleichungen der Biochemie die Einrichtungen des Lebens ihre Existenz verdanken. Es sind einzig unsere eigenen menschlichen, *allzu* menschlichen Wertungen, die uns Sünde und Schuld und das Wirken böser Geister am Werk sehen lassen, wo die Natur in vollkommener Unschuld sich allererst die Bedingungen schafft, unter denen höheres Leben entstehen konnte.

### Die «Erfindung» der Photosynthese

Bislang war vorausgesetzt, daß organische Verbindungen, im Wasser gelöst, genügend vorhanden waren. Ein entscheidender Schritt in der Entwicklung des Lebens aber geschah, wie so oft, durch eine «Energiekrise»: der Abbau der organischen Verbindungen durch die Gärungsprozesse heterotropher Prokaryoten verlief – natürlich! – schneller als der Aufbau dieser Stoffe durch abiotische Synthese. Mit einem Wort: das Leben geriet durch seinen eigenen Erfolg in eine erste ernste Sackgasse. In dieser Situation besaßen diejenigen Prokaryoten einen entscheidenden Selektionsvorteil, die über die Fähigkeit verfügten, selber organische Substanzen aus anorganischen Vorstufen, wie zum Beispiel $CO_2$, herstellen zu können (vgl. Neil A. Campbell: *Biologie*, 556).

Man nimmt an, daß von den heute lebenden Wesen die grünen Schwefelbakterien sowie die Purpurbakterien die größte Ähnlichkeit mit den Organismen besitzen, die als erste in der Evolution über diese entscheidende neue Fähigkeit verfügten: über die Fähigkeit zur *Photosynthese* (vgl. die Tabelle bei Hans G. Schlegel: *Allgemeine Mikrobiologie*, 398). Es handelt sich, wohlgemerkt, immer noch um Prokaryoten, genauer um Eubakterien, deren Bau noch immer sehr einfach ist und die noch keinen Zellkern besitzen; aber sie verfügen als eine entscheidende Neuerung über Pigmentmoleküle und Photosysteme, welche die Energie des Sonnenlichtes einfangen können und anschließend dazu verwenden, um aus dem energiearmen anorganischen $CO_2$ energiereiche organische Verbindungen, vor allem Zucker (Glucose, $C_6H_{12}O_6$) aufzubauen. Allerdings verwenden diese Bakterien als Reduktionsmittel (als Elektronenquelle) noch Schwefelwasserstoff ($H_2S$), der im Vergleich zu Wasser leichter oxidierbar ist; als «Abfallstoff» produzieren sie deshalb keinen Sauerstoff, sondern Schwefel:

$$12\ H_2S + 6\ CO_2 \xrightarrow{\text{Lichtenergie}} C_6H_{12}O_6 + 12\ S + 6\ H_2O.$$

Aus Schwefelwasserstoff und Kohlendioxid entstehen also (unter Lichteinfluß) Glucose, Schwefel und Wasser (vgl. Neil A. Campbell: *Biologie*, 556).

Einige von diesen Eubakterien, die als erste die Fähigkeit zur Photosynthese erworben hatten, entwickelten sich nun in der Art weiter, daß sie anstelle von $H_2S$ Wasser ($H_2O$) verwenden konnten, das nach Bildung der Urozeane reichlich zur Verfügung stand und das, darauf fußend, später auch die Grundlage für die Photosynthese der höher entwickelten Pflanzen darstellte. Die Bakterien, die als erste dazu imstande waren, sind die *Cyanobakterien* (früher mißverständlicherweise «Blaualgen» genannt). Sie sind so etwas wie lebende Fossilien, indem sie in der Gegenwart als Repräsentanten der «Erfinder» der oxygenen (sauerstofffreisetzenden) Photosynthese gelten dürfen (vgl. HANS G. SCHLEGEL: *Allgemeine Mikrobiologie*, 397). Im wesentlichen spielt sich der Prozeß der oxygenen Photosynthese heute in den Chloroplasten der Pflanzen ab, und die Ähnlichkeit, die zwischen der Struktur der Chloroplasten und dem Bau der Cyanobakterien besteht, ist so groß, daß man annehmen darf, die ersten Pflanzenzellen seien entstanden, indem sie Bakterien mit der Fähigkeit zur Photosynthese als Arbeitssklaven einfingen und als zuckersynthetisierende Organellen für sich in Dienst nahmen – ein Gedanke, den der russische Biologe C. MERESCHOWSKY (*Theorie der Zwei Pflanzenarten als Grundlage der Symbiogenesis, einer neuen Lehre der Entstehung der Organismen*, in: Biologisches Zentralblatt 30, 1910, 278–303, 321–347, 353–367) zum ersten Mal äußerte: selbst die so «friedlichen» Pflanzen, die *nicht* davon leben, einander wie die Tiere zu töten und zu verzehren, können doch so «friedlich» nur sein, indem sie andere Lebewesen im Inneren ihrer Zellen als Sklaven gefangengesetzt halten. Wir werden auf die «Symbiogenesis» der Eukaryoten noch näher zu sprechen kommen, doch verdient die Tatsache bereits hier schon festgehalten zu werden, daß die heterotrophen Prokaryoten ihre Fähigkeit zur Photosynthese natürlich nicht erwarben, um später bei der Evolution der Pflanzen behilflich zu sein – es gab keinen «Plan», nach dem sie «dafür» «geschaffen» worden wären; vielmehr brachte die Evolution offenbar unter dem jeweils herrschenden Selektionsdruck immer wieder Formen der «Ordnung und Hierarchie» hervor, und so kam es unter anderem auch zu dem Einbau von Cyanobakterien als photosynthetisierenden Organellen (Chloroplasten) in den ersten Pflanzenzellen; erneut handelt es sich auch und gerade bei diesem so wichtigen Schritt der Evolution um das Ereignis eines zwar selektionsbegünstigten, doch durchaus unvorhersehbaren (und durch keinerlei «Vorsehung» arrangierten) Zufalls (vgl. JOSEF H. REICHHOLF: *Der schöpferische Impuls*, 213–218).

Wie alles anfing, läßt sich gut nachzeichnen, wenn man sich ganz einfach die Frage vorlegt, warum ausgerechnet ein Farbstoff, das Chlorophyll (das

«Blattgrün»), die Fähigkeit zur Photosynthese mit sich brachte. Eine Hauptschwierigkeit für die Nutzung der Lichtenergie der Sonne stellte in der Anfangszeit des Lebens die äußerst intensive ultraviolette Strahlung dar, die eine beträchtliche Energie besitzt und die deshalb zu Beginn der Evolution noch weit zerstörerischer auf biologische Gebilde gewirkt haben muß als heute. Dafür gibt es zwei Gründe: Zum einen nimmt man an, daß junge Sonnen in der Anfangsphase mehr UV-Strahlung emittieren als später, wenn sie älter geworden sind; und dann fehlte damals noch die vor UV-Licht schützende Ozonschicht, die erst durch den freigesetzten Sauerstoff aus der Photosynthese entstand und mit der sich das Leben seinen eigenen atmosphärischen «Mantel» gewebt hat (Ozon, $O_3$, ist eine Sauerstoffmodifikation, die auch in der heutigen Stratosphäre das UV-Licht absorbiert; der derzeitige Abbau der Ozonschicht vor allem durch technisch freigesetzte Chlorchemikalien, die in der Stratosphäre unter Bildung von Chlor-Atomen zerfallen: $Cl + O_3 \rightarrow ClO + O_2$, kann dazu führen, die Photosynthese der Pflanzen zu unterbinden, und gefährdet damit die Primärproduktion organischer Nährstoffe auf dieser Erde; vgl. E. DREWERMANN: *Der tödliche Fortschritt*, 259–261). Damals, vor 3,4–2,5 Milliarden Jahren, als die Photosynthese entstand, konnte das UV-Licht ungehindert die Uratmosphäre durchdringen; es lieferte damit die notwendige Energie für die abiotische Synthese organischer Verbindungen in den oberen Schichten der Urozeane und wohl auch in den Wassertröpfchen der Wolken; andererseits zerstörte es auch wieder die gerade erst synthetisierten Verbindungen (vgl. NEIL A. CAMPBELL: *Biologie*, 536). Die ersten Prokaryoten, die an belichteten Standorten lebten, müssen wohl deshalb *Pigmente* entwickelt haben, welche die übermäßige Lichtenergie absorbierten und die Organismen dadurch vor der schädlichen Wirkung der UV-Strahlung schützten. Einen Schritt weiter haben einige Prokaryoten ein Pigment entwickelt, das Licht nicht mehr nur zum Schutz vor UV-Strahlung, sondern jetzt sogar zur Energiegewinnung absorbieren konnte (vgl. NEIL A. CAMPBELL: *Biologie*, 556).

Als lichtsammelndes Pigment kommt zum Beispiel bei bestimmten rezenten halophilen Archaebakterien (*Halobacterium halobium* und *Halobacterium cutirubrum*) das dunkelrote Bacteriorhodopsin vor, das dem bereits erwähnten Lichtpigment Rhodopsin in der Retina der Säugetiere ähnelt und Licht im langwelligeren Bereich des elektromagnetischen Spektrums, also im Bereich des sichtbaren Lichtes, absorbieren kann und deshalb zu den Farbstoffen zählt (es reflektiert das nicht-aufgenommene sichtbare Licht im Frequenzbereich der Farbe Rot); die eingefangene Lichtenergie kann es an seinen Träger weitergeben (vgl. HANS G. SCHLEGEL: *Allgemeine Mikrobiologie*,

426). Ein anderes Pigmentmolekül, das Bacteriochlorophyll, befähigt die rezenten grünen Schwefelbakterien und Purpurbakterien zur anoxygenen (also keinen Sauerstoff freisetzenden) Photosynthese. Das Hauptpigment für die oxygene (Sauerstoff freisetzende) Photosynthese der Cyanobakterien, das Chlorophyll, entstand wohl erst danach. W. FRESE (*Wie das Licht zum Leben kommt*, in: Max-Planck-Gesellschaft Spiegel 3, 1986, 1–4) hat gezeigt, daß das Chlorophyll wie eine Antenne gebaut ist, so daß es elektromagnetische Strahlung in dem «milden» Wellenlängenbereich von etwa 700 Nanometern einzufangen und dosiert weiterzuleiten vermag.

Die Energieausbeute bei dem, was wir als «Photosynthese» bezeichnen, ist enorm: bei der Erzeugung (Photo-Synthese) von Traubenzucker (Glucose, $C_6H_{12}O_6$) wird eine Energie von 2870 kJ in einem Mol Glucose gespeichert (bzw. 686 kcal/mol). Diese gespeicherte Energie kann wieder frei werden, wenn die Glucose vollständig (zu Wasser und Kohlendioxid) abgebaut wird; auch wenn der Gesamtwirkungsgrad der Photosynthese nur etwa 30 Prozent beträgt, so daß etwa 9600 kJ Lichtenergie eingefangen werden müssen, um 2870 kJ in Form von einem Mol Glucose speichern zu können, so ist doch in jedem Fall mit der Photosynthese ein äußerst effizientes Verfahren zur Energiegewinnung gefunden worden (vgl. LUBERT STRYER: *Biochemie*, 711). Ein ganz entscheidender Schritt in der Entwicklung des Lebens war mithin durch die «Erfindung» der Photosynthese getan.

Wie aber geht dieser wichtigste energetische Prozeß des Lebens überhaupt auf Erden vor sich?

Wir sollten einem Verfahren, zu dessen Entwicklung die Natur mehr als zwei Milliarden Jahre gebraucht hat, wenigstens für zwei Stunden unsere Aufmerksamkeit schenken; denn zwar zählt die Photosynthese – ebenso wie die Frage der DNA-Replikation und der Schaltung des Operon-Systems – längst zur Allgemeinbildung des Schulunterrichts; doch dies ist ein Buch, geschrieben vorwiegend für Theologen und religiös interessierte Nicht-Naturwissenschaftler, und so wie wir als Theologen, ohne zu zögern, Nicht-Theologen zum Beispiel gewisse Übersetzungsfragen semitischer Sprachen zum Verständnis der Bibel zumuten, so sollte es auch umgekehrt nicht länger eine Zumutung darstellen, als Theologen, mithin als Nicht-Biologen, wie der Autor selber, an dieser Stelle ein paar «Grundvokabeln» des Lebens zu erlernen (vgl. die einführende Darstellung von KONRAD KUNSCH: *Autotrophie der Organismen*, Basiswissen Biologie 3, Stuttgart–New York 1989). Wer sich für Biochemie partout nicht interessiert, kann natürlich einfach auf S. 201 weiterlesen, doch läuft er damit Gefahr, eine der wichtigsten Entdeckungen des

20. Jahrhunderts zu verpassen und über die Grundlagen des Lebens auch weiterhin ideologisch (theologisch) bedingte Vorurteile zu pflegen.

### β) Der chemische Ablauf der Photosynthese

Die ersten Gedanken zu dem, was wir heute als «Photosynthese» bezeichnen, machte sich der Holländer FRANCISCUS M. VAN HELMONT um 1650. Er hatte eine Weide in einen Kübel mit Erde gepflanzt und stellte nach einigen Jahren zu seinem Erstaunen fest, daß die Menge der Erde sich nicht vermindert hatte, obwohl inzwischen die Weide beträchtlich gewachsen war. ARISTOTELES hatte behauptet, Pflanzen ernährten sich vom «Humus», von der Erde also; doch offenbar war diese Ansicht falsch. VAN HELMONT erklärte, die Weide müsse ihr Material zum Wachsen aus dem regelmäßig zugegossenen Wasser gewonnen haben. Diese Entdeckung war bemerkenswert richtig, doch konnte man ihre Bedeutung damals noch nicht entfernt abschätzen. Mehr als 100 Jahre dauerte es, bis JOSEPH PRIESTLEY, ein nach Amerika ausgewanderter englischer Pfarrer, herausfand, daß Pflanzen ein Gas ausscheiden, das Tiere vor dem Ersticken bewahrt. PRIESTLEY stellte im Jahre 1771 einen Minzenzweig in einen Behälter, in dem zuvor eine Wachskerze ausgebrannt war, und beobachtete 10 Tage später, «daß eine neue Kerze bestens darin brannte». Auch einer Maus war es möglich, in einem kleinen abgeschlossenen Glasbehälter zu leben, wenn ein Minzenzweig sich darin befand. Das war eine weitere wichtige Entdeckung; doch weil PRIESTLEY seine Experimente offenbar nur bei Tageslicht durchführte, entging ihm die Bedeutung der Sonneneinstrahlung bei der Sauerstoffbildung der Pflanzen. Schon acht Jahre später aber fand der Holländer JAN INGENHOUSZ, daß die Pflanzen über die wunderbare Fähigkeit zur Erneuerung der Luft nur bei «Lichtgenuß» verfügen und daß sie im Schatten eine Luft ausstoßen, die für Tiere sogar schädlich ist (zitiert nach PETER SCHOPFER: *Die Photosynthese der grünen Pflanzen – Kraftwerk des Lebendigen*, in: D. Todt: Biologie, 2. Bd.: Systeme des Lebendigen, 147–182, S. 157–159). Während der Nacht verhalten sich Pflanzen wie Tiere: sie atmen Sauerstoff ($O_2$) ein und geben Kohlendioxid ($CO_2$) ab. Das ist der Grund, warum aufmerksame Krankenschwestern jeden Abend die vielen schönen Schnittblumen auf der Station aus den Zimmern ihrer Patienten entfernen und lieber auf den Flur stellen.

Die Bedeutung des Kohlendioxids bei der Photosynthese entdeckte 1782 der Genfer Pfarrer JEAN SENEBIER. Dessen Landsmann NICOLAS THÉO-

DORE DE SAUSSURE verglich zum ersten Mal das Gewicht des aufgenommenen Kohlendioxids mit den Gesamtgewichten von abgegebenem Sauerstoff und produzierter organischer Materie, und er fand, daß die Massenverhältnisse nicht übereinstimmten; daraus folgerte DE SAUSSURE richtig, daß bei der Photosynthese Wasser verbraucht werde – was schon VAN HELMONT 130 Jahre zuvor gesehen hatte.

Im Grunde war man damit bereits im 18. Jahrhundert imstande, die Grundgleichung der Photosynthese der Sache nach zutreffend zu formulieren, eine enorme Leistung in einer Zeit, da «Sauerstoff» nur erst rein «operational» definiert werden konnte als «das, was ist, wenn eine Maus es überlebt», und «Kohlendioxid» als «das, was anwesend ist, wenn sie stirbt». Gegen Ende des 18. Jahrhunderts entdeckten die Chemiker den Sauerstoff und das Kohlendioxid und fanden somit die qualitativ richtige Gleichung der Photosynthese: $CO_2 + H_2O$ ergibt unter Lichteinfluß eine organische Substanz. Nach der Entdeckung der Kohlenhydrate ließ sich daraus die quantitative Gleichung gewinnen:

$$6\ CO_2 + 6\ H_2O \xrightarrow{\text{Lichtenergie}} C_6H_{12}O_6 + 6\ O_2.$$

Die Frage aber blieb, *wo* und *wie* dieser Prozeß stattfindet.

Bereits 1883 hatte der Pflanzenphysiologe TH. ENGELMANN die Beteiligung des Chlorophylls an der photosynthetischen Sauerstoffbildung nachgewiesen. Im Mikroskop kann man sehen, daß das Chlorophyll, das Blattgrün, nicht gleichmäßig im Protoplasma (also im lebenden Anteil der Zelle, ohne die Zellwand) verteilt ist, sondern in vielen kleinen Partikeln mit einem Durchmesser von etwa 3/1000 mm vorliegt. Diese *Chloroplasten*, so zeigte sich, sind die eigentlichen Orte der Photosynthese. Schauen wir uns einen Chloroplasten durch ein Elektronenmikroskop vergrößert an, so sehen wir, daß er von zwei Membranen, einer äußeren und einer inneren, umgeben ist – eine Tatsache, die bei der Frage der Herkunft dieser wichtigen Organellen in den Pflanzenzellen nachher noch eine Rolle spielen wird. Die innere Membran umschließt einen mit Flüssigkeit und einer körnigen Grundsubstanz gefüllten Raum, den man Stroma nennt. Das Stroma enthält zum einen lösliche Enzyme, zum anderen die sogenannten Thylakoide, Membranstrukturen mit der Form flach gedrückter Membranbläschen; man nimmt an, daß die Thylakoidmembranen eines Chloroplasten eine einzige zusammenhängende Fläche bilden und damit einen zusammenhängenden Raum umschließen, der Thylakoidlumen genannt wird; die Thylakoide können zu Stapeln, zu sogenannten Grana, aufeinander geschichtet sein (Abb. 45).

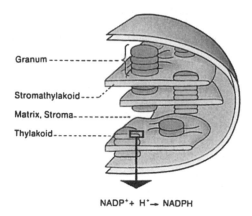

45 Schema eines Chloroplasten. Zu sehen ist deutlich die äußere und innere Membran.

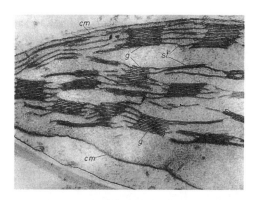

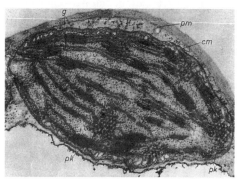

46 Vergr. ca. 27 000fach durch einen Chloroplasten von *Zea mays* (Mais) mit Prolamellarkörper und zahlreichen Ribosomen, Fixierung: Glutardialdehyd/OsO$_4$, Vergr. ca. 36 000- fach (Originalaufnahmen: W. Wehrmeyer). cm = Chloroplastenhülle, g = Granabereich, pk = Prolamellarkörper, pm = Plasmalemma, st = Stromathylakoid.

Eine elektronenmikroskopische Aufnahme eines Chloroplasten (Abb. 46) zeigt die genauere Untergliederung. Entscheidend in der Photosyntheseforschung war die Entdeckung, die der Engländer ROBERT HILL 1939 machte: Er fand, daß isolierte Chloroplasten Sauerstoff entwickeln, wenn sie zusammen mit einer Substanz belichtet werden, welche Elektronen aufnehmen kann, zum Beispiel mit den Salzen des dreiwertigen Eisens. Bei der HILL-Reaktion wird unter dem Einfluß der belichteten Chloroplasten Wasser in Sauerstoff, Elektronen und Wasserstoffionen (Protonen) gespalten; die Elektronen werden von den oxidierten, dreiwertigen Eisenionen aufgenommen, die dadurch zu zweiwertigen Eisenionen reduziert werden. Es entsteht also dieses Reaktionsgefüge:

Elektronenabgabe (Oxidation): $2\ H_2O \rightarrow O_2 + 4\ H^+ + 4\ e^-$,
Elektronenaufnahme (Reduktion): $4\ Fe^{3+} + 4\ e^- \rightarrow 4\ Fe^{2+}$.

Als Bilanzgleichung geschrieben, ergibt sich für die HILL-Reaktion:

$$2\ H_2O + 4\ Fe^{3+} \xrightarrow{Licht} O_2 + 4\ H^+ + 4\ Fe^{2+}$$

(vgl. LUBERT STRYER: *Biochemie*, 692).

Stellen wir diese Gleichung für die HILL-Reaktion nun einmal der Reaktionsgleichung der Photosynthese gegenüber:

$$6\ H_2O + 6\ CO_2 \xrightarrow{Licht} 6\ O_2 + C_6H_{12}O_6.$$

Dann läßt sich leicht ermessen, welch eine Bedeutung HILLs Entdeckung für die Photosyntheseforschung gehabt hat.

Als erstes nämlich zeigte die HILL-Reaktion, daß eine wichtige Teilreaktion der Photosynthese auch ohne $CO_2$ stattfinden kann. Anstelle des $CO_2$ sind auch andere Verbindungen, die Elektronen aufnehmen können, wie zum Beispiel $Fe^{3+}$-Ionen, zu entsprechenden Reaktionen imstande. Da bei der HILL-Reaktion kein $CO_2$ eingesetzt wurde, war ebenfalls klar, daß der Sauerstoff, der bei der Photosynthese freigesetzt wird, aus dem Wasser stammen muß, und nicht etwa aus dem $CO_2$, wie man auch hätte annehmen können. Schließlich wurde die Bedeutung der Chloroplasten für die Photosynthese bestätigt und darüber hinaus ein erster Einblick in den Ablauf der Photosynthese gewonnen.

Den Anfang der Photosynthese bildet, wie wir sehen, die Übertragung eines Elektrons von einer Substanz (Wasser) auf eine andere (in der HILL-Reaktion auf $Fe^{3+}$-Ionen). Für diese Übertragung ist allerdings Energie nötig, da sie gegen ein chemisches Potential erfolgt; diese Energie stammt bei der Photosynthese aus dem Licht. Die Photosynthese ist also ein Vorgang, bei dem Lichtenergie in chemische Energie umgewandelt wird. Doch wie gelingt dieser Vorgang im einzelnen, und wie ist es möglich, die gewonnene chemische Energie in Form von Glucose ($C_6H_{12}O_6$) zu speichern?

Man gliedert den komplizierten Vorgang der Photosynthese für gewöhnlich in vier Phasen.

### 1. Phase: die Lichtabsorption

Um das Licht einzufangen, sind während der Evolution eigene Photorezeptormoleküle (Pigmentmoleküle) entwickelt worden, die in die Thylakoidmembranen eingelagert sind. Der wichtigste Photorezeptor ist das *Chlorophyll a*, das in allen grünen Pflanzen, Algen und Cyanobakterien vorkommt und das eine Häm-ähnliche Struktur besitzt. Vergleichen wir das Chlorophyll a, das den grünen Pflanzen ihre Färbung verleiht, mit einem der Häm-Moleküle des Hämoglobins, die unserem Blut die rote Farbe verleihen und

47 Die Formeln der Chlorophylle a und b; Häm.

den Sauerstofftransport im Körper gewährleisten, so erscheinen die Strukturen beider als sehr ähnlich (Abb. 47); sie weisen nur drei Unterschiede auf: In der Mitte des Chlorophyll a befindet sich ein $Mg^{2+}$-Ion, während das Häm-Molekül ein $Fe^{3+}$-Ion im Zentrum enthält; das Chlorophyll a verfügt über fünf Ringe anstelle der vier des Häm-Moleküls; und es besitzt noch eine lange Phytol-Kette (ein sehr hydrophober Alkohol mit 20 Kohlenstoffatomen, der über eine Esterbindung an eine saure Seitengruppe des Chlorophylls gebunden ist); diese Kette erleichtert die Verankerung in der Thylakoid-Membran. Gefäßpflanzen besitzen zusätzlich noch das sehr ähnliche Chlorophyll b, das sich vom Chlorophyll a nur dadurch unterscheidet, daß es eine Formylgruppe ($-CHO$) anstelle einer Methylgruppe ($-CH_3$) besitzt (Abb. 47).

Diese Häm-ähnliche Struktur mit den vier Ringen und den alternierenden Einfach- und Doppelbindungen ist optimal zum Einfangen von Licht geeignet. Dabei ergänzen sich Chlorophyll a und Chlorophyll b bei der Absorption im roten und blauen Spektralbereich des einfallenden Sonnenlichtes. Um auch das grüne und gelbe Licht ausnutzen zu können, besitzen die Rotalgen und die Cyanobakterien zusätzlich zum Chlorophyll noch weitere lichtsammelnde Pigmentmoleküle. Dadurch können sie in einer Meerestiefe leben, in die rotes und blaues Licht nur noch in geringem Maße vordringt, da es vom Wasser und von den Chlorophyllmolekülen der darüber lebenden Organismen bereits absorbiert worden ist (vgl. LUBERT STRYER: *Biochemie*, 689–690; 701–702).

Bereits auf der untersten Stufe der Entwicklung des Photosyntheseapparates schlägt sich also der «Kampf ums Dasein» in Form eines Kampfes um (Sonnen-)Energie strukturell nieder.

Entscheidend ist, daß bei der Absorption des Lichts (durch die Pigmentmoleküle in der Thylakoidmembran der Chloroplasten) die Chlorophyll-a-Moleküle, die sich in einem Lichtsammelkomplex befinden, in einen energetisch angeregten Zustand übergehen; wenn sie anschließend wieder in ihren energetischen Grundzustand zurückfallen, so geben sie die absorbierte Lichtenergie an genau zwei Chlorophyll-a-Moleküle im sogenannten Reaktionszentrum weiter, in dem die eigentlichen photosynthetischen Reaktionen stattfinden. Da das Absorptionsmaximum der Chlorophyll-a-Moleküle im Reaktionszentrum bei einer Wellenlänge von 680 Nanometern liegt, benutzt man für sie die Abkürzung $P_{680}$ und schreibt für die *angeregten* Chlorophyll-a-Moleküle im Reaktionszentrum entspechend $P^*_{680}$.

Ein Chlorophyll-a-Molekül ist nur in angeregtem Zustand ($P^*_{680}$) imstande, ein Elektron auf einen primären Elektronenakzeptor (ein Akzeptorchinon, Q) auf der anderen Seite der Thylakoidmembran zu übertragen; durch eine solche Elektronenübertragung aber kommt es zu einer Ladungstrennung über die Thylakoidmembran: An der dem Stroma zugewandten Außenseite der Membran befindet sich der jetzt negativ geladene primäre Elektronenakzeptor ($Q^-$), an der Innenseite der Thylakoidmembran hingegen befindet sich ein positiv geladenes Chlorophyll-a-Molekül ($P_{680}^+$). Dieses Molekül ist ein äußerst starkes Oxidationsmittel – es muß, um in den Grundzustand $P_{680}$ zurückzukehren, danach streben, anderen Molekülen Elektronen wegzunehmen, ja, es gelingt ihm dabei sogar, dem Wasser-Molekül Elektronen zu entziehen, so daß Sauerstoff gebildet wird. Ein solcher Vorgang ist «normalerweise» nicht möglich; während der Photosynthese sind vier Lichtquanten und dementsprechend vier Moleküle $P_{680}^+$ nötig sowie ein «sauerstoffbildender Komplex», um Wasser zu spalten beziehungsweise um es zu Sauerstoff zu oxidieren. Analog zur Hill-Reaktion können wir den Vorgang in den folgenden Gleichungen wiedergeben:

Elektronenabgabe (Oxidation): $2\,H_2O \rightarrow O_2 + 4\,H^+ + 4\,e^-$.

Elektronenaufnahme (Reduktion): $4\,P_{680}^+ + 4\,e^- \rightarrow 4\,P_{680}$.

Als Gesamtgleichung ergibt sich:

$2\,H_2O + 4\,P_{680}^+ \rightarrow O_2 + 4\,H^+ + 4\,P_{680}$.

Durch die Lichtabsorption wird also eine Ladungstrennung bewirkt, und die dadurch entstehenden Produkte ($P_{680}^+$ und $Q^-$) enthalten in Form von chemischer Energie die gesamte Energie, die für alle folgenden Reaktionen der Photosynthese, von der Spaltung des Wassers bis zur Glucose-Produktion, notwendig ist.

Alle bisher beschriebenen Reaktionen finden in einem Proteinkomplex in der Thylakoidmembran statt, den man als Photosystem II (PS II) bezeichnet.

Halten wir fest: Am Ende der ersten Phase der Photosynthese befindet sich das Chlorophyll-a-Molekül $P_{680}^+$ durch die Aufnahme eines Elektrons aus einem Wassermolekül wieder in dem Grundzustand $P_{680}$, es ist mithin zu einer erneuten Lichtabsorption imstande. Anders der primäre Elektronenakzeptor Q, der noch immer in seiner reduzierten Form ($Q^-$) beziehungsweise bei wiederholter Elektronenaufnahme sogar als $Q^{2-}$ vorliegt (vgl. Harvey Lodish u. a.: *Molekulare Zellbiologie*, 809–815; 818–822).

## 2. Phase: der Elektronentransport

Der primäre Elektronenakzeptor (das Akzeptorchinon, Q) bindet nach der Aufnahme zweier Elektronen ($Q^{2-}$) zwei Protonen ($2\,H^+$) aus dem Stroma und diffundiert als $QH_2$ von der Außenseite (der Stroma-Seite) auf die Innenseite der Thylakoidmembran, wo er die zwei Protonen ($2\,H^+$) an das Thylakoidlumen abgibt und die zwei Elektronen auf den sogenannten Cytochrom-*bf*-Komplex überträgt (vgl. LUBERT STRYER: *Biochemie*, 696). Von dort werden die Elektronen auf einen löslichen Elektronencarrier, das Plastocyanin, übertragen, das jeweils ein Elektron durch das Thylakoidlumen zu dem Photosystem I (PS I) transportiert. Dort wird es vom Plastocyanin auf $P_{700}^+$ übertragen, das nach Lichtabsorption aus $P_{700}$, dem Chlorophyll-a-Molekül im Reaktionszentrum von PS I, entstanden ist – ganz entsprechend den Vorgängen bei der Lichtabsorption im PS II, nur daß diesmal Licht mit einem Absorptionsmaximum bei 700 Nanometern als Anregung dient. Das Elektron von $P_{700}$ wird nach erneuter Lichtabsorption über eine Reihe von Elektronenüberträgern auf Ferredoxin, ein Fe-S-Protein, übertragen, das sich auf der

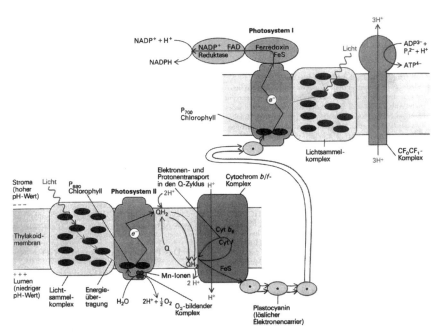

48  Verlauf der pflanzlichen Photosynthese.

Stroma-Seite der Thylakoidmembran befindet. In schematischer Darstellung läßt sich der Vorgang wie in Abb. 48 darstellen.

Die Energie des Elektrons von $P_{700}$ reicht jetzt, nach der zweiten Lichtabsorption, aus, um $NADP^+$ (*N*icotinamid*a*denin*d*inucleotid*p*hosphat) zu reduzieren: Vom Ferredoxin wandert das Elektron, wie in Abb. 48 gezeigt, über FAD (*F*lavin*a*denin*d*inucleotid) zu $NADP^+$, dem letzten Elektronenakzeptor, der dadurch zu NADPH reduziert (also zur Aufnahme eines Protons und zweier Elektronen veranlaßt) wird.

$$NADP^+ + 2\,e^- + H^+ \rightarrow NADPH.$$

Abb. 44 verdeutlicht, daß die Photosynthese auf dem komplizierten Zusammenspiel von zwei Photosystemen beruht: PS II wird durch Licht angeregt, dessen Wellenlänge unterhalb von 680 Nanometern liegt, und überträgt die Elektronen des Wassers auf ein Akzeptorchinon, wobei gleichzeitig Sauerstoff freigesetzt wird. PS I benötigt Licht, dessen Wellenlänge unterhalb von 700 Nanometern liegt, und erzeugt ein starkes Reduktionsmittel ($P_{700}^*$), das den letzten Elektronenakzeptor $NADP^+$ zu NADPH reduziert (also zur Aufnahme eines Protons und zweier Elektronen veranlaßt; vgl. HARVEY LODISH u. a.: *Molekulare Zellbiologie,* 818–825).

Die Reaktionen der ersten beiden Phasen der Photosynthese lassen sich zusammenfassend in folgenden Gleichungen formulieren:

1. Phase: $2\,H_2O \xrightarrow{\text{Licht}} O_2 + H^+ + 4\,e^-$

2. Phase: $4\,e^- + 4\,H^+ + 2\,NADP^+ \longrightarrow 2\,NADPH + 2\,H^+$

Gesamtgleichung: $2\,H_2O + 2\,NADP^+ \xrightarrow{\text{Licht}} 2\,NADPH + O_2 + 2\,H^+.$

Die Gesamtgleichung zeigt, daß wir NADPH (reduziertes Nicotinamidadenindinucleotidphosphat) sowie als Nebenprodukt der Photosynthese Sauerstoff erhalten. Das NADPH ist deshalb so wichtig, weil bei der Photosynthese die Ausgangsverbindung $CO_2$ höher oxidiert ist als das spätere Produkt, – die Glucose. Um Glucose aufzubauen, müssen daher in der letzten Phase der Photosynthese Wasserstoffatome (oder allgemein formuliert: sogenannte Reduktionsäquivalente) auf die Vorstufen der Glucose übertragen werden; und hier liegt die Bedeutung des NADPH (der reduzierten Form des $NADP^+$): NADPH ist der wichtigste Elektronendonator bei reduktiven Biosynthesen (Abb. 49).

$NAD^+$ ist (wie auch $NADP^+$) fähig, 2 Elektronen ($2\,e^-$) und ein Proton ($H^+$) – das entspricht einem Hydridion ($H^-$) – reversibel an den positiv geladenen

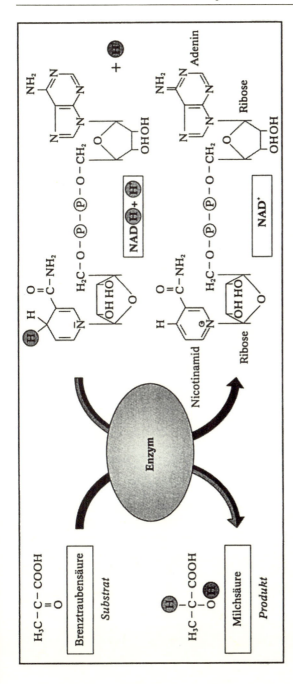

**49** Wasserstoffübertragung durch NADH+H⁺. Im Vergleich zu NAD⁺ trägt NADP⁺ noch einen zusätzlichen Phosphatrest. NAD⁺ und das damit verwandte NADP⁺ übernehmen Elektronen nur paarweise. Bei den meisten Redoxreaktionen biologischer Systeme werden Wasserstoffatome (also Protonen und Elektronen) paarweise aus dem oxidierten Molekül abgezogen. Das andere Proton gelangt in das Lösungsmittel. Die Gesamtreaktion lautet daher:

$$NAD^+ + 2\,H^+ + 2\,e^- \rightleftharpoons NADH + H^+.$$

Nicotinamidrest zu binden. Auf diese Weise entsteht NADH (bzw. NADPH), das seinerseits imstande ist, den Wasserstoff (2 e⁻ + 1 H⁺) wieder abzugeben, wodurch es zu NAD⁺ (bzw. zu NADP⁺) oxidiert wird; damit steht NAD⁺ (bzw. NADP⁺) erneut als Wasserstoffakzeptor zur Verfügung. Man spricht in diesem Zusammenhang auch von NAD⁺/NADH und von NADP⁺/NADPH als von einem Elektronen-Carrier oder von einem wasserstoffübertragenden Coenzym. Gemeint ist damit, daß es an der Umsetzung des Substrates im aktiven Zentrum des Enzyms mitbeteiligt und somit zusätzlich zum eigentlichen Enzym notwendig für die katalysierten Stoffwechselvorgänge ist. Das Prinzip der Wasserstoffübertragung durch NAD⁺/NADH läßt sich z. B. an dem nachfolgenden Schema verdeutlichen: Bei der Oxidation eines Substrates übernimmt die oxidierte Form des Coenzyms, also NAD⁺, die vom Substrat abgegebenen H-Atome und wird dadurch zum NADH reduziert. Dieses kann seinen Wasserstoff in einer anderen Reaktion an ein anderes Substrat (an einen anderen Reaktionspartner) wieder abgeben, das dadurch seinerseits reduziert wird. Beide Reaktionen werden durch entsprechende Enzyme katalysiert (vgl. Abb. 50).

Es gibt eine ganze Reihe von wasserstoffübertragenden Coenzymen; das NADH aber ist das wichtigste von ihnen im Zellstoffwechsel; es dient in erster Linie zur Erzeugung von ATP (Adenosin*tri*phosphat). NADPH wird fast ausschließlich für reduktive Biosynthesen verwendet; es tritt bei der Mehrzahl der Biosynthesen auf, die Reduktionsäquivalente erfordern (vgl. LUBERT STRYER: *Biochemie*, 475).

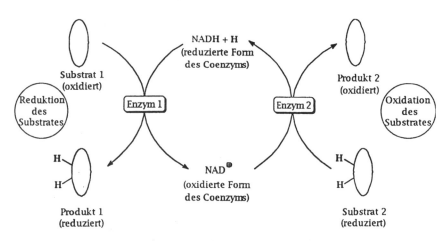

50   Die Wirkungsweise des Coenzyms NAD⁺/NADH.

### 3. Phase: die ATP-Bildung

Aus Abb. 48 läßt sich erkennen, daß der Elektronentransport während der 2. Phase der Photosynthese mit einer Veränderung der Protonenkonzentration auf beiden Seiten der Thylakoidmembran einhergeht: Zum einen verbleiben die Protonen aus der Wasserspaltung im Thylakoidlumen; zum zweiten transportiert der primäre Elektronenakzeptor ($QH_2$) zusätzliche Protonen aus dem Stroma in das Thylakoidlumen; zum dritten kann aber auch ein Elektronentransport durch den Cytochrom-*bf*-Komplex einen Protonentransport vom Stroma in das Thylakoidlumen bewirken. All diese Vorgänge haben zur Folge, daß die Protonenkonzentration im Thylakoidlumen ansteigt (der pH-Wert sinkt, der Thylakoidraum wird sauer), während sie im Stroma abnimmt (der pH-Wert steigt, das Stroma wird alkalisch; vgl. LUBERT STRYER: *Biochemie*, 699). Es entsteht also ein pH-Gefälle (über etwa 3,5 pH-Einheiten), – ein sogenannter pH-Gradient hat sich gebildet. Und ähnlich wie man einen Wasserfall mit Hilfe von Turbinen zur Energieerzeugung nutzen kann, so dient nun auch diese «protonenmotorische Kraft» zur Energiegewinnung: die Protonen strömen entlang ihres Konzentrationsgefälles vom Thylakoidlumen in das Stroma. Dabei müssen sie durch eine «Turbine» fließen, im Fall der Photosynthese durch die sogenannte ATP-Synthase, die auch als $CF_0CF_1$-Komplex bezeichnet wird (C steht für Chloroplast und F für Faktor): pro drei durchgeflossenen Protonen wird ein ATP-Molekül (Adenosintriphosphat) aus ADP (Adenosindiphosphat) und einem anorganischen Phosphatrest $P_i$ (von englisch: *i*norganic *p*hosphate) synthetisiert (vgl. Abb. 51).

Mit der Bildung von ATP ist nun etwas ganz Entscheidendes geschehen; denn ATP ist für den Energiehaushalt des Organismus so wichtig wie Geldmünzen für den Haushalt der Volkswirtschaft: es dient als universelles «Zahlungsmittel» bei allen Prozessen der Energieübertragung, ist doch der ATP-ADP-Zyklus der fundamentale Mechanismus des Energieaustauschs. In welch einem Umfang ATP benötigt wird, läßt sich daran erkennen, daß ein Mensch in ruhendem Zustand etwa 40 kg ATP in 24 Stunden verbraucht – mehr also als die Hälfte des Durchschnittsgewichts! Bei intensiver Arbeit können sogar 500 Gramm ATP pro Minute abgebaut werden. Was also ist ATP?

ATP (Adenosintriphosphat), das wir schon bei der Besprechung der DNA-Bausteine kennengelernt haben, besteht aus der organischen stickstoffhaltigen Base *Adenin* und aus dem Zucker *Ribose*, der zusammen mit dem Adenin das Nucleosid *Adenosin* bildet, sowie aus drei *Phosphatgruppen;* je nach der Anzahl der Phosphatgruppen unterscheidet man ATP (Adenosintriphos-

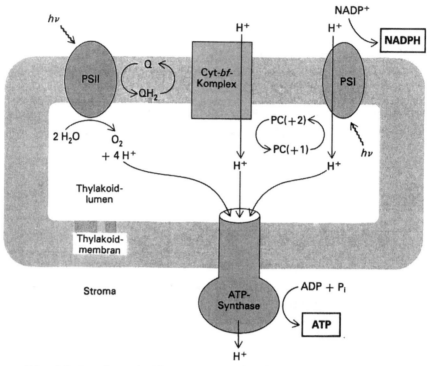

51 Vektorielle Anordnung der Photosysteme I und II, des Cytochrom $bf$-Komplexes und der ATP-Synthase in der Thylakoidmembran. Durch das lichtinduzierte Protonenpumpen wird der Innenraum sauer. Der Protonenfluß durch $CF_0$ zur Stromaseite führt zur Synthese von ATP durch $CF_1$. Auch NADPH entsteht auf der Stromaseite (Q = primärer Elektronenakzeptor; PC = Plastocyanin in der Oxidationsstufe +1 und +2); $hv$ = Lichtquant.

phat), ADP (Adenosindiphosphat) und AMP (Adenosinmonophosphat; vgl. Abb. 52).

Die beiden terminalen Phosphatreste sind mittels energiereicher Bindungen (sog. Phosphorsäureanhydridbindungen) mit dem AMP verknüpft (~). Diese Bindungen, in denen sich die nutzbare Energie eines ATP-Moleküls befindet, lassen sich besonders leicht spalten, da jede der drei Phosphatgruppen je eine negative Ladung trägt, die sich mithin gegenseitig abstoßen und somit die Spaltung des ATP-Moleküls begünstigen. Da diese Spaltung durch Reaktion mit Wasser erfolgt, heißt sie hydrolytische Spaltung bzw. *ATP-Hydrolyse*. Die Gesamtreaktionen lassen sich durch folgende Gleichungen wiedergeben:

$$\text{ATP} + \text{H}_2\text{O} \rightleftharpoons \text{ADP} + \text{P}_i \, (= \text{HPO}_4^{2-}) + \text{H}^+ + 30{,}5 \text{ kJ/mol}$$
$$(7{,}3 \text{ kcal/mol})$$
$$\text{ATP} + \text{H}_2\text{O} \rightleftharpoons \text{AMP} + \text{PP}_i + \text{H}^+ + 30{,}5 \text{ kJ/mol} \, (7{,}3 \text{ kcal/mol}).$$

$P_i$ (von englisch: *i*norganic *p*hosphate) bezeichnet das freie anorganische Phosphatanion; $PP_i$ bezeichnet das anorganische Diphosphatanion. Die Reaktion setzt unter Standardbedingungen Energie frei, nämlich 30,5 kJ pro gespaltener energiereicher Phosphorsäureanhydridbindung und pro Mol hydrolysiertem ATP: sie ist also *exergonisch*. Für die Änderung der freien Energie können wir auch schreiben:

$$\Delta G = -30{,}5 \text{ kJ/mol} \, ( = -7{,}3 \text{ kcal/mol}).$$

Die Produkte ADP, AMP, $PP_i$ (Pyrophosphat) und $P_i$ (Orthophosphat) sind um so viel energieärmer und stabiler als das ATP, wie bei ihrer Entstehung Energie freigeworden ist: also jeweils 30,5 kJ/mol. Und umgekehrt: Bei der Bildung von ATP aus ADP und $P_i$ wird der entsprechende Energiebetrag (in der energiereichen Bindung) «eingefangen» (vgl. LUBERT STRYER: *Biochemie*, 469–470).

52 Strukturformel von Adenosintriphosphat (ATP) mit Andeutung seiner Zusammensetzung aus Adenosin und drei Phosphatresten.

Um uns die Funktion des ATP zu verdeutlichen, nehmen wir einmal an, es sollten in einer *endergonischen* Reaktion zwei energieärmere Stoffe (A + B) in zwei energiereichere Stoffe (C + D) umgewandelt werden. Eine solche Reaktion erfolgt energetisch ungünstig und benötigt Energie – sie läuft nicht freiwillig ab.

Sie kann allerdings durch eine energetisch begünstigte Reaktion wie die Hydrolyse von ATP, also durch eine *exergonische* Reaktion, die freie Energie liefert, ermöglicht werden. Umgekehrt wenn zwei energiereichere Stoffe (E + F) in einem exergonischen Prozeß zu zwei energieärmeren Molekülen umgesetzt werden sollen; hier wird Energie freigesetzt, die für die Synthese von ATP aus ADP und $P_i$ genutzt werden kann. Es entsteht das Bild aus Abb. 53:

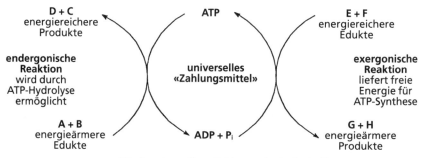

53   ATP als universelles «Zahlungsmittel» der Zelle.

Am Ende der 3. Phase der Photosynthese können wir als vorläufiges Ergebnis festhalten, daß zum einen die für die Kohlenhydratsynthese aus $CO_2$ benötigten Reduktionsäquivalente in Form von NADPH vorliegen und zum anderen auch die notwendige Energie in Form von ATP bereitgestellt ist (vgl. HARVEY LODISH u. a.: *Molekulare Zellbiologie*, 810). Die Natur hat damit auf ein Problem geantwortet, das selbst mit den technischen Mitteln des 20. Jahrhunderts bislang nicht lösbar ist: wie man die unbeständig eingehende Sonnenenergie für den Bedarfsfall verfügbar halten kann! Die Umwandlung von elektromagnetischer Energie in chemische Energie ist jetzt abgeschlossen. Während man die ersten drei Phasen als Lichtreaktionen der Photosynthese bezeichnet, nennt man die vierte nun folgende Phase, da sie nur noch indirekt von Licht angetrieben wird, die Dunkelreaktion.

*4. Phase: die Kohlenhydratsynthese aus $CO_2$*

Sowohl NADPH als auch ATP befinden sich im Stroma der Chloroplasten, und dieses, nicht mehr die Thylakoidmembran, ist denn auch der Ort, an dem jetzt die vierte und letzte Phase der Photosynthese stattfindet. Was sich in der *Dunkelreaktion* anschließt, sind biochemische Prozesse, die nicht auf Lichtenergie angewiesen sind, sondern nur auf die Anwesenheit von ATP und NADPH. Selbstverständlich wird die «Dunkelreaktion» auch nicht durch Licht gestört, so daß die Zuckersynthese sogar *vor allem* am Tage stattfindet (vgl. HARVEY LODISH u. a.: *Molekulare Zellbiologie*, 810). Besser sollten wir deshalb vielleicht vom Photo-Teil und vom Synthese-Teil der Photo-Synthese sprechen (vgl. NEIL A. CAMPBELL: *Biologie*, 203). Worum es in jedem Falle jetzt geht, ist die Frage, wie die in Form von ATP und NADPH vorliegende chemische Energie zur Synthese vor allem von Saccharose und Stärke verwandt werden kann.

Zu einer ersten Antwort auf diese Frage führte die folgende Beobachtung: Isolierte Chloroplasten können den gesamten Photosynthese-Prozeß bis zur Zuckerproduktion durchführen; isolierte Thylakoide hingegen gelangen ohne das Stroma nur bis zur Bildung von NADPH und ATP; eine isolierte Stromafraktion aber kann auch ohne Lichteinfall aus $CO_2$ Kohlenhydrate herstellen, wenn man NADPH und ATP zusetzt. Daraus ergibt sich, daß die ersten drei Phasen der Photosynthese in den Thylakoiden ablaufen, die Dunkelreaktion, wie gesagt, hingegen im Stroma.

*Wie* im Stroma unter Verbrauch von NADPH und ATP Zucker aus $CO_2$ synthetisiert werden, wurde erst Anfang der fünfziger Jahre von MELVIN CALVIN entdeckt und wird seither als der Calvin-Zyklus bezeichnet. CALVIN markierte das $CO_2$, das er Algenzellen für deren Photosynthese zur Verfügung stellte, mit radioaktivem Kohlenstoff ($^{14}C$). Anschließend untersuchte er mit Hilfe der damals entwickelten Methode der Papierchromatographie, in *welchen* Stoffwechselprodukten Radioaktivität nachgewiesen werden konnte. Auf diese Weise gelang ihm die Bestimmung des Stoffwechselweges, durch den das $CO_2$ in Kohlenhydrate eingebaut wird.

Überraschend war dabei als erstes die Reaktionsgeschwindigkeit: schon nach 60 Sekunden Bestrahlungsdauer der Algensuspension zeigten sich so viele radioaktiv markierte Stoffwechselprodukte, daß es nicht möglich war, das erste Zwischenprodukt der $CO_2$-Fixierung zu bestimmen. Erst als man die Bestrahlungsdauer auf 5 Sekunden reduzierte, zeigte sich nur noch *eine* radioaktiv markierte Verbindung, die als 3-Phosphoglycerat identifiziert werden konnte. Auch hier ist die Geschwindigkeit beachtlich: schon nach einer Sekunde findet man 80% des radioaktiv markierten $CO_2$ in dem C-Atom der Carboxylgruppe des 3-Phosphoglycerates wieder; dieses ist damit als das erste Produkt des photosynthetischen $CO_2$-Einbaus erwiesen (vgl. LUBERT STRYER: *Biochemie*, 705–706). Seine Strukturformel stellt sich so dar:

$$\begin{array}{l} COO^- \\ | \\ H-C-OH \\ | \\ CH_2OPO_3^{2-} \end{array}$$

→ die Carboxylgruppe, die funktionelle Gruppe der Carbonsäuren (R–COOH)

→ die Hydroxylgruppe, die funktionelle Gruppe der Alkohole (R–OH)

→ die Hydroxylgruppe an C-3 ist mit einem Phosphatrest verestert.

*3-Phosphoglycerat* (das Säureanion der 3-Phosphoglycerinsäure)

Glycerin ist der entsprechende dreiwertige Alkohol, also mit drei Hydroxylgruppen, ohne Carboxylgruppe:

$$\begin{array}{l} H_2C-OH \\ | \\ HC-OH \\ | \\ H_2C-OH \end{array}$$

CALVIN gelang es auch, den Stoffwechselweg aufzuklären, durch den das 3-Phosphoglycerat gebildet wird: Die vierte Phase der Photosynthese beginnt damit, daß das $CO_2$ mit einem $C_5$-Molekül (dem sogenannten Ribulose-1,5-bisphosphat) zu einem $C_6$-Molekül reagiert. Diese Reaktion wird von dem Enzym Ribulose-1,5-bisphosphat-Carboxylase katalysiert, abgekürzt: «*Rubisco*». (Das 1,5 bedeutet, daß die zwei – «bis» – Phosphatreste mit dem 1. und 5. C-Atom der Ribulose verknüpft sind, wie es die nachstehende Abb. 50 zeigt.) – Es wäre kein Wunder, wenn manch ein Nicht-Chemiker unter den Lesern an dieser Stelle sich erneut fragen würde, wozu er all die ihm so ungewohnt klingenden Begriffe lernen soll und was das alles mit der Frage nach Gott als dem Schöpfer der Welt zu tun haben soll. Es scheint daher angebracht, noch um ein ganz wenig Geduld zu bitten; wir stehen wirklich dicht davor, einige ganz entscheidende Einsichten in die Arbeitsweise «der Natur» zu gewinnen, und gerade die «Rubisco», immerhin das wahrscheinlich häufigste Protein der Biosphäre, wird dabei eine wichtige Rolle spielen!

54 Ribulose-1,5-bisphosphat reagiert mit $CO_2$.

Wie Abb. 54 zeigt, zerfällt das $C_6$-Molekül, das so entsteht, sogleich in zwei $C_3$-Moleküle, – in zwei 3-Phosphoglycerat-Moleküle.

Der weitere Stoffwechsel der 3-Phosphoglycerat-Moleküle ist recht unübersichtlich: Von 12 gebildeten 3-Phosphoglycerat-Molekülen dienen 10 der Regeneration von Ribulose-1,5-bisphosphat, das ja für die Fixierung des $CO_2$ benötigt wird. Mindestens sieben verschiedene Enzyme sind an diesem komplizierten Vorgang beteiligt. Nur die restlichen zwei 3-Phosphoglycerat-Moleküle werden in Saccharose oder Stärke umgewandelt (vgl. HARVEY LODISH u. a.: *Molekulare Zellbiologie*, 825). Wie CALVIN fand, ist der Weg von den 3-Phosphoglycerat-Molekülen zum Zucker Teil eines Kreislaufs, des CALVIN-Zyklus, wie Abb. 55 es zeigt.

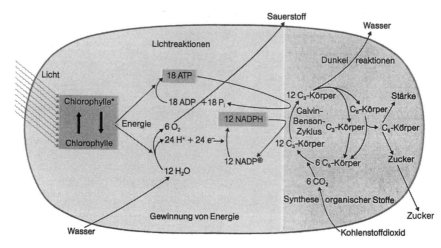

55  Schematische Darstellung der Photosynthese.

3-Phosphoglycerat selbst ist noch kein Zucker, und der bisherige Reaktionsweg (vom $CO_2$ zum 3-Phosphoglycerat) kommt, wie Abb. 54 zeigt, noch gänzlich ohne NADPH und ATP aus. Das ändert sich bei der Umwandlung von 3-Phosphoglycerat in Glycerinaldehyd-3-phosphat. In dieser Umwandlung liegt der energetisch wichtige Reaktionsschritt, der nur unter Verbrauch von NADPH und ATP stattfinden kann; der «Gewinn» der dritten Stufe der Photosynthese trägt jetzt seine Früchte (vgl. Abb. 55).

Die Umwandlung von 3-Phosphoglycerat in Glycerinaldehyd-3-phosphat erfolgt in zwei Schritten und ist etwas komplizierter, als es uns interessieren muß. Das Wesentliche läßt sich an einer einfachen Gegenüberstellung erkennen; in Abb. 56 wird man sogleich sehen, daß beide sich nur in *einer* funktionellen Gruppe unterscheiden.

Während die Ausgangsverbindung 3-Phosphoglycerat eine Carboxylgruppe (–COOH) besitzt, ist diese im Glycerinaldehyd-3-phosphat zu einer Aldehydgruppe (–CHO) reduziert worden: statt der zwei Sauerstoffatome besitzt sie nur noch eins (daher der lateinisch-griechische Name: *Al-de-hyd* – Alcoholus dehydrogenatus: «das aus einem primären Alkohol durch Wasserstoffentzug Entstandene»; von «primärem» Alkohol spricht man, weil das C-Atom, das die OH-Gruppe trägt, nur *ein* C-Atom neben sich hat). Der Kohlenstoff des $CO_2$ befindet sich damit auf der Reduktionsstufe eines Kohlenhydrats; genaugenommen ist das Glycerinaldehyd-3-phosphat eine Triose,

$$\underset{\text{3-Phosphoglycerat}}{\overset{\displaystyle\text{O}\diagup\text{OH}}{\underset{\displaystyle\text{CH}_2\text{OPO}_3^{2\ominus}}{\overset{\displaystyle\text{C}}{\underset{|}{\text{H}-\text{C}-\text{OH}}}}}} \xrightarrow[\text{ATP}\quad\text{ADP}+P_i]{\text{NADPH}\quad\text{NADP}^\oplus} \underset{\text{Glycerinaldehyd-3-phosphat}}{\overset{\displaystyle\text{H}\diagup\text{O}}{\underset{\displaystyle\text{CH}_2\text{OPO}_3^{2\ominus}}{\overset{\displaystyle\text{C}}{\underset{|}{\text{H}-\text{C}-\text{OH}}}}}}$$

56 Die Umwandlung von 3-Phosphoglycerat in die Triose Glycerinaldehyd-3-phosphat im CALVIN-Zyklus.

ein Zucker mit drei C-Atomen (im Unterschied etwa zu einer Hexose, einem Zucker mit sechs C-Atomen; vgl. LUBERT STRYER: *Biochemie*, 488–489); und auf diese Triose ist nun die Energie der beiden Coenzyme NADPH und ATP umgeladen! Damit ist der entscheidende Vorgang der Photosynthese, der Aufbau von Zucker, im Grunde abgeschlossen.

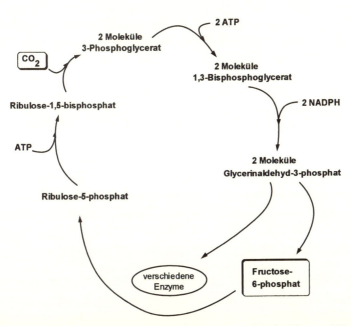

57 Der CALVIN-Zyklus. Die Regeneration von Ribulose-1,5-bisphosphat aus Triosen und Hexosen ist in diesem Diagramm nur angedeutet.

Wie aus Abb. 52 zu ersehen, muß der Calvin-Zyklus sechsmal durchlaufen werden, um 6 $CO_2$-Moleküle zu reduzieren. Dabei werden für die Fixierung der 6 $CO_2$ und damit für die Bildung von zwei Molekülen Glycerinaldehyd-3-phosphat insgesamt 12 NADPH und 18 ATP benötigt. Das Bild von Abb. 57 ist entsprechend schematisch vereinfacht.

### γ) Der Aufbau von Zucker, Stärke und Cellulose

Die weiteren Prozesse im Calvin-Zyklus betreffen lediglich Umbaureaktionen der verschiedenen Kohlenhydrattypen: Aus zwei Triosen, nämlich aus zwei Molekülen Glycerinaldehyd-3-phosphat wird – wie in Abb. 57 zu sehen – Fructose-6-phosphat (Abb. 58) gebildet, eine Hexose.

Wichtig ist nun, daß die im Calvin-Zyklus gebildeten Zucker stets phosphoryliert sind, wodurch sie in einer reaktionsbereiten Form vorliegen und leicht weiterreagieren können: sowohl zu anderen Einfachzuckern (zu Monosacchariden, wie zum Beispiel Glucose) als auch in Kondensationsreaktionen zu Zweifachzuckern (zu Disacchariden, wie zum Beispiel Saccharose) und zu langen Ketten von Mehrfachzuckern (zu Polysacchariden, wie zum Beispiel Stärke oder Cellulose). Zucker sind die häufigsten organischen Verbindungen auf der Erde. Sie dienen zum einen als wichtige Energiespeicher und Energielieferanten; zum zweiten sind sie als Stützsubstanzen von Bedeutung, wobei die in den Zellwänden von Pflanzen vorkommende Cellulose die häufigste organische Verbindung überhaupt ist. Auf die Bedeutung der Zucker Ribose und Desoxyribose für den Aufbau von DNA und RNA sind wir schon ausgiebig eingegangen; später werden wir noch darauf zu sprechen kommen (müssen), daß sich Zucker auch auf der Oberfläche von Zellen befinden und bei den «Erkennungsprozessen» zwischen verschiedenen Zellen eine Schlüsselrolle übernehmen – dies gilt sowohl für die Bakterienzelle, die in unseren Körper eingedrungen ist und die von unserem Immunsystem aufgrund von

58 Fructose-6-phosphat.

**59** Strukturformeln der Aldohexosen Glucose und Galactose in der Fischer-Projektion.

speziellen Zuckermolekülen auf ihrer Zelloberfläche erkannt wird (S. 307), als auch für die «Erkennung» von Sperma- und Eizelle bei der Befruchtung (S. 344; vgl. LUBERT STRYER: *Biochemie*, 487–488).

Um den Aufbau von Zuckern zu begreifen, gehen wir zuerst einmal von dem uns nun schon vertrauteren Traubenzucker (Glucose, $C_6H_{12}O_6$) aus: einem Zucker mit sechs Kohlenstoffatomen, zahlreichen Hydroxylgruppen (–OH) und einer Aldehydgruppe ($-C{<}^O_H$) im Molekül. Betrachten wir die Strukturformel der Glucose genauer, so fällt auf, daß sie vier C-Atome besitzt, die jeweils vier verschiedene Reste tragen. In Abb. 59 sind diese (sogenannten) Chiralitätszentren durch Sternchen gekennzeichnet. Von den Proteinen her ist uns noch in Erinnerung, daß solche Moleküle als Enantiomere auftreten können, die sich wie im Bild und Spiegelbild beziehungsweise wie die rechte und die linke Hand zur Deckung bringen lassen, obwohl sie sich in ihrem chemischen Verhalten nicht unterscheiden. Die beiden Enantiomere der Glucose heißen D- und L-Glucose, je nachdem, ob die Hydroxylgruppe am untersten Chiralitätszentrum in der Fischer-Projektion rechts (lat. = dexter) oder links geschrieben steht. Nach dem bisher Gesagten ist schon ersichtlich, daß sich zwei Moleküle nicht unbedingt an allen vier chiralen C-Atomen wie Bild und Spiegelbild verhalten müssen. Zum Beispiel verhalten sich die beiden Einfachzucker D-Glucose und D-Galactose, die uns als Bestandteile des Milchzuckers schon bekannt sind, wie Bild und Spiegelbild ausschließlich bezüglich der räumlichen Anordnung am C-4-Atom – sie sind demnach zwar keine Enantiomere, aber Stereoisomere und zeigen im Körper gleichfalls unterschiedliche physiologische Reaktionen.

$$R-C\overset{O}{\underset{H}{\diagup}} + HOR' \rightleftharpoons R-\underset{H}{\overset{OH}{\underset{|}{C}}}-OR'$$

Aldehyd     Alkohol            Halbacetal

60   Intermolekulare Halbacetalbildung zwischen einem Aldehyd und einem Alkohol.

Nun fällt aber die übliche Nachweisreaktion für Aldehyde, die Schiffsche Probe für die Aldohexosen, also auch für die Glucose und Galactose, *negativ* aus; das erklärt sich damit, daß ganz allgemein ein Aldehyd mit einem Alkohol zu einem Halbacetal reagieren kann (Abb. 60).

Diese Halbacetalbildung kann auch intramolekular, also innerhalb eines Traubenzuckermoleküls, zwischen der Aldehydgruppe am C-1-Atom und der Hydroxylgruppe am C-5-Atom stattfinden und zur Bildung eines Sechsringes führen, in dem fünf Kohlenstoffatome über eine Sauerstoffbrücke miteinander verknüpft sind. Wie Abb. 61 zeigt, kann der intramolekulare Ringschluß bei der Glucose zu zwei unterschiedlichen Strukturen führen, die wir

61   Ringschluß im Glucosemolekül.

**62** Tetrahydropyran

als α- und als β-Glucose bezeichnen, je nachdem, ob die Hydroxylgruppe am C-1-Atom unterhalb (α) oder oberhalb (β) der Ringebene zu stehen kommt.
Da sich Zucker mit solchen sechsgliedrigen Ringstrukturen vom Tetrahydro*pyran* (Abb. 62) ableiten, werden sie als *Pyranosen* bezeichnet; im Fall der Ringbildung bei Glucose spricht man deshalb von α-Glucopyranose und von β-Glucopyranose.
Eine andere häufig vorkommende Hexose ist die D-Fructose, der Fruchtzucker, der ebenfalls als wichtiger Energielieferant dient und sich nur in seiner Molekülstruktur, nicht aber in seiner Summenformel ($C_6H_{12}O_6$) von der Glucose unterscheidet. Wie in Abb. 56 zu sehen, enthält das Molekül neben den sechs Kohlenstoffatomen und den Hydroxylgruppen statt der Aldehydgruppe eine Ketogruppe ($R-\overset{O}{\underset{\|}{C}}-R'$), weshalb man von Ketohexosen spricht. Auch bei ihnen kommt es durch intramolekulare Reaktion zur Bildung von – diesmal fünfgliedrigen – Zuckerringen, die man aufgrund ihrer Ähnlichkeit mit dem Tetrahydro*furan* als *Furanosen* bezeichnet (vgl. Abb. 63).
Zusammenfassend können wir Kohlenhydrate chemisch jetzt definieren als Aldehyde oder Ketone mit zahlreichen Hydroxylgruppen. (Zur Herleitung: *Ketone* entstehen durch Oxidation «sekundärer» Alkohole, sekundär, weil das C-Atom, das die OH-Gruppe trägt, *zwei* C-Atome neben sich hat; *Aldehyde*

**63** Ringschluß im Fructosemolekül.

entstehen, wie erinnerlich, durch Oxidation «primärer» Alkohole, primär, weil das C-Atom, das die OH-Gruppe trägt, nur *ein* C-Atom neben sich hat.) D-Glucose (Glucopyranose) dient den meisten Zellen als Hauptenergiespeicher, und so ist es für die Zellen wichtig, sich einen Vorrat davon anzulegen. Einige Zucker, wie zum Beispiel die *Saccharose*, das Hauptprodukt der pflanzlichen Photosynthese, werden als Disaccharide gespeichert (vgl. HARVEY LODISH u. a.: *Molekulare Zellbiologie*, 46). Hierbei handelt es sich um zwei Monosaccharide, die durch eine glycosidische Bindung miteinander verknüpft sind. «Bei der Bildung einer glycosidischen Bindung reagiert das Kohlenstoffatom C-1 des einen Zuckers mit einer Hydroxylgruppe eines anderen Zuckers unter Freisetzung von Wasser. Die Abspaltung von Wasser wird bei der Bildung von Biopolymeren sehr häufig beobachtet» (HARVEY LODISH u. a.: *Molekulare Zellbiologie*, 47). Auf diese Weise entsteht zum Beispiel die Saccharose (Rohrzucker), in der eine $\alpha(1\rightarrow 2)$-glycosidische Bindung zwischen dem C-1-Atom einer $\alpha$-Glucopyranose und der OH-Gruppe am C-2-Atom einer Fructofuranose vorliegt; aber auch die Lactose (Milchzucker), der mengenmäßig überwiegende Zucker in tierischer (menschlicher) Milch, in dem eine $\beta(1\rightarrow 4)$-Bindung zwischen dem C-1-Atom einer $\beta$-Galactopyranose und der OH-Gruppe am C-4-Atom einer Glucopyranose vorliegt (Abb. 64).

«Theoretisch können zwischen Zuckermolekülen zahlreiche verschiedene glycosidische Bindungen bestehen. Fructose kann beispielsweise über jede der nachfolgenden Bindungen mit Glucose verknüpft werden: $\alpha(1\rightarrow 1)$, $\alpha(1\rightarrow 2)$, $\alpha(1\rightarrow 3)$, $\alpha(1\rightarrow 4)$, $\alpha(1\rightarrow 6)$, $\beta(1\rightarrow 1)$, $\beta(1\rightarrow 2)$, $\beta(1\rightarrow 3)$, $\beta(1\rightarrow 4)$ oder

64 Glucosidische Bindungen in den Disacchariden Saccharose und Lactose.

65  α(1→4)-glycosidisch verbundene D-Glucose-Reste in Stärke.

β(1→6). Hierbei legen α oder β die Konformation am C-1 der Glucose fest, während die Ziffer hinter dem Pfeil dasjenige C-Atom der Fructose bezeichnet, an dem die Glucose gebunden wird. Die Saccharose enthält ausschließlich die α(1→2)-Bindung, was mit der Spezifität des synthetisierenden Enzyms zusammenhängt» (HARVEY LODISH u. a.: *Molekulare Zellbiologie*, 47).

Durch solche glycosidischen Bindungen können aus Monosacchariden auch lange Polymerketten gebildet werden. *Stärke*, neben Saccharose das andere Produkt der Photosynthese und das Hauptnährstoffreservoir der Pflanzen, ist ein solches Polysaccharid aus Glucosemolekülen. Daß Stärke aus Glucose besteht, läßt sich durch *Hydrolyse* nachweisen: «Wird Stärke mit einer starken anorganischen Säure gekocht (oder, wie es in Lebewesen geschieht, einige Zeit mit einem stärkeabbauenden Enzym – wie z. B. dem im menschlichen Speichel enthaltenen Ptyalin (sc. α-Amylase, d. V.) – bei gut 30°C gehalten), dann kommt es zu einem hydrolytischen Abbau der Stärke zum Disaccharid – und noch weiter zu Glucoseeinheiten» (CHRISTINE LOSSOW – HERMANN WERNET: *Chemie*, Lektion 1–13, S. 143). Daran liegt es, daß Brot nach längerem Kauen süß zu schmecken beginnt.

Stärke kommt in zwei verschiedenen Formen vor: Etwa 20% der in den Stärkekörnern abgelagerten Stärke besteht aus Amylose, der unverzweigten Form, in der die Glucosemoleküle ausschließlich durch α(1→4)-glycosidische Bindungen verknüpft sind. Aufgrund dieser α-glycosidischen Bindungen sind die Polymerketten nicht wie bei β-glycosidischen Bindungen langgestreckt, sondern schraubenförmig gewunden (Abb. 65). Die so gebildeten Spiralstrukturen sind auch Grundlage für den *Stärkenachweis*: Gibt man ei-

**66** β(1→4)-glycosidisch verbundene D-Glucose-Reste in Cellulose.

nen Tropfen Iod/Kaliumiodid-Lösung zu einer Stärkelösung, so bildet sich durch Einlagerung der Iodmoleküle in die Schraubenwindungen der Stärkemoleküle eine tiefblaue Iod-Einschlußverbindung. Die restlichen etwa 80% der Stärke bestehen aus Amylopectin, der verzweigten Stärkeform, in der etwa jedes 30. Glucosemolekül zusätzlich zu den α(1→4)-glycosidischen Bindungen noch eine α(1→6)-Bindung aufweist. Chemisch ist das Amylopectin sehr eng mit dem *Glycogen,* der «tierischen Stärke» verwandt, der Form, in der die Glucose von den Tieren gespeichert wird und auf die etwa 10% des Lebergewichts entfallen. Allerdings besitzt das Amylopectin einen im Vergleich zum Glycogen geringeren Verzweigungsgrad (vgl. H. LODISH u. a.: *Molekulare Zellbiologie,* 47).

Das zweite bedeutende Polysaccharid in den Pflanzen ist die *Cellulose,* die allerdings im Gegensatz zur Stärke, die als Energiedepot der Pflanzen gebraucht wird, mehr zur Strukturbildung als zur Ernährung dient. Cellulose ist ein lineares Polymer aus mehr als 500 Glucoseresten, die über β(1→4)-glycosidische Bindungen miteinander verknüpft sind, wie Abb. 66 zeigt.

Die Ebene jedes Glucosemoleküls ist zum benachbarten Glucosemolekül um 180° gedreht, so daß das Polysaccharidmolekül eine völlig ausgestreckte Konformation aufweist. Die linearen Cellulosemoleküle bilden stäbchenförmige Strukturen (Micellen). Sie werden durch Wasserstoffbrückenbindungen zwischen den Cellulosemolekülen stabilisiert. Die Micellen treten zu Mikrofibrillen zusammen, die mehrere Mikrometer lang werden können und einen Durchmesser von 3–10 Nanometern haben (Abb. 67). Durch diese Struktur eignet sich die Cellulose besonders als Stützsystem von Pflanzenzellen. Die Zellwand enthält zusätzlich noch weitere Polysaccharide mit einer im Vergleich zur Cellulose komplizierteren und vielfältigeren Struktur. – Auf die Bedeutung der Cellulose kommen wir noch einmal zu sprechen, wenn wir den «Landgang» der Pflanzen im Silur schildern werden.

Wichtig ist abschließend hervorzuheben, daß der gesamte CALVIN-Zyklus durch spezifische Enzyme im Stroma der Chloroplasten in Gang gehalten wird, deren Zusammenwirken das gesamte System ordnet. Die an der Stärkesynthese beteiligten Enzyme befinden sich ebenfalls als lösliche Bestandteile

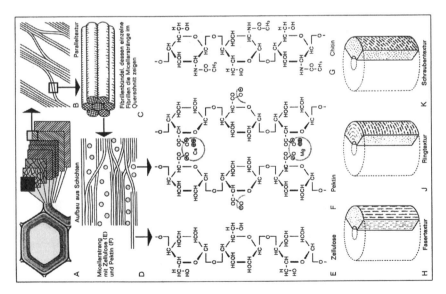

67 Die pflanzliche Zellwand. Die Zellulose verleiht der pflanzlichen Zellwand ihre Zugfestigkeit, ähnlich dem Faserprotein Kollagen in den Sehnen. Die Zellwand enthält zusätzlich die beiden Polysaccharide Pectin und Hemizellulose. Die Struktur der Zellwand gliedert sich bei den höheren Pflanzen in vier Schichten (A): 1) die Mittellammelle, die aus Pektinen besteht und Gel-Charakter besitzt, 2) die elastische Primärwand, in der Pektine und Zellulose zu Mikrofibrillen gebündelt sind, 3) die Sekundärwand, die durch Aufschichtung von Zellulose das tragende Grundgerüst der Zelle bildet, und 4) die Tertiärwand, die aus Pektinen und Hemizellulosen besteht und die Zellwand nach innen abdeckt. Die Mikrofibrillen, die zu Bündeln (C) zusammengefaßt sind, haben eine Dicke von 25 nm und bestehen aus etwa 20 Micellarsträngen (D), die sich wiederum aus 50–100 Zellulosemolekülen (E) zusammensetzen. Zwischen der Micellarstruktur tritt ein Spaltensystem von Intermicellarräumen auf, die außer Wasser und quellbaren Pektinen (F) viele andere Stoffe enthalten. Bei Pilzen tritt neben oder anstelle von Zellulose auch Chitin (G) auf. Die Textur der Zellwand entscheidet durch die Orientierung der Micellen über die mechanischen Eigenschaften der langgestreckten Zellen. Die Fasertextur (H) verleiht, wie bei Flachs und Hanf, eine hohe Zugfestigkeit bei geringer Dehnbarkeit, die Ringtextur (J) mit tangentialer Orientierung erlaubt eine starke Dehnung in Längsrichtung, die Schraubentextur (K) mit spiraligem Verlauf der Fibrillen um die Längsachse der Zelle verleiht eine hohe Dehnbarkeit bei flacher Schraubung, eine hohe Zugfestigkeit bei steilem Schraubengang.

im Stroma. Dagegen befinden sich die Enzyme für die Saccharose-Synthese außerhalb der Chloroplasten im Cytosol. Am Tage wird ein großer Teil der gebildeten Kohlenhydrate in Form von Stärkekörnern im Stroma abgelagert, während die so gespeicherten Zuckermoleküle des Nachts wieder abgebaut werden und aus den Chloroplasten in das Zellplasma gelangen. Auch in der Dunkelheit können sich die Pflanzen auf diese Weise mit Kohlenhydraten versorgen.

### δ) Atmung als Rückreaktion der Photosynthese

Als Ergebnis der Photosynthese können wir jetzt festhalten, daß Lichtenergie «eingefangen» und in Form von Kohlenhydraten gespeichert worden ist. Diese «Energiespeicher» – also die von den Pflanzen hergestellten Zucker – können nun jederzeit als «Brennstoffe» zur Erzeugung von Energie dienen: Hierzu wird der Zucker (wieder) zu Kohlendioxid und Wasser «verbrannt», wobei die im Zucker gespeicherte Energie wieder frei wird (chemisch ausgedrückt: der Zucker wird oxidiert, wobei Energie frei wird. Oxidation, wie gesagt, bedeutet [stets] Elektronenabgabe, hier an den Sauerstoff; Sauerstoffaufnahme aber ist «Verbrennung»). Die Speicherung von aufgenommener Energie beim Aufbau der Zucker ist also auf das engste verknüpft mit ihrem Abbau und mit der damit verbundenen Abgabe von Energie. Die Redoxgleichung der Photosynthese wird dazu einfach umgekehrt, so daß die Redoxgleichung der Atmung entsteht:

Photosynthese:

$$6\ CO_2 + 6\ H_2O + \text{Energie (2870 kJ/mol bzw. 686 kcal/mol)}$$
$$\longrightarrow C_6H_{12}O_6 + 6\ O_2$$

Atmung:

$$C_6H_{12}O_6 + 6\ O_2$$
$$\longrightarrow 6\ CO_2 + 6\ H_2O + \text{Energie (2870 kJ/mol bzw. 686 kcal/mol)}.$$

Während es sich bei der Photosynthese also um eine endergonische (energieaufnehmende) Reaktion handelt, ist die Atmung eine exergonische (energieabgebende) Reaktion, bei der pro Mol Glucose eine Energie von 2870 kJ zur Verrichtung von Arbeit verfügbar wird (vgl. NEIL A. CAMPBELL: *Biologie*, 101–102).

Es wird auch davon gesprochen, daß der *Assimilation* von Kohlendioxid ($CO_2$) und Wasser ($H_2O$), die mit Hilfe von Lichtenergie durch die Photosynthese in Zucker verwandelt werden, die *Dissimilation*, also die (Aus-)Atmung von $CO_2$, mithin der Abbau und Verbrauch von Körpersubstanz unter Verbrauch von Sauerstoff zur Energiegewinnung gegenübersteht (Abb. 68).
Dieses Prinzip der Hin- und Rückreaktion ist für den Haushalt der Natur grundlegend: Wie bereits in den Redoxgleichungen der anorganischen Chemie Aufnahme (Reduktion) und Abgabe von Elektronen (Oxidation) miteinander verknüpft sind, so auch der Aufbau (Synthesestoffwechsel oder Anabolismus) und der Abbau (Katabolismus) in den biochemischen Prozessen.

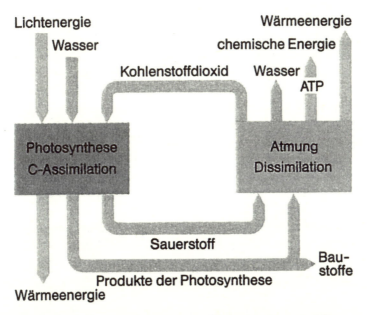

68 Zusammenhang zwischen Photosynthese und Atmung. Die grüne Pflanze veratmet ihre eigenen Photosyntheseprodukte; das Tier nimmt Photosyntheseprodukte als Nahrung auf. Durch Photosynthese verbrauchen die Pflanzen jährlich etwa 9% des $CO_2$-Gehaltes der Atmosphäre. Durch die Tätigkeit des Menschen steigt aber der $CO_2$-Gehalt der Atmosphäre laufend an.

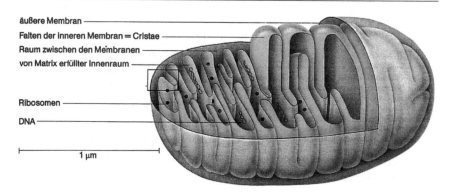

69　Bau des Mitochondriums.

Daran liegt es, daß alle Kohlenhydrate auf der Welt einmal von Pflanzen oder anderen autotrophen Organismen aufgebaut worden sein müssen (Assimilation) und daß alle Lebewesen, die selbst keine organischen Verbindungen aus $CO_2$ synthetisieren können, also alle heterotrophen Organismen, hier vor allem Tiere (und Menschen), sich dieser Kohlenhydrate als Nahrung bedienen müssen (Dissimilation). Natürlich verbrauchen die Pflanzen einen Teil ihrer photosynthetisierten Kohlenhydrate für ihren eigenen «Lebensunterhalt» und für *ihre* Fortpflanzung, doch eben: darüber hinaus bilden sie die Grundlage für alle heterotrophen Lebensformen auf der Erde. Die Leistung, die sie auf diese Weise vollbringen, ist für uns unerläßlich.

Der *Ort,* an dem die Energiegewinnung aus der Zuckerverbrennung vor sich geht, sind die *Mitochondrien.* Wenn wir die Ribosomen vorhin als die Fabrikhallen der Zellen bezeichnet haben, so müssen wir jetzt die Mitochondrien ihre Kraftwerke nennen.

Im Elektronenmikroskop zeigt sich, daß die Mitochondrien ovale Gebilde sind mit einer typischen Länge von 2 µm und einem Durchmesser von 0,5 µm (vgl. LUBERT STRYER: *Biochemie,* 558). Auf Abb. 69 sind zwei Membransysteme zu erkennen, eine äußere Membran und eine ausgedehnte, durch eine Vielzahl von Einstülpungen *(Cristae)* stark gefaltete innere Membran.

Die Bedeutung des Aufbaus dieser Zellorganelle wird deutlich, wenn wir feststellen, «daß die Enzyme der Atmungskette in der inneren Mitochondrienmembran lokalisiert sind». Eine solche räumliche Konzentration von Enzymen ist schon deshalb von Vorteil, weil die Atmungskette (genauso wie die Elektronentransportkette in der Photosynthese) nur in einer exakt festgelegten Reihenfolge von enzymatisch vermittelten Einzelschritten zustandekommen kann. Die Cristae «bringen eine erhebliche Oberflächenvergrößerung und ermöglichen damit die Unterbringung zahlreicher Multienzymkomplexe der Atmungskette». «Die Beziehungen zwischen Bau und Funktion der Mitochondrien gelten aber nicht nur für das allgemeine Prinzip, sondern auch für spezielle Fälle.So sind zum Beispiel die Mitochondrien der Flugmuskulatur von Insekten besonders groß», und sie besitzen auch besonders viele Cristae. «Dies nimmt nicht Wunder, wenn man berücksichtigt, daß gerade der Insektenflug mit seiner besonders hohen Flügelschlagzahl einen beträchtlichen Energiebedarf hat.» Auf der anderen Seite sind die Cristae «bei Mitochondrien aus Hefezellen, die unter *anaeroben* Bedingungen, das heißt ohne Sauerstoff, leben, weitgehend zurückgebildet... Ohne Sauerstoff, kann die Atmungskette nicht ablaufen – die Zellen sind dann auf den Energiegewinn aus der Glykose angewiesen –, und damit entfällt auch die Notwendigkeit, den Multienzymkomplexen eine große Fläche zur Verfügung zu stellen» (KARL-ERNST FRIEDRICH: *Beziehungen zwischen Bau und Funktion bei pflanzlichen Organismen*, in: D. Todt: Biologie 2: Systeme des Lebendigen, 89–110, S. 94–96).

Unter anaeroben Bedingungen, also ohne Sauerstoff, findet demnach nur die Glycolyse statt: durch sie wird die Glucose – wie wir ja schon gesehen haben – nicht zu $CO_2$ und Wasser abgebaut, sondern nur zu (zwei Molekülen) Pyruvat, wobei gleichzeitig 2 Moleküle ATP gebildet werden sowie 2 Moleküle NADH. Während für die Glycolyse ausschließlich die im Cytosol (also in der wäßrigen Phase des Zellplasmas) gelösten Enzyme notwendig sind, kann der weitere Abbau nur erfolgen, sofern Sauerstoff und Mitochondrien zur Verfügung stehen. In der Matrix dieser Zellorganellen findet während des *Citrat-Zyklus* der weitere vollständige Abbau von Pyruvat bis zu $CO_2$ statt. Die bei dieser Oxidation abgegebenen Elektronen werden während des Citrat-Zyklus auf $NAD^+$ und FAD übertragen, so daß als Gesamtergebnis von Glycolyse und Citrat-Zyklus bis hierhin pro Mol Glucose 6 Moleküle $CO_2$ (als Abbauprodukt) sowie insgesamt 4 ATP, 10 NADH und 2 $FADH_2$ gebildet worden sind. Diese geringe ATP-Bildung von nur 4 Molekülen während Glycolyse und Citrat-Zyklus bezeichnet man als *Substratkettenphosphorylierung*. Die wesentlich größere Menge an ATP, nämlich etwa 90 Prozent des bei der gesamten Zellatmung gebildeten ATP, wird bei der *oxidativen Phosphorylierung* synthetisiert, die man, da sie durch die sogenannte Atmungskette angetrieben wird, auch als *«Atmungskettenphosphorylierung»* bezeichnet. Durch die Maschinerie der *Atmungskette*, die sich in der Innenmembran der Mitochondrien, in den Cristae, befindet, werden die Elektronen von den sehr energiereichen Molekülen NADH und FADH$_2$ über eine Elektronentransportkette auf molekularen Sauerstoff ($O_2$) übertragen, der sich anschließend mit zwei Protonen ($H^+$) zu Wasser verbindet. Die in NADH und FADH$_2$ gespeicherte chemische Energie, die auf den einzelnen Stufen der Atmungskette frei wird, dient zum Aufbau eines Protonengradienten, der, wie vorhin bei der Besprechung der Photosynthese, auch als protonenmotorische Kraft bezeichnet wird. Der Rückfluß der Protonen durch einen Enzymkomplex mit dem Namen ATP-Synthase (auch F$_0$F$_1$-ATPase genannt) führt zur Bildung von ATP-Molekülen – ganz ähnlich wie wir es vorhin bei der Besprechung der Photosynthese hatten. Von oxidativer Phosphorylierung wird gesprochen, weil die Energie zu ihrem Antrieb aus der Oxidation von Brennstoffmolekülen, wie zum Beispiel Glucose, mit Sauerstoff stammt (vgl. Abb. 70).

Die für die Atmung (die sogenannte oxidative Phosphorylierung) benötigten Sauerstoffmoleküle werden im Organismus der Tiere durch den Blutkreislauf über die Bindung an das Hämoglobin der roten Blutkörperchen (Erythrocyten) zu den Mitochondrien transportiert.

Die Bildung bzw. der Verbrauch von Sauerstoff ist zwar der offensichtlichste, aber keinesfalls der wesentlichste Unterschied zwischen Photosynthese

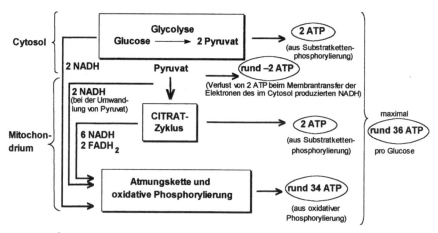

70  Jedes Glucosemolekül liefert in der Zellatmung viele ATP-Moleküle. 36 ATP-Moleküle stellen den maximal möglichen Ertrag dar.

(Assimilation) und Atmung (Dissimilation), vielmehr ist als erstes ihre Gemeinsamkeit beeindruckend. Die Analogien zwischen Photosynthese und Atmung gehen sogar so weit, daß sich die ATP-Synthese in den Chloroplasten und in den Mitochondrien aufs äußerste ähnelt, wobei sie in beiden Zellorganellen durch eine protonenmotorische Kraft angetrieben wird. Der eigentliche Unterschied ist dieser: Der Protonengradient der *Photosynthese* ist mit der Elektronentransportkette der *Lichtreaktion* gekoppelt. Hierbei entsteht unter Aufwand von Lichtenergie und unter Freisetzung von Sauerstoff NADPH, das zusammen mit dem gebildeten ATP für die Zuckersynthese gebraucht wird. Bei der *Atmung* (der oxidativen Phosphorylierung) hingegen wird der für die ATP-Synthese notwenige Protonengradient durch die Maschinerie der *Atmungskette* aufgebaut. Dabei werden Elektronen, die von den Brennstoffmolekülen, wie zum Beispiel Glucose, auf $NAD^+$ und FAD übertragen worden sind, anschließend weiter von NADH und $FADH_2$ auf molekularen Sauerstoff übertragen.

Und eben daraus ergibt sich jetzt die entscheidende Differenz: Während bei der *Photosynthese* die energiereichen *NADPH-Moleküle* (unter Absorption von Lichtenergie) *gebildet* werden und als Reduktionsäquivalente für die spätere $CO_2$-Assimilation und Zuckersynthese zur Verfügung stehen, werden bei der *Atmung* die energiereichen *NADH und $FADH_2$-Moleküle*, die während der Oxidation der «Brennstoffmoleküle» im Citrat-Zyklus gebildet worden waren, für den Aufbau des Protonengradienten zur ATP-Synthese *verbraucht* und müssen deshalb, um den Organismus im Fließgleichgewicht zu halten, durch den Abbau von Kohlenhydraten aus der aufgenommenen Nahrung nachgebildet werden, wobei das einstmals von den Pflanzen assimilierte $CO_2$ wieder «ausgeatmet» wird (vgl. die Tabelle Abb. 71). So wie der CALVIN-Zyklus für die Zuckersynthese, so ist der (sogenannte) *Citrat-Zyklus* für die Oxidation der Nahrungsstoffe von entscheidender Bedeutung (vgl. HARVEY LODISH u. a.: *Molekulare Zellbiologie, 779–781*).

«Die Zellatmung wechselt sozusagen die große Energiewährung auf dem Glucosekonto in das ‹Energiekleingeld› des ATP, das die Zelle für ihre Aktivitäten besser gebrauchen kann. Pro Glucosemolekül, das zu Kohlendioxid und Wasser abgebaut wird, stellt die Zelle bis zu 36 ATP-Moleküle her» (NEIL A. CAMPBELL: *Biologie*, 180).

In beiden korrespondierenden Prozessen aber, in Photosynthese und Atmung, ist das Ziel kein anderes als bei der Gärung auch: es soll letztendlich ATP dem Organismus direkt oder indirekt (über die Photosynthese von Zuckern) zu jedem beliebigen Zweck zur Verfügung gestellt werden.

| Photosynthese | Atmung |
|---|---|
| Der Elektronentransport während der *Lichtreaktion* der Photosynthese führt zur Übertragung von Elektronen aus der Spaltung von Wasser auf $NADP^+$. | Der Elektronentransport während der *Atmungskette* führt zur Übertragung von Elektronen von NADH und $FADH_2$ auf molekularen Sauerstoff. |
| Die für diese endergonische Reaktion notwendige Energie stammt aus dem Sonnenlicht. | Die in den energiereichen Molekülen NADH und $FADH_2$ gespeicherte Energie stammt aus der Oxidation der Glucose. Die Reaktion zwischen NADH und $FADH_2$ und Sauerstoff ist exergonisch. |
| Als Produkte des Elektronentransports werden NADPH und Sauerstoff gebildet. | Als Produkt des Elektronentransports wird Wasser gebildet. |
| Mit dem Elektronentransport durch die Thylakoidmembran ist die Bildung eines Protonengradienten verbunden. | Mit dem Elektronentransport durch die innere Mitochondrienmembran ist die Bildung eines Protonengradienten verbunden. |
| Die protonenmotorische Kraft ist mit der ATP-Synthese durch den $CF_0CF_1$-Komplex gekoppelt. | Die protonenmotorische Kraft ist während der *oxidativen Phosphorylierung* mit der ATP-Synthese durch die mitochondriale $F_0F_1$-ATPase gekoppelt. |
| Die während der Lichtreaktionen der Photosynthese in Form von NADPH und ATP «eingefangene» Energie wird im CALVIN-*Zyklus* (im Stroma der Chloroplasten) zur $CO_2$-Fixierung und somit zur Synthese von Zuckern verwendet. | Die Glucose bzw. das Pyruvat wird in der Glycolyse und im *Citrat-Zyklus* (der in der Matrix der Mitochondrien stattfindet) abgebaut bis zum $CO_2$, und die in der Glucose bzw. im Pyruvat gespeicherte chemische Energie wird auf $NAD^+$, FAD und ADP übertragen, so daß NADH, $FADH_2$ und ATP gebildet werden. |

71 Gegenüberstellung von Photosynthese und Atmung.

Da das ATP an allen bioenergetischen Prozessen beteiligt ist, stellt es die Schlüsselsubstanz des Lebens überhaupt dar. Ja, man kann sagen, daß der «Sinn» der Photosynthese ebenso wie der Nahrungsaufnahme wesentlich darin liegt, chemische Energie in Form von ATP zu gewinnen. *Wir haben aber jetzt (erneut) eine Stelle erreicht, an der ein begründetes theologisches und philosophisches Nachdenken über die Eigenart des Lebens auf dieser Erde allererst beginnen kann.*

ε) Vom Kern der Theodizeefrage:
Woher die Grausamkeit des Lebens?

Warum tötet ein Tier das andere? Warum töten Tiere die unschuldigen Pflanzen? Warum dieses gräßliche Gesetz, daß alles Leben lebt von anderem Leben? Welch ein «gütiger Gott» kann eine derartige Hölle ersonnen haben?

Das sind die Fragen und Klagen, die in der Kulturgeschichte des Abendlandes sich immer wieder stellen und die unter den gegebenen geistigen Voraussetzungen sich immer wieder stellen müssen.

Die Theologenantwort besteht bis in die Gegenwart hinein in dem Hinweis auf den heiligen *Paulus,* der in seinem Brief an die *Römer* (8,19–23) von dem «ängstlichen Harren der Kreatur» spricht, «die wartet darauf, daß die Kinder Gottes offenbar werden. Die Schöpfung», schreibt er, «ist ja unterworfen der Vergänglichkeit – ohne ihren Willen, sondern durch den, der sie unterworfen hat –, doch auf Hoffnung; denn auch die Schöpfung wird frei werden von der Knechtschaft der Vergangenheit zu der herrlichen Freiheit der Kinder Gottes». Und (*Röm* 8,33): «Der auch seinen eigenen Sohn nicht verschont hat, sondern hat ihn für uns alle dahingegeben – wie sollte er uns mit ihm nicht alles schenken?»

RUDOLF BULTMANN (*Theologie des Neuen Testaments,* 177; 230) sieht in diesem «in Andeutungen verlaufenden und daher im einzelnen schwer zu erklärenden Satz» des Apostels vom «Fall der Schöpfung» «gnostische Mythologie» durchscheinen. «In dunklen Worten, die offenbar auf einen Mythos zurückgehen», so meint er, «deutet Paulus an, daß das (sc. Unterworfensein der Schöpfung unter die Vergänglichkeit, unter den Tod, d. V.) nicht von jeher so war.» Wer aber ist dann der, der die Schöpfung gegen ihren Willen der «Vergänglichkeit» «unterworfen» hat? Das bleibt unklar. Ist es Gott? Der Satan? Adam? Am ehesten dürfte Gott selbst gemeint sein, der in jedem Fall «zuließ», daß der «Teufel» «Adam» «verführte» und damit infolge der «Sünde» des «ersten Menschen» Verderben und Verderblichkeit über die gesamte Schöpfung brachte.

Nun könnte es für Theologen eine wichtige Frage sein, wie man im Abstand von 2000 Jahren die Bilder und Vorstellungsweisen gnostischer Mythen beziehungsweise der paulinischen Erbsünden- und Erlösungsgedanken in den Erfahrungsraum und die Anschauungsformen heutiger Psychologie und Anthropologie sinnvoll zu übersetzen vermöchte; doch gerade diese dringend notwendige Übersetzungsarbeit verweigert das kirchengebundene Dogma. Noch im Jahre 1992 im «*Weltkatechismus*» der römischen Kirche (Nr. 391–395) schreibt das Lehramt des Vatikans 900 Millionen Menschen auf dieser Erde (allen Katholiken) verbindlich zu glauben vor, daß am Anfang der Welt *Engel* gewesen seien, die «in einer freien Entscheidung radikal und unwiderruflich Gott und seine Herrschaft abgelehnt» hätten, «so daß ihre Sünde nicht vergeben werden konnte»; diese zu *Teufeln* verwandelten Engel hätten zwar den Aufbau der Herrschaft Gottes nicht zu verhindern vermocht, doch in seinem Haß gegen Gott und sein Reich in Jesus Christus habe der Satan gleichwohl durch sein Handeln «schwere Schäden der geistigen Natur und indirekt sogar auch der physischen Natur» verursacht. Auch den «ersten Menschen» habe er zum «Ungehorsam» gegen Gott verleitet (Nr. 397), wie man in «Glaubensgewißheit» als «historisch» anzunehmen verpflichtet bleibt (Nr. 390), um als «Gläubiger» in römischen Augen gelten zu können.

Den Widersinn und Unsinn einer derartigen Historisierung und Metaphysierung mythischer Bilder haben wir bereits in *Der sechste Tag* (82–83; 213–231) genügend besprochen, es standen uns damals aber nur erst ein paar Einsichten in die Heraufkunft des Menschen aus den letzten sechs Jahrmillionen der Evolution zur Verfügung; jetzt hingegen begreifen wir zum ersten Mal eines der Grundprobleme des Lebens auf dieser Erde: Wie ist es möglich, die einzige verfügbare Energiequelle, das einstrahlende Sonnenlicht, in biochemische Energie umzuwandeln? Erst von daher werden wir imstande sein zu begreifen, warum das Leben so ist, wie es ist – jenseits von Gut und Böse, unvorstellbar schön und unvorstellbar schrecklich, überraschend «weise» und unbegreifbar absurd, sich selber gebärend und sich selber verzehrend in einem stets sich erneuernden Zyklus.

Halten wir fest: Die generelle Antwort, die im Verlauf eines mehr als zwei Milliarden Jahre währenden Experimentierens mit lebenden Strukturen auf die Frage der Energieknappheit gefunden wurde, bestand und besteht eben in der Photosynthese. Deren Verfahren ist für den Stoffwechsel der Pflanzen nicht nur grundlegend, es kann im übrigen je nach den Verhältnissen ergänzt und modifiziert werden und gewinnt damit noch an zusätzlicher Bedeutung; wiederum aber ist es die Art, wie das geschieht, für ein *theologisches* Nachdenken über die Einrichtung und Eigenart des Lebens überaus lehrreich.

### Der $C_4$-Weg als Lehrbeispiel

Nehmen wir, um die biochemische Grundlegung zu Ende zu bringen, als wichtigstes Beispiel für spezielle Ergänzungen der Photosynthese den sogenannten $C_4$-Weg, der bei einer ganzen Reihe von tropischen Pflanzen vorkommt (vgl. LUBERT STRYER: *Biochemie*, 712–713).

Wie bei der Besprechung der Photosynthese soeben erläutert, ist für die Kohlenhydratsynthese das Enzym *Rubisco* (Ribulose-1,5-bisphosphat-Carboxylase) notwendig. Es katalysiert – wir erinnern uns – die Fixierung von $CO_2$, indem dieses an Ribulose-1,5-bisphosphat ($C_5$) addiert wird, so daß über ein Zwischenprodukt ($C_6$) zwei Moleküle 3-Phosphoglycerat ($C_3$) gebildet werden. Diese werden während des CALVIN-Zyklus in Zucker umgewandelt.

Bereits dieser gesamte phantastische Prozeß wird viele Theologen nach wie vor zu der «Argumentation» verleiten, daß «so etwas» Komplexes und Kompliziertes wie die Photosynthese, das nach wie vor die Leistungen der besten von Menschen erdachten Wärmekraftmaschinen um ein Beträchtliches an Effizienz übertrifft, eben nur von einem «Geist» ersonnen worden sein könne, der dem menschlichen Denken weit («unendlich») überlegen sein müsse. Doch womit wir es im Beispiel des CALVIN-Zyklus (ebenso wie beim *Citrat-Zyklus*) zu tun haben, sind in Wahrheit klassische Fälle von *autokatalytischen Prozessen*. Man kann das – wie schon zu Beginn dieses Buches bei der Beschreibung des Wirbeltierauges – an der «Unvollkommenheit», ja, technisch gesprochen, an dem Widersinn erkennen, der mit der so glänzenden Errungenschaft des CALVIN-*Zyklus auch* gegeben ist, und schon um dieser kleinen, doch wichtigen Feststellung wegen dürfte die etwas genauere Beschäftigung mit der Photosynthese und ihren Ergänzungsmodifikationen für alle theologisch Interessierten sich jetzt in breiter Form auszuzahlen beginnen.

Interessanterweise nämlich katalysiert die Rubisco nicht nur die Addition von $CO_2$ an Ribulose-1,5-bisphosphat, sondern auch als Konkurrenzreaktion die Addition von $O_2$ an Ribulose-1,5-bisphosphat. Da die Pflanze bei der letztgenannten Reaktion $O_2$ verbraucht und Ribulose-1,5-bisphosphat teilweise bis zum $CO_2$ abbaut, spricht man von *Photorespiration* (Photoatmung, im Gegensatz zur Photosynthese). Da bei der Photorespiration kein NADPH gebildet und zusätzlich auch noch ATP verbraucht (!) wird, ist sie für die

Energiegewinnung der Pflanze nutzlos. Schärfer gesagt: es ist für den Energiehaushalt der Pflanze *von großem Nachteil,* daß Rubisco nicht nur die Funktion einer Carboxylase (eines Enzyms, das die Addition von $CO_2$ katalysiert), sondern zugleich auch die einer Oxygenase (eines Biokatalysators für die Addition von $O_2$) besitzt und daß zudem die Verluste durch Photorespiration bis zu 50 Prozent des im CALVIN-Zyklus fixierten $CO_2$ betragen können (vgl. HARVEY LODISH u. a.: *Molekulare Zellbiologie,* 829–830).

Was für uns daraus folgt, ist von erheblicher theologischer Relevanz: Kein *menschlicher* Konstrukteur hätte sich bei der «Planung» der Photosynthese eines Enzyms wie Rubisco bedient, eines Proteins, das die Wirkung, die man sich von ihm verspricht, zugleich teilweise wieder zunichte macht, und wir müssen gegenüber dem bei Theologen üblichen apologetischen «Argument» der unendlichen Steigerung irdischer Erfahrungen ins Metaphysische hervorheben: eine *göttliche* «Vorsehung», hätte sie denn zu obwalten vermocht, würde nicht (immer wieder!) auf Lösungswege verfallen sein, die um die nächste Ecke schon wieder in eine Sackgasse führen müssen. Gerade von dem, was die Theologen als sichere Erwartung an die «Schöpfung» eines allweisen und allmächtigen Gottes richten: daß da ein großer Entwurf im Gang der Zeit vor den Augen denkender Wesen sich abzeichne zum Ruhme eines allwirkenden Geistes, der in seiner unendlich sich verströmenden «Liebe» eben auch uns und uns insbesondere, die kleinen, zum Bewußtsein erst kürzlich erwachten Menschen, an seiner «Herrlichkeit» (HANS URS VON BALTHASAR) habe wollen teilnehmen lassen – gerade davon kann keine Rede sein!

Im Gegenteil müssen wir, weitaus bescheidener, feststellen, daß es während der Evolution ganz offensichtlich nicht gelungen ist, eine Ribulose-1,5-bisphosphat-Carboxylase zu entwickeln, die die störende Teilaktivität zur Photorespiration nicht mehr besitzt. Rubisco wurde ganz einfach zu einem sehr frühen Zeitpunkt der Evolution selektiert, als die Atmosphäre noch eine hohe Konzentration an $CO_2$ aufwies und noch nahezu frei an $O_2$ war, so daß die Photorespiration noch keine Rolle spielte (vgl. LUBERT STRYER: *Biochemie,* 713). Doch dann ging es so weiter, wie wir es als die «Ordnung des Lebendigen» beschrieben haben: eben weil es *keine* «Vorsehung» im Naturgeschehen gibt, verwandelten sich die Vorteile von heute irgendwann in die Nachteile von morgen: Rubisco war nicht eingestellt auf die heutigen sauerstoffreichen Bedingungen, welche die Photorespiration begünstigen; doch erst einmal an einer zentralen Stelle der Photosynthese etabliert, ließ sie sich auch nicht mehr an die veränderten atmosphärischen Bedingungen anpassen noch einfach auswechseln. Allenfalls bleibt es der Gentechnik vorbehalten, zur Verbesserung von Ernteerträgen die DNA so zu manipulieren, daß eine Rubisco entsteht, die ihre Aufgabe – nach menschlicher Vorstellung – effektiver zu erfüllen vermag, mit dem Risiko freilich von unabsehbaren Nebenwirkungen für das Artengleichgewicht sowie für die entsprechenden ökologischen Verschiebungen (Langzeitschäden).

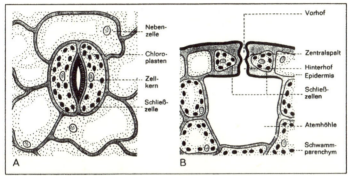

Spaltöffnungsapparat: Aufsicht /A), Querschnitt (B)

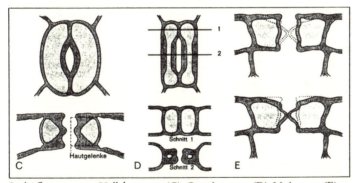

Spaltöffnungstypen: Helleborustyp (C), Gramineentyp (D), Mniumtyp (E)

## 72 Spaltöffnungsapparat (Stoma)

Der *Helleborus*typ (C) weist einen Spalt (Porus) auf, der zwischen zwei bohnenförmigen Schließzellen liegt; das Öffnen und Schließen erfolgt durch Turgorerhöhung und -senkung in den Schließzellen. Nach dem gleichen Prinzip arbeitet auch der *Gramineen*typ (D) mit seinen hantelförmigen Schließzellen, die bei Gräsern verbreitet sind, sowie der bei Farnen und Moosen vorkommende *Mnium*typ (E), bei dem die Schließzellen mit dünner Bauchwand und verdickten übrigen Wänden bei Turgorerhöhung höher werden, die Konvexkrümmung gegen den Spalt wird geringer und dieser öffnet sich.

Die Natur hingegen hat nicht die Rubisco «verbessert» noch ausgetauscht, sondern «arbeitete» nach ihrer Methode weiter: Sie trieb die Lebewesen gnadenlos in jede selbstgeschaffene Sackgasse, nur um dann am Ende einen zweifelhaften, ja, verzweifelten «Ausweg» selektiv durch eine gewisse Chance zum Überleben zu prämieren.

Die Problemverschärfung ergab sich notwendigerweise bei allen Pflanzen, die einem heißen und trockenen Klima ausgesetzt sind; bei ihnen macht sich der Energieverlust durch Photorespiration besonders empfindlich bemerkbar. Denn um sich vor zu großen Wasserverlusten zu schützen, müssen diese Pflanzen die Spaltöffnungen in ihren Blättern (die sogenannten *Stomata*, die Pluralform von griechisch *stoma* = der «Mund») *schließen;* nur durch die Stomata aber kann der Gasaustausch von $CO_2$ und $O_2$ erfolgen, wie Abb. 72 verdeutlicht.

In der Folge *sinkt* in den Blättern die Konzentration von $CO_2$, das ja durch die Photosynthese verbraucht wird, und als Folge davon wiederum ergibt sich, daß die Photorespiration immer mehr auf Kosten der Photosynthese begünstigt wird (vgl. HARVEY LODISH: u. a.: *Molekulare Zellbiologie*, 830).

Die Lösung, welche die Natur sich in dieser Situation hat einfallen lassen, ist eben der schon erwähnte $C_4$-*Weg*, der bei einer ganzen Reihe von tropischen Pflanzen, wie zum Beispiel bei Zuckerrohr, Mais und Fingerhirse, für eine *Unterdrückung* der Photorespiration sorgt (vgl. HARVEY LODISH u. a.: *Molekulare Zellbiologie*, 830).

Die Lösungsstrategie des $C_4$-Weges besteht darin, daß er in der unmittelbaren Umgebung der Rubisco, also in den photosynthetisch aktiven Zellen am Ort des CALVIN-Zyklus, einen Mikrokosmos errichtet, der mit einer hohen lokalen $CO_2$-Konzentration die für Rubisco idealen Bedingungen aus der frühen Phase der Evolution nachstellt und dadurch ein Milieu erzeugt, in dem die

$$\begin{array}{cc} COO^- & COO^- \\ | & | \\ HO-C-H & C=O \\ | & | \\ CH_2 & CH_2 \\ | & | \\ COO^- & COO^- \end{array}$$

73    Malat        Oxalacetat

$$\begin{array}{c} \text{O} \\ \| \\ {}^-\text{O}-\text{P}-\text{O}^- \\ | \\ \text{O} \\ | \\ \text{H}_2\text{C}=\text{C}-\text{C} \begin{array}{c} \diagup\text{O} \\ \diagdown\text{O}^- \end{array} \end{array}$$

74  Phosphoenolpyruvat (PEP).

Photorespiration eine untergeordnete Rolle spielt (vgl. LUBERT STRYER: *Biochemie*, 713).

Näherhin ist der $C_4$-Weg ein *zweistufiger* Stoffwechselweg, bei dem im ersten Schritt $CO_2$ gespeichert wird und erst in einem zweiten Schritt der CALVIN-Zyklus stattfindet.

Seinen Namen verdankt der $C_4$-Weg der Tatsache, daß bei Versuchen mit radioaktiv markiertem $^{14}CO_2$ als erste Zwischenprodukte die $C_4$-Verbindungen Oxalacetat und Malat nachgewiesen werden, deren Strukturformeln in Abb. 73 wiedergegeben sind (vgl. HARVEY LODISH u. a.: *Molekulare Zellbiologie*, 830–831).

Im Gegensatz zum CALVIN-Zyklus, der mit der $C_3$-Verbindung 3-Phosphoglycerat beginnt, steht am Anfang des $C_4$-Weges mit dem Oxalacetat also eine $C_4$-Verbindung; dementsprechend unterscheidet man denn auch zwischen $C_3$- und $C_4$-Pflanzen.

Das Oxalacetat ($C_4$) wird gebildet, indem das $CO_2$ der Luft an *Phosphoenolpyruvat* (PEP, eine $C_3$-Verbindung, die in Abb. 74 dargestellt ist) gebunden wird (*en* bezeichnet die Doppelbindung).

Diese Reaktion findet in den sogenannten Mesophyllzellen statt, die in direktem Kontakt zur Luft stehen. Das Enzym, das diese Reaktion katalysiert, die PEP-Carboxylase, ist im Gegensatz zur Rubisco sauerstoffunempfindlich und besitzt eine wesentlich höhere Affinität zu $CO_2$ (vgl. HARVEY LODISH u. a.: *Molekulare Zellbiologie*, 830).

Oxalacetat wird anschließend in Malat ($C_4$) umgewandelt und in die sogenannten Bündelscheidenzellen transportiert, wo das zuvor in den Mesophyllzellen fixierte $CO_2$ wieder abgespalten wird.

Zusammenfassend kann man sagen, daß die Mesophyllzellen $CO_2$ «einfangen» und unter Energieaufwand in die Bündelscheidenzellen «pumpen», mit dem Ergebnis, daß in diesen Zellen ein hoher $CO_2$-Gehalt aufrechterhalten wird.

Der CALVIN-*Zyklus* findet nun ausschließlich in den Chloroplasten der

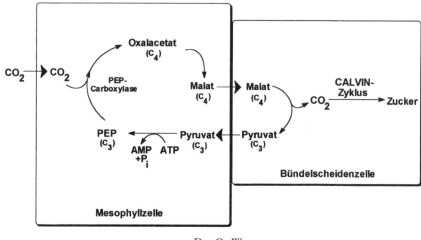

75 Der C$_4$-Weg.

Bündelscheidenzellen statt, so daß Rubisco unter Bedingungen arbeitet, die die Photorespiration unterdrücken. Aus diesem Grund kann bei C$_4$-Pflanzen die maximale Zuwachsrate das Zehnfache von C$_3$-Pflanzen erreichen. Der zusätzliche Energieaufwand beim C$_4$-Weg, nämlich der Verbrauch von ATP (aus der Lichtreaktion der Photosynthese) zur Regeneration von PEP, fällt unter den günstigen Lichtverhältnissen in den Tropen nicht ins Gewicht. Mais und Zuckerrohr zum Beispiel besitzen deshalb ein starkes Wachstum mit hoher Substanzproduktion. Den C$_4$-Weg im ganzen versucht die Abb. 75 zu verdeutlichen.

*Die zwiespältigen Folgen der Photosynthese:*
*die «Vergiftung» der Atmosphäre mit Sauerstoff*

Aber auch bei solchen Anpassungen wie dem C$_4$-Weg bleibt, wie wir sehen, das Prinzip der Photosynthese erhalten: Von den Cyanobakterien bis hin zu den höheren Pflanzen, von den «Blaualgen» bis zur Sonnenblume, verläuft die oxygene (Sauerstoff freisetzende) Photosynthese nach denselben Mechanismen! Überall lassen sich Chlorophyllmoleküle als lichtsammelnde Pigmente, die beiden Photosysteme PS I und PS II, der sauerstoffbildende Komplex und der CALVIN-*Zyklus* finden. Nur die Purpurbakterien und die grünen Schwefelbakterien, die anoxygene Photosynthese betreiben, weisen gewisse Besonderheiten auf. Daraus ergibt sich eine wichtige Folgerung. «Offenbar ist der Mechanismus der Photosynthese in der Form, wie er auf der Stufe der Blaualgen vor Jahrmillionen erfunden wurde, nahezu unverändert von allen später in der Evolution entstandenen Pflanzen übernommen worden» (PETER SCHOPFER: *Die Photosynthese*, in: D. Todt: Biologie, 2: Systeme des Lebendigen, 182).

Es gibt in der Tat keine «Erfindung» des Lebens auf unserer Erde, die von größerer Bedeutung sein könnte als die Photosynthese. All die bewundernswerten Leistungen der Evolution basieren in gewissem Sinne auf dieser «Erfindung» – und, wie wir jetzt hinzufügen müssen, nicht minder das monströse Ausmaß an Schmerz und Leid auf dieser Erde! Nicht ein Teufel, der «sogar die physische Natur» durch seine Aufsässigkeit gegen den Schöpfer «geschädigt» hätte, macht uns die Widersprüchlichkeit aller Erscheinungsformen des Lebens verständlich, wohl aber eine auch nur oberflächliche Einsicht in die Biochemie der grundlegenden energetischen Vorgänge des Lebens. Schildern wir, ehe die neu zu leistenden «Einsätze» des Lebens selber klarer zu Tage treten, zunächst nur noch die enormen Veränderungen, die geologisch (!) durch die biologische Errungenschaft der Photosynthese sich ergeben mußten; wir werden dann gleich sehen, daß und warum die theologische Konzeption von einem Gott, der seine Schöpfung planvoll und weise gestaltet hätte, an der Wirklichkeit des Lebens auf dieser Erde notwendig scheitert.

Die in diesem Zusammenhang wichtigste Tatsache ist die *Freisetzung des Sauerstoffs*, der bei der Photosynthese als «Abfallprodukt» auftritt. Dieses äußerst reaktive Gas verbindet sich mit allen möglichen Stoffen, sowohl mit Nichtmetallen wie Schwefel und Kohlenstoff, aber vor allem mit Metallen: Eisen rostet, Silicium und Aluminium werden zu Tonerden (Alumosilicaten) oder zu Quarz (Siliciumdioxid, $SiO_2$); Calcium verbindet sich mit Sauerstoff, Wasser und Kohlendioxid zu Kalk (Calciumcarbonat, $CaCO_3$) (vgl. J. H. REICHHOLF: *Der schöpferische Impuls*, 35). Im ganzen wurden ca. 38 % des Sauerstoffs an Schwefel (unter Bildung von Sulfat-Anionen, $SO_4^{2-}$) und ca. 57 % an Eisen (unter Bildung von $Fe_2O_3$) gebunden. Nur 5 % des durch Photosynthese freigesetzten Sauerstoffs verblieben in der Atmosphäre (vgl. MANFRED SCHIDLOWSKI: *Die Geschichte des Atmosphäre*, in: Fossilien, S. 27).

Die ersten Lieferanten des Sauerstoffanstiegs in den Meeren der Urzeit dürften Schwefelbakterien gewesen sein, «die durch Mutation die Fähigkeit erwarben, ihre als Reaktionsmotor benötigten Elektronen aus der Spaltung von Wasser anstelle von Schwefelwasserstoff zu gewinnen» (RUTH OMPHALIUS: *Planet des Lebens*, 35). Die frühesten Hinweise auf die Aktivität solcher Bakterien mit einem Alter von etwa 3,5 Milliarden Jahren fanden sich bei North Pole im Nordwesten Australiens. In den gut erhaltenen Sedimenten entdeckte man fossile Mikroben mit einer Länge von kaum einem Hundertstel Millimeter. «Die meisten von ihnen befanden sich in seltsam gewölbten, grünlich-braunen Gebilden, die die Forscher für versteinerte Bakterienrasen, das heißt auf Mineralien angesiedelte Bakteriengemeinschaften halten» (a. a. O., 35). Diese Sedimentgesteine, in denen man die ältesten Lebensformen findet, bezeichnet man als *Stromatolithe*. Sie sind den heutigen Bakterienrasen ähnlich, die durch Kolonien rezenter Cyanobakterien und anderer Bakterien gebildet werden. Die australischen Fossilien scheinen also tatsächlich von Photosynthese betreibenden Bakterien zu stammen, die möglicherweise schon Sauerstoff produzierten. Die ersten Cyanobakterien müßten sich demnach vor 3,4–2,5 Milliarden Jahren entwickelt haben; jedenfalls lebten sie mit anderen Prokaryoten in Kolonien, die dann die Stromatolithen bildeten. Der Querschnitt durch einen solchen Stromatolithen zeigt ein Bandenmuster aus einzelnen Sedimentschichten, die an den geleeartigen Hüllen der beweglichen Bakterien haften geblieben sind. Die Banden entstanden, weil die Bakterien aus der gerade gebildeten Schicht herauswanderten und dadurch eine neue Schicht aufbauten (vgl. NEIL A. CAMPBELL: *Biologie*, 534–535; 556; vgl. auch VALERIO GIACOMINI: *Von der Zelle zum Menschen*, in: Die Wunder der Erde, 43–58, S. 46; vgl. HANS G. SCHLEGEL: *Allgemeine Mikrobiologie*, 584–585).

Mit der Photosynthese scheint den Cyanobakterien vor rund 3,4–2,5 Milliarden Jahren mithin selbst in den *geologischen* Konsequenzen ein ganz entscheidender Durchbruch gelungen zu sein. Wie gewaltig nämlich die «Bevölkerungsexplosion» war, die sie mit ihrer Art der Energiegewinnung einleiteten, zeigt sich zum Beispiel in Pilbara, im Westen Australiens; dort fand man in Sedimenten aus dem Erdaltertum vor 2,7 Milliarden Jahren einen riesigen «Blaualgenfriedhof». «Bis zu einer Höhe von 40 Metern schichten sich heute die schwarzen Überreste der Cyanobakterien (sc. dort, d. V.) übereinander, wo sich einst ein gigantisches Binnenmeer erstreckte… Das aggressive Gas (sc. der Sauerstoff, den sie bei der Photosynthese ausschieden, d. V.) reagierte mit dem im Wasser vorhandenen Eisen (sc. $Fe^{2+}$-Ionen, d. V.) zu großen Mengen von ‹Rost›, der absank und sich auf dem Grund des Binnenmeers ablagerte. In Pilbara zeugt eine dicke Schicht rostroter Erde von diesen faszinierenden Vorgängen» (RUTH OMPHALIUS, 37).

Und nun geht es theologisch um folgendes: Bis zu diesem Punkt der Betrachtung könnte die tradierte Schöpfungstheologie der kirchlichen Dogmatik wohl immer noch mancherlei Grund finden, ihre alten «teleologischen» Argumente zugunsten der Weisheit göttlicher Fügung und Lenkung in der Entwicklung des Lebens auf dieser Erde zu erneuern: Ist nicht, noch einmal gefragt, allein schon die Lichtreaktion der Photosynthese eine phantastische Errungenschaft des Lebens? Besteht nicht im Sinn einer Frömmigkeitshaltung, wie sie etwa BARTHOLD HINRICH BROCKES: *Irdisches Vergnügen in Gott* (1738) in der letzten großen Kulturleistung der römischen Kirche, im Barock, verkörperte, jeder nur erdenkliche Grund, gerade gestützt auf die Entdeckungen moderner Biologie, Paläontologie und Geologie, das Walten des Schöpfers in seinen Werken nur um so größer zu preisen?

Eines ist wahr: Bereits ein erster Einblick in die Grundzusammenhänge des Lebens: in die Maschinerie der Eiweißsynthese mit Hilfe des genetischen Codes der DNA oder jetzt in das Raffinement der Photosynthese in ihrer Umwandlung von Kohlendioxid und Wasser in Kohlenhydrat und Sauerstoff kann uns nur höchste Bewunderung abnötigen. Liegt es da nicht auf der Hand, ein Verfahren, das in seiner Wirksamkeit alle planende Vernunft von Menschen bis heute bei weitem übertrifft, nicht doch für das Werk einer planenden *göttlichen* Vernunft zu halten? Wie soll man fortan auch nur einen Grashalm auf der Wiese, ein Blättchen am Baum, eine «Blaualge» unter dem Mikroskop betrachten können, ohne in ein ehrfürchtig schwärmendes Staunen zu geraten? Diesen unglaublich komplexen Vorgängen verdanken wir unser Leben! Läßt es sich da in theologischer Absicht nicht geradezu notwendig denken, die Bibel habe so unrecht nicht, wenn sie in ihrer Schöpfungsgeschichte betone, wie Gott «im Anfang» *die Sonne* an den Himmel gestellt habe (Gen 1,14–18)? So viel steht fest: Ohne das Licht und die Wärme unseres Zentralgestirns wäre Leben auf unserer Erde gar nimmer möglich; wer aber hätte denken können, auf welche Weise sich Lichtenergie in biochemische Energie übersetzen ließe? Und wer hätte bei dem «Gewinn» der Sauerstoffausscheidung vorhersehen können, daß in den Weltmeeren in Schichten von der Mächtigkeit des Alpenmassivs Kalk aufgetürmt würde? Insbesondere der Anstieg des Sauerstoffs in der Atmosphäre führte schließlich dazu, die schützende Ozonschicht zu bilden, die ihrerseits das Eindringen der UV-Strahlen verhinderte. Komplexere Strukturen des Lebens konnten sich überhaupt erst von diesem Zeitpunkt an bilden. Nicht nur biochemisch, sondern auch physikochemisch schuf sich das Leben vor 3,5 Milliarden Jahren mit Hilfe der Photosynthese die Voraussetzungen seines eigenen Aufstiegs. Läßt sich ein

Prozeß denken, der genialer hätte ersonnen werden können? Und war er nicht also denn doch erdacht und geplant?

Die Wahrheit zu sagen, er kann es *nicht* sein; denn was hier von dem Ergebnis her – erneut – so großartig aussieht, mutet – ebenfalls erneut – monströs an in seinen Bedingungen, in der Form seines Zustandekommens und in vielen seiner Konsequenzen.

Zunächst: Die Verschiebung der Gaszusammensetzung der Atmosphäre blieb natürlich nicht ohne Rückwirkung auf die damaligen Lebensformen selbst. «Von den Gasen der Uratmosphäre waren (sc. vor dem Aufstieg der Cyanobakterien, d. V.) im wesentlichen nur noch Stickstoff und Wasserdampf übriggeblieben. Ein paar Prozent nahm das Kohlendioxid ein. Methan (sc. $CH_4$, d. V.) hatte sich verflüchtigt. Es war von der Ultraviolettstrahlung zusammen mit Wasser gespalten worden. Der Kohlenstoff des Methans und der Sauerstoff aus dem Wasser verbanden sich zum Kohlendioxid, während der übriggebliebene Wasserstoff in den Weltraum entwich. Nun aber kam der Sauerstoff dazu. Die Unterwassergebirge und die kilometerdicken Ablagerungen von Kalk entsprechen der gewaltigen Menge an Sauerstoff, die bei ihrer Bildung frei geworden ist. Er füllte nun die Atmosphäre auf. – Die meisten Befunde deuten darauf hin, daß der Anstieg nicht bei unseren gegenwärtigen knapp 21 Prozent Sauerstoff in der Atmosphäre haltgemacht hatte, sondern daß der Gehalt auf etwa 30 Prozent anstieg, bis das Kohlendioxid so knapp geworden war, daß die Leistung der Photosynthese drastisch zurückging» (J. H. REICHHOLF: *Der schöpferische Impuls*, 37–38).

Gerade der Stoff, der bei der Photosynthese der Cyanobakterien freigesetzt wurde und der uns heute als «Odem des Lebens» gilt, war indessen für die frühen Einzeller in einer Weise gefährlich, als wenn man einen Menschen in ein Salzsäurebad stecken würde. Sauerstoff nämlich greift die Bindungen organischer Moleküle an. HOIMAR VON DITFURTH (*Am Anfang war der Wasserstoff*, 218; 219) meinte dazu: «Das Ergebnis der Photosynthese war eine weltweite Bedrohung aller bisher entstandenen Lebensformen. Es gab nicht einen Organismus, der auf das Auftauchen des bis dahin nur in verschwindenden Mengen vorhandenen Sauerstoffs vorbereitet gewesen wäre.» «So lückenhaft unser Wissen über diese so weit zurückliegende Epoche auch sein mag, alle Wissenschaftler sind sich einig darüber, daß damals fast alle bereits entstandenen Lebensformen in einer weltweiten Katastrophe wieder zugrunde gegangen sein müssen... Es war, als hätte ein böser Geist unseren Planeten in eine Giftwolke gehüllt.»

Ein solches Ergebnis ist denn nun wohl das genaue Gegenteil dessen, was man als erfolgreiche Planung der Entwicklung des Lebens auf dieser Erde bezeichnen mag! Alles spricht im Gegenteil dafür, daß bereits die Photosynthese als ein «Notbehelf» entstand, als die organischen Nährstoffe von den gärenden Prokaryoten schneller verbraucht wurden, als sie durch abiotische Synthese nachgeliefert werden konnten (vgl. NEIL A. CAMPBELL: *Biologie, 556*). Diese Form der Energiegewinnung *mußte* in einen akuten Engpaß führen, und wenn dieser Prozeß auch etwa eine halbe Milliarde Jahre lang angehalten haben mag, so zeugt es von Anfang an *nicht* von langfristiger Planung, das Leben auf eine Grundlage zu stellen, die irgendwann am eigenen Erfolg zugrunde gehen mußte. Daß sich dann, zufällig und mühsam genug, das Schlupfloch der Photosynthese fand, erscheint zweifellos im Rückblick als goldwert, doch war ein solcher Schritt weder vorhergesehen noch vorhersehbar.

Oder doch?

Daß das Leben, wenn es erst einmal existierte, irgendwann dazu übergehen würde, die Energie des Sonnenlichtes für sich zu nutzen, läßt sich gewiß erwarten. Dann aber wundert es bereits, daß es über so lange Zeiten hin zu einer Ausnutzung der Sonnenenergie *nicht* kam. Durchaus nicht zu erwarten stand jedenfalls, *wie* dieser Schritt endlich gelang: durch die Herstellung von Kohlenhydraten aus Kohlendioxid und Wasser unter Ausnutzung von Sonnenenergie (Licht) und unter Abgabe von Sauerstoff die nötige Lichtenergie über die chemischen Eigenschaften des Chlorophylls sich zunutze zu machen! Es scheint schon deshalb unmöglich, auf gerade *diese* Lösung des Energieproblems vor 3,4 Milliarden Jahren zu verfallen, weil jeder «Vernünftige» vor der schrankenlosen Freisetzung ausgerechnet von Sauerstoff in die Weltmeere und schließlich in die Atmosphäre nur in aller Eindringlichkeit hätte warnen müssen. Gerade in Anbetracht der schon erreichten Formen des Lebens kam die Sauerstoffproduktion der photosynthetisierenden Cyanobakterien, wie gesagt, einer globalen Vergiftung gleich, die über kurz oder lang sogar die Lebensformen bedrohen mußte, die von ihr Nutzen zogen.

Allerdings nahm die «Vergiftung» der Atmosphäre mit Sauerstoff enorme Zeitspannen in Anspuch, die wir uns in groben Stichworten noch einmal verdeutlichen können: Der von den Cyanobakterien gebildete Sauerstoff reagierte zuerst mit den im Meerwasser gelösten $Fe^{2+}$-Ionen zu Eisenoxid ($Fe_2O_3$) – die riesenhaften Eisenerzsedimente, die sogenannten gebänderten Eisensteine in Lothringen (s. o. S. 158), stammen aus dieser Zeit. Vor etwa 2 Milliarden Jahren aber waren die Eisenionen in den Meeren weitgehend aufgebraucht, und der Sauerstoff begann aus dem Meerwasser in die Atmosphäre auszugasen. Er griff jetzt die eisenhaltigen Festlandgesteine an, so daß die Bildung der Rotsandsteine einsetzte. Da keine Eisensteine bekannt sind, die jünger als 1,6 Milliarden Jahre wären, wird davon ausgegangen, daß sich der Sauerstoff seit spätestens dieser Zeit in der Atmosphäre zu akkumulieren begann. Vor 1,5 Milliarden Jahren dann war schließlich eine stabile sauerstoffhaltige Atmosphäre aufgebaut, die mindestens ein Prozent des heutigen Wertes betragen haben muß; «denn dies ist die kritische Konzentration, bei der sauerstoffatmende Organismen (sc. wie einige Prokaryoten und die ersten Eukaryoten, d. V.) grade noch existieren können» (MANFRED SCHIDLOWSKI: *Die Geschichte der Erdatmosphäre*, in: Fossilien. Bilder frühen Lebens, 28). Eine schematische Darstellung des Anstiegs der Sauerstoffkonzentration in der Atmosphäre bietet Abb. 76.

In Antwort auf diesen allmählichen Anstieg des Sauerstoffgehalts gelang es immerhin einigen Prokaryoten des Präkambriums, Schutzmechanismen ge-

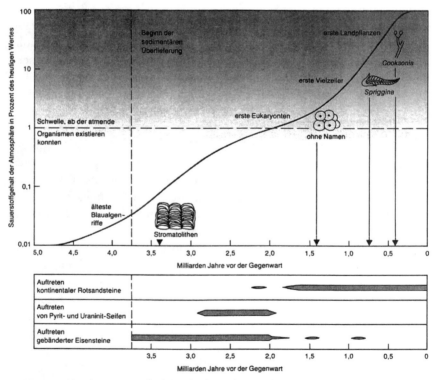

76  Der Anstieg des Sauerstoffgehaltes in der Erdatmosphäre. Uranitit = $UO_2$, Pyrit = $FeS_2$.

gen das reaktive Gas zu entwickeln. Organismen freilich, die dazu nicht in der Lage waren, starben aus, es sei denn, sie konnten sich in Lebensräume zurückziehen, die von Sauerstoff frei blieben. Ihre Nachkommen, wie zum Beispiel die uns schon bekannten methanogenen Archaebakterien, finden wir unter anderem im sauerstofffreien Faulschlamm von Seen.

Einigen der Photosynthese betreibenden Prokaryoten hingegen gelang ein weiterer wesentlicher Entwicklungsschritt: Man vermutet, daß sie die Elektronentransportketten, die ursprünglich nur der Photosynthese dienten, derart modifizierten, daß sie als Endakzeptor für die Elektronen aus den organischen Nährstoffen Sauerstoff verwenden konnten. Damit war *die Sauerstoffatmung* (Dissimilation) geboren. Diesen Übergang von der Photosynthese zur Atmung verkörpern noch heute die photoheterotrophen schwefellosen Purpurbakterien. Ihr Elektronentransportsystem enthält sowohl photosynthetische als auch respiratorische Elemente (vgl. NEIL A. CAMPBELL, *Biologie*, 557).

Wiederum andere Prokaryoten spezialisierten sich ausschließlich auf die neu entwickelte Sauerstoffatmung (Dissimilation); sie gaben die Photosynthese wieder ganz auf und kehrten zur chemoheterotrophen Ernährungsweise zurück (vgl. NEIL A. CAMPBELL, *Biologie*, 557).

*Vom Nutzen der Sauerstoffatmung gegenüber der Gärung*

Besonders eindrucksvoll erscheint der Nutzen der Sauerstoffatmung für die Lebewesen, wenn wir noch einmal den Energiegewinn von Dissimilation und (anaerober) Gärung miteinander vergleichen (s. o. S. 158–162; 197–199).

Bei der Gärung – gleichgültig, ob als alkoholische Gärung oder als Milchsäuregärung – findet nur ein teilweiser Abbau der Glucose über die Glycolyse bis zum Pyruvat statt, so daß nur 2 ATP gebildet werden können, also auch nur eine Energie von 2 mal 30,5 kJ/mol, also von 61 kJ/mol Glucose (entsprechend 2 mal 7,3 kcal/mol, also 14,6 kcal/mol Glucose) der Zelle für ihre Aktivitäten in Form des Energieüberträgers ATP zur Verfügung steht. Die Glycolyse ist dabei der ältere Stoffwechselprozeß, da die für sie erforderlichen Enzyme noch frei im Cytosol gelöst vorkommen und noch keine Zellorganellen (wie die Mitochondrien) vonnöten sind (vgl. NEIL A. CAMPBELL, *Biologie*, 193).

Der Unterschied ergibt sich aus folgender Tatsache: Bei der Dissimilation leitet die Glycolyse den Abbau der Glucose nur ein, und die Oxidation des Pyruvats erfolgt anschließend weiter bis zu Kohlendioxid und Wasser. Dabei werden pro Mol abgebauter Glucose 36 ATP gebildet mit einer Energie von

36 mal 30,5 kJ/mol ATP, also von 1098 kJ/mol abgebauter Glucose (bzw. 36 mal 7,3 kcal/mol ATP, also von insgesamt 263 kcal/mol Glucose). Damit liegt der Wirkungsgrad der Dissimilation, also der Prozentsatz der in der Glucose gespeicherten Energie, die sich anschließend in ATP wiederfinden und somit nutzen läßt, bei 38 % (bezogen auf die 2870 kJ/mol bzw. 686 kcal/mol, die bei der vollständigen Verbrennung der Glucose mit Sauerstoff unter Standardbedingungen als Wärmeenergie frei würden). Das heißt, daß etwa 62 % der in der Glucose gespeicherten Energie bei der Dissimilation als Wärme verlorengehen; aber es bedeutet zugleich auch eine enorme Verbesserung des Wirkungsgrades im Vergleich zur Gärung, da bei der Dissimilation aus jedem Glucosemolekül 18 mal so viel Energie nutzbar gemacht wird wie bei der Gärung (36 ATP gegenüber 2 ATP); bedenkt man nun, daß es den Technikern des 20. Jahrhunderts nach wie vor nicht gelungen ist, beim Bau zum Beispiel

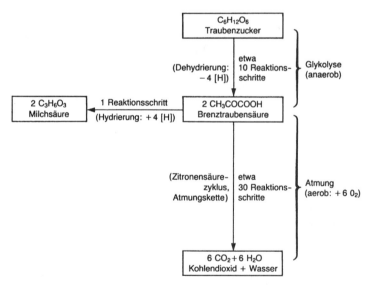

77 Schema der energieliefernden Prozesse von Gärung und Atmung. «Beide beginnen mit der gleichen Reaktionsfolge aus etwa zehn Einzelschritten, der Glykolyse, in deren Verlauf Traubenzucker in zwei Moleküle Brenztraubensäure (sc. Pyruvat, d. V.) gespalten wird. Während bei der Gärung jedoch bereits im nächsten Schritt als Endprodukt die Milchsäure entsteht, folgen bei der Atmung... sämtliche Reaktionen des Zitronensäurezyklus (sc. Citrat-Zyklus, d. V.) und der Atmungskette. Offensichtlich ist die Atmung eine entwicklungsgeschichtlich junge Errungenschaft, die der ‹archaischen› Gärung gleichsam aufgepfropft wurde.»

eines Verbrennungsmotors in der Praxis einen Wirkungsgrad von mehr als 25% zu erzielen, so stellen die 38% der Dissimilation selbst unter dem Aspekt der Biotechnik ein phantastisches Ergebnis dar (vgl. NEIL A. CAMPBELL, *Biologie*, 191). Verglichen mit der Energiegewinnung durch Gärung ist die Energiebilanz der Atmung enorm viel günstiger, weil bei ihr Wasser gebildet wird. Abb. 77 verdeutlicht den Unterschied von Gärung ($C_6H_{12}O_6 \rightarrow 2\ C_3H_6O_3$) und Atmung ($C_6H_{12}O_6 + 6\ O_2 \rightarrow 6\ CO_2 + 6\ H_2O$).

Nehmen wir des weiteren hinzu, daß das Prinzip der Photosynthese wie der Atmung einander vollkommen entspricht, nämlich einen Fluß energieübertragender Elektronen zu bilden, so wird man mit ERICH JANTSCH (*Die Selbstorganisation des Universums*, 167–168) sagen dürfen, daß «eine ganze Klasse photosynthetisierender Bakterien» die Entwicklung zur Sauerstoffnutzung durch Atmung geradezu «obligatorisch» «oder zumindest in vielen Parallelfällen durchgemacht hat». Gegenüber der «vertikalen» DARWINistischen Deutung, daß ein einzelnes Individuum aufgrund einer günstigen Mutation sich zunächst vor dem Hintergrund des Mangels an Energie mit Hilfe der Photosynthese und dann mit Hilfe der Atmung hätte durchsetzen können, ist demnach eher «horizontal» mit dem raschen Aufbau neuer Beziehungssysteme unter den Bakterien in lokalen Gemeinschaften zu rechnen. In jedem Fall steht fest, daß das Leben selber vor rund 1,5 Milliarden Jahren sich die Bedingungen selber geschaffen hat, unter denen es den Aufstieg zu den mehrzelligen Lebensformen allererst antreten konnte: Das Erreichen einer stabilen Atmosphäre mit 0,01% Sauerstoff ermöglichte damals den Übergang von der Gärung zur Sauerstoffatmung (Dissimilation). Es wird vermutet, daß darin der Auslöser für die dann rasch erfolgende Entwicklung mehrzelligen Lebens gelegen haben könnte (vgl. HANS G. SCHLEGEL: *Allgemeine Mikrobiologie*, 6).

Ist es denn aber, noch einmal theologisch gefragt, gerade deshalb nicht doch möglich, den Gedanken trotz allem weiterzuverfolgen, daß eine planende Vernunft den Aufbau der Photosynthese und die «Erfindung» der Atmung «geschaffen» habe, *damit* eine solche Höherentwicklung des Lebens möglich werde und schließlich – *wir*, die Gattung *homo*, die Erde betreten konnten?

Gegen diese allmählich schon verzweifelt wirkende Erwartung immer noch der Mehrheit der kirchlich gebundenen Theologen spricht erneut bereits die «Machart», in der die bestehenden Zusammenhänge etabliert wurden: – nur allzu deutlich erweisen sie sich als das Resultat von Mangel und Zwang, von Zufall und Notwendigkeit, von Engpaß und Ausweg – und eben nicht als das Resultat eines großen Wurfs!

## Die «Notlösung» der Endosymbiose und die Entstehung der Eukaryotenzelle

Wie *die Notlösung damals* zustande kam, läßt sich im Grunde beim ersten Blick durch ein Elektronenmikroskop auf den Chloroplasten einer Pflanzenzelle erkennen, und doch ist es noch keine 30 Jahre her, daß uns die Augen dafür aufgegangen sind (sieht man einmal von MERESCHOWSKYS bereits erwähnter Arbeit ab).

Man muß nur noch einmal auf Abb. 45 den Aufbau eines Chloroplasten betrachten. Es fällt auf, daß er – wie auch die Mitochondrien (Abb. 69) – von *zwei* Membranen umgeben ist, nämlich einer äußeren und einer inneren. Dies ist insofern auffällig, als Bakterien-, Tier- und Pflanzenzellen nur von *einer* Plasmamembran umgeben sind (vgl. NEIL A. CAMPBELL, *Biologie*, 126; 128; 129). Die Thylakoide, in denen die entscheidende Übertragung der Energie von aufgenommenen Photonen auf einzelne Elektronen vonstatten geht, entstehen während der Chloroplastenentwicklung aus Einstülpungen der inneren Membran. Es sei nur daran erinnert, daß auch die mitochondrialen Cristae Einstülpungen der inneren Membran zur Oberflächenvergrößerung sind. In beiden Zellorganellen befinden sich also die Elektronentransportketten für die Lichtreaktionen der Photosynthese bzw. für die Atmungskette der Zellatmung in der Innenmembran. Bereits 1970 hat deshalb die Botanikerin LYNN MARGULIS (*Origin of Eucaryotic Cells*, New Haven) die Meinung geäußert, daß Chloroplasten wie Mitochondrien ihren Ursprung in einer symbiotischen Lebensweise verschiedener Bakterien haben könnten.

Tatsächlich erinnern Chloroplasten und Mitochondrien in vielerlei Hinsicht an Prokaryoten: Ihre inneren Membranen ähneln biochemisch sehr stark den Plasmamembranen heutiger Bakterien. Chloroplasten und Mitochondrien besitzen eine eigene DNA und vermehren sich, wie die Bakterien, durch Zweiteilung. Neuere Untersuchungen der Chloroplasten-DNA zeigen, daß sie der von photosynthetisierenden Cyanobakterien sehr ähnlich ist (vgl. HARVEY LODISCH u. a.: *Molekulare Zellbiologie*, 839, 859–860). Außerdem entspricht die Größe dieser Zellorganellen in etwa der von Eubakterien: Mitochondrien weisen mit einer Länge von 1–10 Mikrometern in etwa die gleiche Größe auf wie viele heutige Prokaryoten, die ebenfalls einen typischen Durchmesser von 1–10 µm besitzen, im Unterschied zu den Eukaryotenzellen, die einen zehnfach größeren Durchmesser aufweisen. Entsprechendes gilt für die im Durchschnitt 1–5 µm großen Chloroplasten (vgl. NEIL A. CAMPBELL, *Biologie*, 125; 138–139; 568–569; RUTH OMPHALIUS: *Planet des Lebens*, 40).

Vieles spricht unter diesen Umständen für die sogenannte *Endosymbionten-*

*theorie,* nach der verschiedene Prokaryoten eine symbiotische Gemeinschaft bildeten, in der verschiedene kleine Prokaryoten im Inneren einer größeren Bakterienzelle lebten und damit eine höchst effiziente Form der Zusammenarbeit ermöglichten. Experimente mit Amöben vermitteln eine Vorstellung davon, wie eine solche Symbiose zustandegekommen sein könnte: Man setzte Amöben einer für sie tödlichen Bakterienart aus. «Wider Erwarten starben nicht alle Amöben ab: Einige schafften es, die gefährlichen Erreger in sich aufzunehmen, ohne sie jedoch zu töten. Die Bakterien lebten innerhalb der Amöbe weiter, und auch die Amöbe schien sich bester Gesundheit zu erfreuen. Spätere Untersuchungen ergaben, daß die Bakterien schon nach wenigen Generationswechseln nur noch innerhalb der Amöbe lebensfähig waren. Der Wirt stellte Eiweiße her, ohne die die kleinen Untermieter nicht überleben konnten. Andererseits hatten die Bakterien wichtige Funktionen im Stoffwechsel der Amöbe übernommen. Wurden ihr die Bakterien entnommen, verlor die Amöbe ihre Energieversorgung und starb ebenfalls» (RUTH OMPHALIUS: a. a. O., 40).

Vorstellbar ist, daß insbesondere Bakterien, «die ihre Energie zunächst noch anaerob, also ohne Sauerstoff gewannen», durch Mutation ihre harte Zellwand verloren haben. «Es gibt auch heute noch viele solcher weichwandigen Organismen, die sogenannten Mycoplasmen (sc. eine Gruppe von Bakterien, die vielleicht die kleinsten Organismen sind, die noch genügend DNA für einen eigenen Stoffwechsel besitzen, d. V.). Ausgestattet mit einer flexiblen Außenhülle soll es einigen von ihnen gelungen sein, kleinere Bakterien zu verschlucken und dauerhaft in sich aufzunehmen, ohne sie allerdings zu zerstören» (a. a. O., 37; vgl. LYNN MARGULIS: *Symbiosis in Cell Evolution.* Life and its environment on the earth, San Francisco 1981). Wir kommen auf diese Zusammenhänge noch einmal (S. 740–745) ausführlich zurück.

Entscheidend für uns: Nicht ein höherer «Plan» steht hinter derartigen Symbiosen, vielmehr zeigt sich noch einmal nur um so deutlicher, welch ein Vorteil darin liegt, daß die Grundstrukturen des Lebens – entsprechend dem *Prinzip der Tradierung* – im Verlauf der Evolution sich in unglaublicher Konstanz durchgehalten haben, so daß die «Sprache» der Zellen in hohem Maße für einander «verständlich» geblieben ist.

Verständlich wird jetzt vor allem auch schon die Entstehung der Eukaryotenzelle aus viel einfacheren prokaryotischen Zellen.

Eukaryoten (von griechisch *eu* für «gut», «echt», und *karyon* für «Kern») besitzen, im Gegensatz zu den Prokaryoten, einen echten Zellkern, der durch eine eigene Membran gegen das Zellplasma abgegrenzt ist. Mit einem Durchmesser von 10–100 Mikrometern sind sie sehr viel größer als Bakterienzellen

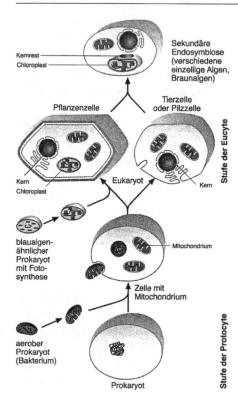

78  Entstehung der Eucyte (der Pflanzenzelle und der Tierzelle) nach der Endosymbionten-Theorie. Dargestellt ist auch die sekundäre Endosymbiose verschiedener Algen. Sie zeigt beispielhaft die Bedeutung von Symbiosen für die Evolution.

(Prokaryoten), die, wie gesagt, einen typischen Durchmesser von nur 1–10 Mikrometern besitzen (vgl. NEIL A. CAMPBELL, *Biologie*, 125; 548). Zusätzlich enthalten sie Zellorganellen, wie zum Beispiel Chloroplasten und Mitochondrien. Eben deswegen geht die Endosymbiontentheorie davon aus, daß die Eukaryoten durch *sukzessive Endosymbiosen* entstanden sind, wie Abb. 78 es veranschaulicht.

Chloroplasten wären demnach die Nachkommen von Cyanobakterien, die zu Endosymbionten in größeren Zellen geworden waren. Mitochondrien ihrerseits denkt man sich als die Nachkommen von endosymbiontischen Bakterien, die zur Sauerstoffatmung fähig waren. Aus der ehemals symbiotischen Lebensgemeinschaft wurde im Verlauf der Evolution eine einzige eukaryotische Zelle. Die ältesten eukaryotischen Fossilien besitzen ein Alter von 1,5 Milliarden Jahren. Für *die Entstehung* von eukaryotischen Vielzellern wird eine Zeit von 600 Millionen Jahren angenommen (vgl. NEIL A. CAMPBELL, *Biologie*, 534).

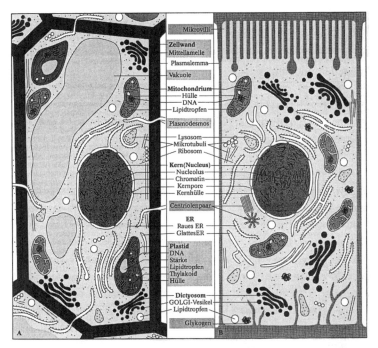

79  Schematischer Bau einer Pflanzenzelle (A) und einer Tierzelle (B). ER = Endoplasmatisches Reticulum. Plastide sind ausschließlich in Pflanzenzellen vorkommende Zellorganellen. Zu ihnen zählen u. a. die Chloroplasten.

Zu verwundern ist diese Entwicklung nach dem bisher Gesagten jetzt schon nicht mehr. Denn unter DARWINistischen Voraussetzungen steht von vornherein zu erwarten, daß es auf der Ebene der Mikroben immer wieder zu symbiotischen Zusammenschlüssen kam, die sich aufgrund ihrer besseren Energieverwertung in Gestalt der Eukaryoten durchzusetzen vermochten. Mit der Entstehung der Eukaryoten waren zunehmende Möglichkeiten der Arbeitsteilung und Spezialisierung verbunden. Es lag daher in der «Logik» der Selektion, daß aus den einzelligen Vorfahren über Kolonien und andere Zellaggregate vielzellige Organismen entstanden (vgl. NEIL A. CAMPBELL, Biologie, 594). Zu den Eukaryoten gehören übrigens nicht nur die höheren Protisten (von griechisch protos = erster), zu denen man Algen, Pilze und Protozoen zählt, sondern auch die Tier- und Pflanzenzellen (vgl. HANS G. SCHLEGEL: *Allgemeine Mikrobiologie*, 2). Zum Bau einer Pflanzenzelle und einer Tierzelle vergleiche Abb. 79.

ζ) Die «Schöpfung» eines «guten» Gottes?

Theologen, die eine solche im Grunde einfache Erklärung für die Entstehung der Pflanzen- und Tierzellen und der Zellstruktur der Eukaryoten nach wie vor aus Gründen ihrer teleologischen «Beweis»führungen für das Dasein Gottes ablehnen, müssen sich nur auf einen anderen Aspekt derselben Sache aufmerksam machen lassen: Die im Prinzip universelle Kompatibilität von Zellstrukturen ermöglicht nicht nur die staunenswerte Leistung der Eukaryoten und ihrer (ursprünglich ebenfalls wohl symbiotischen) Zusammenschlüsse zu den mehrzelligen Lebewesen, sie ist zugleich der Grund für die Anfälligkeit aller mehrzelligen Organismen gegenüber der Wirkungsweise bestimmter krankheiterregender Mikroben, die all ihr Können daransetzen, als Wirtstiere taugliche Mehrzeller wieder in das zu zerlegen, was sie am Anfang einmal waren: Gebilde auf der Stufe von Einzellern. Wenn es – hoffentlich! – auch unter Theologen inzwischen nicht länger mehr möglich ist, die Herkunft von Krankheiten und körperlichen Leiden aller Art mit dem «Eingreifen» eines zürnenden Gottes zu «erklären», dann sollte man desgleichen schleunigst davon lassen, die Herkunft der, zugegeben, phantastischen Leistungen von Symbiosevorgängen in den Anfängen des Lebens mit dem «Eingreifen» eines gütig und weise planenden Gottes zu begründen.

Doch nun vor allem: gerade die «Erfindung» der Photosynthese, dieser wichtige Schritt zur Überwindung der Energieknappheit des Lebens auf dieser Erde, stellt die Ursache just für *das* Problem dar, das im Rahmen der Theodizeefrage zentral ist und das überhaupt erst den Grund für unsere Beschäftigung mit der Photosynthese bildet: Wie soll es angehen, daß ein «gütiger» und «weiser» Gott diese Hölle des Leids auf Erden geschaffen haben könnte – eine Welt, in welcher ein Lebewesen auf das ungerührteste sein Dasein mit Leid und Tod anderen Lebens erkauft?

Die Antwort auf diese theologische Kernfrage muß jetzt (noch deutlicher als in *Der sechste Tag*, 292) dahin lauten, daß wir es bei dem logisch unlösbaren Theodizeeproblem mit dem Musterbeispiel einer falsch gestellten Frage zu tun haben: Wir unterlegen dem, was niemand «wollen» kann, einen eigenen göttlichen Willen, nur um alsdann festzustellen, daß ein solcher «Wille» den elementaren Anforderungen nicht genügt, die wir moralisch an willentliche Entscheidungen zu richten pflegen: niemand im Himmel noch auf Erden *dürfte* «willentlich» uns eine solche Welt bescheren, wie wir sie faktisch vorfinden; daß wir uns eben dieser Welt «verdanken», mag nach wie vor seine Wahrheit behalten – immer noch scheint es richtiger, sich für die Gabe des Lebens zu bedanken als sie zu verfluchen; doch ob wir nun das eine tun oder das andere – was die Natur macht, hängt so oder so von unserem Gutdünken oder Mißfallen gewiß nicht ab.

Am meisten wird jetzt deutlich, daß es nicht länger angeht, nach Theologenweise der Natur nicht allein moralische Begriffe (wie Willen, Freiheit, Entscheidung, Planung, Verantwortung usw.) zu unterlegen und sie alsdann nach moralischen Kategorien zu bewerten, sondern das moralische Wertungsschema zudem noch auf die simpelste aller Betrachtungsweisen eingeschränkt zu halten: es soll nach gängiger Ansicht wie im menschlichen Handeln, so auch in der Natur partout nur *zwei* Beurteilungsmaßstäbe: *gut* oder *böse*, geben. Eine solche zweiwertige Logik der moralischen Zuordnung erlaubt es gewiß, die Welt in polaren Typologien zu beschreiben (und diese Beschreibung hernach so phantasievoll auszumalen, wie es beispielsweise in der altpersischen Mythologie mit der Vorstellung vom guten und bösen Gott geschah und seitdem, in ihrem Erbe, in der christlichen «Theologie» noch immer geschieht); doch ist es, wie wir längst sehen, mit einem solchen Denken durchaus nicht möglich, irgend etwas in der Welt wirklich zu begreifen.

Wissenschaftstheoretisch stellen polare Typologien wohl den allerersten Versuch einer ordnenden Einteilung der Beobachtungsvielfalt zum Zwecke einer subjektiven Orientierung dar. So ist es begrenzt sinnvoll, die Welt optisch in den Helligkeitswerten «schwarz» und «weiß» zu beschreiben, doch ist es von diesen Begriffen aus natürlich unmöglich, etwa die Brechungsgesetze der NEWTONschen Optik oder die MAXWELLschen Gleichungen des Elektromagnetismus abzuleiten; es ist desgleichen wohl auch möglich, die Welt nach den Sinnesqualitäten «heiß» und «kalt» einzuteilen, doch wiederum ist es unmöglich, von diesen Begriffen aus die BROWNsche Molekularbewegung und die drei Hauptsätze der Thermodynamik zu begründen. Jeder wissenschaftliche Fortschritt bestand deshalb in der Auflösung polarer Klassifikationen. Einzig den Theologen scheint es nach wie vor gestattet, Mensch und Natur mit archaischen Klassifizierungen zweiwertig nach Gut und Böse einzuteilen. Der Grund für die Beharrungskraft eines so offenkundig vereinfachten (und veralteten) Denkens scheint darin zu liegen, daß es allerdings vorzüglich dazu angetan ist, nach subjektiven Maßstäben zu messen und zu bewerten; doch liegt in dieser «Stärke» erkennbar zugleich auch die Schwäche dieses Denkens: Objektiv taugt es nicht zum Verstehen dessen, was in Welt und Geschichte tatsächlich vor sich geht. So wenig eine Ethik (oder Justiz) noch Bestand haben kann (oder sollte), welche die Erkenntnisse von Anthropologie, Bioneurologie, Psychologie, Soziologie und Ethnologie unberücksichtigt lassen wollte, so wenig kann eine theologische Fragestellung wie die nach der Herkunft der Welt oder der Rechtfertigung Gottes angesichts «seiner» «Schöpfung» Bestand haben, welche die Kenntnisnahme der Welt, wie sie nach naturwissenschaftlichen Begriffen sich heute darstellt, förmlich vermeidet.

Was wir naturwissenschaftlich demgegenüber zur Kenntnis nehmen müssen, entfernt sich von der Einfalt der christlichen Dogmatik freilich um ein Erhebliches.

Die Photosynthese als «Beweis» für die planende Weisheit Gottes?

Dem steht, wie dem Grundprinzip nach gezeigt, die Tatsache entgegen, daß mit der biologisch so wichtigen «Erfindung» von Photosynthese und Atmung der «Kampf ums Dasein» überhaupt erst in vollem Wortsinn zum Austrag kam.

Im Kampf ums Licht werden *die Pflanzen* in Konkurrenz zu einander treten – ein Verdrängungswettkampf, bei dem immer wieder die Erfolge des einen zum Untergang des anderen führen. Wie viele Samen verstreut eine Pusteblume, wie viele eine Linde? In jedem dieser Keime des Lebens liegt die Tendenz seiner Entfaltung; jeder von ihnen wird, so gut es geht, versuchen zu wachsen. Doch ahnen wir schon den nächsten Schritt in der Logik des Lebens, den wir sogleich näher betrachten werden: Es darf sich durchaus nicht «alles» entwickeln, es *muß* eine Art ihre Grenze finden an einer anderen, und sie alle zusammen werden dem relativen Gleichgewicht einer ausdifferenzierten Artenvielfalt zustreben. Das Ergebnis eines solchen Prozesses erfüllt uns als Betrachter wohl gewiß immer wieder von neuem mit Staunen, doch vergessen wir dabei nur allzu leicht das gigantische Ausmaß an Leid, aus dem sich die entsprechenden Systemeinrichtungen eines Pflanzenbiotops zu erstellen pflegen.

Wie wir bereits gesehen haben, machten *andere* Lebensformen den Aufstieg der Pflanzen nicht mit, sie ersparten sich die Photosynthese; sie lernten es, den ausgeschiedenen Sauerstoff der Photosynthese der Pflanzen für ihre eigene Energiegewinnung in Form der Atmung zu nutzen; doch die Voraussetzung war es, daß sie in strengem Sinne «parasitär» zu den Pflanzen wurden. Dies sind *die Tiere,* denen letztlich auch wir Menschen angehören. Sie beziehen die nötige Energie zum Leben nicht aus dem Sonnenlicht und benötigen auch nicht nur $CO_2$ als einzige Kohlenstoffquelle (sie sind nicht photoautotroph), sondern sie leben als chemoheterotrophe Organismen davon, organische Stoffe in sich aufzunehmen, die von Pflanzen bereits hergestellt wurden oder die in anderen Tierkörpern gelagert sind.

Sagen wir so: Die Photosynthese mußte in der Geschichte des Lebens auf alle *nicht* autotrophen Lebensformen wie eine Einladung, ja, wie ein Zwang dazu wirken, über diejenigen Lebensformen sich herzumachen, in denen die nötigen Glucosedepots der Pflanzen beziehungsweise die nötigen Glycogendepots anderer Tiere bereits aufgefüllt waren. So sicher wie hungernde Nomaden eine wehrlose Stadt nach der Erntezeit leerplündern werden, so sicher stand nach dem Auftauchen der Energiegewinnung aus Sonnenlicht zu erwarten, daß die von den Pflanzen in großen Mengen bereitgestellten und leicht verfügbaren Zucker viele andere Lebewesen zu Raub, Überfall, Töten und Verzehren verlockten und die Evolution diese «bequeme» Verfahrensweise entsprechend in ihre «Strategie» einbaute.

Die Schöpfung eines guten Gottes? Wer wollte das nach all dem Gesagten noch behaupten?

Das einzige, was sich sagen läßt, besteht in der Feststellung, daß eine mitleidigere «Planung» der Welt vermutlich über das Stadium der Pflanzen nie hätte hinauskommen dürfen; die Welt wäre ärmer geblieben ohne das Leid ihrer Bewohner; sie hätte den phantastischen Aufstieg des Lebens zu seiner ungeheuren Vielfalt nie kennengelernt. Wer das Leben bejaht, dem bleibt, ob er will oder nicht, deshalb kaum etwas anderes übrig, als sich mit der Tatsache seiner Grausamkeit abzufinden. Nicht weil ein Gott es so wollte, nicht weil ein Engel zum Teufel wurde, nicht weil der «erste» Mensch «sündigte», ist die Welt, wie sie ist; das Leben *konnte* nicht anders, als auf die Energiekrisen zu antworten, die sich ihm stellten und in die es sich selber hineinmanövrierte. Es folgte dabei keiner langfristigen Zielsetzung, im Gegenteil, es reagierte ganz einfach so, wie es *im Moment* dem Überleben am dienlichsten war.

Es ist dies die Stelle, an welcher FRIEDRICH NIETZSCHE (*Ecce homo.* Zarathustra, Nr. 7, in: Götzendämmerung, 381–384) recht hatte gegenüber ARTHUR SCHOPENHAUER: moralisch ist das Leben weder zu verstehen noch zu rechtfertigen, doch ist es in seinen unfaßbaren Widersprüchen wunderschön, vielfältig, rauschhaft verlockend und dionysisch groß; unrecht freilich hatte NIETZSCHE, als er die Menschen lehren wollte, sich als «Übermenschen» über das Mitleiden an der Natur zu erheben. Im Mitleid gründet vielmehr unsere Menschlichkeit, und in ihm gründet auch, wie wir schrittweise in diesem Buch zeigen werden, die Quintessenz der Religion.

Vor Jahren, als WALT DISNEY den viel bewunderten Film *Die Wüste lebt* herausbrachte, schrieb sein Redaktionsteam in das Begleitbuch zum Film einen Text, der vollständig wahr wäre, erhübe er nicht, wie in manchen religiösen Zirkeln der USA auch heute noch üblich, das fundamentalistisch verstandene Dogma vom «Sündenfall» «Adams» zur Zentralvorstellung der Welterklärung. Es heißt dort: «Wer nur die Oberfläche der Welt betrachtet, nur den Duft des Mondlichts über einem Fluß im April, nur den Glanz und die Reife, die über einer sommerlichen Landschaft liegt, nur die weich abgestuften Verschleierungen und die ziehenden Schatten eines Novembermorgens, der kann wohl davon träumen, alle Wirrnisse, die der eigenwillige Mensch in das Leben hineingetragen hat, würden sich lösen, wenn er sich entschlösse, zur Natur zurückzukehren. Blickt man jedoch ein wenig tiefer, dann verändert sich das Bild von Grund auf. Gewiß, eine blühende Wiese, über der eine auf und ab wogende Schleierwolke von Schmetterlingen schwebt, nimmt sich gar hold und selig aus. Aber unten im Dschungel der Grashalme, Blumen und Unkrautstengel herrscht zwischen Tier und Tier, zwischen Pflanze und Pflanze das unerbittliche Gesetz des Fressens und Gefressenwerdens, des Drängens und Verdrängtwerdens, des rücksichtslosen, mörderischen Kampfes ums Dasein. Warum dieser Kampf, warum dies Gegeneinander, warum diese Quälereien, warum dies Leben des einen vom Tode des anderen? Jedesmal, wenn es dem menschlichen Scharfsinn, der bewundernswerter Leistungen fähig ist, gelingt, noch eine Schicht tiefer vorzudringen und eins der zahllosen Geheimnisse aufzuhellen, tauchen als Folge dieser Entschleierung hundert neue verwirrende und erschreckende Rätsel auf. Friede, Harmonie, Glück? Für den Schwärmer vielleicht. Der Suchende aber, der die Wahrheit wissen will, ganz gleich, wie sie aussieht, wird mit jedem Blick in die Tiefe und mit jedem Nachsinnen trauriger und ratloser. Der Fall und Abfall, die Sonderung Adams von der Unschuld und vom Heilsein hat nicht nur das Wesen des Menschen, es hat auch das Sein der Pflanzen und Tiere unheil gemacht» (WALT DISNEY: *Die Wüste lebt*, 85).

Nein, müssen wir sagen, so ist es nicht. Das einzige, was vom «Sündenfall» «Adams» bleibt, ist die Tatsache, daß wir im Rahmen einer anthropozentrischen Religion die Welt nicht richtig wahrzunehmen vermögen. Das unsägliche Maß an Leid der Kreaturen ist nichts, was ein moralischer Fehltritt der Welt sekundär zugefügt hätte, es ist der Preis, der immer von neuem zu zahlen ist, um unter den Bedingungen des Energiemangels eine Vielfalt von Leben zu etablieren. Die Moral taugt so wenig wie die Religion zur Erklärung der Welt; wir müssen froh sein, wenn sie uns hilft, inmitten einer nichtmenschlichen Welt uns als Menschen zu bewahren. Alle weitere Betrachtung der Spielregeln, Einsätze und Kosten des Lebens wird diesen Eindruck bestätigen, und zwar schon, wenn wir jetzt im folgenden uns nur einmal anschauen, wie der Kampf um die Energie sich fortsetzt in den Mechanismen der Nahrungsbeschaffung, in der Selbstregulation der Artenentwicklung sowie in den großen Zyklen des Austausches der Stoffwechselprodukte.

*b) Der Kampf um den Selbsterhalt oder Formen des Zusammenlebens: Populationsdynamik, Mimikry, Parasitismus und Immunbiologie*

Der Anblick der Natur selbst ist verwirrend. Wir betrachten, wie ein Tier herfällt über ein anderes – eine Katze treibt ihr grausames Spiel mit einer Maus, ein Bussard stößt nieder auf ein wehrloses Kaninchen, und uns tut, je nachdem, die Maus, das Kaninchen leid, für die Angst, für den Schmerz, für den Tod, den sie erdulden. Doch mit wem sollen wir Mitleid haben? Die Katze müßte verhungern ohne die Maus, der Bussard ohne das Kaninchen. Aber selbst wenn eine bestimmte Tierart keine Freßfeinde zu fürchten hätte, könnte und dürfte sie sich dann unbegrenzt vermehren? «Kampf ums Dasein» – das ist auch eine Form, die Zahl der Arten und die Zahl der Artenmitglieder in einem gegebenen Biotop in ein verträgliches Maß zueinander zu setzen. Wie aber geht das vor sich? Und wieder gefragt: Wie verhält sich das, was wir dabei zu sehen bekommen, mit den «Planungen», «Eingriffen» und «Machterweisen» Gottes, auf die in den Kreisen christlicher Theologen mit so viel «geoffenbarter» «Glaubensgewißheit» hingewiesen wird? «Naturforschung ist Nacherleben der göttlichen Schöpfung», sagte noch CARL VON LINNÉ (zitiert nach BERNHARD HASSENSTEIN: *Ungelöste Probleme und Grenzfragen der Biologie,* in: D. Todt: Biologie 2, 373–391, S. 374). Doch welch ein Bild zeigt sich uns bei solchem «Nacherleben»?

### α) Wie lebende Systeme sich vermehren

Am meisten entspricht dem biblisch vermittelten Gottesbild wohl die Naturbetrachtung des griechischen Philosophen PLATON: Die von der Gottheit weise und gütig eingerichtete Natur, so dachte er, wirkt zum Wohl aller Lebewesen, die in konstanter Anzahl ihre «vorgesehene» Stelle in der Welt einnehmen und im Gesamt einer harmonischen Ordnung ihren festen Stellenwert besitzen. Etwaige Störungen dieser Harmonie, wie sie zum Beispiel in Gestalt einer Heuschreckenplage aus der 6. Dynastie in Ägypten (um 2500 v. Chr.) berichtet werden, gelten in diesem Weltbild als «Strafe» Gottes für die Sünden der Menschen. Insbesondere die Propheten Israels wurden nicht müde, den Einfall gerade von Heuschreckenschwärmen warnend als die mögliche Antwort ihres leicht erzürnbaren Stammesgottes Jahwe auf die «Schuld» «seines» Volkes vor Augen zu stellen (vgl. Ex 10,13–15; Joel 1,2–12; 2,1–11; WALTER EICHRODT: Theologie des Alten Testaments, I 168–176).

Doch ist es *Gott,* der in moralischer Absicht eine bestimmte Insektenart eine Weile lang ungehemmt wachsen läßt? Prüfen wir diese «harmlos» scheinende Frage ein wenig näher.

Messungen eines Heuschreckenschwarms im Süden Afrikas ergaben eine Anzahl von 40 Milliarden Individuen mit einem Gesamtgewicht von etwa 80 000 Tonnen (ARNO BOGENRIEDER: *Pflanzenschutz – Risiko ohne Alternative,* in: D. Todt: Biologie 2, 214–238, S. 217). Solche Schwärme bereits können ausgezeichnet demonstrieren, was aus einer Tierpopulation wird, die sich *ohne* hemmende Faktoren eine Weile lang vermehrt, und wie sie an dem eigenen «Erfolg» in kürzester Zeit zugrunde geht; aber sie offenbaren bezeichnenderweise nichts von einer «prästabilierten Harmonie», die nur in moralisch bedingten Ausnahmefällen von ihrem Schöpfer außer Kraft gesetzt würde.

Es ist in Europa eigentlich nur noch die Kirche Roms, die ihre Gläubigen dazu auffordert, etwa bei der alljährlichen Fronleichnamsprozession, wenn das «Allerheiligste» in Form einer «konsekrierten Hostie» durch die Fluren und Felder getragen wird, die Gottheit zu bitten, sie möge die kommende Ernte vor «Ungeziefer» bewahren. Wenn uns etwas vor solchen «Heimsuchungen» bewahrt, so sind es gewiß nicht die «Eingriffe» eines übernatürlichen Weltenlenkers, allenfalls dynamische (nicht statische) Gleichgewichtszustände im Zusammenspiel verschiedener Arten in der Natur; und wieder stoßen wir damit auf eine *«post*stabilisierte» «Harmonie» als das Ergebnis von Vorgängen, die sich sehr gut in mathematischen Modellrechnungen beschreiben lassen, die aber gerade nicht als das Resultat eines ordnenden «Plans» interpretiert werden können.

Beispiele für unkontrolliertes Wachstum von Tierpopulationen gibt es nicht nur bei Heuschrecken. Andere Beispiele sind rasch bei der Hand. Kaninchen, die 1788 in wenigen Paaren in Australien ausgesetzt wurden und dort keine natürlichen Feinde antrafen, bevölkern heute als eine regelrechte Plage den ganzen Kontinent (vgl. E. DREWERMANN: *Der tödliche Fortschritt,* 43–44); der Schwammspinner *(Lymantria dispar),* der 1869 von einem Schmetterlingssammler aus Europa nach Nordamerika eingeführt wurde, verursacht dort weit mehr Schäden als hier, weil ihm die natürlichen Feinde fehlen – er ist inzwischen als «Zigeunermotte» (gipsy-moth) zu unrühmlicher Berühmtheit gelangt (W. DIERL: *Die Schmetterlinge,* in: Grzimeks Tierleben, II 306–370, S. 346); Grippewellen, die epidemisch sich über die ganze Erde ausdehnen, machen deutlich, was mit dem mathematischen Ausdruck: «exponentielles Wachstum» biologisch gemeint sein kann.

Nehmen wir zur Verdeutlichung also einmal den einfachsten Fall, wie er tatsächlich beim Schwammspinner vorliegt (vgl. JOHN BRIGGS – F. DAVID PEAT: *Die Entdeckung des Chaos*, 75–80): die weiblichen Falter legen im Sommer ihre Eier, sterben, und aus den Eiern schlüpfen im nächsten Jahr wieder Larven, die sich verpuppen und zu Faltern werden. Wir haben uns also keine Gedanken darüber zu machen, wann die Tiere geschlechtsreif werden, wie viele geschlechtsreife Individuen in einer Population existieren und wie hoch ihre Fortpflanzungswahrscheinlichkeit jeweils sein wird. Statt dessen, um die Sache zu vereinfachen, setzen wir einmal eine Kolonie von 100 Faltern voraus, die sich jedes Jahr verdoppelt: sie wird im nächsten Jahr 200 Falter betragen, im übernächsten 400 Falter, usw. Bezeichnen wir die Geburtenrate mit B(irthrate), so beträgt in unserem Beispiel B = 2. Allerdings ist jedem klar, daß es den Schwammspinnern nicht gelingen wird, die Welt in ihresgleichen zu verwandeln. Es war P. F. VERHULST, der 1845 einen mathematischen Trick benutzte, um auch den hemmenden Einfluß von Umweltfaktoren mitkalkulieren zu können: Er führte ein Glied ein, das die Gleichung rekursiv, also nicht-linear werden ließ. Wie er das machte, läßt sich relativ einfach mitvollziehen.

Um ein einheitliches Rechenverfahren zu erhalten, wollen wir zunächst einmal nicht mehr von 100 Schwammspinnern ausgehen, deren Vermehrung nach oben offen wäre, sondern wir schreiben die Populationsgröße $X_n$, die am Anfang steht, als eine Zahl, die zwischen 0 und 1 liegen soll. $X_n = 1$ ist die größtmögliche Population überhaupt, also 100%; $X_n = 0,5$ bedeutet 50%. Wir rechnen jetzt also nicht mehr mit 100 Faltern, 10 000 Kaninchen oder 1 Million Grippeviren, sondern wir «normieren» die Rechnung, indem wir $X_n$ (die Populationsgröße), $X_{n+1}$ (die Populationsgröße im kommenden Jahr) oder $X_{n-1}$ (die Populationsgröße im Jahr zuvor) zwischen 0 und 1 variieren lassen. Die allgemeine Form einer Wachstumsgleichung lautet dann

$$X_{n+1} = B \cdot X_n.$$

In Worten: im kommenden Jahr wird eine Population ($X_n$) sich um den Faktor B vermehrt haben. Wir wissen allerdings bereits, daß diese Gleichung in der Realität nicht aufgehen kann. VERHULST trug dieser Tatsache Rechnung, indem er auf der rechten Seite den Faktor $1 - X_n$ einfügte und schrieb:

$$X_{n+1} = BX_n(1-X_n).$$

«Nun stehen auf der rechten Seite der Gleichung zwei miteinander konkurrierende Glieder, $X_n$ und $(1-X_n)$. Wenn $X_n$ größer wird, so wird $(1-X_n)$ kleiner. Für einen sehr kleinen Wert $X_n$ liegt $(1-X_n)$ ganz nahe bei 1, so daß die VERHULST-Gleichung genauso aussieht wie die ursprüngliche Wachstumsgleichung. Was aber geschieht, wenn $X_n$ groß wird, wenn es nahe an 1 kommt? Nun geht das Glied (1-$X_n$) gegen 0 und sorgt dafür, daß die rechte Seite der Gleichung verschwindet – die Geburtenrate fällt… Mit anderen Worten, die zwei Glieder arbeiten hier gegeneinander; das eine versucht, die Population zu erweitern, das andere, sie zu unterdrücken. – Schauen wir das noch ein bißchen anders an. Ohne das von VERHULST eingeführte neue Glied würde die Gleichung einen Vorgang beschreiben, in dem die Population jedes Jahres der des vorhergehenden Jahres proportional ist: die Beziehung ist streng linear. Wenn man $X_n$ mit dem neuen Glied (1-$X_n$) multipliziert, so kann man dies auch schreiben: $X_n - X_n \cdot X_n$. Mit anderen Worten, $X_n$ wird mit sich selbst multipliziert. Wenn man ein Glied mit sich selbst multipliziert, so erzeugt das Rückkoppelung oder ‹Iteration› und Nichtlinearität. Das Wachstum von Jahr zu Jahr hängt nun nichtlinear davon ab, was vorher war» (JOHN BRIGGS – F. DAVID PEAT: *Die Entdeckung des Chaos*, 78–79). – «Linear» und «nichtlinear» bedeutet in diesem Zusammenhang nicht die Darstellbarkeit oder Nichtdarstellbarkeit einer Funktion in einem Graphen mit linearem Anstieg, sondern mit Nichtlinearität ist gemeint, daß es keine gradlinige Verknüpfung von Ursache und Wirkung mehr gibt, die man in einfachen Differentialgleichungen formulieren könnte.

Das Wichtigste an der VERHULST-Gleichung ist ihre vielseitige Anwendbarkeit. Man kann mit ihr die Entwicklung von Schädlingen in Schrebergärten ebenso beschreiben wie das Anwachsen oder Abklingen des Interesses an bestimmten gesellschaftlichen Neuigkeiten, ja, mit ihrer Hilfe läßt sich auch Pädagogik betreiben, indem man etwa die Wechselwirkung von Informationsmenge und Lernaneignung in einer Schulklasse berechnet. Für Mathematiker gewann diese einfache Rekursionsgleichung vor allem dadurch an Bedeutung, daß man mit ihr zeigen konnte, wie aus Phasenverdoppelung Chaos wird.

Setzen wir einmal, daß die Geburtenrate B unter 1 liegt, dann wird die Kolonie irgendwann aussterben. Was aber, wenn B über 1 liegt, wenn B zum Beispiel 1,5 beträgt? «Wegen des nichtlinearen VERHULST-Faktors wird dann eine große Population zunächst abnehmen, sich aber schließlich auf einen konstanten Wert von $2/3$ oder 66% der ursprünglichen Größe einspielen. Genauso wird eine sehr kleine Anfangspopulation anwachsen und sich dieser Grenze von $2/3$ annähern. – Wählen wir die Geburtenrate B = 2,5, so liefert die Gleichung ein gewisses Schwingungsverhalten, weil die beiden konkurrierenden Wachstumsglieder einander widerstreben, aber anschließend wird doch die gleiche Populationszahl erreicht. Es sieht so aus, als wäre die Zahl von 66% ein Attraktor geworden. – Schieben wir nun den Wert von B bis auf 2,98.

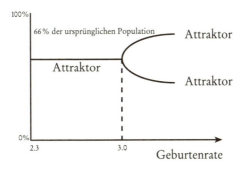

80  Abhängigkeit der Populationsgröße von der Geburtenrate.

Was geschieht dann? Die Schwingung hält länger an, aber auch hier läßt sich schließlich die Population bei 66% ihrer ursprünglichen Größe nieder – wir sind wieder auf dem Attraktor. – Gehen wir nun mit der Geburtenrate B noch ein wenig höher, so halten diese Schwingungen immer länger an, aber die Population erreicht schließlich immer die konstanten 66%. Wenn jedoch die Geburtenrate den kritischen Wert von 3,0 erreicht, so geschieht etwas Neues. Der Attraktor bei 0,66 wird instabil und spaltet sich in zwei. Nun nähert sich die Population nicht mehr dem einen Wert, sondern sie schwankt zwischen zwei stabilen Werten hin und her», wie Abb. 80 zeigt (J. BRIGGS – F. D. PEAT: *Die Entdeckung des Chaos*, 80–81).

In der Realität wird mit diesem Bild das Verhalten etwa einer Schwammspinnerkolonie (oder von Menschen in überbevölkerten Gebieten) beschrieben, die sich enorm vermehren, indem sie eine große Menge Eier für das nächste Jahr legen (oder viele Kinder in die Welt setzen). Im nächsten Jahr aber ist eben deshalb das Gebiet überbevölkert, ein Massensterben setzt ein, nur noch wenige Individuen bleiben übrig. Zwischen diesen hohen und niedrigen Zahlen wird die Population also hin und her schwanken.

Und so geht es jetzt weiter: Bei einem Wert von über 3,4495 werden auch diese beiden Attraktoren instabil, sie spalten sich auf, und es entsteht eine Population, die zwischen vier Werten hin und her schwankt; jetzt nimmt in vier aufeinanderfolgenden Jahren die Schwammspinnerpopulation grundverschiedene Werte an. Bei B = 3,56 spalten die vier Attraktoren sich erneut (durch «Bifurkation») in acht Fixpunkte auf, bei 3,569 bereits in 16 Attraktoren, und bei 3,5699456 ist die Zahl verschiedener Attraktoren unendlich groß geworden: – es ist jede Art von Entwicklung möglich, eine Vorhersage ist unmöglich geworden. Was wir vorhin noch in Gestalt einer Heuschreckenplage als göttliche Heimsuchung kennengelernt haben, entpuppt sich jetzt als bloßer Sonderfall einer chaotischen Populationsdynamik.

Doch es kommt noch eigentümlicher. 1970 fand ROBERT MAY (*Simple Mathematical Models with Very Complicated Dynamics*, in: Nature 261, 1976, 459), daß die Zeit («die Periode»), die ein VERHULST-System braucht, um zu seinem Anfangszustand zurückzukehren, «sich bei gewissen kritischen Werten der Gleichung» verdoppelt. «Dann aber, nach mehreren solcher Zyklen der Periodenverdoppelung, begann die Insektenpopulation in seinem Modell zufällig zu variieren» (BRIGGS – PEAT, 83).

Inzwischen ist indessen klar geworden, daß der Periodenverdoppelungsweg ins Chaos auch eine Reihe von Ordnungszuständen mit sich bringt (vgl. GEORG WOLSCHIN: *Wege zum Chaos*, in: Chaos und Fraktale, 21). So wird bei weiterem Ansteigen der Geburtenraten im Bereich von 3,5699456 bis 3,7 das System unvorhersehbar zwischen zunächst vier und dann zwei breiten anziehenden Bereichen hin und her schwanken. Diese dunklen Bereiche, die von all den Punkten gekennzeichnet sind, an denen das System sich aufhalten kann, nähern sich an, bis sie schließlich an einem einzigen Punkt, etwa bei 3,7, miteinander verschmelzen; an dieser Stelle könnte die Population fast jeden

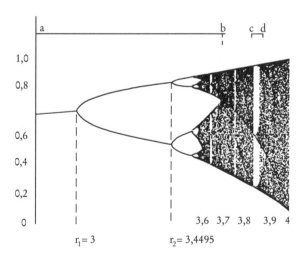

81  Ordnung inmitten von Chaos. $r_1 = 3$ bezeichnet die Wachstumsrate, an der die erste Bifurkation (Verdoppelung) stattfindet; $r_2 = 3,4495$ bezeichnet die Wachstumsrate, an der die zweite Bifurkation in vier Attraktoren stattfindet; bei $r = 3,5699456$ wird die Zahl verschiedener Attraktoren unendlich groß; bei $r = 4,0$ ist der gesamte Phasenraum erfüllt.

Wert zwischen 0 und 1 annehmen. Bei dem Wert 4 schließlich ist der gesamte Phasenraum erfüllt (Abb. 81).

Auffallend an dieser Darstellung sind die dunklen parabelförmigen Linien, denen entlang das System mit höherer Wahrscheinlichkeit anzutreffen ist. Vor allem aber zeigen sich bestimmte Bereiche, sogenannte «Fenster», an denen das System *stabil* ist! *Ein* solches Fenster liegt zwischen c – d oberhalb von 3,8. «Hier, mitten in all diesem sich ausbreitenden Chaos, wird die Population wieder vorhersagbar und wächst in zwei aufeinanderfolgenden Jahren an, um im dritten wieder abzunehmen. Wenn aber die Geburtenrate (das Nahrungsangebot) noch ein wenig höher gestupst wird, so reißt das Fenster auf, und das Chaos flutet wieder herein. Solche Bereiche von Stabilität und Vorhersagbarkeit mitten in den zufälligen Schwankungen nennt man ‹Intermittenz›» (BRIGGS – PEAT, 84).

Näherhin tritt die Periodenverdoppelung beziehungsweise der Übergang ins Chaos an einem bestimmten Punkt auf. «Definieren wir $r_n$ als diejenigen Werte der Wachstumsrate, an denen die n-te Bifurkation (Verdoppelung, Vervierfachung usw. bis zum Chaos) auftritt, dann ist die Länge zweier aufeinanderfolgender Bifurkationsereignisse

$$\Delta_n = \frac{r_n - r_{n-1}}{r_{n+1} - r_n}.$$

... Wenn man den Prozeß immer weiter treibt, sozusagen immer tiefer ins Chaos eintaucht, nähert sich dieser Quotient schließlich dem Wert

$$\Delta_n \longrightarrow \Delta = 4{,}669201660910\ldots\text{»}$$

(FRIEDRICH CRAMER: *Chaos und Ordnung*, 191).

Diese Zahl, die nach dem amerikanischen Mathematiker MITSCHELL FEIGENBAUM als Feigenbaum-Zahl bezeichnet wird, ist eine universelle Konstante, so grundlegend wie die Kreiszahl $\pi$, die das Verhältnis von Umfang und Durchmesser eines Kreises mit dem Wert 3,1415926536... beschreibt. Die Gleichungen, die FEIGENBAUM (*Quantitative Universality for a Class of Nonlinear Transformation*, in: Jour. Statistical Phys. 19, 1978, 25) untersuchte, erwiesen sich auf so unterschiedliche Erscheinungen anwendbar wie elektrische Schaltungen, Linsensysteme, Festkörperstrukturen, Aktienkursschwankungen, Populationsentwicklungen oder auf die Frequenzen bei Herzflimmern (vgl. BRIGGS – PEAT, 88–89; zur Berechnung der FEIGENBAUM-Konstante vgl. HEINZ-OTTO PEITGEN – HARTMUT JÜRGENS – DIETMAR SAUPE: *Chaos – Bausteine der Ordnung*, 164–169).

Bereits die Betrachtung der an sich so einfachen rekursiven VERHULSTschen Gleichung zur Beschreibung der Populationsdynamik lehrt uns demnach, «daß Chaos eine regelhafte, in der Natur und ihrer Systematik vorgesehene Zustandsform ist, daß also die Welt in ihrer Grundstruktur nichtlinear ist, daß sie aber aus dem deterministischen Chaos immer wieder Inseln der Ordnung hervorbringt, auf denen unsere einfachen linearen Gesetze angewendet werden können. Die Linearisierung, die wir im kartesisch-newtonschen System notwendigerweise durchführen müssen, um überhaupt physikalische Gesetze hinschreiben zu können, ist daher insular» (F. CRAMER: *Chaos und Ordnung*, 191).

Das Verhältnis von Chaos und Ordnung wird uns im kommenden 3. Teil dieser Arbeit bei der Frage nach der Eigenart physikalischer Gesetze noch ausführlich beschäftigen müssen, doch berührt es uns hier bereits, insofern wir nicht übersehen können, daß all die Rechnerei im Rahmen auch nur der Entwicklung der Geburtenraten einer Tierpopulation das Schicksal unzähliger lebender, fühlender Wesen beschreibt. Diese Tatsache allein schon macht es *moralisch* unmöglich, in der mathematischen Form der Naturgesetze den Ausdruck der Gedanken Gottes im Sinne der christlichen Theologie zu erblicken. Der Grund für diese These liegt nach dem Gesagten auf der Hand.

Im Erleben der meisten höheren Lebewesen, die sich geschlechtlich vermehren, gibt es kaum eine Erfahrung, die sie so sehr erfüllt wie die Vorgänge von Zeugung, Geburt und Kinderaufzucht, und es gibt desgleichen kaum eine Erfahrung, die derart niederdrückend und schmerzhaft auf sie wirken muß wie Mißerfolg bei Paarung, wie Mißwuchs der Brut und wie das Scheitern der nötigen Versorgung der Jungtiere mit Nahrung. Man betrachte nur den Schmerz von Eltern, deren Kind behindert zur Welt kommt, man beobachte nur die Trauer einer Katze, der man die überzähligen Kinder weggenommen und ersäuft hat, und es mutet wie Wahnsinn an, wenn wir das Glück und das Unglück so vieler Individuen dem unterworfen sehen, was ALBERT CAMUS als «die blutige Mathematik» über uns bezeichnet hat (*Der Mythos von Sisyphos*, 18–19; vgl. *Der sechste Tag*, 239) – eine gefühllose Maschinerie, eine höhnische Abstraktion in Zahlen!

Wie denn? Da wäre ein Gott, der ungerührt dem Massenelend beliebiger Tierpopulationen zuschauen könnte, nur um seine Freude zu finden an den Formen, die eine bestimmte Wahrscheinlichkeitsverteilung von Ereignispunkten um etliche seltsame Attraktoren in der Computergraphik erzeugt? Ein solcher Gott, wer immer er sei, hätte nichts zu tun mit der Vorstellung eines unendlich liebenden persönlichen Gottes, wie die Religion der Bibel sie entworfen hat. Statt dessen stoßen wir erneut auf den Faktor der Selbstbezüglichkeit, der Rekursivität aller Lebensvorgänge, und wir dürfen hier schon die Vermutung hegen, daß das, was Theologen in der Vergangenheit als Vorsehung Gottes zu erweisen suchten, als eine Gesetzmäßigkeit eben jener komplexen Prozesse zu verstehen ist, in denen das Leben selber sich seine Ordnung gibt. Das Leben selbst freilich *rechnet* nicht. Es verhält sich nur so, daß wir seine elementaren Ordnungsgefüge am einfachsten und am sichersten zu begreifen vermögen, wenn wir, etwa zur Beschreibung der Entfaltung einer Lebensgemeinschaft, die Individuen zählen, die jährlich in einer Population zur Welt kommen. Die Abstraktion, die wir damit vornehmen, mildert die Grausamkeit und Unerbittlichkeit des Naturgeschehens selbst in keiner Weise, der mathematische Formalismus stellt lediglich eine Hilfe für uns dar, um das sonst völlig Unverständliche zu verstehen und, darauf gestützt, bestimmte Folgen unseres Verhaltens besser zu kalkulieren.

### β) Wie viele Tiere darf es geben?

Dabei haben wir nur erst eine Population betrachtet, die allein der Dynamik ihrer eigenen Geburtenrate unterliegt; VERHULSTs Gleichung bereits weist allerdings mit Nachdruck auf die enorme Gefahr hin, die darin liegt, daß eine Bevölkerungsgruppe einem ungebremsten exponentiellen Wachstum ausgesetzt wird; – die Ergebnisse der VERHULSTschen Gleichung lassen sich als eine deutliche Warnung vor allem gegenüber den Gefahren der derzeitigen Vermehrung der Weltbevölkerung interpretieren, die von religiösen Autoritäten wie dem römischen Papst noch immer mit fahrlässiger Starrheit geleugnet werden. Freilich ist die Gefahr der Überbevölkerung von uns Menschen *künstlich* geschaffen worden, indem wir mit technischen und medizinischen Mitteln eine Reihe von natürlichen Kontrollmechanismen ausgeschaltet haben. In der *Natur* ergibt sich die Dichte einer Population stets aus dem Zusammenspiel einer Reihe fördernder und hemmender Faktoren.

Zu nennen ist da als erstes das *Nahrungs- und Energieangebot*, das Tiere einer bestimmten Art zum Abwandern oder Auswandern nötigt, das sie dazu bringt, ihre Gelegegröße zu erhöhen oder zu verkleinern, und das sie einer höheren oder geringeren Streßbelastung und Krankheitsanfälligkeit aussetzen kann. Zusätzlich entscheidet das *Raumangebot* über die Größe der Reviere und Brutterritorien, über die Wahrscheinlichkeit des Vorhandenseins geeigneter und ausreichender Brutplätze und Rückzugsräume sowie über die Notwendigkeit, die Mindestgröße der Territorien gegenüber zuwandernden Artgenossen zu verteidigen. *Die Populationsdichte* setzt fest, wie leicht Parasiten von einem Wirtstier zum anderen wandern können und wie rasch Infektionskrankheiten sich ausbreiten werden; räumlich beengt lebende Tiere werden zudem hormonell zu stärkerer Aggressivität und verringerter Fruchtbarkeit gedrängt werden, ja, es kann, wie bei Ratten und Mäusen beobachtet, dahin kommen, daß die Brutpflege zusammenbricht und die Jungtiere sogar von den an sich so fürsorglichen Eltern gefressen werden.

Deutlich ist ferner, daß auf diese Weise durch *Streßfaktoren* die Populationsdichte sich selber reguliert. Von größter Bedeutung sind außerdem die *Witterungseinflüsse,* die zwar selbst nicht mit der Populationsgröße zusammenhängen, aber die genannten Faktoren natürlich erheblich verstärken oder abschwächen können.

Ein einfaches Regelkreisschema der Regulation der Dichte einer Tierpopulation läßt sich in der Graphik von Abb. 82 darstellen.

Ein solches Modell läßt sich vorzüglich mit den Mitteln der *Kybernetik* deuten, wie es H. WILBERT (*Über Festlegung und Einhaltung der mittleren Dichte in Insektenpopulationen,* in: Zeitschrift für Morphologie und Ökologie, 50, 1962) getan hat: Was da zu regeln ist, die *Regelgröße,* ist die Individuenzahl der Population, die je nach den hemmenden oder fördernden Umweltfaktoren eine bestimmte ökologisch vertretbare Größe (den *Sollwert*) erreichen kann. Insofern wirken die Umweltfaktoren (einschließlich des Kli-

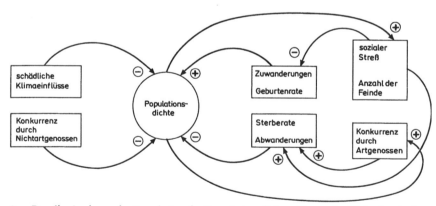

82 Regelkreisschema der Regulation der Populationsdichte. *Plus* an der Pfeilspitze bedeutet: je mehr – desto mehr; oder: je weniger – desto weniger; *minus* bedeutet: je mehr – desto weniger, oder: je weniger – desto mehr.

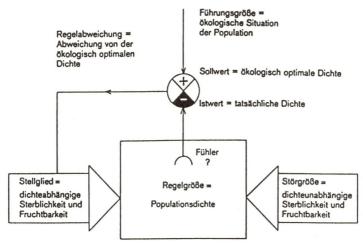

83 Kybernetisches Modell der Selbststeuerung der Populationsdichte.

mas) als *Führungsgröße*. Gesetzt nun, die Population wüchse durch ihre hohe Vermehrungspotenz über ihr Optimum (über den Sollwert) hinaus, so bedeutete dies eine *Störgröße*, die dazu führt, den Istwert gegen den Sollwert neu zu verrechnen. Die Regelabweichung (die Abweichung von der ökologisch optimalen Dichte) wird an das *Stellglied* weitergemeldet, das zum Beispiel mit Nahrungsverknappung, erhöhter Feindaktivität, hormonellen Streßwirkungen oder mit der Anhäufung von Stoffwechselprodukten für eine Verringerung der Individuenzahl sorgt (vgl. Abb. 83).

Auf diese Weise entsteht das Bild einer kybernetischen Selbststeuerung der Anzahl der Individuen einer gegebenen Art in ihrem Umfeld, wobei das Wechselspiel von Geburt und Tod (von Natalität und Mortalität) in der Graphik summarisch als «Stellglied» gedeutet wird; genauer ließe sich bei den Wirkungen der unmittelbar dichteabhängigen Faktoren wie Nahrungsmangel, Gelegerückgang, Streß, Konkurrenz usw. auch von einem *Hauptregler* sprechen, der das «Stellglied» festlegt, während die indirekten dichteabhängigen Faktoren wie Parasitenbefall und Infektionskrankheiten als *Nebenregler* interpretiert werden könnten. In jedem Falle wird an dem Schema die Selbstregulation der Populationsdichte deutlich – für Biologen ein befriedigendes Ergebnis.

Doch nicht so für Theologen! Denn wollen sie, *können* sie sagen: «So macht's der liebe Gott»?

An Versuchen hat es allerdings nicht gefehlt, die kybernetischen Deutungsansätze zum Verständnis der Selbstorganisation biologischer (und physikalischer) Prozesse «fundamentaltheologisch» dahin zu interpretieren, daß Gott zwar nicht länger als oberster Planer und Konstrukteur der Welt, wohl aber als der «Kapitän im Regelkreis» zu betrachten sei, wie FELIX VON CUBE (*Was ist Kybernetik?*, 289) diesen Standpunkt ebenso ironisch wie zutreffend beschrieben hat. Tatsächlich gibt es mindestens *zwei* gute Gründe, die eine solche Theologie unmöglich machen.

Den *ersten* brauchen wir an dieser Stelle nur erst zu erwähnen: Man nimmt das Prinzip der Selbstorganisation des Lebens in seiner Radikalität nicht wirklich ernst, wenn man immer noch das tradierte Gottesbild parallel zum Fortschritt der Naturwissenschaften als Erklärungsgrund der Welt zu verlängern sucht. Womit man es als Denkmodell in den Konzepten heutiger Biologie (und Physik) zu tun hat, folgt nicht länger dem linearen Kausaldenken, das es im Sinne der mittelalterlichen (oder «neuscholastischen») Metaphysik erlauben würde, von den Einrichtungen der Welt her wie von einer gegebenen Wirkung auf eine letzte, oberste Ursache zu schließen; vielmehr zeigt sich Stelle um Stelle deutlicher, wie die «Wirkungen» gestaltend auf ihre eigenen Ursachen zurückwirken und damit die «Einrichtungen» selber erzeugen, die den Theologen seit eh und je nur als das Ergebnis göttlicher «Eingriffe» oder als «Steuerungen von außen» verständlich schienen.

Doch *zum zweiten:* Was für ein «Kapitän» müßte das sein, der ein «Schiff» «steuerte», dessen «Besatzung» sich durch derart blinde und grausame Mechanismen wie Nahrungsmangel und «Überschußabbau» auf ihren «Sollwert» herunterregeln ließe? Gerade der Anspruch auf vorgegebene Vernunft, der mit der Vorstellung einer wie immer gearteten göttlichen Lenkung notwendig verknüpft ist, kontrastiert bizarr mit dem nun allerdings sehr realitätsnahen Bild einer kybernetischen Selbststeuerung zum Beispiel im Falle der Populationsdynamik. In wie vielen Gebeten, Bittgottesdiensten und Bußandachten haben Gläubige aller Zeiten und Zonen sich nicht an den Himmel gewandt mit dem Flehen, von all den «Plagen» von «Mißwachs und Ungeziefer» verschont zu bleiben, die wir jetzt unter Umständen als einfache Rückkoppelungseffekte einer zu großen Bevölkerungsdichte erkennen müssen?

Die *Pest* zum Beispiel – welch ein Schrecken ging von ihr Welle für Welle aus? (vgl. E. DREWERMANN: *Ich steige hinab in die Barke der Sonne*, 21–45: Dramaturgie des Todes oder: Der Atem der Pest.) Für eine Strafe der Götter galt sie im Römischen Reich, für eine Geißel Gottes im Mittelalter; doch was, wie wir jetzt sehen, war sie anderes als eine mittelbare Folge des dichteren Zusammenlebens der Menschen seit den Hochkulturen der Antike? Im Grunde geschah nichts weiter, als daß das «Stellglied» (die Bilanz von Geburt und Tod) dafür sorgte, daß die «Störgröße» (eine relative Überbevölkerung in den Ballungszentren der Städte) auf den «Sollwert» optimaler Bevölkerungsdichte unter den gegebenen Verhältnissen der Nahrungsbeschaffung und Hygiene heruntergeregelt wurde.

Ein anderes dramatisches Beispiel dafür, wie die «Führungsgröße» (die Gesamtheit der Umweltbedingungen) die Größe einer Population über die Rückkoppelungswirkungen ihres eigenen Verhaltens zu steuern vermag, bieten inzwischen die zahlreichen ökologischen Schäden, die eine immer stärker wachsende Menschheit bei ihrer Suche nach Nahrung (bzw. Arbeit) und Wohnraum anrichtet. So greift etwa die Abholzung der Wälder Nepals immer weiter um sich, mit der Folge katastrophaler Erosionen durch das Monsunregenwasser; kein Wunder dann, wenn das Gangeshochwasser in Indien und Bangladesh immer wieder Tausende von Toten fordert (vgl. E. DREWERMANN: *Der tödliche Fortschritt*, 33). Doch zeigt sich bei solchen Betrachtungen ein für die christliche Theologie eigentümlicher Unterschied.

Was uns bei der Entwicklung von *Tierpopulationen* noch ein reines Rechenexempel zu sein scheint, für dessen logische Stringenz Theologen christlicher Herkunft nicht zögern würden, den Schöpfer als «Steuermann» zu preisen, verschlägt uns nun doch den Atem, wenn wir uns klarmachen, daß dieselben Gesetze uneingeschränkt natürlich auch für uns Menschen in Gültigkeit sind; dann, freilich auch dann erst, geben wir uns im christlich-abendländischen Kulturkreis erschrocken und zweifeln an der Vorsehung, ja, an der Existenz auch schon eines Gottes überhaupt, dessen Weisheit uns angesichts so vieler Greuel mehr als zweifelhaft scheint. Der Fehler eines solchen theologischen Denkens ergibt sich erkennbar wiederum aus der immer gleichen schädlichen Anthropozentrik bereits der biblischen Weltsicht. Der Mensch als Mittelpunkt der Welt – für die Natur ist er das nicht! Und so kann es nicht erstaunen, daß auch das vermenschlichte Gottesbild zu der Weltwirklichkeit nicht passen will: – es paßt einfach nicht zu der Art und Weise, wie die Natur mit den Kreaturen insgesamt verfährt, die sie ermöglicht und hervorgebracht hat. Und wir Menschen gehören dazu!

«Gott liebt dich.» «Gott will dich.» «Gott behütet dich.» «Gott bist du nicht gleichgültig.» «Gott nimmt dich ernst.» So in etwa lautet die Quintessenz des Besten, was die religiöse «Verkündigung» des Christentums (und der anderen monotheistischen Religionsformen) den Gläubigen zu vermitteln versucht. Doch wie rechtfertigen sich solche Sätze? Sie machen Sinn, um dem

Verlangen nach Menschlichkeit eine religiöse Grundlage zu schaffen; doch sie müssen scheitern, sobald man sie naturphilosophisch als Aussagen über das «Wesen» eines «Schöpfers» (miß)versteht, dessen «Antlitz» sich in seinen Geschöpfen spiegele. In der Natur, die, den Theologen zufolge, das Werk eines allmächtigen, allweisen und allgütigen Gottes sein soll, ist es absolut normal, daß eine Großzahl von Individuen im Rahmen ihrer Bezugsgruppe immer mal wieder als überzählig, ja überflüssig und schädlich erscheint; und nach den Gesetzen, die wir gerade erörtern, wird die Natur nicht den Augenblick zögern, einer solchen Feststellung, wenn sie denn zutrifft, den nötigen Nachdruck zu verleihen. Die Natur «darf» das, schon weil sie anders gar nicht zu handeln vermag. Sie hat keinen Willen; sie ist, wie sie ist. Und sagen wir noch einmal: sie «rechnet» auch nicht; sie folgt lediglich einfachen Notwendigkeiten, die nur wir Menschen rechnerisch am besten zu formulieren vermögen. Jemand indessen, der, sei er ein Mensch, sei er ein Gott, über einen wirklichen Willen, das heißt über das Vermögen der Entscheidung zwischen alternativen Möglichkeiten verfügt, «darf» so *nicht* tun. Ihm obliegt es unter allen Umständen, die Vergleichgültigung des Leids unzähliger Individuen zu bloßen Recheneinheiten zu *verhindern*. Eben deshalb ist es unmöglich, von «Gott» in naturphilosophischem Sinne als dem «Schöpfer» der Welt zu sprechen, dessen Existenz sich aus der Einrichtung der Welt mit Hilfe des Kausalsatzes beweisen ließe und dessen Funktion als die eines Gubernators kybernetischer Regelkreisläufe im Rahmen der Naturgesetze der Welt zu beschreiben wäre.

Was wir in *Der sechste Tag* bereits herausgestellt haben, wird nun anhand einer wachsenden Konkretisierung der Theodizeefrage immer deutlicher: Das Sprechen von Gott dient einzig der Interpretation des menschlichen Daseins, nicht der Erklärung der Welt. Immer von neuem werden wir bei der Betrachtung der verschiedenen Seiten von Leben und Welt auf diese wichtige Feststellung zurückkommen müssen.

γ) Zwei-Arten-Systeme, Biozönosen, Nahrungspyramiden
und Stoffwechselkreisläufe

Nicht erst, daß Menschen zu unbekannt wie vielen Tausenden an epidemischen Krankheiten wie Pest und Cholera zugrunde gehen oder von teils unverschuldeten, teils selbst verschuldeten Naturkatastrophen hinweggerafft werden, macht es unmöglich, den biblischen Glauben an einen «gerechten», «strafenden» und «belohnenden» Gott im Hintergrund der Welt zu akzeptieren; weit schwerer als die «zufällig» erscheinenden «Heimsuchungen» des Menschen wiegt die Eigenart der Natureinrichtung selbst, welche die Lebewesen durch das Gesetz des Tötens und Getötetwerdens, des Friß oder Stirb physiologisch wie psychologisch in einer unentrinnbaren und unabsehbaren Kette von Leiden und Qualen gefangen hält.

Betrachten wir nur einmal den Ablauf des Zusammenspiels zweier Arten, die einander als *Räuber und Beute* gegenüberstehen. (Zur Entwicklung der Raubtiere vgl. DAVID MACDONALD: *Mit Zähnen und Klauen. Leben und Überleben der Raubtiere,* Kap. 2: Die Waffenschmiede der Natur, S. 43–76.) 1932–1936 entwickelte der russische Ökologe G. G. GAUSE *(The struggle for existence)* die ersten mathematischen Theorien des Kampfs ums Dasein. Er experimentierte mit Pantoffeltierchen *(Paramecium),* indem er sie in einer Glasschale ihren ärgsten Feinden, nämlich anderen Wimpertierchen (Ciliaten) mit dem Namen *Didinium nasutum,* aussetzte, die darauf spezialisiert sind, mit einem nasenartigen Fortsatz ihre Beute anzubohren und auszusaugen. Was passieren würde, ließ sich unschwer vorhersehen: Die Pantoffeltierchen begannen sich zunächst zu vermehren, dann aber wurden immer mehr von ihnen gefressen, und die Räuber vermehrten sich entsprechend, schließlich wurden die Beutetiere ausgerottet, und kurz danach gingen auch die Räuber zugrunde.

Nun verlaufen Entwicklungen in der Natur in der Regel nicht so einfach wie in einer sterilen Glasschale. Nehmen wir einmal an, es stünden am Boden eines Gewässers genügend Versteckmöglichkeiten zur Verfügung, um den Pantoffeltierchen einen fast vollkommenen Schutz zu bieten; zu erwarten wäre in diesem Falle, daß nur wenige Beutetiere gefressen würden und die Jäger bald aussterben müßten. Für gewöhnlich aber ist eine solche Entwicklung nicht realistisch. Zu rechnen ist damit, daß das Gelände in der Regel weder den Beutetieren absoluten Schutz noch den Räubern absoluten Zugriff auf die Beute gestattet; an die Stelle des Aussterbens der einen oder der anderen Art tritt eine regelmäßig alternierende Schwingung, die über längere Zeit konstant bleibt: die Beutetiere vermehren sich, dann werden sie durch Räuber dezimiert; die Räuberpopulation wächst, gerät dadurch aber in Nahrungsmangel und geht wieder zurück; in dieser Situation erholen sich die Beutetiere ..., und so weiter. Es entsteht eine regelmäßige, phasenverschobene Schwingung zweier antagonistischer Systeme, die, unabhängig voneinander, von dem italienischen Mathematiker V. VOLTERRA und dem amerikanischen Biomathematiker A. J. LOTKA *(Elements of physical biology,* 1925) als ein deterministisches Modell dargestellt wurde (vgl. Abb. 84).

In dieser Graphik sind zwei Behauptungen enthalten: zum einen, daß die

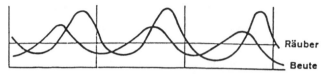

**84** Populationsschwankungen in Räuber-Beute-Systemen, eingetragen nach Individuenzahl gegen die Zeit – das Modell von V. VOLTERRA.

Durchschnittswerte der Individuenzahl beider Partner über lange Zeit in einem Schwankungsgleichgewicht um bestimmte Mittelwerte konstant bleiben werden, und zum zweiten, daß im Falle einer Dezimierung beider Arten die Beutetiere schneller wieder zunehmen werden als die Räuber. (Daraus ergibt sich zum Beispiel die Folgerung, daß es ökologisch unsinnig ist, Insektenvernichtungsmittel einzusetzen, die, wie immer noch üblich, Beute wie Jäger gleichmäßig schädigen; derartige Mittel begünstigen geradezu die Vermehrung der «Beutetiere», die für die Landwirtschaft als «Schädlinge» gelten!)

Natürlich aber basiert auch die Modellrechnung von LOTKA und VOLTERRA immer noch auf idealisierenden Vereinfachungen, die in der Wirklichkeit nur selten realisiert sein werden. So wird in dem Modell nicht berücksichtigt, daß es mehrere Arten von Beutegreifern geben kann, die in Konkurrenz zueinander dieselbe Art bejagen; es wird auch nicht einkalkuliert, daß der Erfolg der Jäger bei größerer Beutedichte deutlich ansteigen wird. Ein realistischeres Modell, wie es 1960 von LESLIE und GOWER entwickelt wurde, berechnet die Entwicklung der Individuenzahl von Räubern und Beutetieren nur noch nach Art eines Wahrscheinlichkeitsverlaufs, wie er in Abb. 85 zum Ausdruck kommt.

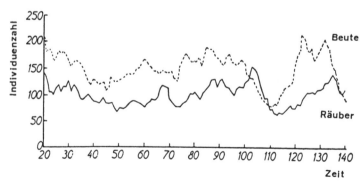

**85** Populationsschwankungen in Räuber-Beute-Systemen – das Modell von LESLIE und GOWER (1960).

Nun muß man sich nur klarmachen, daß wir es in einem Ökosystem natürlich nicht mit einer Zwei-Arten-Entwicklung, sondern mit der Verflechtung vieler Arten untereinander zu tun haben, und zwar in einem solchen Komplexitätsgrad, daß es praktisch unmöglich ist, ihre Entwicklung über einen längeren Zeitraum vorherzusagen. Abb. 86 gibt nur einen kleinen Ausschnitt aus einer Lebensgemeinschaft, einer «*Biozönose*» wieder, und doch wird die Verschachtelung der Nahrungskette bereits recht eindrucksvoll deutlich.

Am meisten bei der Entstehung von Lebensgemeinschaften muß ihre Tendenz zur Bildung von *Gleichgewichtszuständen* auffallen.

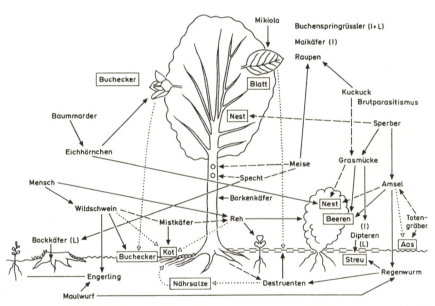

86 Mögliche Beziehungen (= biozönotischer Konnex) in einem sommergrünen Laubwald (z. B. mit Rotbuche).

Erläuterungen:   I = Imago (Vollkerf)
                 L = Larve
                 Mikiola ist eine Buchengalle
                 Diptera = Zweiflügler

———————>   Nahrungsbeziehungen
— — — —>   Nistplatzangebot, evtl. auch Nahrungsangebot
· · · · · ·>   Stoffströme, Transportwege

Nehmen wir als Beispiel das Schicksal der Insel Krakatau (vgl. DAVID ATTENBOROUGH: *Lebensräume der Natur,* 19–55: Die Schmelzöfen der Erde, S. 51 f.), die 1883 durch einen gewaltigen Vulkanausbruch von 33,5 auf 10,5 km² verkleinert wurde; eine Aschenschicht von 30 m Dicke breitete sich über alles, was bisher auf der Insel gelebt hatte; allein 40 000 Menschen starben. Wie kann eine solche Insel im Ozean, 10 km im Osten von Java, neu besiedelt werden? In Frage für eine neue Invasion des Lebens kommt alles, was an Lebenskeimen vom Wind über weite Strecken verdriftet werden kann: Pflanzensamen und einzellige Lebewesen an erster Stelle; dann alles, was aus eigener Kraft weit genug fliegen kann: Insekten, Fledermäuse, Vögel, die ihrerseits wieder Pflanzensamen, Amphibieneier und Insektenlarven im Gefieder mitschleppen; schließlich Lebewesen, die auf Treibholz von Insel zu Insel «springen» können: Krebse, Schildkröten, Insekten, Kleinsäugetiere. Was im einzelnen passiert und wie es dann weitergeht, hängt in jedem Falle von einer unvorhersehbaren Menge an Zufällen ab, stets nach dem Motto: wer zuerst kommt, mahlt zuerst: – die Abfolge der Ankunft bestimmter Organismen, ihre «Sukzession», entscheidet über den Aufbau und die Entwicklung der sich bildenden Lebensgemeinschaft. Generell kann man sagen, daß die Zahl erfolgreich einwandernder Arten immer geringer wird, je länger die Einwanderung dauert, und umgekehrt: es wird die Zahl aussterbender Arten unter dem Konkurrenzdruck einer immer dichteren Besiedlung mit der Zeit zunehmen. Schließlich, wenn Einwanderung und Aussterben von Arten sich die Waage halten, entsteht ein *Fließgleichgewicht.*

Im Falle der Insel Krakatau fanden sich bereits nach drei Jahren die ersten Gräser und Farne ein, und der Strand war von einigen Insektenarten: Fliegen, Käfern, Springschwänzen, besiedelt; nach sechs Jahren existierten bereits Schmetterlinge, Wanzen und Spinnen auf der Insel, und auch ein Waran hatte die Reise geschafft; nach 10 Jahren wuchsen junge Bäume und Kokospalmen, «nach 25 Jahren wurden 225 Tierarten, nach 50 Jahren 1156 Tierarten gezählt, darunter auch weitere Wirbeltiere wie Fledermäuse, Eidechsen, Schlangen und Ratten» (W. WÜLKER: *Biologische Gleichgewichte,* in: D. Todt: Biologie 2, S. 183–215, S. 205). Heute, über 100 Jahre danach, ist die Biozönose auf Krakatau immer noch weitgehend «ungesättigt», obwohl manche Gruppen, vor allem die Vögel, eine gewisse Gleichgewichtsdichte bereits erreicht haben.

Vergleichbare Beobachtungen lassen sich machen, wenn zum Beispiel ein neuer See aufgestaut, ein Meeresbecken eingedeicht oder ein ehemaliges Wüstengebiet renaturiert wird. Immer hängt die Entwicklung der Lebensgemeinschaft davon ab, welche Pflanzen und Tiere sich bereits in dem Biotop vorfinden und in welcher Reihenfolge die Zuwanderung anderer Arten erfolgt. Diese allerdings kann sich nur unter bestimmten Rahmenbedingungen vollziehen: In der Anfangszeit, wenn noch keine Vegetation die Erstzuwanderer vor Wind, Wasser, Trockenheit und Sonneneinstrahlung zu schützen vermag, bedarf es besonders widerstandsfähiger und anpassungsbereiter Arten; mit anderen Worten: die ersten Einwanderer werden eine hohe Nachkommenzahl und kurze Lebenszyklen aufweisen; bezeichnenderweise herrscht bei den Pionierpflanzen das Chlorophyll a vor, das, wie wir sahen, einen besonders hohen Wirkungsgrad bei der Photosynthese ermöglicht und eine entsprechend hohe Primärproduktion zuläßt. Die Individuenzahl der sich ungehindert ausbreitenden Arten wird exponentiell wachsen. Später dann wird die Artenvielfalt zunehmen, dafür aber die Raumbeanspruchung und die Entfaltungsmöglichkeit immer enger werden; die Folge: um Kollisionen zwischen den Arten zu vermeiden, werden immer speziellere Nischen durch immer spezieller angepaßte Arten besetzt werden; die Struktur der Nahrungspyramide wird immer vielfältiger; immer mehr Biomasse sammelt sich an; auch größere Organismenarten können sich jetzt ansiedeln, wie es am Beginn der entstehenden Lebensgemeinschaft durchaus nicht möglich gewesen wäre; im Stoffwechsel des Systems ist in etwa eine Balance zwischen Produktion und Verbrauch eingetreten. Das gesamte System hat sich damit stabilisiert und ist gegenüber bestimmten Zufallsereignissen weniger anfällig geworden; eine Zuwanderung neuer Arten wird zunehmend unwahrscheinlich.

All das klingt nun wieder überaus logisch und einleuchtend, – man begreift, daß alles unter den gegebenen Bedingungen unvermeidbar so sein muß; und doch wächst bei jeder weiteren Beschäftigung mit den Elementargesetzen des Lebens der Eindruck des Grausigen weiter. Wie soll man diese endlose Kette des Verschlingens, Verdauens und Ausscheidens mit irgendeinem weisen und gütigen Schöpfungsplan in Verbindung bringen? Biozönose, Artensukzession, Artenkonkurrenz, Spezialisation, Nahrungskette – all diese Worte beschreiben nichts weiter als eben das Schauspiel von Schmerz und Not, das ARTHUR SCHOPENHAUER vor sich sah. Da soll das Schönste und Kostbarste nur hervorgebracht werden, um von dem nie stillstehenden Mühlrad von Geburt und Tod, Produktion und Konsum, Wachstum und Verfall zermahlen zu werden, freilich auch dies nach bestimmten Regeln innerhalb dieser unerbittlichen Mechanik!

*Eine* dieser Regeln lautet: im allgemeinen frißt der Größere den Kleineren, und er braucht viele «Kleinere», um seinen größeren Körper zu ernähren. «Daraus ergibt sich ganz zwanglos, daß auf einer gegebenen Zahl primärer

Produzenten nur eine *geringere Zahl* von primären Konsumenten und darauf wiederum eine geringere Zahl sekundärer Konsumenten aufbauen kann. Wenn man diese Zahlenverhältnisse als übereinander angeordnete Flächen darstellt, werden sie nach oben immer kleiner. Es entsteht dann das Bild einer *Zahlen*pyramide, die als erster der berühmte Ökologe CH. ELTON (sc. in: *Animal ecology*, 1927, d. V.) aufgestellt hat» (WOLFGANG WÜLKER: *Die großen Kreisläufe der Natur*, in: D. Todt: Biologie 2, 110–145, S. 134–135).

Doch handelt es sich bei dem Bild von der «Pyramide» wieder um ein idealisiertes Modell, das nur begrenzt tauglich ist und je nach Lebensraum variiert werden muß. So rechnet E. P. ODUM (*Fundamentals of ecology*, Philadelphia 1971) im *Grasland* damit, daß auf 1 500 000 Gräser 200 000 Grasfresser kommen und auf diese 90 000 kleine Fleischfresser, die ihrerseits einige wenige große Fleischfresser (Löwen, Geparde, Adler und Geier) ernähren; im *Wald* hingegen kommen nach seiner Schätzung auf 200 Bäume 150 000 Blattfresser auf diese 120 000 kleine Fleischfresser und auf diese nur 2 große Fleischfresser; das ist nun beim besten Willen keine «Pyramide» mehr, eher schon ein «Brückenpfeiler».

Aber auch unabhängig von solchen «Konstruktionsmängeln» in dem Bild der Nahrungs«pyramide» muß man sich fragen, ob es wirklich sinnvoll ist, Algen und Bäume als «Primärproduzenten» oder Mäuse und Elephanten als «primäre Konsumenten» auf ein und dieselbe Stufe zu stellen. Bas Bild von der *Zahlen*pyramide ist deshalb zu ergänzen durch das Bild von der *Biomasse*-Pyramide, indem man auf jeder Stufe die lebende Materie zum Beispiel in Gramm Feuchtgewicht verrechnet. Auf diese Weise läßt sich etwa feststellen, wieviel Fleisch sich auf einer bestimmten Stufe der Pyramide für die Agrarindustrie erzeugen läßt. Doch ist auch dieses Modell unzureichend, denn es werden damit im Grunde nur Augenblicksdaten erfaßt; die Geschwindigkeit der Nachlieferung der Substanz geht in dieser Betrachtungsweise unter. Algen etwa besitzen im Unterschied zu Bäumen nur eine geringe Biomasse, doch ist ihre Vermehrungsrate so enorm, daß sie in einigen Jahren durchaus der Biomasse-Produktion eines Baumes gleichkommt. «Etwa die Hälfte der gesamten Photosyntheseaktivität der Welt erfolgt in einzelligen Algen, die in den Ozeanen der Erde leben» (HARVEY LODISH u.a.: *Molekulare Zellbiologie*, 807). In einigen Ökosystemen werden die sich so rasch vermehrenden Algen andererseits so schnell von Primärkonsumenten gefressen, daß sich eine große Algenpopulation gar nicht erst aufbauen kann. Die *Biomasse*-Pyramide dreht sich in diesen Fällen um: Die schmale Spitze der Algenmasse trägt die große Biomasse der Primärkonsumenten. Zudem wird in der *Biomasse*-Pyramide der Verlust an Biomasse durch Ausscheidungsvorgänge und die Verwesung gestorbener Individuen nicht miterfaßt.

Es ist daher sinnvoll, ein noch abstrakteres, doch dafür exakteres Bild von der Nahrungsverteilung in Gestalt der *Energie*-Pyramide zu erstellen, die sich unter keinen Umständen auf den Kopf stellt, da die Energieproduktion der Algen auch bei geringerer Biomasse stets größer ist als die der Primärkonsumenten. Dabei ergibt sich das Bild von Abb. 87.

Von der riesigen Energiemenge der Sonneneinstrahlung stehen den Pflanzen zur Primärproduktion nur etwa 10 % zur Verfügung, von denen nur 1–5 % in den Photosyntheseprodukten gespeichert werden. Dennoch langt dieser Anteil aus, um jährlich 150–200 Milliarden Tonnen organismischer Substanz zu produzieren. In dem Schema ist mit einem Pfeil nach rechts der Energiebetrag

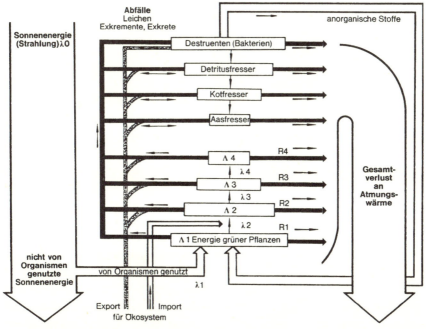

87 Die Energie-Pyramide. «*Destruenten*» sind «saprotrophe» (fäulnisverzehrende) Pilze und Bakterien, die Nährstoffe aus toter organischer Substanz, etwa aus Kadavern, abgefallenen Pflanzenteilen und Exkrementen, aufnehmen, die sie in anorganische Verbindungen verwandeln. «*Detritus*» ist abgestorbene organische Substanz. $\Lambda$ 1–4 Trophiestufen, $\lambda$ 1–4 weiterströmende Energiemengen, R 1–4 durch Atmung der Organismen freiwerdende Wärmeenergie.

eingezeichnet, der bei der Atmung der Organismen als Wärmeenergie frei wird; mit einem Pfeil nach links sind die Verluste eingezeichnet, die nicht bei der «Verbrennung» von Betriebsstoffen (Kohlenhydraten, Eiweißen, Fetten) anfallen, sondern z. B. in Form von Abfallprodukten den «Destruenten», also den Bakterien und Pilzen, aber auch den Aasfressern zugute kommen.

Nun kann man die Energiemenge jeder Stufe der *Energie*-Pyramide mit dem großen griechischen Buchstaben Lambda $\Lambda$ bezeichnen; $\Lambda_1$ ist dann die Energie, die in den grünen Pflanzen gespeichert ist; mit einem kleinen $\lambda_2$ läßt sich die Energie bezeichnen, die an die Stufe der Pflanzenfresser weitergegeben wird, deren Energiestufe ihrerseits als $\Lambda_2$ markiert wird, usw. Die Frage, die sich sogleich stellt, muß natürlich lauten, wie hoch wir das Quantum von $\lambda$ jeweils anzusetzen haben, und es ist klar, daß als Antwort darauf nur mit Hilfe von Analogieschlüssen ungefähre Näherungswerte angegeben werden können. L. B. SLOBODKIN (*Growth and regulation of animal populations*, 1981) zum Beispiel untersuchte in Aquarien die Energieübertragung von Algen (der Art *Chlamydomonas*) an einen algenfressenden Kleinkrebs, den Wasserfloh *Daphnia*, und ermittelte dabei den Transfer von der einen Trophiestufe zur nächsten im Bereich von 10 %. Mit diesem Wert ist denn tatsächlich auch als Faustregel zu rechnen.

Ein genaueres Bild hat E. P. ODUM: (*Tropic structure and productivity of Silver Springs, Florida*, in: Ecological Monographes 27, 1957, 55–112) erstellt, indem er den Energiefluß in kcal/m²/Jahr zu berechnen suchte; seine Gewinn- und Verlustbilanz ist zusammengefaßt in der Tabelle von Abb. 88.

Generell müssen wir feststellen, daß nur «etwa ein Tausendstel der durch Photosynthese fixierten chemischen Energie... den gesamten Weg durch ein Nahrungsnetz bis hin zu Tertiärkonsumenten (durchläuft)». «Die Vorstellung von einer Energie- oder Biomassepyramide hat auch Implikationen im Hinblick auf die menschliche Bevölkerung. Der Verzehr von Fleisch ist ein relativ ineffizienter Weg, die pflanzliche Photosyntheseleistung zu nutzen. Ein Mensch, der sich – als Primärkonsument – direkt von pflanzlichen Lebensmitteln ernährt, bezieht aus einer bestimmten Menge dieser Nahrung wesentlich mehr Kalorien als jemand, der dieselbe Pflanzenmenge eine weitere Trophiestufe durchlaufen läßt und das damit produzierte Rindfleisch ißt. Weltweit könnte die Landwirtschaft wesentlich mehr Menschen ernähren, wenn wir alle nur pflanzliche Nahrungsmittel zu uns nähmen, also als Primärkonsumenten leben würden» (NEIL A. CAMPBELL: *Biologie*, 1253; 1254).

Doch nun zur Gebrauchsanweisung für Theologen: Was wir in Abb. 88 vor allem zu sehen bekommen, ist die vermutlich einzige Form, in der sich verste-

| Energie-Gewinne | | Energie-Verluste | |
|---|---|---|---|
| Absorbierte Sonnenenergie | 410 000 | Verlust absorbierter Sonnenenergie | 389 910 |
| *Primärproduzenten* (Pflanzen) | 20 810 | Atmungswärme *Primärproduzenten* | 11 977 |
| *Primärkonsumenten* (Pflanzenfresser) | 3 368 | Atmungswärme *Primärkonsumenten* | 1 890 |
| *Sekundärkonsumenten* (Kleine Fleischfresser) | 383 | Atmungswärme *Sekundärkonsumenten* | 316 |
| *Tertiärkonsumenten* (Große Fleischfresser) | 21 | Atmungswärme *Tertiärkonsumenten* | 13 |
| | | Abfälle (Leichen usw.) aller Trophiestufen | 5 080 |
| *Destruenten* | 460 | Wärmeverlust bei Destruktion | 4 600 |
| Import aller Trophiestufen | 486 | Export aller Trophiestufen | 2 500 |

88 Gewinn- und Verlustbilanz des Energieflusses zwischen den Trophiestufen in kcal/m²/Jahr.

hen läßt, was in der Geschichte des Lebens auf dieser Erde bei dem Gesetz des ständigen Fressens und Gefressenwerdens eigentlich geschieht: in den Körpern der Lebewesen kreist Energie, die sich austauscht; Leben, das ist ein offenes sich selbst organisierendes System ständigen Energiedurchflusses auf dem Niveau eines dynamischen Gleichgewichts, – diese Definition der Biochemie (oder der Thermodynamik) legt sich jetzt bereits nahe. Doch darf man vielleicht als Biochemiker außer acht lassen, was man als Philosoph oder Theologe – als nachdenklicher Mensch! – niemals vergessen darf: daß die «Organismen» fühlende Wesen sind und sein müssen, um auf vielfältige Weise mit eben der Welt in Kontakt zu treten, von deren Energieausbeute sie ihr Dasein fristen! Die Frage ihres Schmerzes, ihrer Angst und ihres Sterbens ist auf dem Abstraktionsniveau des Energiepyramidenmodells schlechtweg auszuklammern; für den Biologen ergibt sich dadurch eine befriedigende Betrachtungsweise, – jedenfalls beginnt er zu verstehen, was er verstehen will. Für den Theologen aber wird die Situation jetzt immer prekärer. Sollte er wirklich die Stirn haben, den tradierten Schöpfungsglauben in die Aussage zu kleiden, die Weisheit Gottes komme denn nun halt in jenen Gesetzen der Biochemie machtvoll zum Ausdruck, die allen Prozessen des Lebens zugrunde lägen, oder, noch verwegener, aber in manchen theologischen Zirkeln inzwischen beliebt: Gott selber sei dieser Energiestrom, der alles durchdringe, gestalte und wandle?

Das mit keinem Mittel überkommener Theologie zu lösende Problem der Theodizee stellt sich Stufe für Stufe neu und Stufe für Stufe dringlicher durch den immer deutlicher werdenden Kontrast zwischen der Unpersönlichkeit der Naturprozesse und den Erwartungen, die mit der Idee eines persönlich gedachten Gottes als eines «Schöpfers» an die Weltwirklichkeit sich richten. Je weiter die Naturwissenschaften voranschreiten, desto spürbarer werden die Enttäuschungen an dem biblisch vermittelten Gottesbild der christlichen Theologie. Ein gütiger Gott, der *in Freiheit* über die Einrichtungen der Natur soll haben entscheiden können, *darf* nicht ein derartiges Zwangsgesetz unerbittlicher Gnadenlosigkeit etablieren, wie wir es täglich klarer vor Augen gestellt sehen! Wir können die sich daraus ergebende Folgerung Stelle für Stelle nur immer wieder vorweg formulieren: die überkommene Gottesidee hat ein für allemal aufgehört, die Verstehensgrundlage der Gesetze des Lebens auf dieser Erde zu bilden; umgekehrt: die Gesetze des Lebens, soweit wir sie kennen, widerlegen geradezu den tradierten Gottesglauben. Was uns bleibt, ist nicht mehr der Gott einer höchsten «Ursache» der Welterklärung, sondern einzig eine (im Sinne I. Kants zu verstehende) «regulative Vernunftidee», um unser menschliches Leben menschlich zu ordnen. Das ist wenig, erschreckend wenig vielleicht für denjenigen, der als Kind noch in dem so einheitlichen Weltbild der mittelalterlichen «Glaubens»lehre der römischen Kirche erzogen wurde, doch ist es ausreichend für jeden, der jenseits des Zusammenbruchs der dogmatischen Theologie eine religiöse Grundlage für sein Leben sucht. Die Vernunftidee Gott beantwortet nicht, wie die Welt ist; sie macht ganz im Gegenteil den Widerspruch deutlich, der zwischen den Gesetzen der Natur und den Gesetzen der menschlichen Kultur besteht.

Man kann demnach nicht sagen, es sei da ein Gott, der uns – sein Volk Israel – aus der Natur herausgeführt habe (vgl. *Der sechste Tag*, 432–451); aber man kann sagen, daß mit der Entfaltung des Menschen zu einer eigenen Persönlichkeit die Erfahrung einer neuen, andersartigen Wirklichkeit einhergeht, die sich als Korrektiv und Kontrast jener «ersten» Wirklichkeit dartut, welcher wir selbst als «empirische Wesen» entstammen. Keinen anderen *Grund* hat die Religion, als daß wir glauben möchten an die Liebe statt an die Gleichgültigkeit, und keinen anderen *Zweck* hat die Religion, als diesen Glauben in einer «jenseitigen» Welt zu befestigen, damit wir der diesseitigen Welt auf menschliche Weise standzuhalten vermögen. Schon das ist viel. Und es ist buchstäblich notwendig.

Denn wie zynisch mutet es an, wenn wir die Energiebilanz in den Ringströmen des Lebens noch ein Stück weit konkreter fassen! Was da ausgetauscht wird, ist ja nicht einfach «Energie» in elektromagnetischer oder thermischer Form; dazwischen liegen vielmehr drei große Kreisläufe, die wir als Stickstoff-, Kohlenstoff- und Phosphorkreislauf beschreiben können, und es scheint, so betrachtet, als seien alle Lebensformen letztlich überhaupt nur dazu da, die Zyklen dieser Elemente in Gang zu halten.

Beginnen wir mit dem *Stickstoff*. Die Biomasse aller Pflanzen und Tiere der Erde enthält rund 12,2 Milliarden Tonnen Stickstoff in Form von Aminosäuren, also den Bausteinen der Proteine, sowie in Form der in den Nucleinsäuren vorkommenden stickstoffhaltigen Basen (vgl. WOLFGANG WÜLKER: *Die großen Kreisläufe der Natur*, in: D. Todt: Biologie 2, 110–145, S. 123). Die lebenden Tiere und Pflanzen aber sterben, und ihre organische Substanz wird von den Destruenten als Betriebsstoff zur Erhaltung ihrer eigenen Lebensvorgänge abgebaut. Dabei wird der Stickstoff aus den organischen Verbindungen abgespalten, wobei als primäres Abfallprodukt der äußerst giftige Ammoniak ($NH_3$) entsteht. Viele Tiere wandeln ihn deshalb unter ATP-Verbrauch in die wesentlich ungiftigeren Verbindungen Harnsäure (Insekten, viele Reptilien, Landschnecken und Vögel) und Harnstoff (Haie, manche Knochenfische, die meisten Amphibien und die Säugetiere) um. Die direkte Exkretion von $NH_3$ ist allerdings energetisch sehr viel günstiger, so daß die meisten aquatischen Organismen (einschließlich vieler Knochenfische) sowie die Destruenten im Boden ihn einfach in die Umgebung ausscheiden, die sich dadurch mit Ammoniak anreichert (vgl. NEIL A. CAMPBELL: *Biologie*, 981). Da aber die meisten Böden wenigstens leicht sauer sind, entstehen aus dem Ammoniak durch Aufnahme je eines Protons Ammonium-Ionen ($NH_4^+$). Bestimmte Bakterien, die sogenannten nitrifizierenden Bakterien, oxidieren die Ammonium-Ionen über Nitrit ($NO_2^-$) zu Nitrat ($NO_3^-$). (Diesen Vorgang bezeichnet man als *Nitrifikation*.) Pflanzen können ihren Stickstoffbedarf nur durch die Aufnahme von $NH_4^+$-Ionen oder von $NO_3^-$-Ionen decken, die sie aus dem Boden über die Pflanzenwurzeln aufnehmen, um sie in Proteine umzuwandeln. Allerdings müssen sie das Nitrat zuerst wieder zu Ammonium-Ionen reduzieren, bevor sie es in die Proteinsynthese einbeziehen können (vgl. HANS G. SCHLEGEL: *Allgemeine Mikrobiologie*, 333). Tiere können den notwendigen Stickstoff nicht so einfach aus den anorganischen Nährstoffen ($NH_4^+$ und $NO_3^-$) beziehen, sondern müssen die stickstoffhaltige organische Substanz anderer Lebewesen aufnehmen, um selbst leben zu können. Hinzu kommt, daß das Element Stickstoff, wie alle chemischen Elemente, auf unserem Planeten nur in begrenzter Menge vorhanden ist. Es darf deshalb nirgendwo «verloren» gehen, also nirgendwo für immer gebunden bleiben, sondern es muß ständig wiederverwertet werden, also innerhalb eines Kreislaufes zirkulieren. Destruenten (Bakterien und Pilze) zersetzen deshalb die stickstoffhaltige organische Substanz (Kadaver, abgestorbene Pflanzenteile, Exkremente) wieder zu Ammonium-Ionen und füllen damit die Vorratskammer für die Ernährung der Pflanzen wieder auf. (Diesen Vorgang bezeichnet man als *Ammonifikation*.) Die Stickstoffmenge der verwesenden Substanzen liegt mit 760 Milliarden Tonnen sogar noch um ein sechsfaches über dem Stickstoffgehalt der lebenden Organismen. Das Leben existiert gewissermaßen auf dem Friedhof, in dem es sich selbst begräbt oder «verwurzelt».

Der in den organischen Verbindungen zirkulierende Stickstoff ist freilich über biogeochemische Prozesse auch mit dem gasförmigen molekularen Stickstoff ($N_2$) in der Atmosphäre verbunden. Dort sind enorme Stickstoffmengen gelagert: etwa 80% der Atemluft besteht ja aus Stickstoff ($N_2$), dessen Anteil in der Luft ca. 3,8 Billiarden Tonnen beträgt (vgl. WOLFGANG WÜLKER: *Die großen Kreisläufe der Natur*, 125), die zudem durch vulkanische Zuflüsse aus der Erdrinde immer wieder ergänzt werden. Außerdem sind manche Bakterien, die sogenannten *denitrifizierenden Bakterien*, fähig, ihre Energie durch *Nitrat-Atmung* zu gewinnen, wobei sie gasförmigen (molekularen) Stickstoff in die Atmosphäre freisetzen. Unter Sauerstoffabschluß, zum Beispiel bei stagnierender Nässe, können sie den notwendigen, aber fehlenden Sauerstoff dem Nitrat ($NO_3^-$) entziehen, das aber dadurch zu freiem Stickstoff ($N_2$) reduziert wird. Es ist der einzige Weg, auf dem gebundener Stickstoff in gasförmigen überführt wird. Jährlich gehen auf diese Weise etwa 43 Millionen Tonnen Stickstoff «verloren». Andererseits wird durch die *Denitrifikation* verhindert, daß das extrem gut wasserlösliche Nitrat vor allem aus Böden mit stagnierender Nässe allmählich ausgewaschen wird. Es würde sich dann im Meerwasser anreichern, so daß dem Wachstum von Landpflanzen schnell die Grundlage entzogen wäre (vgl. HANS G. SCHLEGEL: *Allgemeine Mikrobiologie*, 332).

Nun kann aber der den Pflanzen nicht verfügbare gasförmige Stickstoff ($N_2$) auch wieder in Ammoniak umgewandelt und anschließend zur Synthese stickstoffhaltiger organischer Verbindungen verwendet werden. Behilflich dabei sind Blitzentladungen in der Atmosphäre, vor allem aber sorgt die Tätigkeit von bestimmten Prokaryoten dafür, den reaktionsträgen molekularen Stickstoff mit Hilfe des Nitrogenase-Enzyms zu aktivieren und der Proteinsynthese zuzuführen. Diese Prozesse sind für die Stickstoffaufnahme so wichtig, daß nicht nur freilebende Bodenbakterien und manche aquatischen

Cyanobakterien Stickstoff fixieren, sondern manche Pflanzen, vor allem die Hülsenfrüchtler (die Leguminosen) stickstofffixierende Prokaryoten (Knöllchenbakterien, aus der Gattung *Rhizobium*) als Symbionten in ihren Wurzeln beherbergen (vgl. HANS G. SCHLEGEL: *Allgemeine Mikrobiologie*, 428–431). Diese intrazelluläre Symbiose ist das bekannteste Beispiel für eine *Endosymbiose*, wie wir sie soeben im Zusammenhang mit der Entstehung der Eukaryotenzelle aus prokaryotischen Vorfahren diskutiert haben (s. o. S. 218–221).

Auch technisch in der Düngemittelindustrie läßt sich der Luftstickstoff (durch das Haber-Bosch-Verfahren) in nutzbare Stickstoffverbindungen umwandeln, doch ist der Anteil des so gewonnenen Stickstoffs im Vergleich zur natürlichen Produktion sehr gering (trotz der erheblichen ökologischen Schäden bei der Überdüngung der Felder mit Nitraten und Ammoniumsalzen in den agrarindustriellen Monokulturen). Insgesamt werden durch Blitzentladungen und durch die Aktivität von Mikroorganismen immerhin ca. 48 Millionen Tonnen Stickstoff aus der Atmosphäre gewonnen, – etwa ein Million-

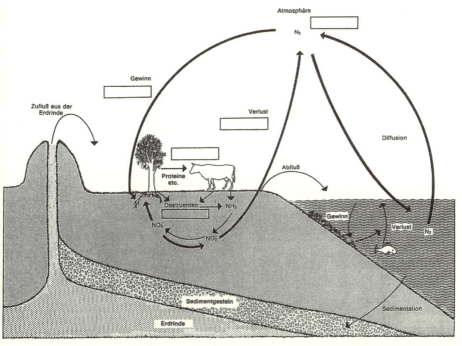

89 Stickstoffkreislauf der Erde (vereinfacht nach Strahler A. N. und Strahler A. H., 1973).

stel Prozent des Luftvorrats. Zu bedenken ist noch, daß zum Beispiel Ammoniak aus neutralen Böden ausgast oder ein Teil des Stickstoffs auch direkt (als auf Staub abgelagerte oder als im Regen gelöste Ammonium- und Nitrat-Ionen) durch atmosphärische Deposition dem Boden wieder zugeführt wird. Außerdem findet ein Gasaustausch zwischen Atmosphäre und Meer statt. Geringe Mengen des Elements Stickstoff werden auch in den Sedimenten der Meeresböden abgelagert und kehren von dort dann wieder durch Vulkanismus oder die Verbrennung fossiler Brennstoffe in die Atmosphäre zurück. – Eine schematische Darstellung des Stickstoffkreislaufs versucht Abb. 89 zu geben.

Der *Kohlenstoffkreislauf* kommt durch Atmung und Photosynthese zustande: $CO_2$ wird, wie wir wissen, bei der Photosynthese benötigt, während Sauerstoff abgegeben wird; umgekehrt bei der Atmung. Daraus ergibt sich von selbst, daß die aufgenommenen und abgegebenen Mengen von $CO_2$ und Sauerstoff unterschiedlich verteilt sind. Ein Wald benötigt enorme $CO_2$-Mengen, weit mehr, als die Pflanzen und Tiere des Waldes herstellen können. Dafür produziert eine Rinder- oder Schafherde eine Menge $CO_2$, benötigt aber sehr viel Sauerstoff. Das Problem löst sich durch den $CO_2$-Austausch in der Atmosphäre. Etwa 129 Milliarden Tonnen $CO_2$ gelangen jährlich von den Organismen in die Atmosphäre und kommen von dort zu ihnen zurück, das entspricht ca. 5% der gesamten $CO_2$-Menge der Atmosphäre (etwa 2600 Milliarden Tonnen; vgl. HANS G. SCHLEGEL: *Allgemeine Mikrobiologie*, 8). Allein diese Tatsache zeigt die Bedeutung, die das Gleichgewicht des $CO_2$-Kreislaufes für die Atmosphäre besitzt; sie zeigt aber auch, wie verhängnisvoll es sein muß, dieses Gleichgewicht durch das Verbrennen fossiler Energieträger (Kohle, Torf, Erdöl, Erdgas) zu stören, in denen etwa 10 Billionen Tonnen Kohlenstoff gespeichert sind und bei deren Verbrennung etwa 18 Milliarden Tonnen $CO_2$ jährlich freigesetzt werden – mit unabsehbaren Konsequenzen.

Im Wasser reagiert gelöstes $CO_2$ zu Kohlensäure ($H_2CO_3$), die mit vorhandenem Calciumcarbonat ($CaCO_3$) zu Bicarbonat ($HCO_3^-$, Hydrogencarbonat) reagiert

$$H_2CO_3 + CaCO_3 \rightleftharpoons Ca^{2+} + 2\,HCO_3^-.$$

Über 90% des im Meerwasser gelösten atmosphärischen $CO_2$ liegen in dieser Form vor. Die Gesamtmenge an $CO_2$, die in den verschiedenen anorganischen Formen ($CO_2$, $HCO_3^-$, $CO_3^{2-}$) in den Ozeanen in gelöster Form enthalten ist, beträgt mit 130 Billionen Tonnen etwa das Fünfzigfache des atmosphärischen $CO_2$-Gehaltes. Daraus geht hervor, daß die Meere ein gewaltiges Puffersy-

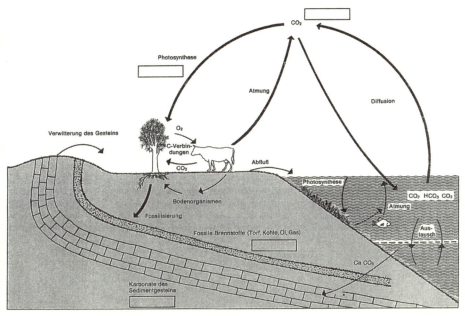

90 Kohlenstoffkreislauf der Erde (vereinfacht nach Strahler, A. N. und Strahler, A. H. 1973).

stem für $CO_2$ darstellen. Zusätzlich ist $CO_2$ auch als Kalk (Calciumcarbonat) in Sedimentgesteinen, also in Meeresablagerungen, mit etwa bis zu 2,5 Billiarden Tonnen gebunden und kann durch Verwitterung wieder an Luft und Wasser zurückgegeben werden (Zahlenangaben nach HANS G. SCHLEGEL: *Allgemeine Mikrobiologie*, 8). Doch spielt dieser Vorgang für die Gesamtbilanz keine so große Rolle. – Eine schematische Darstellung des Kohlenstoffkreislaufs der Erde bietet Abb. 90.

Der *Phosphorkreislauf* ist schon deshalb von der größten Bedeutung, weil das Leben ohne Phosphor, ohne die «Phosphorylierung» von ADP zu ATP beim Energietransport der Zellen, ohne den Phosphor in den Nucleinsäuren von DNA und RNA und ohne den Phosphor in den Phospholipiden der Membranen nicht sein kann; außerdem ist Phosphor ein notwendiger Bestandteil von Knochen und Zähnen. Im Unterschied zu den bisher besprochenen Kreisläufen ist der Phosphorkreislauf aber entschieden einfacher: zum einen bildet Posphor in der Natur keine gasförmigen Verbindungen und besitzt somit auch keinen atmosphärischen Speicher, zum anderen ist das Phosphat-

Anion ($PO_4^{3-}$) seine einzige bedeutsame anorganische Form. Es wird von den Pflanzen aufgenommen und für die Synthese organischer Verbindungen verwendet. In vielen aquatischen Ökosystemen ist es der Nährstoff, dessen Vorkommen das Algenwachstum bestimmt: Überdüngung mit Phosphaten oder das Einleiten phosphathaltiger Abwässer fördert zunächst das Algenwachstum (Algenblüte), dann die Vermehrung der Konsumenten, bis endlich aller Sauerstoff im Wasser verbraucht ist und alle Organismen sterben müssen. Bei der anschließenden anaeroben Zersetzung des Detritus durch Fäulnisbakterien entstehen zusätzlich Giftstoffe, wie zum Beispiel Schwefelwasserstoff. Nach einer Phase der «Übersättigung» *(Eutrophierung)* folgt das «Umkippen» des Gewässers.

Phosphat kann auch aus dem Boden und aus verwitterndem Phosphatgestein ausgewaschen werden und *dem Meer* zufließen, dem es dann durch Sedimentation (chemische Fällung sowie absinkender Detritus) allmählich wieder entzogen wird. Die am Meeresgrund neu entstehenden Gesteine können später einmal durch geologische Hebung oder durch Senkung des Meeresspiegels zur Grundlage neuer terrestrischer Ökosysteme werden. Auch durch ozeanische Ringströme kann Phosphor aus den Tiefenschichten der

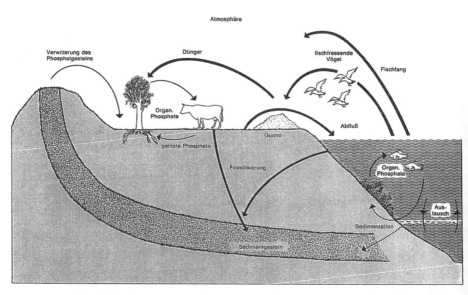

91 Der Phosphorkreislauf der Erde.

Meere und aus dem Phosphatgestein in den Schelfbereich oder in Küstennähe gelangen und von den Organismen genutzt werden.

*In den Organismen* zirkuliert Phosphor durch die Stoffwechselvorgänge von Nahrungsaufnahme und Ausscheidung. In den lebenden Organismen liegt der Phosphor in Form von Phosphorsäureestern vor, die aber in abgestorbener Substanz sehr schnell zu Phosphat ($PO_4^{3-}$) hydrolysiert werden. Fischfressende Vögel etwa bringen Phosphor mit ihren phosphathaltigen Ausscheidungen aus dem Meer ans Land und lagern ihn dort als Guano ab. Eine schematische Darstellung des Phosphorkreislaufes versucht Abb. 91.

All diese Elemente (C, N, P) fließen durch die Körper der Lebewesen hindurch, solange sie existieren; nicht zu vergessen ist dabei der wichtigste aller Kreisläufe: der Kreislauf des Wassers, das aus den Vulkanen aufsteigt und zwischen Meer, Wolken und Flüssen zirkuliert. Er ist indessen so selbstverständlich, daß wir ihn hier nicht eigens darzustellen brauchen; bei der Erörterung von Vulkanismus und Klima kommen wir darauf noch ausführlich zu sprechen (s. u. S. 435; 453 ff.). Leben, ohne Zweifel, *ist* dieser Energiedurchfluß, der an bestimmte chemische Stoffe gebunden ist, und der ganze Kampf ums Dasein dreht sich wesentlich um die Gewinnung eben der lebensnotwendigen Grundsubstanzen, um den Selbsterhalt. Das Leben ist *identisch* mit den Prozessen, aus denen es selbst entstanden ist. Die Frage freilich stellt sich unausweichlich, ob eine Beschreibung des Lebens genügt, die nichts anderes sagt, als daß Leben lebt – ja, leben *muß*, solange die Systemgesetze wirksam sind, die in einem einzelnen Organismus zur Erscheinung kommen.

δ) Schönheit als Lebenskunst oder: Die Strategie der Mimikry

«Denn was eigentlich geschieht hier?» mag man in theologischer Empörung einwenden; «wie jemals soll eine philosophische oder gar eine theologische Ansicht des Lebens zustande kommen, wenn der Autor nichts weiter tut, als ein paar triviale Grundprozesse der Biochemie aneinander zu reihen? Ist das nicht so viel, als wenn er BEETHOVENs Violinkonzert in D-Dur mit dem periodischen Schwingen von Darmsaiten über einem hölzernen Resonanzkörper erklären wollte, nur um schließlich zu verkünden, daß es einen BEETHOVEN gar nie gegeben hätte, weil *mehr* ohnedies nicht stattfinde, als daß mit Hilfe mechanischer stehender Wellen Luftschwingungen erzeugt würden, die im Ohr eines Wirbeltieres ihrerseits in neuronale Muster sich übersetzen ließen, welche die akustischen Zentren des Gehirns letztendlich als Töne interpretierten? Hüllt sich hier nicht das pure Banausentum in die scheinrationale Attitüde eines wissenschaftsgläubigen Reduktionismus? ....» Und so weiter. Doch so geht es nicht weiter!

Das Problem besteht nicht in der Unzulänglichkeit, mit den Mitteln von Neurobiologie und Physik ein Symphoniekonzert erklären zu wollen; das Problem besteht darin, daß die Welt kein Symphoniekonzert ist. Eher schon ähnelt ihre Ordnung in gewissem Sinne der Aufführung eines Jazz-Konzerts, wie der Musikinterpret JOACHIM-ERNST BEHRENDT (*Die Welt ist Klang. Nada Brahma*, Frankfurt o. J.) nicht müde wurde, es zu beschreiben: Da existiert gerade nicht eine fertige Partitur, die von jedem Orchestermitglied in endlosen Proben durchzuüben wäre; die einzige Vorgabe besteht vielmehr in einem kurzen Thema, das mit seinem Sound ein gewisses Sentiment ausdrückt, aus dem heraus sich ein Spiel von Anregungen und Antworten ergibt, das jeden «Musiker» der Combo dazu nötigt, auf den anderen zu hören, auf sich selber zu hören und aus dem Ineinanderschwingen von beidem spontan im Augenblick jetzt ein Drittes zu formen, das wieder zu einer neuen Anregung und Antwort wird.

Doch das Wichtigste nun: Das eigentliche Problem besteht nicht einmal darin, daß es für die Aufführung dieses «Jazz-Konzertes» keinen «Komponisten» gibt, indem die Aufführung selbst ihre eigene Komposition ist; die wahre Zumutung an ein theologisches Nachdenken über die Welt liegt darin, daß noch während der «Aufführung» die «Musikanten» nach wenigen Takten schon – ohne die geringste Ahnung vom Fortgang ihrer Darbietung – getötet und durch neue ersetzt werden, ja, daß schließlich, wie nach einem aztekischen Ballspiel, die Hälfte aller Beteiligten automatisch liquidiert wird, während allenfalls die andere Hälfte als Augenblickssieger noch einmal die Chance erhält, ein weiteres «Kampfspiel» in der Arena bestreiten zu können. «Spielregeln des Lebens» sind dies, die weit eher der mesoamerikanische Kriegs- und Stammesgott «Kolibri links» (Huitzilopochtli) oder sein Kompagnon «Rauchender Spiegel» (Tezcatlipoca) ersonnen haben könnte, als daß sie von dem «Vater» Jesu Christi stammen sollten, an dem direkt oder indirekt die biblischen Religionen (Judentum, Christentum und Islam) sich zu orientieren versuchen.

*Die Welt des Dionysos*

Der einzige in der abendländischen Philosophie- und Kulturgeschichte, der dieses Problem klar gesehen hat, war FRIEDRICH NIETZSCHE, indem er zwar nicht die Azteken und Mayas, wohl aber die Griechen der Antike zum Vorbild wählte. Dem gesamten Christentum warf er vor, daß sein moralisierender Gottesbegriff «mit seinem Ressentiment gegen das Leben... Kot... auf die Voraussetzung unseres Lebens» werfen müsse, und so setzte er gegen die christliche Verleumdung des Lebens in seinen dunklen, leidvollen, tragischen Zügen die Mysterienkulte der Griechen. «Denn», so schrieb er, «erst in den dionysischen Mysterien, in der Psychologie des dionysischen Zustands spricht sich die Grundtatsache des hellenischen Instinkts aus – sein ‹Wille zum Leben›. Was verbürgte sich der Hellene mit diesen Mysterien? Das ewige Leben, die ewige Wiederkehr des Lebens; die Zukunft in der Vergangenheit verheißen und geweiht; das triumphierende Ja zum Leben über Tod und Wandel hinaus; das wahre Leben als das Gesamt-Fortleben durch die Zeugung, durch die Mysterien der Geschlechtlichkeit... Damit es die ewige Lust des Schaffens gibt, damit der Wille zum Leben sich ewig selbst bejaht, muß es auch ewig die ‹Qual der Gebärerin› geben... Dies alles bedeutet das Wort Dionysos: ich kenne keine höhere Symbolik... In ihr ist der tiefste Instinkt des Lebens, der zur Zukunft des Lebens, zur Ewigkeit des Lebens, religiös empfunden, – der Weg selbst zum Leben, die Zeugung, als der heilige Weg» (*Götzendämmerung. Was ich den Alten verdanke,* 4, S. 180–181).

*Dionysos,* der Gott des orgiastischen Rausches, der Gott der attischen Tragödie, der Gott, der als zerrissener und zeugender das Leben selber ist – *dieser* Gott religiös *gegen* den Christus der Christen, philosophisch der Denker des ewigen Wandels, HERAKLIT, *gegen* PLATON, den Denker des ewigen Seins –, diese zwei Entgegensetzungen und Ersetzungen gewinnen Gestalt in NIETZSCHES *Zarathustra.* «Die Bejahung des Vergehens und Vernichtens», heißt es dort mit Blick auf HERAKLIT, «das Entscheidende in einer dionysischen Philosophie, das Jasagen zu Gegensatz und Krieg, das Werden, mit radikaler Ablehnung auch selbst des Begriffs ‹Sein› – darin muß ich unter allen Umständen (sc. in der Lehre HERAKLITS, d. V.) das mir Verwandteste anerkennen, was bisher gedacht worden ist. Die Lehre von der ‹ewigen Wiederkunft›, das heißt vom unbedingten und unendlich wiederholten Kreislauf aller Dinge – diese Lehre Zarathustras könnte zuletzt auch schon von HERAKLIT gelehrt worden sein. Zum mindesten hat die Stoa, die fast alle ihre grundsätzlichen Vorstellungen von HERAKLIT geerbt hat, Spuren davon» (*Ecce homo. Die Geburt der Tragödie,* 3, S. 350–351).

Der Begriff des «Dionysos» war für NIETZSCHE ein solches «segnendes Ja-sagen», die Haltung eines Geistes, «welcher die härteste, die furchtbarste Einsicht in die Realität hat, welcher den ‹abgründlichsten Gedanken› gedacht hat, trotzdem darin keinen Einwand gegen das Dasein, selbst nicht gegen dessen ewige Wiederkunft findet, – vielmehr einen Grund noch hinzu, das ewige Ja zu allen Dingen selbst zu sein, ‹das ungeheure unbegrenzte Ja- und Amen-sagen› ...» (*Ecce homo. Also sprach Zarathustra*, 7, S. 381).

NIETZSCHE stand es von daher fest, daß eine ethische Betrachtung der Welt die Grundeinrichtungen der Natur nur immer gründlicher verneinen könnte; nicht ethisch, allenfalls ästhetisch schien es ihm möglich, die Welt zu bejahen und sie als das Kunstwerk eines rauschhaft schöpferischen Willens und Drangs in den Dingen zur Gestaltung von etwas *Höherem* in gewissem Sinne zu rechtfertigen. Daß alles Leben leben will – diese Einsicht SCHOPENHAUERS galt NIETZSCHE für trivial, und die Ethik des Mitleids mit allem Lebendigen, die sich daraus ergeben sollte, hielt er für eine nur schlecht verbrämte Form der Lebensverleumdung und Lebensverleugnung – mithin im Grunde sogar für eine Form der *Religionszerstörung*, eines abgründigen, seiner selbst nicht geständigen Nihilismus. «Die Religionen», meinte er, «gehen am Glauben an die Moral zugrunde. Der christlich-moralische Gott ist nicht haltbar: folglich ‹Atheismus› – wie als ob es keine andere Art Götter geben könne» (*Der Wille zur Macht*, Nr. 151, S. 112).

Aber nun umgekehrt: Bejahung des Lebens, Bejahung des *Kampfs* ums Dasein – wie soll so etwas psychologisch möglich sein, ohne «das Mehrgefühl, das Gefühl des Stärker-Werdens» immer schon vorauszusetzen? Von dem Gefühl überlegener Macht, meinte deshalb NIETZSCHE, daß ihm, «ganz abgesehen vom Nutzen im Kampf», der Wille zum Kampf allererst entspringe (Nr. 649, S. 436). «... wißt ihr», fragte er provozierend, «was mir ‹die Welt› ist? Soll ich sie euch in meinem Spiegel zeigen? Diese Welt ist: ein Ungeheuer von Kraft, ohne Anfang, ohne Ende, eine feste, eherne Größe von Kraft, welche nicht größer, nicht kleiner wird, die sich nicht verbraucht, sondern nur verwandelt, als Ganzes unabänderlich groß, ein Haushalt ohne Ausgaben und Einbußen, aber ebenso ohne Zuwachs, ohne Einnahmen, vom ‹Nichts› umschlossen als von seiner Grenze, nichts Verschwimmendes, Verschwendetes, nichts Unendlich-Ausgedehntes, sondern als bestimmte Kraft einem bestimmten Raum eingelegt, und nicht einem Raume, der irgendwo ‹leer› wäre, vielmehr als Kraft überall, als Spiel von Kräften und Kraftwellen zugleich eins und vieles, hier sich häufend und zugleich dort sich mindernd, ein Meer in sich selber stürmender und flutender Kräfte, ewig sich wandelnd, ewig zurücklaufend, mit ungeheuren Jahren der Wiederkehr, mit einer Ebbe und Flut seiner Gestaltungen, aus den einfachsten in die vielfältigsten hinaustreibend, aus dem Stillsten, Starrsten, Kältesten hinaus in das Glühendste, Wildeste, Sich-selber-Widersprechendste, und dann wieder aus der Fülle heimkehrend zum Einfachen, aus dem Spiel der Widersprüche zurück bis zur Lust des Einklangs, sich selber bejahend noch in dieser Gleichheit seiner Bahnen und Jahre, sich selber segnend als Das, was ewig wiederkommen muß, als ein Werden, das kein Sattwerden, keinen Überdruß, keine Müdigkeit kennt –: diese meine dionysische Welt des Ewig-sich-selber-Schaffens, des Ewig-sich-selber-Zerstörens, diese Geheimnis-Welt der doppelten Wollüste, dies mein ‹Jenseits von Gut und Böse›, ohne Ziel, wenn nicht im Glück des Kreises ein Ziel liegt, ohne Willen, wenn nicht ein Ring zu sich selber guten Willen hat, – wollt ihr einen Namen für diese Welt? Eine Lösung für alle ihre Rätsel? Ein Licht auch für euch, ihr Verborgensten, Stärksten, Unerschrockensten, Mitternächtlichsten? – Diese Welt ist der Wille zur Macht – und nichts außerdem! Und auch ihr selber seid dieser Wille zur Macht – und nichts außerdem» (*Wille zur Macht*, Nr. 1067, S. 696–697).

So läge denn eine «Rechtfertigung» all des Leids in dem Stolz, der dem Sieger, in dem Triumph, der dem Starken, in der Wollust der Macht, die dem Hartgewordenen wird? Je deutlicher wir die Spielregeln des Lebens zu begreifen beginnen, desto sicherer werden wir sehen: Eine solche Sicht der Dinge hieße nicht nur, CHARLES DARWIN mißverstehen – darum hätte NIETZSCHE ohnedies nichts gegeben –, bei einer solchen Perspektive müßte zugleich auch eine Vielzahl von Phänomenen des Lebens unverständlich bleiben, zu deren Deutung NIETZSCHES ästhetische Weltsicht eigentlich am meisten beitragen könnte. Fragen wir also, inwieweit NIETZSCHES Formel: Dionysos statt Christus, dieser letzte große Versuch einer spekulativen Weltdeutung der Weltwirklichkeit standhält.

*Das* Phänomen, das auch unter Biologen beim Betrachten der Natur eine hohe Aufmerksamkeit beansprucht, ist in der Tat die oft atemberaubende *Schönheit* der Lebewesen, – die Symmetrie und das Farbenspiel etwa einer Seeanemone, die prachtvolle Zeichnung eines Picasso-Fischchens oder der duftende Kelch einer Rose... Keiner dieser Lebensformen wird man nachsagen können, sie beanspruche NIETZSCHESCHE «Macht»; sie *ist,* nichts weiter; und doch könnte NIETZSCHES Denkungsart zumindest die Freudigkeit der Sinne, die taumelselige Begeisterungsfähigkeit des Herzens, die Unschuld aller Lust und Wollust beim Anblick solcher Schönheit wiederlehren. Wenn irgend, so müßte es seine von allem «Christlichen» entleerte ästhetische

«Rechtfertigung» der Welt sein, die zwar nicht die Moralität, wohl aber die faszinierende Verführungskraft des Lebens verstehen ließe. Selbst ein Biologe wie ADOLF PORTMANN mit seiner Lehre von dem «Selbstdarstellungsprinzip», das er als ein Gestaltungsgesetz in allen Lebewesen angelegt sah, hätte begrenzt einer solchen Welt«anschauung» zustimmen können. Und doch läßt sich auch in ihr nicht begreifen, was in der Welt wirklich geschieht.

### Artenbildung durch Mimikry

Welch eine Gestalt bestimmte Tiere und Pflanzen ausprägen, hat weder etwas mit «Macht» noch mit «Schönheit» zu tun, wohl aber zu einem Gutteil mit dem Anlocken von Weibchen bzw. von Männchen oder mit dem Anlocken von Bienen und Insekten; zumindest für den Anzulockenden muß eine bestimmte Attraktivität der Gestalt dargeboten werden. Von vornherein erscheint die «Schönheit» in der Natur von daher als bloßes Mittel zum Zweck, gerade nicht als ein philosophischer Endzweck, gerade nicht als ein Wert an sich. Und daneben gibt es die nie zu stillende Forderung des Fressens und Gefressenwerdens; auch sie verweist auf *eine Tendenz* der Formgebung, die indessen das gerade Gegenteil von NIETZSCHES «Willen zur Macht» verkörpert; sie ist es gewiß, die für die «schöne» Gestalt mancher Lebewesen eine große Rolle spielt, doch ebenso oft ist sie auch die Ursache für alle möglichen Bizarrerien und Extravaganzen der Formen des Lebens. In der DARWINistischen Theorie vom «Kampf ums Dasein» hat diese Tendenz zum Locken, zum Warnen, zum Tarnen, zum *Täuschen* in allen möglichen Gestalten schon deshalb seit den Anfangstagen eine große Rolle gespielt. Wir sprechen von der *Mimikry* (vgl. besonders WOLFGANG WICKLER: *Mimikry. Nachahmung und Täuschung in der Natur*, 1968; vgl. auch DAVID ATTENBOROUGH: *Spiele des Lebens? Verhaltensweisen und Überlebenskampf der Tiere*, 78–107: Jagen und gejagt werden).

Es war im Jahre 1862, daß der englische Naturforscher HENRY BATES, nachdem er elf Jahre in brasilianischen Urwäldern zugebracht hatte, in den *Transactions* der Linnean Society zu London das Ergebnis seiner Schmetterlingsforschungen (*Naturalist on the Amazons*) mitteilte. 94 Schmetterlingsarten hatte er gefangen, die er ursprünglich zu den Heliconiden gerechnet hatte; bei genauerer Untersuchung jedoch erwiesen sich einige Tiere aufgrund ihres Körperbaus nicht nur als Mitglieder verschiedener Arten, sondern als Angehörige sogar verschiedener Familien; zum Beispiel fand sich ein seltener Weißling der Gattung *Leptalis* aus der Familie der *Pieridae* darunter, der jedoch den Heliconiden zum Verwechseln ähnlich sah. Die Frage stellte sich natürlich, warum Tiere, die in der systematischen Klassifizierung an sich so unterschiedlich sind wie zum Beispiel Mäuse und Hamster, einander so ähnlich sehen können (Farbtafel 1a).

Die Erklärung für diesen eigentümlichen Befund schien so schwer nicht zu sein. BATES hatte beobachtet, daß Heliconiden, die infolge ihrer auffallend bunten Farbe und ihres langsamen Fluges leicht hätten gefangen werden können, von den Vögeln förmlich gemieden wurden, und er folgerte daraus, daß diese Schmetterlings-Familie für Vögel unschmackhaft, gar ungenießbar sein müsse und daß die grelle Musterung der Flügel für die Vögel demnach so etwas wie eine Warnung darstelle. Wenn das so war, so ergab sich daraus eine wichtige Folgerung: Ein an sich genießbarer Schmetterling kommt in den Genuß, nicht gefressen zu werden, wenn er das Aussehen eines ungenießbaren Heliconiden annimmt! Eben das erfüllt den Tatbestand der Mimikry, der Schauspielerei, der Lüge, wenn man so will, denn der ungiftige Weißling, der sich in die Gestalt eines giftigen Tieres flüchtet, um besser geschützt zu sein, gibt ein Warnsignal ab, das denjenigen täuschen soll, der es empfängt: er möchte als ein Heliconide betrachtet werden, obwohl er ein Weißling ist. Da diese Form der Mimikry von HENRY BATES entdeckt wurde, nennt man sie bis heute die BATESsche Mimikry.

Nun haben Weißlinge, die aussehen wie Heliconiden, subjektiv natürlich keine Ahnung, daß sie selber so etwas sind wie gestaltgewordene Unwahrheiten; im Grunde haben die Vögel selber dafür gesorgt, daß es Weißlinge mit falscher Warnfarbe gibt, indem sie von den Tieren um so weniger fingen, je ähnlicher diese ihren «Vorbildern» wurden. In DARWINistischem Sinne liefert die BATESsche Mimikry somit einen weiteren ausgezeichneten Beleg für «die Entstehung der Arten durch natürliche Zuchtwahl», und so nimmt sie in der Diskussion um den DARWINismus in der Tat eine bevorzugte Stellung ein, insofern sich in ihr das Zusammenspiel von Verhalten und Gestalt auf eindrucksvolle Weise dokumentiert. Es ist daher äußerst lohnend, darauf näher einzugehen.

Fassen wir das Phänomen der Mimikry begrifflich klarer, so läßt sich mit WICKLER sagen: «Voraussetzung für Mimikry sind zwei verschiedene Signalsender – nennen wir sie $S_1$ und $S_2$ –, die dasselbe Signal senden und mindestens einen Signalempfänger (E) gemeinsam haben, der auf beide gleich reagiert. Man nennt nun einen der Signalsender ‹Vorbild›, den anderen ‹Nachahmer› und das Ganze ein Mimikry-System, wenn es für den Signalempfänger vorteilhaft ist (was wir durch ein + kennzeichnen wollen), seine Reaktion auf einen der beiden Sender zu richten, es aber für ihn nachteilig ist (-), ebenso auf den anderen zu reagieren. Wir können das so schreiben:

$S_1 + E - S_2.$

... Damit haben wir ... auch eine Möglichkeit festzustellen, wer in einem Mimikry-System Vorbild und wer Nachahmer ist. ... Nachahmer ist derjenige der beiden Signalsender, auf dessen Signal hin der Empfänger eine Reaktion bringt, die für ihn selbst nicht vorteilhaft ist (die also nie entwickelt oder wegselektiert würde, wenn sie nur auf diesen einen Signalsender gerichtet wäre). Für den Nachahmer ist die Reaktion des Empfängers natürlich immer vorteilhaft; anderenfalls bliebe das Nachahmungssignal ja nicht erhalten. Wenn wir uns darauf einigen, den Nachahmer $S_2$ zu nennen, können wir die Formel also ergänzen:

$S_1 + E - + S_2$" (WICKLER, 239–240).

Wenn wir von Vor- und Nachteilen auf seiten des Signalsenders beziehungsweise des Signalempfängers sprechen, so ist inhaltlich dabei an zweierlei zu denken: an den Einsatz täuschender Warn- und Tarnsignale zwischen Beutegreifer und Beute und an Täuschungssignale, die zur Paarung und Aufzucht der Brut dienlich sind. Gehen wir beides der Reihe nach durch.

### *Wie Beutegreifer und Beute einander hinters Licht zu führen suchen*

Nehmen wir, um uns das Prinzip der Mimikry einmal zu verdeutlichen, das Beispiel des Beutefangs einer Katze: Kurz bevor sie auf eine Maus losspringt, wackelt sie mit der Schwanzspitze – vor Erregung im Jagdeifer, wie man gemeint hat. Doch wieso sollte ein Tier, das mit einer derartigen Ausdauer und Geduld seine Beute anschleicht wie eine Katze, im letzten Moment den Fehler begehen, sich so auffällig bemerkbar zu machen? In Wahrheit läßt sich das Schwanzzucken auch bei Löwen beobachten, ja, sogar bei einigen Eidechsen und Schlangen. «Junge Mauereidechsen..., Krötenköpfe..., Krötenechsen und manche Geckos schlängeln beim Beschleichen einer Beute die Schwänze ebenso wie manche Nattern und Ottern und zuweilen sogar junge Krokodile» (WICKLER, 71). Der «Sinn» dieses Verhaltens scheint darin zu liegen, die Wachsamkeit des Beutetieres buchstäblich zu unterlaufen: Um sich nicht unnötig zu verraten, bleibt das Beutetier in aller Regel still sitzen, solange es eine verdächtige Bewegung nur außerhalb einer kritischen Fluchtdistanz bemerkt; mit der Bewegung der Schwanzspitze versucht der Beutegreifer die Aufmerksamkeit seines Opfers abzulenken und über die gefährliche Nähe des Vorderteils seines Körpers hinwegzutäuschen. Nun muß man sich lediglich vorstellen, daß etwas, das als Jagdverhalten bei *Feliden* erfolgreich ist, unter entsprechenden Selektionsbedingungen auch als körperliches Merkmal fest etabliert werden kann. Tatsächlich ist die Evolution diesen Weg immer wieder gegangen, und zwar nicht nur auf seiten der Jäger, sondern ebenso auf seiten der Beutetiere: – auch ihnen kann es zum Vorteil gereichen, einen Kopf am falschen Körperende vorzutäuschen.

Um speziell die Schwanzbewegungen noch zu verstärken, existieren zum Beispiel bei Schlangen zwei Spezialeinrichtungen. In dem einen Falle werden Endschuppen aus der letzten Häutung als Schwanzrassel verwandt, mit deren Hilfe eine Klapperschlange beim Beschleichen einer Beute, aber auch zur Warnung eines Feindes Geräusche in einer Weite von 30 Metern erzeugen kann. In dem anderen Falle ist die Unterseite des Schwanzendes auffällig rot gefärbt, doch wird diese Färbung erst sichtbar, wenn das Tier den Schwanz hochhebt. «Das tun z.B. eine kleinere amerikanische Riesenschlange... und einige Korallennattern... Hier ist der Schwanz dem Kopf ähnlich, aber nicht auffälliger gezeichnet; ob die Schwanzbewegungen der Ablenkung einer Beute oder dem Irreführen eines Feindes oder beidem dient, ist noch unklar» (WICKLER, 73).

Ganz sicher zur Ablenkung eines Beutegreifers dient der falsche «Kopf» der thailändischen Langkopfzirpe (Farbtafel 1b), einer Zikadenart aus der Familie der *Fulgoriden:* am Hinterleib trägt sie zwei auffällige schwarze Antennen, ein schwarzes «Auge», in dem sogar der Schimmer eines Lichtreflexes abgebildet scheint, sowie einen schwarzen «Schnabel», in den die Fortsätze der Flügelenden münden. «Der wahre Kopf ist kaum zu sehen und wird vom Tier gerade an die Unterlage gedrückt. Stört man es, so scheint es rückwärts davon zu springen.» (WICKLER, 73)

Der Vorteil einer solchen Irreführung, die sich bei zahlreichen Schlangen und Insekten findet, liegt erkennbar darin, daß ein Angreifer ohnedies nicht direkt auf den Kopf einer hochschnellenden Beute, sondern ein wenig vorweg in Vorhalte zielen wird; springt nun das Beutetier unvermutet genau in die Gegenrichtung, so hat es in um so größerer Abweichung von der Stoßrichtung des Beutegreifers eine ganz gute Chance zu entkommen.

Auf vergleichbare Weise wird man sich auch die «Augenflecken» auf den Flügeln von Schmetterlingen und auf der Zeichnung von Raupen erklären müssen, wenn man nur erst weiß, auf wen die Zeichnung wirken soll, mit anderen Worten: wer der Empfänger des Signals ist, das der Signalgeber in einem

Mimikry-System aussendet. So haben Untersuchungen an Vögeln gezeigt, «daß für sie beim Erkennen und Fliehen eines Räubers dessen Augen bedeutsame Schlüsselreize sind; demnach könnte man vermuten, daß die Augenflekken der Insekten den Vogel abschrecken, indem sie ihm seinen eigenen Freßfeind vortäuschen» (WICKLER, 68).

So zeigt etwa ein südamerikanischer Pfauenspinner, *Automeris memusae*, beim Öffnen der Vorderflügel Augenflecken, die er auf den Hinterflügeln trägt (Abb. 92); ebenso weist die Raupe des malayischen Schmetterlings *Ophideres fullonica* Augenflecken auf; offenbar sollen insektenfressende Vögel auf diese Weise abgeschreckt werden.

Ein anderes Prinzip, wie Beutetiere ihre Feinde hinters Licht zu führen suchen, ist die *Feindvermeidung durch Tarnung*. Dieses Prinzip der *Mimese* hat seinen perfekten Ausdruck bei vielen *Plattfischen* gefunden, die ihre Körperfärbung in wenigen Stunden vollständig an ihre Unterlage anpassen können; sie brauchen dabei ihren eigenen Körper nicht einmal zu sehen, die Wahrnehmung der Unterlage genügt für sie, um das entsprechende Anpassungsprogramm zu starten. «Die gestaltgewordene Angst» kann man diese Tiere nennen und muß sich fragen, was eigentlich geschieht, wenn mit «modernen» Methoden der «Grundnetzfischerei» den Schollen und Flundern die letzten

92 Augenflecken bei Raupen und Schmetterlingen.

Nischen genommen werden, in die sie sich im Verlauf langer Zeiten der Evolution haben zurückziehen können (Farbtafel 2).

Nun handelt es sich bei all solchen Formen «mimetischer» Angleichung in Färbung (und Verhalten) an ein anderes Objekt um *einzelne* Lebewesen; es gibt aber auch Beispiele dafür, daß *eine ganze Gruppe* von Tieren sich einem Einzelobjekt anzugleichen sucht. Am bekanntesten für die Bildung solcher mimetischer Kollektive sind die ostafrikanischen Verwandten der bereits erwähnten Langkopfzirpen *(Fulgoriden).* Schon ein einzelnes Tier imitiert täuschend ähnlich eine Blüte, gemeinsam aber erzeugen sie das Bild von Ginsterbüschen oder Lupinen, ja, in den beiden Geschlechtern der Zikadenart *Ityraea negrocincta* gibt es sogar zwei Morphen, eine grüne und eine gelbe, die sich in der Anordnung entlang eines Zweiges so verteilen, daß die grünen Tiere an der Stengelspitze und die gelben darunter sitzen (Farbtafel 3a). *Wer auf diese Weise getäuscht werden soll, wissen wir nicht.*

Die Kehrseite einer solch perfekten Tarnung zu Schutzzwecken ist die *Tarnung zum Angriff,* die man nach E. G. PECKHAM als PECKHAMsche Angriffs-Mimikry bezeichnet.

Immer wieder muß es Wunder nehmen, daß Tiere «naturgemäß» Dinge tun, auf die Menschen erst nach langem Nachdenken verfallen. Angler zum Beispiel versuchen, Fische mit Hilfe eines Köders, in dem sie einen Haken versteckt haben, anzulocken und zu fangen, oder sie imitieren, um Forellen zu fangen, durch die sogenannte «Fliege» ein Insekt, das an der Oberfläche tanzt, oder sie ahmen bei der Jagd nach Hechten mit einem Blinker die Torkelbewegungen eines kranken Fisches nach. In jedem Falle müssen die Köderattrappen dem Verhalten des jeweiligen Beutetieres entgegenkommen. Wenn wir uns nun vergegenwärtigen, daß im Zusammenspiel der Lebewesen jedes nur erdenkliche Verfahren, an die notwendige Nahrung zu gelangen, genutzt werden wird, so steht von vornherein zu erwarten, daß in der Evolution auch das «Angeln» als eine besondere Einrichtung des Nahrungserwerbs in der Körpergestalt und Verhaltensweise zahlreicher Arten realisiert worden ist. Und gerade darin, nebenbei gesagt, liegt das eigentliche Problem der Theologie angesichts heutiger Biologie: die DARWINsche Weltsicht *erwartet* geradezu, daß es «Angler» im Überlebenskampf der Lebewesen auf Erden geben wird; und tatsächlich: es gibt sie. Die Erwartungen hingegen, die sich aufgrund des biblisch-christlichen Gottesbildes an die Welt richten, werden Zug um Zug enttäuscht und produzieren wie von selber Atheismus. Eben deshalb ist der Theologie nur durch eine völlige Neubesinnung zu helfen.

In der Tat gibt es eine eigene Fischgruppe, die man als «Anglerfische» *(Lo-*

93 Der Anglerfisch Phrynelox scaber.

*phiiformes)* bezeichnet (vgl. Abb. 93). «Diese meist am Boden lebenden Fische haben eine besondere Rückenflosse, deren vordere Strahlen nicht durch Flossenhäute verbunden sind. Der vorderste Strahl, der oft fast durchsichtig ist, sitzt auf einem Kugelgelenk weit vor den Augen am oberen Rand der Oberlippe. An seiner Spitze trägt dieser Strahl (das Illicium) ein häutig-fleischiges Anhängsel (die Esca) ... Die Anglerfische sind recht abenteuerliche Gestalten, oft sehen sie wie ein mit Moostierchen bewachsener Stein, manchmal wie ein Algenbüschel aus und tragen dann auch viele Hautauswüchse, die wie ‹Algenblättchen› wirken. Diese Tiere haben keine kräftigen Zähne, mit denen sie einen Beutefisch festhalten könnten; sie warten vielmehr bewegungslos, bis sich ein Fisch für ihren Köder interessiert, schwenken ihn dann besonders heftig vor ihrem Mund auf und ab, hin und her, und wenn schließlich der Beutefisch nahe daran ist, danach zu schnappen, saugen sie ihn mit einem gewaltigen Schluck samt dem umgebenden Wasser ein. Sie fressen mit einer ‹Implosion›. Da der Beutefisch immer auf den Köder zielend mit dem Kopf zur

Mundspalte des Anglers zeigt, wird er automatisch vorwärts verschlungen» (WICKLER, 122; vgl. THEODORE W. PIETSCH – DAVID B. GROBECKER: *Fühlerfische – getarnte Angler*, in: Spektrum der Wissenschaft 8, 1990, 74–82).

Das Anglerverfahren hat sich derart bewährt, daß es mit gleichem Erfolg auch von bestimmten Schildkröten, Fröschen und Spinnen genutzt wird.

Was wir auf diese Weise zu sehen bekommen, ist ein weiterer Aspekt des Lebens, der den DARWINschen «Kampf ums Dasein» besonders klar vor Augen treten läßt; denn deutlich wird, wie buchstäblich mit *allen* Mitteln versucht wird, an die notwendige Nahrung zu gelangen beziehungsweise im letzten Augenblick dem Gefressenwerden zu entkommen. Vor uns sehen wir eine Welt, in der das Töten unerbittlich zum Leben gehört, und es sind dabei augenscheinlich gerade die am meisten *wehrlosen* Lebewesen, die ihre Ausgesetztheit oder mangelnde Aggressivität mit einem Höchstmaß an Tricks ausgleichen müssen.

An sich könnte man denken, daß List, Tarnung und Täuschung «intelligente» Leistungen des Lebens darstellen würden, doch so verhält es sich beim Beispiel der Mimikry erstaunlicherweise durchaus nicht! Da ist gerade keine oberste Vernunft, die etwa den «Anglern» den Überlebensvorteil ihrer Tarnung und Täuschung «geschenkt» hätte. Vielmehr dürften gerade bei ihnen irgendwelche ursprünglich wohl krankhaften Hautwucherungen sich unter bestimmten Bedingungen als vorteilhaft bei der Suche nach Nahrung oder bei der Suche nach Sicherheit erwiesen haben, so daß es kam wie auch sonst in der Evolution: Jedes Lebewesen mußte versuchen, aus den Gegebenheiten seiner körperlichen Gestalt und seiner Umgebung das Beste zu machen, und entweder hatte es dabei Glück und überlebte, womöglich bis heute, oder es hatte eben Pech und starb früher oder später aus. Ein «Wille» zum Täuschen existiert in all dem gar nicht, am wenigsten ein Wille zur «Macht», wohl ein subjektives Verlangen, unter allen Umständen eine Chance zum Überleben zu finden und, wenn irgend möglich, diese Chance auch zu nutzen. SCHOPENHAUER, nicht NIETZSCHE hat recht: Die einzige «Moral», die dieser Form von Lebensnot und Lebensleid in etwa angemessen scheint, besteht in einem grenzenlosen *Mit*leid mit all den Wesen, die nicht anders können, als ihre Gefangenschaft in den unerbittlichen Gesetzen des Daseins durch eben die Prozesse festzuschreiben, in denen sie selbst sich erhalten. Nicht einmal die «Schönheit», notfalls auch die «Häßlichkeit» bildet ein erstrebenswertes «Ziel» im Kampf ums Überleben.

Man betrachte in diesem Zusammenhang nur das vielleicht eindrucksvollste Beispiel gestaltgewordener Tarnung in Körperbau und Färbung: die etwa

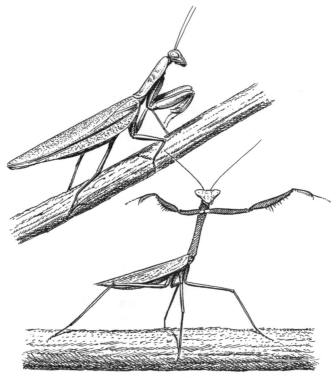

**94** Fangschrecken aus der Familie Mantodea; oben: in Ruhestellung; unten: in Fangstellung mit ausgebreiteten Fangbeinen.

1800 Arten der Ordnung der *Fangschrecken (Mantodea)*. Die meisten von ihnen sind tarnfarbig: grün zwischen Blättern, gelbbraun auf Borke, fleckig auf gefleckter Rinde, dürr und dornig scheinend zwischen Ästen, ja, sogar blütenförmig zwischen Blüten. Die *Blüten*form der Tarnung bietet sogar einen doppelten Vorteil: sie schützt nicht nur vor Angreifern, sondern sie lockt zugleich auch Insekten an. Die afrikanische Teufelsblume *(Idolum diabolicum)* zum Beispiel hat diese Form der Mimikry zur Meisterschaft entwickelt (Farbtafel 3 b).

Andere seltsame Formen von Fangschrecken haben sich in der Familie der Gottesanbeterinnen, der *Mantiden,* ausgeprägt (vgl. Abb. 94). Ihren deutschen Namen verdanken diese Tiere der «frommen» Haltung, mit der sie, wie «betend», die Schiene (Tibia) ihrer kräftigen Vorderbeine gegen den Schenkel

(Femur) klappen. «Beide Teile sind mit kräftigen Dornen versehen und dienen zum Insektenfang... In Ruhestellung halten die Fangheuschrecken den Kopf und die langgezogene Vorderbrust (Prothorax) in die Höhe und legen die Fangbeine wie friedlich betend zusammen... Diese Tiere können mit dem beweglichen Kopf und Vorderkörper erstaunlich gut zielen. Wenn sie mit den Fangbeinen zuschlagen, haben die Opfer kaum eine Chance zu entkommen: Vom Moment des Losschlagens bis zum Zuschnappen der Fangzange um die Beute vergehen 50 bis 55 Millisekunden; die Reaktionszeit der Beuteinsekten liegt zwischen 50 und 80 Millisekunden» (WICKLER, 136).

Einen solch «tödlichen» Erfolg kann sich die Gottesanbeterin leisten, wenn und solange es genügend Insekten zum Einfangen gibt; wir dürfen aber die Folgerung nicht vergessen, die sich aus den Ordnungsgesetzen der Fixierung und Tradierung der «Überlebensvorteile von heute» ergibt: Morgen schon können sich gerade die (über)spezialisierten Strategien im Überlebenskampf aufgrund geringfügiger Änderungen der Umwelt als Nachteile erweisen... Das Regiment des Gottes Thanatos ist unter evolutiven Bedingungen nicht das Gegenstück des Lebens, es gehört als ein integraler Bestandteil mitten ins Leben hinein. Es ist nicht möglich, Tod und Leben als mythische Größen einander gegenüberzustellen und sie theologisch mit dem «Teufel» und «Gott» zu identifizieren, wie es die kirchlich gebundene Dogmatik des Christentums bis heute versucht; die dunkle, unheimliche, doch dann auch wieder selbstverständlichste Wahrheit lautet, daß alles nichtautotrophe Leben nur leben kann durch Vernichtung anderen Lebens. Leid und Schmerz spielen in der Energiebilanz am Ende nicht die geringste Rolle; der Tod ist in ihr nur ein Teil des unvermeidlichen Metabolismus.

*Einige Schliche bei Paarung und Brutpflege*

Wie wenig die «Tricks» zum Täuschen beim Beutefang oder zur Tarnung bzw. fälschlichen Warnung gegenüber möglichen Beutegreifern aus den Formen des Zusammenlebens der Arten wegzudenken sind, mag man daran ersehen, daß sie mit dem gleichen «Einfallsreichtum» auch außerhalb der Fragen von Fressen und Flucht angewandt werden. Die Verfahren der Mimikry erweisen sich als genau so «nützlich» auch in dem *zweiten* großen Themengebiet des Lebens: bei der Frage der Weitergabe der eigenen Gene. Wie lockt man ein Weibchen oder ein Männchen an? Wie sichert man die Befruchtung der eigenen Lebenskeime? Wie garantiert man die Aufzucht der eigenen Brut? – Fragen über Fragen, und auf manche von ihnen antwortet erneut das Verfahren der Mimikry.

Bisher haben wir das Phänomen der Mimikry als ein System der Täuschung zwischen verschiedenen Arten, ja, Klassen und Stämmen von Tieren kennengelernt; es gibt aber auch Formen *innerartlicher* Mimikry, die bevorzugt zwischen den Geschlechtern spielen und den Zweck verfolgen, die Weitergabe des Lebens zu sichern.

Eine ganz spezielle Form der Brutpflege etwa hat sich beim «Maulbrüten» tropischer Buntbarsche *(Cichlidae)* entwickelt. Entstanden ist diese Verhaltensweise, wie W. WICKLER (*Zur Stammesgeschichte funktionell korrelierter Organ- und Verhaltensmerkmale. Ei-Attrappen und Maulbrüten bei afrikanischen Cichliden*, in: Zeitschr. f. Tierpsychologie, Bd. 19, 1962, 129–164) gezeigt hat, aus dem Offenbrüten, bei dem die Eltern ihr Gelege bis zum Schlüpfen bewachen, die frisch geschlüpften Larven in vorbereitete Gruben am Boden bringen und dort weiter hüten, bis sie mit den Eltern davonschwimmen können. Zwischen Eiablage und Schlüpfen der Larven liegen etwa 2–4 Tage; in dieser Zeit nähern sich die Eltern immer wieder mit dem Maul den Eiern, «pflücken schließlich die schlupfreifen Eier oder nehmen die Larven von der schon aufgeplatzten Eihülle ab. Auf dem Weg vom Offenbrüten zum Maulbrüten ... nehmen die Tiere die Eier immer früher ins Maul ... Die Aufnahme der Eier wird .. im Ablaichverfahren immer weiter vorverlegt.»

Doch eben daraus ergibt sich jetzt ein Problem: «Ursprünglich wurden ... die Eier in der – auch bei Maulbrütern zunächst noch vorhandenen – Pause zwischen Ablaichen und Aufsammeln besamt. Bei den höchstspezialisierten Maulbrütern indessen ist dazu keine Pause mehr übrig, das Weibchen sammelt die Eier blitzschnell und unbesamt ein» (WICKLER, 221). Wie also sollen unter solchen Umständen die Eier besamt werden?

Die Lösung dieses von der Natur wie mutwillig selber geschaffenen Problems wirkt, wie so oft in den Strategien des Lebens, schlechtweg phantastisch: Die spezialisierten Maulbrüter pflegen eine strenge Arbeitsteilung: die Männchen bauen und bewachen die Laichgrube, balzen und führen die Weibchen zum Laichplatz, das Weibchen seinerseits bebrütet die Eier und pflegt die Jungen. Die Paarbindung zwischen den Partnern ist jedoch bei den Maulbrütern verloren gegangen – die Partner treffen sich nur für wenige Minuten zum Ablaichen. In dieser Zeit nun trägt das Männchen ein Prachtkleid mit vielen runden roten Farbflecken auf Rücken-, Schwanz- und Afterflosse, und so kommt es zu jenem Trick einer *innerartlichen* Mimikry, dem die Maulbrüter das Überleben verdanken: Während das Weibchen emsig alle liegengebliebenen Eier einsammelt, die reich sind an gelbem und sogar rötlichem Dottermaterial, spreizt das absamende Männchen seine Flossen mit den rötlich runden Flecken, die dem Weibchen wie Eier erscheinen; es versucht sie, wie die Eier am Grund, mit dem Maul aufzusaugen, und da die Flecken unmittelbar in der Nähe der männlichen Geschlechtsöffnung liegen, gelangt auch das Sperma des Männchens unvermeidbar in das Maul des Weibchens und mithin zu den aufgesammelten Eiern (vgl. Farbtafel 4 a). «Die Endstufe der Entwicklung sieht so aus: Das Weibchen nimmt alle Eier unbesamt auf; das Männchen wartet, bis das Weibchen die Eier eingesammelt hat, legt sich dann absamend schräg auf die Seite und spreizt die am Boden liegende Afterflosse dem Weibchen entgegen; die runden Flossenflecken sind auf der Afterflosse besonders auffällig geworden, sie entsprechen in Form, Farbe und Größe den Eiern der jeweiligen Art und sind durch einen kontrastierenden Ring deutlich abgehoben. Das Weibchen versucht wieder und wieder, diese sehr auffälligen Ei-Attrappen einzusammeln, genau wie es das mit einzeln liegenden Eiern tut. Ihre Aufsammelbewegung ist nicht zu verkennen (es ist weder Beißen noch Graben noch Fressen). Da bei sehr vielen Buntbarschen der gerade ablaichende oder absamende Partner vom anderen mit dem Maul in die Flanke gestupst wird, ist die geeignete Stellung möglicherweise schon vorgegeben, und die Ei-Attrappen stellen vielleicht nur noch sicher, daß aus dem Stupsen ein Aufsaugen wird» (WICKLER, 226).

Manch einen Theologen unter den Lesern wird es an dieser Stelle vielleicht noch relativ gleichgültig lassen, wenn er erfährt, mit welch ausgeklügelten Tricks die Natur die Zeugung, Befruchtung und Aufzucht neuen Lebens in der Entwicklung der Arten zu fördern versucht; immerhin aber scheint das «Prinzip» jetzt klar zu sein: mit welch einer Raffinesse Formen des Verhaltens und Formen der Körpergestalt sich wechselseitig hervorbringen und fördern, ohne daß irgendein planender Gott dabei im Spiel wäre. Und vollends hellhörig muß wohl jeder Theologe werden, wenn er erfährt, daß nicht nur das Sexualleben von Fischen, sondern auch das von uns Menschen von der Signalsprache bestimmter Körperformen abhängig ist. So schien es uns bereits in *Der sechste Tag* (90–91) auf dem Wege der Menschwerdung einen wichtigen Faktor gebildet zu haben, daß die Zeit des weiblichen Empfängnisoptimums nicht mehr durch das periodische Anschwellen des Gesäßes zu erkennen ist, sondern daß die vorgewölbte Form der weiblichen Brüste offenbar den Zustand der Stillzeit fixiert hat, indem sie seither das Signal ständiger Paarungsbereitschaft, verbunden mit dem Versprechen von Fruchtbarkeit, abgibt – auch das ein Beispiel innerartlicher Mimikry also, und zwar mitten in *dem* Gefühlsbereich, der religiös wie moralisch als spezifisch menschlich erscheint: in dem Bereich der «Liebe»!

Ein Vergleich zwischen den Arten ist an dieser wichtigen Stelle lehrreich. Bei den mit uns nicht allzu entfernt verwandten *Pavianen* ist die Natur *andere Wege* gegangen als beim Menschen: Sie hat die Gesäßschwellung nicht nur bei den Weibchen beibehalten, sondern auch die Männchen dazu gebracht, ein leuchtend rotes Gesäß zu tragen. Beachtet man die verschiedenen Arten von Altweltaffen, so ergibt sich, daß farbige Gesäßschwellungen bei Männchen typisch für Affen sind, die am Boden leben, und nur bei Arten vorkommen, deren Weibchen ausgeprägte anale Brunstschwellungen zeigen; ja, man erkennt bei manchen Arten eine verblüffende Übereinstimmung mit der Form der weiblichen Genitalien. Allerdings ist die Funktion verschieden. Bei den Pavianen dient die Genitalschwellung brünstiger Weibchen als Signal zur Kopulationsaufforderung; das Präsentieren kann zudem als eine Beschwichtigungsgebärde und als Gruß gegen angriffslustige und ranghohe Gruppenmitglieder verwandt werden. Beim Mantelpavian *(Papio hamadryas)* haben die Männchen (vgl. Abb. 95 rechts) zum Zwecke solcher Begrüßung eine Kopie der weiblichen Brunstschwellung entwickelt. Ursprünglich sexuelle Signale haben, wohl aufgrund der sozialen Beschwichtigungsfunktion, die sich mit ihnen verband, durch Nachahmung auch bei den Männchen sich als erfolgreiches Mittel der Verständigung erwiesen. Anders als die römisch-katholische Moraltheologie es dekretiert, ist «Sexualität» für vieles gut, was mit «Kinderzeugen» nichts zu tun hat.

IRENÄUS EIBL-EIBESFELD (*Menschenforschung auf neuen Wegen*, 166; 254)

95 Gesäßpräsentation von Pavianen, rechts Männchen, links Weibchen.

hat *das Vorzeigen des entblößten Busens und Gesäßes* auch im menschlichen Verhalten wohl zu Recht mit dem Betragen unserer biologischen Verwandten in Zusammenhang gebracht. Vom *Präsentieren der weiblichen Brüste* als einer Beschwichtigungsgeste berichtet schon CAESAR (*Der gallische Krieg*, VII 47,5) anläßlich der Erstürmung der keltischen Bergfeste Gergovia bei Clermont im Jahre 56 v. Chr.; *das Vorzeigen des Gesäßes* gilt zwar kulturell in der westlichen Welt als verpönt, ist aber doch weltweit verbreitet (vgl. DESMOND MORRIS: *Körpersignale*, 161–172: Die Brust; 197–208: Das Gesäß).

Bis dahin spielt sich die Mimikry im Dienste der Fortpflanzung und der Verständigung innerhalb *einer* Art ab. Nicht wenige Tiere aber sind zur Weitergabe ihrer Gene und zur Aufzucht ihrer Jungen auf die «Hilfe» der Vertreter *anderer* Arten angewiesen, und deren Mitarbeit können sie – erneut – nur durch Täuschung, eben durch Mimikry, gewinnen.

*Mimikry im Dienste von Brutparasitismus* – das wohl bekannteste, jedenfalls äußerst instruktive Beispiel *dafür* ist gewiß das Verhalten des *Kuckucks* (vgl. W. MEISE: *Familie Kuckuck*, in: Grzimeks Tierleben, Bd. 8, 348–376). Immerhin legen Kuckucksweibchen ihre Eier bei 180 verschiedenen Vogelarten ab und lassen die Jungen von ihnen großziehen, unter anderem von Bachstelzen, Gartengrasmücken, Rotschwänzchen und Wacholderdrosseln. Der Kuckuck muß so tun, weil seine Nahrung, bestehend aus stachligen, zum Teil giftigen Raupen, für die Jungtiere unverträglich ist (vgl. JOSEF H. REICHHOLF: *Der schöpferische Impuls*, 105). Wie aber gelingt es ihm, die zukünftigen Pflegeeltern zu *täuschen*?

Als erstes darf er sein Ei – stets nur eins! – nicht in ein noch leeres Nest legen – das fremde Vogelpaar würde das Nest sonst verlassen; er muß von den vorgefundenen Eiern zudem eines entfernen, damit die Anzahl der Eier erhalten bleibt; und er muß sein Ei möglichst solchen Wirtsvögeln unterschieben, deren Junge etwas später schlüpfen als das Kuckuckskind selbst. *Das* nämlich, wenn auch noch nackt und blind, beginnt zehn Stunden, nachdem es geschlüpft ist, mit der Entfernung von allem im Nest Befindlichen, vor allem den Eiern seiner Pflegeeltern oder ihren schon geschlüpften noch hilflosen Jungen. Zustatten kommt ihm dabei seine speziell geformte Rückenpartie, die leicht eingebuchtet ist und es erlaubt, mit den noch unbefiederten Flügeln einen Gegenstand wie ein Ei aus dem Nest zu balancieren (Abb. 96); – schon an dieser Instinkthandlung des Kuckucksjungen liegt es, daß seine Mutter nur *ein* Ei in ein fremdes Nest legen kann!

Die Wirtseltern kümmern sich um ihre aus dem Nest geworfenen Jungen nicht mehr – sie müssen verhungern.

96 Ein junger Kuckuck entfernt ein Ei aus dem Nest.

Da das Kuckucksweibchen nur alle 48 Stunden ein Ei legen kann, ist es auf eine *Vielzahl* von Wirtseltern angewiesen. Wenn man bedenkt, daß deren Gelege jeweils gänzlich zerstört werden, so versteht man, daß zwischen einer Kuckuckspopulation und der Population ihrer Wirtsvögel ein Verhältnis besteht, das in etwa der Formel von LOTKA und VOLTERRA für die Beziehung von Räuber und Beutetier entspricht, wobei der Kuckuck in diesem Falle die Rolle des Räubers spielt; – Parasitismus, auch Brutparasitismus, so lernen wir, stellt nur eine nicht unmittelbar tötende Art und Weise dar, von fremdem Leben zu leben!

All dies ist nun gewiß bereits sehr erstaunlich, es hat aber mit *Mimikry* noch nichts zu tun. Diese kommt indes an den zwei jetzt entscheidenden Stellen des Brutparasitismus zum Tragen: bei der Tarnung des Kuckukseis und bei der Tarnung der Schnabelinnenseite der Jungen.

Die *Anpassung des Kuckucseis* an die Eier der Wirtsvögel muß täuschend perfekt sein, da bereits kleinste «Fehler» mit Ausmerzung bestraft werden. Das Kuckucksei muß also in etwa so klein, so gefärbt, so gefleckt und so geformt sein, wie es den Eiern der jeweiligen Wirtselternart entspricht; Farbtafel 4b zeigt einige Beispiele.

Die Frage stellt sich natürlich, woher die Musterung des Kuckucseis stammt und woher das Weibchen «weiß», wohin es sein Ei zu legen hat. Genetisch spricht vieles dafür, daß die Eimusterung allein vom Weibchen bestimmt wird. Anderenfalls nämlich müßte man annehmen, daß Kuckucke nur als Drosselrohrsänger-Kuckucke oder als Gartenrotschwanz-Kuckucke sich miteinander paaren könnten und sich demnach wie getrennte, nicht kreuzungsfähige Arten zueinander verhielten; solche Arten aber könnten nur infolge längerer Isolation von einander entstanden sein, während es offensichtlich ist, daß die Kuckucke in unseren Wäldern und Feldern vermengt miteinander auf dem gleichen Gebiet vorkommen; die verschiedenen Kukkucksrassen, die es gibt, stimmen zudem nicht mit den unterschiedlichen Eitypen überein. Von daher legt die Annahme sich nahe, daß die Erbmerkmale, die das Aussehen des Eis bestimmen, auf den *weiblichen* Geschlechtschromosomen zu finden sind. Daß das Weibchen sein Ei dann den «richtigen» Wirtsvögeln unterschiebt, dürfte auf einen einfachen Lernvorgang zurückzuführen sein: Das Weibchen kehrt zu eben der Wirtsvogelart zurück, bei der es selbst groß geworden ist; es gönnt seinen Jungen gewissermaßen eine ähnlich schöne Kindheit, wie es selbst sie genossen hat...

Was aber, um Himmels willen, muß man fragen, bringt ein kleines Gartenrotschwänzchen dazu, ein Junges zu füttern, das in drei Wochen größer wird als es selbst? Die Antwort lautet, daß das Weibchen nicht auf *sein* oder überhaupt auf *ein* Jungtier reagiert, sondern einzig auf das Fütterungssignal des bettelnd aufgesperrten Schnabels. Wie Attrappenversuche zeigen, stopft es Nahrung in jeden «Gelbschnabel», das heißt in jedes gelbgerandete schnabelähnliche Loch, das zur Not auch aus Pappe bestehen kann; und umgekehrt: Es wird nicht-sperrende Junge ohne Zögern aus dem Nest werfen, weil es sie für tot hält. (Darin liegt, nebenbei gesagt, eine Gefahr, wenn man Vögel *überfüttert:* Wenn ihre Jungen übersättigt sind und beim Anflug der Eltern nicht um Nahrung betteln, schweben sie in Lebensgefahr von seiten der eigenen Eltern, die sich ansonsten so viel Mühe geben, ihre Jungen großzuziehen!) Für einen jungen Kuckuck jedoch sind diese Zusammenhänge gerade das Richtige. Er sperrt seinen riesigen roten gelbgerandeten Rachen selbst beim Schlucken erst gar nicht zu und veranlaßt selbst dann, wenn er das Nest schon verlassen hat, andere Altvögel mit seinem Verhalten immer noch, ihn weiterzufüttern. Sie müssen so tun; der Signalreiz des geöffneten rotgefärbten Rachens ist für sie unwiderstehlich.

Andere Wirtsvögel von Brutparasiten sind in puncto Schnabel-Mimikry freilich wählerischer. Die Prachtfinkenart des Buntastrilds *(Pytilia melba)* zum Beispiel ist ein Wirtsvogel der brutparasitischen Paradieswitwe *(Steganura paradisaea).* Die Astrilde füttern Nestlinge nur auf ein spezifisches Sperr-Rachen-Signal hin, das die Paradieswitwe daher auf das genaueste imitieren muß und mit Erfolg tatsächlich imitiert, wie Farbtafel 5 zeigt.

Brutparasitismus in dieser Form basiert auf einer Zwei-Arten-Mimikry. Wir sind jetzt aber bereits darauf vorbereitet, auch jenen Fall von «Grausamkeit» zu verstehen, den der Dichter REINHOLD SCHNEIDER (*Winter in Wien*, 119–120) als eines der zentralen Hindernisse empfand, überhaupt noch an einen gütigen Vater-Gott glauben zu können – in *Der sechste Tag* (S. 46) haben wir das Beispiel, das wir jetzt als den Fall einer Drei-Arten-Mimikry kennenlernen, zitiert. Es geht um die Trematoden, parasitische Saugwürmer, die einer eigenen Tierklasse im Stamm der Plattwürmer *(Plathelminthes)* angehören, zu dem auch die beiden Klassen der Strudel-*(Turbellaria)* und der Bandwürmer *(Cestoda)* zählen. Etwa 6000 Arten gibt es von ihnen, in einer Größe zwischen 0,4 mm bis 1 m. Unser Beispiel nun: «Im Darm von Singvögeln lebt (sc. der parasitische Wurm) *Leucochloridium macrostomum*. Seine Eier gelangen mit dem Kot ins Freie und werden von der... Bernsteinschnecke *Succinea* aufgenommen, die an Wasserrändern und auf feuchten Wiesen lebt und gern an Vogelkot frißt. In der Schnecke schlüpft die *Miracidium*- (sc. *Wimper*-, d. V.) Larve und entwickelt sich zu einer Sporozyste, die – was sonst sehr selten vorkommt – wurzelartig verzweigt ist und mehrere Säcke von etwa 1 cm Länge bildet, in denen Zerkarien, eine zusätzliche Vermehrungsgeneration, verpackt sind. Die Sporozysten-Säcke sind auffallend grün und gelb-braun geringelt, je ein solcher Sack schiebt sich in jeden der Schneckenfühler und beginnt, sich heftig etwa 40- bis 70mal pro Minute in der Längsrichtung zusammenzuziehen und auszudehnen. Die sonst lichtscheue Schnecke geht, wenn sie so befallen ist, ins Helle; dort findet sie leicht ein Singvogel, der ihren sehr auffälligen Fühler für eine Raupe oder etwas Ähnliches hält, ihn abbeißt und frißt oder an seine Jungen im Nest verfüttert» (WICKLER, 128–129). Im Vogel entwickeln sich dann erneut die Saugwürmer, deren Eier in Vogelkot abgegeben und wieder von den Schnecken aufgenommen werden (Abb. 97).

Mit diesem Beispiel brutparasitischer Mimikry (Sporocysten verwandeln Schneckenfühler in das Aussehen von Insektenlarven) werfen wir zugleich einen ersten Blick auf das Thema *Parasitismus* überhaupt, das wir sogleich noch näher betrachten müssen; es bleibt an dieser Stelle das Resümee zu ziehen: daß wir unter dem Aspekt der Mimikry eine Natur zu sehen bekommen, innerhalb deren ein ständiger Kriegszustand herrscht. «Kampf ums Dasein» heißt hier so viel, daß den Lebewesen *jedes* Mittel, wenn nur erfolgreich, recht ist und recht sein muß, das ihnen die nötige Nahrung oder ein mögliches Entkommen vor dem Gefressenwerden garantiert und dabei hilft, ihre Reproduktion zu sichern. «Erfolgreich» bedeutet jedoch gerade nicht, daß hier ein planvolles Konzept Stelle um Stelle sich erfüllen würde, vielmehr haben bestimmte Gegebenheiten dazu geführt, verschiedene Arten in der angegebenen Weise zusammenzubringen. Nicht ein bewußtes, «göttliches» Konzept, wie

97 Die Bernsteinschnecke dient als Zwischenwirt für einen Saugwurm, der seine beweglichen Sporocysten (links unten) in der Schnecke ausbildet. Deren Säcke dringen in die Schneckenfühler (rechts unten) und locken Vögel an, die diese dann als vermeintliche Insektenlarven abbeißen und an ihre Jungen verfüttern. Links oben: ein gesunder Schneckenkopf; rechts oben: eine gesunde und eine befallene Schnecke.

REINHOLD SCHNEIDER meinte, nur eine blinde Spielart steht hinter dem so grausamen Mimikry-Beispiel etwa der Bernsteinschnecke. Eben deshalb entfällt jedes Fragen und Klagen über die gefühlskalte Roheit der aufgezeigten Mechanismen. Wie sollte ein «Mechanismus» Rücksicht auf Gefühle wie Schmerz und Leid nehmen?

Zudem gilt es, wie stets auch hier, die Kehrseite der «Mimikry-Mechanik» zu betrachten, die durchaus auch gelungene Beispiele für «Symbiose» zwischen ganz verschiedenen Lebewesen hervorbringen kann. Insbesondere ein Fall symbiotischer Mimikry ist in der Geschichte des Lebens auf dieser Erde so wichtig geworden, daß es uns Menschen wahrscheinlich niemals gegeben hätte, wäre er nicht nach und nach immer perfekter ausgebildet worden; es geht um *das Zusammenspiel von Blumen* (Blütenpflanzen) und *Insekten* vor über 100 Millionen Jahren.

Unsere Kenntnis von der Entstehung der Blütenpflanzen ist noch immer recht lückenhaft. Doch wissen wir, daß bedecktsamige Pflanzen *(Angiospermen)* in den Ablagerungen erst seit der Kreidezeit, beginnend vor etwa 135 Millionen Jahren, belegt sind. Damals gab es bereits eine Vielzahl von Insekten, vor allem von Käfern, die als Bestäuber in Frage kommen konnten. Die nacktsamigen Pflanzen *(Gymnospermen)* im Jura waren hauptsächlich von der Windbestäubung abhängig, bei der eine gezielte Übertragung des Pollens natürlich nicht möglich ist. Man begreift deshalb den Vorteil, der in der Insektenbestäubung liegen mußte: – die Rekombinationsmöglichkeiten nahmen zu, und vor allem in urwaldähnlichen Gebieten konnten jetzt auch Blüten erreicht werden, die weit auseinander standen und für die Windbestäubung schwer zugänglich waren. Von daher mußte es im «Interesse» der Blütenpflanzen liegen, Düfte zu entwickeln und Formen auszubilden, die bestimmte Insekten anzulocken vermochten. Die Voraussetzung zum Weitertragen des Pollens ist natürlich eine Oberflächenstruktur des Überträgers, an welcher Pollenkörner haften können, wie es denn auch bei allen bestäubenden Tieren: Insekten, Vögeln und Fledermäusen, der Fall ist. Die *Koevolution von Blüten und Bestäubern* führte dabei zu immer spezielleren Formen wechselseitiger Anpassung, wobei der Faktor der Mimikry erneut eine große Rolle spielt. Die möglichen Entwicklungswege von der ursprünglichen Windbestäubung zu der komplizierteren, aber weit wirkungsvolleren Tierbestäubung sind in Abb. 98 dargestellt, wobei besonders die Wechselwirkungen von Tieren und Pflanzen im Verlauf der Evolution deutlich werden.

Bei Tieren, welche die Blüten nur des Pollens wegen aufsuchen, wie die pollenfressenden Käfer, ist es ausreichend, wenn beim Umherkriechen zwischen den Staubbeuteln die leicht klebrige Oberfläche der Pollenkörper an den Chitinborsten der Tiere haften bleibt. Die meisten blütenbesuchenden Tiere möchten jedoch an den Nektar herankommen, der je nach Blütenform oft nicht leicht zu erreichen ist; das Saugorgan der Tiere und die Blütenform der Pflanzen haben sich dabei auf eine nicht selten phantastische Weise aneinander angepaßt.

*Fliegen* etwa können mit ihren kurzen Rüsseln nur aus relativ flachen, scheibenförmigen Blüten, wie den Einzelblüten von Doldenblütlern, Nektar aufnehmen. Die zweiflügeligen *Hummelschweber* hingegen haben bereits

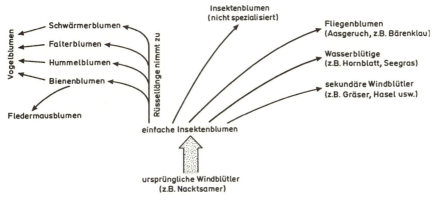

98 Entwicklungswege von Windbestäubung zu Tierbestäubung.

Mundwerkzeuge, die zu einem Saugrohr umgestaltet sind, so daß sie im «Rüttelflug», vor den Blüten stehend, den Nektar heraussaugen können. «Unter den Insekten zeigen Schmetterlinge die besten Anpassungen an enge Nektarröhren. Ihr aufrollbarer Rüssel kann bis zu 23 cm lang sein! Der einheimische Windenschwärmer *(Herse* – statt *Agrius*?, d. V. – *convolvuli)* bringt es auf eine Rüssellänge von 14 cm. Blüten bestäubende Vögel haben lange, dünne, leicht gebogene Schnäbel und eine wurmförmige Zunge. Ein weiteres Merkmal der nachtfliegenden Arten ist das gut entwickelte Geruchsvermögen, das bei Insekten auf den Fühlern liegt» (KALUSCHE, 62).

Auf der anderen Seite werden die Formen der Blütenpflanzen immer spezialisierter und differenzierter, so daß schließlich nur noch bestimmte Bestäuber bestimmte Pflanzen aufsuchen können; auch die Formen, mit denen bestimmte Insekten angelockt werden sollen, gewinnen eine immer speziellere Gestalt.

So haben zum Beispiel einige *Orchideen*-Arten Blütenattrappen ausgebildet, die für die Männchen bestimmter Bienen- und Wespenarten wie Weibchen aussehen. Auch für unsere Augen sieht die Blüte einer Bienenragwurz *(Ophrys apifera)* einer schwirrenden Biene oder Hummel sehr ähnlich (vgl. Farbtafel 6).

«Die Bestäubung der *Ophrys*-Blüten (und verwandter Orchideen) wird tatsächlich durch eine Kopulation mit männlichen Insekten vollzogen, allerdings... mit arteigenen Pollen.» «Genaue Beobachtungen zeigen, daß diese Männchen (sc. von Bienen oder Wespen, d. V.) auf der Blüte ihren Kopulationsapparat betätigen und daß oft das männliche Kopulationsorgan das Labellum der Blüte betastet und sogar erigiert ist... Während die Männchen kopulationseinleitende und Begattungsbewegungen ausführen, heften sich die Pollenkölbchen... an ihren Körper und werden mitgenommen» (WICKLER, 208–209).

Die *Ophrys*-Blüten wirken auf Insektenmännchen mithin als Attrappenweibchen, und so steht es von vornherein zu erwarten, daß bestimmte *Ophrys*-Arten sich auf bestimmte Insektenarten spezialisieren – schließlich «wollen» sie nur ihre eigenen Pollen verbreiten. Freilich ist es gar nicht so leicht, wirksame Weibchenattrappen zu entwickeln. Wichtig dabei ist natürlich die Größe; «zu kleine Blüten werden von den Männchen zwar angeflogen, aber dann wieder verlassen. Auf zu großen Blüten, die gelegentlich vorkommen, setzen sich die Männchen normal nieder und rutschen dann rückwärts, mit auf das Labellum gedrücktem Hinterleib, bis sie an den Rand mit den beiden Endlappen kommen, die deutlich warzig sind. Dort tasten die Tiere mit der Hinterleibsspitze und dem Kopulationsorgan umher. Man sieht daraus, daß die Männchen nicht die im Blüteninnern vermutete Nahrung, sondern etwas Bestimmtes mit den Genitalien suchen. Zu große Blüten sind aber für die Pflanze unpraktisch, weil die Männchen mit dem Kopf nicht an die Narbe reichen und keine Pollen übertragen» (WICKLER, 209).

Mechanismen dieser Art waren es, die den Bedecktsamern in und nach der Kreidezeit eine explosionsartige Entfaltung bescherten. Insbesondere den Vögeln kam dabei eine bedeutende Rolle zu, etwa den Kolibris im späten Tertiär in den tropischen Regenwäldern Brasiliens. Doch wie es in der Natur zu gehen pflegt: Indem die Blumen sich entfalten, entfalten sich auch die Insekten, und mit der Entfaltung der Insekten begann – nach dem Aussterben der Saurier, dessen Gründe wir noch erörtern müssen – zugleich neben dem Erfolg der Vögel auch der Aufstieg jener rattenähnlichen Kleinsäuger, die sich gleichermaßen auf die Insektenjagd spezialisierten und (wie heute noch bei den Mausmakis auf Magdagaskar und bei den meisten der Neuweltaffen zu sehen) zu diesem Zweck die Bäume aufsuchten; – sie wurden zu den Ahnen aller heute lebenden Primaten, mithin auch des Menschen (vgl. J. H. REICHHOLF: *Der schöpferische Impuls*, 109–110). Wer immer sich als Theologe für die Zusammenhänge der Natur interessiert, kommt an dem Phänomen der Mimikry nicht vorbei!

Damit haben wir mit dem Thema der Mimikry bereits den Themenkomplex von Symbiose und Parasitismus gestreift, die ihrerseits zum Verständnis der Mechanismen der Natur so wichtig sind, daß wir insbesondere den Parasitismus und eine mögliche Antwort darauf: die Entwicklung des Immunsystems, gesondert vorstellen müssen; denn wie die außerordentlichen Formen der Symbiose von Lebewesen den Theologen immer wieder als Beispiele und «Beweise» für den überlegenen und überlegten Plan des göttlichen Schöpfers galten, so müßten die nicht minder raffinierten Formen des Parasitismus für Beispiele und Beweise einer moralischen Grundverderbnis der Natur (durch den Einfluß des Satans oder die Folgen der «Erbsünde» Adams) gelten, würden wir nicht bald schon sehen, daß es in diesem wie in jenem Falle erneut um nichts anderes geht als um weitere Varianten des einen großen Themas: des Kampfs ums Dasein (DARWIN) und des Willens zum Leben (SCHOPENHAUER).

ε) Parasitismus und Immunbiologie

*Von Goldfliegen, Zecken, Flöhen, Läusen, Bandwürmern, Plasmodien und Trypanosomen*

Es gibt im deutschen Sprachraum kaum ein Wort, das moralisch so negativ besetzt wäre wie das Wort «Schmarotzer» oder «Parasit». Ein «Räuber» verrät zumindest noch etwas von NIETZSCHES Machtgedanken, ein «Beutetier» mag man bedauern, aber nicht verachten, ein «Parasit» hingegen ist «verwerflich». Er nimmt, nach einem Bibelwort, «was er nicht selbst gepflanzt hat» (Mt 25,24); doch eben das ist seine «Wesensart». Sie steht erkennbar in krassestem Widerspruch zu allem Rechtsempfinden menschlicher Moral; schon deshalb eignet sich das Thema «Parasitismus» besonders gut dazu, um uns, gleich, ob als Theologen, kirchenfrommen Christen oder Menschenfreunden, die letzte Neigung abzugewöhnen, die Natur nach moralischen Kategorien zu messen oder zu bewerten.

An Warnungen davor hat es allerdings in dem bisher schon Gesagten nicht gerade gefehlt. *Alle* Tiere, sagten wir, sind die mittelbaren oder unmittelbaren «Parasiten» der «autotrophen» Lebewesen dieser Erde, zu denen vor allem Pflanzen und Cyanobakterien zählen; doch sollten wir deshalb die «Schöpfung» am «dritten Tag», da Gott der Herr die Gräser, Kräuter und die Bäume «machte», bereits enden lassen (Gen 1,11)? Wenn nicht, so müssen wir den «Parasitismus» nicht nur akzeptieren, sondern als eine grundlegende Einrichtung des Lebens begreifen lernen; ja, wir müssen feststellen, daß alles Leben sich auch nur für die kurze Strecke seiner Lebensdauer einzig zu erhalten vermag, indem es äußerlich wie innerlich eine Vielzahl artspezifischer Außenparasiten (Ektoparasiten) und Innenparasiten (Endoparasiten) abzuwehren vermag. Nehmen wir den ständigen Kampf gegen mögliche Krankheitserreger aus der Welt der Mikroorganismen und Viren noch hinzu, so ist die gesamte Immunbiologie nichts weiter als eine gigantische Abwehrleistung des Organismus gegen die Ausbreitung von «Parasiten» auf und im eigenen Körper. Beides also: Parasitismus wie Immunbiologie, sollten wir in gebotener Kürze anhand einiger Beispiele erörtern, wobei wir sehen werden, daß die sogenannten «Parasiten» oft genug nur die Überträger bestimmter Krankheitserreger sind, die ihrerseits den Organismus eines Tieres oder Menschen als ihren «Wirt» willkommen heißen. Krankheit und Tod als «Strafen» Gottes (Gen 3,19) – wie weit liegt dieses Dogma theologischen Denkens abseits der Wirklichkeit des unerbittlichen Kampfes, den jedes Lebewesen führen muß, um, wie vorhin gezeigt, die notwendige Energie zum Erhalt des «Fließgleichgewichts» seiner Stoffwechselvorgänge aufzunehmen und zudem, wie wir jetzt lernen werden, seine inneren und äußeren «Feinde» ohne Nachsicht, zu seinem bloßen Selbsterhalt, auszurotten, wo irgend es geht!

Bisher war die Rede von dem Verhältnis, ja, von der Wechselwirkung zwischen Räuber- und Beutetieren; das Verhältnis von «Parasiten» und «Wirt» ist dem ähnlich, nur daß Parasiten ihre Opfer nicht unmittelbar, sondern eher langsam, freilich eben deshalb meist um so qualvoller zugrunde richten; im Größenvergleich sind Parasiten für gewöhnlich um Zehnerpotenzen kleiner als ihre unfreiwilligen «Wirtstiere», dafür kompensieren sie ihre Kleinheit durch oft phantastische Vermehrungsraten. Evolutiv betrachtet stellen die «Parasiten» so etwas dar wie die «Rache» der «primitiveren» Lebensformen an den Höherentwickelten; – leben diese von jenen, warum dann nicht auch jene von diesen? Es gibt auf Erden nichts «umsonst», und jede «fortgeschrittenere» Lebensform muß ihre «Eintrittskarte» ins Leben «bezahlen», aber nicht einmal, sozusagen in der Überweisung des Gesamtbetrages aller Erhaltungskosten, sondern in jedem Augenblick ihres Daseins durch den «Gewinn», den sie ihren Parasiten überläßt, und durch den ununterbrochenen Kampf, den sie mit einem erheblichen Energieaufwand gegen sie führen muß.

Beginnen wir, sozusagen zur Einführung und «Einfühlung», nur erst mit der Qual, die einem Amphibium, einer Erdkröte *(Bufo bufo)*, durch den Befall mit den Larven einer Fliegenart, der Fliege *Lucilia silvatica,* auferlegt wird. Die Fliegengattung «Lucilia» (Goldfliege) ist auch in Mitteleuropa weit verbreitet und der grün-golden glänzenden Farbe ihrer Imagines, ihrer ausgewachsenen Vertreter wegen den meisten Lesern wohl schon einmal aufgefallen. Ihre Hauptnahrung besteht in dem Saft faulenden Fleisches – eine Ernährungsweise, die uns Menschen mit «Ekel», also mit einer instinktiven Tendenz zur Nahrungsvermeidung erfüllt, doch nur, weil sie für uns lebensgefährlich, da identisch mit der Aufnahme einer Vielzahl krankheiterregender Parasiten und Mikroben wäre; die Goldfliegen natürlich haben mit *unseren* Empfindungen durchaus nichts zu tun. Aus *ihrer* Sicht betreiben sie eine einfache Form der Brutfürsorge, wenn sie ihre Eier in Kot, abgestorbenem Fleisch oder eiternden Wunden ablegen; *Lucilia silvatica* nun legt ihre Eier speziell auf den Kopf von Erdkröten und anderen Lurchen (vgl. H.-H. REICHENBACH-KLINKE: *Krankheiten der Amphibien,* Stuttgart 1961). Wenn die Larven schlüpfen, so wandern sie in die Nasenlöcher der Kröte und ernähren sich von den Nasenschleimhäuten. «Von dort können sie die Epithelien (sc. die Zellverbände auf den äußeren und inneren Körperoberflächen, d. V.) zerfressen, Knochen durchbrechen und in die Augenhöhlen vorstoßen» (D. KALUSCHE: *Wechselwirkungen,* 30). Mit einem Wort: indem die Larven der Lucilia sich «saprophag» ernähren, das heißt: indem sie faulendes Fleisch fressen, behandeln sie die Schleimhäute der Erdkröten wie lebendes Aas; sie «können» nicht für ihren «Irrtum», mit dem sie an sich ganz gesunde, empfindsame Lebewesen dazu verurteilen, zu Lebzeiten wie totes, fauliges Material «verwendet» zu werden und vom ersten Moment des Larvenbefalls an nichts weiter mehr zu sein als eine wehrlose Stätte von nicht endendem Schmerz. Die Larven der *Lucilia* sind für die Erdkröte echte «Räuber»; doch kein nicht-parasitischer Räuber verurteilt seine «Beute» zu einem vergleichbaren Martyrium.

Aber jetzt: will man den Goldfliegen einen Vorwurf machen für die Sorgfalt ihrer «Brutfürsorge»? An sich könnte es ihnen egal sein, ob sie ihre Eier in faulendem Fleisch oder eben: auf Erdkröten ablegen; es hat für sie offenbar einmal nur einen kleinen Schritt der Spezialisierung bedeutet, ausgerechnet die Erdkröten als ihre lebenden «Bruthöhlen» zu wählen; alles, was sie tun, tun sie seither in vollkommener Unschuld; sie haben keine Ahnung, was sie an Schmerz ihren «Wirtstieren» auferlegen. Und warum auch? Wenn die Erdkröten irgendwann qualvoll verenden, verwandeln sie sich aus der Sicht der Goldfliegen-Larven nur in das, was sie immer schon waren: lebendes Faulfleisch. Evolutiv ist nichts weiter passiert, als daß eine weitere «Nische» zum Überleben im Konkurrenzdruck der Arten durch Spezialisierung genutzt wurde. Doch was für eine «Theologie» herkömmlicher Prägung hielte dieser nüchternen Sicht der Dinge stand? Mitleid? Rücksicht? Liebe? All die Eigenschaften eines «Gottes», wie die Bibel ihn schildert, sind schlechterdings unvereinbar mit den simplen Strategien des Lebens im Kampf um seinen Selbsterhalt.

Wie? Es stehe hier auch «nur» das Leben eines Amphibiums auf dem Spiel? *Das* Bild läßt sich rasch ändern. Auch uns Menschen geht es – natürlich – nicht anders. Beschäftigen wir uns nur einmal ein wenig mit Zecken, Flöhen und Läusen – zu den Bandwürmern und zur Malaria kommen wir anschließend.

Die *Zecken* sind deshalb für uns Menschen medizinisch von Interesse, weil eine ihrer Arten, der zur Familie der Schildzecken zählende Holzbock *(Ixodes ricinus)*, als Überträger der Frühsommer-Meningoenzephalitis (FSME), einer viralen Erkrankung des Zentralnervensystems, gilt (vgl. H. MEHLHORN – G. PIEKARSKI: *Grundriß der Parasitenkunde*, Stuttgart 1985). Zudem können Zecken, wie man seit 20 Jahren weiß, auch ein korkenzieherförmiges Bakterium *(Borrelia burgdorferi)*, den Erreger der *Zecken-Borreliose*, übertragen. (Vgl. FRED S. KANTOR: *Bekämpfung der Zecken-Borreliose*, in: Spektrum der Wissenschaft, Dossier 3/97: Seuchen, 50–57.) Die Viren können von den ausgewachsenen Zecken (den Imagines), den Nymphen (vor der Geschlechtsreife) und den Larven (erste Entwicklungsphase), also in jedem Stadium des Entwicklungsweges der Zecke mit Ausnahme des Ei-Stadiums, auf Kleinsäuger, aber auch auf Menschen übertragen werden; allerdings sind nur etwa 0,2–2 Prozent der Zecken mit den besonders gefährlichen FSME-Viren durchseucht.

Dem Körperbau nach gehören Zecken der Klasse der Spinnentiere *(Arachnida)* zu; dort bilden sie innerhalb der Ordnung der Milben *(Acarina)* eine eigene Familie *(Ixodidae)*, da sie sich von den Milben durch ihre Größe und den stärkeren Chitinpanzer unterscheiden (vgl. J. D. CARTHY: *Zwischenartliche Beziehungen*, in: J. E. Smith – R. B. Clark – G. Chapman – J. D. Carthy: Die wirbellosen Tiere, 266–269). Ausgewachsene Zecken (die Imagines) besitzen, wie für alle Spinnentiere charakteristisch, vier Beinpaare (im Unterschied zu den drei Beinpaaren der Larven); wie Abb. 99 zeigt, weist ihr ungegliederter Körper am vorderen Ende zwei Kieferklauen (Cheliceren, CH) auf, mit denen die Zecke die Haut ihre «Wirtes» durchstechen und dann durch raspelnde Bewegungen öffnen kann; in die so entstandene Wunde wird das «Hypostom» (H) geschoben, das mit Widerhaken ausgestattet und mit einem Paar Taster (Pedipalpen, PP) versehen ist; die Atemöffnungen (Stigmen, STI), die zu dem Tracheensystem führen, liegen ebenso wie die Geschlechtsöffnung (GÖ) und die Afteröffnung (AN) auf der Unterseite des Körpers.

Als Nahrung benötigt die Zecke in jedem Stadium ihrer Entwicklung Blut, von dem das Weibchen etwa das 120fache des eigenen Körpergewichtes aufnehmen muß. Einen möglichen Wirt erkennen die Larven, Nymphen und Imagines an den Erschütterungen am Boden, an der Wärmeabstrahlung, die

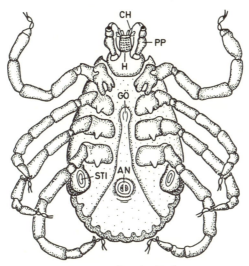

99 Körperbau der Zecke.

für warmblütige Säugetiere charakteristisch ist, sowie an dem Geruch der Buttersäure, der von zersetztem Schweiß ausgeht; als Rezeptor der chemischen Signale dient das HALLERsche Organ auf dem vordersten Beinpaar. Die Entwicklung einer Holzbock-Zecke beginnt mit der Kopulation zweier Tiere, die meist auf einem Wirt stattfindet.

Das Weibchen saugt sechs bis elf Tage lang Blut, um nach der Befruchtung 500-5000 Eier in den Boden zu legen; daraus schlüpfen die etwa 0,6-1 mm großen Larven, die umgehend auf Büsche klettern, um sich auf ein Wirtstier fallenzulassen und ihrerseits zwei bis fünf Tage an ihm zu saugen; anschließend häuten sie sich im Erdboden zur Nymphe; die Nymphen wiederum benötigen zwei bis sieben Tage der Blutaufnahme auf einem Wirtstier, ehe sie sich auf dem Boden zur Imago häuten können. Die Dauer des ganzen Entwicklungszyklus beträgt im Durchschnitt etwa zwei Jahre, wobei für jedes Entwicklungsstadium von neuem ein Wirtstier nötig ist; alle Larven und Nymphen, die ein solches nicht finden, verhungern vor Erreichen der Geschlechtsreife; die hohe Rate der Eiablage muß und kann diese Verluste offenbar ausgleichen.

All das sind lediglich ein paar Informationen, wie man sie in jedem Handbuch zum Thema Parasitismus nachschlagen kann (vgl. TH. HIEPE: *Lehrbuch der Parasitologie*, Bd. 1: Allgemeine Parasitologie, Stuttgart 1981); das Bild der

Natur aber, das sich dabei ergibt, muß für jeden philosophisch und theologisch Nachdenklichen verwirrend genug wirken, sieht man an diesem Beispiel doch überaus deutlich, mit welch einer Präzision Leben von Leben benutzt wird, um sich mit Hilfe anderen Lebens am Leben zu erhalten. Die Zecken, die den Leib eines Säugetieres als «Wirt» für sich aufsuchen, sind selber nichts weiter als die Zwischenwirte etwa der FSME-Viren, die ihrerseits ein bestimmtes Organ eines Säugetieres (das Zentralnervensystem) als ihren «Wirt» benötigen. Mikroben, Spinnentiere und Säugetiere – Tiere ganz verschiedener Reiche und Stämme – «kooperieren» hier miteinander auf drei Ebenen in einem «Spiel» auf Leben und Tod. Was aus menschlicher Sicht dabei als am meisten empörend scheint, ist vor allem das Mißverhältnis von Ursache und Wirkung: An einem Frühsommertag geht eine Frau mit ihrem Kind auf einem Waldweg spazieren; auf einem anderthalb Meter hohen Strauch sitzt die Imago einer Zecke; sie wartet dort seit mindestens einem Jahr auf ihre Chance zur Verschmelzung, die sie nun gekommen «sieht»: sie riecht, fühlt und spürt die Nähe eines geeigneten Säugetiers, sie läßt sich fallen, um sich auf seinem Körper zu paaren, als Weibchen dort Blut aufzunehmen und neue Eier zu legen, und sie überführt unter Umständen, wie nebenbei, ein Virus in die Blutbahn ihres Opfers, das durch den Zeckenbiß an Hirnhautentzündung erkranken wird; in der Folge wird es zu einer Frage des reinen Glücks, wenn die ausbrechende Meningitis nicht auf lebenslänglich schwerste geistige und psychische Schäden nach sich ziehen sollte. Ein Menschenleben, das durch eine Zecke zerstört werden kann – schmerzlicher läßt sich die Theologenvorstellung von einem Gott, der mit seiner Vorsehung die Welt wohlwollend, gütig, gerecht und gnädig gestaltet, kaum widerlegen.

Und keineswegs haben wir es bei der Zeckenplage mit einer besonders «bösartigen» Ausnahme zu tun – die Virusübertragung durch Zecken steht ja selbst nur als ein Beispiel für die Gruppe der *Arboviren* (engl.: *arthropode-borne viruses* = durch Arthropoden übertragene Viren), die neben der Enzephalitis unter anderem auch Gelbfieber und Hämorrhagisches Krimfieber verursachen können; die Beschäftigung mit dem Parasitismus soll uns vielmehr etwas Grundlegendes an den Gesetzen des Lebens zu erkennen geben.

Sprechen wir also noch von zwei weiteren «Außenparasiten», die vor allem bei Ausfall hygienischer Mindestversorgung zu einer epidemischen Plage werden können: von Flöhen *(Siphonaptera)* und Läusen *(Phthiraptera)*.

*Flöhe* sind Parasiten, die sämtlichen Säugetieren und einigen Vogelarten recht unangenehm werden können. Bereits ihr schmaler, zusammengepreßter Körper, ihre enormen Sprungbeine sowie die starken Klauen an den Tarsen aller drei Beinpaare zeigen an, daß sie darauf spezialisiert sind, zwischen den Haaren ihrer Wirtstiere sich umherzubewegen und mit weiten Sprüngen den Aufenthaltsort zu wechseln. Mit ihrem Stechrüssel, der aus den Mundgliedmaßen gebildet wird, saugen sie in einem Kanal Blut, während sie durch den Stichkanal Speichel einfließen lassen, der die Blutgerinnung verhindert. Flöhe durchlaufen eine vollständige Verwandlung, bei der die Larvenstadien völlig anders aussehen als die Imagines (die ausgewachsenen Tiere) – sie sind, wie zum Beispiel auch Schmetterlinge, Bienen und Fliegen, «holometabole» (ganz sich verwandelnde) Insekten: ihre Eier legen die Imagines auf dem Wirtstier ab; von dort gelangen sie in das Lager oder in den Boden des Aufenthaltsraumes des «Wirtes»; beim Menschenfloh *(Pulex irritans)* währt dieses Stadium etwa 4–12 Tage, bis aus den Eiern fuß- und augenlose Larven entstehen, die in insgesamt 13 Tagen drei Stadien durchlaufen; nach ihrer letzten Häutung umgibt sich die Larve mit einem Kokon und wird zur Puppe, ein Stadium, das zwei bis drei Wochen währt und an dessen Ende der ausgewachsene Floh den Kokon verläßt; die Imagines können, nachdem sie geschlüpft sind, mehrere Wochen warten, bis sie ein neues geeignetes Wirtstier finden.

Und was, mag man fragen, geht nun einen Theologen die Geschichte der Flöhe an? Nun, sie zeigt gerade durch ihre Unscheinbarkeit, wie eng *alle* Lebensformen miteinander verflochten sind und wie wenig es möglich ist, sich eine Welt zu denken, in der irgendeine Lebensform *ohne* ihre «Feinde», das heißt ohne ihre «Räuber» und ohne ihre Parasiten zu leben vermöchte. Gewiß kann man sich die lästigen Flöhe in einer «idealen» Welt wegwünschen, und wenn, wie im Märchen, das Wünschen helfen würde, so fände das Leben so gut wie aller Säugetiere eine erhebliche Erleichterung im Fall, daß die Flöhe verschwinden würden; tatsächlich ist auch nicht recht ersichtlich, warum in der Ökonomie des Lebens es diese lästige Lebensform unbedingt geben sollte; anders als die Blattläuse, die als Pflanzenparasiten zumindest mit Ameisen in Symbiose leben und den Marienkäfern als Beutetiere dienen, hat es den Anschein, als wenn die Flöhe durchaus niemand vermissen würde, wenn es sie nicht gäbe; und doch können sie offenbar nicht fehlen. Die Gesetze der Natur müßten andere sein, wenn sie nicht unter anderem auch und gerade Lebewesen wie Flöhe (oder entsprechende Lebensformen in entsprechenden Nischen) hervorbringen würden.

Und dann bleibt ein Paradox: sobald man diese hochspezialisierten Springer mit ihren kleinen Augen und ihren kräftigen Klammern in genügender Vergrößerung nur einmal vor sich sieht, ist es sogar für das menschliche Gefühl unmöglich, in ihnen *nicht* so etwas zu sehen wie Lebensformen mit eigenen «berechtigten» Lebensinteressen. Nur daß diese Lebensinteressen immer wieder auf ein Entweder-Oder hinauslaufen! Wer seinen Hund «liebt», wird den Hundeflöhen *(Ctenocephalides canis)*, die seinem vierbeinigen Liebling so unangenehm zusetzen, mit allen verfügbaren Mitteln zu Leibe rücken; aber was er da tut, ist doch nichts weiter, als daß er bestimmte menschliche Interessen mit den Interessen seines Tieres verbindet und das Gleichgewicht der Natur damit an einer – scheinbar – nicht sehr bedeutungsvollen Stelle um ein weniges verschiebt. Das Wohl seines Hundes ist dem Hundehalter eben wichtiger als das Wohlergehen der Hundeflöhe! Eine solche Einstellung kann man verstehen, wenn man die gemeinsame Geschichte von Mensch und Hund in den letzten 15 000 Jahren bedenkt; aber sie besagt natürlich nichts über ein «Recht», das den Hunden oder anderen Säugetieren gegenüber den Flöhen zukäme. Für die Natur gibt es keine bevorzugte Spezies, nur ein Gefüge von Beziehungen, die sich aus dem «Kampf ums Dasein» selber ergeben.

Die Nüchternheit allein dieser Feststellung bedeutet das Ende einer Theologie, die bis heute lediglich die menschliche Sicht auf die Wirklichkeit in naturphilosophischem Sinne mit Hilfe einer Metaphysik göttlicher Willensentscheidungen zu begründen und zu rechtfertigen suchte. – Auf den *Menschen* übrigens scheinen die Flöhe von Fledermäusen in den Zeiten der gemeinsamen Bewohnung von Höhlen übertragen worden zu sein. Für die Flöhe selber hat dabei lediglich das «Wirtstier» gewechselt, und man darf annehmen, daß ihnen die dicht behaarten und eng zusammenlebenden Fledermäuse ursprünglich weit mehr zugesagt haben als die nackthäutigen Menschen mit ihren für gewöhnlich weit größeren Körperabständen.

Noch weit besser als die *Flöhe* sind denn auch die *Läuse* artspezifisch an die Säugetiere angepaßt, auf denen als Wirtstieren sie ihr ganzes Leben in allen Entwicklungsstadien zubringen (vgl. J. D. CARTHY: *Zwischenartliche Beziehungen*, in: J. E. Smith – R. B. Clark – G. Chapman – J. D. Carthy: Die wirbellosen Tiere, Kap. 10, 251–272, S. 262–265). In der Zeit nach 1945, als Deutschland infolge der Bombenangriffe der Briten und Amerikaner in Schutt und Asche lag, war es in den ersten provisorisch wieder eingerichteten Schulklassen «normal», daß die Haare der Kinder in hohem Grade «verlaust» waren; man brachte den Schülern bei, daß niemand etwas dafür könne, wenn sich Läuse auf seinem Kopf eingenistet hätten; erst wenn sich in den Haaren «Nissen» fänden, das heißt die Eier, die ein Läuseweibchen an die Haarschäfte klebt, zeige sich eine gewisse Unsauberkeit. Tatsächlich legen die Weibchen der Kopflaus *(Pediculus humanus)* täglich drei bis vier Eier, die etwa 0,8–1 mm lang, also mit bloßem Auge erkennbar sind. Je nach der Temperatur ent-

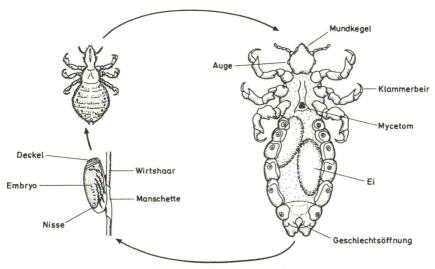

100  Entwicklungszyklus einer Laus.

wickelt sich in vier bis vierzehn Tagen aus dem Ei eine Larve, deren Bauchseite stets zu einem Haar hinweist, an welches die Larve sich sogleich anklammern kann; innerhalb von vierzehn Tagen entwickelt die Larve, die ebenfalls Blut saugt, in drei Häutungsstadien sich zum Imaginalstadium. Im Unterschied zu den Flöhen sind Läuse hemimetabole (sich nur halb verwandelnde) Insekten, das heißt, ihre Larven ähneln bereits dem ausgewachsenen Insekt und nehmen mit jeder Häutung immer mehr seine Gestalt an, ohne allerdings das Stadium der Puppe zu durchlaufen. Und ein weiterer Unterschied zu den Flöhen besteht: Eine Läuse-Imago braucht spätestens alle 30 Stunden Blut, das sie mit einem Saugrüssel an dem stumpfen Mundkegel zu sich nimmt. Abb. 100 zeigt den Entwicklungszyklus einer Laus sowie den Körperbau einer erwachsenen (adulten) Laus.

Am meisten fällt bei den Läusen die Präzision der Klauenkrümmung an den Tarsen auf, die genau den Haaren entspricht, an denen die Läuse sich festhalten; sie sind also nicht nur auf ein bestimmtes Wirtstier, sondern sogar auf die Haarform bestimmter Körperregionen spezialisiert. Kleider- und Kopfläuse *(Pediculus humanus)* zum Beispiel unterscheiden sich spezifisch von den Scham- oder Filzläusen *(Phthirus pubis),* die weit kräftigere Klauen aufweisen. Den Landsern während des Rußlandfeldzugs im Ersten wie im Zweiten Weltkrieg waren insbesondere diese Filzläuse eine überaus eklige Plage, mit der zugleich auch Sekundärinfektionen mit Viren und Bakterienerkrankungen einhergehen konnten. Insgesamt wird man sich die Entstehung des Parasitismus als eine besondere Anpassungsform von ursprünglich getrennt lebenden Vorfahren denken müssen, die irgendwann auf lange Zeit hin räumlich oder beim Nahrungserwerb in Kontakt miteinander traten. Allein schon die Tatsache, daß die Lebensform des Parasitismus immer wieder unabhängig voneinander (polyphyletisch) entwickelt wurde, wie bei Goldfliegen, Zecken, Flöhen oder Läusen, zeigt uns die Härte, mit welcher der «Kampf ums Dasein» in der Evolution geführt wurde und wird.

Dabei haben wir es bisher nur mit Beispielen von *Ektoparasitismus* zu tun. Damit der Weg von den Außen- zu den Innenschmarotzern gefunden werden kann, bedarf es einer Voranpassung (Präadaption) – das bisherige Milieu des *Innenparasiten* muß eine gewisse Ähnlichkeit zu der Lebensweise im Körper seines späteren Wirtstieres aufweisen. Im Körperinneren eines Säugetieres herrscht eine relativ gleichbleibende Temperatur, die Nahrung liegt aufgeschlossen vor, eiweißspaltende Enzyme existieren im Darm; – auf eine Lebensweise unter solchen Umständen sind am besten Lebensformen ursprünglicher Fäulnis- und Kotbewohner vorbereitet, die über die Oberfläche von Tieren durch den After in den Darm gelangen können; ist dieser Schritt erst einmal getan, so bilden sich die Sinnesorgane, etwa die Augen, zumeist zurück, dafür bilden sich eine Reihe besonderer Organe aus.

Zur Illustration dieses Vorgangs eignet sich wohl am besten das Beispiel der *Bandwürmer (Cestoda)* (vgl. P. RIETSCHEL: *Klasse Bandwürmer*, in: Grzimeks Tierleben, I 299–311). Bereits ihr Körperbau ist, gemessen an ihren freilebenden Verwandten, den Strudelwürmern *(Turbellaria)*, auf das Notwendigste vereinfacht: Der Kopf (Scolex) dient einzig der Verankerung des Bandwurms in der Darmwand mit Hilfe spezieller Saugnäpfe; eine Mundöffnung ist nicht mehr erforderlich – Bandwürmer nehmen ihre Nahrung aus dem Angebot vorverdauter Nahrung ganz «praktisch» durch die Haut auf, einen eigenen Darm benötigen sie nicht, Lichtsinnesorgane sind ebenfalls unnütz. Hinter dem Kopf befindet sich die Sprossungszone (Proliferationszone), die nur wenige Millimeter lang ist; von ihr geht die Bildung der Proglottiden aus, die den zwittrigen Geschlechtsapparat enthalten. Jedes Bandwurmglied durchläuft zuerst eine männliche, dann eine weibliche Geschlechtsreife, so daß die vorderen Glieder die hinteren besamen können: in den jüngeren, dem Scolex naheliegenden Gliedern reifen die Hodenbläschen, in den hinteren Abschnitten sind die Hoden zurückgebildet und statt dessen Ovarium und Uterus entwickelt; eine Besamung der hinteren und der vorderen Proglottiden ist über den *Porus genitalis* möglich, wenn verschiedene Abschnitte eines Bandwurms in den engen Darmwindungen nebeneinander liegen. Schon im Uterus entwickeln sich aus den befruchteten Eizellen Larven, die sogenannten *Oncosphaera*, die über drei Hakenpaare verfügen und von einer harten Embryonalschale umgeben sind. Damit hat der Aufenthalt eines Bandwurms in seinem «Endwirt» eigentlich schon seinen Zweck erreicht. Das Ei, in dem sich die Larve entwickelt, muß nun von einem «Zwischenwirt» aufgenommen werden. Das geschieht, indem das jeweils letzte Glied der Proglottiden abgegeben und mit dem Kot ausgeschieden wird. «Ein solches reifes Glied ist fast nichts anderes als ein Behälter für reife Eier; 100 000 davon befinden sich beim Rinderbandwurm (sc. *Taenia rhynchus saginatus,* d. V.) in einem einzigen Glied, und während seines ganzen Lebens, das 18 Jahre dauern kann, werden 10 Milliarden Eier produziert. Diese immense Nachkommensproduktion ist, wie wir jetzt wissen, eine Kompensation gegenüber der äußerst geringen Wahrscheinlichkeit, daß eines der Eier durch Zufall vom nächsten Wirt aufgenommen wird» (WOLFGANG WÜLKER: *Parasitismus und Symbiose,* in: D. Todt: Biologie 2, 1–29, S. 27). Das Glied zerfällt nun anschließend und gibt seine 100 000 Eier frei, die von ihren Embryonalschalen geschützt werden. Sobald ein geeigneter Zwischenwirt, zum Beispiel ein Rind, ein Ei gefressen hat, schlüpft die Larve, bohrt sich durch die Darmwand in den Blutstrom und läßt sich mit ihm in das Muskelgewebe transportieren. Dort entwickelt sich die Larve zur Finne *(Cysticercus),* dem zweiten Larvenstadium: einem cystenartigen Gebilde, in dem durch Einstülpung der Hülle ein nach innen gewandter Scolex entsteht – selbstverständlich einschließlich der Saugnäpfe. Wenn jetzt ein Mensch dieses finnige Rindfleisch verzehrt, stülpt sich der Bandwurmkopf nach außen, verankert sich im Dünndarm und beginnt umgehend mit der Produktion neuer Proglottiden. (Wenn man bedenkt, daß ein Bandwurm bis zu 10 Meter lang werden und erhebliche Mangelerscheinungen in seinem menschlichen Wirt verursachen kann, so könnte diese Tatsache an sich schon einen weiteren unter vielen anderen guten Gründen bieten, auf Fleischnahrung ganz zu «verzichten» und sich gesünder und effizienter als «Primärkonsument» von Pflanzen zu ernähren.)

Betrachtet man das Leben eines Bandwurms, so scheint sein ganzes Dasein sich mithin in der Aufgabe zu erschöpfen, möglichst viele reife Eier zu erzeugen, von denen eine geringe, aber ausreichende Zahl die Chance erhält, wieder reife Eier zu erzeugen; das individuelle Tier erscheint in gewissem Sinne selber nur als der «Zwischenwirt» seines eigenen Sexualapparates. Dabei wird in dem Prinzip der Selbstbefruchtung der Nachteil in Kauf genommen, daß das

Erbgut sich nicht mehr mit dem anderer Individuen vermischen kann, worin evolutiv eigentlich der «Sinn», das heißt der *Erfolg* der geschlechtlichen Vermehrung liegt.

Die Frage stellt sich natürlich hier bereits, ob denn das Leben, wenn schon bei Bandwürmern, nicht wohl auch sonst nur dazu da sei, sich in seinen verschiedenen Formen weiterzuzeugen; selbst SCHOPENHAUERS «Wille zum Leben» erwiese sich dann als die bloße Erscheinung eines weit tieferen «Willens» zur Weitergabe der eigenen Lebensvoraussetzungen, das heißt, da von einem «Willen» durchaus keine Rede sein kann, ohne Metaphysik zur Physik (Biologie) zu erklären: – als die Erscheinung des unabänderlichen Zwangs, den die Zusammenfügung gewisser biochemischer Substanzen durch die Rückkoppelung der Mechanismen ihres Selbsterhalts systemisch sich selber auferlegt hat. Die «Erklärung» für all die Schönheit und all das Grausen, das die Natur uns, ihren menschlichen Betrachtern, bei ihrem Anblick bereitet, bestünde dann in dem allereinfachsten Tatbestand: Was sich nicht fortzeugt, lebt nur für die Zeit, in der es selbst existiert; Fortpflanzung ist die einzige Art, in der Unbeständigkeit einer zeitlich begrenzten Welt unbegrenzten Bestand in der Zeit zu gewinnen...

Der «Kampf ums Dasein», der da geführt wird, geht jetzt jedenfalls nicht mehr nur um den Erhalt der Individuen einer bestimmten Art oder der Art selber, die sich in ihren individuellen «Erscheinungsformen» darstellt, der Kampf geht um *die Durchsetzung der Gene*, in denen eine Art sich biochemisch codiert. Wir werden auch diesen Satz im übernächsten Abschnitt noch erheblich modifizieren und konkretisieren müssen, doch mag er uns an dieser Stelle dazu verhelfen, das «Wesen» des Parasitismus zu begreifen: indem der Organismus (beziehungsweise bestimmte Organe oder auch nur bestimmte Zelltypen in dem Organismus) eines Lebewesens von einem Parasiten zum «Wirt» erklärt wird, ist von Anfang an ein einziges Ziel definiert: mit allen biochemisch zur Verfügung stehenden Mitteln den «Zwischenwirt» zur Aufzuchtstätte der eigenen Brut (der Eier und Larven) umzugestalten und den «Endwirt» dafür geeignet zu machen, daß in ihm Individuen heranreifen können, die erneut befruchtete Eier zu legen vermögen. Daß dabei von seiten des Parasiten auf den «Wirt» so wenig Rücksicht genommen wird wie auf die Lebensinteressen eines Beutetieres in der Jäger-Opfer-Beziehung, versteht sich mittlerweile schon von selber. *Cielito lindo* – gütiges Himmelchen auch, wo sollte das «Mitleiden» herkommen? Es wäre *gefährlich* im Kampf ums Dasein! Es schwächte, *da* hat NIETZSCHE vollkommen recht, nur die Unschuld der nötigen Grausamkeit!

Betrachten wir, um uns ein rechtes Bild von diesen Zusammenhängen zu machen, abschließend noch *zwei* weitere Formen von Endoparasitismus, die zu den am meisten verbreiteten und gefährlichsten Seuchen der Menschheit zählen: die *Malaria* und die *Schlafkrankheit*.

Von der *Malaria* werden ca. 200–400 Millionen Menschen jährlich infiziert, von denen, wie G. N. GODSON schätzt (*Molekularbiologische Suche nach Malaria-Impfstoffen*, in: Spektrum der Wissenschaften 7, 1985, 66–74), etwa 10 Prozent in den warmen Gebieten der Erde *sterben*. GERD DIETER BURCHARD (*Der unaufhörliche Kampf gegen Malaria*, in: Spektrum der Wissenschaft, Dossier 3/97: Seuchen, 100–105, S. 100) spricht von 1,5 bis 2,7 Millionen Menschen, die jährlich an der Seuche sterben, und von 300 bis 500 Millionen Menschen, die an Malaria erkrankt sind. «Die Malaria tötet alle 12 Sekunden einen Menschen – vorwiegend Kinder in Afrika.» Obwohl es verschiedene Formen der Malaria gibt, die sich auch im Verlauf voneinander unterscheiden, sind die Vermehrungszyklen doch ähnlich genug, um von *der* Malaria sprechen zu können.

Ihre Erreger sind Einzeller aus der Gattung *Plasmodium* vom Stamm der Sporentierchen *(Sporozoen)*, früher zur Ordnung der *Haemosporidia*, der «im Blut sich Vermehrenden» gezählt (heute zu der Ordnung *Coccidia*); Plasmodien sind intrazelluläre Blut-Parasiten. Entscheidend für den Lebenszyklus der Plasmodien ist – erneut – der Wirtswechsel, der seinen Überträger diesmal in einer Stechmücke der Gattung *Anopheles* findet. Anopheles-Mücken sind auch außerhalb der warmen Gebiete verbreitet, doch die Erreger-Stadien der Plasmodien in der Mücke sind an hohe Temperaturen gebunden. Und so geht der Entwicklungszyklus – in den heißen Gebieten – vor sich: Eine weibliche Anopheles-Mücke überträgt beim Blutsaugen mit ihrem Speichel winzige Infektionszellen, die Sporozoiten («Keimlebewesen»), auf einen Menschen; über die Blutbahn gelangen die Sporozoiten in die Leber und wachsen dort in den Parenchymzellen (griechisch: *enchyma* = das Hineingegossene; die Funktionszellen eines Organs) zu Schizonten («sich durch Teilung Vermehrende») heran. Schizonten sind Zellen, die bei der ungeschlechtlichen Vermehrung (Schizogonie) in mehrere neue Zellen zerfallen. Aus einem einzigen Schizonten entstehen rund 40 000 Merozoiten («Teillebewesen») (vgl. Abb. 101, Phase 5). Jeder dieser Merozoiten kann nun seinerseits in ein rotes Blutkörperchen (einen Erythrocyten) eindringen und dort den beschriebenen Vermehrungsvorgang (über die Bildung eines Schizonten) wiederholen (Phase 6). Da die dadurch freigesetzten Merozoiten ihrerseits wieder neue Erythrocyten infizieren, kommt es zu einer regelrechten Überschwemmung des Blutes mit Parasiten

(Phase 7). – Neben diesen Merozoiten, den sogenannten Agameten (den «nicht-geschlechtlich sich Vermehrenden») des Malariaerregers, die seiner asexuellen Vermehrung dienen, werden etwa um den 10. Tag nach der Infektion aus einigen Merozoiten auch Gamonten («zur Verschmelzung bestimmte») gebildet, noch undifferenzierte Zellen, aus denen später die Gameten, die Keimzellen (die Ei- und Samenzellen) hervorgehen (Phase 8). Da sich die Gamonten im Blut des Menschen nicht weiterentwickeln können und nach einer Weile absterben, sind sie in dieser Phase unbedingt auf einen Wirtswechsel angewiesen: genauer darauf, daß der Mensch erneut von einer weiblichen Anopheles-Mücke gestochen wird und sie zusammen mit dem gesaugten Blut in

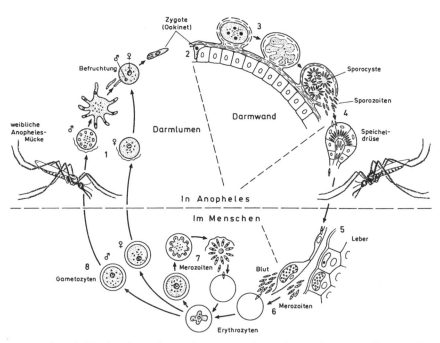

101  Lebenszyklus des Plasmodiums, des Erregers der Malaria. *Oben:* Entwicklung in der weiblichen Anopheles-Mücke: 1) Aufnahme von Gamonten (Gametocyten) beim Blutsaugen; Befruchtung zur Zygote. 2) Ookinet durchbohrt Darmwand. 3) Sporozoiten-Bildung in einer Bindegewebskapsel (Oocyste). 4) Sporozoiten wandern in die Speicheldrüse der Mücke. *Unten:* Entwicklung in Leberzellen und Erythrocyten des Menschen; 5) Sporozoiten befallen Leberzellen und vermehren sich durch Schizogonie zu Merozoiten. 6) Diese dringen in die Blutbahn ein und befallen Erythrocyten. 7) Dort erneute Schizogonie – Entstehung von Schizonten und Merozoiten. 8) Differenzierung zu Gamonten (Gametocyten).

deren Darm gelangen, wo sie zu Gameten heranreifen (Phase 1). Die durch die Befruchtung entstehende Zygote ist zunächst sehr beweglich und wird deshalb auch Ookinet («bewegliches Ei») genannt (Phase 2). Der Ookinet verläßt den Darm der Anopheles-Mücke durch das Darmepithel und läßt sich in der den Darm umgebenden Muskelschicht nieder (Phase 3). Er entwickelt sich dort zur Oocyste, die anschließend zerplatzt und viele neue Sporozoiten freigibt; diese wandern mit dem Hämolymphstrom in die Speicheldrüse der Mücke und werden beim Blutsaugen wieder auf einen neuen Wirt übertragen (Phase 4).

Vereinfacht lassen sich drei Phasen im Entwicklungszyklus des Plasmodiums unterscheiden, in denen die Vermehrungsstrategie des Sporozoen deutlicher erfaßt wird: 1) *Gamogonie* (die Phase der sexuellen Fortpflanzung vom Gamonten bis zur Zygote, 2) *Sporogonie* (die asexuelle Vermehrungsphase in der Mücke) und 3) *Schizogonie* (die asexuelle Vermehrungsphase im Menschen); das Plasmodium selbst verfügt nur über *einen* Chromosomensatz, es ist haploid, nur die Zygote ist diploid (vgl. NEIL A. CAMPBELL: *Biologie*, 576).

Das Hauptsymptom der Malaria ist das Wechselfieber: Wenn die Schizonten zu Merozoiten zerfallen, wird der Wirtskörper, vor allem das Blut, mit Stoffwechselprodukten überschwemmt. Sofern alle Erreger aus einer einzigen Infektion stammen, machen sie die Schizogonie jeweils gleichzeitig durch, und die Fieberanfälle treten periodisch – je nach Art des Erregers – alle 48 bis 72 Stunden auf. Da sich die Parasiten immer innerhalb menschlicher Zellen aufhalten (Blut-, Leberparenchymzellen), ist es für das Immunsystem schwierig, sie erfolgreich zu bekämpfen. Selbst wenn es durch Chemotherapie gelungen ist, alle Erreger im Blut zu töten, kann der Patient trotzdem Rückfälle erleiden, weil die Merozoiten auch, statt in die Blutzellen, wieder in Leberparenchymzellen eindringen können, um sich dort zu vermehren; vor allem das Enzym Lecithinase (bzw. Phospholipase) zerstört die Mitochondrien in den Leberzellen, so daß die Zellatmung gehemmt wird; der Temperaturanstieg ist die Folge dieser Vorgänge. Andererseits zeigen Feldstudien, daß die Ausbildung einer Immunität möglich ist, wenngleich nur sehr langwierig und bei kontinuierlicher Exposition. Dabei spielt die zelluläre Immunantwort eine wichtige Rolle, indem die T-Helfer-Lymphocyten die Antikörper-produzierenden B-Lymphocyten unterstützen (s. u. S. 305 f.). Der Kampf zwischen dem *Plasmodium falciparum* mit seinem etwa 30 Millionen Basenpaare umfassenden Genom und dem menschlichen Immunsystem ist (noch) in vollem Gange.

Wie tödlich die Bedrohung durch die Plasmodien für uns Menschen ist, kann man u. a. an dem Auftreten der sogenannten *Sichelzellenanämie* in den Tropen ersehen – einer Erbkrankheit mit vielfältigen und schwerwiegenden

Symptomen, die in allen Nicht-Malaria-Gebieten der Erde äußerst selten ist. Wird die Erbanlage für diese Blutanomalie von *beiden* Elternteilen weitergegeben, so leidet ihr Kind an einer krankhaften Deformation der roten Blutkörperchen mit vielen Nebenwirkungen. Das Gen für diese schwere Krankheit wurde von der Evolution trotzdem in den tropischen Regionen insoweit selektionsbegünstigt, daß es dort immerhin 20 Prozent der entsprechenden Loci im Genpool ausmacht. Der Grund dafür ist einfach: Bei Individuen, die nur von *einem* Elternteil das kranke Gen erhalten haben, ist die Resistenz gegen die so häufig tödlich verlaufende Malaria größer! Für diesen Vorteil im Kampf gegen ein Plasmodium nimmt die Natur offenbar in Kauf, daß vier bis fünf von 100 Babys mit Sichelzellenanämie gequält werden, deren Folgen sind: Nierenversagen, Gehirnschäden, Rheumatismus, Lähmungen, Infektionen – solange es «nur» 4 Prozent der Population betrifft, ist es für die Natur scheinbar eine verlockend gute Kosten-Nutzen-Bilanz! (Vgl. NEIL A. CAMPBELL: *Biologie*, 278–279; 466.)

Da überträgt also ein Insekt, ohne es zu wissen, einen einzelligen Parasiten, der im Blut und in der Leber seines «Wirtes» sich so weit entwickelt, daß er im Darm der Mücke wieder zu einer neuen Befruchtung fähig wird. Für das Plasmodium ist der Körper (der Darm) der Anopheles-Mücke ebenso nötig wie der Körper (die Leber und das Blut) eines passenden Säugetiers; das Säugetier (der Mensch) ist hier der «Zwischenwirt», die Mücke der Endwirt im Entwicklungszyklus des Parasiten, für den der jeweilige Wirtsorganismus lediglich die natürliche Umwelt darstellt, aus welcher er entnimmt, was er benötigt – so selbstverständlich und unbekümmert, wie die «Wirtstiere» ihrerseits ihrer Umwelt entnehmen, was sie zum Leben benötigen!

Von der *Schlafkrankheit* (Trypanosomiasis) war schon einmal in *Der sechste Tag* (153–154) die Rede, als es darum ging, daß die «Vertreibung» des *homo sapiens* aus Afrika vor ca. 100 000 Jahren vielleicht durch die Tsetse-Fliege *(Glossina)* verursacht worden sein könnte. Diese jedenfalls ist die Überträgerin der *Trypanosomen,* parasitischer Flagellaten vom Stamm der Geißeltierchen *(Zooflagellata).* Eine Art dieser pathogenen Einzeller, *Trypanosoma gambiense*, lebt im Blut und in der Gehirnflüssigkeit von Menschen und ist die Erregerin der afrikanischen Schlafkrankheit: Nach einer Inkubationszeit von zwei bis drei Wochen treten unregelmäßige Fieberanfälle auf; die Lymphknoten schwellen an; nach sechs Monaten bis zwei Jahren dringen die Trypanosomen in das Gehirn vor und verursachen Entzündungen, Kopfschmerzen und geistige Verwirrungszustände. Die betroffenen Menschen werden träge und apathisch – daher der Name «Schlafkrankheit».

Daß die Krankheit oft tödlich endet, hat offenbar damit zu tun, daß die Trypanosomen, nicht anders als die Plasmodien, genügend Zeit hatten, um sich optimal an das Immunsystem des Menschen anzupassen. Zwar gelingt es der Immunabwehr, etwa 90 Prozent der eingedrungenen Trypanosomen zu vernichten, doch können diese ihre Hülle, ihre Oberflächen-Antigene (s. u. S. 300ff.), verändern, und zwar über hundertfach, so daß die Antikörper, die der «Wirt» gegen sie bildet, immer wieder unwirksam werden (LENNART NILSSON: *Eine Reise in das Innere unseres Körpers*, 179). Häufig hat sich im Verlauf der Evolution während des immerwährenden Kampfes zwischen Parasit und Wirt ein solches Gleichgewicht gebildet, bei dem es dem Immunsystem des Wirtes nicht gelingt, den Parasiten vollständig zu töten, aber seine Vermehrungsrate doch so weit zu senken, daß er den Befall – für eine gewisse Zeit – zu ertragen vermag. Eine solche «Pattsituation» ist nicht zuletzt auch für den Parasiten von Vorteil, indem sich ihm auf diese Weise eine längerfristige Vermehrungs- und Übertragungsmöglichkeit bietet. Insbesondere die Beziehung zwischen *Trypanosoma brucei* und den Wildtieren Afrikas ist von dieser Art: Katastrophal sind die Folgen einer Infektion erst, wenn ihr Überträger, die Tsetse-Fliege *(Glossina)*, Tierarten heimsucht, deren Immunsystem (noch) keine ausreichenden Abwehrstrategien hat entwickeln können: Rinder, Schafe, Ziegen und andere Haustiere erliegen der *Nagana-Krankheit*, einer Verwandten der Schlafkrankheit beim Menschen.

Eine «Hilfe» gegen die Ausbreitung der Schlafkrankheit kann unter diesen Umständen eigentlich nur darin bestehen, den Überträger, in diesem Falle die Tsetse-Fliege, zum Beispiel durch das Aussetzen von Millionen sterilisierter Männchen, zu dezimieren. Doch Obacht! Am Südrand der Sahelzone bildete die Tsetse-Fliege bisland den wichtigsten Schutz des tropischen Grüngürtels, in den die Rinderherden der Wandernomaden auf der Suche nach Weideplatz drängen. Eine Ausrottung der Tsetse-Fliege, so willkommen sie den notleidenden Menschen wohl wäre, würde zur weiteren Ausbreitung der Wüste führen und aus ökologischen Gründen sehr bald auch die Menschen und ihre Viehherden empfindlich schädigen. Auch nur die Vernichtung eines einzelnen uns Menschen als eines Parasitenüberträgers lästigen Insekts bedeutet im Haushalt der Natur unter Umständen einen nicht wieder gutzumachenden Verlust! Mittlerweile ist die Schlafkrankheit in Afrika indessen seit 20 Jahren wieder im Vormarsch. Nach Schätzungen der Weltgesundheitsorganisation (WHO) sind 300 000–500 000 Menschen mit dem Erreger der Schlafkrankheit infiziert. In der von Krieg und Bürgerkrieg geschüttelten Demokratischen Republik Kongo sterben derzeit mehr Menschen an Schlafkrankheit als an

AIDS, und in manchen Gebieten Angolas ist über ein Fünftel der Bevölkerung von der Krankheit betroffen. Es gilt nach wie vor, was ROBERT KOCH, einer der Begründer der modernen Bakteriologie, gesagt hat: «Wenn die Reichen sich abwenden von der Not der Armen, triumphieren die Mikroben» (*Der Spiegel* 43/1998, 248–250: *Triumph der Mikroben*). Vor 100 000 Jahren aber gab es keine Reichen...

Im Grunde haben wir mit dem Thema Krankheit und Krankheitsbekämpfung jedoch bereits einen neuen Fragenkomplex aufgegriffen, der da lautet:

*Immunbiologie – der endlose Kleinkrieg im Inneren des Körpers*

Wenn die Rede geht von Räuber und Beute, von Parasit und Wirt, von Nachahmendem und Nachgeahmtem, so vergißt man leicht, daß in unserem eigenen Körper ein permanenter Krieg tobt, der auf Sein oder Nichtsein geführt wird, so sehr, daß es schwerfällt, das *Immunsystem* des Menschen anders zu beschreiben denn in militärischen Begriffen – oder in denen der Straßenreinigung. Betrachten wir es, seiner Bedeutung zum Verständnis der Arbeitsweise der Natur wegen, ein wenig näher.

Die ältere allgemeine Vorform immunbiologischer «Verteidigung» oder «Reinigung» wird noch auf der Stufe einer unspezifischen Abwehr der eingedrungenen Erreger von verschiedenen *Freßzellen* (Phagocyten) gebildet; das Prinzip, nach dem diese Zellen arbeiten, ist so alt, daß es bereits bei Würmern in Funktion ist: etwaige Eindringlinge werden einfach verschluckt (Phagocytose; vgl. NEIL A. CAMPBELL: *Biologie*, 957). Die Phagocyten gehören zu den weißen Blutkörperchen, den Leukocyten, die, wie auch die roten Blutkörperchen (Erythrocyten), im Knochenmark entstehen; ihre besondere Aufgabe aber besteht darin, den Körper vor Infektionen, vor allem durch Mikroorganismen, zu schützen. Ein Kubikmillimeter menschlichen Blutes enthält, neben etwa 5–6 Millionen Erythrocyten für den Sauerstofftransport, im Durchschnitt 5000–10 000 Leukocyten, deren Zahl im «Bedarfsfall» enorm ansteigt. Der Blutkreislauf stellt für die Leukocyten jedoch nur die «Bahnverbindung» zu ihrem «Einsatzort» dar. Die meiste Zeit ihres Lebens «patrouillieren» sie in ständiger «Kampfbereitschaft» durch die Gewebeflüssigkeit und das Lymphsystem, stets auf der Suche nach Eindringlingen. Man schätzt, daß es in jedem menschlichen Körper etwa 1000 Milliarden dieser Leukocyten gibt (vgl. NEIL A. CAMPBELL: *Biologie*, 912).

Unter den Leukocyten machen die *Freßzellen* (Phagocyten) etwa 65–75 Prozent aus. Es gibt von ihnen *zwei Typen*. Da sind zum einen die *Neutro-*

*philen* – kleine, rasch bewegliche Freßzellen, die sozusagen als die «Infanterie» in die «Schlacht» gegen fremde Mikroorganismen geworfen werden; «Schlacht» ist in diesem Zusammenhang durchaus das richtige Wort, denn es geht buchstäblich darum, alle eingedrungenen «Feinde» restlos, bis auf den letzten, zu vernichten. An ihren Einsatzort werden die Neutrophilen durch chemische Signale «abkommandiert»; sie verlassen die Blutbahn und rücken durch amöboide Bewegungen direkt in das infizierte Gewebe ein. Dort treffen sie in der Regel als erste aller Leukocyten auf den «Feind» und nehmen den Kampf mit ihm auf. Für die Neutrophilen ist dieser Kampf äußerst verlustreich; die meisten von ihnen zerstören sich mit den Krankheitserregern selber, und so beträgt die durchschnittliche Lebenserwartung eines Neutrophilen nur ein paar Tage.

Anders verhält es sich mit dem zweiten Typ der Phagocyten, den *Monocyten*. Zwar stellen sie nur 5 Prozent der Leukocyten, doch dafür versehen sie ihren «Dienst» äußerst effizient: Nach ihrer Reifung zirkulieren sie einige Stunden im Blut und «rücken» dann, erneut von Signalstoffen «beordert», durch winzige Zellzwischenräume in das Gewebe vor, wo sie allmählich zu riesigen Freßzellen, den *Makrophagen* («Großfressern»), heranwachsen. Diese größten aller Phagocyten, sozusagen die schwere Artillerie des Immunsystems bzw. dessen Panzertruppe, umschließen und «verdauen» nicht nur Erreger wie Bakterien, sondern auch verletzte Zellen, die geopferten Neutrophilen sowie Zelltrümmer aller Art. Auf diese Weise halten die Makrophagen das verwundete oder verletzte Gewebe sauber. Außerdem sind sie zusätzlich noch recht langlebig. Das Ergebnis dieses «Vernichtungskrieges», etwa bei einer Verletzung, ist sichtbar in dem Eiter, in dem sich die erlegten «Feinde», aber auch die im Kampf umgekommenen Neutrophilen sammeln (vgl. NEIL A. CAMPBELL: *Biologie*, 935).

Allerdings ist jede Form solcher «Verteidigung» im Überlebenskampf nur begrenzt tauglich, denn das Immunsystem insgesamt repräsentiert lediglich den Zustand, bis zu dem das Wettrüsten zwischen den Mikroorganismen und den mehrzelligen Lebewesen derzeit gediehen ist; die Mikroorganismen ihrerseits haben in den Jahrmillionen der Evolution Schritt für Schritt die Methoden *ihres* Angriffs und *ihrer* Verteidigung raffinierter zu gestalten gelernt. Ein Erreger der Lungenentzündung zum Beispiel, das Bakterium *Streptococcus pneumoniae*, bildet Schleimkapseln, so daß die Makrophagen es nicht mehr verschlucken können (vgl. NEIL A. CAMPBELL: *Biologie*, 308). Andere Bakterien sind gegen die Verdauungsenzyme des Makrophagen unempfindlich geworden; sie lassen sich ruhig fressen und vermehren sich nach der

Phagocytose ganz einfach im Inneren des Makrophagen weiter (vgl. NEIL A. CAMPBELL: *Biologie*, 935). Dieses Prinzip haben wir vorhin schon bei den Plasmodien kennengelernt: Protozoen, wie der Erreger der Malaria, viele Bakterien und alle Viren verstecken sich im Inneren der Körperzellen und sind deswegen für Phagocyten so wenig erreichbar wie für viele Chemotherapeutika der Ärzte. In all diesen Fällen bedarf es einer alternativen Abwehrstrategie, und eine solche existiert «natürlich».

Während die Phagocyten nämlich die Eindringlinge frontal zu bekämpfen versuchen, greifen die *natürlichen Killerzellen* nur köpereigene Zellen an, die auf irgendeine Weise auffällig geworden sind, seien es nun entartete Tumorzellen mit unbegrenztem Wachstum oder seien es zum Beispiel Makrophagen, in deren Innerem sich «unverdauliche» Bakterien vermehren. Die riesigen Freßzellen oder Tumorzellen lassen sich von den viel kleineren Killerzellen selbstredend nicht mehr durch Phagocytose, also durch Verschlingen, beseitigen. Killerzellen töten deshalb prinzipiell anders: sie greifen die Hülle ihrer Opfer an und bringen diese zum Platzen (vgl. NEIL A. CAMPBELL: *Biologie*, 935).

So ähnlich gehen auch die *Eosinophilen* vor, ein weiterer Typ weißer Blutkörperchen, der etwa 1,5 Prozent der Leukocyten ausmacht und auf die Abwehr größerer Parasiten, zum Beispiel von Würmern, spezialisiert ist. Statt der Phagocytose befolgen die Eosinophilen eine andere Strategie: Sie synthetisieren und speichern große Mengen an abbauenden («lytischen») Enzymen und setzen diese frei, sobald sie sich auf die Außenhülle ihres Gegners, zum Beispiel eines Wurms, angelagert haben. Auch bei Entzündungsreaktionen und Allergien spielen die Eosinophilen eine Rolle, an der Seite der *Basophilen*, eines weiteren Leukocyten-Typs. In Abgrenzung zu den Monocyten werden Neutrophile, Eosinophile und Basophile als *Granulocyten* bezeichnet; etwa 80 Millionen von ihnen werden pro Minute im Knochenmark gebildet (vgl. NEIL A. CAMPBELL: *Biologie*, 935).

Alle bisher besprochenen Leukocyten-Typen (die Granulocyten: Neutrophile, Eosinophile und Basophile, sowie die Monocyten, aus denen die Makrophagen entstehen) haben die Aufgabe, Eindringlinge zu vernichten, und zwar im Rahmen der *unspezifischen Abwehr*. Wichtiger noch als diese erste Verteidigungslinie ist für das Überleben aber die Fähigkeit des Immunsystems, zwischen körpereigenen und körperfremden Zellen zu unterscheiden. Diese Aufgabe bleibt dem fünften Typ weißer Blutkörperchen, den *Lymphocyten* vorbehalten. Auch sie werden, wie alle Leukocyten, im Knochenmark gebildet, dann aber werden sie an bestimmten Stellen des Körpers für ihren speziellen Einsatz «ausgebildet».

Einer dieser «Truppenübungsplätze» ist die Thymusdrüse, die sich in der oberen Brustregion befindet. Alle dort «trainierten» Lymphocyten heißen T-Lymphocyten (T für Thymus), und zwar werden sie zu Killerzellen ($T_C$-Zellen, cytotoxischen Zellen), Helferzellen ($T_H$-Zellen) und Suppressorzellen ($T_S$-Zellen) (vgl. NEIL A. CAMPBELL: *Biologie*, 939).

Die *Helferzellen* ($T_H$-Zellen) machen in der Thymusdrüse so etwas wie eine Offizierslaufbahn durch, denn sie bilden den «Kommandostab» des Immunsystems. Ihre Aufgabe ist es, nach Erkennung einer infizierten körpereigenen Zelle, zum Beispiel eines infizierten Makrophagen, hormonartige Signalstoffe, Cytokine, auszusenden und damit andere Helferzellen, Killerzellen ($T_C$-Zellen) sowie B-Zellen auf den Plan zu rufen, auf die wir sogleich noch zu sprechen kommen (vgl. NEIL A. CAMPBELL: *Biologie*, 949).

Noch nicht ganz verstanden ist die Funktion der Suppressorzellen ($T_S$-Zellen); doch scheint die Annahme am plausibelsten, daß ihnen die Aufgabe zukommt, die Immunantwort abzuschalten, sobald alle Erreger abgetötet worden sind (vgl. NEIL A. CAMPBELL: *Biologie*, 950).

Was die Killerzellen ($T_C$-Zellen) zu tun haben, ist indessen klar: sie werden im Thymus darauf «gedrillt», körpereigene Zellen zu töten, die fremde Antigene enthalten, zum Beispiel, weil ein Virus in eine Zelle eingedrungen ist oder sich Bakterien oder Parasiten darin versteckt halten; auch Gewebezellen, die zu Tumorzellen entartet sind, werden von den Killerzellen bekämpft (vgl. Abb. 102) – *ein* Grund, warum Krebsentstehung durch eine Schwächung des Immunsystems begünstigt (und damit wohl auch psychosomatisch mitbedingt) werden kann. In den Begriffen des «Verteidigungsministeriums» bilden die Killerzellen also so etwas wie die «Militärpolizei», deren Aufgabe es ist, Fälle von «Überläufern» und «Verrätern» in der eigenen «Truppe» zu «liquidieren». «Liquidieren» ist übrigens auch in der Art des «Vorgehens» nicht ganz falsch, denn die $T_C$-Zellen bedienen sich derselben Verfahren wie die natürlichen Killerzellen: sie «verflüssigen» ihren Gegner – allerdings mit einem wichtigen Unterschied: die $T_C$-Zellen gehören nicht der unspezifischen Abwehr an, sondern sie bekämpfen jeweils nur ein ganz spezifisches Antigen, das jeweils eine ganz besondere molekulare Struktur besitzt. Hierbei kann es sich um einzelne Moleküle von Mikroorganismen oder Viren handeln, aber auch zum Beispiel um Pollen. Im Prinzip ist jede Fremdsubstanz, die eine Reaktion des Immunsystems hervorruft, ein Antigen (vgl. NEIL A. CAMPBELL: *Biologie*, 938; 950–951).

Neben dieser zellvermittelten Immunantwort durch die T-Lymphocyten kennt die Immunabwehr auch eine humorale Immunantwort (lat. *humor* =

Flüssigkeit), in deren Mittelpunkt die soeben erwähnten B-Zellen stehen, die zur Weiterreifung nicht zum Thymus wandern, sondern im Knochenmark verbleiben. Die Bezeichnung B-Lymphocyten steht für *Bursa fabricii*, ein sackartiges Organ bei Vögeln, in dem Lymphocyten eben dieser Art herge-

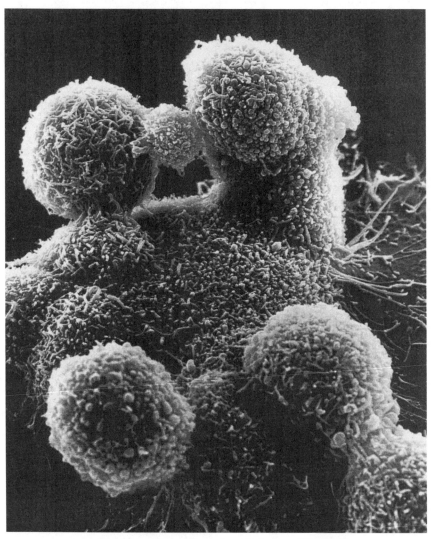

102 Eine kleine Killerzelle steckt zwischen zwei Krebszellen.

stellt werden und in dem sie ursprünglich auch entdeckt wurden. «Besser», meint allerdings NEIL A. CAMPBELL (*Biologie*, 939), «kann man sich den Reifungsort dieser Zellen ... merken, wenn man das B mit dem englischen bone für ‹Knochen› verbindet». Die Aufgabe dieser B-Zellen besteht darin, im Bedarfsfall, das heißt, sobald das Immunsystem die Anwesenheit von Antigenen im Körper registriert hat, spezifische Proteine, die sogenannten Antikörper, zu produzieren und in das Blutplasma sowie in die Lymphflüssigkeit zu sezernieren (*Antigen* ist eine Kurzform für *Anti*körper-*gen*erierend). Während intrazelluläre Protozoen, Bakterien und Viren durch die zellvermittelte Immunabwehr, also durch $T_C$-Zellen bekämpft werden, die nur dann aktiviert werden, wenn eine Helferzelle ($T_H$-Zelle) ein Antigen auf einer antigenpräsentierenden körpereigenen Freßzelle erkannt hat, wirken die Antikörper gegen Toxine, Viren und Bakterien, die frei in den Körperflüssigkeiten zirkulieren. Die Antikörper der B-Zellen binden sich an die spezifischen Antigene und markieren damit ihre «Feinde» für den Angriff der T-Zellen, die selbst außerstande sind, freie Antigene in den Körperflüssigkeiten zu erkennen. Militärtechnisch übernehmen die B-Zellen somit den «Aufklärungs-» und «Meldedienst» an der «Front» (vgl. NEIL A. CAMPBELL: *Biolgie*, 939).

Die «Orte», an denen alle reifen Lymphocyten (B- wie T-Lymphocyten) «stationiert» sind, sind insbesondere die Lymphknoten, die Milz und andere lymphatische Organe, wo die Wahrscheinlichkeit einer Begegnung mit Antigenen sehr hoch ist. Zur Identifizierung von Antigenen tragen alle Lymphocyten auf ihrer Oberfläche einen spezifischen Antigen-Rezeptor. Trifft ein bestimmtes Antigen eines Eindringlings – seien es nun freie Antigene oder solche auf der Oberfläche von Makrophagen – auf den Rezeptor eines Lymphocyten, so verbinden sich beide miteinander, und dem Lymphocytenkern einer B- wie einer T-Zelle wird gleichermaßen der «Befehl» gegeben, sich zu teilen und sich entweder in *Effektorzellen* oder in *Gedächtniszellen* zu differenzieren. Durch Zellteilung entsteht aus einem Lymphocyten eine Vielzahl identischer Effektorzellen, mithin Klone derselben Spezifität, die gegen die Antigene vorgehen sollen. Die Effektorzellen der *zellvermittelten* Immunabwehr haben wir gerade in Gestalt der Helfer- und Killerzellen ($T_H$- und $T_C$-Zellen) kennengelernt; die Effektorzellen, die im Rahmen der *humoralen* Immunantwort aus den B-Zellen gebildet werden, heißen *Plasmazellen*. Sie verfügen über eine erhöhte Stoffwechselaktivität und haben die Aufgabe, die spezifischen Antikörper herzustellen. Ihnen obliegt gewissermaßen die Produktion und Dislozierung der «richtigen» «Waffensysteme», mithin die «Logistik» der «Kriegsführung», um die Antigene, von denen die ursprünglichen Signale ausgegangen sind, erfolgreich bekämpfen zu können. Das allerdings geschieht nun mit einer unerhörten Durchschlagskraft. Innerhalb von nur einer Stunde werden etwa 120 000 Antikörper produziert, und da der Klon der neuen Plasmazellen sich ständig erweitert, finden sich in Kürze Milliarden spezifischer Antikörper im Blut, die auf spezifische Weise gegen ein bestimmtes Antigen gerichtet sind (vgl. Neil A. Campbell: *Biologie*, 936; 940–941).

Man kann die Antikörper näherhin in fünf Hauptklassen einteilen, nämlich in die fünf *I*mmunglobulin-Klassen Ig G, Ig M, Ig A, Ig D und Ig E. Alle Antikörper sind aus Ypsilon-förmigen Einheiten aufgebaut. Ig G-Antikörper zum Beispiel sind Monomere aus nur einer Y-Einheit und sorgen für die langandauernde Immunität nach einer Infektion. Ig M-Antikörper, die bei jeder Immunantwort als Reaktion auf den ersten Kontakt mit dem Antigen im Blut auftreten und deshalb als primäre Antikörper bezeichnet werden, sind sternchenförmige Pentamere (aus fünf Y-Einheiten bestehend). Sobald die Antikörper sich an den zwei oder drei Schlüsselantigenen eines Virus andocken, blockieren sie dessen Fähigkeit, in die Zellen einzudringen; gleichzeitig bedecken sie bakterielle Toxine, um diese unschädlich zu machen (vgl. Neil A. Campbell: *Biologie*, 946–947).

Mit all diesen Maßnahmen ist allerdings nur erst erreicht, daß das betreffende Virus *inaktiv* geworden ist. Um es *vernichten* zu können, bedarf es des *Komplementsystems,* das aus einer Anzahl von besonderen Molekülen, den *Komplementfaktoren,* besteht. «Das Komplement erwies sich... als ein System aus mindestens 18 verschiedenen Proteinen..., die zusammen ungefähr vier Prozent der Plasmaeiweiße bilden; es stellt den wichtigsten humoralen Effektormechanismus des unspezifischen Abwehrsystems dar. Wenn körperfremde Organismen in den Körper eindringen, wird das Komplementsystem aktiviert; das bedeutet, daß biologisch aktive Proteinkomplexe und Peptide entstehen, die eine wichtige Rolle bei der Vernichtung der Eindringlinge spielen. – Das Komplementsystem kann über zwei verschiedene Wege aktiviert werden, den *klassischen* und den *alternativen* Weg. Antikörper (Ig G, Ig M), die mit einem Antigen reagiert haben, stimulieren meistens den klassischen Weg. Wenn das Antigen einen Teil einer Zellmembran oder eines Bakteriums darstellt, führt die Aktivierung des Komplementsystems oft zum Aufplatzen der Zelle oder des Bakteriums. Handelt es sich dagegen um ein lösliches Antigen, so bildet dieses nach Reaktion mit den Antikörpern einen Immunkomplex; in diesem Fall bewirkt die Aktivierung des Komplementsystems meistens, daß phagozytierende Zellen (sc. Freßzellen, d. V.) den Immunkomplex beseitigen. Im Gegensatz zum klassischen wird der alternative Weg durch die Zellwand bestimmter Mikroorganismen aktiviert, ohne daß dabei Antikörper beteiligt sind. Als Endresultat der Komplementaktivierung ist aber auch hier die Phagozytose und in bestimmten Fällen das Aufplatzen der Mikroorganismen zu beobachten. Die Aktivierung über den alternativen Weg stellt somit ein unspezifisches Abwehrsystem gegen allerlei Mikroorganismen dar. In der Evolution existierte dieses System bereits lange, bevor man von einem spezifischen (immunbiologischen) Abwehrsystem sprechen konnte» (C. E. HACK: *Das Komplementsystem*, in: Jan J. van den Tweel u. a.: Immunbiologie, 59–69, S. 59–60).

Am Ende einer solchen «Vernichtungsschlacht» entsteht jene besondere Gruppe von B- und T-Zellen, die wir soeben erwähnt haben: sogenannte *Gedächtniszellen,* die gewissermaßen ein Archiv all der krankheiterregenden Substanzen anlegen, die schon einmal bekämpft werden mußten; die *B-Gedächtniszellen* «merken» sich die Fremdsubstanz, die *T-Gedächtniszellen* «merken» sich die Kennzeichen infizierter Körperzellen. Tauchen derartige Substanzen und Zellen wieder auf, so dient die «Beschreibung» der B- und T-Gedächtniszellen einer raschen «Erkennung» und erlaubt die unverzügliche Produktion entspechender Plasmazellen und Antikörper sowie entsprechender Killerzellen. Gegen *diese* Art infektiöser Erkrankung ist der Organismus fortan immun geworden – ein Verfahren, das die Mediziner sich bei Schutzimpfungen zunutze machen, indem sie inaktivierte Bakterientoxine und Viren wie auch abgetötete oder abgeschwächte Bakterien injizieren, damit im Falle einer Infektion der Körper bereits die nötigen B- und T-Zellen nicht erst während einer primären Immunantwort bilden muß. Statt, wie sonst, 5 bis 10 Tage zu einer angemessenen Reaktion zu benötigen, läßt sich aufgrund von vorhandenen Gedächtniszellen die Reaktionszeit in einer sekundären Immunantwort auf 3 bis 5 Tage reduzieren. Aus demselben Grunde führen überstandene Krankheiten wie Windpocken oder Pest häufig zu lebenslanger Immunität. Daran liegt es auch, daß ein europäischer Tourist beim Besuch eines Landes der Dritten Welt alle möglichen Schutzimpfungen von Pocken bis Typhus benötigt, während die einheimische Bevölkerung gegen vielerlei Krankheiten weitgehend resistent ist: die hohe Kindersterblichkeit hat nur noch diejenigen überleben lassen, deren Immunsystem den jeweiligen Krankheitserregern gewachsen war.

Näherhin verfügt jeder reife Lymphocyt an seiner Oberfläche über Rezeptoren, die sich an ein Antigen auf der Oberfäche eines «feindlichen» Mikroorganismus anbinden können, und zwar je *ein* Lymphocyt an genau *ein* Antigen; darin liegt die Spezifität des jeweiligen Lymphocyten. Insgesamt gibt es viele Milliarden Lymphocyten – eine Riesenarmee speziell geschulter «Pioniere», die für jeden Eventualfall zur Verfügung stehen und ständig im Blut «patrouillieren» beziehungsweise in den Lymphgefäßen alarmbereit «kaserniert» sind. Durch die spezifische Bindung zwischen Antigen und Rezeptor wird jeweils ein winziger Teil dieser Lymphocyten aktiviert und vervielfältigt (vgl NEIL A. CAMPBELL: *Biologie*, 340–341).

Damit sind die wichtigsten «Armeeteile» der immunbiologischen «Streitmacht» genannt und die Formen ihres Eingreifens in etwa beschrieben; es bleibt noch nachzutragen, daß das Immunsystem seiner lebenswichtigen Bedeutung wegen bereits *vor der Geburt*, noch im fötalen Entwicklungsstadium, ausgebildet wird; denn während die Plazenta der Mutter den Fötus vor Ansteckung durch Viren und Bakterien fast vollkommen (mit Ausnahme zum Beispiel der *Spirochaeten* der Syphilis) schützt, ist der Organismus des Neugeborenen vom ersten Moment seiner Geburt an im Kampf gegen feindliche Mikroorganismen sowie bei der Heilung äußerer und innerer Verletzungen gänzlich auf sich selbst gestellt, abgesehen freilich von bestimmten Antikörpern, die das Neugeborene über die Muttermilch aufnimmt. Immunglobuline der Klasse Ig A sind zum Beispiel im Colostrum enthalten, der allerersten Milch einer stillenden Mutter, und schützen das Baby vor Magen-Darm-Infektionen; Ig A-Antikörper haben generell die Aufgabe, das Eindringen von Krankheitserregern vor allem durch die Oberfläche von Schleimhäuten zu verhindern, und so kommen sie besonders im Schleimhautsekret der Atem-, Verdauungs- und Geschlechtsorgane sowie in Körperflüssigkeiten wie Tränen, Speichel und Schweiß vor. Alle Versuche, die natürliche Ernährung zugunsten eines bestimmten weiblichen Schönheitsideals oder zugunsten der Marktstrategie der Hersteller von Milchpulver durch künstliche Babynahrung zu ersetzen, haben schon deshalb, vor allem in den Ländern der Dritten Welt, zu einem Desaster hoher Ansteckungsrisiken der Neugeborenen geführt (vgl. JOACHIM FISCHER: *Früh übt sich, was uns gesund erhält*, in: Geo Wissen 1/1988: Abwehr, Aids, Allergie, 24–31).

Wie aber legt der Fötus sein eigenes Immunsystem an? Die erste Stufe des fötalen Immunmechanismus bildet der *Dottersack*, der nach der elften Woche wieder verschwindet, wenn seine blutbildenden Funktionen von anderen Organen übernommen werden. «In den Wänden des Dottersacks werden *Stammzellen* gebildet, die kurz danach zum fötalen Knochenmark wandern, um Lymphocyten zu produzieren» (L. NILSSON: *Eine Reise in das Innere unseres Körpers*, 34). Beim älteren Fötus entwickeln sich die Stammzellen in der fötalen Leber, bis daß sie schließlich im Knochenmark entstehen, wo alle Blutzellen des Erwachsenen gebildet werden. Während der Schwangerschaft findet zudem eine passive Immunisierung des Fötus statt, da Antikörper von der Mutter auf ihn übertragen werden. Im 5. Monat, wenn die Übertragung von Ig G-Antikörpern aus dem Blut der Mutter beginnt, werden vom Fötus außerdem eigene Antikörper vom Typ Ig G und Ig A gebildet. Vollends das Komplementsystem, dessen Faktoren auf die Durchlöcherung von Bakterien spezialisiert sind, wird vom Fötus selbst aufgebaut; das muß so sein, denn insbesondere die Ig M-Antikörper sind (mit ihren fünf Y-Einheiten) zu groß, um die Plazentaschranke zu überwinden, und können deshalb für keine passive Immunität des Fötus sorgen. Phagocyten (Freßzellen) aber stehen dem Kinde zur Zeit der Geburt bereits zur Verfügung. Vom ersten Tag nach der Geburt an bedeutet Leben in wörtlichem Sinne «Kampf ums Überleben», einen lautlosen, meist unsichtbaren Kampf, der sich permanent im Körperinneren abspielt und nicht eine Sekunde lang, bis zum letzten Atemzug, aufhören wird.

Auch bis zu dieser Stelle könnte ein theologisch gebildetes Gemüt vielleicht noch geneigt sein, gerade den ungeheuren in Hunderten von Millionen Jahren der Evolution ausgefeilten Mechanismus des Selbstschutzes der Organismen als eine Form der besonderen Fürsorge Gottes für seine Geschöpfe zu interpretieren: – was schließlich sollte die «Liebe» und die «Weisheit» des Schöpfers «machtvoller» unter Beweis stellen als diese überaus fein auf alle Eventualitäten eingerichtete Maschinerie zur Gesunderhaltung des Organismus? Keine schützende Hand, die sich liebevoll über ein Hasenjunges oder über ein Menschenkind wölben würde, vermöchte ein Lebewesen besser und wirkungsvoller zu behüten, als das artspezifische Immunsystem es gegen seine jeweiligen mikrobiologischen Gegner tut. Zudem haben wir es nach allem, was wir zu sehen bekommen, bei dem Immunsystem höher entwickelter Tiere mit einem *zellulären Netzwerk* zu tun, das unserem Gehirn mit seinen vielen Milliarden Nervenzellen, von denen jede mit 1000 bis 10 000 Nachbarzellen verknüpft ist, durchaus vergleichbar ist: ständig werden hier *Informationen* gesammelt, ausgetauscht, verarbeitet und in «Handlungsanweisungen» übersetzt, so daß viele Milliarden Zellen zu einer «sinnvollen» Antwort auf eine mögliche Bedrohung des gesamten Organismus zusammengeschaltet werden. Natürlich hat die individuelle B- oder T-Zelle keine Ahnung, wozu sie im einzelnen da ist und welch eine Funktion sie im ganzen erfüllt; und doch gehorcht das Zusammenspiel so vieler zellulärer Einheiten einer überaus vernünftigen «Strategie» von solcher Komplexität und Effizienz, daß es mehr als zweifelhaft erscheint, ob irgendein Planungsstab in den Schaltzentralen moderner Armeen eine vergleichbare Reaktion auf so vielfältige, listenreiche und unablässige Bedrohungen zu ersinnen vermöchte, wie das Immunsystem sie bereithält. Bisher war der Vergleich zwischen den Leistungen des Immunsystems und den Methoden des Militärs nur mehr ein Mittel der Verdeutlichung; jetzt aber muß die Frage erlaubt sein, ob sich so viel Vernunft wirklich denken läßt, ohne eine denkende Vernunft hinter «all dem» als Ursache anzunehmen. Spricht nicht – erneut – die so phantastische Einrichtung des Immunsystems wie von selber zugunsten der Existenz eines gütigen, weisen und wohlmeinenden Schöpfers?

Um es so deutlich wie möglich zu sagen: eine solch «fromme» Betrachtungsweise ist biologisch und naturphilosophisch gerade an dieser Stelle unmöglich.

Denn zum einen sind auch Plasmodien, Trypanosomen und Spirochaeten Lebewesen. Sie machen nichts anderes, als was ein jedes Lebewesen auf Erden auch sonst machen würde: sie nutzen die Möglichkeiten zum Leben, die sich ihnen bieten; für sie sind die Organe und Körper der Vielzeller nichts weiter als riesige Vorratsberge gespeicherter Nahrungsmittel, die sie solange in Anspruch nehmen, wie man ihnen nicht mit aller Macht entgegentritt. Das Leben als Durchfluß von Energie zur Stabilisierung des Fließgleichgewichts (der «Homöostase»), das Leben als Kampf um die Zugangswege des notwendigen Energiequantums, das Leben als Kampf um den puren Selbsterhalt gegenüber einer Armada anderer Lebensformen, die in den jeweiligen Lebewesen «ihre» «Umwelt» erblicken – wer von den Vertretern tradierter «Schöpfungstheologie» hätte entfernt auch nur diese Sicht auf die Wirklichkeit eröffnen wollen oder für möglich gehalten?

Und selbst jemand, dem dieser furchtbare Kampf aller gegen alle *nicht* als ein förmlicher «Beweis» *gegen* die herkömmliche «Demonstration» eines Gottes aus der Eigenart seiner «Schöpfung» gilt, wird nicht umhin kommen, die offenbare Lücken-, ja, Fehlerhaftigkeit auch und gerade des Immunsystems anzuerkennen – sie wäre nicht denkbar, wenn wir es in der Immunbiologie mit dem System einer übergreifenden Planung zu tun hätten; tatsächlich aber ist es – erneut – der Gedanke CH. DARWINS von der Evolution als einer Mischung aus situativen Zufällen und systembedingten Kanalisierungseffekten, der ebensowohl die außerordentliche Abgestimmtheit des Überlebenskampfes zwischen Antigenen und Antikörpern erklärt wie er die Gefahren und Unzulänglichkeiten beschreibt und vorhersehen läßt, die dem Mechanismus der Immunabwehr innewohnen.

Nehmen wir nur als zwei besonders sprechende Beispiele für die möglicherweise *selbstschädigende* Arbeitsweise des Immunsystems die *Allergiereaktion* und die *Autoimmunreaktion*.

*Allergien* sind Überempfindlichkeitsreaktionen des Immunsystems auf bestimmte, eigentlich harmlose Antigene aus der Umwelt, wie zum Beispiel Pflanzenpollen, die man in diesem Falle als Allergene bezeichnet. Bei den meisten allergischen Reaktionen werden als Antwort auf den ersten Kontakt mit dem Allergen Ig E-Antikörper gebildet, die sich auf die im Bindegewebe festsitzenden *Mastzellen* heften. Mastzellen sind besondere Spezialisten des Immunsystems, die sich am häufigsten in der Haut, im Atemtrakt und im Verdauungssystem befinden; sie bilden das hochwirksame entzündungsfördernde Hormon Histamin, eine zyklische Base, die durch Decarboxylierung aus Histidin entsteht:

$$\begin{array}{c} HC = C - CH_2 - CH_2 - NH_2 \\ / \quad \backslash \\ N \quad\quad NH \\ \backslash\backslash \quad / \\ CH \end{array}$$

Strukturformel des Histamin

Histamin wirkt als Gift; es erweitert die kleinen Blutgefäße und erhöht damit die Durchlässigkeit (Permeabilität) im Kapillarbereich, was wiederum eine Kontraktion der glatten Muskulatur bewirkt. Im normalen «Verteidigungsfall» erleichtert der erhöhte Blutfluß das «Anrücken» der «Infanterie», vor allem der Neutrophilen. Jetzt aber, beim Ausbruch einer Allergie, sorgt das Histamin unnötigerweise für dramatische Effekte – von einer laufenden Nase über eine Konstriktion der Bronchien bis hin zu einem lebensgefährlichen anaphylaktischen («überwachen») Schock. Bei einem neuerlichen Kontakt mit dem Allergen «glauben» nämlich die auf den Mastzellen sitzenden Ig E-Antikörper, in den an sich vollkommen harmlosen Antigenen ihre «altbekannten» «Feinde» zu erkennen, und so rufen sie zum Beispiel bei den ersten registrierten Pollen-Eiweißen die «totale Mobilmachung» aus. Bei einer Allergie «lösen diese Eiweiße über die Rezeptoren in der Mastzelle das Signal aus, ihre Histamin-Granula freizusetzen» (L. NILSSON: *Eine Reise in das Innere unseres Körpers*, 122). Die Mastzellen von Allergikern haben auf ihrer Oberfläche 200 000–500 000 Antikörper gegen «eindringende» Pollenkörper gebildet. «Wenn sich die Pollen an die Antikörper anbinden, setzen die Mastzellen von allergisch reagierenden Personen ihren Inhalt – vornehmlich Histamine – frei, und die charakteristischen allergischen Symptome treten auf» (a. a. O., 123). Wirksam gegen eine solche Fehlreaktion des Immunsystems ist – neben einer allmählichen Desensibilisierung – nur eine Medikation mit Antihistaminen, welche die Rezeptoren der Gewebezellen blockieren, auf denen sich sonst die Histamine niederlassen. Da werden also Medikamente notwendig, um den Körper gegen sein eigenes Schutzsystem in Schutz zu nehmen, wenn er gegen an sich harmlose Eindringlinge auf höchster Alarmstufe reagiert! (Vgl. NEIL A. CAMPBELL: *Biologie*, 937; 954.)

Noch ärger wird es bei den sogenannten *Autoimmunerkrankungen*. Dazu gehören die *rheumatoide Arthritis* (chronische Polyarthritis), aber auch der *Lupus erythematosus*, vermutlich die *multiple Sklerose*, der insulinabhängige *Diabetes*, die *Basedowsche Krankheit* und andere (vgl. NEIL A. CAMPBELL: *Biologie*, 954).

Der Grund für solche Krankheitsformen kann in dreierlei liegen.

Es kann bei Autoimmunkrankheiten *zum einen* sein, daß das Immunsystem auf Gewebeteile reagieren muß, die es erst «kennenlernt», nachdem es seine «Reife» in der Kindheit schon erlangt hat. Eine Autoimmunreaktion auf das eigene Sperma etwa kann zu Sterilität führen, Herzoperationen können die Produktion von Antikörpern gegen den eigenen Herzmuskel nach sich ziehen. *Zum anderen* kann es auch sein, daß das Immunsystem sich irrt und B- und T-Zellen toleriert, die gegen körpereigene Stoffe reagieren; normalerweise werden alle Lymphocyten, die gegen Autoantigene gerichtet sind, zerstört. Auch *das Gegenteil* ist möglich: Viren, Bakterien und Parasiten können auf ihrer Oberfläche Strukturen tragen, die in ähnlicher Form bei den Zellen des Körpers vorkommen. «Helfer-T-Zellen verstärken die Aktivität der B-Zellen, Antikörper herzustellen. Diese greifen dann nicht nur die Mikroorganismen an, sondern auch diejenigen Zellen, die einige der Oberflächenstrukturen mit ihnen gemeinsam haben. Die Chagas-Krankheit (sc. eine südamerikanische Schlafkrankheit, d. V.) ist dafür ein Beispiel: Dasselbe Antigen kommt in Parasiten, im Herzmuskel und in Nervenzellen vor, und das Immunsystem versucht sie ohne Unterscheidung zu zerstören» (L. NILSSON: *Eine Reise in das Innere unseres Körpers*, 186). *Schließlich* kann es auch sein, daß die T-Lymphocyten, die als Helfer- ($T_H$-Zellen) wie als Suppressorzellen ($T_S$-Zellen) tätig sind, indem sie, je nachdem, die Aktivität der Immunabwehr stimulieren oder blockieren, das Richtige zum falschen Zeitpunkt oder das Falsche zum richtigen Zeitpunkt tun. So könnten zum Beispiel die rheumatoide Arthritis oder die multiple Sklerose ihren Grund darin haben, daß die Aktivität der Suppressorzellen abnimmt. Abb. 103 zeigt zum Beispiel die Veränderungen an der Gelenkoberfläche, die von einer Autoimmunreaktion bewirkt wurden; was man im Rasterelektronenmikroskop sieht, ist eine Art Mondlandschaft: im oberen Bildteil sind die Auswüchse der Gelenkhaut zu sehen, die normalerweise ein Schmiermittel produziert. Die flachen Strukturen im Vordergrund sind Knor-

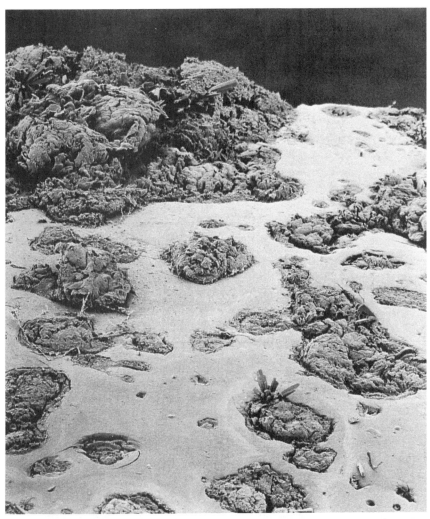

103 Veränderungen an der Gelenkoberfläche aufgrund einer Autoimmunreaktion.

pel mit kraterartigen Verletzungen, die bis in den darunterliegenden Knochen reichen. Enorme Schmerzen vor allem in den Hüftgelenken sind die Folgen.

Nichts also, auch das Immunsystem nicht, ist «perfekt»; und wie sollte es auch, wo es doch selber nichts weiter ist als die Summe der Augenblicksreaktionen auf die lebensbedrohlichen «Unvollkommenheiten» seiner eigenen Vergangenheit!

Zu erwähnen bleibt noch, daß der Kampf zwischen feindlichen Mikroorganismen und dem Immunsystem immer weiter geht. Die heutigentags so bedrohliche *AIDS-Krankheit* stellt dafür ein besonders spektakuläres Beispiel dar.

Nachdem LUC MONTAGNIER vom Institut Pasteuer 1983 das HIV (*H*umanes *I*mmunschwäche-*V*irus) zum ersten Mal entdeckte, gelang es, zwei Virus-Stämme (HIV 1 und HIV 2) für die Erkrankung mit «AIDS» (*A*kquiriertes *I*mmun-*D*efekt-*S*yndrom) aufzuspüren. Beide Subtypen sowie sämtliche bisher bekannten Affenviren haben einen gemeinsamen Vorfahren, der sich auf etwa 1000 Jahre zurückdatieren läßt (MANFRED EIGEN: *Was bleibt von der Biologie des 20. Jahrhunderts*, in: M. P. Murphy – L. A. J. O'Neill: Was ist Leben? 15–34, S. 27). Es handelt sich dabei um *Retroviren*, Angehörige einer alten Virusfamilie, deren Ursprung viele Millionen Jahre zurückreicht. Retroviren speichern ihre Erbinformationen in einer einsträngigen RNA-Sequenz; daher können sie sich nur vermehren, wenn sie ihre RNA in einer Zelle in die doppelsträngige DNA zurück-(retro)übersetzen, wobei sie ein Enzym, die Reverse Transkriptase, verwenden. Könnte man diesen Schritt blockieren, so ginge die Hoffnung eines jetzt 15jährigen Kampfes der Mediziner gegen die tödliche Krankheit in Erfüllung (vgl. HELGA RÜBSAMEN-WAIGMANN: *Neue Konzepte von AIDS und der HIV-Infektion*, in: Spektrum der Wissenschaft, Dossier 3/97: Seuchen, 94–99). Doch gibt es bis heute kein Mittel, das HIV selbst zu bekämpfen. Das liegt vor allem daran, daß HIV in etwa 10 Prozent seiner variablen genetischen Positionen eine Austauschzeit von rund 30 Jahren hat und dabei eine Unzahl von Mutanten hervorbringt, unter denen immer wieder sich Fluchtmutanten befinden, die der Immunabwehr des Wirtes ausweichen können. Das führt zur allmählichen Erschöpfung des Immunsystems und macht das Virus so gefährlich (vgl. MARTIN A. NOWAK – ANDREW J. MCMICHAEL: *Die Zerstörung des Immunsystems durch HIV*, in: Spektrum der Wissenschaft, Dossier 3/97: Seuchen, 82–89). Nach Schätzungen des UN-AIDS-Programms waren Ende 1997 rund 30 Millionen Erwachsene und Kinder weltweit mit HIV infiziert, und man rechnet, daß täglich 16 000 neu hinzu kommen. Etwa 11,7 Millionen Menschen starben seit Ausbruch der Epidemie in den letzten 15 Jahren, davon 2,7 Millionen Kinder unter 15 Jahren. Zweidrittel der 30 Millionen HIV-Infizierten leben in Afrika südlich der Sahara. In Botswana ist vermutlich jeder Dritte infiziert. Fast jeder zweite Erwachsene stirbt in Uganda an AIDS. In Namibia sterben doppelt so viele Menschen an AIDS wie an Malaria. Allein in Südafrika kommen pro Tag mindestens 200 HIV-infizierte Babys auf die Welt (CHRISTIANE OELRICH: *Zeitbombe im Körper,* Neue Westfälische, 3. Juli 98). Insbesondere in China breitet AIDS sich immer schneller aus. «Nach Schätzungen sind 300 000 Chinesen bereits infiziert. Experten sagen voraus, daß ihre Zahl zum Jahr 2000 sogar eine Million erreichen könnte» (*dpa* 7. 11. 98, Neue Westfälische).

Dieser enorme Ausbreitungs-«Erfolg» des HIV beruht darauf, daß es ausgerechnet jene Zellen des Immunsystems befällt, die eine Hauptrolle in der Abwehr von Viren spielen: die T-Helferzellen ($T_H$-Zellen) sowie zusätzlich manche Makrophagen und B-Zellen; AIDS ist im wesentlichen ein Mangel an Lymphocyten (B. J. M. ZEGERS: *Immunmangelkrankheiten,* in: Immunologie, 241–255, S. 253). Zudem wird AIDS vor allem bei eben der Tätigkeit übertragen, die zu den natürlichsten und schönsten des Menschen zählt: beim Geschlechtsverkehr; ein mechanischer Schutz vor Ansteckung mit Hilfe von Kondomen wäre leicht möglich, trifft aber immer noch vielerorts auf moralische und ästhetische Vorbehalte und Vorurteile, wie etwa auf das wiederholte Verdikt des römischen Papstes JOHANNES PAUL II., der es vor wenigen Jahren noch für nötig fand, selbst in Uganda den Gebrauch von Kondomen moralisch als «schwere Sünde» zu verurteilen – auf solche «Sünden» steht nach Meinung kirchlicher Theologen die Strafe der ewigen Verdammnis in der Hölle!

Was wir bei der Ausbreitung von AIDS erleben, ist biologisch betrachtet jedoch nur *ein* Akt im Evolutionsdrama, wie er sich gewiß schon unzählige Male abgespielt hat: «Ein Krankheitserreger schafft den Sprung von einer Art auf eine andere. Wissenschaftler gehen davon aus, daß der Erreger uralt ist. Er schmarotzte, bevor er auf den Menschen überging, wahrscheinlich schon seit Urzeiten in den Grünen Meerkatzen Afrikas. Diese Affen aber haben sich im Verlauf einer langwährenden Ko-Evolution an den Erreger ‹gewöhnt›. Das Virus kann sich in den Grünen Meerkatzen vermehren, ihnen aber anscheinend nichts anhaben. Womöglich hat es auch in früheren Zeiten schon einmal den Sprung auf abgeschieden lebende Menschen geschafft. Doch bevor diese ihre Artgenossen anstecken konnten, starben sie – und mit ihnen ihr Erreger» (*Eine Seuche spaltet die Welt,* in: Geo, 1988, 1, 84–97, S. 90).

Denken müßte man auch, daß das HIV bei den Grünen Meerkatzen einmal so gewirkt hat wie heutigentags bei uns Menschen: es wurden die meisten

Tiere ausgerottet, und es überlebten und vermehrten sich nur die wenigen, die aus irgendwelchen zufälligen Gegebenheiten gegen das Virus resistent waren – wie man heute glaubt, durch vier Proteine, die von bestimmten Blutzellen ausgeschieden werden und die Vermehrung des Virus unterdrücken (vgl. REINHARD KURTH: *HIV-Vermehrung – Entdeckung natürlicher Botenstoffe mit Hemmwirkung*, in: Spektrum der Wissenschaft, Dossier 3/97: Seuchen, 90–91). Auch in Südafrika soll es Prostituierte geben, die längst an AIDS erkrankt sein müßten, es aber nicht sind. Niemand weiß, was in ihrem Blut ihnen hilft, das Virus zu kontrollieren. Wüßte man es, so bedeutete das die Rettung vieler Millionen Menschen. Bis dahin aber wird die Natur so weitermachen, wie sie es immer getan hat: Sie geht mit uns Menschen nicht anders um als mit irgendeiner anderen Lebensform; sie opfert, ohne zu zögern, die komplexesten und – in unseren Augen – kostbarsten ihrer Hervorbringungen einem winzigen Stück RNA aus dem Zwischenbereich von belebter und unbelebter Materie; und sie sorgt dafür, daß der Kampf ums Dasein in unserem Körperinneren selbst für die ganze Menschheit solange nicht endet, als es sie gibt. Nichts Dämonisches, nichts Göttliches ist in all dem; wohl aber erschütternd und unheimlich sind all diese Zusammenhänge, sobald unsere menschlichen Augen sie zu sehen bekommen. Und doch sind es gerade diese Prozesse, in denen das Leben selbst sich in seinen nicht endenden Widersprüchen erhält, formt und erneuert.

### c) *Der Kampf um die Reproduktion*

Es geht in der Natur wie immer: Gerade noch haben wir in einer sonderbaren Mischung aus Grausen und Bewunderung dem Ansturm der Mikroben gegen die Immunschranken des Organismus zugeschaut, da werden wir Zeugen eines der seltsamsten Zusammenhänge zwischen den beiden Seiten des Kampfs ums Dasein: zwischen dem Prinzip des Selbsterhalts und der Weitergabe der Gene. Denn um es so paradox zu sagen, wie es evolutiv sich allem Anschein nach verhält: ohne die Vielzahl von Krankheitserregern und Parasiten gäbe es das Kostbarste nicht, das insbesondere christlichen Theologen als Spiegelbild, ja, als Wesen des Göttlichen überhaupt erscheint: die Liebe.

α) Chancen und Verfahren der Fortpflanzung

Daß Liebe und Sexualität nicht unbedingt an Fortpflanzung gebunden sind, ist inzwischen allseits bekannt geworden und wird in weiten Kreisen der Bevölkerung akzeptiert und praktiziert – auch wenn diese ganz wesentliche Unterscheidung von vielen Theologen selbst 35 Jahre nach Einführung der Pille immer noch als recht problematisch bewertet werden mag. ANDREAS PAUL und ECKART VOLAND heben sogar zusätzlich noch hervor, daß die Emanzipation des Sexualverhaltens von der reinen Fortpflanzungsfunktion keine Erfindung des Menschen ist, «sie findet sich schon bei unseren nichtmenschlichen Verwandten: Die Bonobos oder ‹Zwergschimpansen›, die der Primatenforscher FRANS DE WAAL als ‹Kamasutra-Primaten› bezeichnet hat, sind ein bekanntes, aber letztlich nur besonders auffälliges Beispiel» (ANDREAS PAUL und ECKART VOLAND: *Die Evolution der Zweigeschlechtlichkeit*, in: Liebe, Lust und Leidenschaft. Sexualität im Spiegel der Wissenschaft, hrsg. von Bernulf Kanitschneider unter Mitw. von Berthold Suchan, Stuttgart 1998, 101).

Ein wirkliches Verständnis von Liebe und Sexualität beginnt aber erst mit der wohl erneut paradox klingenden Feststellung, daß es nicht nur Sexualität ohne Fortpflanzung, sondern erst recht Fortpflanzung ohne Sexualität gibt: Allein zur Fortpflanzung *(Reproduktion)* würde nämlich die *ungeschlechtliche* Fortpflanzung (auch als asexuelle oder vegetative Fortpflanzung bezeichnet) vollkommen genügen. Bei ihr handelt es sich in der Regel um eine Vermehrung, bei der ein einziges Elternindividuum alle seine Gene kopiert (durch DNA-Replikation nach dem bekannten Mechanismus) und an seine Nachkommen weitergibt. Diese Art der Fortpflanzung ist typisch für Einzeller, kommt aber auch bei zahlreichen vielzelligen Tieren vor: der Süßwasserpolyp *Hydra*, der zum Stamm der Nesseltiere *(Cnidaria)*, genauer zur Klasse *Hydrozoa* gehört, vermehrt sich unter geeigneten Bedingungen asexuell durch Knospung, indem sich neue Individuen vom Elterntier abschnüren. Auch die Seeanemone *Anthopleura elegantissima*, ebenfalls ein Nesseltier, diesmal allerdings aus der Klasse der *Anthozoa*, der Korallen- und Blumentiere, vermehrt sich asexuell durch Quer- oder Längsteilung des Elterntieres, so daß zwei kleinere Individuen aus dem Elterntier entstehen. Asexuelle Fortpflanzung läßt sich des weiteren auch bei vielen anderen Nesseltieren (Stamm: *Cnidaria*), Schwämmen (Stamm: *Porifera*), Manteltieren (*Tunicata*, die als wirbellose Chordatiere einen Unterstamm innerhalb des Stammes der Chordata bilden) und *Polychaeten* (einer Klasse von meerbewohnenden Borstenwürmern vom Stamm der *Annelida*, der Ringelwürmer) finden (vgl. NEIL A. CAMPBELL: *Biologie*, 1024).

Wenn aber Fortpflanzung so einfach auf asexuellem Wege vor sich gehen kann, entsteht natürlich die Frage, warum etwas so Schwieriges und Kompliziertes wie die geschlechtliche Fortpflanzung überhaupt entstanden ist und wozu sie gebraucht wird. ANDREAS PAUL und ECKART VOLAND schreiben zum Beispiel, daß es bei der Sexualität das Problem gibt, «einen Partner zu finden – ein Problem, das auf der Ebene der Gameten beginnt und beim Liebeskummer endet. Das ist weniger banal, als es sich anhört, denn bei vielen Arten findet ein nicht unerheblicher Teil der Individuen (vor allem Männchen sind hier betroffen) keinen Partner und bleibt demzufolge kinderlos. Und schließlich kann sogar die Paarung kostenträchtig sein, denn erstens besteht die heute mehr denn je gegenwärtige Gefahr, sich mit einer tödlichen Krankheit zu infizieren, und zweitens bietet man – wie immer, wenn man sehr beschäftigt ist – ein gutes Ziel für Raubfeinde. Eigentlich ist Sexualität also ziemlich unpraktisch» (ANDREAS PAUL und ECKART VOLAND: *Die Evolution der Zweigeschlechtlichkeit*, in: Liebe, Lust und Leidenschaft, 103).

Vieles spricht jetzt aber dafür, daß die geschlechtliche Fortpflanzung, mithin die «Erfindung» männlicher und weiblicher Keimzellen, einen Hauptgrund in der Verbreiterung möglicher Immunantworten gegenüber den Herausforderungen der Mikroben besitzt! Würden nur «weibliche» Zellen sich durch Teilung vermehren, so hätte ein Virus lediglich eine einzige Immunschranke zu überwinden. Die Einführung von «Männchen» in der Reproduktion hingegen scheint evolutiv unter anderem den Vorteil mit sich gebracht zu haben, daß sich das Immunsystem durch *Rekombination der Gene* erheblich verbessern ließ.

Die asexuelle Fortpflanzung hat nämlich einen ganz erheblichen Nachteil: bei ihr werden lediglich Nachkommen erzeugt, die – außerhalb einer gewissen Mutationsrate – genetisch mit ihrem Elternteil identisch sind; die genetische Variabilität der Nachkommen wird nicht, wie bei der sexuellen Fortpflanzung, durch eine umfangreiche Rekombination der Gene vergrößert; gerade in der einzigartigen Neukombination der Gene beider Eltern in einer Nachkommenschaft, die sich sowohl untereinander als auch von ihren Eltern genetisch unterscheidet, liegt aber der Vorteil der geschlechtlichen Fortpflanzung, und sie stellt im Grunde die Antwort auf den Austausch genetischer Informationen bereits der Viren- und Bakterien-«Organismen» dar.

Um das zu verstehen, müssen wir jetzt genauer betrachten, wie und nach welchem Mechanismus die sexuelle Fortpflanzung im einzelnen stattfindet und wie dabei die *Rekombination der Gene* erfolgt. Die Keimzellen (Gameten) unterscheiden sich von den normalen Körperzellen durch die Anzahl ihrer Chromosomen. Chromosomen sind lange, fadenartige Strukturen im Zellkern und bestehen aus den aneinandergereihten Genen, also aus DNA, sowie zusätzlich aus Proteinen. Gameten besitzen nur einen einzigen Chromosomensatz und enthalten damit nur halb so viele Chromosomen wie die normalen Körperzellen: man nennt sie deshalb *haploid* und verwendet für den haploiden Chromosomensatz die Abkürzung «(n)». Durch Befruchtung *(Syngamie,* von griech.: *syn* = zusammen, *gamos* = Hochzeit) entsteht aus den zwei Gameten (n) eine Zygote (also die befruchtete Eizelle); diese besitzt wieder zwei Chromosomensätze (2n), da sie ja sowohl über einen mütterlichen als auch über einen väterlichen (haploiden) Chromosomensatz verfügt. Die Zygote wird deshalb als *diploid* bezeichnet (die Abkürzung für den diploiden Chromosomensatz ist «(2n)»). Aus der Zygote werden durch Zellteilung *(Mitose)* und durch die damit einhergehende identische Replikation der DNA nach dem bereits bekannten Mechanismus (S. 76) alle Körperzellen (somatische Zellen) gebildet, die dementsprechend natürlich ebenfalls alle diploid sind. Die einzigen Zellen, die nicht durch Mitose gebildet werden, sind die Gameten, die während einer speziellen sogenannten Reduktionsteilung, auch Reifeteilung oder *Meiose* genannt, in speziellen Organen (bei den meisten Tieren in den Gonaden, bzw. genauer: in den Eierstöcken und im Hoden) gebildet werden (vgl. NEIL A. CAMPBELL: *Biologie,* 251).

Die geschlechtliche Fortpflanzung besteht also aus zwei Schritten: Geschlechtszellen mit nur *einem* Chromosomensatz (haploide Gameten also) vereinigen sich zu einer Zelle mit einem doppelten Chromosomensatz – zu einer diploiden Zygote, und daraus wiederum entstehen erneut Geschlechtszellen, indem in der sogenannten Reife- oder Reduktionsteilung (Meiose) sich aufs neue haploide Zellen bilden. In allen sexuellen Entwicklungszyklen wechseln also haploide und diploide Stadien einander ab. Wir Menschen zum Beispiel sind ausschließlich diploid – wir sind Diplonten –, entstehen aber immer aus haploiden Keimzellen und müssen selbige auch immer wieder zur Zeugung unserer Nachkommen produzieren. Der *Vorteil* der geschlechtlichen Fortpflanzung jedenfalls ist nunmehr offensichtlich. Er liegt – wie bereits gesagt – darin, daß durch die Verschmelzung zweier Keimzellen diploide Organismen gebildet werden, deren Gene *rekombiniert* worden sind, ehe in der Reifeteilung wieder haploide Geschlechtszellen entstehen. Wir sollten an dieser Stelle freilich nicht darauf verzichten, erneut mit ein wenig Wahrscheinlichkeitsrechnung uns eine Vorstellung davon zu verschaffen, was «genetische

Rekombination», in Zahlen ausgedrückt, eigentlich bedeutet und welch ein phantastisches Ausmaß an Möglichkeiten sich dahinter verbirgt.

Nehmen wir als Beispiel zur Veranschaulichung uns selbst: Eine diploide menschliche Körperzelle besitzt 46 Chromosomen (2n = 46), wobei jeweils der haploide Chromosomensatz (n = 23) vom Vater und von der Mutter stammt. Es existieren also 23 homologe Chromosomenpaare, die sich während der Reduktionsteilung jeweils so in der Mitte der Zelle anordnen, daß sich zum einen alle 23 Chromosomenpaare nebeneinander befinden, und zweitens die beiden homologen Chromosomen eines Chromosomenpaares stets jeweils einander gegenüberliegen. Die anschließende Teilung der Zelle erfolgt nun genau in der Ebene zwischen den einander gegenüberliegenden homologen Chromosomen, so daß jeweils das eine homologe Chromosom auf die eine neu entstehende Tochterzelle (also Keimzelle) verteilt wird, während das andere homologe Chromosom jeweils der anderen Tochterzelle zufällt. Jede der beiden Tochterzellen verfügt demnach anschließend über genau eines der beiden Chromosomen jedes der 23 homologen Chromosomenpaare; dabei hat aber jede Tochterzelle rein zufällig mal das von der Mutter stammende, mal das väterliche Chromosom des homologen Chromosomenpaares erhalten: Jede Tochterzelle, oder wir können ja auch von Keimzellen sprechen, stellt also jeweils eine mögliche *Neukombination* der mütterlichen und väterlichen Chromosomen dar. Die Anzahl der insgesamt möglichen Neukombinationen nach dem Zufallsprinzip ergibt sich aus der Anzahl der homologen Chromosomenpaare (n) und beträgt $2^n$ Möglichkeiten. Jede menschliche Keimzelle ist also eine von $2^{23}$ (= 8 388 608, also von etwa 8,4 Millionen) möglichen Neukombinationen der mütterlichen und väterlichen Chromosomen!

Aber damit nicht genug: Sexuelle Fortpflanzung beinhaltet, daß auch die Befruchtung der Eizelle durch irgendeine Spermazelle nach dem Zufallsprinzip erfolgt. Das bedeutet nichts anderes, als daß eine Eizelle mit einer von 8,4 Millionen möglichen Rekombinationen auf eine Spermazelle mit ebenfalls einer von 8,4 Millionen möglichen Rekombinationen trifft. Die entstehende Zygote stellt damit eine von 70 Billionen (= 8,4 Mill. mal 8,4 Mill.) möglichen Neukombinationen der mütterlichen und väterlichen Chromosomen dar.

Zahlen solcher Größenordnung haben natürlich die Grenze des uns Vorstellbaren schon längst überschritten, trotzdem sind damit die Möglichkeiten zur genetischen Rekombination bei der sexuellen Fortpflanzung immer noch nicht erschöpft. Nach dem bisher Gesagten sollte man annehmen, daß jedes Chromosom ausschließlich mütterliche oder väterliche DNA enthält – dies ist aber keineswegs der Fall! Während sich die homologen Chromosomen in der

Mitte der Zelle einander gegenüber anordnen, berühren sich homologe DNA-Abschnitte des müterlichen und des väterlichen Chromosoms und werden gegeneinander ausgetauscht. Dieser als *Crossing-over* bezeichnete Vorgang erzeugt zwei homologe Chromosomen mit einem Gemisch von mütterlicher und väterlicher DNA und findet beim Menschen etwa zwei- bis dreimal pro Chromosomenpaar statt (vgl. NEIL A. CAMPBELL: *Biologie*, 257–258).

Diese unermeßliche Möglichkeit zur genetischen Rekombination schafft natürlich unglaubliche Möglichkeiten für die Evolution. Bei stabilen Umweltbedingungen mag es genügen, wenn überlebenstaugliche Individuen sich asexuell fortpflanzen und ihr Erbgut (von einer gewissen Mutationsrate einmal abgesehen) in identischer Kopie an ihre Nachkommen weitergeben. Im allgemeinen wird dies denjenigen Individuen am erfolgreichsten gelingen, die auch an die jeweilige Umwelt am besten angepaßt sind. Ganz anders aber, wenn die Umweltbedingungen sich ändern: In diesem Fall kann eine Population nur überleben, wenn sie zufälligerweise einige Individuen hervorbringt, die auch unter den neuen Umweltbedingungen zu überleben imstande sind und der natürlichen Selektion nicht anheimfallen. Das Rohmaterial für diese evolutive Anpassungsfähigkeit indessen ist die genetische Variabilität, die zum einen natürlich auf einer spontanen Mutationsrate beruht, zum anderen aber eben auf der genetischen Rekombination. Wenn man möchte, kann man es sich wie beim Lottospiel vorstellen: «Wer Lotto spielt, weiß, daß es reichlich unsinnig ist, in allen Feldern dieselbe Zahlenkombination anzukreuzen – man verschenkt Gewinnchancen. Wer sich als Kaufmann einem gesättigten Markt gegenübersieht, tut gut daran, sein Angebot zu diversifizieren – ansonsten ist die Pleite programmiert. Derartige Analogien aus der Welt des Glückspiels oder der Ökonomie sind beliebte Metaphern, um zu erklären, warum sich durch Sexualität erzeugte Variabilität auszahlt. Es liegt nahe anzunehmen, daß es vor allem dann Sinn macht, auf eine Streuung der Gewinnchancen durch genetische Variabilität zu setzen, wenn sich Umweltbedingungen rasch und in unvorhersehbarer Weise ändern. Mit etwas Glück – so die Annahme des Lotterie-Modells – werden wenigstens einige der Nachkommen überdurchschnittlich erfolgreich sein» (ANDREAS PAUL und ECKART VOLAND: *Die Evolution der Zweigeschlechtlichkeit*, in: Liebe, Lust und Leidenschaft, 105–106).

Bevor wir jetzt allerdings euphorisch die «Schöpfung» und ihren «Schöpfer» zu preisen beginnen, sollten wir den Blick auf die grausame Kehrseite nicht vergessen. Die sexuelle Fortpflanzung stellt nur bestimmte «genetische Rekombinationen» zur Verfügung, die dann während der Evolution ganz unbefangen auf ihre Überlebenstauglichkeit geprüft werden, auf daß die «natürliche Selektion» das unter ihren Gesichtspunkten «untaugliche» Leben – wiederum ganz unbekümmert – verwirft. Etwa ein Drittel aller menschlichen Zygoten wird durch Fehlgeburt direkt wieder beseitigt – meistens noch bevor die Mütter von der Existenz ihrer heranreifenden «Kinder», um im Sprachgebrauch der katholischen Kirche zu bleiben, irgend etwas haben bemerken können (vgl. NEIL A. CAMPBELL: *Biologie*, 1045). Und dabei ist der Spontanabort von der biologischen Argumentation her betrachtet wieder einmal ein phantastisch genialer Mechanismus, der die möglichst frühzeitige «Eliminierung» von nicht lebensfähigem Nachwuchs garantieren soll und damit den mütterlichen Organismus davor «bewahrt», sinnlos «Energie» und «Stoffe» in «unrentable» Fortpflanzungsprojekte zu «investieren».

Als denkend aufgeklärter Mensch wird man wohl auf eine gewisse Weise beeindruckt sein, wie in der Natur alles zusammengreift, aufeinander abgestimmt ist und ein geordnetes Ganzes ergibt. Man wird aber schwerlich eine solche «Weisheit der Natur» gegenüber einer Frau rühmen, die dieser Art der «Bewahrung vor unwertem Nachwuchs» den Tod ihres Kindes «verdankt». Es ist fast nicht möglich, über diese Zusammenhänge nachzudenken, ohne in die gefährliche Nähe von Zynismus und Sarkasmus zu geraten. Aber andererseits: können Tröstungen wie «Der Herr hat's gewollt...» oder «Gott hat's gegeben, Gott hat's genommen...» (Hiob 1,21) für die naturwissenschaftlich ausgebildeten Menschen im 20. Jahrhundert noch eine akzeptable Alternative sein? Selbst wenn es ein Mensch wollte, könnte er einmal Erforschtes nicht wieder zurücknehmen und in die Geborgenheit früherer Zeiten zurückfinden; – aber andererseits: Wie soll ein Mensch leben, der sich nicht mehr als erwünschtes Kind unter den Augen eines gütigen Gottvaters empfindet, sondern sich als eine zufällige Kombination von ein bißchen DNA begreift, genauso erwünscht oder unerwünscht wie mindestens 70 Billionen andere mögliche Genkombinationen? Unter den momentanen Umweltbedingungen mag es für eine äußerst kurze Weile so aussehen, als fände die eigene «Genkombination» «Gnade» im Angesicht der «natürlichen Selektion»; aber jeder Naturwissenschaftler weiß, daß es sich hierbei nur um eine Momentaufnahme handelt. Eine kleine Umweltveränderung, zum Beispiel irgendein Virus, das wie etwa das HIV erstmals unseren Weg kreuzt, und es erweist sich, daß gerade unsere «genetische Rekombination» unter diesen Gegebenheiten ungünstig ist, vielleicht einfach nur weil sie die Synthese eines bestimmten, bisher völlig überflüssigen Proteins nicht codiert – die Folge: die «natürliche Selektion» wird uns ausmerzen und statt dessen mit den überlebenden «genetischen Rekombinationen», sprich unseren Mitmenschen, weiterexperimentieren.

Aber damit nicht genug: Schon an dieser Stelle muß man die Frage erneuern, die uns seit geraumer Zeit im Hintergrund begleitet: was für einen Sinn das Wort «Individuum» unter diesen Bedingungen eigentlich besitzt – wenn unser Dasein offenbar nur das diploide Durchgangsstadium und den «Aufsatz» zur Selbstreproduktion und Neukombination der Gene darstellt! Auf den ersten Blick mag ein solcher Gedanke wiederum ziemlich zynisch erscheinen: Da soll unser kostbares, einziges Leben als «diploides Stadium» gleichwertig neben das «haploide Stadium» gesetzt werden – unsere einzigartige Existenz als Menschen (in den Augen der Natur) nicht wesentlicher sein als die im Überfluß (von uns) produzierten Gameten! Ein zugegeben entsetzlicher Gedanke, an den wir uns aber anläßlich unserer Überlegungen zur potentiellen Unsterblichkeit einzig der Keimzellen schon etwas gewöhnen konnten. Tatsächlich ist die diploide Phase der sexuellen Fortpflanzung keinesfalls immer durch eine besondere «Komplexität» ausgezeichnet. Der Natur scheint es im Gegenteil ziemlich gleichgültig zu sein, ob sie es (wie bei uns) mit einem diploiden Stadium zu tun hat oder halt mit einem haploiden. Um diesen Gedanken zu verstehen, müssen wir erneut gewisse Details betrachten.

Es kann nämlich auch, wie bei manchen *Algen* und *Pilzen*, geschehen, daß die Reduktionsteilung gleich unmittelbar nach der Befruchtung erfolgt und somit während der überwiegenden Zeit des Entwicklungszyklus Haploidie vorherrscht. *Chlamydomonas* zum Beispiel, eine einzellige Grünalge, ist als reife Alge haploid, da die Meiose direkt im Anschluß an die Bildung der Zygote stattfindet; die asexuelle Vermehrung von *Chlamydomonas* vollzieht sich durch mitotische Zellteilungen. Aufgrund dieses Entwicklungszyklus ist Chlamydomonas ein Haplont, und so zeigt sich in aller Klarheit, daß die Vereinigung zweier haploider Zellen eigentlich nicht der Vermehrung, sondern wesentlich der genetischen Rekombination gilt. Die sexuelle Phase der Vermehrung, die bei *Chlamydomonas* auch stattfinden kann, wird erst bei Nahrungsmangel, Trockenheit oder anderen ungünstigen Umweltbedingungen eingeleitet und führt dann zur Bildung ebenfalls haploider Gameten, die mit den Gameten eines anderen *Chlamydomonas*-Stammes unterschiedlichen Paarungstyps zu einer neuen Zygote verschmelzen können (vgl. NEIL A. CAMPBELL: *Biologie*, 589–591). Entsprechendes gilt zum Beispiel auch für die *Zelligen Schleimpilze (Acrasiomycetes)*, die ebenfalls haploid sind (vgl. NEIL A. CAMPBELL: *Biologie*, 581). Freilich liegen bei höheren Pflanzen und Tieren die Verhältnisse naturgemäß nicht mehr so einfach.

So können die haploiden Stadien auch als vielzellige selbständige Organismen auftreten, wie es zum Beispiel bei manchen Moosen der Fall ist. Während bei uns die Gameten nur ein einzelliges haploides Stadium darstellen, ist bei den Laubmoosen *(Bryophyta)* und anderen Moospflanzen ein vielzelliges Gebilde aus haploiden Zellen, der sogenannte *Gametophyt* (von griech. *phyton* = Pflanze), die dominierende Generation und bildet mit seinen grünen Moosstämmchen die typischen schwammähnlichen Moospolster. Die meisten Moosarten haben separate weibliche und männliche Gametophyten, woraus sich alsdann haploide Geschlechtszellen entwickeln. Nachdem ein Spermatozoid durch einen Wasserfilm zu einer Eizelle geschwommen ist und diese befruchtet hat, entsteht der diploide *Sporophyt*, ein langer gelblicher Stiel, der an seiner Basis mit dem weiblichen Gametophyten verbunden bleibt und an seiner Spitze eine Kapsel ausbildet, das sogenannte Sporangium (griech. *sporos* = Same, *angeion* = Kammer), in dem sich durch Reifeteilung die Sporen entwickeln – haploide Zellen, aus denen wieder neue Gametophyten hervorgehen. Man spricht bei solchen Entwicklungszyklen auch von *Generationswechsel*, da sich hier diploide vielzellige Formen und haploide vielzellige Formen abwechseln (vgl. NEIL A. CAMPBELL: *Biologie*, 604–605). Dieser Entwicklungszyklus der Moose ist genau umgekehrt zu dem der höher entwickelten Gefäßpflanzen, bei denen der diploide Sporophyt die vorherrschende Generation darstellt. – Wir werden auf diesen «Generationswechsel» der Sporenpflanzen noch einmal zurückkommen, wenn wir die Geschichte der Landpflanzen zu schildern haben. (S. u. S. 522–523)

Zu den bereits genannten Nachteilen der sexuellen Fortpflanzung, den Schwierigkeiten bei der Partnersuche und den Infektionsgefahren, müssen wir jetzt zusätzlich noch hinzuzählen, daß die Natur mit ihren genetischen Neukombinationen nach dem Zufallsprinzip bei allen Vorteilen es dem Anschein nach in Kauf nimmt, daß auch zwei ideal an ihren Lebensraum angepaßte Individuen Kinder miteinander zeugen, die unter Umständen nicht mehr überlebenstauglich sind. «Es wird nämlich an einem bewährten Modell herumgebastelt!» (ANDREAS PAUL und ECKART VOLAND: *Die Evolution der Zweigeschlechtlichkeit*, in: Liebe, Lust und Leidenschaft, 103)

Wir sind jetzt an einer Stelle angelangt, an der wir uns, um gewisse Vorzüge und Nachteile der sexuellen Fortpflanzung besser gegeneinander abwägen zu können, fragen müssen, wie die «genetische Variabilität» überhaupt *in den Phänotypen* zur Ausprägung kommt und warum bestimmte Merkmale, ob es sich nun um angewachsene oder freie Ohrläppchen oder um Erbkrankheiten handelt, zwar gehäuft und regelmäßig in einer Familie auftreten, dort aber keineswegs bei allen' Angehörigen, sondern zum Beispiel bei den Großeltern und Enkeln, aber nicht bei den Eltern, bei einem Bruder, aber nicht bei der

Schwester... Die Antwort auf diese Frage wurde bereits im letzten Jahrhundert im Rahmen der klassischen Vererbungslehre gefunden.

Grundsätzlich gilt: Jedes Gen kommt in einem diploiden Organismus zweifach vor, nämlich jeweils an den zwei korrespondierenden Loci auf den beiden homologen Chromosomen. Ein Gen kann nun durch Mutation verschiedene Zustandsformen annehmen, die man als *Allele* bezeichnet. Diese verschiedenen Zustandsformen bedingen die genetische Variabilität. Für jedes Merkmal, zum Beispiel dafür, ob unsere Ohrläppchen frei oder angewachsen sind oder ob wir an *Chorea Huntington,* dem erblichen Veitstanz (einer degenerativen Nervenerkrankung, die zwischen dem 35. und 45. Lebensjahr ausbricht und dann unweigerlich zum Tode führt), leiden oder nicht, besitzen wir zwei Genloci, nämlich eines auf dem mütterlichen und eines auf dem väterlichen Chromosom. Sofern wir über ein Allel für «Chorea Huntington» verfügen, wird dieses Allel als Merkmal im Phänotyp voll exprimiert, gleichgültig ob das Gen auf dem anderen homologen Chromosom dieselbe Zustandsform, nämlich: «Chorea Huntington», besitzt, oder die andere Zustandsform, nämlich: «ohne Chorea Huntington». Dasjenige Allel, das das andere phänotypisch überdeckt, wird als dominant bezeichnet (hier also das Allel «Chorea Huntington», symbolisiert mit «A»), das andere zurücktretende wird rezessiv genannt (hier das Allel «ohne Chorea Huntington», symbolisiert mit «a»). Das rezessive Allel (das den gesunden Phänotyp ausprägt) kann phänotypisch erst bei Individuen in Erscheinung treten, die genotypisch kein dominantes Allel für «Chorea Huntington» (A) besitzen, sondern sowohl von Vater und Mutter jeweils ein Allel für «ohne Chorea Huntington» (a) geerbt haben. Daraus ergibt sich natürlich auch, daß zwei Eltern ohne ein Allel für Chorea Huntington (aa × aa) selbstverständlich keine Kinder mit der Erbanlage für Veitstanz bekommen können, da sie ja über kein dominantes Allel (A) verfügen. Ein Elternteil mit einem Allel für Chorea Huntington (A) kann dagegen sehr wohl mit einer Wahrscheinlichkeit von 50 Prozent ein Kind mit Chorea Huntington (Aa) zeugen – auch wenn der andere Elternteil kein dominantes Allel besitzt. Die Kreuzung zwischen den Genotypen Aa × aa ergibt ja statistisch jeweils zur Hälfte Kinder mit den Genotypen Aa und aa.

Mit den modernen genetischen Testmethoden ist es heute möglich, «das krankmachende Allel (sc. für Chorea Huntington, d.V.) im Genom eines Individuums nachzuweisen... Für Familien, in denen Chorea Huntington vorgekommen ist, bedeutet dies ein Dilemma: Ist es für einen bislang gesunden Menschen überhaupt wünschenswert zu wissen, daß er eine tödliche, heute noch unheilbare Erbkrankheit hat?» (NEIL A. CAMPBELL: *Biologie,* 280)

Und wie wird dieser Mensch, vielleicht erst achtzehnjährig, wohl denken über Liebe und Sexualität mit oder ohne Fortpflanzung? Eine Theologie, die bei der Suche nach Sinn und Halt in diesem verwirrenden 20. Jahrhundert weiterhin in veralteten, realitätverleugnenden Erörterungen steckenbleibt und den Suchenden ihre Unterstützung versagt, darf sich wohl nicht wundern, wenn notwendige ethische Überlegungen zunehmend durch den gerade aktuellen Erkenntnisstand der pränatalen Diagnostik ersetzt werden – mit den entsprechenden Konsequenzen routinemäßiger eugenischer Indikationen.

Während allerdings Chorea Huntington durch ein *dominantes* Allel verursacht wird und deshalb zu den wenigen dominant vererbten Erbkrankheiten zählt, gehören die meisten genetisch bedingten Erkrankungen zu den *rezessiv* vererbten Erbkrankheiten, von denen mehrere Tausend bekannt sind.

Durch ein rezessives Allel weitergegeben werden zum Beispiel die tödliche (letale) *cystische Fibrose*, bekannt auch unter dem Namen «Mukoviszidose», an der immerhin jedes 2000. Neugeborene leidet, oder die *Sichelzellen-Anämie*, von der etwa jeder 400. Afro-Amerikaner betroffen ist. Rezessiv vererbte Merkmale, wie diese beiden Erkrankungen, werden im Phänotyp nur exprimiert, wenn beide Allele (also die Allele auf beiden homologen Chromosomen) dieselbe rezessive Zustandsform, nämlich zum Beispiel «Mukoviszidose» (a), besitzen. Sobald auch nur ein dominantes Allel «ohne Mukoviszidose» (A) vorhanden ist, kommt die Krankheit nicht zum Ausbruch. Daraus ergibt sich diesmal, daß zwei phänotypisch gesunde Eltern durchaus (sofern sie jeweils den Genotyp «Aa» und nicht «AA» besitzen) Kinder mit Mukoviszidose (aa) zeugen können. Tatsächlich besitzen 5 Prozent der Europäer den Genotyp «Aa» und sind damit imstande, diese furchtbare Krankheit ihren Kindern weiter zu vererben (vgl. NEIL A. CAMPBELL: *Biologie*, 278–280).

Wir können also inzwischen mit der genetischen Variabilität erklären, wie es dazu kommt, daß Eltern auf einmal Nachkommen zeugen, die über Merkmale verfügen, die sie selbst nicht besitzen. Selbstverständlich muß es sich hierbei nicht unbedingt um Erberkrankungen handeln, sondern es kann um ganz beliebige Eigenschaften und Fähigkeiten gehen. Im Genom (Aa) liegt das rezessive Genmaterial (a) vor und erlaubt bei diploiden Organismen im Bedarfsfall ein breiteres Spektrum von Reaktionen auf Umweltveränderungen. An dieser Stelle angelangt, können wir inzwischen problemlos auch verstehen, daß sich genetische Variabilität auf die evolutive Anpassungsfähigkeit einer Population, zum Beispiel von uns Menschen, vorteilhaft auswirken wird. So sehen wir etwa am Beispiel der überwiegend rezessiv vererbten Erbkrankheiten, daß entgegen vielen sogenannten «Rassenlehren» reinerbige Individuen (mit zwei identischen Allelen «aa» für ein bestimmtes Merkmal, homozygot) keineswegs unbedingt eine bessere Lebensqualität zu erwarten haben, sondern im Gegenteil mischerbige Individuen (mit zwei verschiedenen Allelen «Aa» für ein bestimmtes Merkmal, heterozygot) häufig günstigere Überlebenschancen besitzen, wie wir es am Beispiel der größeren Malariaresistenz von heterozygoten Trägern des Allels für Sichelzellenanämie bereits kennengelernt haben. Dieses Phänomen, daß Heterozygote einen größeren Fortpflanzungserfolg besitzen als Individuen, die bezüglich eines der betreffenden Allele homozygot sind, wird als *Heterozygotenvorteil* bezeichnet.

Wir haben jetzt einen guten Einblick davon erhalten, wie die sexuelle Fortpflanzung (Reproduktion) vor sich geht, welche Vorteile sie besitzt und auch welche Probleme mit ihr verbunden sind – aber es bleibt natürlich die Frage, wie ein so komplizierter Mechanismus mit doch zum Teil auch erheblichen Nachteilen während der Evolution hat entstehen können.

β) Die Entstehung der sexuellen Fortpflanzung

Die Frage nach dem Ursprung der sexuellen Fortpflanzung ist bis heute nicht in allen Zusammenhängen geklärt, doch läßt sich als Antwort immerhin bereits eine recht plausible Vorstellung entwerfen.

Wenn wir soeben das Immunsystem eines (menschlichen) Säugetierorganismus als eine Maschinerie zur Informationsverarbeitung und zur integrierten Reaktion auf die vielfältigen Herausforderungen möglicher Erkrankungen durch Parasiten, Bakterien und Viren aller Art bezeichnet haben, so müssen wir jetzt ergänzend hinzufügen, daß sich auch die Welt der Bakterien als ein einziger Superorganismus darstellen läßt und daß natürlich beide Systeme sich in Wechselwirkung zu einander entwickelt haben. Vor allem S. SONEA und M. PANISSET (*A New Bacteriology*, Boston, Mass. 1983) haben in diesem Evolutionsmodell darauf hingewiesen, daß die Bestandteile des «Bakterienorganismus», mithin die einzelnen Bakterienzellen, ihre Überlebenschancen durch den Austausch genetischen Materials vergrößern können; auf diese Weise können einzelne Bakterien Eigenschaften auf andere Bakterien übertragen, die sie «zum Überleben in bestimmten Umgebungen benötigen – beispielsweise Antibiotikaresistenz, Schwermetalltoleranz oder die Fähigkeit, zusätzliche Substrate zu nutzen» (JOHN MAYNARD SMITH – EÖRS SZATHMÁRY: *Evolution*, 192).

Bei einer Bakterienzelle kann eine genetische Rekombination näherhin über *drei verschiedene Mechanismen* stattfinden: zum einen kann eine Bakterienzelle ein Stück fremde, nackte DNA aus der Umgebung absorbieren, in ihr Genom einbauen und dadurch ihren Genotyp verändern (man bezeichnet diesen Vorgang als *Transformation*); zum zweiten kann Bakterien-DNA, also Bakterien-Gene, durch Bakteriophagen (Viren) von einem Bakterium auf ein anderes übertragen und anschließend unter bestimmten Bedingungen in das Genom der neuen Wirtszelle eingebaut werden (dieser Mechanismus wird *Transduktion* genannt); besonders interessant ist der dritte Rekombinationsmechanismus von Bakterien: nämlich der als *Konjugation* bezeichnete direkte Transfer genetischen Materials von einer Bakterienzelle zu einer anderen, mit der sie sich über eine Cytoplasmabrücke vorübergehend verbunden hat. Übertragen werden dabei kleine DNA-Ringe mit nur wenigen Genen, sog. Plasmide, die viele Bakterien zusätzlich zu der Hauptkomponente ihres Genoms, dem sog. Bakterienchromosom, besitzen (vgl. NEIL A. CAMPBELL: *Biologie*, 366–369).

Auch an dieser Stelle treffen wir erneut auf die unbedingte Notwendigkeit, strikt zwischen Sexualität und Fortpflanzung zu unterscheiden. Da auch nach der Konjugation nur zwei Bakterienzellen vorhanden sind, die zudem ihre Zellmasse nicht vermehrt haben, ist es ganz offensichtlich, daß keine Fortpflanzung stattgefunden hat. Das Kriterium für Sexualität, nämlich die Erzeugung neuer Individuen (mit ganz neuen Merkmalen, Eigenschaften und Fähigkeiten) durch Rekombination des genetischen Materials, ist demgegenüber allerdings eindeutig gegeben. Sehr einprägsam fassen deshalb ANDREAS PAUL und ECKART VOLAND zusammen: «Das Ganze nennt man Konjugation, hat jede Menge mit Sex, aber – der Papst möge es verzeihen – rein gar nichts mit Fortpflanzung zu tun» (ANDREAS PAUL und ECKART VOLAND: *Die Evolution der Zweigeschlechtlichkeit*, in: Liebe, Lust und Leidenschaft, 100). Es kommt bei einem solchen «Informationsaustausch» zu einer wirklichen Neukombination von Genen, und es ist klar, daß die entsprechenden Zellen dadurch eine größere Bandbreite möglicher Antworten auf veränderte Lebensbedingungen finden können; zudem wird die Evolutionsgeschwindigkeit erheblich erhöht.

Andererseits ist horizontaler Gentransfer unter Bakterien nicht gerade häufig, vielmehr ist das Bakterienchromosom, also das ringförmige, doppelsträngige DNA-Molekül der Bakterien, selbst außerordentlich stabil. «Statt als Superorganismus sollte man die Welt der Bakterien daher besser als eine Reihe sich unabhängig voneinander entwickelnder Chromosomenlinien ansehen, die Gene und Teile von Genen mit nahen Verwandten austauschen und zeitweilig symbiotische Beziehungen mit kleinen, oft sehr instabilen Replicons (sc. aufgenommenen kleinen DNA-Molekülen, d. V.) eingehen... Diese vorübergehenden Symbiosen sind für Bakterien wahrscheinlich der wichtigste Mechanismus zur schnellen Anpassung an lokale Gegebenheiten» (JOHN MAYNARD SMITH – EÖRS SZATHMÁRY: *Evolution*, 193). Vieles spricht nun dafür, daß diese «Kooperation» der Bakterien (und Viren) untereinander auch die von ihnen infizierten «Wirtstiere» selektiv dazu gedrängt hat, ebenfalls eine «kollektive» Antwort auszubilden, indem auch sie eine Art «Superorganismus» bilden mußten: mit Hilfe der sexuellen Fortpflanzung (diesmal jetzt endlich beides gleichzeitig!) schufen sie sich ein Verfahren des ständigen Genaustauschs im Rahmen der Grenzen, innerhalb deren ein solcher Austausch möglich ist. Diese Grenzen umschreiben das, was man biologisch als eine «*Art*» bezeichnet. Auch bei der geschlechtlichen Fortpflanzung *höherer* Lebewesen spielt die Informationsübertragung nach dem Vorbild einzelliger Lebewesen also eine erhebliche Rolle, und sie ist, der herrschenden Vorstellung nach, der eigentliche Ursprung dessen, was wir heute als Sexualität bezeichnen.

Näherhin ist die *sexuelle Fortpflanzung* bei den Eukaryoten an den eigentümlichen, nicht leicht zu erklärenden Wechsel zwischen der *Meiose*, bzw. Reduktionsteilung, also der Halbierung der Chromosomenzahl, und der sog. *Syngamie*, d. h. der Verschmelzung der so gebildeten Keimzellen, gebunden; gegeben ist damit der Wechsel zwischen einer haploiden und einer diploiden Phase, das heißt von Zellen mit einfachem und mit doppeltem Chromosomensatz. Die Frage stellt sich natürlich, wozu dieser komplizierte Phasenwechsel gut sein soll. Sein heutiger Nutzen für die Rekombination des genetischen Materials und damit für die Abwehr von Parasiten ist mittlerweile ausreichend verdeutlicht, aber wie und wieso dieser komplizierte Mechanismus des Ploidiephasenwechsels (zwischen haploider und diploider Phase) während der Evolution aus der einfachen DNA-Replikation bei der Teilung von Bakterienzellen entstanden sein kann, bleibt noch zu beantworten. Von verschiedenen Forschergruppen sind mehrere zum Teil einander ergänzende, zum Teil einander widersprechende Hypothesen zur Evolution der Sexualität aufgestellt worden.

HARRIS BERNSTEIN, FREDERICK HOPF und RICHARD MICHOD vermuten in ihrer sogenannten «Reparatur-Hypothese», daß die Vergrößerung der genetischen Variabilität durch genetische Rekombination nur ein zufälliges Nebenprodukt der Sexualität sei, keinesfalls ihr angestrebtes Ziel, und daß ihr eigentlicher Zweck darin bestehe, die Keimbahn vor DNA-Schäden zu schützen, die den Zelltod verursachen können. DNA-Schäden entstehen vor allem durch Strahlung und chemische Agentien, wie zum Beispiel durch Sauerstoffradikale, die unter aeroben Bedingungen stets auftreten. Bei einem solchen Schaden kann einer der beiden DNA-Stränge betroffen sein oder direkt beide; in jedem Fall entsteht ein neues Molekül, das erkennbar kein DNA-Molekül mehr ist – in diesem wesentlichen Punkt unterscheidet sich eine DNA-Schädigung von einer Mutation (HARRIS BERNSTEIN, FREDERICK A. HOPF und RICHARD E. MICHOD: *Is meiotic recombination an adaption for repairing DNA, producing genetic variation or both?*, in: R. E. Michod – B. R. Levin [Hrsg.]: Evolution of Sex: An Examination of Current Ideas, Sunderland, Mass., 1988, 106–125).

Ein möglicher Hinweis auf eine Antwort liegt wohl darin, daß bereits bei den Prokaryoten für die genetische Rekombination spezielle Enzyme benötigt werden, die zum Teil auch bei der Reparatur beschädigter DNA im Einsatz sind. Diese Tatsache spricht dafür, daß die Rekombinationsreparatur schon bei den Prokaryoten eine Vorstufe für die sexuelle Rekombination dargestellt haben könnte. Auch der Wechsel der Ploidiephasen (Kernphasen) dürfte bereits vor der Evolution der eigentlichen sexuellen Rekombination bei den Eukaryoten existiert haben. Es war L. R. CLEVELAND (*The origin and evolution of meiosis*, in: Science 105, 1947, 287–289), der schon vor einem halben Jahrhundert vermutete, daß der zyklische Ploidiephasenwechsel zwischen Haploidie und Diploidie mit einer spontanen Verdoppelung der Chromosomenzahl durch sog. *Endomitose* (also durch DNA-Replikation ohne anschließende Zellteilung) begonnen haben könnte. So durchlaufen zum Beispiel primitive Geißeltierchen *(Flagellaten),* darunter *Barbulanympha,* einen regelmäßigen Zyklus aus Endomitose und Meiose. Wieder aber stellt sich natürlich die Frage, wieso die Chromosomenzahl (in der Endomitose) zunächst verdoppelt wird, wenn der «Sinn» der nachfolgenden Meiose darin liegt, die Chromosomenzahl (wieder) zu halbieren.

L. MARGULIS und D. SAGAN (*Origins of Sex: Three Billion Years of Recombination,* New Haven 1986), die CLEVELANDS Idee vor rund zehn Jahren aufgriffen, nahmen als Ursache für den Wechsel der Ploidiephasen *ökologische* Ursachen an. Ein zyklischer Wechsel von Haploidie und Diploidie könnte nämlich durch ein Alternieren wichtiger Umweltfaktoren bedingt sein, insofern als die beiden Phasen an die verschiedenen Umweltbedingungen unterschiedlich gut angepaßt sein dürften. Zum Beispiel haben Diploide eine, bezogen auf das Zellvolumen, relativ kleinere Oberfläche als Haploide, mit anderen Worten: der Quotient aus Oberfläche und Volumen ist bei haploiden Zellen größer, so daß sie eine höhere Stoffwechseleffizienz besitzen könnten.

W. M. Jr. Lewis (*Nutrient scarcity as an evolutionary cause of haploidy*, in: American Naturalist 125, 1985, 692–701) vermutete denn auch, daß die Haploidie durch Nährstoffmangel begünstigt worden sei. Bei Nährstoffmangel, wo die Nährstoffaufnahme durch die Zelloberfläche der limitierende Faktor für die Wachstumsrate ist, wachsen z. B. haploide Hefen (aufgrund ihres günstigeren Quotienten aus Oberfläche und Volumen) besser als diploide. Dagegen machen John Maynard Smith und Eörs Szathmáry (*Evolution*, 155–156) geltend, daß die Schlüsselerfindung, die zur Entstehung der Eukaryoten führte, in der Phagotrophie bestand (im Gegensatz zu Hefen sind Archaezoen phagotroph) – nur so wurde ja zum Beispiel die evolutiv äußerst wichtige Endosymbiose von Mitochondrien und Chloroplasten im Inneren von Eukaryoten möglich; dann aber könnte Nahrungsmangel eher Diploidie als Haploidie begünstigt haben, da größere Zellen größere Partikel aufzunehmen vermögen; überdies benötigen diploide Zellen möglicherweise weniger Energie zur Aufrechterhaltung des osmotischen Druckes (a. a. O., 155).

Was den zyklischen Wechsel der Ploidiephasen verursacht haben könnte, war vermutlich die Notwendigkeit, auf eine Umwelt reagieren zu müssen, in der das Ausmaß von *DNA-Schäden* unter der vermehrten Anwesenheit von Sauerstoff schwankte. Offenbar konnten die frühen Eukaryoten in nicht streng anaeroben (sauerstofffreien) Lebensräumen nur existieren, wenn sie in der Lage waren, DNA-Doppelstrangschäden zu reparieren; das aber ist bei Diploidie leichter möglich als bei Haploidie. So ist etwa diploide Hefe wesentlich widerstandsfähiger gegen DNA-Schäden als haploide. Als Grund dafür haben H. Bernstein, F. A. Hopf und R. E. Michod (*Is meiotic recombination an adaption for repairing DNA, producing genetic variation or both?*, in: R. E. Michod – B. R. Levin: Evolution of Sex: An Examination of Current Ideas, Sunderland 1988, 106–225) geltend gemacht, daß es zwar viele spezifische Enzyme gibt, die verschiedene Einzelstrangschäden der DNA beheben können, doch kann es nicht für jeden möglichen Schaden ein passendes Enzym geben. Leichter ist es in jedem Falle, «aus einer DNA mit einem schadhaften Einzelstrang durch Replikation zwei DNAs zu machen: eine intakte und eine mit einem Doppelstrangschaden. Die Funktion der prämeiotischen Verdoppelung der DNA besteht also darin, einen irreparablen Einzelstrangschaden in einen behebbaren Doppelstrangschaden umzuwandeln» (John Maynard Smith – Eörs Szathmáry: *Evolution*, 160). Dabei dienen komplementäre DNA-Stränge als Matrize (oder auch als Sicherheitskopie), um den beschädigten Strang zu reparieren. Sofern beide Stränge der Doppelhelix gleichzeitig beschädigt sind, ist die Rekombination durch den

Austausch von DNA-Abschnitten während der Paarung der homologen Chromosomen die einzige Reparaturmöglichkeit. Allerdings können auf diese Weise natürlich nur Schäden behoben werden, die seit der letzten Mitose aufgetreten sind, und die Frage bleibt, was die nachfolgende Rückkehr zur Haploidie soll, wenn die Diploidie so viel günstiger zur Reparatur von DNA-Schäden ist.

Eine mögliche Erklärung *dieser* Frage könnte darin liegen, daß «die genetische Belastung im Gleichgewicht zwischen Mutation und Selektion bei Haploiden geringer ist» (a. a. O., 156); schließlich ist die Mutationsrate pro Genom bei Diploiden doppelt so hoch wie bei Haploiden, und es braucht daher doppelt so viele selektive Todesfälle, um die schädlichen Mutationen auszugleichen. Nehmen wir einmal an, daß wiederholt Mutationen vorkommen und periodisch DNA-Schäden auftreten, so wäre es selektiv gewiß von Vorteil, einen zyklischen Ploidiephasenwechsel so einzurichten, daß die Phase der Diploidie mit den Perioden der DNA-Schädigungen synchronisiert würde; eine solche Population, die über einen derartigen *zyklischen Ploidiephasenwechsel* verfügte, müßte sich gegenüber einer anderen permanent diploiden oder permanent haploiden Population auf die Dauer durchsetzen. Allerdings ist diese Begründung bisher nur eine Theorie, die den Voraussetzungen des DARWINistischen Erklärungsmodells Genüge tut; ob sie deshalb auch zutrifft, muß noch weiter untersucht werden.

Dabei haben wir die Diploidie bisher nur aus der Endomitose abgeleitet, und tatsächlich dürfte der erste Schritt in der Evolution der sexuellen Fortpflanzung bei Eukaryoten auch über einen zyklischen Wechsel zwischen Haploidie und Diploidie mit Endomitose und Ein-Schritt-Meiose erfolgt sein. Mit Ein-Schritt-Meiose ist gemeint, daß sich die homologen Chromosomen nach der Endomitose trennen, ohne sich zuvor prämeiotisch verdoppelt zu haben (vgl. Abb. 104). Die sexuelle Vermehrung der Eukaryoten erfolgt aber über eine vorherige Verdoppelung der Chromosomenzahl durch *Syngamie* (nicht durch Endomitose). Die Frage stellt sich daher, warum die Endomitose durch Syngamie ersetzt wurde. Auch auf diese Frage gibt es bis heute noch keine eindeutige Antwort.

Fest steht, daß es bei frühen Formen des zyklischen Ploidiephasenwechsels noch kein Crossing-over gegeben haben muß, wie noch einmal L. D. HURST und P. NURSE (*A note on the evolution of meiosis*, in: Journal of Theoretical Biology 150, 1991, 561–563) hervorgehoben haben. Das Crossing-over ist bei einem endomitotisch enstandenen Diploiden überflüssig und wohl auch erst entwickelt worden, als die Evolution bereits den zyklischen Kernphasen-

**a** haplodiploider Lebenszyklus ohne Fusion

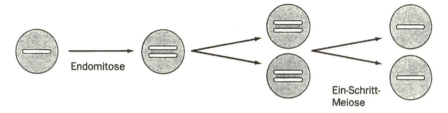

**b** Lebenszyklus mit Syngamie und Ein-Schritt-Meiose

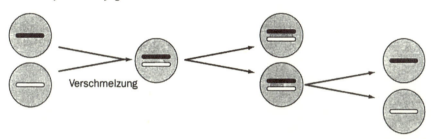

**c** moderner Lebenszyklus mit sexueller Fortpflanzung

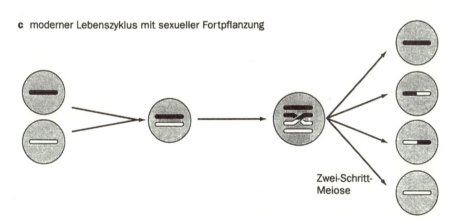

104  Stadien in der Evolution von Meiose und Syngamie.

wechsel mit Syngamie, Ein-Schritt-Meiose und Reparatur durch Genkonversion hervorgebracht hatte (vgl. Abb. 104). Bestätigt wird diese Annahme dadurch, daß die Chromosomenpaarung (die «Synapsis») und das Crossingover offenbar von zwei verschiedenen Gengruppen kontrolliert werden: für die Paarung der homologen Chromosomen ist ein Proteinnetzwerk zuständig, das man als *synaptischen Komplex* bezeichnet. «Man nimmt an, daß die Rekombinationsknötchen zwischen den Chromosomen den enzymatischen Apparat der meiotischen Rekombination enthalten. Interessanterweise gibt es zwei Arten dieser Knötchen: frühe und späte. Frühe Knötchen sind häufig und spielen wahrscheinlich bei der anfänglichen Paarung der homologen Regionen eine Rolle; die späten Knötchen sind seltener, und ihre Verbreitung entspricht derjenigen der Chiasmata (sc. der Überkreuzung zweier Nicht-Schwesterchromatiden eines homologen Chromosomenpaares während der Meiose, d. V.). Die Aktivität der frühen Rekombinationsknötchen scheint ausschließlich zur Genkonversion zu führen, während der DNA-Austausch von den späten Knötchen vermittelt wird» (JOHN MAYNARD SMITH – EÖRS SZATHMÁRY: *Evolution*, 157). Wenn also die Syngamie nicht den Zweck hat, Crossing-over zu ermöglichen, was ist dann der Grund für ihre Entstehung?

Der Vorteil, den die *Syngamie* gegenüber der Endomitose bietet, ist bereits identisch mit den Gründen für die Entstehung der sexuellen Fortpflanzung. Es geht, wie wir sahen, nicht eigentlich um «Fortpflanzung», wohl aber um das, was wir als Heterozygotenvorteil kennengelernt haben, nämlich darum, daß ein Diploider, der aus der Vereinigung genetisch verschiedener Haploider, also durch *«Heterosis»*, hervorgegangen ist, bei schädlichen Mutationen, die rezessiv bleiben, eine höhere «Fitneß» aufweisen wird als ein durch Endomitose entstandener Diploider. Nun sind aber die meisten schädlichen Mutationen wie ja auch die Vererbung der meisten Erbkrankheiten wohl aus biochemischen Gründen rezessiv; bei Homozygoten (also bei Zellen mit doppeltem Chromosomensatz, die durch Endomitose enstanden sind und deshalb zwei identische Allele für ein bestimmtes Merkmal besitzen) müssen solche Mutationen natürlich einen weit stärkeren Effekt hervorrufen als bei Heterozygoten (bei Zellen mit doppeltem Chromosomensatz, die aus der Verschmelzung – Syngamie – verschiedener Zellen enstanden sind und folglich über zwei verschiedene Allele für ein Merkmal verfügen können); und eben darin dürfte der Vorteil der Syngamie liegen: – in begrenztem Umfang kann sie den Schaden rezessiver Mutationen ausgleichen.

Die Frage, die jetzt noch bleibt, richtet sich natürlich darauf, warum dann noch das *Crossing-over*, der Austausch von Chromosomenabschnitten zwischen homologen Chromosomen, entwickelt wurde. Bereits R. A. FISHER (*The Genetical Theory of Natural Selection*, Oxford 1930) wies darauf hin, daß die Rekombination der Gene den Fitneßverlust einer Population durch nachteilige Mutationen verringere und zudem vorteilhafte Mutationen in verschiedenen Individuen in einem einzigen Nachfahren zusammenführe; auf diese Weise werde die Geschwindigkeit erhöht, mit der eine Population sich an wechselnde Umweltbedingungen – zum Beispiel an die schädigende Wirkung bestimmter Krankheitserreger! – anpassen kann. Diese Vorteile sind so groß, daß sie immer wieder parthenogenetische (also durch «Jungfernzeugung» der Weibchen mit Nachkommen aus unbefruchteten Eiern sich vermehrende) Populationen eliminiert haben (vgl. JOHN MAYNARD SMITH: *The Evolution of Sex*, Cambridge 1978); sie reichen also aus, um den dauerhaften Bestand der sexuellen Fortpflanzung zu erklären. Doch auch wenn sich im nachhinein herausgestellt hat, daß die genetische Rekombination und die sexuelle Fortpflanzung langfristig für das Überleben der Art von Nutzen gewesen sind, so greift die natürliche Selektion nie an der «Art» als solcher an, sondern stets nur unmittelbar am Individuum; deshalb muß *die Entstehung* der Rekombination auf kurzfristige, *individuelle* Vorteile zurückzuführen sein, wie es A. S. KONDRASHOV (*Deleterious mutations and the evolution of sexual reproduction*, in: Nature 336, 1988, 435–440) zu zeigen versucht hat. Und hier ergibt sich eine Schwierigkeit: Worin soll der Vorteil für ein Individuum bestehen, wenn es statt all seiner Gene – wie bei der asexuellen Fortpflanzung – nur noch die Hälfte an seine Nachkommen weitergeben kann?

KONDRASHOV argumentierte, daß ein Gen, das *Crossing-over* verursacht, innerhalb einer Population von der Selektion begünstigt werden könne, wenn die Eliminierung nachteiliger oder die Anhäufung günstiger Mutationen für dieses Gen selbst zu einem individuellen Vorteil führe; insbesondere synergistisch wirkende schädliche Mutationen innerhalb einer Population führten zur Selektion der Rekombination. Eine solche synergistische Wirkung nachteiliger Mutationen läßt sich zum Beispiel für solche Mutationen nachweisen, die den Stoffwechsel durch Reduktion der Enzymaktivität beeinflussen. Anhand der *Stoffwechselkontrolltheorie* von H. KACSER und J. A. BURNS (*The control of flux*, in: Symposia of the Society for Experimental Biology 32, 1973, 65–104) hat EÖRS SZATHMÁRY (*Do deleterious mutations act synergetically? Metabolic control theory provides a partial answer*, in: Genetics 133, 1993, 127–132) untersucht, von welcher Art die «*Epistasie*» (das heißt die Aufhebung eines Geneffektes durch ein zweites nichtalleles Gen) zwischen Enzymmutationen sein kann. Ob Mutationen einen synergistischen oder einen antagonistischen

Effekt auf die Fitneß haben, hängt im Rahmen der Stoffwechselkontrolltheorie davon ab, ob die Selektion einen optimalen oder einen maximalen Umsatz begünstigt. Wenn die Selektion eine konstante, optimale Konzentration eines Stoffwechselproduktes (eines «Metaboliten») begünstigt, sind die Auswirkungen von Mutationen auf die Fitneß synergistisch, und in diesem Falle begünstigt die Epistasie die sexuelle Fortpflanzung; hingegen ist Rekombination nachteilig, wenn die Selektion die schnellstmögliche Synthese eines Metaboliten begünstigt, denn dann sind die Effekte von Mutationen antagonistisch. Zudem konnte JOHN MAYNARD SMITH (*Selection for recombination in a polygenic model – the mechanism*, in: Genetical Research, Cambridge 51, 1988, 59–63) zeigen, daß bei gerichteter Selektion eines Merkmals, das durch Gene an verschiedenen Loci determiniert ist, zugleich auch Gene selektiert werden, welche die Rekombinationshäufigkeit zwischen diesen Loci steigern. W. D. HAMILTON (*Sex versus nonsex versus parasite*, in: Oikos 35, 1980, 282–290) machte vor allem das «Wettrüsten» zwischen Wirtsorganismen und Parasiten (Viren, Bakterien, Pilze, Protozoen, die der Fitneß der Wirte mehr zusetzen als alle Raub- und Freßfeinde) für die Selektion einer vermehrten Rekombination verantwortlich. Wenn das zutrifft, läßt sich sagen, daß sowohl die Selektion an synergistisch wirkenden schädlichen Mutationen als auch die gerichtete Selektion an polygenen Merkmalen (die durch Gene an verschiedenen Loci determiniert werden) wie auch der Kampf gegen Parasiten die Evolution des Crossing-over begünstigt haben dürfte (vgl. JOHN MAYNARD SMITH – EÖRS SZATHMÁRY: *Evolution*, 160).

Damit haben wir im Grunde alle Voraussetzungen beieinander, um die Entstehung der sexuellen Fortpflanzung zu erklären. Nur die letzte Modifikation: die Zwei-Schritt-Meiose (das heißt die Aufeinanderfolge von Reduktionsteilung (Meiose) und Äquationsteilung (Mitose; vgl. Abb. 104c), bleibt noch zu begründen. Man nahm an, sie sei aus der schon genannten Notwendigkeit der Eukaryoten entstanden, unter vorwiegend aeroben Umweltbedingungen einen effektiven Mechanismus zur DNA-Reparatur gegenüber der Schädigung durch freie Sauerstoff-Radikale zu bilden; doch dürfte diese Aufgabe bereits bei der Entstehung der Endomitose eine Rolle gespielt haben, so daß hiermit nicht die Entstehung der Zwei-Schritt-Meiose erklärt werden kann. Es scheint im Gegenteil zunächst bizarr, eine Reduktionsteilung zur Halbierung der Chromosomenzahl mit einer Verdoppelung derselben zu beginnen. Ein möglicherweise entscheidender Vorteil der Zwei-Schritt-Meiose mag darin gelegen haben, daß sich sogenannte *sister-killer*-Allele nicht ausbreiten können. Darunter sind Allele, also durch Mutation entstandene verschiedene Zustandsformen eines Gens zu verstehen, die in der Lage sind, ihre Schwestergameten zu töten. Ein solches *sister-killer*-Allel könnte sich, solange es selten wäre, bei einer Ein-Schritt-Meiose ungestört ausbreiten, da es vor der Teilung sich in einer Heterozygoten befände, also nicht selbst von einem anderen *sister-killer*-Allel ausgeschaltet würde, sondern statt dessen selbst seinen Schwestergameten ausrotten würde. Anders verhält es sich bei einer Zwei-Schritt-Meiose. Wenn hier die erste Teilung eine Reduktionsteilung ist (bei welcher die Chromosomenzahl auf die Hälfte reduziert wird, um eine Geschlechtszelle zu bilden, die gemäß statistischer Verteilung nur jeweils eines der homologen Chromosomen erhält und die dadurch zur Syngamie fähig ist), so wird die zweite Teilung eine Äquationsteilung (das heißt eine Mitose, eine Teilung der Zelle zum Zwecke der Vermehrung) sein, bei der die Chromosomenzahl durch DNA-Replikation verdoppelt wird, so daß aus einer Zelle zwei neue mit identischem Genom entstehen – und umgekehrt. Ein *sister-killer* kann nun bei der ersten oder der zweiten Teilung aktiv sein; «da aber ungewiß ist, welche von beiden die Reduktionsteilung sein wird, besteht eine 50prozentige Wahrscheinlichkeit dafür, daß er sich selbst tötet (sc. da er dann gleichzeitig mit einem zweiten sister-killer-Allel in *einer* Zygoten ist, d. V.). Für dieses Allel gibt es also keinen Nettoreproduktionsvorteil» (JOHN MAYNARD SMITH – EÖRS SZATHMÁRY: *Evolution*, 161).

Das Problem der *sister-killer*-Allele klingt gewiß recht ausgefallen, doch hat D. HAIG (*Alternatives to meiosis: the unusual genetics of red algae, microsporidia and others*, in: Journal of Theoretical Biology 153, 1993, 531–558) gezeigt, daß spezielle Teilungsmechanismen bei Microsporidien, die zu den Archaezoen zählen, sowie bei Rhodophyten (Rotalgen) alternative Anpassungen an eben das Problem der *sister-killer*-Allele darstellen könnten. Bei Microsporidien z. B. hat E. U. CANNING (*Nuclear division and chromosome cycles in microsporidia*, in: Biosystems 21, 1988, 333-340) herausgefunden, daß nach einer diploiden Meiose, die auf eine Syngamie folgt, ein synaptischer Komplex gebildet wird; sodann folgt eine zweite Syngamie zwischen den diploiden Mitoseprodukten; es entsteht eine Abfolge, wie Abb. 105 sie darstellt.

Entscheidend ist, daß es dabei *kein* Crossing-over gibt, so daß jeder der beiden synaptischen Komplexe aus einem Paar Nicht-Schwesterchromatiden besteht. Entweder an der ersten oder an der zweiten Reduktionsteilung sind Nicht-Schwesterchromatiden beteiligt, mit der Folge der gleichen Unsicherheit für ein *sister-killer*-Allel, wie sie die «normale» Meiose mit Crossing-over mit sich bringt.

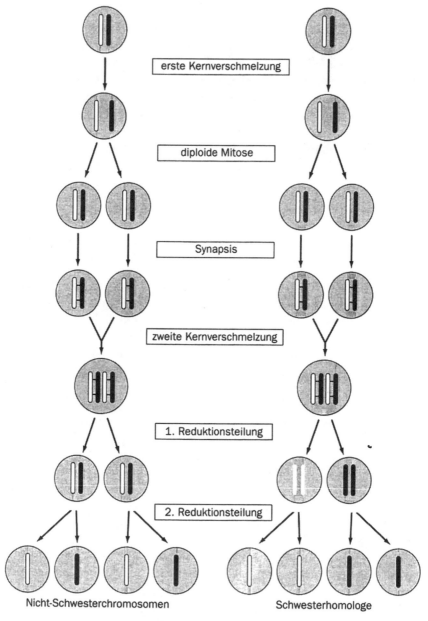

105 Der Teilungszyklus bei Microsporidien.

Was wir bei diesen Überlegungen für unsere Fragestellung lernen können, ist gleich zweierlei. Zum einen: die sexuelle Fortpflanzung, für uns Menschen auf das engste verbunden mit den Gefühlen und Werten von Liebe und Hingabe, ist ursprünglich weder zum Zwecke der Fortpflanzung noch der «Liebe» entstanden, sie ergab sich offenbar aus der Notwendigkeit, DNA-Schäden sowie schädliche Mutationen zu korrigieren und Parasiten, Viren und Bakterien besser bekämpfen zu können; die Verbesserung der Reparaturmöglichkeiten von Doppelstrangschäden der DNA sowie die Verbreiterung der Immunantwort dürften die beiden Hauptziele der Meiose und der Syngamie gebildet haben, aus denen sich die sexuelle Fortpflanzung der Eukaryoten entwickelt hat. Und zum anderen: Im Hintergrund der vorgetragenen Überlegungen steht das, was RICHARD DAWKINS als den Egoismus der Gene bezeichnet hat – nur von diesem Konzept her ist es verständlich zu machen, daß es ein Problem wie das der *sister-killer*-Allele überhaupt gibt.

Wenn wir ein *Gen* mit G. C. WILLIAMS (*Sex and Evolution*, Princeton 1966) definieren als ein beliebiges «Stück Chromosomenmaterial, welches potentiell so viele Generationen überdauert, daß es als eine Einheit der natürlichen Auslese dienen kann» (RICHARD DAWKINS: *Das egoistische Gen*, 63), so ist damit ein Doppeltes gegeben: zum einen ist das Gen eine Folge nebeneinander liegender Codebuchstaben auf der DNA, die eine genetische Einheit bilden; zum anderen ist das Gen ein Replikator mit hoher Kopiergenauigkeit, d. h., es verfügt über eine hohe Langlebigkeit in Gestalt seiner eigenen Kopien. Wichtig ist dabei die Folgerung, die sich aus diesen beiden Kennzeichnungen ergibt: «Je kürzer eine genetische Einheit ist, desto länger – in Generationen gemessen – wird sie wahrscheinlich leben. Um so geringer ist vor allem die Wahrscheinlichkeit, daß sie bei irgendeinem Crossing-over aufgespalten wird» (RICHARD DAWKINS: *Das egoistische Gen*, 64). Denn das *Crossing-over* zerschneidet ohne Rücksicht auf den «Inhalt» der DNA-Sequenzen homologe DNA-Stränge väterlicher und mütterlicher Herkunft und tauscht die entsprechenden Abschnitte gegeneinander aus. «Stellen wir uns vor, daß ein ganzes Chromosom jedesmal, wenn durch meiotische Teilung eine Samen- oder Eizelle entsteht, durchschnittlich einem Crossing-over ausgesetzt ist und daß dieses Crossing-over an jeder Stelle seiner gesamten Länge stattfinden kann. Betrachten wir eine sehr große genetische Einheit von beispielsweise der halben Länge eines Chromosoms, so besteht eine Möglichkeit von 50%, daß die Einheit aufgespalten wird. Wenn die genetische Einheit, die wir untersuchen, lediglich ein Prozent der Chromosomenlänge ausmacht, so können wir annehmen, daß ihre Chance, in einer meiotischen Teilung aufgespalten zu werden, nicht mehr als ein Prozent beträgt. Dies bedeutet, daß die Einheit erwarten kann, während einer Vielzahl von Generationen in den Nachkommen des Individuums zu überleben» (a. a. O., 64). Das Resultat: «Je kleiner eine genetische Einheit ist, desto wahrscheinlicher besitzt ein anderes Individuum sie ebenfalls – und um so größer ist die Wahrscheinlichkeit, daß sie in Form von Kopien viele Male hintereinander auf der Welt existiert» (a. a. O., 66–67).

Ein «gutes» Gen ist in diesem Sinne ein Gen, das es schafft, lange zu überleben, und diesem «Zweck» muß selbst die Existenz der Individuen, die von den Genen aufgebaut werden, unterstellt werden: sie sind «Überlebensmaschinen», die «von einem kurzlebigen Verband langlebiger Gene» konstruiert werden (a. a. O., 86). Die sexuelle Fortpflanzung oder das Crossing-over kommt daher als erstes demjenigen Gen zugute, das die sexuelle Fortpflanzung oder das Crossing-over steuert; «wenn die geschlechtliche im Gegensatz zur ungeschlechlichen Reproduktion einen Vorteil für ein Gen für sexuelle Reproduktion bedeutet», schreibt RICHARD DAWKINS (*Das egoistische Gen*, 86–87), «so ist dies allein eine ausreichende Erklärung für die Existenz von sexueller Fortpflanzung. Ob sie all den übrigen Genen des Individuums einen Vorteil bringt oder nicht, ist von verhältnismäßig geringer Relevanz.»

An dieser Darstellung ist so viel richtig, daß biologische Einrichtungen nur zustande kommen, indem sie als erstes den Genen selbst, die sie codieren, zum Nutzen gereichen; dann aber muß diese Sichtweise vom «Egoismus» der Gene nach dem Gesagten ergänzt werden durch die Feststellung, daß die Gene nichts Besseres für ihren Selbsterhalt tun können, als «Überlebensmaschinen» zu «bauen», die funktionstüchtig genug sind, um zumindest bis zur Reproduktion ihres Genoms existieren zu können. Und damit stellt sich die Frage, *wie* sie zur Reproduktion gelangen.

Es ist wahr, daß zum Beispiel Ulmen und Blattläuse sich *nicht* sexuell fortpflanzen müssen; ein Blattlausweibchen etwa kann weibliche Nachkommen gebären, die nicht nur vollständig die Gene der Mutter in sich enthalten, sondern die als Embryonen ihrerseits noch einen kleineren Embryo in sich tragen, so daß ein Blattlausweibchen gleichzeitig eine Tochter und eine Enkelin zur Welt bringen kann; Ulmen vermehren sich – wie viele Pflanzen – vegetativ, indem an Ausläuferwurzeln junge Bäume entstehen, die «Wurzelbrut», so daß ein ganzer Ulmenwald als ein einziges Individuum betrachtet werden kann (RICHARD DAWKINS: *Das egoistische Gen*, 85). Doch was beweist das anderes, als daß es die sexuelle Vermehrung nicht geben müßte, wenn sie nur entstanden wäre, um der Fortpflanzung zu dienen? So groß auch der «Egoismus» der Gene sein mag, er muß z. B. das Crossing-over (über den Vorteil für das eine Gen, welches das Crossing-over codiert, hinaus) selber fördern, wenn und weil dieses Verfahren des Gen*austauschs* dem Überlebensvorteil *des Organismus* dient, in dem das Genom sich exprimiert und reproduziert.

Eine letzte wichtige Frage stellt sich jetzt noch nach der *Differenzierung* von Individuen, die sich sexuell fortpflanzen: Wieso entwickeln sie sich zu «männlichen» und «weiblichen» Exemplaren?

### γ) Warum es Männchen und Weibchen gibt oder: Die Entstehung der Geschlechter

Was uns an dieser Stelle schon ganz klar geworden ist: Geschlecht ist keine Voraussetzung für Sexualität! Tatsächlich sind wir bis jetzt auf der Organisationsstufe von Bakterien, Protozoen, Algen und Pilzen von «isogamen» Organismen ausgegangen, also von Organismen ohne morphologisch unterscheidbare Gameten. Geschlechtlichkeit ist also keine Voraussetzung, sondern «nur» eine Konsequenz von Sexualität. Selbst bei isogamen Organismen aber gibt es bereits zwei Paarungs- oder Kreuzungstypen, die man als *plus* und *minus* bezeichnet. «Gameten des einen Typs verschmelzen nur mit solchen des anderen Typs. Diese Verhältnisse haben sich vermutlich sehr früh aus einem Zustand entwickelt, in dem jeder Gamet mit jedem anderen fusionieren konnte» (JOHN MAYNARD SMITH – EÖRS SZATHMÁRY: *Evolution*, 162–163). R. F. HOEKSTRA (*On the asymmetry of sex: evolution of mating types in isogamous populations,* in: Journal of Theoretical Biology 87, 1982, 785–793) hat gezeigt, wie der Übergang erfolgt sein könnte (vgl. Abb. 106).

Daß es überhaupt ein Vorteil sein kann, mit dem Partner eines anderen genetischen Typs zu fusionieren, hat sich uns schon bei der Erörterung der Vorteile der Syngamie gegenüber der Endomitose ergeben: die Fusion (die «Syngamie») ermöglicht es, nachteilige Mutationen zu verdecken. Wie aber ist die Herausbildung unterschiedlicher Paarungstypen denkbar? Nach HOEKSTRA codierten in der promisken Anfangsphase zwei Gene, A und B, zwei Proteine, die dem entsprachen, was Elektroniker als männliche und weibliche Stecker bezeichnen würden. Gen A codiert dabei ein Oberflächenprotein, das nichts mit der Zellfusion zu tun hat; Gen B codiert ein Protein, das die Zellfusion verursacht; jede Zelle kann mit jeder beliebigen anderen verschmelzen. Durch Verlustmutationen: A → a und B → b, läßt sich dieser Zustand leicht in ein System mit zwei Paarungstypen überführen: Ab und aB; diese beiden Paarungstypen können nur mit dem jeweils anderen Typ oder mit dem noch exi-

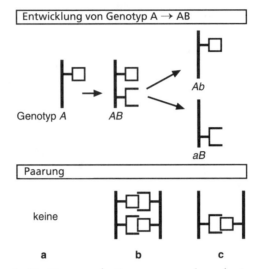

106 Der Ursprung der Paarungstypen *plus* und *minus*.

stierenden Vorläufer AB verschmelzen. In diesem Stadium kommt es zur Selektion einer engen Koppelung zwischen den Loci A und B, weil die rekombinanten ab-Genotypen nicht fusionieren können. Da ein Gamet, der nicht sofort mit dem ersten besten Gameten, dem er begegnet, verschmelzen kann, anschließend leicht noch viele andere Gelegenheiten zur Fusion mit einem passenden Gameten erhalten wird, muß die AB-Variante, die ja im Gegensatz zu den Ab- und aB-Gameten mit allen Gametentypen fusionieren kann, nicht unbedingt einen großen Selektionsvorteil gegenüber den anderen Gametentypen besitzen. Weiterhin kann in dem Modell angenommen werden, daß während der anfänglichen Ausbreitung von Ab und aB der Selektionsvorteil, nämlich die Verdeckung nachteiliger Mutationen, die Gametentypen Ab und aB bevorzugen wird, bis AB vollständig eliminiert ist. Zudem kann man sich denken, daß die Selektion dafür sorgt, daß die beiden Gametentypen etwa gleich häufig bleiben.

Als Konsequenz aus der Existenz der beiden Paarungstypen *plus* und *minus* ergibt sich jetzt aber, daß jeweils die Hälfte der Population als mögliche Sexualpartner ausfallen und somit wohl die Partnersuche erschwert sein dürfte. Die Frage wird sich deshalb anschließen, wieso sich die zwei verschiedenen Paarungstypen überhaupt während der Evolution durchgesetzt haben sollten, oder anders gefragt, welche Vorteile sie besitzen.

Es wird für uns inzwischen nicht mehr überraschend sein, daß der Vorteil gerade in der *vereinfachten* Partnersuche liegen wird. Wenn Partner (Zellen) sich jeweils finden, indem der eine ein Signal aussendet und wartet, und der andere das Signal erkennt und sich aufmacht, den Signalgeber zu suchen, so ist augenblicklich derjenige im Nachteil, der in seinem Genom keine eindeutige Verhaltensanweisung programmiert hat, sondern statt dessen sich durch die gleichzeitige Ausführung beider Strategien selbst um seinen Erfolg bringt (indem er zum Beispiel Signale sendet, aber nicht am Ort bleibt und wartet; oder indem er Signale empfängt, aber den Signalgeber nicht sucht, sondern auf der Stelle verharrt, um seinerseits gleichzeitig Signale zu senden).

Die Entstehung einer «männlichen» und einer «weiblichen» Form der Partnersuche ist insoweit verstehbar; aber warum ist es dabei nicht geblieben? Das nächste Stadium der Geschlechtsdifferenzierung dürfte der Größenunterschied der Keimzellen gewesen sein, und als Grund dafür gilt die Weitergabe von Organellen durch nur einen Elternteil: die «uniparentale» Vererbung von Organellen.

Mitochondrien und Chloroplasten verfügen ja – wie wir bereits im Zusammenhang mit der Endosymbiontentheorie erläutert haben (S. 218ff.) – über eine eigene DNA. Sie können nun die Chance, ihre eigene DNA weiterzuvererben, erheblich verbessern, wenn sie «fremde» Organellen beseitigen. In einer Zygote steht deshalb zu erwarten, daß die Organellen der zwei beteiligten Gameten in Konflikte zu einander geraten, die für die Zygote, sozusagen als Kriegsschauplatz, schädlich sein können. Tatsächlich findet bei *Chlamydomonas,* der einzelligen Grünalge, die wir bereits kennengelernt haben (S. 323), ein solcher «Krieg» zwischen den Chloroplasten vom Paarungstyp *plus* und denen vom Paarungstyp *minus* statt. L. D. HURST und W. D. HAMILTON (*Cytoplasmic fusion and the nature of the sexes,* in: Proceedings of the Royal Society of London B 247, 1992, 189–194) haben nun die Überlegung vorgetragen, daß Kerngene selektiert würden, die dafür sorgten, daß bestimmte Organellen nur von einem Elternteil vererbt würden. Und wirklich werden bei *Chlamydomonas* die Chloroplasten nur vom Paarungstyp *plus* weitervererbt, die Mitochondrien hingegen nur vom Paarungstyp *minus.* Noch vorteilhafter ist es natürlich, wenn sich einer der beiden Gameten seiner Organellen vor der Syngamie bereits entledigt, so daß sich die feindlichen Organellen-«Heere» gar nicht erst in der Zygote begegnen. Ein erster Schritt in Richtung *Größendimorphismus* wäre damit getan.

Nur: warum entwickelten sich gerade *zwei* Arten von Gameten und nicht drei, vier oder mehr? Die eine Antwort darauf ist, daß die uniparentale Vererbung, die Konflikte zwischen den Organellen vermeidet, sich leichter entwikkeln kann, wenn es nur zwei Kreuzungstypen gibt – mehr als zwei Kreuzungstypen können sich nur ausbilden, wenn es keine Cytoplasmafusion gibt, also auch keine Gelegenheit für einen Kampf zwischen den Organellen (vgl. JOHN MAYNARD SMITH – EÖRS SZATHMÁRY: *Evolution*, 166).

Damit sind wir fast am Ziel angelangt. Was es jetzt abschließend noch zu verstehen gilt, ist die eigentliche Entstehung von «männlichen» und «weiblichen» Keimzellen oder eben auch von sogenannten «Männchen» und «Weibchen».

*Männchen* sind nach biologischer Definition Individuen, die große Mengen von *kleinen und beweglichen Spermien* produzieren, während die *Weibchen* im Vergleich dazu nur ganz *wenige, große und unbewegliche Eizellen* erzeugen. Um diese Polarität zu verstehen, müssen wir uns die besonderen Härten vor Augen führen, mit denen die Keimzellen als haploide Organismen fertig werden müssen. Bei haploiden Zellen ist ja nicht wie bei diploiden Organismen rezessives Genmaterial im Genom gespeichert, das im Bedarfsfall ein breites Reaktionsspektrum auf Umweltveränderungen erlauben würde. Daraus ergeben sich jetzt die besonderen Schwierigkeiten für die haploiden Organismen: Wenn eine bestimmte Mutation gefordert ist, um bei einem Wechsel der Außenbedingungen zu überleben, so wird bei haploiden Lebewesen eben *die* Zahl von Organismen in einer Generation benötigt, auf die hin statistisch mit einer Mutation zu rechnen ist, und das ist eine Zahl von schätzungsweise mehr als einer Million; dabei müssen wir uns daran erinnern, daß die meisten Mutationen schädlich sind – tatsächlich muß die notwendige Anzahl von Organismen pro Mutation also noch weit höher liegen. Eine derartige Vielzahl von Individuen läßt sich natürlich nur auf der Ebene der Mikroorganismen herstellen, und schon deshalb war der Aufstieg zu den höheren Lebensformen nur möglich durch die «Entdeckung» der geschlechtlichen Fortpflanzung. Die Mitglieder einer Population verdanken ihre gesamte genetische Vielfalt ja fast ausnahmslos der Rekombination bereits im Genpool existierender Allele. Mutationen sind zwar letztendlich die Grundlage dieser allelischen Variabilität, doch sind sie mit einer Mutationsrate von einer Mutation pro Genloci und pro $10^5$ bis $10^6$ Gameten so selten, daß ihr Beitrag zur genetischen Variabilität in einer großen Population von Generation zu Generation durchaus vernachlässigbar ist (vgl. NEIL A. CAMPBELL: *Biologie*, 461; 465).

Gleichwohl arbeitet die Sexualität nach wie vor mit der «Erinnerung» an den Zustand haploider Einzeller; alle Keimzellen, die ja aus der Reduktionsteilung hervorgehen, enthalten wie jene nur *einen* Chromosomensatz; die Selektion wirkt auf die haploiden Gameten unmittelbar, und es werden statistisch, wie gesagt, mehr als eine Million Gameten benötigt, um eine einzige Mutation für das Überleben bei geänderten Umweltbedingungen zu erreichen; eben deshalb werden Eizellen und Samenzellen für den Befruchtungsvorgang wieder in so enormen Mengen wie haploide Mikroorganismen produziert. Je ungünstiger die Umweltbedingungen sind, denen die Gameten ausgesetzt werden, desto mehr von ihnen werden benötigt. Findet die Befruchtung *im Inneren* eines Weibchens statt, so müssen millionenfach mehr *Spermien* hergestellt werden als Eier, von denen oft nur ein einziges genügt; ein Karpfenweibchen z. B. jedoch, das seine Eier ins Wasser ausstößt, muß eine gewaltige Menge von *Eiern* produzieren. Eben weil die Geschlechtszellen aber den Zustand des Lebens auf der Stufe haploider Einzeller widerspiegeln, wäre es verfehlt, in ihnen nicht «richtige» Lebewesen zu erblicken. (Die moral-theologische Argumentation der römischen Kirche irrt an dieser Stelle sehr, wenn sie in der Abtreibungsdebatte erst die befruchtete Eizelle, die Zygote, als «menschliches Leben» betrachtet, das unter allen Umständen geschützt werden müsse; «menschliches Leben» liegt bereits bei den Gameten vor, und so müßte man kirchlicherseits eigentlich fordern, daß jede Spermazelle und jede Eizelle als «menschliches Leben» «geschützt» werde, was mit der Theorie vom «Weißen Tod» tatsächlich bis vor kurzem auch geschah. Natürlich aber ist das vollkommen unmöglich; auf Millionen von Spermien kommt nur ein einziges Ei!) Tatsächlich erleben wir schon beim Befruchtungsvorgang so etwas wie eine DARWINistische Selektion, indem die Spermien untereinander darum konkurrieren, sich mit dem Ei vereinigen zu können: Die Eizelle selber sondert Lockstoffe ab, um die Spermien zu sich hin zu ziehen; diese wiederum können sich auch wechselseitig unterstützen, indem sie sich zusammenschließen und die Schwanzbewegungen ihrer «Geißeln» nach Art einer Zellkolonie synchronisieren; am Ende freilich wird nur *eine* Samenzelle der glückliche «Gewinner» sein, und so liegen im Grunde alle Spermien in Konkurrenz miteinander – ein Kampf auf Leben und Tod vom ersten Augenblick an, denn innerhalb von nur 72 Stunden werden all die Spermien, die nicht zur Befruchtung gelangen, absterben müssen.

Schon die Besprechung der uniparentalen Vererbung der Zellorganellen hat uns auf einen der Vorteile des Größendimorphismus von Gameten vorbereitet. Nun sind uns weitere ersichtlich: Je größer eine Keimzelle ist, desto vorteilhafter kann dieser Umstand für die aus ihr gebildete Zygote sein. Der Grund dafür ist naheliegend: Je größer eine Keimzelle, ein Ei etwa, ist, desto mehr Nährstoffe und Zellorganellen, wie zum Beispiel Mitochondrien, enthält es, und desto besser kann es das Individuum, das daraus entsteht, bei den ersten Wachstumsvorgängen versorgen; unter Umständen kann darin ein entscheidender Überlebensvorteil gegenüber den Nachkommen aus kleineren Eiern liegen: ein Vogeljunges zum Beispiel, das zu klein ist, um mit den konkurrierenden Geschwistern mitzuhalten, wird wahrscheinlich weniger gefüttert werden und sehr rasch sterben. Andererseits lassen sich nicht beliebig viele Keimzellen in immer größerer Form erzeugen, ohne daß dadurch gleichzeitig ihre Beweglichkeit und damit ihre Chance, einander zu treffen, abnimmt. Fest steht: Je kleiner die Keimzellen sind, desto mehr lassen sich von ihnen herstellen und desto mehr von ihnen können einander begegnen; und letztendlich entscheidet vor allem die Zahl der Keimzellen über die Zahl der erzeugten Zygoten. Zwischen beiden Strategien: zwischen Größe und Anzahl, zwischen Überlebenschancen der Zygote und Treffwahrscheinlichkeit der Gameten ist also alternativisch zu wählen; was wird die Natur tun?

Es waren G. A. PARKER, R. R. BAKER und V. G. F. SMITH (*The origin and evolution of gamete dimorphism and the male-female phenomenon*, in: J. Theor. Biol. 36, 1972, 529–553), die rein rechnerisch gezeigt haben, welch einen Weg die Selektion beschreiten wird; in der vereinfachten Darstellung bei W. WICKLER und U. SEIBT (*Das Prinzip Eigennutz*, 172–176) ergibt sich dabei folgendes Bild:

Größenunterschiede in den Keimzellen (und damit auch die Unterschiede von «weiblichen» und «männlichen» Keimzellen überhaupt) entstehen am einfachsten durch die unterschiedliche Häufigkeit, mit der die Ausgangszelle sich teilt. Nun nehmen wir einmal fünf Typen an, die wir von A bis E durchbuchstabieren; A soll eine Zelle der Größe 1 erzeugen, B soll zwei Zellen der Größe $1/2$ erzeugen, C vier Zellen der Größe $1/4$, D acht Zellen der Größe $1/8$ und E sechzehn Zellen der Größe $1/16$. Ferner nehmen wir an, daß diese Unterschiede durch Abweichung von einer mittleren Größe (Typ C) entstanden sind, die deshalb auch am häufigsten vorkommt. A und E sollen nur einmal, B und D sollen zweimal, C aber soll dreimal vorkommen. Dann entsteht die Tabelle von Abb. 107.

Zu berechnen ist nun die Wahrscheinlichkeit P, mit der die verschiedenen Zellen einander treffen werden. Das Ergebnis liegt auf der Hand: da es viermal so viele B-Zellen wie A-Zellen gibt, ist die Kombination A – B viermal so wahrscheinlich wie die Kombination A – A; und E – E wird sogar 16 · 16 = 256mal wahrscheinlicher sein als die Kombination A – A.

Nun werde die Größe der Zygote Z durch Addition der Größen der beiden

| Anzahl der Ausgangs-zellen | Typ der Ausgangs-zelle | Anzahl der erzeugten Keimzellen pro Ausgangs-zelle | Insgesamt von den Ausgangs-zellen erzeugte Keimzellen | Größe der erzeugten Keimzellen |
|---|---|---|---|---|
| 1 | Typ A | 1 | 1·1 = 1 | $\frac{1}{1} = 1$ |
| 2 | Typ B | 2 | 2·2 = 4 | $\frac{1}{2} = 0,5$ |
| 3 | Typ C | 4 | 3·4 = 12 | $\frac{1}{4} = 0,25$ |
| 2 | Typ D | 8 | 2·8 = 16 | $\frac{1}{8} = 0,125$ |
| 1 | Typ E | 16 | 1·16 = 16 | $\frac{1}{16} = 0,063$ |

107 Entstehung des Größendimorphismus von Keimzellen.

Keimzellen ermittelt; eine Zygote A + C, die aus Keimzellen vom Typ A und C entstanden ist, besitzt demnach die Größe

$$Z_{A+C} = 1 + \frac{1}{4} = 1,25$$

usw.; wir nehmen zudem an, daß die Überlebenschance des neuen Individuums um so größer sei, je größer die Zygote wird – PARKER und seine Mitarbeiter setzten für ihre Berechnungen die Überlebenschancen der Zygote mit dem Quadrat ihrer Größe ($Z^2$) gleich; dann ergibt sich die Fortpflanzungschance F eines Elternindividuums aus der Summe der Überlebenschancen aller von ihm miterzeugten Zygoten ($Z^2$), multipliziert mit der Wahrscheinlichkeit P, mit der diese Zygoten auftreten, also aus den jeweiligen Keimzellen gebildet werden ($F = P \cdot Z^2$). In der Berechnung darf natürlich nicht vergessen werden, die errechnete Fortpflanzungschance auf jeweils *ein* Individuum zu beziehen, also das Ergebnis durch die Anzahl N der beteiligten Individuen vom jeweiligen Typ zu dividieren. Die Fortpflanzungschance $F_A$, die ein Elternindividuum vom Typ A mit seinen Keimzellen erhält, beträgt dann

$$F_A = \frac{F_{A+A} + F_{A+B} + F_{A+C} + F_{A+D} + F_{A+E}}{N_A},$$

mit:

$F_{A+A} = 1 \cdot (1 + 1)^2 = 4$,
$F_{A+B} = 4 \cdot (1 + 0{,}5)^2 = 9$,
$F_{A+C} = 12 \cdot (1 + 0{,}25)^2 = 18{,}75$,
$F_{A+D} = 16 \cdot (1 + 0{,}125)^2 = 20{,}25$ und
$F_{A+E} = 16 \cdot (1 + 0{,}063)^2 = 18{,}08$, so daß sich die Fortpflanzungschance des Elternindividuums vom Typ A ergibt zu

$$F_A = \frac{4 + 9 + 18{,}75 + 20{,}25 + 18{,}08}{1} = 70{,}08.$$

Entsprechend lassen sich auch die Fortpflanzungschancen der Elternindividuen der anderen Typen berechnen:

$$F_B = \frac{F_{B+A} + F_{B+B} + F_{B+C} + F_{B+D} + F_{B+E}}{N_B}$$

$$= \frac{9 + 16 + 27 + 25 + 20{,}29}{2} = 48{,}65,$$

$$F_C = \frac{F_{C+A} + F_{C+B} + F_{C+C} + F_{C+D} + F_{C+E}}{N_C}$$

$$= \frac{18{,}75 + 27 + 36 + 27 + 18{,}81}{3} = 42{,}52,$$

$$F_D = \frac{F_{D+A} + F_{D+B} + F_{D+C} + F_{D+D} + F_{D+E}}{N_D}$$

$$= \frac{20{,}25 + 25 + 27 + 16 + 9{,}05}{2} = 48{,}65,$$

$$F_E = \frac{F_{E+A} + F_{E+B} + F_{E+C} + F_{E+D} + F_{E+E}}{N_E}$$

$$= \frac{18{,}08 + 20{,}29 + 18{,}81 + 9{,}05 + 4{,}06}{1} = 70{,}29.$$

Das Ergebnis dieser Rechnung zeigt, worauf es ankommt: es *polarisieren* sich die Extremtypen A und E! PARKER und seine Mitarbeiter haben diese Berechnungen auch für andere Keimzellentypen, Größenverhältnisse, Häufigkeitsverteilungen und für andere Überlebenschancen der Zygoten durchgeführt. An der wesentlichen Grundaussage ändert sich dabei nie etwas: Da es zwei miteinander unvereinbare Vorteile gibt (Größe und Anzahl), sich aber immer zwei Zellen vereinigen müssen, entstehen unter dem Druck der Selektion extrem ungleich große und kleine Keimzellen *(Anisogameten)*. Natürlich sind die kleineren E-Zellen den größeren A-Zellen an Beweglichkeit überlegen, und so werden sie es sein, die auf die Suche nach ihrem größeren Partner zu gehen haben. Statt von A-Individuen sprechen wir jetzt besser von «Weibchen», und statt von E-Individuen besser von «Männchen».

Wir haben jetzt also gesehen, wie es zu einer Population «männlicher» Individuen, die kleine bewegliche Gameten produzieren, und zu einer Population «weiblicher» Individuen, die große unbewegliche Gameten produzieren, gekommen sein könnte. Doch was uns an *dieser* Stelle vorab interessieren sollte, ist die Frage, wie sich der *Geschlechtsdimorphismus,* also das Vorhandensein von Männchen und Weibchen, auf die Individuen und ihr Verhalten auswirkt.

Zwei Fragen sind es dabei, die uns beschäftigen sollten: Wenn es nun einmal «weibliche» und «männliche» Organismen bzw. Individuen gibt, wie finden sie zueinander? *Dieser* Frage wollen wir für uns Menschen *an einem einzigen Beispiel* nachgehen, indem wir die *Geruchswirkung* der Geschlechter aufeinander beschreiben. Eine weitere Frage muß lauten, wie der «Egoismus» der Gene das Verhalten der «weiblichen» und der «männlichen» Individuen im Umgang miteinander und im Umgang mit ihren Jungen steuert. *Dieser* Frage wollen wir vor allem am Beispiel innerartlicher Konkurrenzkämpfe sowie am Verhalten von Löwen und Ameisen nachgehen.

Ehe wir das tun, sollten wir allerdings noch einmal das Ergebnis unserer bisherigen Untersuchungen festhalten. Es ist nicht übertrieben, wenn wir es als dramatisch bezeichnen. Denn wir stehen nach dem Gesagten vor der Situation, daß wir das Allerliebloseste: die schnöde «Opferung» der schönsten und wertvollsten Geschöpfe an irgendeine Zecke oder Tsetsefliege, ja, an irgendwelche Meningokokken oder Trypanosomen, offenbar in mittelbare Verbindung bringen müssen mit dem Allerliebevollsten: mit der «Zärtlichkeit» und der «Zuneigung», die das Verhältnis zwischen Männchen und Weibchen zumindest bei den Wirbeltieren in der Phase der Paarung auszuzeichnen pflegt. Wir haben schon in *Glauben in Freiheit* (1. Bd., 479-502) beschrieben, wie lang der Weg von den ersten Regungen solcher Gefühle bis hin zu der Herausbildung dessen, was wir heute bei uns Menschen als «Liebe» bezeichnen, in der Evolution gewesen ist; doch wer von den Theologen, der auf jüdisch-christlichem Hintergrund gewohnt ist, den Begriff der «Liebe» mit Gott selbst zu verbinden, ja, mit dem Gottesbegriff selbst zu identifizieren (vgl. 1 Joh 4,16!), würde es, ausgehend von der traditionellen «Schöpfungstheologie», auch nur für möglich halten, welchen Quellen die sexuelle Fortpflanzung und damit die

Liebe zwischen Mann und Frau ihre Herkunft verdankt? Und sind wir so sicher, daß die Individualität, die wir der Intensivierung des Gefühls der Liebe verdanken, tatsächlich in jener Unangefochtenheit und «Freiheit» besteht, die wir ihr in sittlicher Absicht so gerne zuschreiben? Gerade die Beschäftigung mit den Verhaltensweisen, die der Reproduktion zugrunde liegen, wird uns die Rolle des Individuums vor dem Hintergrund des «Egoismus der Gene» als zutiefst zweifelhaft erscheinen lassen; und wenn wir dann noch sehen, wie triebhaft und dumpf die Mechanismen sind, die Frauen und Männer sexuell aneinander binden, so wird vieles von dem Stolz schwinden, mit dem wir Menschen uns theologisch als einzigartige Geschöpfe eines liebenden Gottes zu erklären pflegen. Die Beschäftigung mit dem *Geruchssinn* ist dabei im folgenden gewiß von besonderem Reiz; denn er besitzt nicht nur in der Entwicklung der Säugetiere eine besondere Bedeutung (s. u. S. 574), er ist auch «irrational» genug, um uns zu zeigen, *wie* die Natur mit uns Menschen verfährt.

### δ) Warum Partner sich «gut riechen» können

Man muß wissen, daß die Gene in einem Individuum offenbar nicht nur das äußere Erscheinungsbild für die Augen (oder für den Tastsinn) determinieren, sondern ebenso ein unverwechselbares Geruchsbild für die Nase erstellen. Insbesondere sind die Geruchsmarken *geschlechtsspezifisch*. Der Geruch einer Frau unterscheidet sich ebenso von dem Geruch eines Mannes wie ihre Stimme oder wie ihre körperliche Gestalt; im Umgang miteinander bilden diese Unterschiede ein Signalsystem wechselseitiger Anziehung und Abstoßung. In *Der sechste Tag* (90–92) haben wir gesagt, auf dem Wege zur Menschwerdung sei ein bemerkenswerter Anstieg sexueller Aktivitäten wohl schon deshalb vorauszusetzen, weil es – anders etwa als bei den uns verwandten Schimpansen – kein klares Kriterium zur Feststellung des Empfängnisoptimums, das heißt des Eisprungs (der Ovulation) mehr gegeben habe; ein Männchen, das bei der Reproduktion erfolgreich habe sein wollen, sei deshalb zu einer unablässigen «Marschbereitschaft» genötigt gewesen – die Sexualität habe zunehmend begonnen, der Paarbindung, nicht allein der Fortpflanzung zu dienen. An dieser Betrachtung ist auch jetzt nichts Grundlegendes zu ändern; jedoch gibt es Hinweise dafür, daß bestimmte Geruchssignale das Sexualleben von Menschen in der Zeit des Eisprungs trotz allem mitbestimmen können – möglicherweise haben sie die Wandlungen der letzten 4–5 Millionen Jahre in der Geschichte des Menschen einfach überdauert.

108  Catecholamine

Tatsächlich scheint es, als wenn die Biochemiker heute dabei seien, den «Traum» SIGMUND FREUDS Schritt für Schritt einzulösen, es werde eines Tages die Psychoanalyse speziell der «Libido» sich in der Sprache der Chemie darstellen lassen (*Über die weibliche Sexualität*, XIV 515-537, S. 534). M. R. LIEBOWITZ (*The chemistry of love*, Boston 1983) war es, der als erster das Phänomen «Liebe» als einen zunächst unspezifischen Erregungszustand, hervorgerufen durch die Überschwemmung mit amphetaminähnlichen Stoffen, erklärte. Insbesondere Phenylethylamin (PEA, $C_8H_{11}N$), das mit dem Entstehen von Lust- und Glücksempfindungen in Zusammenhang gebracht wird, sollte dabei eine entscheidende Rolle spielen. Es ist die Stammsubstanz der Catecholamine, zu denen Adrenalin, Noradrenalin und Dopamin gehören. Wie aus Abb. 108 zu ersehen, sind sich alle vier Moleküle recht ähnlich und besitzen jeweils *eine* Aminogruppe ($NH_2$-Gruppe bzw. eine NH-Gruppe wie das Adrenalin), so daß sie zur Verbindungsklasse der Monamine gezählt werden (vgl. NEIL A. CAMPBELL: *Biologie*, 1096-1097).

«Adrenalin, Noradrenalin und andere Catecholamine werden als Reaktion auf positiven oder negativen Streß ausgeschüttet – in Situationen von höchster Freude über verstärktes Frieren bis hin zur akuten Lebensgefahr. Ihre Freisetzung ins Blut versetzt dem Körper einen plötzlichen Energiestoß» (NEIL A. CAMPBELL: *Biologie*, 1016). Wenn wir jemandem begegnen, der unserem «Ideal» entspricht, wird unser Körper vor allem mit Dopamin und Noradrenalin überflutet; später, wenn die Erregung abklingt, produziert der Körper eigene Morphine, die man als Endorphine bezeichnet. «Man bezeichnet sie manchmal auch als körpereigene Opiate, weil sie das Schmerzempfinden herabsetzen. Tatsächlich ahmen Heroin und andere Opiate Endorphine nach und binden an die gleichen Rezeptoren im Gehirn» (NEIL A. CAMPBELL: *Biologie,* 1012).

Endorphine codieren anscheinend auch Paarbindung, ja, Abhängigkeit. Bei Meerschweinchen zum Beispiel ließ sich beobachten, daß eine Blockierung der Rezeptoren für die körpereigenen Endorphine zu einer höheren Trennungsangst und einer größeren Bereitschaft zu Trauerreaktionen (Weinen) führt. So könnte sich das Phänomen erklären, das D. TENNOV (*Love and limerance,* Chelsey 1979) als «limerance» oder als l'amour fou beschrieben hat: als die unabänderliche Überzeugung einer Person, nur ein ganz bestimmter Mensch, der dazu womöglich objektiv entweder nicht willens oder nicht fähig ist, könne und müsse den Wunsch nach Liebe erfüllen. «Die begehrte Person wird... positiv überstilisiert, und das unerfüllte Verlangen nach ihr führt letztlich zu einer ganzen Reihe von physiologischen und sozialen Konsequenzen... von sozialer Apathie bis zur Hyperaktivität, von Nahrungsverweigerung bis zur übermäßigen Nahrungsaufnahme... Prinzipiell kommt dies bei beiden Geschlechtern unabhängig vom Alter vor. Ein Hauptgeschlechtsunterschied liegt jedoch darin, daß Männer sexuelle Anziehung und Limerance trennen, Frauen hingegen dies nicht tun. Frauen verbinden beide Gefühle. – Eine einfache Erklärung dieses Phänomens wäre, daß durch den visuellen Reiz (die Anwesenheit des Partners) Erregung erzeugt wird – fehlende Erregung setzt dann Suchtverhalten in Gang. Dies wird durch physiologische Mechanismen so gesteuert, daß sich die Wahrnehmungsprozesse völlig auf die Zielperson einengen. Unspezifische Erregung verstärkt den Effekt. Investment soll nicht verloren gehen» (KARL GRAMMER: *Signale der Liebe,* 435). Der psychische Unterschied im Erleben von Mann und Frau könnte nicht unwesentlich auch mit dem Einfluß von *Oxytocin* (von griech. *oxys* = heftig, und *tokos* = Entbindung) zu tun haben, einem vom Hypothalamus gebildeten HHL – (*H*ypophysen*h*inter*l*appen) – Hormon, das in der Schwangerschaft den Geburtsvorgang einleitet und zugleich die Milchproduktion anregt; es ist dieser Stoff, der auch die seelische Verbindung zwischen Mutter und Kind zu vermitteln scheint und speziell diejenigen Gefühle verstärkt, die wir als «Treue» (auch zwischen Mann und Frau) bezeichnen.

Im Sinne des *psychoanalytischen* Erklärungsmodells sollte man annehmen, daß *limerance* etwas mit den frühkindlichen «Prägungen» durch die verinnerlichten Gestalten von Vater und Mutter zu tun hätte; jedenfalls verwundert es nicht, wenn wir Biologen sagen hören, der «Hauptselektionsdruck» gehe «in Richtung» «positiver assortativer Verpaarung», das heißt, daß sich in der Part-

Androstenol
sandelholzartig riechend

Androstenon
urinähnlich riechend

109 Männliche Pheromone

nerwahl Persönlichkeiten finden, die in phänotypischer und genotypischer Hinsicht einander ähnlicher sind, als es dem Durchschnitt der Bevölkerung entspricht. Der «Sinn» dieses Arrangements liegt biologisch offenbar darin, daß der Anteil identischer Gene wächst, so daß die Kinder einander und den Eltern noch ähnlicher sein werden, als sie es «normalerweise» sein müßten; aus Gründen, die wir sogleich besprechen müssen, bedeutet ein höherer Verwandtschaftsgrad zugleich auch einen Zuwachs altruistischen Verhaltens, oder umgekehrt: Stiefkinder (Adoptivkinder) gehen ein hohes Risiko ein, *nicht* altruistisch behandelt zu werden (vgl. J. L. LIGHTCAP – J. A. KURLAND – R. L. BURGESS: *Child abuse: A test of some predictions from evolutionary theory,* in: Ethology and Sociology, 3, 1983, 61–67).

Nun spielen im Sexualverhalten olfaktorische (geruchsspezifische) Reize eine wichtige Rolle. Auch wir Menschen sind, wie gesagt, imstande, allein am Körpergeruch zu entscheiden, ob wir es mit einem Mann oder mit einer Frau zu tun haben (vgl. B. C. L. HOLDT – M. SCHLEIDT: *The importance of human odour in non-verbal communication,* in: Zeitschrift für Tierpsychologie, 43, 1977, S. 225 ff.). Männer zum Beispiel produzieren männliche Pheromone (Geruchssignalstoffe), und zwar zum Beispiel Androstenol ($C_{19}H_{30}O$) und Androstenon ($C_{19}H_{28}O$); – vgl. Abb. 109.

Das sandelholzartig riechende Androstenol wird von Frauen als sexuell attraktiv, das urinähnlich riechende Androstenon hingegen wird als negativ empfunden (vgl. P. A. McCOLLOUGH – J. W. OWEN – E. J. POLLAK: *Does androstenol affect emotion?* in: Ethology and Sociobiology, 2, 1981, 85–88). Paradoxerweise aber werden *beide* Substanzen durch Enzyme und Bakterien im Schweiß produziert, wobei anscheinend primär Androstenol entsteht, das dann unter Sauerstoff-Einfluß sehr rasch zu Androstenon oxidiert wird (J. N. LABOURS – G. PRETI – E. HOELZLE – E. LEYDEN – A. KLIGMAN: *Steroid analysis of human apocrine secretion,* in: Steroids, 34, 1979, 249–258). Die

Frage stellt sich unter diesen Umständen natürlich, was für einen Sinn es haben soll, nahezu gleichzeitig ein sexuell anlockendes und ein sexuell abstoßendes Pheromon zu produzieren.

Daß Frauen sich nicht mit Männern einlassen, die «stinken», müßte ihnen genetisch an sich nicht zum Nachteil gereichen, aber für die Männer scheint die Situation infolge ihres Doppelgeruches auf unsinnige Weise erschwert zu sein. Das Rätsel löst sich erst, wenn man die Tatsache in Rechnung stellt, daß die negative Grundeinstellung der Frauen gegenüber dem Androstenon-Geruch bei Männern *genau zum Zeitpunkt der Ovulation* aufgehoben wird (D. BENTON: *The influence of androstenol – a putative human pheromone – on mood throughout the menstrual cycle*, in: Biological Psychology, 15, 1982, 249–256). Damit ergibt sich, daß ein Androstenon verbreitender Mann, der nicht ovulierende Frauen abstößt, eine *höhere* Chance erhält, auf Frauen zu treffen, die sich exakt in der Zeit des Empfängnisoptimums befinden; der Reproduktionserfolg eines solchen Mannes wird also steigen! Die Verschleierung des Eisprungs bei der Frau führt umgekehrt dahin, daß die Frau sich ihrerseits eine ständige Bereitschaft zu «männlichen Investitionen» sichert, während sie andererseits gerade zur Zeit des Eisprungs von sich her eine größere Bereitschaft aufweist, sich mit Männern einzulassen, auch mit solchen, die sonst nicht in Frage kämen; durch «Extrapaarkopulationen» (zu deutsch: durch Seitensprünge) kann sie die Chance nutzen, die «besseren» Gene sich in ihrem Schoß durchsetzen zu lassen, also eine «Spermienkonkurrenz» zu induzieren (vgl. M. A. BELLIS – R. R. BAKER: *Do females promote sperm competition? Data for humans*. In: Animal Behaviour, 40, 1991, 997–999). «Frauen», mutmaßt KARL GRAMMER (*Signale der Liebe*, 497), «können mittels dieses Androstenon-Androstenol-Signalsystems mit den negativen Effekten der Monogamie sehr gut zurechtkommen. Dieser stimmungsändernde Effekt des Androstenols erlaubt der Frau, sich einen passenden Partner mit der höchsten genetischen Fitneß auszusuchen.»

Noch eigenartiger wird die Lage durch die Tatsache, daß Frauen auch ihrerseits im Vaginalsekret Duftstoffe aussenden, die man, nicht gerade poetisch, als Kopuline bezeichnet – es handelt sich um eine Mischung vor allem aus Essigsäure ($CH_3COOH$), Propansäure ($C_2H_5COOH$), Buttersäure ($C_3H_7COOH$), Methylpropansäure und Methylbutansäure. Wie R. P. MICHAEL – R. W. BONSALL – M. KUTNER (*Volatile fatty acids, «Copulins», in human vaginal secretions*, in: Psychoneuroendocrinology, 1, 1975, 153–163) gezeigt haben, ist die Zusammensetzung der einzelnen Bestandteile zyklusabhängig; da der Geruch in hohen Konzentrationen äußerst unangenehm ist, ergibt sich die eigentümliche Wirkung, daß Frauen mit Hilfe ihrer eigenen Lockstoffe in der Zeit der Ovulation am *wenigsten* anlockend riechen; dafür aber regen die Kopuline das Hormonsystem der Männer, mithin die Produktion von Testosteron, an. Auf diese Weise gelingt es einer Frau, einen *Wettbewerb* unter den Männern gerade zur Zeit ihres Empfängnisoptimums zu provozieren: Während sie als «weniger attraktive» Frau zu den empfängnisbereiten Tagen sich die Männer schon durch ihren Duft auf Distanz hält, schafft sie sich «mit Hilfe des induzierten Wettbewerbs optimale Auswahlbedingungen. Der Kampf der Geschlechter artet hier in eine ‹chemische Kriegsführung› aus, die die einseitigen, auf Attraktivität ausgerichteten Wahlkriterien der Männer aufzuheben versucht und gleichzeitig die freie Wahl für Frauen erlaubt» (K. GRAMMER: *Signale der Liebe*, 498).

Statt um Busen und Po geht es jetzt also um Gerüche, die aber nicht durch die Geruchswahrnehmung selbst wirksam werden, sondern durch die hormonelle Reaktion, die sie beim Empfänger erzeugen, und das alles auf einer Ebene, die vom Verstande schwer zu steuern ist, weil das Großhirn in den Schaltbahnen zwischen Nase, «Riechhirn» und limbischem System förmlich umgangen wird! Ob (vatikanische Moral-)Theologen es gerne sehen oder nicht: selbst die Mechanismen, die das Liebesleben von Menschen auf der Stufe des *homo sapiens sapiens* steuern, sind tief im Tierreich verwurzelt; sie sind zudem weitgehend unbewußt und verfolgen letztlich ein einziges «Ziel»: die optimale Weitergabe der Gene.

Doch als wäre all diese Raffinesse im Signalsystem der Pheromone noch nicht ausreichend, läßt sich außerdem beobachten, daß ein bestimmtes Enzym, näherhin das Flavoprotein Monoamin-Oxidase (MAO), das die Fähigkeit zur Selbstkontrolle im Gehirn beeinflußt, just zur Zeit der Ovulation bei einer Frau die geringste Konzentration aufweist, mit der Folge, daß das allgemeine Erregungsniveau ansteigt. L. ELLIS (*Monoamine oxidase and criminality – Identifying an apparent biological marker for antisocial behaviour*, in: Journal of Research in Crime and Delinquency, 28, 1991, 227–251) führt auf eine geringe MAO-Aktivität bestimmte Wirkungen wie Impulsivität und Monotonievermeidung, Sensationssuche, hohe Risikobereitschaft und die Neigung zu sexuellen Kontakten mit variierenden Partnern zurück. Tatsächlich scheinen Frauen zum Zeitpunkt der Ovulation in Kleidung und Verhalten sich attraktiver und erotischer zu präsentieren als außerhalb dieser Phase des Zyklus. «Dies sind Hinweise darauf, daß wir es tatsächlich mit zyklusabhängigen ‹Werbeeffekten› zu tun haben... Diese Tendenzen zwischen sexueller Eifersucht des Mannes, Extrapaarkopulationen der Frau und ihrer Kontrolle der eigenen Fortpflanzung zeigen ein interessantes Puzzle, in dem Verhalten und Physiologie ein Steinchen auf das andere fügen» (K. GRAMMER: *Signale der Liebe*, 499).

Alles scheint demnach darauf ausgerichtet, die «assortative Paarung», das «Gleich zu Gleich gesellt sich gern», mit einer maximalen Reproduktionsrate auszustatten. Doch wenn es (nur) so wäre, bestünde alsbald die Gefahr der Inzucht; Reinerbigkeit müßte die Parasitenresistenz einschränken. Daraus folgt, daß Individuen auf Grund von Ähnlichkeit nur bis zu einem Punkt sich anziehen dürfen, von dem an Reinerbigkeit die Überlebensfähigkeit der Kinder zu verringern droht. Es muß mithin auch eine zum Ähnlichkeitsprinzip gegenläufige Attraktivität geben, die an Mischerbigkeit gebunden ist und der Verstärkung der Immunabwehr dient. Auch diese Tendenz scheint mit der Abgabe von Geruchsstoffen in Verbindung zu stehen.

G. BEAUCHAMPS – K. YAMAZAKI – E. A. BOYSE (*The chemosensory recognition of genetic individuality*, in: Scientific American, 253, 1985, 66–72) vermuten, daß es eine Art Detektor gebe, der bestimmte Eigenschaften des Immunsystems des Partners in Form eines anziehenden oder abstoßenden Geruchs erkennbar mache. «Wenn der Geruch eines anderen Menschen als besonders widerwärtig empfunden wird, so liegt es nahe, daß dessen Immunsystem möglicherweise nicht zum eigenen paßt» (K. GRAMMER: *Signale der Liebe*, 469). Immungene, die den eigenen zu ähnlich sind, werden bei der Partnerwahl offenbar auf Grund der Geruchswahrnehmung abgelehnt. Oder anders gesagt: wir erschnuppern das Immunsystem des Partners, um den Kindern den besten Schutz mitzugeben!

An jeder Stelle haben wir es bei der Partnerwahl mithin mit antagonistischen Tendenzen zu tun: Einerseits trägt die verstärkte Paarbindung der schutzbedürftigen Abhängigkeit von Mutter und Kind Rechnung – zudem möchte der männliche Teil sicher gehen, daß seine Kinder wirklich von ihm selber sind; auf der anderen Seite neigt *er* dazu, den Radius seiner Gene zu verbreiten; *seine* Untreue scheint biologisch programmiert (s. u. S. 402ff.). Aber auch *sie* legt es offenbar darauf an, in der Zeit des Empfängnisoptimums die «Besten» zur Zeugung neuer Kinder anzuregen. Während *er* das Eigene fortzeugen will, möchte *sie*, die ihrer eigenen Genweitergabe sicher ist, das genetisch «Beste» weitergeben. Das «Beste» aber erscheint einmal als das genetisch Verwandte, dann wieder als das nicht zu Ähnliche. Wie genau aber ist dabei das Spiel allein der Geruchssignale auf *genetische Optimierung* ausgerichtet – ein «Kampf ums Überleben», der bereits auf der Ebene der Gene wirksam wird! Nicht das überlebenstüchtigste Individuum, sondern das überlebenstüchtigste Genom wird hier selektiert – eine Feststellung, die uns im nächsten Abschnitt veranlassen wird, die Grundgedanken DARWINS noch einmal ganz neu zu durchdenken.

Anzumerken bleibt an dieser Stelle übrigens noch, daß der Gebrauch der *Pille*, der vor allem den Frauen nach Wegfall der Furcht vor unerwünschten Kindern endlich einen Grad von Selbständigkeit und Gleichberechtigung beschert hat, wie er in der Geschichte der Menschheit vorher undenkbar war, in diesem Zusammenhang eine auf keiner Packung verzeichnete Nebenwirkung aufweist: indem die Pille den Ovulationszyklus unterbricht, setzt sie den gesamten damit verknüpften Geruchsinstinkt außer Kraft, und das kann dahin führen, daß wir die olfaktorischen Warnsignale über«hören». So verlieben wir uns möglicherweise in einen Partner, der uns immunbiologisch zu ähnlich ist; und dann wieder kann es sein, daß nach Absetzen der Pille eine Frau und ein Mann sich mit einem Male in wörtlichem Sinne nicht mehr riechen können. Was soll ein Paar tun, daß jeden Kuß und jede Umarmung als unangenehm erlebt? Die Pille kann Paare buchstäblich «an der Nase herumführen» (PETER HAYDEN: *Wenn Tiere zu Kannibalen werden*, NDR 3, 1996, 7.6.98).

ε) Aufopferungsvoller Eigennutz oder: Vom Egoismus der Gene

Doch nicht nur die Partnerwahl wird durch die Gene, das heißt durch die von ihnen codierten Geruchsverträglichkeiten mitbestimmt, sondern *das gesamte Verhalten von Artgenossen* untereinander versteht man erst, wenn man es vom «Egoismus der Gene» her interpretiert (vgl. RICHARD DAWKINS: *Das egoistische Gen*, erweitert 1994).

*Innerartliche Konkurrenzkämpfe oder: Evolutionsstabile Strategien*

Wer oder was ist das eigentlich, was bei DARWINS «Selektion der Tüchtigsten» selektiert wird? DARWINS eigene Antwort auf diese Frage lautete eindeutig: die Art. All die mühevollen Unternehmungen der Partnersuche, der Paarung, der Brutpflege, der Verteidigung von Revieren, der Rangkämpfe in sozial lebenden Gruppen usw. verfolgen scheinbar nur ein einziges Ziel: den Arterhalt; das Individuum ist dabei nur ein Mittel zum Zweck, eine vorübergehend sich bildende Welle im Fluß. Doch ist die Betrachtungsweise DARWINS wirklich so logisch zwingend, wie sie scheint?

Fest steht, daß es «die Art» nur gibt, insofern sie in Individuen «erscheint» – auch darin liegt etwas bleibend Berechtigtes in der metaphysischen Naturdeutung SCHOPENHAUERS. Vor allem wenn die «Verbesserung» einer Art (im Sinne einer funktionstüchtigeren Anpassung an die sich stetig verändernden Bedingungen der Umwelt) sich nur aus der Fixierung, Kanalisierung und Tradierung geringfügiger Erbänderungen (additiver Mutationen) ergibt, so ist der «Ort», an dem die «Art» sich bildet, eindeutig das Individuum. Keine Mutation hat irgendeine Chance, sich nach und nach in einer gegebenen Population durchzusetzen, wenn sie nicht als erstes die Überlebenschancen des Individuums verbessert, in dessen Genom sie entstanden ist. Kann man deshalb nicht mit weit größerer Berechtigung behaupten, der «Sinn» des «Kampfes ums Dasein» liege in der «Züchtung» immer «besserer», das heißt immer «tüchtigerer», also «stärkerer» Individuen?

NIETZSCHE als Philosoph hat so gedacht und im Gegensatz zu DARWINS «Arterhalt» die Heraufkunft des «Übermenschen», des heroischen Individuums verkündigt, das inmitten einer sinnlos gewordenen, radikal entgöttlichten Welt kraft seines Machtanspruchs der Menge, den vielen und allzu-vielen, die verbindlichen Werte des Lebens diktiere. Leicht lag es nahe, NIETZSCHES Philosophie als Ideologie eines ungehemmten Kampfs aller gegen alle (miß)zuverstehen und von daher sogar eine Soziologie zu entwerfen, die auch DARWINS Konzept vom «Kampf ums Dasein» argumentativ für sich in Anspruch nahm. Zwar wies bereits HERBERT SPENCER in seinem *System der synthetischen Philosophie* (*Principles of Biology*, 1864/67, 2 Bde; dt.: 1876/77) darauf hin, daß in der Entwicklung von Gruppen in Natur wie Gesellschaft stets *beide* Tendenzen: die Integration vieler zur Einheit und die Differenzierung vieler einzelner aus der Einheit, zu beobachten seien; der «Sozialdarwinismus», unterstützt durch die «Bedürfnisse» der «großen Individuen» in der Ära des Manchester-Kapitalismus, avancierte gleichwohl wie von selbst zur Grundhaltung des Unternehmertums der ersten industriellen Revolution; – es scheint wichtig, daran zu erinnern, da wir am Ende des 20. Jahrhunderts, unter dem Druck der «zweiten» industriellen Revolution erneut in eine Staats- und Wirtschaftsideologie abzudriften drohen, die den «globalen Konkurrenzkampf» um Geld, Rohstoffe, Märkte und Informationen zum «Sinn» der Weltgeschichte zu erheben sucht.

Doch was soll dagegen einzuwenden sein?

Wenn alles Leben dem unerbittlichen Kampf ums Dasein unterliegt, ergibt sich dann nicht wie selbstverständlich der Eindruck, am Ende von allem stehe die Herausbildung der «Besten», der «Stärksten», der «Mächtigsten» – die Oli-

gokratie einer Handvoll Unbesiegbarer, deren biologische und wirtschaftliche
«Gesundheit» ihnen so etwas wie ein Anspruchsrecht auf alle Welt verleiht?
Ein Konzept dieser Art hat das biologische Denken, insbesondere den «DARWINismus», nach dem Zusammenbruch des braunen Spuks in Deutschland auf
eine Weise in Mißkredit gebracht, daß es die höchste Zeit wird, die Neigung
von Philosophen (und Theologen) zu voreiligen Schlüssen gerade an dieser
Stelle zu bremsen und sich zu fragen, wie denn vor allem der *innerartliche*
Kampf (um Revier, Beute, Rang und Paarung) tatsächlich aussieht. Einzig die
«Zahlenspiele» von Naturwissenschaftlern, nicht die Spekulationen von Intuitionisten, können uns hier weiterhelfen.

Wäre «DARWINismus» nichts weiter als die Durchsetzung der «Tüchtigsten» und «Stärksten» gegenüber den Schwächeren, so müßte man erwarten,
daß es im Tierreich zuginge wie in der Rüstungsabteilung des amerikanischen
Pentagon: die eingesetzten «Waffen» müßten immer furchtbarer werden;
«Stärke» definierte sich dann ganz einfach als die Kapazität zum massenweisen Töten von Artgenossen in kürzester Zeit; doch genau das ist bei den Tieren nicht der Fall. Ganz im Gegenteil hat vor allem KONRAD LORENZ (*Das
sogenannte Böse*, Wien 1963) gezeigt, daß, je gefährlicher die Waffe einer Tierart ist, ihr Einsatz im Wettstreit von Artgenossen desto unwahrscheinlicher
wird. Artgenossen führen im Tierreich (in aller Regel) gerade keine Kämpfe
auf Leben und Tod aus, sondern ihre Auseinandersetzungen folgen streng ritualisierten Regeln (vgl. DAVID ATTENBOROUGH: *Spiele des Lebens?*, S. 185–
210: Kämpfen). Tiere verhalten sich (in aller Regel) «ritterlich». Diese Tatsache scheint indessen paradox. Wenn immer nur die Ranghöchsten, also die
Stärksten, unter den Männchen zur Fortpflanzung gelangen, warum begünstigt die Evolution dann nicht Tiere mit immer schlimmeren Waffen?

V. C. WYNNE-EDWARDS (*Animal dispersion in relation to the social behaviour*, London 1962) forderte, um das zu erklären, einen eigenen Evolutionsfaktor, den er als «Gruppenselektion» der «Individualselektion» gegenüberstellte. Er argumentierte, daß eine Art, deren Mitglieder sich *nicht* töten, einen
Überlebensvorteil gegenüber einer Art aufweisen müsse, bei der das Töten
von Artgenossen üblich sei; daher stehe es im Interesse des Arterhalts, Rivalitätskämpfe nur als ritualisierte «Kommentkämpfe» zuzulassen und damit
einem Massensterben von Artgenossen durch wechselseitige Vernichtung
zuvorzukommen. Das unmittelbare Interesse des Individuums, das stärkste
zu werden, finde also seine Begrenzung an dem Interesse der Art an ihrem
eigenen Bestand.

Das Phänomen, das auf diesem Wege erklärt werden sollte, besteht gewiß;

doch die Erklärung selber läßt sich weniger spekulativ geben, und sie wird die Sicht auf den «Darwinismus» als biologisches Erklärungsmodell noch einmal präzisieren. Denn um es vorwegzusagen: es geht weder um Arterhalt noch um die Herausbildung des «Stärksten», es geht um *Gendurchsetzung*. Gezeigt haben dies zuerst John Maynard Smith und G. R. Price in einem kurzen, aber wichtigen Artikel, indem sie diesem Problem mit einer im Grunde einfachen mathematischen Überlegung beizukommen suchten (*The logic of animal conflict*, in: Nature, 246, 1973, 1–9; vgl. auch John Maynard Smith: *The theory of games and the evolution of animal conflicts*, in: J. Theor. Biol., 47, 1974, 209–221). In der übersichtlichen Form, die Richard Dawkins (*Das egoistische Gen*, 125–153) der Darstellung gegeben hat, liest sich der Gedankengang in etwa folgendermaßen (vgl. Wolfgang Wickler – Uta Seibt: *Das Prinzip Eigennutz*, 54–61).

Natürlich stimmt es, daß eine Gruppe, in der nur Kommentkämpfe ausgetragen werden, sich im Vorteil gegenüber einer Gruppe befindet, in der Beschädigungs- und Tötungskämpfer die Oberhand gewinnen; doch besteht dieser Vorteil nur, solange beide Gruppen streng voneinander getrennt sind. Treffen sie aufeinander, so werden die Kommentkämpfer sehr bald von den Beschädigungskämpfern verdrängt werden. Die Frage stellt sich deshalb erneut, wieso überhaupt der ritualisierte Wettkampf im Tierreich hat zur Regel werden können (im Unterschied zu der scheinbar immer ungehemmteren Tötungspraxis menschlicher «Kulturen»).

John Maynard Smith begann seine rechnerischen Überlegungen, indem er vier Voraussetzungen machte, nach denen ein Vergleichskampf ausgeführt wird:
 1. Jeder Kampf wird bis zur Entscheidung geführt.
 2. Wer den Kampf abbricht, gilt als Verlierer und muß die Kampfprämie (das Weibchen zum Beispiel) dem Sieger überlassen.
 3. Jedes Individuum hat die Chance zu mehreren Kämpfen.
 4. Jeder Kampf entscheidet neu; Verlust oder Gewinn früherer Kämpfe sind ohne Bedeutung.

Die ersten drei dieser Voraussetzungen sind biologisch gegeben; die vierte ist psychologisch unrealistisch, vereinfacht aber die nachfolgende Betrachtung. Der Einfachheit halber lassen wir zunächst auch nur die beiden schon genannten Kämpfertypen zu: den Kommentkämpfer (K), der nur droht, nie den Gegner verwundet, und den Beschädigungskämpfer (B), der erst bei Kampfunfähigkeit eines der Kombattanten den Kampf beendet. Dann sind *drei* Kombinationen möglich: B–B: einer der Kämpfer wird verletzt oder stirbt; K–B: K läuft beim ersten Ansturm von B davon, niemand wird verletzt; K–K: verletzt wird niemand, verloren hat, wer aufgibt.

Wir nehmen an, daß solche Rivalenkämpfe über die Chance zur Fortpflanzung entscheiden, und möchten diese Chance in Zahlen ausdrücken. Wir geben dem Verlierer 0 Punkte, dem Sieger 50 Pluspunkte, demjenigen, der im Kampf schwer verwundet wird, rechnen wir 100 Minuspunkte an, und jedem, der viel Zeit und Energie im Kampf verbraucht, ordnen wir 10 Minuspunkte zu. – Diese Zahlenwerte, außer 0, sind natürlich beliebig; sie sollen nur das Prinzip verdeutlichen. «Wir wollen... nicht beweisen, daß eine bestimmte Folgerung unabhängig von den eingesetzten Werten herauskommt, sondern daß sie unter durchaus möglichen Bedingungen herauskommen kann» (WOLFGANG WICKLER – UTA SEIBT: *Das Prinzip Eigennutz*, 56). Man beachte zudem, «daß die Zahlen 0,..., –100 usw. nicht die Anzahl der Nachkommen bedeuten, sondern ein Maß für die Fortpflanzungsaussichten des Individuums sind. Sie könnten Zeiten kennzeichnen, die ein Männchen beispielsweise aufbringen muß, um ein Weibchen zu erringen» (a.a.O., 57–58). Nun müssen wir lediglich die Punktergebnisse bei den verschiedenen Kampfszenen ermitteln und miteinander vergleichen:

Kämpft *K mit K* und der Kampf dauert lange, verlieren beide durch ihren Aufwand an Zeit und Energie je 10 Punkte; der Sieger erhält 50, der Verlierer 0 Punkte; dem Sieger bleiben mithin 40 Pluspunkte, dem Verlierer 10 Minuspunkte. Sind die Ausgangschancen für beide gleich, so beträgt die Erwartung, im Rivalenkampf Punkte zu gewinnen, und somit auch die Fortpflanzungschance (F) für jeden der beiden Kommentkämpfer im Durchschnitt:

$$F_{K\ gegen\ K} = \frac{+40 - 10}{2} = +15 \text{ Punkte.}$$

Kämpft *B mit B* und nehmen wir an, daß die Entscheidung *rasch* fällt, so erhält der Sieger 50 Pluspunkte, der Verlierer 100 Minuspunkte; die Punkterwartung für die Fortpflanzungschance (F) für jeden der beiden Beschädigungskämpfer beträgt, bei gleichen Ausgangschancen, im Durchschnitt:

$$F_{B\ gegen\ B} = \frac{+50 - 100}{2} = -25 \text{ Punkte.}$$

Diese Gleichung ist die mathematische Formulierung der Tatsache, daß Beschädigungskämpfe mehr Nachteile bringen als Kommentkämpfe, und zwar selbst dann, wenn sie nur kurz dauern. Gehen wir hingegen von einer *langen* Kampfdauer aus, so sinkt die durchschnittliche Punkterwartung für die Fortpflanzungschance sogar noch um weitere 10 Punkte auf 35 Minuspunkte.

Trifft hingegen *B auf K,* siegt B stets und ohne Aufwand: +50 Punkte. Die Folge: B wird sich in einer K-Population rasch ausbreiten, denn seine Fortpflanzungschance liegt mit +50 Punkten sehr viel höher als die Fortpflanzungschance eines Kommentkämpfers (K), die selbst in einer reinen Kommentkämpferpopulation nur +15 Punkte beträgt (in einer Mischpopulation liegt sie noch niedriger). Das bedeutet freilich nicht, daß alle K durch B verdrängt würden; denn in einer reinen B-Gruppe wäre K im Vorteil; er würde weder verletzt, noch opferte er viel Zeit und Energie, er bekäme stets 0 Punkte, müßte aber niemals, wie B, mit 25 Minuspunkten rechnen.

Wir unterstellen einmal, daß in einer reinen B- oder K-Population Mutationen von K oder B auftreten (oder entsprechende Tiere aus anderen Gruppen zuwandern); dann wird die erste abweichende Mutante sich rasch durchsetzen: K wird in einer zunächst reinen B-Population immer häufiger werden und folglich auch immer öfter auf seinesgleichen treffen und hat dann 15 Pluspunkte zu erwarten, statt 0 Punkte wie beim Zusammentreffen mit B. Für B bedeutet ein Zusammentreffen mit K 50 Pluspunkte; doch je häufiger B in einer anfangs reinen K-Population wird, desto öfter wird B auf B treffen und hat dann 25 Minuspunkte zu erwarten. Ein Zuwachs von K hingegen führt dazu, daß B häufiger auf K trifft und dann 50 Pluspunkte gewinnt, statt der 25 Minuspunkte im Konflikt mit seinesgleichen. Es muß also irgendwann zu einem bestimmten Mischungsverhältnis von B und K kommen, das wir errechnen können.

Wir schreiben die Häufigkeit von B und K als [B] und [K]. B erwartet im Kampf mit B durchschnittlich 25 Minuspunkte, und diese Erwartung kommt in einer Population so oft vor, wie es B gibt, also: $-25 \cdot [B]$. Im Kampf mit K erwartet B stets 50 Pluspunkte, und das hängt davon ab, wie häufig K in der Population vertreten ist; also $+50 \cdot [K]$. Die Gesamtpunkterwartung für die Fortpflanzungschance (F) eines Beschädigungskämpfers (B) in einer Mischpopulation beträgt also:

$$F_B = -25 \cdot [B] + 50 \cdot [K].$$

K erwartet 0 Punkte aus Kämpfen mit B und 15 Pluspunkte aus Kämpfen mit K; wie oft beides vorkommt, hängt ab von der Häufigkeit von B und K; die Gesamtpunkterwartung für die Fortpflanzungschance (F) eines Kommentkämpfers (K) in einer Mischpopulation beträgt also:

$$F_K = 0 \cdot [B] + 15 \cdot [K].$$

Nun kann eine Mischpopulation nur stabil sein, wenn die Fortpflanzungschancen von B und K gleich sind; also entsteht die folgende Gleichung, aus der das Häufigkeitsverhältnis [K] zu [B] berechnet werden kann: $F_B = F_K$:

$-25 \cdot [B] + 50 \cdot [K] = 0 \cdot [B] + 15 \cdot [K]$;
also: $35 [K] = 25 [B]$.

Das gesuchte Häufigkeitsverhältnis [K] : [B] beträgt also

25 : 35 oder 5 : 7.

Wie hoch liegt nun die mittlere Punkterwartung für die Fortpflanzungschance für B und K in einer stabilen Mischpopulation?

Jedes Mitglied einer solchen Mischpopulation wird im Häufigkeitsverhältnis 5 : 7 auf K und B treffen. Die mittlere Punkterwartung für die Fortpflanzungschance ist dann für beide 5mal die Punkterwartung aus einem Zusammentreffen mit K plus 7mal die Punkterwartung aus einem Zusammentreffen mit B, geteilt durch die Summe dieser Begegnungen (5 + 7 = 12); es ergibt sich eine mittlere Punkterwartung für die Fortpflanzungschance für K:

$$F_K = \frac{7 \cdot 0 + 5 \cdot 15}{12} = 6{,}25.$$

Für B ergibt sich eine mittlere Punkterwartung für die Fortpflanzungschance von

$$F_B = \frac{-25 \cdot 7 + 50 \cdot 5}{12} = 6{,}25.$$

Bei einem Häufigkeitsverhältnis von 5 : 7 zwischen K : B wären die Punkterwartungen für die Fortpflanzungschancen beider also tatsächlich gleich, und deshalb darf man annehmen, daß gerade dieses Verhältnis stabilisiert wird; nur bei einem Mischungsverhältnis von 5 : 7 für K : B halten die Vor- und Nachteile für beide einander die Waage; es gibt deshalb keinen Grund mehr, dieses Verhältnis durch natürliche Selektion zu ändern. Dieser Zustand war es, dessen Herstellung JOHN MAYNARD SMITH als *evolutionsstabile Strategie* (ESS) bezeichnete.

Wir sehen also, daß Kommentkämpfer in einer Mischpopulation durchaus nicht von den Beschädigungskämpfern ausgerottet werden müssen. Ja, wenn wir in Rechnung stellen, daß auch die Austragung von Beschädigungskämpfen sich lang hinziehen kann, also jedem Kämpfer 10 Minuspunkte anzurechnen sind, so entfallen auf einen Sieger im Kampf zwischen B und B nur noch

40 Pluspunkte, während der Verlierer mit 110 Minuspunkten belegt wird. Sind die Ausgangschancen für Sieg oder Niederlage gleich, so hat ein Beschädigungskämpfer jetzt nicht mehr nur 25 Minuspunkte zu erwarten, sondern

$$F_{B \text{ gegen } B} = \frac{40 - 110}{2} = -35 \text{ Punkte.}$$

Die Siegeschancen von B gegenüber K indessen blieben nach wie vor gleich, ebenso die Chancenverteilung in einem Kampf zwischen K und K. Wir müßten in die Erwartungsgleichung jetzt nur statt $-25 \cdot [B]$ den Term $-35 \cdot [B]$ einsetzen; dann erhalten wir:

$-35 \cdot [B] + 50 \cdot [K] = 0 \cdot [B] + 15 \cdot [K];$
also: $\quad\quad 35 \cdot [K] = 35 \cdot [B].$

Das Verhältnis von [K] : [B] betrüge 1 : 1, und eben dieses Verhältnis würde die Evolution dann stabilisieren; die Kommentkämpfe würden mithin sogar zunehmen!

Dabei haben wir bislang angenommen, daß jedes (männliche) Individuum entweder ein Kommentkämpfer oder ein Beschädigungskämpfer ist und daß beide Typen in einer Population in entsprechender Anzahl auftreten. Eine Stabilisierung der Verhältnisse läßt sich aber auch erreichen, wenn jedes Individuum selber beide Kampfweisen im Verhältnis 5 : 7 mischt. Auch ein solches Ergebnis würde dann von der Selektion «angestrebt».

Aber natürlich gibt es nicht nur Komment- und Beschädigungskämpfer, wie wir es aus Gründen der Einfachheit bisher unterstellt haben, sondern verschiedene Mischformen zwischen den beiden Extremen. J. MAYNARD SMITH und G. R. PRICE (*The logic of animal conflict,* in: Nature, 246, 1973, 1–9) haben im Computer die Fortpflanzungschance für fünf verschiedene Kampftypen durchgerechnet, indem sie den zwei genannten drei weitere hinzufügten:

*den Maulhelden,* der als Beschädigungskämpfer (B) beginnt, aber dann (wie K) sofort wegläuft, wenn der andere ebenfalls als B beginnt;

*den Rächer,* der wie ein Kommentkämpfer (K) beginnt und dabei bleibt, solange der Gegner sich ebenso verhält; geht der Gegner aber zum Beschädigungskampf über, so tut er es auch; und schließlich

*den Provokateur,* der sich wie ein «Rächer» verhält, sich manchmal aber auch wie ein Beschädigungskämpfer benimmt.

*Das Ergebnis ihrer Computersimulationen:* als stabil erweist sich «schließlich eine Mischpopulation aus Rächern und Provokateuren mit einer kleinen Minorität von Kommentkämpfern. Das ist gleichbedeutend mit einer entsprechend zufällig gemischten Anwendung dieser Strategien durch jedes einzelne Individuum» (W. WICKLER – U. SEIBT: *Das Prinzip Eigennutz*, 62).

Zu berücksichtigen ist schließlich auch noch, daß in aller Regel zwei kämpfende Rivalen durchaus nicht die gleichen Gewinnchancen besitzen, wie wir bisher angenommen haben. J. MAYNARD SMITH und G. A. PARKER (*The logic of asymmetric contests*, in: Animal Behaviour, 24, 1976, 159–175) haben die Frage aufgegriffen, ob es auch bei *unsymmetrischen* Ausgangssituationen evolutionsstabile Strategien gibt; das Ergebnis ihrer sehr verwickelten mathematischen Berechnungen lautet, daß bevorzugt *reine* Strategien evolutionsstabil sind: der Stärkere, Größere oder der (Revier-)Besitzer bleibt, der andere gibt auf. Ist die unsymmetrische Ausgangslage für die Rivalen zunächst nicht oder nur unvollständig erkennbar, so steht eine *Eskalation* der Streitigkeiten zu erwarten; Konflikteskalation ist also ein Verfahren, versteckte Unsymmetrien sichtbar zu machen. (Bei Auseinandersetzungen zwischen *Menschen* kann Eskalation freilich, wie im Golfkrieg 1991 auf seiten der USA, auch ein Mittel darstellen, den unterlegenen Gegner, damals den Irak, in seiner absoluten militärischen Unterlegenheit vorzuführen.) Zur Eskalation kommt es insbesondere, wenn der Nutzen im Fall eines Sieges jeden Nachteil im Fall einer Verwundung überwiegt, zum Beispiel, wenn bei Flucht ein anderes Brutrevier gewiß *nicht* zu finden wäre oder wenn ohnedies *keine* Fluchtmöglichkeit mehr besteht. Der Aufwand an Zeit, Energie und Risiko läßt sich nur senken, wenn die Unsymmetrien möglichst klar erkennbar sind; von daher ist es vorteilhaft, sich an den Ausgang früherer Kämpfe zu erinnern – eine feste *Rangordnung* etwa basiert auf der Erinnerung der ehedem Unterlegenen an die Chancenungleichheit, die bei einem früheren Rivalenkampf deutlich geworden ist; es ist freilich nur eine Frage der Zeit, wann zum Beispiel durch den Faktor des Alters die Chancen sich verschieben! (Lediglich in menschlichen Gemeinschaften können Rangordnungen entstehen, die einmal getroffene Entscheidungen als «Gottesurteil» auslegen und jede Änderung der Rangordnung bis zum Tode des Alpha-«Tieres» ausschließen: der Pharao, der absolutistische Monarch, der römische Papst – sie alle unterliegen oder unterlagen keinerlei «Machtkämpfen» mehr, sie haben oder hatten vielmehr als Ursprung aller Macht auf Erden betrachtet zu werden.)

Wichtig ist nicht zuletzt auch eine Folgerung, die sich aus der Kostenersparnis erkannter Unsymmetrien ergibt: Es erscheint als ein Selektionsvorteil, als derjenige aufzutreten, der siegen wird. «Wo Körpergröße eine entscheidende Rolle spielt, ist der im Vorteil, der möglichst groß erscheint. Das erklärt zum Teil, warum so viele Tiere vor einem Kampf sich aufrecken oder aufblasen, Haare und Federn sträuben, usw. Tun das sämtliche Tiere einer Gruppe, so hilft es zwar allen nicht sehr viel, aber keiner, der es unterläßt, wird sich durchsetzen können» (WICKLER – SEIBT: *Das Prinzip Eigennutz*, 65).

Überlegungen dieser Art nötigen zu *zwei Veränderungen* der Betrachtungsweise in dem, was wir bisher gesagt haben.

Bisher waren wir davon ausgegangen, daß der «Kampf ums Dasein» notwendig sei aufgrund der Knappheit der Ressourcen, insbesondere aufgrund des Mangels an Energie; jetzt aber lernen wir, daß Konkurrenz auch in Überflußsituationen zu erwarten ist. Nehmen wir zum Beispiel an, eine Tiergruppe habe im Überfluß zu fressen, so daß jedes Tier mit wenigen Schritten zur Nahrung gelangen könnte, und es wäre nun denkbar, daß eine Mund-raub-Mutante entstünde – ein bestimmtes Tier würde stets den Nachbarn attackieren, der Nahrung aufnimmt, dann müßte das bestohlene Tier sich neue Nahrung holen und somit größeren Energieaufwand zur Beschaffung seiner Nahrung betreiben. Es ist leicht zu sehen, daß die «Mundräuber» unter allen Umständen sich in einer gegebenen Population durchsetzen würden, bis daß sie direkt aufeinanderträfen.

Das Konzept der «evolutionsstabilen Strategie» ist von daher in diesem Zusammenhang schon deshalb so wichtig, weil es zeigt, daß Konkurrenz ganz offensichtlich zu den Grundprinzipien der Evolution gehört; es liegt der Natur nicht an einer konkurrenzfreien Harmonie des Zusammenlebens, sondern offenbar an dynamischen Gleichgewichtszuständen, die sich über eine evolutionsstabile Strategie einstellen und allen Individuen, gleich, wie sie sich aus moralischer Sicht verhalten, eine Chance zum Überleben bieten. «Das heißt, eine evolutions-stabile Misch-Strategie stellt sich so ein, daß alle Individuen gleiche Erfolgs-Chancen haben, selbst wenn sie Verschiedenes tun. Obwohl es für das Individuum nicht gleichgültig ist, welches Verhalten es wählt, werden wir also nicht finden, daß die eine Verhaltensweise den Individuen größeren Vorteil bringt als die andere» (WOLFGANG WICKLER – UTA SEIBT: *Das Prinzip Eigennutz*, 75–76). Wenn man so will, liegt darin so etwas wie ein Prinzip des Konkurrenzausgleichs, doch niemals der Konkurrenzfreiheit. Zudem werden wir sogleich noch sehen, daß Konkurrenz sich durchaus nicht (nur) aus den Umweltbedingungen (des Mangels) ergibt, sondern aus der *inneren* Tendenz der Lebewesen, unter allen Umständen *ihre eigenen* Gene maximal durchzusetzen; ein solches Ziel *ist* nur in permanenter Konkurrenz erreichbar; und die Spielregeln dafür lassen sich ebenso leicht errechnen wie die Erfolgsaussichten bestimmter Kampftypen.

Vor allem ergibt sich aus dem Konzept der *evolutionsstabilen Strategie* eine

Neubewertung des DARWINismus insgesamt. Der Kampf ums Dasein dient der «Herausbildung des Tüchtigsten», gewiß; doch für wen eigentlich ist ein bestimmtes Verhalten vorteilhaft, und wer eigentlich ist der «Tüchtigste»? Wie wir sahen: für das Individuum kann etwas von Vorteil sein, das für die Gesellschaft nachteilig ist, und umgekehrt; auch was «tüchtig» heißt, ist nicht einfach als «stark» zu definieren.

Kommen wir, um das zu verdeutlichen, nur noch einmal auf unsere Berechnungen zurück; wir erinnern uns: In einer reinen Beschädigungskämpfer-Population, wie sie dem «Ideal» des SozialDARWINismus am meisten entspräche, läge die Punkterwartung für die Fortpflanzungschance für jeden der Kombattanten bei 25 Minuspunkten – das denkbar ungünstigste aller Modelle; in einer reinen Kommentkämpfer-Population, wie sie in etwa einer sozialfreundlichen (sozialutopischen) Gesellschaftstheorie entspräche, läge sie bei 15 Pluspunkten; in einer Mischpopulation mit einem Häufigkeitsverhältnis von K : B = 5 : 7 läge die mittlere Punkterwartung für die Fortpflanzungschancen eines jeden Teilnehmers bei 6,25 Pluspunkten. Eine reine Kommentkampf-Strategie hat also höhere Erwartungschancen als die von der Selektion tatsächlich stabilisierte Misch-Strategie! Die Frage stellt sich natürlich, warum dann trotzdem die Mischpopulation von der Natur angestrebt wird. Die Antwort können wir uns jetzt leicht geben.

In einer reinen Kommentkämpfer-Population, in der jeder 15 Pluspunkte zu erwarten hat, wird ein Beschädigungskämpfer jeweils 50 Pluspunkte gewinnen; sein Erfolg aber führt irgendwann dazu, daß immer mehr Beschädigungskämpfer immer mehr Beschädigungskämpfern begegnen, und seine Fortpflanzungschance sinkt dann auf 25 Minuspunkte. Zur Enttäuschung reiner SozialDARWINisten ist es auf lange Sicht also unvorteilhaft, eine reine Beschädigungskämpfer-Population zu etablieren. Dann aber stellt sich die Frage, warum überhaupt Beschädigungskämpfer vorkommen. Die Antwort muß lauten: Die Evolution weiß nichts von Spätfolgen! Sie ist nichts als die Summe ihrer Augenblicksreaktionen. «Sie schafft höchstens die stabilste, aber nicht die beste aller Welten», schreiben ganz richtig W. WICKLER und U. SEIBT (*Das Prinzip Eigennutz*, 76). Sie begünstigt eben das Auftreten eines Beschädigungskämpfers und muß dann sehen, wie sie damit fertig wird.

Aber auch eine reine Kommentkämpfer-Population, die dem Konzept einer wohlmeinenden Sozialutopie entsprechen würde, in der niemand dem anderen wirklich etwas zuleide tut, ist unter dem Gesichtspunkt des Gemeinwohls nicht wirklich wünschenswert. Für das Gemeinwohl wäre bei Verwendung unserer willkürlichen Punktvergabe für die Fortpflanzungschance eine Mischpopulation mit einem Häufigkeitsverhältnis von 5 : 1 zwischen K : B am günstigsten, wie sich leicht ausrechnen läßt; denn in diesem Falle träfe B einmal auf B (mit einer Punkterwartung von 25 Minuspunkten) und fünfmal auf K (mit einer Punkterwartung von 50 Pluspunkten), insgesamt also mit einer mittleren Punkterwartung von

$$F_B = \frac{1 \cdot (-25) + 5 \cdot 50}{6} = 37,5 \text{ Punkten;}$$

K träfe in einer solchen Population einmal auf B (mit einer Punkterwartung von 0) und fünfmal auf K (mit einer Punkterwartung von 15 Pluspunkten); im Durchschnitt also:

$$F_K = \frac{1 \cdot 0 + 5 \cdot 15}{6} = 12,5 \text{ Punkte;}$$

der Durchschnittswert ($F_D$) der Punkterwartung pro Individuum in einer solchen Population betrüge dann:

$$F_D = \frac{1 \cdot 37,5 + 5 \cdot 12,5}{6} = 16,7 \text{ Punkte.}$$

und das ist deutlich mehr als die 15 Pluspunkte in der reinen Kommentkämpfer-Population. Man sollte daher glauben, daß gerade eine solche Mischpopulation von der Selektion begünstigt würde, und so ist es um so lehrreicher zu sehen, daß die Natur sich so *nicht* verhält. Was wir vielmehr feststellen müssen, ist dieses: Die natürliche Selektion stabilisiert eine bestimmte Häufigkeitsverteilung – in unserem (willkürlichen) Rechenbeispiel 5 : 7 für K : B, obwohl ersichtlich für das Gemeinwohl eine andere Häufigkeitsverteilung – nämlich 5 : 1 für K : B – weitaus günstiger wäre!

Daraus folgt für uns etwas sehr Wichtiges: Der Natur *geht* es um den Eigenvorteil, doch liegt dieser Vorteil erkennbar nicht in der Durchsetzung des Beschädigungskämpfers – diese Lieblingsidee der SozialDARWINisten wird von der Selektion durchaus nicht gefördert; er liegt auch nicht in der Etablierung einer reinen Kommentkämpfer-Population mit $F_K = 15$ Punkten, wie es sich manche Sozialutopien erhoffen würden; der Vorteil liegt nicht einmal in einer idealen Mischpopulation, die am meisten dem Gemeinwohl im Sinne von V. C. WYNNE-EDWARDS entsprechen würde; der Vorteil, um den es bei den innerartlichen Konkurrenz-Kämpfen geht, liegt, so müssen wir jetzt sagen, in der Ausbreitung der Gene – eine Aussage, deren Bedeutung für das Verständnis der Natur sich im weiteren nur schwer überschätzen läßt.

## Löwen und andere Tiere zum Beispiel

Daß die Evolution nicht der «Arterhaltung» in strengem Sinne dienen kann, zeigt sich schon daran, daß «Art» ein dynamischer Begriff ist, der eine Fortpflanzungsgemeinschaft bezeichnet, die in stetem Wandel begriffen ist; ihr zugehörig sind alle Tiere, die imstande sind, sich untereinander zu paaren und fortpflanzungsfähige Kinder zu zeugen. Was sich während der Lebensdauer einer Art erhalten kann, ist indessen nicht das Erscheinungsbild der Art selbst, wohl aber ihre genetische Abgrenzung nach außen. Genau gesprochen wird eine «Art» deshalb definiert durch den *Gen-Pool,* dessen Träger die Individuen sind, die in Paarung und Zeugung (durch Rekombination ihrer Gene) immer neue Kombinationen aus dem Gen-Pool hervorbringen; und nun spricht alles dafür, daß diese Individuen ihr gesamtes Verhalten in Kampf, Kooperation, Paarung und Brutpflege darauf ausrichten, ihre eigenen Gene optimal zu verbreiten!

Vorbereitet wurde diese neue Sicht der Evolution unter anderem durch die Langzeituntersuchungen, die B. C. R. BERTRAM *(Kin selection in lions and in evolution,* in: Growing Points in Ethology, Cambridge 1976) und G. B. SCHALLER *(The Serengeti Lion,* Chicago 1972) seit 1966 in der Serengeti an *Löwen (Panthera leo)* vornahmen. (Ihre Arbeiten zeigen nebenbei auch, daß wir entscheidende Einsichten über das Leben und über uns selbst nur gewinnen können, wenn und solange wir Areale freihalten, in denen Tiere ungestört leben dürfen; kein noch so gut geführter Tierpark vermag die Steppe, den tropischen Regenwald oder die Polargebiete zu ersetzen!) *Dies* nämlich war es, was BERTRAM und SCHALLER bei Löwen herausfanden.

Löwen leben in Rudeln von 3–12 geschlechtsreifen Weibchen und von 1–6 ausgewachsenen Männchen. Auf die Jagd im Rudelrevier gehen in der Regel die Weibchen, die mit ihrem Gewicht von ca. 120 kg für rasche Bewegungen geeigneter sind als die schwereren Männchen mit ihren durchschnittlich 180 kg; dennoch gestatten die Weibchen den Männchen, die geschlagene Beute mitzuverzehren. Mit etwa drei Jahren werden die heranwachsenden Männchen aus dem Rudel ausgestoßen und ziehen dann in Gruppen bis zu sechs Tieren «wild» umher, da so gut wie alle jagdtauglichen Reviere vergeben sind; etwa 15 Prozent der Löwen leben in solchen Nomadenpopulationen, die praktisch keinen Fortpflanzungserfolg haben. In der gesamten Beobachtungszeit wurde niemals ein Weibchen in ein fremdes Rudel aufgenommen, und niemals in all der Zeit löste ein Rudel sich auf. Mit anderen Worten: nach spätestens einem Jahrzehnt müssen alle Weibchen in ihrem Rudel als Schwestern, Mütter, Großmütter, Halbschwestern, Cousinen usw. miteinander verwandt sein. Die Lebensdauer eines Weibchens beträgt etwa 18 Jahre, die ersten Jungen bekommt es mit vier Jahren, fruchtbar ist es 13 Jahre lang. Indessen müssen die streunenden Männchen versuchen, mit 5–6 Jahren ein Rudel zu übernehmen, falls ein Haremsbesitzer gestorben ist oder sich durch Kampf vertreiben läßt. Neue Männchen vertragen sich niemals mit den alten Männchen. Nur etwa 2–3 Jahre kann es einem neuen Männchen gelingen, seinen Harem zu halten, dann wird es selbst wieder vertrieben – so schnell reiben die Kräfte der Haremsbesitzer in den endlosen Konkurrenzkämpfen sich auf. Da eine Aussicht kaum besteht, noch einmal einen anderen Harem zu übernehmen, bleiben den Löwenmännchen mithin nur diese 2–3 Jahre zur Fortpflanzung; von den Jungen sterben zudem ca. 80 Prozent durch Krankheiten, Hunger, Unfälle oder durch Feinde. Um so wichtiger ist es daher für die Männchen, in dieser kurzen Zeit bei der Fortpflanzung erfolgreich zu sein. Wann und wie aber kann das geschehen?

Die Weibchen haben einen unregelmäßigen Zyklus und keine feste Fortpflanzungszeit; sie werden in Abständen, die zwischen drei Wochen und mehreren Monaten schwanken, für etwa drei Tage brünstig, und zwar oft gleichzeitig mit den anderen Weibchen des Rudels – so wie man auch beim Menschen weiß, daß Frauen, die auf engem Raum zusammenleben, ihren Zyklus, vermutlich über Geruchssignale, synchronisieren. Obwohl alle brünstigen Weibchen begattet werden, gebären doch nur die wenigsten. Nach einer Tragzeit von nur 14–15 Wochen kommen 2–3 Junge zur Welt, die 6–8 Monate lang gesäugt werden müssen und mindestens zwei Jahre lang von der Mutter abhängig sind. In der Regel wird ein Weibchen deshalb erst wieder trächtig, wenn die Jungen 20–30 Monate alt sind; sterben die Jungen, so kommen die nächsten 6–12 Monate später zur Welt.

Danach läßt sich folgende Rechnung aufstellen: gebiert ein Weibchen 12 Jahre lang alle 30 Monate etwa 2,5 Junge, so ist es die Mutter von 12 Jungtieren; überleben davon 20 Prozent, so sind das 2,4 Junge – gerade so viel, um die beiden Elterntiere nach deren Tod zu ersetzen und die Rudelgröße konstant zu halten.

Die wohl wichtigste Beobachtung, die der Theorie vom «Arterhalt» als Sinn der Evolutionsstrategie geradezu dramatisch widerspricht, bestand nun in folgendem Befund: Löwenmännchen, die einen Harem übernehmen, bringen alle Babys um, die sie vorfinden! Zwar versuchen die Weibchen, die Jungen fortzutreiben oder vor den fremden Männchen in Sicherheit zu bringen, doch die Duftspur der Löwin führt das Männchen unfehlbar zu ihrem Ver-

Der Kampf ums Dasein

steck. Mit einem raschen Biß wird jedes der Jungen eins nach dem anderen getötet. Getrieben werden die Männchen bei diesem Tun nicht von Hunger oder Blutgier – die Jungen werden nicht aufgefressen; es geht einzig darum, fremde Nachkommen auszuschalten und sich selber fortzupflanzen. Aber warum ist das so? Wieder hilft hier eine einfache Rechnung weiter.

Um die vorhandenen Haremsbesitzer von den durchschnittlich sechs Weibchen zu vertreiben, müssen meist mehrere Männchen, sagen wir: zwei, zusammenarbeiten. Diese zwei sind meistens Brüder, die gemeinsam aus ihrem Heimatrudel vertrieben wurden und zusammengeblieben sind. Zur Fortpflanzung stehen ihnen, wie gesagt, ganze 2,5 Jahre zur Verfügung; gebiert jedes der sechs Weibchen in dieser Zeit 2,5 Junge, so ergibt das insgesamt 15 Jungtiere, von denen bei einer Sterblichkeitsrate (Mortalität) von 80 Prozent nur 3 überleben, die natürlich nicht ausreichen, um die Elternpaare jeweils durch zwei überlebende Jungtiere zu ersetzen; erst bei 8 Weibchen könnten die zwei Männchen daher sicher sein, mit einiger Wahrscheinlichkeit insgesamt vier überlebende Nachkommen zeugen zu können; ein normaler Harem weist aber nur 6 Weibchen auf, von denen viele zudem noch trächtig sind oder noch Kinder vom Vorgänger aufziehen müssen und folglich erst viel später wieder brünstig werden können. Eine solche Wartezeit währt den Männchen unter den gegebenen Bedingungen absolut zu lang; sie *müssen* die vorhandenen Jungen töten, damit die Mütter in wenigen Wochen wieder in Brunst kommen und sich möglichst bald erneut paaren. Tatsächlich umwerben die Weibchen denn auch wenig später schon die Mörder ihrer Jungen, und nach einer kurzen Zeit der Probe, ob die neuen Männchen auch stark genug sind, das Rudel für längere Zeit zu beschützen, schreiten sie alsbald zur Zeugung neuer Kinder (vgl. PETER HAYDEN: *Wenn Tiere zu Kannibalen werden*, NDR 1996).

Man kann dieses Verhalten der Weibchen gut verstehen, wenn man bedenkt, daß es für sie leichter ist, die vorhandenen Jungen preiszugeben und neue zu werfen, als die Kinder immer neu gegen die neuen Haremsbesitzer verteidigen zu müssen und mit aller Wahrscheinlichkeit irgendwann doch zu verlieren. Entscheidend ist für sie vor allem, daß während der nächsten Zeit die Haremsherrscher nicht noch einmal wechseln. Von daher wird nebenbei auch verständlich, warum die Weibchen den Männchen Zugang zu der Beute gewähren, die sie geschlagen haben, und warum sie Rivalitätskämpfe unter den Männchen zu schlichten suchen. Während der Brunst, die drei Tage dauert, wird jedes Weibchen für gewöhnlich nur von einem Männchen begattet, und zwar etwa alle 15 Minuten; doch selbst dann, wenn die Brüder miteinander abwechseln, kommt es dabei zu keinem Streit. Das scheint an der *Zahl* der

Kopulationen zu liegen; da nur ⅕ aller Brunstperioden fruchtbar werden und zur Geburt von durchschnittlich 2,5 Jungen führen, von denen ⅘ sterben, muß ein Löwe, der in den drei Tagen der Brunst alle Viertelstunde ein Weibchen begattet, insgesamt ungefähr 3000mal kopulieren, um ein einziges Junges für die nächste Generation zu zeugen; das entspricht einer Erfolgsaussicht pro Paarung von 1 : 3000; um eine so geringe Fortpflanzungschance mit dem eigenen Bruder zu streiten und dabei noch Zeit und Energie zu verlieren, ist schlicht unrentabel.

Was sich aus diesen Beobachtungen ergibt, ist evolutionstheoretisch eindeutig: Löwen verhalten sich nicht so, daß es dem Arterhalt zugute käme; sie «verhalten sich vielmehr so, daß sie selbst möglichst viele Nachkommen haben, auch wenn das auf Kosten der Nachkommen anderer Löwen geht.» «Es scheint..., als läge dem Verhalten der Löwen das Prinzip zugrunde, möglichst das eigene Erbgut fortzupflanzen, wobei die Hilfe naher Verwandter, die ja ähnliches Erbgut haben, in Anspruch genommen wird. Bei dieser Fortpflanzungsstrategie sterben die Löwen zwar nicht aus, das heißt die Art bleibt erhalten. Dennoch ist die Erhaltung der Art nur eine Folgeerscheinung; die Erhaltung und Fortpflanzung des eigenen Erbgutes hat Priorität vor der Erhaltung von Artgenossen ganz allgemein. Das zeigt sich darin, daß Artgenossen geopfert werden, wenn das der Ausbreitung des eigenen Erbgutes dienlich ist» (W. WICKLER – U. SEIBT: *Das Prinzip Eigennutz*, 93; 94).

Es ist an dieser Stelle zum ersten Mal, daß wir zu begreifen beginnen, welch einem Zweck die komplizierte Maschinerie dient, nach der die DNA (das Genom) repliziert und transkribiert wird, um hernach den Aufbau komplexer Proteinmoleküle und damit deren Funktionen zu steuern; es war der Gedanke bereits von AUGUST WEISMANN, daß die Keimzellen den Organismus überhaupt nur aufbauen, um die nötigen Substanzen und Energien zum Schutz und zur Verbreitung neuer Keimzellen zu gewinnen. «Wenn man diese Erkenntnis konsequent in das Evolutionsschema von DARWIN einbaut», schreiben W. WICKLER und U. SEIBT, «kommt man zu einigen sehr wichtigen Folgerungen: Insofern die Organismen notwendig sind für den Fortbestand und die Vermehrung der in ihnen enthaltenen Gene, muß man erwarten, daß die Gene, die den Organismus in ihrem eigenen Interesse aufgebaut haben, ihn auch in ihrem eigenen Interesse betreiben, also auch sein Verhalten so steuern, daß vordringlich ihre eigene Vervielfältigung gesichert wird... Gene, die das Elternindividuum veranlassen würden, die Nachkommen zu opfern und die eigene Haut zu retten, gingen wahrscheinlich am Lebensende mit dieser geretteten Haut zugrunde» (*Das Prinzip Eigennutz*, 94–95).

Gedanken dieser Art sind tatsächlich nicht gerade neu; doch führen sie zu einer überraschenden Konsequenz, die als erster W. D. HAMILTON (*The genetical theory of social behaviour*, in: J. Theor. Biol., 7, 1964, 1–25) gezogen hat: Um den Selektionswert oder Evolutionserfolg eines Gens abzulesen, darf man sich nicht nur an der Nachkommenzahl des jeweiligen Individuums, an seiner *individual fitness*, orientieren, man muß zugleich auch die Fortpflanzungsrate aller verwandten Individuen berücksichtigen, die nach dem Grad ihrer Verwandtschaft mit größerer oder geringerer Wahrscheinlichkeit dasselbe Gen in sich tragen. Zur Zahl der Nachkommen eines bestimmten Individuums muß man also die Nachkommenzahlen der Verwandten hinzuzählen, multipliziert jeweils mit dem entsprechenden Verwandtschaftsgrad. Auf diese Weise ermittelt sich die Gesamteignung, die *inclusive fitness*, wie HAMILTON es nannte. Sein Grundgedanke war es, daß Konkurrenz zwischen verwandten Individuen nicht sinnvoll sei, wenn es darum gehe, Träger der eigenen Gene zu produzieren, daß aber wechselseitige Hilfe diesem Zweck förderlich ist. Mit einem Wort: Es steht zu erwarten, daß Individuen sich desto weniger bekämpfen und desto mehr unterstützen, je verwandter sie miteinander sind; statt die Selektion auf der Ebene des Individuums anzusiedeln, sollte man deshalb eher von Gen-Selektion oder Sippen-Selektion (*kin selection*, Verwandtenselektion) sprechen. Die Frage, die sich jetzt stellt, lautet natürlich, inwieweit sich mit HAMILTONS Theorie das sonderbare Verhalten etwa der Löwen (und anderer Tiere) begreifen läßt.

Um es vorweg zu sagen: HAMILTONS Theorie bewährt sich nicht nur im Falle der Löwen ganz glänzend, sie erlaubt es zugleich, eine Fülle anderer Phänomene zu verstehen, wie das Zusammenleben von Bienen und Ameisen in großen Staaten oder das Verhalten von Menschen in Familien und Sippen. Doch der Reihe nach.

Die erste Frage lautet: Wie eigentlich ermittelt man die Verwandtschaft zwischen Artgenossen?

Den Verwandtschaftsgrad (r, auch Verwandtschaftskoeffizient genannt, von englisch *relationship* = Verwandtschaft) zwischen zwei Individuen zu berechnen heißt, die Wahrscheinlichkeit anzugeben, daß ein bestimmtes Gen des einen Individuums sich aufgrund gemeinsamer Vorfahren auch in einem anderen finden wird. Alle Menschen tragen bekanntlich zur Hälfte das Erbgut ihrer Mutter und zur Hälfte das Erbgut ihres Vaters in sich; *eineiige Zwillinge* besitzen jeweils identisches Erbgut; bei ihnen ist also

$$r_{\text{eineiige Zwillinge}} = \frac{1}{2} + \frac{1}{2} = 1.$$

Auch *Geschwister* besitzen ein Erbgut, das zur Hälfte vom Vater und zur Hälfte von der Mutter stammt; die Wahrscheinlichkeit aber, denselben Chromosomensatz von der Mutter bekommen zu haben, beträgt bei ihnen nur 0,5, und ebenso beim Vater nur 0,5. (Bei der «Reifeteilung» der Geschlechtszellen sind die doppelten Chromosomensätze ja halbiert worden.) Bei Geschwistern ist also

$$r_{\text{Geschwister}} = \frac{1}{2} \cdot 0{,}5 + \frac{1}{2} \cdot 0{,}5 = \frac{1}{2}.$$

So jedenfalls verhält es sich, wenn die Geschwister denselben Vater und dieselbe Mutter haben; *Halbgeschwister* indessen sind über einen Elternteil gar nicht miteinander verwandt; bei ihnen ist

$$r_{\text{Halbgeschwister}} = \frac{1}{2} \cdot 0{,}5 + \frac{1}{2} \cdot 0 = \frac{1}{4}.$$

*Mehr* an Überlegungen ist eigentlich schon nicht nötig, um das *Sozialverhalten der Löwen* anhand der Beobachtungen von B. C. R. BERTRAM in der Serengeti zu verstehen.

Wir vereinfachen, um das zu zeigen, der Übersicht halber nur einmal ein wenig die Ausgangslage und rechnen mit einer Löwengruppe, die aus 2 Männchen und 7 Weibchen besteht; von den 7 Weibchen sollen 4 erwachsen sein und nahezu gleichzeitig je drei Kinder aufziehen; jedes Männchen sei zudem der Vater zweier Würfe, weitere Nachkommen habe es nicht; die Gruppe als ganze bleibe bei gleicher Fortpflanzungsrate stets gleich groß: drei gestorbene Weibchen sollten also jeweils durch drei Jungweibchen der Gruppe ersetzt werden. Ferner sollen alle Jungmännchen die Gruppe verlassen, um später als ein Brüderpaar einen neuen Harem von Weibchen zu übernehmen, mit denen sie nicht verwandt sind.

Unter diesen Voraussetzungen ergibt sich folgende übersichtliche Situation:

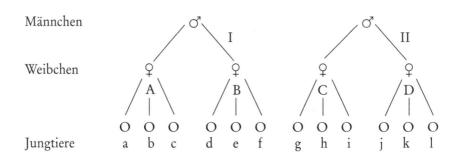

Der Verwandtschaftsgrad der Jungtiere errechnet sich jetzt bequem aus den insgesamt möglichen Zweierkombinationen:

Es gibt *Vollgeschwister, die denselben Vater und dieselbe Mutter haben:* a–b, b–c, a–c; d–e, e–f, d–f; g–h, h–i, g–i; j–k, k–l, j–l; $r_{Geschwister} = 1/2$ kommt also *12mal* vor.

Es gibt *Junge, die denselben Vater, aber verschiedene Mütter haben,* wobei wir den Verwandtschaftsgrad der Mütter untereinander mit $r_{Weibchen}$ bezeichnen: a–d, a–e, a–f; b–d, b–e, b–f; c–d, c–e, c–f usw.; dieses Verwandtschaftsverhältnis kommt $3 \cdot 3 + 3 \cdot 3 = 18mal$ vor. Der Verwandtschaftsgrad dieser *Halbgeschwister* ist

$$r_{Halbgeschwister} = \frac{1}{2} \cdot 0{,}5 \cdot r_{Weibchen} + \frac{1}{2} \cdot 0{,}5 = \frac{1}{4} \cdot r_{Weibchen} + \frac{1}{4}.$$

Schließlich gibt es auch *Junge, die verschiedene Väter und verschiedene Mütter haben:* a–g, a–h, a–i, a–j, a–k, a–l; b–g, b–h, b–i usw.; dieses Verwandtschaftsverhältnis kommt $3 \cdot 6 + 3 \cdot 6 = 36mal$ vor. Da die Mütter miteinander mit dem Verwandtschaftsgrad $r_{Weibchen}$ verwandt sind, setzen wir die Verwandtschaft der Väter als $r_{Männchen}$, dann beträgt der Verwandtschaftsgrad dieser Vettern:

$$r_{Cousins} = \frac{1}{2} \cdot 0{,}5 \cdot r_{Weibchen} + \frac{1}{2} \cdot 0{,}5 \cdot r_{Männchen}$$

$$= \frac{1}{4} \cdot r_{Weibchen} + \frac{1}{4} \cdot r_{Männchen}.$$

Daraus läßt sich für die insgesamt $12 + 18 + 36 = 66$ Kombinationsmöglichkeiten der mittlere Verwandtschaftsgrad zwischen allen Jungtieren im Rudel errechnen:

$$r_{Jungtiere} = \frac{12 \cdot \frac{1}{2} + 18 \cdot (\frac{1}{4} \cdot r_{Weibchen} + \frac{1}{4}) + 36 \cdot (\frac{1}{4} \cdot r_{Weibchen} + \frac{1}{4} \cdot r_{Männchen})}{66}.$$

Der Verwandtschaftsgrad der erwachsenen Männchen $r_{Männchen}$ ist nun identisch mit diesem mittleren Verwandtschaftsgrad $r_{Jungtiere}$, da ja die Brüder, die in einem Rudel als Geschwister aufwuchsen, auch später zusammenbleiben und gemeinsam einen neuen Harem übernehmen; das heißt, wir können $r_{Männchen}$ gleich $r_{Jungtiere}$ setzen und errechnen als mittleren Verwandtschaftsgrad der Männchen:

$$r_{Männchen} = r_{Jungtiere}$$

$$r_{\text{Männchen}} = \frac{12 \cdot \frac{1}{2} + 18 \cdot (\frac{1}{4} \cdot r_{\text{Weibchen}} + \frac{1}{4}) + 36 \cdot (\frac{1}{4} \cdot r_{\text{Weibchen}} + \frac{1}{4} \cdot r_{\text{Männchen}})}{66}$$

$$66 \cdot r_{\text{Männchen}} = 6 + \frac{9}{2} \cdot r_{\text{Weibchen}} + \frac{9}{2} + 9 \cdot r_{\text{Weibchen}} + 9 \cdot r_{\text{Männchen}}$$

$$57 \cdot r_{\text{Männchen}} = \frac{21}{2} + \frac{27}{2} \cdot r_{\text{Weibchen}}$$

$$19 \cdot r_{\text{Männchen}} = \frac{7}{2} + \frac{9}{2} \cdot r_{\text{Weibchen}}$$

$$r_{\text{Männchen}} = \frac{7 + 9 \cdot r_{\text{Weibchen}}}{38}.$$

Der *Verwandtschaftsgrad der 7 Weibchen* $r_{\text{Weibchen}}$ läßt sich mit folgender Überlegung berechnen: Es gibt vier erwachsene Weibchen A B C D und drei nachgerückte Geschwister E F G. Diese drei nachgerückten Geschwister haben den mittleren Verwandtschaftsgrad $r_{\text{Jungtiere}}$, der, wie wir gesehen haben, mit dem Verwandtschaftsgrad der Haremsmänner $r_{\text{Männchen}}$ identisch ist. Unter den drei Geschwistern gibt es nur drei Kombinationsmöglichkeiten (E–F, F–G, E–G), also *3mal* den Verwandtschaftsgrad $r_{\text{Jungtiere}} = r_{\text{Männchen}}$. Sechs Zweierkombinationen sind zwischen den erwachsenen Weibchen möglich, die den Verwandtschaftsgrad $r_{\text{Weibchen}}$ besitzen: A–B, A–C, A–D, B–C, B–D, C–D. Der Verwandtschaftsgrad $r_{\text{Weibchen}}$ kommt also *6 mal* vor. Mit je einem alten und einem nachgerückten Weibchen lassen sich $4 \cdot 3 = 12$ *Zweierkombinationen* bilden: A–E, B–F, C–G usw. Diese Kombinationen lassen sich in zwei Gruppen unterteilen: in $^1/_7$ der Fälle (1 : [4 + 3]) wird eine Tochter mit ihrer Mutter kombiniert werden, so daß der Verwandtschaftsgrad $^1/_2$ vorliegt; in $^6/_7$ der übrigen Fälle werden wir ein Weibchen mit einer Tochter eines anderen Weibchens kombinieren, so daß wir den Verwandtschaftsgrad $^1/_2$ noch mit dem Verwandtschaftsgrad $r_{\text{Weibchen}}$ multiplizieren müssen, in dem die Haremsweibchen zueinander stehen. *12mal* herrscht in diesen Kombinationen also der mittlere Verwandschaftsgrad

$$r = \frac{1}{7} \cdot \frac{1}{2} + \frac{6}{7} \cdot \frac{1}{2} \cdot r_{\text{Weibchen}}.$$

Alles weitere ist jetzt eine reine Formsache.

Insgesamt haben wir mit $3 + 6 + 12 = 21$ Kombinationen zu rechnen; der mittlere Verwandtschaftsgrad der Weibchen $r_{\text{Weibchen}}$ beträgt dann:

## Der Kampf ums Dasein

$$r_{\text{Weibchen}} = \frac{3 \cdot r_{\text{Männchen}} + 6 \cdot r_{\text{Weibchen}} + 12 \cdot (\frac{1}{7} \cdot \frac{1}{2} + \frac{6}{7} \cdot \frac{1}{2} \cdot r_{\text{Weibchen}})}{21}$$

$$21 \cdot r_{\text{Weibchen}} = 3 \cdot r_{\text{Männchen}} + 6 \cdot r_{\text{Weibchen}} + \frac{12}{14} + \frac{72}{14} \cdot r_{\text{Weibchen}}$$

$$\frac{69}{7} \cdot r_{\text{Weibchen}} = 3 \cdot r_{\text{Männchen}} + \frac{6}{7}$$

$$69 \cdot r_{\text{Weibchen}} = 21 \cdot r_{\text{Männchen}} + 6$$

$$r_{\text{Weibchen}} = \frac{21}{69} \cdot r_{\text{Männchen}} + \frac{6}{69}$$

$$r_{\text{Weibchen}} = \frac{7 \cdot r_{\text{Männchen}} + 2}{23}.$$

Setzen wir den so berechneten mittleren Verwandtschaftsgrad der Weibchen $r_{\text{Weibchen}}$ in die Gleichung für $r_{\text{Männchen}}$ ein, so erhalten wir:

$$r_{\text{Männchen}} = \frac{7 + 9 \, r_{\text{Weibchen}}}{38}$$

$$r_{\text{Männchen}} = \frac{7 + \frac{9 \cdot (7 \cdot r_{\text{Männchen}} + 2)}{23}}{38}$$

$$38 \cdot r_{\text{Männchen}} = 7 + \frac{63}{23} \cdot r_{\text{Männchen}} + \frac{18}{23}$$

$$\frac{874 - 63}{23} \cdot r_{\text{Männchen}} = \frac{161 + 18}{23}$$

$$811 \cdot r_{\text{Männchen}} = 179$$

$$r_{\text{Männchen}} = 0{,}22.$$

Der Wert für $r_{\text{Weibchen}}$ beträgt dann:

$$r_{\text{Weibchen}} = \frac{7 \cdot 0{,}22 + 2}{23}$$

$$r_{\text{Weibchen}} = 0{,}15.$$

Das bedeutet: Der mittlere Verwandtschaftsgrad zwischen den *erwachsenen Rudelmännchen*, die den Harem dominieren, beträgt

$$r_{\text{Männchen}} = 0{,}22;$$

das ist fast so viel wie unter Halbbrüdern, für die der Verwandtschaftsgrad

$$r_{\text{Halbgeschwister}} = \frac{1}{4} = 0{,}25$$

gilt.

Der mittlere Verwandtschaftsgrad zwischen den *Haremsweibchen* ist mit

$$r_{\text{Weibchen}} = 0{,}15$$

nur um ein weniges höher als für Cousinen, für die der Wert

$$r_{\text{Cousinen}} = \frac{1}{8} = 0{,}125 \approx 0{,}13$$

gilt.

Der mittlere Verwandtschaftsgrad zwischen den *Jungen,* die im Rudel aufgewachsen sind, ist derselbe wie zwischen den erwachsenen Männchen, die ja auch Rudelgeschwister sind; er beträgt demnach:

$$r_{\text{Jungtiere}} = r_{\text{Männchen}} = 0{,}22.$$

Entscheidend ist, daß diese mittleren Verwandtschaftsgrade genügend voneinander sich unterscheiden, um ein unterschiedliches Sozialverhalten erwarten zu lassen. Da es weniger Männchen als Weibchen und weniger Väter als Mütter im Rudel gibt, tragen mehr Nachkommen das Erbgut eines bestimmten Männchens als das eines bestimmten Weibchens; die Männchen sind daher mit den Jungen im Durchschnitt näher verwandt als die Weibchen.

Doch *wie* nah? Auch das läßt sich (nach dem Vorbild von W. WICKLER – U. SEIBT: *Das Prinzip Eigennutz,* 106) errechnen.

Wenn ein erwachsenes Männchen auf ein Junges im Rudel trifft, so ist es entweder sein eigenes Kind, so daß der Verwandtschaftsgrad

$$r_{\text{Vater – Kind}} = \frac{1}{2}$$

ist, oder es ist das Kind seines Bruders, dann ist es mit ihm mit einem Verwandtschaftsgrad

$$r_{\text{Männchen – Kind des Bruders}} = \frac{1}{2} \cdot 0{,}22 = 0{,}11$$

verwandt. Sind beide Sorten von Kindern gleich häufig und nicht unterscheidbar, so beträgt der *mittlere Verwandtschaftsgrad der Männchen zu den Jungen*

$$r_{\text{Männchen – Jungen}} = \frac{\frac{1}{2} + \frac{1}{2} \cdot 0{,}22}{2} = \frac{0{,}5 + 0{,}11}{2} = 0{,}31.$$

Bei den Weibchen ist das Verhältnis anders, ist bei ihnen doch nur in $^1/_7$ der Fälle ein Weibchen die Mutter eines bestimmten Jungtieres; in $^6/_7$ der Fälle wird das Junge von einem anderen Weibchen stammen, mit dem es selber mit dem Verwandtschaftsgrad

$$r_{\text{Weibchen – fremdes Kind}} = \frac{1}{2} \cdot 0{,}15 = 0{,}075$$

verwandt ist. *Der mittlere Verwandtschaftsgrad der Weibchen zu den Jungen beträgt also:*

$$r_{\text{Weibchen – Jungen}} = \frac{1 \cdot \frac{1}{2} + 6 \cdot \frac{1}{2} \cdot 0{,}15}{7} = \frac{0{,}5 + 0{,}45}{2} = 0{,}14.$$

Im Durchschnitt sind die Männchen also doppelt so nah mit den Jungen verwandt ($r_{\text{Männchen-Jungen}} = 0{,}31$) wie die Weibchen ($r_{\text{Weibchen-Jungen}} = 0{,}14$), und so sollte man, wenn HAMILTONS Theorie zutrifft, erwarten, daß die Männchen sich deshalb auch *mehr* um die Jungtiere kümmern als die Weibchen – eine zweifellos sehr überraschende These, die sich aber vollauf bestätigt.

Wie G. B. SCHALLER nämlich feststellte, fauchen an einer geschlagenen Beute *alle* Rudelmitglieder einander an, es sind aber die Männchen eher bereit, den Jungen Zugang zu den Fleischstücken zu gewähren, als die Weibchen. Das heißt nichts anderes, als daß bei den Löwen die genetische Verwandtschaft wichtiger ist als sogar der berühmte «Mutterinstinkt»! Und diese Tatsache verweist noch einmal auf den Grund für die so eigentümliche Fürsorglichkeit der Männchen: *sie* haben nur 2–3 Jahre Zeit, Junge zu zeugen, die Weibchen aber verfügen über 12 Jahre, um Kinder zu werfen! Ein männlicher Löwe könnte nur dann ebenso viele Junge haben wie ein Weibchen, wenn er allein 4 Weibchen begattete. So aber verhält es sich nicht, da er einen Harem, in dem noch nicht einmal alle Weibchen trächtig werden, mit seinem Bruder teilen muß. Jedes Junge ist für das männliche Tier als Träger seiner Gene daher «wertvoller» als für ein Weibchen; was Wunder also, daß es damit auch fürsorglicher umgeht! Die Frage freilich stellt sich somit nur um so dringlicher, warum überhaupt die Männchen sich unter diesen Umständen einen Harem miteinander *teilen*, und die Antwort *auch darauf* ergibt sich aus einem bißchen Verwandtschaftsrechnerei, verknüpft mit der Frage, wieviel ein Männchen aus Rivalitätskämpfen mit seinem eigenen Bruder zu gewinnen hätte.

BERTRAM hat während seiner Feldforschungen an sechs erwachsenen Männchen in einem (in dieser Zusammensetzung ungewöhnlichen!) Rudel beobachtet, daß *ein* Männchen 14mal mit einem Weibchen kopulierte, ein anderer Löwe aber nur 4mal; setzt man diese Zahlen mit den Nachkommen gleich, so ergibt sich, daß das erste Männchen 3,5mal so erfolgreich gewesen sein muß wie das zweite. Diese Zahl aber bezieht sich nur auf seine individuelle Tauglichkeit (Fitneß) *(individual fitness)*; die Gesamteignung *(inclusive fitness)* hingegen ergibt sich, wenn man zur Zahl N der Nachkommen des Männchens auch die Zahl der Nachkommen der Brüder hinzuaddiert, multipliziert mit dem jeweiligen Verwandtschaftsgrad:

$$\text{Gesamteignung}_{\text{Männchen}} = N_{\text{Kinder}} \cdot r_{\text{Vater - Kind}} + N_{\text{Kinder der Brüder}} \cdot r_{\text{Männchen - Kind des Bruders}},$$

mit: $r_{\text{Vater - Kind}} = \frac{1}{2}$ und $r_{\text{Männchen - Kind des Bruders}} = 0{,}11;$

so ist:
$$\text{Gesamteignung}_{\text{Männchen}} = N_{\text{Kinder}} \cdot \frac{1}{2} + N_{\text{Kinder der Brüder}} \cdot 0{,}11.$$

Die Berechnung der Gesamteignung ist in der folgenden Tabelle (Abb. 110) zusammengestellt; wesentlich ist das Ergebnis. Die Gesamteignung des ersten Männchens beträgt mit einem Wert von 21,5 % nur noch 1,5mal soviel wie die des zweiten Männchens mit einem Wert von 14,1 %.

So betrachtet, ist am Ende das erste Männchen nur noch 1,5mal so erfolgreich bei der Weitergabe seiner Gene wie jenes andere; und nur um diese Zahl, 1,5mal also, könnte das Männchen seine Erfolgsaussichten verbessern, im Falle es seine brüderlichen Konkurrenten vertreiben würde; selbst ein Männchen, das überhaupt nicht kopulierte und daher auch keinen einzigen Nachkommen zeugte, wäre mit seinen Genen in den zu 100% von seinen Mit-Männchen gezeugten Jungen immer noch mit einem Anteil von 11% vertreten – seine Gesamteignung ließe sich errechnen nach: Gesamteignung$_{\text{Männchen}} = 0 \cdot \frac{1}{2} + 100 \cdot 0{,}11 = 11.$

Unter diesen Umständen muß ein Männchen sich schon «überlegen», was ihm ein Konkurrenzkampf mit seinem Bruder einbringen könnte – im Grunde nicht so viel! Dafür aber handelte es sich rasch die Gefahr ein, von einem anderen Brüderpaar vertrieben zu werden und damit zugleich auch die bereits gezeugten Jungen einzubüßen; ja, nach allem, was wir inzwischen über das Verhalten von männlichen Löwen wissen, wäre damit sein Leben fast schon am Ende. Für einen einzelnen männlichen Löwen erscheint es mithin als weit vorteilhafter, sich die Nachkommenschaft im Harem mit seinem Bruder zu teilen, statt um sie zu kämpfen, und zwar nicht aus «Selbstlosigkeit», sondern aus wohlverstandenem «Eigennutz» – aus der Sicht der Gene!

In unserem Zusammenhang ist diese Bilanz der bisherigen mühevollen

| Löwenmännchen | 1. | 2. | Gesamtzahl der Männchen im Rudel: 6 |
|---|---|---|---|
| Anzahl der beobachteten Kopulationen | 14 | 4 | Gesamtzahl der beobachteten Kopulationen: 52 |
| Kopulationshäufigkeit des Männchens in % | 26,9 | 7,7 | Kopulationshäufigkeit bezogen auf die Gesamtzahl von 52 Kopulationen |
| Anzahl der Nachkommen des Männchens in % (bezogen auf jeweils insgesamt 100 neugeborene Jungtiere) | 26,9 | 7,7 | Das 1. Männchen ist 3,5 mal so erfolgreich bei der Fortpflanzung wie das 2. Männchen. Dies entspricht der *individual fitness* des Männchens. |
| Anzahl der Nachkommen der Brüder des Männchens in % | 73,1 | 92,3 | Die Anzahl der Nachkommen des Männchens und die seiner Brüder müssen sich zu insgesamt 100 neugeborenen Jungtieren addieren. |
| Häufigkeit, mit der das Männchen seine Gene direkt an seine Kinder weitergegeben hat (in %) | 13,5 | 3,9 | Da $r_{\text{Vater-Kind}} = 1/2$ ist, gibt jedes Männchen die Hälfte seines Genbestandes an seine Jungen weiter; also: Anzahl der Nachkommen mal $r_{\text{Vater-Kind}}$. |
| Häufigkeit, mit der das Männchen seine Gene über die Kinder seiner Brüder weitergegeben hat (in %) | 8,0 | 10,2 | Da $r_{\text{Männchen-Kind des Bruders}} = 0,5 \cdot 0,22 = 0,11$ ist, gibt jedes Männchen ein Neuntel (= 0,11) seines Genbestandes an die Kinder seiner Brüder weiter; also: Anzahl der Nachkommen der Brüder mal $r_{\text{Männchen-Kind des Bruders}}$. |
| Häufigkeit, mit der Gene des Männchens in den Jungtieren der Folgegeneration vertreten sind (in %) | 21,5 | 14,1 | Das 1. Männchen ist bezogen auf die insgesamt weitergegebenen Gene nur noch 1,5 mal so erfolgreich wie das 2. Männchen. Dies entspricht der *inclusive fitness* des Männchens. |

110 Berechnung der Gesamteignung (inclusive fitness) männlicher Löwen.

Rechnerei von außerordentlicher Bedeutung. Denn das Sozialverhalten der Löwen zeigt in aller wünschenswerten Deutlichkeit, daß das Prinzip der Arterhaltung nicht das sein kann, was die Löwen wirklich betreiben. Woran ihnen liegt, ist nicht die «Erhaltung der Art», sondern die Erhaltung und Verbreitung des Erbgutes der «erfolgreichen» Individuen. Es ist die Stelle, an der wir DARWIN weiterinterpretieren müssen. Wenn er den Wandel der Arten aus der Selektion des im Konkurrenzkampf Tauglicheren herleitete, so müssen wir die «Tauglichkeit» jetzt im Sinne HAMILTONS als *«inclusive fitness»* definieren: nur diejenigen *Gene* werden sich durchsetzen, die Organismen aufbauen, die einerseits fürsorglich und kooperativ mit ihresgleichen umgehen und die andererseits rigoros verfahren mit allem, was ihnen als ungleich Konkurrenz macht.

Was wir mit dieser Einsicht gewonnen haben, ist in der Tat nicht mehr und nicht weniger als eine Art Passepartout zum Verständnis des evolutiven Mechanismus insgesamt. Plötzlich ergeben all die Beobachtungen einen «Sinn», die man auch sonst bei ganz unterschiedlichen Tierstämmen machen kann.

Greifen wir ein paar Beispiele heraus (vgl. PETER HAYDEN: *Wenn Tiere zu Kannibalen werden,* NDR 96). Nehmen wir aus dem Stamm der *Wirbeltiere* (in der Klasse der Lurche, in der Ordnung der Froschlurche *Anura,* in der Familie der Südfrösche, der *Leptodactylidae*) die Gattung der *Hornfrösche (Ceratophrys)* im mexikanischen Chaco (vgl. H. R. HEUSSER: *Die Froschlurche,* in: Grzimeks Tierleben V, 359–463, S. 456–457). Schon kleine Hornfrösche verfügen über einen immensen Appetit; sie fressen sozusagen alles, was ihnen in die Quere kommt – unter anderem auch ihre Artgenossen! Diesen ihren innerartlichen «Kannibalismus» aber können wir jetzt verstehen: mit jedem verspeisten Artgenossen gibt es *einen* Brutkonkurrenten weniger, und zugleich gibt es auch einen Artgenossen weniger, von dem die Gefahr droht, selber gefressen zu werden!

Oder nehmen wir aus der Ordnung der Schwanzlurche (der *Caudata* in der Familie der Querzahnmolche, der *Ambystomatiden*) die Art der *Tigerquerzahnmolche (Ambystoma tigrinum)* in Arizona (vgl. G. E. FREYTAG: *Schwanzlurche und Blindwühlen,* in: Grzimeks Tierleben V, 313–358, S. 322–329). Ihre befruchteten Eier (Zygoten) enthalten zwei Varianten möglicher Entfaltung: Gibt es viel Regen, so entsteht viel Plankton in den Laichgewässern, und es entstehen kleine planktonfressende Molche; bei wenig Regen aber, Ende des Sommers zum Beispiel, wenn die Teiche trocken fallen, entstehen große Molche, die über ihre Artgenossen herfallen und sie verzehren. Nur diese großen «Kannibalen»-Molche überleben; sie bilden Lungen aus und wandern zu neuen Wasserstellen. Das alles erscheint in gewissem Sinne sinnvoll auch zum Zwecke der «Arterhaltung» beim «Kampf ums Überleben»; doch charakteristischerweise gibt es bei diesem so arterhaltenden «Kannibalismus» eine «Hemmschwelle»: Schwestern und Vettern erkennen sich am Duft und *schonen* einander!

Wie brutal der Kampf um die Verbreitung der eigenen Gene auch sonst geführt werden kann, zeigen sehr eindrucksvoll die uns vertrauten *Rabenkrähen (Corvus corone corone)*. Immer wieder läßt sich beobachten, wie Krähenmännchen, sobald fremde Elterntiere abgelenkt sind, deren Gelege angreifen. In der Tat sind diese aggressiven Junggesellen der Hauptgrund dafür, daß sich insgesamt nur wenige Jungtiere der Rabenkrähen entfalten können. Wenn die Eltern zum Gelege zurückkehren, bietet sich ihnen ein Bild der Zerstörung, und es bleibt ihnen nichts anderes übrig, als irgendwo anders eine zweite Brut zu versuchen; denn das räuberische Krähenmännchen besetzt unverzüglich selber das frei geräumte Nest und lockt seinerseits Weibchen an.

Was wir in dieser Weise bei Vögeln beobachten müssen, läßt sich auch bei Säugetieren feststellen, neben den Löwen etwa bei den *Bären*, in der Familie der *Ursinae* also (vgl. B. GRZIMEK – A. PEDERSEN: *Der Braunbär*, in: Grzimeks Tierleben XII, 118–127). Bei ihnen sind die Bindungen zwischen Mutter und Kind sehr eng, doch das Bärenmännchen stellt, ähnlich wie bei den Löwen, eine große Gefahr für die Jungtiere dar. Auch hier geht es beim Töten von Jungtieren nicht um Hunger – die Flüsse können voller Fische sein, vielmehr töten die männlichen Tiere fast nur männliche Junge; sie wollen in ihnen offenbar mögliche Konkurrenten beseitigen, und es ist für sie natürlich leichter, Jungtiere zu töten, als sich auf einen Kampf mit erwachsenen Konkurrenten einzulassen.

Auch bei den uns Menschen so nahestehenden *Affen* sind ähnliche Verhaltensweisen bekannt geworden.

T. T. STRUHSAKER (*Infanticide and social organisation in the redtail monkey in the Kibale Forest*, in: Zeitschr. für Tierpsychologie, 45, 1977, 75–84) zum Beispiel hat beobachtet, wie Weißnasen-Meerkatzen *(Cercopithecus ascanius)* in Uganda, die in Gruppen zu 35 Tieren zusammenleben, davon etwa 10 erwachsene Weibchen und ein Männchen, ihre Reviere gegen die Männchen von Nachbargruppen verteidigen; gelingt es indessen einem Männchen, den alten Haremsbesitzer zu verdrängen, so greift es sogleich eine Mutter an, die ein Neugeborenes trägt, und verfolgt sie tagelang, bis es ihm gelingt, ihr Junges zu töten und aufzufressen; nur Jungtiere, die an ihrer Färbung als drei Monate alt und älter zu erkennen sind, bleiben unbehelligt. Auch alle weiteren Jungen, die in einem Zeitraum bis zu vier Monaten zur Welt kommen, werden von dem neuen Haremsbesitzer den Müttern entrissen und getötet. W. WICKLER – U. SEIBT (*Das Prinzip Eigennutz*, 113) bemerken dazu: «Der Babymord ist hier wie bei den Löwen durchaus verständlich: Die Stillzeit beträgt 18 Monate – so lange müßte ein Männchen warten, bis eine Mutter, die gerade geboren hat, wieder brünstig wird. Da jedoch im Harem etwa 10 erwachsene Weibchen auf ein Männchen kommen, muß die Konkurrenz unter den Männchen um den Besitz der Weibchen sehr stark sein. Das zeigt sich auch bei anderen Gelegenheiten, wenn Männchen einander begegnen. Deshalb sind die Aussichten, lange Zeit Besitzer eines Harems zu bleiben, ziemlich gering; dementsprechend drängt auch hier – wie bei den Löwen – die Zeit.» Schon sechs Monate nach der Haremsübernahme sind heftige Angriffe anderer konkurrierender Männchen beobachtet worden.

Ein ähnliches Verhalten ist bekannt geworden bei *Berg-Guerezas (Colobus guereza;* vgl. J. F. OATES: *The social life of a black and white Colobus Monkey,* in: Zeitschr. f. Tierpsychologie, 45, 1977, 1–60) und *Hulmans (Presbytis entellus;* vgl. B. S. HRDY: *Male-male competition and infanticide among the langurs (Presbytis entellus) of Abu, Rajasthan,* in: Folia Primat., 22, 1974, 19–58), bei Rhesusaffen *(Macaca mulatta)*, Bärenmakaken *(Macaca arctoides)*, Javaneraffen *(Macaca irus)*, Mantelpavianen *(Papio hamadryas)*, Bärenpavianen *(Papio ursinus)* und nicht zuletzt bei Schimpansen *(Pan troglodytes;* vgl. JANE GOODALL: *Ein Herz für Schimpansen,* 118–133).

Aus alldem geht hervor, daß die Sippen- oder Kin-Selektion einen entscheidenden Evolutionsfaktor darstellt. Individuen unterschiedlichster Klassen und Ordnungen verhalten sich, wie das Beispiel des Babymords in erschreckender Deutlichkeit zeigt, gerade *nicht* so, daß es dem Arterhalt dienlich wäre; worauf es ihnen ankommt, ist einzig die Erhaltung und Ausbreitung ihres eigenen Gen-Materials. Ja, wir finden mehr und mehr den Eindruck bestätigt, es werde der Organismus der Individuen überhaupt nur von den Genen codiert und konstruiert, um sich ihrer zur eigenen Fortpflanzung zu bedienen. Eine solche Ansicht des Lebens werden die meisten Leser gewiß bei der Betrachtung «niederer» Tiere, wie der schon erwähnten Bandwürmer, ohne größere Schwierigkeiten akzeptieren; wenn sich ein ähnliches Verhalten nun aber quer durch den Stamm der Wirbeltiere bis in die Nähe des Menschen hinein beobachten läßt, was ist dann von uns selber zu halten? Wie unter solchen Umständen soll dann der «Sinn» von Leben bestimmt werden?

*Eines* jedenfalls scheint jetzt bereits klar: Es ist nicht länger mehr möglich, den Kampf um die Reproduktion, das heißt, wie wir jetzt sehen, den brutalen

«Egoismus der Gene», als eine Randerscheinung des Lebens auf einer «primitiveren» Stufe der Entwicklung abzutun. Umgekehrt: bei den «niederen Tieren» zeigt sich nur um so deutlicher, weil weniger komplex, was offenbar für *alle* Tiere gilt: nicht nur der Aufbau ihres Körpers, auch ihr Verhalten unterliegt in einem unglaublich anmutenden Maße dem Diktat der Gene. Das Bild vom Gen-«Kannibalismus» läßt sich mit zwei Beispielen aus der «einfacheren» Welt der *Insekten* eindrucksvoll abrunden.

«Sehr merkwürdig, ja sogar einzigartig», schreibt OTTO KRAUS (*Die Spinnentiere und ihre Verwandten*, in: Grzimeks Tierleben I, 403–433, S. 419), «verläuft die Begattung der Spinnen.» (Echte Spinnen, Araneae, bilden eine der neun Ordnungen der Klasse der *Arachniden,* der Spinnentiere, die insgesamt eine der drei Klassen im Unterstamm der *Chelicerentiere,* der Scherenfüßer, darstellen, deren Geschichte in das tiefste Erdaltertum zurückreicht.) «Die Geschlechtsöffnungen (sc. der Spinnen, d. V.) liegen bei beiden Geschlechtern im vorderen Teil der Bauchseite des Hinterleibs. Beim Männchen dient jedoch der stark abgewandelte Endabschnitt des vordersten Beinpaares (der Pedipalpen) als Übertragungsorgan, das zunächst einmal mit Sperma gefüllt werden muß. Hierzu spinnt das Männchen ein kleines ‹Spermanetz› und setzt darauf einen Tropfen Samenflüssigkeit ab, der sodann mit den Begattungsorganen aufgenommen wird: Die Pedipalpen sind ‹betankt›, und die Begattungsbereitschaft ist hergestellt... Erst jetzt nähert sich das (sc. männliche, d. V.) Tier einem Weibchen, wobei eine wesentliche Schwierigkeit zu überwinden ist. Der Beutetrieb der meist größeren Geschlechtspartnerin muß ausgeschaltet und diese zugleich auf Begattungsbereitschaft ‹umgestimmt› werden. Wink- und Zitterbewegungen spielen dabei eine Rolle.» Bei einer *Kreuzspinne* Südfrankreichs und der Iberischen Halbinsel wurde beobachtet, daß das wesentlich kleinere Männchen das Weibchen, «einem Artisten vergleichbar», regelrecht anspringt. «War der Ansprung gut ‹gezielt› und damit erfolgreich, so rastet einer der samengefüllten Taster an den komplizierten Fortsätzen der weiblichen Geschlechtsöffnung ein. Zugleich schlägt das Weibchen seine Klauen tief in den Hinterleib des Freiers ein. Die Samenübertragung wird durch den tödlichen Biß offenbar nicht beeinträchtigt. Nach etwa neun Minuten... ist dieser Vorgang beendet; das Weibchen zieht das Männchen mit einem kurzen Ruck ganz vor seine Mundteile, um es zu verzehren» (a. a. O., 420).

In diesem Verhaltensmuster ist das Männchen offenbar nichts weiter als der lebende Postbote seines eigenen Spermapaketes und die erste Energiequelle für die Aufzucht seiner Jungen. Aus der Sicht des Individuums und auch unter der Perspektive des Arterhalts handelt ein Kreuzspinnenmännchen sehr «uneigennützig», wenn es sich auf diese Weise für die Zeugung seines Nachwuchses opfert; doch aus der Sicht der Verbreitung der eigenen Gene handelt das Tier nur konsequent: es «weiß», daß das Weibchen sich mit keinem anderen Männchen mehr paart und daß es tausendfach in seinen Jungen weiterleben wird; sein individueller Tod ist zudem eine beschlossene Sache: wenige Wochen später würde es, auch ohne bei der Paarung gefressen zu werden, ohnedies sterben müssen...

Freilich gibt es auch Strategien, die dem Individuum günstiger sind und gleichfalls zum Erfolg führen. Offenbar ist es in der Ordnung der Spinnen doch nicht nur von Vorteil, mit den Männchen derart mörderisch umzugehen. Eine Jagdspinne *(Pisaura listeri)* jedenfalls hat eine Antwort auf die tödliche Begattungsgefahr von seiten des Weibchens gefunden. «Das Männchen fängt eine Fliege, spinnt sie ein, stolziert damit dem Weibchen entgegen und überreicht ihm das Paket gleichsam als ‹Brautgabe›. Die Anbietung kann einige Zeit dauern und oftmals wiederholt werden. Dabei ist das Männchen im höchsten Maße erregt und nimmt eine ganz groteske Körperhaltung ein. Nicht paarungsbereite *Pisaura*-Weibchen lassen sich davon nicht im geringsten beeindrucken oder drohen sogar dem Bewerber und jagen ihn weg. Wenn die Fliege aber angenommen ist, also das Weibchen seine Klauen in das Gespinstpaket geschlagen hat, vollzieht das Männchen die Begattung.» Ja, man hat sogar beobachtet, «daß das Männchen nach vollzogener Samenübertragung gelegentlich sein ‹Brautgeschenk› wieder mitnimmt!» (A. a. O., 420)

Es *muß* also nicht sein, daß Zeugung und Tod ein und dasselbe sind; doch merken müssen wir uns hier bereits, wie eng sie zusammengehören, indem den Genen offenbar nur sehr begrenzt an dem Erhalt ihrer eigenen Überträgerorganismen, die wir Individuen nennen, gelegen ist.

### *Warum Bienen und Ameisen Staaten bilden*

Wie zu erwarten, bewährt W. D. HAMILTONS genetische Erklärung der Soziobiologie von Löwen, Affen und Spinnen sich nicht zuletzt auf gerade *dem* Gebiet, an dem sie eigentlich entwickelt wurde: bei den staatenbildenden Hautflüglern wie Bienen und Ameisen (*Altruism and related phenomena, mainly in social insects*, in: Ann. Rev. Ecol. Syst. 3, 1972, 193–232). Von ihnen müssen wir sprechen, weil es zum Verständnis der Strategien des Lebens besonders instruktiv ist.

Das Problem, das es zu lösen gilt, hat bereits CH. DARWIN (*Die Entstehung der Arten,* 7. Kap.: Einwände gegen die natürliche Zuchtwahl, S. 374–381) gesehen: wie lassen sich «die Arbeits- oder geschlechtslosen Ameisen» erklären? Ihre Existenz beweist als erstes, daß die Lehre LAMARCKS von den erworbenen Eigenschaften nicht stimmen kann: – die Gewohnheiten der unfruchtbaren Arbeiterinnen oder der unfruchtbaren Weibchen können unmöglich die fruchtbaren Männchen und Weibchen beeinflußt haben; DARWIN selbst sah deshalb bei der Betrachtung der Arbeitsameisen seine eigene Ansicht über die Natur bestätigt: die Summe kleiner spontaner Abänderungen an der Gestalt und Funktion bestimmter Ameisen habe dazu geführt, unfruchtbare Arbeiter hervorzubringen, weil «die Erzeugung dieser Arbeiter für eine soziale Ameisengemeinschaft nützlich war» (380). Eine solche Argumentation setzt freilich voraus, daß man den «Kampf ums Dasein» jetzt nicht zwischen Individuum und Individuum, sondern zwischen dem einen Insektenstaat und einem anderen ansiedelt, und dazu gehört, daß man den Insektenstaat selber als eine Fortpflanzungseinheit betrachtet. Nur: wenn wir soeben noch gesehen haben, wie egoistisch jedes Gen danach drängt, sich selbst fortzupflanzen, wie soll man es dann verstehen, daß es Individuen gibt, die geschlechts*los* sind? Mag auch der Ameisenstaat oder das Bienenvolk seinen unentbehrlichen Nutzen aus den Heeren von Arbeiterinnen und Soldaten ziehen – für die einzelne Ameise scheint es ein schwerer Nachteil zu sein, ihre Gene nicht weitergeben zu können. Was für ein individuelles Interesse überhaupt also soll mit der Bildung von Insektenstaaten vereinbar sein – weshalb eigentlich gibt es sie? Und warum gibt es sie gerade bei Bienen, Ameisen, Hummeln und Wespen?

Die Erklärung dieser eigentümlichen Tatsache beginnt mit der Feststellung, daß diese Tiere sich anders fortpflanzen als die meisten Tiere sonst. «Normalerweise» entstehen die Nachkommen, indem bei der Befruchtung zwei Keimzellen, genauer: eine Eizelle und eine Samenzelle miteinander verschmelzen. Bei den Bienen, Ameisen, Hummeln und Wespen stammen nun ausschließlich die *Weibchen* aus «normalen» befruchteten Eizellen, die Männchen hingegen aus unbefruchteten Eiern – sie entstehen durch Parthenogenese (Jungfernzeugung). *Die Folge:* die Weibchen bei ihnen verfügen über zwei Chromosomensätze und sind somit diploid (2n), die Männchen hingegen nur über einen Chromosomensatz und sind also haploid (n). Infolgedessen liegen die Verwandtschaftsbeziehungen bei den erwähnten Hautflüglern *(Hymenoptera),* wie leicht zu errechnen ist, höchst eigentümlich: Weibliche Tiere haben zwei Eltern sowie Töchter und Söhne, männliche Tiere aber haben keinen Vater und auch keine Söhne; und daraus wiederum folgt, daß Schwestern untereinander näher verwandt sind als Mutter und Tochter.

Bezeichnen wir einmal die beiden Chromosomensätze der (diploiden) Mutter mit b und p und den einen Chromosomensatz des (haploiden) Vaters mit g, so gibt es, nach Bildung der Keimzellen, nur zwei Typen von *Söhnen*, die ja aus unbefruchteten haploiden Eizellen (b-Eizellentyp und p-Eizellentyp) hervorgehen und somit ihr gesamtes Erbgut $^1/_1$ von der Mutter erhalten: b und p. Daraus ergibt sich zugleich für Brüder eine Wahrscheinlichkeit von 0,5, denselben Chromosomensatz (b oder p) von der Mutter erhalten zu haben; der *Verwandtschaftsgrad von Brüdern* ($r_{Brüder}$) beträgt daher

$$r_{Brüder} = \frac{1}{1} \cdot 0{,}5 = \frac{1}{2}.$$

Auch für die *Töchter* (bg und pg), die sich ja aus *befruchteten* Eizellen entwickeln und somit jeweils die Hälfte ihres Erbgutes von der Mutter und von dem Vater erhalten, beträgt die Wahrscheinlichkeit, denselben Chromosomensatz (b oder p) von der Mutter bekommen zu haben, 0,5; die Wahrscheinlichkeit hingegen, von dem Vater denselben Chromosomensatz (g) bekommen zu haben, beträgt 1. *Zwischen Schwestern* beträgt *der Verwandtschaftsgrad* ($r_{Schwestern}$) daher

$$r_{Schwestern} = \frac{1}{2} \cdot 0{,}5 + \frac{1}{2} \cdot 1 = \frac{3}{4}.$$

Die *Mutter* aber hat nur einen ihrer beiden Chromosomensätze (b oder p) an eine Tochter weitergegeben; sie steht zu ihren *Töchtern* daher in dem *Verwandtschaftsgrad*

$$r_{Mutter \rightarrow Töchter} = \frac{1}{2} \cdot 1 = \frac{1}{2}.$$

Das ist jetzt wesentlich: Der Verwandtschaftsgrad zwischen den Schwestern untereinander $r_{Schwestern} = ^3/_4$ ist höher als der zwischen der Mutter und ihren Töchtern

$$r_{Mutter \rightarrow Töchter} = \frac{1}{2}.$$

Und ein weiteres ist sehr ungewöhnlich: *Zwischen Brüdern und Schwestern* herrscht unter diesen Umständen ein unsymmetrisches Verwandtschaftsverhältnis: Die Brüder sind als Männchen haploid (b oder p); daß sie dieselben Gene wie ihre Schwester (bg oder pg) besitzen, hat eine Wahrscheinlichkeit von

$$r_{Brüder \rightarrow Schwestern} = \frac{1}{1} \cdot 0{,}5 = \frac{1}{2}.$$

Aus der Sicht der diploiden Schwester (bg oder pg) hingegen beträgt der Verwandtschaftsgrad mit ihrem Bruder (b oder p) jeweils nur

$$r_{\text{Schwestern} \to \text{Brüder}} = \frac{1}{2} \cdot 0{,}5 = \frac{1}{4}.$$

Ein Bruder ist mit seiner Schwester also näher verwandt als die Schwester mit ihm. Unsymmetrisch ist naturgemäß auch der Verwandtschaftsgrad *zwischen Vater und Tochter:* die Tochter (bg oder pg) hat die Hälfte ihres Erbgutes (g) vom Vater bekommen, sie ist mit ihm also (wie auch mit ihrer Mutter) mit dem Verwandtschaftsgrad

$$r_{\text{Töchter} \to \text{Vater}} = r_{\text{Töchter} \to \text{Mutter}} = \frac{1}{2} \cdot 1 = \frac{1}{2}$$

verwandt: die Wahrscheinlichkeit, daß eines ihrer Gene vom Vater (g) oder von der Mutter (b oder p) stammt, beträgt also jeweils $^1/_2$.

Der Vater hingegen hat sein gesamtes Erbgut (g) an seine Tochter übertragen; von ihm her beträgt der Verwandtschaftsgrad

$$r_{\text{Vater} \to \text{Töchter}} = \frac{1}{1} \cdot 1 = 1.$$

Unter diesen Voraussetzungen sollte man erwarten, daß weibliche Tiere aufgrund ihres Verwandtschaftsgrades von $r_{\text{Schwestern}} = {}^3/_4$ am intensivsten mit ihren Schwestern kooperieren, weit mehr jedenfalls, als daß sie für ihre eigenen Töchter sorgen, mit denen sie ja nur mit dem Verwandtschaftsgrad $r_{\text{Mutter} \to \text{Töchter}} = {}^1/_2$ verwandt sind. Und genau das ist der Fall! Daß es überhaupt Ameisenstaaten und Bienenvölker gibt, ist ja nur möglich, weil die weiblichen Nachkommen einer Königin auf eigene Nachkommen verzichten, um statt dessen als unfruchtbare Arbeiterinnen die Eier und Larven ihrer Mutter zu versorgen, aus denen dann wieder neue *Schwestern* schlüpfen.

Wir haben die Insektenstaaten früher nur erwähnt, um die Universalität *hierarchischer* Ordnungsprinzipien zu veranschaulichen (S. 111); jetzt verstehen wir zum ersten Mal, warum es solche Gebilde überhaupt gibt. Aus dem Wegfall eines Chromosomensatzes hat die Natur, wieder einmal, das Beste zu machen versucht, erneut mit einem geradezu phantastischen, doch nach allem bisher Gesagten vorhersehbaren Ergebnis. Wir dürfen jezt genau das erwarten, was in einem Insektenstaat auch stattfindet: Die *Männchen* (g) werden sich um die Pflege junger Männchen (b oder p), mit denen sie ja nicht verwandt sind, durchaus nicht kümmern; die *Schwestern* (bg oder pg) werden ihre Brüder (b oder p) eher hintansetzen und am besten nur gerade so viele von ihnen großziehen, wie für die Begattung junger Königinnen zur Verbreitung ihrer eigenen Gene benötigt werden; die weiblichen Tiere werden in jedem Fall von seiten ihrer Eltern wie auch untereinander bevorzugt behandelt werden – alles verläuft so, wie es der HAMILTONschen Theorie entspricht.

Allenfalls bleibt zu fragen, warum die Väter nicht an erster Stelle ihre Töchter pflegen, mit denen sie mit dem Verwandtschaftsgrad $r_{\text{Vater} \rightarrow \text{Töchter}} = 1$ verwandt sind. Die Antwort wird wohl lauten, daß sie wesentlich nur als *Erzeuger* von Töchtern eine Rolle spielen – bei den Bienen bezahlen die Männchen, ähnlich wie vorhin bei manchen Spinnenarten, den Paarungsvorgang ohnehin gleich mit dem Tod: ein Teil des Genitalapparates bleibt am Weibchen verankert, und das Männchen wird seine Kinder niemals zu Gesicht bekommen.

Was die Arbeiterinnen angeht, so sollte man, da der Verwandtschaftsgrad die soziale Fürsorge bestimmt, von vornherein erwarten, daß die Arbeiterinnen, die mit ihren Schwestern mit dem Verwandtschaftsgrad $r_{\text{Schwestern}} = 3/4$ verwandt sind, mit ihren Brüdern aber nur mit dem Verwandtschaftsgrad $r_{\text{Schwestern} \rightarrow \text{Brüder}} = 1/4$ verwandt sind, ihre Investitionen für die Weitergabe ihrer Gene in die nächste Generation, mithin also ihre Brutpflegeaktivitäten, im Verhältnis 3 : 1 zwischen ihren fortpflanzungsfähigen Schwestern (also den jungen Königinnen, die sich unter bestimmten Umweltbedingungen, wie zum Beispiel bei einer bestimmten Qualität der Nahrung, aus befruchteten Eiern entwickeln) und ihren Brüdern aufteilen; mithin müßte, da diese Brutpflegeaktivität vor allem im Füttern besteht und sich somit in einer entsprechenden Gewichtszunahme äußern sollte, auch das Massenverhältnis zwischen jungen Königinnen und männlichen Geschwistern 3 : 1 betragen. Das läßt sich prüfen.

Tatsächlich haben R. L. TRIVERS und H. HARE (*Haplodiploidy and the evolution of social insects*, in: Science 191, 1976, 249–263) die unterschiedliche Trockenmasse von Männchen und jungen Königinnen in Staaten von 20 Ameisenarten gewogen und das entsprechende Massenverhältnis von 3 : 1 bestätigen können! Dieses Ergebnis alleine wäre für die Forschung noch nicht sonderlich aussagekräftig, da es durch irgendwelche anderen Parameter als gerade durch das Brutpflegeverhalten bedingt sein könnte. Es ist allerdings um so beweiskräftiger, als es sich spezifisch von dem bei nicht-sozial lebenden Bienen und Wespen gefundenen Massenverhältnis unterscheidet. Bei diesen legt nämlich die Königin alleine das Nest an und zieht auch die Jungen alleine groß, zum Beispiel indem sie ihre Eier in die (zuvor gelähmten) Larven anderer Insekten legt – wie nach HAMILTONS Theorie zu erwarten, beträgt das Massenverhältnis von Männchen und Weibchen hier 1 : 1.

Ja, wir können sogar noch einen Schritt weiter gehen und die *Sozialstruktur* von Bienenvölkern und Ameisenstaaten alleine aus den Verwandtschaftsgraden ableiten.

Halten wir fest: da die Königin (das begattete Weibchen, bp) mit Töchtern (bg oder pg) und Söhnen (b oder p) gleichermaßen mit dem Verwandtschaftsgrad $r_{\text{Mutter} \to \text{Kinder}} = 1/2$ verwandt ist, sollte es auch ihr Interesse sein, beide gleichmäßig zu betreuen. Nun kann aber auch eine Arbeiterin (bg oder pg), die normalerweise unfruchtbar ist, unter bestimmten Voraussetzungen, z. B. wenn die Kolonie sehr groß geworden ist, Eier legen, die wie alle Keimzellen natürlich haploid sind und aus denen freilich, da sie ja nicht befruchtet werden, nur Männchen entstehen (b und g oder p und g); mit diesen ist eine eierlegende Arbeiterin aber ebenfalls mit dem Verwandtschaftsgrad

$$r_{\text{Arbeiterin} \to \text{Söhne}} = \frac{1}{2}$$

verwandt, mehr also als mit ihrem Bruder, mit dem sie nur über den Verwandtschaftsgrad

$$r_{\text{Schwester} \to \text{Brüder}} = \frac{1}{4}$$

verwandt ist. Selbst die Schwester einer solchen Arbeiterin ist mit dem Sohn ihrer Schwester immer noch mit einem Verwandtschaftsgrad von

$$r_{\text{Arbeiterin} \to \text{Neffen}} = \frac{3}{4} \cdot 0{,}5 = \frac{3}{8}$$

verwandt, also ebenfalls mehr als mit ihrem Bruder. Von daher läßt sich erwarten, daß *alle* Arbeiterinnen ihre Söhne und die Söhne ihrer Schwestern den Söhnen ihrer Mutter vorziehen werden; und tatsächlich «stammen die Männchen der Papierwespen, der Hummeln, der stachellosen *Trigona*-Bienen sowie der Ameisenarten der Gattungen *Oecophylla* und *Myrmica* aus Arbeiterinnen-Eiern und nicht etwa aus unbefruchteten Eiern der Königin» (W. WICKLER – U. SEIBT: *Das Prinzip Eigennutz*, 123). Doch das ist natürlich nicht immer so.

Wenn regelmäßig die weiblichen Tiere (bg und pg) von der Königin, die männlichen aber aus den Eiern der Arbeiterinnen (b, p oder g) stammen, dann sollten die *nicht-eierlegenden Arbeiterinnen* Weibchen und Männchen (also Schwestern und Neffen) im Verhältnis 1:1 aufziehen. Auf den ersten Blick mag dies überraschen, da doch für die Verwandtschaftsgrade $r_{\text{Schwestern}} = 3/4$ und $r_{\text{Arbeiterin} \to \text{Neffen}} = 3/8$ gilt; doch läßt sich dieses Verhältnis leicht verstehen, wenn wir mit Hilfe der schon bekannten mathematischen Gleichung die Gesamteignung *(inclusive fitness)* berechnen: Eine nicht-eierlegende Arbeiterin kann ihr Erbgut an die nächste Generation nur über eine eierlegende Schwester weitergeben, was über zwei Wege erfolgen kann: erstens, über *eine begattete Schwester*, die dadurch zu einer neuen Königin wird und aus deren befruchteten Eiern dann die weiblichen Tiere des Insektenstaates entstehen, während die männlichen Tiere in dieser Sozialstruktur ausschließlich aus den unbefruchteten Eiern von Arbeiterinnen hervorgehen; und zweitens, über *eine nicht-begattete Schwester*, die als Arbeiterin nur unbefruchtete Eier legt, aus denen sich die männlichen Tiere des Staates entwickeln. Da die Gesamteignung der nicht-eierlegenden Arbeiterin gemäß folgender Gleichung

$$\text{Gesamteignung}_{\text{Arbeiterin}} = N_{\text{Nachkommen ihrer Nichte}} \cdot r_{\text{Arbeiterin} \to \text{Nachkommen ihrer Nichte}} + N_{\text{Nachkommen ihres Neffen}} \cdot r_{\text{Arbeiterin} \to \text{Nachkommen ihres Neffen}}$$

sich sowohl aus der Anzahl der jeweiligen Nachkommen wie auch aus den Verwandtschaftsgraden zwischen der nicht-eierlegenden Arbeiterin und den Nachkommen ihrer Nichten und Neffen ergibt, wird der jeweilige Verwandtschaftsgrad darüber entscheiden, inwieweit sie die weiblichen Jungtiere (nämlich ihre fortpflanzungsfähigen Schwestern als potentielle Mütter ihrer Nichten) oder die männlichen Jungtiere (also ihre Neffen) in der Kolonie bevorzugen wird.

Der Verwandtschaftsgrad zu ihrer Nichte und ihrem Neffen ist jeweils mit

$$r_{\text{Arbeiterin} \to \text{Nichten}} = r_{\text{Arbeiterin} \to \text{Neffen}} = \frac{3}{4} \cdot 0{,}5 = \frac{3}{8}$$

gegeben. Da ihre Nichten ihr Erbgut mit einer Wahrscheinlichkeit von 0,5 an ihre Töchter und diese Töchter wiederum mit einer Wahrscheinlichkeit von 1 an ihre Söhne weitergeben, ergibt sich für

$$r_{\text{Arbeiterin} \to \text{Nachkommen ihrer Nichte}} = \frac{3}{8} \cdot 0{,}5 + \frac{3}{8} \cdot 1 = \frac{9}{16}.$$

Da die Neffen der nicht-eierlegenden Arbeiterin deren Erbgut mit einer Wahrscheinlichkeit von 1 an ihre Töchter und diese Töchter wiederum mit einer Wahrscheinlichkeit von 0,5 an ihre Söhne weitergeben, ergibt sich entsprechend für

$$r_{\text{Arbeiterin} \to \text{Nachkommen ihres Neffen}} = \frac{3}{8} \cdot 1 + \frac{3}{8} \cdot 0{,}5 = \frac{9}{16}.$$

Für eine *nicht-eierlegende* Arbeiterin sind die Aussichten, ihr Erbgut über die Nachkommen einer eierlegenden Schwester weiterzugeben, die begattet und zu einer neuen Königin wird, demnach genauso günstig wie die Weitergabe ihres Erbgutes über die Nachkommen einer eierlegenden Schwestern-Arbeiterin. Mit einem Wort: *für eine nicht-eierlegende Arbeiterin* ist im Interesse der Verbreitung ihres Erbgutes *eine Schwester genauso nützlich wie ein Neffe*; sie wird daher jedes aufzuziehende Weibchen in der gleichen Weise behandeln wie jeden aufzuziehenden Sohn einer Arbeiterin.

Anders verhält es sich mit den Arbeiterinnen, die selbst Eier legen: Sie geben ihr Erbgut zur Hälfte an einen Sohn weiter, der es wiederum zu $^1/_1$ an seine Tochter und zur Hälfte an einen Sohn dieser Tochter weitergibt. Damit beträgt der Verwandtschaftsgrad zwischen der eierlegenden Arbeiterin und ihren eigenen Nachkommen.

$$r_{\text{eierlegende Arbeiterin} \to \text{Nachkommen ihres Sohnes}} = \frac{1}{2} \cdot 1 + \frac{1}{2} \cdot 0{,}5 = \frac{12}{16} = \frac{3}{4}.$$

Das Erbgut einer eierlegenden Arbeiterin geht an Nachkommen ihres Sohnes also weiter mit einer Wahrscheinlichkeit von $^{12}/_{16}$. Nun sagten wir gerade, daß das Erbgut über eine Schwester nur mit einer Wahrscheinlichkeit von $^9/_{16}$ weitergegeben wird; eierlegende Arbeiterinnen werden also ihre eigenen Söhne gemäß einem Zahlenverhältnis von

$$\frac{9}{16} : \frac{12}{16} = 3 : 4$$

bevorzugen. In Ameisenstaaten, in denen eierlegende Arbeiterinnen vorkommen, wird also nicht ein Geschlechtsverhältnis von 3:1 angestrebt werden. Daran zeigt sich, daß Unterschiede in der Verteilung eierlegender und nichteierlegender (brutpflegender) Arbeiterinnen sich unmittelbar auf das Geschlechtsverhältnis, mithin auch auf das soziale Verhalten und die Sozialstruktur eines Ameisenstaates (oder eines Bienenvolkes) auswirken werden.

Vor allem aus der Sicht der *Königin* ergibt sich jetzt noch eine weitere Schwierigkeit: Der Sohn (b, g, p oder g) einer Arbeiterin (ihrer Tochter, bg oder pg) wird über

$$r_{\text{Königin} \to \text{Sohn ihrer Tochter}} = \frac{1}{2} \cdot 0{,}5 = \frac{1}{4}$$

nur $^1/_4$ ihres Erbgutes (bp) an das Weibchen weitergeben, das er durch die Begattung zur Königin und zur Gründerin eines neuen Staates machen wird; *ihr eigener Sohn* (b oder p) aber besitzt die Hälfte ihres Erbgutes; also muß es ihr Interesse sein, *ihre* Söhne gegen die Söhne der Arbeiterinnen durchzusetzen. Nun ist es aber nicht die Königin, es sind die Arbeiterinnen, die über die Aufzucht der Brut entscheiden. Was also soll die Königin tun? *Eine* Möglichkeit wählt die Königin der Feldwespen (Gattung *Polistes*): sie zerstört ganz einfach die Eier der Arbeiterinnen; ja, um sich für diese Aufgabe vorzubereiten und die eigenen Eier von den Eiern der Arbeiterinnen unterscheiden zu können, berührt sie ihre ersten selbstgelegten Eier mit den Antennen und frißt einige von ihnen; hindert man sie an diesem Lernvorgang, so kann sie die für sie so wichtige Unterscheidung der verschiedenen Eier später nicht wahrnehmen. Allerdings zerstört die Feldwespen-Königin fremde Eier nicht mehr, die älter als 3 Stunden sind – gewissermaßen eine «Fristenlösung» in Sachen «Abtreibung» unter Insekten. In größeren Nestern, die eine vollständige Kontrolle durch die Königin nicht mehr erlauben, werden daher auch immer mehr Söhne von Arbeiterinnen am Leben bleiben.

Eine andere Möglichkeit, nicht-königliche Eier auszuschalten, besteht darin, eierlegende Arbeiterinnen wegen «unsozialen Verhaltens» umzubringen; tatsächlich lassen sich solche Weibchen bereits an der vermehrten Nahrungsaufnahme und an der nachlassenden Fütterungsbereitschaft erkennen; nur ist es für keine Königin leicht, reihenweise erwachsene Arbeiterinnen hinzurichten. Andererseits werden die Arbeiterinnen freilich auch von sich her nicht zögern, ihre Königin umzubringen, sobald diese keine Spermien mehr in sich tragen sollte, um noch befruchtete (weibliche) Eier legen zu können; Männchen können die Arbeiterinnen schließlich selbst produzieren; die Königin ist in diesem Falle überflüssig, sie hat ihren Zweck erfüllt. Aber: «Wenn die Kolonie zum Wohle der Königin (sc. ihrer Gene! d. V.) existiert, was passiert dann, wenn die Königin stirbt? Für die Arbeiterinnen wäre es nur logisch, wenn sie eine andere Königin aufziehen würden, um die alte zu ersetzen. Die Arbeiterinnen sind theoretisch fähig, Ersatz zu schaffen, denn einige der weiblichen Eier und jungen Larven, die noch am Leben sind, können sich zu Königinnen entwickeln, wenn sie die richtige Nahrung erhalten. Das wäre aus der Sicht der Arbeiterinnen sicherlich eine sinnvolle Handlungsweise, denn es ist besser, eine Schwester als Königin zu haben und Nichten und Neffen großzuziehen, als gar keine Nachkommen aufzuziehen. Aber das passiert normalerweise nicht, wenn die Arbeiterinnen ihre Mutter verlieren. Sie folgen nicht der einfachen Logik der Biologen. In den meisten Fällen gelingt es der Kolonie nicht, eine königliche Nachfolgerin zu produzieren, und sie nimmt ab, bis die letzte einsame Arbeiterin stirbt. Die Arbeiterinnen vieler Arten besitzen Eierstöcke, und während die Kolonie stirbt, legen einige von ihnen unbefruchtete Eier, aus denen sich Männchen entwickeln. Die Anwesenheit einer großen Anzahl von Männchen bei gleichzeitiger Abwesenheit von geflügelten Königinnen und jungen Arbeiterinnen ist ein sicheres Zeichen dafür, daß die Tage einer Kolonie gezählt sind» (BERT HÖLLDOBLER – EDWARD O. WILSON: *Ameisen. Die Entdeckung einer faszinierenden Welt*, 44–45).

Festzuhalten bleibt, daß eine Königin in den etwa 4–5 Jahren ihres Lebens insgesamt rund 400 000–750 000 Eier legt, und die Frage stellt sich natürlich, *von wem* die dazu nötigen enormen Spermienmengen eigentlich stammen.

Bisher haben wir der Einfachheit halber mit nur *einem* befruchtenden

Männchen gerechnet. Tatsächlich aber wird eine Königin auf ihrem Hochzeitsflug von etwa 6-8 Männchen begattet, und natürlich ändern sich mit der Zahl der Väter auch die Verwandtschaftsverhältnisse unter den Arbeiterinnen.

Allgemein gilt: Je *mehr* Männchen sich mit der Königin paaren, desto stärker bewegt sich der Verwandtschaftsgrad der Schwestern von

$$r_{Schwestern} = \frac{3}{4} \text{ auf } r_{Halbgeschwister}$$

zu.

Bei *einem* Vater beträgt die Wahrscheinlichkeit, daß zwei Schwestern denselben Chromosomensatz von ihrem Vater aufweisen, genau $^1/_1$, bei zwei Vätern $^1/_2$, bei n Vätern $^1/_n$; mütterlicherseits beträgt die Verwandtschaft unter Schwestern 0,5 · 0,5; zusammen errechnet sich die Verwandtschaft unter den Schwestern bei n Vätern demnach als

$$r_{Schwestern} = \frac{1}{2} \cdot 0,5 + \frac{1}{2} \cdot \frac{1}{n}.$$

Nach dieser Formel läßt sich bequem errechnen, daß der Verwandtschaftsgrad unter den Arbeiterinnen bei *einem* Vater 0,75 beträgt, bei *zwei* Vätern 0,50, bei *sechs* Vätern 0,33, bei *sieben* Vätern 0,32 usw. Je *mehr* Väter also sich mit der Königin paaren, desto *weniger* ändert sich am Verwandtschaftsgrad zwischen den Schwestern. Wird die Königin hingegen von zwei Männchen statt von *einem* befruchtet, so sinkt der Verwandtschaftsgrad unter den Schwestern bereits von $^3/_4$ auf $^1/_2$; das entspricht dem Verwandtschaftsgrad zwischen der Königin und ihren Töchtern, und somit ist klar, daß sich auf solchen Verhältnissen ein Insektenstaat nicht gründen läßt; – dazu ist ja gerade vorausgesetzt, daß die Schwestern einander *näher* stehen als der Mutter und als die Mutter ihren Kindern. In Wirklichkeit aber muß man annehmen, daß die Paarungen der Königin mit verschiedenen Männchen durchaus nicht mit einer Durchmischung der Samenzellen der Männchen identisch ist; vielmehr werden wahrscheinlich zunächst die Spermien des ersten Männchens aufgebraucht werden, so daß alle davon abstammenden Schwestern zueinander im Verwandtschaftsgrad $^3/_4$ stehen; dann, bei Beginn der nächsten Spermiensorte, würde der Verwandtschaftsgrad für eine Übergangszeit auf $^1/_2$ fallen und dann wieder auf $^3/_4$ klettern, – zudem spielt natürlich auch die Frage eine Rolle, in welch einem Verhältnis die Männchen selber miteinander verwandt sind. Sind es Brüder, so sind sie mit $r_{Brüder} = ^1/_2$ verwandt; will man wissen, wie verwandt die Arbeiterinnen bei verschwisterten Vätern einander sind, so muß man daher die Anzahl der Männchen, die sich mit der Königin paaren, mit diesem Verwandtschaftsgrad multiplizieren und das Produkt in die Verwandtschaftsformel für die Arbeiterinnen einsetzen; bei n Vätern ergibt sich dann das Verwandtschaftsverhältnis

$$r_{\text{Schwestern}} = \frac{1}{2} \cdot 0{,}5 + \frac{1}{2} \cdot \frac{1}{n \cdot r_{\text{Männchen}}};$$

also zum Beispiel mit $r_{\text{Männchen}} = r_{\text{Brüder}} = \frac{1}{2}$ ergibt sich:

$$r_{\text{Schwestern}} = \frac{1}{2} \cdot 0{,}5 + \frac{1}{2} \cdot \frac{1}{n \cdot \frac{1}{2}} = \frac{1}{4} + \frac{1}{n}.$$

Insgesamt ändert sich an dem Verwandtschaftsverhältnis unter den Schwestern merklich erst dann etwas, wenn, wie gesagt, nur *wenige* Männchen sich mit der Königin paaren.

Damit haben wir den Punkt erreicht, an dem wir für die manchmal vielleicht recht umständlich erscheinenden Berechnungen der Verwandtschaftsgrade von Löwen und Insekten, wie sie W. WICKLER und U. SEIBT schon vor Jahren einem breiten Publikum vorgestellt haben, durch eine Erkenntnis von grundlegender Bedeutung belohnt werden. Wir sehen nämlich, daß es wesentlich die Selektion der Gene und ihre Gesamteignung, die *inclusive fitness*, ist, die darüber entscheidet, welch ein Sozialverhalten Tiere an den Tag legen. Ameisen, Bienen und andere Hautflügler gründen Staaten, weil (unter anderem) bei ihnen die Männchen nur über *einen* Chromosomensatz verfügen (weil sie haploid sind), während die Weibchen über zwei Chromosomensätze verfügen (weil sie diploid sind); daraus ergibt sich, daß die Verwandtschaft unter Schwestern größer ist als zwischen Mutter und Kind, und wesentlich wohl deshalb ist es verstehbar, daß die Arbeiterinnen versuchen, mehr Schwestern zu bekommen statt eigener Nachkommen, mit dem Ergebnis, daß der Staat der Königin immer größer wird. Bei den *Wirbeltieren* hingegen sind Männchen wie Weibchen diploid – eine höhere Verwandtschaft als zwischen Eltern und Kindern gibt es bei ihnen nur bei eineiigen Zwillingen; von vornherein steht deshalb unter Wirbeltieren nicht als Regel zu erwarten, daß bei ihnen Individuen in großer Zahl sich zu staatenähnlichen Gruppierungen zusammenschließen und zu diesem Zweck auf eigene Nachkommen verzichten – mönchsähnliche Klostergemeinschaften entsprechen normalerweise nicht dem Interesse der Gene, das in der Soziobiologie von Wirbeltieren zum Ausdruck kommt; statt dessen genügt die Kenntnis der Verwandtschaftsgrade sozial lebender Tiere, um in großem Umfang vorhersagen zu können, wie sie miteinander kooperieren oder konkurrieren werden. – Anmerken müssen wir freilich, daß es Beispiele gibt, die zu dieser Theorie *nicht passen* wollen: Alle *Termiten*arten sind eusozial, also staatenbildend, aber sie sind in beiden Geschlechtern diploid. Obwohl bei der Herausbildung von Eusozialität Verwandtschaftsselektion entscheidend ist, so ist die Haplodiploidie allein als Erklärung offenbar nicht ausreichend. Und bei den Säugetieren sind es die *Nacktmulle (Heterocephalus glaber* = der kahle Andersköpfige), Tiere aus der Familie der Sandgräber *(Bathyergidae)*, die in Kolonien mit nur *einem* fortpflanzungsaktiven Weibchen leben. (Vgl. PAUL W. SHERMAN – JENNIFER U. M. JARVIS – STANTON H. BAUDE: *Die enge Gemeinschaft der Nacktmulle*, in: Biologische Vielfalt, 124–132, S. 126–127.) HAMILTONS Theorie erklärt offenbar vieles, doch nicht alles!

Um genau zu sein, sollten wir bei den Wirbeltieren jetzt freilich nicht einfach von Diploidie sprechen. Denn seit THOMAS MORGAN zum ersten Mal bei der Taufliege *(Drosophila melanogaster)* die Vererbung eines *geschlechtsgebundenen* Merkmals entdeckte, wissen wir, daß bei Drosophila und vielen anderen Tieren, darunter alle Wirbeltiere, die beiden Geschlechter nicht völlig diploid sind. Der diploide Chromosomensatz der Taufliege enthält 8 Chromosomen (2n = 8), die man im Lichtmikroskop deutlich erkennen kann; entsprechend enthält der haploide 4 Chromosomen (n = 4). Interessant ist jetzt, daß Drosophila nur drei homologe Chromosomenpaare besitzt, die man als Autosomen bezeichnet. Die Chromosomen eines Paares, von denen jeweils eines von der Mutter und das andere vom Vater stammt, sind äußerlich in Form und Färbungsmuster vollkommen identisch und tragen an genau korrespondierenden Loci jeweils Gene für dieselben Erbmerkmale. Zusätzlich zu diesen 6 Autosomen hat Drosophila noch 2 *Geschlechtschromosomen*, die wie der Name schon besagt, das Geschlecht festlegen. Gene, die nur auf einem der beiden Geschlechtschromosomen vorkommen, heißen geschlechtsgekoppelte Gene und führen zu geschlechtsgebundenen Merkmalen, die nicht unabhängig vom Geschlecht vererbt werden können. Während die Autosomen, also die Nicht-Geschlechtschromosomen, nun jeweils als homologe Chromosomenpaare vorkommen, gibt es von den Geschlechtschromosomen jeweils zwei verschiedene Typen, die sich ebenfalls lichtmikroskopisch deutlich voneinander unterscheiden lassen. Es gibt ein großes Geschlechtschromosom, das man aufgrund seiner Form als X-Chromosom bezeichnet, und eine zweite Sorte von Geschlechtschromosomen, die sehr viel kleiner als die X-Chromosomen ist und die man Y-Chromosomen nennt.

MORGAN fand nun bei Drosophila heraus, daß die Weibchen zwei im Lichtmikroskop gleich aussehende X-Chromosomen besitzen, und die Männchen zwei verschiedene Geschlechtschromosomen, nämlich jeweils ein

X- und ein Y-Chromosom. Da die weiblichen Tiere nur Eizellen mit jeweils einem X-Chromosom herstellen können, hängt das Geschlecht des Jungtieres davon ab, ob die Befruchtung zufällig mit einem Spermium erfolgt, das ein X- oder das ein Y-Chromosom enthält. Den Genotyp eines Weibchens bezeichnet man entsprechend mit XX, den eines Männchens mit XY. Ein Männchen (XY) bildet natürlich beide Spermiensorten im Verhältnis 1:1. Ähnlich wie beim haplo-diploiden System zur Geschlechtsbestimmung, das wir bei den Hautflüglern kennengelernt haben, treten jetzt auch beim XY-System bezüglich der Y-Verwandtschaft Besonderheiten auf: Väter vererben ihr X-Chromosom an alle Töchter, aber an keinen ihrer Söhne; an diese aber vererben sie immer ihr Y-Chromosom, so daß alle Söhne untereinander und mit dem Vater den Y-Verwandtschaftsgrad 1 besitzen. Die Festlegung des Geschlechtes erfolgt auf diese Weise auch beim Menschen und den anderen Säugetieren. Wenn auch die Anzahl der vorhandenen Chromosomen jeweils verschieden ist und beim Menschen zum Beispiel 46 (= 2n) beträgt, so besitzen die Weibchen bei ihnen doch immer den Genotyp XX und die Männchen immer den Genotyp XY (vgl. NEIL A. CAMPBELL: *Biologie,* 287; 294–295). Allerdings läßt sich diese Zuordnung des Genotyps nicht verallgemeinern.

Bei Vögeln, bei Schmetterlingen, aber auch bei einigen Amphibien, Reptilien und etlichen Fischen erfolgt die Geschlechtsfestlegung nämlich gerade umgekehrt: der Genotyp des Männchens ist bei ihnen XX, der des Weibchens XY. An das Y-Chromosom gebunden zu sein scheint zum Beispiel die Vererbung von Färbung, Form und Größe des Eis beim Brutparasitismus eines Kuckucksweibchens, auf den wir bereits als Beispiel zwischenartlicher Mimikry zu sprechen kamen. (S. o. S. 275–277)

Selbst bei gleichem Verwandtschaftsgrad zwischen mehreren Männchen und Weibchen gibt es in bezug auf das X- und Y-Chromosom also noch eine *Geschlechtsverwandtschaft,* die ebenfalls ihre sozialen Auswirkungen zeitigt: bei Säugetieren etwa sind Männchen untereinander nur Y-verwandt, die Weibchen sind untereinander enger X-verwandt als mit den Männchen und als diese untereinander; bei Vögeln verhält es sich entsprechend umgekehrt. Diese Tatsache könnte zum Beispiel die häufige Mithilfe von *Tanten* an der Brutpflege von Nichten und Neffen bei vielen Säugetierarten verständlich machen und zugleich erklären, warum bei vielen Vogelarten es umgekehrt mit Vorliebe die Männchen sind, die den Eltern helfen, weitere Junge großzuziehen.

*Folgen des Gen-Egoismus für den Umgang von Männern und Frauen*

Warum gibt es im Leben so viel an Kampf, Brutalität, Leid, Roheit, Konkurrenz und Egoismus aller Art, so daß selbst jene eindrucksvollen Beispiele von Pflege, Zärtlichkeit und Rücksicht, die sich im Tierreich gleichermaßen finden, doch nur wie Nebelwolken überm Abgrund wirken? Die *erste* Antwort darauf ließ sich geben durch den Hinweis auf den steten Kampf um die Ressourcen: in einer Welt des Mangels (an Energie) *kann* alles Leben nur ein Kampf ums Überleben sein; die *zweite* Antwort war darin bereits enthalten: unter dem Druck des Überlebens muß jedes Lebewesen alle geigneten Strategien nutzen, um sich die nötige Nahrung zu beschaffen und vor Feinden sich zu schützen. So etwas wie Mitleid, Güte oder Schmerzvermeidung für *den anderen* kann unter den gegebenen Bedingungen kein Ziel der Evolution bilden, im Gegenteil, es gilt: je skrupelloser, desto wirksamer, also: desto «lebendiger»! Die Antwort, zu der wir jetzt als *dritter* gelangen, geht nicht von den Außenbedingungen und Wechselwirkungen der verschiedenen Lebensformen aus, sondern stellt die Struktur der Organismen selber in den Mittelpunkt: Wenn alle Lebewesen von ihrem Genom zu dem Zwecke aufgebaut werden, die eigenen Gene möglichst wirksam zu verbreiten, so ist selbst der Kampf ums Dasein auf der Ebene der Individuen und Arten nur das Vordergründige; Kampf, Konkurrenz, Durchsetzung mit allen Mitteln, die dazu tauglich sein mögen – so *muß* das Leben sich gestalten, wenn die Lebewesen selber nur die Träger und die Überträger ihrer Gene sind. Liebe, Partnerschaft, Treue, Verbundenheit – selbst bei diesen menschlich wertvollsten Gefühlen und Verhaltensweisen handelt es sich aus der Sicht der Gene offenbar nur um die Mittel ihrer Selbstdurchsetzung.

«Wir Menschen sind – um die basale Argumentationslinie deutlich zu machen – weder Graugänse noch Schimpansen, auch wenn wir mit letzteren 99,8 Prozent unserer Gene teilen. Aber wir sind genau wie sie das Produkt jenes biogenetischen Evolutionsprozesses, den DARWIN 1859 kongenial beschrieben hat. Mit anderen Worten: Wir alle stammen von einer ununterbrochenen Linie von Vorfahren ab, die sich erfolgreich fortgepflanzt haben. Das hat mehr als nur Spuren hinterlassen – in unserem Körperbau, unserer Psyche und unserem Verhalten» (ANDREAS PAUL und ECKART VOLAND: *Die Evolution der Zweigeschlechtlichkeit*, in: Liebe, Lust und Leidenschaft. Sexualität im Spiegel der Wissenschaft, hrsg. von Bernulf Kanitscheider unter Mitw. von Berthold Suchan, Stuttgart 1998, 112). «Zu behaupten, daß die Evolution der Zweigeschlechtlichkeit mehr als jedes andere biologische Faktum die Formen menschlichen Mit- und Gegeneinanders verursacht und prägt, scheint kaum übertrieben» (a. a. O., 114).

An dieser Stelle angelangt, müssen wir jetzt prüfen, inwieweit sich die an Löwen und Ameisen gefundenen biologischen Gesetzmäßigkeiten vom Egoismus der Gene auch an den menschlichen Beziehungen und Verhaltensmustern zum Zwecke der sexuellen Fortpflanzung nachweisen lassen. Beginnen wir der Reihe nach.

Definitionsgemäß entstehen *mehr* männliche Samenzellen in einem Männchen als weibliche Eizellen in einem Weibchen; es werden also weit weniger Männchen benötigt als Weibchen; trotzdem beträgt bei den meisten Tierarten das Verhältnis von Weibchen und Männchen etwa 1 : 1. Das ist um so seltsamer, als es durchaus nicht ungewöhnlich ist, daß nur ein geringer Prozentsatz der Männchen überhaupt je dazu kommt, sich mit einem Weibchen zu paaren – bei See-Elefanten zum Beispiel führen nur 4 Prozent der Männchen 88 Prozent aller Kopulationen aus (vgl. WOLFGANG WICKLER – UTA SEIBT: *Das Prinzip Eigennutz*, 177). Warum aber gibt es dann genau so viele Männchen wie Weibchen? Auch das hat zu tun mit dem «Egoismus der Gene».

Da das Geschlecht eines Kindes von der männlichen Samenzelle bestimmt wird, die entweder ein X- oder ein Y-Chromosom enthält, während die weibliche Eizelle stets ein X-Chromosom in sich birgt, müßten, um das Verhältnis der Geschlechter zu verändern, entweder die Männchen mehr X- oder Y-Chromosome produzieren oder es müßten die Weibchen eine der beiden Spermaarten bevorzugt zur Befruchtung zulassen. Schon vor mehr als einem halben Jahrhundert hat R. A. FISHER (*The genetical theory of natural selection*, Oxford 1930) gezeigt, daß ein evolutionsstabiler Zustand unter diesen Umständen nur erreicht wird, wenn die Zahl der Männchen und der Weibchen ein Verhältnis von 1 : 1 annimmt; die Argumentation ist recht kompliziert, und wir brauchen sie hier nicht zu referieren. Wichtig aber in unserem Zusammenhang ist die Tatsache, daß bei einem stabilen Geschlechtsverhältnis von 1 : 1 vier Großelternpaare nur 18 Enkel haben werden, daß sie bei einem Geschlechtsverhältnis von 3 : 1 von Weibchen und Männchen aber 27 Enkel haben könnten. Zugunsten der Art sollte sich daher ein Überhang der Weibchen einpendeln; die tatsächlichen Verhältnisse aber werden erneut gut verständlich, wenn man annimmt, daß die Selektion eben nicht den «Arterhalt», sondern einzig die Vervielfältigung der durchsetzungsfähigsten Gene fördert. Vor allem versteht man unter dieser Voraussetzung ohne Mühe, warum es regelmäßig zu einer Konkurrenz der Männchen um die Weibchen kommen wird, eben weil jedes Männchen danach trachten wird, mehrere Weibchen zu bekommen und andere Männchen an der Paarung zu hindern.

Auch andere innerartliche Interaktionen wie *Brutpflege* und *Partnertreue* lassen sich aus dem Prinzip des «Egoismus der Gene» ableiten. Das Thema der *Brutpflege* haben wir vorhin bereits bei der Besprechung von Ameisenstaaten und Bienenvölkern gestreift. Wie M. J. West Eberhard (*The evolution of social behaviour by kin selection*, in: Quart. Rev. Biol., 50, 1975, 1–32) gezeigt hat, läßt sich über solche Einzelbeispiele hinaus generell eine Grundformel mit nur drei Größen erstellen, um die Grenzen anzugeben, innerhalb deren soziale Hilfeleistung im Tierreich zu erwarten ist. Diese drei Größen sind: der Verwandtschaftsgrad (r), der Zuwachs in der Ausbreitungschance der Gene (Z) und die Einbuße (E) eben dieser Wahrscheinlichkeit; Einbußen drohen den Genen zum Beispiel, wenn ein Individuum viel Zeit für die Pflege fremder statt eigener Nachkommen aufwenden muß oder wenn es Nahrung an andere verfüttert, statt damit selber Junge großzuziehen. Eine soziale Hilfeleistung erfolgt, wenn folgende Formel erfüllt ist: $Z/E > 1/r$, oder in einfacherer Schreibweise: $Z \cdot r > E$; sie besagt: eine soziale Hilfeleistung lohnt sich nur, wenn der Zuwachs in der Ausbreitungschance der Gene (Z), den die Hilfeleistung bringt, multipliziert mit der Wahrscheinlichkeit, daß dieser Zuwachs denselben Genen zugute kommt (r), die Einbuße in der Ausbreitungschance der Gene (E) übertrifft, die den Genen des helfenden Tieres durch das Gewähren der Hilfeleistung entsteht; mit anderen Worten: Uneigennützigkeit lohnt sich um so mehr, je näher der Verwandtschaftsgrad r denjenigen ist, die von der Handlung profitieren sollen. So versteht man die «heroischen Formen der Mutterliebe» (Vitus B. Dröscher: *Nestwärme*, 31–41); man begreift, warum der Einsatz der Elterntiere mit dem Älterwerden der Jungen sogar noch wächst, weil nämlich der Zuwachs in der Ausbreitungschance der Gene der Eltern (Z) im Verlauf der Zeit immer mehr zunimmt; man erkennt den Grund, warum Delphine verletzte Artgenossen über weite Strecken durchs Wasser tragen und warum etwa bei Truthähnen die Brüder dabei behilflich sind, daß der ranghöchste unter ihnen zur Paarung kommt; man versteht aber auch, warum es Rivalitätskämpfe und «Kinderkannibalismus» gibt (Vitus B. Dröscher: A. a. O., 169–195).

Ja, es legen sich vor diesem Hintergrund zugleich eine Reihe von Erklärungen auch des menschlichen Verhaltens nahe.

Wann zum Beispiel pflegen «Ehen» auseinanderzugehen? Zumeist erst dann, wenn zur Pflege der Jungen *ein* Elternteil ausreicht; dann aber begünstigt die Selektion denjenigen, der *zuerst* fortgeht und die Jungen bei dem anderen zurückläßt: – er selbst kann sich ja weiter fortpflanzen, während der Zurückbleibende durch die Brutpflege gebunden ist (W. WICKLER – U. SEIBT: *Das Prinzip Eigennutz*, 206).

Inwiefern stellt «*Partnertreue*» unter diesen Umständen einen Wert dar? Selbst bei einer so delikaten Frage hilft uns jetzt etwas Mathematik weiter.

Unter dem Aspekt des Vorteils der Gene begreift man, daß es sinnvoll sein kann, wenn ein Männchen dazu angeleitet wird, möglichst lange ein Weibchen zu umwerben, also bestimmte «Verlobungszeiten» einzuhalten, wie sie im Tierreich weit verbreitet sind. Der Nutzen einer solchen «Verlobungszeit» liegt auf seiten des Männchens darin, daß es sein Weibchen stets überwachen und damit seiner Zuverlässigkeit sichergehen kann; der Vorteil auf seiten des Weibchens ergibt sich durch eine engere Bindung des Männchens: da dem Männchen bei einer ausgedehnten Verlobungszeit die Investitionen zur Erzeugung von Jungen schon rein zeitlich teuer zu stehen kommen, wird es sich nicht so leicht auch noch andere Weibchen leisten können.

Wie aber, wenn ein Weibchen sich *weniger* spröde verhielte?

Dann kämen Männchen wie Weibchen schneller zu Nachkommen, und es würde sich bei den Männchen eine Mutante durchsetzen, die auf Partnertreue und Brutpflege keinen so großen Werte legte; solche Männchen könnten mit immer mehr solcher Weibchen immer mehr Nachkommen zeugen; irgendwann aber würden die Nachkommen den alleinaufziehenden Müttern zu teuer, und es fände eine Rückkehr zu einem wieder spröderen Verhalten statt. Aus diesem Kreislauf führt erneut nur eine «evolutionsstabile Strategie» (ESS) heraus, die wir in mittlerweile gewohnter Weise berechnen können (vgl. R. DAWKINS: *Das egoistische Gen*, 247–251; WOLFGANG WICKLER – UTA SEIBT: *Das Prinzip Eigennutz*, 326–329).

Wir setzen einmal die Fortpflanzungschancen (F) jedes Elterntieres pro Brut mit einem Wert von 15 an; den Aufwand an Futter, Wärme, Schutz usw. nehmen wir als höher an – er betrage insgesamt 20, für jedes Elterntier also 10, ein Wert, der vom Gewinn zu subtrahieren ist; auch die Länge der Balzzeit bedeutet Verlust an Zeit und Energie, wir setzen dafür –3. (Auch diese Zahlen sind willkürlich und helfen lediglich, das Prinzip zu verdeutlichen.) Zu untersuchen ist nun, was in einer Population passieren wird, in der die Weibchen sich spröde (s) oder bereitwillig (b) und die Männchen sich treu (t) oder untreu (u) verhalten können. Die Rechnerei ist in diesem Falle (noch) weit einfacher als etwa in dem obigen Beispiel der Kommentkämpfer.

Klar ist: es gibt nur vier Möglichkeiten der Kombination: s – t, b – t oder s – u, b – u.

Für s–t gilt:   $s = +15 - 10 - 3 = 2$;     $t = +15 - 10 - 3 = 2$;   $F_{s-t} = 4$.
Für b–t gilt:   $b = +15 - 10 = 5$;          $t = +15 - 10 = 5$;        $F_{b-t} = 10$.
Für s–u gilt:   $s = 0$;                            $u = 0$;                          $F_{s-u} = 0$.
Für b–u gilt:   $b = 15 - 20 = -5$;           $u = 15$;                         $F_{b-u} = 10$.

Man sieht: ein sprödes (s) Weibchen bekommt bei einem treuen (t) Männchen 2 Punkte, bei einem untreuen (u) Männchen 0 Punkte. Wie oft beides vorkommt, hängt natürlich von der Häufigkeit ab, mit der t und u vorkommen; wir bezeichnen diese Häufigkeit wieder als [t] und [u]. Dann hat ein *s Weibchen* folgende Fortpflanzungschance zu erwarten:

$$F_s = [t] \cdot (+2) + [u] \cdot 0 = 2\,[t].$$

Ein *b Weibchen* hingegen hat zu erwarten:

$$F_b = [t] \cdot (+5) + [u] \cdot (-5) = 5\,[t] - 5\,[u].$$

Für eine evolutionsstabile Strategie müssen beide Erwartungen gleich sein; also: $F_s = F_b$.
Dann folgt:

$$\begin{aligned} 2\,[t] &= 5\,[t] - 5\,[u] \\ -3\,[t] &= -5\,[u] \\ [t] : [u] &= 5 : 3. \end{aligned}$$

In einer evolutionsstabilen Population werden die Weibchen mithin treue und untreue Männchen in einem Verhältnis von 5 : 3 erwarten können (beziehungsweise werden sie mit einem solchen Mischungsverhältnis von Treue und Untreue im Verhalten eines männlichen Durchschnittspartners rechnen müssen).

Und wie verhält es sich aus der Sicht der Männchen? Ein treues (t) Männchen gewinnt bei einem spröden Weibchen (s) 2 Punkte, bei einem bereitwilligen Weibchen (b) hingegen 5 Punkte; wie oft das eine oder das andere der Fall ist, hängt wieder von der Häufigkeit des jeweiligen Weibchentyps, also von [s] und [b] ab. Ein *t Männchen* hat also zu erwarten:

$$F_t = [s] \cdot (+2) + [b] \cdot (+5) = 2\,[s] + 5\,[b].$$

Ein *u Männchen* hat demgegenüber bei einem s Weibchen 0 Punkte, bei einem b Weibchen 15 Punkte zu erwarten, insgesamt also mit einer Fortpflanzungschance zu rechnen von

$F_u = [s] \cdot 0 + [b] \cdot (+15) = 15\,[b]$.

Sollen beide Strategien einen evolutionsstabilen Zustand erreichen, so müssen beide wiederum dieselben Fortpflanzungschancen erzielen. Wir können wiederum gleichsetzen: $F_t = F_u$.
Dann folgt:

$$2\,[s] + 5\,[b] = 15\,[b]$$
$$2\,[s] = 10\,[b]$$
$$[s] : [b] = 5 : 1.$$

Das heißt, in einer evolutionsstabilen Population werden sich spröde und bereitwillige Weibchen im Verhältnis 5:1 mischen. Kommen Treue und Untreue, Sprödigkeit und Bereitwilligkeit genetisch bedingt vor, so werden von der Selektion immer Mischpopulationen hervorgebracht werden. (Die Zahlen selbst und somit auch die Zahlenverhältnisse sind, wie gesagt, willkürlich, doch änderte sich an dem prinzipiellen Ergebnis nichts, auch wenn wir andere Werte für die Rechnung wählen würden.)

Wieder wird dabei deutlich, daß diese Verhältnisse *nicht* diejenigen sind, die für die Population beziehungsweise für die Art optimal wären. Optimal für die Art wären ausschließlich bereitwillige Weibchen und ausschließlich treue Männchen, denn jeder hätte dann einen Punkterfolg von +5 zu erwarten; und selbst die Kombination: bereitwilliges Weibchen und untreues Männchen ergäbe den gleichen Fortpflanzungserfolg von +10. Aber das sind Verhältnisse, welche von der natürlichen Selektion nicht hergestellt werden können, weil es ihr *nicht* um das Optimum für die Art, sondern für die Verbreitung der Gene zu tun ist; und natürlich ist ihr auch nicht an unseren Vorstellungen von Moral, Anstand und Sitte gelegen. «Beschädigungskämpfer» – wie wünschenswert wäre es menschlich, es gäbe sie nicht! «Untreue» – wie viel an Leiden schafft sie den Liebenden! Doch wie wir sehen: Die Natur kann auf die Beschädigungskämpfer nicht gänzlich verzichten, und offenbar kann sie auch keine Verhältnisse herstellen, in denen «Untreue» sich nicht begrenzt auch als nützlich erwiese. Ja, man darf annehmen, daß insbesondere die *chronische* Untreue, die von monogam lebenden *Gibbon*-Weibchen *(Hylobatidae)* an den Tag gelegt wird, die Ermordung der Kinder nach dem Tod ihres Gatten beim Einzug eines neuen Männchens vermeiden soll: – wenn die Männchen nicht mehr wissen können, ob die Kinder nicht vielleicht doch von ihnen selber stammen, werden sie diese womöglich am Leben lassen! (Vgl. H. WENDT: *Gibbons oder Langarmaffen*, in: Grzimeks Tierleben X, 468–484, S. 482, wo freilich nur von der eigenwilligen «Persönlichkeit» im «Fortpflanzungsleben der Gibbons» die Rede geht.)

Für uns Menschen, in deren Köpfen all die Verhaltensprogramme stecken, die sich auf dem Wege des Lebens zu uns hin als so «erfolgreich» erwiesen haben, wäre schon viel gewonnen, wir könnten das Element «Beschädigungskampf» zum Beispiel militär- und rüstungspolitisch so weit herunterdrücken, wie die Natur es uns vormacht: – ein Drittel bis die Hälfte des Bruttosozialprodukts verschwenden wir besonders in den industrialisierten «Vorbildländern» immer noch für die Herstellung immer vernichtenderer «Waffen» (= Massenvernichtungsmittel)! Und auch bei der «Untreue» *wartet* noch alles darauf, daß wir mit kulturellen Mitteln einen Zustand herstellen würden, in dem Frauen es sich leisten könnten, «bereitwillig» zu sein, indem sie ihren Geliebten für «treu» halten dürften. Für unsere «Art» wäre eine solche Verhaltenskonstellation nur empfehlenswert; doch dann müßten wir Abschied nehmen von jenem Grundgesetz des Lebens, das wir immer wieder als den «Egoismus der Gene» bezeichnet haben. Die Natur liegt unserer Kultur zugrunde, aber sie determiniert uns nicht; sie läßt uns immerhin Spielräume offen für eigene wünschenswerte Zielsetzungen, zumindest in dem Maße, als wir ihre Gesetze zu begreifen beginnen.

Auch bestimmte kulturelle Einrichtungen und Verhaltensweisen, die in der *Ethnologie* wohlbekannt, wenngleich in der Sicht einer «christlichen» Ethik schier inakzeptabel sind, verstehen wir nach dem Gesagten jetzt besser.

Manche Gesellschaften in Schwarzafrika und in der Südsee sind *«polyandrisch»* organisiert, das heißt, eine Frau lebt mit mehreren Männern zusammen. Eine solche Praxis, die im heutigen Europa unüblich ist, wird dem Gesagten nach verständlich, wenn wir erfahren, daß die Männer derselben Frau regelmäßig Brüder sind. Umgekehrt steht die *«Polygynie»*, das heißt: die institutionalisierte Beziehung *eines* Mannes zu mehreren Frauen, als eine der möglichen Strategien zur Verbreitung der Gene förmlich zu erwarten. R. ALEXANDER (*The search for a general theory of behaviour*, in: Behav. Science, 20, 1973, 77–100) hat zu Recht darauf hingewiesen, daß es in polygynen Gesellschaften stets die ranghohen «Männchen» sind, die sich mit einer Mehrzahl von Frauen paaren, um ihre Gene durchzusetzen; – schon die Bibel weiß von den 700 Hauptfrauen und den 300 Nebenfrauen Salomos zu berichten (1 Kg 11,3) und liefert damit das Vorbild für Praktiken, die vor allem im islamischen Kulturraum bis in die Gegenwart in Geltung sind.

Biblisch bezeugt ist auch die ethnologisch vielerorts belegte Institution des «*Mutterbruders*» (vgl. Gen 27,43). Der genetische Hintergrund dieser Einrichtung könnte sich aus der Unsicherheit mancher Gesellschaften ergeben, in denen die Männer durch Krieg, Jagd oder Viehzucht für längere Zeit von ihren Frauen getrennt sind und also nicht wirklich sicher sein können, ob sie die Väter ihrer Kinder sind. «Nehmen wir an», schreiben W. WICKLER und U. SEIBT (*Das Prinzip Eigennutz*, 349), «jede Frau habe fünf Kinder und ihr Ehemann sei Vater von nur einem dieser Kinder. Dann ist er mit diesem $^1/_2$, mit den übrigen vier aber 0 verwandt, das ergibt einen mittleren Verwandtschaftsgrad zu den Kindern von $^1/_5 \cdot ^1/_2 + ^4/_5 \cdot 0 = ^1/_{10}$. Dieser Mann ist mit seiner Schwester $^1/_4$ verwandt, wenn sie verschiedene Väter hatten, also Halbgeschwister sind. Mit allen Kindern seiner Schwester (gleichgültig welche Väter diese Kinder haben) ist unser Mann $^1/_4 \cdot ^1/_2 = ^1/_8$ verwandt, sie werden also mit höherer Wahrscheinlichkeit Träger seiner Gene sein als die Kinder seiner Frau. Dementsprechend würde die Selektion die Tendenz der Männer fördern, die Kinder einer Schwester zu betreuen.»

Eine solche Begründung der Institution des «Mutterbruders» muß von den Ethnologen natürlich geprüft werden (vgl. J. B. S. HALDANE – S. D. JAYAKAR: *An enumeration of some human relationships*, in: Jour. of Genetics, 58, 1962, 81–107). Kein Zweifel jedenfalls besteht daran, daß gerade Verwandtschaftsbeziehungen in sogenannten «Primitivgesellschaften» mit einer außerordentlichen Genauigkeit erfaßt zu werden pflegen, wobei in matrilinearen Clans (wie zum Beispiel in Ostaustralien, Queensland, Neu-Süd-Wales und im Südwesten von Australien) die Vaterrolle bei der Empfängnis generell geleugnet wird (vgl. CLAUDE LÉVI-STRAUSS: *Das Ende des Totemismus*, 57).

Und noch ein letztes Beispiel: In manchen Gebieten Indiens besteht auch heute noch der Brauch, erstgeborene Mädchen unmittelbar nach der Geburt zu töten; aus westlicher Sicht handelt es sich dabei um einen barbarischen Akt von «Patriarchalismus», doch ist der wirkliche Zusammenhang ein anderer: Wenn erst einmal feststeht, daß es die ranghohen Männer sind, die ihre Gene schneller ausbreiten, so sollten beide Eltern daran interessiert sein, möglichst Söhne als Nachkommen zu haben; wenn nun Kindstötungen vorgenommen werden müssen, etwa aus Nahrungsmangel oder weil ein Kind zu schnell nach einem anderen geboren wurde, so werden als erstes die Mädchen von solchen Maßnahmen betroffen sein. «Das trifft (sc. natürlich besonders, d. V.) auch den Erstgeborenen: Wenn der Stammvater sehr wichtig ist, sollte das erste Kind dann getötet werden, wenn es eine Tochter ist, damit die Frau sofort und nicht erst nach 2–3 Jahren Kinderpflege die Möglichkeit erhält, einen Sohn zu gebären. Tötung erstgeborener Mädchen ist in polygynen Gesellschaften tatsächlich häufig – was sich wieder so auslegen läßt, daß zwischen der natürlichen Selektion und kulturellen Praktiken beim Menschen enge Beziehungen bestehen» (W. WICKLER – U. SEIBT: a. a. O., 348–349).

Doch nicht nur das Verhalten von Gruppen, auch das Verhalten des Einzelnen sollte nach dem Gesagten «berechenbar» sein (vgl. J. A. LEON: *Life histories as adaptive strategies*, in: J. Theor. Biol., 60, 1976, 301–335). Demnach verläuft die Biographie eines einzelnen dann optimal, wenn Wachstum, Stoffwechsel und Verhalten jeweils einen maximalen Fortpflanzungserfolg erzielen. So gilt es zum Beispiel zu entscheiden, wann der Organismus zur Geschlechtsreife kommt, wann nach Eintreten der Geschlechtsreife die besten Fortpflanzungschancen sich ergeben, ob jemand diese Chancen für sich selber oder besser für seine Geschwister nutzt usw. S. C. STEARNS (*Life-history tactics: A review of the ideas*, in: Quart. Rev. Biol., 51, 1976, 3–47) hat die folgenden Faktoren herausgestellt, die bei einem «idealen Lebenslauf» zu berücksichtigen sind: Zahl und Größe der Nachkommen, die Zeitspanne der Fortpflanzungsfähigkeit, das Verhältnis des Aufwands für die Fortpflanzung und die Lebenserwartung sowie die Variationsbreite dieser Merkmale bei den Nachkommen. Aus diesen Faktoren ergeben sich eine Reihe von Verhaltensregeln; W. WICKLER und UTA SEIBT (*Das Prinzip Eigennutz*, 222–223) zählen auf:

1. Liegt die Sterberate von Erwachsenen in einer Art höher als die der Jungen, so steht nur eine einmalige Fortpflanzung zu erwarten; mehrere Fortpflanzungsperioden sind bei hoher Kindersterblichkeit nötig.

2. Die Zahl der Jungen pro Brut wird so gewählt werden, daß möglichst viele Junge zur Geschlechtsreife gelangen.

3. In wachsenden Populationen ist eine frühe Geschlechtsreife vorteilhaft; erst wenn in einer stabilisierten, nicht mehr wachsenden Population der Fortpflanzungserfolg von Alter und Ranghöhe abhängen, wird die Geschlechtsreife verzögert sein.

4. Je höher die Gefahr der Jungen, von Räubern gefressen zu werden, desto größer sollten diese bei ihrer Geburt sein; sie sollten um so kleiner sein, je leichter die notwendige Nahrung sich beschaffen läßt.

Diese Regeln lassen sich natürlich kombinieren, etwa so, daß in wachsenden Populationen die Geschlechtsreife früh und die Jungenzahl hoch liegt (Regel 2 und 3) oder daß zum Beispiel in stabiler Umgebung späte Reife, wiederholte Fortpflanzungen, wenige große Junge und elterliche Brutpflege sowie wenig Fortpflanzungsaufwand im Leben der Individuen zu erwarten sind (Regel 3 und 4).

Letztlich scheint es sogar möglich, den genetischen Denkansatz auf die Entstehung der verschiedenen Bau«pläne» der Tierstämme anzuwenden (vgl. J. W. VALENTINE: *Adaptive strategy and the origin of grades and groundplans*, in: Amer. Zool., 15, 1975, 391–404). Das ist nur konsequent. Winzige genetische Veränderungen im Körperbau haben schließlich die entscheidenden Vorteile «bei der Besiedlung freier Oberflächen, bei der Trennung von Atmung und Ernährung oder bei der Fortbewegung zum Aufspüren von Beute» mit sich gebracht, und aus solchen zunächst winzigen Veränderungen an der Wurzel der Tierstämme gingen nach und nach die verschiedenen Baupläne, zum Beispiel der Würmer, Mollusken, Gliederfüßer, Wirbeltiere etc. mit der Erschließung ganz neuer Lebensräume und Anpassungsbereiche hervor (vgl. W. WICKLER – U. SEIBT: *Das Prinzip Eigennutz*, 221).

ζ) Gott und die Gene oder: Vom Wert und Unwert des Individuums

Sind wir also nichts weiter als ein Produkt der Gene, als ein Instrument ihrer Verbreitung, als ihr Schutz-, Ernährungs- und Fortzeugungsapparat?

Kein geringerer als SIGMUND FREUD (*Jenseits des Lustprinzips*, XIII 1–69) hat so gedacht.

Im Jahre 1892 hatte A. WEISMANN in zwei Büchern (*Über Leben und Tod* und *Das Keimplasma*) mit biologischen Argumenten die Auffassung entwickelt, man müsse zwischen dem sterblichen Körper, dem Soma, und dem unsterblichen Keimplasma (Eizelle und Sperma) trennen; Einzeller, bei denen das Individuum mit der Fortpflanzungszelle identisch sei, müßten als potentiell unsterblich betrachtet werden; der Tod bilde nur eine Folge der Vielzelligkeit, er stelle eine bloße Anpassung an die äußeren Lebensbedingungen dar: nachdem bei den Vielzellern die Somazellen sich von den Keimzellen getrennt hätten, sei eine unbegrenzte Lebensdauer des Individuums halt zu einem unzweckmäßigen Luxus geworden. Der Tod bilde mithin eine relativ späte Erwerbung der Lebewesen, mit ihm entrichteten sie den Preis für ihre Komplexität und Höherentwicklung. FREUD wandte dagegen zwar ein, diese These WEISMANNS könne «nur für die manifesten Äußerungen des Todes» gelten und nicht für «die zum Tode drängenden Prozesse» (FREUD: *Jenseits des Lustprinzips*, XIII 53), doch übernahm er die biologische Scheidung von Soma und Keimplasma und sah darin eine Bestätigung seiner eigenen psychologischen Unterscheidung von Todes- und Lebenstrieben. Damit entsprach er in etwa der Ansicht, die bereits ARTHUR SCHOPENHAUER ein halbes Jahrhundert zuvor mit der These vertreten hatte, der Tod sei der eigentliche Zweck des individuellen Lebens, während der Sexualtrieb den Willen zum Leben verkörpere (vgl. S. Freud: *Das Ich und das Es*, XIII 235–289, Kap. 4: Die beiden Triebarten, S. 268–276).

Wir brauchen an dieser Stelle nicht zu erörtern, ob Freuds höchst spekulative Gleichsetzung von Ichtrieben und Todestrieben sowie seine Theorie von einem Destruktionstrieb, der letztlich zur Rückkehr ins Anorganische dränge, sich biologisch rechtfertigen läßt – wir kommen auf diese Frage noch einmal zurück (s. u. S. 668 ff.); entscheidend für uns ist hier das Verständnis von Sexualität und Individualität, das Freud in Verbindung mit dieser Grundposition vertrat.

Bereits in den «*Vorlesungen zur Einführung in die Psychoanalyse*» von 1917 (Ges. Werke XI, 428–429) hatte er geschrieben: «Die Sexualität ist ... die einzige Funktion des lebendigen Organismus, welche über das Individuum hinausgeht und seine Anknüpfung an die Gattung besorgt. Es ist unverkennbar, daß ihre Ausübung dem Einzelwesen nicht immer Nutzen bringt wie seine anderen Leistungen, sondern ihn um den Preis einer ungewöhnlich hohen Lust in Gefahren bringt, die sein Leben bedrohen und es oft genug verwirken. Es werden auch wahrscheinlich ganz besondere, von allen anderen abweichende Stoffwechselvorgänge erforderlich sein, um einen Anteil des individuellen Lebens als Disposition für die Nachkommenschaft zu erhalten. Und endlich ist das Einzelwesen, das sich selbst als Hauptsache und seine Sexualität als ein Mittel zu seiner Befriedigung wie andere betrachtet, in biologischer Anschauung nur eine Episode in einer Generationsreihe, ein kurzlebiges Anhängsel an ein mit virtueller Unsterblichkeit begabtes Keimplasma, gleichsam der zeitweilige Inhaber eines ihn überdauernden Fideikommisses.»

In der Tat kann der gesamte Gang der Biologie im 20. Jahrhundert im Rückblick wirken wie eine einzigartige Bestätigung dieser Sichtweise. Nicht die Erhaltung des Einzelnen, auch nicht die «Arterhaltung», einzig die optimale Verbreitung der Gene scheint das «Ziel» der Evolution zu bilden, den eigentlichen Zweck all ihrer Mühen und Opfer, die Prämie des Siegs in dem niemals endenden «Kampf ums Dasein». Weder der «Wille zur Macht» als «Ichtrieb» im Sinne Nietzsches noch der «Wille zum Leben» als «Estrieb» im Sinne Schopenhauers, vielmehr die Durchsetzung bestimmter Gene diktiert dem Wechselspiel von Mutation und Selektion, wohin es sich bewegen soll, und sie diktiert zugleich in einem bisher nie gekannten, fast unglaublich erscheinenden Ausmaß *en detail*, wie wir gesehen haben, das Verhalten der Einzellebewesen in Rivialitätskampf, Revierverteidigung, Partnerwerbung, Paarung, Reproduktion, Brutpflege, Nahrungsbeschaffung, kurz, in allen relevanten Bereichen des Lebens.

Um theologisch aus der Klemme zu kommen, scheint es erneut nahe zu liegen, das bißchen Mathematik, das uns helfen konnte, die Strategien der Genverbreitung präziser zu beschreiben, als Ausdruck göttlicher «Planungen» und «Absichten» zu deuten: Wie, wenn der Allerhöchste sich gerade diese Finessen ausgedacht hätte, um eben – uns! hervorzubringen? Mögen wir auch unsere Erwartungen an Güte, Moral, Mitleid und Menschlichkeit bei der Betrachtung der Natur inzwischen als allzu verengt und zu kleinlich haben streichen müssen, bleibt dann nicht immer noch, ja sogar um so mehr, eine überragende Macht und Vernunft im Walten der Dinge zu rühmen?

Wir können nur immer wieder erneut betonen: eine solche Argumentation ist nicht länger möglich!

Denn das wirkliche Problem, das sich allem theologischen Denken von der Biologie her nach dem gerade Gesagten eindringlich stellt, besteht in der geradezu dramatischen Relativierung der Begriffe *Individualität* und *Person*. Noch sind wir weit davon entfernt, die philosophische, psychologische sowie bioneurologische Infragestellung des Personbegriffs durch die Religion des Buddhismus, durch die Kritik David Humes und durch die moderne Medizin entsprechend zu würdigen – wir werden uns diese Aufgabe für den 3. Teil der vorliegenden Arbeit aufsparen müssen; doch sehen wir jetzt bereits den ganzen Stolz menschlicher Selbstgewißheit im abendländisch-christlichen Denken: die Auszeichnung des Subjekts, den Wert und die Unveräußerlichkeit des Individuums, die Bedeutung des Ichs und die Unableitbarkeit seiner Freiheit wie Wachs vor der Flamme dahinschmelzen. Was wir soeben zu Gesicht bekamen, entsprach ja gerade nicht einem wohlkalkulierten Planen und Gestalten, vielmehr verstärkte sich Zug um Zug der bisher schon gewonnene Eindruck: es gibt in der Natur keine Richtung, kein Ziel, keine Absicht, keine Fürsorge; in ihr geht zugrunde, was sich nicht effektiv genug fortzeugt, und die Art und Weise, in der das geschieht, ist so simpel, daß schon die einfachsten Formen des Rechnens all den nicht-berechnenden Verhaltensweisen der Lebewesen jenen einfachen «Sinn» abzugewinnen vermögen, der da heißt: Optimierung der Gen-Verbreitung.

Es ist, als wenn das Leben seit der «kambrischen Explosion» vor rund 550 Millionen Jahren, als all die großen Bau«pläne» der heute existierenden Tierstämme «entworfen» wurden, sich lediglich mit immer aufwendigeren Kostümen behängt, doch weder die Bühne, noch das Stück, noch die Akteure gewechselt hätte. Der amerikanische Paläontologe Stephen Jay Gould

(*Illusion Fortschritt*, 12. Kap.: Das nackte Gerippe der natürlichen Selektion, 167–180) zieht denn auch insgesamt in Zweifel, ob es überhaupt so etwas gibt wie eine Ausrichtung der Evolution auf immer differenziertere, komplexere, in menschlicher Sicht also «höhere» Lebensformen.

Man kann gegen GOULDS Sicht gewiß einwenden, daß die «Innenseite» des Erlebens mit dem Anstieg der Komplexität des Lebens an Bedeutung gewinnt und zunehmend einen Eigenwert in der Evolution geltend macht: – es kann nicht für einen gleichwertigen Vorgang gelten, ob wir einen Hund mit all seinen Sinneseindrücken einen ungeheuren Strom von «Informationen» aus der Wirklichkeit aufnehmen und psychisch verarbeiten sehen oder ob wir eine Zecke beobachten, die ihre Zeit auf einem Ast sitzend damit zubringt, auf das Geruchssignal von Buttersäure zu warten, um sich bei entsprechender Erschütterung am Boden auf etwas fallen zu lassen, das zum Blutsaugen geeignet scheint. Es ist nicht nur menschliche Hybris, die eine erweiterte Aufnahme der Wirklichkeit in das Erleben der Lebewesen als eine höhere Form der Erkenntnis, mithin als eine wirkliche «Höherentwicklung» des Lebens betrachtet. Nur daß es ein arger Fehler wäre, dieser «Höherentwicklung» selber menschliche Gedanken wie Ziel, Sinn und Zweck zu unterlegen!

Was uns *davor* warnen muß, ist an *der* Stelle, zu der wir jetzt gelangt sind, die offenbare Tatsache, daß der *Träger* biologischer Entwicklung eben nicht das «Soma» ist mit all seinen Empfindungen, Gefühlen, Antrieben und Instinkten, mit all seinen Freuden und Leiden, mit all seinen Gedanken, Hoffnungen, Erwartungen und Sorgen, sondern einzig das Keimplasma, einzig das Genom, das die Organismen aufbaut. Die Keimzellen sind die einzigen Lebewesen, die der Vernichtungsarbeit der Zeit standhalten, und sie können es tun, weil sie immer noch sind (oder richtiger: weil sie immer wieder so werden) wie ihre älteren Gefährten: die einzelligen Bakterien. Betrachtet man vollends die unsägliche Gleichgültigkeit, mit der die Natur in der Sprache RUPERT RIEDLS (*Die Strategie der Genesis*, 19) all die Kathedralen der Schönheit, der Sensibilität und der suchenden Geistigkeit, die wir «Körper» nennen, nach einem Wenigen an Zeit schon wieder zum Einsturz bringt, nur um aus den verbliebenen Ruinen noch gerade rechtzeitig die Schatulle mit der Urkunde der Konstruktion vom Tage der Grundsteinlegung zu entnehmen, sehen wir ferner, wie ungerührt sie die besten Absichten, die leidenschaftlichsten Anstrengungen, die rührendsten Opfer aufgrund einer sinnlosen Laune von Umständen in das vollkommene Nichts zurückzuverwandeln beliebt, und nehmen wir noch hinzu, daß sie weder Klagen noch Fragen, weder Flehen noch Fluchen, weder Bitten noch Betteln zu hören, geschweige denn zu erhören vermag, so drängt sich uns das Bild einer Welt auf, in deren «Ordnung» das einzelne Leben in der Tat für nichts weiter gilt als die Hülle der Gene.

Nehmen wir als ein Beispiel für diese Tatsache auf einer bereits recht «hohen» Stufe der Evolution nur einmal den Lebenskreislauf der *Aale*, aus der Ordnung der *Anguilliformes*, also das Leben der Europäischen Flußaale *(Anguilla anguilla)*. Diese Tiere verfügen, wie Verhaltensforscher meinen, über den ausgeprägtesten Geruchssinn aller Lebewesen der Erde; zugleich steht ihnen, wie allen Tieren, die über weite Strecken zu ihren Laich- oder Brutplätzen wandern müssen, ein räumlicher Orientierungssinn mit einer solchen Genauigkeit und Vielseitigkeit zur Verfügung, daß er für Menschen bis heute buchstäblich unbegreifbar ist (vgl. TALBOT H. WATERMAN: *Der innere Kompaß der Tiere. Sinnesleistungen wandernder Tiere*, 53–58). Der ganze Lebenszyklus dieser Tiere aber kennt nur ein Ziel: sich fortzuzeugen.

Die Aale, denen wir in unseren Flußläufen und Binnenseen begegnen, sind so gut wie ausnahmslos *weibliche* Tiere, die, wenn sie nicht für den Feinschmeckermarkt gefangen werden, ihre Jugend bei uns verbringen und dabei eine Größe von einem bis eineinhalb Meter erreichen; derweil verbringen die *Männchen*, die etwa einen halben Meter lang werden, ihr Leben in den Flußmündungen. Etwa zehn Jahre lang leben die Tiere so, erst dann sind sie imstande, mit dem Nordäquatorialstrom sich ins Sargasso-Meer zu begeben – einem Relikt aus der Zeit, als nach der Schließung der Straße von Panama zwischen Nord- und Südamerika, wie man heute annimmt: vor 3,5 Millionen Jahren, sich der Ringstrom bildete, den wir den Golfstrom nennen (vgl. *Der sechste Tag*, 109). Irgendwann zwischen Spätsommer und Herbst sagt den Tieren ihre innere Uhr, wann der Zug beginnt. Meist nachts ziehen die Aale flußabwärts, oft aber kommt es auch vor, daß sie einfach den «kürzesten» Weg wählen und sogar feuchte Wiesen überqueren. Nahrung nehmen die Tiere jetzt kaum noch auf. Gemeinsam treffen sie sich in den Mündungsgebieten der Flüsse und legen nun in großen Schwärmen innerhalb eines halben Jahres die rund 5000 Kilometer Entfernung bis in die Karibik zurück. Dort, im Sargasso-Meer, in etwa 400 Meter Tiefe laichen sie ab, um danach als Individuen zugrunde zu gehen. Die Eier entwickeln sich in etwa 100 bis 300 Metern Meerestiefe zu winzigen Larven, die noch durchsichtig sind und einem Aal durchaus noch nicht ähnlich sehen; in den nächsten drei Jahren werden sie weitgehend passiv vom Golfstrom bis in die Nordsee verdriftet, wo sie zwischen Februar und März als «Glasaale» ankommen; wenn sie dort nicht zu den Opfern zahlreicher Beutegreifer werden, teilen sie sich jetzt in Männchen und Weibchen und suchen ihren bevorzugten Lebensraum in den Flußmündungen und Binnengewässern auf; ihr Rücken wird zur Tarnung grünbraun, ihre Bauchseite goldgelb; erst nach und nach werden aus diesen «Gelbaalen» die «Silberaale», deren Rücken schwarzbraun ist und deren Bauch silbrig schillert. Ihr Maul verändert sich jetzt so, daß sie auch kleine Fische fangen können. Irgendwann haben sie soviel Nahrung aufgenommen, daß sie die lange Reise zurück in die Sargasso-See bestehen können und der ganze Zyklus von vorn beginnt. – Was in dem komplizierten Leben der Aale zeichnet sie als Individuen aus, die *mehr* wären als die Träger und Verbreiter ihrer Gene?

Erst von diesem Standpunkt der Betrachtung aus wird jedenfalls die innere Folgerichtigkeit der evolutiven Abläufe wirklich verstehbar, erst von daher auch begreift man die Unausweichlichkeit, mit der die Natur mit den Lebewesen gerade so verfährt. Zwar haben wir von R. Riedl gelernt, daß es so etwas geben muß wie eine indirekte Rückwirkung der Phäne auf die Gene – es werden im Strom des Lebens nur diejenigen Gene sich behaupten könnnen, die imstande sind, funktionstüchtige Individuen aufzubauen, mit deren Hilfe sie sich fortzeugen können, doch wird dadurch die relative Gleichgültigkeit des individuellen Daseins um nichts gemildert. Wenn die Individuen nicht einmal auf ihresgleichen eine andere Rücksicht nehmen sollen, nehmen *dürfen*, als wie es zur Ausbreitung ihrer Gene optimal beiträgt, wie soll es dann möglich sein, in ihnen selbst etwas anderes zu sehen als die bloßen Produzenten und Überträger des Genmaterials, dem sie selber entstammen?

Man kann sich die Härte dieses Gedankens auch und gerade bei der Betrachtung menschlicher Schicksale nur schwerlich klar genug machen. Wir haben in *Der sechste Tag* (116) bereits darauf hingewiesen, daß wohl erst auf der Stufe des *homo ergaster* von Nariokotome vor ca. 2 Millionen Jahren das Alter von menschlichen Lebewesen auf 50 Jahre sich habe erhöhen können, und doch sehen wir selbst noch vor rund 8000 Jahren, am Anfang der sogenannten «neolithischen Revolution», daß in den frühen Dorfgemeinschaften Ostanatoliens das Durchschnittsalter der Menschen nur bei etwa 27 Jahren lag (vgl. James Mellaart: *Çatal Hüyük. Stadt aus der Steinzeit*, 265–273); mit einem Wort: die Menschen damals lebten offenbar gerade so lange, daß sie Kinder in die Welt setzen konnten, die selber Kinder zeugten und gebaren, wenn ihre Eltern bereits starben; für etwas anderes als für diese unmittelbaren biologischen Ziele der Genverbreitung stand ursprünglich kaum die Zeit zur Verfügung! Selbst nach einer klimabegünstigten Verbesserung der Lebensaussichten des Einzelnen während der Megalith- und der Bronzezeit lag in den germanischen Dörfern der jüngeren Eisenzeit vor 2000–1700 Jahren das Durchschnittsalter schon wieder bei nur etwa 30 Jahren, gerade ca. 3 Prozent der Bevölkerung wurden damals älter als 60. Eine entscheidende Änderung dieser Bilanz brachte erst die Verknüpfung von Naturwissenschaft, Medizin und technischem Fortschritt in den letzten 200 Jahren mit sich: bessere Hygiene, erhöhte Produktion von Nahrungsmitteln und Konsumgütern sowie eine wirksamere ärztliche Versorgung ließen nach und nach die Kindersterblichkeit sinken und verlängerten die Altersspanne. Es war die *Kultur,* es war die «Zivilisation», die im Verlauf von Jahrtausenden die Stellung des Menschen in der *Natur* neu definierte und damit zugleich eine neue Frage an die Natur richtete: welch einen Wert besitzt in ihr das Einzelleben eines Menschen, eines Tieres? Eine widersprüchliche Frage, die in sich selbst einen Widerspruch markiert.

*Zwei* Feststellungen sind es, die hier aufeinandertreffen.

Zu Ende ist auf der *einen* Seite die alte religiöse Anthropozentrik der biblisch-christlichen Weltsicht. Gerade die Naturwissenschaften, auf deren Erkenntnissen die moderne Technik und Medizin fußen, haben den Glauben an die Mittelpunktstellung des Menschen zum Einsturz gebracht. Doch eben deshalb stehen sie nun ihrerseits in der Gefahr, nach dem Zusammenbruch des überkommenen Gottesglaubens die narzißtischen Kränkungen und Enttäuschungen der alten Religion kompensieren zu sollen. Wenn der Mensch nicht länger im Zentrum der Welt steht, wie die biblische Religion es verhieß, sollte es ihm dann nicht gelingen, die versprochene Stellung mit technischen Mitteln für sich zu erobern?

Die Antwort kann nur lauten: es möchte ihm schon gelingen, doch sollte er nicht wollen, daß es ihm gelänge! Auf die Dauer ist es nicht möglich, Erkenntnisse der Naturwissenschaften auf eine Weise zu nutzen, die unterhalb des Niveaus dieser Erkenntnisse selbst bleibt, indem sie immer noch alte (Fehl)Erwartungen zu bedienen sucht. Nach den Entdeckungen DARWINS und FREUDS wartet im Gegenteil alles darauf, eine Ethik und eine Religion zu begründen, in deren Mitte die Nähe von Mensch und Tier, die Einheit von Kultur und Natur steht, eine Ethik der Schonung und der Rücksichtnahme gegenüber den Kreaturen und eine Religion der Einordnung des Menschen in die ihn umgebende Natur, statt der üblichen Rechtfertigung und Ausdehnung seiner vermeintlichen Herrschaftsansprüche.

Wie aber soll eine solche Religion möglich sein, wenn es inzwischen insgesamt zweifelhaft scheint, daß da überhaupt ein Gott sei, der den Menschen in herkömmlichem Sinne «geschaffen» habe? Wie eine Religion begründen, wenn die Ungöttlichkeit, weil Unmenschlichkeit der Natur mit jedem Tag greller zum Vorschein kommt? Das ist die *andere* Seite des Widerspruchs.

An Gott als den «Schöpfer» zu glauben, sagten wir bereits in *Der sechste Tag* (349–360), sei nur möglich, wenn uns das eigene Dasein in einem Raum der Liebe als ein Geschenk erscheine; nur dann lasse die Welt sich als «Schöpfung» deuten, nur dann in ihrem Hintergrund ein «Schöpfer» glauben; doch all diese Worte: Liebe, Geschenk und Schöpfer sind menschliche Worte, kulturgebunden und kulturgeprägt, sie gehören nicht zur Natur. Die Rede von Gott, sagten wir immer wieder (*Der sechste Tag*, 271–272), tauge nicht länger dazu, die Natur zu erklären, indem sie «Gott» als die «oberste Ursache» in die Lücken unserer Kausalerkenntnis schiebe; die Rede von Gott tauge einzig dazu, unser menschliches Dasein zu deuten; Theologie, anders ausgedrückt, lasse sich legitimerweise nicht ausdehnen zu einer naturphilosophischen Totalanschauung; Religion ereigne sich vielmehr auf der Ebene der Hermeneutik, nicht der Wissenschaften. Wenn *das* aber gilt, so kann und muß es uns jetzt darum zu tun sein, Naturerkenntnis und Daseinsdeutung in ihrer Widersprüchlichkeit *als Einheit* zu denken und erlebbar zu machen. Dabei sind die Ausgangspunkte beider freilich so heterogen und konträr, wie sie nur sein können.

«Das Einzelwesen ist nichts als eine Erscheinungsform seiner Gene», sagt uns die Biologie.

«Nur das Einzelwesen ist der Träger von Gefühlen, Empfindungen, Einsichten und Strebungen; nur das Einzelwesen kann deshalb der Träger von Wertschätzung und Liebe sein», sagt uns die eigene menschliche Wahrnehmung im Hintergrund aller Kultur und Ethik. Was also kann die Religion in der Moderne anderes tun, als den Menschen, als den Raum der Kultur, gegen die Gesetze der Natur in Schutz zu nehmen, *nicht* indem sie den Menschen weiter phantastischer Rechte und Ansprüche versichert, wohl aber, indem sie ihm dabei hilft, ja, dazu verhilft, die gewonnene *Entfernung* von der Natur und Eigenständigkeit in der Natur als etwas Sein-Sollendes zu erkennen und zu rechtfertigen? Die Ernstnahme des Einzelnen, die Wertschätzung seiner Unvertauschbarkeit, die Evidenz seiner irreduzierbaren Besonderheit gehören zum Kernbestand dessen, was wir heute, zumindest in der westlichen Kultur, wenn auch noch so gebrochen und anfanghaft, unter «Menschlichkeit» verstehen. Dieser Standpunkt hat sich in Stufen aus der Natur herausentwickelt, wie wir in *Glauben in Freiheit* (I 479–502), in *Jesus von Nazareth* (78–109) und in *Der sechste Tag* (339–348) gezeigt haben, – doch sind diese Stufen identisch mit der Heraufkunft des Menschen selbst; sie stellen – für uns Menschen! – nicht ein Epiphänomen der Naturgeschichte dar, sondern sie bilden die Brücke auf dem langen Weg zu uns selber. Und so stehen wir unausweichlich vor der Frage, ob wir uns mit unserem Verlangen nach Liebe und Menschlichkeit als *«Irrläufer der Evolution»* (ARTHUR KOESTLER) betrachten müssen, die sich vermessentlich nur allzu weit von den Gesetzen der Natur entfernt haben, oder ob wir uns in dem offenkundigen Unterschied von Natur und Kultur, in dem offenkundigen Gegensatz von Naturgesetz und Moralgesetz für etwas im Raum der Natur ebenso Andersartiges wie Berechtigtes halten dürfen. Die Antwort darauf liegt, wie stets, in der Fragestellung selbst.

All die Begriffe, auf die wir unsere Menschlichkeit gründen, sind einzig durch uns in die Welt gekommen, und es ist nicht möglich, von der Welt, die uns ermöglicht hat, das zu verlangen, was nur wir selber sein müssen oder doch werden sollten; es ist von daher auch nicht möglich, im Hintergrund der Welt, die uns gegenübersteht, einen Gott wahrzunehmen, der diese Welt als eine menschliche begründet hätte oder auch nur hätte begründen können. Das Bild eines «menschlichen» Gottes kann erst erscheinen in der Rückbezüglichkeit, mit der wir uns selber betrachten; in unserem Rücken, hinter uns, nicht vor uns, als Objekt, wird der Gott sichtbar, der uns als Menschen ausmacht. Von diesem Bild Gottes, das wir in der Natur notwendigerweise nicht finden können, müssen wir gleichwohl existentialphilosophisch ausgehen, um uns als Menschen beauftragt, berechtigt, gewollt, ja, geliebt zu finden, denn nur in diesem «Empfinden» werden wir uns selber im Raum der Natur zu bewahren und zu bewähren vermögen (s. u. S. 856).

Das Wort «Gott» bezeichnet an dieser Stelle also nicht einen Begriff zur Erklärung bestimmter Einrichtungen der Welt (oder, wie wir vorgreifend andeuten können, der Welt im ganzen); das Wort «Gott» bezeichnet an dieser Stelle den Grund für eine bestimmte Art, die Welt wahrzunehmen. Genauer gesagt: die Wirklichkeit dessen, was dieses Wort meint, wird allererst sichtbar in der Perspektive eben dieser Weltwahrnehmung selbst. Der Glaube an Gott als den Schöpfer ergibt sich niemals, solange wir nach der Art und der Herkunft der Welt in naturphilosophischem Sinne fragen; der Glaube an Gott als den Schöpfer wird indessen buchstäblich notwendig, sobald wir die Legitimationslücke zu schließen versuchen, die sich zwischen der Nicht-Begründbarkeit, ja, der Grundlosigkeit unserer Existenz als einer menschlichen und der Selbstverständlichkeit der Natureinrichtungen in ihrer Unmenschlichkeit auftut.

Es zählt daher zu den Paradoxien, daß wir die Ethik des Atheisten ARTHUR SCHOPENHAUER, daß wir die Haltung des Mitleids mit den Leiden der Kreaturen als Einzelwesen nur zu begründen vermögen, indem wir existenzphilosophisch eben den Glauben voraussetzen («postulieren»), den wir *mit* SCHOPENHAUER in naturphilosophischer Absicht als unhaltbar erkannt haben. Den Widerspruch zwischen dem Gott der «Schöpfung» und dem Gott der «Erlösung», auf den bereits MARCION hinwies (vgl. *Glauben in Freiheit*, I 227–244; *Der sechste Tag*, 42–44), nehmen wir damit aus der Gottesidee heraus und deuten ihn als Chiffre für den Gegensatz von Natur und Mensch. Wir müssen das tun, weil Naturwissenschaft und Theologie erst dann (wieder) zueinander finden können, wenn wir den Gegensatz zwischen Natur und Mensch zugleich als einen Unterschied in den Methoden und Zielsetzungen zweier grundverschiedener Fragestellungen begreifen: Als Naturwissenschaftler wollen wir kausal begründend erklären, was ist; als Menschen wollen und müssen wir existentiell fragend den Sinn dessen, was uns erscheint, soweit zu enträtseln versuchen, daß wir auf die Infragestellung unseres Daseins eine Antwort erhalten, mit der wir leben können. Die Gene «denken» nur an sich selbst, und soweit es nach ihnen geht, gibt es nichts, das zu leben vermöchte, ohne ihrem Egoismus als Erfüllungsgehilfe zu dienen; selbst so moralisch hochstehende Tugenden wie Mutterliebe, Gattentreue, Kameradschaft, Tapferkeit und Selbstaufopferung erweisen sich, wie wir sehen, in biologischer Betrachtung als bloße Strategien, ja, als plumpe Tricks ihres Durchsetzungswillens – eine Bauernfängerei größten Stils, was die Bedürfnisse des Individuums angeht.

Doch gerade damit hat sich die eigentlich menschliche Fragestellung keinesfalls beantwortet, sie hat sich im Gegenteil nur noch weit tiefer radikalisiert. Denn so müssen wir in diesem Zusammenhang fragen: Was *ist* ein «Individuum», wenn der diploide Kelch des *Frauenhaarmooses* aus haploiden Sporen erwächst und einzig dem Zweck dient, wieder haploide Sporen zu bilden? Was *ist* ein Individuum, wenn ein Menschenwesen wie alle anderen Wirbeltiere aus zwei haploiden Keimzellen entsteht und im Sinne der Gene ganz offensichtlich dem Zweck dient, zwischen dem 12. und dem 50. Lebensjahr so viele haploide Gameten zusammenzufügen (zu «befruchten»), als es unter den gegebenen Bedingungen nur irgend möglich ist? Niemals werden wir imstande sein, haploide Keimzellen und haploide Zygoten zu «lieben» (– schon daran scheitert das vatikanische Veto gegen die «Abtreibung»); was aber ist es mit denen, die tot geboren werden oder die nur gelebt zu haben scheinen, um blühend zu welken?

«*Hassan Kemal*, 3. März 1993» – schon daß eine solche Grabinschrift möglich ist, zeigt, wie sehr Eltern leiden können über ein Kind, dem das Licht nur in Augen schien, die sich sogleich wieder schlossen. – «*Soulaika Alaeddine,*

28. 2. 1961 – 16. 6. 84» steht auf einem anderen Friedhof (neben der protestantischen Kirche in Helgoland), und darunter in Französisch die ebenso wehmütige wie gutmütige Versicherung: *Le temps passe, le souvenir reste* – die Zeit ist vergänglich, doch die Erinnerung unvergänglich. Der Gedankengang, den wir hier vorschlagen, ist arabesk genug, um einen Grabstein wie diesen zu würdigen, der in arabischer Schrift den ersten Vers aus der ersten Sure des *Koran* zitiert: *bismi llahi arrachmani arrachimi* – im Namen Allahs, des Allbarmherzigen. Denn was will ein solches Gotteswort, verbunden mit einer menschlichen Versicherung, angesichts des sicheren Todes besagen?

Das menschliche Gedächtnis (die Erinnerung der menschlichen Kultur) ist noch weit kurzlebiger als wir Menschen als Spezies selbst; niemals werden wir eine Traditionskette bilden, die der Dauer der biologischen «Erinnerung» in den Genen auch nur von ferne gleichkommen könnte. Mutet es da nicht stets wie ein vergeblicher Trost, ja, nicht selten wie ein schlecht kalkulierter Zynismus an, wenn wir auf den obsoleten, doch immer noch üblichen Mahnmalen neben den Dorfkirchen, geschrieben «für unsere Helden», zu lesen bekommen: «Ihr bleibt unvergessen, 1914–1918» oder: «In ewigem Gedächtnis, 1939–1945»?

*Ewig* – das kann bedeuten die Überwindung der Zeit durch die Tradierung eines Vorgegebenen. In der Erzeugung einer solchen *zeitlichen Dauer*, die nach menschlicher Vorstellung, schon weil sie all unsere Phantasie bei weitem übersteigt, den Namen «ewig» verdient, sind die Verfahren der Selbstreproduktion der Gene aller kulturellen Erinnerungsfähigkeit unermeßlich weit überlegen. Wonach indessen wir Menschen eigentlich suchen, ist gerade das Umgekehrte: eine Unsterblichkeit des Individuellen, des Einmaligen, des nie nur Vorhandenen, des Subjektiven. Wohl: Unser Körper ist nichts als die Hülle der (potentiell) unsterblichen Keimbahn. Doch was wir als Individuen sind, ist unendlich viel mehr als das Programm unserer Gene; es ist die Geschichte unseres Bewußtseins, es ist die Sammlung all der Kompositionen, die jemals auf dem «Klavier» der «Neuronenmaschine» unseres Gehirns gespielt und aufgeführt wurden.

Wonach wir deshalb suchen, ist, wohlgemerkt, nicht die Ableitung unseres Gehirns aus den Genen, sondern so etwas wie ein idealer Zuhörer, der all die «Kompositionen» sich «merkt», die auf dem «Klavier» unseres Körpers in der Kürze der Zeit einmal erklungen sind. Dieser «Zuhörer» ist, genau besehen, nicht die «Ursache» des «Klaviers», er ist, wenn er ist, eine rein geistige Größe, selber ein absolutes Subjekt, dessen Vorstellung uns dabei hilft, als vergängliche Subjekte, die wir sind, uns inmitten der Zeitlichkeit unseres Daseins in der Ahnung göttlicher Unvergänglichkeit gänzlich zu wagen. Wohl wissen wir an dieser Stelle noch nicht wirklich, was wir überhaupt meinen, wenn wir von «Geist», «Bewußtsein» und «Ewigkeit» sprechen; doch jetzt bereits können wir sagen: Um *mehr* zu sein als Individuen, die sich von dem Programm ihrer Gene zum besten halten lassen, bedürfen wir der Vorstellung eines solchen absoluten Subjekts, das wir niemals als «Ursache» der Dinge kategorialisieren können, doch das allein uns dazu befähigt, wirkliche Subjekte inmitten dieses subjektlosen Getriebes der Welt zu werden und zu sein.

Was die Religion in dieser Betrachtung verkörpert, ist mithin ein Sieg des Heute über das Gestern, ein Überhang der Zukunft über die Vergangenheit, ein Triumph der Planung über die Notwendigkeit, eine schrittweise Ersetzung des Zwangs durch die Freiheit, eine allmähliche Überwindung blinder Grausamkeit durch eine erkennende Liebe und durch eine liebevolle Erkenntnis. Nicht der alte Mittelpunktswahn des Menschen, wohl aber eine reflektierte Universalität des Mitleids ist die Frucht eines solchen ebenso desillusionierten wie menschlich «illuminierten» Gottesglaubens.

Freilich liegt darin auch der Verzicht auf die fast unvermeidbar scheinende Illusion, es lasse sich die mangelnde Dauer des Individuellen mit dem Trost einer fiktiven «Fortdauer in den fortgezeugten Genen» kompensieren. Alles, was das Individuum ausmacht, läßt sich als eine geistige, personale Größe nicht auf biologischem Wege weitergeben. Ja, es scheint eine dringend notwendige Neubesinnung darin zu bestehen, die Geistesart der alten Naturreligion zu ändern und das Göttliche nicht länger mit der Tüchtigkeit genetischer Fruchtbarkeit zu verwechseln. Eine solche geistige Veränderung des religiösen Bewußtseins ist unerläßlich, weil eine Fortsetzung des alten Denkens unter den Bedingungen des technisierten Zeitalters zu einer globalen Gefahr größten Ausmaßes zu werden droht. Wir haben die beiden Hauptfaktoren, durch welche die Natur noch bis vor ca. 200 Jahren die menschliche Spezies «kurz» zu halten verstand: eine hohe Kindersterblichkeit und eine geringe Altersspanne, auf der Nordhalbkugel weitgehend aufzuheben vermocht: fast jedes Kind, das heute zur Welt kommt, hat, selbst wenn erblich belastet, eine gute Chance, unter medizinischer Obhut «durchzukommen», und das Durchschnittalter an Lebenserwartung liegt in den Industrienationen heute nicht mehr bei 27, sondern schon bei fast 80 Jahren. Die Folge: Subtrahiert man von den Geburtenziffern die Sterbeziffern, so wächst die Menschheit derzeit in jeder Minute um 159 Menschen; das bedeutet, es leben am Ende eines jeden Tages rund 230 000 Menschen mehr auf dieser Erde – das ist das Doppelte einer mittleren Großstadt wie Paderborn (vgl. EUGEN DREWERMANN:

*Der tödliche Fortschritt*, 10–14; 46–49). Oder noch anders gesagt: «Zur Zeit haben wir eine Bevölkerungszahl von fast sechs Milliarden Menschen, und sie wächst jedes Jahr um etwa 80 Millionen. In nur einem Jahr wächst die Gesamt-Weltpopulation um eine Zahl, die der derzeitigen Bevölkerung von Deutschland entspricht. Wenn diese Wachstumsrate anhält, werden wir bis zum Jahre 2017 acht Milliarden Menschen auf der Erde haben» (Neil A. Campbell: *Biologie*, 1213).

Soll diese Apokalypse in Zahlen gestoppt werden, so ist ein Lebensgefühl erforderlich, das den Einzelnen aus dem Gang der Generationen herausnimmt und seinem Leben einen unbedingten Wert in sich selbst jenseits der biologischen Zeugung fremden Lebens zuspricht. Nur wenn das Leben des einzelnen Menschen einen Sinn *in sich selber* gewinnt, können wir davon lassen, nach dem Vorbild «Adams» und «Evas» (Gen. 3,16; 4,1) unsere Verzweiflung über die Hohlheit und Sinnlosigkeit der eigenen Existenz in die Keimbahn zu werfen, um den fehlenden Gott in den Kindern herbeizeugen zu wollen.

## III. Kosten und Katastrophen

Theologen, die um Ausflüchte gegenüber den Naturwissenschaften seit Jahrhunderten nicht verlegen sind, mögen an dieser Stelle noch auf die letzte treibende Scholle springen, die ihnen nach dem Zerbersten des Eisbergs ihrer überkommenen Weltanschauung vermeintlich verbleibt: sie mögen das erschreckende Ausmaß an Zufälligkeit in der Evolution des Lebens aller Offensichtlichkeit zum Trotz womöglich noch immer für einen verborgenen Plan des Schöpfers erklären, der, unerforschlich warum, es nun einmal so gewollt habe, daß aus der ursprünglichen Gleichgültigkeit der Natur gegenüber der Individualität ihrer Geschöpfe am Ende denn doch *wir* als die eben Nichtgleichgültigen, als die Unvergleichbaren, als die Lieblinge Gottes hervorgegangen seien. Zwar haben wir immer wieder darauf hingewiesen, daß die Verfahren der «Selbstorganisation» des Lebens erkennbar mit Plan und Ziel nichts zu tun haben, doch schon der Umstand, daß höhere Komplexität und geschlechtliche Vermehrung einen offenbaren Selektionsvorteil darstellen – sonst hätte es sie nicht gegeben! –, läßt sich im Rückzugsgefecht derzeitiger Theologie anscheinend doch noch als eine letzte argumentative Bastion zugunsten der Annahme von Ziel und Sinn verteidigen; immerhin war es der so beliebte TEILHARD DE CHARDIN (*Der Mensch im Kosmos*, 288–289), der vor 40 Jahren noch die wachsende Komplexität der Evolution als «Orthogenese», als «gerichtetes Werden» deutete.

Für jeden, der dieses Buch bis hierhin aufmerksam gelesen hat, sollte zur Genüge klar geworden sein, daß eine solche Interpretation des Evolutionsgeschehens mit den Tatsachen *nicht* vereinbar ist.

Wir müssen freilich zugeben, daß bisher nur die Strategien besprochen wurden, die «das Leben» selbst «erfindet», um sein Überleben zu sichern; so moralisch inakzeptabel auch immer diese Strategien aus menschlicher Sicht sich ausnehmen mögen, in ihrer brutalen Selbstverständlichkeit läßt eine immanente Logik sich ihnen nicht absprechen. Die ganze Schwierigkeit des Verstehens besteht bisher denn auch vor allem darin, sich die entwaffnende *Einfachheit* der natürlichen Regelmechanismen im Umgang mit lebenden Strukturen einzugestehen und sich der so ganz anderen theologischen oder metaphysischen Erwartungen an die wirkliche Welt zu entschlagen. Nun allerdings wird es Zeit, die *Umweltfaktoren,* das heißt die *äußeren* Bedingungen und Ursachen zu erörtern, auf die das Leben auf dieser Erde immer wieder reagieren mußte und reagieren muß. Erst dann wird, weit noch über das bisher Gesagte hinaus, das wahre Ausmaß der Zufälligkeit, der Gleichgültigkeit, ja, der vollkommenen Sinnlosigkeit und Sinnwidrigkeit deutlich, mit der die Natur ein Leben begleitet, das sie, ohne es zu wollen, ohne es zu mögen, immerhin ermöglicht, wenngleich nicht gemeint hat. Was wir jetzt besprechen müssen, sind deshalb vornehmlich *die Krisen und Katastrophen* der Evolution, die sich nach einer blinden Gesetzmäßigkeit ganz offensichtlich immer wieder so ereignen mußten, wie sie sich ereignet haben; allein bereits ihre mechanische Häufigkeit, wenn nicht Periodizität dürfte jeder Vorstellung von Planung, Weisheit oder gar göttlicher Güte endgültig Hohn sprechen. Worum es uns gehen muß, ist, näher gesagt, *das Wechselspiel von Geologie und Meteorologie beziehungsweise Klimatologie.* Erörtern wir also als erstes:

## 1. Einige Gegebenheiten aus Geologie und Klimakunde

*a) Von Vulkanismus und Plattentektonik*

Warum gibt es Erdbeben und Vulkanausbrüche?

Als der Gott der Bibel selber noch die grimmigen Züge einer Vulkangottheit an sich trug, gehörte es vermutlich zu seinem selbstverständlichen Talent, immer mal wieder «die Berge rauchen zu lassen», wie uns Ps 104,32 versichert, oder dafür zu sorgen, daß die Pfeiler der Erde nicht oder doch ins Wanken gerieten (Ps 29,6; 104,5–7). Gewiß hatte der Gott der Bibel beim Anblick der Menschheit in prophetischer Sicht wohl auch genügend Grund zu drastischem und dramatischem «Eingreifen», – Sodom und Gomorrha etwa mußte er laut biblischer Legende mit Feuer und Schwefel zugrunde richten ob der geschlechtlichen Hitzigkeit und Brünstigkeit ihrer Bewohner (Gen 19,24.28; vgl. FRIEDRICH L. BOSCHKE: *Die Welt aus Feuer und Wasser*, 89–94); und selbst am Ende der Tage wird er, den Erklärungen des *«Weltkatechismus»* (Nr. 1035) der römischen Kirche zufolge, in Feuer und Schwefel und in alle Ewigkeit nunmehr, die Körper und Seelen der Verdammten zu peinigen wissen; – stets wurde die «Unterwelt» oder die «Hölle» in den vulkanischen Spalten der Gebirge lokalisiert, deren Miasmen allerorten die theologische Phantasie zu erregen vermochten. Daß Vulkanausbrüche ein Strafgericht Gottes darstellten, hat in der frühen Kirchengeschichte sich schon im Jahre 79 n. Chr. beim Untergang Pompejis erwiesen, als Gott dem lasterhaften Rom einen Fingerzeig zur Bekehrung gab. Noch in unseren Tagen, wenn irgend im Süden Italiens die glühende Lava am Hang eines Vulkans auf ein Dorf zufließt, wird man mit Bittprozessionen versuchen, der Unbill Einhalt zu tun.

Tatsächlich sind denn auch die Schäden, die Vulkanausbrüche Menschen zufügen können und zugefügt haben, immens, – R. DECKER und B. DECKER (*Von Pompeji zum Pinatubo. Die Urgewalt der Vulkane*, Basel 1993) haben die schlimmsten Katastrophen der Reihe nach aufgelistet und beschrieben. Doch gerade ihre Aneinanderreihung von Unglück und Leid aus Jahrhunderten rund um den Globus zeigt das Wahllose, Ungerichtete und Beliebig-Gleichgültige solcher «Eingriffe» oder «Heimsuchungen». *Wenn*, dann lassen sie sich *nicht* nach den Vorstellungen altisraelitischer Propheten erklären, sondern eher in der Geisteshaltung des römischen Naturforschers PLINIUS DES ÄLTEREN; der fuhr furchtlos beim Ausbruch der Aschenwolken (des «pyroklastischen Materials») des Vesuvs am 24. August 79 auf einem Schiff in den Aschenregen des Vulkans hinein, um das Naturschauspiel besser studieren zu können, wie sein Neffe nicht ohne Bewunderung für so mutigen wissenschaftlichen Forscherdrang in einem Privatbrief berichtet (PLINIUS DER JÜNGERE: *Aus dem Alten Rom*. Briefe, An Tacitus, VI 16, S. 35–39); PLINIUS DER ÄLTERE kam dabei um, doch hinterließ er der Menschheit die Überzeugung, daß es angesichts der entfesselten Kräfte der Natur gerade nicht gelte, in Dämonenangst, Klagegebeten und magischen Beschwörungszeremonien zu versinken, sondern um so genauer die Natur zu betrachten und die Ursachen hinter den Erscheinungen zu erforschen.

Was also *sind* die Ursachen für Erdbeben und Vulkanismus und was haben beide mit der Geschichte des Lebens auf dieser Erde zu tun?

Eine schlüssige Antwort auf diese Menschheitsfrage vermögen wir überraschenderweise erst seit etwa 35 Jahren zu geben. Man teilt heute den oberen Erdmantel in zwei Schichten ein: in die feste *Lithosphäre*, die «Gesteinsschicht» (von griechisch *lithos* = Stein) mit der Erdkruste einschließlich der Kontinente, sowie in die darunter liegende, teilweise geschmolzene *Asthenosphäre* (von griech. *asthenás* = schwach, nicht fest). Damals, Anfang der sechziger Jahre, entwickelten HARRY HESS und ROBERT DIETZ zur Erklärung des Mittelatlantischen Rückens und des tiefen Zentralgrabens, des «Rifts», das auf seinem Rückenkamm verläuft, die Vorstellung vom sogenannten *Seafloor-Spreading*, von der Spreizung des Meeresgrundes. Die Grundidee der beiden Geologen bestand in der Annahme, daß entlang den großen mittelozeanischen Bergketten sich ständig neues Krustenmaterial ausbreite, indem Lava aus der teigigen Asthenosphäre aufsteige und zur Oberfläche dringe; die Ausbreitung des Krustenmaterials erzeuge Spannungen, lange Spalten entstünden, in die wiederum Krustenstücke absänken, während neue Lava in die Spalten des Zentralgrabens eindringe.

Inzwischen wissen wir, daß auf diese Weise sich tatsächlich die gesamt Lithosphäre mitsamt der Kruste zu den Seiten hin ausbreitet. Andererseits aber nimmt die Gesamtfläche der Erde natürlich nicht zu, und so muß es anderswo Gebiete geben, an denen die Lithosphäre verschwindet. Die Stellen, an denen das geschieht, sind die *Tiefseegräben*, wie zum Beispiel der Tonga-Graben mit einer Tiefe von fast 11 000 Metern. An diesen sogenannten *Subduktionszonen* sinkt die ozeanische Lithosphäre in den Erdmantel ab und schiebt sich schräg unter die Lithosphäre der anderen Seite. Je tiefer sie dabei kommt, desto stärker schmilzt sie ab; in gewissem Sinne wird sie wieder in die zähflüssige Asthenosphäre zurückverwandelt. Etwa 200 Millionen Jahre liegen zwischen dem Auftauchen und dem Abtauchen dieses «Förderbandes» der Lithosphäre, die mithin immer neu entsteht und vergeht.

Entscheidend wurde bei dem Konzept von HESS und DIETZ die Einsicht, daß die sich bewegenden «Förderbänder» der Lithosphäre mitsamt den auf ihnen liegenden Kontinenten zwischen den mittelozeanischen Rücken und den Subduktionszonen als *Platten* zu betrachten sind, aus deren Tektonik und Dynamik sich nicht nur die Oberflächengestalt der Erde ableiten läßt, sondern aus denen sich auch weitgehende Einsichten in die vergangene wie künftige Geschichte des Erdballs ergeben (vgl. Abb. 111).

Die Kraft für den Transport der Platten erblickt man nach vorherrschender Meinung in *Konvektionsströmen* im Erdmantel. Wie in einem Kochtopf steigt im Erdinneren heißes Material empor, kühlt sich ab und sinkt dann wieder in die Tiefe. Auf diese Weise entstehen Konvektionszellen, an deren aufsteigenden Stellen sich die Rücken und an deren absteigenden Zonen sich die Gräben bilden (vgl. Abb. 112).

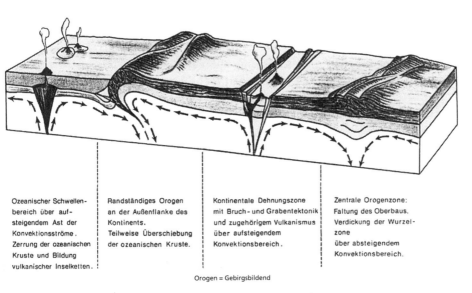

111   Unterströmungen als Ursache für tektonische Bewegungen.

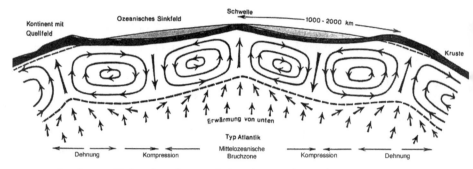

112  Im oberen Fließstockwerk entwickeln sich unter der Erdkruste Wärme-Ausgleichsströmungen, die durch Drehung und Kompression Schwellen und Senken ausbilden.

Sieht man einmal von den enormen Mengen an thermischer Energie ab, die in diesen Ringströmen zirkulieren, so wird man auch jetzt wieder erstaunt und erschrocken zugleich sein über die *Einfachheit* der Mechanismen, die im konkreten so viel an Leid über die Menschen zu bringen vermögen. Andererseits begreift man zugleich auch, daß Erscheinungen wie Erdbeben und Vulkanismus unvermeidlich sind, solange die Wärme im Erdinneren groß genug ist, um Leben auf der Erdkruste zu ermöglichen. Woher diese Wärme kommt, werden wir im 3. Band dieser Arbeit noch näher erklären müssen, wenn wir uns mit der Entstehung der Planeten insgesamt zu beschäftigen haben; es genügt an dieser Stelle, die Behauptung aufzustellen, daß all die so leidvollen Effekte der Erdgeschichte eine ganz natürliche Konsequenz der Entstehungsbedingungen des Planeten Erde selbst darstellen und gewissermaßen nur die Auswirkungen der Tatsache bilden, daß es die Erde überhaupt gibt.

Auf jeden Fall ist es leicht vorhersehbar, was passieren muß, wenn wir die Vorgänge von Abb. 111 des näheren betrachten und sie in ein Gesamtbild der Erdoberfläche einbeziehen, wie es Abb. 113 vermittelt.

Man sieht auf dieser Darstellung die verschiedenen *Platten*, die sich mit verschiedenen Geschwindigkeiten bei konvergierenden oder divergierenden Konvektionsströmen im Erdinneren aufeinander zu- oder voneinander wegbewegen oder sich entsprechend den antiparallelen Pfeilen (wie bei der San Andreas-Störung in Kalifornien) aneinander vorbeibewegen. Zu erwähnen ist, daß die Spreading-Geschwindigkeit zwischen der Pazifischen Platte und der Nazca-Platte am größten und zwischen der Nordamerikanischen und der Eurasischen Platte am geringsten ist; umgekehrt ist die Subduktions-Ge-

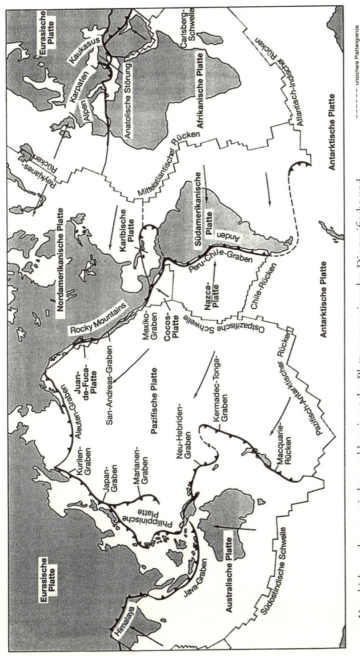

113 Verschiebung der ozeanischen und kontinentalen Platten gegeneinander. Die pazifische und australische Platte wandern im Neu-Hebriden-Graben mit 10,5 cm pro Jahr aufeinander zu, die pazifische Platte und die Nazca-Platte wandern mit bis zu 17 cm pro Jahr auseinander, die indisch-australische Platte drückt mit bis zu 5,4 cm pro Jahr gegen die eurasische Platte.

schwindigkeit am größten zwischen der Pazifischen und der Indisch-Australischen Platte.

Insgesamt haben wir es, wie man sieht, mit *drei Formen* konvergierender Plattengrenzen zu tun: Ozean–Ozean, Ozean–Kontinent und Kontinent–Kontinent; und alle drei besitzen ihre eigene Dynamik.

Trifft eine *ozeanische Platte auf eine andere ozeanische Platte*, so werden die Sedimente der nach unten abtauchenden Platte großenteils abgeschürft und an den Rand der überfahrenden Platte angeschweißt. «Die kühle subduzierte Lithosphäre taucht in den darunterliegenden heißen Mantel ab. In Tiefen zwischen 50–100 Kilometern gelangt sie in Temperaturbereiche von etwa 1200 bis 1500 Grad Celsius. Ein Teil der subduzierten Platte schmilzt, und das darin enthaltene Wasser sowie weitere flüchtige Anteile werden freigesetzt. Dieser Prozeß führt andererseits dazu, daß der Hauptbestandteil des über der Subduktionszone liegenden Mantelkeils, der Peridotit, ebenfalls zu schmelzen beginnt. Die neugebildeten Schmelzen erfahren wegen ihrer vergleichsweise geringen Dichte einen starken Auftrieb und bahnen sich einen Weg nach oben» (PRESS – SIEVER: *Allgemeine Geologie*, 469).

Auf diese Weise wird die ozeanische Kruste von Magmen intrudiert, die Inselbögen mit Vulkanen aus basischen und intermediären Laven entstehen lassen, bestehend nämlich aus Basalt, Andesit und Dazit. Solche vulkanischen Inselbögen finden sich zum Beispiel in Gestalt der Westindischen Inseln, der Aleuten, der Philippinen und der Marianen (vgl. Abb. 114).

Kollidiert *eine Kontinentalplatte mit einer ozeanischen Platte*, so wird die ozeanische Platte «subduziert», das heißt, sie wird unter die Kontinentalplatte geschoben. Am Kontinentalrand bildet sich ein Gebirgszug, der aus einer Vielzahl von Intrusivgesteinen und Lavaergüssen besteht. «Dabei können zahlreiche Überschiebungen, an denen ganze Gesteinsstapel auf andere überschoben werden, auftreten und... zur Gebirgsbildung beitragen» (PRESS – SIEVER, 470). Es entsteht das Bild von Abb. 115.

Das markanteste Beispiel für eine solche Kollision zwischen einer ozeanischen und einer kontinentalen Platte sind wohl die Anden; dort kollidiert die Nazca-Platte mit der Südamerikanischen Platte und wird unter diese subduziert.

Die größten Deformationen an den Rändern treten naturgemäß auf, wenn *zwei Kontinentalplatten* miteinander kollidieren und eine stark gefaltete Gebirgskette über einer stark verdickten kontinentalen Kruste entstehen lassen. «Oftmals bildet sich innerhalb der Gebirgskette darüber hinaus ein magmatischer Bogen. Das Resultat einer solchen Kollision ist eine *Suturzone* im

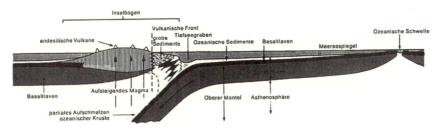

114 Entstehung von Inselbögen mit Vulkanen.

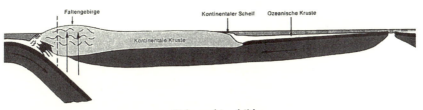

115 Faltengebirgsbildung.

116 Kontinentale Kollision.

Grenzbereich der beiden kollidierenden Krustenblöcke. An dieser Sutur treten häufig Ophiolithkomplexe (d. h. basische Magmatite mit Tiefseesedimenten, d. V.) auf, Reste eines ehemaligen Ozeans, der durch die Konvergenz der beiden Platten verschwunden ist. – Ein hervorragendes Beispiel für die Kollision kontinentaler Krustenblöcke ist der *Himalaya*, dessen Bildung vor gut 50 Millionen Jahren einsetzte, als die Platte mit dem Indischen Kontinent mit der Eurasischen Platte kollidierte. Diese Kollision dauert noch heute an: Indien dringt (siehe Abb. 113) mit einer Geschwindigkeit von fünf Zentimetern pro Jahr in Asien ein, und der Himalaya wird weiterhin herausgehoben – begleitet von Bruchtektonik und zahlreichen schweren Erdbeben. – Die *Zen-*

*tralalpen* sind durch die Kollision der sogenannten Adriatischen Platte mit dem europäischen Kontinent als Teil der Eurasischen Platte entstanden» (PRESS – SIEVER, 471). Es entsteht das Bild von Abb. 116.

Insgesamt gibt es also *drei Formen von Plattenkollisionen:* die Subduktion einer ozeanischen Platte an einem Kontinentalrand führt am Rand des Kontinents zur Ausbildung einer Tiefseerinne, eines Vulkangürtels und zu Flach- und Tiefbeben; die Subduktion einer ozeanischen Platte unter eine andere ozeanische Platte führt zur Bildung eines vulkanischen Inselbogens; eine Kontinent-Kontinent-Kollision führt zu mehrfachen Verschiebungen und hohen Gebirgen.

Nun kann es natürlich sein, daß sich auch unterhalb von Kontinenten Rückensysteme bilden und diese auseinanderreißen; allerdings geschieht das relativ selten, da die kontinentale Kruste weit dicker ist als die ozeanische. Ein Beispiel dafür ist das Rote Meer, eine, geologisch betrachtet, noch junge Grabensenke, ein Rift-Valley, das sich in das benachbarte Spreizungsgebiet des ostafrikanischen Grabenbruchs hinein bis zum Tanganjika-See fortsetzt. Der Grund dafür liegt in dem Auseinanderdriften der Afrikanischen Platte, auf der Ägypten liegt, und der Arabischen Platte, auf der Saudi-Arabien liegt. Erst in einigen Millionen Jahren wird man wissen, ob die Dehnungskräfte sich durchsetzen werden und der afrikanische Kontinent entlang den Rückentälern zerbricht oder ob die Spreizung zum Stillstand kommt (vgl. Abb. 117).

In jedem Falle sind die «*Platten*» keine starren Gebilde, sondern sie formen sich entlang den konvergierenden und den divergierenden Grenzen immer wieder neu.

Auch wenn zwei Platten *aneinander vorbeigleiten,* wie bei der San Andreas-Störung in Kalifornien, wird zwar keine neue Lithosphäre gebildet oder alte Lithosphäre verschluckt, doch kommt es zu *Transformstörungen:* der Verlauf einer divergierenden Plattengrenze wird unterbrochen und seitlich versetzt, und es treten Flachbeben mit horizontalem Versatz auf.

Diese wenigen Anmerkungen bereits versetzen uns jetzt in den Stand, eine Fülle von Erscheinungen zu verstehen, deren Auswirkungen auf uns Menschen wir gemeinhin als «Katastrophen» beklagen, während sie in objektiver Betrachtung nichts weiter sind als ein Beleg dafür, daß die «Schöpfung» selbst auf unserem kleinen Planeten ungehemmt weitergeht, freilich ohne dabei auf die Überlebensinteressen der Spezies Mensch irgendeine besondere Rücksicht zu nehmen. Das Erdbeben von Lissabon und VOLTAIRES Kritik an den theologischen Versuchen der «Rechtfertigung Gottes» (vgl. *Der sechste Tag,* 34) erscheinen nunmehr in einem ganz anderen Licht: Es war offensichtlich ein

Einige Gegebenheiten aus Geologie und Klimakunde 431

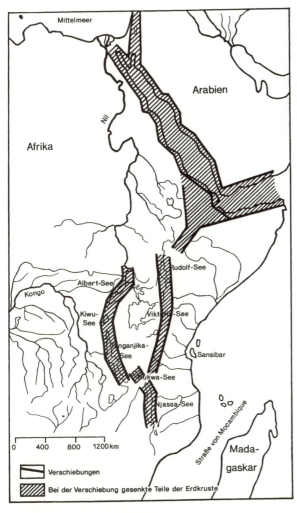

117 Das Zusammentreffen von drei Riftstrukturen am Nordostrand Afrikas; zwei der Riftarme bilden neue Ozeane: das Rote Meer und den Golf von Aden. Ostafrika stellt ein Quellfeld der Unterströmungen dar, das stark gehoben wurde, im jüngeren Tertiär aber zerbrach die Schwelle, wobei die zentralen Teile bis zu einigen tausend Metern absanken. Sie bilden heute das weitverzweigte, 6500 km lange ostafrikanische Grabenbruchsystem, das sich über den Grabenbruch des Roten Meeres bis Asien und Europa erstreckt.

Mißverständnis, wenn Theologen die Weisheit, die Güte oder die Macht Gottes darin erblicken wollten, daß der «Schöpfer» ein Erdbeben hätte «wollen» können, und es war ebenso ein Mißverständnis, wenn Philosophen wie VOLTAIRE einen Beweis *gegen* Gott darin erblicken wollten, daß Gott den Untergang einer europäischen Großstadt im Jahre 1755 mit etwa 30 000 Toten *nicht* entgegen den Naturgesetzen zu verhindern wußte. Was wir *jetzt* zu Gesicht bekommen, ist eine eher nüchterne Naturtatsache, nämlich daß es entlang den

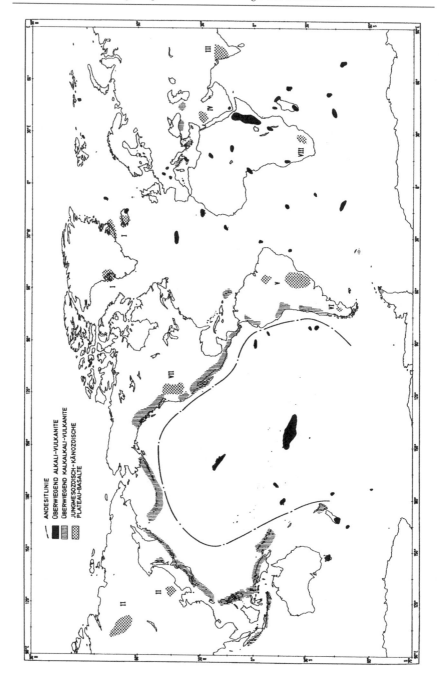

Einige Gegebenheiten aus Geologie und Klimakunde 433

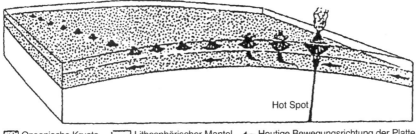

119 Entstehung eines Schildvulkans am Beispiel etwa des Mauna-Loa auf Hawaii: Die pazifische Platte gleitet dort über räumlich konstant bleibende Hot Spots hinweg, die lithosphärische Schwächezonen markieren. Magma dringt in den Oberen Erdmantel und bildet eine Magma-Kammer mit einem Zentralschlot, aus dem viele tausend dünne basaltische Lavaströme großräumig ausfließen und in flachen Decken abkühlen.

Plattengrenzen zu Erdbeben und Vulkanismus kommen *muß*, gleichgültig, ob die seismischen Wellen eine Großstadt, wie 1906 San Francisco, zerstören, oder ob sie in den Weiten der arabischen Wüste «nur» ein paar Kamelen und Nomaden gefährlich werden. Was sich in den Tiefen der Erde ereignet, ist vollkommen unabhängig von der Frage, was auf den Kontinentalplatten oder auf den Ozeanböden an Leben existiert. Es geht, geologisch oder geophysikalisch betrachtet, um Fragen des Wärmeaustauschs im oberen Erdmantel, um ein Teilproblem der Thermodynamik, nicht mehr und nicht weniger; alles andere aus dem Raum der Theologie und der Metaphysik sind Fragen, die sich nicht beantworten lassen, weil sie falsch gestellt sind, indem sie die beiden Ebenen von Erklärung und Deutung miteinander verwechseln: Gott als die «oberste Ursache» – diese Lieblingsidee theologischer Metaphysik ist die Mißweisung und das Mißverständnis in allem; denn: «Gott» ist keine «Ursache», die etwas erklärt, «Gott» ist, soll das Wort einen Sinn machen, eine Chiffre zur Deutung des menschlichen Daseins. Wir kommen darauf zurück.

Man betrachte, um der *Erklärung* so vieler vulkanisch bedingter Katastrophen näherzukommen, nur einmal in Abb. 118 den berühmten *Pazifischen Feuerring*.

118 Die Vulkangebiete der Erde. 90% der heutigen Tätigkeit laufen in der Zone des Pazifiks ab (Pazifischer Feuerring). Plateau-Basalte: I = Arktis; II = Sibirien/Mongolei; III = Dekkan; IV = Arabien; V = Paraná; VI = Patagonien; VII = Columbia River; VIII = Südafrika.

Man sieht sogleich, daß die aktiven Vulkane nicht zufällig verteilt sind, sondern für gewöhnlich an konvergierende oder divergierende Plattengrenzen gebunden sind, wie es in Abb. 113 zum Ausdruck kam. Doch dieses Bild allein genügt noch nicht. Im Konkreten spielt es eine große Rolle, *in welcher Weise ein Vulkan sich bildet und in welcher Form Eruptionen erfolgen.*

Am bekanntesten, weil für das menschliche Auge am eindrucksvollsten, sind gewiß die sogenannten *Zentraleruptionen*, bei denen Lava aus einem zentralen Schlot an die Erdoberfläche steigt.

Tritt die Lava als *Basalt* aus, so bilden die (als strickförmige Pahoehoe-Lava oder als rauhe, blockartige Aa-Lava austretenden) Lavaergüsse *Schildvulkane* wie etwa den Mauna Loa auf Hawaii (vgl. Abb. 119); auch ein solcher Vulkan ist nicht ungefährlich – zu Recht wird die Göttin Pele in den Mythen der Polynesier als eine eifersüchtige, zorngefährliche Göttin beschrieben (vgl. Lisa Tetzner: *Märchen*, 316–322: Pele und die Vogelfänger). Weit dramatischer freilich entwickelt sich das Geschehen, wenn *saure Schmelzen* auftreten, die so viskos (zähflüssig) sind, daß sie nicht seitlich abfließen, sondern *Staukuppen* oder *Dome* bilden, die wie ein Pfropfen die Schlote verstopfen und die Gase einschließen. Der Druck im Innern steigt dann so weit, daß irgendwann die Staukuppe abgesprengt wird wie ein Korken auf einer Sektflasche. Der verheerende Ausbruch des Mount St. Helen im Jahre 1980 bietet ein Beispiel für die Gewalt solcher Eruptionen. (Vgl. Press-Siever, 89–90.)

Ein Vulkantyp, wie er vor allem in *Mitteleuropa* vorherrscht und zum Beispiel aus der Eifel oder auch im Paderborner Land durch den Desenberg bei Warburg bekannt ist, bildet sich bei Austritt von *«pyroklastischem Material»*, einer Mischung aus vulkanischer Asche, Tuffgestein und Gasen, die mit hoher Geschwindigkeit ausgestoßen werden; es entstehen dabei *Schlackenkegel*, deren Profil einen Böschungswinkel zeigt, der so steil ist, wie es nur eben sein kann, ohne daß die Schuttmassen den Hang hinabrutschen.

Natürlich ist es auch möglich, daß ein zentraler Schlot sowohl Lava fördert als auch pyroklastisches Material. Aus einer solchen *Wechselfolge* von Lava und pyroklastischem Material bilden sich die *Schicht-* oder *Stratovulkane*, wie der Vesuv, der Ätna oder Japans heiliger Berg, der Fujiyama. (Zur «Heiligkeit» der Berge vgl. *Glauben in Freiheit*, I 443–447.) Die Wirkung einer Zentraleruption hängt jedoch nicht nur von der Zusammensetzung des ausgeworfenen Materials und dem dadurch bedingten Vulkanprofil ab. Wichtiger ist unter Umständen die Frage, wie weit bei heutigen Eruptionen die Magmakammer, meist einige Kilometer unterhalb des Förderschlotes, leergeräumt wurde. Zu einer der größten Katastrophen des Vulkanismus kann es kommen, wenn die Deckschicht über der Magmakammer, die *Caldera,* einbricht und sich ein Krater bildet, der einen Durchmesser bis zu 50 und mehr Kilometern erhalten kann. Eine solche verheerende Explosion mit nachfolgendem *Caldera-Einsturz* ereignete sich zum Beispiel um 1500 v. Chr. auf Santorin, und man vermutete, daß sie damals nicht nur die minoische Stadt Akrotiri, sondern womöglich die gesamte minoische Kultur auf Kreta in den Untergang gestürzt hätte (so SPYRIDON MARINATOS: *Kreta, Thera und das mykenische Hellas,* mit Aufnahmen von Max Hirmer, München ³1976); man nahm zudem an, daß die Sage aus PLATONS *Timaios* (3. Kap. 22c–25d, Werke V 149–152) vom Untergang von Atlantis auf dieses Ereignis zurückgehen könnte; doch haben jüngere Untersuchungen ergeben, daß der Einsturz der Caldera von Santorin mit dem Ende der minoischen Kultur nichts zu tun hatte: er erfolgte zeitlich früher und führte zudem zu einem Aschenausstoß von nur zwanzig Kubikkilometern (vgl. MATTHIAS SCHULZ: *Das Puzzle des Philosophen,* in: Der Spiegel, 53, 1998, 156–164).

Doch der Schrecken der Vulkane nicht genug: Bereits bei der Erörterung der *Stoffkreisläufe* haben wir erwähnt, daß ein großer Teil des *Wasserdampfes* aus den Schloten von Vulkanen herausgepreßt wird, und natürlich sind wir froh, daß es genügend Wasser auf Erden und Wasserdampf am Himmel gibt; über die Austrittsbedingungen von überhitztem Wasserdampf bei Vulkanausbrüchen freilich haben wir uns bislang noch keine Gedanken gemacht. Die Geologen nennen sie *phreatomagmatische Eruptionen* und meinen damit plötzliche Vulkanausbrüche, die im wesentlichen dadurch entstehen, daß Magma mit Grundwasser in Kontakt kommt und die Ausdehnung des Wasserdampfs, wie in einem berstenden Kessel, eine Explosion, begleitet von dem Auswurf gewaltiger Mengen an Schlamm und Schuttmaterial, freisetzt. Ein solcher Vorgang war es, der am 27. August 1883 die schlimmste Vulkanexplosion in der Geschichte der Menschheit, den schon erwähnten Ausbruch des Krakatau, verursachte. Die Energie der phreatomagmatischen Explosion, die seinerzeit den gesamten Gipfel des Krakatau absprengte, wird auf die Sprengwirkung von 100 Millionen Tonnen TNT (*Trinitrotoluol*) geschätzt, das ist 5000 mal stärker als die Druckwelle der Bombe von Hiroshima. «Die vulkanische Asche verteilte sich über ein Gebiet von ungefähr 700 000 Quadratkilometern. Djakarta, 150 Kilometer entfernt, versank in fast völliger Dunkelheit, da der Staub die Erde verdunkelte. Der feine Staub stieg bis in die Stratosphäre auf und umkreiste drei Jahre lang die Sonne, wodurch sich im darauffolgenden Jahr die mittlere Jahrestemperatur der Erde erniedrigte, da ungefähr 13 Prozent des Sonnenlichtes absorbiert wurden. ... Die Explosion erzeugte einen

Tsunami, eine gigantische Flutwelle, die eine Höhe von fast 40 Metern erreichte und im Umkreis von 80 Kilometern 295 Küstenorte zerstörte; dabei ertranken 36 000 Menschen» (FRANK PRESS – RAYMOND SIEVER: *Allgemeine Geologie*, 101; vgl. ROBERT DECKER – BARBARA DECKER: *Vulkane. Abbild der Erddynamik*, 8. Kap.: Lava, Asche und Bomben, 115–130).

Wie eine solche Flutwelle, verursacht durch ein Seebeben, wirken kann, mußten im Jahre 1998 die Bewohner der Westküste von Papua-Neuguinea erleben, als ein *Tsunami* über 6000 Menschen in den Tod riß. Die Furcht vor derartigen Flutwellen, die mit einer Geschwindigkeit von 700 km/h flach über das Meer hinwegrasen, um dann, bei der Brechung an Land, mit verheerender Gewalt sich aufzutürmen und alles, was sich ihnen in den Weg stellt, hinwegzureißen, ist in dem erdbebengefährdeten Japan so groß, daß man die Notfallprogramme bei Tsunami-Warnungen bereits den Schulkindern zu erklären versucht.

Aber nicht allein nur die Wasserwellen über einem Erdbebenzentrum in den Weiten des Ozeans, vor allem *die Schlamm- und Schuttströmungen aus wassergesättigtem vulkanischem Material*, die sogenannten *Lahare*, können äußerst gefährlich werden. Lahare bilden sich, wenn etwa ein pyroklastischer Ausbruch einen Gletscher abschmilzt oder die Wand eines Kratersees durchbricht. 1985, als in Kolumbien der Nevado del Ruiz ausbrach, begruben die kochend heißen Schlammlawinen des abgeschmolzenen Schneefeldes am Hang des Vulkans die Stadt Armero unter sich und rissen 25 000 Menschen in den Tod. Die Bilder, die damals um die Welt gingen, zeigten Szenen, wie sie den schlimmsten Phantasien DANTES von den Verdammten in der Hölle hätten entstammen können (vgl. *Göttliche Komödie*, Die Hölle, 12. Gesang). Was, muß man sich fragen, hatten die Menschen, die so getroffen wurden, mit den Gedanken der Theologen von Belohnung und Bestrafung aus den Händen eines «gerechten» Gottes zu tun? Wäre da ein Gott, der mit solchen Ereignissen etwas zu tun hätte, so verdiente er nicht länger, Gott genannt zu werden. (Vgl. PRESS-SIEVER, 103–104.)

Wir haben, um das Bild zu vervollständigen, auch zu erwähnen, daß bei Vulkanausbrüchen *Kohlendioxid* freigesetzt werden kann, und müssen zudem den für Menschen lebensgefährlichen Ausstoß von Schwefel und Schwefelwasserstoff in den sogenannten *Solfataren* hinzufügen. Als zum Beispiel 1982 der El Chichon in Süd-Mexiko ausbrach, wurden schwefelhaltige Gase bis in die Stratosphäre, also bis in 10 km Höhe freigesetzt, und ähnlich, als 1991 der Pinatubo auf den Philippinen ausbrach.

Neben den *Zentraleruptionen*, deren Wirkung allein schon, wie wir sehen, ein Panoptikum der Verwüstung zu bieten vermag, müssen wir noch die *Spalteneruptionen* hinzufügen, bei denen basaltische Lava aus einer Spalte ausfließt, die Dutzende von Kilometern lang sein kann und riesige Gebiete zu überdecken imstande ist. So öffnete sich 1783 auf Island eine Spalte von 32 km Länge und setzte 12 Kubikkilometer Basalt frei – ein Fünftel der Bevölkerung der Insel am Nordrand des mittelatlantischen Rückens fand damals den Tod. In der Erdgeschichte sind derartige *Plateau-* oder *Flutbasalte* auf fast allen Kontinenten belegt. (PRESS-SIEVER, 102.)

Vor dem Hintergrund derart verheerender Wirkungen von Vulkanausbrüchen lag es natürlich nahe, auch *die großen Katastrophen in der Geschichte des Lebens*, soweit sie paläontologisch belegt sind, mit den Folgewirkungen von Vulkanismus in Verbindung zu bringen. Freilich sind selbst die Zerstörungen so furchtbarer Explosionen wie des Ausbruchs des Krakataus zunächst nur lokal begrenzt, sie verursachen an sich noch keine globalen Krisen; doch können die Staub- und Gasemissionen in die Atmosphäre immerhin, wie wir hörten, zu zeitlich begrenzten klimatischen Veränderungen führen. Dem Ausbruch des Pinatubo zum Beispiel folgte 1992 eine Abkühlung des Weltklimas um 0,5 Grad Celsius; als 1815 der Tambora in Indonesien ausbrach, gelangten Aerosole (Gase mit feinverteiltem Staub) in die Stratosphäre und verursachten auf der Nordhalbkugel ein Jahr «ohne Sommer», mit erheblichen Ernteverlusten und Nahrungsmängeln für die Bevölkerung. Der tatsächliche Aerosolgehalt in der Stratosphäre läßt sich durch den Vulkanstaubindex *DVI* (dust veil index) abschätzen, den H. H. LAMB (*Volcanic dust in the atmosphere; with a chronology and assessment of its meteorological significance*, in: Phil. Trans. Roy. Soc. of London 266, 1970, 425–533) vor etwa 25 Jahren aus der atmosphärischen Trübung, aus Temperaturbeobachtungen und vulkanologischen Beobachtungen abgeleitet hat. Danach läßt sich eine eindeutige Tendenz nachweisen: «Stratosphärisches Aerosol führt zur Abnahme der troposphärischen Temperatur, wobei polare Breiten am stärksten reagieren» (G. FLEMMING u. a.: *Eigenschaften und Komponenten des Klimasystems*, in: P. Hupfer: Das Klimasystem der Erde, 37–156, S. 117). Die Abkühlung in hohen Breiten führt zu einer Südverlagerung der Innertropischen Konvergenzzone (ITCZ s. u. S. 440) mit erheblichen Folgen für die Monsungebiete. Wäre es mithin möglich, daß eine *Häufung* besonders schwerer Vulkanausbrüche auch eine Reihe von Katastrophen erklären könnte, wie sie sich nachweislich in der Evolution immer wieder ereignet haben? (Vgl. R. und B. DECKER: *Vulkane*, 14. Kap.: Vulkane und Klima, 197–198.)

Um es vorweg zu sagen: Selbst noch so große Vulkanausbrüche sind nicht imstande, die Befunde zu erklären, die von seiten der Paläontologie als das wiederholte Aussterben ganzer Gattungen und Klassen von Tieren in der Geschichte des Lebens vorgestellt werden. Richtig scheint es allerdings zu sein, die Krisen der Evolution mit *Veränderungen des Klimas* in Verbindung zu bringen, und diese wiederum lassen sich sehr wohl mit den Erkenntnissen der Geologie über das Driften der Kontinente verknüpfen. Schon bei der Frage der Entstehung des Menschen war dies ja für Theologen die wohl nachdenkenswerteste Einsicht, daß selbst der Weg, der vom *Ardipithecus ramidus* schließlich zum *homo sapiens* führte, wesentlich mit Veränderungen des *Klimas*, verursacht durch Verformungen der *Erdkruste*, in Zusammenhang gestanden haben muß (*Der sechste Tag*, 71–77). Jetzt freilich gilt es, diesen Zusammenhang von Geologie und Meteorologie auf der einen Seite sowie der Geschichte des Lebens auf der anderen Seite genauer zu schildern, indem wir ein paar Grundgegebenheiten der Witterungsbedingungen der Erde mit bestimmten Gegebenheiten der Verteilung der Kontinente auf unserem Globus in Verbindung setzen.

### b) Ein wenig Meteorologie und Ozeanographie

#### α) Das planetare Windsystem

Nichts, sollte man meinen, müßte so einfach sein, wie die Grundlagen der Meteorologie zu erklären. Luft, wie jeder weiß, steigt auf, wenn sie erwärmt wird, und sie steigt wieder ab, wenn sie sich abkühlt; dort wo sie aufsteigt, bildet sich ein Tiefdruckgebiet, dort wo sie absteigt, entsteht ein Hochdruckgebiet; stets ist die Atmosphäre dabei bestrebt, einen Ausgleich herzustellen, also Hochdruckgebiete (Luftberge) abzutragen und Tiefdruckgebiete (Luftmulden) aufzufüllen. Die heißeste Stelle ist dort, wo die Sonne über der Erdoberfläche senkrecht steht, am «subsolaren Punkt» also. Dieser Punkt befindet sich zur Zeit der Tag- und Nachtgleiche am 21. März und am 23. September über dem Äquator, am 21. Juni, am «längsten Tag des Jahres», liegt dieser Punkt am 23. Grad nördlicher Breite, am sogenannten «Wendekreis des Krebses», und am 22. Dezember am 23. Grad südlicher Breite, am sogenannten «Wendekreis des Steinbocks». Durch die Sonneneinstrahlung erhitzen sich der Erdboden und die Ozeane so sehr, daß sie wie Ofenplatten die darüber liegenden Luftschichten erwärmen. Die aufsteigende Warmluft dehnt sich aus und wird dadurch gleichmäßig bis zu einer Höhe von 10–11 km immer kühler: in einer Höhe von 5,5 km hat sich der Luftdruck halbiert, in 11 km Höhe beträgt er nur noch ein Viertel, und dementsprechend nimmt die Lufttemperatur gleichmäßig um etwa 6,5 °C pro Kilometer ab. An der Grenze des untersten Stockwerkes der Atmosphäre, in etwa 11 km Höhe, ist die Lufttemperatur um etwa 70 °C Grad Celsius kälter als am Erdboden; setzen wir die Durchschnittstemperatur am Boden mit 15 °C an, so beträgt die Temperatur an dieser Grenzschicht der Atmosphäre mithin etwa minus 55 °C. Eine Übersicht über den Aufbau der Erdatmosphäre und ihre Temperaturverteilung bietet Abb. 120.

Alle Vorgänge, die für das «Wetter» relevant sind, spielen sich in den unteren 11 Kilometern ab, die man deshalb auch als die «*Troposphäre*», als die «Wendezone» der Luftzirkulation, bezeichnet; die dünne Schicht in 11 km Höhe,

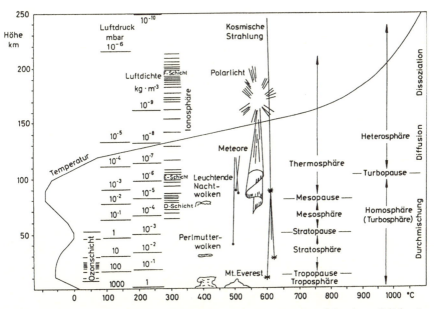

120 Aufbau der Erdatmosphäre. Dargestellt sind Temperatur, Luftdruck, Luftdichte in verschiedenen Höhen und Lagen der verschiedenen Schichten der Atmosphäre. Die meisten wetterbildenden Prozesse spielen sich in der Troposphäre ab. Die Tropopause ist die Obergrenze der Wetter- und Wolkenschicht. Sie liegt zwischen 8 und 18 km Höhe, je nach Jahreszeit und geographischer Breite. In ganz großen Höhen beträgt die Temperatur der Luftmoleküle über 1000 °C, die Luftdichte aber liegt bei nahezu Null, so daß die «Wärme» in dieser Höhe zur Erwärmung eines Körpers kaum noch etwas beiträgt.

dort wo der Temperaturabfall sein Ende findet, nennt man die *«Tropopause»*; sie bildet die Grenzschicht zur *Stratosphäre;* in deren unterstem Teil, bis zu 25 km Höhe, bleibt die Temperatur relativ konstant, sie steigt dann aber bis zu 50 km Höhe auf etwa 0 °C an. Den Grund dafür bietet das Ozon, das sehr wirkungsvoll das ultraviolette Licht absorbiert. Dann, an der *«Stratopause»*, kehrt der Temperaturanstieg sich um, es wird wieder kälter, um dann, von 80 km Höhe an, fast gradlinig anzusteigen, wie Abb. 120 zeigt. Räumlich ist die Stratosphäre viermal so groß wie die Troposphäre, mengenmäßig enthält sie aber nur ein Viertel der Luftmoleküle der gesamten Atmosphäre.

Für die aufsteigende Warmluft bedeutet diese Schichtung der beiden unteren Zonen der Atmosphäre, daß sie an der Tropopause an ihrer Ausbreitung nach oben gehindert und zu einer horizontalen Ausdehnung genötigt wird; der vertikale Luftstrom über dem Subsolar-Punkt (dort, wo die Sonne senkrecht über der Erde steht) teilt sich daher und fließt zur Hälfte horizontal nach Norden und zur Hälfte horizontal nach Süden ab. In der Äquatorzone bilden sich daher Höhenwinde, die vom Äquator wegstreben. Durch die Abkühlung beim Aufstieg nach oben und durch die ständige Wärmeabstrahlung an den Weltraum nimmt ihre Temperatur so weit ab, daß die Luft am 25. Breitengrad auf der Nord- und Südhalbkugel wieder zu sinken beginnt, um am Boden sich erneut in zwei Strömungen aufzuspalten: Ein Teil fließt wieder zum Äquator zurück, während der andere Teil am Boden weiter zu den Polen strebt. Da die Sonne bei ihrer scheinbaren Wanderung zwischen den Wendekreisen im Verlauf eines Jahres zweimal am Äquator senkrecht steht, bildet sich dort eine Tiefdruckrinne aus, die man als die *«innertropische Tiefdruckzone»* bezeichnet; bei etwa 25 Grad nördlicher und südlicher Breite hingegen entsteht ein relativ stabiles Hochdruckgebiet – das berühmte Azorenhoch auf der Nordhalbkugel zählt dazu; die von dort nach Norden und Süden abfließende Luft bildet die *«subtropischen Divergenzzonen»*. Indem die abgekühlte Luft aus den Subtropen zu dem äquatorialen Tiefdruckgürtel zurückströmt, bildet sich die *«innertropische Konvergenzzone»*. Die subtropischen Hochdruckgürtel selber, an denen die abkühlende Luft absinkt, nannten die Seeleute vergangener Tage die *«Roßbreiten»*, angeblich, weil sie diese Zonen wochenlanger Windstille nur überwinden konnten, indem sie Pferde aussetzten, die ihre Segelschiffe aus der Flaute ziehen sollten. Die von den Roßbreiten zum Äquator zurückfließende Luft der innertropischen Konvergenzzone bildet die berühmten *Passat*winde (vgl. GÖSTA H. LILJEQUIST – KONRAD CEHAK: *Allgemeine Meteorologie*, 245–247).

Was aber wird mit der Luft, die von den Roßbreiten zu den Polen strömt?

# Einige Gegebenheiten aus Geologie und Klimakunde

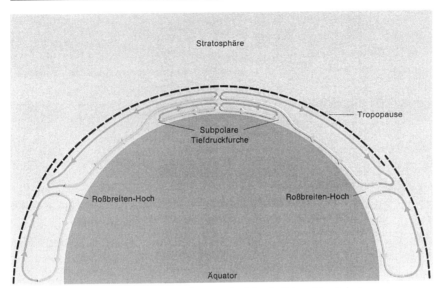

121  Das planetare Windsystem der Nordhalbkugel im Schnitt.

An den Polen kühlt die Luft sich stark ab, sie wird dichter und bildet ein Hochdruckgebiet sehr kalter Luftmassen, die in Richtung Äquator abfließen; doch bereits beim Erreichen der *Polarkreise* am 66. Breitengrad nördlicher und südlicher Breite hat die Luft sich wieder soweit erwärmt, daß sie aufzusteigen beginnt, freilich nicht bis zur Tropopause, sondern, weil sie noch recht kalt ist, nur bis zu einer Höhe von etwa 5 km, dann strömt sie zu den Polen zurück. Auch an den Polkappen bilden sich daher zwei Ringströme, die allerdings weit flacher und schwächer sind als die äquatorialen Konvektionsströme und die zudem meist nur im Winter, wenn die Polkappen sehr kalt sind, sich aufbauen können. Die Stellen, an denen die polare Luft aufsteigt, nennt man die «*subpolaren Tiefdruckfurchen*».

Damit haben wir das Grundschema des *planetaren Windsystems* fast schon vollständig vorgestellt; es bleibt nur noch zu fragen, was in den *gemäßigten Breiten*, also zwischen dem 25. und 65. Breitengrad geschieht. Die Antwort ist nach dem Gesagten leicht zu geben: Von den Roßbreiten aus zieht ein warmer Luftstrom in Richtung der Pole, über der polaren Ringströmung wird dieser Strom zum Aufsteigen gezwungen, die Luft kühlt sich ab und fließt als Kaltluftstrom in Richtung des Äquators zurück, um erwärmt an den Roßbreiten in die subtropische Hochdruckrinne einzutauchen. In schematischer

Vereinfachung, projiziert auf die Nordhalbkugel, läßt das planetare Windsystem sich daher darstellen, wie Abb. 121 es zu tun versucht.

Was an dieser Darstellung auffällt, ist die unterschiedliche Höhe der Tropopause, die wir bisher mit rund 11 km angegeben haben. In Wahrheit schwankt, wie wir sehen, die Höhe der Troposphäre je nach der Heftigkeit der vertikalen Luftausbreitung. Die Konvektionsströmungen zwischen den Roßbreiten sind so stark, daß die Tropopause sich dort in einer Höhe von 15 km befinden kann; die Luft kühlt sich daher über dem Äquator bis auf minus 65 °C ab. In Richtung der Pole sinkt die Höhe der Tropopause allmählich ab; über den Polen liegt sie bei nur noch 9 km; die Temperatur über den Polen beträgt in dieser Höhe etwa 40 °C; die Stratosphärentemperatur über dem Äquator ist deshalb um etwa 25 °C niedriger (!) als über den Polen. In der Zeit der Polarnacht kann der Temperaturunterschied zwischen Troposphäre und Stratosphäre sogar gänzlich aufgehoben sein; die Stratosphäre mit ihrer kalten und trockenen Luft beginnt dann gewissermaßen bereits am Boden.

Es gibt zudem einen Punkt, an dem das ganze bisher entworfene Bild noch nicht stimmt. Wir haben die Wirkung der *Erdumdrehung* bislang außer acht gelassen! Indem die Erde in 24 Stunden sich, vom Pol aus betrachtet, gegen den Uhrzeigersinn, also von Westen nach Osten, einmal um ihre eigene Achse dreht, ermöglicht sie nicht nur durch den Tag-Nacht-Rhythmus eine gleichmäßige Verteilung der Luft über den gleichen Breitengraden (– ein absolut notwendiger Effekt: stünde die Erde still, so herrschte zwischen Tag- und Nachtseite Überhitzung und Vereisung!), sie führt vor allem auch zu einer Ablenkung der Windrichtung. Es war der französische Physiker GASPARD CORIOLIS, der zu Beginn des 19. Jahrhunderts die Ablenkungskraft in rotierenden Systemen untersuchte; ihm zu Ehren spricht man deshalb von der CoRIOLiskraft. Was damit gemeint ist, ergibt sich aus einer einfachen Überlegung (vgl. Abb. 122). Da die CORIOLiskraft für alle Luft- und Wasser-Bewegungen auf der Erde eine große Rolle spielt, dürfte ihre mathematische Ableitung interessierten Lesern willkommen sein.

Nehmen wir an, daß sich ein Beobachter an einem Punkt B auf einer Drehscheibe mit dem Radius R befindet; der Abstand von B zur Drehachse P sei r. Wirft der Beobachter bei stillstehender Scheibe einen Ball an die Wand, die als Zylinder die Scheibe umgibt, so trifft er in radialer Richtung den Punkt S. Was aber passiert, wenn die Scheibe, unbemerkt für den Beobachter, sich mit der Winkelgeschwindigkeit ω (griech. Omega) = dβ/dt (Drehwinkel durch Zeitabschnitt) dreht? Der Punkt B auf der Scheibe kreist dann mit der Bahngeschwindigkeit c = ω · r (Winkelgeschwindigkeit mal Abstand von der Dreh-

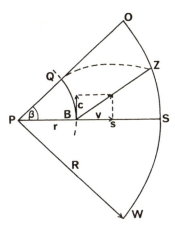

122 Bewegungen auf einem rotierenden System.

achse) um die Drehachse (vgl. ECKHARD HUBER: *Physik. Bewegung und Energie.* Telekolleg II, Lektion 1–13, S. 88–105; PAUL A. TIPLER: *Physik*, 116–118; 225–228). In diesem Falle wirken auf den Ball zwei Kräfte: die Wurfgeschwindigkeit (oder auch Eigengeschwindigkeit) v und die Bahngeschwindigkeit c. Beide Kräfte, die senkrecht aufeinander stehen, ergeben ein Kräfteparallelogramm, dessen Resultante zum Punkt Z an der Zylinderwand führt. Während der Zeit, die der Ball von B nach Z unterwegs ist, dreht aber die Scheibe sich weiter und befördert den Beobachter von dem Punkt B nach Q. Der Beobachter, der den Ball radial wirft, wird daher glauben, den Punk O zu treffen, und wird überrascht feststellen, daß die Flugbahn gegenüber seiner Blickrichtung nach rechts abgelenkt erscheint. Bewegungen im rotierenden System weisen also eine Ablenkung auf, und zwar gegen die Bewegungsrichtung des Systems.

Auch die Erde ist ein rotierendes System (selbst wenn die Kirche Roms bis zum letzten Jahrzehnt des 20. Jahrhunderts brauchte, um die Entdeckung GALILEIS anzuerkennen). Die Winkelgeschwindigkeit $\omega$ können wir auch wiedergeben als $2\pi \cdot$ Drehzahl:

$$\omega = 2\pi \cdot \nu \quad (\nu, \text{griech. Ny}),$$

wobei $\nu$ die Drehzahl, also die Zahl der Umdrehungen (k) durch die dazu benötigte Zeit (t) ist:

$$\nu = \frac{k}{t}.$$

Setzen wir nun die Zahl der Umdrehungen der Erde um die eigene Achse mit 1 an und messen die Länge eines Tages, bezogen auf einen Fixstern (Sternentag), mit

$$T = 86168 \text{ s,}$$

dann beträgt die Winkelgeschwindigkeit ω der Erdrotation

$$\omega = \frac{2\pi}{T} = 7{,}29 \cdot 10^{-5} \text{s}^{-1}.$$

Die Frage stellt sich nun, wie groß *die Kraft* ist, mit der die Erdrotation auf die Bewegungen auf der Erde einwirkt.

In allen rotierenden Systemen tritt als eine zusätzliche Kraft (F = englisch: force) die Zentrifugalkraft oder Fliehkraft ($F_z$) auf; da *Kraft = Masse mal Beschleunigung*, ist

$$F_z = m \cdot \frac{c^2}{r}.$$

Nehmen wir nun einen Körper, der auf der rotierenden Erde in der geographischen Breite φ (griech. Phi) ruht, einen Baum zum Beispiel oder eben: ein «Paket» Luft, und setzen wir für die Bahngeschwindigkeit

$$c = \omega \cdot r \text{ in die Formel für die Zentrifugalkraft } F_z \text{ ein,}$$

so erhalten wir für die Zentrifugalkraft

$$F_z = m \cdot \frac{c^2}{r} = m\omega^2 r.$$

Wie aber, wenn sich der Körper, unser Luft«paket» also, auf der Erde mit der Geschwindigkeit v von West nach Ost bewegt? Dann addieren sich die Bahngeschwindigkeit (c) und die Eigengeschwindigkeit (v); die totale Geschwindigkeit ist also c + v. Die Gesamt*fliehkraft* beträgt dann

$$F_{z(ges.)} = m \frac{(c+v)^2}{r} = m \frac{c^2 + 2cv + v^2}{r},$$

und mit c = ω · r ergibt sich:

$$F_{z(ges.)} = m\omega^2 r + 2m\omega v + m\frac{v^2}{r}.$$

Die CORIOLISkraft (C) ergibt sich nun ganz einfach aus der Differenz zwischen der Gesamtfliehkraft und der einfachen Zentrifugalkraft, die auf einen relativ zur Erde ruhenden Körper durch die Erdrotation einwirkt. Es ist

$$C = F_{z(ges.)} - F_z = 2m\omega v + m\frac{v^2}{r}.$$

Außer an den Polen ist der Abstand von der Erdachse r im Vergleich zu dem Betrag der Luftbewegung v sehr groß, so daß man den Term $m\frac{v^2}{r}$ praktisch vernachlässigen kann; es kann vereinfacht für die CORIOLISkraft daher die Formel gelten:

$$C = 2m\omega v.$$

Als CORIOLIS*beschleunigung* ($a_c$) ergibt sich dann (gemäß $F = m \cdot a$)

$$a_c = 2\omega v.$$

Die *Vertikalkomponente* der CORIOLISbeschleunigung $a_{c(v)} = a_c \cdot \cos \varphi$ ist dabei der Erdbeschleunigung entgegengesetzt gerichtet und im Vergleich mit ihr so klein, daß sie für die Meteorologie ohne Belang ist. Wichtig aber ist die *Horizontalkomponente* der CORIOLISbeschleunigung:

$$a_{c(h)} = 2\omega \sin \varphi \cdot v_h.$$

«Die Beziehung zeigt, daß die CORIOLIS-Kraft am Äquator Null ist und mit zunehmender geographischer Breite φ bis zum Pol anwächst, sie zeigt ferner das Anwachsen der CORIOLIS-Kraft mit zunehmender Geschwindigkeit $v_h$ der Luft» (HORST MALBERG: *Meteorologie und Klimatologie,* 58; vgl. auch GÖSTA H. LILJEQUIST – KONRAD CEHAK: *Allgemeine Meteorologie,* 222–226).

Diese einfache Ableitung der CORIOLIS-Kraft zeigt die ablenkende Kraft der Erdrotation bei West-Ost-Strömung der Luft. Dieselbe Gleichung gilt aber auch bei Luftbewegungen entlang den Längskreisen der Erde. Auf der Nordhalbkugel bewirkt sie einen Ablenkung der Luft nach rechts von der Strömungsrichtung (auf der Südhalbkugel nach links), wie Abb. 123 zeigt.

Wie die Darstellung zeigt, werden auf der Nordhalbkugel Nordwinde daher zu Nordostwinden abgelenkt (während auf der Südhalbkugel die von Süden kommenden Winde zu Südostwinden abgelenkt werden). Innerhalb der innertropischen Konvergenzzone wehen die Passatwinde deshalb aus *Nordost-* und *Südostrichtung*. Desgleichen macht die CORIOLISkraft sich natürlich auch bei den Winden geltend, die vom Äquator zu den Polen strömen, also bei

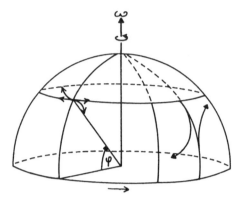

123
Luftbewegung auf der Nordhalbkugel unter dem Einfluß der CORIOLISkraft.

den Höhenwinden in den Tropen und bei den Bodenwinden in den gemäßigten Breiten, nur werden diese Winde nicht nach Westen, sondern nach Osten abgelenkt. Auf der Nordhalbkugel werden die Südwinde daher zu Südwestwinden, auf der Südhalbkugel werden die Nordwinde zu Nordwestwinden abgelenkt. So entsteht ein Schema der Luftdruck- und Windgürtel der Erde, wie Abb. 124 es darstellt.

Wie man sieht, hebt die Summe aller durch die Nord- und Südwinde transportierten Luftmassen auf beiden Erdhalbkugeln sich exakt auf. (Zur planetarischen Zirkulation vgl. auch GÖSTA H. LILJEQUIST – KONRAD CEHAK: *Allgemeine Meteorologie*, 245–247.)

Mittelbar verweist die Darstellung der planetaren Windzirkulation bereits

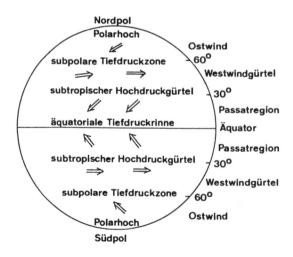

124
Schema der Luftdruck- und Windgürtel.

auf einen anderen wichtigen Faktor des Klimas: auf den Transport von Wasserdampf. An den Stellen absinkender Luft, über den Hochdruckgebieten also, erwärmt sich die Luft, die Wolken verdunsten, es herrscht deshalb sowohl ein niederschlagsarmes Klima als auch eine starke Sonneneinstrahlung am Boden; über den Tiefdruckgebieten hingegen sorgt die feuchte aufsteigende Luft, indem sie sich abkühlt, durch Kondensation für eine starke Wolkenbildung mit entsprechenden Niederschlägen und einer nur geringen Sonneneinstrahlung. Dementsprechend gestaltet sich *das Klima* mit all seinen Auswirkungen für das Leben der Pflanzen und Tiere an den jeweiligen Orten.

Zwischen dem 20. bis 35. Breitengrad, im Hochdruckgürtel der Roßbreiten, finden wir die *Subtropen* mit ihrem niederschlagsarmen ganzjährig schönen Wetter, wie wir es von Kalifornien, Hawaii und manchen Südseeparadiesen her kennen. Die bloße Aufzählung dieser Orte verrät freilich auch schon den Grund ihrer Beliebtheit: allesamt liegen sie nahe am Meer, von dem sie genügend Feuchtigkeit erhalten. Weiter landeinwärts, über den Kontinenten, erstrecken sich in den Subtropen hingegen die großen *Wüstengürtel* der Erde, auf der Nordhalbkugel in Amerika die Wüsten von Mexiko und Arizona, in Nordafrika die Sahara, in Asien die Wüste Gobi, auf der Südhalbkugel in Südamerika die Pampas, in Südafrika die Kalahari, in Australien die ausgedehnten Wüsten im Westen.

Umgekehrt müssen wir an den Tiefdruckrinnen der Erde, also am Äquator und an den Polarkreisen, mit starken Wolkenbildungen und Niederschlägen rechnen. Längs dem Äquator erstrecken sich denn auch *die tropischen Regenwälder*, deren Existenz durch den Raubbau des Menschen heute tödlich gefährdet ist (vgl. MARK COLLINS: *Die letzten Regenwälder*, 36–45: Der Druck auf die Regenwälder; HEINRICH STOLL: Naturverträgliche Nutzung im Tropenwald? in: KURT G. BLÜCHEL: *Der Garten Eden darf nicht sterben*, 291–293); an den subpolaren Tiefdruckrinnen entlang den beiden Polarkreisen ist das Wetter für gewöhnlich naßkalt; die gemäßigten Breiten zwischen den Subtropen und den polaren Kältewüsten sind klimatisch gekennzeichnet durch den häufigen Zusammenstoß kalter und warmer Luftmassen.

Bereits 1918 hat W. KÖPPEN (*Klassifikation der Klimate nach Temperatur, Niederschlag und Jahreslauf,* in: Peterm. geogr. Mitteilungen 64) aufgrund dieser Zusammenhänge fünf verschiedene Klimagebiete eingeteilt, die bis heute Gültigkeit behalten haben. Er unterschied: A) *Tropische Regenklimate,* bei denen die Monatsmitteltemperatur in keinem Monat unter 18 °C liegt; dazu zählt das *immerfeuchte tropische Regenklima* (Af) mit 25 °C Durchschnittstemperatur und mehr als 1500 mm Niederschlagsmenge pro Jahr, sowie das *wechselfeuchte tropische Regenklima* (Aw), das in der Trockenzeit eine Temperatur von 35 °C am Tage und 20-15 °C des Nachts aufweist, während die Regenzeit mit heftigen Niederschlägen die Savanne in grüne Landstriche verwandelt; B) *Trockenklimate,* zu denen *das wintertrockene Steppenklima* (BSw) zählt, das nur noch 3-5 Monate lang eine Regenzeit aufweist und in dem die jährliche Niederschlagsmenge weniger als 500 mm bei hoher Verdunstung beträgt, sowie *das Wüstenklima* (Bw) mit sommerlichen Mittagstemperaturen zwischen 40-45 °C und einer jährlichen Niederschlagsmenge unter 25 mm; schließlich zählt dazu *das sommertrockene Steppenklima* (BSs) mit sommerlichen Mittagstemperaturen von 40 °C und winterlichen Kältevorstößen mit Frösten; C) *Warmgemäßigte Regenklimate* mit Mitteltemperaturen des kältesten Monats zwischen 18 und -3 °C; nach dem Jahresgang des Niederschlages läßt sich eine Untergliederung vornehmen in das *warmgemäßigte sommertrockene Regenklima* (Cs) mit wolkenarmem Himmel im Sommer und Mittagstemperaturen von 30-35 °C, in *das warmgemäßigte, wintertrockene Regenklima* (Cw) mit Winterdurchschnittstemperaturen unter 18 °C und gewittrigen Niederschlägen über 1000 mm, sowie in *das warmgemäßigte, immerfeuchte Regenklima* (Cf) mit einer Mitteltemperatur des wärmsten Monats von entweder über 22 °C (Cfa, das sogenannte Maisklima) oder von unter 22 °C (Cfb, das sogenannte Buchenklima); D) *Schnee-Wald-Klimate,* die winterkalt sind mit einer Mitteltemperatur im kältesten Monat unter -3 °C und regelmäßiger Schneedecke und einer Sommertemperatur von über 10 °C in mindestens *einem* Monatsmittel; und schließlich E) *Schnee-Eis-Klimate* (E), die man in das *Tundrenklima* (ET) und das *Frostklima* (EF) unterteilt; das Tundrenklima läßt noch frostfreie Monate mit Pflanzenwuchs zu, während das Frostklima die Erdoberfläche ganzjährig unter Schnee, Firn oder Eis bedeckt hält (vgl. HORST MALBERG: *Meteorologie und Klimatologie,* 262-275; M. HENDL: *Globale Klimaklassifikation,* in: P. Hupfer: Das Klimasystem der Erde, 218-266, S. 234-235).

Trägt man die verschiedenen Klimazonen in eine Weltkarte ein, so ergibt sich eine Übersicht, wie Abb. 125 sie zu vermitteln sucht.

Die Auswirkungen der Klimazonen auf das Leben der Pflanzen- und Tierwelt sind natürlich elementar. Die Treibhausbedingungen des *immerfeuchten tropischen Regenwaldklimas* (Af) ermöglichen die üppige Fauna und Flora des tropischen Regenwaldes im Kongo- und Amazonasbecken sowie in der Inselwelt von Indonesien. Die jährlichen Niederschlagsbedingungen des *wechselfeuchten tropischen Regenklimas* (Aw) führen für die Pflanzenwelt zu einer periodischen Trockenruhe. «An die Stelle des immergrünen Regenwal-

1 a   Ein südamerikanischer Mimikryring: von links nach rechts: 1) Mechanitis lysimnia, 2) Lycorea halia, 3) Heliconius eucrate, 4) Melinaea ethra, 5) Perrhybris pyrrha (Weibchen), 6) Dismorphia astynome (Weibchen); die letzten beiden (5; 6) sind zwei nachahmende Arten aus der Familie der Weißlinge; 1 und 4 gehören der ungenießbaren Familie der Ithomiidae, 2 der Familie der Danaidae zu, 3 ist ein Heliconide. (Zu Seite 263)

1 b   Die thailändische Langkopfzirpe. (Zu Seite 265)

2 Tarnung bei Plattfischen. Das Bild einer 11 cm langen *Seezunge* ist auf dem Sand fast unsichtbar; oben auf schwarzem Grund. (Zu Seite 267)

3a Kollektive Tarnung von ostafrikanischen Langkopfzirpen (Ityraea negrocincta). (Zu Seite 267)

3b Die afrikanische Teufelsblume – eine Fangschrecke. (Zu Seite 270)

**4a** Der afrikanische Blaue Zwergmaulbrüter *Haplochromis burtoni:* beim Absamen spreizt das Männchen die Afterflosse mit den Ei-Attrappen. (Zu Seite 273)

**4b** Die Anpassung von Kuckuckseiern an die Eier der jeweiligen Wirtselternart. Das jeweils etwas größere Ei (rechts) ist das Ei eines europäischen Kuckucks; daneben in der oberen Reihe von links nach rechts: Drosselrohrsänger und Wiesenstelze; in der unteren Reihe: Rotrückenwürger und Gartenrotschwanz. (Zu Seite 276)

5  Links oben ein Buntastrild, daneben die langschwänzige Paradieswitwe, beides Männchen; darunter dreißigtägige Jungvögel, links Buntastrild, rechts Paradieswitwe, unten: der Sperr-Rachen eintägiger Nestlinge, links Paradieswitwe, rechts Buntastrild. (Zu Seite 277)

6 Blüte einer Bienenragwurz. (Zu Seite 281)

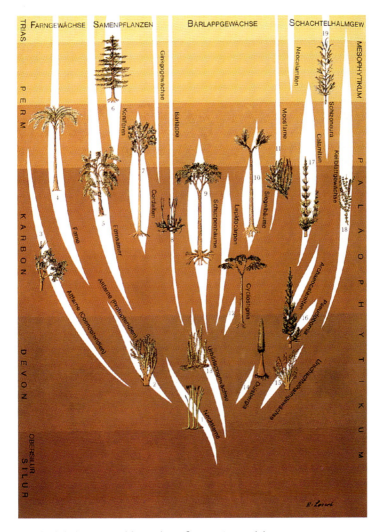

7 Stammesgeschichtliche Entwicklung der Pflanzen im Erdaltertum. NACKTFARNE: 1 *Rhynia* (Unterdevon, Höhe etwa 0,5 m). FARNGEWÄCHSE: Altfarne (Primofilices): 2 *Cladoxylon* (Mittel- u. Ob. Devon, Höhe etwa 0,5 m); 3 *Stauropteris* (Karbon; Rekonstr. eines Wedels). Eusporangiate Farne (Marattiales): 4 *Psaronius* (Unt. Perm, Höhe etwa 10 m). SAMENPFLANZEN: Farnsamer (Pteridospermae): 5 *Medullosa* (Ob. Karbon, Höhe etwa 5 m). – Koniferen: 6 *Ullmannia* (Ob. Perm). – Cordaiten: 7 *Eu-Cordaites* (Ob. Karbon, Höhe etwa 30 m). BÄRLAPPGEWÄCHSE: 8 *Lycopodites* (krautiger Bärlapp; Karbon); 9 *Lepidodendron* (Schuppenbaum; Karbon, Höhe etwa 20 m); 10 *Sigillaria* (Siegelbaum; Ob. Karbon, Höhe etwa 15 m); 11 *Selaginellites* (Moosfarn; Ob. Karbon); 12 *Cyclostigma* (Ob. Devon/U. Karbon, Höhe etwa 6 m); 13 *Protolepidodendron* (Devon, Höhe etwa 0,5 m); 14 *Duisbergia* (Mitteldevon, Höhe bis 2 m). SCHACHTELHALMGEWÄCHSE: 15 *Hyenia* (Mitteldevon, Höhe etwa 0,5 m); 16 *Pseudobornia* (Ob. Devon, Höhe etwa 10 m); 17 *Calamitina* (Ob. Karbon, Höhe etwa 10 m); 18 *Sphenophyllum* (Keilblattgewächs; Karbon, Höhe etwa 1 m); 19 *Schizoneura* (krautiges Schachtelhalmgewächs; Perm, Höhe mehrere Meter). (Zu den Seiten 523, 527)

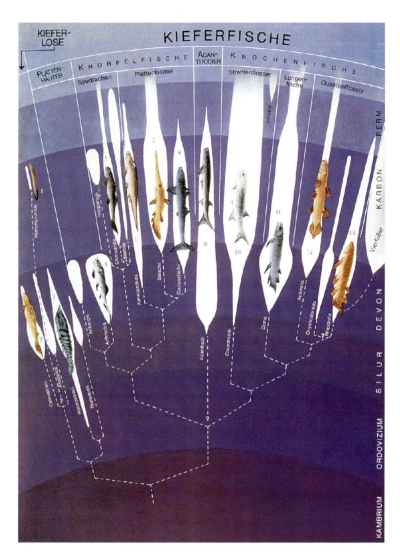

8 Stammesgeschichte der Fischartigen und Fische. KIEFERLOSE (AGNATHA): A. Cephalaspidomorpha mit Rundmäulern (1: *Mayomyzon*), Osteostraken (2: *Hemicyclaspis*) und Anaspiden. B. Pteraspidomorphi mit Heterostraken (3: *Anglaspis*) und Thelodonten. KIEFERFISCHE (GNATHOSTOMATA): A. Plattenhäuter mit Antiarchen (Antiarchi) und Nackengelenkern (Arthrodira, 4: *Coccosteus*). B. Knorpelfische (Chondrichthyes); hierzu die Seedrachen mit den Gruppen der Iniopterygii, Chimaerida (5: *Helodus*) und Edestida, ferner die Plattenkiemer (Elasmobranchii) mit den Süßwasserhaien (Xenacanthida, 6: *Xenacanthus*), Haien (Selachii, 7: *Bandringa*) und urtümlichen Haien (Cladoselachii, 8: *Cladoselache*). C. Acanthodier mit der einzigen Gruppe Acanthodii (9: *Acanthodes*). D. Knochenfische (Osteichthyes); hierzu die Strahlenflosser (*Actinopterygii*) mit den Gruppen der Knorpelganoiden (Chondrostei, 10: *Rhadinichthys*) und Knochenganoiden (Holostei), ferner die Lungenfische (Dipnoi, 11: *Dipterus*) und die Quastenflosser (Crossopterygii) mit den Actinistia (= Coelacanthida, 12: *Coelacanthus*), Onychodontida und Rhipidistia (13: *Holoptychius*). VIERFÜSSER (TETRAPODA). (Zu Seite 546)

des tritt die Savanne, tritt die offene Grasflur mit laubabwerfenden Gehölzen. Nur entlang der Flüsse werden Wälder, die sog. Galeriewälder, angetroffen. Erscheint vor der Regenzeit die Savanne ausgedörrt und braungefärbt, verwandelt sie sich durch Regengüsse in einen grünen, blühenden Landstrich, der jedoch schon bald von den schnellwachsenden, hochwuchernden Gräsern (2–4 m hoch) beherrscht wird» (HORST MALBERG: *Meteorologie und Klimatologie*, 267–268). Zum Bereich dieses Savannenklimas gehören u. a. der Sudan, die Trockenwälder Ostafrikas, Teile Indiens, die Llanos des Orinoco und die Campos Brasiliens. Im *wintertrockenen Steppenklima* (BSw) hat die Pflanzenwelt sich den langen Trockenperioden angepaßt – endloses Gras-

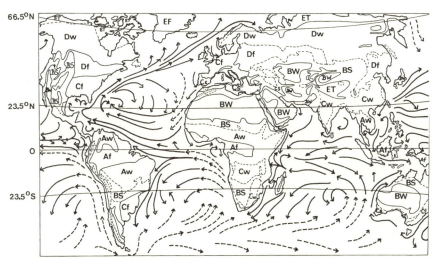

125   Klimakarte nach W. Köppen.       Meeresströme (warm ——, kalt – – –)

A   *Tropische Regenklimate*
Af  Immerfeuchtes tropisches Regenklima
Aw  Wechselfeuchtes tropisches Regenklima

B   *Trockenklimate*
BSw Wintertrockenes Steppenklima
BW  Wüstenklima
BSs Sommertrockenes Steppenklima

C   *Warmgemäßigte Regenklimate*
Cs  Warmgemäßigtes, sommertrockenes Regenklima

Cw  Warmgemäßigtes, wintertrockenes Regenklima
Cf  Warmgemäßigtes, immerfeuchtes Regenklima

D   *Schnee-Wald-Klima*
Df  Eichenklima
Dw  Birkenklima

E   *Schnee-Eis-Klima*
ET  Tundrenklima
EF  Frostklima

büschelland mit laubarmen Sträuchern kennzeichnet die Steppe. Doch in manchen Jahren liegen die Niederschlagsmengen so niedrig, daß Mißernten, Viehsterben und Hungersnot die Folge sind. Im *Wüstenklima* (Bw) gedeihen nur vereinzelte Dauergewächse wie die Kakteen mit ihren Wasserspeichern; Regenfälle aber können die Wüste für kurze Zeit in ein Blütenmeer verwandeln, nur damit dann wieder über unzählige Pflanzen und Tiere der Tod des Verdurstens kommt. Das *sommertrockene Steppenklima* (BSs), wie wir es nördlich der Sahara, im Iran, in Afghanistan, in Kalifornien und Australien antreffen, verlangt von den Pflanzen und Tieren eine extreme Anpassungsleistung an enorme Temperaturschwankungen im Verlauf des Tages wie des Jahres. *Das warmgemäßigte, sommertrockene Regenklima* (Cs) das wir im Mittelmeergebiet, in Kalifornien, an der chilenischen Küste, in Südafrika und in Südaustralien antreffen, begünstigt immergrüne Hartlaubgewächse wie Ölbäume, Korkeichen und Zypressen sowie das Dorngestrüpp der Macchie, während *das warmgemäßigte, wintertrockene Regenklima* (Cw) vor allem durch die Monsunwinde geprägt wird; typisch dafür ist das Klima in Nordindien und Südchina. *Das warmgemäßigte, immerfeuchte Regenklima* (Cf), wie es im Bereich der Westwindzone der mittleren Breiten angetroffen wird, ist vor allem durch den wechselnden Einfluß von Tief- und Hochdruckgebieten geprägt. Das *Cfa-Klima*, das sog. Maisklima, findet sich in der Po-Ebene, der Ungarischen Tiefebene, im Südosten der USA, in Südbrasilien und Nordargentinien sowie in Südjapan, Ostchina und an der Ostküste Australiens; dem *Cfb-Klima*, dem «Buchenklima», gehört Deutschland und Westeuropa insgesamt zu, aber auch Südostaustralien, Neuseeland, Südafrika und Südchile. Bei den *Schnee-Wald-Klimaten* (D) herrscht die Faustregel, daß die $10°$ C-Isotherme des wärmsten Monats in etwa mit der Baumgrenze identisch ist: Wenn die Mitteltemperatur in mindestens vier Monaten die $10°$ C-Isotherme überschreitet, so kann die Eiche noch gedeihen, und man spricht dann auch von DfB- oder *Eichenklima*, wie es in Osteuropa sowie in Nordamerika um die Großen Seen und in Kanada herrscht; steigt die Mitteltemperatur nur in 1–3 Monaten über $10°$ C, so können Birken noch wachsen, – man spricht von Dfc- oder dementsprechend auch von *Birkenklima*, wie wir es in Fennoskandinavien, im nördlichen Rußland und in Kanada antreffen. Im *Tundrenklima* (ET) schließlich gedeihen während einer kurzen Vegetationszeit nur noch Flechten, Moose und Zwergsträucher – im hohen Norden Asiens, Kanadas und Europas, auf Island, Spitzbergen und an der Küste Grönlands finden wir diese Klimazone mit ihrer typischen Moos- und Zwergstrauchheide. Das *Frostklima* (EF) in den Gebieten des ewigen Frosts läßt gar keine

Vegetation mehr zu; die Tiere, die in diesen Zonen leben, können hier nur als Jäger anderer Tiere existieren, wobei die unterste Stufe der Nahrungspyramide vom Phytoplankton der polaren Meere gebildet wird.

Für uns ist eine solche Betrachtung sehr lehrreich, indem sie uns zweierlei zugleich zeigt: Zum einen sehen wir, wie abhängig alle Lebensformen von den klimatischen Bedingungen der Umwelt sind, und zum anderen müssen wir uns jetzt schon fragen, was passieren wird, falls diese klimatischen Bedingungen, aus was für Gründen auch immer, sich ändern sollten. Zu erwarten steht dann ein Aussterben all der Tier- und Pflanzenarten, die mit den jeweiligen Veränderungen nicht zurecht kommen. Auf der Suche nach den Ursachen des Massensterbens in den geologischen Zeiträumen der Evolution, so läßt sich an dieser Stelle bereits vermuten, werden klimatische Umwälzungen eine große Rolle gespielt haben. Doch vor den großen Katastrophen, die den Lebewesen durch veränderte Umweltbedingungen zugemutet werden, stehen als erstes die «kleinen» Tragödien, die allein schon die lokalen Kapriolen der Thermodynamik der Atmosphäre über ganze Landstriche zu bringen vermögen.

β) Von Hoch und Tief und was es Theologen angeht

Um die Dynamik von Wettererscheinungen zu verstehen, muß man die Frage beantworten, was sich zwischen Hoch- und Tiefdruckgebieten abspielt.

Unter einem Tiefdruckgebiet (einer *Zyklone*) versteht man ein Gebiet tiefen Luftdrucks, in dem der Luftdruck zum Zentrum hin allseits abnimmt; ein Hochdruckgebiet (eine *Antizyklone*) ist dementsprechend ein Gebiet, in dem der Luftdruck zum Zentrum hin allseits zunimmt. Beide Drucksysteme sind durch geschlossene, meist kreisförmige bis elliptische Isobaren (den Verbindungslinien von Orten gleichen Drucks, von griech. *isos* = gleich und *baros* = die Schwere) gekennzeichnet. Der Luftdruck wird gemessen in Hektopascal (hPa), wobei 1 hPa = 100 Newton/m². «Der mittlere Luftdruck im Meeresniveau beträgt 1013 hPa ... Der höchste Luftdruck auf der Erde wurde bisher mit rund 1080 hPa in einem winterlichen Hoch über Sibirien gemessen. Der niedrigste Luftdruck tritt in tropischen Wirbelstürmen auf, wo ein Extremwert von unter 880 hPa beobachtet wurde» (HORST MALBERG: *Meteorologie und Klimatologie*, 7–8). «In Mitteleuropa liegt der Kerndruck der Bodentiefs i. allg. bei 990–1000 hPa, in Orkantiefs bei 950–970 hPa, während im Zentrum der Hochs in der Regel 1025–1030 hPa gemessen werden» (a. a. O., 122).

Zwischen den Hoch- und Tiefdruckgebieten muß es natürlich zu einem

Ausgleich kommen. Würde die Erde nicht rotieren, so strömte gleichförmig Luft vom Hochdruckrücken in die Tiefdruckrinne; durch die CORIOLISkraft aber wird die Luftbewegung erneut verformt. An sich würde die Luft aus einem Hochdruckgebiet strahlenförmig nach allen Seiten ausfließen; wir wissen aber bereits, daß polwärts gerichtete Winde auf der Nordhalbkugel nach Osten abgelenkt werden und daß Winde, die zum Äquator fließen, nach Westen abgelenkt werden. Um ein Hochdruckgebiet formt die CORIOLISkraft daher einen Wirbel, der auf der Nordhalbkugel im Uhrzeigersinn gedreht ist (während er auf der Südhalbkugel sich gegen den Uhrzeigersinn dreht). Umgekehrt bei einem Tiefdruckgebiet; die Luft drängt *hier* von allen Seiten in das Tief hinein und wird von der CORIOLISkraft zu einem Wirbel geformt, der sich auf der Nordhalbkugel gegen den Uhrzeigersinn dreht (und auf der Südhalbkugel im Uhrzeigersinn). Es entsteht eine Form der Luftbewegung für Hoch- und Tiefdruckgebiete, wie Abb. 126 sie darzustellen versucht.

Das bedeutet, «daß auf der nördlichen Halbkugel an der Ostseite der Hochs und der Westseite der Tiefs mit einer nördlichen Strömung Kaltluft nach Süden fließt und an der Ostseite der Tiefs und Westseite der Hochs Warmluft nach Norden strömt, ein für den Klimahaushalt der Erde außerordentlich wichtiger Vorgang» (HORST MALBERG: *Meteorologie und Klimatologie*, 122). – Als erster erkannte übrigens der englische Admiral ROBERT FITZROY (*Weather Book*, London 1863) die Wirbelstruktur der Tiefdruck-

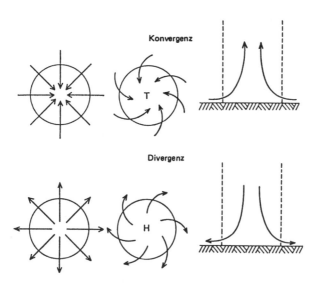

126 *Horizontale Divergenz und Konvergenz bei Hoch und Tief.* Konvergenz verursacht Hebung, Divergenz ein Absinken der Luftmassen. Das Einströmen bzw. Ausströmen der Luft kennzeichnet die Reibungsschicht zyklonaler bzw. antizyklonaler Strömung.

gebiete und die zungenförmigen Vorstöße der Kaltluft auf der Westseite sowie der Warmluft auf der Ostseite; FITZROY war Kapitän der «Beagle», auf welcher CHARLES DARWIN im Jahre 1831 zu seiner berühmten Exkursion rund um Südamerika aufbrach; dieser Mann, dessen Charakter DARWIN als «äußerst unglücklich» schildert (CHARLES DARWIN: *Biologie in neuem Licht*, 30), nahm sich 1865 das Leben, nicht zuletzt wohl auch deshalb, weil es ihm nicht gelungen war, in der entscheidenden Diskussion im Jahre 1860 über DARWINS «atheistische» Lehren von der Entwicklung des Lebens und der Herkunft des Menschen gegen die Argumentation von DARWINS «Buldogge», THOMAS A. HUXLEY, anzukommen (vgl. ISAAC ASIMOV: *Die exakten Geheimnisse unserer Welt. Bausteine des Lebens*, 242); dabei hätte gerade das Schauspiel der Windströmungen den frommen Admiral davon überzeugen können, wie zutiefst gleichgültig die Kräfte der Natur mit den Lebewesen dieser Erde zu verfahren pflegen.

Als bahnbrechend für das Verständnis der Entwicklung von Tiefdruckgebieten erwies sich die sog. Polarfronttheorie der beiden Norweger J. BJERKNES und H. SOLBERG (*Life cycle of cyclones and polar front theory of atmospheric circulation*, in: Geofys. Publ. 3/1, 1922). Die beiden Forscher gingen davon aus, daß außertropische *Zyklonen* (also Tiefdruckgebiete, die auf der Nordhalbkugel im Gegenuhrzeigersinn umweht werden), sich an der Grenze zwischen polarer und (sub)tropischer Luft bilden, also an einer Polarfront. «Somit gilt als Voraussetzung für die Entstehung einer Zyklone unserer Breiten grundsätzlich das Vorhandensein von zwei Luftmassen, einer kalten und einer warmen. Auch bei ihrer Weiterentwicklung und Verlagerung bleiben diese Zyklonen stets an die Polarfront gebunden» (HORST MALBERG: *Meteorologie und Klimatologie*, 124).

Schauen wir uns den Lebenslauf einer Polarfrontzyklone in Abb. 127 an, so ergibt sich folgender in sieben Schritten skizzierter schematischer Verlauf:
a) Deutlich zeigt die Bodenwetterkarte die Grenze (die «Front») zwischen der Kalt- (K) und Warmluft (W).
b) In einem Gebiet der Polarfront strömt Luft in das Gebiet etwas tieferen Luftdrucks ein, die Polarfront buchtet wellenförmig ein.
c) Aus der Welle entwickelt sich ein Bodentiefdruckgebiet mit geschlossenen Isobaren (gestrichelte Linien) und zyklonaler Zirkulation der Strömung. Auf der Rückseite des Tiefs (Westseite) stößt zungenförmig die Kaltluft, auf der Vorderseite (Ostseite) die Warmluft vor; aus der langgestreckten Polarfront entstehen im Strömungsbereich des Tiefs zwei Fronten, wobei hinter der «Warmfront» die Warmluft und hinter der «Kaltfront» die

Kaltluft vorstößt. Zwischen der Kaltfront und der Warmfront liegt in den Zyklonen ein ausgedehnter Warmsektor.

d) Nun rückt die Kaltfront rascher vor als die Warmfront und nötigt die Warmluft zum Aufsteigen; daher wird der Warmsektor zunehmend eingeengt, indem die Warmluft an beiden Grenzen, also vor der Kaltfront wie an der Warmfront nach oben gedrückt wird. Dabei holt die Kaltfront zuerst im zentralen Tiefdruckgebiet die Warmfront ein, so daß die beiden Fronten sich vereinigen («okkludieren») und eine einzige Front, die *Okklusion*, entsteht. Die Kaltfront, erkennbar an den Cumulus(= Haufen)wolken,

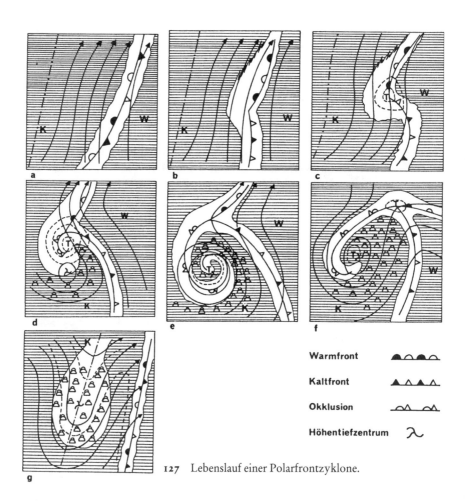

127 Lebenslauf einer Polarfrontzyklone.

schiebt sich von der Tiefrückseite in den zentralen Tiefbereich mit seiner Schichtbewölkung vor.

e) Reißverschlußartig, von innen nach außen, schreitet der Okklusionsprozeß vom Wirbelzentrum aus fort. Spiralförmig erscheinen das Wolkenband der Okklusion und die Kaltluftzunge mit ihrer typischen Cumulusbewölkung im zentralen Tiefbereich angeordnet.

f) Im Auflösungsstadium ist das Tiefzentrum weitgehend von Kaltluft und damit von Cumuluswolken angefüllt. Nur das schmale Wolkenband der Okklusion zeigt noch den Rest an Warmluft in der Höhe an. Am Okklusionspunkt, dort also, wo die Kalt- und Warmfront abzweigen, bildet sich ein kleines «Randtief».

g) Im Endstadium ist das Bodentief aus der Bodenwetterkarte verschwunden. Nur der Höhenwirbel ist noch vorhanden. Die Polarfront hat sich nach Osten verlagert.

«Während der letzten Lebenszeit wirbelt die Okklusion zum Teil um das Zyklonenzentrum herum. Die ganze Zyklone besteht nun in den unteren Schichten der Troposphäre aus Kaltluft, während die Warmluft in die Höhe gehoben wurde. Diese Umschichtung der Luftmassen, d. h. das Heben der leichteren Warmluft in die Höhe, während sich die schwerere Kaltluft in den tieferen Schichten sammelt, wird als Energiequelle für die Bewegung der zyklonalen Strömung angenommen. Wenn der Okklusionsprozeß abgeschlossen ist, beginnt sich die Zyklone aufzufüllen, der Luftdruck steigt im ganzen Gebiet. – Wenn die Zyklone hinreichend kräftig ist und einen größeren Teil der Troposphäre (in vertikaler Richtung) umfaßt, kann sie auf die Höhenströmung einwirken und damit die folgenden Zyklonen steuern... In einem solchen Fall kann diese frontenlose Zyklone als Steuerungszentrum bezeichnet werden. – Die Zyklonen, die von Westen her nach Europa hereinkommen, haben gewöhnlich schon zu okkludieren begonnen, wenn sie den Kontinent erreichen. Die Anfangsstadien, d. h. die Wellenstörung und die ‹junge Zyklone›, sind schon über dem Meer abgelaufen. – Meist bildet sich eine ganze Reihe von Zyklonen aus ein und derselben Frontalzone. Eine solche Zyklonenfamilie kann drei bis fünf Zyklonen umfassen, die somit ähnliche Bahnen mit ein bis zwei Tagen Abstand einschlagen. Die Serie wird durch einen kräftigen Kaltlufteinbruch an der Rückseite der letzten Zyklone abgeschlossen» (GÖSTA H. LILJEQUIST – KONRAD CEHAK: *Allgemeine Meteorologie*, 276–277).

Umstritten ist nach wie vor die Frage, woher die Energie zur Zyklonenbildung kommt, – wirklich nur aus der Anhebung der leichteren Warmluft?

Zwei Theorien stehen einander gegenüber. Nach der *Polarfronttheorie* entstammt die Energie einer Zyklone in der Tat der Grundströmung, als deren Störung die Zyklonen aufgefaßt werden. Es sind in diesem Fall *allein* die *horizontalen* Temperaturunterschiede, welche die Energie der Zyklogenese liefern; die freie Atmosphäre spielt in dieser Auffassung keine Rolle; und so war es schwer, sich vorzustellen, daß diese Ansicht die ganze Wahrheit wiedergeben könnte.

Der Polarfronttheorie steht denn auch die Theorie der *baroklinen Instabilität* zur Erklärung der Zyklogenese gegenüber. Gemeint ist damit folgendes: Man unterscheidet zwischen einer *barotropen* und einer *baroklinen* Atmosphäre, wie Abb. 128 es darstellt.

Die ausgezogenen Linien in Abb. 128 bezeichnen Isobarenflächen (also Flächen mit gleichem Luftdruck), die gestrichelten Linien markieren Isothermenflächen (Flächen mit gleicher Temperatur). In einer *barotropen* («luftdruckparallelen») Atmosphäre liegen, wie man sieht, die Isobarenflächen parallel zu den Isothermenflächen, anders in einer *baroklinen* («luftdruckgeneigten») Atmosphäre. In einer *barotropen* Atmosphäre ist die Mitteltemperatur in der Luftschicht zwischen benachbarten Druckflächen überall dieselbe, – eben deshalb verlaufen ja die Isothermenflächen parallel zu den Isobarenflächen; die räumliche Orientierung der Isobarenflächen und der Isothermenflächen zueinander ändert sich daher *nicht* mit der Höhe; die Windgeschwindigkeit ist somit in Richtung und Stärke in allen Höhen dieselbe. Genau das Gegenteil ist in einer *baroklinen* Atmosphäre der Fall; da hier die Isobaren- und Isothermenflächen *nicht* parallel sind, *ändert* sich die räumliche Orientierung der Isobarenflächen und der Isothermenflächen zueinan-

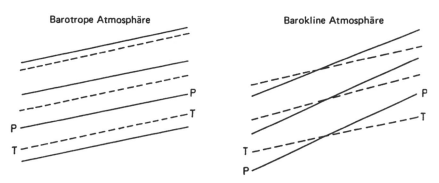

128 Barotrope und barokline Atmosphäre.

der und damit auch der Wind mit der Höhe. Wird eine solche «vertikale Windscherung» bei gegebenem zonalem Grundstrom mit dem horizontalen Temperaturgradienten größer, «so kann eine kritische Windscherung erreicht werden, bei der es möglich ist, daß in der zonalen Strömung instabile Wellen entstehen, die sich in der untersten Troposphäre als Zyklonen und Antizyklonen darstellen» (LILJEQUIST – CEHAK: a. a. O., 277).

Diese *Theorie von der baroklinalen Instabilität* als Grund der Entstehung von Zyklonen führt letztlich zu nichtlinearen Gleichungssystemen, wie denn die Theorie der Genese und des Verlaufs der Zyklonen insgesamt zu den schwierigsten Problemen der dynamischen Meteorologie zählt; für unsere Zwecke dürfte diese knappe Zusammenfassung immerhin ausreichend sein, um über ein so wichtiges Gebiet wie die Klimakunde sich nicht länger als Theologe falsche Gedanken zu machen.

Etwas sagen sollten wir allerdings noch zu der *Dynamik der Okklusion*. Wir wissen bereits (s. o. S. 452): auf der Vorderseite (Ostseite) einer Zyklone herrscht eine Kaltluftströmung aus südlichen Richtungen, auf der Rückseite (Westseite) eine Strömung mit derselben Luftmasse, aber aus nördlichen Richtungen; bei einer Polarfrontzyklone ist diese Luftmasse natürlich Polarluft. Je nach der unterschiedlichen Unterlage, über der die Luftmassen modifiziert werden, kommt es jedoch zu Verschiedenheiten in thermischer Hinsicht. Wenn bei der Okklusion die Luftmassen der Vorder- (Ost-) und Rückseite (Westseite) der Zyklone aufschließen, so können *zwei Fälle* eintreten, je nachdem, ob die Luftmasse an der Rückseite der Zyklone wärmer oder kälter ist als an der Vorderseite; im ersten Falle spricht man von einer *Warmfront(okklusion)*, im zweiten Falle von einer *Kaltfront(okklusion)*.

Bei einer *Warmfrontokklusion* «ist die Luft auf der Vorderseite der Zyklone, das heißt vor der Warmfront, kälter als die Luft an der Rückseite der Zyklone, das heißt hinter der Kaltfront. Wenn die Kaltfront die Warmfront einholt, gleitet daher die Rückseitenluft über die kältere Vorderseitenluft längs der ursprünglichen Warmfrontfläche auf», wie Abb. 129 (links) es verdeutlicht. Die Warmluft an der Polarfront (Tropikluft, also Luft, die aus einer der subtropischen Hochdruckzellen stammt), wird durch den Okklusionsprozeß in die Höhe gehoben, und die (kalte) Rückseitenluft strömt unter der Warmluft in den unteren Schichten über die ursprüngliche Warmfrontfläche hinauf. «Die ursprüngliche Kaltfront wird nun durch eine Höhenkaltfront dargestellt, die obere Kaltfront, die in der Warmfrontfläche liegt, wo die Rückseitenkaltluft die Warmluft gerade verdrängt.» «Nach der Warmfrontokklusion erfolgt im allgemeinen ein rasches Aufklaren, und darauf folgen in

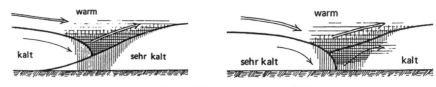

129  Warmfrontokklusion – Kaltfrontokklusion.

etwas größerem Abstand gewöhnlich die typischen konvektiven Wolkenformen der Kaltluft» (LILJEQUIST – CEHAK: a. a. O., 277).

Eine *Kaltfrontokklusion* entsteht, wenn umgekehrt die Kaltluft an der Vorderseite der Zyklone wärmer ist als die Kaltluft an der Rückseite. Wie Abb. 117 (rechts) in der Darstellung von T. BERGERON (*Physik der troposphärischen Fronten und ihre Störungen*, in: Wetter 53, 1936) zeigt, dringt die (sehr kalte) Rückseitenluft in diesem Fall keilförmig unter die wärmere Vorderseitenluft ein, während die Warmluft gleichzeitig von der Erdoberfläche abgehoben wird. «An der Erdoberfläche entsteht zwischen Vorder- und Rückseitenluft eine Front mit Kaltluftcharakter, die *eigentliche Okklusion*. In höheren Schichten bildet sich eine *obere Warmfront* aus, die auf der ursprünglichen Kaltfrontfläche liegt, das heißt hinter der Okklusion. – Die Warmluft strömt die Warmfrontfläche hinauf, das heißt in das Gebiet vor der oberen Warmfront; außerdem erfolgt eine Hebung der Vorderseitenkaltluft im Gebiet beim Böenkopf der Kaltfrontokklusion. Das Niederschlagsgebiet ist daher auf das Gebiet zu beiden Seiten der Okklusion konzentriert, liegt aber doch im wesentlichen vor ihr... Hinter der oberen Warmfront folgt gewöhnlich ein rasches Aufklaren, ehe die typischen konvektiven Wolkenformen der Kaltluftmasse aufkommen... Die Kaltluft der Rückseite ist... durch aufgetürmte Cumulus- und Cumulonimbuswolken (sc. Haufen- und Haufenregenwolken, d. V.) mit Regen- oder Schneeschauer charakterisiert. Es treten an der Okklusion Winddrehung und Isobarenknick auf. Luftdruckabfall geht der Okklusion voraus, Luftdruckanstieg folgt ihr» (LILJEQUIST – CEHAK: a. a. O., 278).

Der genannte Verlauf einer Zyklone kann unter Umständen *intensiviert* werden, zum Beispiel, wenn eine Zyklone von einer kalten oder trockenen Unterlage über ein warmes Meer kommt; der Zyklone werden dann Wärme und Wasserdampf zugeführt, und die Dynamik ihrer Entwicklung wird dadurch verstärkt, oder es werden bei Zufuhr kälterer oder wärmerer Luftmassen die Temperaturgegensätze verschärft. «Polarfrontzyklonen, die vom Gebiet um Island über das Meer zwischen Grönland und Norwegen kommen, regenerieren oft durch Zufuhr von Arktisluft. Tropische Orkane, die wesentlich abgeschwächt in mittlere Breiten gelangen, beziehen oft Polarluft in ihre Zirkulation ein und regenerieren.» «Individuelle Zyklonen erreichen äußerst verschiedene Grade der Intensität und Vertiefung, von solchen, die gerade noch eine geschlossene zyklonale Zirkulation erreichen und einen Druck, der nur einige Millibar geringer (ist) als der Umgebungsluftdruck, bis zu Zyklonen von verheerender Intensität, deren Luftdruck im Zentrum bis 950 mbar (sc. = 950 hPa, d. V.) absinkt und die eine Erstreckung von der Größe ganz Europas haben» (LILJEQUIST – CEHAK: a. a. O., 279).

Aber warum, wird manch ein religiös engagierter Leser ein wenig verwirrt an dieser Stelle womöglich erneut sich fragen, sollen jetzt ausgerechnet auch noch bestimmte Probleme und Erkenntnisse der Meteorologie bei der Suche nach Gott von Interesse sein?

Die Antwort auf diese Frage kann nur lauten, daß wir jetzt bereits, längst noch bevor wir auf die großen geologisch und meteorologisch bedingten Katastrophen der Evolution zu sprechen kommen, im Konkreten dabei sind, eine Menge von Problemstellungen aufzugreifen, die einmal eine geradezu klassische Domäne alter Religionen gebildet haben und in der Volksreligion sowie im Ritualismus etwa der römischen Kirche auch heute noch uneingeschränkt bilden.

Um «gutes Wetter» in wörtlichem Sinne zu beten, ist in katholischen Landen zum Beispiel nach wie vor heilige Pflicht bei den zahlreichen Flurprozessionen, bei denen «das Allerheiligste», Christus mithin als der Gottessohn in Gestalt des vom Priester «verwandelten» Brotes, feierlich mit Weihrauch, Kerzen, Baldachin und Fanfarenmusik, akkompagniert von den örtlichen Schützenvereinen und Pfarrverbänden, durch das Dorf und über die Felder getragen wird oder bei denen eine Figur der allzeit jungfräulichen Gottesmutter Maria oder auch eines anderen Heiligen, der sich in speziellen Fällen als besonders wirkmächtig erwiesen hat, zu all jenen Orten gebracht wird, welche der segnenden Obhut am vordringlichsten bedürfen.

Man versteht, um gerecht im Urteil zu bleiben, durchaus den emotionalen Hintergrund derartig mittelalterlich anmutender Frömmigkeitsübungen: es ist das Gefühl der überragenden Abhängigkeit des Menschen von den unvorhersehbaren Launen des Wetters, dessen momentane oder jahreszeitliche Erscheinungen wie Sturm, Regen, Gewitter, Zyklone, periodische Dürre, periodischer Regen, Kälte, Hitze etc. von alters her als die Manifestationen verschiedener Gottheiten betrachtet wurden; um diese in ihrem Zorn zu versöhnen und sie sich fortan in einer geneigteren Stimmung zu halten, schien es wie selbstverständlich von Vorteil, mit ihnen in priesterlich-magischen Kontakt zu treten. Insbesondere dem Medizinmann, doch dann auch dem Stammeshäuptling, später dem König als Obersten Priester, oblag es mit Regelmäßigkeit, den nötigen Regen über den Saaten und Weiden herbeizurufen. Sein Ansehen und sein Amt, ja, sein Leben hing an dem Erfolg dieser seiner geheimen Kunst. Auch der Gott der Bibel, wie wir schon hörten, erscheint in Übernahme kanaanäischer Hymnen nicht selten in den Zügen einer fulminanten Wettergottheit, die es offenbar liebt, in Sturm und Blitz den furchtsamen Menschen sich kundzutun (vgl. Ps 29), wenngleich die Stimmungen dieser Gottheit nach prophetischer Vorstellung wohl eher durch rechtes Verhalten als durch rituelle Veranstaltungen beeinflußt werden sollten. Doch wie auch immer: Wieviel an Hoffnung und wieviel an Verzweiflung wurde in der Religionsgeschichte der Menschheit nicht gerade mit dem allbeherrschenden Thema *des Wetters* verbunden?

Für eine nachdenkliche Form von Frömmigkeit kann es unter diesen Umständen daher nicht gleichgültig sein, wenn wir die simple Mechanik hinter den Erscheinungen des Wetters ein wenig genauer, wenngleich in gebotener Kürze kennenlernen. Gerade weil unser Leben so entscheidend mit klimatischen und witterungsbedingten Gegebenheiten verknüpft ist, stellt sich die absolute Gleichgültigkeit aller meteorologischen Vorgänge gegenüber bestimmten menschlichen Interessen oder gegenüber den Bedürfnissen lebender Wesen nur um so eindrucksvoller dar. Es geht dabei nicht allein um die überfällige Überwindung einer falschen Wörtlichnahme zahlreicher überkommener Reste von Magie und Mythos auch in der jüdisch-christlichen Religionsgeschichte und Frömmigkeitshaltung; es geht vor allem unter einem weiteren konkreten Aspekt von dem, was da «Schöpfung» heißt, um die Frage nach dem «Schöpfer». Man denkt anders und man betet anders, wenn man auch nur die tägliche Wetterkarte zu lesen und die Wolkenbildung am Himmel ein wenig zu deuten versteht! Hier aber beginnen zumeist die Schwierigkeiten.

Was überhaupt kann auch ein wetterinteressierter Laie von den genannten Bewegungen der Zyklonen und Antizyklonen durch eigene Beobachtung erkennen? Natürlich kann er einen Blick auf die Meßgeräte an seiner Hauswand werfen: Barometer, Thermometer, Hygrometer (Feuchtigkeitsmesser), Anemometer (Windgeschwindigkeitsmesser) – diese vier Angaben enthalten bereits alles, was man wissen muß, um die Dynamik des Klimas zu verstehen. Die «Faustregeln» beim Ablesen des *Barometers* lauten: Stand unverändert = schwach windig, beständig; Luftdruck langsam steigend = Wind abflauend, möglich ist, das Wetter über längere Zeiträume vorherzusagen: – je länger die Zeit dauert, desto länger wird die Kette der Iterationen und desto größer wird die Abhängigkeit selbst von den kleinsten Schwankungen zum Zeitpunkt, da das Rechenprogramm des Computers gestartet werden soll. Selbst eine noch so gute Satellitenbeobachtung des Wetterverlaufs und eine noch so intensive Verbesserung des Datenmaterials zur Erfassung der Ausgangslage vermag auch nur etwas an der Tatsache zu ändern, daß das, was wir Wetter nennen, ein «deterministisches Chaos» ist, das wir stets nur bis zu einem bestimmten Punkt berechnen können, von dem ab jede Vorhersagemöglichkeit erlischt (vgl. JOHN BRIGGS – F. DAVID PEAT: *Die Entdeckung des Chaos*, 96–101; vgl. auch H. REUTER: *Die Wettervorhersage*, Wien 1976).

γ) Von Gewittern und tropischen Wirbelstürmen

«Chaotisch» in doppeltem Sinne, nämlich schwer vorhersehbar in der Art ihres Auftretens und schier unabsehbar in ihren möglichen Auswirkungen, sind vor allem *zwei* Erscheinungen, die infolge ihrer zerstörerischen Gewalt seit alters dem besonderen Wirken göttlicher Mächte zugeschrieben wurden: das *Gewitter*, womöglich vermischt mit Hagelschlag, und der *Taifun* oder, wie man in der Karibik nach einer indianischen Gottheit auch sagt, der *Hurrikan*.

*Gewitter*

*Gewitter*, um es vorweg zu sagen, wie wir sie heute erleben, sind in gewissem Sinne nur noch ein später Nachhall der enormen Blitzentladungen, die in der Uratmosphäre sich ereignet haben müssen; in dem berühmten Versuch, den ein junger Student namens STANLEY L. MILLER unter Leitung von Professor H. C. UREY im Jahre 1952 durchführte, um der Entstehung des Lebens auf die Spur zu kommen, wurde wie selbstverständlich vorausgesetzt, daß die Uratmosphäre, bestehend aus Wasserstoffgas ($H_2$), Methan ($CH_4$), Ammoniak ($NH_3$) und Wasserdampf ($H_2O$), neben einer steten Ultravioletteinstrahlung von ständigen elektrischen Entladungen durchzuckt wurde; das Ergebnis dieser Urzeitgewitter aber zeigte sich in MILLERS Versuch bereits nach einer Woche: in der wäßrigen Lösung der Versuchsanordnung, welche die Bedingungen der Uratmosphäre und der frühen Erde simulieren sollte, hatten sich Glycin und Alanin gebildet, die beiden einfachsten Aminosäuren, die Grundbausteine des Lebens (vgl. ISAAC ASIMOV: *Die exakten Geheimnisse unserer Welt. Bausteine des Lebens*, 133–134). Paradox genug: ausgerechnet jenes Wetterphänomen, das in der Geschichte der Menschheit stets als ein besonders klares Beweisstück für das «Eingreifen» eines strafenden Gottes betrachtet wurde, hat wesentlich dazu beigetragen, daß es so etwas wie Leben auf dieser Erde überhaupt gibt. Wir schulden den Gewittern an schwülen Sommertagen also eher aufrechten Dank, als daß wir sie, wie in fromm katholischen Häusern immer noch üblich, mit Kirchengebeten bei Palmenzweigen, die in der Osternacht von einem römischen Priester unter Gebet und Weihwasser geweiht wurden, hinwegzubeten versuchen.

Wir denken uns einen schwülen heißen Sommernachmittag, die ideale Ausgangslage für ein *Wärmegewitter*. Die Luft wird am Boden stark erhitzt und steigt mit einer entsprechend hohen Geschwindigkeit auf; die mitgebrachte Feuchtigkeit bildet eine Quellbewölkung, die oben an die Tropopause stößt und entlang dieser undurchdringlichen Grenzschicht der Troposphäre abplattet; so entstehen Cumulus(= Haufen)Wolken, die leuchtend weiß in imponierender Größe den Weg ins Gewitter markieren. Denn innerhalb der aufsteigenden Luft kommt es jetzt zu einer positiven Rückkoppelung; die rasch aufsteigende Luft kühlt sich schnell ab, und die Kondensation der riesigen Wassermengen in den Wolken setzt thermische Energie frei, so daß die Luft noch wärmer wird und der Luftstrom nach oben durch seine eigene Aufheizung sich selber in seinem Aufstieg weiterbeschleunigt. Die Cumuluswolke wächst damit nicht nur immer weiter nach oben auf, sie enthält zugleich in den oberen Schichten einen Temperaturgrad, den sie in dieser Höhe «eigentlich» gar nicht haben dürfte; sie muß diese thermische Energie wieder abgeben, und das geschieht in jähen Windböen und schweren Niederschlägen. Die Amboßform einer Cumuluswolke zeigt dementsprechend, daß es unten sehr viel kühler und oben sehr viel wärmer ist, als es den Höhenverhältnissen entsprechen würde, und das bedeutet, daß wir einen *stabilen* Luftkörper vor uns haben, bei dem kein vertikaler Luftaustausch mehr möglich ist: die zu kühle Luft unten kann nicht aufsteigen, und die zu warme Luft oben kann nicht absteigen, denn beim Aufstieg würde die kalte Luft nur noch kälter und sänke sogleich wieder herab, und die warme Luft würde beim Abstieg nur noch wärmer und stiege sogleich wieder auf. Eine solche *«Inversionslage»* stellt daher eine Grenzschicht für alle vertikalen Luftbewegungen dar. Die Warmluft liegt gewissermaßen wie ein «Deckel» über dem «Topf» der unter ihr befindlichen Kaltluft. (Länger anhaltende Inversionslagen, bei denen der Luftaustausch zwischen oben und unten blockiert ist, führen in Ballungsräumen wie den Großstädten mit ihrem enormen Energieverbrauch regelmäßig zu dem heiter; schnell steigend = böig, Schauer, wolkig; schnell fallend = stürmisch, Schauer, wolkig; langsam fallend = windig, trübe, Regen. – Was der *Anemometer* zeigt, ist im Grunde nur das, was sich aus der Entwicklung des Luftdrucks ergibt; es ist aber wichtig, um die konkreten Folgen am Ort in Bodennähe richtig einzuschätzen. – Beim Ablesen des *Thermometers* gilt: Abends kühl = wolkig bis heiter; abends warm = trübe, regnerisch. Beim Ablesen des *Hygrometers* zeigt eine Luftfeuchtigkeit *unter* 50% heiteres und trockenes Wetter an, zwischen 50–70% veränderliches Wetter und *über* 75% trübes und feuchtes Wetter.

Was aber bekommt ein Wetterbeobachter zu sehen, wenn er den Blick an den Himmel richtet?

Gehen wir einmal von einem *Hochdruck*gebiet, von einer Schönwetterlage also, aus. Am Himmel in einer Höhe von 1–2 km stehen bei mildem Ostwind *Cumulus*(= Haufen)wolken, die von der *Thermik*, von den warmen Aufwinden am Boden, durch die Sonneneinstrahlung bei heiterem Himmel gebildet werden und deren Feuchtigkeit in größeren Höhen als Wasserdampf sichtbar wird. Nun nähert sich von Westen, Südwesten und Nordwesten (fast nie von Osten) her ein Tief; der Wind, entsprechend der Drehrichtung des Tiefs, schlägt um auf Südwest; die warme Tiefdruckluft streicht über die kühlere Luft am Boden wie über einen Hang hinauf und läßt am Himmel in großen Höhen eine milchig weiße Dunstschicht, sogenannte *Cirrus*(= Faser)wolken entstehen. Für jeden Wetterkundigen ist damit klar, wie es nun weitergehen wird: Die Wolken, die sich entlang der Trennschicht zwischen der aufgleitenden Warmluft des Tiefs und der kühleren Luft des am Boden befindlichen Hochs bilden, werden dichter und sinken tiefer herab: es entstehen «Schäfchenwolken» (*Cirrocumulus*) in einer Höhe von 2,5–5 km, die sich zu einer dichten Wolkenschicht, einem *Altostratus* (von lateinisch *altus* = hoch, und *stratus* = ausgedehnt), zusammenschließen. Und nun kommt es, wie der Volksmund sagt: jedes «Schäfchen» macht ein Tröpfchen. Die feuchte Warmfront des Tiefs macht sich immer mehr geltend, die Wolken werden immer dichter, dunkler und tiefer, ein *Nimbus* (= Nebel) entsteht, und es regnet sich aus, je nachdem, wie langsam die Warmfront des Tiefs voranschreitet. Nach dem Durchzug der Warmfront hört der Regen auf, die Wolkendecke reißt auf, die Sonne dringt zuweilen durch den Dunstschleier hindurch. Der Warmluftkeil zwischen der Warm- und der Kaltfront des Tiefs wirkt sich jetzt aus. Wenn er sehr groß ist, kann es für ein, zwei Tage auf weiten Landstrichen regenfrei bei einer nur dünnen Wolkendecke bleiben. Doch dann dringt mit raschem Tempo die Kaltluftfront heran: sie schiebt sich unter die Warmluft und hebt sie auf ihrer «Schulter», wie wir gesagt haben, nach oben. Die warme feuchte Luft, die so plötzlich emporgedrückt wird, kondensiert, es bilden sich mächtige Haufenregenwolken *(ein Cumulonimbus)*, und es beginnt heftig, mitunter gewitterartig zu regnen. Dann aber, mitten in diesen Turbulenzen eines echten «Aprilwetters», kann der Himmel wieder klar und blau erscheinen und eine ausgezeichnete Fernsicht erlauben. (Zur Wolkenbildung und Klassifikation der Wolken vgl. HORST MALBERG: *Meteorologie und Klimatologie*, 88–98; zur Darstellung des Wettergeschehens vgl. HEINZ HABER: *Unser Wetter*, 110–111.)

Hinzufügen muß man diesem Bild natürlich noch die Geschehnisse am *Rand* eines Tiefs: Im Osten eines Tiefdruckgebietes, das sich (auf der Nordhalbkugel) gegen den Uhrzeiger nach Norden dreht, wird aus dem Süden, wie wir sagten, meist warme Luft angesaugt, die ihre eigenen Wetterbedingungen mit sich bringt; auf der Westseite eines Hochdruckgebietes, das sich mit dem Uhrzeigersinn nach Norden dreht, geschieht das gleiche, nur mit dem Unterschied, daß die Westseite des Tiefs meist kalte und feuchte Luft aus dem Norden herangeführt, ebenso wie auch die Ostseite eines Hochdruckgebietes.

All diese Vorgänge ergeben ein Geschehen, das in seinen Ursachen das Einfachste von der Welt zu sein scheint, dessen Zusammenspiel aber so verwikkelt ist, daß es zu einem Musterbeispiel der *Chaos*forschung geriet.

Bereits 1960 entdeckte der amerikanische Meteorologe EDWARD N. LORENZ (*Deterministic Nonperiodic Flow*, in: Jour. Atmospheric Sciences 20, 1976, 69) etwas Seltsames: Er hatte seinem Computer einige nichtlineare Gleichungen mit den Koeffizienten Temperatur, Luftdruck und Windrichtung eingegeben, um eine Wettervorhersage zu erstellen. Um die Details der Vorhersage nachzuprüfen, gab er die gleichen Daten dem Computer noch einmal ein, diesmal allerdings nicht mehr auf sechs Dezimalstellen genau wie beim ersten Mal, sondern auf drei Dezimalstellen abgerundet; natürlich erwartete LORENZ, seine erste Rechnung bestätigt zu finden, doch was er da vor sich sah, war ein vollkommen anderes Ergebnis: Der Iterationsprozeß (die wiederholte Anwendung derselben Regel auf das Ergebnis, das durch die Regel erzeugt wurde) hatte die winzige, bedeutungslos erscheinende Differenz in der vierten Stelle hinter dem Komma derart vergrößert, daß eine vollkommen andere Wetterprognose entstanden war. «Chaos» – das ist, wie wir schon sahen, in physikalischer Sicht nichts anderes als die außerordentliche Sensibilität eines System für seine Anfangsbedingung; genau ein solches System aber ist das Wettergeschehen: Es läßt sich nur berechnen in einer Kombination aus Nichtlinearität und Iteration, und eben daran liegt es, daß es *prinzipiell* nicht gefürchteten *Smog*, in dem sich vor allem die Industrie- und Autoabgase auf gefährliche Weise ansammeln; vgl. GÖSTA H. LILJEQUIST – KONRAD CEHAK: *Allgemeine Meteorologie*, 346.)

Was wir in der Amboßgestalt einer Gewitterwolke mithin vor uns sehen, ist, genau betrachtet, deshalb zweierlei: Zum einen haben wir eine *Inversion*, eine «Umkehrung» der «normalen» Schichtung der Luft vor uns und zum zweiten einen an sich *stabilen* Luftkörper. (Im Gegensatz dazu ist ein Luftkörper als «instabil» definiert, wenn er *unten* sehr viel wärmer und *oben* sehr viel kälter ist, als es der Norm, das heißt dem Gesetz des Temperaturabfalls mit zunehmender Höhe, entspricht; die Folge in diesem Falle ist klar: ein solcher Luftkörper stürzt rasch in sich zusammen.) Die Inversion einer an sich stabilen *Gewitterwolke* hat gleichwohl *keinen* langen Bestand, ganz im Gegenteil, in ihr drängt die rasch wachsende Spannung wie von selber danach, sich schnell und heftig, unter Blitz und Donner, zu entladen. Die Entwicklung einer Gewitterwolke endet, sobald die frei werdende Kodensationswärme keine Energie mehr liefert, um die aufsteigende Warmluft noch weiter aufzuheizen und damit noch schneller nach oben zu treiben.

Was aber führt nun dazu, daß der Himmelsgott Zeus bei den Griechen oder der Gewittergott Indra bei den Indern oder Donar und Thor bei den Germanen so verliebt in ihre ruhmreichen Waffen: den *Blitz*, das Vajra oder den Hammer, waren, und daß auch der Gott der Bibel mit Vorliebe unter Blitz und Donner zu reden pflegte (vgl. Ex 19,16)?

Dem Geheimnis von Blitz und Donner kam man, wie fast stets in den Naturwissenschaften, durch Untersuchungen auf die Spur, die mit der gestellten Frage nicht das geringste zu tun zu haben schienen. 1745 hatten der deutsche Gelehrte EWALD GEORG VON KLEIST und ein wenig später nach ihm der holländische Naturforscher PETER VAN MUSCHENBROEK ein Gerät erfunden, das als die *Leidener Flasche* berühmt wurde. Ihre wesentlichen Bestandteile waren zwei leitende Schichten, die durch eine dünne nichtleitende Schicht gegeneinander isoliert waren, kurz: es handelte sich um das, was wir heute einen *Kondensator* nennen. Der buchstäblich «springende» Punkt an einem Kondensator ist, in unserem Zusammenhang, daß die Elektronen am Ort des größten Elektronenüberschusses, am Minuspol, über die Isolierschicht hinweg zu der Stelle des größten Elektronendefizits, zum Pluspol, überspringen können; besteht die Isolierschicht etwa nur aus Luft, so erzeugen die Elektronen beim Überspringen einen leuchtenden Funken und ein knatterndes Geräusch. Das Leuchten entsteht, indem bei dem Zusammenstoß der Elektronen mit den Luftmolekülen Strahlungsenergie freigesetzt wird; das Knattergeräusch entsteht, indem die dadurch plötzlich erhitzten Luftteilchen expandieren und Teil-Vakuen, «Wärmelöcher» bilden, in die kältere Luftteilchen aus der Umgebung implosionsartig hineinstürzen.

Diese Zusammenhänge kannte man natürlich nicht im 18. Jahrhundert, und doch fragte man sich, ob die Vorgänge in der *Leidener Flasche* nicht im kleinen darstellten, was Blitz und Donner bei einem Gewitter in großem Stil aufführten. Immerhin hatte der Engländer WILLIAM WALL schon 1708 die Vermutung ausgesprochen, ein Blitz sei nichts anderes als eine elektrische Entladung. Dieser Gedanke war es, der BENJAMIN FRANKLIN 1752 dazu veranlaßte, bei einem Gewitter einen Drachen mit einer Metallspitze steigen zu lassen, um herauszufinden, ob sich die vermutete Elektrizität in der Gewitterwolke nicht über einen Seidenfaden zu einem Metallschlüssel leiten lasse, der unten an der Seidenschnur befestigt war (vgl. ISAAC ASIMOV: *Die exakten Geheimnisse der Welt. Kosmos, Erde, Materie, Technik*, 380–381). Das Experiment gelang *natürlich*, wie wir im Rückblick sagen können: – bei einem Gewitter passiert physikalisch wirklich nichts anderes als bei einer elektrischen Funkenentladung zwischen zwei Kondensatorplatten auch sonst; aber das Leben des guten BENJAMIN FRANKLIN hing damals wirklich an dem (schon durch das Schwert des Damokles) sprichwörtlichen seidenen Faden, – er hatte keine Ahnung, mit welch tödlichen Energien er da herumhantierte!

Untersuchungen im Labor nämlich haben gezeigt, daß eine Funkenentladung durch die Luft zustande kommt, wenn die Feldstärke in *trockener* Luft Werte über $3 \cdot 10^6$ V/m (Volt pro Meter) erreicht, in besser leitender feuchter Luft muß die Feldstärke bei mindestens $10^6$ V/m liegen. Für einen Blitz von einem Kilometer Länge bedeutet dies zwischen seinen Endpunkten eine Spannung von 1–3 Milliarden Volt! Die entscheidende Frage lautet natürlich, wie eine solche Spannung in der Gewitterwolke durch *Ladungstrennung* aufgebaut werden kann, und diese Frage ist bis heute nicht gänzlich gelöst.

Fest steht, daß eine Gewitterwolke wirklich eine Art Kondensator ist. Abb. 130 zeigt die Ladungsverteilung in den meisten Gewitterwolken: die positiven Ladungen befinden sich in den oberen Wolkenteilen, in denen die Temperatur bei etwa -20 °C liegt, die negativen Ladungen befinden sich in den unteren Teilen der Wolke, in denen die stärksten Aufwinde herrschen und die Temperatur bei ca. 0 °C liegt, also viel kälter als normal ist.

Der Übergang zwischen den beiden Ladungen erfolgt in Höhen, bei denen die Temperatur -10 bis -15 °C beträgt, in Mitteleuropa ist das im Sommer in etwa 5–6 km Höhe der Fall. Das ist dieselbe Zone, in der Wolkentropfen zu Eiskristallen gefrieren; Aufwinde mit einer Stärke von etwa 15–30 m/s kön-

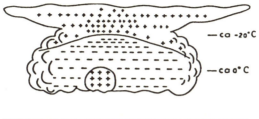

130 Ladungsverteilung in einer Gewitterwolke.

nen zentimetergroße Hagelkörner erzeugen. B. J. MASON (*The Physics of Cloud*, London 1972) stellte deshalb eine Gewittertheorie auf, die mit dem Wachstum und der Aufladung von Graupelkörnern zusammenhängt: die Graupelkörner werden im positiven Schönwetterfeld der Erde polarisiert, «ihre Ladung wird aber von Wassertröpfchen und Eiskristallen, die während der Fallbewegung der Graupelkörner an ihrer Unterseite abprallen, weggeführt, so daß sie allmählich negativ geladen erscheinen. Die Trennung der kleinen positiv geladenen Teilchen von den Graupelkörnchen verstärkt das elektrische Feld, wodurch auch der ganze Prozeß selbst verstärkt wird, solange die elektrischen Kräfte auf die geladenen Teilchen eine weitere Trennung verhindern. Obwohl durch diesen Vorgang nur etwa eine Potentialdifferenz von 4000 V/cm erreicht werden kann, werden stärkere Spannungen zwischen Bereichen der Wolken mit entgegengesetzten Ladungen, wie sie meist an der Wolkenbasis auftreten, auf diese Weise aufgebaut. – Weiter treten Ladungstrennungen beim Schmelzen von Eis, beim Gefrieren unterkühlter Tropfen und beim Zerfall von Regentropfen auf, während Aufladungen auch beim Aufbrechen großer Tropfen und beim Platzen von Luftblasen im schmelzenden Eis erfolgen, denn dabei werden starke Scherkräfte an der Grenzfläche zwischen Wasser und Luft frei, die die elektrische Doppelschicht aufreißen» (LILJEQUIST – CEHAK: *Allgemeine Meteorologie*, 195).

In diese Richtung einer möglichen Erklärung der Ladungstrennung in Gewitterwolken geht auch die sogenannte *Niederschlags-* oder *Wasserfalltheorie* (vgl. A. EMMERT: *Luftelektrizität, Blitz, Gewitter*, in: Geophysik, hg. von J. Bartels, 196–203); sie geht davon aus, daß die schweren Wasser- oder Eisteilchen (Hagelkörner) unter Einwirkung der Schwerkraft durch die Wolken fallen und bei den Zusammenstößen mit den leichteren, eher schwebenden Wassertröpfchen Reibung und damit eine elektrostatische Aufladung (eine

«Wasserfallelektrizität») erzeugen: die fallenden Teilchen erhalten durch den sog. LENARD-*Effekt* (so genannt nach PH. LENARD [1862–1947]) eine negative Ladung, die höheren eine positive Ladung.

Neben diesen Erklärungsversuchen gibt es aber auch die *Konvektionstheorie* (bekannt auch als FINDEISEN-REIFENSCHEID-WICHMANN-Theorie); sie vermutet, daß die leichteren positiv geladenen Teilchen durch Konvektionsströmungen innerhalb der Wolke nach oben befördert werden, während die schwereren negativ geladenen Teilchen durch Fallströme nach unten gelangen. Vermutlich ist an all diesen Theorien etwas Richtiges; es muß zudem nicht sein, daß ein Gewitter nur auf *eine* Art zustande kommt, und vielleicht geht die Ladungstrennung auf all diese Faktoren, jedoch jeweils in unterschiedlichem Umfang zurück. Jedenfalls haben all die Theorien mit den Zusammenstößen von unterschiedlich großen Eisteilchen und Wasserteilchen in der Wolke und der damit verbundenen Ladungsübertragung zu tun; und das Ergebnis ist klar; es besteht darin, daß der obere Teil der Gewitterwolke positiv, der untere negativ geladen ist, und daß dazwischen der Funke «überspringt». Doch *wie* springt dieser Funke über? Auch das ist nicht ganz einfach.

Genauere Beobachtungen haben gezeigt, daß einer Blitzentladung eine Serie von Vorentladungen vorausgeht. Dabei wird ein *Blitzkanal* geschaffen, ein leitender Kanal, der durch Stoßionisation gebildet wird. Es entsteht ein Korridor ionisierter Luft von mehreren Hundert Metern Länge. Die ionisierte Luft zieht die Elektronen der unteren Gewitterwolke förmlich an und lenkt sie in ihre Richtung. Und nun darf man nicht vergessen, daß sich auch zwischen Wolke und Erde eine Spannung aufbaut. Die negativen Ladungen an der Unterseite der Wolke und in dem sich bildenden Blitzkanal führen zu einer Influenzwirkung an der Erdoberfläche unter der Wolke: die Elektronen an den am Erdboden befindlichen Körpern werden abgestoßen; daher bildet sich unter einer Gewitterwolke ein positiv geladenes Gebiet. Die positiven Ladungen folgen der Gewitterwolke; sie kriechen Bäume und hohe Gebäude hinauf und herunter und kommen damit den negativen Ladungen in den unteren Teilen der Wolke, mithin der *Entladung der Wolke* förmlich entgegen. Damit ein Blitz zwischen Wolke und Erde entsteht, muß die negative Ladung am unteren Rand der Wolke so weit anwachsen, daß auch die unmittelbare Umgebung der Wolke ionisiert wird. Dann aber ist es soweit: Trifft die «Selbstinduktion des Blitzkanals» in etwa 30 Metern Höhe über dem Erdboden auf die «Führung» positiver Ladungen, die der Gewitterwolke entgegenkommen, so entsteht ein gewundener zickzackförmiger Weg zwischen der ne-

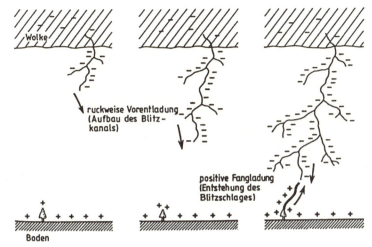

131  Erzeugung des vollständigen Blitzkanals.

gativen Ladung der Cumuluswolke und der positiven Ladung am Erdboden (vgl. Abb. 131). Je kürzer dieser Weg ist, desto wahrscheinlicher wird die elektrische Entladung in Form eines Blitzes sein (vgl. JAMES TREFIL: *1000 Rätsel der Natur*, Nr. 859, S. 364).

Im Durchschnitt benötigen die *Vorentladungen* eines Blitzes etwa 0,01 s, die Hauptentladung dauert nur 4/100 000 s. «Nach einer Erholungspause von rund 0,03 s erfolgt eine neue Entladung, aber die Vorentladungen gehen nun rascher als früher vor sich, der Blitzkanal ist ja fertig. Im Durchschnitt bilden 4–5 derartige Entladungen einen Blitz, es wurden jedoch schon bis zu 42 beobachtet» (LILJEQUIST – CEHAK: *Allgemeine Meteorologie*, 194). Bei jeder Blitzentladung werden Ladungen neutralisiert, der Spannungsabfall längs einer Blitzbahn beträgt 20–30 Millionen Volt; doch wirkt die Gewitterwolke, solange sie existiert, wie ein elektrischer Generator, der immer wieder zu Ladungstrennungen führt. Insgesamt sind 80 Prozent aller Blitze Wolkenblitze und nur 20 Prozent Erdblitze (vgl. HORST MALBERG: *Meteorologie und Klimatologie*, 101).

Der *Donner* schließlich ist eine Folge der starken Erhitzung im Blitzkanal durch den Blitz. Die vom Blitz erzeugten Temperaturen von 30 000 °C rufen eine starke Ausdehnung der Luft hervor mit einem anschließenden Luftsturz in das entstandene Unterdruckgebiet des Blitzkanals. «Die Druckänderung beträgt dabei 10–100 hPa, wobei die Druckwelle, auch Schockwelle genannt, den Donner erzeugt» (MALBERG: *Meteorologie und Klimatologie*, 192). Die Zeit zwischen dem Blitz und dem Donner gibt übrigens einen Hinweis auf den Abstand zum Gewitter; die Faustregel lautet: die Zeit zwischen Blitz und Donner in Sekunden dividiert durch drei ergibt die Entfernung des Gewitters vom Beobachter in Kilometern; allerdings ist die Schallgeschwindigkeit des Donners aufgrund der Schockwelle seiner Entstehung nahe der Blitzbahn größer als die gewöhnliche Schallgeschwindigkeit von $^1/_3$ km/s (vgl. LILJEQUIST – CEHAK: *Allgemeine Meteorologie*, 193).

Damit haben wir mit naturwissenschaftlichen Mitteln eines jener Naturschauspiele beschrieben, die wegen ihres spektakulären Auftretens in der religiösen Vorstellungswelt der Menschheit zweifellos eine außerordentlich hohe Aufmerksamkeit auf sich gezogen haben. Ein bißchen Thermodynamik, welche die Entstehung der Wetterfronten und die Bildung der Wolken erklärt, sowie ein bißchen Elektrodynamik, welche – letztlich aufgrund der Dipolstruktur des Wassermoleküls! (s. u. S. 639f.) – die Ladungsverteilung *in* der Wolke und *zwischen* Wolke und Erde erklärt – mehr offenbar braucht es nicht, um die Vorgänge eines Gewitters zu begreifen.

Doch wann schlägt wo mit welcher Wirkung ein Blitz ein? Die Volks«weisheit» von den Buchen, die man suchen, und den Eichen, denen man weichen sollte, bietet nichts als ein unsinniges Reimspiel, das in der Wirklichkeit nicht ungefährlich ist. Bei einem Gewitter im Freien hocke man sich am besten an den Boden, um das luftelektrische Feld möglichst wenig zu verändern, und meide tunlichst metallische Gegenstände und hohe Gebäude. In einem Auto aber darf ein jeder sich so sicher fühlen wie in Abrahams Schoß: selbst wenn ein Blitz in das Auto einschlägt, geschieht den Insassen nichts: die Metallkarosserie wirkt wie ein FARADAYscher Käfig, während die Gummireifen des Autos zum Boden hin isolieren. Insgesamt aber gilt, daß solange die Welt besteht, es niemanden geben wird, der unter natürlichen Voraussetzungen die Frage zu beantworten vermöchte, wo und wie ein Blitz einschlagen wird. Das einzige, was sich unter diesen Umständen tun läßt, besteht darin, die totale Ungewißheit in eine relative Gewißheit zu verwandeln, indem man künstlich die natürlichen Voraussetzungen manipuliert. Das Genie des BENJAMIN FRANKLIN vor nun schon über 240 Jahren bestand darin, daß er das Ergebnis seines (toll)kühnen Drachenversuchs in technische Praxis übersetzte: er installierte hochragende Metalldrähte auf den Dächern großer Gebäude, um entlang solcher leitenden Drähte einen einschlagenden Blitz an der Hauswand vorbei zur Erde abzuführen.

Nun aber müssen wir uns fragen: Wie unglaublich verschieden ist die Welt eines Mannes, der einen Vulkanausbruch studiert, wie PLINIUS DER ÄLTERE, oder der einen Blitzableiter erfindet, wie BENJAMIN FRANKLIN, von der Haltung angstbesetzter Magie, wie sie in den Religionen der Gegenwart immer noch spukt? Nicht einmal in Blitz und Donner zeigt sich noch redet die Gottheit. Aber natürlich: die Energie eines Gewitters kann in erhabener Gleichgültigkeit und absoluter Zufälligkeit entscheidend sein über Leben und Tod zahlreicher Menschen, und sie kann jederzeit Unglück und Zerstörung unzähliger Lebewesen bedeuten.

### Tropische Wirbelstürme und Tornados

Noch weit mehr als von der erfrischenden Turbulenz eines Gewitters an schwülheißen Tagen («*Wärmegewitter*») oder bei dem gerade geschilderten Nachrücken einer Kaltluftfront in einem Tiefdruckgebiet («*Kaltfrontgewitter*») gilt diese religiös ernüchternde Feststellung für eine der verheerendsten Naturerscheinungen, die mit Regelmäßigkeit Meer und Land zu verwüsten pflegt: für die tropischen Wirbelstürme (*Taifune* oder *Hurrikane*).

Bisher haben wir vom Wind und vom Wetter gesprochen und dabei wie selbstverständlich den Transport großer Mengen an Wasserdampf vorausgesetzt, ohne jedoch weiter nach der Herkunft des Wassers zu fragen; dabei haben wir gerade im Fall des Gewitters soeben gesehen, welch enorme Energiemengen im Wasserdampf selbst enthalten sind. Entscheidend sind es natürlich die *Weltmeere*, die als die eigentlichen «Wetterküchen» die Atmosphäre unter Sonneneinstrahlung mit immer neuem Wasserdampf versorgen. Nun aber müssen wir uns nur einmal vorstellen, was passieren wird, wenn wir die Dynamik eines «gewöhnlichen» Tiefs in den gemäßigten Breiten auf den offenen Ozean in die Hitze der Tropen versetzen.

Wie wir sahen, ist ein Tief durch niedrigen Luftdruck auf aufsteigende Luftmassen gekennzeichnet, die einen auf der Nordhalbkugel gegen den Uhrzeigersinn gerichteten spiralenförmigen Wirbel erzeugen; die Energie eines Tiefs stammt – wie beim Gewitter – aus der Kondensationswärme feuchter Luft und aus der potentiellen Energie des Temperaturunterschieds zwischen benachbarten warmen und kalten Luftmassen, die in Bewegungsenergie umgesetzt wird. Allerdings treffen wir jetzt auf einen wichtigen Unterschied: Im Gegensatz zum Tiefdruckgürtel der mittleren und nördlichen Breiten besteht der Tiefdruckgürtel parallel zum Äquator einzig aus der Tropikluft (also aus Luft, die aus einer der subtropischen Hochdruckzellen stammt). «Damit entfällt für die tropischen Zyklonen ein Entstehungsmechanismus, wie wir ihn für die Polarfrontzyklonen kennengelernt haben, d. h. weder die Entstehung noch die Weiterentwicklung tropischer Tiefs ist mit einer Luftmassengrenze gekoppelt. – Regionaler Luftdruckabfall in der äquatorialen Tiefdruckrinne führt dazu, daß sich flache tropische Wellen im Strömungsfeld bilden. Ihr rückwärtiger Bereich ist in der Regel durch konvergente Strömung, ihr vorderer Bereich durch divergente Strömung gekennzeichnet. Bei instabiler Schichtung entwickeln sich im konvergenten Wellenteil hochreichende Kumulonimbuskomplexe, sog. Cluster, und intensive Gewitterschauer, während im divergenten Bereich aufgelockerte Quellbewölkung ohne Niederschlag anzutreffen ist. Entsprechend der Generalströmung in den Tropen von Ost nach West ziehen die tropischen Wellen – im Gegensatz zu den Tiefs unserer Breiten – in der Regel von Osten nach Westen. – Durch weiteren Luftdruckfall können aus den Wellen tropische Zyklonen entstehen, die sich ... gelegentlich bis zu tropischen Orkantiefs, den tropischen Wirbelstürmen, weiterentwickeln» (HORST MALBERG: *Meteorologie und Klimatologie*, 150).

Zur Entstehungsbedingung tropischer Wirbelstürme gehören näherhin Wassertemperaturen von mindestens 27 °C. Tropische Wirbelstürme bilden sich nicht zwischen 4° N und 4° S, also in unmittelbarer Nähe des Äquators. Das liegt daran, daß in Äquatornähe die CORIOLISkraft sich nicht auswirkt; der Wind weht deshalb nahezu senkrecht vom höheren zum tieferen Luftdruck – man spricht (nach dem Mathematiker LEONHARD EULER, 1707–1783) vom sogenannten EULER-Wind –, so daß die Druckunterschiede sich rasch abbauen. Starke Luftdruckunterschiede aber sind für die Entstehung tropischer Wirbelstürme unerläßlich; sie können sich nur dort bilden, wo die Reibung und damit das Einströmen der bodennahen Luft in das Gebiet tiefen Luftdrucks gering ist, so daß starke Luftdruckunterschiede sich aufbauen. Den weitaus größten Energiegewinn zieht ein tropischer Wirbelsturm jedoch, wie gesagt, aus der Kondensationsenergie, das heißt nach der Wärmeaufnahme durch den Verdunstungsprozeß über dem Meer jetzt bei anschließender Kondensation durch die Wärmeabgabe an die Atmosphäre; es ist, als wenn hier ein riesiges Tiefdruckgebiet in die Dynamik einer einzigen Gewitterentwicklung hineingerissen würde. Auf der Nordhalbkugel zwischen August und Oktober, auf der Südhalbkugel etwa sechs Monate davor und danach, wenn die Sonne in den Tropen und über den Ozeanen glüht, bilden sich jährlich etwa 20 der gefürchteten tropischen Wirbelstürme. Sie beginnen tatsächlich als Tiefdrucktrichter, wachsen sich dann aber rasch zu gigantischen Wärmekraftmaschinen aus. Denn wie bei einem entstehenden Gewitter kondensiert der Wasserdampf der hochgerissenen Luft, dadurch wird Kondensationswärme frei, so daß die gewaltigen Wasserdampfmengen ihrerseits wieder Wärme freisetzen; diese allerdings läßt jetzt nicht mehr nur einzelne Wolken immer höher aufwachsen, sondern sie heizt die Wirbelbewegung selber an. Auf diese Weise entstehen spiralig geformte Wolkenwände, «in denen das Wasser tonnenweise vom Himmel stürzt und Windgeschwindigkeiten zwischen 200 und 300 Stundenkilometern auftreten... Mit der allgemeinen Passatströmung bewegt sich das Sturmungeheuer als Ganzes mit einer Geschwindigkeit von etwa 10 bis 30 Kilometer» pro Stunde (HEINZ HABER: Unser Wetter, 140).

Der Durchmesser eines tropischen Wirbelsturmes beträgt etwa 500 km – das ist erheblich weniger als bei den Tiefs der gemäßigten Breiten. Im Zentrum liegt eine 10–30 km breite Zone, das «Auge des Orkans», wo der Wind nur schwach ist, der Regen nachläßt und die Wolkendecke aufreißt. In einer etwa 300 km breiten Zone um das «Auge» herum aber konzentrieren sich die ungeheuren Energien des Wirbelsturms. Dieser Aufbau eines tropischen Wirbelsturms ergibt sich daraus, daß «der Luftdruckabfall... im Zentrum der Tropenorkane so stark (ist), daß ihrem Wirbelkörper in den unteren Luftschichten Luft nicht nur zyklonal zuströmt, sondern auch Luft aus größerer Höhe herabgesaugt wird» (HEINRICH SEILKOPF: Wetter, in: Geophysik, hg. v. J. Bartels, 307–327, S. 324). Wir haben jetzt beinahe «senkrecht hochsteigende Wolken- und Regenwände, in welche der Orkan den Gischt von der Meeresoberfläche hineinpeitscht» (a.a.O., 324). Durch das Herabsaugen der Luft verdunsten die Wolken im «Auge» des Hurrikans; während ringsum der Orkan den Ozean zerwühlt, herrscht im Inneren Windstille, und darüber ist der große Himmel wolkenrein blau.

Die größte Zerstörungskraft entfalten die tropischen Wirbelstürme natürlich, wenn sie, vom Meer kommend, über Land ziehen und etwa vom Golf von Mexiko aus die Südstaaten der USA oder von den Weiten des Pazifiks her die Philippinen heimsuchen. Das einzig «Gute», was dann noch über Taifune und Hurrikane zu sagen bleibt, ist die Gewißheit, daß ein solcher Zyklon augenblicklich durch die Reibungswirkung an Kraft verliert, sobald er festen Boden betritt. Seine ganze enorme Energie stammt ja aus dem kondensierten Wasserdampf des Meeres, und der geht ihm jetzt aus; weit kann ein Wirbelsturm über Land also nicht kommen. Allerdings, die Spur, die er hinterläßt, ist regelmäßig ein Pfad des Grauens und der Verwüstung. «Um eine Vorstellung zu bekommen, wie groß die Wucht des Windes bei senkrechtem Aufprall auf eine Fläche ist, kann man die vereinfachte Formel für den Staudruck $P_{St}$ betrachten:

$$P_{St} = \left(\frac{v}{4}\right)^2,$$

wobei die Windgeschwindigkeit v in m/s eingeht und der Staudruck als anschauliches Maß in kp/m² (Kilopond/Quadratmeter) angegeben wird. Bei einem Wind von 20 m/s (Stärke 8) beträgt der Staudruck 25 kp/m², bei 30 m/s (Stärke 11) erreicht er 56 kp/m², bei 40 m/s (Stärke 12) sind es 100 kp/m² und in einem tropischen Orkan mit 83 m/s, also rund 300 km/h, wirkt ein Staudruck von über 400 kp/m² auf die angeströmten Flächen» (HORST MALBERG: *Meteorologie und Klimatologie*, 151). Dementsprechend verheerend ist die Zerstörungskraft eines Hurrikans.

Wie aber, noch einmal gefragt, steht es nun mit der religiösen Frage angesichts solcher Windungeheuer? Sie besteht, jüdisch-christlich gesehen, auf der einen Seite in dem Glauben an einen machtvoll lenkenden und gütig denkenden Gott, der die Geschicke der Welt bis in einzelne zum Vorteil jedes Einzelnen regle, und auf der anderen Seite in der jetzt doch sicheren Erfahrung, daß ein solcher Gott, von dem her sich das Geschehen der Welt als eine weise und majestätische Willensbekundung erklären ließe, weit und breit nicht zu erkennen ist.

Am 21. September 1957 zum Beispiel versank südwestlich der Azoren die Viermastbark «Pamir» mitsamt ihrer Mannschaft, lauter jungen Kadetten, die auf dem Segelschulschiff ihre Ausbildung als angehende Seeleute und Matrosen absolvierten (das Schwesterschiff «Passat» gilt noch heute als eine Perle unter den Windjammern). Das Schiff war in den Hurrikan «Carrie» geraten, der vermutlich die Getreideladung der Bark so verrutschen ließ, daß das Schiff kenterte. Die Daten dieses Hurrikans sind bekannt: Er «entwickelte sich am 5. September aus einer am 2. südöstlich der Kapverdischen Inseln auftauchenden, schon Sturmböen enthaltenden easterly wave (sc. östlichen Welle, d. V.), zog bis zum 10. westnordwestwärts, gelangte bis zum 16. in die Nähe der Bermuden, überquerte am 22. die Azoren, stand am 24. bei Irland und endete als sich rasch auffüllendes Tief am 26. September über Frankreich» (HEINRICH SEILKOPF: *Wetter*, a. a. O., 324). Kann man deutlicher, als es aus solchen «Nachrichten» des täglichen Wetterdienstes zu uns spricht, wohl noch sagen, wie winzig, zufällig und unbedeutend wir Menschen den Kräften sind, die im letzten trotz allem dafür sorgen, daß es uns gibt und auf diesem Planeten überhaupt, zumindest eine Weile lang, geben kann? Die gesamte Atmosphäre ist eine Einheit; ihre Gesetze sind mit der Geschichte des Lebens auf dieser Erde auf das engste verknüpft; doch wer als Angehöriger eines der *Pamir*opfer im Jahre 1957 wollte sich trösten lassen durch den Hinweis auf die majestätische

Schönheit der Hurrikane gemäß den Gesetzen der Thermodynamik über den offenen Wasserflächen der Ozeane am Ende eines nordatlantischen Sommers? Eine Religiosität, die der aufgeklärten Kritik standhält, beginnt überhaupt erst mit der Erkenntnis, daß da kein Gott ist, der sich befragen, beklagen und mit Gebeten bestimmen ließe ob des Unheils der Gesetze, die «seiner» «Schöpfung» innewohnen, ja, *zugrunde liegen*. Punkt für Punkt werden wir diese «negative Theologie» (vgl. *Der sechste Tag*, 55) im Konkreten durchhalten müssen. Was sich wirklich ereignet, ist geprägt von einer menschlich absurden Sinnlosigkeit: irgend etwas ist da «fällig» wie ein fallender Baum, doch in welch eine Richtung der Baum fällt, weiß niemand; kleinste Ursachen, ein «Schmetterlingseffekt», führt zu den größten Wirkungen, er «triggert», steuert die Richtung der Gesamtdynamik; doch ist da niemand, *der* «triggert». Nur um dieser Absurdität zu widersprechen, *brauchen* wir Religion!

Fügen wir, schon weil beides oft miteinander verwechselt wird, dem Bild eines *Hurrikans* noch die Dynamik eines *Tornados* hinzu. Auch er ist ein Wirbelwind, mit einer Windgeschwindigkeit bis zu, sage und schreibe, 800 km/h und einer entsprechenden Zerstörungskraft. Doch anders als die meergebundenen Hurrikans, sind Tornados reine Festlandsphänomene, die sich vor allem im Frühjahr und Frühsommer auf der Vorderseite von Tiefdruckgebieten bilden, wenn in der Höhe noch kalte Luft herrscht, unten aber warme, feuchte Luft aus den Tropen zuströmt. «Tornados entstehen im Westen der USA im Zusammenhang mit Kumulonimbuswolken, und zwar bevorzugt aus Kaltfronten, an denen trockenkalte Luft von den Rocky Mountains mit feuchtwarmer Luft aus dem Golf von Mexiko zusammenströmt. Dabei entstehen außerordentlich große Temperatur- und Feuchtegegensätze auf engstem Raum. – Gekennzeichnet sind Tornados durch einen extremen Luftdruckfall mit Werten von 500–100 hPa und durch entsprechend hohe Windgeschwindigkeiten» (HORST MALBERG: *Meteorologie und Klimatologie*, 153).

In gewissem Sinne ist ein Tornado mithin das Musterbeispiel einer «instabilen Luftschichtung», freilich jetzt wiederum verbunden mit einer enormen Dynamik, die sich aus dem Zusammenprall sehr kalter Luft oben und sehr warmer Luft unten ergibt. Denn unter extrem heftigen Rotationsbewegungen von mehreren hundert Kilometern pro Stunde versuchen beide Luftschichten, ihre Position zu wechseln: die Warmluft dringt nach oben, die Kaltluft nach unten. So senkt sich aus dem unteren Rand einer dunklen, regenhaltig kondensierten Wolke wie ein Elefantenrüssel ein Trichter herab, in dem die Warmluft emporströmt und alles mit sich vom Boden hinwegreißt, was sich ihr in den Weg stellt. Der «Rüssel» eines Tornados mißt einen Durchmesser von nur ein paar hundert Metern, und die Lebensdauer so eines Wirbelsturms ist nur kurz, doch das Leid, das er anrichtet, ist oft genug selbst in langer Zeit, wenn nicht gar niemals, je wieder gutzumachen. (Zu kleinräumigen Wirbelstürmen vgl. P. HUPFER – W. KUTTLER: *Witterung und Klima*, 213–214.)

### δ) Von Meeresströmungen, Monsunen und klimatischen Zusammenhängen zwischen Land und Meer

Von den klimatischen Bedingungen der Erde und ihrem Einfluß auf den Gang der Evolution läßt sich, wie wir sehen, nicht sprechen, ohne neben den Bewegungen der Luft die großen Strömungen *in den Weltmeeren* zu betrachten; sie bilden das *zweite* Rad im Getriebe des Lebens.

Der griechische Dichter HOMER, wenn er in der *Odyssee* das Meer zu beschreiben versuchte, nannte es gerne *atrygetos* – ruhelos, und in der Tat gibt es keine Eigenschaft der ewig rollenden Wogen, die als ein tieferes Gleichnis des Lebens gelten könnte. Zum Verständnis der niemals stillstehenden Ringströme des Meeres ist an sich nicht *mehr* vonnöten, als daß wir dieselben Gesetze, die das planetare Windsystem regeln, noch einmal auf die Bedingungen der Ozeane anwenden.

Auch für das *Wasser* am Äquator gilt, daß die Sonne, wenn sie die Oberfläche der äquatorialen Meere erwärmt, zu einer *Ausdehnung* der Wassermassen führt: der Meeresspiegel am Äquator hebt sich um etliche Zentimeter, und so fließt das Wasser von dort wie von einem Berg herab nach Norden und nach Süden zu den Polen; auf dem Wege dorthin wird es immer kälter (bis zu 4 Grad Celsius) und mithin schwerer; infolgedessen sinkt es unter das warme Wasser ab und strömt am Meeresboden zum Äquator zurück. Dieser Austausch des warmen Äquatorwassers an der Oberfläche gegen das kalte Eismeer-Wasser in der Tiefe bildet einen Ringstrom, der noch einfacher aufgebaut ist als die Konvektionsströme der Atmosphäre. Allerdings unterliegt auch dieser Strömungsverlauf naturgemäß der CORIOLISkraft. Die Erddrehung nach Osten bewirkt, daß die Meeresströme, die *zu den Polen* fließen, ganz wie der Wind, nach Osten abgelenkt werden, und zwar auf der Nordhalbkugel nach Nordosten und auf der Südhalbkugel nach Südosten; die *zum Äquator* fließende Strömung hingegen wird nach Westen abgelenkt, – auf der Nordhalbkugel also nach Südwesten, auf der Südhalbkugel nach Nordwesten; wieder ist die Stärke der Ablenkung dabei von der Höhe des Breitengrades abhängig. So entstehen die beiden Bilder von Abb. 132, um die Bewegung

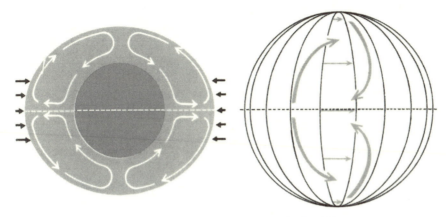

132 Der Einfluß von Sonneneinstrahlung und CORIOLISkraft auf die Meeresströmungen. *Links:* Die Sonneneinstrahlung erwärmt die tropischen Gewässer. Diese dehnen sich aus und fließen an der Oberfläche zu den Polen «bergabwärts». Das kalte Wasser sinkt in den Eismeeren ab und fließt am Meeresboden zum Äquator zurück. *Rechts:* Die Erdrotation lenkt die Winde und Meeresströmungen ab – nach rechts auf der Nordhalbkugel, nach links auf der Südhalbkugel.

des Wassers unter dem Einfluß der Sonne und unter dem Einfluß der *Corioli*skraft zu beschreiben.

Was wir auf diese Weise vor uns sehen, ist jedoch nur erst eine idealisierte Vereinfachung, die mit der Wirklichkeit noch nicht viel zu tun hat. An der Oberfläche der Ozeane macht sich vor allem die Kraft der Winde geltend, deren Strömungsrichtungen wir in Abb. 133 skizziert finden. Die Südwestwinde auf der Nordhalbkugel drücken in den gemäßigten Breiten das nach Nordosten fließende Wasser weiter nach Osten, ebenso wie die Nordwestwinde auf der Südhalbkugel bei dem nach Südosten fließenden Wasser die CORIOLISkraft noch verstärken; die Nordost- und Südostpassate hingegen drehen das Wasser verstärkt in eine westliche Richtung. So entstehen Oberflächenströme, die auf der Nordhälfte der Erde sich im Uhrzeigersinn und auf der Südhalbkugel sich gegen den Uhrzeigersinn drehen, wie es Abb. 133 darstellt (vgl. GÜNTER DIETRICH; *Zirkulation der Ozeane,* in: Geophysik, hg. v. J. Bartels, 343–354). Eine Darstellung der wichtigsten Oberflächenströmungen der Meere nebst ihrer klimatischen Wirkung bietet Abb. 134.

Erneut war es der findige BENJAMIN FRANKLIN, der Mitte des 18. Jahrhunderts bemerkte, daß amerikanische Schiffe durchschnittlich zwei Wochen weniger für eine Atlantiküberquerung benötigten als englische Schiffe; Wal-

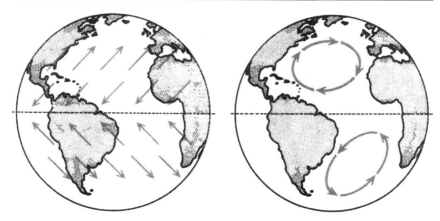

**133** Die Windgürtel der Erde und die Meeresströmungen. Drei Kräfte zusammen: Sonneneinstrahlung, CORIOLISkraft und Winde, drängen die Meeresströmung auf der Nordhalbkugel in eine Bewegung im Uhrzeigersinn, auf der Südhalbkugel gegen den Uhrzeigersinn.

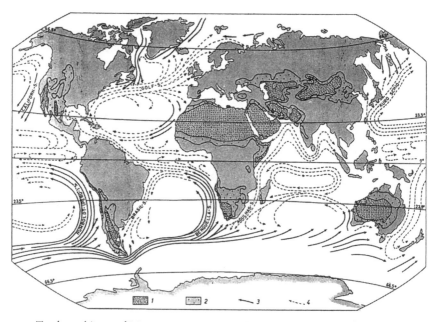

**134** Trockengebiete und Meeresströmungen. 1 = Wüsten; 2 = Steppen; 3 = kalte; 4 = warme Meeresströmungen. Deutlich ist, wie die Strömungssysteme nördlich des Äquators *im* Uhrzeigersinn, südlich *gegen* den Uhrzeigersinn verlaufen.

fänger aus Nantucket erklärten ihm, die amerikanischen Kapitäne benutzten auf der Hinfahrt eine starke östliche Strömung, die in den Nordatlantik führe, und sie versuchten auf der Rückreise, dieser Strömung auszuweichen. Als ein praktischer Mensch ließt FRANKLIN daraufhin diese Strömung kartographieren und schuf damit die erste Seekarte (der westlichen Welt) überhaupt, in welcher eine Meeresströmung verzeichnet war; FRANKLIN nannte die Strömung den *Golfstrom,* und so heißt sie heute noch.

Ein flüchtiger Blick in den Atlas (vgl. Abb. 134) zeigt, daß der Südost- und der Nordostpassat beiderseits des Äquators *zwei* Ströme antreiben: den *Südlichen* bzw. den *Nördlichen Äquatorialstrom.* «Infolge der Ablenkung gegen die Landmassen von Afrika und Südamerika bekommen diese Ströme eine genau westliche Richtung. Der Südliche Äquatorialstrom wird an der südamerikanischen Ostküste aufgesplittert, wonach der eine Teil seinen Weg längs der Küste Brasiliens als *Brasilstrom* nimmt, während der andere parallel zum Nördlichen Äquatorialstrom längs der nördlichen Teile von Südamerika verläuft. Die beiden Ströme bestehen aber aus Wassermassen, die in physikalischer Hinsicht verschieden sind. Ein Teil des letztgenannten Stroms läuft in einem Bogen östlich um die Antillen und dann nach Osten auf der Nordseite des antizyklonalen Wasserwirbels, der von den Winden um das Azorenhoch erzeugt wird. – Der Hauptteil des Wassers der beiden Strömungen erreicht jedoch über die Karibische See den Golf von Mexiko. Von dort setzt das stark erwärmte Wasser seinen Weg durch die Floridastraße als markanter und wohldefinierter Strom längs der Küste der USA fort bis zur Höhe von Kap Hatteras, von wo an der Strom allmählich nach Osten abweicht, was auf die vorherrschenden Westwinde zurückgeht» (GÖSTA H. LILJEQUIST – KONRAD CEHAK: *Allgemeine Meteorologie,* 354).

Diese Strömung ist es, die man als *Floridastrom* oder als *Golfstrom* bezeichnet, solange sie sich vor der amerikanischen Küste befindet; weiter im Osten sollte sie eigentlich *Nordatlantischer Strom* heißen, doch hat sich der Name Golfstrom für die gesamte Warmwasserströmung aus dem Golf von Mexiko bis hinaus zu den Küsten Norwegens durchgesetzt. Aufgeheizt wird der Golfstrom vor der Halbinsel Yucatán; das Wasser steigt dort um 20 cm über den normalen Pegelstand des Atlantiks an und drängt zwischen Kuba und Florida als der warme Golfstrom nach Nordosten in den offenen Atlantik. An der Südspitze Floridas ist der Golfstrom etwa 80 km breit und fast 500 Meter tief; mit einer Geschwindigkeit von 8 km/h führt er mehr als 4 Mrd. Kubikmeter Wasser pro Minute mit sich. Vor Neufundland und Kap Race trifft das warme blaue Wasser des Golfstroms auf das kalte grüne Wasser des Labradorstroms, der aus der Baffin-Bay zwischen Grönland und der Baffininsel nach Süden fließt. Dadurch wird der Golfstrom schwächer, und doch reicht seine Energie immer noch aus, um einerseits als Nordatlantischer Strom an Island vorbei ins Nordpolarmeer bis hinauf in die Barentssee und andererseits durch den Ärmelkanal in die Nordsee entlang der norwegischen Küste bis hinauf zum Nordkap zu fließen. Ein Teil des Golfstroms allerdings teilt sich bereits bei den Azoren und verbindet sich mit den Wassern des Kanarenstroms. Damit hat der Ringstrom des Nordatlantiks sich geschlossen. Eingekreist von diesem Ring liegt auf der Höhe Floridas vor dem Eingangstor zur Karibik das *Sargasso-Meer*, so genannt nach dem Beerentang, dessen Form die portugiesischen Seeleute wehmütig an die kleinen Trauben (sargaço) ihrer Heimat erinnerte; – 1600 km lang und 3000 km breit, bildet das Sargasso-Meer gewissermaßen die Radnabe des Golfstroms mit nur geringem Wasseraustausch unter einer brütenden Sonne. Das ist der Grund dafür, daß an der Oberfläche ein relativ dichter Teppich von Tang dahintreibt, während darunter eine biologische Wüste gähnt: «keine andere Region des Meeres von vergleichbarer Größe» weist «so wenige Kleinformen driftenden Lebens auf..., von dem doch alle anderen Meereslebewesen in der Ernährung abhängig sind» (LEONARD ENGEL: *Das Meer*, 73).

Diese kleine Skizze der wichtigsten Meeresströmungen im Nordatlantik zeigt bereits, wie sehr das Meer mit seinen Strömungen Klima und Leben beeinflußt. Dem Golfstrom verdanken wir, daß in der Nordsee keine Eisberge schwimmen und daß die Winter in Westeuropa relativ mild sind, daß Heringe an der Doggerbank laichen und daß, wie wir hörten, Aale in deutschen Flüssen schwimmen.

Ein dem Golfstrom ähnliches Strömungssystem findet sich im Nordwestpazifik in Gestalt des *Kuro Shio-Stroms*, der, von Mikronesien kommend, an Formosa und Japan vorbei hoch hinauf in den Golf von Alaska sowie an den Aleuten vorbeifließt und so die kalten Strömungen aus dem Beringmeer überlagert, die vor der Westküste Nordamerikas sich als der Kalifornische Strom fortsetzen. Es ist im Nordpazifik dieser große langsam driftende *Kuro Shio-Strom*, der Wolken und warmen Regen in die Küstengebiete von Britisch Kolumbien bringt und dort die gigantischen Wälder aus 100 Meter hohen Bäumen wachsen läßt, die erst seit den letzten 30 Jahren in einem ungehemmten Umweltfrevel der menschlichen Habgier zum Opfer fallen; dieser Warmwasserstrom ist es nicht zuletzt auch, der den Indianern an der Nordwestküste Kanadas reiche Fischerträge und damit das Überleben gewährt.

Auf der *Südhalbkugel* läßt sich im Prinzip das gleiche Schauspiel erwarten, nur diesmal entgegen dem Uhrzeigersinn. Tatsächlich findet sich im Südpazifik eine entsprechend große Wirbelströmung. Es beginnt mit dem *Perustrom* (oder HUMBOLDTstrom), der an der Südamerikanischen Westküste entlangstreicht, wo er mit seinen kalten Tiefwassern für einen so großen Fischreichtum sorgt, daß die Vogelkolonien, die sich davon ernähren, an der Küste Chiles enorme Mengen von salpeterhaltigem Guano (Vogeldung) aufschichten. In Äquatornähe erwärmt sich der Perustrom und wird vom Passat als *Südäquatorialstrom* nach Westen verdriftet. Der norwegische Forscher THOR HEYERDAHL nutzte 1947 diese Strömung, um sich mit der *Kon-Tiki*, einem Floß aus Balsastämmen, von Peru aus bis nach Polynesien zum Archipel von Tuamotu treiben zu lassen. Geschlossen wird der Ringstrom im Süden des Pazifik von den Kaltwassern der *Westwinddrift*, die bis zur Westküste Australiens fließt und dann, erwärmt, im Indischen Ozean zirkuliert. Im Südatlantik kreist der Ringstrom des kalten *Benguelastromes*, der von der südafrikanischen Westküste nach Norden entlangfließt, dann als Warmwasserstrom vom Südostpassat entlang dem Äquator nach Westen gedrückt wird und hernach als *Brasilstrom* an der Ostküste Südamerikas zurück nach Süden fließt.

Mit dieser Darstellung ist allerdings nur erst die Zirkulation des Meerwassers *an der Oberfläche* beschrieben; der Verlauf der *Tiefenströmungen*, der überhaupt erst seit den fünfziger Jahren erforscht wird, ist nicht selten der Oberflächenströmung entgegengesetzt. So fließt unmittelbar unter dem westwärts gerichteten Südäquatorialstrom eine mächtige Strömung nach Osten, die 5600 km lang ist und die Hälfte der Wassermenge des Golfstroms mit sich führt; auch unter dem Golfstrom fließt in 2000 bis 3000 Metern ein Gegenstrom, der während des Geophysikalischen Jahres 1957/58 entdeckt wurde. Näherhin hängt die Bewegung des Tiefenwassers ebenso wie die des Oberflächenwassers von zwei Faktoren ab: von der Temperatur und dem Salzgehalt.

Was die *Temperatur* angeht, so schwankt die Wassertemperatur an der Meeresoberfläche zwischen 30°C am Persischen Golf und ein wenig unter 0°C in der Arktis und Antarktis. In einer Tiefe des Ozeans, die zwischen 30–180 Metern beginnt und dann bis 1000 Metern herunterreicht, fängt hingegen die Temperatur an allen Stellen des Meeres kontinuierlich zu fallen an und hält sich dann überall relativ konstant während des ganzen Jahres bei knapp über dem Gefrierpunkt (mit Ausnahme natürlich an den vulkanischen Rücken, an denen glühendes Magma am Meeresboden austritt).

Je kälter Wasser wird, desto schwerer wird es und desto tiefer sinkt es, es verliert aber auch an *Salzgehalt*, der ja seinerseits zur Schwere des Wassers beiträgt. Der durchschnittliche Salzgehalt des Meeres liegt bei 3,5 Prozent; doch nimmt dieser Wert ab, wenn das nahezu salzfreie Polareis schmilzt, und er nimmt zu, wenn die Eisbildung einsetzt und dabei ein Großteil des Salzgehaltes im Wasser zurückbleibt. Am schwersten ist deshalb Wasser, das zugleich kalt und salzhaltig ist; gerade dieses Wasser findet sich in den Tiefenschichten des Meeres (vgl. GÜNTER DIETRICH: *Wärme- und Stoffhaushalt des Meeres*, in: Geophysik, 274–282). Das Salz dort stammt zu einem großen Teil vom Eisschelf der Antarktis und bewegt sich von dort sehr langsam zum Äquator hin und darüber hinaus bis zur Nordhalbkugel. Allein bis zum Äquator braucht diese Tiefenströmung jedoch schätzungsweise 300 Jahre (oder, wie manche meinen, sogar 1500 Jahre).

Regional kann der Salzgehalt in Binnenmeeren natürlich recht unterschiedlich sein: Im Mittelmeer zum Beispiel verdunsten pro Sekunde ca. 100 000 Kubikmeter Wasser, und damit steigt der Salzgehalt auf 3,9 Prozent; wenn in den Wintermonaten das Wasser abkühlt, sinkt dieses salzhaltigere Oberflächenwasser ab und strömt dann durch die Straße von Gibraltar bis in einer Entfernung von 3000 km in den Atlantik hinaus; umgekehrt fließt das salzärmere Wasser des Atlantiks an der Oberfläche ins Mittelmeer hinein – eine Tatsache, die sich deutsche U-Boote beim Passieren der Meerenge zwischen Nordafrika und Spanien im Zweiten Weltkrieg zu Nutze machten, indem sie sich lautlos, bei abgestellten Motoren, mit der Oberflächenströmung ins Mittelmeer hinein und mit der Tiefenströmung wieder heraus tragen ließen (LEONARD ENGEL: *Das Meer*, 71–87).

Eine einfache Beziehung der Meeresströmungen zu den Klimaverhältnissen ergibt sich daraus, daß Winde, die vom Meer zum Festland wehen (sogenannte «auflandige Winde») stark abgekühlt werden, wenn sie über kalte Meeresflächen streichen, und dann nur noch wenig Feuchtigkeit heranführen können. Sie bringen zwar häufig Dunst und Nebel mit sich, doch selten wirkliche Niederschläge. Nach dieser simplen Regel läßt sich die Bildung einer Reihe küstennaher *Wüsten* verstehen: Um die Südspitze Südamerikas zum Beispiel fließt aus der *Drakestraße* an *Feuerland* vorbei der *Falklandstrom* und hüllt die *Patagonische Wüste* in Nebel; die Kaltwasser des *Peru-*(oder: HUMBOLDT-)Stroms lassen Nebel über die *Atacama-Wüste* wehen; der *Kanarenstrom* verhindert, daß feuchte Winde vom Atlantik her die *Sahara* bewässern können, und der *Kalifornienstrom* sperrt die *Sonora-Wüste* von feuchtwarmer Luft ab, während er die Westküste des *Kalifornischen Golfs* mit dichten Nebelschleiern überzieht. Am verheerendsten (aus menschlicher Sicht) wirkt sich der kalte *Benguelastrom* auf die *Kalahari-Wüste* aus; ihr vorgelagert ist die *Namib-Wüste,* über welche immer wieder in dichter Staffel Wolken vom Atlantik heranwehen, ohne indessen den Hitzeschild der Wüste bis zum Boden hin durchdringen zu können (vgl. HORST MALBERG: *Meteorologie und Klimatologie,* 269–270). Die Strömung an der Küste ist so gefährlich und die Brandung so heftig, daß immer wieder Schiffe dort stranden; was ein solches Schicksal für die Betroffenen bedeutete, besagt der Name, den man der Küste nicht zu Unrecht gegeben hat: die «*Skelett-Küste*» nennt man sie (vgl. A. STARKER LEOPOLD: *Die Wüste,* 28–29).

Entscheidend für das Klima einer Region ist generell die Entfernung vom Meer beziehungsweise die Nähe zum Meer. Winde, die über weite Landstrecken ziehen müssen, besitzen keine Feuchtigkeit mehr, so daß sie etwa noch die Wüste Gobi im Inneren des asiatischen Kontinents bewässern könnten, doch genügen auch bereits hohe Gebirgsketten, um aufziehende Wolken an der Hangseite so weit abregnen zu lassen, daß das Hinterland ausdörrt. Das *Australische Bergland* im Osten Australiens zum Beispiel wirkt gegenüber den tropischen und subtropischen Winden als so eine Art Feuchtigkeitsbarriere; die 400-Meter-Gipfel der *Sierra Nevada* an der Westküste der USA führen zu den fruchtbaren Tälern von Sacramento im Westen, aber auch zu der kalifornischen Wüste im Osten; am Westhang der *Anden* entstand – vor der Abholzung durch den Menschen – zwischen Meer und Gebirge das größte Waldgebiet der gemäßigten Breiten, während sich im Hinterland die *Pampas* erstrecken. In *Der sechste Tag* (77–79) hörten wir bereits, daß die Auffaltung der Gebirgsketten entlang des ostafrikanischen Grabenbruchs dazu geführt haben dürfte, die gemeinsamen Vorfahren des heutigen Schimpansen und des heutigen Menschen von einander zu trennen und den einen zum Spezialisten des Urwaldes und den anderen zum Bewohner der Steppe zu machen. Jetzt müssen wir sagen: Was in der Geschichte des Menschen als ein Einzelereignis imponiert, stellt in der Geschichte des Lebens ganz offensichtlich einen immer wiederkehrenden Vorgang dar.

Denn worauf wir mittlerweile gestoßen sind, ist generell die Erkenntnis, daß die klimatischen Bedingungen aus einem *Zusammenspiel* von Meer und Land sich bilden und von der konkreten Zufallsverteilung und Zufallsgestalt beider Faktoren abhängen: Bestünde etwa die Landbrücke von Panama zwischen Nord- und Südamerika nicht, so gäbe es auch den Golfstrom mitsamt seinen enormen Auswirkungen auf das Leben im Einflußbereich des Nord-Atlantiks nicht; gäbe es die Auffaltung der Anden nicht, so gestaltete sich das Klima Chiles vollkommen anders, usw.

Allein der *thermische* Faktor des Meeres für das Klima ist schwer zu überschätzen. «Die im Mittel 70–120 m mächtige *Mischungs- oder Deckschicht* des Ozeans besitzt eine Wärmekapazität, die etwa dreißigmal höher als die der darüber befindlichen Atmosphäre ist. Dieses Wärmereservoir wird in den geläufigen Grenzen durch die Abkühlung in den höheren Breiten gehalten, wobei jedoch die Eisbildung das Meer in diesen Regionen vor weiterer Abkühlung schützt... Die Erwärmung in den niederen Breiten wird dagegen durch die Verdunstung bzw. den latenten Wärmestrom, der vom Ozean zur Atmosphäre gerichtet ist, reguliert.» «In bekannter Weise kann der Ozean thermisch in die *Kalt- und Warmwassersphäre* eingeteilt werden» (PETER HUPFER: *Das Klimasystem der Erde,* 71). «Die Verteilung der ozeanischen und atmosphärischen Wärmehaushaltskomponente erfordert einen im Mittel polwärts gerichteten Wärmetransport in Ozean und Atmosphäre... Für den Ozean bedeutet das, daß seine akkumulierte Energie in Gebieten höherer Breiten wieder an die Atmosphäre abgegeben wird» (a. a. O., 73). Wichtig ist dabei, daß der Wärmetransport in der Atmosphäre auf der Nordhalbkugel vom Westwind angetrieben wird. Die westlichen und die östlichen Küstengebiete eines größeren Meeres können deshalb auf ganz verschiedene Weise beeinflußt werden. «Auf der amerikanischen Seite des Nordatlantiks werden im Winter kalte Luftmassen aus dem Inneren des Kontinents über das Küstengebiet zugeführt. Nördlich von 50° N fließt auch eine kalte Meeresströmung längs der Küste. Beides zusammen schafft ein für diese Breitenzone und die maritime Lage sehr strenges Winterklima. Im Sommer wird wieder das Küstengebiet von den kalten Strömungen von Norden her abgekühlt. – In denselben Breitengraden auf der anderen Seite des Atlantiks, d. h. in Nordwesteuropa, strömen die Winde vom Meer her über den Kontinent. Diese Winde sind infolge des Wärmeaustausches mit dem warmen Wasser im Nordatlantischen Strom (sc. Golfstrom, d. V.) relativ mild. Das Klima ist daher bedeutend milder als das durchschnittliche Klima des Breitengrades. Besonders markant ist dies an der norwegischen Küste und in Spitzbergen. – Der Temperaturkontrast zwischen dem warmen Atlantischen Strom und dem Meer südlich von ihm, sowie den kalten Meeresströmungen und Wassermassen nördlich von ihm läßt einen scharfen Temperaturkontrast in der Atmosphäre und damit auch einen kräftigen thermischen Wind in höheren Schichten, der ungefähr von Westen nach Osten über dem Atlantik und ungefähr von Südwesten nach Nordosten über dem Nordwesten Europas gerichtet ist, entstehen. Dies wieder bringt mit sich, daß der Höhenwind eine Tendenz hat, über dem eigentlichen Atlantik aus Westen zu wehen, aber vor der europäischen Küste auf Südwest zu drehen. Daher entsteht auch eine Tendenz für die Zyklonen, Bahnen zu folgen, die gegen Nordosten gerichtet sind, wenn sie sich Europa nähern. Daher kann die warme Luft auf der Südseite der Zyklonen nach Nordwesteuropa hereinkommen und dort das Klima milde gestalten» (GÖSTA H. LILJEQUIST – KONRAD CEHAK: *Allgemeine Meteorologie,* 355).

Was sich auf diese Weise zeigt, ist das enge Zusammenspiel zwischen Atmosphäre und Wasser. «Bei guter Anpassung sind die Verhältnisse stabil, das Klima bleibt unverändert. Eine Störung in der einen Zirkulation bringt Störungen auch in der anderen mit sich, und daraus entsteht eine neue Anpassung, bei der sich vielleicht die Zirkulationen sowohl in der Atmosphäre als auch im Meer radikal verändert haben, d. h., daß eine Klimaänderung eingetreten ist. Eine derartige Störung kann außerdem eine Änderung in der Ausbreitung des Meereseises mit sich bringen und dazu führen, daß das Eis auf den Landgebieten zunimmt oder überhaupt entsteht. Auch große eisbedeckte Gebiete wirken auf die atmosphärischen Verhältnisse ein und müssen daher in den Anpassungsmechanismus zwischen Atmosphäre und Erdoberfläche eingehen. Relativ kleine Veränderungen, Störungen, können also durch eine Art Kettenreaktion zu durchgreifenden Veränderungen in den Zirkulationen von Atmosphäre und Meer, sowie in der Ausbreitung von Meereis und Landeis führen. Auf diese Weise kann eine Eiszeit oder eine Zwischeneiszeit entstehen» (LILJEQUIST – CEHAK: a. a. O., 356). Wir werden gleich noch sehen, daß diese Feststellung den Schlüssel zum Verständnis der großen Katastrophen in der Geschichte des Lebens auf dieser Erde bieten dürfte.

Aber es ist nicht nur so, daß das Meer über die Atmosphäre entscheidend auf das Klima am Festland einwirkt, auch das Festland beeinflußt seinerseits über die Windzirkulation die Richtung und Temperatur der Meeresströmungen; und vor allem die Begrenzung der Ozeane durch die Kontinente gestaltet die Strömungsverhältnisse in den Weltmeeren entscheidend mit. Abb. 135 zeigt, wie an den Osträndern der Ozeane kaltes Wasser vor den Westküsten Amerikas (Oregon, Peru-Chile) und Afrikas (NW-Afrika, Mauretanien, SW-Afrika, Namibia) aufsteigt.

Wird dieser «Normalzustand» gestört, so können die Folgen verheerende Ausmaße erreichen. So ist das Wetterphänomen El Niño, das derzeit, im Jahre 1998, wieder einmal in aller Munde ist, auf das Ausbleiben des Auftriebs von kaltem Wasser an der tropischen Westküste Südamerikas zurückzuführen. Es scheint, als sei diese Witterungsanomalie, die mit einer «Regelmäßigkeit» zwischen zwei bis sieben Jahren auftritt, darauf zurückzuführen, daß die Wassermassen des Pazifik durch die südamerikanischen Kordilleren gezwungen wurden, wie in einer riesigen Badewanne hin und her zu schwingen. Es han-

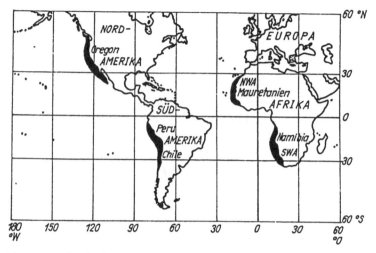

135 Die Hauptauftriebgebiete von kaltem Wasser vor den Westküsten Amerikas und Afrikas.

delt sich um «langperiodische Oszillationen der Luftdruckanomalien zwischen dem indonesischen Hitzetief... und dem Südpazifik-Hoch..., die als *Südliche Schwingung...* bezeichnet» werden (PETER HUPFER: *Das Klimasystem der Erde, 78*). El Niño erweist sich somit als Teil einer mehrjährigen globalen Schwingung des Systems Atmosphäre–Ozean an der Randzone Festland. Das Ausbleiben des Kaltwasserauftriebs vor der Küste Südamerikas bzw. die Steigerung der Gesamtwärmeabgabe des Ozeans an die Atmosphäre um die Zeit des «Christkindes» (El Niño) führt an der Westküste Südamerikas zu heftigen Stürmen und verheerenden Überschwemmungen, wie sie sich zum Beispiel 1982/83 ereigneten. Weil die Kaltwasser des Perustromes ausbleiben, gehen die Fischbestände in den küstennahen Gewässern erheblich zurück – für die Fischer dort natürlich eine Katastrophe. Andererseits fehlt die Feuchtigkeit, die sich an der amerikanischen Küste so heftig abregnet, im Westen des Pazifik, mit der Folge, daß im Jahre 1998 die Flächenbrände, die seit Jahrzehnten (!) auf Borneo wüten, nicht, wie sonst üblich, von den Regenmassen des *Monsuns* eingedämmt wurden, sondern sich allein durch ihre Rauchentwicklung bis nach Djakarta und Singapur hin empfindlich bemerkbar machten.

Der *Monsun* selbst ist das einfache Ergebnis des *Gegensatzes von Meer und Land*, der als solcher das Klima wesentlich mitgestaltet. «Eine Luftströmung kann als Monsun angesehen werden, wenn folgende Bedingungen (Ramage-Chromov-Kriterien) erfüllt sind: Der Winkel zwischen häufigster Windrichtung im Januar und Juli muß mindestens 120° betragen. Die mittlere Häufigkeit der jeweiligen Hauptwindrichtungen im Januar und Juli muß mindestens 40% erreichen. Die mittlere resultierende Windgeschwindigkeit muß mindestens in einem der Monate Januar und Juli 3 ms$^{-1}$ überschreiten. In jedem der Monate Januar und Juli muß die Häufigkeit eines Wechsels Zyklone/Antizyklone pro 5°-Feld < 0,5 a$^{-1}$ liegen. Monsungebiete liegen nach diesen Kriterien im gesamten Raum des nördlichen Teiles des Indischen Ozeans bis maximal 20° S, im Indischen Subkontinent, in Südostasien bis zum nördlichen Teil Australiens sowie in Teilen Afrikas» (PETER HUPFER – WILHELM KUTTLER: *Witterung und Klima*, 157).

Ausschlaggebend für die Entstehung des Monsuns ist die Tatsache, daß Landmassen sich viel rascher erwärmen und abkühlen als das Meer. Jeden Abend etwa kann man am Meer beobachten, wie der Wind an der Küste vom kühler werdenden Land her auf das wärmere Meer hinaus zu wehen beginnt, während er am Morgen, wenn das Land sich wieder erwärmt, landeinwärts strömt. Dieses lokale Ereignis muß man sich nur ausgedehnt auf den Wärme- und Windaustausch zwischen den Weltmeeren und den Kontinenten vorstellen, und man begreift, wie die Verteilung von Wasser und Land sich auf das Klima im ganzen auswirken muß: Über den Kontinenten wird die Luft in den Wintermonaten sich viel stärker abkühlen als über dem Meer, im Sommer wird sich das Land dafür sehr viel stärker erwärmen als das Meer; man spricht demgemäß von einem *Kontinentalklima,* das durch hohe Temperaturgegensätze zwischen flirrenden Sommern und klirrenden Wintern (zwischen 30°C plus und minus) gekennzeichnet ist; das Innere Sibiriens und Kanadas sind dafür Beispiele: – wie schwierig ist es, in diesen Ländern auch nur eine Straße zu bauen, wenn unter den Bedingungen des Kontinentalklimas im Sommer der Asphalt zu «kochen» beginnt und im Frühling der abtauende Frostboden den Untergrund in Schlamm verwandelt!

Umgekehrt sorgt ein *maritimes Klima* für kühle Sommer und warme Winter und mildert damit die Temperaturextreme.

Insgesamt kommt es zwischen Meer und Kontinent im Winter und im Sommer zu einer eigenen Windzirkulation: Im Raum des Indischen Ozeans und Südostasiens besteht der *Wintermonsun* «aus einer mächtigen Luftströmung, die ihren Ursprung im Raum des Asiatischen Hochdruckgebietes (hat) ... Diese fließt zunächst als Nordostpassat äquatorwärts, überquert den Äquator und wird auf der Südhalbkugel entsprechend der ablenkenden Kraft der Erdrotation nach links in eine nordwestliche Strömung umgelenkt. Die Innertropische Konvergenzzone erreicht dann ihre südlichste Lage bei 10° S. Der Wintermonsun unterscheidet sich auch in seinem Aufbau nicht von dem Nordostpassat. Der sommerliche Südwestmonsun, der sich bis weit in das Festland hinein erstreckt, entsteht aus dem den Äquator überschreitenden Südostpassat, der auf der Nordhalbkugel nach rechts zu seiner Südwestströmung abgelenkt wird. Auslöser dieser Zirkulation ist das sommerliche Hitzetief über Südasien, das seinen Kern im Mittel über Westpakistan besitzt. Dadurch werden entsprechende Druckunterschiede und Neigungen der isobaren Flächen erzeugt. Diese Strömung erstreckt sich bis in den mittleren Bereich der Troposphäre und erreicht mit knapp 10 ms$^{-1}$ in Höhe von ungefähr 1500 m ihre maximale Intensität... Während der Wintermonsun trocken ist, ist der Sommermonsun infolge der Überquerung großer warmer Meeresgebiete feuchtwarm. Das hat zur Folge, daß mit dem Sommermonsun starke Niederschläge verbunden sind» (PETER HUPFER – WILHELM KUTTLER: *Witterung und Klima*, 157–158).

Für Indien und Südostasien ist das Eintreffen des *Sommermonsuns* vor allem für den Reisanbau lebensnotwendig und wird dementsprechend im *Hinduismus* als ein religiöses Ereignis gefeiert: Statuen des elephantenköpfigen Gottes *Ganesha* werden in festlichen Prozessionen zum Meer getragen und dann von Schwimmern in den Fluten versenkt; in der Tat ist *Ganesha* unter anderem eine symbolische Verkörperung der Wolken, die aus dem Meere aufsteigen, um das dürre Land zu befruchten.

Vor diesem Hintergrund müssen wir nun bedenken, daß die Form der Kontinente und der Weltmeere in der Geschichte der Erde sich im Verlauf von Jahrmillionen immer wieder *geändert* hat, dann können wir jetzt durch eine bloße Verknüpfung von Meteorologie und Plattentektonik die Dramaturgie der großen Katastrophen der Evolution in eben der Zufälligkeit und Unausweichlichkeit rekonstruieren, in der sie sich allem Anschein nach ereignet hat. Wenn es eine Tatsache gibt, die der theologischen Vorstellung eines weisen, gütigen und mitleidigen, ja, (in Christo) mit*leidenden* Gottes eindeutig und endgültig widerspricht, so liegt sie in der Bedenkenlosigkeit, mit welcher die Natur die Ausrottung ganzer Gattungen, Familien und Klassen von Tieren nach ihren unerbittlichen Gesetzen, soweit wir sie bisher schon kennengelernt haben, nicht nur in Kauf nimmt, sondern als unvermeidlich selbst produziert.

## 2. Massenausrottung und Artensterben als Teil der Geschichte des Lebens

*a) Die Ediacara-Fauna und das Leben am Burgess Shale*

Daß die Evolution keinesfalls nur eine Entwicklung vom Einfachen zum Komplexen darstellt, sondern zumindest auch eine Vereinfachung und Ausschaltung einer Vielzahl von Lebensformen und Lebensmöglichkeiten bedeutet, hat vor allem der amerikanische Paläontologe STEPHAN JAY GOULD (*Zufall Mensch*, 348–363: Sieben mögliche Welten) herausgearbeitet.

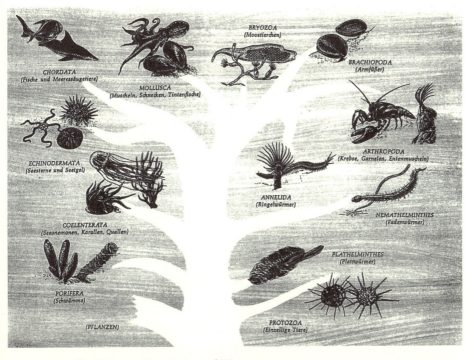

136 Die elf wichtigsten Tierstämme und Klassen.

Die erste uns bekannte Welt vielzelliger Tiere existierte vor 670 bis 550 Millionen Jahren in Gestalt der sogenannten *Ediacara*-Fauna, benannt nach ihrem 1946 von dem Geologen REG SPRIGG entdeckten Fundort im südlichen Australien. MARTIN GLAESSNER (*The dawn of animal life*, Cambridge 1984), der bei der paläontologischen Beschreibung der Formen maßgebend war, deutete die Funde in gewohnter Weise als primitive Vertreter moderner Gruppen, insbesondere der Hohltiere (weicher Korallen und Medusoiden), aber auch der Anneliden (Ringelwürmer) und Arthropoden (Gliederfüßer), doch ist es sehr fraglich, ob es sich so verhält.

Da das Meer alle Tierstämme, die je gelebt haben und heute noch leben, hervorgebracht hat, mag eine Skizze der elf wichtigsten Tierstämme und Klassen zur Orientierung hilfreich sein (vgl. Abb. 136).

Auch als Laie sieht man im Vergleich mit diesem Bild, daß es zumindest nicht einfach ist, die Lebensform der Ediacara-Fauna, wie Abb. 137 sie zeigt, mit den uns bekannten Tierstämmen zu identifizieren.

Von den Lebensformen der Ediacara-Fauna, die inzwischen auf allen Kon-

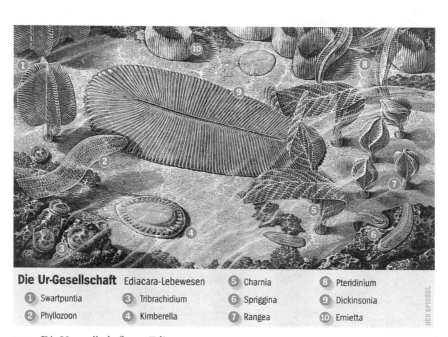

137  Die Urgesellschaft von Ediacara.

tinenten, außer dem antarktischen, belegt wurde, entfallen etwa 80 Prozent auf die Hohltiere, genauer die Nesseltiere, von denen allein Dreiviertel quallenartige Tiere sind, die schon damals frei im Wasser schwebten oder frei schwimmende Kolonien bildeten, etwa wie die zu den Staatsquallen zählende heute lebende Segelqualle *(Velella).* Andere Hohltiere scheinen den heutigen Seefedern *(Pennatularia)* zu ähneln. Tiere wie *Spriggina* wiederum ähneln Gliederfüßern und Ringelwürmern; andere Lebensformen aber, wie das speichenförmige *Tribachidium,* das man mit den heutigen Schwämmen in Verbindung bringen wollte, oder wie *Kimberella,* das man als Vorläufer von Schnecken und Muscheln interpretieren mochte, scheinen in Wirklichkeit mit keinem bekannten Tier vergleichbar zu sein. Einige der Lebewesen der Ediacara-Fauna wie *Dickinsonia,* ein flacher Wurm mit einem schwach muskulösen Körper und einem Darm, erreichte bei nur drei Millimetern Dicke bereits eine Länge von fast einem Meter. Insgesamt nahmen all diese Organismen den Sauerstoff aus dem umgebenden Wasser über ihre weiche dünne Körperoberfläche auf, wie wir es bei den Bandwürmern bereits kennengelernt haben.

Offenbar ist das Auftreten erster fossiler Vielzeller überhaupt nur möglich gewesen durch einen erheblichen Anstieg des Sauerstoffs, das heißt durch immer weiter zunehmenden Einfluß photosynthetisierender Organismen auf Wasser und Atmosphäre. Dieser Zusammenhang ist so wichtig, daß man in gewissem Sinne die gesamte Evolution unter dem Aspekt des Sauerstoffanstiegs beschreiben und begreifen kann, wie Abb. 138 es versucht.

Was jedoch das Schicksal der Ediacara-Fauna angeht, so könnte es sein, daß gerade die weiche, ungeschützte Oberfläche den Tieren zum Verhängnis wurde.

Die Frage nämlich stellt sich auch in systematischer beziehungsweise taxonomischer Hinsicht, ob die Ediacara-Fauna, dieser erste und einzige Beleg vielzelligen Lebens vor der Trennlinie zwischen Präkambrium und Kambrium, tatsächlich die Frühformen und Vorformen heutiger Tierstämme bildet oder nicht. Schon Mitte der achtziger Jahre hat der Tübinger Paläontologe ADOLF SEILACHER (*Late Precambrian Metazoa: Preservational or real extinctions?* in: H. D. Holland – A. F. Trendall: Patterns of change in earth evolution, Berlin 1984, 159–168) Zweifel an den von GLAESSNER vorgenommenen Klassifikationen geltend gemacht. SEILACHER wies zum Beispiel darauf hin, daß bei modernen Weichkorallen wie den Seefedern, mit denen etliche Ediacara-Tiere in Verbindung gebracht wurden, zwischen den Ästen ein Abstand zum Filtrieren von Nahrung und zur Ausscheidung besteht, während bei den Ediacara-Formen die scheinbaren Äste aneinander liegen und eine

| Schlüsselereignis | Milliarden Jahre vor heute | überlieferte Lebensspuren | Sauerstoffanteil gegenüber heute | Begleitereignisse und Folgen |
|---|---|---|---|---|
| 8. voller Sauerstoffgehalt | 0,4 | große Fische, erste Landpflanzen | 100 | biosphärische Evolution bis heute |
| 7. Vielzeller mit Außenskelett | 0,55 | kambrische Fauna | ~10 | Grabspuren; Höherentwicklung |
| 6. erste fossile Vielzeller | 0,67 | Ediacara-Fauna | ~7 | fossile Vielzeller und „Fährten" |
| 5. erste fossile eukaryontische Zellen | 1,4 | Zellen mit größerem Durchmesser | >1 | Rotsedimente nehmen zu, mehrzellige Organismen, Mitose, Meiose, genetische Rekombination |
| 4. sauerstofftolerante Blaualgen | ~2,0 | vergrößerte dickwandige Zellen, eingestreut in Zellketten von Blaualgen | ~1 | Atmungsstoffwechsel, Ozon-Schirm; älteste Rotsedimente überschneiden sich mit jüngsten gebänderten Eisensteinen |
| 3. Photosynthese, wahrscheinlich sauerstofferzeugend | >2,8 | Stromatolithen | <1 | Chlorophyll $a$ und Cytochrom $b$; Formationen gebänderter Eisensteine und andere Sauerstoff-Senken; Treibhaus-Effekt nimmt ab |
| 2. autotrophe Lebensweise Energiequelle: Methansynthese? Schwefeloxidation? | >3,5 | Stromatolithen, Sulfat, „leichter" Kohlenstoff | sauerstofflos | Strukturen, die heutigen ähneln |
| 1. Entstehung des Lebens | (~3,8?) | „leichter" Kohlenstoff | sauerstofflos | Beginn der biosphärischen Evolution |

138 Acht Schlüsselschritte in der frühen Biosphäre.

flache Matte ohne Zwischenräume bilden. Allem Anschein nach haben die Ediacara-Tiere sich anders ernährt als ihre vermeintlichen modernen Repräsentanten; wenn aber ihre Lebensfunktionen grundlegend anders gestaltet waren, so läßt ihre oberflächliche Gestaltähnlichkeit keine Aussagen über ihre Verwandtschaft miteinander zu; allenfalls beim *Tribachidium* hält auch SEILACHER heute eine Verwandtschaft mit modernen Schwämmen für gegeben. Tatsächlich aber glaubt er, man könne die Mehrzahl der Ediacara-Tiere taxonomisch als Variationen eines einzigen Bauplans betrachten: eine abgeflachte, in Abteilungen gegliederte Form, die unter Umständen ein hydraulisches Skelett, ähnlich einer Luftmatratze, gebildet hat.

Einmal angenommen, daß es sich so verhielte, wäre die Folgerung von größter Bedeutung; wir müßten dann nämlich davon ausgehen, daß die Ediacara-Fauna einmal einen vollkommen eigenständigen Versuch gebildet hat, vielzelliges Leben auf dieser Erde zu begründen – und daß dieser gesamte Versuch «fehlschlug», wenn irgend das gänzliche Aussterben nicht nur von einzelnen Arten, sondern von grundlegenden Bauplänen in der Geschichte des Lebens als Fehlschlag interpretiert werden darf.

An solchen Fragen wird indes wiederum ein Hauptunterschied zwischen einer biologischen und einer theologischen Betrachtung der Welt sichtbar.

*Biologisch* scheint es unumgänglich, das Denken in «Erfolgen» und «Fehlschlägen» insgesamt als einen Restbestand anthropozentrischer Beurteilungsweisen aufzugeben; die Natur ist, wie sie ist; sie läßt an Leben zu, was möglich ist, und sie nimmt wieder fort, was nicht mehr leben kann; sie entwirft keine Pläne, sie stellt lediglich den Raum, die Zeit und die Gesetze bereit, nach denen etwas sich selber organisieren und weiterentwickeln kann, und wenn die Entfaltung einer bestimmten Form, aus was für Gründen auch immer, an ihr Ende gekommen ist, wird augenblicklich in die Lücke, die mit ihrem Ausscheiden hinterlassen wurde, beziehungsweise in die «Nische», die nun nicht länger besetzt ist, etwas Neues eindringen. In solchen Veränderungen *besteht* das, was wir den Gang des Lebens auf dieser Erde nennen.

Wie anders beschaffen aber ist die Erwartung des *theologischen* Denkens an die Natur! Da *müßte* ein Gott sein, der in oberster Weisheit, Güte, Planung und Übersicht den Gang der Welt zum immer Besseren lenkte, doch ein solcher Gott ist nicht zu erkennen! Diese Enttäuschung ist fundamental und unvermeidbar, solange das Gottes- und Weltbild der herkömmlichen christlichen Theologie noch in Kraft ist. Unmöglich ist es sogar, «Gott» als die *immanente* Tendenz zu einer stetigen kreativen Aufwärtsentwicklung des Lebens interpretieren zu wollen. Zwar würde eine solche Neuinterpretation des überkommenen Gottesbegriffes sich kaum noch von den alten pantheistischen, deistischen oder auch atheistischen Weltanschauungen unterscheiden – dem Weltbild christlicher Kirchenfrömmigkeit müßte eine solche Konzeption konträr widersprechen! –, und doch ist selbst eine solche Rückzugsstellung der Theologie, wie schon mehrfach gesagt, auf die Dauer nicht haltbar, und zwar vollends dann nicht, wenn sich nun zeigt, in welch einem Umfang der bloße Zufall, das blinde Experimentieren im Kampf ums Dasein das Gesicht des Lebens und seine Geschichte geprägt hat.

*Warum* starb die Ediacara-Fauna aus? Es gibt Forscher wie den australischen Paläontologen RICHARD JENKINS, der *Spriggina* etwa für einen bloßen Ringelwurm hält und gar nicht daran glaubt, daß die Ediacara-Fauna ausgestorben sei. Andere aber, wie der amerikanische Paläontologe MARK MCMENAMIN (*The Garden of Ediacara. Discovering the First Complex Life*, New York 1998), sind davon überzeugt, daß zum Beispiel *Dickinsonia* eine gänzlich andere Embryonalentwicklung aufwies als moderne Tiere und sich, entsprechend den Mutmaßungen von ADOLF SEILACHER, auch anders ernährte. «Der abgeflachte Körper der Ediacara-Tiere», schreibt MARK MCMENAMIN (*Das Erscheinen der Tierwelt*, in: Fossilien: Bilder frühen Lebens, 56–64, S. 62) «dürfte... eine wirksame Aufnahme von Nährstoffen aus dem Seewasser oder eine wirksame Absorption von Licht durch symbiotische Algen ermöglicht haben.» Die Lebensräume waren nährstoffarm, und die Photo-Autotrophie von Tieren erforderte eine Symbiose mit photosynthetisierenden Algen. Gegen Ende des Präkambriums aber scheint eine Änderung des Nahrungsangebotes mit einem wachsenden Druck zur Heterotrophie, zum «Leben von anderen», mithin zum «Fressen und Gefressenwerden» eingesetzt zu haben, und zwar nicht durch Nahrungsmangel, sondern durch eine Erhöhung des Nahrungsangebotes, die das Prinzip der Heterotrophie verstärkte.

Schon vor 800 Millionen Jahren dürften die bis dahin vielfältigen und zahlreichen *Stromatolithen* durch algenverzehrende Tiere einen erhebliche Rückgang erfahren haben; jetzt aber, bei der nachfolgenden «Kambrischen Explosion», sieht alles danach aus, als sei damals durch das Auftreten räuberischer Tiere erstmals eine gegliederte Nahrungskette entstanden. Den entscheidenden Grund für die «Heterotrophie» und die rasch wachsende Artenvielfalt des Kambriums könnte, wieder einmal, die Geologie abgeben.

In der Übergangszeit zwischen Präkambrium und Kambrium war ein Großteil der Landmasse in einem einzigen Superkontinent vereint, wie Abb. 139 verdeutlicht.

Bereits dieser Superkontinent bot die Voraussetzung für das Ansteigen der Individuen- und Artenzahl der Lebewesen in der Endphase des Präkambriums. Als dann aber zu Beginn des Kambriums diese riesige Landmasse auseinanderbrach, ergaben sich neue ausgedehnte Küstenlinien, die zahlreiche neue Kolonisationsmöglichkeiten für Pflanzen und Tiere boten, zumal viele der neu abgetrennten Kontinente in Äquatornähe lagen und ein warmes, ausgeglichenes Klima aufwiesen. «Die wachsende Entfernung zwischen den altkambrischen Kontinenten förderte Unterschiede in den voneinander getrennten Faunengemeinschaften» (a. a. O., 60). Zudem wird man annehmen dürfen, daß zwischen den neu entstehenden Kontinenten die Zirkulation von Meeres-

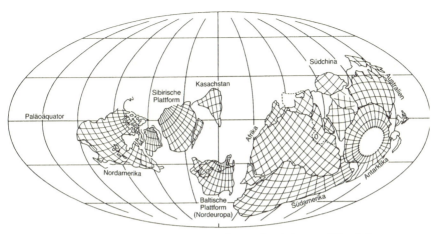

139 Verteilung der Landmasse zwischen Präkambrium und Kambrium.

strömungen auch eine verstärkte Zufuhr von Nährstoffen mit sich gebracht hat. Für wahrscheinlich gilt unter dieser Voraussetzung, daß die an Flachmeerbereiche mit geringem Nahrungsangebot angepaßte Ediacara-Fauna ausgelöscht wurde, als im Kambrium Lebewesen mit chitinhaltigen Klauen und Kauwerkzeugen auftauchten, denen die Ediacara-Tiere mit ihrer weichen Oberfläche schutzlos ausgeliefert waren. Es könnte mithin sein, daß eine ganze Stufe des Lebens zu Grunde ging durch die schonungslose Ausrottung von seiten der «Fitteren» – eine Denkmöglichkeit, die keinen religiös Suchenden gleichgültig lassen kann. Denn soviel ist klar: Mit einer solchen Deutung hätte DARWIN keine Schwierigkeiten gehabt; doch erneut gefragt: Welch eine «Theologie» hält dieser Sicht der Dinge stand?

Und immer weiter! Es war in den siebziger Jahren, daß sich in der Paläontologie etwas vorbereitete, das einem Erdrutsch gleichkommen sollte – STEPHEN JAY GOULD (*Zufall Mensch*, 1991) hat die faszinierende Geschichte dieser «stillen Revolution» ebenso kenntnisreich wie packend beschrieben. Was war passiert?

Im August des Jahres 1909 hatte der Geologe und Administrator CHARLES DOOLITTLE WALCOTT bei einer Feldkampagne am westkanadischen Burgess Shale die 530 Millionen Jahre alten Abdrücke merkwürdiger *Crustaceen* (Krebstieren, einer Überklasse im Unterstamm der Mandibulaten, der Gliederfüßer – Arthropoden – mit primär kauenden Mandibeln) aus dem mittleren Kambrium auf einer Schieferplatte entdeckt, die ihn zu außerordentlich reichhaltigen Fossilbetten am Westhang des Kammes zwischen Mount Field und Mount Wapta (560 km im Nordosten von Vancouver) führte. Zwischen 1910 bis 1913 setzte WALCOTT jährlich für je einen Monat seine Suche fort, und dann, ein letztes Mal noch, im Jahre 1917. Das Ergebnis waren 80 000 Fundstücke, die er nach Washington in das Nationalmuseum für Naturgeschichte des Smithsonian Instituts verbrachte. In seinen Arbeiten (u. a.: *Abrupt appearance of the Cambrian fauna on the North American continent.* Cambrian Geology and Paleontonlogy, II. Smithsonian Miscellaneous Collections, 57, 1910, 1–16; *Middle Cambrian Branchiopoda, Malacostraca, Trilobita and Merostomata*, in: a. a. O., IV., 57, 1912, 145–228; *Appendages of trilobites*, in: a. a. O., IV., 67, 1918, 115–216) deutete WALCOTT, entsprechend dem traditionellen Fortschrittsglauben des 19. (und zum Teil auch des 20.) Jahrhunderts seine Funde als ausgestorbene *Trilobiten* sowie als die Vertreter von vier Unterklassen von *Crustaceen* (Krebsen), die heute noch leben: der *Ostracoden* (Muschelkrebse, einer Crustaceengruppe von zweiklappigen Formen), der *Malacostraca* (einer Unterklasse höherer Krebse mit Augen und Mandibeln), der *Merostomata* (einer Überklasse im Unterstamm der *Cheliceraten*, der «Scherentragenden») und der *Branchiopoden* (Blattfußkrebse), die er zudem noch, obwohl zeitgleich lebend, in eine scheinbare Aufeinanderfolge zueinander stellte (vgl. GOULD: a. a. O., 119; 299–301). Diese Ansicht brachte natürlich auch Konsequenzen für die Beurteilung der Geschichte im Kambrium überhaupt mit sich: Wenn fünf Arthropodenklassen, davon vier heute noch lebende, bereits im Kambrium wohlunterscheidbar existiert haben, dann müssen die Vorfahren dieser fünf Klassen weit zurück im Präkambrium gesucht werden, und der Strom des Lebens selbst muß als das Kontinuum eines langsamen Aufstiegs und einer immer weiteren Ausdifferenzierung betrachtet werden; die *Tendenz* der Evolution unter solchen Voraussetzungen scheint eindeutig: je weiter, desto breiter und je länger, desto höher entwickelt sich das Leben. Das ist, noch einmal gesagt, von dem «Schöpfungsgedanken» christlicher Theologie so weit entfernt wie der Mond von einer Taschenlampe, aber es greift zumindest in säkularisierter Form doch noch gewisse Grundideen des biblischen Geschichtsdenkens auf. Nun aber erweist sich, daß die gesamte Vorstellung von der Evolution als einer unaufhaltsamen Fortschrittsgeschichte grundlegend falsch ist.

Nach allem, was wir paläontologisch heute an den kambrischen Fossilien erkennen können, hat die Natur offenbar gerade in den Anfängen mit einer Fülle überraschender Möglichkeiten «gespielt», die sie dann aber auf eine relativ geringe Anzahl «erfolgreicher» «Baupläne» reduzierte. Nicht «immer mehr» und «immer reicher», eher «immer weniger» und «immer enger» scheint der Gang der Evolution verlaufen zu sein! An Belegen für diese These fehlt es nicht.

Die erste Fauna mit harten Teilen, die am Beginn des Kambriums vor 570 Millionen Jahren auftritt, bezeichnet man nach ihrem russischen Fundort als *Tommotian* (obwohl sie weltweit verbreitet ist). Unzweifelhaft enthält bereits diese Fauna viele Formen «moderner» Strukturen, doch auch sehr viele Mitglieder, die keiner der bekannten modernen Gruppen zugeordnet werden können. Vor allem die «kleine Schalenfauna», die wie Röhren, Stacheln, Kegel und Platten aussieht, könnte einzigartige Anatomien darstellen, die später zugrundegingen, – so die Ansicht des russischen Experten A. Yu. Rozanow (*Problematica of the Early Cambrian*, in: A. Hoffmann – M. Nitecki: Problematic fossil taxa, New York 1986, 87–96). Einige dieser Sonderlinge des *Tommotian* zeigt Abb. 140.

Wenn es sich bei diesen Gebilden nicht einfach um Bruchstücke oder um noch unvollkommene Skelettbildungen handeln sollte, dann enthielt das *Tommotian* in der Tat einmal ein breites Spektrum alternativer Möglichkeiten, die auf grundsätzlich unvorhersehbare, aber kausal determinierte, unerbittliche Weise eliminiert wurden (vgl. S. Bengtson: *Early Cambrian button-shaped phosphatic microfossils from the Liberian platform*, in: Palaeontology, 20, 1977, 751–762). So entwickelte die charakteristischste und häufigste Le-

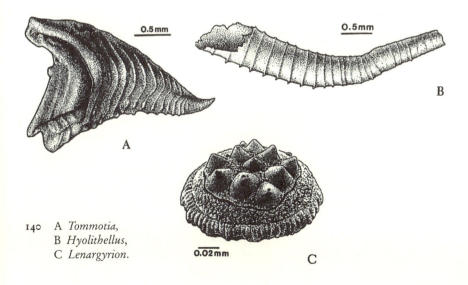

140  A *Tommotia*,
    B *Hyolithellus*,
    C *Lenargyrion*.

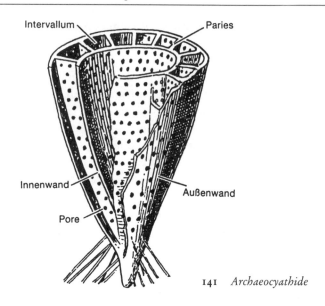

141 *Archaeocyathide*

bensform der Tommotian-Fauna die Gestalt eines Kelchs im Kelche, wie Abb. 141 es zeigt; wir nennen dieses Gebilde einen *Archaeocyathiden* («Urbecher»); doch offensichtlich ist diese faszinierende Lebensform in keiner der bekannten taxonomischen Schubladen unterzubringen; sie ging zugrunde wie viele andere mit ihr.

Negativ wird dieses Bild bestätigt durch die *Atdabanian*-Fauna, so benannt nach einem anderen russischen Fundort; diese Fauna zeigt, daß schon während der Zeit des frühen Kambrium die moderne Fauna in ihren heutigen Grenzen definitiv festgelegt wurde. Aber die Frage bleibt: Bedeutete diese Festlegung wirklich den Fortschritt, als den ihn das DARWINistische Konzept der Evolution gern betrachten (und dann das kirchliche Denken gerne als göttliche Planung dogmatisieren) möchte? *Dagegen* spricht die Formenvielfalt der Funde der Weichtier-Fauna vom Burgess Shale, und eben darin liegt die Bedeutung, die der Neubewertung der dortigen Funde in den siebziger Jahren zukommt. Die Aufregung, die sie vor 20 Jahren hervorrief, war berechtigt.

Der Mann, der die ersten Zweifel an WALCOTTS Klassifikationen mancher Fossilien vom Burgess-Schiefer vortrug, war der englische Paläontologe HARRY WHITTINGTON (*Redescription of Marrella splendens – Trilobitoidea – from the Burgess Shale, Middle Cambrian, British Columbia*, in: Geological Survey of Canada Bulletin, 209, 1971, 1–24). Bei der Rekonstruktion von

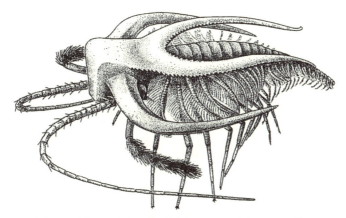

142 Seitenansicht von *Marrella*. Zeichnung von MARIANNE COLLINS.

*Marrella* (vgl. Abb. 142) aus Fundstücken von 2,5–19 mm Länge, ergab sich beim Einsatz wesentlich verfeinerter Präparationstechniken ein Lebewesen, das mit einem Trilobiten, wie WALCOTT glaubte, nur wenig Ähnlichkeiten besitzt.

*Trilobiten* stellen einen Unterstamm der Gliederfüßer (Arthropoden) dar und besitzen, wie ihr Name sagt, einen «dreilappigen» Körper, bestehend aus Kopf (Cephalon), Rumpf (Thorax) und Schwanz (Pygidium); sie zählen zu den Leitfossilien des Paläozoikum, das, mit dem Kambrium beginnend, in der Katastrophe im Perm vor 248 Millionen Jahren zu Ende ging. *Marrella* besaß einen Schild, der nur den Kopf bedeckte, daran zwei präorale (vor dem Mund liegende) Gliedmaßenpaare: die langen, vielgliedrigen ersten Antennen und ein Paar kürzere, kräftigere zweite Antennen, bestehend aus sechs Segmenten, von denen mehrere mit Haaren (Setae) bedeckt waren. Allem Anschein nach handelte es sich um einen Arthropoden, der aber in keine der bekannten neuzeitlichen oder paläozoischen Gruppen einzuordnen ist. Mit anderen Worten: *Marrella* bietet den Beleg dafür, daß *die Verschiedenartigkeit* des Lebens im frühen und mittleren Kambrium weit größer gewesen sein muß und daß die Geschichte des Lebens eben nicht einer wachsenden Vielfalt der Formen, sondern ganz im Gegenteil einer wachsenden Dezimierung von gestalterischen Möglichkeiten gleichkommt.

Nun war im Jahre 1971 HARRY WHITTINGTON allerdings noch weit davon entfernt, einen so weitgehenden Schluß wirklich zu ziehen; inzwischen aber sind mehr als 25 Jahre ins Land gezogen, und Paläontologen und Evolutionstheoretiker haben ihre traditionellen Meinungen geradezu dramatisch verändern müssen; nur in der Theologie findet sich nach wie vor niemand, der auch nur entfernt darauf aufmerksam geworden wäre und gemerkt hätte, welch ein auch religiöses Problem in der Existenz eines Wesens wie *Marrella* enthalten ist: Wenn es denn zutrifft, daß eine Vielzahl von Lebensformen nur in die Welt gesetzt wurde, um alsbald (in geologischen Maßstäben) als ein mißlungenes Experiment zurückgenommen zu werden, dann kann bei aller theologischen Vorliebe für spekulative, metaphysische Deutungen kein geistiges Konzept mehr mit der Wirklichkeit des Lebens in Übereinstimmung gebracht werden, das von einem planenden, gestaltenden und – notfalls – «eingreifenden» göttlichen Bewußtsein ausgeht, um den Gang der Evolution *begründen* zu können. *Wenn es denn zutrifft,…!*

Im Falle des Burgess-Schiefers trifft in der Tat vieles zusammen. Diejenige Lebensform, die dem englischen Paläontologen die letzten Zweifel an seinen Vorbehalten gegenüber den WALCOTTschen Einteilungen nahm, trug den Namen *Yohoia* (vgl. HARRY WHITTINGTON: *Yohoia* Walcott *an Plenocaris* n. gen., *arthropods from the Burgess Shale, Middle Cambrian, British Columbia*, in: Geological Survey of Canada Bulletin, 231, 1974, 1–21). Dieses eigenartige Wesen, das WALCOTT zu den *Branchiopoden* (Blattfußkrebsen) gestellt hatte, besaß einen gestreckten Körper mit einfachem Kopfschild ohne Stacheln und Auswüchse; vorne trug es ein Paar großer Greifwerkzeuge, bestehend aus zwei kräftigen Gliedern und vier Krallen an der Spitze; lappige laterale Körperfortsätze mit Haarbesatz könnten zum Schwimmen, zur Atmung oder auch zum Nahrungstransport gedient haben; die zylindrischen Körper-Segmente mündeten in einen abgeflachten Schwanz (Telson) – auch das für einen Trilobiten oder für ein Mitglied der Crustaceen ganz unüblich (vgl. Abb. 143).

Und immer seltsamere Tiere kamen zum Vorschein. 1975, als HARRY WHITTINGTON seine Rekonstruktion der *Opabinia* vorstellte (vgl. Abb. 144), bogen seine Kollegen sich vor Lachen (vgl. HARRY WHITTINGTON: *The enigmatic animal Opabinia regalis, Middle Cambrian, Burgess Shale, British Columbia*, in: Philosophical Transactions of the Royal Society, London, B 271, 1975, 1–43).

In der Tat, dieses Tier mit seinen fünf Augen, mit dem frontalen Rüssel, der in einer Schere endet, mit den 15 Rumpfsegmenten und den oben anliegenden paddelförmigen Kiemen sowie mit dem aus drei Segmenten gebildeten Schwanzstück, verbunden mit einem Darm, der eine einzige Röhre in Körperlänge bildet – dieses Tier konnte *kein* Arthropode sein, wie WALCOTT ge-

143   *Yohoia*. Zeichnung von MARIANNE COLLINS.

glaubt hatte, ja, es paßte überhaupt in keine bekannte moderne oder vergangene Tiergruppe; *Marrella* und *Yohoia* waren zumindest noch irgendwie als Arthropoden erkennbar, *Opabinia* aber erschien taxonomisch als ein absolutes Waisenkind.

Natürlich fing man jetzt an, WALCOTTS Fundmaterial insgesamt genauer unter die Lupe zu nehmen und den Burgess-Schiefer nach neuen Funden abzusuchen. Dabei kamen Lebewesen zum Vorschein, die so phantastisch anmuten, daß schon ihre Namen das Befremden der Forscher ausdrücken. 1985

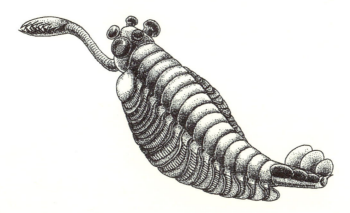

144   Darstellung von *Opabinia*. Zu erkennen sind: der frontale Rüssel mit der Schere am Ende, die fünf Augen auf dem Kopf, die Rumpfsegmente mit den obenliegenden Kiemen und das aus drei Segmenten gebildete Schwanzstück. Zeichnung von MARIANNE COLLINS.

veröffentlichten H. WHITTINGTON und D. E. G. BRIGGS (*The largest Cambrian animal, Anomalocaris, Burgess Shale, British Columbia*, in: Philosophical Transactions of Royal Society, London, B 309, 1985, 539–609) ihre Studie über ein Wesen, das sie *Anomalocaris* nannten (vgl. Abb. 145).

*Anomalocaris* war 45 cm groß und ein Räuber, dessen Mund wie ein Nußknacker funktioniert haben dürfte, – Trilobiten werden bevorzugt seine Beute gewesen sein; der lange ovale Kopf trägt ein Paar große Augen auf kurzen Stielen; fortbewegt haben dürfte das Tier sich schwimmend, da es keinerlei Körperanhänge besaß. Zugleich stellte SIMON CONWAY MORRIS *Wiwaxia*, vor, ein Lebewesen, das am Meeresboden lebte, abgeplattete Schuppen besaß und auf dem Rücken links und rechts der Mittelachse in zwei Reihen aufwärts weisende Stacheln trug (vgl. Abb. 146).

Am sonderbarsten ist wohl das etwa 20 mm lange Wesen, daß SIMON CONWAY MORRIS (*A new metazoan from the Cambrian Burgess Shale, British Columbia*, in: Palaeontology, 20, 1977, 623–640) unter dem Namen *Hallucigenia* vorstellte (vgl. Abb. 147).

Das Tier ist bilateral symmetrisch gebaut, wie die meisten mobilen Tiere,

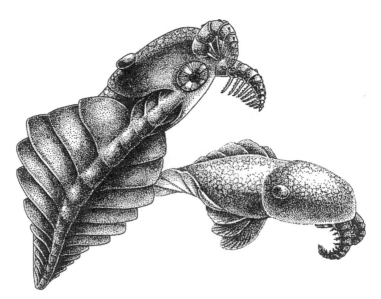

145 Wir kennen heute zwei Arten von *Anomalocaris,* oben, von der Unterseite gesehen *Anomalocaris nathorsti* mit einem kreisförmigen Mund und paarigen Mundwerkzeugen zum Beutefang; unten *Anomalocaris canadensis* von der Seite in schwimmender Position.

und es trägt verschiedene sich wiederholende Strukturen, doch *mehr* an «Normalität» ist bei ihm nicht zu sehen. Da ist ein knolliger «Kopf» auf einem zylindrischen Rumpf, an dessen Seiten sieben Paare spitz zulaufender Stacheln angebracht sind; ihnen gegenüber auf der dorsalen (rückseitigen) Mittellinie des Rumpfes erheben sich sieben Tentakel mit gegabelter Spitze, die mit den sieben Stachelpaaren koordiniert sind. Das Hinterende des Rumpfes geht in ein schmales nach oben und nach vorn gerichtetes Rohr über. Die Frage stellt sich beim ersten Augenschein bereits, wie ein solches Tier sich irgend bewegt und ernährt haben kann. Möglich ist, daß die bisher rekonstruierte Gestalt erst nur das Bruchstück eines größeren Lebewesens darstellt; doch auch in diesem Falle bliebe seine Form verwirrend genug.

Insgesamt wurden in den Burgess-Schiefern 120 Arten wirbelloser Meerestiere gefunden (SIMON CONWAY MORRIS und HARRY B. WHITTINGTON: *Die Tierwelt der Burgess-Schiefer*, in: Fossilien: Bilder frühen Lebens, 66–74). Alle vier Großgruppen von Gliederfüßern (Arthropoden) sind dort vertreten: Trilobiten, Crustaceen (heutige Vertreter: Asseln und Krebse z. B.), Uniramier (*Tracheata,* heutige Vertreter: Insekten und Tausendfüßer z. B.) und Cheliceraten (heutige Vertreter: Spinnentiere und Skorpione z. B.); doch darüber hinaus umfaßt der Burgess Shale «noch ein größeres Spektrum anatomischer Experimente, die in ihrem Aufbau nicht minder ausgeprägt und ebenso funktionstüchtig sind, ohne aber zu späterer Vielfalt zu führen» (GOULD: a. a. O., 231).

Eben diese Feststellung hat es in sich, denn sie nötigt zu einer Abkehr von

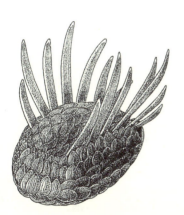
146 *Wiwaxia.*

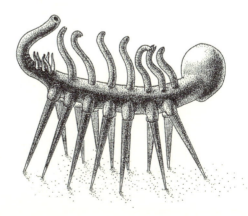
147 *Hallucigenia.*

jeder Art des Fortschritts- oder Planungsdenkens, gleichgültig, ob sie «DARWINistisch» oder «schöpfungstheologisch» (kreatianistisch) ausgelegt wird. Womit wir es in der Evolution zu tun haben, läßt sich, grob gesagt, beim Anblick der kambrischen Fauna nicht mit dem Bild einer deutschen Eiche vergleichen, wo aus einem kurzen Zentralstamm ein reiches nach allen Seiten gerichtetes Astwerk erwächst, sondern eher mit dem Bild einer Tanne, die nach einer breiten Ast-Basis eine immer schmaler werdende Krone bildet. Mit den evolutiven Vorteilen der vier Ordnungsprinzipien RUPERT RIEDLS können wir den *Zuwachs an Komplexität* der Lebensformen recht gut verstehen; doch je mehr wir im folgenden jetzt *das Ausmaß des Zufalls* in der Evolution kennenlernen, hervorgerufen vor allem durch äußere klimatische und geologische Prozesse, wird es zunehmend unmöglich, an irgend so etwas wie an eine innere Ausrichtung der Entwicklung des Lebens auf dieser Erde zu glauben.

Hinzu kommt *der Faktor wachsender Grausamkeit*. Wenn man auch nur ein Wesen wie *Anomalocaris* betrachtet, so versteht man gut, warum MARK MCMENAMIN (*Das Erscheinen der Tierwelt,* in: Fossilien: Bilder frühen Lebens, 56–64, S. 62–63) die «bedeutende räuberische Aktivität im frühen Kambrium» für das Aussterben der *Ediacara*-Fauna verantwortlich macht. Vor 530 Millionen Jahren müssen Lebewesen im Kampf ums Dasein sich zum ersten Mal, wie wir es in den abgebildeten Funden zu sehen bekommen haben, Abwehrstacheln und Panzer zugelegt haben, um sich vor dem räuberischen Zugriff ihrer Verfolger zu schützen. Insbesondere zahlreiche Trilobiten-Exemplare weisen Bißwunden auf, die teilweise ausgeheilt sind – ein Beleg dafür, daß die Verletzungen nicht etwa erst dem toten Tier zugefügt wurden. Seit dem Kambrium wird die Hauptfolge der «Fremdernährung» (Heterotrophie) immer deutlicher: das ständige «Wettrüsten» zwischen Angriffswaffen und Verteidigungsschutz auf der Seite von Räuber- und Beutetieren; seit dieser Zeit geht es um das Überleben der «Stärksten» – oft genug in wörtlichem Sinne.

### b) Ein Dutzendmal und mehr: die Zumutung des Massensterbens

Am ärgsten widerspricht dem Glauben an die «Zielgerichtetheit» der Evolution zweifellos das wiederholte *Aussterben* so vieler Entfaltungsmöglichkeiten, wie sie in der Ediacara-Fauna und in den Weichtierfossilien des Burgess-Schiefer zu Tage treten, doch scheinen die Gründe *dieses* Artensterbens lediglich in einer Art Verdrängung bestimmter Lebensformen durch andere

Lebensformen zu liegen; die Veränderungen von Geologie und Klima boten dazu nur mittelbar die Ursache. Was wir hingegen jetzt betrachten müssen, sind Katastrophen größten Stils, in denen unzählige Lebensformen aller Wahrscheinlichkeit nach im Verlauf von Jahrmillionen durch die ebenso langsamen wie folgenreichen Bewegungen der Plattentektonik im Verein mit den dadurch bedingten klimatischen Veränderungen vernichtet wurden.

In aller Munde ist der Untergang der Dinosaurier am Ende der Kreidezeit vor rund 65 Millionen Jahren, für den – aus gutem Grund – heute eine außerirdische Ursache verantwortlich gemacht wird (s. u. S. 606 ff.); doch ereigneten sich ähnliche, ja, noch weit schlimmere Katastrophen immer wieder in der Geschichte des Lebens, und ihrem Auftreten nachzuspüren und ihre womöglich rein irdischen Ursachen zu ermitteln, stellt eine der faszinierendsten Aufgaben von Paläontologie, Geologie, Klimatologie und nicht zuletzt auch der Astronomie dar.

Um eine Übersicht über den Gesamtverlauf evolutiver Katastrophen zu gewinnen, mag eine Tabelle hilfreich sein, welche die einzelnen Erdzeitalter mit den entscheidenden biologischen und geologischen Ereignissen verbindet und ihnen die Auswirkungen und Opfer zuordnet, die wir bei Durchmusterung der Erdschichten aus den letzten 700 Millionen Jahren als Massensterben zur Kenntnis nehmen müssen; das Bild ergibt sich aus einer Zusammenfassung von drei Tabellen, die STEVEN M. STANLEY (*Krisen der Evolution*, S. 21; 32; 217) veröffentlicht hat. (Vgl. die Abbildung auf der Innenseite des rückwärtigen Buchdeckels.)

Man sieht in diesem Schema als erstes, daß man die Zeit seit dem Präkambrium in ein einziges *Äon*: das *Phanerozoikum*, das Zeitalter des sichtbar auftretenden, das heißt in Fossilien belegbaren Lebens, zusammenfaßt; dieser Zeitraum zerfällt in die *Ära* des Paläozoikum (des Zeitalters der «alten», urtümlichen Lebensformen), des Mesozoikum (des Zeitalters der «mittleren» Lebensformen) und des Känozoikum (des Zeitalters der «neuen», modernen Lebensformen); die Ära des Känozoikum wird gegenüber älteren Gliederungen heute in zwei *Perioden* eingeteilt: in das Paläogen und das Neogen; das Neogen seinerseits zerfällt in vier *Epochen* (Miozän, Pliozän, Pleistozän und Holozän = Jetztzeit). Die dicken schwarzen Linien markieren Phasen des Massensterbens, die allem Anschein nach auf das engste mit klimatischen Vorgängen der Vereisung beziehungsweise der Abkühlung, begleitet vom Absinken des Meeresspiegels sowie einer Veränderung des Salzgehaltes, einhergehen, und diese Vorgänge wiederum scheinen im wesentlichen mit der Bildung oder dem Zerfall großer Kontinentalblöcke, insbesondere mit deren Drift über dem Südpol, zusammenzuhängen. Vieles an den hier vorgetragenen Ansichten ist notgedrungen noch weitgehend hypothetisch und wird in den kommenden Jahrzehnten gewiß noch erheblich modifiziert und präzisiert werden, doch bietet es – bis auf die Katastrophe am Ende der Kreidezeit (und vielleicht auch am Ende der Trias) – den Vorteil eines durchgängigen Erklärungsmodells, das die großen Krisen des Lebens auf dieser Erde aus den immanenten Prozessen der Erdgeschichte selbst zu begründen versucht.

### α) Massensterben im Präkambrium und Kambrium

Wie zu sehen, ereignete sich – nächst dem Untergang der Schwefelbakterien durch die Sauerstoffausscheidung der ersten photosynthetisierenden Cyanobakterien (blaugrünen Algen) – die erste große Krise höherer Lebensformen bereits im Präkambrium vor 650 Millionen Jahren. Wieder ist der Anblick der Gleichgültigkeit, mit welcher die Natur ihre soeben erst hervorgebrachten «Meisterwerke» zu vernichten bereitsteht, für jeden Beobachter schier zum Verzweifeln, der im Gang der Welt noch irgend so etwas wie Vorsicht, Rücksicht oder Nachsicht erwarten wollte oder vermuten möchte. Freilich, das Leben war damals noch nicht sehr weit entfaltet, doch hätte es gerade deshalb nicht einer besonderen Obhut bedurft? Gedanken dieser Art sind gewiß allzu menschlich, doch kann es nicht oft genug betont werden: um solcher menschlichen Vorstellungen willen allein gibt es überhaupt das, was wir Religion nennen; unabhängig davon ist sie gänzlich überflüssig. Was also ist damals passiert?

Wir hörten soeben bereits, daß die von den ersten Prokaryoten gebildeten sitzkissenähnlichen *Stromatolithen* schon sehr früh durch die Ausbreitung der Tierwelt zurückgingen (vgl. PETER GARRETT: *Phanerozoic Stromatolites: Noncompetitive Ecological Restriction by Grazing and Burrowing Animals*, in: Science, 167, 1970, S. 171–173); doch das ist eine andere Geschichte. Wie J. WILLIAM SCHOPF (*How old are the Eukaryotes?*, in: Science, 193, 1976, S. 129–143) in dichtem Schiefer fand, bildeten sich bereits vor 1,4 Milliarden Jahren eukaryotische Algenzellen, Zellen also mit einem ausgebildeten Zellkern und Chromosomen; der Nachweis solcher Zellen konnte nur gelingen wegen des Fossilreste bildenden vielgestalten Wandaufbaus dieser Lebewesen und ihrer Größe von immerhin bereits einem Mikrometer. Fast alle diese großen eukaryotischen Algenzellen faßt man summarisch als *Acritarchen* zusammen und überstreicht damit einen Entwicklungszeitraum von 1,4 Milliarden bis 700 Millionen Jahren (vgl. Abb. 148).

 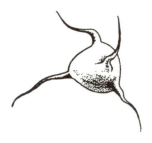

*Baltisphaeridium* (Größe ca. 25 Mikron)   *Veryhachium* (Größe ca. 20 Mikron)

148 Zwei sogenannte «Acritarchen».
«Unsere Kenntnis vom pflanzlichen Plankton der Meere des Erdaltertums greift erst auf die Erfahrungen zweier Jahrzehnte zurück; seine Entwicklung ist jedoch in großen Zügen schon bekannt. Fossil überliefert sind die kapselartigen Dauerstadien (Zysten) vorwiegend einzelliger Planktonalgen (Geißelalgen und Grünalgen), deren Hüllen aus einem äußerst widerstandsfähigen organischen Stoff bestehen. Man faßt diese vielgestaltigen, kugeligen, ovalen oder vieleckigen Gebilde, die zum Teil eine reich verzierte Oberfläche haben, vorläufig unter der unverbindlichen Bezeichnung «Acritarchen» (früher Hystrichosphärideen) zusammen, solange man ihre genaue systematische Zugehörigkeit noch nicht kennt. Die geologische Geschichte dieser Gruppe begann im Präkambrium mit einfachen kugeligen Formen (Sphaeromorphen). Im Verlauf des Kambriums erschienen reich bestachelte Arten *(Baltisphaeridium)*, die nun vorherrschten. Eine Reihe neuer Gruppen trat im Ordovizium hinzu, wie das vieleckige Veryhachium. Einen Höhepunkt in der Entfaltung erlebte das pflanzliche Plankton im Silur, teilweise auch im Devon. Mit dem Ende des Devons scheint seine Entwicklung jäh abzureißen; denn aus dem Karbon und Perm kennen wir nur wenige Gattungen.» (W. RIEGEL: *Die stammesgeschichtliche Entwicklung der Pflanzen*, in: Grzimeks Tierleben. Ergänzungsband: Entwicklungsgeschichte der Lebewesen, 156.)

In all dieser Zeit gediehen die *Acritarchen* in zahlreichen Arten, wie GONZALO VIDAL und ANDREW H. KNOLL (*Radiations and Extinctions of Plankton in the Late Proterozoic and Early Cambrian*, in: Nature, 297, 1987, 57–60) herausgearbeitet haben. Doch dann, vor 650 Millionen Jahren, kam die Entfaltung der Acritarchen zum Stillstand, 70 Prozent der Flora verschwanden, nachweislich zumindest in Skandinavien, aber zeitgleich wohl auch in Australien und Afrika, so daß die Indizien tatsächlich auf ein Massensterben hinweisen. Aus der Geologie wissen wir, daß vor 600 Millionen Jahren die Südkontinente (Südamerika, Afrika, die Antarktis, Indien und Australien) in einem einzigen Superkontinent vereint waren, den man *Gondwanaland* nennt. Bruchstücke von Gondwanaland weisen ausgedehnte Vereisungsgebiete auf, wobei die Gletscherbewegungen in der heutigen Lage der Kontinente eine Richtung aufweisen, als wenn die Gletscher sich vom Meer zum Festland bewegt hätten (vgl. Abb. 149).

Natürlich ist das unmöglich, vielmehr dürfte sich vom Gebiet des heutigen Südafrika aus eine zentrale Vergletscherung auf die Nachbargebiete des damaligen Gondwanalandes ausgebreitet haben; vermutlich handelte es sich sogar um die stärkste kontinentale Vereisung der Erdgeschichte überhaupt; Gletscherablagerungen aus dieser Zeit fanden sich jedenfalls auch in Grönland, Schottland, Skandinavien, Sibirien und China und sogar in Australien, das damals in Äquatornähe lag (Abb. 150).

Möglicherweise hängt das *Acritarchen*-Sterben mit dieser enorm ausgedehnten Vereisung zusammen, und in diesem Falle würde sich die Beziehung von Klimawechsel und Massensterben in der Evolution bestätigen. Feststeht jedenfalls, daß die *Acritarchen* wirklich *ausstarben;* sie kehrten nicht mehr zurück.

Das *Kambrium* war die erste Periode des Paläozoikums, in dem zahlreiche Tiere mit Skeletten auftraten und das uns deshalb zahlreiche Fossilien hinterließ. Vor allem die *Trilobiten* (griech. die «Dreilappigen»), deren Segmentierung den heute lebenden Asseln und Tausendfüßern ähnelt, bevölkerten damals in vielen Arten die Flachmeerböden der Ozeane. Doch schon im Unterkambrium vor 540 Millionen Jahren gerieten die Trilobiten und mit ihnen die schon erwähnten riffbildenden *Archaeocyathiden* («Urbecher») in eine schwere Krise, und es spricht wiederum vieles dafür, daß eine Abkühlung des Klimas die Lebensgemeinschaften gerade der tropischen Meere dezimiert hat.

Desgleichen muß es *drei Massensterben im Oberkambrium* gegeben haben, als mit den Trilobiten zugleich die *Brachiopoden* (Armfüßer, auch «Lampenmuscheln» genannt) und *Conodonten* in Mitleidenschaft gerieten. (Als «Conodonten» bezeichnet man millimetergroße zahnartige Gebilde, die als Fossilien von Tieren übrig geblieben sind, deren Fortbewegungsweise wohl aalähnlich schwimmend gewesen ist.) JAMES F. MILLER (*Cambrian and Earliest Ordovician Conodont Evolution, Biofacies and Provincialism,* in: Geological Society of America Special Paper, 196, 1984, 43–67) hat gezeigt, daß gerade damals die Meere aus weiten Bereichen des nordamerikanischen Kontinents sich zurückgezogen hatten; doch reicht diese Feststellung allein wohl nicht aus, um ein *Massensterben* zu erklären. ALLISON R. PALMER (*The Biomere Problem: Evolution of an Idea,* in: Journal of Paleontology, 58, 1984, 599–611) hat deshalb die These aufgestellt, daß die Katastrophen im Ober-

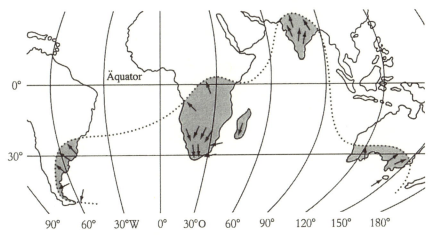

**149** Die Vereisungsgebiete von Gondwanaland in ihrer jetzigen Lage; die Pfeile zeigen die Richtung der Gletscherbewegungen an.

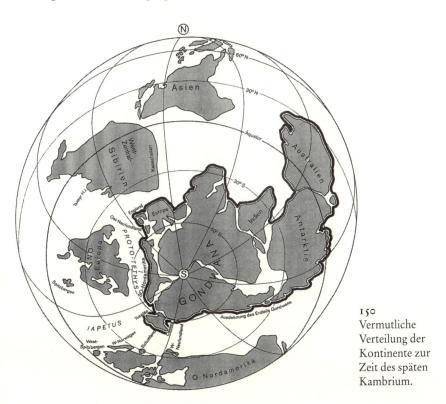

**150** Vermutliche Verteilung der Kontinente zur Zeit des späten Kambrium.

kambrium sich jeweils dann ereigneten, wenn kühles Wasser aus den Tiefen des Ozeans sich über die Kontinente ausbreitete; mit dieser Meinung würde sich die Tatsache vereinbaren, daß die weniger kälteempfindlichen Trilobiten-Gruppe der *Oleniden* damals relativ ungeschoren davon kam. Gleichwohl wissen wir nicht recht, «was die wiederholten klimatischen Abkühlungen im Oberkambrium verursacht haben könnte» (STEVEN M. STANLEY: *Krisen der Evolution*, 73).

### β) Die Krise im Ordovizium, die Entwicklung des Lebens im Silur und Devon, der Gang des Lebens ans Festland und die Katastrophe am Ende des Devon

#### Die Krise im Ordovizium

Nach dem Massensterben im Oberen Kambrium blühte die Fauna vor 500 Millionen Jahren im Ordovizium wieder auf; Nebengruppen aus dem Kambrium gelangten jetzt zur Vorherrschaft, und völlig neue Tier-Gruppen erschienen. Die *Trilobiten* gelangten nie mehr zu ihrer vormals enormen Verbreitung; vermutlich lag das an dem Auftreten der *Nautiloideen*, der Vorfahren der Tintenfische und Kraken, – *Nautilus* (das «Perlboot») als der einzige Überlebende dieser Ordnung der *Cephalopoden* (Kopffüßer) galt uns schon einmal als ein Musterbeispiel für die unglaubliche «Tradierungs»- und «Fixierungs»-Leistung natürlicher Ordnung (s. o. S. 60); allerdings besaßen die *Nautiloideen* damals gestreckte, statt eingerollter Gehäuse, doch deren Unterteilung in gasgefüllte Kammern mit Hilfe von Querscheidewänden sowie das Schwimmen nach dem Rückstoßprinzip muß sich gerade im Ordovizium bereits ausgebildet haben. Die *Trilobiten* lernten es damals, sich zum Schutz ihrer weichen Bauchseite einzurollen, doch half die Ausbildung dieser Fähigkeit ihnen offenbar wenig gegen Räuber wie die *Nautiloideen*, die am Ende des Ordovizium Gehäuse bis zu drei Metern Länge ausbilden konnten. Einige Lebensformen des Ordovizium zeigt Abb. 151.

Auch andere Molluskengruppen, insbesondere Schnecken (*Gastropoden*, Bauchfüßer) und Muscheln *(Bivalvia)*, sowie «Lampenmuscheln» (*Brachiopoden*, Armfüßer) breiteten sich aus; entfernte Verwandte der Brachiopoden, die Moostierchen *(Bryozoen)*, bildeten Kolonien aus Kalkstein; *Seesterne (Asteroidea)* betraten die Bühne, und Seelilien *(Crinoiden)* bevölkerten die Böden der Flachmeere; Korallengruppen wie die «Runzelkoralle» (*Rugosa*, Horn- oder Becherkorallen) und die *Tabulaten* erbauten zwar keine Riffe, wie

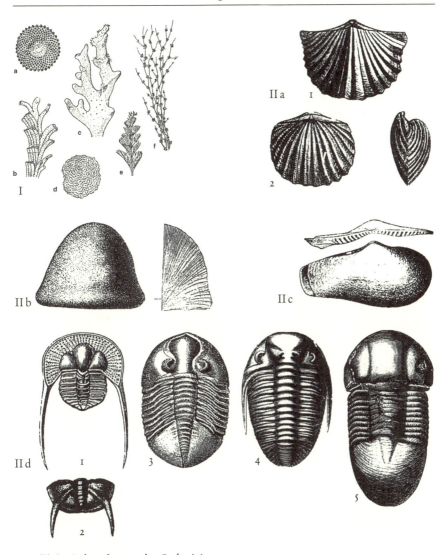

151 Einige Lebensformen des Ordovizium.
I    Bryozoenformen (Moostierchen): a Cupuladria, b Idomonea, c Alcyonidium, d Cribrilina, e Bugula, f Valkeria.
IIa  Brachiopoden (Lampenmuscheln): 1 Platystrophia lynx, 2 Orthis calligramma.
IIb  Bryozoe: Monticulipora petropolitana (mit Längsschnitt).
IIc  Bivalvier (Muscheln): Ctenodonta nasuta.
IId  Trilobiten: 1 Cryptolithus goldfussi, 2 Ceratopyge forficula, 3 Asaphus expansus, 4 Chasmops odini, 5 Illaenus oblongatus.

152  Drei Graptolithenarten aus dem Ordovizium und Silur; links: Callograptus (Ordovizium), Mitte: Petalograptus (Silur), rechts: Orthograptus (Ordovizium).

die Bryozoen, doch formten sie röhrenartige Individualskelette mit horizontalen Querböden; häufig belegt sind auch die Fossildokumente von *Graptolithen*kolonien (von griech. *graptos* = eingegraben, *lithos* = Stein), die passiv im Meer schwebten und ihre Nahrung aus dem Wasser filtrierten (Abb. 152).

All diese wirbellosen Tiere (Invertebraten) zu erwähnen, bedeutet so viel wie das Entziffern von Namen längst untergegangener Formen des Lebens, deren Reste lediglich (oder immerhin) auf der Gedächtnistafel der Geologie aufbewahrt sind. Am Ende des Ordovizium, vor etwa 440 Millionen Jahren, wurden die meisten dieser Lebensformen: die Trilobiten, Nautiloideen, Brachiopoden, Bryozoen und Graptolithen, in, geologisch gesehen, sehr kurzer Zeit von einem neuerlichen globalen Massenaussterben betroffen. In den 600 Millionen Jahren des Phanerozoikum gab es bis auf das Massensterben, mit dem das gesamte Paläozoikum im Perm vor 240 Millionen Jahren zu Ende ging, kein anderes Ereignis, das die marine Fauna derart dezimiert hätte wie diese Katastrophe. Bei der Suche nach den Ursachen, die zu dieser Krise geführt haben könnten, weisen *zwei Funde* in eine vielversprechende Richtung.

Bereits vor 25 Jahren untersuchte DAVID SKEVINGTON (*Controls Influencing the Composition and Distribution of Ordovician Graptolite Faunal Provinces;* in: Palaeontological Association Special Papers in Palaeontology, 13, 1974, 59–73) die Verbreitung speziell der planktonischen *Graptolithen* im Ordovizium und fand, daß ihre Lebensräume, die im Unterordovizium noch «normal» verteilt waren, im Verlauf der Zeit immer weiter zum Äquator hin eingeengt wurden und im Oberordovizium auf niedere Breiten in Äquatornähe beschränkt waren; zu einem ähnlichen Ergebnis kam auch PETER M. SHEEHAN (*The Relation of Late Ordovician Glaciation to the Ordovician-Silurian Changeover in North American Brachiopod Faunas,* in: Lethaia, 6,

1973, 147–154), als er die Verbreitung der Brachiopoden im Ordovizium erforschte, und er war es, der dieses Resultat mit einer kontinentalen Vereisung in Zusammenhang brachte. Tatsächlich hatte Ende der sechziger Jahre ein französisches Geologenteam von Gletscherablagerungen aus der Zeit des Oberordovizium in Nordafrika, vornehmlich in der Sahara, berichtet – Gondwanaland bewegte sich in dieser Zeit über dem Südpol, der damals im Gebiet des heutigen Marokko lag! Nun ist kontinentale Vereisung identisch mit einer weitreichenden Abkühlung der Wassertemperatur in den Weltmeeren und mit einem starken Absinken des Meeresspiegels. Beides gemeinsam, vor allem aber der Temperaturabfall, dürfte in der Tat das Massensterben im Oberordovizium erklären, und zwar sowohl den Untergang riffbildender Korallen, nebst der verringerten Ablagerungen von Kalkstein, als auch die Einschränkung der Lebensräume auf äquatornahe Gebiete.

Es ist an dieser Stelle bereits, daß wir als theologisch Suchende eine erste Bilanz ziehen müssen. Denn was wir mit diesen wenigen Sätzen als schicksalbestimmend für das Leben ganzer Perioden der Erdgeschichte zu Gesicht bekommen, hat endgültig mit «Plan» und «Weisheit» nichts mehr zu tun. Das Bild, das sich uns bietet, zeigt vielmehr eine Geologie, die es ermöglicht hat, daß Leben sich auf ihr bildete, die aber in ihren Gesetzen vor allem der Thermodynamik und der Mechanik durch das Auftreten des Lebens natürlich nicht verändert wurde, so daß sie darauf hätte in irgendeiner Weise reagieren können oder müssen. Ungerührt treiben die Bruchstücke der Lithosphäre auf der Asthenosphäre dahin, verbinden sich, reißen auf, lenken Meeresströmungen um, verändern die klimatischen Bedingungen von Meer, Land und Luft und mischen damit die Karten für das Überleben oder für den Untergang zahlreicher Lebensformen immer wieder vollkommen neu. Auf diese Weise wird das Leben ständig dazu herausgefordert, auf die Veränderungen der Umwelt mit dem Entstehen neuer, besser angepaßter Arten zu antworten, aber man kann nicht sagen, daß eine solche «Herausforderung» in irgend einer Weise intendiert gewesen wäre; ganz im Gegenteil. Die Kontinente würden sich nicht anders verhalten haben, wenn es in den Weltmeeren noch keine Vielzahl von Lebewesen gegeben hätte, und es hätte ihnen nichts ausgemacht, wenn tatsächlich *alles* Leben in den Weiten des Ozeans damals zugrunde gegangen wäre. Vollends unmöglich aber ist es, im Hintergrund der Plattentektonik moderner Geologie sich einen Gott vorzustellen, der gewissermaßen mit unsichtbarem Finger die Bewegungen der Kontinente lenkt oder ihr «Spiel» im Verlauf der Hunderte von Jahrmillionen, nach einem Lieblingswort des katholischen Theologen KARL RAHNER, «immer schon» in seiner

Voraussicht computergenau programmiert hätte. Denn zum einen: die Konvektionsströme im Oberen Erdmantel sind nicht weniger «chaotisch», also prinzipiell auf längere Zeit unvorhersehbar, als die Konvektionsströme der Luftbewegungen in der Meteorologie; und vor allem und zum wiederholten Male: wenn es überhaupt jemanden gäbe, der *diese* Geschichte des Lebens auf dieser Erde mit ihren Kosten, Opfern und Verlusten hätte vorhersehen und mitgestalten *können*, so hätte er alles unternehmen *müssen*, um eine Katastrophe wie die im Oberordovizium zu *verhindern*. Er wäre kein Gott, wenn er es nicht getan hätte, und so ist da kein Gott, der es hätte tun können; anders gesagt: was wir Gott nennen, steht nicht in Zusammenhang mit dem faktischen Geschehen der Naturgeschichte, und wenn wir von Gott sprechen, dann wesentlich zu dem Zweck, um einen Grund dafür zu finden, daß wir als Menschen uns lebenden Wesen gegenüber *anders* verhalten, als die Natur es mit uns tut.

Wie es *mit der Natur* weiterging, das jedenfalls können wir jetzt schon im voraus wissen: Es ging mit ihr nicht anders weiter als bisher auch!

Wenn wir bisher die Bewegung der Kontinente, etwa das Driften des Superkontinents Gondwana, betrachtet haben, so ist womöglich noch nicht deutlich genug betont worden, daß die Kontinente damals in wörtlichem Sinne «wüst und leer», nämlich von jeglichem Leben unbewohnt waren. Das sollte sich erst jetzt, in der Periode des Silur, ändern, denn in dieser Zeit gelang es den ersten Pflanzen, das Festland zu erobern. Der Weg dahin allerdings war schwierig.

### Der «Landgang» der Pflanzen im Silur und Devon

«Der Übergang zum Land», stellt JOSEF H. REICHHOLF (*Der schöpferische Impuls*, 46) fest, «gelang nicht den Spitzenprodukten der Evolution, die es damals, vor vierhundert Millionen Jahren, gegeben hatte, sondern solchen Formen, die nicht besonders spezialisiert waren. Konnten sie von ihren Möglichkeiten, von ihren erfolgbringenden Optionen wissen? Wohl kaum! Der Evolutionsprozeß verlief nie und nirgends ‹um-zu›, das heißt, es wurden in keinem einzigen nachweisbaren Fall Fähigkeiten entwickelt, die späteren Zwecken dienten. Stets mußte der Evolutionsprozeß mit dem Vorhandenen auskommen und damit auch viele Unzulänglichkeiten mitschleppen, die man eher als Fehlkonstruktionen denn als funktionsgerechte Problemlösungen erachten würde.»

Eine solche evolutive Vorbelastung beim «Landgang» der Pflanzen lag offensichtlich in ihrer Angepaßtheit an die Salzkonzentration (die *«Salinität»*) des Meerwassers.

Der «natürlichste» Weg, um vom Meer ans Land zu kommen, bot sich gewiß in den zahlreichen Flußmündungen an, die bis weit ins Festlandinnere hinein etwaigen Meeresbewohnern Zugang hätten schaffen können. Doch gerade dieser Weg war durchaus nicht gangbar, und der Grund dafür ist leicht einzusehen: Alle Zellen müssen zur Aufrechterhaltung ihres Stoffwechsels Wasser aufnehmen. Die Nettoaufnahme oder auch -abgabe von Wasser erfolgt durch einen passiven Transport der Wassermoleküle durch die Plasmamembran, die zwar für das Wasser selbst durchlässig ist, nicht aber für die darin gelösten Stoffe. Einen solchen passiven Transport von Wassermolekülen durch eine nur für Wasser durchlässige *(selektiv permeable)* Membran bezeichnet man als *Osmose*. Die Richtung der Osmose wird durch den Unterschied der Konzentration der gelösten Stoffe auf beiden Seiten der Membran bestimmt. Das Wasser strömt nun entlang dieses Konzentrationsgefälles (Konzentrationsgradienten) in Richtung der höher konzentrierten Lösung, im Bestreben, diese zu verdünnen und somit einen Konzentrationsausgleich zu erzielen. Die Osmose kommt zum Stillstand, sobald sich auf beiden Seiten der Membran dieselbe Konzentration eingestellt hat. (Das Wasser strömt dann in beiden Richtungen mit der gleichen Geschwindigkeit durch die Membran, so daß insgesamt keine Osmose mehr beobachtet werden kann). Befindet sich die Zelle in einer Lösung, deren Konzentration an gelösten Stoffen gleich der Konzentration im Zellinneren ist, so spricht man von einem *isotonischen* Milieu (von griechisch *isos* für «gleich»). Die Zelle hat hier optimale Lebensbedingungen und kann problemlos Wasser aufnehmen und abgeben. Anders, sofern sich die Zelle in einer Umgebung befindet, in der die Konzentration an gelösten Stoffen, zum Beispiel an Salzen, höher ist als im Zellinneren (*hypertonisches* Milieu, von griechisch *hyper* = «mehr», *tonos* = Spannung). In diesem Fall verliert die Zelle zuviel Wasser, ihr Inhalt wird dickflüssig, ihr Umfang schrumpft, und Wasseraufnahme ist nicht mehr möglich – die Zelle wird sterben. Herrscht in der Umgebung eine niedrigere Konzentration an gelösten Stoffen als im Zellinneren (*hypotonisches* Milieu, von griechisch *hypo* = «unter», «weniger»), so dringt zuviel Wasser durch die Plasmamembran nach innen und die Zelle platzt. Jede Zelle muß also an das Leben in ihrer speziellen Umgebung angepaßt sein. Die einfachste und evolutiv älteste Lösung ist die, daß das Cytosol einfach isotonisch mit dem umgebenden Wasser ist. Eine marine Zelle ist nun speziell an ein Leben im Meerwasser angepaßt, also an ein Leben in einer Umgebung mit einer hohen Salzionenkonzentration. Das heißt aber nichts anderes, als daß das Süßwasser der Flüsse, in dem die Salzkonzentration selbstredend niedriger liegt als im Meerwasser, für eine marine Zelle eine hypotonische Umgebung darstellt; mit einem Wort: das Wasser der Flüsse ist das reine Gift für Zellen, die an das Leben im Meerwasser angepaßt sind und keinen Schutzmechanismus gegenüber dem osmotischen Unterschied zwischen Meerwasser und Süßwasser entwickelt haben! Der Weg der Pflanzen ans Land, der im Silur vor 438 bis 408 Millionen Jahren einsetzte, konnte daher nicht über die Flüsse, sondern nur vom Meer zum Festland erfolgen. Aber wie? Die «Lösung» ergibt sich paradoxerweise erneut aus einem Engpaß.

Wenn wir die photosynthetisierenden Cyanobakterien betrachten, begegnen wir sowohl ein- als auch vielzelligen Formen. In der Welt der einzelligen Cyanobakterien scheint noch alles in Ordnung. Ihre kugel- oder zylinderförmige Gestalt (Kokken oder Stäbchen) weist ein ideales Verhältnis von Volumen und Oberfläche auf. Die Lage ändert sich hingegen bei Cyanobakterien, die fadenförmige Zellverbände ausbilden, oder ganz allgemein bei mehrzelligen Lebensformen, die Zellkugeln oder flache Zellverbände bilden; bei ihnen besitzen die im Inneren eingeschlossenen Zellen keine direkte Kontaktfläche zur Umgebung mehr, über die lebenswichtige Nährstoffe aufgenommen werden könnten (vgl. JOSEF H. REICHHOLF: *Der schöpferische Impuls*, 40–52). Alle Zellen sind aber darauf angewiesen, Stickstoff und Phosphor in Form geeigneter Verbindungen aus ihrer Umwelt aufzunehmen. Gelingt ihnen dies nicht, so können sie ihre zelleigene Substanz nicht vermehren, da sie ohne Stickstoff und Phosphor weder Proteine noch Erbsubstanz synthetisieren können (s. o. S. 71 ff.; 79 ff.). Es ist jetzt offensichtlich, daß die Zellen im Inneren eines Zellverbandes hier benachteiligt sein müssen: eine rasche Vermehrung ist nicht möglich, wenn für die Zellen im Inneren die notwendigen Stickstoff- und Phosphorverbindungen nicht ausreichend angeliefert werden. So kommt es jetzt zu einem Ungleichgewicht: bei Pflanzen gerade in den lichtreichen Flachwasserzonen in Ufernähe geht nämlich die Zuckerproduktion der Photosynthese, wie wir sie früher geschildert haben (s. o. S. 181 ff.), ungehemmt weiter. Freilich kann die Photosynthese keine für die Vermehrung der Zellsubstanz benötigten Proteine bereitstellen, sondern sie kann ausschließlich Kohlenhydrate liefern. Unter günstigen Lebensbedingungen werden diese allerdings wieder bei der Atmung zu Kohlendioxid und Wasser abgebaut (s. o. S. 194 ff.) und die dabei freiwerdende Energie kann dann unter anderem zur Proteinsynthese und damit zur Vermehrung der Zellsubstanz, mithin zu weiterer Zellteilung genutzt werden – sofern nur Stickstoff und Phosphor zur

Verfügung steht! Ist dies nicht der Fall, steht die Zelle vor einem nicht unerheblichen Problem: Wir sagten eben, daß eine Zelle eine ganz bestimmte Gesamtkonzentration an Stoffen in ihrem Zellinneren aufrechterhalten muß, damit ihre Wasseraufnahme und -abgabe durch Osmose nicht beeinträchtigt wird. Wenn sie einfach freie Zuckermoleküle (Glucose, $C_6H_{12}O_6$) in ihrem Inneren (im Cytosol) anreichern würde, so würde ihr Zellinneres hypertonisch gegenüber dem Außenmedium werden – mit den erläuterten Konsequenzen. Die Pflanze muß sich also ihres Glucoseüberschusses entledigen. Drei verschiedene Wege stehen ihr hierfür zur Verfügung; zwei ihrer Strategien kennen wir bereits: Sie tut das, indem sie die Glucosemoleküle entweder in Form von Stärke speichert oder sie zur Synthese von Cellulose verwendet (s. o. S. 191 ff.).

Dabei müssen wir uns erinnern, daß Stärke aus D-Glucose-Resten besteht, die durch α-glycosidische Bindungen miteinander zu schraubenförmigen Polymeren verknüpft sind, während Cellulose ein langgestrecktes (lineares) Polymer darstellt, das durch β-glycosidische Bindungen gebildet wird. Wir haben das damals als eine einfache chemische Tatsache hingestellt, doch deren Bedeutung für die Geschichte des Lebens begreifen wir erst jetzt, indem wir die Arbeitsweise der Natur erneut ein Stück besser verstehen lernen: Eröffneten die glycosidischen Bindungen bei Vielfachzuckern (Polysacchariden) nicht zufällig zwei *alternative* Möglichkeiten von Kettenbildungen, je nachdem, ob die OH-Gruppe am C-1-Atom des Glucosemoleküls unterhalb oder oberhalb der Ringebene zu stehen kommt, so daß sich grundverschiedene strukturelle und funktionelle Eigenschaften daraus ergeben, und wären mehrzellige marine Pflanzen in Ufernähe nicht geradewegs dazu verdammt, weit mehr Zucker herzustellen, als sie verbrauchen können, so hätte es eine Besiedlung des Festlandes mit Lebewesen auf dieser Erde niemals gegeben! Die Natur plant nicht, sie nutzt lediglich die Möglichkeiten, die in ihr liegen. Das aber tut sie virtuos, wie der weitere Umgang mit dem überschüssigen Zucker zeigt. Neben dem Aufbau von Stärke und Cellulose können die Pflanzen den Zuckerüberschuß nämlich auch zum dritten dazu verwenden, zuckrigen Schleim, sogenannte *Mucopolysaccharide*, auszuscheiden, und dieser *Schleim* wiederum bietet den unschätzbaren Vorteil, das Zellinnere über längere Zeit hin vor dem Austrocknen zu bewahren – ein Grund, warum auch Schnecken Schleim absondern, um den Wasserverlust einzuschränken.

Und nun kommt alles zusammen: Pflanzen, die sich erst einmal aufs Land verirrt haben, unterliegen einer viel stärkeren Sonneneinstrahlung als vorher im Meer; die Photosynthese nimmt infolgedessen erheblich zu und mit ihr die Zuckersynthese und somit auch die Cellulosebildung und Schleimproduktion. Das einzige, was dringend benötigt wird, ist eine ständige Wasserzufuhr, einmal für die Photosynthese selber, jetzt aber auch zur Transpiration, um durch die Verdunstung den Pflanzenkörper vor Überhitzung zu schützen. Der Aufwand dieser Neubildungen besitzt einen gravierenden Vorteil, auf den es den Pflanzen jetzt freilich entscheidend ankommt: während im Meer den Zellen im Inneren des Zellverbandes der Zustrom von Nährstoffen knapp wurde, ist das Land gerade die Heimatstätte von all dem, was Pflanzen brauchen: Calcium, Kalium, Magnesium, Stickstoff, Phosphor und Schwefel als Makronährstoffe in relativ großen Mengen und sehr kleine Mengen der Mikronährstoffe Eisen, Chlor, Kupfer, Mangan, Zink, Molybdän, Bor und Nickel – alles das findet sich in weit konzentrierterer Form an Land als im Meer, und dieser ihrer Nahrungsquelle wanderten die Pflanzen im Silur gewissermaßen entgegen, und zwar gerade an den Stellen mit den höchsten Nährstoffkonzentrationen – gerade nicht also in den ausgedünnten Brackwasserzonen der Flußmündungen! Zustatten kam ihnen dabei das milde ausgeglichene Klima der Silur-Periode.

Und dann darf man nicht die Bedeutung der *Pilze* vergessen. Vermutlich haben sie, erneut durch einen Vorgang der *Symbiose*, bei der Eroberung des Festlandes durch die Pflanzen eine entscheidende Rolle gespielt, indem sie es den Pflanzen ermöglichten, auch Böden mit sehr geringem Gehalt an organischem Material und somit an Nährstoffen zu besiedeln. Insbesondere die *Mykorrhizapilze* (von griech.: *mykes* = Pilz und *rhiza* = Wurzel), deren Hyphen (Pilzfäden, von griech. *hyphos* = Gewebe) in die Zellen der Pflanzenwurzeln eindringen und die sich ausschließlich ungeschlechtlich vermehren, beliefern die Pflanzen mit Mineralien und beziehen Kohlenstoff von der Pflanze; ihre primitivsten Formen tauchen in Versteinerungen bereits aus dem Devon auf. Zudem bilden Pilze und endosymbiontische «Algen» wie die Cyanobakterien und Grünalgen *(Chlorophyten) Flechten* aus, deren anspruchslose Überlebenskunst jeder bewundern kann, der in den Hochalpen Wanderungen unternimmt. (Vgl. zum Thema der Symbiose von Pflanzen und Pilzen J. MAYNARD SMITH – E. SZATHMÁRY: *Evolution*, 193–194; zur *Mykorrhiza* vgl. HUBERT ZIEGLER: *Physiologie* [der Pflanzen], in: Lehrbuch der Botanik, 215–483, S. 377–378; zur *Flechten*bildung vgl. E. J. H. CORNER: *Das Leben der Pflanzen*, 285–288; PAULE CORSIN: *Die Flora*, 85–93.)

Alles weitere ist jetzt wieder in etwa vorhersehbar.

Zwar steht den Pflanzen an Land ein ausgiebigeres Nährstoffangebot zur Verfügung als im Wasser, aber das Leben an der Luft führt natürlich auch zu einer ganzen Reihe von neuen Schwierigkeiten. Bei einer Wasserpflanze hat in der Regel fast der gesamte Pflanzenkörper Zugang zu Licht, Wasser und Nährstoffen, so daß die meisten Zellen photosynthetisch aktiv sein können. Für Landpflanzen hingegen ergibt sich ein ganz anderes Bild; hier sind die vorhandenen Ressourcen räumlich getrennt: der Boden liefert das Wasser und die Mineralstoffe, aber kein Licht; oberirdisch ist zwar durch das Sonnenlicht die Photosynthese möglich, aber die umgebende Luft ermöglicht keinen Kontakt zu Wasser und Mineralstoffen – im Gegenteil: die Pflanze muß sich an ihr sogar vor Wasserverlust schützen! Einer Pflanze, die an Land überleben will, bleibt folglich nichts anderes übrig, als sich zu differenzieren in einen oberirdischen Vegetationskörper zur Photosynthese und in ein unterirdisches Wurzelsystem zur Aufnahme von Wasser und Mineralstoffen. Und erneut sind zwei weitere Probleme vorhersehbar: Wenn das Wurzelsystem möglichst tief in den Boden reichen soll, andererseits aber die photosynthetisierenden Blätter möglichst dem Sonnenlicht ausgesetzt sein sollen, so ist *zum ersten* ein Stützkörper erforderlich, der den Vegetationskörper aufrecht hält. Im Wasser selbst war dies nicht vonnöten gewesen, da Wasser stützend wirkt und Wasserpflanzen durch ihren Auftrieb im umgebenden Wasser schwimmen. Die Landpflanzen lösten dieses Problem auf zwei verschiedene Weisen. Alle Pflanzenzellen verfügen im Gegensatz zu tierischen Zellen über eine Zellwand aus Cellulose (vgl. Abb. 67), die nicht nur Wasser, sondern auch gelöste Substanzen passieren läßt und zudem einen physikalischen Druck ausübt und dadurch die Osmose beeinflußt. Diesen kombinierten Einfluß von physikalischem Druck der Zellwand und von seiten der Konzentration der gelösten Substanzen bezeichnet man als *Wasserpotential* (Psi, $\psi$). Das Wasser strömt dabei jeweils von der Seite mit dem höheren Wasserpotential durch Zellwand und Plasmamenbran auf die Seite mit dem niedrigeren Potential. Da sich alle Lebewesen in den Ozeanen entwickelt haben und heute noch die Zellen «eigentlich» an ein Leben im Meerwasser angepaßt sind (s. o. S. 515, vgl. *Glauben in Freiheit*, Band I, 426–427), befinden sich die Pflanzenzellen nach ihrem Landgang in einer hypotonischen Umgebung, so daß sie durch Osmose ständig Wasser aus ihrer Umgebung aufnehmen. Der Gegendruck der elastischen Zellwand verhindert dabei eine Wasseraufnahme bis zum Platzen der Zelle (eine sog. *Lyse*) und sorgt dafür, daß sich der Protoplast (die Pflanzenzelle ohne Zellwand) maximal bis zur Zellwand ausdehnt und turgeszent (straff) ist. In diesem Zustand ist die Pflanzenzelle meistens am vitalsten. Bei kleinen, krautigen Pflanzen reichen solche turgeszenten Zellen als mechanische Stütze aus. Bei Wassermangel, wenn der Turgor (der Druck, der vom ausgedehnten Protoplasten auf die Zellwand ausgeübt wird) abnimmt, fallen krautige Pflanzen schlaff in sich zusammen, wie sich in jedem Garten an heißen Tagen beobachten läßt. Die großen Gefäßpflanzen, darunter besonders die Bäume, mußten allerdings ein effektiveres Stützsystem ausbilden; sie taten es, indem sie einen harten Holzstoff, Lignin genannt, in ihre Zellwände einbauten. *Zum zweiten* ergibt sich aus der Differenzierung des Pflanzenkörpers das Problem, daß Wasser und Mineralstoffe von den Wurzeln zu den weit entfernten Blättern transportiert werden müssen und umgekehrt auch die unterirdischen Pflanzenteile mit Zuckern und anderen organischen Stoffwechselprodukten versorgt werden müssen. Die Pflanzen entwickelten hierzu Leitungsbahnen (das *Xylem* – Röhren aus Holz zum aufwärtigen Wasser- und Mineralstofftransport, und das *Phloem* – Bahnen aus lebenden Zellen zum Transport von Zuckern und organischen Nährstoffen; von griech. *xylon* = Holz, *phloos* = Rinde). Der Sog der Verdunstung (in den oberirdischen Pflanzenteilen) zieht dabei das Wasser mit den gelösten Mineralsalzen aus dem Wurzelsystem in die oberirdischen Pflanzenteile empor, so daß der Kühlungseffekt durch die Transpiration, also durch die Verdunstung von Wasser aus den Blättern, zugleich mit der Nährstoffversorgung verknüpft ist. Die bessere Versorgung mit Nährstoffen wiederum ermöglichte eine gesteigerte Produktion von Cellulose, so daß der Pflanzenkörper sich erheblich vergrößern und vom Boden aufrichten konnte. Auf diese Weise bildeten sich «die drei Hauptorgane» der Landpflanzen: «Krone, in der die Produktion im wesentlichen stattfindet, Stamm, über den der Transport verläuft, und Wurzeln, die der Nährsalz- und Wasseraufnahme dienen» (J. REICHHOLF: *Der schöpferische Impuls*, 53). Im Wettlauf um Licht und Nährstoffe setzte auf diese Weise im Verlauf von Jahrmillionen eine außerordentlich vielfältige Weiterentwicklung ein.

Nur *einen* Nachteil mußten die Pflanzen bei all dem in Kauf nehmen: die Selbstversorgung mit Hilfe der Photosynthese führte am Festland zu einer Preisgabe der Beweglichkeit, über welche die pflanzlichen Einzeller in den Meeren noch verfügten. Dafür besaßen die Pflanzen jetzt allerdings einen enormen Vorteil: die höhere Konzentration an gelösten Stoffen im Cytosol, die den Kontakt mit Süßwasser ursprünglich lebensgefährlich gemacht hätte, wirkte nun, nach Ausbildung der Wasserleitsysteme (der «Gefäße»), wie eine osmotische Saugpumpe, die den Sog der Transpiration im Blattwerk ergänzte. Die Gefahr des Verdunstens war nicht nur überwunden, sie war in etwas Nützliches, ja, Lebenswichtiges verwandelt worden.

In großem Stil begann jetzt denn auch die Anreicherung der Atmosphäre mit Sauerstoff und der Aufbau des Ozonschildes; RICHARD T.-W. FIENNES

(*Ecology and Earth History*, London 1976) hat die Größenordnungen der Sauerstoffproduktion durch die Photosynthese der Pflanzen rechnerisch zu erfassen gesucht: Er kommt auf eine Gesamtbilanz von 2000 Gramm pro Quadratzentimeter, die von den Pflanzen im Verlauf der Zeiten freigesetzt wurden – das ist die achtfache Menge des heutigen Sauerstoffgehaltes der Atmosphäre.

Wie mühsam freilich der Aufbau der Gefäße, der «Leiterbahnen», den Landpflanzen gefallen sein muß, läßt sich an der Zeit erkennen, die dafür nötig war. «Auf dem Gipfel des Ordoviziums (vor 450 Millionen Jahren) setzte die eigentliche Ära der Festlandpflanzen ein», schreibt PAULE CORSIN (*Die Flora*, 334–335). «Obgleich die ersten an das Leben in freier Luft angepaßten Pflanzen im Typ bereits den Gefäßpflanzen entsprechen, behalten sie noch weitgehend die Wuchsform von Algen bei, und ihre Stengel tragen noch keine echten Blätter. Sie bilden gemeinsam die Gruppe der *Propsilophyta* (sc. der Vorgänger der Urfarne, d. V.), in deren Reihen laubmoosähnliche *(Musciphyton)* und lebermoosähnliche Formen *(Hepaticaephyton)* unterschieden werden. – Im oberen Silur... wird die Formenvielfalt der Pflanzenwelt, die sich jetzt vollständig an die terrestrische Umgebung angepaßt zu haben scheint, begründet: Die Gefäßpflanzen *(Tracheophyten)* entwickeln sich und nehmen bedeutendere Dimensionen an. Zunächst erscheinen die ersten echten *Psilophytinae* (sc. Urfarne, von griech.: *psilos* = bloß, *phyton* = Pflanze, d. V.). Sie werden durch eine einfach organisierte Pflanze repräsentiert, deren Vegetationskörper aus nackten Achsen zusammengesetzt ist, die endständige Sporangien (sc. Kapseln, in denen sich durch Meiose haploide Sporen bilden, von griech.: *sporos* = Samen, *angos* = Gefäß, d. V.) tragen: *Cooksonia*, zweifellos die erste Pflanze, die unbestreitbar den Charakter einer Gefäßpflanze aufweist.» 30 Millionen Jahre, vom Oberordovizium bis zum Oberen Silur, zwischen 438 bis 408 Millionen Jahre, dauert es mithin, um das Gefäßsystem der Landpflanzen voll funktionstüchtig zu machen (vgl. KARL-ERNST FRIEDRICH: *Beziehungen zwischen Bau und Funktion bei pflanzlichen Organismen*, in: D. Todt: Biologie 2, 89–110).

Gleich *vier Neuerungen* also waren es, die den Durchbruch der ersten Landpflanzen ermöglichten: Sie bildeten eine *Epidermis* mit Spaltöffnungsapparaten (Stomata) aus und schufen sich damit die Fähigkeit, an der Luft leben zu können; sie entwickelten als Fortpflanzungskörper *Sporen*, die selbst in trockener Luft eine längere Zeit überleben konnten, wenngleich sie zu ihrer Ausbreitung an Wasser gebunden blieben (s. u. S. 527); sie bildeten dünne Stränge wasserleitender Zellen, *Tracheiden*, aus und schufen damit das erste Holz; und sie entwickelten an den basalen Partien haarartige Zellauswüchse,

*Rhizoide* (von griech.: *rhiza* = Wurzel, und *-eides* = Gestalt), die zu den Vorläufern der späteren Wurzeln gerieten.

Noch im Unteren und Mittleren Devon erscheinen unter den Psilophyten die ersten Landpflanzen in einer Größe, die an Kräuter und niedrige Büsche erinnert; da es noch kein sekundäres Dickenwachstum und damit auch kein Holz gibt, fehlen Baumstämme in den fossilen Funden aus dieser Zeit noch vollkommen. Erst im Oberdevon entwickeln sporentragende Bäume, wie der coniferenartige *Archaeopteris*, Stämme von 1,5 m Durchmesser.

Wichtig für das Verständnis des weiteren Weges der Pflanzen ist die Hervorhebung zweier Tatsachen.

*Zum einen:* wir befinden uns noch ganz und gar auf dem Stadium der *Sporenpflanzen,* deren Grundmuster bereits von den vielzelligen Algen entwickelt worden war, die sich als Tang mit Wurzeln an Felsen festklammerten (vgl. E. J. H. CORNER: *Das Leben der Pflanzen,* 118–119). Die Strategie der geschlechtlichen Fortpflanzung, die sie hervorbrachten, bestand (s. o. S. 324) in der Ausbildung des Generationswechsels: Eine Generation bildet eine diploide sporophyte Pflanze (von griech.: *sporos* = Same, *phyton* = Pflanze), die durch Meiose haploide Sporen erzeugt. Jede Spore kann sich in ein neues und unterschiedliches, gametophytes haploides Stadium entwickeln. Dieses erzeugt durch Mitose haploide Gameten, Keimzellen, die sich paaren, um die nächste Generation sporophyter Pflanzen zu erzeugen, die den Lebenskreis fortsetzen. Gameten sind bewegliche Zellen, die einander durch chemische Signale finden und vereinen – eine für das offene Meer nahezu aussichtslose Methode, die sich jetzt am Lande aber bewährte.

Dabei blieben die Sporenpflanzen allerdings entscheidend an das *Wasser* gebunden, aus dem sie stammten, allenfalls, daß sie nahegelegene Feuchtgebiete, wie jahreszeitlich gefüllte Teiche, erobern konnten. Ihre Taktik am Lande aber war «immer die gleiche...: Rasches Wachstum und ebenso rasche Fortpflanzung, um sicherzustellen, daß ein Teil des Nachwuchses sich in dem flüchtigen Lebensraum ansiedelt, sobald er erneut entsteht. Aber die Evolution entwickelte noch andere Rezepte. Als die Zellwände durch die Anstrengungen des Süßwasserlebens verhärteten und gar undurchdringlich wurden, verhinderten sie das Austrocknen durch Frischluft und trotzten der ultravioletten Strahlung. Ausgewachsene Photosynthetiker überdauerten die Trockenzeit (s. o. S. 203 ff.: der $C_4$-Weg!, z. B.), um in der Regenzeit erneut zu gedeihen. Jetzt war die Möglichkeit der Fortpflanzung über mehrere Generationen hinweg gewährleistet» (J. JOHN SEPKOSKI: *Startschuß: Das Leben in den Meeren,* in: Das Buch des Lebens, hg. v. Stephen Jay Gould, 37–63, S. 62).

*Zum anderen:* Die Landpflanzen werden im weiteren zwei Hauptstrategien verfolgen. Da gibt es die Pflanzen, die bereits ein System aus Röhren *(Xylem)* und lebenden Zellen *(Phloem)* zur Weiterleitung von Wasser aus dem Boden und zur Verteilung von organischen Stoffwechselprodukten aufgebaut haben und die darüber hinaus das *Rhizom* (einen unterirdischen Stamm, der über seine Triebe Wasser und Nährstoffe aufnimmt) zu echten Wurzeln weiterentwickelt haben; sie bilden die Gruppe, die wir soeben als Gefäßpflanzen (als *Tracheophyten*) vorgestellt haben und zu der die Farngewächse und die späteren Samenpflanzen zählen (vgl. DIETRICH VON DENFFER: *Morphologie,* in: Lehrbuch der Botanik, 7–214, S. 155–156). Ihre Überlebenskunst besteht darin, daß bei ihnen im Wechsel zwischen der sporophyten Generation (die aus der Verschmelzung von Gameten hervorgegangen ist) und der gametophyten Generation (die durch Mitose haploide Gameten erzeugen wird) die sporophyte Generation dominiert, wie wir es noch heute bei den Gräsern, aber auch bei der Rose oder der Eiche beobachten: bei ihnen formt die sporophyte Generation langlebige Gewächse, wodurch sie die gametophyte Generation verkürzt, und sie findet zugleich einen Weg, um die Gameten schließlich auch außerhalb des Wassers zu vereinen.

Ganz anders die *Bryophyten* (Moose), die noch heute als Laub-, Leber- und Hornmoose sich erhalten haben (vgl. STRASBURGER: *Lehrbuch der Botanik,* 634–652). In ihnen lebt offenbar die ursprüngliche Anpassungsform von Wasserpflanzen in Küstennähe fort – alle Pflanzen dürften ursprünglich als *Bryophyten* an Land gekommen sein. *Ihre* Technik besteht darin, die Gametophyten zu favorisieren, «die tief am Boden in schattiger Feuchtigkeit leben müssen, da sie noch Gameten ausstreuen, die wandern müssen, um sich zu finden, und deshalb nicht zu weit verstreut werden dürfen. Ihre Vereinigung erzeugt eine kurzlebige sporophyte Generation, die als Sporenkapseln oben auf einem kurzen, nackten Stengel liegen. Diese geschlechtslosen Sporen gehen in den nächsten Gametophyten über, der grün ist und eventuell Blätter trägt, aber nicht hoch wachsen kann» (J. JOHN SEPKOSKI: *Startschuß,* a. a. O., 62–63). Aus diesen *Bryophyten* müssen sich später dann die ersten einfachen *Gefäßpflanzen* ausdifferenziert haben, indem sie dem «Generationswechsel» einen anderen Akzent aufprägten. (S. o. S. 323–324)

Die Farbtafel 7 versucht, im Überblick die Entwicklung der wichtigsten sumpf- und festlandbewohnenden Pflanzen darzustellen.

Gehen wir die Klassen der Pioniere unter den Landpflanzen einmal in gebotener Kürze durch, so erhalten wir ein überraschend vielseitiges Bild.

Eine hohe Entwicklungsstufe erreichten bereits im Karbon und im Unterperm auf dem Niveau der Sporenbäume die *echten Farne* (*Filicopsida,* eine Klasse innerhalb der Abteilung der *Pteridophyta,* der Farnpflanzen), deren Ausbreitung durch die konstante Feuchtigkeit der Steinkohlenzeit sehr begünstigt wurde (vgl. PAULE CORSIN: *Die Flora,* 363–364). Eine Vielzahl von Arten entsprach damals bereits den heute lebenden Farnen. «Die Farne treten wie alle *Pteridophyten* (sc. Farnpflanzen, d. V.) hauptsächlich durch ihren Sporophyten (sc. durch die sporenbildende diploide, ungeschlechtliche Generation, d. V.) in Erscheinung, der sich gewöhnlich in Stamm, Wurzeln und Blätter gliedert. Ihr wichtigstes Merkmal bilden die Blätter, die... von einer reichverzweigten Nervatur durchzogen sind», – eben die «Wedel», die «bei sehr vielen Farnen fiedrig geteilt» sind. «Bei nahezu allen Farnen sind die Wedel im Jungstadium an der Spitze krummstabartig eingerollt... Die meisten Farne bilden nur eine Sorte von Wedeln aus, die gleichzeitig als Assimilationsorgane wie als Sporangienträger (sc. als Träger der endständigen Kapseln, in welchen die haploiden Sporen sich entwickeln, von griech.: *sporos* = Samen, *angos* = Gefäß, d. V.) fungieren.» Noch heute leben in den tropischen Urwäldern Farne, «die mit ihren mächtigen Stämmen und meterlangen Wedeln an die Baumfarne der Steinkohlenwälder erinnern» (PAULE CORSIN: *Die Flora,* 112; 114).

Auch die *Sphenopsida* (auch *Equisetopsida* genannt, die Schachtelhalmgewächse), die eine weitere Klasse der *Pteridophyta* (der Farnpflanzen) bilden, entwickelten sich bereits im Unterdevon; während sie heute nur noch durch die recht kümmerliche Gattung *Equisetum* (Schachtelhalm) vertreten sind, bildeten sie im Karbon in der Familie der *Calamitaceae* 30 m hohe Bäume mit 1 m dicken Stämmen, deren Oberfläche durch Längsfurchen gemustert waren. Die zapfenförmigen Sporangienstände bauten sich aus Wirteln steriler (unfruchtbarer) und fertiler (fruchtbarer) Blättchen auf. Zu den *Pteridophyten* (den Farnpflanzen) der Karbonzeit gehörte nicht zuletzt die Klasse der *Lycopodiopsida* (der Bärlappgewächse; vgl. STRASBURGER: *Lehrbuch der Botanik,* 657). Die Lycopodiopsida bildeten vor allem auf der Nordhalbkugel der Erde das Hauptelement der Flora des Paläozoikum. «Sie erschienen gegen Ende des oberen Silurs und entfalteten sich im oberen Karbon zu einer Fülle von Formen, die zusammen mit einigen anderen Pteridophyten, vor allem Schachtelhalmgewächsen, das Landschaftsbild beherrschten. In der darauffolgenden Erdepoche des Perms hatten sie ihren Höhepunkt bereits überschritten» (PAULE CORSIN: *Die Flora,* 105). Man unterscheidet bei den Bärlappgewächsen isospore Formen, die nur eine einzige Form von Sporen (und Sporangien) ausbilden, und heterospore Formen, bei denen zwei unterschiedliche Formen von Sporen (und Sporangien) auftreten.

Eine eigene Ordnung innerhalb der Klasse der Bärlappgewächse *(Lycopodiopsida)* bildeten die *Lepidodendrales* (auch *Lepidophyten*, Bärlappbäume genannt), mächtige Bäume, deren säulenförmige Stämme bis zu 40 m hoch wurden und einen Durchmesser von 5 m erreichten. Insbesondere die Familie der *Lepidodendraceae* (der Schuppenbäume), war an der Bildung der Steinkohlenwälder maßgebend beteiligt. Gleichwohl starben sie im Perm aus. «In ihrem Habitus lassen die Schuppenbäume gewisse Ähnlichkeiten mit unseren heutigen Tannen und Araukarien erkennen, wenn man von dem für sie charakteristischen gabeligen Verzweigungsmodus absieht. Ihr Stamm gipfelt in eine breitausladende Krone aus gabelig verzweigten Ästen» mit zahlreichen dicken Blättern und bis ¾ m langen Sporophyllzapfen (von griech.: *sporos* = Same, *phyllon* = Blatt, die sporangientragenden Blätter der Farnpflanzen). Die Schuppenbäume, deren Name auf die rhombischen Blattpolster an Stamm und Ast zurückgeht, wuchsen in flachen Lagunen und Sümpfen und waren am Boden mit kräftig entwickelten Wurzelträgern befestigt (vgl. PAULE CORSIN: *Die Flora,* 106–108; STRASBURGER: *Lehrbuch der Botanik,* 663).

Schließlich ist die Familie der *Sigillariaceae* (der Siegelbäume) zu nennen, ein weiterer Bärlapp aus der Ordnung der *Lepidodendrales,* der die Karbonflora repräsentierte und vom Oberdevon bis zum Perm existierte. Die Siegelbäume, deren Name auf die sechseckigen Blattpolster an Stamm und Ast zurückgeht, ähnelten in ihrer baumförmigen Gestalt den Schuppenbäumen, doch blieb ihr Stamm bis zu einer Höhe von 10–20 m unverzweigt, um dann an kurzen Ästen Büschel langer schmaler Blätter als Krone hervorzubringen, unterhalb deren, ebenfalls an kurzen Ästen, mächtige Sporophyllzapfen herabhingen (vgl. PAULE CORSIN: *Die Flora,* 108).

Interessant ist die Vermehrungsform einer anderen Ordnung innerhalb der Bärlappgewächse, die der *Selaginellales* (der Moosfarne), deren Vertreter noch heute überall auf Erden anzutreffen sind und die bereits im Karbon vertreten war. Es handelt sich um krautige Pflanzen, deren dünner Sproß auf dem Boden kriecht und nach oben sich verzweigende Ästchen entsendet. Die Seitenäste gipfeln in ährenförmige Sporophyllstände, die zwei Sorten von Sporangien (Sporenkapseln: Mikrosporangien im oberen Teil und Megasporangien an der Basis), beherbergen. Die Sporangien entspringen einzeln aus den Achseln der Sporophylle (der sporenproduzierenden Blätter) und produzieren die *Mikrosporen* (Pollenzellen) wie die *Megasporen* (Embryosackzellen). Aus den Mikrosporen entwickeln sich männliche Prothallien (von griech.: *thallos* = Zweig, Vorläufer des Vegetationskörpers), die aus einem einzigen *Antheridium* (d. h. dem männlichen Gametangium, der Kammer, in der sich männliche Gameten entwickeln, von griech.: *antheros* = blühend) bestehen, das seinerseits bei der Reife zweigeißelige Spermatozoiden entläßt; die Megasporen keimen zu weiblichen Prothallien, die eine Anzahl von *Archegonien* (d. h. von weiblichen Gametangien, Kammern, in denen die weiblichen Gameten sich entwickeln; von griech.: *archä* = Anfang, *gonos* = Geburt) tragen. Nach der Befruchtung bleiben die weiblichen Prothallien noch einige Zeit am Leben und dienen den jungen Moosfarnkeimlingen als Ernährer (vgl. P. CORSIN: *Die Flora*, 108; zum Generationswechsel bei Moosen und Farnen vgl. Abb. 153).

Diese Strategie, die Keimlinge mit Nahrungsstoffen zu versorgen, liegt nun zentral der Entwicklung der *Samen* zugrunde.

*Wann* die *Samenpflanzen* (*Spermatophyta*, früher auch Phanerogamen genannt, von griech. *phaneros* = sichtbar, *gamos* = Heirat) entstanden sind, ist nicht genau bekannt. Die ältesten fossilen Samenreste von Spermatophyten wurden neuerdings für das Oberdevon datiert. Auch die stammesgeschichtliche Ableitung der Samenpflanzen ist noch Gegenstand der Forschung. Anfangs ging man davon aus, die ersten Samenpflanzen hätten sich aus frühen Vertretern der echten Farne (*Pteridopsida*, auch *Filicopsida*) entwickelt. Man stellte sich nicht die stabilen Bäume des Oberdevon als die ersten Repräsentanten der Samenpflanzen vor, sondern vielmehr farnartige, zierlich wirkende Gewächse mit dünnen Stämmchen. Die Aufregung war natürlich groß, als sich aufgrund neuer Fossilienfunde herausstellte, daß der oben schon erwähnte *Archaeopteris* nicht wie bis dahin angenommen zu den Baumfarnen zu zählen ist, sondern daß er zwar einerseits mit seinen gefiederten Farnwedeln sowie seinen Mikro- und Megasporen typische Merkmale der Farne aufweist, andererseits aber schon eine Holzpflanze mit sekundärem Dickenwachstum ist. Er hat also Gymnospermenholz besessen (Gymnospermen, Nacktsamer, eine Unterabteilung in der Abteilung der Spermatophyta, der Samenpflanzen, von griech. *gymnos* = nackt, *sperma* = Same). Dies macht ihn nun zu einem typischen Vertreter der *Progymnospermen* (von lat. pro = vor), also zu einem unmittelbaren Bindeglied zwischen den Psilophyten (*Psilophytopsida*, Urfarngewächsen) und den Gymnospermen, den ersten samentragenden Spermatophyten (Samenpflanzen; vgl. STRASBURGER: *Lehrbuch der Botanik*, 687; 696). Die ersten Samenpflanzen, deren Aussehen also mit ihren langen, gefiederten, ledrigen Blättern an Baumfarne oder Palmen erinnert, verfügten über Samenanlagen, die sich auf spezialisierten Blättern entwickelten und frei am Rande dieser Fruchtschuppen saßen, also noch nicht wie bei den später in der Kreide auftretenden Blütenpflanzen, den «Bedecktsamern», in ein Fruchtblattgehäuse eingeschlossen waren – daher ihr Name «Nacktsamer». Durch die neueren Erkenntnisse ändert sich natürlich auch die Systematik.

«Bei der systematischen Gliederung der Spermatophyta hat man bisher fast ausschließlich als gleichwertige Unterabteilungen ‹Gymnospermae› (Nacktsamer, d. V.) und ‹Angiospermae› (Bedecktsamer, von griech. *angeion* = Gefäß, *sperma* = Samen, d. V.) einander gegenübergestellt. Nun weiß man aber, daß die Nacktsamer auf Sporen ausstreuende ‹Progymnospermae›... zurückgehen und daß bei der weiteren Differenzierung der ‹Gymnospermae› schon seit dem Unterkarbon zwei relativ klar getrennte Entwicklungslinien erkennbar werden. Diese stuft man daher als gleichwertige Unterabteilungen (der Gymnospermae, nämlich als, d. V.) Coniferophytina (die gabel- und nadelblättrigen Nacktsamer, d. V.)... und Cycadophytina (die fiederblättrigen Nacktsamer, d. V.)... ein... Relativ zu den ‹Progymnospermae› und den Angiospermae stellen die ‹Gymnospermae› also eine vermittelnde Entwicklungsstufe der Samenpflanzen und die paraphyletische Basis (sc. den Seitenzweig, d. V.) für die Angiospermen dar» (STRASBURGER: *Lehrbuch der Botanik*, 698). Farbtafel 7 versucht, die wesentlichen Stadien der Pflanzenevolution in einem schematischen Überblick darzustellen.

Der Aufstieg zu den *Gymnospermen* im Mesozoikum verbesserte generell die Überlebenschancen der Pflanzen auf dem Lande ganz entscheidend. Die Sporenpflanzen (Moose und Farnpflanzen) des Paläozoikum waren für ihre Fortpflanzung, wie gesagt, immer noch auf Gewässer und Feuchtgebiete angewiesen; erst die Samenpflanzen konnten sich von dieser Voraussetzung lösen. Rekapitulieren wir: Bei den Sporenpflanzen entwickelt sich die Spore zu einem haploiden Gametophyten. Heterospore Pflanzen, wie die meisten Moose, bilden jeweils männliche Gametophyten mit Antheridien und weibliche Gametophyten mit Archegonien aus (s. o. S. 525 f.); homospore Pflanzen, wie die meisten Farne, besitzen nur einen einzigen Gametophyten, der sowohl die männlichen als auch die weiblichen Gametangien trägt. Die Antheridien und die Archegonien desselben Gametophyten reifen nun aber zu unterschiedlichen Zeiten. Die Spermatozoide müssen jedoch von den Antheridien zu den Archegonien gelangen, um dort die Eizelle befruchten zu können und so den Entwicklungszyklus mit der Bildung eines diploiden Sporophyten einschließlich der Sporangien und der haploiden Sporen zu schließen. Und hier liegt nun der Nachteil dieser Fortpflanzungsstrategie: Sie ist an das Vorhandensein eines Wasserfilms gebunden, der den Spermatozoiden die schwimmende Fortbewegung ermöglicht (vgl. Abb. 153).

Revolutionär demgegenüber ist die Fortpflanzungsstrategie der Samen-

528 Massenausrottung und Artensterben

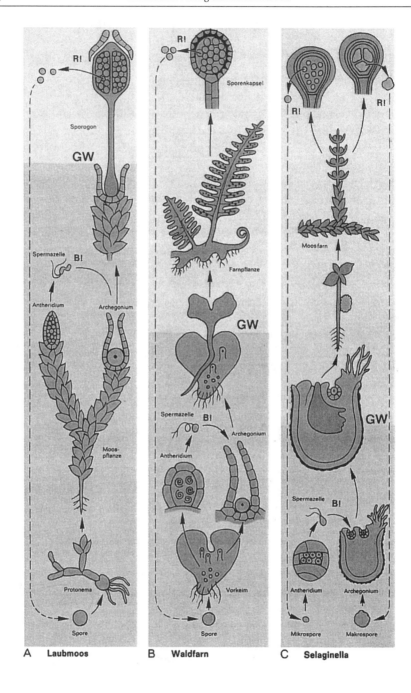

A  Laubmoos    B  Waldfarn    C  Selaginella

**153** Generationswechsel bei Moos (A) und Farngewächsen (B, C). GW = Generationswechsel, R! = Reduktionsteilung (Meiose), B! = Befruchtung.

*Generationswechsel der Moose (A):* Aus der kleinen, einzelligen, haploiden Gonospore eines Mooses keimt ein fädiger, sich verzweigender, vielzelliger Vorkeim (Protonema). Aus ihm entsteht aus seitlichen Knospen die grüne Moospflanze. Das weibliche Archegonium ist ein flaschenförmiges Organ, dessen Bauch- und Halsteil aus einer Schicht steriler Zellen aufgebaut ist und außer Kanalzellen nur eine Eizelle enthält. Das keulenförmige männliche Antheridium (Mikrogametangium) umschließt das spermatogene Gewebe, aus dem zweigeißelige Spermien entstehen. Die Befruchtung im Archegonium kann nur in Gegenwart von Wasser erfolgen. Die befruchtete Eizelle bildet den diploiden Sporophyten, das Sporogon, das mit seinem Fuß in der Moospflanze verankert bleibt.

*Generationswechsel isosporer Farngewächse (B):* Bei den meisten Farngewächsen *(Pteridophyten)* sind alle Sporen einander gleich (Isosporie); die haploide Geschlechtsgeneration ist zumeist zwittrig. Bei unseren Waldfarnen *(Polypodiaceen)* keimt die Spore zu einem wenige Millimeter großen, herzförmigen, grünen, am Boden liegenden Gametophyten aus, dem Prothallium. Dieses Pflänzchen ernährt sich autotroph und legt an der lichtabgewandten Seite zunächst Antheridien, später Archegonien an. Nach der Befruchtung, die nur im Wasser erfolgen kann, entwickelt sich aus der Zygote der Embryo des diploiden Sporophyten, der noch vom Prothallium (haploiden Gametophyten) ernährt wird. Während das Prothallium abstirbt, wird der Keimling zur mehrjährigen Farnpflanze, an deren Wedel sich auf der Unterseite Häufchen kleiner Sporenkapseln (Sporangien) bilden.

*Generationswechsel heterosporer Farngewächse (C):* Bei den Farngewächsen tritt Getrenntgeschlechtlichkeit der Gametophyten und Ausbildung verschieden großer Sporen häufig zusammen auf. Die kleineren Mikrosporen des zu den *Bärlappgewächsen* zählenden Moosfarns *(Selaginella)* wachsen nur zu männlichen Prothallien aus, die größeren, nährstoffreicheren Makrosporen dagegen zu dem weiblichen Prothallium. Beide Gametophyten haben den sterilen Teil des Vegetationskörpers weitgehend zurückgebildet und sind auf heterotrophe Ernährung durch Reservestoffe angewiesen. Das männliche Mikroprothallium besteht nur aus einer einzigen Zelle und dem Antheridium, das Makroprothallium nimmt mit einigen Rhizoiden (wurzelähnlichen Gebilden) Wasser auf und legt drei Archegonien an. Bei manchen Arten wird die Makrospore auf dem Sporophyten befruchtet. Der sich gabelig verzweigende Sporophyt richtet sich in den endständigen Sporophyllständen (Blüten) auf. Jedes Sporenblatt (Sporophyll) der Ähre trägt nur ein einziges, der Blattachsel entspringendes Sporangium: die Makrosporophylle die Makrosporangien, die Mikrosporophylle die Mikrosporangien. Bei ersteren gehen alle Sporenmutterzellen bis auf eine zugrunde, welche die vier haploiden Makrosporen eines Sporangiums liefert, während in den Mikrosporangien zahlreiche kleine Sporen entstehen. – Bei dem fossilen *Sonnenbärlapp (Lepidokarpon)* kann man sogar Samenbildung beobachten: das Makrosporophyll legt sich als Hülle um das Sporangium.

pflanzen: «Wie die höchstentwickelten, heterosporen Pteridophyta (Farnpflanzen, d. V.) bilden auch die Spermatophyta nach der Meiose Mikrosporen (= einkernige Pollenkörner bzw. Pollenzellen) und Megasporen (= einkernige Embryosackzellen). Die Rückbildung der männlichen und weiblichen Gametophyten bzw. Prothallien (mehrzelliges Pollenkorn bzw. Pollenschlauch und Embryosack) ist allerdings so stark fortgeschritten, daß sie äußerlich nicht mehr in Erscheinung treten und vielfach vom Sporophyten ernährt werden müssen. Besonders wesentlich ist dabei, daß die Megaspore das Megasporangium (= Nucellus der Samenanlage) und damit die sporophyte Mutterpflanze bei der Reife nicht mehr verläßt. So entsteht auch der weibliche Gametophyt (= Embryosack) mit den Eizellen... auf der Mutterpflanze. Weiter sind in den Mikrosporangien (= Pollensäcken) die Mikrosporen (= einkernige Pollenkörner) herangereift. Schon jetzt beginnt mit mindestens einer Zellteilung die Entwicklung des männlichen Gametophyten. Diese mehrzelligen Pollenkörner werden nun in den Bereich der Megasporangien und weiblichen Gametophyten übertragen (Bestäubung) und bilden dort einen Pollenschlauch mit Spermatozoiden (= Spermien), meist aber mit geißellosen Spermazellen. Es folgt die Befruchtung der Eizelle und die Entwicklung der Zygote zum Embryo. Gleichzeitig hat sich am mütterlichen Sporophyten aus der Hülle des Megasporangiums... eine Hülle (= Samenschale, Testa) um den Embryo und sein Nährgewebe (Endosperm) gebildet: Damit ist anstelle der Ausbreitungseinheit Megaspore eine neue, nämlich der Same, entstanden (sc. bei ihm befindet sich die sessile Megaspore zum Zeitpunkt der Keimung noch in einem ernährungsphysiologischen Zusammenhang mit der sporophyten Mutterpflanze, d. V.). Diese Veränderungen gegenüber den Farnpflanzen machen den Befruchtungsvorgang von der Gegenwart atmosphärischen Wassers unabhängig und geben dem jungen Sporophyten bessere Startmöglichkeiten» (STRASBURGER: *Lehrbuch der Botanik*, 685).

Die Befruchtung erfolgt also bei den Spermatophyten im Inneren der Pflanze, und die Verbreitung der männlichen Gameten (Pollen genannt) erfolgt nicht mehr über das Schwimmen durch einen Wasserfilm, sondern durch den Wind oder auch durch Insekten, so daß fortan Lebensräume erobert werden können, die keine feuchten Umweltbedingungen garantieren. Sowohl die Pollen als auch der aus der Befruchtung hervorgehende Same sind äußerst widerstandsfähig. Aus dem Samen entwickelt sich nun nicht direkt der Sporophyt, sondern ein Embryo mit Nährgewebe. Während eine Spore nur aus einer Zelle besteht und nur wenig Nährstoffe besitzt, ist der Same ein mehrzelliges Gebilde, das über genügend Nährstoffe verfügt, um eine Weile lang den Keimling zu versorgen, und das von einer widerstandsfähigen Samenhülle umgeben ist, um ihn vor Trockenheit und Kälte zu schützen. Dadurch kann nicht nur der Pollen, sondern auch der Samen durch Wind, Tiere und Wasser verbreitet werden.

Der Geschlechtsapparat der Gymnospermen kann sehr unterschiedlich sein und steht strukturell zwischen (einzelner) Blüte und Blütenstand (= *Infloreszens*). Die Blüten der Samenpflanzen sind ursprünglich eingeschlechtlich (unisexuell), also entweder männlich (nur mit Staubblättern) oder weiblich (nur mit Fruchtblättern); später erscheinen zwittrige (bisexuelle) Blüten mit Staub- und Fruchtblättern. Die männlichen Blüten entsprechen normalerweise denen der Angiospermen: – eine kurze Achse, daran die Staubblätter. Die weiblichen Blüten aber sind komplex gebaut; sie gliedern sich in eine Hauptachse und schuppenförmige Tragblätter («Deckschuppen»), in deren Achseln jeweils eine kurze «Samenschuppe» (= verschmolzenes Fruchtblatt) steckt, doch werden die Samenanlagen von den Samenschuppen, an denen sie sich entwickeln, niemals ganz umschlossen; sie sind stets nackt und für den Pollen frei zugänglich. Eben darin liegt das Charakteristikum der Gymnospermen. Nach der Befruchtung, die meist durch Windbestäubung erfolgt, bildet sich im Innern der Samenanlage ein Embryo. Die Samenanlage bleibt auf der Mutterpflanze; zur Verbreitung gelangt erst der fertige Samen, der ein Keimpflänzchen und Reservestoffe enthält (vgl. PAULE CORSIN: *Die Flora*, 130–132; STRASBURGER: *Lehrbuch der Botanik*, 685; 687–695).

Um uns die Landschaften in der Zeit zwischen dem Oberdevon, wo die ersten Samenpflanzen erscheinen, und der Kreide, in der die ersten Angiospermen auftreten, vorstellen zu können, sollten wir zuerst die wichtigsten Gymnospermen – natürlich in angemessener Kürze – kennenlernen.

Zum einen ist die heute gänzlich ausgestorbene Klasse der *Pteridospermae* (der Samenfarne, auch *Lyginopteridopsida* genannt) aus der Unterabteilung der fiederblättrigen Nacktsamer *(Cycadophytina)* zu erwähnen. Die Samenfarne besaßen noch keine Blüten, und ihre Samen bildeten sich einzeln oder zu vielen in kelchartigen Organen, den *Cupulen*, oder sie saßen direkt am Blatt; auch die Pollen saßen in Cupulen. Die Blätter der Samenfarne blieben im Unteren Karbon entweder grazile Gabelwedel oder sie bildeten runde Blätter mit Fächernervatur aus. Im Oberen Karbon jetzt entstanden erstmals Blätter mit sich vermaschenden Nerven – eine Neuerung, die für die Höherentwicklung der Pflanzen äußerst wichtig war. Während bei heutigen Pflanzen Blatt und Frucht stets voneinander getrennt sind, waren im Karbon die Gabelwedel und die Achsen, an denen die Cupulen saßen, noch miteinander verbunden. Erst im Perm entstehen bei den *Glossopteridaceae* zungenförmige Blätter (von griech.: *glossa* = Zunge), aus deren Mittelader ein kleiner sich aufgabelnder Trieb entstand, der die Pollensäcke oder Samenanlagen tragen konnte. Auch *Glossopteris* hatte eine baumähnliche Gestalt. (Zu den Samenfarnen vgl. PAULE CORSIN: *Die Flora*, 124–127; STRASBURGER: *Lehrbuch der Botanik*, 708–711; WILHELM KLAUS: *Einführung in die Paläobotanik*, Band II, 115–117.)

Eine weitere wichtige Klasse aus der Unterabteilung der fiederblättrigen Nacktsamer *(Cycadophytina)* sind die *Bennettitopsida* mit der Unterklasse der *Bennettitinae* (der Blumenpalmfarne). Früher stellte man sie zu den *Cycadales* aus der Klasse der *Cycadopsida* (ebenfalls in der Unterabteilung der *Cycadophytina*), die in ihrer Gestalt an 10 m hohe Palmen erinnern und die sich seit der Trias bis heute erhalten haben; beiden gemeinsam ist die Herausbildung echter Blüten. Tatsächlich aber unterscheiden die *Bennettitinae* sich im Bau ihres Geschlechtsapparates auffällig von den *Cycadales,* da sie im Gegensatz zu den einfachen Blüten der *Cycadopsida* erstmals echte Zwitterblüten mit Perianth (Blütenhülle, von griech.: *peri* = um, und *anthos* = Blüte) hervorbrachten. Die *Bennettitinae* waren holzige Pflanzen von mehr oder weniger ausgeprägtem Baumwuchs mit Stämmen, die eine zylindrische oder knollige Gestalt besaßen und nur wenige Zentimeter oder auch mehrere Meter hoch werden konnten. Ihre bis zu 3 m langen Wedel ähnelten Palmenblättern und gliederten sich in 10–20 Fiederpaare. «Die Geschlechtsorgane der Bennettitinae schlossen sich zu recht stattlichen ‹Blüten› zusammen, die am Stamm zwischen den Ansatzstellen der Blätter oder in den Achseln der Seitenzweige standen. Diese teilweise gestielten Blüten waren häufig von Tragblättern umgeben, die sich zu einer Art Perianth anordneten und den Geschlechtsorganen Schutz boten. Sie kamen demnach in ihrem Aufbau echten Blüten schon recht nahe. Bei manchen Bennettitinae waren die Blüten zwittrig, umfaßten also Staubblätter und Samenanlagen. Doch traten vielfach auch Formen mit eingeschlechtlichen Blüten auf» (PAULE CORSIN: *Die Flora*, 132). Die *Bennettitinae* waren offenbar in der Trias und im Jura die am weitesten entwickelten Gymnospermen und stellten einen Seitenzweig auf dem Weg zu den Angiospermen dar, deren Aufstieg in der Kreide sie verdrängen sollte. (Zu den *Bennettitidae* und *den Cycadales* vgl. STRASBURGER: *Lehrbuch der Botanik*, 711–714.)

Als Vertreter der anderen Unterabteilung der Gymnospermen, nämlich der Unterabteilung der gabel- und nadelblättrigen Nacktsamer *(Coniferophytina),* sei die Unterklasse der *Cordaitidae* aus der Klasse der *Pinopsida* (Nadelhölzer) angeführt. *Generell* zeichnet sich diese Unterabteilung der Gymnospermen durch ihren baum- oder strauchartigen Wuchs aus. Ihre Blätter sind entweder nadelförmig wie bei der Kiefer, Tanne oder Lärche oder schuppenförmig wie bei den Lebensbäumen der Gattung *Thuja*. Zu ihren wichtigsten Repräsentanten zählt im Paläozoikum die Ordnung der *Cordaitales* (so benannt nach dem tschechischen Botaniker A. J. CORDA). Das waren Bäume von 30–40 m Höhe, deren Aussehen den heute lebenden *Araucariern*, einer Familie in der Unterklasse der *Pinidae*, ähnelt. «Die Fortpflanzungsorgane der Cordaitales vereinten sich, nach Geschlechtern getrennt, zu ährenförmigen Blüten. Die männlichen Blüten lassen sich als Zapfen ansprechen; sie setzten sich aus einer großen Zahl von Staubblättern zusammen, die in den Achseln von Tragblättern entsprangen. Die weiblichen Blüten bildeten verzweigte Ähren von bisweilen beachtlicher Länge, deren Ährchen sterile und fertile Blattorgane umfaßten» (PAULE CORSIN: *Die Flora*, 127). Den Höhepunkt ihrer Entfaltung erreichten die *Cordaitidae*, die erstmals im Mitteldevon auftraten, in der ausgehenden Steinkohlenzeit und im unteren Perm.

Als eine weitere Klasse in der Unterabteilung der *Coniferophytina* ist die Klasse der *Ginkgo-opsida* zu erwähnen, die mit Sicherheit bis ins Unterperm reicht, aber möglicherweise ihren Ausgang auch schon im Oberdevon genommen hat. Zur höchsten Entfaltung gelangen sie aber erst in der Mitte der Jurazeit (s. u. S. 578) (vgl. STRASBURGER: *Lehrbuch der Botanik*, 699).

Insgesamt erscheint die Pflanzenentwicklung vom Unterdevon bis zum Perm als ein großer in sich geschlossener Zyklus, der mit algenartigen Urlandpflanzen beginnt, über die Moose zu den Gefäßpflanzen führt, als deren erste wir *Cooksonia* kennengelernt haben, weiter zu den Urfarnen und Farnpflanzen reicht und endlich mit Wäldern von Baumfarnen, von Schachtelhalmgewächsen wie den *Calamitaceae*, von Bärlappbäumen (*Lepidodendrales*, darunter die Schuppen- und die Siegelbäume), von Progymnospermen wie dem *Archaeopteris*, von Samenfarnen wie *Glossopteris* und von Nadelbäumen wie den *Cordaiten* endet. Nach diesem etwa 160 Millionen Jahre langen Zeitraum vom Unterdevon bis zum Perm mit den gewaltigen Steinkohleablagerungen im Karbon beginnt dann vor 248 Millionen Jahren die Ära des Mesozoikum, das für die Landpflanzen eine wichtige Zäsur mit neuen Entwicklungsrichtungen bedeutet, die in der obersten Unterkreide schließlich die Angiospermen hervorbringen werden; doch davon später mehr.

Eine Zusammenstellung einiger wichtiger Pflanzen vom Unterdevon bis zur Kreide bietet zusammenfassend Abb. 154.

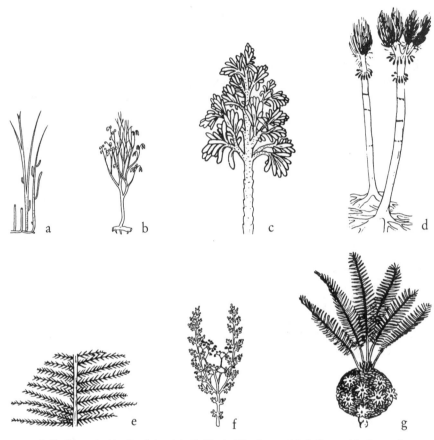

**154** *Psilophyten* (a, b), *Cordaites* (c), *Sigillaria* (d), ältester Nadelbaum (e), *Samenfarn* (Pteridospermae; f), *Cycadeoidea* (g).

Die ersten primitiven *Psilophyten* (Urfarne) wuchsen aus seichten Gewässern heraus; die aufrechten, gabelig verzweigten Stengel repräsentieren die ungeschlechtliche Generation (Sporophyt) mit Sporenkapseln an den Spitzen (Sporangien). **a**: die 20 cm hohe blattlose *Rhynia gwynnevaughanii* aus dem Unterdevon Schottlands. **b**: das 50–100 cm hohe *Psilophyton princeps* aus dem kanadischen Unterdevon; die Triebe dieser Pflanze waren dichotom verzweigt, d. h. die Hauptachse verzweigte sich in zwei gleich starke Nebenachsen, und sie waren mit dornenförmigen Blättchen bedeckt. **c**: die Bäume der Unterklasse *Cordaites* wurden im Karbon 40 m hoch. **d**: die baumförmige *Sigillaria* aus der Gruppe der Bärlappgewächse war 20 m hoch; unmittelbar am Stamm wuchsen Sporenfruchtzapfen, unten bildeten sich Wurzeln, deren Wurzelträger *Stigmaria* hießen. **e**: ältester Nadelbaum im Oberkarbon und Unterperm ist *Lebachia piniformis* mit zylindrischen Zapfen an den Zweigenden. **f**: Samenfarn im Unterkarbon mit haselnußförmigen Samen und einer Höhe von 2–3 m. **g**: *Cycadeoidea* aus der Kreidezeit.

## Der «Landgang» der Tiere im Devon und Karbon

Man könnte meinen, es sei nun, nachdem die Pflanzen die Erde erobert hätten, für die Tiere nicht weiter schwierig gewesen, ihnen zu folgen. Doch merkwürdigerweise verhält es sich so keineswegs. «Die Erde bringe Gras und Kraut, das Samen bringe, hervor» – dieses Wort der ersten biblischen Schöpfungsmythe in Gen 1,11 hat sich vor rund 420 Millionen Jahren erfüllt; das «Gottes»wort aber: «Die Erde bringe lebendiges Getier hervor» (Gen 1,12), stellt sich im Rückblick als ein nicht minder verschlungener und mühsamer Weg dar.

In gewissem Sinne kann man diese Schwierigkeit auch heute noch am Betragen *der Insekten* beobachten. Die Insekten zählten zu den ersten, denen der «Aufstieg» zu den Landbewohnern gelang (vgl. VINCENT B. WIGGLEWORTH: *Das Leben der Insekten*, 17–33: Das Insekt als Landtier). Betrachten wir aber nur einmal die Ernährungsweise der stammesgeschichtlich sehr alten *Schaben* (Blattodea) und ihrer späteren Verwandten, der *Termiten* (Isoptera): Sie sind bis heute außerstande, sich der Pflanzen als Nahrung zu bedienen, denn dazu müßten sie deren Cellulose aufspalten können. Eine solche Fähigkeit aber besitzen einzig gewisse Bakterien, die sich dabei eines Enzyms, der Cellulase, bedienen. Mit einem Wort: die Insekten hätten niemals auf dem Lande heimisch werden können, ohne daß ihnen von den Bakterien in wörtlichem Sinne der Boden bereitet worden wäre. Entscheidend ist, daß die Bakterien bei der Zersetzung der Pflanzenstoffe Eiweiß produzieren, und *das* eigenlich ist der Nährstoff, der ein «gefundenes Fressen» für Organismen darstellt, die «zum Abweiden der Bakterienrasen geeignete Mundwerkzeuge entwickelt hatten» (J. H. REICHHOLF: *Der schöpferische Impuls*, 67). Es ist bemerkenswert, daß selbst im Pansen von Wiederkäuern, die doch auf Pflanzennahrung spezialisiert sind, noch heute Mikroben die gesamte Zerlegung der Cellulose leisten müssen (vgl. HANS G. SCHLEGEL: *Allgemeine Mikrobiologie*, 442–445).

Die Eroberung des Landes stellte für die ersten Insekten und Würmer also prinzipiell ein Ernährungsproblem dar. Dabei bestand ein Großteil der marinen Fauna aus Tieren, die ihre Nahrung filtrierten; solchen Tierstämmen konnte die Umstellung auf ein Leben am Lande schon aus strukturellen Gründen nicht gelingen. Anders einem entfernten Vorfahren des wurmähnlichen Stummelfüßers *Peripatus,* der, wie sein griechischer Name (der «Umhergehende») sagt, auf seinem walzenförmigen Körper mit Stummelbeinchen «umhergeht») und sich dabei mit zwei Fühlern vorwärtstastet (Abb. 155).

In den rezenten Stummelfüßern, von denen noch heute etwa 100 Arten in

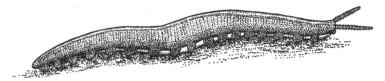

155  *Peripatus* (Stummelfüßer). Käferwurm, einer der Vorläufer der Gliederfüßer *(Arthropoden).*

den südlichen Subtropen leben, erblicken die Evolutionsforscher die Urform des ersten tierischen Landgangs. Das Erfolgsrezept von Tieren wie *Peripatus* lag darin, daß sie keine «Filtrierer», sondern echte «Räuber» waren, die mit einfachen hakenförmigen Mundwerkzeugen feste Beutestückchen ergreifen konnten. Die Beinchen des *Peripatus* dienten ursprünglich dazu, sich am Untergrund festzuhalten, wenn die krallenförmigen Kiefer eine Beute ergriffen hatten; man kann diesen funktionalen Zweck daran erkennen, daß jedes der Stummelfüßchen zwei gekrümmte Krallen trägt; jetzt aber waren es diese Füßchen, die *Peripatus* dabei halfen, das Problem der *Schwerkraft* an Land zu lösen. Wir haben es also erneut mit einem Trick zu tun, dessen die Evolution sich immer wieder bedient hat: mit dem *Wechsel der Funktion* eines Organs (s. o. S. 112; 120).

Und es gibt *noch* einen wichtigen Grund, warum ausgerechnet dem Winzling *Peripatus* der entscheidende Durchbruch zum Landbewohner gelingen konnte, – das ist seine elastische Hülle (Cuticula), die aus Chitin und Proteinen besteht und deren Fasern gerüstartig miteinander verbunden sind. Was für die Pflanzen die aus Zuckermolekülen aufgebaute Cellulose, das war für *Peripatus* und seine Nachfahren das *Chitin*, das den Siegeszug der Gliedertiere an Land überhaupt erst ermöglichte. Chitin besteht aus derivatischen Zuckermolekülen, nämlich aus N-Acetyl-glucosamineinheiten, die $\beta(1\rightarrow 4)$-glycosidisch verknüpft sind. Auch das Chitin bildet also lange gerade Ketten und ähnelt darin der Cellulose – mit dem einzigen Unterschied, daß das C-2 keine Hydroxylgruppe, sondern eine acetylierte Aminogruppe trägt. (Vgl. H. LODISH u. a.: *Molekulare Zellbiologie,* 640–642). Dieses Exoskelett der Arthropoden aus Chitin und Proteinen ermöglichte den Durchbruch zum Land.

Nicht anders als die Pflanzen, hatten natürlich auch die Tiere bei ihrem Weg vom Meer ans Land mit der Gefahr des Austrocknens zu kämpfen. Wie viele Schnecken, Regenwürmer und Amphibien sieht man sommertags auf den asphaltierten Spazierwegen der städtischen «Naherholungsgebiete» verenden, weil sie die drei Meter breite «Kochplatte» des Asphaltweges nicht überwinden können, die das Rasenstück rechts von dem Rasenstück links wie eine tödliche Demarkationslinie trennt! Daß die Gliederfüßer, vor allem in ihren höchstentwickelten Vertretern, den Insekten und Spinnen, zu den erfolgreichsten Tiergruppen aufsteigen konnten – schließlich gehören 70 bis 75 Prozent aller Tierarten der Klasse der Insekten an! –, liegt wesentlich an der Abdichtung ihres Körpers mit Hilfe einer Hülle aus Chitin. (Zum Aufstieg der Insekten vgl. ALFRED S. ROMER: *Entwicklungsgeschichte der Tiere*, I 127–153.) Wie entscheidend, aber dann auch wie «fixierend» und für alle Zeiten «kanalisierend» dieser Vorteil war und blieb, läßt sich daran ersehen, daß die «Erfindung» des Chitinpanzers bis heute die Chance, aber auch das Gefängnis der Gliederfüßer (Arthropoden) am Lande darstellt.

Der *Vorteil* des Chitins liegt in seiner Festigkeit, doch auch der *Nachteil* des Chitins liegt – in seiner Festigkeit: sie erlaubt es den Tieren nicht, in der Chitinhülle zu wachsen. Um wachsen zu können, müssen die Gliedertiere die Chitinhülle verlassen und sich «häuten»; dieser Vorgang, während dessen die Tiere gegen die Gefahr des Austrocknens nicht geschützt sind, darf nicht sehr lange dauern, denn das dehnbare unter der festen Chitinhülle gebildete neue Chitin wird rasch erstarren; doch nur in dieser relativ kurzen Zeit, da die neue Chitinhülle dehnbar ist, vermögen die Tiere zu wachsen. Im Meer bleibt das Chitin länger geschmeidig, und der Auftrieb des Wassers gleicht dort das Gewicht des Chitinpanzers zum Teil aus, das an Land die Größe der Arthropoden begrenzt; so können dort *Riesenkrabben* und *Seespinnen* entstehen, die wegen ihrer unvermuteten Größe in naturkundlichen Museumsausstellungen auf den Betrachter für gewöhnlich eben deshalb einen monströsen Eindruck hinterlassen; an Land hingegen bewirkte die Chitinpanzerung zum einen die rasche und überaus erfolgreiche Verbreitung der *Gliederfüßer* über das von Pflanzen *und Bakterien* vorbereitete neue Lebensterrain, zum anderen aber erlegte sie dem möglichen Wachstum der Arthropoden am Lande sehr enge Grenzen auf; – nur wenige Insekten werden größer als ein paar Zentimeter; Spinnen mit einer Spannweite von auch nur 30 cm Beinabstand erscheinen bereits als riesig; selbst manchen Schneckenarten gelingt es, die Gliederfüßer an Größe bei weitem zu übertreffen, – von den Wirbeltieren ganz zu schweigen.

Als früheste Landbewohner gelten heute zwei Skorpionarten (aus der Ordnung der *Scorpiones* in der Klasse der *Arachnida*), die vor 420 Millionen Jahren bereits an Land gingen, 10 Millionen Jahre später freilich schon gefolgt von den Springschwänzen *(Collembola)*, die in Populationsdichten von über 50 000 Tieren pro m$^3$ in der Erde aus den Überresten von Pflanzen und Tieren Humus bilden (vgl. R. OMPHALIUS: *Planet des Lebens*, 61).

Dabei müßte das Leben auf dieser Erde nicht so eingerichtet sein, wie es ist, wenn die Ausbreitung der *Gliederfüßer* auf dem Festland nach dem «Gesetz», daß ein Leben lebt vom Tod anderen Lebens, nicht alsbald auch neue «Anwendungsformen» des Fressens und Gefressenwerdens ermöglicht hätte. Insbesondere die *Spinnentiere* (Arachnida), der zum Landleben übergewechselte Zweig der Scherenfüßer (der *Chelicerata*), konnten nur «in Antwort» auf die Insekten entstehen, auf die hin sie sich selber als Nahrungsspezialisten entwickelten. Statt das Nahrungsangebot der Pflanzen zu nutzen, «lernten» die Spinnen es, mit Hilfe von Fermenten den Körper von Insekten bei lebendigem Leibe zu «verdauen» und dann als Nahrungssaft aus der Chitinhülle zu saugen; das Eiweiß, das die Spinnen auf diese Weise zu sich nehmen, dient zu einem beträchtlichen Teil der Herstellung von Spinnseide, und diese wiederum dient dazu, neue Beute einzufangen.

Erst jetzt, nach der Etablierung der Gliederfüßer am Lande, bestand für *die Wirbeltiere* eine Nahrungsgrundlage, um das Festland zu erobern, was denn auch im Oberen Devon geschah. Im Unterschied zu manchen Meeresbewohnern waren die eiweißreichen Insekten am Land bestimmt noch nicht imstande, sich mit Hilfe der Produktion von Giften vor dem Gefressenwerden zu schützen – eine ideale Einladung für Räuber, sich Nahrung zu beschaffen; zusätzlich dürften zahlreiche Gliederfüßer schon aufgrund ihrer langsamen Fortbewegung eine leichte Beute für die höher entwickelten Wirbeltiere am Lande gewesen sein. Die Frage aber stellt sich, wie die ersten Wirbeltiere, mithin *Fische,* überhaupt zu Landtieren werden konnten.

Rein morphologisch haben wir die «Schritte» bereits kennengelernt, die den Gliedmaßen von Fischen die Form und Funktion von Elle und Speiche, von Hand und Fuß verliehen haben (s. o. S. 100ff.), und wir konnten damals schon an der Gestalt des heute noch lebenden *Quastenflossers (Latimeria chalumnae)* eine Vorstellung gewinnen, *wie* die ersten Wirbeltiere im Oberen Devon, vor 370 Millionen Jahren, den Weg ans Festland gefunden haben; *die Gründe* freilich, aus denen heraus es zu dieser Entwicklung kam, haben wir noch nicht besprochen.

Warum waren es gerade die Kieferlosen (die *«Agnathen»*), die an die Spitze der Entwicklung von Wirbeltieren zu Landbewohnern treten sollten? Die Antwort wurde durch Funde auf dem sogenannten *Old Red-*Kontinent gegeben.

Dieser Kontinent entstand gerade im Oberen Unterdevon durch die sogenannte Kaledonische Kollision, die Zusammenfügung der «Laurentia» genannten Platte von Nordamerika und Grönland (die bereits seit Hunderten von Jahrmillionen eine Einheit bildeten) mit Europa (vgl. Abb. 156; STEVEN

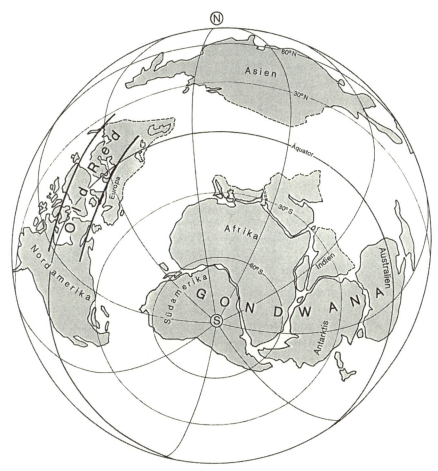

156 Der Old Red-Kontinent im Oberdevon.

M. STANLEY: *Historische Geologie*, 221; 223; 404; PRESS – SIEVER: *Allgemeine Geologie*, 503). Die an der Wende vom Silur zum Devon vor 400 Millionen Jahren einsetzende *Kaledonische Gebirgsauffaltung*, die in NO- nach SW-Richtung sich von Nordirland und Schottland bis nach Skandinavien, Spitzbergen und Grönland erstreckt, war das Ergebnis des Zusammenstoßes der beiden Kontinentalplatten.

Der Name «Old Red-Kontinent» stammt von dem Sedimentkörper, dem «Old Red-Sandstein», der sich in einer weitverbreiteten überwiegend devonischen Sandsteinserie im nördlichen Großbritannien abgelagert hat. Dort, im Gebiet der Orkney-Inseln, hat man zahlreiche Fossilien *kieferloser Fische* gefunden, die durch ihr Leben im Brackwasser am ehesten für den Weg auf das Festland vorbereitet waren. Insbesondere *Pteraspis*, ein 20 cm langer kieferloser Fisch, hinterließ eine Fülle von Fossilien im mittleren Old Red, die zeigen, wie die Eroberung des Festlandes durch Wirbeltiere möglich war (vgl. RUTH OMPHALIUS: *Planet des Lebens*, 63–72; MICHAEL BENTON: *Der Aufstieg der Fische*, in: Planet des Lebens, 65–77, S. 75).

Auch der Körper eines meerbewohnenden Wirbeltieres steht vor dem Problem, wie er sich vor dem Kontakt mit Süßwasser schützen kann. Das Meerwasser enthält eine Salzkonzentration, die ungefähr so groß ist wie im Inneren der Organismen; – daß das Leben im Meer entstanden ist, läßt sich allein an dieser Tatsache bereits erkennen (vgl. *Glauben in Freiheit*, 1. Bd., 425–431). *Pteraspis* war offenbar in die Brackwasserzonen ausgewichen, um sich vor Raubfischen zu schützen; sein stromlinienförmiger Körper zeigt, daß er an Fließgewässer, also an die Strömungsverhältnisse von Flußmündungen angepaßt war; doch seine wichtigste Errungenschaft bestand in einer Panzerung, die seinen ganzen Körper umgab: ein harter Knochenschild aus ineinandergreifenden Platten schützte seinen Kopf, eine breite Platte bedeckte seinen Rücken, eine andere seinen Bauch, kleinere Platten umkleideten die Seiten und ein dichter Schuppenbesatz die übrigen Körperteile; – eben deshalb gilt *Pteraspis* als ältester Vertreter der *Ostracodermen* (der «mit Knochenplatten Bedeckten», der Schalenhäuter). All das zeigt nicht nur, bis zu welchem Grad das «Wettrüsten» zwischen Jägern und Beutetieren seit dem Untergang der schutzlosen Ediacara-Fauna und dem Auftreten von *Anomalocaris* im Kambrium sich perfektioniert hatte, die Panzerung eines Agnathen führte vor allem, wie nebenbei, jedenfalls ohne «Absicht», dazu, daß der Körper eines Fisches wie *Pteraspis* äußerlich durch das Süßwasser in den Flußläufen nicht gefährdet war. Gleichwohl gelangte Süßwasser natürlich durch die Kiemen in das Körperinnere, und so war es unerläßlich, daß sich *die Nieren* von *Pteraspis* zu Hochleistungspumpen entwickelten, die das eingedrungene Wasser in Form eines stark verdünnten Harns wieder aus dem Blutkreislauf herauspumpten. Allein dieser Anpassungsvorgang hat etwa 60 Millionen Jahre in Anspruch genommen; dann aber war *Pteraspis* imstande, sich auf Dauer im Süßwasser der Flüsse aufzuhalten.

Andere Wirbeltiere begleiteten oder folgten *Pteraspis*; – auch sie waren kieferlose gepanzerte Fische *(Ostracodermen)*, aber sie verfügten über jeweils spezialisierte Maulkonstruktionen, Nackengelenke und Schwimmtechniken.

Diese Tiere verbrachten ihr Leben wie *Pteraspis* bevorzugt am Boden von Lagunen und Flüssen, indem sie Moose und Kleinlebewesen verzehrten. Doch blieb es nicht aus, daß den friedlichen *Agnathen* irgendwann auch die Raubfische folgten.

Der schrecklichste unter den *Raubfischen* im Old Red war im Oberen Devon der Panzerfisch *(Placoderme) Dunkleosteus* – ein zehn Meter langes Ungetüm mit voll beweglichen Kiefern (vgl. Abb. 157).

Wesen wie *Dunkleosteus* müssen es gewesen sein, vor denen die gepanzerten Kieferlosen *(Ostracodermen)* in die flachen Süßwasserzonen geflohen sind, wohin dieses größte Wirbeltier seiner Zeit ihnen gewiß nicht nachstellen konnte. Dafür entwickelte sich vor 390 Millionen Jahren im Oberen Devon in den Süßgewässern eine Frühform der *Knochenfische (Oste-ichthyes)*, wie sie uns erstmals in *Cheirolepis* begegnet, die wie geschaffen war, Jagd auf die Kieferlosen in den Flüssen und Flußmündungen zu machen. *Cheirolepis* besaß zwar nur eine Körperlänge von 25 Zentimetern, doch konnte er zum Verschlingen seiner Beute, die bis zu zwei Dritteln seiner eigenen Körperlänge maß, den Oberkiefer weit zurückklappen, indem mehrere Knochenpaare des Kopfes sich gegeneinander verschieben ließen. *Cheirolepis* gehörte zu den *Strahlenflossern (Actinopterygiern)*, die wir als Meilensteine auf dem Wege zum Festland bereits kennengelernt haben (s. o. S. 101). Als ein ausgezeichne-

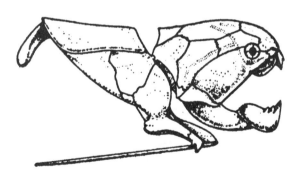

157 Der kräftige, gepanzerte Schädel von *Dunkleosteus*, einem Placodermen (Panzerfisch) des Oberen Devon. Diese gewaltige Form von kiefertragenden Fischen erreichte eine Länge von über 10 Metern. Die Knochenzähne und die Knochenplatten, die das Auge schützten, ermöglichten ihm die Jagd zum Beispiel auf die oberdevonischen *Haie* von der Gattung der *Cladoselache*.

ter Schwimmer besaß *Cheirolepis* eine Rückenflosse, zwei Paar Brust- und Beckenflossen sowie eine Schwanz- und Afterflosse; die starke Muskulatur, die er bei der Verfolgung seiner Beute benötigte, fand ihren Ansatz an einer Wirbelsäule, die, erstmals in der Evolution, aus festen Knochen gebildet wurde und damit das Prinzip der *Osteichthyes*, der Knochenfische, begründete, nach dem das Rückgrat aller Landwirbeltiere aufgebaut ist (vgl. Abb. 158).

Bemerkenswert ist die hohe Wahrscheinlichkeit, daß auch diese äußerst folgenreiche Neuerung nicht das Ergebnis einer «Planung» oder einer inneren «Zielgerichtetheit» darstellte, sondern sich erneut durch eine Art *Funktionswechsel* ermöglichte. So vertritt MALCOLM S. GORDON die Ansicht, daß die Knochen von *Cheirolepis* sich als Speichereinrichtung für im Süßwasser fehlende Mineralien wie Calcium, Phosphat und Magnesium gebildet hätten. Ohne das in den Knochen gelagerte Calcium und Magnesium läßt sich die Herz-, Nerven- und Muskeltätigkeit nicht aufrechterhalten. Im Meerwasser war es den Fischen ein leichtes, die notwendigen Mineralien aufzunehmen; jetzt aber, im Süßwasser, wurde es nötig, eine Art Mineraliendepot mitzuführen, und als ein solches scheint die Herausbildung fester Knochen als erstes fungiert zu haben: mit Hilfe der Knochen war es möglich, ein eventuelles Mineraliendefizit durch eine entsprechende Abgabe dringend benötigter Stoffe vom Knochenbau her zu steuern. So enthält Meerwasser zum Beispiel das lebenswichtige *Calcium* (an dessen Verteilungsspiegel sich selbst beim Menschen noch der Tageszyklus ablesen läßt) in gelöstem Zustand etwa 10–100 mal so konzentriert wie gewöhnliches Süßwasser. – Fest steht jedenfalls, daß die Überlebensstrategie der Knochenfische von der Art des *Cheirolepis* derart erfolgreich war, daß es diesen Fischen gelang, nicht nur die Süßgewässer zu erobern, sondern von dort sogar wieder in das Salzwasser der Ozeane

158 *Cheirolepis*, ein primitiver Strahlenflosser aus dem Mittel-Devon. Die Schwanzflosse dieses Tieres war stark asymmetrisch, und die kleinen rhombenförmigen Schuppen überlappten einander nicht.

zurückzukehren; so gut wie alle heute lebenden Knochenfische sind Nachfolger von *Cheirolepis*.

Wie es dann weiterging, haben wir bereits gehört (s. o. S. 101): Die eigentlichen Vorfahren der Landwirbeltiere waren nicht unter den Strahlenflossern *(Actinopterygiern)* zu finden, sondern gehörten den Fleischflossern (den *Sarcopterygiern*) an, die besonders zahlreich im *Old Red* gefunden wurden. Vermutlich nutzten schon die Fleischflosser ihre Flossen nicht mehr nur zum Schwimmen, sondern zur Fortbewegung am Grund; jedenfalls waren sie die Vorläufer auch des Quastenflossers *Eusthenopteron*, der zeitgleich zu *Cheirolepis* lebte und bevorzugt Flachgewässer bewohnte (vgl. Abb. 159).

Auch *Eusthenopteron* verfügte über eine Wirbelsäule, doch anders als alle anderen Fische trug er in seinen vier Flossen sieben fingerähnliche Knochen. Und nun muß man nur noch einmal an ERNST HAECKELS «*biogenetisches Grundsetz*» von der Rekapitulation der Phylogenese (Stammesgeschichte) in der Ontogenese (Individualentwicklung des Embryos) denken, und es fällt einem wie Schuppen von den Augen: Selbst bei uns Menschen sind in der frühen Phase der Embryonalentwicklung noch sieben Finger ausgeprägt, von denen einer am Daumen liegt und ein anderer am kleinen Finger anliegt; die beiden Finger verkümmern später, aber evolutionstheoretisch legen sie ein beredtes Zeugnis für die Tatsache ab, daß die Entwicklungsgeschichte der Landwirbeltiere bei Fischen wie *Eusthenopteron* angesetzt hat und schon im Devon die Strukturen schuf, die den Gliedmaßen der meisten späteren Vierbeiner zugrunde liegen sollten.

Eine wichtige Zwischenform, gewissermaßen das «fehlende Glied» zwischen *Quastenflossern* und *Amphibien*, stellt die Ordnung *Ichthyostegalia* dar (s. o. Abb. 37). Die Fossilien dieses ungewöhnlichen Wirbeltieres stammen aus dem Old Red-Sandstein des Ober-Devon und zeigen Quastenflosser, die

159 *Eusthenopteron*, ein etwa 30–50 cm langer *Sarcopterygier* aus dem Devon.

bereits den Amphibien ähneln; ebenso weisen die kompliziert strukturierten Zähne der *Quastenflosser* eine hohe Übereinstimmung mit den Zähnen der frühen Amphibien auf. Bei *Ichthyostega* (dem «Fischschädeligen», einem Lurch) nun war noch die gesamte Schädelstruktur wie die eines Quastenflossers gebaut, zudem besaß er einen fischähnlichen Schwanz, der auf dem Festland kaum von Vorteil gewesen sein dürfte, verfügte aber, wie die Amphibien, bereits über vier Beine (vgl. STEVEN M. STANLEY: *Historische Geologie*, 360).

Was für die Eroberung des Festlandes jetzt noch wesentlich fehlte, war die *Lungenatmung*. Die ersten *Lungenfische (Dipnoi)*, wie den Fleischflosser *Dipterus* mit einer Länge von 20 cm, findet man bereits in den mittleren Schichten des Old Red. Fast alle Lungenfischarten des Devon starben aus, doch in den Flüssen Afrikas, Südamerikas und Australiens haben einige ihrer Vertreter sich erhalten, und Analysen der Mitochondrien-DNA aus dem Jahre 1996 zeigten, daß diese modernen Lungenfische den Landwirbeltieren am nächsten stehen (vgl. RUTH OMPHALIUS: *Planet des Lebens*, 73; N. B. MARSHALL: *Das Leben der Fische*, I 48–51; zur Entwicklung der Lungenfische vgl. ALFRED S. ROMER: *Entwicklungsgeschichte der Tiere*, I 249–252). Um Mißverständnisse zu vermeiden, sei noch gesagt, daß die Lungenfische *(Dipnoi)* nicht unmittelbar die Vorfahren der *Amphibien* waren (vgl. VOLKER STORCH – ULRICH WELSCH: *Systematische Zoologie*, 589ff.).

Insgesamt betrug der Zeitraum zwischen dem Auftreten der ersten Gefäßpflanzen auf dem Festland im Ober-Silur und der Entwicklung der ersten Amphibien im Ober-Devon nur etwa 50 Millionen Jahre. Man hat den «Landgang» der Tiere mit einer globalen Klimaveränderung – einem Anstieg der Trockenheit und einer Verminderung der Gewässer – zu erklären versucht, doch scheint eine solche Hypothese unnötig; es genügt, mit adaptiven Durchbrüchen zu rechnen, die den ersten Wirbeltieren konkurrenzlos das Nahrungsangebot auf dem Festland erschließen konnten (vgl. STEVEN M. STANLEY: *Historische Geologie*, 360).

### *Die Naturkatastrophe im Oberdevon*

Das alles nun endlich markiert eine derartig reiche und vielgestaltige Entfaltung des Lebens, daß man, alle Grausamkeit, die darinnen eingeschlossen ist, vergessend, nur wünschen möchte, es waltete über so vielen fühlenden Lebewesen eine gütige Hand, die sie vor dem Schlimmsten bewahrte. Doch um so ärger ist es, mitansehen zu müssen, wie jetzt, im Oberdevon, erneut ein Massensterben anhebt, das die höheren Pflanzen an Land zwar nur wenig berührt, dafür aber die uns schon vertrauten Brachiopoden, Trilobiten, Conodonten und Acritarchen im Meer furchtbar heimsucht. Insbesondere die Riffgemeinschaft, die seit dem Mittleren Ordovizium bereits 100 Millionen Jahre lang sich entfaltet hatte, wurde jetzt so verheerend getroffen, daß sie sich von diesem Schlag bis zum Ende des Paläozoikum im Perm nicht mehr erholen sollte. Wie sich diese Katastrophe *zeitlich* und *ursächlich* zugetragen hat, ist freilich umstritten.

DIGBY J. MCLAREN (*Time, Life and Boundaries,* in: Journal of Paleontology, 44, 1970, 801–815) vertrat die These eines plötzlichen, vielleicht durch einen Meteoriteneinschlag bedingten Endes; doch sprechen dagegen die Untersuchungen von GEORGE R. MCGHEE (*The Frasnian-Famennian Extinction Event: A Preliminary Analysis of the Appalachian Marine Ecosystems,* in: Geological Society of America Special Paper, 190, 1982, 491–500), der im Gebiet des Gebirgsgürtels der Ur-Appalachen die Schichtenfolge der Fauna am Ende des Devon damit beschrieb, daß 70 Prozent aller wirbellosen Tierarten in jener Region im Verlauf von etwa sieben Millionen Jahren hinweggerafft wurden. Nicht nur die Ökosysteme über dem Meeresgrund veränderten sich damals, auch die großen Panzerfischarten (wie *Dunkleosteus*) sowie die restlichen *Placodermi* starben aus und überließen ihr Terrain als Meeresräuber den Haien. Auch die *Ostracodermen* (die «Schalenhäuter»), das heißt die kieferlosen Formen mit knöchernem Außenskelett, schafften den Übergang vom Devon in das Karbon nicht, ausgenommen einige wenige Formen. Für die meisten Schalenhäuter ist ein einheitlicher *(Osteostraci)* oder aus mehreren Platten bestehender *(Heterostraci)* Kopfpanzer kennzeichnend. «Geologisch älteste Funde *(Astraspis, Tesseraspis)* lassen vermuten, daß der einheitliche Panzer das Ergebnis einer Verschmelzung ist» (E. THENIUS: *Stammesgeschichte der Kieferlosen,* in Grzimeks Tierleben, Bd. 4: Fische 1, 40–44, S. 43; vgl. P. KÄHSBAUER: *Die Fische,* in: Grzimeks Tierleben, Bd. 4: Fische 1, S. 45). Moderne Nachfahren der *Schalenhäuter (Ostracodermen)* sind die *Neunaugen* (die *Petromyzones*), die zwar keinen Panzerschild mehr tragen, doch deren Gehirn und Lebensweise bis ins Ordovizium zurückreicht. Zu den *Rhipidistia,* einer Unterordnung der Quastenflosser *(Crossopterygier),* gehörte auch die Gattung *Eusthenopteron* aus dem kanadischen Devon, die einen biegsamen Rumpf mit breiten runden Knochenschuppen besaß (s. o. Abb. 159), und die *Schleimaale (Myxinoidea),* meist langgestreckte, aalähnliche Fische (vgl. H. KÜHL: *Die Kieferlosen,* in: Grzimeks Tierleben, Bd. 4: Fische 1, 31–33; vgl. V. STORCH – U. WELSCH: *Systematische Zoologie,* 545–548).

Bereits im Devon also waren alle heute noch lebenden größeren Fischgruppen vorhanden (vgl. Farbtafel 8).

Nach MCGHEES Meinung wirkte die Krise, die vor allem die Meeresbewohner damals betraf, in gewisser Weise zum Vorteil jener Schwämme, die ein Skelett aus Kieselsäure ausschieden und auch in *kühlerem* Wasser gediehen, und sie wirkte zum Nachteil vor allem der *tropischen* Lebewesen; deren Untergang läßt sich nicht nur in den Gesteinen von Westkanada, sondern auch in Westaustralien beobachten. Und nun haben MARIO V. CAPUTO und JOHN C. CROWELL (*Migration of Glacial Centers across Gondwana during Paleozoic Era*, in: Geological Society of America Bulletin, 96, 1985, S. 1020–1036) in Nordbrasilien Gletscherablagerungen aus der Zeit des Oberdevon gefunden und damit die These erhärtet, das Massensterben im Oberdevon sei das Ergebnis einer erneuten Vereisung, gefolgt von einer Abkühlung der Meere, dem Absinken des Meeresspiegels und einer abrupten Ausbreitung von Sauerstoffmangel, von «anoxischen Bedingungen».

Setzt man das bis dahin gefundene Puzzle jetzt zu einem Gesamtbild zusammen und fügt ihm noch hinzu, worauf wir als nächstes zu sprechen kommen müssen: die verheerende Krise am Ende des Perm, so ergibt sich für das Massensterben zwischen Kambrium und Trias als Ursache eine unglaublich einfache, doch um so folgenreichere Mechanik: das Driften des Südpols über dem Superkontinent Gondwanaland. Schauen wir uns noch einmal in Abb. 138 die Lage von Gondwanaland an, so befand sich der Südpol im späten Kambrium vor ca. 495 Millionen Jahren an der Verbindungsstelle von Südamerika und Afrika in der Höhe von Brasilien und Senegal. Zweimal im Paläozoikum driftete Gondwana, relativ zum Südpol, im Oberordovizium und im Oberdevon, über den Pol. Im Ordovizium führte die Driftbewegung die Lage des Südpols über Zentralafrika, im Silur über den Süden Südamerikas, im Devon in das Gebiet des heutigen Pazifik, dann in einer Schleife zurück über den Mittelbereich Südamerikas, schließlich im Karbon quer durch Afrika hinüber zur Antarktis, ohne dabei Indien zu passieren; im Perm und in der Trias lag der Südpol im Süden von Gondwana mit westlicher Driftrichtung. (Abb. 166)

Die Katastrophe im Oberdevon ist demnach nichts weiter als die Wiederholung eben der Vorgänge, die schon im Oberordovizium für ein Massensterben sorgten: «Im Oberordovizium hatte sich Gondwanaland über den Südpol bewegt und Inlandgletscher aufgebaut, und etwa zur selben Zeit traf ein Massensterben das Leben im Meer, wobei der Schwerpunkt in den Tropen lag. Die Vereisung hielt bis ins Mittelsilur an, als sich gemäß der Rekonstruktion von

CAPUTO und CROWELL Gondwanaland wieder vom Pol fort bewegte. Im Oberdevon dann schob es sich noch einmal über den Pol, was zu einer erneuten Inlandvereisung und zu einem zweiten Massenaussterben führte; wiederum war die tropische Zone am schwersten betroffen» (STEVEN M. STANLEY: *Krisen der Evolution*, 98). Und betroffen sein sollten alle Theologen!

Da sterben Lebensformen aus, weil nach den Gesetzen der Thermodynamik eine bestimmte Drift der Kontinentalplatten auf unserem Planeten entsprechend der Sonneneinstrahlung zu einer wiederkehrenden Vereisung in Höhe des Südpols und damit zu einem Absinken der Temperaturen des Ozeanwassers führt. Ein Gott, der diese rein geologischen Ursachen der Strukturen des Oberen Erdmantels mitsamt ihren klimatographischen Folgen auch nur entfernt in ihren Auswirkungen auf die Geschichte des Lebens hätte verhindern *können*, hätte sie nach allen Grundbegriffen von Moral und Vernunft verhindern *müssen;* da diese Auswirkungen nicht verhindert *wurden,* gibt es keinen so gearteten Gott. Das ist es, was sich als eine unvermeidbare Folgerung an dieser Stelle schon mit zunehmender Deutlichkeit ergibt.

γ) Die größte aller Katastrophen: am Ende des Perm

Es wäre ein schwacher Einwand gegen diese Konsequenz, darauf hinweisen zu wollen, daß sich das Leben nach der Krise im Oberdevon geradezu stürmisch weiterentwickelt hat. Gewiß, das tat es. Die Eroberung des Festlands durch die Wirbeltiere erfolgte ja allererst *nach* dem Desaster des Oberdevon; und gerade diese Zeit, das nachfolgende Karbon, ist durch die riesigen fossilen Steinkohlenlagerstätten in ihrer Fauna und Flora so reich belegt, wie keine zuvor. Und doch besagt diese Tatsache nichts zugunsten von Ziel und Plan, sie besagt nur, daß es zahlreichen Lebensformen trotz allem gelang, die eingetretenen klimatischen Veränderungen entweder zu tolerieren oder sich an sie anzupassen und alsdann die leergeräumten Nischen sogleich als Chance zu ihrer eigenen Verbreitung zu nutzen. Schauen wir uns diesen Prozeß seiner Bedeutung wegen ein wenig näher an.

*Der großartige Aufstieg des Lebens im Karbon und Perm*

*Im Meer* gewannen die *Brachiopoden* (Armfüßer, «Lampenmuscheln»), die *Ammonoideen,* die Muscheln *(Bivalvia)* und Schnecken *(Gastropoden,* Bauchfüßer) wieder an Boden; die Seelilien *(Crinoiden)* erreichten in der ersten Hälfte des Karbon in den Flachmeeren ihre größte Ausdehung; lediglich die Lücke, welche die Riffbildner hinterlassen hatten, wurde über Millionen von Jahren hin nicht geschlossen; das Verschwinden der gepanzerten *Placodermen* beschleunigte den Fortschritt der Knochenfische *(Oste-ichthyes);* die *Trilobiten* wurden von den Ammoniten immer mehr zurückgedrängt; reiskornfömige einzellige *Fusuliniden,* die zu den *Foraminiferen* («Kammerlingen» von lat. Foramen = Öffnung), einer Ordnung in der Klasse der *Rhizopoden* (der «Wurzelfüßer») gehörten, durchzogen mit ihren feinkörnigen Schalen aus Kalzit die Ozeane (vg. ALFRED S. ROMER: *Entwicklungsgeschichte der Tiere,* II 699).

Bei den Tieren auf dem Lande tauchen im Karbon bereits die ersten *geflügelten Insekten* auf (vgl. ALFRED S. ROMER: *Entwicklungsgeschichte der Tiere,* I 132–134). Entstanden aus ihren tausendfüßerähnlichen Vorfahren, reduzierten sie ihre Beinzahl auf sechs; die drei Segmente, die bei ihnen dem Kopf folgten, wurden zu einem kompakten Bruststück (Thorax) verschmolzen; zudem entwickelten die im Süßwasser lebenden Insekten Rückenplatten, «flächig verbreitete Auswüchse. Diese dienten ihnen beim Leben im Wasser als Atemorgane (Tracheenkiemen). Als die Lebensräume der kleinen Tiere zeitweilig austrockneten, besiedelten die aquatisch (d. h.: im Wasser, d. V.) lebenden Insektenvorfahren die niedere Vegetation in Ufernähe. Dabei warf sie der Wind oft zu Boden. Manchmal mußten sie auch vor Freßfeinden flüchten. Beim Fall oder Sprung von den Pflanzen gaben die seitlichen Auswüchse einen gewissen Auftrieb, der im Laufe der weiteren Entwicklung eine Art Gleitflug ermöglichte. Daß dieses gegenwärtig favorisierte Modell über die Entstehung der Insektenflügel nicht ganz falsch sein kann, läßt sich an den Larven der heutigen Eintagsfliegen ablesen: Diese verfügen noch über Tracheenkiemen, die strukturell mit Flügeln übereinstimmen. Ursprünglich waren die Flügel sicherlich plump und schwer sowie starr angebracht. Die aktive Bewegung beim Fliegen entstand erst allmählich. Die Flügel konnten zunächst auch noch nicht zusammengelegt werden» (ERNST PROBST: *Deutschland in der Urzeit,* 65).

Die Insekten, die auf diese Weise entstanden, glichen heutigen Libellen *(Odonata)* und konnten erstaunlicherweise eine Flügelspannweite bis zu 70 cm erreichen, wie das in Frankreich gefundene Fluginsekt *Meganeura monyi* im Oberkarbon belegt. Daraus folgt gewiß, daß diese Tiere schon aufgrund der Schwierigkeiten des Wachstums innerhalb des Chitinpanzers noch wesentlich im Wasser zu Hause waren. *Schaben (Blattodea)* kamen auf eine Vorderflügellänge von 4 cm. Mit der «Erfindung» der Flügel machten die Insekten sich mithin ziemlich bald (für geologische Vorstellungen) daran, auch den Luftraum für sich zu nutzen; doch zeigt sich gerade hier erneut, daß diese wichtige «Errungenschaft» *nicht* einer planenden Vernunft folgte, sondern daß die Natur, wie üblich, bereits vorhandene Strukturen, in diesem Falle die als Atemorgane verwandten Rückenplatten, zu überraschenden neuen Anwendungsmöglichkeiten zu nutzen verstand und sie aufgrund ihres selektiven Vorteils nach und nach weiter ausbaute. Nicht eine absichtsvolle Konstruktion, sondern wiederum ein *Funktionswandel* schuf das «Kunstwerk» der ersten Flügel – eine Erkenntnis, die wir, wenngleich unter gründlich anderen Voraussetzungen, später noch bei der Flügelbildung der Vögel (und Fledermäuse) bestätigt finden werden.

In den stehenden Gewässern des Karbon wohnten dieweil kleine Schalenkrebse (*Conchostraca* aus der Klasse der Blattfußkrebse, der *Phyllopoda*) und winzige 2 mm «große» Muschelkrebse *(Ostracoden)*, die bis heute überlebt haben. – Ein weiterer entscheidender Schritt gelang im Verlauf von Karbon und Perm den *Wirbeltieren (Vertebraten)*. Wie unsere heutigen Lurche, die Kröten etwa und die Salamander, waren die ersten landbewohnenden Wirbeltiere für die Fortpflanzung auf Grund des aquatischen Larvenstadiums an geeignete Laichgewässer gebunden; gleichwohl entwickelten auch sie unter dieser «Randbedingung» ihrer Existenz eine außerordentliche Formenvielfalt. Und damit nicht genug: sie schafften es bereits im Karbon, sich in einigen Formen zu *Reptilien* (terrestrischen Tetrapoden) zu wandeln.

Das Problem der landbewohnenden Wirbeltiere stellte sich ähnlich wie bei den landbewohnenden Sporenbäumen: solange eine Vermehrung nur im Wasser möglich war, blieben ihrem Vordringen in die Tiefe des Festlandraumes enge Grenzen gesetzt. Den *Pflanzen* gelang die Loslösung von den Gewässern, wie wir sahen, mit Hilfe der Bildung von Samen; *die Wirbeltiere* taten einen vergleichbaren Schritt durch die Ausbildung des *Amnioteneis*, das in seiner Schale das Junge und die Nahrungsvorräte für dieses vor Austrocknung und mechanischer Zerstörung schützte. Das verschlossene («cleidodische») Ei zeichnet sich durch zwei Eigenschaften aus: Es verfügt erstens über eine halbdurchlässige äußere Schale; deren Poren lassen zwar den Sauerstoff und das Kohlendioxid passieren, die Schale selbst aber ist wasserdicht und bewahrt das Ei somit vor Austrocknung; zudem besteht die Schale aus einem harten mineralischen Mantel, der mechanischen Schutz bietet. Zum zweiten verfügt das Amnionei über spezielle extraembryonale Membranen, die vier sogenannten amniotischen Häutchen: Die innere Embryonalhülle, das *Amnion* (das «Schafhäutchen»), bildet einen mit Flüssigkeit gefüllten Beutel um den Embryo, die sogenannte Amnionhöhle, die vor Austrocknung und mechanischer Erschütterung schützt; der *Dottersack* beherbergt die Nahrung für den Embryo; der Harnsack, die *Allantois,* dient als «Mülltonne» für die Abfallstoffe. Alle drei, die Amnionhöhle, der Dottersack und die Allantois, werden umgeben von der äußeren Embryonalhülle, dem *Chorion* (der Zottenhaut), die das Innere des Eis umgibt. Die Allantoismembran und das Chorion dienen zusammen als Atemorgan, das Atemgase zwischen dem Embryo und der Außenluft austauscht (vgl. NEIL A. CAMPBELL: *Biologie,* 706–707; MICHAEL BENTON: *Mit vier Füßen auf dem Boden,* in: Das Buch des Lebens, 79–125, S. 88). Aus den Amphibien (Lurchen) werden mit Hilfe des Amnioteneis die ersten Reptilien (Kriechtiere). Das amniotische Ei ist dabei wie ein abgeschlossener Tümpel, der es den Amnioten erlaubt, ihren Lebenszyklus vollständig an Land zu durchlaufen. Diese neue Strategie ist so revolutionär (gewesen), daß man bis heute die Reptilien, Vögel *(Aves)* und Säugetiere *(Mammalia)* als *Amniota* den Amphibien, Knochenfischen *(Oste-ichthyes)* und Knorpelfischen *(Chondrichthyes)* als *Anamnia* gegenüberstellt.

Die *Amphibien,* was bedeutet «auf *beiden* Seiten lebend», also sowohl auf der aquatischen als auch auf der terrestrischen, behielten ihre fischartige Fortpflanzung bis heute bei: Die meisten von ihnen müssen ihre kleinen und empfindlichen Eier, damit sie nicht austrocknen, ins Wasser legen; dort findet bei den meisten Amphibien und Fischen eine Befruchtung außerhalb des Körpers statt; aus den Eiern schlüpfen anschließend aquatische Larven, die bei den meisten Amphibien eine Metamorphose durchmachen zum adulten terrestrischen Tier mit Lungen für die Luftatmung und geeigneten Extremitäten für die Fortbewegung an Land, wie es zum Beispiel die Kaulquappen bei den Fröschen zeigen. Die meisten *Reptilien* hingegen legen weniger Eier, kennen kein Larvenstadium, und die Befruchtung erfolgt *im* Körper in der Zeit vor dem Sezernieren der Schale, wenn das Ei den Fortpflanzungstrakt des Weibchens passiert. Erst die Amnioten, also die Reptilien, aus denen auch die Vögel und die Säugetiere hervorgingen, brauchen zur Eiablage nicht mehr ins Wasser zurückzukehren. Die keratinhaltige geschuppte Haut und die Technik, Wasser zu speichern, zum Beispiel durch die Produktion von halbfestem Urin, ermöglichen es den Reptilien zusätzlich, sich vom Wasser zu lösen.

In ihrem Skelettbau waren die Reptilien am meisten mit den uns schon vertrauten *Labyrinthodontia* verwandt (s. o. Abb. 36), doch bildeten sich bereits im Unteren Oberkarbon selbständige Entwicklungslinien heraus, zu denen vor allem (als die «Stammreptilien») die *Cotylosaurier* zählen, schwerfällige Reptilien von mittlerer Größe, die auf Pflanzen wie auf Fleischnahrung sich spezialisierten (vgl. ANGUS BELLAIRS: *Die Reptilien,* in: Die Amphibien und

Reptilien, 137). Erst in der Trias werden die *Cotylosaurier* aussterben, um ihren Nachfolgern, den *Lepidosauriern* (den Schuppenkriechtieren), Platz zu machen; aus diesen geht die Ordnung der eigentlichen Schuppenkriechtiere *(Squamata)* mit den Unterordnungen *Lacertilia* (Eidechsen) und *Serpentes* (Schlangen) hervor. Daneben entwickeln sich aus den Cotylosauriern die *Archosaurier,* die beherrschende Reptiliengruppe des Mesozoikums, als deren Grundgruppe die *Thecodontia* gelten; die *Thecodontia* (die Urwurzelzähner) sollten zu den Vorfahren der *Dinosaurier* (der *Saurischia,* d. h. der Echsenbecken-Dinosaurier, also der Dinosaurier mit einem echsenähnlichen Becken, sowie der *Ornithischia,* der Vogelbecken-Dinosaurier, vgl. Abb. 168), der *Pterosaurier* (der Flugsaurier) und der *Crocodilia* (Krokodile) werden. (Abb. 162)

Die Cotylosaurier waren als «Stammreptilien» die ersten, die Eier mit extraembryonalen Membranen legten (vgl. V. STORCH – U. WELSCH: *Systematische Zoologie,* 612).

Eine andere Linie führte von den Cotylosauriern zu den *Synapsiden* (auch als Theromorpha, Theropsida oder als säugerähnliche Reptilien bezeichnet), deren Kennzeichen ein sog. synapsider Schädel ist, der das eine, auch für die späteren Säugetiere typische Schläfenfenster besitzt. «Im Mittelperm erlischt der Teil der *Synapsiden,* der auf dem amerikanischen Kontinent lebt, während ein anderer, in der alten Welt, sich rasch vermehrt und eine Reihe neuer Entwicklungszweige bildet, die zu einer gesonderten Ordnung, den *Therapsida,* zusammengefaßt werden» (Z. V. ŠPINAR: *Leben in der Urzeit,* 32). Die Ordnung der *Pelycosaurier* (der Segelrücken-Reptilien) umfaßt die primitiveren Formen (vgl. Abb. 163), während die Ordnung der *Therapsiden* die höheren Formen, aus denen schließlich die Säugetiere hervorgehen werden, beinhaltet.

Um in diese verwirrende Vielfalt der Echsen *(Sauria)* eine systematische Übersicht hineinzubringen, ist das Großsystem der ausgestorbenen und lebenden Reptilien hilfreich, das der Paläontologe OSKAR KUHN erstellt hat.

Als Grundlage der Einteilung der *Kriechtiere* dienen die verschiedenen Schädelbaupläne (vgl. H. WERMUTH: *Systematische Gliederung der Kriechtiere,* in: Grzimeks Tierleben, Bd. 6: Kriechtiere, 28 f.; MICHAEL BENTON: *Mit vier Füßen auf dem Boden,* in: Das Buch des Lebens, 90–91). Die Mitglieder der verschiedenen Reptilienklassen sind leicht daran zu erkennen, ob bestimmte Schädelöffnungen (Schädelfenster) vorhanden sind oder nicht. Es handelt sich dabei um beidseitige Öffnungen hinter den Augenhöhlen, deren Funktion nicht bekannt ist – vielleicht fiel an den weniger beanspruchten Stellen des Schädels zum Zwecke der Energieeinsparung und der besseren Beweg-

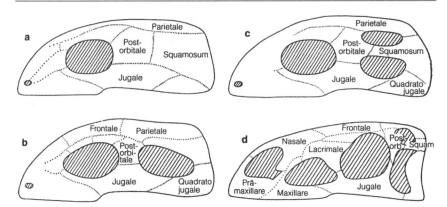

160 Schädeltypen der Tetrapoden. a anapsid, b synapsid, c diapsid, d mit großem Praeorbitalfenster (triapsid), wie z. B. bei vielen Archosauriern; bei diesem Schädeltyp ist oft auch die Nasenöffnung vergrößert. Nach REMANE, STORCH, WELSCH.

lichkeit des Kopfes die Knochenkonstruktion ganz einfach weniger aufwendig aus. Im ganzen lassen sich vier Hauptmuster unterscheiden, wie die Abb. 160 zeigt.

1. *Die Anapsiden,* die Reptilien «ohne Schläfenöffnungen» (von griechisch: *an-apsides* = ohne Höhlung). «Diese primitive Form finden wir bei Fischen und Amphibien ebenso wie bei den frühesten Reptilien... Zu den Anapsiden gehören (sc. nach Meinung mancher Wissenschaftler, d. V.) auch die Schildkröten (*Testudines;* sc. die von manchen aber als eigene Ordnung den Archosauriern, zugezählt werden) und ihre ausgestorbenen Vettern, die erstmalig in der oberen Trias nachgewiesen wurden... Zu einer frühen Gruppe der Anapsiden gehören *Hylonomus...* und viele andere» (M. BENTON: a. a. O., 90). *Hylonomus* (vgl. Abb. 161) ist einer der ältesten bekannten Vertreter der Reptilien aus dem tiefsten Ober-Karbon von Neuschottland. Die Reste dieses etwa 30 cm langen Tieres wurden aus Sedimenten geborgen, die vermodernde Baumstümpfe verfüllten.

2. *Die Synapsiden,* die Reptilien «mit nur einem Paar Schläfenöffnungen», die unterhalb und hinter der Augenhöhle sitzen. Diese Gruppe umfaßt alle heute ausgestorbenen säugerartigen Reptilien, die den Säugetieren den Weg ebneten; zu ihnen gehört aber auch die ausgestorbene Ordnung der *Mesosauria* (der Rechengebißechsen) sowie die Ordnung der ebenfalls ausgestorbenen *Ichthyosaurier* (der Fischsaurier).

161 Skelett von Hylonomus, dem ältesten bekannten Reptil. Nach CARROL, WILLISTON.

3. *Die Diapsiden*, die Reptilien «mit zwei Paar übereinanderliegenden Schläfenöffnungen» hinter der Augenhöhle. Die Schädel der *Lepidosaurier* (der Schuppenkriechtiere) etwa sind diapsid. Ebenfalls haben die *Archosaurier* unabhängig von den Lepidosauriern einen diapsiden Schädel erworben. Die Gruppe der *Diapsiden* umfaßt demnach: die Ordnung der *Squamata* mit den Eidechsen und Schlangen, die Urwurzelzähner *(Thecodontia)*, die *Dinosaurier* (also die Saurischier und Ornithischier), die *Krokodile*, die Flugechsen *(Pterosaurier)* sowie – später – die *Vögel;* ebenfalls zu den diapsiden Schuppenkriechtieren *(Lepidosauriern)* gehört die Ordnung der Urschuppensaurier *(Eosuchia)* sowie die der Schnabelköpfe *(Rhynchocephalia)*, von denen heute nur noch die Brückenechse *(Sphenodon punctatus)* existiert. Viele Eosuchier und die Squamaten haben die untere Schläfenbrücke aufgelöst; sie wurden *Euryapsiden*.

4. *Die Euryapsiden*, die Reptilien mit einem einzigen Paar Schläfenöffnungen, die kleiner sind als die der Synapsiden und höher hinter der Augenhöhle liegen. Hier handelt es sich um eine gemischte Gruppe ausgestorbener Meeresreptilien: der *Nothosaurier* (der Bastardsaurier), der *Plesiosaurier* (der Schwanenhalsechsen), der *Placodontier* (der Pflasterzahnsaurier) und der *Ichthyosaurier* (der Fischsaurier). Wie gesagt, haben die Euryapsiden sich aus diapsiden Vorfahren entwickelt und dabei das untere Paar der Schläfenöffnungen eingebüßt. Abb. 162 bietet einen Stammbaum der Kriechtiere (der Klasse *Reptilia*).

Innerhalb der Ordnung der *Therapsiden* (von griech. *therion* = Raubtier) bildeten sich die *Theriodontia* (die Raubtierzähner), die in der Trias die ersten echten Säugetiere hervorbringen werden (s. u. S. 571).

«Bis zum Unter-Perm waren die *Pelycosaurier* – Reptilien mit Rückenflosse (sc. die vermutlich der Wärmeregulation diente und wie die Rippen einer Zentralheizung funktionierte, d. V.) und ihre Verwandten die wichtigsten Carnivoren (sc. Fleischfresser, d. V.)» (STEVEN M. STANLEY: *Historische Geologie*, 397). Dieser Zustand änderte sich jetzt durch das Auftreten der säu-

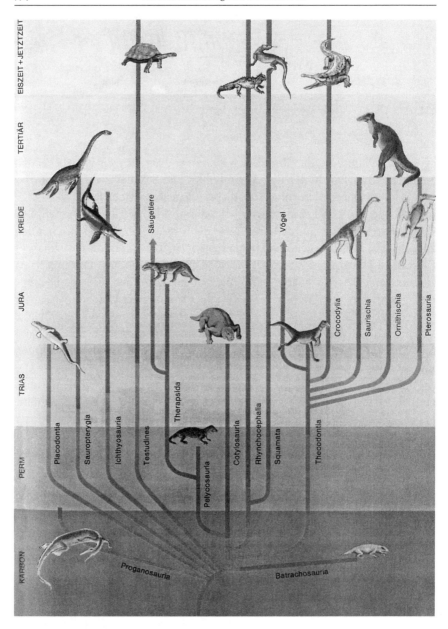

162 Stammbaum der Kriechtiere (der Klasse *Reptilia*).

163 Rekonstruktion und Schädel eines synapsiden, zu den *Pelycosauriern* gehörigen Reptils aus dem unteren *Perm*, *Dimetrodon*. Auf seinem Rücken saß eine Art Segel, das vielleicht der Regulierung der Körperwärme diente.

getierähnlichen Reptilien, als deren spezieller Gruppe im Mittleren Perm eben die *Therapsiden* sich entwickelten. Ihre Beine standen senkrechter unter dem Körper als sogar bei den *Pelycosauriern*; ähnlich wie Hunde besaßen sie Schneidezähne zum Abbeißen, große seitliche Fangzähne zum Durchbohren und Zerreißen und Backenzähne zum Zerkleinern und Zermalmen der Nahrung. – Wer immer unter den Vorgaben der christlichen Theologie den «Schöpfer» zu preisen bereitsteht ob seiner Werke, insbesondere der Säugetiere, aus denen schließlich wir selber hervorgegangen sind, der wird an dieser Stelle erneut Grund zum Erschrecken finden. *So also verhielt es sich mit der «Erschaffung» der Säugetiere? Dies* war der Preis ihrer Entstehung – ihre verbesserte Fähigkeit, mit den furchtbaren Waffen ihres im «Wettrüsten» spezialisierten Gebisses und mit der größeren Schnelligkeit ihres Geläufs über wehrlose Beutetiere sich hermachen zu können? Wir können nicht anders sagen als: so und nicht anders ist es gewesen.

Besonders als Raubtier tat unter den säugetierähnlichen Reptilien sich *Dimetrodon* aus der Ordnung der Pelycosaurier hervor, das die Größe eines Jaguars besaß und über scharfe sägeartige Zähne verfügte (vgl. Abb. 163); seine bevorzugte Beute dürfte *Diadectes* gewesen sein, ein großes pflanzenfressendes höher entwickeltes Amphibium, und *Eryops* (s. o. Abb. 36), ein Amphibium aus der Gruppe der Labyrinthodontia, das bei einer Länge von etwa zwei Metern die Uferbereiche von Flüssen und Seen bewohnte und seinerseits Jagd auf Fische machte

Die wichtigste Errungenschaft der *Therapsiden* freilich könnte darin bestanden haben, daß sie – nach Meinung mancher Paläontologen – zum Teil schon *endotherm*, also «warmblütig» waren. Nicht nur die für *alle* Säugetiere bis heute charakteristische *Behaarung* scheint den Wärmehaushalt der *Therapsiden* gegenüber Umweltschwankungen (zum Beispiel gegenüber dem Wechsel von Tag und Nacht) isoliert zu haben, sondern diese Lebewesen scheinen auch bereits dazu übergegangen zu sein, ihre Körpertemperatur mit Hilfe einer hohen Stoffwechselrate auf einem relativ hohen Niveau zu halten. Während «kaltblütige» *(ektotherme)* Reptilien sich periodisch ausruhen müssen, um Wärme aus ihrer Umgebung aufzunehmen, dürfte der Aufstieg der Therapsiden während des Perm in Zusammenhang mit diesen drei «Errungenschaften» zu sehen sein: ein endothermer Stoffwechsel, verbunden mit «schärferen» Zähnen und beweglicheren Gliedmaßen. Der Erfolg des einen aber ist im Konkurrenzkampf der Natur stets verbunden mit dem Scheitern des anderen. Wenn wir bereits die Ediacara-Fauna zugrunde gehen sahen durch die ersten «Räuber» und dann besonders im Kambrium den Beginn des «Wettrüstens» zwischen Beutetieren und Beutegreifern (zum Beispiel zwischen Trilobiten und Wesen von der Art der *Anomalocaris*) verfolgen konnten, so müssen wir jetzt konstatieren, daß die Weichenstellung zu der Entwicklung der Säugetiere mit dem Niedergang der *Pelycosaurier* verbunden war, die als höchstwahrscheinlich ektotherme Reptilien während des Ober-Perm nach und nach ausstarben. In lediglich 5 oder 10 Millionen Jahren entstanden hingegen über 20 *Therapsiden*-Familien, die sich von einander sehr stark unterschieden: «Die reiche permische Therapsiden-Fauna im östlichen Rußland (etwa, d. V.) umfaßt... Familien, die in Südafrika nicht gefunden worden sind, was darauf hinweist, daß wahrscheinlich eine sehr vielfältige Therapsidenfauna die ober-permische Erde bevölkerte» (STEVEN M. STANLEY: *Historische Geologie*, 400).

Mit all diesen neuen Lebensformen war selbstredend nicht nur eine erhebliche Veränderung des Stoffwechsels (Nahrungsaufnahme und Verdauung), des Körperbaus, der Fortpflanzungseinrichtung sowie des Wärmehaushaltes verbunden, sondern auch eine erhebliche Steigerung der geistigen Leistungen, ist doch die Warmblütigkeit geradewegs die Voraussetzung für eine höhere Entwicklung des Nervensystems, insbesondere des Gehirns.

Ein *Schema,* das die Entwicklung der Vierfüßer *(Tetrapoden)* mit besonde-

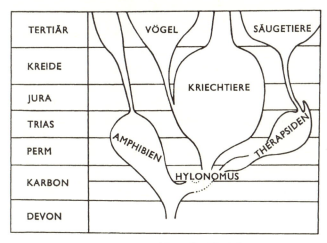

164 Die Entwicklung der Vierfüßer.

rer Berücksichtigung der Linie zu den Säugetieren darstellt, hat R. CARROLL entworfen und ist in Abb. 164 wiedergegeben.

Dieses Bild eines außerordentlich reich und hochentwickelten Lebens im Karbon und Perm, insbesondere das Auftreten der ältesten *Reptilien* im Oberkarbon sowie der ältesten säugetierähnlichen Reptilien, der *Therapsiden* schon im Unteren Perm, muß man vor Augen haben, um das wahre Ausmaß und den tragischen Widersinn der Katastrophe zu begreifen, die jetzt vor 255– 248 Millionen Jahren, auf der sogenannten *Djulfa*-Stufe des Oberen Perm, das Leben heimsuchte und etwa 70–90 Prozent (!) aller damals im Meer lebenden Arten hinwegraffte und auch auf dem Festland zu schwersten Einbußen führte. Was *danach* folgte, war buchstäblich eine neue Ära: das Mesozoikum.

*Die Form der Katastrophe am Ende des Perm und ihre wahrscheinliche Ursache*

Die Hauptopfer der Katastrophe am Ende des Perm stellten *im Meer* die *Fusuliniden* dar, jene vorhin erwähnte Foraminiferenfamilie, von der keine einzige Art die Trias erleben sollte; die *Trilobiten* waren schon vorher derart dezimiert worden, daß ihr Aussterben am Ende des Paläozoikum nicht unbedingt mit dem Massensterben im Perm in Zusammenhang stehen muß. Die *Korallen* hingegen, schon zu Beginn des Perm nicht sehr formenreich, erlitten noch einmal schwere Verluste, ebenso die *Crinoiden* (Seelilien), *Brachiopoden* (Armfüßer), *Bryozoen* (Moostierchen) und *Ammonoideen*. Insbesondere die tropische Riffgemeinschaft wurde ähnlich schwer in Mitleidenschaft gezogen wie in den beiden schon vorangegangenen Krisen des Paläozoikum.

Bei der Suche nach den Ursachen ist natürlich das zeitliche Muster des Aussterbens von größter Bedeutung. Beobachten läßt sich, daß die meisten *Brachiopoden*-Gattungen schon am Ende des Unteren Perm vor etwa 260 Millionen Jahren zugrunde gingen; das gleiche gilt für die *Fusuliniden* und *Bryozoen*. Entscheidend wird dabei die Feststellung, daß die übriggebliebenen Fusuliniden, Bryozoen und rugosen Korallen («Runzelkorallen» wegen ihrer rauhen Außenwand) sich nur noch im *Tethys-Meer* finden, das damals ein tropisches Meer war und den Raum bedeckte, an dem heute der Indische Ozean und das Mittelmeer sich erstrecken (vgl. Abb. 166). Wieso, muß man sich fragen, bot die *Tethys* für gerade diese Lebensformen den offenbar letzten verbliebenen Zufluchtsraum?

Bei dem Massenaussterben *auf dem Festland* hat ROBERT E. SLOAN (*Periodic Extinctions and Radiations of Permian Terrestrial Faunas and the Rapid Mammalization of Therapsids*, in: Geological Society of America Abtracts with Programs, 17, 1985, S. 719) darauf hingewiesen, daß vor allem die säugetierähnlichen Reptilien, die *Therapsiden*, im Oberen Perm von mehreren Aussterbewellen getroffen wurden. «Jeder dieser Episoden», meint STEVEN M. STANLEY (*Krisen der Evolution*, 108), «folgte eine erneute adaptive Radiation», also die Bildung neuer Arten, die versuchten, sich in unterschiedliche Nischen einzupassen; doch blieb schließlich nur eine erheblich verarmte Welt der säugetierähnlichen Fauna übrig, die man nach ihrem häufigsten Vertreter als *Lystrosaurus*-Fauna bezeichnet. *Lystrosaurus* (vgl. Abb. 165) war ein relativ kleines pflanzenfressendes Tier von etwa 1,20 m Länge, das nach der Art eines Zwegflußpferdes vorwiegend im Wasser lebte, wenngleich es sich auch auf dem Lande gut bewegen konnte. 1969 wurden Vertreter von *Lystrosaurus* in Südafrika, der Antarktis und in Indien gefunden, also in Regionen, die heute weit von einander entfernt liegen, aber zur Zeit der Trias im Superkontinent Pangäa vereinigt waren.

Bei *den Pflanzen* fand *auf dem Lande* ein Massensterben nicht statt. ANDREW H. KNOLL (*Patterns of Extinction in the Fossil Record of Vascular Plants*, in: M. H. Nitecki: Extinctions, Chicago 1984, 21–68) hat gezeigt, daß die Landpflanzen in ihrer gesamten Geschichte gegen das Massensterben immun waren, und zwar wohl deshalb, weil sie sich vegetativ fortpflanzen können und nur kleine Stücke des Gesamtorganismus benötigen, um wieder zu

165 Gestalt und Vorkommen von *Lystrosaurus* in der Trias nebst einer Rekonstruktion von Gondwana, das damals Teil des Superkontinents Pangäa war. *Lystrosaurus* war ein Therapside, der zu den *Dicynodontia* gehörte, die ihre Hauptblüte schon im Oberen Perm hatten, aber auch in der Trias Südafrikas noch verbreitet waren. Die meisten Zähne der spezialisierten *Dicynodontia* waren verlorengegangen zugunsten einer schnabelähnlichen hornigen Kieferbedeckung. Nur zwei große Eckzähne im Oberkiefer blieben stehen; daher der Name, der auf Griechisch so viel bedeutet wie: «die mit den zwei Hundezähnen».

voller Größe heranzuwachsen. Zwar hat es das Aussterben einzelner Gruppen von Pflanzen gegeben, doch wurde deren Niedergang stets von der Expansion einer anderen Gruppe begleitet. So gingen die Floren der Kohlensümpfe im Jungpaläozoikum zugrunde, als das Klima trockener (arider) wurde, doch breiteten sich dafür, wie wir hörten, die Nacktsamer *(Gymnospermen)* aus, zu denen auch die *Coniferen* aus der Klasse der Nadelhölzer *(Pinopsida)* gehören. Ein solcher Florenwandel fand an verschiedenen Orten zu verschiedenen Zeiten statt – «in Nordamerika und Europa beispielsweise im Laufe des Mittelperm, in Asien und Australien aber erst gegen Ende dieser Periode» (STEVEN M. STANLEY: *Krisen der Evolution*, 109).

Bei der Suche nach einer Erklärung des Massensterbens am Ende des Perm spricht dieser Befund als erstes *gegen* die Theorie einer extraterrestrischen Ursache, etwa eines Meteoriteneinschlages mit nachfolgendem «nuklearem Winter»; denn ein *solches* Szenario, das wir vermutlich für das Ende der Kreidezeit annehmen müssen (s. u. S. 606 ff.), würde gerade als erstes die Floren auf dem Lande zum Absterben gebracht haben, und gerade davon kann nach den Ergebnissen von ANDREW KNOLL keine Rede sein. Statt dessen lag der Herd des Massensterbens in den Meeren und führte auf dem Festland zu Schüben von Aussterbeepisoden, die sich über mehrere Millionen Jahre hinzogen. Die Tatsache vor allem, daß zahlreiche marine Lebensformen ihre Zuflucht im Oberen Perm einzig in der äquatorialen Tethysregion fanden, stellt ein gewichtiges Argument für die Ansicht dar, daß es sich bei der Krise am Ende des Perm erneut um die Folge einer globalen Klimaveränderung, eines Absinkens der Temperaturen vor allem im Meer gehandelt haben dürfte, und wiederum läßt sich diese These mit den geologischen Daten der Plattentektonik begründen.

Wie wir gesehen haben, gingen die großen Krisen des Oberordovizium und des Oberdevon mit Vereisungen einher, die durch die Wanderung von Gondwanaland über dem Südpol ausgelöst wurden. Tatsächlich endete die zweite Vereisungsperiode im Mittleren Perm, als Gondwanaland vom Südpol wegdriftete. Dennoch verdrifteten antarktische Eisberge Sedimentschutt bis zu den Flachmeerböden Australiens, – ein Indiz dafür, daß die Südpolregion weiterhin sehr kalt blieb. Und zuzüglich dazu muß man auch die Entwicklung auf der Nordhalbkugel beachten.

Wenn wir uns noch einmal die Darstellung des *Old Red-Kontinents* auf Abb. 156 anschauen, so wird man bemerken, daß die asiatische Landmasse, insbesondere Sibirien, noch keine Verbindung zu diesem Kontinent aufgenommen hatte, desgleichen bestand zwischen dem Old Red-Kontinent und dem Gondwanaland keine Verbindung. Das änderte sich allerdings bereits im Karbon und noch mehr im folgenden Perm. Die ganze gewaltige Zeitspanne von über 100 Millionen Jahren im Karbon und Perm läßt sich geologisch als eine Bewegung beschreiben, durch welche die gesamte kontinentale Landmasse der Erde zu einem einzigen Superkontinent, zu *Pangäa* (von griechisch *pan* = ganz, *gäa* = Erde), zusammenwuchs. Die «Schweißnähte» dieser Kontinent-Kontinent-Verschmelzung (s. o. S. 428) sind heute noch im Abstand von zum Teil fast 400 Millionen Jahren in Europa in den Gebirgsbildungen der sogenannten *variscischen Faltung* erkennbar.

Darunter versteht man jene Gebirgsbildung, die zustande kam, als vor 350 Millionen Jahren, im Unteren Karbon, Südwest-Europa mit Gondwanaland kollidierte (vgl. FRANK PRESS – RAYMOND SIEVER: *Allgemeine Geologie*, 503–504). Das *Variscische Gebirgssystem*, das im Karbon entstand, besteht aus dem sogenannten *Armoricanischen Gebirge*, das sich von Irland über die Bre-

166 Die vermutliche Gestalt der Erde zur Zeit des Perm.

tagne bis zum französischen Zentralplateau erstreckt, sowie dem *Variscischen Faltenbogen,* der, von Süd-Frankreich an, die Vogesen, den Schwarzwald, das Rheinische Schiefergebirge, den Thüringer Wald, das Fichtelgebirge und den Harz durchzieht und bis zum Böhmerwald und den Sudeten reicht. Im Oberkarbon, vor 290 Millionen Jahren, kam es zur Kollision Ost-Europas mit Asien; der *Ural* entstand. Zur Zeit des Perm, vor 280 Millionen Jahren, waren die Kontinente schließlich soweit miteinander verschmolzen, daß sie trotz tiefer Einbuchtungen und der Bildung riesiger Binnenmeere eine Einheit bildeten (vgl. Abb. 166).

Wie man sieht, dehnte sich im Oberperm die gesamte kontinentale Erdkruste in einer einzigen Landmasse aus, die sich vom Südpol bis zum Nordpol erstreckte. Der Meeresspiegel war damals so weit gesunken, daß nur kleine Flachmeergebiete übrig blieben. Signifikant für die Begründung des Massenaussterbens am Ende des Perm sind insbesondere die eiszeitlichen Ablagerungen in Sibirien; es handelt sich um Sinkgesteine: Kiesel, Felsbrocken und Blöcke, «die sich nahe der Meeresoberfläche aus schmelzendem Eis gelöst haben und dann auf den Meeresboden gesunken sind, wo sie in Sedimentschlamm eingebettet wurden. Ein kleiner Prozentsatz dieser Bruchstücke, die man Klaste (sc. griech.: *klasma* = Brocken, d. V.) nennt, weist parallele Furchen auf, die von ihrer ehemaligen Lage unter sich bewegenden Gletschern zeugen... Offensichtlich gelangte damals eine Menge Eis in die Flachmeere. Ein weiterer entscheidender Hinweis (sc. auf eine nördliche Vereisungsperiode, d. V.) ist das Vorkommen von marinem Kalkstein unter den glazial-marinen Ablagerungen. Diese ungewöhnliche Schichtfolge zeugt von einem plötzlichen und heftigen Temperaturabfall gegenüber dem für Gebiete mit Kalksteinbildungen charakteristischen warmen Klima» (STEVEN M. STANLEY: *Krisen der Evolution*, 113).

Wir müssen also annehmen, daß es auch im Norden zu einer *Vereisung* kam, und diese Vereisung dürfte den Grund für das Massenaussterben am Ende des Paläozoikum gebildet haben.

Die *Ursache* der Vereisung liegt, nach allem, was wir heute wissen, erneut in dem «deterministischen Chaos» der Plattenbewegungen: Als Pangäa vom Südpol weg nordwärts driftete, muß die Kontinentalmasse sich auch über den Nordpol bewegt haben, und damit muß sich das uns bereits vertraute «Spiel» wiederholt haben: die Meereisablagerungen bei Australien ebenso wie im Norden, insbesondere im sibirischen *Kolyma-Block*, der damals eine Insel im Norden N-Amerikas bildete, machen die Vereisung an beiden Polen deutlich. Es ist klar, daß unter diesen Voraussetzungen einzig die äquatornahe *Tethys* eine mögliche Zufluchtsstätte für wärmeabhängige Lebensformen bieten konnte.

STEVEN M. STANLEY verweist in seiner Darlegung in diesem Zusammenhang freilich nicht auf die Klimawirkung, welche die riesige *Kontinentalmasse* der Pangäa bereits durch sich selber hervorgerufen haben muß: Trockene heiße Sommer und kalte Winter, extreme Temperaturgegensätze, Permafrostböden in Höhe beider Pole verbunden mit ganzjährigen Schnee- und Eisfeldern, die durch die Rückstrahlung des Sonnenlichtes (den «*Albedo*»-Effekt) die Ausbreitung von Gletschern noch begünstigten: – all diese Faktoren, die für ein «*Kontinentalklima*» kennzeichnend sind, müssen bei der Vereinigung der gesamten kontinentalen Landmasse der Erde in dem Superkontinent Pangäa mit einer Dynamik aufgetreten sein, die wir, wenngleich weit schwächer, heute im Inneren Kanadas oder Sibiriens beobachten können. Daß sich an Trockenheit (Aridität) angepaßte Pflanzen wie die *Coniferen* gerade in dieser Zeit durchzusetzen vermochten und daß der Aufstieg zu den gewässerunabhängigen samenbildenden Pflanzen geradezu notwendig wurde, paßt gut in dieses Bild.

Doch nun frage man sich als Theologe (oder als ein religiös suchender Mensch), was in all dieser Geschichte für ein Bild von «Schöpfung» entsteht. Da treiben in der uns schon gewohnten Weise die Kontinentalplatten auf der *Asthenosphäre* umher, bilden rein zufällig neue Konfigurationen, Gebirge falten sich auf, Winde und Meeresströmungen ändern die Richtung, das Klima schlägt um, und die Rückwirkungen all dieser Erscheinungen auf das Leben in Meer und Festland führen, je nachdem, zur Entfaltung oder zur Auslöschung ganzer Gattungen, Familien und Klassen von Lebensformen. Es ist erkennbar ein allzu kindlicher Glaube, sich nach biblischem Vorbild einen Gott vorstellen zu wollen, der mit seinen «Händen» die Bewegung der Kontinentalplatten just in die jeweils «richtige» Richtung hätte dirigieren wollen. Die Hände des «Schöpfers» sind, wie man sieht, die Gesetze der Thermodynamik, die Gesetze der Geophysik, die Gesetze der Ozeanographie, der Meteorologie und der Klimatologie; sie alle wirken in einer schlechterdings «chaotischen», das heißt ziel- und absichtslosen Weise zusammen. Die Wirkungen allerdings, die sie hinterließen, haben die Geschichte des Lebens auf dieser Erde auf das nachhaltigste geprägt und mitbestimmt, ja, sie haben sie oft genug um ein Haar zum Stillstand gebracht. Doch eben deshalb gibt es keine Möglichkeit, sich über sie zu beschweren! Sie stehen buchstäblich jenseits aller Moral. Sie sind blind, taub und gefühllos. Sie sind unveränderlich so, wie sie sind.

Und Gott?

Er *ist* nicht im Hintergrund dieser Welt. Er *kommt* allererst mit uns Menschen zur Welt. Wir Menschen sind es, die Sinn und Willen und Mitleid *voraussetzen* müssen, um Menschen zu sein oder, besser wohl, um allmählich Menschen zu werden. Was wir eigentlich meinen bei dem Bekenntnis: «Ich glaube an Gott», oder «Ich glaube ihn nicht», wird die entscheidende Frage sein, die wir am Ende unserer Betrachtungen über den Gang des Lebens auf dieser Erde noch einmal ganz neu stellen müssen.

### δ) Das Desaster am Ende der Kreide oder:
### Der Untergang der Dinosaurier

*Von der Trias zur Kreide oder:*
*Von Sauriern, Säugern, Vögeln, Insekten und Angiospermen*

Wir machen jetzt einen Sprung. Auch nach der Katastrophe am Ende des Perm wird das Leben sich wieder erholen; insbesondere die *Mollusken* werden ökologisch jetzt eine große Rolle spielen. Die *Hexakorallen* (= Cyclokorallen), die in der mittleren Trias zum ersten Mal auftauchen und in *fünf* Ordnungen die heutigen Korallenriffe bilden, treten bereits im Jura in vier

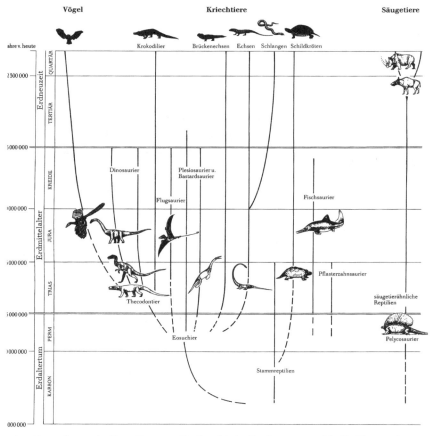

**167** Stammbaum der Reptilien vom Karbon bis in die Gegenwart. Ob die *Flugsaurier* von den *Eosuchiern* direkt abstammen oder eher von den *Thecodontiern*, ist noch offen.

Ordnungen auf; ihre adaptive Radiation, das heißt ihre frühe Expansion, verbunden mit einer erheblichen evolutiven Divergenz, breitet sich ungehindert in die Leere der Meeresräume aus (vgl. STEVEN M. STANLEY: *Historische Geologie*, 142–143). Am meisten spektakulär aber und zugleich am meisten kennzeichnend für die Fauna des Mesozoikum ist die Ausbreitung der *Saurier*. Ihnen gelingt es, auf allen Kontinenten alle Nischen des Lebens im Wasser, auf dem Lande und in der Luft zu besetzen und wahre Monstren an Körpergröße hervorzubringen, die manchen von ihnen nicht zu Unrecht den Namen der *Dinosaurier*, der «Schreckensechsen» (von griech.: *deinos* = Furcht), eingetragen haben; die säugetierähnlichen Reptilien hingegen, die sich aus den *Pelycosauriern* entwickeln, spielen in den 180 Millionen Jahren des Mesozoikum, des «Mittelalters des Lebens», nurmehr eine Nebenrolle; ihre Stunde schlägt erst nach der Kreidezeit, im Känozoikum, in der «Neuzeit des Lebens».

Um eine Übersicht über die Entwicklung des Lebens in Trias, Jura und Kreide zu gewinnen, kann Abb. 167 helfen, die noch einmal den Stammbaum der Reptilien vom Karbon bis in die Gegenwart darstellt (vgl. Abb. 162).

*Die Entwicklung in der Trias*

Abbildung 167 zeigt, daß bereits in der *Trias* (der «Dreiheit» der Schichtenfolge aus Buntsandstein, Muschelkalk und Keuper) eine Vielzahl neuer Reptilien-Ordnungen entstehen (vgl. Abb. 162). Zu den säugetierähnlichen *Therapsiden* aus der Zeit des Perm kommen jetzt, entstanden aus den *Eosuchiern* (den *Urschuppensauriern*), die *Thecodontia* (die «Urwurzelzähner») hinzu, so geheißen, weil ihre Zähne ohne Verwachsung mit dem Knochen in einer Alveole (Höhlung) saßen und nur über die Faserbündel der Wurzelhaut befestigt waren. Aus ihnen gehen die Dinosaurier, die Krokodile und schließlich auch die Vögel hervor. Unter den *Thecodontiern* befanden sich auch die ersten zweibeinigen Reptilien, die mit ihrem langen Schwanz sich abstützen konnten. Einen geradezu erschütternden Hinweis auf die massive Ausdehnung und Vervollkommnung des Gesetzes vom «Fresssen und Gefressenwerden» in der Trias bietet die *Panzerung*, die sich zahlreiche *Wurzelzähner* als Schutz vor ihren Freßfeinden zulegten.

Speziell die *Dinosaurier* gingen aus einer Gruppe von «Wurzelzähnern» hervor, die man wegen ihrer scheinbaren Ähnlichkeit mit Krokodilen als «Scheinkrokodile» *(Pseudosuchia)* bezeichnet. Die Lebensweise der Dinosaurier und ihr Körperbau konnte sehr verschieden sein: es gab unter ihnen vierbeinige und zweibeinige Tiere, winzige und riesige Lebensformen, Vegetarier

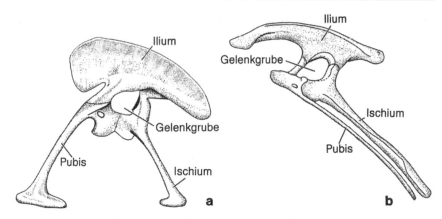

168 Dinosaurier-Becken. a Saurischia *(Ceratosaurus),* b Ornithischia *(Heterodontosaurus).*

und reine Raubtiere, sie konnten zu Wasser leben und zu Lande, kurz, die gesamte damalige Welt gehörte ihnen. Gemeinsam war ihnen allen ein anatomisches Merkmal: je zwei Schläfenfenster beidseits auf dem Schädel hinter den Augenöffnungen; – die Dinosaurier waren, wie schon gesagt, *«diapsid»* (im Unterschied zu den *Synapsiden,* von denen die Säugetiere abstammen, mit nur einem unteren Schläfenfenster). Zudem befanden sich die Beine der Dinosaurier *unter* dem Körper und nicht mehr, wie bei den Eidechsen und Krokodilen, seitlich davon; nur so war die Entwicklung einiger Arten zur Zweibeinigkeit (Bipedie) möglich.

Näherhin unterteilt man die *Dinosaurier* in zwei Ordnungen: in die *Saurischia* mit einem echsenähnlichen Becken, dessen Schambein (Pubis) nach vorn unten weist, und in die *Ornithischia* mit einem vogelartigen Becken, bei dem das Schambein nach unten rückwärts weist (vgl. Abb. 168).

Nur unter den Saurischiern entwickelten sich die gefürchteten Raubtiere, die bereits in der Obertrias auf den Hinterbeinen laufenden «Raubtier-Füßer» *(Theropoden).* Gewaltige Ausmaße erreichten die pflanzenfressenden «Elefanten-Füßer» *(Sauropoden,* ebenfalls Saurischier) mit ihren riesigen Körpern, tonnenförmigen Beinen, langen Hälsen und kleinen Köpfen; vermutlich wurden sie so groß, weil sie einen immensen Verdauungstrakt benötigten, um die Pflanzennahrung aufzuschließen, die sie mit ihren kleinen Köpfen nur sammeln und schlucken, nicht zermahlen konnten, und sie benötigten wiederum enorme Nahrungsmengen, um ihren riesigen Körper zu ernähren (vgl. JOSEF

H. Reichholf: *Der schöpferische Impuls*, Kap. 7, 80–87), – in gewissem Sinne ein Teufelskreis. So kam ein pflanzenfressender Sauropode wie *Plateosaurus* auf eine Körperlänge bis zu 10 Metern.

Anders als früher angenommen, glaubt man heute nicht mehr, daß die Dinosaurier nur vielfressende kaltblütige Monstren waren; vielmehr spricht vieles dafür, daß sie ihre Eier in Nester legten und bereits Brutpflege betrieben; sie zogen in Herden umher und pflegten soziale Formen des Zusammenlebens, und gewiß verfügten sie auch über entsprechende Signale der Kommunikation. So nimmt man zum Beispiel an, daß die *Entenschnabel-Dinosaurier*, die freilich erst in der Ober-Kreide auftraten, ihren großen Schädelkamm als eine Art Resonanzraum, gleich einer Trompete, benutzten, um sich über große Entfernungen zu verständigen (vgl. Steven M. Stanley: *Historische Geologie*, 442).

Eine umstrittene Frage ist es nach wie vor, ob die Dinosaurier kaltblütig (ektotherm) oder warmblütig (endotherm) waren.

Vor allem R. T. Bakker (*The Dinosaur Heresis – a revolutionary view of dinosaurs*, Harlow/England 1987) hat die These von der Warmblütigkeit recht plausibel entwickelt. Zwei Argumente spielen dabei eine Rolle: Zum einen haben die Dinosaurier die Säugetiere so eindeutig dominiert, wie es über so lange Zeiträume hin bei einem weniger leistungsfähigen Stoffwechselsystem eigentlich nicht vorstellbar ist; und zum anderen betrug in Dinosauriergemeinschaften die Zahl der Räuber weniger als 10 Prozent der lebenden Arten, wie es auch in Säugetiergemeinschaften der Fall ist. Bei ektothermen Tieren sind etwa 40 Prozent der Tiere Raubtiere, denn aufgrund ihrer niedrigen Stoffwechselrate benötigen sie wenig Nahrung, so daß viele Individuen sich von einer kleinen Population von Beutetieren ernähren können. – Auch bei dieser Argumentation ist übrigens wieder vorausgesetzt, daß die Natur diejenige Form des Zusammenlebens selektieren wird, in welcher bei geringstem Aufwand sich ein Maximum an Energiegewinn erzielen läßt; Leidvermeidung gehört nicht zu ihren Prinzipien. – Vieles jedenfalls spricht dafür, daß viele Dinosaurier so leistungsfähig waren, daß sie auch in der modernen Welt (im Känozoikum) eine Überlebenschance besessen hätten, wenn sie nicht am Ende der Kreidezeit auf rätselhafte Weise ausgerottet worden wären.

Neben den imposant wirkenden *Dinosauriern* darf man natürlich die anderen Reptiliengruppen nicht vergessen, von denen nicht wenige vom Land wieder ins Meer zurückkehrten, wo ein reiches Nahrungsangebot auf sie wartete. Insebsondere die *Schildkröten* (Testudines), *Krokodile* (Crocodylia) und *Pflasterzahnsaurier (Placodonten)* zählten dazu (vgl. Abb. 169).

169 Gebiß von *Paraplacodus* (Mitteltrias) und Skelett von *Placodus* (Trias), Länge ca. 3 m.

Die mit den *Placodontiern* (Pflasterzahnsauriern) verwandten *Nothosaurier* (Bastardsaurier, auch Paddelechsen) hatten paddelähnliche Gliedmaßen und ähnelten bei einer Körperlänge von rund zwei Metern in Gestalt und Lebensweise den heutigen Robben; sie hielten sich wohl nicht ständig im Meer auf, sondern suchten periodisch zum Fischfang die See auf. Obgleich weder die Placodonten noch die *Nothosaurier* (Bastardsaurier) die Trias überlebten, entwickelte sich in der Mittleren Trias aus den Nothosauriern eine Gruppe von Reptilien, die ausschließlich im Meer lebte – die *Plesiosaurier* (von griech. *plesios* = nahestehend). Die Gliedmaßen der *Plesiosaurier* bildeten flügelähnliche Paddel; mit ihrem langen Hals erreichten die Tiere eine Körperlänge von 12 Metern; ihre Nahrung bestand aus Fischen.

Die am meisten fischähnlichen Reptilien im Mesozoikum waren die *Ichthyosaurier* (die «Fischechsen»), deren Äußeres an Delphine erinnert. Allerdings besaßen sie aufrechtstehende Schwanzflossen im Gegensatz zu den paarigen horizontalen Schwanzflossen der Delphine; zudem bog sich die Verlängerung der Wirbelsäule in den Schwanzflossen nach unten (vgl. Abb. 170), während für die Knochenfische des unteren Mesozoikum eine aufwärtssteigende Wirbelsäule charakteristisch war. Die Körperlänge der Fischsaurier konnte enorme Maße erreichen, so z. B. bei *Shinosaurus* in Nevada, der bis zu 14 m lang war (vgl. ENRST PROBST: *Deutschland in der Urzeit,* 106). Als Tiere der Hochsee waren die *Ichthyosaurier* ausgezeichnete Schwimmer und Räuber, mit Augen, die hervorragend an das Leben im Wasser angepaßt waren; da sie nicht mehr einfach ans Festland zur Eiablage zurückkehren konnten, entwickelten sie zudem eine Fähigkeit, die sonst nur noch von den Säugetieren erworben wurde: sie brachten lebende Junge zur Welt! In den Knochenskelet-

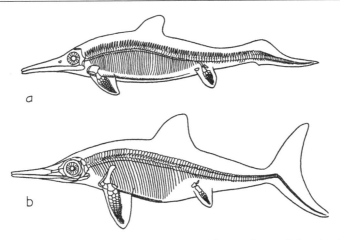

170 Ichthyosauria. a *Mixosaurus* (Trias, Mixosauridae), Rekonstruktion des Skelettes, Länge bis 1,5 m. b *Ichthyosaurus* (Jura, Ichthyosauridae), Rekonstruktion des Skelettes, Länge bis über 10 m.

ten weiblicher Tiere hat man verknöcherte Skelette von Ichthyosaurierembryos gefunden. – Erneut zeigt sich an dieser Stelle, daß die Natur immer wieder zur Lösung vergleichbarer Probleme gleiche Antworten finden wird. Diese Feststellung bildet ein wichtiges Argument zugunsten der DARWINistischen Erklärung des Evolutionsgeschehens: Nicht großzügige «Planung», sondern Anpassung in kleinen Schritten stellt das Erfolgsrezept der Natur dar; nur so ist es möglich, auf stete Veränderungen der Umgebung einigermaßen flexibel zu reagieren, und nur so ist es verständlich, daß gleiche Umweltbedingungen die Entwicklung des Lebens selbst bei unterschiedlichsten Ausgangsformen immer wieder in die gleiche Richtung drängen.

Eine wichtige Gruppe von meeresbewohnenden Reptilien bildeten im Unteren Mesozoikum die *Krokodile*, die mit den Dinosauriern verwandt sind. Sie hatten in der Trias sich als Landtiere entwickelt, doch hatten einige von ihnen sich bis zum Unteren Jura bereits perfekt an das Leben im Meer angepaßt, wo sie mit ihren flossenähnlichen Schwänzen zu schrecklichen Räubern werden konnten (s. u. S. 578).

Wenn wir vom Meer für einen Moment in die Luft aufsteigen, so bietet sich uns in der Trias ein besonders erstaunliches Bild.

Eine gewisse paläontologische Sensation war es, als man Anfang der siebziger Jahre bei Bergamo in Norditalien die *Flugsaurier-(Pterosaurier)*-Gattun-

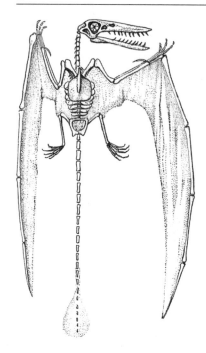

171 *Der Pterosaurier Rhamphorhynchus.* Skelett des vollständigen Tieres aus den Solnhofener Kalken. Die Haut spannte sich zwischen den Vorderfüßen und dem Körper und bildete so die Tragfläche. Der vierte Finger war enorm verlängert, um den Flügel zu tragen.

gen *Peteinosaurus* und *Eudimorphodon* entdeckte. Beide gelten als die ältesten fliegenden Wirbeltiere. *Peteinosaurus* besaß von allen Flugsauriern die kürzesten «Flügel» und die längsten Beine, sein Unterkiefer verfügte über 40 einspitzige, mit Schneidkanten versehene Zähne; *Eudimorphodon* indessen besaß einen 25 cm langen Schädel, etwa 30 ein- bis fünfspitzige Zähne; er war 1,25 m lang bei einer Flügelspannweite von 1,6 m. Daneben tauchen noch in der Obertrias die ersten langschwänzigen Flugsaurier der Gattung «Schnabelschnauze» *(Rhamphorhynchus)* auf (vgl. Abb. 171), die im Solnhofener Plattenkalk in Süddeutschland gefunden wurden und eine Länge von 50 cm besaßen (vgl. ERNST PROBST: *Deutschland in der Urzeit,* 107).

Die Flugsaurier waren Gleitflieger mit hohlen, luftgefüllten Knochen und vermochten dank ihrer seitlich gespannten Häute von höheren Standorten aus zur Erde zu segeln oder auch durch aktive Bewegung der Flügel und Veränderung der Tragfläche der Spannhaut die Windströmung im Aufwind zu nutzen. – Das gleiche Prinzip des Segelflugs verwenden unter den Reptilien, nebenbei gesagt, noch heute, wenn auch bei weitem weniger virtuos, die *Flugdrachen* der Gattung *Draco* aus der Familie der *Agamidae* in den tropischen Regenwäldern Hinterindiens: «Sie haben zwei große flügelartige Hautlappen an den Flanken. Die letzten fünf bis sieben Rippen sind lang und bilden das bewegliche Skelett dieser ‹Flügel›. Gewöhnlich sind die Flügel flach längs des Körpers zusammengefaltet; aber wenn der Flugdrache sie ausbreitet, kann er lange Gleitflüge von Baum zu Baum machen», wobei er mit Schwanz und Flügeln steuert; bei einem Höhenverlust von etwa neuneinhalb Metern können so Strecken bis zu 60 Metern überbrückt werden (S. DAAN: *Agamen und Chamäleons*, in: Grzimeks Tierleben, VI 207–245, S. 228–229).

In den 140 Millionen Jahren ihrer Entwicklungsgeschichte entwickelten die *Flugsaurier* einen Formenreichtum wie die Vögel und waren auf die vielfältigsten Erährungsweisen spezialisiert (E. PROBST: *Deutschland in der Urzeit*, 168; vgl. PETER WELLNHOFER: *Die fliegenden Saurier*, in: Spektrum Digest 5: Saurier und Urvögel, Sondernummer 1/1997, 10–27).

Besonders interessant ist – für uns Menschen! – natürlich die Geschichte der *Säugetiere* der Trias, die sich aus den *Therapsiden* entwickelten; sie unterschieden sich von den kaltblütigen Reptilien durch ihre Warmblütigkeit und dadurch, daß sie lebende Junge zur Welt brachten, die über längere Zeit hin gesäugt werden mußten; daß auch sie von eierlegenden Reptilien abstammen, belegen heute noch die in Australien lebenden *Kloakentiere (Monotremata)*, wie die Schnabeltiere *(Ornithorhynchidae)* und die Schnabeligel *(Tachyglossidae*; vgl. B. GRZIMEK: *Ordnung Kloakentiere*, in: Grzimeks Tierleben, X 37–48). Eine Gegenüberstellung der Hauptmerkmale von Reptilien und Säugetieren zeigt die Tabelle in Abb. 172.

Natürlich bedurfte es zahlreicher Übergänge, um in zahlreichen Entwicklungsstufen aus Reptilien moderne Säugetiere hervorzubringen. Als die drei wichtigsten Veränderungen muß man nennen: «1) eine allgemeine Vergrößerung des Schädels und des Gehirns, 2) eine Verringerung der Anzahl der Knochen, die den Unterkiefer bilden, und 3) die Modifikation der beiden hinteren Kieferknochen zu zwei der drei kleinen Gehörknöchelchen des Innenohrs, die zu Teilen des höher entwickelten Hörmechanismus wurden» (STEVEN M. STANLEY: *Historische Geologie*, 492). Auch in diesem Falle lautet das Geheimnis der entscheidenden «Erfindungen» der Evolution im Sinne des DARWINISMUS: *Funktionswandel*. Die «Entstehung des höher entwickelten Ohrs», schreibt STEVEN M. STANLEY (*Historische Geologie*, 492), «ist eins der bemerkenswertesten Beispiele der evolutionären Veränderung eines biologischen Merkmals zu einer völlig neuen Funktion. Sie ist in vielerlei Weise vergleichbar mit der Umgestaltung eines der Kiemenbögen bei primitiven Fischen zu den Kiefern der Wirbeltiere.» Abb. 173 zeigt die Entwicklung der Kiefergelenke bei Reptilien und Säugetieren.

| Reptilien (Kriechtiere) | Mammalia (Säugetiere) |
|---|---|
| Lebenslanges Wachstum | Wachstumsende bei Adoleszenz |
| Schuppen oder Knochenplatten als Hautbedeckung | Hautbehaarung zur Wärmeisolation |
| Wechselwarme Körpertemperatur | Konstante Körpertemperatur |
| Eierlegend | Lebendgebärend |
| Nichtsäugend | Säugend |

172 Gegenüberstellung der Hauptmerkmale von Reptilien und Säugetieren.

Unter den *Säugetieren* (erstmals Vertretern der Klasse Mammalia!) traten bereits im Übergang von der Trias zum Jura die *Docodonten* (eine Ordnung in der Gruppe der *Prototheria*) auf, die ein sekundäres Kiefergelenk besaßen: das alte Kiefergelenk saß wie bei den Reptilien zwischen einem Nebenknochen des Unterkiefers und einem Nebenknochen des Schädels; das neue Kiefergelenk saß zwischen dem Schädel und dem säugetiertypischen aus einem Stück bestehenden, mit Zähnen besetzten Unterkiefer (ERNST PROBST: *Deutschland in der Urzeit,* 143). Das sekundäre Kiefergelenk, das der amerikanische Paläontologe G. G. SIMPSON (*Der Ursprung der Säugetiere,* in: G. Heberer – H. Wendt: Entwicklungsgeschichte der Lebewesen, 298–305) als spezifisches Unterscheidungsmerkmal der Säugetiere insgesamt auffassen wollte, ist freilich nicht nur einmal, sondern in verschiedenen verwandten Tiergruppen herausgebildet worden. «Auch bei anderen Skelettmerkmalen, die die Reptilienklasse von der Säugetierklasse trennen, war das der Fall. So gesehen sind die als ‹Säugetiere› bezeichneten Wirbeltiere nicht aus einer, sondern aus mehreren Wurzeln entstanden ... so als habe die Natur experimentiert, um die beste Gebißkonstruktion herauszufinden. Von diesen Gruppen ... überlebten allerdings nur zwei: die bis heute unbekannten Ahnen der *Eierleger (Prototheria)* und die Vorfahren der Beuteltiere und Höheren Säuger, die man als *Echte* Säuger *(Theria)* zusammenfaßt. Über die Stammgruppe der Echten Säuger gibt es verschiedene Auffassungen; vermutlich gehen sie auf die *Pantotherier* zurück, auf eine Säugergruppe, die in mehreren Formen aus der Jurazeit bekannt ist, aber auch wohl schon in der Oberen Trias lebte. Ihr Aussehen läßt sich vielleicht mit dem der heutigen Beutelratten, Pinselschwanzbeutler oder Spitzhörnchen vergleichen» (E. THENIUS: *Stammesgeschichte der Säugetiere,* in: Grzimeks Tierleben, X 33–36, S. 34; 35).

Massenausrottung und Artensterben 573

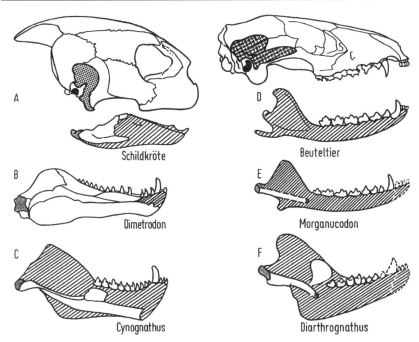

173 Kiefergelenk bei Reptilien (A–C und F) und Säugetieren (D–E). Bei Reptilien primäres (Quadrato-Artikular)-Gelenk, bei Säugetieren sekundäres (Squamoso-Dental)-Gelenk. Articulare fein punktiert, Quadratum grob punktiert, Dentale schraffiert, Squamosum mit Kreuzschraffur. Man beachte die Vergrößerung des Dentale auf Kosten der übrigen Unterkieferknochen bei den Theromorphen (*Dimetrodon* – Perm, *Cynognathus* – U-Trias, *Diarthrognathus* – O-Trias). Diese Vergrößerung wird aus der stärkeren mechanischen Beanspruchung des Kiefers verständlich, die wiederum mit der zunehmenden Differenzierung der Backenzähne in Zusammenhang steht. Aus rein schnappenden Kieferbewegungen werden mehr und mehr scherend-kauende. Bei *Diarthrognathus* und *Morganucodon* (O-Trias) sind primäres und sekundäres Kiefergelenk nebeneinander ausgebildet. Das Articulare und Quadratum der Reptilien entsprechen Hammer und Amboß der Säugetiere, dienen aber ganz verschiedenen Funktionen: hier der Nahrungsaufnahme, dort der Schallleitung.

So ist vor mehr als 220 Millionen Jahren schon in der Trias ein 10 cm langes spitzmausähnliches Tier belegt, das unbestreitbar ein Säugetier war und dem man den Namen *Eozostrodon* gegeben hat. Auf einen entscheidenden selektiven Vorteil der Säugetiere im «Kampf ums Dasein» verweist JOSEF H. REICHHOLF (*Der schöpferische Impuls*, 105 f.): er lag darin, daß ein Neugeborenes fortan *nicht* mit einer speziell ausgewählten Nahrung ernährt werden mußte – ein Problem, das zum Beispiel den *Kuckuck,* wie wir sahen (s. o. S. 275), in den Brutparasitismus gedrängt hat. Die Ernährung *mit Milch* setzte im Grunde die innere Ernährung über die Nabelschnur außerhalb des Mutterleibes fort; sie war, so betrachtet, die «fortschrittlichste Form der Nachwuchsversorgung». Allerdings bedeutete die Produktion von Milch einen erheblichen Energieaufwand; hinzu kam die Notwendigkeit, die Körpertemperatur auf einem hohen Niveau (zwischen 36–39 Grad Celsius) konstant zu halten; dazu diente eine erhöhte Stoffwechselaktivität und ein Haarkleid, das durch Talgdrüsen geschmeidig und wasserabweisend gehalten wurde.

All das macht es unwahrscheinlich, daß die frühen Säuger, zusätzlich zu diesem Aufwand, sich auch noch eine rasche Bewegung, etwa bei der Jagd auf flinke, energiereiche Beute, leisten konnten; allem Anschein nach wichen sie deshalb den tagaktiven Echsen aus und wurden im Laufe des Mesozoikum Spezialisten der Nacht.

Für diese These spricht besonders, daß bei den Säugetieren der *Geruchssinn* wichtiger ist als der Gesichtssinn. Während etwa *die Vögel* ausgesprochene Augentiere sind, kann man *die Säuger* als «Nasentiere» betrachten. Auch die Fossilgeschichte unterstreicht diesen Eindruck: Bei der Entwicklung des Vogelkopfes zum Beispiel verlagerte sich die Gehirnzunahme nach hinten in die Steuerzentren des Kleinhirns, bei den Säugern aber steht die Entwicklung des Riechhirns und des Nasenteils im Vordergrund. In dieser Feststellung liegt auch ein Hinweis auf *die Ernährungsweise* der frühen Säuger: ihr Geruchssinn erlaubte es ihnen, des Nachts fettreiche Kleintiere, wie Würmer und Insektenlarven, in den obersten Erdschichten aufzuspüren.

Wir müssen uns hier bereits merken, daß die Säugetiere des Erdmittelalters somit Beutetiere bevorzugten, die *auch ohne größere Pflanzenproduktion* existieren konnten, indem sie mehr von Abfällen als von frischen Pflanzen sich ernährten, – ein Umstand, der später überlebenswichtig werden sollte. Allerdings gibt es keinen Vorteil ohne Nachteil: Die hohe Körpertemperatur hielt die Säuger während der warmen Ära des Mesozoikum in der Nacht *gefangen!* Temperaturen von *mehr* als 25 bis 30 Grad Celsius machen den Vorteil der hohen Energieerzeugung im Körperinneren der Säugetiere weitgehend wieder zunichte; – nicht zufällig leben Säugetiere mit der größten Biomasse noch heute im Meer, und dabei vor allem in den Kälteregionen der Arktis und Antarktis. Unter tropischen Verhältnissen wird die innere Wärmeerzeugung für die Säugetiere schnell zu einer Belastung, die sie mit unangemessen hohem Kühlaufwand ausgleichen müssen oder die sie «zu verminderter anstatt gesteigerter Aktivität zwingt» (Reichholf, 108).

Schon deswegen scheint ein Aufstieg der Säugetiere während des Erdmittelalters nur sehr beschränkt möglich gewesen zu sein. 150 Millionen Jahre lang verharrten die Säugetiere jedenfalls in kleinen, unauffälligen Formen. Der Gestalt nach blieben die Säuger der Trias kleine, rattenähnliche Tiere, die, neben Insekten und Würmern, kleine Amphibien und Reptilien fraßen. Ein reiner Pflanzenfresser war zum Beispiel *Haramiya*, dessen Zähne eine typische Kronenform: eine zentrale Vertiefung, umgeben von einem Kranz von Höckern, aufwiesen; *Haramiya* lebte immerhin etwa 150 Millionen Jahre lang, von der Obertrias (Keuper) bis zum Eozän.

Schildern müssen wir noch auf dem Lande *das Schicksal der Pflanzen*. Sie hatten in der Unteren Trias (im Buntsandstein) mit ausgedehnter Trockenheit zu kämpfen. Lange vor dem Ende des Perm war die Formenvielfalt der baumartigen Bärlappgewächse (der *Lycopodien*), die einst die Kohlesümpfe gebildet hatten, stark zurückgegangen; dasselbe gilt von den *Equisitales* (Schachtelhalmgewächsen), deren Entwicklung im Oberdevon begonnen hatte (vgl. STRASBURGER: *Lehrbuch der Botanik*, 665; ANDREAS BRESINSKY: *Übersicht des Pflanzenreiches*, in: *Lehrbuch der Botanik*, 551–757, S. 723–733: Bärlappgewächse; S. 733–739: Schachtelhalmgewächse). Auch die Klasse der coniferenähnlichen *Cordaiten* (Gymnospermen der Klasse der Nadelhölzer, der *Pinopsidia*), die im Karbon eine mächtige Pflanzengruppe gebildet hatten, waren gegen Ende des Paläozoikum nahezu ausgestorben und hatten sich auf höhergelegene Gebiete zurückgezogen; nur eine einzige Art, der *Ginkgo biloba* (ebenfalls ein Nacktsamer, allerdings aus der Klasse der *Ginkgoopsida*), hat sich durch alle Zeiten bis heute erhalten und gleicht eher einem Laubbaum als einem Nadelbaum. Aus der Ordnung der *Ginkgoales* lebte in der ausgehenden Trias bis zur Kreide die Gattung *Baiera*, die gestielte, in lange linealische Lappen zerteilte Blätter besaß; vom Unteren Perm bis zur Unteren Kreide existierte die Gattung *Sphenobaiera* mit ihren langen, schmalen, ungestielten Blättern (vgl. PAULE CORSIN: *Die Flora*, 127–128). (Vgl. Abb. 154)

Aus der Trias hat sich auch die Ordnung der *Cycadales* (fiederblättrige Gymnospermen aus der Klasse *Cycadopsida*) erhalten. Die *Cycadaceen* (Palmfarne) erinnern in ihrer Gestalt an Palmen und können bis zu 10 Meter hoch werden. Ihr Stamm ist gedrungen und trägt an seinem Gipfel einen Schopf großer gefiederter Blätter, die bis zu 2 m lang sind und sich in 40–50 Paare von schmalen, langen Fiedern gliedern. Sie sind im Knospenstadium wie die Wedel der Farne krummstabartig eingerollt. Die Cycadeen sind zweihäusig (diözisch); ihre Fortpflanzungsorgane entwickeln sich also an getrennten männlichen und weiblichen Pflanzen (vgl. PAULE CORSIN: *Die Flora*, 126).

Die männlichen wie weiblichen Blüten sind zapfenförmig wie bei den Pinien und anderen Coniferen gestaltet und können recht groß werden. Als Nacktsamer *(Gymnospermen),* deren Samenanlagen nicht in ein Fruchtblattgehäuse eingeschlossen sind, sind sie auf die Übertragung ihrer Pollen durch den Wind angewiesen. – Die eigentliche Zeit der Cycadeen sollte das Mittlere Jura werden. Im Unterholz der *Trias* dominierten nach wie vor die echten Farne, die wir aus der Gegenwart kennen. «Eine besonders typische und weitverbreitete Pflanze der Buntsandsteinzeit war das bis zwei Meter Höhe erreichende Bärlappgewächs *Pleuromeia* mit allenfalls zehn Zentimeter dicken Stämmchen», die unverzweigt sich nach oben verjüngten (ERNST PROBST: *Deutschland in der Urzeit,* 102). «Unter den Schachtelhalmgewächsen der Buntsandsteinzeit dominierten die Gattungen *Equisetites* und *Schizoneura.* Diese krautartigen Pflanzen erreichten eine Höhe bis zu sechs Metern... Die Farne und Schachtelhalme wuchsen meist entlang der Gewässer und besiedelten nur selten trockenere Gebiete» (a. a. O., 102). Erst in der Oberen Trias (der Keuperzeit) wurde das Klima feuchter und ließ die Pflanzenwelt vielfältiger gedeihen. Die *Farne, Palmfarne* und *Schachtelhalme* breiteten sich aus und drängten diejenigen Pflanzen zurück, die an trockene Standorte gebunden waren.

Natürlich stellt sich hier bereits die Frage nach dem Grund dieser neuerlichen klimatischen Veränderungen, die sich am besten wieder mit einem Hinweis auf die *geologischen Ereignisse* vor 220 Mio. Jahren beantworten läßt.

Damals war, wie wir wissen, die gesamte Kontinentalmasse der Erde in dem Superkontinent *Pangäa* vereinigt, die von dem Urpazifik (der *Panthalassa*), von griech. *pan* = ganz und *thalassa* = Meer) umgeben war; im Norden lag Laurasien, im Süden Gondwanaland; dazwischen war die Tethys bereits vorgebildet. Im Verlauf der Trias nun bricht Pangäa im Golf von Mexiko auseinander. Der Nordkontinent dreht sich in Westrichtung. Im Süden von Gondwana entsteht Indien neben der Antarktis und Australien, die noch zusammenhängen und sich gemeinsam von Afrika trennen.

Das *Klima* wurde unter diesen geologischen Bedingungen in hohem Maße von der damaligen Land-Meer-Verteilung beeinflußt, «vor allem von dem großen Anteil Wasserfläche im Äquatorialbereich mit hoher Umsetzungsrate der solaren Strahlungsenergie in Wärme und günstigen Bedingungen für einen meridionalen (sc. in Richtung der Längengrade verlaufenden, d. V.) Wärmeaustausch über die Meeresströmungen» (L. EISMANN – CHR. HÄNSEL: *Klimate der geologischen Vorzeit,* in: P. Hupfer: Das Klimasystem der Erde, 297–342, S. 320). Insgesamt war das Erdmittelalter eine «wahrscheinlich völlig inlandeisfreie Zeit bei einem offenbar recht gleichförmig verlaufenden

Temperaturregime. Die Vegetation des Jura gilt als die gleichförmigste der Erdgeschichte. Zwischen der mittleren Trias und der mittleren Kreide waren die Temperaturen höher als gegenwärtig... Auch die Trockenzonen waren ausgedehnter und reichten wesentlich weiter polwärts» (a. a. O., S. 320). Gleichwohl ist die «alte Vorstellung einer vom Wind geprägten, extremen Buntsandstein-‹Wüste› aufgegeben» (MARTIN SCHWARZBACH: *Das Klima der Vorzeit,* 186), denn es zeigt sich, daß fließendes Wasser bei der Aufschwemmung der tonigen und sandigen roten Verwitterungsmassen in abflußlosen Senken eine bedeutende Rolle spielte. Gleichwohl setzten sich die «zweifellos überwiegenden trocken-warmen Zustände... auch über die Zeit der Muschelkalk-Meeresbedeckung bis mindestens in den mittleren Keuper fort, die zweite kontinentale Periode der mitteleuropäischen Trias» (L. EISSMANN – CHR. HÄNSEL: a. a. O., 319). Daß das Klima in der Oberen Trias feuchter wurde, dürfte mit einem starken Einfluß des Meeres bei dem beginnenden Auseinanderbrechen von Pangäa am Ende der Trias zusammenhängen. Was aber erklärt uns das *Massenaussterben* vor 205 Millionen Jahren, bei dem die gerade entfaltete Vielfalt des Lebens im Meer erneut empfindlich getroffen wurde und bei dem auf dem Festland vor allem die *Therapsiden* heimgesucht wurden? All das wird ebenfalls auf das Auseinanderbrechen der Pangäa zurückzuführen sein, indem das Einströmen des Meeres in die tektonischen Senkungsfelder zwischen den Kontinentalplatten vom Pazifik und von der Tethys her das Klima weiter veränderte. Denn die tektonischen Prozesse, die schon in der Trias sich abzeichneten, setzten im Jura vor 180 Millionen Jahren sich fort: die Drehung des Nordamerikanischen Kontinents führte dazu, daß durch Zustrom aus dem Pazifik der Nordatlantik entstand, im Süden driftete Australien weiter nach Osten; die Krustenausdehnung zwischen Nordwest-Afrika und den nördlichen Kontinenten ließ eine «Lücke» entstehen, in die von der Tethys her Meerwasser einströmte. Es ist nicht anders denkbar: Beide Vorgänge müssen sich auch klimatisch ausgewirkt haben.

## Die Entwicklung im Jura

Im *Jura* erleben wir große Meeresvorstöße – das Tethysmeer überflutete damals Wien und stand in Verbindung mit einem Meer, das ganz Deutschland überdeckte bis hin zu Fennoskandia; das Klima, wie gesagt, war warm und ausgeglichen. Insbesondere *die Reptilien* gelangten in dieser Zeit zu ihrer reichsten Entfaltung. Einige *Dinosaurier* aus der Gruppe der pflanzenfressenden *Sauropoden* (Elefantenfuß-Saurier) erreichten im Oberen Jura eine Länge

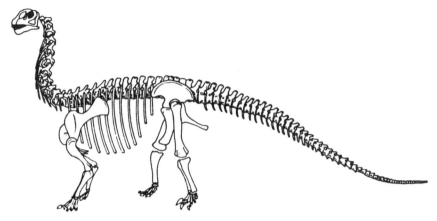

174 Skelett eines Elenfantenfuß-Dinosauriers *(Sauropoden)* hier von *Camarasaurus* aus dem Oberen Jura (Morrison-Schichten, Nordamerika), 12 m lang.

bis zu 30 Metern und ein Gewicht bis zu 100 Tonnen, wie zum Beispiel *Mamenchisaurus*. (Zur Körperform der *Sauropoden* vgl. Abb. 174).

Der größte *Raubsaurier* seiner Zeit war der bis zu 10 m lange und 4 m hohe *Allosaurus* (die «verschiedenartige Echse»), der wohl auch auf den riesigen 20 m langen Pflanzenfresser *Brontosaurus* Jagd machte.

Die *Insekten* bringen im Jura Formen hervor, die bereits zu den Vorläufern der heutigen Fliegen *(Brachycera)*, Mücken *(Nematocera)*, Schmetterlinge *(Lepidoptera)* und Wespen *(Hymenoptera)* zählen; die langbeinigen Schnaken *(Tipulidae)* waren im warmen Jura in vielen Arten vertreten; die Libellen *(Odonata)* existierten bereits in allen heutigen Unterordnungen, und man muß denken, daß die Insektenvielfalt schon damals sich koevolutiv mit der Differenzierung der Pflanzen entwickelte. Zu den Pflanzen des Jura zählten *Blumenpalmfarne* (Bennettitinae), *Palmfarne* (Cycadaceen), *Ginkgobäume*, *Coniferen* und *Farne*; unter den Coniferen befanden sich die *Araucaria*, Nadelhölzer, die bereits frühe Verwandte der heutigen Tanne sind.

In den *Meeren* lebten nach wie vor zahlreiche Saurier: Fischsaurier *(Ichthyosaurier)*, wie der delphinartig geformte *Stenopterygius*, sowie Schlangenhalssaurier wie der langhalsige *Plesiosaurus*; in den Sümpfen und Flüssen hausten Krokodile. *Jungammoniten* entfalteten damals ihre komplizierten Formen. Die *Foraminiferen* (Wurzelfüßer, einzellige Wassertiere mit Kalkschale) erfaßte eine neue Ausbreitungswelle, ebenso die *Seelilien (Crinoiden)*, die damals eine enorme Länge erreichen konnten, sowie auch die *Armfüßer (Brachiopoden)* und *Schwämme (Porifera)*, von denen zalreiche Arten mächtige Riffe aufbauten. *Belemniten* («Donnerkeile»), Kammuscheln *(Pecten)* und Korallen gediehen. Die ersten Echten Knochenfische *(Teleostei)* mit vollständiger Verknöcherung von Wirbelsäule und Schädel entstanden, – sie wurden die Vorfahren der heute vorherrschenden höheren *Knochenfische* (vgl. N. B. MARSHALL: *Das Leben der Fische*, I 312–314).

Ein besonders wichtiges Kapitel nimmt in der Periode des Jura vor mehr als 140 Millionen Jahren die *Entwicklung der Vögel* ein. Sie sind, wie die Säugetiere, «warmblütige» Lebewesen, weswegen der Embryo im Ei und auch die meisten schon geschlüpften Vogelkinder Wärmezufuhr von außen benötigen. Allerdings kann die Bluttemperatur der Vögel «wechselwarm», zum Beispiel bei einem Mauerseglernestling auf 21 Grad Celsius, abgesenkt werden, während sie für gewöhnlich bei 41 bis 43 Grad Celsius liegt; in dieser Hinsicht erinnern die Vögel noch deutlicher als die Säugetiere an ihre Herkunft von den Echsen. Andererseits atmen die Vögel «weit schneller als die wechselwarmen Kriechtiere. In der Ruhe macht eine Haustaube 29 Atemzüge je Minute, beim schnellen Gehen 180, beim Abflug aber 450. Bei kleineren Vögeln, zum Beispiel Kolibris, steigt die Zahl der Atemzüge schon in der Ruhe auf 250; und wenn Kolibris je Sekunde fünfzig Flügelschläge machen, atmen sie dreitausendmal in der Minute» (W. MEISE: *Die Vögel*, in: Grzimeks Tierleben, VII 17–69, S. 49).

Natürlich muß einer solchen Atemtechnik bei einem so hohen Energieverbrauch ein hochleistungsfähiges Herz- und Blutkreislaufsystem entsprechen; und an dieser Stelle läßt sich erneut beobachten, daß die Evolution bei gleichen Problemstellungen selbst bei unterschiedlichen Voraussetzungen immer wieder zu vergleichbaren «Lösungen» gelangt.

«Obwohl die Vögel ihre Warmblütigkeit unabhängig von den Säugetieren erworben haben, sind die Umbildungen im Körperbau, die dies bewirkten, in beiden Wirbeltierklassen doch recht ähnlich. Wie das Säugetierherz, so ist auch das verhältnismäßig große Vogelherz (0,2 bis 2,8 vom Hundert des Körpergewichts) vollkommen in rechte und linke Kammern und Vorkammern geteilt. Die Körperschlagader (Aorta descendens) beschreibt einen Bogen nach rechts, also nicht nach links wie bei den Säugern. Die Zahl der roten Blutkörperchen ist stark vermehrt; sie beträgt eineinhalb bis siebeneinhalb Millionen je Kubikmillimeter des Blutes, das drei bis zehn vom Hundert des Körpergewichtes beansprucht. (Beim Menschen kann man etwa ein Zehntel des Körpergewichtes, gemessen in Kilogramm, der Menge des Blutes, gemessen in Litern, gleichsetzen, d. V.) Im Blutkreislauf hat sich das Nierenpfortadersystem der Reptilien erhalten, das den Säugern fehlt; es sorgt dafür, daß das verbrauchte Blut der hinteren Körperteile in der Niere gereinigt wird, ehe es die hintere Hohlvene und die rechte Herzvorkammer erreicht. Gefördert wird die Warmblütigkeit vom Lungenbau und von der Nahrungsmenge, die die Vögel aufnehmen. Im Vogel bewirkt diese Warmblütigkeit eine Beschleunigung des Grundumsatzes: Der Pulsschlag steigt auf hundert bis tausend und ist bei Kleinvögeln am höchsten; auch der Blutdruck ist höher als bei den Säugern. Diese Leistungssteigerung hat es den Vögeln ermöglicht, unwirtliche Gegenden zu besiedeln und sie in der ungünstigen Jahreszeit wieder zu verlassen» (W. MEISE: *Die Vögel,* a. a. O., 51).

Beobachtungen dieser Art treffen so gut wie auf *alle* Vögel zu. Wie aber, muß man sich fragen, kam es überhaupt dazu, daß Reptilien *Federn,* nicht Flughäute, entwickelten und daß sie sich mit Hilfe dieser Federn in die Lüfte erhoben, zu einer Zeit, da ihnen die segelfliegenden Flugsaurier noch bei weitem überlegen waren?

Die Antwort *darauf* enthalten Fossilienfunde, die schon in der Mitte des 19. Jahrhunderts gemacht wurden, sich aber erst viel später in ihrer Bedeutung zu erkennen gaben; es geht um die Entdeckung des *Archaeopteryx,* des Urvogels (vgl. M. K. HECHT – J. H. OSTROM – G. VIOHL – P. WELLNHOFER: *The Beginning of Birds.* Jura-Museum, Eichstätt 1984). Archaeopteryx selbst ist nicht der direkte Vorfahre der heutigen Vögel, sondern repräsentiert einen phylogenetischen Seitenzweig; er wird aber wahrscheinlich von derselben Urform stammen, aus der heraus sich auch die heutigen Vögel entwickelt haben (vgl. PETER WELLNHOFER: *Archaeopteryx,* in: Spektrum Digest, 5: Saurier und Urvögel, Sondernummer 1/1997, 28–46). Das entscheidende an diesem taubengroßen Lebewesen, das vor mehr als 140 Millionen Jahren lebte, ist die Tatsache, daß es Federn besaß und damit das Bindeglied zwischen Reptilien und Vögeln darstellt. Mit den Reptilien teilte es die bezähnten Kiefern, die kleine Schädelkapsel, die Fingerkrallen, die zum Klettern taugten, die Rippen, die mit dem Brustbein *(Sternum),* das bei den Reptilien und beim Archaeopteryx fehlt, noch nicht verwachsen waren, sowie einen langen befiederten Schwanz mit zahlreichen Wirbeln, der nicht, wie bei den heutigen Vögeln, dem *Pygostyl,* dem kurzen Schwanzstiel, entsprang; mit den Vögeln aber teilte es, neben den Federn, die Stellung der Hinterzehe, ein langes, nach hinten weisendes Schambein (Pubis), die zu einem Gabelbein *(Furcula)* verwachsenen Schlüsselbeine sowie die hohlen Knochen (vgl. Abb. 175).

Allein *die Erscheinung* des *Urvogels* macht ihn zu einem Paradebeispiel der

175 *Archaeopteryx*, der Urvogel.

DARWINschen Theorie von der Summierung kleiner genetischer Veränderungen, die unter dem Druck der Selektion im Verlaufe der Zeit neue Formen des Lebens hervorbringen, zum Beispiel eben: Vögel aus Reptilien! Doch enthält die Existenz des *Archaeopteryx* bereits im Jura auch ein schwerwiegendes Problem: Wie war es möglich, daß die Entwicklungslinie, die zu den heutigen Vögeln führte, offensichtlich schon vor über mehr als 140 Millionen Jahren begann und doch erst im Tertiär, vor etwa 40 Millionen Jahren, die Fülle ihrer Möglichkeiten zu entfalten vermochte?

Diese Frage stellt sich um so mehr, als Archaeopteryx bereits Federn besaß, deren Vorderkante schmaler und fester war als die breitere Hinterkante, wohingegen die Schwanzfedern symmetrisch gebaut waren; eine solche Form und Verteilung der Federn ist ein *sicherer* Hinweis darauf, daß Archaeopteryx seine Federn *zum Fliegen* benutzte, und wir müssen denken, daß er im ganzen sogar bereits *besser* fliegen konnte als die damaligen Flugsaurier; allerdings war er aufgrund seines kleinen Gehirns gewiß kein sehr reaktionsschnelles Tier, und da dem Brustbein noch der Kamm (die *Crista sternii*) fehlte, war er wohl auch kein sehr ausdauernder Flieger.

Wie aber gelangte *Archaeopteryx* überhaupt dahin, fliegen zu können? Und vor allem: welch einen Nutzen besaßen die neuerworbenen Federn, als sie zum Fliegen *noch nicht* zu gebrauchen waren? Mit einem Wort: Wie *funktionstüchtig* waren die federtragenden, aber noch flugunfähigen *Vorläufer* von *Archaeopteryx*?

Lange Zeit über hat man gemeint, den Vogelflug von Reptilien ableiten zu können, die mit ihren Krallen an Baumstämmen emporkletterten und sich zur Nahrungssuche hätten zu Boden fallen lassen müssen; eine Vergrößerung der Schuppen, so dachte man, hätte den Fall besser abfangen und steuern helfen; und so sprach man von der *arborealen* (baumbezogenen) Theorie der Entstehung der Vögel. Die Schwierigkeit dieses Konzepts liegt freilich bereits darin, daß die Anatomie des Urvogels durchaus nicht auf ein baumkletterndes Reptil hinweist: Kletternde Reptilien haben Beine, die seitlich am Körper ansetzen, und sie benutzen den Schwanz als Stützorgan, wie es sich bei den *Agamen* (Agamidae) noch heute beobachten läßt (s. o. S. 570); beides ist indes nicht der Fall beim *Archaeopteryx*. Zudem erinnern die Beingelenke von *Archaeopteryx* viel eher an die Konstruktion der hinteren Gliedmaßen derjenigen kleinen Saurier, die sich *zweibeinig* auf der Erde *durch Laufen* fortbewegten. Demgemäß versuchte man, die Vögel von solchen Läufer-Reptilien abzuleiten, man sprach von der *cursorialen* Theorie; diese dürfte zumindest insoweit zutreffen, als die Umbildung der Hinterbeine zu Laufbeinen am Anfang der Entwicklung zu den Vögeln gestanden haben muß (vgl. A. FEDUCCIA: *The Age of Birds*, Cambridge/Mass., 1980; PETER WELLNHOFER: *Archaeopteryx*, a. a. O., 37–42).

Was aber ist dann mit den Federn?

Die Vergrößerung von Horngebilden an den Vorderextremitäten und am übrigen Körper kann die Laufgeschwindigkeit nicht gerade verbessert haben, im Gegenteil. Durch den größeren Luftwiderstand muß sie sogar verschlechtert worden sein, – bis daß die Tragflächen der Flügel groß genug waren, um damit fliegen zu können! Doch ein solches «um... zu» existiert in der Natur nun einmal nicht, und es gibt zum Zwecke der Naturerklärung auch keinen Gott, der am fünften Tage gesagt hätte: «Vögel sollen fliegen auf Erden unter der Feste des Himmels», und «schuf alle gefiederten Vögel» (Gen 1,20.21).

Um das Rätsel der Vogelfeder zu lösen, ist es wichtig, gerade *nicht* den heutigen Standpunkt einzunehmen und bei Flügeln und Federn unmittelbar ans Fliegen zu denken. Tatsächlich gibt es zahlreiche Vogelarten, die evolutiv zum Fliegen entweder nie gekommen sind oder es wieder verlernt haben, und selbst bei fliegenden Vogelarten dient bloß ein Bruchteil der Federn, näherhin nur die Arm- und Handschwingen der Flügel, wirklich dem Fliegen. Weit wichtiger sind andere Funktionen des Federkleids der Vögel. «Als homöothermes (sc. eine konstante Wärme haltendes, d. V.) Wirbeltier braucht der Vogel eine Körperbedeckung, die ihn vor Abkühlung schützt», schreibt JEAN DORST (*Das Leben der Vögel*, I 24) und fährt fort: «Als soziales Wesen benötigt er Mittel für den visuellen Kontakt. Als Flugtier braucht er schließlich Tragflächen zum Fliegen. Alle diese Forderungen werden von hochspezialisierten Hautgebilden, den Federn, erfüllt... Die Federn sind komplexere Gebilde als die Haare, die Säugetiere in erster Linie vor Wärmeverlust schützen. – Die aus einer proteinhaltigen Substanz, dem mehr oder weniger mineralisierten Keratin, gebildete Feder entwickelt sich aus einer Hautpapille. Sobald sie fertig ist, muß man sie als ein vollkommen vom Vogelkörper unabhängiges Organ betrachten. Sie ist also ein totes Organ, das im Gegensatz zum Haar nur noch mechanisch in der Haut befestigt ist» (a. a. O., I 24–25). Schon von daher liegt die Vermutung nahe, daß die Federn bei den Vögeln als *Warmblütern* (endothermen Tieren) ursprünglich dem gleichen Zweck dienten wie die Behaarung bei den Säugetieren, nämlich der Aufrechterhaltung einer konstanten Körpertemperatur.

Erhärten läßt sich diese Vermutung, wenn man die Federbildung bei frisch geschlüpften Vogelküken betrachtet: der Flaum, den sie bilden, dient ganz offensichtlich nicht dem Fliegen, sondern der Wärmehaltung. Insbesondere der Übergang vom Gewärmtwerden während der Brutzeit zur Erzeugung eigener Körperwärme ist für ein Vogelküken äußerst problematisch; und nicht minder schwer fällt es ihm, einer möglichen Überhitzung vorzubeugen. Für beide Aufgaben stellt die Feder eine plausible Lösung dar: Reptilienschuppen, die seitlich ausfransen und sich flächig umbilden, meint JOSEF H. REICHHOLF (*Der schöpferische Impuls*, 97), erlangen «schon bei ganz geringfügigen Vergrößerungen große Bedeutung». Die Reptilienschuppen hatten ursprünglich einmal dazu gedient, den Körper so weit abzudichten und vor Austrocknung zu schützen, daß im Unterschied zu den Amphibien ein Leben auf dem trockenen Festland möglich wurde; jetzt, bei den Vögeln, diente eine Umbildung der Schuppen zu Federn dazu, den Wärmehaushalt zu regulieren. Die «Erfindung» war genial. Einen einzigen «Fehler» besaß die Vogelfeder noch: sie bot keinen Schutz gegen Feuchtigkeit, da die Vögel keine Talgdrüsen haben, wie die Säugetiere sie an den Haaren besitzen. Deshalb wurden *Fettdrüsen* zum Einfetten nötig, wobei möglicherweise die lipidreiche Epidermis der Vögel als ganze die Funktion der Talgdrüsen übernimmt. Zusätzlich werden die Federn mit dem Sekret der Bürzeldrüse, die allerdings bei einigen Vögeln fehlt, gefettet (vgl. V. STORCH – U. WELSCH: *Systematische Zoologie*, 647). Gemeinsam mit dieser «Erfindung» aber ermöglichte das Federkleid den Vögeln einen ganz ausgezeichneten Schutz gegen Nässe, Unterkühlung oder Überhitzung, und eben in dieser Aufgabe: einen solchen Schutz zu gewährleisten, dürfte die Hauptfunktion der Vogelfeder ursprünglich bestanden haben.

Das *Fliegen* kam erst viel später. Gerade weil diese Art der Fortbewegung energetisch die aufwendigste ist, die sich auf Erden überhaupt denken läßt, setzt das Fliegen eine Reihe innerer Veränderungen, vor allem den soeben erwähnten Umbau der Lungen und des Kreislaufsystems, voraus. Dann aber, als der Durchbruch gelang, war es die Konstruktion der Vogelfeder, die es ermöglichte, ohne Wasserverluste durch Transpiration und ohne Unterkühlung oder Überhitzung all die physischen Leistungen zu vollbringen, die wir in angegebener Weise bei Flugvögeln voraussetzen dürfen. Angesichts dieser Leistungen stehen nicht die Säugetiere, sondern ganz offensichtlich die Vögel an der Spitze der bestangepaßten Wirbeltiere; nicht nur ihr Blutkreislauf und ihre Lungen, auch ihr Orientierungssystem ist dem der Säugetiere weit überlegen (vgl. T. H. WATERMAN: *Der innere Kompaß – Sinnesleistungen wandernder Tiere*, Heidelberg 1990).

Um so mehr nimmt es noch einmal wunder, warum die Vögel mehr als 100 Millionen Jahre brauchten, um ihren Siegeszug über die ganze Erde antreten zu können.

Die Antwort auf diese oft gestellte Frage liegt im Grunde erneut bereits in der Problemstellung selbst. Gerade weil das Fliegen derart energieaufwendig ist, benötigten die Vögel eine besonders energiereiche Nahrung; die aber stand ihnen erst mit der explosionsartigen Ausbreitung der Insekten zur Verfügung, und diese wiederum wäre nicht möglich gewesen ohne die Ausbreitung bedecktsamiger Blütenpflanzen *(Angiospermen)* am Ende des Erdmittelalters. Die große Zeit der Insekten begann mit der Zurückdrängung der Nacktsamer *(Gymnospermen)*. Denn nun traten die Insekten «in enge Wechselwirkung mit den Blüten, die ihnen Nahrung boten und die sie im Gegenzug bestäubten. Diese Übertragung von Blütenstaub verbesserte die Genauigkeit der Befruchtung ganz außerordentlich. – Die Blütenpflanzen entwickelten signalgebende Blütenblätter und Düfte, welche ganz bestimmte Insekten immer präziser anlockten... Nun setzte sich die Insektenwelt nicht mehr vornehmlich aus langsamen oder bodengebundenen Arten zusammen, die sich von pflanzlichen Abfallstoffen ernährten oder deren Larven im Süßwasser in Bächen, Flüssen und Sümpfen lebten, sondern aus agilen, in die Kronen der Bäume hinauffliegenden Arten, deren Larven auch zunehmend das Blattwerk besiedelten... Das war die Chance der Vögel» (JOSEF H. REICHHOLF: *Der schöpferische Impuls,* 101).

Die Vögel konnten ihre Flugfähigkeit mithin erst zu dem Zeitpunkt voll ausnutzen und entfalten, da die Ausbreitung der Insekten im Tertiär ihnen eine Nahrungsquelle zur Verfügung stellte, die mit ihrem hohen Eiweißgehalt wesentlich nur beim Fliegen in der Luft zu erhaschen war.

Was wir in Gestalt des Vogelfluges vor uns haben, ist deshalb eines der wichtigsten Beispiele für die *Koevolution* nicht nur verschiedener Tier- oder Pflanzenarten, sondern von Lebewesen, die grundverschiedenen Stämmen (wie Insekten und Wirbeltieren), ja, sogar verschiedenen Reichen (Pflanzen und Tieren) angehören. Fügen wir diesem Bild noch die Entwicklung der *Säugetiere* hinzu, die ebenfalls mit der Entfaltung der Blütenpflanzen und der Insekten zu tun hat (s. o. S. 574), dann gewinnen wir einen Einblick in einen der wichtigsten Zusammenhänge der Evolution, dem wir letztlich unsere eigene Existenz zu verdanken haben, und wir sehen zugleich, welch grandiose Effekte aus Prozessen hervorgehen können, die weder «gerichtet» noch «geplant», aber eben auch nicht völlig willkürlich und zufällig sind, sondern die «kanalisiert» wurden von den inneren Voraussetzungen, unter denen die Lebewesen sich von Fall zu Fall den komplexen Herausforderungen von Klima, Nahrungsangebot und Wettbewerb im Kampf ums Dasein stellen mußten. Zugleich sehen wir an dieser Stelle erneut, wie «konservativ» die Natur mit einmal «fixierten» morphologischen Strukturen weiterarbeitet; der entscheidende Schritt, der aus einer neuen Art schließlich sogar eine neue Klasse von Tieren hervorbringt, basiert auf dem *Funktionswandel* des Vorhandenen: Schuppen, Federn, Flügel... dazwischen liegt der Schutz vor Trockenheit, dann vor Kälte, schließlich die Suche nach Nahrung.

### Die Entwicklung in der Kreide

In der Kreidezeit kommt es zu den größten Überflutungen der Kontinente in der jüngeren Erdgeschichte; – in Deutschland zum Beispiel dringt das Tethys-Meer in der ersten Stufe der Oberkreide (im *Cenomanium*) bis über die Linie Wien–München vor und vermischt sich in der Oberpfalz im Raum Amberg (Sulzbach-Rosenberg) und Auerbach mit den eisenreichen Wassern aus Böhmen und den kalkreichen Wassern aus dem Fränkischen Jura, während das «Nordmeer» in der Oberkreide auf eine Linie südlich von Düsseldorf und nördlich von Kassel vordringt; nur noch wenige mitteldeutsche Inseln und das Mitteldeutsche Festland mit der Rheinischen Masse im Westen und der Böhmischen Masse im Osten ragen aus den Fluten hervor (Abb. 176).

Entsprechend formte sich natürlich auch das Erscheinungsbild von Flora und Fauna. Wir sagten bereits: Gegen Ende der Unterkreide treten die ersten Blütenpflanzen (*Angiospermen*, Bedecktsamer) neben die Nacktsamer *(Gymnospermen)*, die vom Operm bis zur Unterkreide die Zeit des *«Mesophytikum»*, des pflanzlichen Lebens im Erdmittelalter, gekennzeichnet haben; jetzt, von der Unterkreide an, beginnt die Bedecktsamerzeit *(das Neophytikum).*

Auf dem Lande bedeutete die außerordentlich rasche und vielgestaltige Ausbreitung der Angiospermen die folgenreichste Veränderung des gesamten Ökosystems, und wieder stellt sich das Beispiel einer «adaptiven Radiation» dar – ein Durchbruch in nur kurzer Zeit, verbunden mit der Bildung zahlreicher neuer Arten *(Diversifikation).*

Tatsächlich tauchten die ersten *Angiospermen* in der Mittleren Kreide vor 100 Millionen Jahren auf und hatten schon in der Oberkreide die *Coniferen* an Vielfalt übertroffen, die in der Unterkreide die Vorherrschaft angetreten und die *Cycadeen* verdrängt hatten. Wie erfolgreich der Siegeszug der Angiospermen war, zeigt sich in einem einfachen Zahlenvergleich: es gibt nur etwa 500 moderne Coniferenarten, aber etwa 200 000 Arten von «Blütenpflanzen», inklusive der Gräser, Wildkräuter, Wildblumen und Laubbäume, obgleich auch heute noch Kiefern, Tannen und Fichten einen breiten (von der Holzindustrie künstlich und über Gebühr geförderten) Raum einnehmen. Allerdings dürfte «die Ähnlichkeit zwischen den Blättern fast aller Kreidegattungen und denen von modernen Taxa nur äußerlich (sein); mit Ausnahme weniger gehören alle Gattungen der Kreide zu ausgestorbenen Gruppen. Gleichermaßen reichen viele lebende Gattungen und Familien nicht so weit in die geologische Vergangenheit zurück, wie man einst annahm. Man ist heute der Ansicht, daß von etwa 500 lebenden Familien der Blütenpflanzen nur ungefähr 50 durch Ober-Kreide-Fossilien belegt sind» (STEVEN M. STANLEY: *Historische Geologie*, 484–485). Zu diesen überlebenden aus der Kreidezeit zählen unter den heutigen Bäumen zum Beispiel die Platanen (Gattung *Platanus* aus der Familie der *Platanaceae*), die Familie der Stechpalmen *(Iliciaceae)*, der Palmen

176  Deutschland zur Zeit der Oberkreide.

*(Palmae)* sowie der Eiche (Gattung *Quercus* aus der Familie der *Fagaceae* oder *Cupliferae*), die Walnuß *(Juglans regia* aus der Familie der *Juglandaceae)* und die Familie der Birkengewächse *(Betulaceae)*, zu welcher die Birke (Gattung *Betula*) und die Erle (Gattung *Alnus*) gehören. Lediglich die *Gräser* existierten in der Kreide noch nicht; sie entwickelten sich erst im Jungtertiär (im *Neogen*), dann allerdings mit geradezu stürmischem Erfolg (vgl. PAULE CORSIN: *Die Flora*, 150–160; STRASBURGER: *Lehrbuch der Botanik*, 765).

Wie die frühe Phase adaptiver Radiation von *Angiospermen* verlief, zeigen fossile Blätter und Pollen von der atlantischen Küstenebene von Maryland aus der Zeit der Unter-Kreide (Abb. 177).

Der entscheidende Vorteil der Angiospermen ist in etwa der gleiche wie der, den früher die Gymnospermen gegenüber den sporentragenden Pflanzen geltend gemacht haben: die Bildung von *Samen* leitete eine adaptive Radiation ein, weil sie es den Landpflanzen erlaubte, sich von den Feuchtgebieten zu entfernen; denn die Befruchtung erfolgt bei den Samenpflanzen nicht mehr im Wasser, sondern im Inneren der Pflanze selbst, im Fruchtknoten, und die Samen, die daraus hervorgehen, sind äußeren Einflüssen gegenüber sehr widerstandsfähig; auch die Pollen (die männlichen Keimzellen), welche die weiblichen Eizellen befruchten und damit den Samen bilden, zeigen sich sehr robust. Der Vorteil der *Angiospermen* jetzt liegt in der Fähigkeit, auch Landstriche besiedeln zu können, die ein sehr instabiles Milieu aufweisen und die nur während einer relativ kurzen Zeitspanne zur Besiedlung offenstehen.

Die «Bedecktsamigkeit» allein ist allerdings nicht das entscheidende, um den Durchbruch der Angiospermen zu erklären. Bedecktsamig war, wie wir wissen, bereits die Gruppe der *Bennettiteen*, die indessen von den eigentlichen Angiospermen in der Oberen Kreide verdrängt wurde. Der entscheidende Vorteil der Angiospermen besteht in der *Speicherung von Nährstoffen* in ihren Samen; denn auf diese Weise wird eine rasche Ausbreitung der Samen möglich. «Bei den Gymnospermen benötigen die Elternpflanzen eine wesentlich längere Zeitspanne, um ihre Samen mit genügend Nahrung zu versorgen, damit die Nachkommenschaft später die Fähigkeit besitzt, selbständig zu überleben. Infolgedessen besitzen die meisten Gymnospermen Fortpflanzungszyklen von 18 Monaten oder noch länger. Im Gegensatz dazu wachsen innerhalb weniger Wochen Tausende von Blütenpflanzen aus Samen heran und setzen dann bereits wieder eigene Samen frei» (STEVEN M. STANLEY: *Historische Geologie*, 487).

Viele Angiospermen sind *Kräuter*, also Pflanzen, deren Stengel und Blattwerk innerhalb einer Vegetationsperiode heranwachsen, Samen erzeugen und

a) *Araucaria toucasi*  b) *Baiera brauniana*  c) *Cycadeoidea marshiana*

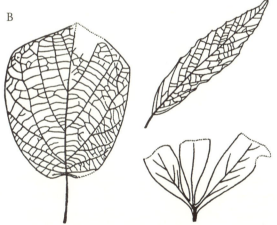

d) Die ausgestorbenen Formen *Credneria triacuminata*, *Dryophyllum subfalcatum* und *Dewalquea trifoliata*.

e) Der noch heute wachsende Sasaffras-Lorbeer *(Sassafras progenitor)*.

**177** Einige Nacktsamer (A) und Bedecktsamer (B) der Kreidezeit.

dann wieder zugrunde gehen. Die meisten Angiospermen, die *keine* Kräuter sind, bilden verholzte Sträucher und Bäume, aber auch von diesen sind etliche imstande, sich rasch auszubreiten. Es hat überhaupt den Anschein, als seien die frühesten Angiospermen auf Böden entstanden, in denen eine rasche Kolonisation besonders wichtig war, zum Beispiel an Flußufern.

Die Fähigkeit und Notwendigkeit der Nährstoffspeicherung ergibt sich näherhin aus der sog. doppelten Befruchtung, die für die Angiospermen charakteristisch ist: Jedes Pollenkorn produziert zwei männliche Geschlechtszellen, die beide jeweils eine Zelle des sehr stark reduzierten weiblichen Geschlechtsapparates befruchten, und zwar die eine die Eizelle, die andere den sog. Endospermkern. «Während sich die befruchtete Eizelle zum Embryo entwickelt, differenziert sich der befruchtete Endospermkern zu einem vielzelligen Nährgewebe, dem Endosperm, aus» (PAULE CORSIN: *Die Flora*, 144; 146).

Die beiden weiteren Charakteristika der Angiospermen liegen darin, daß ihre Samen, wie der Name «Angiosperm» (griech. *angos* = Gefäß) sagt, nicht frei stehen, sondern in einer Frucht verborgen sind, sowie in dem *Aufbau der Blüte:* An der Peripherie der Blüte stehen meist grüne blattartige Organe – die Kelchblätter (die *Sepalen*), in ihrem Inneren bunte Blätter – die Kronblätter (die *Petalen*). Kelch und Krone bauen die Blütenhülle (das *Perianth;* von griech. *peri* = herum, *anthos* = Blüte) auf. An die Krone schließen sich nach innen die fertilen Blütenteile an, und zwar zunächst die pollenerzeugenden Staubblätter (das *Andrözeum;* von griech. *andros* – des Mannes), dann, im Zentrum der Blüte, die Fruchtblätter mit den Samenanlagen (das *Gynäzeum;* von griech. *gynä* = Frau). Gerade die Gestalt der Blüte wird bei den Strategien der Bestäubung im weiteren Verlauf immer wieder artenbildend variiert werden. Im weiteren Fortschritt der Entwicklung werden bestimmte Blütenteile reduziert oder miteinander verschmolzen, indem etwa die Blüten zu Blütenständen zusammengefaßt werden. Die wichtigsten Blütenorgane der Angiospermen sind die Fruchtblätter *(Karpelle),* die zu dem Fruchtknoten verwachsen, der mit seiner Basis die Samenanlage umhüllt und sich nach oben in einen Griffel und eine Narbe (das Empfängnisorgan) verlängert. Nach der Befruchtung wandeln sich die Fruchtblätter bzw. der Fruchtknoten in eine Frucht um.

Die *systematische Gliederung* der Angiospermen nimmt die Anzahl der Keimblätter *(Kotyledonen),* mit denen die Keimpflanzen ausgestattet sind, zum Merkmal: *ein* Keimblatt bei den *Monokotylen* (griech. *monos* = eins, *kotyledon* = Höhle), *zwei* bei den *Dikotylen* (griech. *di* = zwei); unterschiedlich sind auch die Blätter von Mono- und Dikotylen: bei den Monokotylen (zum Beispiel den *Palmen*) sind sie länglich und werden von parallel laufenden Nerven durchzogen, bei den Dikotylen (zum Beispiel bei der *Birke* oder beim *Walnußbaum*) erscheinen sie in vielfacher Form und besitzen eine Netznervatur.

Besonders wichtig für die Ausbreitung der Angiospermen wurde die *Symbiose mit den Insekten*. Die Insekten werden von den Blütenpflanzen angelockt und gelangen so an den nahrhaften Nektar, gleichzeitig übertragen sie den Pollen und befruchten (vermehren) damit die Pflanzen, von denen sie sich ernähren. Durch Rückkoppelung verstärken beide Prozesse sich gegenseitig: die «Wahl» der «richtigen» Blüte durch bestimmte Insekten wird immer spezieller, so daß die jeweilige Blüte genetisch rasch isoliert wird und sehr bald eine neue Art bildet; umgekehrt werden die Insekten in Körperbau und Verhalten immer mehr auf ganz bestimmte Blüten spezialisiert. Wir hörten schon von der phantastischen «Begattungs»-Mimikry, mit der zum Beispiel die Bienenragwurz *(Ophrys apifera)* sich die Gestalt einer Biene oder Hummel verleiht (s. o. S. 281); anderseits hörten wir auch schon, auf welch kompliziertem Wege die «Zunge» der Schmetterlinge dazu geeignet gemacht wurde, um «unter jedem Winkel in eine Blume einzutauchen» (V. B. WIGGLESWORTH: *Das Leben der Insekten,* 61). Durch die hohe wechselseitige Spezialisierung wurden immer neue Insekten- und Pflanzenarten geschaffen, so daß die Symbiose zwischen Blütenpflanzen und Insekten seit der Kreide zu dem großen Erfolg beider Gruppen wesentlich beitrug.

So entstanden in der Kreide mit der Ausbreitung der *Angiospermen* bereits die Vorläufer der heutigen Bienen *(Apoidea),* die jedoch noch eine Entwicklung von Jahrmillionen vor sich hatten, um morphologisch die haarigen Beine zum Weitergeben von Blütenstaub und sozial ihre staatenähnliche Lebensform auszubilden. Andere Insekten finden sich in kreidezeitähnlichem Bernstein eingeschlossen, so die älteste bekannte Ameise *(Formicidae)* aus Nordamerika oder eine kleine Schlupfwespe *(Hymenoptera).* An der Verbreitung des Samens der Angiospermen sind nicht zuletzt die Vögel beteiligt, deren große Zeit, wie wir hörten, mit der Ausbreitung der Insekten und Blütenpflanzen erst jetzt recht eigentlich beginnt; indem sie den Samen über weite Strecken verbreiten, fördern sie zugleich wiederum neue Artbildungen; – wie erfolgreich, läßt sich derzeit zum Beispiel auf dem 1946 von den USA durch Atombombenversuche verwüsteten Bikini-Atoll beobachten.

Im ganzen besitzt *die Flora in der Zeit der Unteren Kreide* nach wie vor tropischen Charakter. In dem warmen, größtenteils jetzt feuchten Klima wachsen zahlreiche *Farne.* Beherrschend sind nach wie vor die Gymnospermen, unter ihnen besonders die *Cycadeen* (Palmfarne). Die *Bennettitales* (Blumenpalmfarne) bringen hohe Bäume von palmähnlichem Aussehen hervor. Auch *Coniferen*, insbesondere die Vorfahren der heutigen *Sequoien* (Mammutbäume), sind weit verbreitet, desgleichen die *Ginkgogewächse* (vgl. Z. V. ŠPINAR: *Leben in der Urzeit*, 125). An der Wende zwischen Unter- und Oberkreide finden sich bereits fossile Reste aus den Ordnungen der Magnolien *(Magnoliaceae)*, der Maulbeergewächse *(Morus)*, der Myrtengewächse *(Myrtaceae)*, der Palmen (Palmae, *Arecaceae)*, der Seerosen *(Nymphaeaceae)*, der Sumpfzypressen *(Taxodiaceae)*, der Fichten und Kiefern *(Pinaceae)* sowie der Weiden *(Salicaceae)* (vgl. ERNST PROBST: *Deutschland in der Urzeit*, 185).

Am Himmel wuchsen in der *Fauna der Kreidezeit* die Flugsaurier *(Pterosaurier)* zu Riesenformen heran, so zum Beispiel der Gleitflieger *Quetzalcoatlus* mit einer Flügelspannweite von mehr als 10 m, der auf den Fang von Fischen und Meeresweichtieren spezialisiert war. Daneben, wie gesagt, gewinnen jetzt *die Vögel* ihre Chance.

Die meisten Vögel der Kreide waren wohl Stelz- und Strandvögel. An den Küsten der Oberkreide Nordamerikas lebten vor 70 Mio. Jahren teils noch bezahnte Urvögel der Gattungen *Hesperornis* und *Ichthyornis*. *Hesperornis* war etwa 1 m lang und ähnelte einer Tauchente; interessant ist, daß die Flügel des Tieres bereits so weit verkümmert waren, daß er wie ein Pinguin nicht mehr fliegen, doch um so besser schwimmen konnte. *Ichthyornis* hingegen war ein guter Flieger, der sich von Fischen ernährte (Z. V. ŠPINAR: *Leben in der Urzeit*, 138). Manche Forscher verlegen die Ursprünge der heute lebenden Reiher *(Ardeiformes)*, Kraniche *(Gruiformes)* und Flamingos *(Phoenicopteriformes)* sowie der Seetaucher *(Gaviiformes)*, der Lappentaucher *(Podicipediformes)* und der Ruderfüßer *(Pelicaniformes)* bereits in diese Zeit. «Nach einer Schätzung lebten zu Beginn der Kreidezeit gleichzeitig über 250 und gegen Ende der Periode bereits etwa 2000 Vogelarten. Fossilfunde aus Europa, Nord- und Südamerika lassen darauf schließen, daß die Vögel in der Kreidezeit schon weltweit verbreitet waren» (ERNST PROBST: *Deutschland in der Urzeit;* 189). Einzig die Singvögel existierten noch nicht.

Am Boden entwickelten sich jetzt manche Amphibien, besonders die Frösche *(Anura)* und die Salamander *(Salamandroidea)*, die bereits im Jura aufgetaucht waren, zu ihren modernen Formen, ebenso die Echten Eidechsen *(Lacertiadae)* und Schildkröten *(Testudines)*, die schon in der Trias existierten, jetzt aber ihre modernen Familien bildeten. Die Schlangen *(Serpentes)* entstanden erst jetzt in der Kreide und entwickelten Gruppen, zu denen auch die heutigen Riesenschlangen: die Boas *(Boinae)* und Pythonschlangen *(Pythoninae)* gestellt werden. Die Säugetiere brachten die Beuteltiere *(Marsupialier)* hervor, die besonders in Australien noch heute existieren, sowie die *Placentalier*, zu denen die meisten heute lebenden Säuger zählen.

Doch neben ihnen dominierten nach wie vor die *Dinosaurier*. Insbesondere die zu den *Saurischia* (Saurier mit Echsenbecken) zählenden Raubsaurier *(Theropoden)* wuchsen in der Oberkreide zu wahren Monstren heran. Erst 1995 etwa wurde in der argentinischen Provinz Neuquén der mit 8 Tonnen Gewicht und 12,5 m Länge bisher größte Theropode *Gigantosaurus* gefunden. Seit langem bekannt ist der bipede *Tyrannosaurus rex* aus der amerikanischen Oberkreide, der mit 12 m Länge und 6 m Höhe bei einem Gewicht von 7 Tonnen zu den mächtigsten Landraubtieren zählt, die je auf Erden gelebt haben. Allein sein Schädel maß 1,20 m, und seine dolchförmigen Zähne waren 15 cm lang; nur seine Arme, die kaum 75 cm lang waren und nicht einmal bis zum Maul reichten, wirken merkwürdig unterentwickelt. Insbesondere den 10 m langen Ornithischiern, den *Hadrosauriden* (Schnabeldrachen, Entenschnabel-Dinosauriern) und den *Trachodontiden* der Oberkreide, mit ihren kurzen Vordergliedmaßen und ihrer charakteristischen *Entenschnabel*-Form, muß dieses Ungeheuer arg zugesetzt haben. – Ein naher Verwandter des amerikanischen Tyrannosaurus war *Tarbosaurus bataar* mit 14 m Länge und 6 m Höhe, von dem zahlreiche Skelette in der Wüste Gobi gefunden wurden (vgl. zu den Funden in der asiatischen Wüste MICHAEL J. NOVACEK – MARK NORELL – MALCOM C. MCKENNA – JAMES CLARK: *Die Fossilienschätze der Gobi*, in: Spektrum Digest, 5: Saurier und Urvögel, Sondernummer 1/1977, 79–87, bes. zu *Oviraptor*, dem «Eierräuber», der in Wahrheit seine Eier bebrütete und sein Nest versorgte; zu den *Hadrosauriern* und den Verfahren ihrer Brutpflege vgl. JOHN R. HORNER: *Brutpflege bei Dinosauriern*, in: Spektrum Digest, 5, a. a. O., 68–76). – Ein anderer riesiger Raubsaurier der nordamerikanischen Oberkreide war der Echsenbecken-Saurier *Gorgosus liberatus*, mit einer Länge von 8 Metern. Wie weit das «Wettrüsten» unter den Sauriern der Kreide fortgeschritten war, zeigt die Gestalt des kleinen Ornithischiers *Scolosaurus cutleri*, der sich vor den Angriffen von *Gorgosus* mit dicken Knochenplatten und morgensternartigen Stacheln am Schwanzende schützte (vgl. Z. V. ŠPINAR: *Leben in der Urzeit*, 136).

Andere Saurischier, die schon im Jura aufgetretenen Elefantenfuß-Dinosaurier *(Sauropoden)*, entwickelten sich als reine Pflanzenfresser zu den schwersten und größten Landtieren, die je gelebt haben. Der als Opfer von *Allosaurus* aus dem Jura schon bekannte *Brontosaurus excelsus* z. B. maß eine Länge von 20 m und besaß ein Gewicht von 30 t. Sein Schädel war wie bei allen Sauropoden überaus klein und sein Gehirn das relativ kleinste unter allen

Wirbeltieren; dafür besaßen *Brontosaurus* und andere Sauropoden in der Sakralregion (im Kreuzbein) ein weiteres, weit größeres Nervenzentrum, das die Bewegung steuerte. Den Lebensraum dieser Echsen bildeten Sümpfe und Süßwasserseen, wo die Tiere sich von Wasserpflanzen ernährten und ihre Eier im Ufersand ablegten. Um ihr Gewicht zu kompensieren und auch um sich vor den Angriffen der Raubsaurier zu schützen, verbrachten sie wohl die meiste Zeit im Wasser. Ein noch größerer Sauropode war *Brachiosaurus brancai*, der im Jura und in der Unterkreide in Afrika, Nordamerika, Europa und Ostasien lebte. Er trug seinen riesigen etwa 80 t schweren Körper, dessen 12 m hohes und 25 m langes Skelett im Museum der Humboldt Universität in Berlin ausgestellt ist, auf vier säulenförmigen Beinen, von denen die Vorderbeine länger als die Hinterbeine sind. Auch dieses Tier lebte in Sümpfen und Seen von Wasserpflanzen. Die hochsitzenden Augen und die Stellung der Nasenöffnungen erlaubten dem Tier bei Gefahr ein fast völliges Untertauchen, «ohne daß Atmung und Wahrnehmungsvermögen beeinträchtigt» wurden (Z. V. ŠPINAR: *Leben in der Urzeit*, 124). An Größe übertroffen wird Brachiosaurus noch von *Ultrasaurus*, einem anderen Sauropoden mit einer Länge von ca. 30 m, der 1972 in Colorado gefunden wurde.

Ein anderer riesiger Echsenbecken-Saurier wurde in den Sumpfgebieten des Oberjura 1909 in Utah mit der finanziellen Unterstützung von ANDREW CARNEGIE ausgegraben und erhielt den Namen *Diplodocus Carnegii*. Mit einer Länge von fast 30 m galt er früher als das größte Landtier aller Zeiten. Der größte bisher überhaupt gefundene Sauropode wurde 1993 unter dem Namen *Argentinosaurus* in Patagonien entdeckt (vgl. MATTHIAS SCHULZ: *Piepmatz in der Pampa*, in: Der Spiegel, 48, 1998, 292–293).

Zu den Dinosauriern mit einem Vogelbecken, zu den *Ornithischiern*, zählte nicht zuletzt das bereits 1822 in England gefundene *Iguanodon* (der Leguanzahn-Dinosaurier). Im Naturkundemuseum Senckenberg in Frankfurt/M. läßt sich das 4,6 m hohe und 6,8 m lange Skelett des zweifüßigen (bipeden) Tieres bestaunen. *Iguanodon* besaß einen hohen Schädel, dessen vorderer Teil seitlich stark komprimiert war; in seinen Kiefern saßen zahlreiche gekerbte Zähne, die sich ständig erneuerten und typische Pflanzenfresserzähne darstellten; der zu einem Stachel umgeformte Daumen diente wohl als Verteidigungswaffe.

Andere Ornithischier des Oberjura und der Kreidezeit waren die vegetarisch lebenden Rückenplatten-Dinosaurier *(Stegosauria)* mit 6 m Länge und einem 2,5 m hohen gewölbten Rücken, der durch eine Doppelreihe dreieckiger Knochenplatten geschützt war. Die Panzer-Dinosaurier *(Ankylosauria)*, deren flache Körper mit Knochenplatten bedeckt waren, sind fast nur in der

Oberen Kreide belegt. Auch die Horn-Dinosaurier *(Ceratopsia)* lebten ausschließlich in der Kreide. Ihren Namen verdanken sie einem auffallenden Horn im Bereich des Gesichtsschädels und dem eigenartigen Knochenkragen, der Hals und Nacken wie ein Riesenhelm schützte. Am Anfang der «gehörnten» Dinosaurier stand *Protoceratops,* dessen Eier man in Gelegen in der Wüste Gobi früher gefunden hatte als seine Skelettreste (vgl. MICHAEL J. NOVACEK – MARK NORELL – MALCOM C. MCKENNA – JAMES CLARK: *Die Fossilienschätze der Gobi,* in: Spektrum Digest, 5, 1997, 79–87, S. 80; zu den Dinosaurier-Funden, die vor allem von DONG ZHIMING seit 1979 im Südwesten Chinas in geradezu spektakulärer Fülle gemacht werden, vgl. JÜRGEN KREMER: *Chinas Mister Dino,* in: Der Spiegel, 1, 1999, 148–149). Das etwa 2 m lange Tier trug einen hakenförmigen Papageien-Schnabel auf seinem relativ großen Schädel, der sich über dem Hals zu einem runden Nackenkragen ausweitete. Es sieht auch hier so aus, als sei dem harmlosen Pflanzenfresser, der in der Oberkreide Ostasiens an Seeufern lebte, die Furcht vor seinen Freßfeinden, den Raubsauriern, zur Gestaltwerdung geronnen.

Der häufigste und größte unter den *Ceratopsia* war *Triceratops,* der, entsprechend seinem Namen, drei mächtige Hörner trug: eins über der Nase und zwei über den Augen. Das Tier wurde etwa 6,5 m lang und 2,5 m hoch, und allein sein Schädel besaß mit dem Knochenkragen eine Länger von über 2 m. Der pflanzenfressende *Triceratops* lebte in den Sümpfen des westlichen Nordamerika (vgl. OSKAR KUHN: *Reptilien der Urzeit,* in: Grzimeks Tierleben VI, 38–72).

In den *Weltmeeren der Oberkreide* lebten zahlreiche Vertreter der *Mosasaurier,* riesiger, fleischfressender Echsen, die Krokodilen ähnelten und sich an das Leben im Wasser perfekt angepaßt hatten; ihr Schädel maß eine Länge von 1 m, und die Kiefer waren mit starken in Alveolen sitzenden Zähnen bewaffnet; ihr Hals war kurz, ihr langer, schlanker Körper endete in einem kräftigen, seitlich abgeflachten Schwanz, der das Hauptorgan zur Fortbewegung bildete; einige von ihnen waren über 15 m lang und nährten sich wohl davon, daß sie mit ihren spitzen Zähnen Jagd auf Ammoniten, vor allem aber wohl auf die wehrlosen, wenngleich 10 m langen ausschließlich im Meer lebenden Paddelechsen *(Plesiosaurier)* machten. *Ichthyosaurier* (Fischsaurier) und Meereskrokodile waren zu dieser Zeit bereits selten geworden. Dafür erschienen in der Kreide die *Teleostier* (die ersten Echten Knochenfische), die heute die dominierende Klasse der Meeres- und Süßwasserfische bilden. «Bis zur Oberkreide existierte bereits eine große Vielfalt von Teleostiern... Diese Gruppe umfaßte auch enge Verwandte... der Karpfen (sc. *Cypriniformes,*

d. V.) und der Aale (sc. *Anguilliformes,* d. V.), ebenso wie Mitglieder der Familien, zu denen Lachs ... (sc. *Salmoniformes,* d. V.) und ... Piranha (sc. *Serrasalmines,* d. V.) gehören. Gleichermaßen hatten die Haie (sc. *Selachii,* d. V.) aus der Kreide bereits Ähnlichkeit mit den heutigen Formen; eigentlich hatten sich alle lebenden Familien der Haie bis zum Ende der Kreide entwickelt» (STEVEN M. STANLEY: *Historische Geologie,* 476).

Auf der unteren Ebene des *Nahrungsnetzes in den Meeren* läßt sich als wichtigste Veränderung in der Kreide unter dem Phytoplankton die Expansion der *Diatomeen* (Kieselalgen) beobachten, Einzelzellern mit kieseligem Gehäuse, das wie ein Pillendöschen aussieht. Die *Diatomeen* müssen in den Meeren der Kreide den größten Beitrag zur Photosynthese geleistet haben. Höher im Nahrungsnetz des Kreide-Meeres breitete sich die planktonische *Foraminiferen*-Gruppe (die «Wurzelfüßer», einzellige Wassertiere mit Kalkschale) der *Globigerinen* aus und trug zusammen mit dem kalkigen Nannoplankton zum Aufbau der riesigen Ablagerungen feinkörnigen Kalksteins in den Tiefseesedimenten bei. In der Mittleren Kreide übernahmen die *Rudisten* (eine fossile Muschelfamilie, von lat. *rudis* = roh) die dominierende Rolle beim Riffwachstum, die im Jura den *Hexakorallen* und den symbiotisch mit ihnen lebenden Algen *(Zooxanthellen)* zugekommen war. Die Rudisten, die am Ende der Kreide ausstarben, waren Mollusken mit zwei Klappen, einer kegelförmigen unten und einer deckelartigen Klappe oben, wobei sie sich mit der kegelförmigen Klappe am Untergrund oder an andere Rudisten anhefteten. So wuchsen sie nach oben und erreichten eine Höhe von 1 m. Fast alle Flachwasserriffe der Oberkreide wurden von Rudisten gebildet.

Noch eine Ebene höher im marinen Nahrungsnetz der Kreide waren die *Ammoniten* und *Belemniten* («Donnerkeile»), die beide zu der Molluskenklasse der Kopffüßer *(Cephalopoden)* zählten, als größere Fleischfresser angesiedelt. Am Meeresboden gingen die *Brachiopoden* (Armfüßer), nachdem sie sich im Mesozoikum von dem Massenaussterben am Ende des Perm gut erholt hatten, während der Kreide wieder zurück. Unter den *Foraminiferen* gewannen viele Familien ein modernes Aussehen (vgl. die Abbildungen bei STEVEN M. STANLEY: *Historische Geologie,* 481). Auch die *Bivalvia* (Muscheln), die in der Unter-Kreide noch den Muscheln des Jura ähnlich sahen, bildeten jetzt neue Gattungen, von denen einige durch einen fleischigen Siphon Wasser in ihr Gehäuse hinein- und hinauspumpten (vgl. STEVEN M. STANLEY: *Historische Geologie,* 479; zur Entwicklung und Funktion der Ein- und Ausstromröhre vgl. L. VON SALVINI-PLAWEN: Muscheln, in: Grzimeks Tierleben III, 143–186, S. 144–145). Unter den *Bryozoen* (Moostierchen) breiteten sich die *Chei-*

*lostomata* (die Lippenmünder) in über 100 Gattungen aus (vgl. zur Ordnung der Lippenmünder E. POPP: *Kranzfühler: Hufeisenwürmer, Moostierchen und Armfüßer*, in: Grzimeks Tierleben III, 236–265, S. 255); auch ihre verkalkten Kapseln, deren Einstülpungen sie mit einem hydraulisch beweglichen Deckel schließen konnten, trugen zu den Kalkablagerungen der Kreide bei.

Manche *Gastropoden* (Schnecken, griech.: Bauchfüßer) entwickelten in der Kreide moderne Formen, die sich von Würmern, Muscheln und anderen Schnecken ernährten (vgl. z. B. L. v. SALVINI-PLAWEN: *Die Schnecken*, in: Grzimeks Tierleben III, 50–135, S. 86: Die Trompetenschnecke, *Charonia lampas*).

Insgesamt stehen offenbar viele Veränderungen des Lebens im Meer «während des Jura und der Kreide ... in Zusammenhang mit der großen Expansion der modernen Typen mariner Raubtiere» (STEVEN M. STANLEY: *Historische Geologie*, 482). Dazu zählen die bereits erwähnten Knochenfische, aber auch moderne Krabbenarten und eben: die fleischfressenden Schnecken. Im Paläozoikum gab es noch «keine großen Arthropoden mit Scheren zum Zerquetschen»; auch fehlen im Paläozoikum fossile Brachiopoden und Muscheln mit Löchern, die von räuberischen Schnecken gebohrt worden wären. «Das Auftreten neuer Gruppen von Reptilien, Haien und Knochenfischen in der Trias, die Muschelschalen zertrümmerten, dürfte ein wichtiger Schritt in Richtung auf die heute existierende Situation gewesen sein.» «Der Niedergang der Brachiopoden und der gestielten Crinoiden (sc. Seelilien, *Crinoidea*, d. V.), die beide nur untergeordnet in den Meeren des tieferen Mesozoikum vertreten waren, läßt sich wahrscheinlich auf die Entwicklung der modernen Räuber zurückführen» (a. a. O., 483). – Wieder haben wir ein theologisches Problem.

Will man ein Gesetz, wie wir es hier antreffen, ein Gesetz, das die Lebewesen nötigt, sich im Verlauf ihrer Entwicklung auf immer perfektere Weise anzubohren, aufzusaugen, zu zerreißen und zu verschlingen, mit einem menschlichen Wort als «grausam» bezeichnen, so wird man das grundlegende Gesetz des Lebens selbst als Grausamkeit erkennen müssen. Und wozu all dies Leid? mag man fragen. Das Unglaublichste steht uns jetzt erst bevor: am Ende der Kreide kommt es zu einer Katastrophe, die das Massenaussterben der Dinosaurier und zahlreicher anderer Lebensformen insbesondere auf dem Lande nach sich ziehen wird!

Ein zentraler geologischer Vorgang, der das Leben in der Kreidezeit bestimmt, läßt sich in Abb. 180 beobachten: das Auseinanderbrechen des Südkontinents Gondwana. Was dieser Vorgang für das Leben in der Kreide bedeutet und wieweit sich damit die Krise am Ende der Kreide erklären läßt, müssen wir jetzt erörtern.

*Geologische Prozesse im Mesozoikum und die Krisen der Trias- und Jura-Zeit*

Die überaus weit und vielfältig entwickelte Welt am Ende des Mesozoikum zu schildern war nötig, weil sich nun, an ihrem Abschluß, etwas ereignet, das sich wie eine mutwillige Zerstörung ausnimmt, wo es doch wiederum nichts weiter darstellt als einen erneuten *lusus naturae* – eine bloße Laune der Natur.

Wenn wir uns noch einmal die Abb. 167 anschauen, werden wir finden, daß vor 65 Millionen Jahren außer den Vögeln, Krokodilen, Brückenechsen, Echsen, Schlangen und Schildkröten alle Saurierarten zugrunde gegangen sind und von den Landwirbeltieren sonst nur noch die Säuger überlebten. Was damals am Ende der Kreide geschehen ist, wurde lange Zeit über so kontrovers diskutiert wie kaum eine andere Frage der Paläontologie; neuerdings jedoch scheinen eine Vielzahl von Indizien in ein und dieselbe Richtung zugunsten einer bestimmten möglichen Antwort zu sprechen (vgl. VINCENT E. COURTILLOT: *Die Kreide-Tertiär-Wende: verheerender Vulkanismus?*, in: Spektrum Digest, 5: Saurier und Urvögel, Sonderausgabe 1/1997, 113–122).

Als erste Erklärung für das Massensterben am Ende der Kreide legt es sich gewiß nahe, erneut das Wechselspiel von Plattentektonik und Klimatologie zu bemühen, und zwar um so mehr, als es *am Ende der Trias*, vor 215 Millionen Jahren, also «nur» 45 Millionen Jahre nach der Katastrophe im Oberen Perm, zu einer erneuten Katastrophe kam, die allem Anschein nach auf dem Festland einige Millionen Jahre früher einsetzte als im Meer. STEVEN M. STANLEY *(Krisen der Evolution,* 126) schreibt: «Ausgelöscht wurden (sc. damals, d. V.) die labyrinthodonten Amphibien, eine Gruppe, die aus dem Paläozoikum überlebt hatte, sowie fast alle säugerähnlichen Reptilien. Außerdem starben bestimmte Taxa der Thecodontier aus ... Die marinen Verluste in der jüngsten Trias scheinen sogar noch schwerer gewesen zu sein als später in der Schlußkrise des Mesozoikum. So verschwanden etwa 20 Prozent der marinen Invertebratenfamilien (sc. Nicht-Wirbeltieren, d. V.). Unter den Triasopfern befanden sich die Conodontentiere, die nach Überwindung aller paläozoischen Krisen nun doch ausstarben. Die Ammonoideen erlitten große Einbußen, und ein etwas geringerer Tribut wurde auch von den Brachiopoden, Schnecken und Muscheln gefordert. Nach Schätzungen von ANTHONY HALLAM ... haben weniger als zehn Prozent der obertriassischen Muschelarten bis in die Juraperiode überlebt» (vgl. A. HALLAM: *The End-Triassic Bivalve Extinction Event,* in: Palaeogeography, Palaeoclimatology, Palaeoecology, 35, 1983, 1–44). Von den Meeresreptilien scheinen sich allein die *Ichthyosaurier* (Fisch-

178 Die vermutliche Gestalt der Erde im Jura vor 213–144 Millionen Jahren.

saurier) und die *Plesiosaurier* (Paddelechsen, Schlangenhalssaurier) in die Jura-Zeit hinübergerettet zu haben.

Als *Ursache* für die Massenausrottung am Ende der Trias könnte man das Zerbrechen von *Pangäa* mit den entsprechenden Meeresspiegelschwankungen und gebirgsbildenden Bewegungen denken. Wenn wir einen Sprung von der Gestalt des Superkontinentes Pangäa am Ende des Perm (vgl. Abb. 166) zu der Gestalt der Kontinente im Jura vor 213 bis 144 Millionen Jahren machen (Abb. 178), so läßt sich leicht erkennen, was in der Trias sich ereignet hat.

In der ersten Periode des Mesozoikum wurde Pangäa durch den Meeresgürtel der *Tethys* endgültig getrennt: die «Norderde» *(Laurasia)* und die «Süderde» *(Gondwana-Land)* waren wieder geschieden, begannen aber ihrerseits nun in einer Mehrzahl von Platten auseinander zu driften. Das *Tethys*-Meer reichte im Westen bis nach Kalifornien und im Osten über das Gebiet des heutigen Himalaya bis nach Japan. Dort, wo heute das Mittelmeer sich ausbreitet, bildete damals die *Tethys* ein Flachmeer mit ausgedehnten Riffen und Lagunen. Das Klima in jener Zeit war unter dem Einfluß der Meere ausgeglichen; Nord- und Südpol befanden sich im offenen Ozean und bildeten keine Eiskappen. Weite Teile Europas lagen im Bereich der Tropen. All das erklärt, warum die Vereisungen an den Polen, die jahreszeitlichen Schwankungen des Kontinentalklimas sowie die Trockenheit im Landesinneren, die wir für die Katastrophe am Ende des Perm verantwortlich gemacht haben, jetzt einem freundlicheren Klima und einem neuen Artenreichtum Platz machten, gefolgt von ausgedehnten Meeresvorstößen über weite Teile des Festlands, die sich im Jura noch fortsetzen sollten.

Was deshalb die Krise bereits *in der Oberen Trias* ausgelöst hat, ist nicht wirklich klar.

Wie bei den Krisen im Paläozoikum läßt sich auch bei der Triaskrise beobachten, daß die Riffbildung zumindest in der Tethys zum Stillstand kam, ebenso die Produktion von Kalk und Dolomit. «Diese Merkmale passen zu der Vorstellung, daß in der Krise eine klimatische Abkühlung eine Hauptrolle gespielt hat» (STEVEN M. STANLEY: *Krisen der Evolution,* 127). Doch was der Grund dieser Abkühlung gewesen sein könnte, ist nach dem bisher entworfenen Modell nicht ersichtlich – in dem Auseinanderbrechen der Pangäa allein kann er nicht liegen; möglich bleibt, daß es sich um eine Addition vieler lokaler Einzeleffekte und nicht um die Auswirkung einer einzigen zentralen Ursache gehandelt hat. Für eine *solche* Annahme spricht, daß ANTHONY HALLAM *(The Pliensbachian and Tithonian Extinction Events,* in: Nature, 319, 1986, 765–768) *auch für die Jura-Periode* zwei relativ kleine marine Aussterbeereignisse nachgewiesen hat. «Eines davon ist in der europäischen *Pliensbach-Stufe* (sc. vor rund 190 Millionen Jahren, d. V.) identifiziert worden; ihm sind mehr als 80 Prozent der marinen Muschelarten sowie etliche andere Flachmeerarten zum Opfer gefallen» (STEVEN M. STANLEY: a. a. O., 131). Das *Pliensbach-Sterben* konzentrierte sich jedoch vornehmlich auf den europäischen Raum, wo nach einem Meeresrückzug bei eingeschränkter Wasserzirkulation und Sauerstoffmangel schwarzer Schlamm abgelagert wurde. Die Krise erfaßte zum Beispiel nicht die Fauna im Andengebiet Südamerikas; sie blieb allem Anschein nach tatsächlich von regionaler Bedeutung.

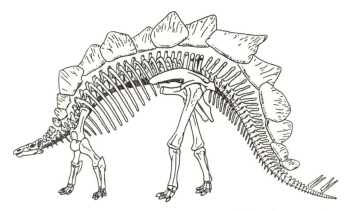

179 *Stegosaurus*, ein gepanzerter Pflanzenfresser mit Stacheln auf seinem Schwanzende.

Gleichwohl ist der Umfang der Krise am Ende der Trias so groß und folgenschwer, daß es näherliegt, an ein zentrales Großereignis zu denken – etwa an einen Meteoreinschlag; doch wird eine solche Theorie erst plausibel, wenn wir uns mit den Vorgängen am Ende der Kreide beschäftigen (s. u. S. 604ff.).

Eine *zweite* Krise ereignete sich *am Ende des Jura* und suchte vor allem die *Muscheln*, aber auch in großem Umfang, über etliche Jahrmillionen hin, die *Ammoniten* heim; auch die marinen *Reptilien* starben aus; nur wenige *Meereskrokodile* und *Ichthyosaurier* überlebten das Jura. Auch zahlreiche Dinosaurier, unter ihnen die pflanzenfressenden *Stegosaurier*, deren Rücken mit großen dreieckigen Platten vermutlich zum Wärmeaustausch, aber auch zum Schutz gegen Beutegreifer bewehrt waren (vgl. Abb. 179), sowie die meisten der riesigen *Sauropoden* starben bereits in dieser zweiten Krise am Ende des Jura aus.

Die Gründe für dieses Sterben in den Meeren und auf dem Festland auch am Ende des Jura sind bis heute ungeklärt; den einzigen konkreten Anhaltspunkt bietet die Tatsache, daß im Jura das Meer weite Teile der Kontinente überflutete und damit gewiß auch erheblich veränderte klimatische Bedingungen schuf. In der *Kreide*, vor 144 bis 65 Millionen Jahren, sehen wir, wie das Auseinanderbrechen der «Nord»- und der «Süderde» weiter voranschreitet und die Kontinente allmählich eine Form annehmen, die der heutigen zu ähneln beginnt (Abb. 168).

Wie sich zeigt, bildeten Nordamerika und Eurasien damals als *«Laurasien»* noch eine Einheit, während der Superkontinent *Gondwana* schon weiter zer-

180 Die vermutliche Gestalt der Erde in der Kreide vor 144–65 Millionen Jahren.

fallen war. Von der Unterkreide an drang das Meer von Süden nach Norden in den Spalt ein, der sich zwischen Südamerika und Afrika immer weiter öffnete und am Ende der Kreide bereits 2000 Kilometer groß war. Der so entstehende Südatlantik bildete mit dem im Norden sich ausdehnenden Nordatlantik einen einzigen Ozean. Indien befand sich damals noch südlich des Äquators auf der Höhe von Madagaskar im Meeresgürtel der *Tethys*, driftete allerdings mit einer Geschwindigkeit bis zu 10 cm pro Jahr (!) nach Norden. «Durch die Drehung der europäisch-asiatischen Landmasse Eurasia im Uhrzeigersinn, die gegenläufige Bewegung Afrikas und die Norddrift Indiens be-

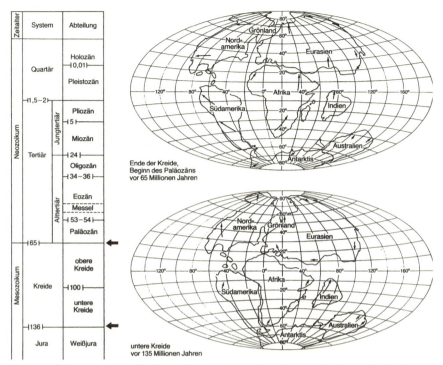

181 Drift der Kontinentalblöcke in der unteren Kreide und am Ende der Kreide. In der untersten Kreide vor 135 Millionen Jahren, vor dem Auftreten der Beuteltiere und der plazentalen Säuger, hing Südamerika noch mit Afrika sowie mit der Antarktis und Australien zusammen. Am Ende der Kreide, vor 65 Millionen Jahren, waren Südamerika und Afrika bereits voneinander getrennt, während sich Australien erst von der Antarktis zu lösen begann. Die Meeresstraße der Tethys wird zwischen Eurasien und Afrika immer weiter zusammengedrückt. Nordamerika weist in der Oberkreide in Nord-Süd-Richtung eine inneramerikanische Meeresstraße auf, die mit der Tethys verbunden ist (in der Karte nicht eingetragen). Im Eozän steht die Entfaltung der Säuger bereits in voller Blüte. Die Zeitskala ist im Bereich der einzelnen Systeme unterschiedlich stark gedehnt.

gann sich die *Tethys* zu verengen. Weite Teile Nordafrikas waren in der Oberkreide ein flaches Meeresgebiet. Vorübergehend trennte ein vom Golf von Guinea nach Norden reichender Meeresarm Westafrika vom übrigen Afrika. – Der zentrale Teil Nordamerikas wurde in der Kreidezeit vorübergehend von einem Flachmeer überflutet, das in der Oberkreide zeitweise den Kontinent in Nord-Süd-Richtung teilte. Ab der Oberkreide bestand wiederholt über die Bering-Landbrücke eine Verbindung zwischen Alaska und Ostsibirien» (ERNST PROBST: *Deutschland in der Urzeit*, 185). Die Antarktis befand sich damals bereits zu Beginn des *Cenoman*, in der ersten Stufe der Oberkreide, über dem Südpol, bildete aber wohl noch keine Vereisungszone aus, jedenfalls sind dafür (noch) keine Belege gefunden worden (Abb. 181).

In diese Welt nun bricht vor 65–66 Millionen Jahren eine Katastrophe ein, zu deren Erklärung das bisherige Schema (geologische Prozesse führen zu klimatischen Veränderungen, die ihrerseits die Zusammensetzung der Flora und Fauna dramatisch verändern) wohl nicht mehr auslangt und bei der zumindest am Ende ein zusätzliches spektakuläres Einzelereignis angenommen werden darf. Dieses Ereignis, das aus Prozessen auf der Erde allein nicht abgeleitet werden kann, hat gleichwohl die Geschichte der Erde nachhaltig verändert. Die Rede ist von dem Einschlag eines riesigen Meteoriten am Ende des Mesozoikum (vgl. WALTER ALVAREZ – FRANK ASARO: *Die Kreide-Tertiär-Wende: ein Meteoriteneinschlag?*, in: Spektrum Digest 5: Saurier und Urvögel, Sondernummer 1/1997, 104–112).

*Die Katastrophe am Ende der Kreide*

Bereits in der *Cenoman*-Stufe der Kreide-Zeit, vor mehr als 90 Millionen Jahren, kam es zu einer Krise, die vor allem die Meeresfauna, darunter besonders die *Ammoniten*, betraf; eine Reihe von Aussterbeschüben läßt sich für das Ende des *Cenoman* insbesondere in der inneramerikanischen Meeresstraße beobachten, die sich von der Golfküste bis Alaska erstreckte und vor der tektonisch aktiven Gebirgskette lag, aus welcher die Rocky-Mountains entstanden; eine mögliche Ursache für dieses Massensterben scheint darin zu liegen, daß diese Meeresstraße aufgrund der geographischen Lage kälteres Wasser mit sich führte als die tropischen Gewässer im Süden auf der Höhe der heutigen Karibik. Die Vorgänge im *Cenoman* lassen sich indessen durchaus nicht als Vorläufer derjenigen Ereignisse betrachten, die am *Ende* der Kreidezeit, also rund 25 Millionen Jahre später, auftraten und die Grenze des gesamten Erdmittelalters markieren sollten.

Geht man von der DARWINschen Evolutionstheorie aus, so könnten die Dinosaurier am Ende der Kreide nur durch *langfristige* Änderungen der Umwelt ausgestorben sein; schon der englische Geologe CHARLES LYELL (*Grundlagen der Geologie*, 1830–1833), dessen Gedanken DARWIN maßgebend beeinflußten, war von dem «scharfen Wettbewerb» unter den Lebewesen fest überzeugt (CH. DARWIN: *Die Entstehung der Arten*, 3. Kap.: Der Kampf ums Dasein, S. 100), und er war es auch, der das Konzept von dem *langsamen* Wandel der Erdoberfläche durch geologische Prozesse im Erdinneren begründete. Entsprechend dieser Vorstellung hielten die Biologen auch für den Untergang der Dinosaurier zunächst Erklärungen bereit, die in dem Modell eines allmählichen Aussterbens unterzubringen waren. Konnte es zum Beispiel nicht sein, daß die warmblütigen, nachtaktiven Säugetiere den kaltblütigen Dinosauriern, wenn diese nach Sonnenuntergang schläfrig und ungelenk herumstanden oder -lagen, die Eier gestohlen und ihnen damit nach und nach die Chance zur Fortpflanzung genommen hätten? Vielleicht, doch scheint diese Theorie widerlegt, seitdem man weiß, daß es bereits warmblütige Saurier gab. Andere Überlegungen gingen von einem neuerlichen Kälteeinbruch aus, und für *diese* Möglichkeit gibt es in der Tat eine Reihe von Indizien.

So wurden vom Aussterben in der Oberen Kreide nur diejenigen meerbewohnenden Arten betroffen, die tropische Temperaturen bevorzugten, und bei vielen von ihnen zog sich der Rückgang «über mehr als eine Million Jahre hin» (STEVEN M. STANLEY: *Krisen der Evolution,* 145). Die Muschelfamilie der *Inoceramiden* zum Beispiel, die bei einer Größe bis zu 1 m Durchmesser auf der Sedimentoberfläche ihre Nahrung aus dem Wasser filterten, war damals in vielen Arten vertreten, doch ihre Anzahl nahm im Verlauf der beiden letzten Stufen der Oberen Kreide, während des *Campan* und des *Maastricht,* immer mehr ab (vgl. ANNIE V. DHONDT: *Campanian and Maastrichtian Inoceramids: A review,* in: Zitteliana, 10, 1983, S.689–701). In Übereinstimmung damit stellten PETER D. WARD und PHILIP W. SIGNOR (*Evolutionary Tempo in Jurassic and Cretaceous Ammonites,* in: Paleobiology, 9, 1983, 183–198) an der spanischen Atlantikküste fest, daß die Zahl der *Ammonoideen*arten von etwa zehn im tiefsten Obermaastricht bis auf null zurückging. Desgleichen fanden damals die *Rudisten,* jene riffbildenden Muscheln mit ihren zwei konischen Gehäusen, ihr Ende (vgl. ERLE G. KAUFMANN: *The Ecology and Biogeography of the Cretaceous-Tertiary Extinction Event,* in: K. Christensen – T. Birkelund: Cretaceous-Tertiary Boundary Events, Bd. 2, Kopenhagen 1979, 29–37). Darüber hinaus läßt sich bei den *Foraminiferen* ein komplexes Aussterbemuster rekonstruieren, indem manche Arten langsam, andere plötzlich zugrunde gingen. So hat GERTA KELLER (*Biochronology and Paleoclimatic Implications of Middle Eocene to Oligocene Planktic Foraminiferal Faunas,* in: Marine Micropaleontology, 7, 1983, 463–468) nicht nur das schubweise Absterben der planktonischen Foraminiferen belegt, sondern zugleich auch Abkühlungswellen der Meerestemperaturen dafür als Ursache plausibel gemacht. Bemerkenswert ist dabei, daß die *am einfachsten* gebauten Foraminiferenarten, die bereits erwähnten *Globigerinen,* die Krise der Kreidezeit ebenso überlebten wie auch die späteren Massenuntergänge. Insbesondere RICHARD CIFELLI (*Radiation of Cenozoic Planktonic Foraminifera*, in: Systematic Zoology, 18, 1969, 154–168) hat bereits vor 30 Jahren gezeigt, daß gerade diejenigen *Foraminiferen*arten überlebten, die an kühle Wasser angepaßt waren oder die ein breites Spektrum klimatischer Bedingungen tolerieren konnten.

Alles das spricht dafür, daß auch bei dem allmählichen Massensterben der Oberkreide klimatische Abkühlungen eine gewichtige Rolle gespielt haben müssen.

Dann aber finden wir auch Zeugnisse eines *plötzlichen* Rückgangs des Phytoplanktons sowie von *Muscheln* und *Brachiopoden*. Die ersten Hinweise darauf ergaben sich in Dänemark, näherhin in Stevns Klint, einem Küstenkliff etwa 40 km südlich von Kopenhagen. Die weiße Kreide dort enthält zahlreiche *Bryozoen*; über der Kreide aber liegt eine Schichtserie, die man (der vielen fossilen Fischzähne wegen) «Fischton» *(Fish Clay)* nennt und die eine besondere Berühmtheit erlangen sollte. ALAN A. EKDALES und sein Mitarbeiter R. G. BROMLEY (*Sedimentology and Ichnology of the Cretaceous-Tertiary Boundary in Denmark: Implications for the Causes of the Terminal Cretaceous Extinction*, in: Journal of Sedimentary Petrology, 54, 1986, 681–703) stießen nämlich bei Untersuchung dieses «Fischtons» auf eine deutliche Iridiumanomalie. Dieser Befund deckte sich mit Analysen, die schon 1980 von ISABELLA PREMOLI SILVA in Italien in Schichten am Ende der Kreidezeit gemacht worden waren.

Iridium ist ein Metall der Platingruppe, das sich in der Erdkruste äußerst selten findet, das aber in Steinmeteoriten recht häufig vorkommt. Aus dieser Tatsache hatte eine kalifornische Arbeitsgruppe um LUIS W. ALVAREZ, WALTER ALVAREZ und HELEN V. MICHEL sowie E. G. KAUFMAN, F. SURLYK und F. ASARO (*Impact Theory of Mass Extinctions and the Invertebrate Fossil Record*, in: Science, 223, 1984, 1135–1141) die These abgeleitet, die Schlußkrise der Kreidezeit sei durch den Einschlag eines Asteroiden verursacht worden, der das Iridium als *Fall out* weltweit in den Schichten der Kreide-Tertiär-Grenze verbreitet hätte. Rund 100 Stellen iridiumhaltiger Ablagerungen aus dieser Zeit sind bis heute gefunden worden.

Andere Indizien für die Einschlagtheorie sind inzwischen hinzugetreten. So berichteten WENDY S. WOLBACH, EDWARD ANDERS und ROY S. LEWIS (*Cretaceous Extinctions: Evidence for Wildfires and Search for Meteoritic Material*, in: Science, 230, 1985, S. 167–170) davon, daß an vielen Orten der Erde hohe Konzentrationen rußartiger *Kohlenstoffpartikel* gefunden worden sind, die zu Klumpen zusammengebacken waren, wie es bei großer Hitze geschieht. Die ALVAREZ-Gruppe deutete natürlich auch diesen Befund im Sinne ihrer These: der Einschlag eines Meteoriten habe Feuersbrünste entfacht, die weite Kontinentalflächen in Brand gesteckt hätten, und eben dadurch sei es zu einem Szenario gekommen, wie man es heute für den Fall eines Großeinsatzes von Atomwaffen annimmt; wir müssen diesem Modell vom «atomaren Winter» in einigen Strichen konkrete Gestalt verleihen, um zu verstehen, womit wir am Ende der Kreide zu rechnen haben.

Jahrzehntelang während des «kalten Krieges» hatten die amerikanischen Pentagon-Strategen die Zerstörungskraft ihrer Uran- und Wasserstoffbomben wesentlich in der Sprengwirkung gesehen, den radioaktiven *Fall out* hielten sie unter militärischem Gesichtspunkt, je nach Windrichtung, für nicht so bedenklich, und mit dem Entfachen von *Feuerstürmen* rechneten sie erst gar nicht als Einwand gegen ihre «Optionen». «Wir handelten wie Betrunkene», erklärt heute der ehemalige Oberbefehlshaber der US-Atomstreitmacht, LEE BUTLER, im Blick auf den «Wahnsinn», der 40 Jahre lang in Form der «Philosophie» der «Abschreckung» und der «flexiblen Antwort» politisch als die einzige Form der «Verantwortung» in Fragen der «Sicherheit» ausgegeben wurde und noch bis heute das Denken bestimmt – selbst im Jahre 1998 geben die USA immer noch 35 Milliarden Dollar aus, um ihr nukleares Atom-«waffen»arsenal, wer weiß gegen wen, einsatzbereit zu halten (SPIEGEL-Gespräch, 32, 1998, 138–141: «Wir handelten wie Betrunkene»).

Eine nüchterne Analyse der Wirkungen eines nuklearen Schlagabtausches ergibt, wie seit langem bekannt ist, daß in einem Atomkrieg *sechs hauptsächliche Effekte* zu erwarten sind (vgl. K. BERNHARD – A. HELBIG: *Klima und Gesellschaft*, in: P. Hupfer: Das Klimasystem der Erde, 267–296, S. 287ff.):

a) In dem Feuerball und in der Stoßwelle der Kernexplosionen werden Stickoxide ($NO_x$) gebildet, und zwar pro Megatonne TNT-Äquivalent etwa $10^{32}$ NO-Moleküle, die in der Stratosphäre einen *katalytischen Ozonabbau* bewirken. Die Folge: ein erheblicher Temperaturrückgang in der mittleren und oberen Stratosphäre und eine gefährliche Zunahme der biologisch schädlichen UVB-Strahlung an der Erdoberfläche.

b) Das auf dem gleichen Wege gebildete $NO_2$ führt durch eine zusätzliche Absorption der Sonnenstrahlung zu einer *Erwärmung der unteren Stratosphäre* und an der Erdoberfläche zu einer *Abnahme der solaren Strahlungsdichte*, also zu einem weiteren Temperaturrückgang.

c) Infolge der Erddetonationen gelangt *Staub* in die Atmosphäre, der sich bei Partikeln unter einem Mikrometer Größe über Jahre in der Stratosphäre halten und damit *die Strahlungsdichte der Sonne* an der Erdoberfläche um mehr als 10 Prozent, wie man schätzt, *absenken* wird, so daß die Temperatur allein des Staubes wegen um einige Grad Celsius fallen wird.

d) Ausgedehnte *Flächenbrände* führen zu einer Anreicherung von Teer-, Ruß- und Ascheteilchen in der Atmosphäre; eine *tiefgreifende Klimastörung* ist die Folge. Der Lichteinfall an der Erdoberfläche wird drastisch reduziert, im Extremfall bis zu Dämmerungshelligkeit am Mittag und bis zum *Zusammenbruch der Photosynthese*. Die Pflanzen sterben und mit ihnen die Tiere.

e) Über Monate hin werden die Temperatur-, Schichtungs- und Zirkulationsverhältnisse verändert. Der anfängliche Temperaturrückgang beträgt über den Landflächen in den mittleren nördlichen Breiten zwischen 8 bis 15°C, im Inneren der Kontinente sogar das Doppelte: ein *nuklearer Winter* setzt ein; die Absorption in der stauberfüllten mittleren und oberen Troposphäre sowie teilweise in der Stratosphäre bewirkt dort eine erhebliche Erwärmung – bis zu 100°C; beides zusammen führt zu einem totalen Umbau der vertikalen Temperaturverteilung. Eine viele Kilometer mächtige Inversionsschicht entsteht, mit der Folge, daß die Konvektionsströme der Wärmezirkulation unterdrückt werden; Niederschlagsarmut im Inneren der Kontinente und eine langanhaltende Smogsituation ergeben sich daraus. In den Hochgebirgen indessen entsteht nach dem Ausfällen der Rußpartikel und bei erhöhter Gegenstrahlung aus der aufgeheizten Atmosphäre ein «*nuklearer Sommer*» – Schneeschmelze und Dürre sind das Ergebnis mit erneuten ökologisch verheerenden Folgewirkungen. In den Subtropen herrscht infolge der Zirkulationsänderungen in niederen Breiten Trockenheit. «Ein Nuklearkrieg im Frühling oder Sommer könnte zum Zusammenbruch der Sommermonsunzirkulation führen» (a. a. O., 289). Das schwer vorhersehbare Neben- und Nacheinander von Abkühlungs- und Erwärmungseffekten läßt das klimatische System in ein «*nukleares Chaos*» abgleiten.

f) Aus den Flächenbränden ergeben sich für die untere Troposphäre schwerwiegende luftchemische Folgen, wie zum Beispiel die Bildung von Ozon und anderen Komponenten eines intensiven *photochemischen Smogs aus CO und reaktiven Kohlenwasserstoffen.*

Dabei können wir in der Bilanz die unmittelbar schädlichste Wirkung eines mit Uranspaltbomben geführten Atomkriegs: die Folgen des radioaktiven Fall outs, in unserem Zusammenhang vernachlässigen; worauf es uns ankommt, ist an dieser Stelle nichts weiter als ein Modell, um sich vorstellen zu können, wie eine riesige Explosion, vergleichbar einem gewaltigen Vulkanausbruch, begleitet von Flächenbränden, zur Ursache einer globalen Klimakatastrophe werden kann.

Eine solche Katastrophe auslösen zu *können,* wurde in der Zeit des «kalten Krieges» für den Gipfel menschlicher Tapferkeit und Verantwortung gehalten (allein bis 1963 erreichten die Kernwaffenversuchsexplosionen der «Groß»-Mächte USA und UdSSR eine Gesamtsprengkraft von 510 Megatonnen TNT-Äquivalent!), und das Recht zum «atomaren Erstschlag» wird von der Nato und den USA immer noch, im Jahre 1999, uneingeschränkt in Anspruch genommen; doch wirklich *getan* hat man das Unvorstellbare denn doch (noch) nicht. Wenn hingegen ein Gott ist, der die Geschicke der Welt lenkt, so muß man annehmen, daß er genau das getan hat.

Folgt man den Annahmen der ALVAREZ-Gruppe, so ist vor 65 Millionen Jahren ein Meteorit von mindestens 10 km Durchmesser und einem Gewicht von etwa 500 Milliarden Tonnen niedergegangen. Was unter diesen Voraussetzungen auf der Erde passiert sein muß, läßt sich im Prinzip leicht ausrechnen.

Die Einschlagsgeschwindigkeiten von Meteoriten betragen durchschnittlich etwa das 50fache der Schallgeschwindigkeit, mithin ca. 15 km/s; setzen wir diesen Wert in den zweiten Satz von NEWTON ein: *Kraft = Masse mal Beschleunigung* (F = m · a), so erhalten wir, gemessen in Newton (1 N = 1 $\frac{kg \cdot m}{s^2}$ ), bei einer Masse des Meteoriten von 500 Mrd. Tonnen eine Aufschlagskraft von

$$F = \frac{500\,000\,000\,000\,000 \text{ kg} \cdot 15\,000 \text{ m}}{s^2} = 7,5 \cdot 10^{18} \text{ N}.$$

Diese ungeheure Kraft muß bei dem Aufprall des Meteoriten zu einem hohen Anteil in thermische Energie umgewandelt worden sein. Abzuziehen bleibt die Bewegungsenergie, die bei dem Zerbersten des Meteors und dem Auswurf des Erdreichs aus dem Einschlagskrater freigesetzt wurde. Die ALVAREZ-Gruppe schätzt, daß bei dem Aufprall allein 20 000 Tonnen Iridium freigeworden seien; und die Staubteilchen der Einschlagsexplosion in dem Krater, der etwa 65 km Durchmesser betragen haben muß, dürften neben den Rußpartikeln der Brände auf viele Monate hin die Sonneneinstrahlung in der Atmosphäre getrübt haben.

In ein solches Szenario explosionsartiger Erhitzung nebst den entsprechenden Bränden und einem nachfolgenden «nuklearen Winter» muß man nun die Flora und Fauna der Oberen Kreide versetzen, um sich vorzustellen, was damals geschehen sein wird: Die Photosyntheseproduktion in den Meeren wie auf dem Festland wurde unterbrochen; das Phytoplankton in den Gewässern starb, wie tatsächlich beobachtet, ab, der gesamte Nahrungskreislauf im

Meere kam zum Stillstand. Am empfindlichsten auf dem Festland wurden von der Katastrophe natürlich diejenigen Lebensformen betroffen, deren Nahrungsbedarf besonders hoch lag und deren Kälteempfindlichkeit besonders groß war, wie es die nachgewiesenen Aussterbemuster denn auch zu belegen scheinen: Die Dinosaurier gingen zugrunde, während die kleinwüchsigen behaarten Säuger, deren Beutetiere sich, wie gesagt, nicht unmittelbar von Pflanzen ernährten (!), ihre Chance erhielten (s. o. S. 574).

Man vermutet heute, daß der Meteor, der dem Mesozoikum ein Ende setzte, in der Bucht von Campeche vor der mexikanischen Ostküste niederging, und Bohrungen im Golf von Mexiko scheinen aufgrund eines erhöhten Iridiumanteils in den entsprechenden Erdschichten diese Vermutung zu bestätigen. Für die Meteoritenhypothese sprechen darüber hinaus «geschockte» Mineralkörner, die in Montana, New Mexico, aber auch in Europa in der iridiumreichen KT-Grenzschicht zwischen Kreide und Teritiär gefunden wurden und die sich nur bei sehr schneller Einwirkung hoher Drucke bilden können – wie etwa beim Einschlag eines Meteoriten. Allerdings können auch Vulkanexplosionen Mineralien «schocken», und Iridiumanomalien scheinen neueren Untersuchungen zufolge nicht mehr so ungewöhnlich zu sein, wie man bisher geglaubt hat. Kurz: die ALVAREZ-Hypothese steht nicht so zweifelsfrei da, wie sie in den Medien oft dargestellt wird: Vielleicht trugen auch Vulkanausbrüche zu einem «nuklearen Winter» bei? Gleichwohl bleibt beim heutigen Stand der Forschung eine hohe Wahrscheinlichkeit bestehen, daß die Schübe des Massensterbens, die im *Maastricht* der Oberkreide, vermutlich aufgrund klimatischer Veränderungen im Zusammenhang mit der Drift der Antarktis über dem Südpol, bereits einsetzten, ihr Finale in einem extraterrestrischen Ereignis gefunden haben.

Und allein diese *Wahrscheinlichkeit* schon muß die gesamte herkömmliche Theologie aus den Fugen bringen. Sollte wirklich ein Gott imstande gewesen sein, so verrückt zu denken und womöglich zu handeln wie die Zyniker der Macht im amerikanischen Pentagon? Sollte es einem solchen Gott gestattet sein zu tun, was wirklich nur ein «Wahnsinniger», gleich, zu welchem Zwecke, in Kauf zu nehmen bereit sein kann? In einem ehrlichen Gespräch zwischen Naturwissenschaftlern und Theologen helfen an dieser Stelle nicht länger mehr die sattsam bekannten Ausreden und Ausflüchte von der «Unerforschlichkeit» der Pläne Gottes und der Kleinheit des Menschen. Wahr ist: Kein weiser, gütiger und allmächtiger Gott hätte jemals einen solchen Meteoriteneinschlag wie den am Ende der Oberkreide planen, zulassen oder herbeiführen *dürfen.*

Die Geschichte vom Ende der Kreidezeit erhält indessen ein ganz anderes, brutal-einfaches Gesicht, wenn wir, statt an die Planungen Gottes, daran denken, *wie* der Planet Erde entstanden ist. Im 3. Teil dieser Arbeit werden wir noch ausführlich darstellen, daß die Erde aus dem Zusammenprall einer *Unmenge* von Gesteinsbrocken entstanden ist. Je mehr von ihnen zusammenstießen, desto größer wurde ihre Masse und damit ihre Gravitationskraft, so daß der entstehende Planet immer mehr Meteore wie ein Staubsauger «einfing». Die Bewegungsenergie der zusammenstoßenden und aufprallenden Meteoriten führte der Erde so viel an Wärmeenergie zu, daß ihre Oberfläche aufschmolz und die schweren Metalle, Eisen und Nickel, im Kern zusammenflossen. Wie heftig das Meteoritenbombardement damals gewesen sein muß, kann man noch heute mit bloßem Auge beim Betrachten des Mondes erkennen, der die Spuren der Einschläge wie ein Geflecht aus Narben auf seiner Oberfläche bewahrt hat, während auf der Erde die Erosionskräfte von Luft und Wasser sowie der Einfluß der Vegetation die meisten Einschlagskrater bis zur Unkenntlichkeit eingeebnet haben.

Der mutmaßliche Meteoriteneinschlag am Ende der Kreide hat also lediglich etwas wiederholt, das zu den Entstehungsbedingungen der Erde überhaupt zählt. Im Verlauf der 4,5 Milliarden Jahre, seit das Planetensystem um unsere Sonne sich bildete, ist die Zahl größerer Gesteinsbrocken aus der kosmischen Umgebung mittlerweile bis auf einen verschwindenden Rest in den Planeten «eingeschmolzen» worden; und doch gehen immer noch jährlich 19 000 Meteoriten auf die Erde nieder, nur daß wir sie wegen ihrer Kleinheit kaum bemerken; aber ab und an, im Verlauf von vielen Jahrmillionen, schlägt dann halt doch noch ein größerer Meteor auf der Erde ein und hinterläßt ein ebenso kurzes wie folgenreiches Inferno. Und das nun könnte uns die Augen auch für das sonst unverständliche Massenaussterben am Ende der Trias öffnen.

Inzwischen vermutet man, daß auch *die Krise am Ende der Trias,* vor 215 Millionen Jahren, die, wie gesagt, aus geologischen und klimatologischen Gründen kaum erklärt werden kann, durch den Einschlag eines Meteoriten auf dem damaligen Superkontinent *Pangäa* verursacht worden sein könnte, ja, man glaubt sogar, die Einschlagstelle mit dem 70 km großen Manicouagan-Krater in der Provinz Quebec (Kanada) identifizieren zu können.

Wenn es sich so verhielte, hätten die Dinosaurier mit einem Meteoreinschlag (am Ende der Trias) ihren Siegeszug begonnen, und sie wären (am Ende der Kreide) mit einem Meteoreinschlag zugrunde gegangen (vgl. S. LUCAS: *The rise of dinosaur dynasty,* in: New Scientist, 6. Okt. 1990). 150 Millionen

Jahre Leben wären dann durch eine Katastrophe ermöglicht und durch eine Katastrophe vernichtet worden, und zwar erkennbar nicht nach den Planungen einer höchsten Intelligenz, sondern durch ein schier unglaubliches «Spiel» von ganz «normalen» geologischen und klimatologischen Veränderungen, aber auch, wie wir jetzt hören, von kosmologischen Einflüssen. Ja, wir selber im 20. Jahrhundert haben wohl nur «Glück» gehabt, als am 30. 6. 1908 in der Tunguska-Taiga in Zentralsibirien eine gewaltige Explosion in einer Region zwischen 15 und 50 km Radius die Bäume radikal nach außen umstürzte, im Kerngebiet von etwa 15 km Durchmesser nur astlose Bäume zurückließ, indem sie offenbar mit einer enormen Kraft direkt von oben auf sie einwirkte, und eine hohe Konzentration von Nickel und Iridium verursachte. Da sich, anders als bei Meteoreinschlägen, kein Krater fand, vermutet man, daß ein Bruchstück des ENCKEschen Kometen mit dem Schweif voran zur Erde gestürzt ist und in 8-10 km Höhe in der Atmosphäre explodierte (HARENBERG: *Schlüsseldaten der Astronomie*, 186–187).

Wann irgend jüdische oder christliche Theologen davon sprechen, daß der Glaube an den Gott der Bibel angesichts der Greuel der menschlichen Geschichte allein in der ersten Hälfte des 20. Jahrhunderts zwischen Verdun, Auschwitz und Hiroshima in eine «Krise» geraten sei, so kann man in Anbetracht der Geschichte des Lebens auf dieser Erde mit ihren furchtbaren Formen des Massensterbens nur resümieren, daß es die trivialen Voraussetzungen des Lebens auf dieser Erde selbst sind, die in ihrer sinnlosen Selbstverständlichkeit jeden Gedanken an einen «Schöpfer» nach Art eines «machtvoll handelnden», «planend wissenden» und «gütig» oder «gerecht eingreifenden» Gottes verbieten. Die Erde ist, wie sie ist, Teil eines Planetensystems, das aus dem «Staub» einer explodierenden Supernova sich bildete, und sie kann nicht anders, als daß die Gesetze und Prozesse ihrer Entstehung sich bis zum letzten Gesteinsbrocken auswirken, inklusive aller möglichen Kollisionen mit Meteoriten und Kometen aus der Entstehungszeit des Planetensystems selbst. Unter dem Bombardement von Meteoriten ist die Erde entstanden, und wir, die wir auf ihr leben, haben von daher wohl keinen Grund, uns über den Einschlag von Meteoriten und Kometen zu beklagen; nur daß es stimmt: diese toten Gesteins- und Eisbrocken können mitleidlos unzähligen Formen des Lebens unsägliches Leid zufügen; sie können die Anstrengungen, Opfer und Mühen aus Hunderten von Jahrmillionen der Evolution in einem Nu in ein Nichts verwandeln; und wie wohl nichts sonst demonstrieren sie die unbegreifbare Sinnlosigkeit und radikale Kontingenz aller Erscheinungen des Lebens auf dieser Erde. Aber vergessen wir eben deswegen nicht: Selbst die

Einschläge von Meteoriten oder Kometen auf dieser Erde stellen nichts anderes dar als die Reste der Urzeit, als die Geburtswehen der Erde selbst; ja, es könnte auf «längere» Sicht durchaus sein, daß «irgendwo» in unserer «Nähe» noch einmal eine Supernova explodierte, welche die Sonne aus ihrer Bahn schleuderte und unser gesamtes Planetensystem in den Untergang risse; kosmologisch betrachtet, würde in diesem Fall die Geschichte unserer Erde dann nur so ähnlich enden, wie sie einmal begann.

ε) Die «schwingende» Erde und die Entstehung der Eiszeiten

Die ganze Zeit über schon bedeutete es bei der bisherigen Schilderung der Krisen der Evolution eine methodisch begründete Vereinfachung, daß wir die Geschichte des Lebens in einer Art zu erzählen versucht haben, als sei sie ausschließlich von den Bedingungen der Erde selbst her zu verstehen. Spätestens die ALVAREZ-Theorie vom Ende der Dinosaurier indessen muß uns daran erinnern, daß die Erde selbst ein Kind des Weltalls ist und daß sie jederzeit mit der Geschichte unseres Sonnensystems verwoben ist. An diese Tatsache müssen wir jetzt vor allem denken, wenn wir abschließend ein Ereignis erklären wollen, das immer wieder, in *periodischen Zyklen*, die Evolution mitgestaltet hat: die Bildung der *Eiszeiten* (vgl. H.-D. KAHLKE: *Das Eiszeitalter*, 1981).

Wenn wir noch einmal einen Blick auf die Abbildung der inneren Seite des hinteren Buchdeckels werfen, so werden wir rechts eine Skala finden, in welcher, vom Perm beginnend, in Abständen von 26 Millionen Jahren über einen Zeitraum von 250 Millionen Jahren hinweg eiszeitliche Klimaveränderungen als Ursache entsprechender Formen des Artensterbens eingetragen sind. Es ist nicht endgültig gesichert, ob eine solche Periodizität wirklich besteht, doch wenn sie sich tatsächlich nachweisen läßt, so kann sie nicht mit irdischen Ursachen begründet werden, sondern muß von extraterrestrischen, also astronomischen Gegebenheiten herrühren; wenn aber diese Annahme zutrifft, so kann eine solche Periodizität sich nicht allein auf die Ären des Mesozoikum und Känozoikum beschränken, sondern muß die gesamte Geschichte des Planeten Erde, seit seiner Gestaltwerdung, also seit 4,5 Milliarden Jahren, begleitet haben. Tatsächlich zeigt denn auch die vorletzte Tabelle auf der rechten Seite der Graphik, daß es Vereisungen schon am Ende des Devon, am Ende des Ordovizium und sogar schon an der Schwelle zum Präkambrium vor 650 Millionen Jahren gab, ehe sich die geologischen Spuren auch auf den Kontinenten verlieren; allerdings haben wir diese Eiszeiten bislang mit geologischen Pro-

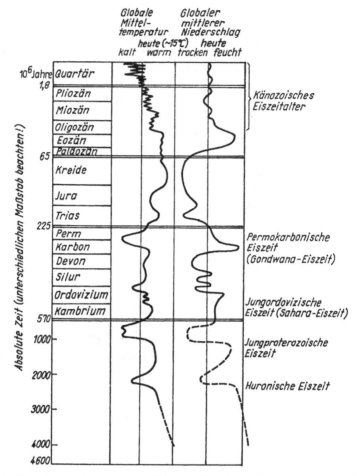

182 Verallgemeinerte Temperatur- und Niederschlagskurve der gesamten Erdgeschichte.

zessen (dem Driften der Kontinente über den Polen) abzuleiten versucht, und es war ihnen auch keinerlei Periodizität des Auftretens anzumerken (vgl. die Temperatur- und Niederschlagskurve der Erdgeschichte in Abb. 182).

Um eine *Eiszeit* entstehen zu lassen, genügt es, daß die Sommertemperatur im Gebiet innerhalb der Schneefallgrenzen so weit absinkt, daß der gefallene Schnee nicht mehr abtaut; die *Albedo*, die Rückstrahlung des Sonnenlichts über den weißen Flächen, sorgt dann von selbst für eine weitere Abkühlung; der Schnee verdichtet sich zu Eis; von den Bergen breiten sich die Eisplatten als Gletscher aus, oder sie wandern, wie in Grönland und der Antarktis, von zentralen Nährgebieten nach außen. So beginnt eine Eiszeit. Die Frage lautet mithin, was mit einer Periodizität von 26 Millionen Jahren dazu führen sollte, die Sommertemperaturen auf der Nordhalbkugel oder der Südhalbkugel auf ein derartiges kritisches Maß abzukühlen.

Die klassische Antwort auf diese Frage fand – einer patriotischen Wette zuliebe! – vor etwa 70 Jahren der serbische Mathematiker MILUTIN MILANKOVIČ, indem er drei Faktoren der Erdumlaufbahn um die Sonne zueinander in Beziehung setzte.

Jedes Schulkind wird heute in Physik die drei KEPLERschen Gesetze kennenlernen, in denen die Umlaufbahnen der Planeten um das Zentralgestirn gültig beschrieben werden:

1) Die Bahnen der Planeten bilden Ellipsen, in deren einem Brennpunkt die Sonne selber steht;

2) der von der Sonne zum Planeten gezogene Fahrstrahl überstreicht in gleichen Zeiten gleiche Flächen; und

3) die Quadrate der Umlaufzeiten verschiedener Planeten verhalten sich zueinander wie die dritten Potenzen der großen Halbachsen ihrer Bahnen (ihrer mittleren Entfernungen von der Sonne): $U^2 : a^3$ = const. Das Verhältnis vom Quadrat der Umlaufszeit eines Planeten zur dritten Potenz seiner mittleren Entfernung von der Sonne ist stets konstant (vgl. A. PAUL TIPLER: *Physik*, 299–302). Aber wie groß ist diese Konstante?

Es war erst ISAAC NEWTON, der mit Hilfe der Gravitationstheorie fast ein Jahrhundert später begründen konnte, *warum* und *wie* die Planeten sich um die Sonne bewegen. Nach dem 3. NEWTONschen Gesetz wirkt zwischen zwei Körpern mit den Massen $M_1$ und $M_2$ eine anziehende Kraft F. Die Größe von F ergibt sich nach dem NEWTONschen Gravitationsgesetz:

$$F = G \cdot \frac{M_1 \cdot M_2}{r^2},$$

wobei r die Entfernung zwischen den Massen und der Proportionalitätsfaktor G die NEWTONsche Gravitationskonstante bezeichnet: Die Massenanziehungskraft F (Gravitation) ist direkt proportional dem Produkt der Massen $M_1$ und $M_2$ und umgekehrt proportional dem Quadrat der Entfernung r. Der Wert von G beträgt $6{,}67 \cdot 10^{-11}$ N · m²/kg².

Die Konstante des 3. KEPLERschen Gesetzes läßt sich dann bestimmen durch die Summe der Sonnenmasse (M) plus der Planetenmasse (m). Es ergibt sich:

$$\frac{U^2}{a^3} = \frac{4\pi^2}{G} \cdot \frac{1}{M+m}$$

Doch gerade diese Formel macht die Wirklichkeit komplizierter, als sie in den KEPLERschen Gesetzen erscheint und auch als NEWTON sie zu erklären vermochte, denn sie bedeutet, daß es nicht möglich ist, die Himmelsmechanik auf dem Niveau eines einfachen Zwei-Körper-Problems zu beschreiben. Die Massenanziehung wirkt ja nicht nur zwischen Sonne und Erde, sie wirkt auch zwischen den Planeten und den Monden, und speziell bei der Erde bewirkt sie gleich zweierlei: die Entfernung zwischen Erde und Sonne verändert sich, und die Neigung der Erdoberfläche zum einfallenden Sonnenlicht unterliegt Schwankungen.

Für die Erklärung der *Eiszeiten*, so erkannte MILANKOVIČ, sind *drei* Bewegungen der Erde von ausschlaggebender Bedeutung.

Da ist als erstes die *Präzession der Rotationsachse*. Darunter versteht man die Tatsache, daß die Erde bei ihrer täglichen Drehung um sich selbst mit ihrer Achse innerhalb von 25 780 Jahren selbst eine Kreisbewegung im Uhrzeigersinn beschreibt; die Erde trudelt oder «trieselt» ähnlich einem Kinderkreisel. An dieser *Präzession* liegt es, daß die Sternbilder im Verlauf der Jahrtausende vor den Augen der Menschen ihre Gestalt verändern, daß der Himmelsnordpol zur Zeit der Erbauung der Pyramiden von Gizeh noch nicht auf den heutigen Polarstern zeigte (vgl. Abb. 183) und daß, zum Verdruß der Astrologen, die Sonne heute die 12 Tierkreiszeichen um fast zwei Sternbilder versetzt gegenüber der Stellung durchläuft, die sie bei der Ausarbeitung der babylonischen und ägyptischen Horoskope vor 4000 Jahren innehatte; auf die alten Vorstellungen, vermittelt durch die Sternsagen der Griechen (vgl. WOLFGANG SCHADEWALDT: *Die Sternsagen der Griechen*, Frankfurt 1956), gehen aber auch heute noch die Sternorakel der Astrologen zurück und büßen schon dadurch jedwede Glaubwürdigkeit ein (vgl. HEINZ HABER: *Unser Sternenhimmel. Sagen, Märchen, Deutungen*, München, 1981, 80–82). Der Grund ist dieser: die Tatsache der *Präzession* verändert die Stellung des Frühlingspunktes, also des Schnittpunktes der scheinbaren Sonnenbahn (also der Ekliptik) mit dem Himmelsäquator (also dem auf die Himmelskugel projizierten Erdäquator), im Sinne einer rückläufigen Wanderung des Frühlings- und des Herbstpunktes (der Äquinoktialpunkte, an denen der Tag so lang ist wie die Nacht) in der Ekliptik. Wenn die Sonne in rund 26 000 Jahren aufgrund der gegen den Uhrzeigersinn gerichteten Taumelbewegung der Erdachse scheinbar einen Kreis quer durch die 12 Sternzeichen beschreibt, so ist klar, daß der Frühlings-

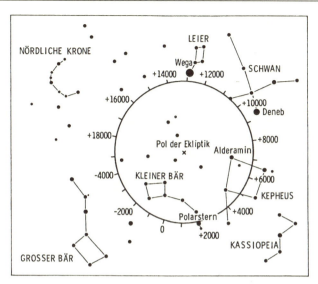

183 Der Himmelsnordpol wandert infolge der Präzession um den Ekliptiknordpol, die «Polarsterne» wechseln. Die Zahlen geben die Position des Nordpols im entsprechenden Jahrtausend an.

punkt etwa alle 2000 Jahre sich um ein Sternbild rückwärts verschieben muß: Zum Zeitpunkt des Frühlingsäquinoktiums steht die Sonne heute im Sternbild der Fische, sie stand aber vor 2000 Jahren im Sternbild des Widders und vor 4000 Jahren im Sternbild des Stiers; dementsprechend lassen sich die Sternsagen und astrologischen Prophezeiungen der Ägypter, Babylonier und Griechen in ihrer Symbolsprache nur von den astronomischen Konstellationen her verstehen, die damals bestanden, die aber, wie zu sehen, nicht mehr existieren. Übrigens ist diese Entdeckung nicht gerade neu. Schon der griechische Astronom HIPPARCH VON NIKAIA im 2. Jahrhundert v. Chr. fand heraus, daß alle Sterne in 100 Jahren rund 1° bei der Längenbestimmung der Sterne im Tierkreis, gegenüber den Beobachtungen, die TIMOCHARIS um 290 v. Chr. in einem Sternkatalog festgehalten hatte, zunehmen, und so sprach er von der Präzession (von lat. *praecedere* = voranschreiten); einmal eingeführt, hat diese seine Bezeichnung für das Wegschreiten der Sterne vom Frühlingspunkt sich bis heute erhalten.

Daß die Präzession zustande kommt, liegt darin begründet, daß die Erdachse nicht senkrecht zur Erdbahnebene bei ihrem Umlauf um die Sonne steht (die sog. «Schiefe der Ekliptik», also die Neigung der Ekliptik zum Him-

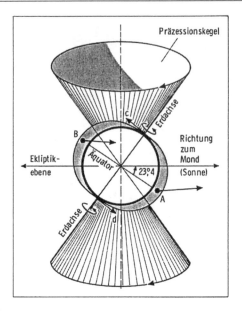

**184** *Entstehung der Präzession.*
Mond und Sonne wirken mit ihrer Anziehungskraft auf den Äquatorwulst der Erde, der in der Abbildung schraffiert dargestellt ist. Im Punkt A ist die Anziehungskraft größer als im Punkt B. Auf die Erdachse wirkt daher ein Drehmoment, dargestellt in den Pfeilen c und d, das die Erdachse aufzurichten versucht; doch die rotierende Erdachse weicht entsprechend den Kreiselgesetzen rechtwinklig aus und beschreibt einen doppelten Kegelmantel.

melsäquator) und daß der Erdglobus nicht eine geometrisch vollkommene Kugel bildet, sondern ein abgeplattetes Rotationsellipsoid dastellt – die Fliehkraft bei der Erdumdrehung führt zu einer Ausstülpung der Erdmasse am Äquator. Aufgrund dieser beiden Gegebenheiten üben die Gravitationskräfte von Sonne und Mond ein Drehmoment auf den Erdkörper aus, das darauf zielt, die Erdachse aufzurichten und die Schiefe der Ekliptik zu verkleinern. Die rotierende Erde aber reagiert darauf entsprechend den Kreiselgesetzen: ihre Rotationsachse richtet sich nicht auf, sondern weicht rechtwinklig aus; die Schiefe der Ekliptik bleibt konstant, doch dafür beschreibt die Erdachse einen doppelten Kegelmantel, wie Abb. 184 es darstellt. Zu dieser Lunisolarpräzession, die vom Mond, lateinisch *luna,* und der Sonne, lat. *sol,* infolge der Schwerkraftwirkung ausgeübt wird, kommt noch die «Planetenpräzession», die der Lunisolarpräzession entgegenwirkt; ihr Wert ist jedoch so klein, daß wir ihn hier vernachlässigen können.

Für das Problem der Entstehung von *Eiszeiten* nun bedeutet die Präzession folgendes: Entsprechend der Ellipsenbahn unseres Planten befindet die Erde sich im Januar und Februar der Sonne am nächsten; gleichwohl herrscht auf der Nordhalbkugel in dieser Zeit der Winter, da die nördliche Erdhalbkugel der Sonne abgewandt ist; das wiederum liegt daran, daß die Rotationsachse der Erde nicht senkrecht steht, sondern in einem Winkel von 23 Grad zur Ebene des Sonnensystems geneigt ist. Bekanntlich ist deshalb die Nordhalbkugel der Erde im Sommer der Sonne zugewandt; zu dieser Zeit aber ist die Entfernung Sonne–Erde am größten. Das führt dazu, daß wir in unserer heutigen Situation in den nördlichen Breiten relativ kühle Sommer und relativ warme Winter haben. Aber wir wissen schon: die Situation wird sich im Verlauf der Jahrtausende ändern.

Genau in 12 900 Jahren nämlich wird die Rotationsachse der Erde einen halben Umlauf vollzogen haben, und das bedeutet, daß wir auf der Nordhalbkugel der Erde dann *im Sommer* der Sonne am nächsten und im *Winter* von ihr am meisten entfernt sein werden. Der Effekt, der sich *daraus* ergibt, ist klar: die Sommer werden in 12 900 Jahren heißer und die Winter kälter sein. Die heißen Sommer sollten aber allen Schnee der Wintertage abtauen; zu einer Eiszeit kann es unter diesen Umständen nicht kommen.

Doch die Präzession ist ja nicht alles. Neben ihr existiert als zweites die *Nutation* (das «Nicken»). Mit *Nutation* bezeichnet man die Tatsache, daß die Rotationsachse der Erde keinen *glatten* Präzessionskegel beschreibt, sondern eine wellenförmige Bewegung durchführt, wie Abb. 185 sie darstellt.

Der Grund für die Nutation ist der gleiche wie für die Präzession, nur daß die Kräfte, die vom Mond, der Sonne (und den Planeten) auf dem Äquatorwulst ausgeübt werden, sich nicht gleichmäßig, sondern je nach Betrag und Richtung durch die sich ständig ändernden Positionen der Gestirne unterschiedlich auswirken. Insbesondere die wechselnden Deklinationen des Mondes (also die Winkelabstände des Mondes vom Himmelsäquator) verändern das Drehmoment, das durch die Mondgravitation auf den Äquatorwulst der Erde ausgeübt wird. Der wahre Himmelspol beschreibt eine kleine Ellipse um den mittleren Himmelspol – die *Nutation der Länge*. Desgleichen schwankt die Neigung der Erdachse (die Schiefe der Ekliptik) um einen Mittelwert – die *Nutation der Schiefe*.

Zusätzlich zu dieser durch den Mond bedingten Nutation führt auch die Schwerkraft der Planeten, insbesondere von Venus und Jupiter, zu kleinen Schwankungen der Erdachse und der Ekliptikachse – die *planetare Nutation*. Die Auswirkung der Gravitation der Planeten ist zwar gering, doch in langen

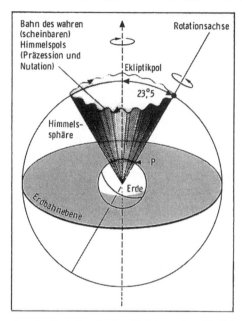

185 Die Rotationsachse der Erde beschreibt die Form eines Wellblechkegels, in welcher die Nutation die Präzessionsbewegung überlagert.

Zeiträumen nicht nur meßbar, sondern gerade in der Frage der Entstehung von Eiszeiten folgenschwer: In einem Zeitraum von etwa 40 000 Jahren schwankt die Schiefe der Ekliptik zwischen den Extremwerten von 21°55' und 24°18'. Momentan bewegt die Rotationsachse der Erde sich auf die Senkrechte der Erdbahnebene zu; pro Jahr nimmt die Schiefe der Ekliptik um etwa eine halbe Bogensekunde ab, und so wird ihre Neigung irgendwann nichtmehr, wie derzeit, 23,5 Grad, sondern nur noch 22 Grad betragen (vgl. Abb. 186). Das aber bedeutet, daß der Unterschied zwischen Sommer und Winter sich verringern wird – die Winter werden wärmer, und die Sommer werden kühler. Im Moment verhält es sich so, daß die Wirkungen der Präzession (wärmere Sommer) und der Nutation (kühlere Sommer) sich gegenseitig aufheben. Doch es ist schon klar, daß beide Wirkungen sich irgendwann *verstärken* werden, dann nämlich, wenn die Nutation die Erdachse dahin bringen wird, sich von der Senkrechten wegzubewegen; dann müssen die Wirkungen von Präzession und Nutation sich addieren, mit der Folge heißerer Sommer und kälterer Winter.

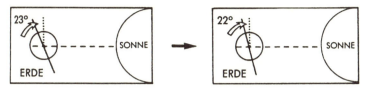

186 Schema der planetaren Nutation.

Und es gibt einen dritten Effekt, ebenfalls hervorgerufen duch die Gravitationswirkung der Sonne und der Planeten unseres Sonnensystems auf die Erde. Dieser Effekt bewirkt eine *Veränderung der Umlaufbahn der Erde* selbst: statt konstant eine fest umschriebene Ellipse zu bilden, durchläuft die Ellipsenbahn der Erde in 92 000 Jahren einen Zyklus, bei dem die Sonne einmal in dem einen Brennpunkt der Ellipse steht, dann in den Mittelpunkt eines Kreises rückt und hernach zu dem anderen Ellipsenbrennpunkt hinüberwandert (vgl. Abb. 187).

187 Veränderung der Umlaufbahn der Erde.

Mit einem Wort: die derzeitige Form der Ellipsenbahn der Erde ist nicht, wie JOHANNES KEPLER noch glaubte, ein fundamentales Naturgesetz, sondern sie ist das dynamische Ergebnis eines Kräftespiels der Schwerkraft der Sonne, des Mondes, der Erde selber und der anderen Planeten. Momentan nähert sich die Erdumlaufbahn einer Kreisform an, was bedeutet, daß die Entfernungen zwischen Sonne und Erde im Verlauf eines Jahres in ein (vorübergehendes) Gleichmaß kommen; wie bei der Nutation werden durch diesen Effekt die Sommer kälter und die Winter wärmer. Aus dem gleichen Grunde aber kann man für die Zukunft vorhersagen, daß beim Übergang von einer kreisförmigen zu einer elliptischen Bahnform die Unterschiede zwischen Sommer und Winter wieder zunehmen werden; für die Vergangenheit braucht man dieselbe Abschätzung nur nach rückwärts hin durchzuführen.

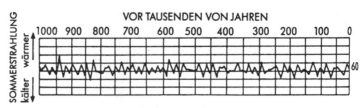

**188** Verlauf der Sommertemperaturen im Verlauf der letzten 1 Million Jahren nach M. MILANKOVIČ. Die tief abfallenden Zacken der Kurve entsprechen niedrigen Sommertemperaturen, in denen das Wachstum von Inlandeis möglich war.

Alles, was jetzt noch nötig ist, um die Entstehung von Eiszeiten zu verstehen, besteht in einer Kombination dieser drei zyklischen Bewegungen miteinander. Die Frage lautet nach wie vor: wann ist die Absorption der Sonnenstrahlung auf der Nordhalbkugel im Sommer am niedrigsten? Als MILANKOVIČ die Faktoren: Präzession der Tag- und Nachtgleiche, Nutation (die Neigung der Erdachse) und Exzentrizität der Erdbahn, zu einander in Beziehung setzte, kam er zu einem Kurvenverlauf, wie Abb. 188 ihn darstellt.

Wohlgemerkt stellt dieser Kurvenverlauf von MILANKOVIČ eine rein theoretische Ableitung dar, und so war es natürlich die Frage, ob sein Modell tatsächlich dem Verlauf der Eiszeiten entsprechen würde, der sich geologisch nachweisen läßt. Dabei ist die Tatsache von Bedeutung, daß die Erscheinung von Gletschervorstößen und -rückzügen dem klimatischen Wechsel erheblich nachhinkt – ähnlich der Temperaturkurve des Tages oder des Jahres, die sich gegenüber dem Sonnenstand verspätet. «Da der Verzögerungseffekt nicht exakt erfaßt werden kann, bietet er dem subjektiven Ermessen einen breiten Spielraum», der zwischen 0 bis 10 000 Jahren liegen kann (MARTIN SCHWARZBACH: *Das Klima der Vorzeit*, 300)! Zudem wirkten sich die Strahlungsschwankungen womöglich erst dann als Ursache von Eiszeiten aus, «wenn ein bestimmter Schwellenwert der irdischen Temperatur über- (oder unter-)schritten wurde, wenn also eine ‹Eiszeitbereitschaft› bestand» (a. a. O., 304). Das könnte erklären, warum die Strahlungskurven zum Beispiel im Mesozoikum nicht bloß keine Inlandvereisungen erzeugten, sondern ein offenbar recht gleichförmig verlaufendes Temperaturregime zuließen: Die Vegetation des Jura etwa «gilt als die gleichförmigste der Erdgeschichte. Zwischen der mittleren Trias und der mittleren Kreide waren die Temperaturen höher als gegenwärtig... Dieses Klima dürfte in hohem Maße von der damaligen Land-Meer-Verteilung beeinflußt gewesen sein, vor allem von dem großen Anteil Wasserfläche im Äquatorialbereich mit hoher Umsetzungsrate der solaren Strahlungsenergie in Wärme und günstigen Bedingungen für einen meridionalen Wärmeaustausch über die Meeresströmungen» (L. EISSMANN – CHR. HÄNSEL: *Klimate der geologischen Vorzeit*, in: P. Hupfer: Das Klimasystem der Erde, 297–342, S. 320).

Insgesamt hält MARTIN SCHWARZBACH (*Das Klima der Vorzeit*, 304) die «astronomischen Grundlagen für die Berechnung der Strahlungskurven, vor allem auch die zeitlichen Angaben,» gleichwohl für «jedenfalls sicherer, als vieles andere, womit die Geologen operieren. Aber die Zusammenhänge mit den Vereisungen sind nicht so exakt zu fassen.» Da das Zusammenwirken selbst kleiner Faktoren, «besonders wenn mehrere in gleichem Sinne wirken, beachtliche Klimaänderungen» zur Folge haben kann, schlägt er selber das Konzept «einer *multilateralen Eiszeit-Entstehung*» vor (a. a. O., 305); insbesondere drei Faktoren spielen dabei eine Rolle:

1. die Änderung der Relief- und überhaupt der paläogeographischen Verhältnisse; mithin die Oberflächenform der Kontinente und ihre Lage,
2. die Kontinentaldrift und
3. Schwankungen der primären Sonneneinstrahlung in der zeitlichen Größenordnung der pleistozänen Kalt- und Warmzeiten, ein «Flackern» der Sonne also, wie E. J. OPIK (*Ice Ages*, in D. R. Bates: The Planet Earth, London 1957) es annahm.

Zu diesen drei Faktoren kommen *Selbstverstärkungs-Effekte*, die derzeit in bestimmten *Autozyklen-Hypothesen* diskutiert werden (vgl. M. SCHWARZBACH: *Das Klima der Vorzeit*, 309–312). «Eine Änderung der großräumigen Albedo im Falle ausgedehnter Schnee- und Eismassen würde zum Beispiel zu einem Selbstverstärkungsprozeß bei den Eisvorstößen führen. Budyko (sc. M. J. BUDYKO: *The Earth's climate: past and future*, New York 1982, d. V.)... hat die interessante Hypothese aufgestellt, daß eine Ausdehnung der polaren Eismassen bis 50° Breite zu einer Vergletscherung der gesamten Erde führen könnte; infolge des hohen Reflexionsvermögens des Schnees soll unter diesen Umständen selbst die hohe Einstrahlung in niedrigen Breiten nicht mehr ausreichen, um den äquatorwärtigen Eisvorstoß und damit die Klimakatastrophe aufzuhalten» (HORST MALBERG: *Meteorologie und Klimatologie*, 294).

Es ist demnach wohl ein Zusammenspiel verschiedener Kräfte, warum erdgeschichtlich die Eiszeiten entstehen mußten. Gleichzeitig aber ergibt sich vor dem Hintergrund der theologischen Fragestellung jetzt ein sehr eigentümliches Bild.

Recht ausführlich betrachtet haben wir, wie allein schon die Drift der Kontinente im Rahmen der Plattentektonik immer wieder im Verlauf der Evolution dazu geführt hat, klimatische Veränderungen mit katastrophalen Folgen vor allem für die marine Fauna hervorzurufen. Wer irgend, getragen von den religiösen Überzeugungen der jüdisch-christlichen «Schöpfungslehre», erwarten wollte, die Welt sei, nach schier endlosen Zeiträumen kosmischer Vorbereitungen, nach göttlichem Ratschluß nun endlich so installiert worden, daß sie dem sich entfaltenden Leben eine sorgsam eingerichtete Hege- und Pflegestätte zu bieten vermocht hätte, der muß sich allein beim Betrachten der geologischen Eigengesetzlichkeiten des Planten Erde zutiefst enttäuscht, ja, getäuscht fühlen, und wenn er dann noch erfährt, wie die Reststücke der Entstehung unseres Planetensystems nach Belieben die Flora und Fauna eines ganzen Erdzeitalters, wie wenn's nicht drauf ankäme, in einem gigantischen Feuersturm zugrunde richten können, so, wie es am Ende der Kreide (und wohl schon der Trias) der Fall war, dann ist es unvermeidbar, in Tatbeständen wie diesen endgültig den überkommenen Glauben an eine göttliche «Vorsehung» und «Lenkung» des Weltgeschehens, notfalls sogar durch ein «eingreifendes Handeln» des «Schöpfers», in Anbetracht der Sprache der Fakten endgültig widerlegt zu finden. Zugleich aber werden wir durch die ALVAREZ-Theorie von einem Meteoreinschlag vor rund 65 Millionen Jahren oder durch die MILANKOVIĆ-Theorie von der periodischen Wiederkehr der Eiszeiten im Verlauf der letzten 1 Millionen Jahren (und darüber hinaus) aufgrund der Gravitationswirkung der Körper unseres Planetensystems aufeinander zum ersten Mal dahin geführt, unsere hier auf Erden gemachten Erfahrungen auch in die Betrachtung des Kosmos im ganzen hinein zu verlängern.

Allein das Bild, das MILANKOVIĆ von dem «Sog» der Gravitationswirkung innerhalb unseres Planetensystems malt, ist von einer beunruhigenden Faszination. Mag seine Auffassung vom Ursprung der Eiszeiten auch für sich genommen unzureichend oder gar insgesamt irrig sein, so ist dieses Bild selber doch in sich zutreffend: Unter dem Einfluß der Gravitation «schwingt» die Erde in einem Drehtanz der Zeit durch den Raum, und *eine* der möglichen Wirkungen dieser «Schwingung» bilden die Eiszeiten! Was wir auf den letzten Seiten zu sehen bekommen haben, war nicht mehr und nicht weniger als ein bißchen Mathematik und Physik in Fragen der Astronomie zur Erklärung geologischer Phänomene; doch was wir dabei im Grunde glernt haben, ist *die Unmöglichkeit,* die Erde als einen Planeten der Sonne zu betrachten, dessen Stellung im Raum und in der Zeit sich vom Rest des Universums isolieren ließe: Alles *auf Erden* bereits steht «irgendwie» mit allem in Verbindung, die ganze Erde aber steht *mit dem All* in Verbindung und wird von daher bis in die Details ihrer Geschichte hinein bestimmt.

Ergibt sich daraus nicht wie von selbst auch religiös eine neue Perspektive der Weltwahrnehmung und der Weltdeutung?

Unbedingt ja! Es *ist* unvermeidbar, von dem biblisch vermittelten anthropozentrischen (geozentrischen) Gottesbild in seiner falschen theologischen Wörtlichnahme Abschied zu nehmen. Doch was ergibt sich daraus?

Gerade in der offenbaren Einheit von allem, in diesem *Schwingen* des Kosmos, in dieser dynamischen Verwiesenheit aller Abläufe in der Natur aufeinander, hat man in den letzten 20 Jahren verstärkt eine Möglichkeit sehen wollen, die Desiderate der alten Religion mit neuen Antworten zu versehen. Physiker, wie etwa FRITJOF CAPRA (*Der kosmische Reigen. Physik und östliche Mystik – ein zeitgemäßes Weltbild*, München, 1977), haben versucht, die dynamische Einheit des Universums selbst als religiöse Sinnantwort zu interpretieren – wir werden auf diese Betrachtungsweise im 3. Teil dieser Arbeit, wenn wir die Fragen der Astrophysik und der Entstehung des Weltalls näher besprechen, noch ausführlich zurückkommen müssen; an *dieser* Stelle muß es genügen, den unversöhnlichen *Widerspruch* herauszustellen, der sich aus den Erwartungen des biblisch-christlichen Gottesbildes und der Weltwirklichkeit *immer wieder* notwendig ergeben muß, sobald wir die Naturtatsachen nur konkret genug zur Kenntnis nehmen: Allein die letzte Eiszeit, so schätzt man, führte dazu, daß 70–80 Prozent aller Lebewesen in Europa verschwanden (HARENBERG *Kompaktlexikon*, I 738)! Man muß sich bloß den vergeblichen Kampf so vieler Arten von Lebewesen über Generationen hin gegen den Hunger, gegen die Sterblichkeit ihrer Jungen, gegen die wachsenden Schwierigkeiten der Partnerfindung, gegen das Verschwinden ihrer Lebensräume vorstellen, und man begreift, daß es keine religiös hinreichende Idee sein kann, die «Schönheit» physikalischer Gesetze zur Erklärung irdischer Tragödien heranzuziehen, um damit die Frage nach dem Sinn des Daseins und der Stellung des Menschen in der Welt zu beantworten. Denn eben die Tatsache, daß immer wieder die bloße Physik stärker sein soll als die Biologie, die sich aus ihr herausentwickelt hat, macht das Problem der «Theodizeefrage» so verzweifelt. Nur eine Theologie, die diesen Widerspruch anerkennt und *zum Ausgangspunkt* einer Neubesinnung macht, wird einen Glauben an Gott angesichts dieser Welt offenzuhalten vermögen; sie wird zugleich davon lassen, in überlieferter Weise das Wort «Gott» noch immer als den *Begriff* einer letzten *Ursache* zur Erklärung der Welt zu verwenden. Worauf wir uns zur Lösung des bestehenden Widerspruchs zwischen den modernen Naturwissenschaften und der Theologie werden einlassen müssen, ist die unvermeidbar erscheinende Einsicht, daß wir mit dem Wort «Gott» ein Symbol zur Deutung des menschlichen Daseins (eine hermeneutische Chiffre) bezeichnen, nicht eine Kategorie zur Erklärung der Welt. Worauf wir mit den Fragen des biblischen *Hiob* schon seit langem warten und was wir dringlich brauchen, um einen religiösen Neuanfang zu wagen, das ist eine neue Erscheinung Gottes im «Wettersturm» (Hi 38–40), eine neue Offenbarung Gottes als eines *Subjekts,* das uns nach aller Enttäuschung an einer falschen Theologie dazu verhilft, von vorn zu beginnen und Menschen zu werden: – eins mit der Natur in uns selber und eins mit der Natur, die uns umgibt.

# IV. Anfänge

Das Bild, das wir bisher von der Evolution des Lebens gewonnen haben, ist für die traditionelle Theologie ohne jeden Zweifel desolat. Es ist ja nicht nur, wie wir sahen, daß die großen Entwicklungsschritte sich außerhalb jeglichen göttlichen «Plans» und jeglicher «Zielvorgaben» gestaltet haben, es ist vor allem die Einrichtung der Natur selbst, es ist ihre ganze «Machart», die mit der Idee eines gütigen, weisen und fürsorglichen Gottes unvereinbar ist. Den Gott der überkommenen «Schöpfungstheologie» zur Erklärung der Lebensprozesse *braucht* es nicht zu geben – er ist absolut überflüssig, ja, seine Vorstellung bereits ist irrig, weil irreführend an jeder beliebigen Stelle, die sich empirisch nachprüfen läßt, und, schlimmer noch, es *darf* ihn nicht geben, da ein Gott in Bewußtsein und Freiheit so nicht handeln dürfte, wie die Natur jederzeit mit ihren Kreaturen verfährt. Allein diese beiden Feststellungen wiegen schwer und lassen sich nicht mit den üblichen Sophismen aus der Welt schaffen.

Der nach wie vor am meisten verbreitete Sophismus in Theologenmund ist das «Argument» des unerklärten Anfangs. Nachdem die gesamte Geschichte des Lebens bis hin zum Auftreten des Menschen keinerlei Spuren eines göttlichen «Eingreifens» verrät, nachdem im Gegenteil Schritt für Schritt der Eindruck eines «unendlich faulen Schöpfers» sich verstärkt, wie der englische Physikochemiker PETER W. ATKINS diesen Gott, der ständig hätte handeln sollen (und müssen!) und der dann doch erkennbar rein gar nichts getan hat, ironischerweise bezeichnet (*Schöpfung ohne Schöpfer,* 120), ja, nachdem die immanente «Logik» der Selbstorganisation des Lebens den «machtvoll eingreifend handelnden und sich wunderbar manifestierenden Gott» der abendländischen Theologie nicht nur als eine unnötige Hypothese, sondern geradewegs als eine methodisch zu (ver)meidende «Störung» im Getriebe der Welt erscheinen läßt, die, Gott sei Dank, denn auch nicht zu beobachten steht, verbleibt den Theologen in der Tat zur «Rettung» ihrer Position nur noch *das Rätsel des Ursprungs,* die Frage: woher kommt das Leben (und, kosmologisch hier schon gefragt: woher stammt die Materie – wie kam es zum «Urknall» und damit zur Festlegung der Naturkonstanten mit eben jener Präzision, die ein Weltall erlaubt, das, unter anderem, uns Menschen ermöglicht)?

Zuzugeben ist, daß wir bisher nur über bereits bestehende Formen des Lebens gesprochen haben. Wir haben gezeigt, wie die Eukaryoten durch Endosymbiose entstanden sein könnten und wie die Chloroplasten, bevor sie als Organellen von den Pflanzenzellen in Dienst genommen wurden, aller Wahrscheinlichkeit nach einmal selbständig die Fähigkeit zur Photosynthese nach dem Modell der heute noch lebenden Cyanobakterien («Blaualgen») entwickelt haben, – wir werden darauf noch einmal zurückkommen (s. u. S. 740ff.); kennengelernt haben wir das komplizierte Zusammenspiel von DNA und RNA bei den Prozessen der Replikation des genetischen Codes und bei der Synthese der Proteine, die als hochspezifische Enzyme selbst wieder den Aufbau und die Arbeitsweise von DNA und RNA katalysieren; aber die eine entscheidende Frage haben wir noch nicht beantwortet: wie denn das Leben selbst, wie vor allem das Zusammenwirken von Nucleinsäuren und Aminosäuren, von DNA und RNA mit den Proteinen, wie mithin die Synthese von Information und Funktion, die das Leben kennzeichnet, hat zustande kommen können. Tatsächlich müssen wir angesichts dieser Frage in aller Form einräumen, daß wir dazu derzeit noch nichts Genaues, nur ein freilich inzwischen gut begründetes Bündel von Mutmaßungen vortragen können.

Allerdings sollten wir vorweg schon einmal die letzte Fluchtburg der herkömmlichen Theologie, die in dieser Feststellung womöglich ihre Zuflucht suchen möchte, aus der «Luft» angreifen und, noch ehe wir «am Boden», im Konkreten, vorgehen, rein wissenschaftstheoretisch die Behauptung aufstellen, daß der *Typ* von «Erklärung» endgültig unhaltbar geworden ist, nach dem die Rätsel des Lebens, die es nach gerade einmal 200 Jahren exakter Erforschung der Natur selbstredend in Hülle und Fülle noch gibt, sich lösen ließen durch die Einführung einer alles erklärenden, weil in sich allmächtigen und allwissenden Ursache: Gott. Nur allzu oft «wußte» die Natur in der Geschichte des Lebens ganz offensichtlich selber nicht weiter; sie *machte* weiter, und es kam dabei, wer wollte es leugnen, auch «etwas» heraus; doch wenn die gesamte Vorgehensweise der Natur ein Sammeln von Informationen aus Versuch und Irrtum, biologisch ausgedrückt: eine jeweils verbesserte Adaption aus Mutation und Selektion gewesen ist (verbunden mit dem Nachteil des Erfolgs von heute im Falle wichtiger Veränderungen von morgen!), so müßte es denn doch buchstäblich wundernehmen, wenn es bei dieser Vorgehensweise im ganzen sich ausgerechnet bei den «Anfängen» anders verhalten sollte. In gar keinem Falle besteht noch Erlaubnis, auf die faktischen Erkenntnislücken naturwissenschaftlicher Disziplinen mit der theologischen Besserwisserei eines vermeintlichen «Offenbarungswissens» zu antworten. «Offenbarung», so sagten wir schon in *Glauben in Freiheit* (1. Bd., 197–202, 256–267), ist nicht eine Mitteilung von Inhalten auf der Ebene einer intellektuellen Doktrin, die sich in Dozenten- und Bischofsmanier verbeamten und verwalten ließe; «Offenbarung», wenn denn das Wort einen Sinn macht, besteht in der Wandlung unseres Wesens, in einer Transformation unserer Lebens*auffassung*, nicht in einer Erweiterung unseres (biologischen) *Wissens* vom Leben.

Insofern brauchen wir «nur» die bisherige Methodologie, das bisherige Erklärungsparadigma, das sich zum Verständnis des Lebensprozesses auf dieser Erde so ausgezeichnet bewährt hat, auch und gerade auf die Frage nach den Anfängen des Lebens anzuwenden, um ohne Bruch den wichtigsten Ansatz einer möglichen Antwort zu erhalten: das Leben selber ist nicht «gemacht», nicht «geschaffen», nicht «geplant», nicht «entworfen», es ist selber der Prozeß, in dem es besteht und in dem es immer wieder entsteht. Wir nennen solche Prozesse heute «autokatalytisch», doch es bedurfte einer Menge von Veränderungen auf dem Gebiete der *Physik* und der *Chemie*, um dieses derzeit einhellig vorherrschende Erklärungsmodell über die Anfänge des Lebens zu ermöglichen. Eben deswegen müssen wir vorab einige wichtige Wandlungen vor allem auf dem Gebiet der Physik des 20. Jahrhunderts skizzieren, um die *Kohärenz* des heutigen naturwissenschaftlichen Denkens gerade in der Frage nach der Entstehung des Lebens begreifen zu können.

## 1. Der Rahmen der Physik

*a) Ordnung aus Ordnung und Ordnung aus Unordnung*

Zu einer plausiblen Theorie über die Entstehung des Lebens wäre es niemals gekommen, wenn die seit ISAAK NEWTON so erfolgreiche Vorherrschaft des linearen, mechanistischen Denkens in den Naturwissenschaften nicht durch ein *synergistisches Denken* in vernetzten Strukturen abgelöst worden wäre – und solange auch hätte der «Kreatianismus» der christlichen Theologen (der Glaube, daß Gott Schritt für Schritt die Welt «gemacht» hat) oder der Panpsychismus bzw. Vitalismus mancher Philosophen und Biologen (der Glaube, daß die ganze Welt «beseelt» bzw. die Materie selbst «belebt» sei) sich als «Erklärung» des scheinbar Unerklärlichen geradewegs aufgedrängt. Doch wie soll es für eine Erklärung gelten, das Leben damit zu begründen, daß «allem» Leben selber Leben oder Geist oder der lebendige Geist Gottes «zugrunde» liege? Andererseits brauchen wir uns nur noch einmal an die Anfangsseiten dieses Buches zu erinnern, um die vollkommene Unwahrscheinlichkeit, ja, Unmöglichkeit zu begreifen, daß man die unglaubliche Komplexität aller Erscheinungen des Lebens jemals mit Hilfe mechanistischer Zufälle wird erklären können. Es ist von entscheidender Bedeutung, daß die Naturwissenschaften – nicht die Geisteswissenschaften, nicht die Theologie – einen *Mittelweg* zwischen den beiden das gesamte abendländische Denken durchziehenden Alternativen: zwischen «Materialismus» und «Idealismus», «Mechanismus» und «Vitalismus, «Determinismus» und «Chaos», «Theismus» und «Atheismus» (in überkommener Bedeutung) gefunden haben. Die Zauberworte heißen «Selbstorganisation» oder Autopoiese oder Autokatalyse oder eben: «Synergismus». Das Leben wurde nicht geplant, und es entwickelte sich nicht nach Plan, es ergab sich aus Prozessen, die sich die Voraussetzungen zu seiner Entstehung und Weiterentwicklung «schufen». Das *«sich»* ist dabei wesentlich; denn die Art dieser Prozesse besteht in ihrer «Selbstbezüglichkeit» (in ihrer «Selbstreferentialität»), näherhin in dem Aufbau von Strukturen, die den Wert von *Informationen* besitzen. Indem wir begreifen, wie Information entsteht, schließt sich der vermeintliche Gegensatz von Natur und Geist. Der *Paradigmenwechsel* des naturwissenschaftlichen Denkens ist freilich keineswegs auf die Frage nach der Entstehung des Lebens beschränkt, er ist von grundsätzlicher Bedeutung und verlangt von den Geisteswissenschaften nicht mehr und nicht weniger als die endgültige Preisgabe ihrer alten, veralteten Fragestellungen und den Aufbau eines Systems von Sinnantworten, die mit den Ergebnissen heutiger Naturwissenschaften vereinbar sind.

Die Aporie des *alten* Denkens und die Notwendigkeit seiner Überwindung, wenn es gilt, das Leben zu erklären, ist auf klassische Weise bereits 1943 von dem Begründer der Quantenmechanik, von ERWIN SCHRÖDINGER, in seiner berühmten Arbeit *Was ist Leben?* (What ist Life? The Physical Aspect of the Living Cell, Cambridge 1944) formuliert worden.

Zugrunde lagen SCHRÖDINGER die Untersuchungen der Biologen N. W. NIMOFÉEFF-RESSOVSKY, K. G. ZIMMER und M. DELBRÜCK (*Über die Natur der Genmutation und der Genstruktur*, in: Nachrichten der Gesellschaft für Wissenschaften zu Göttingen, Fachgruppe IV, 1/3, 1935, 189–245) über Mutationsschäden bei der Taufliege *Drosophila*, wobei für den Physiker die Mitteilung entscheidend war, daß die Anzahl der Atome eines Gens nicht mehr als einige Tausend betragen sollte. Nach physikalischer Auffassung, wie sie vor allem von LUDWIG BOLTZMANN in der Thermodynamik entwickelt wurde, ergibt sich *Ordnung* in makroskopischer Größe nur aus dem statistischen Durchschnittsverhalten einer weit größeren Anzahl als von einigen Tausend Atomen bzw. Molekülen. In statistischer Betrachtung, gemäß dem Gesetz der großen Zahlen, verändert sich der durch Schwankungen hervorgerufene relative Fehler, also die zu erwartende relative Abweichung vom Mittelwert, umgekehrt proportional zu der Quadratwurzel aus der Anzahl der Ereignisse: ($\sim \frac{1}{\sqrt{N}}$). Die durch Schwankungen hervorgerufene relative Abweichung vom Mittelwert strebt somit für eine hinreichend große Anzahl von Einzelereignissen N gegen Null. Ist das System also genügend groß, so können die Schwankungen um den Mittelwert vernachlässigt werden; makroskopisch stabilisiert sich Ordnung. Gesetzt, jemand wirft zehnmal eine Münze und erzielt achtmal (= 80 Prozent) den Adler, so ist an einem solchen Ergebnis nichts Bemerkenswertes; aber es müßte nicht mit rechten Dingen zugehen, wenn bei, sagen wir: 10 000 Würfen immer noch zu 80 Prozent (= 8000mal) der «Adler» obenauf liegen würde. Je größer die Zahl der Würfe, desto sicherer die «Ordnung» des Durchschnitts. Mit einem Wort: die zu vermutende Anzahl der Atome in einem Gen ist *zu gering*, um die Ordnung zu establieren, die in ihm angetroffen wird und allererst die Grundlage möglicher Veränderungen (Mutationen) bildet. Wie aber ist der Ordnungszustand eines Gens *dann* zu erklären?

Die Quantenphysik vermag unschwer zu zeigen, wie sich die strenge Ordnung der Molekülstrukturen in Festkörpern, zum Beispiel in Kristallen, aufbaut, und tatsächlich wurde das geordnete Wachstum von Kristallen von Naturphilosophen mitunter als Vergleich (nicht als Erklärung) für das Verständnis von Lebensvorgängen herangezogen: offensichtlich bringt bereits die anorganische Chemie Ordnungsmuster von großer Schönheit hervor. Und doch hilft diese Tatsache nicht, um die «Ordnung» eines Gens zu verstehen. Der Grund ist einfach: Kristalle sind in einem ganz und gar regelmäßigen, dreidimensionalen Gitter angeordnet; wir würden heute sagen: ihr «Informationsgehalt» ist bei weitem zu niedrig, um als Träger von Lebensvorgängen in Frage zu kommen. Um den Aufbau eines Kristalls zu beschreiben, genügt es im Grunde, die Verbindung zwischen zwei Atomen zu kennen – alle anderen Bindungen, so viele es auch sein mögen und so ästhetisch reizvoll die sich bildenden Muster auf das menschliche Auge auch wirken mögen, besagen allesamt nur immer wieder dasselbe. Ein Kristall ist zu wenig *komplex*, um ein Gen bilden zu können. SCHRÖDINGER folgerte daraus, das Material der Gene besitze womöglich die Ordnung eines Kristalls, es sei aber wahrscheinlich aperiodisch aufgebaut und die Struktur der Aperiodizität bilde den «Code», der den Lebensvorgängen der *Selbstreproduktion* und der Erbveränderung (der *Mutagenese*) zugrunde liege. Fragt man also, wie es möglich ist, daß Organismen Information (identisch oder diskret verändert) von einer Generation an die nächste weitergeben können, so lautet SCHRÖDINGERS Antwort: die weiterzugebende Ordnung basiert auf vorgegebener Ordnung – *order on order;* an dieser vorgegebenen Ordnung kann dann das Wechselspiel von Mutation und Selektion weiterarbeiten.

SCHRÖDINGERS Gedanken waren von bestechender Logik und Einfachheit. Aber trafen sie auch zu? Eine naturwissenschaftliche These kann noch so «vernünftig» sein – sie ist zunächst nichts weiter als ein Forschungsprogramm zur Überprüfung ihrer Richtigkeit. Doch als 1953 FRANCIS CRICK und JAMES WATSON das Modell der *Doppelhelix* zur Beschreibung der DNA-Struktur vorstellten, wurde die Ansicht eines Physikers über eine biologische Grundgegebenheit des Lebens glänzend bestätigt: ein Gen *ist* ein «aperiodischer Festkörper». Was aber war damit gewonnen? Ähnelte das Prinzip *order on order* nicht aufs Haar dem Diktum: *omnis cellula e cellula* – eine lebende Zelle kann nur von einer lebenden Zelle stammen, mit dem im 19. Jahrhundert der Pathologe und Politiker RUDOLF VIRCHOW kraft seiner Autorität unter seinen

Zeitgenossen die Rezeption des DARWINISMUS bis weit ins 20. Jahrhundert hinein verhindert und damit (wider Willen) auch gesellschaftlich den restaurativen Kräften unnötigen Auftrieb verschafft hatte? Wenn Ordnung stets auf Ordnung aufbaut, woher kommt dann sie selbst – die Ordnung?

Die wahre Genialität SCHRÖDINGERS lag tatsächlich nicht allein in den scharfsinnigen Betrachtungen über den Aufbau der Gene, sondern, wie sich im Rückblick zeigt, vor allem in seinem Versuch, gerade die Frage nach dem Ursprung von Ordnung mit den Fragestellungen der Thermodynamik verknüpft zu haben.

Die Grundfrage aller Lebewesen lautet, wie sie ihre außerordentlich geordnete Struktur *gegen* den 2. Hauptsatz der Thermodynamik, gegen den Satz von der Vermehrung der Entropie im Kosmos, erhalten können. Seiner Bedeutung wegen sollten wir ein wenig die Geschichte des Entropie-Begriffs skizzieren.

Das berühmte Entropie-Theorem, das der Sache nach als erster WILLIAM THOMSON 1852 formulierte, verknüpft im Grunde zwei universelle Vorgänge miteinander: die Wärmeausbreitung und die Energieumwandlung. Bereits 1811 hatte JEAN-JOSEPH FOURIER das *Gesetz der Wärmeleitung* aufgestellt; es besagt ganz einfach: Der Wärmefluß ist dem Temperaturgradienten proportional. Dieses simpel erscheinende Gesetz gilt für Festkörper ebenso wie für Gase; lediglich der Koeffizient der Proportionalität zwischen Wärmefluß und Temperaturgradient ist spezifisch von der jeweiligen Substanz abhängig – Metalle zum Beispiel leiten Wärme besser als Wasser (vgl. ILYA PRIGOGINE – ISABELLE STENGERS: *Dialog mit der Natur*, 112). Die Bedeutung des Satzes von FOURIER liegt zum einen darin, daß er mit der Thermodynamik (der Dynamik der Wärme) ein universelles Phänomen in die Physik einführte, das sich von der mechanischen Dynamik der Gravitation NEWTONS deutlich unterscheidet: eine träge Masse *erleidet* die Wirkung der Gravitation einzig durch die Bewegung, die sie erlangt oder weitergibt, Wärme aber *transformiert* die Materie, indem sie Zustandsänderungen hervorruft (Wärme etwa überführt Eis in Wasserdampf). Zum anderen fügt der Satz FOURIERS dem dynamischen Gleichgewicht zwischen Kräften das *thermische Gleichgewicht* hinzu: die Wärmeausbreitung bewirkt in einem isolierten Körper (oder Gas), in dem die Temperatur inhomogen verteilt ist, daß die Temperaturverteilung sich nach und nach in monotoner Weise ausgleicht und schließlich Homogenität entsteht. Im Unterschied zu den Bewegungsabläufen der NEWTONschen Mechanik, die im Prinzip umkehrbar (reversibel) sind, ist die Herstellung von Homogenität durch Wärmeausbreitung ein *irreversibler* Vorgang.

Nun war man im 19. Jahrhundert selbstredend nicht rein theoretisch an Fragen der Wärmeausbreitung interessiert. Eine sich ausbreitende Wärme bildet jedoch eine *Kraft*, die sich in mechanische Bewegung umsetzen läßt – expandierender Wasserdampf z. B. kann unter Druck einen Kolben nach außen treiben; – und eben solche Vorgänge der Verrichtung mechanischer Arbeit durch Wärme wollte man zum Bau von *Wärmekraftmaschinen* nutzen.

Auch für Wärmekraftmaschinen gilt natürlich der Erste Hauptsatz der Thermodynamik, das Prinzip von der *Erhaltung der Energie,* das J. R. MAYER (1842) und H. HELMHOLTZ (1847) formuliert hatten; eine *ideale* Maschine mit dem höchsten Wirkungsgrad, erkannte um 1825 bereits SADI CARNOT, müßte ähnlich konstruiert sein wie eine mechanische Maschine, bei der jede Art von Reibung und plötzlicher Geschwindigkeitsänderung, kurz, jeder Kontakt von Körpern unterschiedlicher Geschwindigkeit, vermieden werden muß, da sonst ein irreversibler Verlust an «lebendiger Kraft» auftreten würde. Übertragen auf eine ideale Wärmekraftmaschine bedeutete dies, daß jeder Kontakt von Körpern *unterschiedlicher Temperatur* vermieden werden müßte, da ein direkter Wärmefluß zwischen ihnen keine mechanische Arbeit erzeugen könnte und somit lediglich den Wirkungsgrad herabsetzen würde. Es war R. CLAUSIUS, der erkannte, daß Energieunterschiede nicht geschaffen werden können, ohne einen anderen zumindest äquivalenten Energieunterschied zu zerstören: selbst in einer idealen CARNOTschen Maschine muß die Arbeit mit Wärme bezahlt werden, die von einer Quelle auf die andere übertragen wird; die erzeugte mechanische Arbeit und die Übertragung von Wärme sind durch eine Äquivalenz miteinander verknüpft: – *im Ideal* ist es möglich, mit Hilfe mechanischer Arbeit genauso viel Wärme zu erzeugen, wie mit Hilfe eben dieser Wärme an Arbeit erzeugt werden kann; beide Prozesse sind *im Ideal* (bei 100%iger Effizienz) umkehrbar. Was aber ist es mit den Verlusten in der Energiebilanz, die in jeder *wirklichen* Maschine unausweichlich auftreten? Der Satz von der Erhaltung der Energie klärt nicht, in welcher Weise diese Verluste den Wirkungsgrad einer Wärmekraftmaschine verringern, und das ist die Stelle, an welcher die Einsicht THOMSONS zum Tragen kommt, die er in Anlehnung an FOURIER gewann. Wir können es auch so ausdrücken: Der Erste Hauptsatz der Thermodynamik, also das Prinzip von der Erhaltung der Energie besagt, daß Energie im gesamten Universum weder erzeugt noch verbraucht werden kann. Würde nur dieser Erste Hauptsatz gelten, so müßte die restlose Umwandlung von mechanischer Arbeit in Wärme vollständig umkehrbar sein. Nun wissen wir aber, daß es einen prinzipiellen Unterschied zwischen Arbeit und Wärme, zwischen «wertvoller» und «weniger wertvoller» Energie gibt und daß eine bestimmte Energiemenge eben nicht immer beliebig nutzbar ist. THOMSON leitete daraus den Gedanken ab, der sich im Zweiten Hauptsatz der Thermodynamik ausspricht: Nicht nur in einer Wärmekraftmaschine, in der Natur überhaupt herrscht eine Tendenz zur Degradation der mechanischen Energie; überall erzeugt mechanische Arbeit *irreversibel* Wärme, die sich selber irreversibel ausbreitet und die erneut nur um den Preis einer nutzlosen Zerstreuung («Dissipation») bestimmter Wärmemengen in Bewegung (Arbeit) umgesetzt werden kann. Durch jeden dieser irreversiblen Prozesse wird also eine bestimmte Energie «entwertet» und steht damit nicht mehr für die Verrichtung von Arbeit zur Verfügung.

Die Folge aus dieser Feststellung ist klar: Betrachtet man *die ganze Welt* als eine Wärmekraftmaschine, so werden irgendwann alle Temperaturunterschiede, die Arbeit erzeugen könnten, eingeebnet sein; die Welt strebt einem Wärmegleichgewicht, dem «Wärmetod» entgegen.

1865 nun machte sich R. CLAUSIUS daran, den Unterschied zu formulieren, der zwischen dem «nützlichen» Energieaustausch in einer CARNOTschen Maschine und der irreversibel vergeudeten, «dissipierten» (verstreuten) Energie besteht. Zu diesem Zweck stellte er die (ideale) Forderung auf, eine Maschine müsse nach einem Umlauf (Wärme-Arbeit-Wärme) wieder in ihren Ausgangszustand zurückkehren, und er suchte diesen Ausgangszustand durch eine *Zustandsfunktion* zu beschreiben, also durch eine Funktion, die nur vom Wert der Parameter abhängt, die den Zustand des Systems definieren, und nicht davon, auf welchem Weg dieser Zustand erreicht wurde; Zustandsfunktionen sind zum Beispiel: Druck (P), Volumen (V), Temperatur (T) und innere Energie (U) des Systems. *Eine* solche «Zustandsfunktion» ist also die *Energie*, aber sie und der Erste Hauptsatz der Thermodynamik reichen zur Beschreibung realer Maschinen nicht aus, und so führte CLAUSIUS den Begriff der *Entropie* (von griech.: *entropä* = Änderung, Entwicklung) als eine weitere Zustandsfunktion ein und bezeichnete ihn mit dem Kürzel S. Anschaulich ausgedrückt ist die Entropie ein Maß für die *Unordnung* eines Systems.

Nach jedem Kreisprozeß erhält diese Zustandsfunktion (die Entropie S eines Systems), gleichgültig, ob wir es mit einer «idealen» oder «realen» Maschine zu tun haben, wieder ihren ursprünglichen Wert. Betrachten wird aber die Entropie*änderung* dS in einem bestimmten Zeitintervall *dt*, so ist die Situation unterschiedlich: Bei einer «idealen» Maschine kann dS vollständig definiert werden durch die Austauschvorgänge (exchange) mit der Außenwelt, also zwischen der Maschine und der Umgebung; der Vorgang ist im Prinzip reversibel; wir bezeichnen diesen Beitrag zur Entropie als $d_eS$. Bei einer realen Maschine müssen wir demgegenüber noch zusätzlich mit irreversiblen Austauschvorgängen innerhalb des Systems rechnen, wie Reibung, Wärmeverlust usw., die zu einer Entropieerzeugung innerhalb des Systems $d_i S$ führen. Es ist für reale Maschinen demnach

$$dS = d_e S + d_i S.$$

Immer also, wenn wir nicht eine CARNOTsche Idealmaschine vor uns haben, können wir zwischen Entropiefluß ($d_e S$) und Entropieerzeugung ($d_i S$) unterscheiden, und dieser Unterschied ist für uns nun wichtig.

Wenn wir uns einmal ein vollkommen isoliertes, also «geschlossenes» System vorstellen, das keinen Wärmeaustausch mit seiner Umgebung hat, so ist der Entropiefluß $d_e S = 0$, und es bleibt nur $d_i S$, der Entropieerzeugungsterm, für den nach CLAUSIUS gilt

$$d_i S/dt > 0;$$

mit anderen Worten: die Entropie des Systems kann nur zunehmen, oder anders ausgedrückt: die Entropiezunahme ist die spontane Entwicklung des Systems. «Die Entropie wird dadurch zu einem ‹Indikator der Entwicklung› oder, wie (ARTHUR) EDDINGTON es geschickt ausgedrückt hat, zu einem ‹Zeitpfeil›: für alle isolierten Systeme ist die Zukunft die Richtung der zunehmenden Entropie» (ILYA PRIGOGINE – ISABELLE STENGERS: *Dialog mit der Natur*, 128).

Damit liegen die Verhältnisse deutlich anders als in der NEWTONschen Mechanik. Für NEWTON war die Entwicklung eines dynamischen Objekts durch die Anfangsbedingungen kontrollierbar (vorhersehbar), und im Prinzip ist jede Entwicklung in der klassischen Mechanik (oder Dynamik) umkehrbar; auch ein thermodynamisches Objekt kann man an sich auf diese Weise betrachten, solange man das System hinsichtlich der Parameter Temperatur, Volumen oder Druck nur *ganz allmählich* verändert, so daß es aufgrund kontrollierbarer Randbedingungen eine Reihe von – an sich – reversiblen Gleichgewichtszuständen durchläuft. Die Unterscheidung CARNOTS aber zwischen dem idealen und dem tatsächlichen Wirkungsgrad einer Wärmekraftmaschine weist auf die Irreversibilität nichtkontrollierbarer Veränderungen hin. «Die spontane Änderung in Richtung auf das Gleichgewicht $d_i S$ ist von anderer Natur als die durch eine Beeinflussung der Randbedingungen (z. B. der Umgebungstemperatur) bedingte und kontrollierte Änderung $d_e S$.» Und das bedeutet: «Für ein thermodynamisches System sind nicht mehr alle Veränderungen gleichbedeutend.» «Für ein isoliertes System erscheint das

Gleichgewicht in diesem Sinne als ein ‹Attraktor› von Nichtgleichgewichtszuständen» (a. a. O., 129); es gibt, können wir auch sagen, keine *Trajektorie* mehr, mit deren Hilfe aus einem gegebenen Anfangszustand heraus die weitere Entwicklung sich gesetzmäßig, determiniert und reversibel, wie in der Physik NEWTONS, auf den Endzustand («Attraktor») hin beschreiben ließe.

Und nun die kosmologische Konsequenz! Auch CLAUSIUS wagte es damals, ganz im Sinne der Überlegungen THOMSONS, den Gedanken der Entropie als ein kosmologisches Prinzip zu formulieren. Der Schritt, den er tat, war von zwingender Logik. Welch ein System könnte nach außen isolierter sein als das Universum? Die Welt selber ist ein geschlossenes (isoliertes) System. Und so lauteten denn die beiden Hauptsätze der Thermodynamik, die CLAUSIUS 1865 formulierte:

Die Energie der Welt ist konstant; und:
Die Entropie der Welt strebt einem Maximum zu.

Die Frage, auf die wir mit diesen Sätzen jetzt um so dringlicher stoßen, lautet natürlich, wie in einer solchen Welt, in der alles notwendig dem «Wärmetod» entgegenstrebt, Leben möglich ist.

Die Antwort, die SCHRÖDINGER vor einem halben Jahrhundert darauf geben konnte, liegt für uns eigentlich längst auf der Hand. Wir haben uns nicht viele Seiten lang mit den Fragen der Schwefelatmung, der Photosynthese und der Nahrungspyramiden beschäftigt, um jetzt nicht zu wissen, daß Leben sich nur durch ständige Zufuhr von Energie erhalten kann. Jeder Organismus ist das genaue Gegenteil eines geschlossenen Systems. Ja, schaut man sich an, was bei den Vorgängen von Assimilation (Nahrungsaufnahme) und Dissimilation (Ausscheidung) geschieht, so nimmt der lebende Körper Energie, die in hochkomplexen Strukturen vorliegt, in sich auf, indem er diese Strukturen zerlegt und die freigesetzte Energie für sich selber nutzt. Das Leben erhält mithin seine Ordnung dadurch, daß es höher organisierte Ordnungszustände in niedriger organisierte Ordnungszustände verwandelt («degradiert»). SCHRÖDINGER sprach deswegen von der Entropievermeidung in lebenden Systemen, von «negativer Entropie» *(Negentropie)* – ein Begriff, über den man seither lebhaft diskutiert hat; doch was gemeint ist, erweist sich als zweifelsfrei richtig: die Organismen erhalten ihre Ordnung, indem sie in ihrer unmittelbaren Umgebung Unordnung erzeugen; sie schaffen für eine gewisse Zeit einen Zustand, für den der Zweite Hauptsatz der Thermodynamik lokal nicht gilt, indem sie die Entropie des Weltalls vermehren und damit den Zweiten Hauptsatz global bestätigen. Wenn also SCHRÖDINGER die Ebene der *Information* als das Prinzip «Ordnung aus Ordnung» definierte, so definierte er die *Funktion* (die Lebensabläufe) nach dem Prinzip «Ordnung aus Unordnung».

*b) Ordnung aus Energieverlust – das Eiskristall z. B.*

Aber was ist mit diesen beiden gegensätzlichen Formulierungen gewonnen? Gezeigt ist bislang nur, wie Ordnung sich verhält, wenn sie bereits besteht, gezeigt worden ist nicht, wie sie entsteht. Freilich, ein erster Schritt ist getan. Wenn die Ordnung, die das Leben ist, sich aufgrund eines ständigen Energie*durchflusses* erhält, ist es dann nicht vielleicht auch möglich, daß es Systeme gibt, die bei ständigem Energiedurchfluß bestimmte Ordnungszustände *spontan* bilden? In den Tagen SCHRÖDINGERS konnte man diese Frage weder stellen noch beantworten; und doch ging SCHRÖDINGER mit seinen Gedanken bis gerade an die Tür, hinter der sich den Physikern, Chemikern und Biologen in den letzten Jahrzehnten eine Schatzkammer neuer Einsichten, ja, einer völlig neuen, wenngleich nur konsequenten Weltsicht erschlossen hat. Kehren wir, um das zu verstehen, noch einmal kurz in die Vergangenheit zurück.

Daß SCHRÖDINGER in seiner Arbeit über das Leben die «Ordnung» der Gene (der DNA) nach Art eines «aperiodischen Kristalls» beschrieb, entsprach in etwa dem Zustand, in welchem die Physik seiner Zeit sich damals befand. Gefragt, was ist Leben, blieb scheinbar keine andere Antwort, als «die Entstehung von Ordnungszuständen in der Natur als eine riesige Schwankungserscheinung zu betrachten, die nach den Regeln der Wahrscheinlichkeitstheorie überdies beliebig unwahrscheinlich sein sollte» (HERMANN HAKEN: *Erfolgsgeheimnisse der Natur,* 19). Als einzige «Hintertür» blieb im Rahmen der statistischen Physik nur der Hinweis auf den hochgeordneten Zustand der Kristalle. Doch was haben Kristalle mit Lebensvorgängen zu tun?

Nehmen wir als Beispiel *das Wasser;* es kann, je nach der Temperatur, in drei verschiedenen Aggregatzuständen («*Phasen*», wie man physikalisch sagt) auftreten, die sich mikroskopisch einzig durch die jeweilige Anordnung der Moleküle voneinander unterscheiden: Im Wasserdampf bewegen sich die Wassermoleküle «völlig ungeordnet» durcheinander (mit ca. 620 m/s), zwischen ihnen wirken praktisch keine Kräfte; senkt man jedoch die Temperatur unter 100 °C, so kommt es zu einem *Phasenübergang:* aus dem Wasserdampf wird flüssiges Wasser, und zwischen den Wassermolekülen beginnen jetzt Wasserstoffbrückenbindungen sich auszubilden. Was jetzt geschieht, ergibt sich aus der Struktur des Wassermoleküls selbst.

Der Rahmen der Physik

189  Wassermolekül: Struktur, Kalottenmodell, Ladungsverteilung.

Ein Wassermolekül ($H_2O$) entsteht bekanntlich, indem zwei Wasserstoffatome und ein Sauerstoffatom über zwei Elektronenpaarbindungen ein stabiles (also energiearmes) Molekül bilden (vgl. Abb. 189).
Seine räumliche Struktur ergibt sich aus zwei Faktoren: zum einen bestehen zwischen den positiv geladenen Atomkernen und den negativ geladenen Elektronenpaaren Anziehungskräfte; zum zweiten stoßen sich die gleichgeladenen Elektronenpaare untereinander ab, wobei dies gleichermaßen für die bindenden Elektronenpaare zwischen den Atomkernen und für die beiden freien Elektronenpaare am Sauerstoffatom gilt. Da freie Elektronenpaare aber prinzipiell mehr Raum beanspruchen als bindende, ist im Wassermolekül der Bindungswinkel im Vergleich zum Tetraederwinkel von 109,5° auf 104,5° verkleinert (Abb. 190).

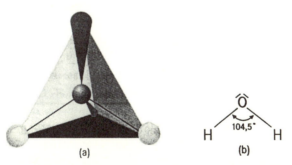

190  *Molekülmodell des Wassers $H_2O$.*
a) Tetraeder mit zwei Kugeln in zwei Ecken (Wasserstoffatome) und einer Kugel (Sauerstoffatom) in der Mitte der Figur. Die anderen beiden Ecken werden von den Elektronenwolken der zwei freien Elektronenpaare eingenommen. b) Molekülmodell des Wassers. Das Sauerstoff-Atom ist tetraedisch von zwei Wasserstoff-Atomen und den Aufenthaltsräumen zweier Elektronenpaare umgeben.

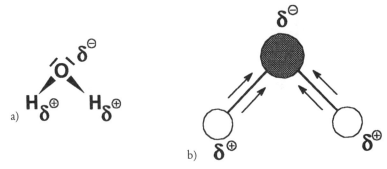

**191** *Das Wassermolekül als Dipol.*
Sauerstoff, der viel elektronegativer ist als Wasserstoff, zieht die gemeinsamen Elektronen der Bindung an sich (dargestellt durch die Pfeile). Der Sauerstoff enthält eine negative Partialladung, der Wasserstoff eine positive Partialladung. Der kleine griechische Buchstabe Delta zeigt an, daß es sich nicht um ganze Ladungseinheiten handelt, sondern um Teilladungen.

Nun ist die Fähigkeit des Sauerstoffatoms, Bindungselektronen anzuziehen (mithin seine *Elektronegativität*), aufgrund seiner höheren Kernladung (also seiner höheren Anzahl positiv geladener Protonen im Kern) stärker als die des Wasserstoffatoms; dadurch werden diese bindenden Elektronenpaare stärker zur Seite des elektronegativeren Sauerstoffatoms hingezogen; es entsteht beim O-Atom ein gewisser Überschuß an negativer Ladung und bei den Wasserstoffatomen entsprechend ein gewisser Unterschuß, umgekehrt also ein Überschuß an positiver Ladung – in Abb. 191 dargestellt einmal durch eine keilförmige Bindungsstrichverbreiterung, wobei die dickere Seite zu dem elektronegativeren Atom weist (a), und zum anderen durch Angabe der Teilladungen, die durch die ungleichmäßige Elektronenverteilung entstehen, bezeichnet mit dem griechischen Buchstaben δ (Delta), verbunden mit einem Plus- oder Minuszeichen (b). Trotz seiner zwei polaren Elektronenpaarbindungen wäre das Wassermolekül insgesamt jedoch kein elektrischer Dipol, wenn alle drei Atome auf einer Geraden lägen und sich die Dipole der beiden Bindungen gegenseitig aufheben würden. Das aber ist nicht der Fall. Denn da das Wassermolekül gewinkelt ist, liegt der negative Ladungsschwerpunkt näher beim Sauerstoff als der Schwerpunkt der positiven Ladungen; das Wassermolekül bildet also einen elektrischen Dipol, und als Dipole treten die Wassermoleküle jetzt natürlich in Wechselwirkung miteinander – eben das führt zu den uns schon bekannten *Wasserstoffbrückenbindungen* (Abb. 192).

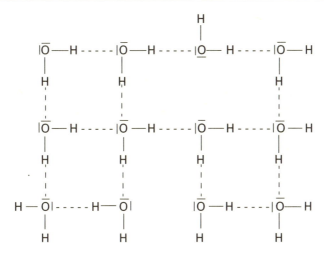

192 Wasserstoffbrücken zwischen Wassermolekülen.

Bei den Wassermolekülen sind nämlich aufgrund der besonders hohen Elektronegativität des Sauerstoffatoms die Wasserstoffatome so stark positiv polarisiert, daß sie sich an die freien Elektronenpaare benachbarter Wassermoleküle anlagern können. Jedes Wassermolekül kann folglich Wasserstoffbrückenbindungen zu maximal vier anderen Wassermolekülen ausbilden. Dadurch entsteht eine tetraedische Anordnung der Sauerstoffatome, von denen je vier in den Ecken und ein fünftes im Zentrum eines regulären Tetraeders liegen.

Entscheidend ist nun, daß bei Temperaturen *über* 0 °C die elektrischen Kräfte noch nicht stark genug sind, um die Molekularbewegung zu kontrollieren; ein Teil der Moleküle neigt dazu, sich in Tetraederstruktur anzuordnen, aber diese bricht schnell wieder auseinander. «Könnten wir in einem bestimmten Moment eine Aufnahme von den Molekülen im Wasser machen, so sähen wir die meisten Moleküle in Tetraedern angeordnet... Zwar können sich... einzelne Moleküle frei in der Flüssigkeit bewegen, doch veranlassen die intermolekularen Kräfte sie dazu, die meiste Zeit» sich in die kurzlebigen tetraedischen Molekülverbände einzuordnen (JAMES TREFIL: *Physik in der Berghütte*, 148–149). «Die genaue Struktur von flüssigem Wasser ist immer noch nicht völlig aufgeklärt» (vgl. HARVEY LODISH u.a.: *Molekulare Zellbiologie*, 27).

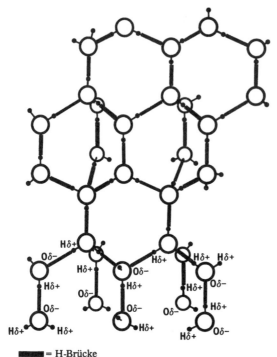

193 Räumliche Ordnung der Wassermoleküle im Eis durch Wasserstoffbrückenbindungen und Dipol-Dipol-Wechselwirkungen.

Unter diesen Umständen ist Wasser weder eine feste noch eine wirklich flüssige Substanz. «Normale» Flüssigkeiten besitzen keine solchen Strukturen, die Moleküle können sich in ihnen viel freier bewegen, so wie es Wassermoleküle erst in gasförmigem Zustand tun; in einem Festkörper hingegen sind Atome oder Moleküle stets an derselben Stelle fest in die Struktur eingebunden. Genau *dazwischen* «bewegt» sich in wörtlichem Sinne das Wasser.

Was aber geschieht, wenn die Temperatur *unter* 0°C sinkt? Dann wird durch einen neuen Phasenübergang aus dem Wasser ein (Schnee-)Kristall; denn nahe am Gefrierpunkt beginnt die dynamische tetraedische Struktur des Wassers sich zu ändern: die Bewegungen der Wassermoleküle sind nicht mehr heftig genug, um die Wasserstoffbrückenbindungen zu lösen, so daß das Wasser bei 0°C ein starres Kristallgitter ausbildet. Die Tetraeder bilden darin offene sechseckige (hexagonale) Strukturen, in denen die Wasserstoffbrückenbindungen die Moleküle auf Abstand halten, so daß Eis eine im Vergleich zu Wasser geringere Dichte besitzt, wie Abb. 193 es darzustellen versucht.

Auf diese Weise ergibt sich nicht nur die sechseckige Form der Schneeflocken; der Raum in dem offenen Gitter mit den offenen Sechsecken erklärt zugleich, warum Wasser sich *ausdehnt*, wenn es zu Eis gefriert, und warum Eis *leichter* ist als Wasser – eine höchst wichtige Tatsache, denn würde Eis absinken, statt obenauf zu schwimmen, würde im Winter alles Wasser in Seen, Flüssen und Flachmeeren von unten her vollständig zufrieren und damit alles Leben gefährden.

Doch geht es uns hier nicht um die erstaunlichen, lebenswichtigen Eigenschaften des Wassers, das als Eis die Gewässer beschützt und als Wasserdampf Wolken bildet, deren Feuchtigkeit als Regen zur Erde fällt, es geht uns um die Feststellung, daß die Wassermoleküle offenbar bis hin zum Schneekristall sich immer strengeren Ordnungsstrukturen unterwerfen, je *weniger* Wärmeenergie ihnen zugeführt worden ist. Ordnung *aus Energieverlust* – die kristalline Ordnung der Wassermoleküle als Ausdruck des *geringsten* Energieniveaus –, das ist nun freilich das genaue Gegenteil der Vorgänge, die wir zum Verständnis der Entstehung der komplexen Strukturen des Lebens voraussetzen müssen. Was wir bisher zu sehen bekommen haben, sind gewiß *Phasenübergänge* von Unordnung zu Ordnung bzw. von geringerer Ordnung zu höherer Ordnung, doch allem Anschein nach verlaufen diese Phasenübergänge in die «falsche» Richtung. Leben, so sagten wir schon, bedarf eines ständigen *Zustroms* von Materie und Energie – insbesondere die warmblütigen Tiere befinden sich erkennbar durchaus *nicht* im thermischen Gleichgewicht mit der Umgebung, sondern bilden Systeme, in denen eine konstante Temperatur, 37 °C zum Beispiel bei uns Menschen, gegenüber der Umgebung, etwa gegenüber einer Raumtemperatur von 22 °C, aufrechterhalten werden muß. Was wir zum Verständnis der Entstehung von Leben brauchen, sind als erstes Beispiele dafür, daß durch Phasenübergänge *spontan* Ordnung aus Unordnung *infolge von Energiezufuhr* gebildet wird. Gibt es solche Beispiele?

Die Antwort ist: es gibt solche Beispiele in Hülle und Fülle, nur daß uns erst in den letzten Jahrzehnten die Augen dafür aufgegangen sind.

*c) Ordnung aus Energiezufuhr – von Wolken,
Bénardschen Zellen und chemischen Uhren*

Sattsam bekannt ist *die Zerstörung von Ordnung* durch Energiezufuhr: das Eiskristall, das Wasser, der Wasserdampf – in diesen drei Schritten wird bei der Energiezufuhr die Turbulenz, *das Chaos*, immer größer. Das Problem des

«Chaos» war den Physikern seit langem bekannt, machte sie aber hilflos. Wasser z. B., das aus einem Gartenschlauch austritt, fließt zunächst noch «geordnet», doch dann beginnt eine Verwirbelung, für die scheinbar keine Gesetze mehr gelten; was also war da zu tun? Zwar hatte im 19. Jahrhundert bereits der britische Physiker OSBORN REYNOLD eine Zahl gefunden, die (berechnet aus Rohrdurchmesser, Strömungsgeschwindigkeit, Dichte und Viskosität der Flüsse) genau angibt, *wann* Turbulenz einsetzt, also eine laminare Strömung in eine turbulente Strömung übergeht; doch entwickelte erst 1948 EBERHARD HOPF ein mathematisches Modell, um die Verzweigungen *(Bifurkationen)* auf dem Weg zur Turbulenz zu beschreiben (vgl. JOHN BRIGGS – F. DAVID PEAT: *Die Entdeckung des Chaos,* 69). Wesentlich in unserem Zusammenhang ist der Hinweis auf die simple Tatsache, daß allerorten die Wirklichkeit aus chaotischen Prozessen besteht – das Fließen eines Baches, das Wehen des Windes, die Verformung einer Wolke, die Bildung der Wellen am Strand, das Entstehen der Sandriffeln –, und so wenig es möglich ist, mit den geometrischen Verfahren EUKLIDS eine Tanne oder einen Kiefernzapfen zu beschreiben, so unmöglich ist es, Prozesse dieser Art mit den Mitteln der NEWTONschen Mechanik zu beschreiben. «Diese Prozesse» – das sind aber nicht die zu vernachlässigenden Ausnahmen von den «eigentlich» gültigen Gesetzen der Natur, «diese Prozesse» sind der Normalfall! Die fraktale Geometrie MANDELBROTS und die Berechnung *nichtlinearer* Gleichungssysteme, wie sie erst mit Hilfe von Computern möglich wurde, bilden die geeigneten Verfahren, um das Ausmaß unserer Unwissenheit präziser erfassen zu können.

In gewissem Sinne sind wir damit wieder an den Anfang zurückgekehrt, wir müssen unsere früher gewonnenen Einsichten jetzt allerdings auf die schwierigste aller Fragen, auf die Frage nach der Entstehung des Lebens anwenden: Wir haben schon gesehen (s. o. S. 232), wie Entwicklungen möglich sind, bei denen Phasen von Ordnung abgelöst werden von Phasen unvorhersehbarer Verzweigungsmuster, wie aber dann wieder innerhalb des *«Chaos»* «Fenster» der Ordnung sich bilden (vgl. JAMES GLEICK: *Chaos – die Ordnung des Universums,* 90–123: Das Auf und Ab des Lebens). Wie also, wenn das Leben sich beschreiben ließe als ein solches «Fenster», das sich in einem bestimmten «Phasenraum» unter Durchfluß einer bestimmten Energiemenge bildet? Um uns diesen zunächst eigenartig scheinenden Gedanken näherzubringen, geben wir am besten erst einmal einige Beispiele für die Entstehung von Ordnung aus Unordnung in der unbelebten Natur.

Daß es geordnete Systeme inmitten chaotischer Turbulenz gibt, werden die meisten Leser gewiß schon erlebt haben, ohne sich darüber weiter Rechenschaft gegeben zu haben.

Zum Beispiel haben wir bereits von den «Schäfchenwolken» gesprochen, die sich in 2 km Höhe beim Aufgleiten der Warmluft eines Tiefs über die Kaltluft eines Hochs am Boden bilden, und wir haben darin einen einfachen Vorgang der Kondensation von Wassertröpfchen bei zunehmender Abkühlung gesehen; doch außer acht gelassen haben wir damals das beeindruckende Bild der langen Bänder, der *Wolkenstraßen,* in denen die «Herde» der «Schäfchen»-Wolken am Himmel zieht. Ein Segelflieger, der in den Sog einer solchen Wolkenformation gerät, wird sehr bald merken, was man als guter Beobachter sich auch am Boden schon wird denken können: die Wolken sind keine *statischen* Gebilde, sondern *dynamische* Gebilde von Luftmassen, die sich in Rollen, an der einen Seite aufsteigend, an der anderen Seite absteigend, um die Wolkenstraßen herumbewegen (vgl. HERMANN HAKEN: *Erfolgsgeheimnisse der Natur,* 44). Die Frage ist natürlich, woher diese Rollenbewegung der Luftmassen stammt.

Glücklicherweise können wir zur Beantwortung dieser Frage etwas Vergleichbares wie das Geschehen am Himmel im häuslichen Kochtopf nachbilden, wenn wir nicht gleich mit Wolken experimentieren wollen, sondern, bescheiden, nur erst mit Wasser kochen: Wir erwärmen unseren Topf von unten, dann wird, wie FOURIER gesagt hat, die Wärme sich bald auf die untere Flüssigkeitsschicht übertragen, und von dort wird der Wärmetransport sich mikroskopisch fortsetzen, um die Temperaturunterschiede in der Flüssigkeit (im Wasser) auszugleichen. Alles geht dabei ganz «friedlich» vor sich, solange die Temperaturdifferenz zwischen der erhitzten Flüssigkeitsschicht unten und der kalten Flüssigkeitsschicht oben nicht zu groß ist. Überschreitet die Temperaturdifferenz aber einen bestimmten Wert, so setzt eine *Konvektionsströmung* ein, wie wir sie bei so wichtigen Prozessen wie der Bildung des planetaren Windsystems in der Troposphäre und bei den Vorgängen in der Asthenosphäre im Zusammenhang mit der Plattentektonik kennengelernt haben: die Wasserbewegung ordnet sich in der Form von Rollen an. Das heiße Wasser «steigt in Längsstreifen auf, kühlt sich an der Oberfläche ab und sinkt wieder nach unten. Das Überraschende an dieser Rollenbildung ist, daß sich die Flüssigkeitsmoleküle über für sie riesige Entfernungen gewissermaßen verständigen müssen, um zu einer kollektiven Bewegung zu kommen. Die Flüssigkeitsrollen sind ja viele Milliarden mal größer als die Flüssigkeitsmoleküle selbst» (HERMANN HAKEN: *Erfolgsgeheimnisse der Natur,* 45). Solange die Flüssigkeitströpfchen nur mäßig erwärmt sind, werden sie durch Abkühlung und Reibung bald abgebremst – die Flüssigkeitsschicht bleibt in Ruhe. Bei genügend starker Erhitzung aber steigt das Flüssigkeitströpfchen nach oben und stößt eine makroskopische Bewegung an. «Das Erstaunliche ist ... nun, daß derartige heiße Flüssigkeitströpfchen nicht unregelmäßig nach oben streben, sondern gleichmäßig geordnet. Es scheint, als wäre eine außenstehende Macht am Werke» (a. a. O., 46). Natürlich aber ist das nicht der Fall; vielmehr kommt das Wasser gewissermaßen von selbst darauf, daß es die erwärmten Wassermoleküle am besten nach oben transportieren kann, wenn sich diese zu einer regelmäßigen Bewegung zusammenfinden; der Wärmestrom geht ganz einfach den Weg des geringsten Widerstandes, d. h., er nimmt die Form an, in der das Aufsteigen der erhitzten Wassermoleküle am leichtesten möglich ist.

Doch wie findet das Wasser heraus, was das einfachste ist?

Die Antwort lautet: durch *Schwankungen*. Das Wasser probiert ständig verschiedene Bewegungsmöglichkeiten durch, und dabei ergibt sich dasjenige Bewegungsmuster, das für das Aufsteigen der warmen Wassermoleküle am günstigsten ist. «Diese Bewegungsform wächst immer weiter an. Immer mehr Teile der Flüssigkeit werden in die Bewegung hineingezogen, werden von ihr ‹versklavt›» (a. a. O., 47). Andere alternative Bewegungsformen werden nach einiger Zeit aufgegeben – sie waren eben nur eine «Schwankung». «Hier begegnet uns das Konkurrenzverhalten verschiedener kollektiver Bewegungsformen: Eine Bewegungsform setzt sich immer mehr durch und unterdrückt dabei alle anderen. Es entsteht eine ganz bestimmte Rollenbewegung der Flüssigkeit. Diese Rollenbewegung spielt die Rolle eines Ordners. Er gibt an, wie sich die einzelnen Flüssigkeitsteile bewegen müssen. Ist auch nur in Teilbereichen der Flüssigkeit eine solche Bewegungsform einmal etabliert, so werden auch andere Flüssigkeitsbereiche in diese Bewegungsform hineingezogen oder, mit anderen Worten, vom Ordner versklavt» (a. a. O., 49). Eigenartigerweise ist es nun rechnerisch wohl möglich vorherzusagen, welche Bewegungsform den Sieg davontragen wird: – die Umlaufgeschwindigkeit der Rollenkonfiguration von Abb. 194a zum Beispiel wird sehr bald abklingen und einer kreisförmigen Bewegungsform Platz machen (vgl. Abb. 194).

Unmöglich ist es indessen, die Bewegungsrichtung der Rollen vorherzusagen; sie hängt von Zufällen ab. An sich sind beide Bewegungsrichtungen: links herum wie rechts herum, einander symmetrisch und mechanisch gleichermaßen möglich; es sind zufällige Anfangsschwankungen, durch welche diese Symmetrie gebrochen wird. Wir haben es erneut mit einer «chaotischen» Dynamik zu tun, für die gerade die «Sensibilität» bzw. Abhängigkeit von klein-

# Der Rahmen der Physik

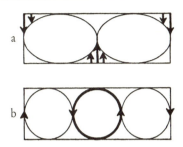
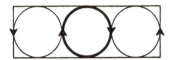

194 Mögliche Anordnungen von Bewegungsrollen. Man beachte, daß die mittlere Rolle in b links oder rechts herum läuft.

sten Schwankungen der Ausgangsbedingungen charakteristisch ist. Mikroskopische Unterschiede am Anfang genügen, um die makroskopische Bewegung festzulegen. Ordnung (eine stabile Struktur) entsteht hier offensichtlich aus einer «Unordnung» (Instabilität), die durch Energie*zufuhr*, nicht durch Energieverminderung erzeugt wurde.

Schon an dieser Stelle müssen wir uns nur recht klarmachen, was diese Feststellung bedeutet. Wenn etwa die Bewegungsrichtung der Konvektionsströme in der Asthenosphäre unter den Kontinentalplatten ebenfalls von bestimmten unvorhersehbaren mikroskopischen Schwankungen abhängt, so braucht man sich nur die Folgen und das Ausmaß derartiger «Schwankungen» vor Augen zu stellen, um zu begreifen, daß es buchstäblich vom blanken Zufall abhängt, ob Kontinentalplatten in geologischen Zeitmaßen auseinandergerissen oder gegeneinander getrieben werden – mit all den Folgen, die derartige Bewegungen für das Klima und die betroffene Flora und Fauna haben müssen; ja, es spricht vieles dafür, daß wir dieselbe «Logik» der Entstehung von Ordnung aus chaotischen Ausgangsschwankungen unverändert auch auf die «Entscheidungen» (*Bifurkationen*, Verzweigungsmuster) der menschlichen Geschichte in Soziologie, Wirtschaft und Politik anwenden können und müssen; – kleine Schwankungen (ein paar Stimmen zum Beispiel bei einer Wahl) bestimmen womöglich auf lange Zeit die Richtung, in welche ein Staat, eine Kirche, ein ganzer Kulturraum sich bewegt. – Doch bleiben wir nur erst beim Wasser.

Rollenbewegungen sind nicht die einzigen Bewegungsformen, die erhitzte Flüssigkeiten annehmen können. Setzen wir einmal voraus, unser Kochtopf sei, wie üblich, kreisrund, so kann es nicht nur zur Konkurrenz zwischen verschiedenen Rollen kommen, mit dem Ergebnis, daß schließlich eine einzige Rollenrichtung sich durchsetzt, sondern es können auch Rollenbewegungen verschiedener Richtungen sich gegenseitig stabilisieren. Die verschieden ori-

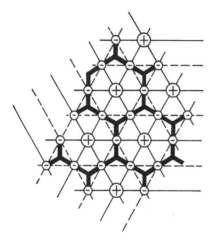

195 Sechseckige BÉNARDsche Zellen. An den mit einem Pluszeichen versehenen Kreisen steigt die Flüssigkeit nach oben, an den mit einem Minuszeichen versehenen Kreisen nach unten. Die ausgezogenen und die gestrichelten Linien geben die jeweilige Berandung der Rollen an. An den ausgezogenen Linien steigt die Flüssigkeit nach oben, an den gestrichelten fällt sie nach unten. Die dicken Linien geben die entstehenden Hexagone an, wo die Flüssigkeit sich nach unten bewegt.

entierten Rollen überlagern sich und erzeugen sechseckige (hexagonale) Bienenwabenmuster, sogenannte BÉNARDsche Zellen, wie Abb. 195 sie darstellt.

Die Rollenbewegungen stabilisieren sich hier gegenseitig wie drei sich stützende Stangen, die auf diese Weise nicht mehr umfallen können; aus der (rechnerisch recht mühsamen) Addition der einzelnen Rollenbewegungen ergibt sich schließlich das Bienenwabenmuster. In der Mitte der Sechsecke steigt die heiße Flüssigkeit nach oben, um an deren Rändern wieder abzusinken. Auch diese Erscheinung gilt für alle Flüssigkeiten: Lava erstarrt zu sechskantigen Blöcken, in Salzseen, die von der Erdwärme erhitzt werden, kristallisieren sechseckige Salzplatten aus, die Strukturen auf der Sonnenoberfläche, die Granulen, entstehen vermutlich auf die gleiche Weise (vgl. HERMANN HAKEN: *Erfolgsgeheimnisse der Natur*, 53–54).

Für unsere Frage nach der Entstehung des Lebens lernen wir aus diesen simplen Beispielen der Bewegungsform erhitzter Flüssigkeiten (und Gase) jetzt schon gleich zweierlei, das in seiner grundsätzlichen Bedeutung sich nur schwer überschätzen läßt: *Zum einen* stellen wir fest, daß bereits weit unterhalb der Schwelle des Lebens ein *ständiger Wettbewerb* stattfindet, indem «die verschiedenen Wachstumsraten einzelner kollektiver Bewegungsformen (oder Moden) darüber entscheiden, welche Struktur sich schließlich durchsetzt... Dies erinnert... sehr stark an die Grundidee des DARWINismus für die belebte Natur, wo der Wettkampf der Arten (sc. der Gene, d. V.) Motor der Entwicklung ist. Wir erkennen..., daß der DARWINismus der Spezialfall eines noch umfassenderen Prinzips ist. Der Wettkampf findet auch schon in der unbelebten Materie statt. Nach unserem jetzigen Wissensstand spielen derartige Konkurrenz-Vorgänge beim Wachstum und bei der Entwicklung eines jeden Lebewesens selbst (eine Rolle, d. V.), sei es bei der Formenbildung oder der Entwicklung des Gehirns» (a. a. O., 244). Und *zum anderen* ergibt sich die Folgerung, daß wir es in der belebten Natur ausschließlich mit *offenen Systemen* zu tun haben, für die der Zweite Satz der Thermodynamik insofern nicht gilt, als diese Systeme durch Energieaufnahme eine Ordnung aufbauen und erhalten, die sie dann allerdings mit einer Erhöhung der Gesamtentropie des Kosmos bezahlen müssen; das Leben ist gewissermaßen eine Insel im Meer der Entropie. Freilich ist auch die unbelebte Natur, wie wir sehen, bereits erfüllt von «Lagunen» und «Archipelen» geordneter Zustände, und diese wichtige Tatsache hört jetzt auf, von unerklärlicher Sonderbarkeit zu sein. Die Betrachtung offener Systeme nötigt uns vielmehr, über Ludwig Boltzmanns statistische Thermodynamik hinaus *ein neues Prinzip* für die Entstehung von Strukturen in offenen Systemen anzuerkennen. «Dies ist es gerade, was die Synergetik vor allem zutage gefördert hat. In einem offenen System testen die einzelnen Bestandteile ständig neue Lagen zueinander, neuartige Bewegungsabläufe oder neuartige Reaktionsvorgänge, an denen jeweils sehr viele Einzelteile des Systems beteiligt sind. Unter dem Einfluß der ständig zugeführten Energie oder auch ständig neu zugeführter Materie zeigen eine oder einige solcher gemeinschaftlicher, d. h. kollektiver Bewegungen oder Reaktionsabläufe sich anderen überlegen» (a. a. O., 243). Diese *überlegenen* Abläufe verstärken sich immer mehr und «versklaven» schließlich alle anderen Bewegungsformen, bis daß Bewegungsabläufe, sogenannte *«Moden»*, entstehen, die dem System eine makroskopische Struktur von «höherer Ordnung» aufprägen.

Dynamisch kommt es also auf die Wachstumsraten der Moden an, denn nur diejenigen mit der höchsten Rate werden sich durchsetzen. Im Falle, daß bestimmte Kollektivbewegungen, die sogenannten *«Ordner»*, gleiche Wachstumsraten aufweisen, können diese, wie bei der Bildung der *Bénard*schen Zellen, miteinander kooperieren und wiederum neuartige Strukturen zustande bringen, was freilich eine hinreichend große Energiezufuhr voraussetzt. An bestimmten kritischen Werten der Energiezufuhr kann der Gesamtzustand eines Systems sich makroskopisch ändern; es kommt zu einem *Phasenübergang*. Derartige Ordnungszustände, bei denen der Zustrom von Energie zum Aufbau von Strukturen führt, die weit vom thermodynamischen Gleichgewicht entfernt sind, haben Grégoire Nicolis und Ilya Prigogine: (*Die Erforschung des Komplexen*, 77–82) als *dissipative* (energieverbrauchende)

*Strukturen* bezeichnet (von lat.: *dissipare* = verstreuen, verteilen). Zur Entstehung solcher «dissipativen Strukturen» kommt es ganz allgemein dadurch, «daß die Nichtgleichgewichtsbedingungen es dem System möglich gemacht haben, den... Zustand thermischer Unordnung zu vermeiden und einen Teil der ihm von der Umgebung zugeführten Energie in geordnetes Verhalten eines neuen Typs... (sc. eben der *dissipativen Strukturen*, d. V.) umzusetzen: Dabei handelt es sich um ein Regime, das durch Symmetriebrechung (sc. eine bevorzugte Bewegungsrichtung z. B., d. V.), vielfältige Auswahlmöglichkeiten und durch Korrelationen makroskopischer Reichweite charakterisiert ist. Wir können daher sagen, daß wir buchstäblich (sc. auch nur schon beim Betrachten der Bénardschen Zellen, d. V.) die Geburt von Komplexität erlebt haben. Zugegeben, der erreichte Grad an Komplexität ist bescheiden; nichtsdestoweniger weist er Eigenschaften auf, die bisher üblicherweise nur biologischen Systemen zugeschrieben wurden. Wichtiger als das: Komplexität ist weit davon entfernt, etwa die Gesetze der Physik in Frage zu stellen, vielmehr erscheint sie unter geeigneten Bedingungen als eine unvermeidliche Konsequenz derselben» (Grégoire Nicolis – Ilya Prigogine: *Die Erforschung des Komplexen*, 28–29). Als Beispiele für solche «dissipativen Strukturen» läßt sich in der physikalischen Optik etwa der Laser nennen (vgl. Hermann Haken: *Erfolgsgeheimnisse der Natur*, 61–72) oder in der Chemie die Belousov-Shabotinsky-Reaktion, die tatsächlich bereits ein gutes Modell für den Ablauf vieler biochemischer Reaktionen darstellt, und es lohnt sich in unserem Zusammenhang deshalb, in gebotener Kürze darauf einzugehen. Womit wir es nämlich zu tun haben, ist ein wichtiges Beispiel von *Autokatalyse* im Bereich der unbelebten Natur.

Mit Autokatalyse (= Selbstbeschleunigung) bezeichnen wir die Fähigkeit bestimmter Stoffe, die Geschwindigkeit ihrer eigenen Entstehung zu erhöhen und sich dadurch selber zu vermehren. Die Reaktionsprodukte sind also in diesem Fall Katalysatoren, nämlich *Auto*katalysatoren, für ihre eigene Synthesenreaktion, und eine solche Fähigkeit war für eine präbiotische Evolution zweifellos ganz entscheidend. Die genannte Reaktion, die von dem Russen B. P. Belousov entdeckt und später von A. M. Shabotinsky analysiert wurde, läßt sich, ohne die recht komplizierten Einzelheiten zu schildern, in der Hauptsache so beschreiben.

«Normalerweise» werden verschiedene Moleküle, die miteinander eine neue Verbindung eingehen, ein neues Molekül bilden, das neue physikalische und chemische Eigenschaften aufweist – eine blaue und eine farblose Flüssigkeit z. B. tun sich zusammen, und es entsteht eine rote Flüssigkeit, die ihre

Farbe auf Dauer beibehält. Bei der BELOUSOV-SHABOTINSKY-Reaktion indessen ändert die Flüssigkeit in festen Zeitabständen periodisch ihre Farbe von Rot zu Blau zu Rot, und zwar mit solcher Regelmäßigkeit, daß man von einer «chemischen Uhr» sprechen kann. Freilich bricht die Reaktion nach wenigen Minuten ab, doch wenn man ständig geeignete Substanzen zuführt und die Endprodukte abführt, läßt sich die Reaktion unbegrenzt lange «am Leben» halten. Wir haben es erneut mit einer «dissipativen Struktur» zu tun, die sich bei Energie- bzw. Stoffzufuhr fernab vom Gleichgewicht bildet. Dabei ist gerade die periodische Schwingung, die in diesem Falle die Rolle des «Ordners» übernimmt, für die Biologie von Interesse, da viele wichtige Lebensvorgänge (der Herzschlag z. B.) auf solchen «Schwingungsvorgängen» beruhen. Speziell die BELOUSOV-SHABOTINSKY-Reaktion zeitigt dabei noch eigenartigere Phänomene: auf rotem Untergrund bilden sich an zufälligen Zentren blaue Punkte, die zu blauen Scheiben anwachsen, in denen wieder ein rotes Zentrum sich bildet, das zu einer roten Scheibe wird, in der wieder ein blauer Punkt... usw. Es finden also chemische Umwandlungen statt, die von einem gewissen Punkt an eine Rückreaktion einleiten, die zur Wiederherstellung des alten Zustandes führt, von dem die chemischen Umwandlungen ihren Ausgang nehmen, die ihrerseits wieder sich bis zu einem Zustand entwickeln, der erneut zu einer Rückreaktion führt, die ihrerseits... etc. Genauer gesagt, haben wir es mit einem Wechselspiel von Reaktionen und Diffusionen zu tun; die periodisch sich ausbreitenden Wellen zeigen, daß die miteinander reagierenden Moleküle sich in makroskopischen Dimensionen «frei» bewegen können, so wie Tinte sich in einem Löschblatt ausbreitet («diffundiert»), und sie zeigen zugleich, daß die Reaktions-Diffusions-Gleichungen erneut einem «Ordner» unterliegen.

*d) Gestaltbildung in der Biologie – Schleimpilze, Hydren und Ameisen*

Noch ehe wir unmittelbar auf das Problem der Entstehung des Lebens zu sprechen kommen, läßt sich doch an dieser Stelle schon erkennen, daß wir im Prinzip die gleiche Betrachtungsweise, mit der wir Phänomene wie die BELOUSOV-SHABOTINSKY-Reaktion erklären können, auch auf die Frage der *Gestaltbildung* in der Biologie (bei lebenden Systemen) werden anwenden dürfen. *Drei Beispiele* mögen als Beleg dafür dienen: das Verhalten der *Schleimpilze*, die Regenerationsfähigkeit der *Hydra* und die Organisation von *Insektenstaaten*.

**196** Die Entwicklung des Schleimpilzes von einzelligen amöboiden Zellen bis zum ausgebildeten reifen Fruchtkörper.

Schleimpilze *(Myxomyceten)* existieren «normalerweise» als amöbenartige Zellen. Bei Nahrungsknappheit aber versammeln sie sich an einem bestimmten Punkt, häufen sich immer mehr an und differenzieren sich dann in Fruchtkörper (Sporangien), die mit einem Stiel oder Stamm versehen sind, wie Abb. 196 es zeigt.

Als ganzes kann der Schleimpilz übrigens, wie eine Schlange sich krümmend, am Boden kriechend sich fortbewegen, um einen günstigen Standort für den Stamm zu suchen. Das ganze Arrangement bietet nicht nur ein frappierendes Beispiel für den Übergang von Einzellern zu Vielzellern in der Evolution, sondern es wirft die Frage auf, woher die einzelnen Zellen ihre «Informationen» bekommen, wie sie sich verhalten sollen. Die Antwort lautet erneut: die Zellen wissen dies durch *Selbstorganisation*. Sie erzeugen bei Nahrungsknappheit eine bestimmte Substanz, das zyklische Adenosinmonophosphat (cAMP); erreicht diese Substanz eine andere Zelle, so erzeugt diese ihrerseits verstärkt cAMP. Der Verstärkungseffekt und die Diffusion des cAMP bilden spiralförmige Muster chemischer Wellen bzw. Spiralen. Indem die Schleimpilz-Zellen das Dichtegefälle der cAMP-Wellen messen, gewinnen sie die Information, an welch einer Stelle sie sich versammeln sollen. Das Beispiel zeigt, «daß bei Musterbildungen immer wieder die gleichen Gesetzmäßigkeiten für die Ordner, die die makroskopische Ordnung beschreiben, zugrunde liegen» (HERMANN HAKEN: *Erfolgsgeheimnisse der Natur,* 101).

Ein anderes – berühmtes – Beispiel bietet die Regenerationsfähigkeit eines winzigen, nur wenige Millimeter großen Süßwasserpolypen, der *Hydra,* die insgesamt aus nur etlichen hunderttausend Zellen besteht, darunter etwa ein Dutzend verschiedener Zelltypen. Die Hydra verfügt über einen Kopf und einen Fuß, und die Frage ist, woher die einzelnen Zellen wissen, wo der Kopf und wo der Fuß sein soll. Nach der vitalistischen (oder animistischen) Vorstellung sagt den Zellen ein geistiges Prinzip, wie sie sich zu verhalten haben, und im Sinne der theologischen Betrachtung ist es «natürlich» der liebe Gott, der alles so gemacht hat, daß es funktioniert; auch bei den Biologen herrschte eine Weile lang die Meinung, die DNA bilde einfach einen fertigen Bauplan und die Zellen seien gewissermaßen nur die Steine, die sich in die Architektur fügen müßten. Um wievieles phantastischer es sich indessen wirklich verhält, läßt sich studieren, wenn man die Hydra in der Mitte durchtrennt und miterlebt, wie sich nun – durch ungeschlechtliche Vermehrung! – zwei Tiere bilden, indem der Teil mit dem Kopf einen Fuß regeneriert und der andere Teil den Kopf nachwachsen läßt. Dieselben Zellen also sind imstande, sich, je nachdem, zu einem Fuß oder zu einem Kopf zu entwickeln, und ob sie das eine oder das andere tun sollen, kann ihnen keine DNA sagen, sondern es muß Instruktionen im Zellverband geben, die den Zellen ihre Lage mitteilen und das entsprechende Entwicklungsprogramm starten. Daneben muß es auch hemmende Instruktionen geben nach der Devise: wo schon ein Kopf ist, soll nicht ein zweiter Kopf entstehen, und Instruktionen dieser Art müssen die Zellen über größere Entfernungen hin austauschen können. Man nimmt heute an, daß die Zellen gleichmäßig Anregungsstoffe und Hemmstoffe produzieren, die im Zellverband diffundieren können, und daß es erneut die kombinierte Wirkung von Reaktions- und Diffusionsvorgängen ist, die bei bestimmten kritischen Produktionsraten zu einer räumlichen Symmetriebrechung führt, mithin zu der Musterbildung etwa eines Kopfes oder eines Fußes.

Ja, mittlerweile ist bekannt, daß dieses Wechselspiel von Anregungs- und Hemmstoffen bei Wachstumsprozessen keinesfalls nur etwa bei der Hydra vorkommt, sondern in der Natur ganz allgemein verbreitet ist. Ob wir es mit der Ausbildung von Knospen an Stengeln zu tun haben oder mit der Streifenbildung bei Zebras oder – uns selber zentral betreffend – mit der Bildung des Nervensystems bei Säugetieren, für das spezielle Nervenwachstumfaktor-Proteine (s. o. S. 78) erforderlich sind; – immer wieder ist das Grundprinzip das gleiche: Anregungs- und Hemmstoffe führen zur Regelung von Musterbildungen mit Hilfe makroskopischer Ordnung (vgl. HERMANN HAKEN: *Erfolgsgeheimnisse der Natur*, 107).

Im Grunde sind wir mit dieser Einsicht bereits dabei, eine fundamentale Voraussetzung für die Entwicklung vielzelligen Lebens kennzulernen: Die Organisation der Vielzeller vor 500–1000 Millionen Jahren (mithin nach einer «Wartezeit» der Einzeller von etwa 3 Milliarden Jahren!) verlangte neue Wege der Selbstorganisation. So schreibt MANFRED EIGEN (*Stufen zum Leben*, 114–

115): «Programmiert im Genom der Zelle ist nur die *Regelung* der Selbstorganisation, nicht jedoch die Organisation per se. Ein Beispiel mag das verdeutlichen: Der Mensch hat in seinem Zentralnervensystem mehr Nervenzellen als Informationssymbole in seinem Genom. Das bedeutet, daß die Kontakte, die Milliarden Zellen miteinander verbinden, nicht im einzelnen vorprogrammiert sein können. Es können lediglich einige spezialisierte Funktionen sowie die Methode für einen differenzierten Aufbau des Organs genetisch fixiert sein. Zelldifferenzierung und Morphogenese sind wiederum Selbstorganisationsprozesse, allerdings auf einer weiteren, nämlich zellulären Ebene, wenngleich sie nach wie vor von molekularen Ereignissen gesteuert werden. Das Musterbeispiel eines hochdifferenzierten Organs ist das Zentralnervensystem des Menschen mit seinen vielen Milliarden von Nervenzellen, die über vielfältige Kontakte – zirka tausend bis zehntausend Verknüpfungen oder Synapsen pro Nervenzellen – miteinander kommunizieren.» Die neuronale Musterbildung innerhalb des neuronalen Netzes ist ein Werk der Selbstorganisation der Neuronen «am Ort» – nur deshalb kann das Gehirn immer neue Erfahrungen sammeln und aus alten Erfahrungen neue Schlußfolgerungen ziehen.

Für Theologen ergeben sich an dieser Stelle, noch ehe wir als drittem zu unserem Insektenbeispiel kommen, zwei ganz entscheidende Folgerungen. *Erstens:* es gibt Ordnung ohne einen Ordner von außen. Der «Ordner» in den dissipativen Strukturen fernab vom thermodynamischen Gleichgewicht liegt in den Reaktionsmechanismen des jeweiligen Systems selbst. Es gibt für den Aufbau dieser Ordnung weder einen Plan noch einen Planer (Organisator, Schöpfer, Gott). Die Musterbildung dissipativer Strukturen erfolgt durch Selbstorganisation, d. h. durch Rückkoppelungsmechanismen der Selbstverstärkung bestimmter Stoffkonzentrationen oder Bewegungsabläufe. Und *zweitens:* die Idee des ARISTOTELES und nach ihm des *doctor perennis,* des nach katholischer Ansicht für die Ewigkeit lehrenden mittelalterlichen Kirchenlehrers THOMAS VON AQUIN, ist hinfällig, man müsse zum Verständnis des Aufbaus von Ordnungsstrukturen und Lebensprozessen einen inneren Ordner im Sinne eines geistigen Prinzips, im Rahmen der römischen Theologie also einer von Gott geschaffenen *Seele* voraussetzen. Es *gibt* einen inneren Ordner, der als «Formursache» auftritt, doch ist dieser Ordner nicht etwas, das metaphysisch oder physisch zur «Materie» hinzugedacht werden müßte und das von den materiellen Vorgängen so unterschiedlich wäre, daß es der «Schöpfung» eines Gottes bedürfte, um an jedem Punkt der Welt die entsprechende «Seele» zu schaffen und sie als «Formprinzip» *(forma corporis)* dem «Körper» einzufügen, auf daß schlußendlich Leben sich bilde; vielmehr ist der

«Ordner» mit den Prozessen *identisch*, aus denen er sich bildet und die er zum Zwecke einer bestimmten Musterbildung «versklavt». – Wir werden der Frage nach dem Sinn der Rede von Geist, Seele und Person noch in dem 3. Band dieser Arbeit ausführlich nachgehen müssen; doch mag inzwischen unser versprochenes drittes Beispiel zur Selbstorganisation von Lebensvorgängen ein Bild dafür abgeben, wie sinnlos das Postulat einer belebenden und steuernden «Seele» oder eines «planend» (und «machtvoll») eingreifenden «Schöpfers» in Anbetracht dessen, was sich in der Natur tatsächlich zuträgt, im Grunde ist.

Wir haben bereits gezeigt, daß gesellig lebende Insekten wie Bienen und Ameisen höchstwahrscheinlich deswegen Staaten organisieren, weil der «Egoismus der Gene» sie dazu nötigt; damit konnten wir erklären, daß und warum es Insektenstaaten gibt; aber wir haben die Frage damals nicht gestellt, wie es denn möglich ist, ein solches Zusammenspiel vieler Tausender Individuen zu einem differenzierten und spezialisierten Aktionsmuster (wie Nestbau, Honigsammeln, Wabenbauen, die Brut in den Waben bei Überhitzung durch Fächelbewegungen kühlen, den Stock gegen Feinde verteidigen, die Königin ernähren usw.) zu «orchestrieren». Woher wissen die einzelnen Tiere, was sie tun sollen, wo es doch niemanden gibt, der es ihnen sagt? Diese Frage ist dieselbe, wie wir sie eben beim Verhalten der *Schleimpilze* oder bei der Regeneration einer *Hydra* gestellt haben, und wir ahnen schon: die Antwort wird auch die gleiche sein.

Eines steht bereits fest: die «Strategie» staatenbildender Insekten ist derartig erfolgreich, daß es ihnen gelungen ist, vor allem in den Tropen die meisten bekannten Nischen zu erobern, und um so dringlicher stellt sich die Frage, wie diese Tiere sich durchsetzen konnten. Dabei ist die alte Vorstellung – erneut – nicht länger haltbar, wonach die kollektiven Aktivitäten der Ameisen deterministisch interpretiert werden könnten, so als sei das einzelne Insekt nichts weiter als ein genetisch fertig programmierter Automat. Das Bild, das wir uns heute von einem Ameisenstaat machen, basiert auf einer Reihe von Zufallselementen der Umwelt und einem gewissen Spektrum an individuellen Gestaltungsmöglichkeiten in Korrespondenz dazu.

«Was an einem Insektenstaat am meisten ins Auge sticht», meinen GRÉGOIRE NICOLIS und ILYA PRIGOGINE (*Die Erforschung des Komplexen*, 308), «ist das Vorhandensein zweier Skalen: einer auf dem Niveau des Individuums, die durch ein hochgradig probabilistisches Verhalten charakterisiert ist, und einer auf dem Niveau des Gesamtstaates, wo sich trotz der Ineffizienz und Unberechenbarkeit der Individuen kohärente und gattungsspezifische Muster im Maßstab einer ganzen Kolonie herausbilden.»

Nehmen wir, um den Sachverhalt zu verdeutlichen, die *Nahrungssuche der Ameisen*, und arrangieren wir dabei zwei verschiedene Situationen: a) In der Nähe des Nestes befinde sich eine *verläßliche* Nahrungsquelle, z. B. eine Kolonie Blattläuse, und b) es finde sich in der Nähe eine *unerwartete* Nahrungsquelle, ein toter Vogel z. B. Im ersten Falle beobachtet man die Ausbildung stabiler Straßen vom Bau zur Nahrungsquelle, und jede dieser Straßen hat spezialisierte Benutzer. «Offenbar ist es für die Gesellschaft unter den bestehenden Umständen von Vorteil, dauerhafte stabile Strukturen mit geringem Rauschpegel aufzubauen» (a. a. O., 308). Eine dauerhafte Struktur ist aber zu unflexibel gegenüber einer unberechenbaren Umwelt, und so ist es sinnvoll, «an einer hohen Erkundungsaktivität festzuhalten und sich die Fähigkeit zu einer schnellen Entwicklung provisorischer Strukturen zu bewahren, um jede günstige Gelegenheit, die sich bietet, ausnutzen zu können. Mit anderen Worten, es scheint so, daß Unregelmäßigkeiten für die Organisation der Gesellschaft einen adaptiven Wert besitzen» (a. a. O., 309). (Nebenbei: Diese Feststellung läßt sich unmittelbar auch auf menschliche Gesellschaften übertragen: Eine Diktatur etwa oder ein unfehlbar sich dünkendes kirchliches Lehramt schließt zugunsten der Stabilisierung fester Strukturen das Suchverhalten einzelner Individuen aus, das notwendig ist, um auf eine sich verändernde Welt antworten zu können!) Es muß also auch Ameisen geben, die neue Nahrungsquellen erkunden und im Erfolgsfalle eine Spur zur Führung und Rekrutierung anderer Ameisen auslegen. Die Methoden, mit denen das geschieht, variieren von Art zu Art, doch die Frage, die sich unter diesen Umständen stellt, lautet generell: «Ameisen, die irrtümlich die Spur verlieren, können neue Nahrungsquellen entdecken, nutzen dafür aber die bereits bekannten nicht aus; was ist nun die günstigste Abstimmung zwischen Fluktuationen, die Entdeckungen und Innovationen ermöglichen, und präzisem Determinismus, der zu einer sofortigen Ausbeute führt» (a. a. O., 311)? Die Antwort läßt sich mathematisch in einem einfachen Modell darstellen.

Wir gehen von einer globalen Rekrutierung bei nur einer einzigen Nahrungsquelle aus und nennen die Zahl der rekrutierten Arbeiterinnen X; den mittleren Strom der Arbeiterinnen, die an der Nahrungsquelle ankommen, bezeichnen wir mit $J_+$, und wir nehmen an, daß $J_+$ proportional ist zu der Anzahl der Begegnungen zwischen den X arbeitenden und den (N–X) im Bau verbliebenen Ameisen, N steht für die Gesamtzahl rekrutierbarer Ameisen. Die Geschwindigkeit, mit der ein Individuum rekrutiert wird, bezeichnen wir mit a. Dann gilt:

$$J_+ = aX(N-X).$$

Umgekehrt gilt für den Strom, der von der Nahrungsquelle wegführt und wieder am Bau ankommt ($J_-$),

$$J_- = -bX,$$

wenn b für das Inverse der mittleren Zeit steht, die für den Aufenthalt am Ort der Nahrungsquelle und für den Rückzug zum Nest zugebracht wird. Sobald die Nahrungsquelle erschöpft ist, bestimmt dieser letztere Term allein die Entwicklung von X; solange es jedoch noch Nahrung gibt, ist die zeitliche Änderung von X gegeben durch die Gleichung

$$\frac{dX}{dt} = aX(N-X) - bX.$$

Diese Beziehung ist erneut die *logistische Gleichung,* die wir bereits von VERHULST zur Beschreibung der Populationsdynamik kennengelernt haben: Der Grenzwert N (also die Gesamtzahl rekrutierbarer Ameisen) bezeichnet die Aufnahmekapazität; für $X < N$ ist die Änderung von $J_+$ positiv – der mittlere Strom der Arbeiterinnen zur Nahrungsquelle nimmt zu, mithin entsteht eine positive Rückkoppelung der Population auf sich selbst (je mehr, desto mehr), die aber durch den Sättigungsfaktor (N–X) verlangsamt wird. Wir lassen in dieser Betrachtung unberücksichtigt, daß ein Ameisenstaat eine arbeitsteilige Gesellschaft mit bestimmten Kasten und differenzierten Aufgaben darstellt; wir fragen lediglich nach der besten Rekrutierungsstrategie und finden bei Verallgemeinerung der angegebenen Gleichungen, was man von vornherein erwarten konnte: Bei einer einzigen Nahrungsquelle ist diejenige Rekrutierungsform die beste, die fehlerfrei funktioniert. «Wenn die Nahrung jedoch auf mehrere Quellen verteilt ist, gibt es eine für die Minimalisierung der Ausbeutungsdauer ‹optimale› Fehlerhaftigkeit» (a. a. O., 313), das heißt, es muß eine gewisse Anzahl von Tieren geben, die zu der einen gegebenen Nahrungsquelle *nicht* finden, um dafür «stochastisch», durch reinen Zufall, andere Nahrungsquellen zu finden. «Offensichtlich besitzt ein Insektenstaat also eine bemerkenswerte Gestaltungsfähigkeit, die es ihm ermöglicht, bei minimaler Programmierung auf der genetischen Ebene eine Reihe komplexer Aufgaben zu bewältigen» (a. a. O., 315).

Womit wir es also zu tun haben, ist erneut eine Ordnung, die sich durch positive und negative Rückkoppelungsvorgänge – ganz ähnlich wie schon in der VERHULST-Gleichung – ergibt, und es ist ersichtlich niemand da noch nötig, der den Ameisen ihre Ordnung vorschreiben könnte oder müßte. Jede Ameise reagiert auf die lokalen Gegebenheiten ihrer Umwelt, und so formt sich das Zusammenspiel aller erneut durch Selbstorganisation. Eine «Seele» besitzt der Ameisenstaat nicht, doch die Aktivität aller schafft ein Muster der Kooperation von hoher Effizienz, das jedem einzelnen Tier, das in dem System und von dem System lebt, natürlich vollkommen unbekannt ist.

Dabei erfüllen die verschiedenen Kasten von Ameisen und Termiten ihre stets gleichen Arbeiten *altersunabhängig*. Erwähnt sei, daß die einfachste Form der Arbeitsteilung bei eusozialen Insekten im Unterschied dazu der «Alterspolyethismus» ist – eine alters*abhängige* Spezialisierung der «Dienstleistungen» also. J. R. PAGE und G. E. ROBINSON (*The genetics of division of labour in honeybees*, in: Advances in Insect Physiology, 23, 1991, 117–169) haben z. B. bei der Honigbiene *(Apis mellifera)* folgende Alterskasten herausgearbeitet: «Null bis zwei Tage alte Arbeiterinnen reinigen die Zellen. – Zwei bis elf Tage alte Arbeiterinnen sorgen für die Larven und die Königin. – Elf bis 20 Tage alte Arbeiterinnen verarbeiten die herbeigeschaffte Nahrung. – Über 20 Tage alte Arbeiterinnen sammeln eine bis drei Wochen lang Pollen und/oder Nektar, dann sterben sie» (JOHN MAYNARD SMITH – EÖRS SZATHMÁRY: *Evolution*, 273). Es läßt sich bei dieser Kasteneinteilung von vornherein vermuten, daß sie *hormonell* gesteuert wird, und tatsächlich fand man, daß unterschiedliche Mengen von *Juvenilhormon* unterschiedliche Verhaltensweisen bedingen; aufgrund eines genetisch programmierten Prozesses steigt der Juvenilhormontiter mit zunehmendem Alter und beeinflußt die zentralnervösen Schwellenwerte für die Reaktion auf bestimmte Reize, die mit speziellen Aufgaben verbunden sind; – junge Bienen zum Beispiel haben einen niedrigen Schwellenwert für Brutpflege und einen hohen für Nahrungssuche. Die Stärke der Reize wiederum ergibt sich aus den jeweiligen Bedingungen in der Kolonie. Selbst ein so kompliziertes Zusammenspiel wie die Arbeitsteilung innerhalb von Insektenstaaten setzt also keinen (äußeren) «Ordner» oder «Gesetzgeber» voraus, sondern entsteht aus genetischen und psychischen Konstellationen.

Was wir mit der Adresse an die Theologie bei solchen Beispielen und Feststellungen erleben, ist nicht mehr und nicht weniger als die sukzessive Ersetzung von Metaphysik durch Physik, und wir lernen zugleich, daß die Wahrheit der Welt sich nicht findet in dem Großen, Erhabenen und Allgemeinen, sondern ganz im Gegenteil; in dem vermeintlich so Geringen, Trivialen und Konkreten zeigt sich das Immer-Wiederkehrende, das prinzipiell Gültige; nicht eine PLATONische Idee oder eine ARISTOTELische «Substanz» oder, in

Verbindung damit, ein göttlicher Schöpfungsakt erklärt die Ordnung, die in der Natur herrscht; es ist die Selbstorganisation dissipativer Strukturen fernab vom Gleichgewicht, die nach immer gleicher Gesetzmäßigkeit Formen von erstaunlicher Funktionalität und, wie es uns Menschen erscheint, manchmal auch wohl von vollendeter Schönheit hervorbringt.

Es gibt noch einen *anderen* philosophisch bemerkenswerten Aspekt, den die Betrachtung des Lebens mit Hilfe von Thermodynamik und Synergetik uns hier bereits zeigen kann, das ist das immer wieder vergebliche Bemühen bestehender Systeme, einen Zustand *nahe* dem Gleichgewicht zu *bewahren*.

### e) *Autokatalyse und Boolesche Zufallsnetzwerke*

ERWIN SCHRÖDINGER ging noch davon aus, daß es die DNA sei, welche die Ordnung einer lebenden Zelle begründe, und viele Biologen folgen noch heute dieser Ansicht; doch haben wir soeben bereits – im Falle der *Hydra* oder beim Aufbau des menschlichen Gehirns oder bei den Aktivitätsmustern von Ameisen – gesehen, daß es so etwas wie einen DNA-Determinismus nicht gibt; die DNA legt gewissermaßen nur die Regeln des «Fußballspiels» fest, nicht aber das Verhalten jedes einzelnen Spielers. Vor allem aber scheint es in der Frage nach der Entstehung des Lebens ein methodischer Fehler (gewesen) zu sein, daß man die Bildung lebender Strukturen als bloße «Folge der Matrizeneigenschaften von DNA, RNA oder ähnlichen Polymeren» betrachten wollte (STUART A. KAUFFMAN «*Was ist Leben?*» – *hatte Schrödinger recht?*, in: Was ist Leben? 99–133, S. 112). Wenn wir die Frage nach der Entstehung des Lebens stets mit der (schon vorhandenen) Existenz eines stabilen makromolekularen Speichers für genetische Information verknüpfen, drehen wir uns zudem notgedrungen im Kreise und bleiben die Gefangenen des *order on order*-Prinzips; die Lösung des Problems, wie lebende «Ordnung» aus unbelebter «Unordnung» entstehen kann, besteht hingegen in der Einsicht, daß es selbstreproduzierende Systeme auch ohne SCHRÖDINGERS große aperiodische Festkörper gibt; die *Wurzeln* des Lebens jedenfalls liegen nicht ohne weiteres in der DNA, die offenbar selber schon das Ergebnis eines langwährenden Selektionsdrucks miteinander konkurrierender biochemischer Systeme darstellt, sondern sie liegen allem Anschein nach «in der Katalyse selbst sowie in der chemischen Kombinatorik. Falls diese Annahme zutrifft, könnten die Wege zum Leben breite Boulevards der Wahrscheinlichkeit sein, anstelle von schmalen Gassen des seltenen Zufalls» (a. a. O., 112). Wie also, wenn es genügte, bestimmte Formen einer stabilen kollektiven Dynamik zu beschreiben, um die Verfahren zur Entstehung des Lebens kennenzulernen? Gewiß, die symmetrische Schönheit der DNA-Doppelhelix legt es förmlich nahe, in Strukturen wie dieser die ersten lebenden Moleküle zu erkennen; doch die Quellen des Lebens, aus denen selbst erst solche Schönheit erwächst, dürften tiefer begründet sein. Anders gesagt: die DNA darf nicht «alles» erklären, sonst bleibt sie selbst unerklärlich, und die gesamte Biologie kann immer wieder nur sagen: So ist es nun einmal, ohne die DNA gibt es kein Leben... Wie aber gibt es die DNA?

Beginnen wir, um die Zusammenhänge tiefer zu betrachten, mit der kleinsten freilebenden Form von Organismen, mit den *Mycoplasmen*. Diese «abgeleiteten bakteriellen Lebensformen haben etwa 600 Gene, die über den Standardapparat Proteine codieren. Mycoplasmen besitzen Membranen, aber keine Bakterienzellwand. Sie leben in sehr nährstoffreicher Umwelt, etwa in der Lunge von Schafen oder von Menschen, wo die von ihnen benötigte relativ große Vielfalt an exogenen kleinen Molekülen vorhanden ist» (STUART A. KAUFFMAN, a. a. O., 106). Die Frage, die wir gerade an die Mycoplasmen stellen wollen, ist zweifach. Zum einen: wie vermehren sie sich? Und zum anderen: warum bestehen die einfachsten freilebenden Organismen aus gerade etwa 600 Genen und entsprechend aus einer recht geringen Anzahl verschiedener Proteine (also Polymere aus Aminosäuren) bei einem Stoffwechsel mit etwa 1000 kleinen Molekülen? (Inzwischen geht man sogar von nur 470 Genen bei Mycoplasmen aus – gegenüber rund 80 000 Genen beim Menschen; vgl. RAFAELA VON BREDOW: *Mikrobe aus dem Baukasten*, in: Der Spiegel, 5/1999, 164.) Warum bilden Zahlen dieser Größenordnung offenbar die Mindestgröße für lebende Strukturen?

Die *erste* Frage haben wir ausführlich beantwortet, als wir den Replikationsmechanismus der DNA geschildert haben (s. o. S. 76); wir haben zum Beispiel betont, daß bei der «Übersetzung» des RNA-Codes in Proteine stets codierende Enzyme erforderlich sind, die *Aminoacyl-tRNA-Synthetasen*, die jede Transfer-RNA korrekt beladen, um das entsprechende Protein am Ribosom synthetisieren zu können. Aber was *bedeutet* diese Tatsache? Das haben wir damals (noch) nicht gefragt. Jetzt aber ahnen wir die Antwort. Wir stellen nämlich fest, daß kein Molekül in einer Mycoplasmazelle (oder in irgendeiner anderen Zelle) sich selber repliziert; jede Molekülart wird durch Reaktionen gebildet, die andere Molekülarten des Systems katalysieren, oder sie wird als «Nahrung» von außen angeliefert. Mit einem Wort: «Das System als Ganzes ist kollektiv autokatalytisch» (STUART A. KAUFFMAN, a. a. O., 106).

Und diese Feststellung hilft uns nun, auch die *zweite* Frage zu beantworten: warum die minimale Komplexität einer Zelle bei 600 (oder 500) Genen und bei etwa 1000 kleinen Molekülen liegt. Wieder ahnen wir bereits die Lösung: Wir dürfen vermuten, daß ein kollektiv autokatalytisches System sich bildet, wenn die Vielfalt (die *Diversität*) der Molekülarten in einem ausreichend komplexen chemischen Reaktionssystem einen bestimmten kritischen Wert übersteigt. Es kommt dann, so nehmen wir an, zu einem «Phasenübergang» mit völlig neuen emergenten Eigenschaften und Entfaltungsmöglichkeiten. Aber läßt sich diese «Vermutung» erhärten?

Wir setzen einmal die Kenntnis darüber voraus, welche Polymere (Proteine) welche Reaktionen katalysieren; dann dürfen wir erwarten, daß mit der Vielfalt der Moleküle (mit der *Diversität*) in einem System auch das Verhältnis von Reaktionen zu Molekülen zunehmen wird: Ab einer bestimmten Diversität wird fast jedes Polymer mindestens eine Reaktion katalysieren, und irgendwann wird die Diversität «kritisch». «Wenn die Polymere, die als Katalysatoren wirken, selbst Produkte katalysierter Reaktionen sind, wird das System kollektiv autokatalytisch» (STUART A. KAUFFMAN, a. a. O., 109).

Konkretisieren wir diese Überlegung durch ein einfaches Zahlenbeispiel. Wir nehmen einmal an, jedes Polymer könnte mit einer Wahrscheinlichkeit von eins zu einer Milliarde für zumindest eine zufällig gewählte Reaktion als Katalysator dienen, und wir setzen ferner voraus, daß die Vielfalt der Moleküle in einem gegebenen System so hoch ist, daß *jedes* Molekül an einer Milliarde Reaktionen beteiligt ist, dann brauchen wir nur noch hinzuzufügen, daß es sich bei den Polymeren um Moleküle handelt, die Reaktionen *zwischen* solchen Polymeren katalysieren können, und wir gelangen zu der Folgerung, daß unter diesen Umständen etwa eine Reaktion pro Polymer katalysiert wird und es im ganzen unvermeidbar wird, daß das System kollektiv autokatalytische Teilsysteme enthält. Und das bedeutet: «Bei einer kritischen Diversität ist es infolge eines Phasenüberganges erstmals zur Selbstreproduktion eines Reaktionssystems gekommen» (a. a. O., 109; vgl. Abb. 197).

Entscheidend ist jetzt die bereits getroffene Feststellung, daß eine bestimmte kritische Diversität erforderlich ist, um katalytische Geschlossenheit zu erzielen. Wenn zum Beispiel, wie wir angenommen haben, die Wahrscheinlichkeit, daß ein beliebiges Polymer eine beliebige Reaktion katalysiert, eins zu einer Milliarde beträgt, so reichen etwa 18 000 Molekülarten aus, um kollektiv autokatalytische Verbände entstehen zu lassen.

Doch sogar auf die Idealisierung, daß jedes Polymer mit einer feststehenden Wahrscheinlichkeit als Katalysator einer beliebigen Reaktion dienen

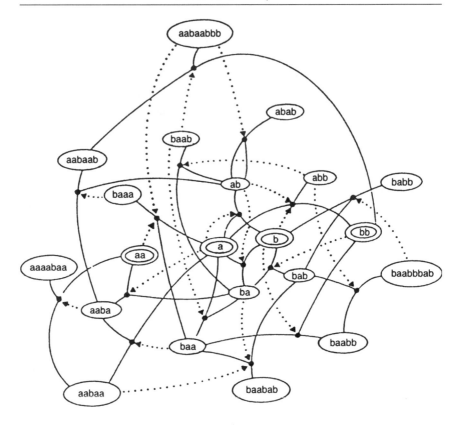

**197** *Schematisches Beispiel eines kleinen autokatalytischen Verbandes.*
Die Reaktionen sind durch Punkte dargestellt, die größere Polymere mit ihren Abbauprodukten verbinden. Punktierte Linien verbinden Katalysatoren mit den von ihnen katalysierten Reaktionen. Das System basiert auf der Zufuhr der Monomere a und b sowie der Dimere aa und bb als Nährstoffmoleküle (doppelte Ellipsen).

kann, läßt sich verzichten. STUART A. KAUFFMAN (*The Origin of Order: Self Organisation and Selection in Evolution*, New York 1993) hat vor fünf Jahren ein alternatives RNA-Modellsystem entwickelt, in dem jede passende RNA-Sequenz nur mit einer Wahrscheinlichkeit von eins zu einer Million als spezifische Ligase (also als ein spezifisches Enzym zur Verknüpfung zweier Moleküle) wirken kann (dazu muß die RNA-Sequenz komplementäre Sequenzen zu den drei 5'-terminalen Nucleotiden eines Substrates sowie zu den drei 3'-terminalen Nucleotiden eines anderen Substrates erhalten; s. o. S. 73); auch dann bilden sich in dem System bei einer kritischen Vielfalt an Modell-RNA-Sequenzen kollektiv autokatalytische Verbände.

Dies als Tatsache also einmal vorausgesetzt, so stellt sich gleich die nächste Frage: Können solche kollektiv autokatalytischen Systeme ohne ein Genom in üblichem Sinne (ohne DNA) evolvieren? *Wenn* dies möglich *wäre*, benötigte man SCHRÖDINGERS «aperiodischen Festkörper» als Speicher für genetische Informationen nicht mehr! Und es *ist* möglich, zumindest in Computersimulationen.

Wie J. D. FARMER, ST. A. KAUFFMAN und N. H. PACKARD (*Autocatalytic Replication of Polymers*, in: Physica, 22 D, 1986, 50–67) gezeigt haben, können sich «in Modell-Durchflußreaktoren unter ziemlich realistischen thermodynamischen Bedingungen tatsächlich autokatalytische Systeme bilden» (STUART A. KAUFFMAN: *Was ist Leben?* in: Was ist Leben?, 112), ja es ist in solchen Systemen ein gewisses Maß an Evolution auch ohne Genom möglich (vgl. R. J. BAGLEY: *The Functional Self-Organisation of Autocatalytic Network in a Model of the Evolution of Biogenesis*, San Diego 1991). Ein autokatalytischer Verband kann z. B. evolvieren, indem er Molekülarten integriert, die er selber bildet, ohne daß sie zu dem Verband gehören; es genügt dazu, daß die selbst gebildeten «Schattenmoleküle» eine gewisse Konzentration erreichen und dann denjenigen Mitgliedern des Verbandes, die ihre Bildung katalysiert haben, etwa durch Hemmung anderer Molekülarten hilfreich werden. Die Aufnahme neuer Molekülarten führt dann zur Eliminierung älterer; das System als ganzes verändert sich – (es evolviert). Insgesamt schätzt man, «daß eine Diversität von vielleicht 100 000 bis 1 000 000 Polymersequenzen aus jeweils 100 Monomeren ausreicht, damit es zur kollektiven Autokatalyse kommt» (STUART A. KAUFFMAN: *Was ist Leben?*», in: Was ist Leben?, 115).

Formulieren wir dieses Ergebnis in der Sprache der Physik, so können wir sagen: Zur Entstehung von Leben, zur Entstehung von «Ordnung aus Unordnung» kann es kommen in offenen thermodynamischen Systemen, in deren Zustandsraum «eine starke Konvergenz auf kleine, stabile dynamische

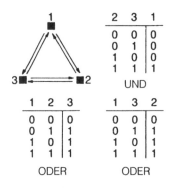

198 *Die* BOOLE*sche UND- und ODER-Funktion.* In der dritten Spalte ist der Zahl 1 das UND, den Zahlen 2 und 3 das ODER zugeordnet. Die Variable 1 wird aktiviert, wenn sie von den beiden anderen Variablen 2 *und* 3 einen Input empfängt, der anzeigt, daß beide (Eingangs)Variablen 2 *und* 3 aktiviert sind. Die Variable 3 wird aktiviert, wenn sie von *einer* der beiden anderen (Eingangs)Variablen 1 *oder* 2 einen Input empfängt, der anzeigt, daß 1 oder 2 aktiviert ist. Ganz entsprechend verhält es sich mit der Variablen 2.

Attraktoren möglich ist. Anders betrachtet muß das offene System fähig sein, Information oder Freiheitsgrade schnell genug abzugeben, um thermische und andere Schwankungen auszugleichen» (a. a. O., 115). Als *mathematisches Modell* solcher Nichtgleichgewichtssysteme sind BOOLESCHE Zufallsnetzwerke am besten geeignet. Auch dazu sollten wir noch ein paar Worte sagen.

Wir hörten früher (s. o. S. 95) JACQUES MONOD davon sprechen, das von ihm selbst entschlüsselte *Operon-System* funktioniere nicht nach den Regeln der HEGELschen Dialektik, sondern der BOOLEschen Algebra; und tatsächlich wurden die BOOLEschen Netzwerke von den Biologen zuerst als Modelle zur Erklärung der Regulationssysteme in der Zelle aufgegriffen; sie lassen sich aber auch auf andere offene thermodynamische Systeme beziehen, die von einer äußeren Energiequelle fernab vom Gleichgewicht gehalten werden.

GEORGE BOOLE, der im 19. Jahrhundert die mathematische Begründung für solche Netzwerke schuf, ging von bestimmten logischen Funktionen aus, die sich in einfachen binären Schaltfunktionen, in An-aus-Variablen, realisieren lassen. Die BOOLEsche UND-Funktion z. B. entsteht, wenn eine binäre Variable (die nur ein- oder ausgeschaltet sein kann) den Input von zwei anderen (Eingangs)Variablen empfängt, aber nur aktiviert wird, wenn beide zugleich aktiv sind; die ODER-Funktion ergibt sich, wenn eine binäre Variable dadurch aktiviert wird, daß entweder die eine *oder* die andere oder beide Eingangsvariablen aktiv sind (vgl. Abb. 198). Darüber hinaus gibt es noch 14 andere BOOLEsche Funktionen, z. B. *wenn, ausschließendes Oder* usw., auf deren Darstellung wir an dieser Stelle verzichten.

Definieren wir den Zustand des gesamten Netzwerkes, das in unserem Falle nur drei Variablen enthält (N = 3, mit N als Gesamtanzahl der Varia-

| T | | | T+1 | | |
|---|---|---|---|---|---|
| 1 | 2 | 3 | 1 | 2 | 3 |
| 0 | 0 | 0 | 0 | 0 | 0 |
| 0 | 0 | 1 | 0 | 1 | 0 |
| 0 | 1 | 0 | 0 | 0 | 1 |
| 0 | 1 | 1 | 1 | 1 | 1 |
| 1 | 0 | 0 | 0 | 1 | 1 |
| 1 | 0 | 1 | 0 | 1 | 1 |
| 1 | 1 | 0 | 0 | 1 | 1 |
| 1 | 1 | 1 | 1 | 1 | 1 |

199 Die BOOLEschen Regeln, die für alle 8 Zustände im Zeitpunkt T die Folgezustände im nächsten Moment T + 1 angeben; von links nach rechts zu lesen.

blen), als die Gesamtheit der Aktivitäten aller binären Variablen ($2^N$, in unserem Falle also $2^3 = 8$) zu einem beliebigen Zeitpunkt, so ergibt sich der «Zustandsraum» der linken Seite in Abb. 199; die *Reaktion* jeder Variablen auf jede mögliche Kombination ihrer Eingänge ist auf der rechten Seite dargestellt; die Zeilen der rechten Hälfte geben mithin die *Folgeaktivitäten* der drei Variablen zu dem nächstfolgenden Zeitpunkt (T + 1) wieder. Man beachte, daß nach wie vor 1 mit der UND-, 2 und 3 mit der ODER-Funktion verbunden ist.

Entscheidend für unseren Zusammenhang ist die Feststellung, daß in einem BOOLEschen Netzwerk jeder Zustand nur *einen* Folgezustand hat, so daß das System in seinem Zustandsraum einer Trajektorie (einer festen berechenbaren Bahn) von Zuständen folgt; und da die Anzahl der Zustände endlich ist, muß das System irgendwann zu seinem Anfangszustand zurückkehren – es durchläuft einen *Zustandszyklus* (wie z. B. in der BELOUSOV-SHABOTINSKY-Reaktion!), es stellt selbst mithin einen *Attraktor* dar. Sobald die Trajektorien konvergieren oder sobald sie in einen Zustandszyklus einmünden, gehen jedoch die Informationen über den Weg verloren, auf dem das System seinen momentanen Zustand erreicht hat, und es ist offenbar diese Auslöschung der Vergangenheit, welche die Voraussetzung für das Entstehen von Ordnung in diesen Netzwerken bildet! Das Wichtigste aber ist: «Obwohl BOOLEsche Netzwerke Tausende binärer Variablen enthalten können, kann in ihnen spontan eine unerwartete und ausgeprägte Ordnung entstehen. Diese Ordnung ist ... von solcher Wirksamkeit, daß ein Großteil der dynamischen Ordnung in Organismen durch sie erklärt sein könnte» (a. a. O., 122). «Die Logik des Netzwerkes selbst ist ... vollkommen zufällig. Dennoch kristallisiert sich Ordnung heraus» (a. a. O., 123). Vor allem nämlich zeigt sich, daß offene thermodynamische Systeme mit starker Tendenz zur Konvergenz im Zustandsraum *Schwankungen ausgleichen* können. Diese Feststellung ist gegenüber

SCHRÖDINGERS Vorstellung von der «ordnenden» Wirkung durch einen «aperiodischen Festkörper» sehr wichtig: Auch ein codiertes System könnte sich ja chaotisch entwickeln – das Genom allein genügt keinesfalls, um die Entstehung von Ordnung zu gewährleisten! Ein konvergenter Fluß zu Attraktoren aber kann eine *Homöostase,* einen Gleichgewichtszustand, bilden, der den Wärmetod, die Entropie, überwindet.

Um die Entstehung komplexer Ordnung in einem BOOLEschen Zufallsnetzwerk zu visualisieren, denken wir uns einfach einmal ein quadratisches Gitter, in dem jede binäre Variable Inputs von ihren vier Nachbarn erhält; jede Gitterstelle besitzt eine zufällige BOOLEsche Funktion für ihre vier Inputs; jede Variable kann ihren Wert, wie vorhin gezeigt, von 1 auf 0 oder von 0 auf 1 verändern; Variablen, *die* sich verändern, markieren wir mit der Farbe grün, während die unbeweglichen «eingefrorenen» Variablen die Farbe Rot erhalten. Zufallsgitternetzwerke mit vier Eingängen pro Variable liegen im chaotischen Regime; die meisten Gitterstellen in einem solchen System färben sich grün und umspülen wie ein Meer die isolierten Inseln in Rot. Nun setzen wir, daß *ein* Anteil der Inputkombinationen einen häufigeren Ausgabewert ergibt, gleichgültig, ob dies eine 1 oder eine 0 ist, dann entsteht Asymmetrie; die Wahrscheinlichkeit dafür wollen wir mit P bezeichnen. Bei der UND-Funktion z. B. könnten drei der vier Inputkonfigurationen einer Variable mit zwei Eingängen die Reaktion 0 hervorrufen, – der Wert 1 entsteht ja erst, wenn beide Inputs 1 sind; P für 0 betrüge in diesem Fall $^3/_4$ (= 0,75). Generell liegt der Wert von P zwischen 0,5 und 1,0. B. DERRIDA und G. WEISBUCH (*Evolution of Overlaps Between Configurations in Random Boolean Networks,* in: Journal de Physique 47, 1982, 1297–1303) haben nun gezeigt, daß ein BOOLEsches Gitter im geordneten Regime liegt, wenn bei aller Zufälligkeit der den Gitterstellen zugeordneten BOOLEschen Funktionen P einen kritischen Wert, $P_c$, überschreitet; für ein quadratisches Gitter ist $P_c$ = 0,72.

Unter diesen Voraussetzungen läßt sich jetzt wie in einem Film vorführen, daß bei P > $P_c$ immer mehr grüne Stellen auf ihrem vorherrschenden Wert (1 oder 0) einfrieren und sich rot färben, bis daß nur noch wenige grüne Inseln übrigbleiben. Und umgekehrt: wird P < $P_c$, so kommt es zu einem Phasenübergang: bei Annäherung an $P_c$, also je mehr P abnimmt, desto stärker beginnen die grünen Inseln zu wachsen und werden ihrerseits zum «Meer». Auch die Wirkung von *Schäden* läßt sich in diesem Rahmen untersuchen: gestörte Stellen breiten sich im grünen Bereich lawinenartig aus, während ihre Ausbreitung im roten Bereich blockiert wird; der rote Bereich trägt also wesentlich zur homöostatischen Stabilität des Systems (zu seinem Verbleib im

Gleichgewicht) bei. Allgemein läßt sich feststellen, daß im *chaotischen* (grünen) Regime die Tendenz besteht, daß Anfangszustände divergieren, während sie im *geordneten* (roten) Regime konvergieren; der Phasenübergang aber bildet das *komplexe* Regime; am Rande des Phasenübergangs zum chaotischen Regime zeigen benachbarte Zustände im Durchschnitt weder Konvergenz noch Divergenz.

Dieses Bild vor Augen, darf man annehmen, daß komplexe adaptive Systeme in Richtung auf das komplexe Regime am Rande des Chaos evolvieren (vgl. C. LANGTON: *Studying Artificial Life with Cellular Automata*, in: Physica, 22 D, 1986, 120–149). Ein solcher Gedanke legt sich nahe, weil die grünen Inseln, die miteinander zu wechselnder Aktivität in der Lage wären, im roten Meer voneinander zu weit isoliert sind und weil umgekehrt im chaotischen (grünen) Regime selbst geringfügige Störungen bereits große Veränderungslawinen auslösen, die eine Kooperation verhindern. Optimal hingegen sollte die Fähigkeit zur Koordination komplexen Verhaltens bei einer Position innerhalb des geordneten Regimes nicht weit vom Phasenübergang zum Chaos («nahe dem Chaosrand») gegeben sein. Wenn diese Annahme zuträfe, so ließe sich eine «allgemeine Theorie über die innere Struktur und Logik komplexer, parallelverarbeitender adaptiver Systeme» erstellen. «Nach dieser Theorie müßte die Selektion der Fähigkeit, komplexes Verhalten zu koordinieren, dazu führen, daß adaptive Systeme Eigenschaften evolvieren, die sie im Phasenübergang oder in dessen Nachbarschaft ansiedeln» (STUART A. KAUFFMAN: «*Was ist Leben?*», in: Was ist Leben?, 127).

Fügen wir noch hinzu, daß sich auch *die regulatorischen Netzwerke der Genome* nicht weit vom Rande des Chaos angesiedelt finden und von den Regeln der BOOLEschen Algebra gesteuert werden, so lassen sich die Zelltypen, die zum Repertoire eines Genomsystems gehören, selber als «Attraktoren eines genetischen Netzwerkes, also als Zustandszyklen», interpretieren (a. a. O., 129). Für diese Auffassung spricht eine einfache Tatsache. «Die Anzahl der Attraktoren steigt mit der Quadratwurzel aus der Variablenzahl. Wenn ein Attraktor ein Zelltyp ist, bedeutet dies, daß die Anzahl der Zelltypen eines Organismus etwa der Quadratwurzel aus der Anzahl seiner Gene entsprechen müßte» (a. a. O., 129).

Und dies scheint zuzutreffen. Die Anzahl der Gene beim Menschen schätzt man auf etwa 100 000, die Anzahl der Zelltypen müßte dann bei 316 liegen – 256 Zelltypen gelten als nachgewiesen. Mehr noch: auch die homöostatische Stabilität der Zelltypen läßt sich auf diese Weise vorhersagen. Entsprechend der Ausdehnung der gefrorenen (roten) Komponente sollten 70% der Gene eines Organismus in allen seinen Zelltypen den gleichen feststehenden Aktivitätszustand aufweisen, während die «grünen Inseln» die Unterschiede im Genaktivitätsmuster verschiedener Zelltypen angeben. Mit anderen Worten: Bei den Genomregulationssystemen könnte es sich um parallelverarbeitende im geordneten Regime gelegene Systeme handeln, deren dynamische Ordnung aus einer für solche Systeme charakteristischen Konvergenz im Zustandsraum resultiert.

Wenn dieses Konzept sich erhärten ließe, wären wir ein für allemal der Vorstellung ledig, daß irgendein überaus seltener, einmaliger Zufall (also denn doch vielleicht ein «Eingreifen» Gottes?) die Ordnung der belebten Welt «geschaffen» habe. Was wir jetzt vor uns liegen sehen, sind in der Tat ganze Straßenzüge, die allesamt hinüberführen in die Stadt des Lebens. Am Anfang der Evolution des Lebens stünde dann nichts Ausnahmsweises mehr, sondern die Allgemeinheit der Fähigkeit der Materie zur Selbstorganisation – das genaue Gegenstück der herkömmlichen «fundamentaltheologischen» Argumentation. Es bliebe dann auch nicht länger mehr erstaunlich, daß wir die ersten Formen des Lebens augenblicklich auftreten sehen, als vor 4–3,5 Milliarden Jahren die Oberfläche der Erde genügend abgekühlt war, um die Voraussetzung für die Entstehung von Leben zu bieten.

*f) Ein Stück Lebensphilosophie mitten in der Thermodynamik*

Aber wir lernen bei solchen Betrachtungen nicht allein eine neue Sicht auf die Anfänge des Lebens, unsere Sicht auf das Leben selber verändert sich. Gerade die frühe Entstehung des Lebens auf der Erde könnte noch einmal Anlaß für alle möglichen vitalistischen, panpsychistischen oder pantheistischen Spekulationen bieten: Ist «das Leben» nicht vielleicht doch als «radiale Energie» (TEILHARD DE CHARDIN) schon in den Atomen enthalten und drängt «von innen heraus», nach göttlichem Plan, danach, auf immer komplexeren Stufen – also nun denn: seiner «Selbstorganisation» sich zum Vorschein zu bringen? Wir können nur so deutlich wie möglich feststellen: Gerade die SCHRÖDINGERsche Verknüpfung einer biologischen Problemstellung (die Anfänge des Lebens) mit Fragen der physikalischen Thermodynamik (Ordnung aus Entropie) *verbietet* eine solche Deutung.

Es ist nicht nur, daß man bei allen Deutungen der Anfänge des Lebens, die ein geistiges oder vitales Prinzip voraussetzen, die Tatsache der *Emergenz,* der Entstehung von wirklich Neuem, aus den unteren Stufen physikalischer und chemischer Ordnung nicht Abzuleitendem, unterschätzt (oder verleugnet), wenn man das Leben «immer schon» in die unteren Formen der Organisation von Materie (der Bildung von Atomen etwa 100 000 Jahre nach dem «Urknall») hineingeheimnist, es ist auch nicht nur, daß man, statt das Leben physikalisch aus den Ursprüngen zu erklären, es metaphysisch selbst zum Ursprung erklärt – es ist vor allem, daß man fälschlich den Eindruck erweckt, als warte förmlich freudig die Welt, nun endlich das Leben – und damit im letzten uns selber! – begrüßen zu dürfen. Statt mit HENRI BERGSON einen «Lebensdrang» (einen *élan vital*) in allen Dingen anzunehmen, müssen wir ganz im Gegenteil den *fundamentalen Widerstand* thermodynamischer Systeme, sich durch den Zustrom exogener Energie vom Gleichgewicht wegdrängen zu lassen, als einen Hauptgrund für die Entstehung des Lebens, von «Ordnung aus Unordnung» erkennen!

Kommen wir noch einmal zurück auf den Zweiten Hauptsatz der Thermodynamik. Autokatalytische Reaktionssysteme, wie wir sie gerade beschrieben haben, sind selbstorganisierend durch das Zusammenspiel einer Fülle von sich selbst verstärkenden Reaktionen; außer acht gelassen aber haben wir bei dieser Betrachtung noch die Frage, woher die Systeme ihre Energie für ihre Reaktionen eigentlich beziehen – wir haben einfach vorausgesetzt, daß ein dichter Energiefluß von außen das jeweilige System durchströmt. Doch darin liegt ein Problem. Bereits LUDWIG BOLTZMANN (*Der zweite Hauptsatz der mechanischen Wärmetheorie*, 1886) erkannte, daß alle Lebensprozesse mittelbar oder unmittelbar von dem Energiegradienten angetrieben werden, den die Sonnenstrahlung der Erde als einem offenen System auferlegt; folgerichtig sah er in dem DARWINschen «Kampf ums Dasein» wesentlich einen Wettkampf lebender Systeme um Entropie; er schrieb: «Der allgemeine Daseinskampf der Lebewesen ist daher nicht ein Kampf um die Grundstoffe – die Grundstoffe aller Organismen sind in Luft, Wasser und Erdboden im Überflusse vorhanden –, auch nicht um Energie, welche in Form von Wärme leider unverwandelbar in jedem Körper reichlich enthalten ist, sondern ein Kampf um die Entropie, welche durch den Übergang der Energie von der heißen Sonne zur kalten Erde disponibel wird.» So verstanden, erhalten die Organismen ihre komplexe Ordnung dadurch, daß sie Ordnung aus der Umwelt aufsaugen, gezwungen letztlich durch die zugeführte Energie des Sonnenlichtes. Um ihre Ordnung zu erhalten bzw. den drohenden Zustand thermischer Unordnung zu vermeiden, überführen sie einen Teil der aufgenommenen Energie in Ordnung oder, genauer: in die dissipativen Strukturen, wobei sie allerdings die Entropie der Umgebung erhöhen. Diesen Gedanken kennen wir; es liegt darin aber eine Schlußfolgerung enthalten, auf die Eric C. Schneider und James J. Kay (*Ordnung aus Unordnung: Die Thermodynamik der Komplexität in der Biologie*, in: Was ist Leben? 183–196) hingewiesen haben.

Bei der Entstehung der *Bénard*schen Zellen z. B. haben wir davon gesprochen, daß von einem kritischen Wert des Wärmeflusses an die molekularen Bewegungen der Flüssigkeit kohärent in Konvektionszellen übergehen, die schließlich hexagonale Oberflächenmuster bilden; wir haben damit im Grunde nur die Folge aus dem angelegten Wärmegradienten beschrieben: mehr als $10^{22}$ Moleküle beginnen, in einer hochorganisierten Weise zu agieren. Man kann aber auch sagen, die Bildung der *Bénard*schen Zellen stelle «die Antwort des Systems auf Versuche dar, es aus dem Gleichgewicht zu entfernen» (a. a. O., 187). Und dies ist nicht nur eine Frage der Ausdrucksweise, sondern der Beginn einer neuen Betrachtung. Mit Hilfe einer neu formulierten Fassung des Zweiten Hauptsatzes schreiben E. D. Schneider und J. J. Kay: «Sobald man Systeme aus dem Gleichgewicht bringt, benutzen sie alle verfügbaren Wege, um den angelegten Gradienten entgegenzuwirken. Wenn diese zunehmen, nimmt auch die Fähigkeit des Systems zu, sich einer weiteren Entfernung vom Gleichgewichtszustand zu widersetzen» (a. a. O., 188). Wir sagten vorhin, die «Ordnung» walzenförmiger Konvektionsströme in erhitzter Flüssigkeit entstehe dadurch, daß die Flüssigkeit sich einfach so bewege, wie es mit den geringsten Störungen im Ablauf möglich sei; wir können jetzt dieselbe Tatsache auch anders ausdrücken und verallgemeinernd die Feststellung treffen, daß ein System, das sich im Temperatur-, Druck- und chemischen Gleichgewicht befindet, seiner Entfernung aus diesem Gleichgewichtszustand *Widerstand* entgegensetzet und daß die «Ordnung», die sich dann bildet, ein Ausdruck eben dieses Widerstandes ist! Wenn ein System aus seinem Gleichgewicht entfernt wird, so verändert es seinen Zustand in einer Weise, die dem angelegten Gradienten entgegenwirkt und das System zum Gleichgewicht als Anziehungspunkt (als «Attraktor») zurückzubewegen sucht. «Je stärker der angelegte Gradient, desto größer ist die Anziehungskraft des Gleichgewichtszustandes auf das System. Je weiter ein System vom Gleichgewicht entfernt wurde, desto ausgefeilter sind seine Mechanismen, um der Entfernung aus dem Gleichgewicht Widerstand zu leisten» (a. a. O., 188). Die entsprechenden selbstorganisierenden Vorgänge dienen mithin wesentlich dem Gradientenausgleich.

Dissipative Systeme als Gradientenausgleicher – das ist ein Konzept, das sich als erstes beim «Phasenübergang» zu lebenden Strukturen bewährt; Leben erscheint bei dieser Deutung als eine «Antwort auf den thermodynamischen Imperativ, Gradienten auszugleichen... Biologisches *Wachstum* findet statt, wenn im System noch mehr gleichartige Wege hinzugefügt werden, angelegte Gradienten abzuflachen. Biologische *Entwicklung* findet statt, wenn *neue* Wege im System auftauchen» (a. a. O., 190). Nach diesem Maßstab läßt sich Wachstum und Entwicklung lebender Systeme bewerten (vgl. E. SCHNEIDER – J. KAY: *Live is a Manifestation of the Second Law of Thermodynamics*, in: Mathematical and Computer Modelling 19/6–8, 1994, 25–48). Und zum zweiten erlaubt dieses Konzept zugleich auch eine Einsicht in die *Entstehung und Selbstorganisation von Ökosystemen* entsprechend ihren unterschiedlichen Trophiestufen (s. o. S. 247).

Ökosysteme entwickeln sich unter diesem Gesichtspunkt, indem sie die Gesamtdissipation erhöhen und komplexere Strukturen mit größerer Vielfalt und zahlreicheren Hierarchieebenen aufbauen. «Biologische Systeme entwickeln sich, damit sie ihre Energiedegradationsrate erhöhen (sc. damit sie immer mehr höherwertige Energie in niederwertige Energie umwandeln, d. V.); biologisches Wachstum, die Ausbildung von Ökosystemen und die Evolution stellen die Entwicklung neuer Ausgleichswege (sc. gegenüber dem angelegten Gradienten, d. V.) dar» (E. SCHNEIDER – J. KAY: *Ordnung aus Unordnung*, in: Was ist Leben?, 191). Der umgekehrte Vorgang scheint diese Auffassung voll zu bestätigen: Streßbelastungen wie Schadstoffeintragungen oder Verringerungen des Energiezuflusses veranlassen ein Ökosystem, sich so umzuformen, daß es mit einer geringeren Energiedegradation zurechtkommt. Die Folge: «Gestreßte Ökosysteme sehen Ökosystemen auf einer früheren Entwicklungsstufe oftmals ziemlich ähnlich und befinden sich näher am thermodynamischen Gleichgewicht» (a. a. O., 192; vgl. J. J. KAY: *Self-Organization in Living Systems*, Ontario 1984; NEIL A. CAMPBELL: *Biologie*, 1232–1242).

Was uns in diesem Zusammenhang *philosophisch* oder *theologisch* interessieren muß, ist eine ebenso merkwürdige wie bemerkenswerte Folgerung, die sich aus dem Gesagten ergibt: Wenn Ordnung, die sich bei der Entstehung des Lebens aus «Unordnung» bildet, im Grunde einem *Widerstand* des Systems *gegen* seine Entfernung vom Gleichgewicht entstammt, so ist das Leben keinesfalls aus der inneren Dynamik bestimmter Strukturen selbst zu verstehen – alle vitalistischen oder metaphysischen Deutungen des Phänomens Leben finden an dieser Feststellung ihr Ende; statt einem inneren Drang zu entstammen, ist das Leben der Materie offenbar «wider Willen» aufgeprägt worden; doch geschah diese «Aufprägung» keinesfalls durch einen «Schöpfungsakt», sondern durch den Energiegradienten, den das Sonnenlicht dem System Erde auferlegt. Das Leben entwickelte sich, thermodynamisch betrachtet, auf Wegen, die es bestimmten Systemen ermöglichten, ihre Entfernung vom Gleichgewicht auszugleichen. Das Leben selber ist, wenn diese These zutrifft, der stets vergebliche Versuch, in jenen Zustand *zurückzukehren,* in dem es sich einmal befand, *bevor* es Leben wurde. Und nun etwas für Theologen: Es ist eben diese Betrachtung des Lebens, die auf eine sonderbare Weise an die Theorie SIGMUND FREUDS von der *psychischen* Dynamik des Lebens, von der Grundtendenz seiner (An)*Triebe,* gemahnt!

Obwohl SIGMUND FREUD, soweit mir bekannt, sich niemals philosophische Gedanken über Fragen der Thermodynamik gemacht hat, gelangte er als Neurologe doch rein intuitiv zu einer Triebtheorie, die den Physikern durchaus einleuchten könnte, während sie bis heute von den meisten Psychoanalytikern als zu spekulativ und von so gut wie allen Biologen als geradezu abwegig abgelehnt wird. In seiner Arbeit *Jenseits des Lustprinzips* aus dem Jahre 1920 nämlich hat der Begründer der Psychoanalyse, dem immer wieder ein «mechanizistisches» Denken nach dem Modell der NEWTONschen Physik und der Elektrodynamik MAXWELLS nachgesagt wurde, Gedanken vorgetragen, die wir jetzt mit ganz neuen Augen als ein im Grunde logisches Ergebnis des Zweiten Hauptsatzes der Thermodynik würdigen können und müssen. Wie das?

Als erstes war FREUD bei seinem Bemühen um ein einheitliches Verständnis des Triebgeschehens die «konservative Natur des Lebenden» aufgefallen (*Jenseits des Lustprinzips,* XIII 38): Seelisch Kranke stehen wie unter einem Zwang, Begebenheiten der frühen Kindheit zu *wiederholen,* und dieser *Wiederholungszwang* kann sich als ein ernstes Hindernis in der Therapie bemerkbar machen. FREUD zog aus dieser Feststellung den Schluß, ein «Trieb wäre also ein dem belebten Organischen innewohnender Drang zur Wiederherstellung eines früheren Zustandes, ... die Äußerung der Trägheit im organischen Leben. Diese Auffassung des Triebes», räumte FREUD gleich ein, klinge «befremdlich, denn wir haben uns daran gewöhnt, im Trieb das zur Veränderung drängende Moment zu sehen, und sollen nun das gerade Gegenteil in ihm erkennen» (a. a. O., 38); doch erinnerte er, um seiner Idee eine gewisse Plausibilität zu verleihen, an die Laichzeit der Fische und an die Wanderflüge der Zugvögel, am meisten beeindruckt aber zeigte er sich von dem «organischen Widerholungszwang» «in den Tatsachen der Embryologie», indem «der Keim eines lebenden Tieres... genötigt (ist), in seiner Entwicklung die Strukturen all der Formen, von denen das Tier abstammt – wenn auch in flüchtiger Abkürzung – zu wiederholen, anstatt auf dem kürzesten Weg zu seiner definitiven Gestaltung zu eilen» (XIII 38–39).

Vor allem betonte FREUD die *Widerwilligkeit,* das heißt in der Sprache der Thermodynamik: den *Systemwiderstand,* der all «die Erfolge der organischen

Entwicklung auf die Rechnung äußerer, störender und ablenkender Einflüsse» zurückführen läßt. «Das elementare Lebewesen», meinte ganz richtig FREUD, «würde sich von seinem Anfang an nicht haben ändern wollen, hätte unter sich gleichbleibenden Verhältnissen stets nur den nämlichen Lebenslauf wiederholt». Und er fügte, ganz im Sinne der vorhin zitierten Bemerkung BOLTZMANNS hinzu: «Aber im letzten Grunde müßte es die Entwicklungsgeschichte unserer Erde und ihres Verhältnisses zur Sonne sein, die uns in der Entwicklung der Organismen ihren Abdruck hinterlassen hat. Die konservativen organischen Triebe haben jede dieser aufgezwungenen Abänderungen des Lebenslaufes aufgenommen und zur Wiederholung aufbewahrt und müssen so den täuschenden Eindruck von Kräften machen, die nach Veränderung und Fortschritt streben, während sie bloß ein altes Ziel auf alten und neuen Wegen zu erreichen trachten. Auch dieses Endziel alles organischen Lebens ließe sich angeben. Der konservativen Natur der Triebe widerspräche es, wenn das Ziel des Lebens ein noch nie zuvor erreichter Zustand wäre. Es muß vielmehr ein alter, ein Ausgangszustand sein, den das Lebende einmal verlassen hat und zu dem es über alle Umwege der Entwicklung zurückstrebt. Wenn wir es als ausnahmslose Erfahrung annehmen dürfen, daß alles Lebende aus inneren Gründen stirbt, ins Anorganische zurückkehrt, so können wir nur sagen: Das Ziel alles Lebens ist der Tod, und zurückgreifend: Das Leblose war früher da als das Lebende» (XIII 39–40).

Man kann über die Annahme eines *psychischen* Todestriebes gewiß geteilter Meinung sein; aber die Übereinstimmung der FREUDschen Sicht auf das Leben mit eben den Erkenntnissen, die wir gerade von der Thermodynamik gewonnen haben, erscheint philosophisch in der Tat frappierend, wenn wir den Begründer der Psychoanalyse fortfahren hören: «Irgend einmal wurden in unbelebter Materie durch eine noch ganz unvorstellbare Krafteinwirkung die Eigenschaften des Lebenden erweckt. Vielleicht war es ein Vorgang, vorbildlich ähnlich jenem anderen, der in einer gewissen Schicht der lebenden Materie später das Bewußtsein entstehen ließ. Die damals entstandene Spannung in dem vorhin unbelebten Stoff trachtete danach, sich abzugleichen; es war der erste Trieb gegeben, der, zum Leblosen zurückzukehren. Die damals lebende Substanz hatte das Sterben noch leicht, es war wahrscheinlich nur ein kurzer Lebensweg zu durchlaufen, dessen Richtung durch die chemische Struktur des jungen Lebens bestimmt war. Eine lange Zeit hindurch mag so die lebende Substanz immer wieder neu geschaffen worden und leicht gestorben sein, bis sich maßgebende äußere Einflüsse so änderten, daß sie die noch überlebende Substanz zu immer größeren Ablenkungen vom ursprünglichen Lebensweg und zu immer komplizierteren Umwegen bis zur Erreichung des Todeszieles nötigten. Diese Umwege zum Tode, von den konservativen Trieben getreulich festgehalten, böten uns heute das Bild der Lebenserscheinungen. Wenn man an der ausschließlich konservativen Natur der Triebe festhält, kann man zu anderen Vermutungen über Herkunft und Ziel des Lebens nicht gelangen» (XIII 40–41).

Erstaunlich an diesem Gedanken FREUDS ist nicht nur die Selbstverständlichkeit, mit der er physikalische, chemische, biologische und psychologische Gegebenheiten als Ausdruck ein und derselben Tendenz zur Wiederherstellung eines ursprünglichen Gleichgewichts betrachtet, am meisten überraschen muß seine Bemerkung, der Versuch des Spannungsausgleichs in dem zuvor noch unbelebten Stoff sei der erste «Trieb» alles Lebenden gewesen; denn diese Feststellung findet sich gleich neben dem Hinweis auf jene «noch ganz unvorstellbare Krafteinwirkung», durch welche die Eigenschaften des Lebens entstanden seien. FREUD konnte zu seiner Zeit, in den zwanziger Jahren des 20. Jahrhunderts, noch nicht ahnen, wie dicht seine psychologischen Ansichten ihm geradewegs das Modell zum Verständnis der Entwicklung der ersten Lebewesen hätten bieten können: Es ist, wie wir sahen, wirklich die Tendenz offener Systeme, entgegen dem an sie angelegten Energiegradienten das ursprüngliche Gleichgewicht wiederherzustellen, und die Strukturen von Ordnung, die sie dabei bilden, bilden sich bei dem Versuch, das verlorene Gleichgewicht zumindest auf einer höheren Stufe wieder zu erreichen. Die für FREUD «noch ganz unvorstellbare Krafteinwirkung», der die komplexe Ordnung des Lebens ihre Entstehung verdankt, ist exakt mit dem *identisch,* was von ihm psychoanalytisch als «Trieb» definiert werden sollte!

Das Leben, kann man in FREUDschem Sinne vereinfachend sagen, möchte nichts anderes als seine Ruhe haben – ein durch und durch SCHOPENHAUERscher Gedanke! –, aber die Umstände ziehen es bei diesem Streben in immer neue Verwicklungen und treiben es immer weiter von seinem Ursprung fort. Einzig die Keimzellen, meinte FREUD, bewahrten «die ursprüngliche Struktur der lebenden Substanz» und lösten sich, «mit allen ererbten und neuen Triebanlagen beladen, nach einer gewissen Zeit vom ganzen Organismus ab» (XIII 42). Sie machten den gesamten Entwicklungsweg bis zum natürlichen Tod einfach nicht mit und arbeiteten damit als Träger der Sexualtriebe dem Streben der lebenden Substanz entgegen, obwohl sie damit im Grunde nur den Weg in den Tod verlängerten. Tatsächlich seien die Sexualtriebe als die eigentlichen Lebenstriebe nicht nur «konservativ» durch ihre Funktion, (eine Weile) dem Tod entgegenzuwirken, sondern insbesondere dadurch, daß sie in

Gestalt der Keimzellen danach trachteten, «frühere Zustände der lebenden Substanz» wieder heraufzuführen.

«Aber wieso erfolgte die Entwicklung der Sexualität dann über Strategien, den ‹Egoismus der Gene› durchzusetzen?» mag man fragen. Die Antwort müßte wohl lauten, daß es einen «Egoismus der Gene» natürlich nicht als eine «Willensregung» oder als eine «Triebäußerung» gibt; es genügt, die Gene als Systemeinheiten aufzufassen, die sich *jeder Art* von Veränderung widersetzen und die mit den verschiedenen Verfahren untereinander ganz einfach ihre Identität, ihre Nicht-Veränderung erhalten «wollen». Nicht «Egoismus», sondern Systemerhalt bildete dann den eigentlichen «Motor» des Lebens. Was SCHOPENHAUER als «Willen zum Leben», was DARWIN als «Kampf ums Dasein», was R. DAWKINS als «Egoismus der Gene» bezeichnete, erschiene einzig als das Streben offener Systeme nach Gleichgewicht; NIETZSCHES «Wille zur Macht» aber wurde schon von FREUD als ein bloßer (weitgehend durch Überkompensation reaktiver!) Partialbetrieb verstanden, der letztlich dem Zweck diene, dem Organismus «den eigenen Todesweg... zu sichern und andere Möglichkeiten der Rückkehr zum Anorganischen als die immanenten fernzuhalten» (XIII 41). «Und was ist es mit der Tendenz zur Höherentwicklung in der Evolution? Und was mit dem Prinzip der Selbstvervollkommnung in allem Lebenden, insbesondere im menschlichen Leben?» mag man, mancherorts fast erbost, wohl zusätzlich noch fragen. Nun, selbst wenn das Zeugnis der Paläontologie sowie die Tatsache so vieler, wenngleich entscheidender Zufallsereignisse auf Erden nicht an sich bereits ein starkes Argument *gegen* den Glauben an die *«Zielgerichtetheit»* der Lebensvorgänge bilden würde, so müßten wir doch jetzt auch von dem bisher gewonnenen Verständnis der Anfänge des Lebens her S. FREUD ganz und gar zustimmen, wenn er in seiner Arbeit *«Jenseits des Lustprinzips»* resümierte: «Ein allgemeiner Trieb zur Höherentwicklung in der Tier- und Pflanzenwelt läßt sich gewiß nicht feststellen, wenn auch eine solche Entwicklungsrichtung tatsächlich unbestritten bleibt. Aber... (es ist) vielfach nur Sache unserer Einschätzung, wenn wir eine Entwicklungsstufe für höher als eine andere erklären» (XIII 43–44). Die *Tendenz zur «Vervollkommnung»* in allem Lebenden aber, die ADOLF PORTMANN als den eigentlichen «Sinn» des Daseins in allen Organismen betrachtete, müßten wir (abgesehen von der sittlichen Vervollkommnung, die FREUD als Folge von Trieb*verdrängung* erklärte) ebenfalls für eine Struktureigenschaft komplexer Systeme erklären.

Weder eine ARISTOTELische «Entelechie» noch eine THOMistische «Finalität», überhaupt keine «geistmetaphysische» innere oder äußere Ursache also muß aufgeboten werden, um die Entstehung und Entfaltung des Lebens zu verstehen. Selbst ARTHUR SCHOPENHAUER, der sich von einer inneren Zielgerichtetheit *(Teleologie)* in allen Erscheinungen der lebenden, ja, sogar der unbelebten Natur zutiefst überzeugt gab, betonte doch um so mehr den Widersinn, mit dem die Lebewesen um den Erhalt eines Daseins sich mühten, das seines Erhalts durchaus unwürdig sei; SCHOPENHAUER argumentierte nicht mit den Zwängen eines offenen Systems, das zum Ausgleich des an es angelegten Energiegradienten Strukturen herausbilden muß, die einer Entfernung vom Gleichgewicht entgegenwirken sollen, er verwies einfach auf die *Blindheit* des Willens, der selbst unter dem Jammer «von Alter, Mangel und Krankheit» die Wesen «zur Verländerung eines Daseyns» nötigte, «dessen Ende als durchaus wünschenswerth erscheinen müßte, wenn ein objektives Urtheil hier das bestimmende wäre. Statt dessen also ist es der blinde Wille, auftretend als Lebenstrieb, Lebenslust, Lebensmuth: es ist das Selbe, was die Pflanzen wachsen macht. Diesen Lebensmuth kann man vergleichen mit einem Seile, welches über dem Puppenspiel der Menschenwelt ausgespannt wäre und woran die Puppen mittelst unsichtbarer Fäden hiengen, während sie bloß scheinbar von dem Boden unter ihnen... getragen würden... Und wie mit dem Ausharren im Leben, so ist es auch mit dem Treiben und der Bewegung desselben. Diese ist nicht etwas irgend frei Erwähltes: sondern während eigentlich Jeder gern ruhen möchte, sind Noth und Langeweile die Peitschen, welche die Bewegung der Kreisel unterhalten. Daher trägt das Ganze und jedes Einzelne das Gepräge eines erzwungenen Zustandes, und Jeder, indem er, innerlich träge, sich nach Ruhe sehnt, doch aber vorwärts muß, gleicht seinem Planeten, der nur darum nicht auf die Sonne fällt, weil eine ihn vorwärts treibende Kraft ihn nicht dazu kommen läßt. So ist denn Alles in fortdauernder Spannung und abgenöthigter Bewegung... Die Menschen werden nur scheinbar von vorne gezogen, eigentlich aber von hinten geschoben: nicht das Leben lockt sie an, sondern die Noth drängt sie vorwärts» (*Die Welt als Wille und Vorstellung*, 2. Bd., 2. Buch, Kap. 28; Werke, III 409–410).

Treffender läßt die Getriebenheit des Lebens in all seinen Erscheinungen sich nicht porträtieren: ein «erzwungener Zustand», der sich gegen das fundamentale Verlangen der Lebewesen nach «Ruhe» (nach «Gleichgewicht») wendet, eine «vorwärts treibende Kraft» (ein «Gradient»), der den «Sturz» ins Gleichgewicht verhindert, und schließlich «dasselbe, was die Pflanzen wachsen läßt» (die Energie des Sonnenlichtes) – mehr brauchen wir nicht, um die Sicht der Thermodynamik auf das Leben in den philosophischen Gedanken FREUDS und SCHOPENHAUERS abgebildet zu finden.

## 2. Das Bild der Chemie

Die Physik kann heute zeigen, daß ihre Gesetze die Entstehung von Leben nicht nur zulassen, sondern (zumindest unter den Bedingungen, wie sie von der historischen Geologie für die frühe Erde beschrieben werden) *überaus wahrscheinlich* machen. Damit hat das Verständnis von den Voraussetzungen des Lebens sich in der zweiten Hälfte des 20. Jahrhunderts grundlegend gewandelt: das statistisch, in der Thermodynamik L. BOLTZMANNS nahezu unmöglich Scheinende, das – nach Theologenauskunft – vermeintlich nur durch einen «Schöpfungsakt», durch ein «Eingreifen Gottes» zu Erklärende stellt sich mittlerweile als ein Prozeß dar, der für thermodynamisch offene Systeme fernab vom Gleichgewicht charakteristisch ist: sie bauen «dissipative Strukturen» auf, indem sie aufgenommene höherwertige Energie teilweise in niederwertige Energie umwandeln («degradieren»); sie widerstehen (eine Zeitlang) lokal der Entropiezunahme des Kosmos, indem sie die Entropie global vermehren; sie bilden Ordnung aus Unordnung, indem sie dem Energiegradienten (der Sonneneinstrahlung), der sie immer weiter vom Gleichgewicht zu entfernen droht, mit der Ausprägung relativ stabiler Strukturen entgegenzuwirken suchen. – So weit, so gut, aber weiter auch nicht!

Die Physik wird uns *niemals* erklären können, *wie* das Leben entstanden ist; wir müssen dankbar dafür sein, daß sie uns (heute!) Wege zeigt, auf denen es möglich war, *daß* Leben sich bildete. Dabei stehen wir inzwischen vor dem Problem, daß wir von seiten der Physik nicht etwa zu wenige, sondern zu viele an sich plausible Lösungsvorschläge angeboten bekommen; welch ein Weg in der Geschichte des Lebens *tatsächlich* beschritten wurde, läßt sich mit physikalischen Mitteln prinzipiell *nicht* beantworten. Die Frage der Physik lautet ja niemals, ob dies oder das faktisch geschehen *ist*, sondern nach welchen Gesetzen es geschehen *sein könnte* und wie es, geeignete Ausgangsbedingungen als bekannt und gegeben vorausgesetzt, sich immer wieder ereignen müßte. Nicht einem einzelnen Vorgang, sondern den allgemeinen Gesetzen, die in einem bestimmten Vorgang zum Ausdruck kommen, gilt die Aufmerksamkeit der Physik. Wie also ist das Leben *tatsächlich* entstanden?

*Diese* Frage zu formulieren bedeutet so viel wie eine Verschiebung des Problems von der Physik in die (Bio)Chemie. Was kann *sie* über die Entstehung des Lebens sagen? Wenn die Physik den Rahmen (die Randbedingungen) formuliert, innerhalb dessen Leben möglich, ja, in hohem Maße wahrscheinlich ist, so sollte die Chemie nun das Bild zeichnen, das uns die Entstehung des Lebens vor Augen stellt. Doch kann sie das?

Die Chemie ist keine historische Wissenschaft, und die wenigen Daten, die sie von der Paläontologie erhält, setzen in der Geschichte des Lebens viel zu spät ein, um über *die Anfänge* etwas auszusagen; diese Daten beschreiben lediglich den Zwischenzustand, den das Leben vor 3,5 Milliarden Jahren bereits erreicht hatte; sie erklären das Ergebnis, das, zufolge einer bestimmten chemischen Theorie über die Anfänge des Lebens, als Resultat erwartet werden sollte. Aber natürlich sind dabei erneut *eine Reihe von Wegen* vorstellbar, die das Leben zu seiner Selbstbegründung gegangen sein könnte, und aller Wahrscheinlichkeit nach *hat* es auch sehr verschiedene, miteinander konkurrierende Wege gewählt, von denen schließlich nur eine «Hauptstraße» übrigblieb. Welche Wege historisch im einzelnen beschritten wurden, kann auch die Chemie nicht endgültig klären; methodisch geht es ihr nicht um Historie, und kein Chemiker ist bei der Entstehung des Lebens «dabeigewesen». Was uns bleibt, sind Hypothesen, deren experimentelle Nachprüfung unterschiedliche Grade der Wahrscheinlichkeit nahelegt; am Ende werden Aussagen von der Art stehen: «So (oder ein ganz wenig anders) wird es höchstwahrscheinlich gewesen sein», oder: «Das so entwickelte Modell erlaubt eine gewisse Vorhersagbarkeit all der Tatbestände, die wir in den fundamentalen Strukturen des Lebens vorfinden.» Tatsächlich wird es am Ende nicht viele Modelle geben, die imstande sein könnten, wirklich alle Erfahrungsdaten evolutiv verständlich zu machen, und es sollte eines baldigen Tages schon möglich sein, die verbleibenden alternativen Vorstellungen anhand der gegebenen Tatsachen so lange zu verfeinern, bis sie vereinheitlicht genug sind, um (mit einem hohen Maße an Wahrscheinlichkeit) für «wahr» zu gelten.

Wichtig – für Theologen – ist vorweg *diese* Feststellung: Alles, was wir im folgenden an Theorien über die Anfänge des Lebens erörtern werden, enthält gewiß (noch) einen beträchtlichen Anteil an Spekulation, doch handelt es sich dabei samt und sonders um Vorschläge mit dem Zweck, das Maß der Vermutungen *einzuschränken* und Vorschläge zu lohnenden Experimenten und weiteren biochemischen Untersuchungen zu unterbreiten. Alle Hypothesen über die Anfänge des Lebens im Raum der Chemie definieren konkrete Forschungsprogramme, die (aus Gründen von Zeit, Geräten, Geld und Personal) nur leider noch nicht in Angriff genommen wurden, aber mit Sicherheit in

Bälde genommen werden, wenn sie sich nicht durch die «Selektion» besserer Ideen von selber erledigen. Es gibt dabei – zusätzlich zur Widerspruchsfreiheit gegenüber allen Erfahrungsdaten und zur Übereinstimmung mit den Gesetzen der Physik und Chemie – nur *ein* Wahrheitskriterium, das *an sich* nicht beweisbar ist, dafür aber eine Grundüberzeugung naturwissenschaftlichen Denkens widerspiegelt: diejenige Theorie wird sich in der Forschung mit dem Anspruch auf «Wahrheit» am Ende durchsetzen, die einen Sachverhalt *auf die einfachste Weise* zu erklären imstande ist. Gerade bei der Entstehung des Komplexen wird die Natur keine «komplizierten», sondern die nächstliegenden, die *einfachsten* Wege gegangen sein. Wer des Allerkompliziertesten, das wir denken können, wer eines göttlichen oder vitalistisch vorgestellten *Geistes* bedarf, um das Leben zu erklären, entfernt sich am allerweitesten von dem, was naturwissenschaftlich als Erklärung plausibel und akzeptabel ist.

### *a) Durch Selektion zur Information*

Die Physik konnte uns zeigen, wie Ordnung aus Nicht-Ordnung entsteht; doch zur Erklärung der Lebensvorgänge müssen wir zusätzlich noch eine grundlegend andere Frage lösen: wie entsteht aus Ordnung – *Information*?

Wir betrachten noch einmal die Straße der Schäfchenwolken am Himmel; sie entsteht, sagten wir, durch walzenförmige Luftbewegungen, in denen viele Milliarden von Luftteilchen von einem «Ordner» innerhalb eines makroskopischen Bewegungsmusters «versklavt» werden; dieser «Ordner» bestimmt, er «informiert», wie die Luftteilchen sich über makroskopische räumliche Distanzen hinweg in der Zeit verhalten sollen; doch von einer «Information» in biologischem Sinne kann dabei keine Rede sein. Der entscheidende Unterschied liegt in der Fähigkeit *lebender* Strukturen, als *Information zur Selbstreproduktion* zu fungieren. Jede Wolke in einer Wolkenstraße entsteht unter gleichen Bedingungen in der gleichen Weise, doch keine einzige von ihnen dient als Matrize zur Erzeugung einer identischen (oder geringfügig veränderten) Kopie ihrer selbst. Was wir zum Verständnis des Lebens indessen brauchen, ist eine Erklärung dafür, daß in der Natur komplexe Molekülanordnungen entstehen konnten und entstanden sind, die sich selber zu reproduzieren vermögen.

So viel steht von vornherein fest: die *Gene*, die in den Lebewesen heute als Informationsträger der Reproduktion auftreten, sind nicht durch «Würfeln», also nicht durch eine Art von Spiel des bloßen Zufalls entstanden. Das Modell der BOOLEschen Zufallsnetzwerke zum Beispiel, das STUART A. KAUFFMAN und seine Mitarbeiter vorgestellt haben, ist nicht auf die Existenz von DNA-Molekülen angewiesen, aber es kann dazu beitragen, die Entstehung von DNA-Molekülen durch autokatalytische Prozesse begreifbar zu machen; freilich müssen wir zur Erklärung *der Weitergabe* komplexer Strukturen die Wirksamkeit der *Selektion* in der angegebenen Weise als eine Grundtatsache des Naturgeschehens auf *allen Ebenen* der Wirklichkeit verstehen, keinesfalls dürfen wir sie als ein Sondergesetz belebter Materie interpretieren; und zusätzlich zu RUPERT RIEDLS Verknüpfung von Informatik und Evolutionsbiologie am Anfang dieses Buches müssen wir auch den Begriff der *Information* noch genauer bestimmen, denn bei Licht betrachtet, ist die DARWINsche *Selektion* in sich selbst *Informationserzeugung* (vgl. MANFRED EIGEN: *Stufen zum Leben*, 44). Dazu einige Bemerkungen.

Das einfachste Beispiel von Information liefert im menschlichen Erfahrungsraum die sprachliche Verständigung, und es ist nicht nur ein Vergleich, es geht in gewissem Sinne um *dieselbe Sache:* um *die Niederlegung von Information,* wenn wir die DNA als den genetischen Träger von Information in Entsprechung zu einem Schriftsatz menschlicher Sprache ansehen; wir finden: Wörter (Codons), Sätze (Gene), Abschnitte (Operons), ja, ganze Schriftwerke (Chromosomen), und sie alle liegen in einer statischen Organisation, in der Basensequenz der DNA-Moleküle, «ausgedruckt» vor (vgl. MANFRED EIGEN: *Stufen zum Leben*, 49). Dabei hat die strukturelle Stabilität nichts zu tun mit der semantischen Information.

Die Frage, wie *stabile Strukturen* entstehen können, haben wir mit physikalischen Modellen bereits hinreichend beantwortet; wie aber konnte eine bestimmte Bedeutung in einer stabilen Struktur fixiert werden, oder anders gefragt: wie konnte *Information* entstehen? Die Antwort auf diese Frage lautet: da die Information wesentlich dem Zwecke der Reproduktion dient, ist die Entscheidungsbedingung informierter beziehungsweise informierender Moleküle mit «der Selektionsdynamik der Reproduktion» identisch (a.a.O., 49). Die entscheidende Frage also lautet: Wie wirkt «Selektion» in Richtung von Informationserzeugung?

*Selektion,* wie wir sie bisher kennengelernt haben, ist ein Prinzip, das bereits bei der Organisation abiotischer oder präbiotischer chemischer Prozesse wirksam ist. Schon in einem *abgeschlossenen* chemischen System führt eine umkehrbare Reaktion nicht zu einem vollständigen Umsatz, sondern zu einem dynamischen Gleichgewicht, bei dem die Reaktion äußerlich zum Stillstand kommt, bevor die Ausgangsstoffe ganz verbraucht und die Endstoffe

100%ig entstanden sind. Obwohl sich im Gleichgewichtszustand die Konzentrationen der beteiligten Stoffe äußerlich nicht mehr ändern, reagieren die Teilchen trotzdem unablässig weiter, wobei allerdings die Geschwindigkeiten von Hin- und Rückreaktion gleich groß sind und folglich pro Zeiteinheit gleich viele Teilchen gebildet werden wie wieder zerfallen (zurückreagieren) – deshalb *dynamisches* Gleichgewicht.

Das Verhältnis der Konzentrationen aller beteiligten Stoffe im Gleichgewicht, also die Proportionen aller Komponenten, werden dabei durch das *Massenwirkungsgesetz* (MWG) festgelegt, das besagt, daß unabhängig von den (ursprünglichen) Ausgangskonzentrationen das Verhältnis der Konzentrationen der Produkte zu den Konzentrationen der Edukte bei gegebener Temperatur und gegebenem Druck einen bestimmten für die betreffende Reaktion charakteristischen Wert annimmt, nämlich die Massenwirkungs- oder Gleichgewichtskonstante K.

Ändern sich nun die äußeren Bedingungen, indem zum Beispiel von außen ein Stoff hinzugefügt oder weggenommen wird, oder ändern sich Temperatur oder Druck, so übt diese Änderung auf das im Gleichgewicht befindliche System einen Zwang aus, und das System wird diesem Zwang auszuweichen suchen, indem sich ein neues dynamisches Gleichgewicht einstellt, das der Störung von außen entgegenwirkt und sie verkleinert. Bei Druckerhöhung wird das Gleichgewicht z. B. in die Richtung verschoben, in der bevorzugt die Stoffe (Komponenten) gebildet werden, die möglichst wenig Raum beanspruchen (z. B. bevorzugt Feststoffe an Stelle von Gasen). Dieses Prinzip ist von Le Chatelier als das *Prinzip vom kleinsten Zwang* formuliert worden. Begünstigt (selektiert) werden dabei immer diejenigen Komponenten mit geringer freier Energie, also mit geringer zur Arbeitsleistung befähigter Energie; die benachteiligten Formen sterben nicht aus, sie kommen aber weniger häufig vor.

Auch bei *offenen*, lebenden Systemen funktioniert Darwins Selektionsprinzip nicht anders: ausgewählt wird *der* Genotyp, der einen Phänotyp codiert, der an die Anforderungen der Umwelt am besten angepaßt ist. Freilich ist der Genotyp (nach dem *order on order*-Prinzip) selbst bereits die Kopie einer schon vorhandenen Basensequenz, und diese Kopie kann durch Mutationen verändert sein. Es kann sich hierbei um eine sog. *Punktmutation* handeln, also um eine Fehlkopierung im Sinne einer *Basenpaarsubstitution*, wie sie als Erklärung der Sichelzellen-Anämie (s. o. S. 297f.) gilt. Weiterhin kommen Einfügungen *(Insertionen)* und Auslassungen *(Deletionen)* eines oder mehrerer Nucleotidpaare vor. Bei der *Inversion* schließlich wird ein Teil der

DNA herausgeschnitten und verkehrt herum wieder eingesetzt. Unter den Mutanten wählt die Selektion dann den unter natürlichen Bedingungen bestangepaßten Phänotyp (den *Wildtyp*) aus, während die weniger angepaßten Mutanten nach und nach aussterben; der *Wildtyp* wird auf diese Weise zur Ausgangsform weiterer genetischer (Fort)Schritte. Solange keine besser angepaßte Variante unter den Mutanten entsteht, bleibt *die Information* des Wildtyps *stabil* – die Fehlerrate (Mutationsrate) beim Kopiervorgang wird in diesem Falle stets unterhalb eines kritischen Schwellenwertes liegen (a. a. O., 45).

Die *Ordnung*, die auf diese Weise mit Hilfe von Selektion etabliert wurde, bildet die Grundlage *allen* Lebens auf Erden, und sie liegt vor in der Gestalt von *Information*: «Alle Lebewesen benutzen als Speicher für ihr Erbmaterial die DNA und verarbeiten die gespeicherte Information nach dem Schema:

Legislative → Nachricht → Exekutive → Funktion
DNA → RNA → Protein → Stoffwechsel.

Nicht nur das Schema ist universell, die Detailstrukturen sind es gleichermaßen. Alle Lebewesen machen von einem universellen genetischen Code, einer universellen biochemischen Maschinerie sowie von makromolekularen Syntheseprodukten, die nach universellen Strukturprinzipien organisiert sind (sc. von den Proteinen und unter diesen bes. den Enzymen, d. V.) Gebrauch» (a. a. O., 50). Alles Leben verweist allein schon durch diese Tatsache auf einen gemeinsamen Ursprung. Wie aber war der «gemeinsame Ursprung» des Lebens? Wir müssen die Beantwortung dieser Frage noch ein letztes Mal hinauszögern und den buchstäblich kreativen (schöpferischen) Einfluß als das entscheidende Ordnungsprinzip biologischer Selbstorganisation verständlich machen.

Damit *Selektion* biologisch wirksam wird, müssen drei Voraussetzungen erfüllt sein:

1. Die Individuen, unter denen selektiert werden soll, müssen *selbstreproduktiv* sein, das heißt, sie müssen durch *identische Replikation* auseinander entstehen;
2. die Replikation weist «Fehler», Mutationen auf: einige Replikatoren entstehen deshalb durch Kopierfehler verwandter Replikatoren; und:
3. die Selbstreproduktion verläuft weitab vom chemischen Gleichgewicht und benötigt infolgedessen die ständige Zufuhr chemischer Energie.

In einem System nun, das diese drei Voraussetzungen: Selbstreproduktivität, Mutagenität und Metabolismus (Stoffwechsel) erfüllt, ist Selektion unvermeidlich; sie ist in diesem Falle so «natürlich» wie die Einstellung des chemischen Gleichgewichts, freilich mit *einem* Unterschied: von «Selektion», sagten wir gerade, läßt sich auch schon sprechen, wenn gemäß dem Prinzip vom kleinsten Zwang das chemische Gleichgewicht in die Richtung verschoben wird, in der die strukturell stabilste Konfiguration «begünstigt» oder «ausgewählt» wird; dabei handelt es sich jedoch um eine Stabilität, die durch Reaktionsträgheit erkauft werden muß; bei der *Selektion von Replikatoren* hingegen befinden wir uns in einer Welt, die weit ausschließlicher ist: im Nichtgleichgewicht wird ein bestimmter dynamisch stabilisierter Replikator in kürzester Zeit aussterben, sobald ein überlegener Konkurrent ihm die Dominanz streitig macht. Dabei kann Selektion im Einzelfall auch Kooperation als «Erfolgsstrategie» bewirken – es können sich zyklische Konfigurationen bilden, die als solche anderen nichtzyklischen oder weniger erfolgreichen zyklischen Systemen überlegen sind. In jedem Falle bedeutet Selektion eine «Fokussierung auf eine unter vielen möglichen alternativen Sequenzen (sc. von Basen in der DNA und von DNA-Molekülen, d. V.)» (MANFRED EIGEN: *Stufen zum Leben*, 60).

Durch Selektion bildet sich also eine dominante Sequenz (der «*Wildtyp*») heraus, die im Vergleich zu anderen Sequenzen am häufigsten vertreten ist, obwohl sie von der Gesamtmenge der Mutanten womöglich nur wenige Prozent ausmacht. Abweichend von der ursprünglichen Meinung vieler Biologen, der «Wildtyp» müsse derjenige sein, der statistisch am häufigsten auftrete, genügt es in Wahrheit, daß viele Mutanten sich *symmetrisch* um die dominante Sequenz herum verteilen; der *Mittelwert* aller Sequenzen ist dann mit der individuellen Sequenz des «Wildtyps» identisch, selbst wenn dieser als solcher gar nicht vorhanden wäre – man spricht in diesem Falle von einer *Quasispezies* (vgl. MANFRED EIGEN: *Stufen zum Leben*, 177–190).

Worauf es theoretisch mit dem Konzept vom «Wildtyp» und der «Quasispezies» ankommt, ist die Beziehung zwischen der Fehlerrate (also der Mutationsrate, mithin der Anzahl der Mutanten bei den Reproduktionsvorgängen) und der Informationsmenge (also dem Nucleotidgehalt und damit der Länge der Sequenz, die repliziert werden soll). In jedem Falle gilt zweierlei: je länger eine Sequenz ist, desto genauer muß sie kopiert werden; und: die Fehlerrate beim Kopiervorgang darf nicht so groß sein, daß sie die dominante Sequenz verdrängt, oder anders ausgedrückt: der Selektionswert (die «Tauglichkeit») der dominanten Sequenz muß größer sein als «die mittlere Reproduktionseffizienz des Mutantenensembles» (MANFRED EIGEN: *Stufen zum Leben*, 61).

Untersuchungen von CHARLES WEISSMANN und seinen Mitarbeitern (E. DOMINGO, D. SABO und T. TANIGUCHI: *Nucleotide Sequence Heterogeneity of an RNA-Phage Population*, in: Cell 13, 1978, 735) haben gezeigt, daß zum Beispiel das Bakterien-Virus Qβ mit seinen etwa 4200 Informationssymbolen knapp unterhalb der Fehlerschwelle operiert, die gerade noch tolerabel ist, das heißt unterhalb der gerade noch hinzunehmenden maximalen Anzahl an Mutanten. Diese relative Stabilität hingegen wird gestört, sobald eine selektiv vorteilhaftere Mutante erscheint; die bisher etablierte Sequenz machte in diesem Falle weiterhin Fehler, wäre aber nicht mehr in der Lage, die dadurch entstehenden Verluste durch Selektionsvorteile gegenüber der neuen vorteilhafteren Mutante auszugleichen; der Schwellenwert wäre überschritten; die entsprechende Sequenz würde folglich untergehen, um der neuen Variante Platz zu machen.

Quantitativ gilt es daher, die Fehlerrate (die Mutationsrate), die Sequenzlänge (den Nucleotidgehalt) und die Effizienz der Replikation (die Wertfunktion eines einzelnen Typs) mit der mittleren Replikationseffizienz der Mutantenverteilung in der jeweiligen Population zu vergleichen. Zu berücksichtigen ist dabei freilich, daß die Randbedingungen der Evolution (zum Beispiel für das Leben der Spezies Mensch am Ende des 20. Jahrhunderts) so komplex sein können, daß quantitative Beziehungen dieser Art sich nicht mehr formulieren lassen, um zu definieren, was die Bezeichnung «am tauglichsten» etwa bei uns heutigen Menschen eigentlich bedeutet. Gleichwohl stellt das Selektionsprinzip das wesentliche Mittel dar, um zu verstehen, wie Information und damit die Grundlage des Lebens selbst sich gebildet hat. Deutlich wird das, wenn wir die Arbeit der Selektion vor allem als *Optimierung der Gene* verstehen: nur diejenigen haben eine Chance auf Bestand, welche die Herstellung von Enzymen codieren, die zu einer bestmöglichen katalytischen Gesamtleistung imstande sind. Dieser Gedanke fügt sich ganz und gar in das DARWINistische Weltbild; und doch ist es an dieser Stelle unumgänglich, das klassische Konzept des «(Neo)DARWINismus» in entscheidender Weise zu modifizieren.

Man nimmt heute an, daß die Größenordnung für die Ur-Gene etwa 100–300 Nucleotid-Bausteine umfaßt hat – ein solcher Komplexitätsgrad kann unmöglich durch «Zufall» entstanden sein; doch wie konnte er dann – unter dem Einfluß der Selektion – entstehen?

Das Problem der herkömmlichen (neodarwinistischen) Interpretation der Selektion ergibt sich aus der Ungerichtetheit der Mutationen. Sobald eine vorteilhaftere Mutante in einer statistisch signifikanten Anzahl auftritt, wird sie sich durchsetzen und irgendwann die Population dominieren; dieser Vorgang ist leicht verstehbar. Die Schwierigkeit aber liegt in der *Zufälligkeit*, mit der Mutanten entstehen (s. o. S. 54): sie entstammen einer statistischen Fluktuation, die auf den «Selektionswert» nicht die geringste Rücksicht nimmt – im Gegenteil, wir sagten schon: die meisten Mutationen bewirken im Einzelfall eine Fülle von Krankheit, Leid und Tod. Ehe es zur Bildung vorteilhafter komplexer Strukturen kommen kann, muß *eine stochastische Anfangsphase* durchlaufen werden, und erst durch weitere Mutationen und durch die selektive Stabilisierung der vorteilhaften Varianten läßt sich in ständiger Wiederholung («Iteration») dieses Wechselspiels von Mutation und Selektion eine optimale Funktionseinheit erstellen. Zu diesem Zweck aber müßte der Selektionswert der Mutationen monoton zunehmen, um etwa schließlich ein *Auge* zu bilden (s. o. S. 59). Die Mutationen selber aber verfolgen durchaus nicht die Absicht, irgend etwas zu verbessern; man kann sie nicht «abrufen», wenn sie benötigt werden; die ganze Argumentation scheint sich an dieser Stelle im Kreise zu drehen. Bereits ein Gen mit dreihundert Nucleotiden verfügt ja über $4^{300}$, also über etwa $10^{180}$ mögliche Sequenzalternativen, von denen die meisten völlig funktionsuntüchtig sind. Kommt wirklich einmal eine günstige Mutation zustande, so wird die Selektion sie zweifellos fördern; doch was besagt das?

Wir stellen uns «die Wertverteilung der Mutanten in einem gegebenen System wie eine Landschaft mit Ebenen, Hügeln und Hochgebirgen» vor. Nach diesem Modell sorgt die Selektion dafür, daß der höchste Werthügel mit möglichst vielen Kopien besetzt wird (daß also die Mutanten sich um den Wildtyp gruppieren). Doch genau dieser Zustand bildet jetzt die Schwierigkeit: Der Werthügel ist noch nicht optimal; aber nur durch neue Mutations*sprünge* kann die jetzt «lokal fixierte Verteilung» sich befreien und erreicht dabei doch bloß «den nächsthöheren Hügel». «Bei willkürlicher Anordnung der Werthügel und statistisch zufälligen Sprüngen wäre das System letzten Endes wieder gezwungen, alle möglichen Alternativen durchzuspielen, und dabei erweist sich die Lokalisierung der Mutantenverteilung eher als hinderlich» (MANFRED EIGEN: *Stufen zum Leben*, 69). Mit einem Wort: es ist nach wie vor nicht zu sehen, wie ungerichtete Mutationen durch den Selektionsdruck in eine bestimmte Richtung driften könnten. Die Lage ändert sich erst, wenn wir das Konzept von dem *Wildtyp* (und der Quasispezies) genauer betrachten.

Das Hauptproblem der klassischen Genetik mit ihrer Annahme der ziellosen Produktion von Mutanten entstand vor allem dadurch, daß eine günstige Mutante in einer Population erst sichtbar wird, wenn die (vorteilhafteren) phänotypischen Merkmale sich abweichend von dem bisher dominierenden Wildtyp durchsetzen. Nun muß es aber auch viele neutrale Mutanten geben, die sich vom Wildtyp kaum oder gar nicht unterscheiden. Es war MOTOO KI-

MURA (*The Neutral Theory of Molecular Evolution*, Cambridge, 1983), der gezeigt hat, daß diese *neutralen* Mutanten mit einer von der Gesamtpopulationszahl unabhängigen Wahrscheinlichkeit sich durchsetzen und den zuvor etablierten Wildtyp verdrängen. Ein solches Driften durch den Mutantenraum vermag Selektionsfallen zu *öffnen;* es kann zum Beispiel ein System von einem Wertplateau befreien, das verglichen mit dem optimalen Gipfel nur mäßig hoch, aber weit ausgedehnt ist. Im Bilde gesprochen, wirken die Neutralmutanten wie eine ansteigende Flut, auf der es möglich ist, von einem Hügel zu einem anderen (höheren) zu «schwimmen» (driften), ohne das Tal mit einer Art Verbindungsdamm auffüllen zu müssen. Ja, es kommt nicht nur auf die neutralen Mutanten an, sondern auch auf die quantitative Bestandsaufnahme der Populationszahlen *aller* Mutanten, die überhaupt vorkommen.

Man darf den Genetikern der älteren Generation nicht Unrecht tun; sie haben mit ihren noch nicht gänzlich ausgereiften Theorien selber ein Stück Wissenschaftsevolution betrieben und erlebt. «Mutationen der Gene werden bereits im Organismus auf die Funktionstauglichkeit der von ihnen codierten Phäne geprüft», so sagten wir früher (s. o. S. 113); «Mutationen müssen miteinander kompatibel sein, um überhaupt funktionstüchtige Phäne codieren zu können», erklärten wir außerdem (s. o. S. 116); jetzt gehen wir noch einen Schritt weiter nach unten und fragen, wie auf der Ebene der Gene selber die Mutantenverteilung sich gestaltet. In *dieser* Form ließ sich dieses Problem erst angehen, als die Molekularbiologie weit genug fortgeschritten war, um Mutanten durch Klonieren direkt (also nicht erst auf der Ebene der Phäne) nachweisen und durch Sequenzanalyse identifizieren zu können. (Bei der Klonierung produziert eine Bakterienzelle, die Fremdgene in einem rekombinierten Plasmid enthält, einen Klon identischer Zellen, welche alle die replizierten Fremdgene enthalten.) Die dabei gewonnenen Einsichten erfordern, wie MANFRED EIGEN schreibt, «eine vollständige Uminterpretation des DARWINschen Selektionsprinzips auf der molekularen Ebene und lassen die neutralen Mutanten in einem völlig neuen Licht erscheinen» (*Stufen zum Leben*, 71). Wir haben eingangs von «kumulativer Selektion» und von dem «Land der Biomorphe» gesprochen (s. o. S. 54ff.); jetzt aber sind wir so weit, die entsprechenden beschreibenden Modelle durch das Konzept von der *«Quasispezies»* und dem *«Sequenzraum»* zu ersetzen und im molekularbiologischen Experiment nachprüfbar zu machen.

Als erstes zeigt sich bei vielen verschiedenen Viren, was wir bereits wissen: daß nämlich der Wildtyp als Individuum zahlenmäßig relativ selten vorkommt und erst durch die mittlere Sequenz des Mutantenensembles makroskopisch eindeutig zu bestimmen ist; in jedem Falle ist die Summe der Mutanten zahlenmäßig weit größer als die individuelle Sequenz des Wildtyps. Wie häufig individuelle Mutanten auftreten, hängt natürlich davon ab, wie eng sie mit dem Wildtyp verwandt sind; – je weniger eine Mutante mit dem Wildtyp verwandt ist, desto unwahrscheinlicher ist es, daß sie direkt aus dem Wildtyp erzeugt wurde. Solange die Mutanten im Vergleich zum Wildtyp sich *weniger* reproduzieren, ergibt sich eine POISSONsche Fehlerverteilung bzw. eine Häufigkeitsverteilung, in der nahe Verwandte des Wildtyps relativ häufig auftreten (nach dem Mathematiker SIMON DENIS POISSON, 1781–1840); das heißt: die Wahrscheinlichkeit einer *bestimmten* Mutation ist sehr klein, aber die Anzahl der unabhängigen Wiederholungen ist sehr groß. Anders hingegen wird die Verteilung der Mutanten sich gestalten, wenn die Mutanten sich mit ähnlicher Effizienz reproduzieren wie der Wildtyp; erhöhen sie nämlich nicht nur ihre stationären Populationszahlen, sondern produzieren sie auch ihrerseits durch Fehlkopierung wieder neue Mutanten, so kann es dahin kommen, daß eine Mutante auftreten kann, die vom Wildtyp *relativ weit entfernt* ist! Es ist also keineswegs mehr nötig, ausschließlich vom Wildtyp als dem bestangepaßten Individualtyp auszugehen und das Auftauchen vorteilhafter Mutanten als bloßes Zufallsereignis zu betrachten. Vielmehr baut sich jetzt ein asymmetrisches Mutantenspektrum auf, in dem auch weit vom Wildtyp entfernte Mutanten sukzessive aus Zwischengliedern entstehen; das Spektrum, das auf diese Weise entsteht, wird entscheidend von der «Wertlandschaft» geprägt. In deren «Bergregionen» können sich auch entfernte Verwandte des Wildtyps «ansiedeln» und weitere selektiv vorteilhafte Mutanten erzeugen. Taucht eine solche auf, so bricht das bisherige Mutantenensemble zusammen, und um die neue vorteilhafte Mutante baut sich jetzt ein neues Ensemble auf, in dessen statistischem Mittel der neue Wildtyp steht.

Aus diesem Ablauf ergibt sich eine sehr wichtige Erkenntnis, die MANFRED EIGEN (*Stufen zum Leben*, 73) so formuliert: «Die Besetzung der Grate des Wertgebirges mit wertvollen Mutanten lenkt den Evolutionsprozeß systematisch in die Richtung, in der ein höherer Wertgipfel mit größter Wahrscheinlichkeit zu erwarten ist. Dieser Umstand verhindert, daß eine Vielzahl von (wertlosen und neutralen) Sequenzen blindlings auf ihre Tauglichkeit durchgetestet werden muß. – Die beschriebene Kausalkette bedingt, daß die vorteilhaften Mutanten – aufgrund einer Art von Massenwirkung (sc. also in etwa in einer Entsprechung zum Massenwirkungsgesetz für chemische Gleichgewichte, d. V.) – mit um viele Größenordnungen höheren Wahrscheinlichkeiten erzeugt werden als die in vergleichbarem Abstand vom Wildtyp befindlichen wertlosen Mutanten, obwohl der Elementarprozeß der Mutation nach wie vor rein statistisch-zufälliger Natur ist. Es ist mithin keine magisch vorausschauende Kraft am Werke, sondern die Besetzung des Mutantenspektrums wird physikalisch, und zwar durch ‹Massenwirkung› gesteuert. Diese lenkt den Prozeß gezielt in die Bergregion der Wertlandschaft.»

Dabei müssen wir uns daran erinnern, daß bereits geringfügige Veränderungen in der Reihenfolge der Nucleotide in den Genen enorme Unterschiede in der Primärstruktur und damit der Funktion der codierten Proteine nach sich ziehen können, denn je nach der Abfolge der Aminosäuren in den Proteinen werden die jeweiligen Faltungsstrukturen sich ergeben, aus denen wiederum die funktionelle Spezifität eines Enzyms etwa sich ergibt (s. o. S. 82); Ähnlichkeiten auf der genetischen Ebene können daher mit ganz unterschiedlichen «Höhen» und «Tiefen» in der «Gebirgslandschaft» des Selektionswertes der jeweiligen Mutanten verbunden sein. In diesem Zusammenhang sei nochmals an die Entstehung der Sichelzellen-Anämie durch Austausch eines einzigen Nucleotids erinnert!

Um diesen Sachverhalt zu verdeutlichen, ist das Konzept des *Sequenzraumes* nützlich.

Eine gegebene Sequenz aus N Positionen bestehe aus n verschiedenen Symbolen; jede dieser Positionen kann *an sich* mit der gleichen Wahrscheinlichkeit mutieren. Man kann also – ählich wie in dem fiktiven Computerland der Biomorphe – von jedem Punkt (oder von jeder Position) aus in n verschiedene Richtungen eines «Raumes» springen, eben des *«Sequenzraumes»*, der entsprechend $n^N$ verschiedene diskrete Punkte besitzt. Mutation in einer gegebenen Position bedeuet, innerhalb derselben Koordinate N von einem Punkt zu einem anderen zu springen. In einem solchen Sequenzraum gibt es so viele diskrete Punkte, wie es mögliche Sequenzen gibt, also $n^N$ mögliche Sequenzen!

Was wir bei diesem Konzept vor uns haben, ist eine für die moderne Genetik inzwischen charakteristische Verknüpfung bestimmter mathematischer Entwürfe mit Problemen der Evolutionsbiologie. Um Sequenzen zu beschreiben, die nur aus zwei («binären») Symbolen gebildet werden, hat RICHARD W. HAMMING den ν(Nγ)-dimensionalen Punktraum in die *Informatik* eingeführt, und es war INGO RECHENBERG (*Evolutionsstrategie*, Problemata frommannholzboog, Stuttgart-Bad Cannstatt 1973), der in diesem mathematischen Konzept ein Verfahren auch zur Lösung der Frage nach der Entstehung biologischer Information erkannte. In einem Punktraum der Dimension ν können wir uns theoretisch in jede Richtung bewegen.

Unser Ur-Gen mit seinen 300 Nucleotiden und seinen vier Basen eröffnet, so betrachtet, bereits einen unermeßlichen Raum – ein ganzes Universum, selbst wenn man willkürlich jeden einzelnen Punkt im Sequenzraum mit einem Volumen von einem Kubik-Ångström (= $10^{-30}$ m$^3$) ansetzt; und doch läßt sich dieser Raum in 300 Schritten durchmessen, allerdings um so viele ($n^N = 4^{300}$!) Ecken, daß man sich darin verlieren kann wie ein Weltraumfahrer im Weltall.

Ein Wesenskennzeichen des Sequenzraumes besteht zudem in der enormen *Verflechtung aller Routen* miteinander, und es ist jetzt die Selektion, die dafür sorgt, daß man keinesfalls mehr alle möglichen Positionen zur Orientierung absuchen muß; vielmehr entsteht durch die Selektion eben jene «Werttopographie», welche die Bewegungsfreiheit stark einschränkt: Weil alle Routen eng miteinander verflochten sind und die Abstände innerhalb des v-dimensionalen Raumes trotz des großen Volumens sehr klein sind, wird aufgrund der Wertorientierung der Selektion das «Ziel» (das Funktionsoptimum) «praktisch direkt angesteuert und wegen der kleinen Abstände umgehend erreicht. Dennoch gibt es auch hier Grenzen, die einer ungehinderten Optimierung Einhalt gebieten. Sie schränken die maximale Länge der Sequenzen ein, erfordern eine der Länge angepaßte optimale Fehlerrate sowie Populationszahlen, die eine hinreichend weit gestreute Besetzung des Mutantenspektrums gewährleisten» (MANFRED EIGEN: *Stufen zum Leben*, 75).

Was wir auf diese Weise durch das Konzept vom Sequenzraum und von der Quasispezies erhalten, ist eine dynamische Theorie, die erklärt, wie Information entsteht. Allerdings unterscheidet sich die Art, wie das Selektionsprinzip hier auf molekulare Systeme angewandt wird, deutlich von dem (neo)darwinistischen Ansatz. Ansatzpunkt der Selektion ist jetzt nicht mehr der individuelle Wildtyp, der wahllos und zufällig Mutanten erzeugt; den Ausgangspunkt für die Fitneßbewertung durch die Selektion bildet vielmehr das gesamte Mutantenensemble, dessen Verteilung um die Sequenz der höchsten Fitneß wir als *Quasispezies* bezeichnen. In diesem Mutantenensemble macht der Wildtyp (die dominante Sequenz) zahlenmäßig nur einen Bruchteil aller Mutanten aus und wird nur durch die mittlere Sequenz des Mutantenspektrums (durch die Consensus-Sequenz) definiert. An die Stelle des neodarwinistischen Wechselspiels von Zufall (Mutation) und Notwendigkeit (Selektion), in dem immer wieder ein Großteil aller möglichen Sequenzen durchgespielt werden muß, geht es jetzt darum, daß die Selektion die Quasispezies *in ihrer Gesamtheit* bewertet. Die individuellen Populationszahlen der Mutanten hängen jetzt nicht mehr nur davon ab, wieweit sie von dem selektierten Wildtyp entfernt sind, sondern auch von ihren individuellen Fitneßwerten und von deren Verteilung in der umgebenden Wertlandschaft. Neutrale Mutanten kommen weit häufiger vor als alle anderen Mutanten; befindet sich nun eine wertvolle Mutante in einer Umgebung anderer wertvoller Mutanten (also in einer Bergregion der Wertlandschaft), so entstehen durch Fehlkopierung ihrer Nachbarmutanten weitere mit ihr identische und ihr ähnliche Mutanten; es kommt zu einem Selbstverstärkungseffekt, der die individuellen Populationszahlen entscheidend verändert. «Je mehr eine Mutante in ihrer Fitneß der dominanten Sequenz gleicht, je mehr sie von weiteren, gleich wertvollen Sequenzen umgeben ist, um so größer ist ihre zahlenmäßige Präsenz» (Manfred Eigen: *Stufen zum Leben*, 77).

Aus der Asymmetrie der Mutantenverteilung und aus der Tatsache, daß sie sich bei hoher Fitneß weit in den Sequenzraum hinein ausdehnt, ergeben sich zwei wichtige Folgerungen, die den Zufallscharakter der Mutantenerzeugung stark modifizieren.

*Zum einen* ereignen sich die meisten Mutationen aufgrund des Selbstverstärkungseffektes, wie wir sehen, in den «Bergregionen der Wertlandschaft», also an den Stellen, wo man im Evolutionsprozeß die optimalen Gipfel erwartet. «Das System sucht mit großer Effizienz nach Mutanten in der Region, in der der Erwartungswert für eine vorteilhafte Mutante am höchsten ist» (a. a. O., 77).

Und *zum zweiten:* Wirklich neutrale Mutanten sind äußerst selten. «In der klassischen Neutral-Theorie blieb die Frage offen, wie groß der Unterschied in den Selektionswerten sein darf, damit zwei Sequenzen noch als neutral gelten können. Im Quasispezies-Konzept wird jede Sequenz exakt nach ihrem Fitnessgrad – unter Berücksichtigung der Nachbarschaft – bewertet» (a. a. O., 78). Die Selektionsentscheidung bezieht sich jetzt nicht mehr nur auf den individuellen Fitneßwert einer Mutante, sondern aufgrund des möglichen Selbstverstärkungseffektes in den Bergregionen der Wertlandschaft auch auf die entsprechende Nachbarschaft. Dadurch ist der Spielraum für ungezieltes Driften stark eingeschränkt. Indem die Selektion das Mutantenspektrum in einer bestimmten Region des Sequenzraums lokalisiert, kann man geradewegs von einer «Kondensation» im Sequenzraum sprechen; «Sequenz» aber ist nur ein anderes Wort für Information. Selektion erzeugt, verdichtet, «kondensiert» Information und erzwingt somit zugleich eine ständige Optimierung der genetischen Information. Denn sobald eine vorteilhaftere Mutante erscheint, wird die jeweils bestehende Quasispezies destabilisiert und durch Kondensationen («Phasensprünge») in einer anderen Region des Sequenzraumes abgelöst.

Damit gelangen wir bei der Frage nach den Anfängen des Lebens zu einem Ergebnis, das philosophisch und theologisch von größter Bedeutung ist; denn wir werden (erneut!) zu einer Auffassung der Evolution genötigt, die nichts zu tun hat mit «Planung», «Absicht» und «Vorsehung», die aber auch nicht auf eine richtungslose Zufälligkeit des Geschehens hinausläuft. Was wir feststellen, ist vielmehr eine Nichtbeliebigkeit der Entwicklung, die aus einer – mathematisch formulierbaren – Wenn-dann-Beziehung resultiert; mit MANFRED EIGEN (*Stufen zum Leben*, 79) können wir resümieren: «*Wenn* Selektion aus unterschiedlicher Effizienz der Reproduktion resultiert, *dann* geschieht das im Sinne des Quasispezies-Modells und nicht so, wie man es sich aufgrund des einfachen Wildtyp-Modells vorgestellt hat. *Wenn* Evolution auf der Grundlage natürlicher Selektion stattfindet, *dann* ist sie auch wertorientiert.» Die unerläßliche Bedingung dieses Wenn-dann-Verhaltens ist freilich eine hinreichend große Population – Populationszahlen von über $10^{10}$ Molekülen, Viren oder Mikroorganismen scheinen ausreichend, um eine genügend große Anzahl von Quasispezies-Zuständen reproduzierbar zu besetzen; die Sequenzlänge hat ihre optimale Grenze zwischen 100–1000 Bausteinen (Nucleotiden) gefunden. Daraus geht hervor, daß die Optimierung individueller Gene offenbar *vor* ihrer Integration zu einem Riesenmolekül (dem Genom) erfolgt ist; denn anderenfalls hätte sie aufgrund der auf die Länge des gesamten Genoms adaptierten kleinen Fehlerrate nur sehr langsam voranschreiten können.

An dieser Stelle steht MANFRED EIGEN nicht an, auf den zentralen Gedanken in G. W. LEIBNIZ' *Theodizee* (1. Teil, 8; S. 101) hinzuweisen, daß Gott unter allen möglichen Welten die beste (optimale) habe auswählen müssen (da er sonst nicht weise, gütig und mächtig sein könne) und daß, wenn es eine beste Welt unter allen möglichen Welten nicht gäbe, Gott gar keine Welt erschaffen hätte; «zumindest auf die Welt der Gene, auf die molekulare Ebene der Organisation des Lebens», meint MANFRED EIGEN (*Stufen zum Leben*, 81), scheine diese Aussage zuzutreffen. Doch entbehrt dieses sein Aperçu theologisch nicht einer milden Ironie: Gerade die Theorie von der Quasispezies und vom Sequenzraum liefert ein mathematisch-dynamisches Modell, um die Frage zu beantworten, deren vermeintliche Nicht-Lösbarkeit das letzte verbliebene Haupt«argument» der traditionellen Schöpfungstheologie für die Existenz Gottes in Anbetracht der «Schöpfung» darstellt. Welch ein absurder Kontrast besteht zwischen dem theologischen Konzept von dem «Auswählen» eines Gottes, der von allen denkbaren Welten schon aufgrund seiner Weisheit und Güte die unter allen Umständen beste ins Dasein ruft, und dem Selektionsprinzip der Naturwissenschaften, das wir auf allen Ebenen der Wirklichkeit: in Physik, Chemie und Biologie, am Werke sehen! Und vor allem: es ist jetzt nicht mehr nur die manifeste Grausamkeit und Gleichgültigkeit der Natur, die der Vorstellung von einem «mitleidenden» Gott diametral widerspricht, es ist das gesamt Erklärungsmodell, das die alternativen Polarisierungen der herkömmlichen Metaphysik mit all ihren daraus entwickelten Konsequenzen zu einem langanhaltenden geistesgeschichtlichen Irrtum entwertet: Zielgerichtetheit von Entwicklung könne nur sein aufgrund einer «Finalursache», die dem Geschehen schon am Anfang ihr Ergebnis vorschreibe, *oder* es sei «alles Zufall» und die offenbare «Gerichtetheit» der Lebensprozesse in ihrer Komplexität schlechterdings unverständlich; – an diesem Entweder-Oder hat die kirchliche Theologie sich 2000 Jahre lang abgemüht und Generation um Generation geistig Suchender mit ihren teleologischen «Gottesbeweisen» indoktriniert. Erst jetzt, am Ende des 20. Jahrhunderts, sind wir imstande, theoretisch wie experimentell Modelle anzubieten, in denen die Selbstorganisation der Materie sich von Fall zu Fall ihre eigenen Systembedingungen schafft und zwischen Zufall und Notwendigkeit auf den Energiegradienten des Sonnenlichtes auf dieser Erde mit der Ausbildung eines sich von Fall zu Fall neudefinierenden Vektors sich entfaltenden Lebens antwortet.

### *b) Die ersten Bausteine des Lebens und ihre Funktionen*

Wir verfügen jetzt über eine mathematische Theorie autokatalytischer Systeme (die BOOLEschen Zufallsnetzwerke), wir verfügen über eine physikalische Theorie über die Bildung dissipativer Strukturen fernab vom thermodynamischen oder chemischen Gleichgewicht, wir haben gelernt, präbiotische und biotische Systeme als Formen des Ausgleichs gegenüber dem an sie angelegten Energiegradienten zu betrachten, und wir haben vor allem den Einfluß der Selektion auf allen Ebenen der Wirklichkeit, insbesondere aber bei der Herausbildung lebender Strukturen mit immer präziserem und komplexerem Informationsgehalt kennengelernt; die entscheidende Frage aber, auf deren Beantwortung der Leser inzwischen vermutlich mit einiger Ungeduld wartet, haben wir noch nicht aufgenommen: in welcher Weise ist das Leben auf der Erde nun tatsächlich entstanden?

Es verdient noch einmal beachtet zu werden, daß diese Frage, in dieser Form gestellt, eine *historische* Antwort verlangt, mit anderen Worten: wir sind auf Wahrscheinlichkeiten bei der Rekonstruktion von Vorgängen vor etwa

4–3,5 Milliarden Jahren angewiesen, und alles, was wir werden sagen können, wird immer nur lauten: «So könnte es – mit mehr oder weniger großer Wahrscheinlichkeit – gewesen sein.» Doch indem wir das zugeben, ist eine Warnung an die traditionelle «Fundamentaltheologie» vor allem der römischen Kirche und mancher protestantischer Evangelikaler angebracht: Die zu debattierenden Wahrscheinlichkeiten lassen bereits rein methodisch nicht den geringsten Spielraum für apologetische Spekulationen. All die Versuche zu zeigen, daß eine «spontane» Erzeugung von Leben (ohne einen «schöpferischen» Akt Gottes) *nicht möglich* sei – eine «Beweisführung» *e negativo* – sind inzwischen überholt; sie basierten ganz einfach auf falschen Voraussetzungen und demonstrierten lediglich, daß das Leben in der Tat nicht als das Resultat mechanizistischer Zufälle betrachtet werden kann und daß es desgleichen nicht möglich ist, die Erscheinung des Lebens mit einer konstanten Einhaltung des thermodynamischen Gleichgewichts zu vereinbaren. Das Leben vollzieht sich *fernab* vom Gleichgewicht, und es ergibt sich aus der *Überwindung* der falschen Alternative: Zufall *oder* Planung. Was die Biosynthese einer lebenden Zelle uns zeigt, ist das Ergebnis von ständig *rückgekoppelten* Vorgängen, einer unaufhaltsamen Rückwirkung der Wirkungen auf ihre Ursachen sowie einer steten Vernetzung der sich durch ihre Wirkungen selbst verändernden Ursachen miteinander. Der Mechanismus des Lebens, meint MANFRED EIGEN (*Stufen zum Leben,* 97), «ist zwar komplex, im Rahmen unseres physikalischen und chemischen Wissens indes vollkommen interpretierbar. Das soll nicht besagen, daß in diesem Bereich alles hinlänglich erforscht wäre, sondern damit ist gemeint, daß das, was bereits gefunden wurde, nicht rätselhaft ist, sondern sich ohne weiteres physikalisch und chemisch erklären läßt. Aufgrund unserer Erkenntnisse ist es wahrscheinlich, daß es auch einfachere – weniger wirksame – Mechanismen gibt, die unter natürlichen präbiotischen Bedingungen realisierbar waren.» Das Leben entstand durch die Selektion immer leistungsfähigerer Strukturen. Aber was *sind* die Strukturen, die sich als die frühesten darstellen, und wie könnte ihre Entstehung sich vollzogen haben?

Was wir zur Synthese lebender Strukturen benötigen, sind (wir erinnern uns:) Aminosäuren, die vier Nucleinsäurebasen A(denin), T(hymin) bzw. U(racil), G(uanin) und C(ytosin), die Phosphorsäureester der Zucker (Ribose oder Desoxyribose) zum Aufbau der Nucleinsäuren und schließlich Kohlenhydrate und Fette. Kann alles das «spontan» entstehen und sich «richtig» zusammensetzen? Es kann!

Wie *Aminosäuren* sich bilden, hat STANLEY MILLER in seinem berühmten

Versuch aus dem Jahre 1953 gezeigt (STANLEY L. MILLER: *A production of amino acids under possible primitive Earth conditions*, in: Science, 117, 1953, 528–529; vgl. STANLEY L. MILLER – LESLIE E. ORGEL: *The Origins of Life on Earth*, Englewood Cliffs 1974). Wichtig an seinem Experiment (s. o. S. 463) bleibt vor allem die Tatsache, daß *die Häufigkeit*, mit der die verschiedenen Aminosäuren sich bilden, in etwa den Häufigkeitsverhältnissen entspricht, mit denen sie in den Proteinen lebender Organismen vorkommen. SIDNEY W. FOX (und K. DOSE: *Molecular Evolution and the Origin of Life*, San Francisco 1972) hat des weiteren die Kondensation von Aminosäuren zu Proteinen unter präbiotischen Bedingungen nachgewiesen; allerdings sind diese Proteine nicht, wie in lebenden Organismen, «instruiert», das heißt, es gibt für sie (noch) kein «Programm», nach dem sie entstehen sollten, und so spricht man von *Proteinoiden* – «Proteinähnlichen». Wie hoch wir die Fähigkeit solcher Proteinoide als Katalysatoren einschätzen müssen, mag uns ein Rückblick auf die Strategie unseres Immunsystems zeigen: seine Funktion besteht darin, Proteine als Antikörper zu produzieren, die jede irgendwie für den Organismus schädliche Molekülstruktur binden und eliminieren können – ein biochemisches «Spiel», das nur entstehen konnte, wenn bereits auf der präbiotischen Stufe der Evolution «für nahezu alle Reaktionen katalytisch aktive Proteinoide existierten» (MANFRED EIGEN: *Stufen zum Leben*, 87). Vermutlich besaßen etliche Proteinoide bereits eine Stereospezifität, die es ihnen erlaubte, zwischen rechts- und linkshändigen Enantiomeren zu unterscheiden (s. o. S. 81).

All das klingt und klang sehr hoffnungsvoll, und so war es kein Wunder, daß insbesondere STANLEY MILLERS Versuch geradezu enthusiastisch gefeiert wurde. 1953 sahen die Naturwissenschaften sich noch einem starken religiösen Vorbehalt der kirchlichen Dogmatik ausgesetzt, und die Frage nach einer «spontanen» Bildung von Proteinen schien identisch mit der Frage nach Gott selber. Schon 1924 hatte der russische Biochemiker A. L. OPARIN (*Proiskhozhdenie Zhisny* – Der Ursprung des Lebens – Moskau 1924) in seiner «Koazervatentheorie» die Ansicht vertreten, daß als Protobionten Tröpfchen in Frage kämen, die sich in einer Lösung von Polypeptiden, Nucleinsäuren und Polysacchariden spontan assoziierten, und der «dialektische Materialismus» der kommunistischen Ideologie hatte darin einen «Beweis» für die These erblickt, Religion sei nichts anderes als eine (gesellschaftlich bedingte, auf Unwissenheit basierende) Fehleinstellung des Bewußtseins gegenüber dem Sein (der Natur). In Wahrheit gehört zum Leben weit mehr als die Bildung von Aminosäuren und Proteinoiden begrenzter Länge; die entscheidende Frage blieb: wie war Replikation möglich, und: woher kommt die Informationsspeicherung, die identische Replikation allererst ermöglicht? Wir sahen soeben, daß erst nach Lösung dieser Fragen die Arbeit der Selektion beginnen kann; von einer «Arbeit» Gottes kann (und darf) freilich hier schon methodisch keine Rede (mehr) sein.

Das Problem stellt sich genauer, wenn wir fragen, inwieweit Proteine in der präbiotischen Evolution zu natürlicher Auslese imstande waren.

Wir setzen einmal den Nachweis einer katalytischen Aktivität von Proteinoiden zur weitergehenden Verknüpfung von Peptiden durch S. W. Fox (*Proteinoid experiments and evolutionary theory*, in M. W. Ho – P. T. Saunders: Beyond Neo-Darwinism, New York 1984, 15–60) voraus; dann läßt sich mit MANFRED EIGEN (*Selforganization of matter and the evolution of biological macromolecules*, in: Naturwissenschaften, 58, 1971, 465–523) an einen *katalytischen Zyklus* einfacher Peptide denken, in dem jedes Enzym ein nächstes bildet, ohne daß dabei eine Replikation von Matrizen benötigt würde; innerhalb eines solchen Zyklus wäre kein einzelnes Enzym autokatalytisch – keines wäre die Matrize seiner selbst –, das ganze System aber wäre imstande, sich autokatalytisch zu vermehren. Daß es solche Systeme rein aufgrund von Wahrscheinlichkeitsberechnungen geben sollte, hat uns STUART A. KAUFFMAN schon mit seinen Überlegungen demonstriert (vgl. DERS.: *Autocatalytic sets of proteins*, in: Journal of Theoretical Biology, 119, 1986, 1–24).

Ein etwas abweichendes, aber argumentativ gleichgerichtetes Modell entwickelte F. J. DYSON (*Origins of Life*, Cambridge 1985): Er ging von einer Population von Tröpfchen (Kompartimenten) aus, die sich nicht teilen noch auflösen sollen; diese Tröpfchen sollen Aminosäuren und Peptide enthalten, und zwar so, daß eine Aminosäure in einem Peptid gegen eine andere ausgetauscht werden kann; dann werden diese Austauschprozesse zirkulär wirken: ein «aktives» Peptid, das also aktive Aminosäuren enthält, wird den Einbau aktiver Aminosäuren in andere Peptide fördern, so daß eine autokatalytische Gruppe von Peptiden entstehen kann; ein Sprung von «Chaos» zu «Ordnung», von «tot» zu «lebendig» sollte nach DYSON bei 20 000 Aminosäuren möglich sein; nach KAUFFMAN sind etwa 20 000 *Peptide* dazu vonnöten! Doch bedeutet diese Diskrepanz in den Schätzwerten «keinen unüberwindlichen Gegensatz», meinen JOHN MAYNARD SMITH und EÖRS SZATHMÁRY (*Evolution*, 70); denn: «Der verfügbare Zeitraum (sc. der Evolution, d. V.) war ... so groß, daß auch recht unwahrscheinliche Sprünge auftreten konnten.» Ein anderes Problem aber bleibt ernst zu nehmen: Gesetzt, autokatalytische Netzwerke sind chemisch möglich und imstande, «lebendige» Ordnungszustände zu etablieren, so ist damit noch nicht gegeben, daß ein derartiges «System» zur Evo-

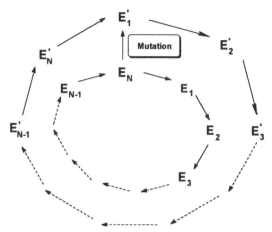

200  Eine Mutation in einem autokatalytischen Zyklus.

lution fähig wäre. Wir erinnern uns, daß zum evolutiven Prozeß Replikation *und Mutation* gehört. Angenommen, es existiert ein autokatalytischer Zyklus, innerhalb dessen ein Enzym E mutiert (aus $E_n$ wird $E'_1$, die veränderte Ausgangsform eines neuen Zyklus), so ist nicht zu garantieren, daß dieses neue Enzym einen kompletten mutierten Zyklus einleitet, an dessen Ende es selber gebildet wird. Abb. 200 verdeutlicht diese Schwierigkeit, die MANFRED EIGEN dazu veranlaßte, seine ursprüngliche Idee vom autokatalytischen Zyklus wieder fallenzulassen.

Allerdings leuchtet es ein, daß autokatalytische Gruppen innerhalb großer Proteinnetzwerke Alternativen bilden könnten, die in sich dynamisch stabil wären und zwischen denen die Selektion einen evolutiven Prozeß einleiten könnte; doch bliebe dieser Prozeß auf einen engen Spielraum erblicher Möglichkeiten begrenzt, er verfügte niemals über die unbegrenzten Entfaltungsmöglichkeiten, die mit der Matrizenreplikation der Nucleinsäuren gegeben sind. Wie aber wäre es, wenn bei den autokatalytischen Proteingruppen auch Nucleinsäuren produziert worden wären? Dann wären solche Verbindungen zunächst im autokatalytischen System wie Parasiten erschienen; aber eingeschlossen in Kompartimenten, wäre es möglich, daß RNA-Sequenzen sich von Parasiten zu Symbionten entwickelt hätten, indem sie die Funktion von genetischem Material übernahmen (vgl. F. J. DYSON: *Origins of Life*, Cambridge 1985). Die Frage stellt sich also nach der Bildung und Funktion von Nucleinsäuren.

α) Nucleinsäuren

Was die vier in Nucleinsäuren vorkommenden *Basen* angeht, so sind verschiedene präbiotische Synthesewege denkbar. Insbesondere A(denin) läßt sich bereits durch Kondensation von Cyanowasserstoff (Blausäure, HCN) gewinnen; G(uanin) wiederum kann man als Oxidationsprodukt von A betrachten. Für das C(ytosin) hat Albert Eschenmoser mögliche präbiotische Synthesewege gefunden; und U(racil) wird durch Oxidation von C(ytosin) gebildet worden sein – jedenfalls ist bisher kein anderer Weg seiner Entstehung bekannt.

Schon aufgrund ihrer unterschiedlich leichten bzw. schwierigen Synthesewege dürften die vier in den Nucleinsäuren vorkommenden Basen zu Beginn ihrer Entstehung in unterschiedlichen Mengen vorgelegen haben. Am häufigsten wird Adenin gewesen sein; andererseits ist nicht anzunehmen, daß A-reiche Polymere in großem Stil sich hätten vermehren können; ein A-Strang instruiert als erstes die Bildung eines U-Strangs und repliziert sich erst durch die Matrizenwirkung, die der komplementäre U-Strang vermittelt (so wie eine Photographie nur über die Herstellung eines Negativs reproduziert werden kann); U aber kam wegen seines schwierigeren Syntheseweges wohl nur recht selten vor. G und C hingegen lagen vermutlich in passenden Mengenverhältnissen vor und besaßen deshalb die besten Voraussetzungen für eine matrizengesteuerte Replikation. Zudem sind G und C durch drei Wasserstoffbrücken miteinander verknüpft und deshalb zehnmal so stabil wie ein A-U-Paar, das nur durch *zwei* Wasserstoffbrückenbindungen zusammengehalten wird; die größere Stabilität aber verleiht einen Startvorteil, wenn es darum geht, Matrizen zu bilden, die als Replikationsvorlage dienen sollen. Von daher darf man annehmen, daß als erstes G- und C-reiche Sequenzen in der Lage waren, sich auch ohne spezielle Enzyme von einem als Vorlage dienenden Nucleinsäurestrang allein durch Matrizenwirkung zu vermehren. Jedenfalls wundert es nicht, daß in den Vorläufersequenzen von tRNA (Transfer-Nucleinsäuren) sich ein hoher G-C-Gehalt findet. Die tRNA-Sequenzen sind die ältesten Moleküle in Eukaryoten-Zellen und haben ihre Zusammensetzung in der Evolution nur wenig geändert. So weisen zum Beispiel eine Reihe von tRNA-Molekülen beim Menschen und beim Krallenfrosch *(Xenopus laevi)* trotz eines riesigen evolutiven Abstands immer noch identische Sequenzen auf (vgl. Manfred Eigen: *Stufen zum Leben,* 90).

Damit sich aus den Nucleinsäurebasen *Nucleoside* bilden, müssen sie sich mit dem Einfachzucker Ribose bzw. Desoxyribose verbinden. Zucker entstehen präbiotisch aus der sog. *Formosereaktion:* aus der Verknüpfung von zwei Formaldehydmolekülen (Methanal, $H_2C = O$) entsteht als erstes Zwischenprodukt Glykolaldehyd (HO-$CH_2$-CHO); alsdann beginnt, ebenfalls in einem autokatalytischen Netzwerk, die Zuckersynthese, wie A. BUTLEROW (*Formation synthétique d'une substance sucrée,* in: Comptes rendus de l'Académie des Sciences, Paris, 53, 1861, 145–147) bereits in der Mitte des vergangenen Jahrhunderts zeigen konnte. Alles scheint also ganz einfach, ist es in Wahrheit aber nicht. Zum einen müßte der Zucker seines raschen Zerfalls wegen in einem ständigen Fließgleichgewicht angeliefert werden; zudem ist nach wie vor nicht geklärt, warum von den über 40 Zuckern ausgerechnet Ribose, eine Pentose, dominierend wurde, und, schwererwiegend noch: es ist des weiteren problematisch, wie die Pyrimidinbasen (Cytosin und Thymin bzw. Uracil) sich mit der Ribose zu Nucleosiden verbunden haben könnten – die Purinbasen (Adenin und Guanin) reagieren ohne Schwierigkeiten mit Zukkermolekülen; schließlich ist unter *wasserfreien* Bedingungen zwar die Phosphorylierung von Nucleosiden zu Nucleotiden mit relativ hoher Ausbeute möglich, «doch entstehen dabei alle möglichen Isomere, die in verschiedenem Ausmaß phosphoryliert sind» (JOHN MAYNARD SMITH – EÖRS SZATHMÁRY: *Evolution,* 31); für die Entstehung von Leben ist aber gerade chemische Reinheit für die genaue Replikation eines Polymers erfordert.

Ein möglicher Vorschlag zur Lösung dieser Probleme wurden von G. WÄCHTERSHÄUSER (*Before enzymes and templates: theory of surface metabolism,* in: Microbiological Reviews, 52, 1988, 452–484) gemacht.

In den klassischen Theorien zur Entstehung des Lebens war man stets von einer Uratmosphäre ausgegangen, die kaum Sauerstoff, wohl aber in hohem Maße Wasserstoff enthielt, die also «reduzierend» (mit Wasserstoff als Reduktionsmittel, als Elektronendonator) war, so daß Verbindungen wie Cyanwasserstoff als Ausgangsform etwa des Adenin sich überhaupt bilden konnten. WÄCHTERSHÄUSER hingegen legte vor 10 Jahren eine Theorie über die Entstehung des Lebens vor, bei der die Zusammensetzung der Uratmosphäre praktisch gleichgültig wird; denn, so die neue – im Labor nachprüfbare! – Hypothese: das Leben entstand womöglich in der Tiefsee, in der Nähe der Black smokers (s. o. S. 157)!

WÄCHTERSHÄUSER ging als erstes von einer *thermodynamischen* Überlegung aus: Jede Verbindung zweier Stoffe A und B führt zu einer Entropieabnahme – die beiden Reaktionspartner verlieren durch ihre Bindung an Bewegungsfreiheit. Nimmt man an, daß bestimmte Stoffe (A und B) von vornherein an eine Oberfläche gebunden sind, so daß sie sich nur in zwei Dimensionen bewegen und nur um eine Achse rotieren können, so ist im Falle ihrer Verbindung die Entropieabnahme zweifellos geringer – eine Reaktion dieser Art ist also begünstigt. Dies gilt vor allem für die Bildung von Peptiden aus Aminosäuren: bei jeder Peptidbindung (s. o. S. 80) wird ein Wassermolekül abgespalten; findet diese Reaktion auf Oberflächen statt, so wird dabei die Entropie *gesteigert* – solche Reaktionen sind thermodynamisch erneut begünstigt.

Eine *kinetische* Überlegung kam hinzu: Viele enzymatische Reaktionen setzen das Zusammenspiel von drei Molekülen voraus; die Wahrscheinlichkeit derartiger Zufallskollisionen ist an Oberflächen natürlich weit größer als in Lösung – als in der «Ursuppe» zum Beispiel, die in den biochemischen Überlegungen zur Entstehung des Lebens seit den Tagen OPARINS immer noch eine (übertrieben große?) Rolle spielt. Die Frage ist jetzt, wie eine solche Oberflächenbindung der «richtigen» Reaktionspartner denkbar ist. Fest steht, daß die Bindung stark genug sein muß, um ihre Wirkung entfalten zu können, und daß sie flexibel (locker) genug sein muß, um einen gewissen Bewegungsspielraum für die entsprechenden Stoffe zu ermöglichen. Damit fällt die Wahl der passenden Oberfläche nicht mehr ganz schwer. Organische Stickstoffbasen liegen meist als Kationen, also elektrisch positiv geladen vor; allerdings sind mit ihnen als Kationen keine unlöslichen Salze bekannt, so daß sich keine Ionenbindungen unmittelbar zwischen den positiv geladenen Stickstoffbasen und einer anionischen (negativ geladenen) mineralischen Oberfläche ausbilden können; als geeignete Oberfläche für mögliche Reaktionen zwischen den Stickstoffbasen kommt daher nur eine ebenfalls positiv geladene mineralische Oberfläche in Frage – WÄCHTERSHÄUSER denkt an Pyrit (Schwefelkies, $FeS_2$) –, vorausgesetzt, daß es anionische (elektrisch negativ geladene) «Anker» gibt, die zwischen den Stickstoffbasen und der Oberfläche vermitteln; eine solche Funktion, ein positiv geladenes organisches Molekül an eine ebenfalls positiv geladene Oberfläche zu binden, scheint ursprünglich den Phosphatgruppen und ihren zwei negativen Ladungen zugekommen zu sein (vgl. JOHN MAYNARD SMITH – EÖRS SZATHMÁRY: *Evolution*, 31–32).

Eine andere Alternative zu der Theorie von der «Ursuppe» als Entstehungsort des Lebens hat bereits 1979 C. R. WOESE (*A proposal concerning the origin of life on the planet Earth*, in: Journal of Molecular Evolution, 13, 1979, 95–101) mit seinem «Wassertröpfchen-Konzept» vorgeschlagen. Verwunderlich bleibt, daß die ersten Spuren von Leben auf der Erde so außerordentlich früh auftauchen – vor 3,5 Milliarden Jahren, sobald die Temperatur des Planeten das zuließ, so sagten wir bisher. Vielleicht aber sind die Keime des Lebens bereits entstanden, als die Urmeere noch viel zu heiß dafür waren oder viel zu schnell verdampften, um höhere Konzentrationen chemischer Verbindungen in der «Ursuppe» zuzulassen? WOESES Vorschlag jedenfalls geht davon aus, daß Wassertröpfchen *in Wolken* eine große Oberfläche für chemische Reaktionen hätten bieten können und daß die Kondensation der Tröpfchen an festen Partikeln sowie die Verdunstung der Tropfen einer Polymerisation organischer Verbindungen äußerst günstig gewesen sei.

Beide Theorien, die von der «Wolkenchemie» WOESES sowie die von dem Oberflächenmetabolismus WÄCHTERSHÄUSERS, müssen sich nicht widersprechen, sondern könnten einander ergänzen, etwa so: «Organische Verbindungen, die in Wolken synthetisiert wurden und ins Meer regneten, könnten von Pyrit abgefangen worden sein. Auch das Pyrit selbst könnte sich innerhalb von Tröpfchen in der Atmosphäre durch Reaktionen an Kondensationskernen gebildet haben. Ein und dasselbe Pyritpartikel könnte mit seiner kostbaren Fracht, der ‹Ur-Pizza› (sc. den organischen Polymeren auf der Pyritoberfläche, d. V.), einige Zeit im Meer und einige Zeit in der Atmosphäre verbracht haben» (JOHN MAYNARD SMITH – EÖRS SZATHMÁRY: *Evolution*, 37).

So wäre also eine autokatalytische Bildung von (einzelsträngigen) Nucleinsäurepolymeren möglich. Gleichwohl bleibt es immer noch schwierig zu erklären, wie RNA-Stränge sich überhaupt bilden und replizieren konnten. Da ist nicht nur das schon erwähnte Problem, daß pyrimidinhaltige Nucleotide sich nicht synthetisieren lassen. G. F. JOYCE, A. W. SCHWARTZ, L. E. ORGEL und S. L. MILLER (*The case for an ancestral genetic system involving simple analogues of the nucleotides*, in: Proceedings of the National Academy of Sciences, USA, 84, 1987, 4398–4402) sind bei Experimenten zur präbiotischen Synthese von Zuckern auf dasselbe Problem gestoßen, das wir schon bei der Bildung von Cellulose und Stärke kennengelernt haben (s. o. S. 191 f.): auch Ribose bildet zwei Stereoisomere (D- und L-Ribose, dextro und levo, rechts und links, je nach der Orientierung der OH-Gruppe am C-4-Atom in der Fischer-Projektion); beide Formen sind chemisch gleichberechtigt, doch ist – offenbar durch einen urzeitlichen Symmetriebruch – bei der Bildung von RNA nur die D-Ribose beteiligt. Und wie um die Sache noch mutwillig zu erschweren, kommt nun auch ihrerseits die D-Ribose nach erfolgtem Ringschluß in zwei isomeren Konfigurationen ($\alpha$-D- und $\beta$-D-Ribofuranose) vor, die sich in der relativen Orientierung der OH-Gruppe am C-1-Atom der D-Ribose unterhalb bzw. oberhalb des Zuckerringes unterscheiden und entsprechend nach Bindung der stickstoffhaltigen organischen Base eben über $\alpha$- oder $\beta$-glycosidische Bindungen auch zu zwei verschiedenen stereoisomeren

Nucleosiden führen; die natürlicherweise vorkommenden Nucleoside und damit auch Nucleotide weisen ausschließlich eine β-Konfiguration auf. Wie aber sollte eine RNA-Matrize aus β-D-Isomeren in einer Mischung aus stereoisomeren Nucleotiden sich vollständig replizieren, ohne durch «enantiomere Kreuzhemmung» blockiert zu werden, weil zwar die komplementäre Basenpaarung noch möglich ist, nicht mehr aber die Verknüpfung der Nucleotide über die Phosphodiesterbindungen? Das Problem der Blockierung der Replikation durch isomere Verunreinigungen verlangt offenbar nach speziellen Lösungen.

Nun hat A. G. CAIRNS-SMITH (*The Life Puzzle*, Edinburgh 1971) die gewissermaßen «biblische» Idee vorgetragen, die ersten Gene hätten gar nicht aus RNA, sondern – aus Ton bestanden; nämlich folgendermaßen: An bestimmten Kristallisationskeimen in einer gesättigten Lösung der entsprechenden Ionen bilden sich Tonkristalle, diese zerfallen bei einer bestimmten Größe in mehrere Stücke, die wieder zu wachsen anfangen usw. All das sieht noch nicht sehr beeindruckend aus, und es enthält zudem eine Schwierigkeit: In Kristallen pflegen zwar Fehler in der Gitterstruktur aufzutreten, und man könnte sich Information so gespeichert denken; um aber «Vererbung» zu ermöglichen, müßten diese Fehler (wie Mutationen) *repliziert* werden; und das klingt bei Tonkristallen sehr unwahrscheinlich. Aber vielleicht gibt es Kristalle, die aufgrund ihrer Fehler unterschiedlich schnell wachsen oder sich unterschiedlich schnell auflösen? *Solche* Tonkristalle könnten tatsächlich Einheiten evolutiver Prozesse sein. Doch die entscheidende Frage kommt noch: wie und warum sollen derartige «Gene» aus Ton durch RNA-Gene ersetzt worden sein? Die einfachste – und vielleicht sogar richtige – Antwort auf das *warum* lautet: weil die Speicherung von Information in Form von RNA-Strängen ungleich effizienter ist als in Gestalt von Tronkristallen; und *wie*? Indem die Tongene organische Verbindungen banden und dabei auch die Synthese von RNA ermöglichten; die ursprüngliche Wirkung der RNA könnte es gewesen sein, die Tongene zu stabilisieren – eine Art präbiotischer Symbiose, ein sich selbst verstärkender Effekt!

Das Problem, das mit dieser Theorie gelöst werden könnte, weist eine Ähnlichkeit zu der Frage auf, wie die Pyramiden von Gizeh gebaut werden konnten: es muß Erdaufschüttungen gegeben haben, um die Steinquader heranzuführen, nur wurde die Erde später entfernt. So ähnlich könnten CAIRNS-SMITH' Tonkristalle als Baugerüste gewirkt haben, mit deren Hilfe die ersten RNA-Stränge montiert wurden. Unglücklicherweise aber ist bis heute nicht klar, wie die Fähigkeit von Ton«genen» zur «Vererbung» sich nachweisen

```
          CH₂OH
           |
     H — C — OH     O
           |        ‖
          CH₂O — P — O⁻
                   |
                   O⁻     201  Gycerin-3-phosphat
```

ließe und wie sie überhaupt die Komplexität hätten aufweisen können, um RNA-Stränge zu synthetisieren.

A. W. SCHWARTZ und L. E. ORGEL (*Template-directed synthesis of novel, nucleic acid-like structures*, in: Science, 228, 1985, 585–587) haben deshalb vorgeschlagen, das Urgen könnte vielleicht statt der problematischen Ribose ein einfacheres Molekül, z. B. Glycerinphosphat, enthalten haben (vgl. Abb. 201).

G. WÄCHTERSHÄUSER (*Groundworks for an evolutionary biochemistry: the iron-sulphur world*, in: Progress in Biophysics and Molecular Biology, 58, 1992, 85–201) schlug zur Umgehung des Problems doppelsträngige «Tribonucleinsäuren» vor, deren Rückgrat aus kovalent verknüpften Phosphotriosen besteht; derartige Moleküle könnten sich tatsächlich an einer Oberflächenstruktur, wie WÄCHTERSHÄUSER sie als «Wiege» des Lebens annimmt, ohne größere Schwierigkeiten bilden; und da Pyrimidinnucleotide sich, wie gesagt, «spontan» nicht zu bilden vermögen, schlug er zudem eine Purinversion der Nucleinsäuren vor, in der die organischen Basen über ihr Stickstoffatom in Position 3 gebunden sind (statt in Position 9, wie üblich; vgl. JOHN MAYNARD SMITH – EÖRS SZATHMÁRY: *Evolution*, 74). Doch ist es ebenfalls bis heute nicht gelungen, ein solches oder ähnliches RNA-Analogon herzustellen, das sich replizieren könnte und unter präbiotischen Bedingungen zu existieren vermocht hätte. Wir wissen also (noch immer) nicht, wie das «Urgen» ausgesehen hat; Einigkeit aber herrscht darüber, daß das Urgen *ohne* die enzymatische Hilfe von Proteinen gebildet worden sein muß.

β) Kooperierende Replikatoren

Dabei sind wir noch lange nicht am Ende der Kette der Schwierigkeiten. Das Problem, vor dem die Evolution stand (und vor dem wir heute bei der Suche nach dem Ursprung des Lebens stehen), ergibt sich (nächst der Bildung der RNA) aus «EIGENs *Paradox*»: Die Menge an Information, die weitergegeben werden kann, ist unmittelbar abhängig von der Replikationsgenauigkeit. Diese wiederum wird heute von Enzymen gewährleistet, doch um diese zu codieren, bedürfen die Gene bereits einer hohen Informationsmenge. Frage also: Wie konnte es zu einer Zunahme der Informationsmenge kommen?

Um diese Frage zu beantworten, sind die Ergebnisse der Forschungen von LESLIE E. ORGEL (*Evolution of the genetic apparatus*, in: Journal of Molecular Biology, 38, 1968, 381–393; vgl. DERS. und STANLEY L. MILLER: *Evolution of Catalytic Function*, Cold Spring Harbor Series, 1987) vorauszusetzen, die auch die Entstehung der RNA in einem helleren Licht erscheinen lassen. ORGEL nämlich zeigte, daß Nucleinsäuren sich aus über 100 Bausteinen (Monomeren) spontan bilden (polymerisieren) können, ohne dabei spezielle Enzyme zu benötigen; ja, sie sind sogar imstande, durch Matrizenwirkung ihre eigene Synthese zu instruieren. Als Katalysatoren kommen dabei besonders Metallionen (von Zink und Magnesium) in Frage, die wohl nicht zufällig eine vergleichbare Funktion auch in denjenigen Enzymen ausüben, die für den Aufbau von DNA-und RNA-Strängen unerläßlich sind. Und am wichtigsten nun: Bezeichnenderweise können einsträngige Ribonucleinsäuren sich so auffalten, daß sie als Enzyme wirksam werden, man spricht deswegen von *«Ribozymen»*. Ribozyme können Reaktionen katalysieren wie das Ausschneiden oder Entfernen («Spleißen») von RNA-Sequenzabschnitten, die *Introncodiert* sind (als *Intron*, als eingelagerte Region, bezeichnet man eine RNA-Sequenz ohne genetische Information, deren funktionelle Bedeutung noch unbekannt ist), während sie gleichzeitig *Exon-codierte* RNA-Sequenzabschnitte kovalent miteinander verbinden (als *Exon*, als exprimierbare Region, bezeichnet man einen informationstragenden, codierenden Sequenzabschnitt eines Gens, der im mRNA-Molekül transkribiert ist); Ribozyme verrichten also bereits in etwa die Arbeit von *Polymerasen* (von Enzymen, die die Synthese von Polymeren, von Kettenmolekülen, katalysieren). Aus dieser Tatsache scheint die Möglichkeit zu sprechen, daß Nucleinsäuren *eine eigene Evolution* durchlaufen haben könnten, in der sie auf Proteine als Katalysatoren nicht angewiesen waren; und diese Möglichkeit ist es auch, die EIGENS Paradox auflösen könnte (MANFRED EIGEN: *Stufen zum Leben*, 87–88).

MANFRED EIGEN und PETER SCHUSTER (*The Hypercycle – A Principle of Natural Selforganization*, Heidelberg 1979) gingen davon aus, daß die erforderliche Information «wegen der Fehlerschwellenbeziehung, die die Länge stabil reproduzierbarer Nucleinsäuren strikt begrenzt, nicht zu einer zusammenhängenden, langen Molekülkette vereinigt werden» konnte (M. EIGEN: *Stufen zum Leben*, 107). In der Anfangsphase sollte es deshalb zu einer Ko-

operation (statt bloßer Konkurrenz!) zwischen verschiedenen Genen gekommen sein. Um einen Zusammenschluß von Information zu gewährleisten, mußten allerdings drei Bedingungen erfüllt sein:
a) Jedes einzelne Gen (die einzelnen RNA-Moleküle) mußte fehlerhaften Kopien seiner selbst (seiner Mutante) überlegen bleiben;
b) Gene, die die verschiedenen einander ergänzenden Funktionen repräsentieren, sollten miteinander nicht konkurrieren, sondern kooperieren und ihre Konzentrationsverhältnisse dabei auf stabile Werte einpendeln; und
c) das neue durch Zusammenschluß entstandene System sollte als Gesamtheit mit alternativen Genensembles in Konkurrenz treten und als solches erweiterungsfähig und optimierbar sein.

Entscheidend ist, daß RNA-Stränge, wie gesagt, eine gewisse Replikaseaktivität aufweisen und dadurch in Wechselwirkung zueinander treten können. Um einen Wettbewerb zwischen den verschiedenen Sequenzen auszuschalten, bedarf es freilich einer Replikase, die nicht jedes Mitglied des Systems kopiert (und damit die Konkurrenz zwischen allen noch verschärft!), sondern es muß dahin kommen, daß ein Mitglied des Systems spezifisch ein anderes repliziert, dieses ein drittes usw., bis schließlich das letzte Glied die Replikation des ersten katalysiert – der *Hyperzyklus* ist damit geschlossen: indem jedes RNA-Molekül das nächste unterstützt, fördert es letztlich sich selber. Es ist nicht unwichtig, daß die Glieder eines solchen Hyperzyklus nicht, wie EIGEN und SCHUSTER zunächst glaubten, auf die Hilfe codierter Replikaseproteine bei ihrer wechselseitigen Katalyse angewiesen sind; ein Hyperzyklus kann bereits durch Ribozyme mit Replikaseaktivität entstehen (vgl. MANFRED EIGEN: *Stufen zum Leben*, 108).

Allerdings ist das Konzept vom Hyperzyklus zwei Einwänden ausgesetzt. *Der erste* stammt von JOHN MAYNARD SMITH (*Hypercycles and the origin of life*, in: Nature, 20, 1979, 445–446), der darauf hinwies, daß der Hyperzyklus nur so lange funktioniert, als man *Mutanten* außer acht läßt – es ist derselbe Einwand, der bereits gegenüber der Theorie von der Entstehung von Proteinen durch autokatalytische Zyklen geltend gemacht werden konnte (vgl. Abb. 219), nur jetzt mit einem anderen Akzent: Es kann Mutanten geben, die für eine Replikase eine mehr oder weniger geeignete Zielstruktur besitzen, und es kann Mutanten geben, die selber, verglichen mit der Ausgangssequenz, eine bessere oder schlechtere Replikase darstellen; in beiden Fällen würden die schlechteren Mutanten einfach aussterben – die Selektion würde keine evolutive Optimierung der Hyperzyklen bewirken. *Zudem* können Hyperzyklen durch Mutanten zerstört werden, die hervorragende Ziele, aber schlechte Replikasen sind; ferner wird bei mehr als vier Mitgliedern in einem Zyklus die Konzentration der Mitglieder stark schwanken (vgl. JOHN MAYNARD SMITH – EÖRS SZATHMÁRY: *Evolution*, 51–52). Im ganzen muß man sagen, daß ein Hyperzyklus nicht ein Lebewesen ist, sondern eine Population von wechselwirkenden Molekülen darstellt; insofern ist ein Hyperzyklus keine Einheit der Evolution, wie EÖRS SZATHMÁRY (*The emergence, maintenance, and transitions of the earliest evolutionary units*, in: Oxford Surveys in Evolutionary Biology, 6, 1989, 169–205) hervorgehoben hat.

Anders hingegen verhält es sich, wenn man Hyperzyklen in *Kompartimente* einschließt, sie also mit einer Membran umgibt. Mit einem solchen Vorschlag versuchten M. EIGEN, P. SCHUSTER, W. GARDINER und R. WINKLER-OSWATITSCH (*Ursprung der genetischen Information*, in: Spektrum der Wissenschaft, 6, 1981, 36–56) die Schwierigkeiten der Hyperzyklentheorie auszuräumen. In der Tat: die Einführung von Kompartimenten bedeutet so viel wie die Schaffung von Individuen, die zu einer vertikalen Weitergabe genetischer Information (von einer Generation zur nächsten) imstande sind, denn wenn das Kompartiment sich teilt, werden die Tochterkompartimente die Informationen der Mutter«zelle» übernehmen. Unter diesen Bedingungen ist eine Selektion von Mutanten mit verbesserter Replikasefunktion durchaus möglich: Bei der Teilung wird ein Kompartiment die verbesserte Mutante (die mutierte RNA) übernehmen und eine höhere Wachstumsrate zeitigen als andere Kompartimente.

Damit wäre EIGENS *Paradox* befriedigend gelöst, vorausgesetzt freilich, daß die einzelnen Kompartimente nur relativ wenige kooperierende RNA-Moleküle enthalten. «Der umschlossene Hyperzyklus kann im Gegensatz zum freien nicht nur von vorteilhaften Mutationen profitieren, sondern sich auch vor schädlichen Mutationen schützen, nämlich vor der Entstehung von Parasiten und alternativen Hyperzyklen. Im kompartimentierten Hyperzyklus ist Information effizient zusammengefaßt» (JOHN MAYNARD SMITH – EÖRS SZATHMÁRY: *Evolution*, 54). Nur muß man sich fragen, wozu ein Hyperzyklus überhaupt noch nötig ist, wenn es erst einmal Kompartimente gibt! Es zeigt sich nämlich, daß die Kompartimentierung von selbstreplizierenden Gengruppen selektiv von selbst zu einem weiteren Informationszuwachs führen wird. Dargelegt wurde dieser Zusammenhang von EÖRS SZATHMÁRY (*The eukaryotic cell as an information integrator*, in: Endocytobiological Cell Research, 3, 1986, 113–132) in dem «*Modell der stochastischen Korrektur*».

Wir nehmen einmal an, daß eine jeweils geringe Anzahl von selbstreplizierenden Molekülen in Kompartimenten eingeschlossen ist und daß die Tei-

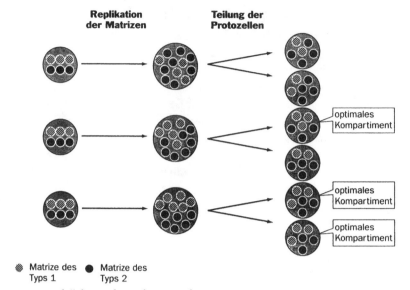

202  *Das Modell der stochastischen Korrektur.*
Die Ausgangskompartimente enthalten je drei Kopien der Matrizen 1 und 2; die schwarzen Matrizen replizieren sich schneller als die schraffierten, doch ist diese Entwicklung wegen der geringen Anzahl der Matrizen pro Kompartiment nicht vorhersehbar; bei Teilung der Protozellen werden die Matrizen zufällig verteilt. Dann wird die stochastische Natur von Replikation und Neuverteilung dafür sorgen, daß der optimale Kompartimenttyp in der nächsten Generation wieder auftaucht. Es kommt zu einem Gleichgewichtszustand mit einem konstanten Anteil optimaler Kompartimente.

lungsrate eines Kompartiments von den enthaltenen Molekülen abhängt; zwei Arten von Molekülen setzen wir voraus: «altruistische» Moleküle, die auf Kosten der eigenen Replikationsgeschwindigkeit Replikasen produzieren, und «parasitische» Moleküle, die repliziert werden, aber sonst keine Funktion besitzen; es sollen sich also die «Parasiten» in den Kompartimenten schneller replizieren als die «Altruisten», doch sei die Gesamtreplikationsrate bei denjenigen Kompartimenten am höchsten, die über gleiche Mengen beider Molekülarten verfügen, und sie sei gleich null bei den Kompartimenten, in denen nur eine der beiden Arten vorkommt. Dann wird (schon bei nur wenigen Replikatoren) das Ergebnis der Entwicklung bei einer bestimmten Ausgangskombination nicht vorhersehbar sein; und zudem wollen wir davon ausgehen, daß bei der Teilung eines Kompartiments die Moleküle sich nach dem Zufallsprinzip auf die Tochterkompartimente verteilen. Es entsteht eine Entwicklung, wie Abb. 202 sie zu verdeutlichen sucht.

Wichtig ist bei dieser Anordnung das Ergebnis im ganzen: Kompartimente mit altruistischen Mutanten teilen sich *öfter*, so daß die Selektion auf der Ebene der Kompartimente *gegen* die Parasiten wirkt; außerdem wird die Selektion Kompartimente mit *synchronisierter Replikation* der Gene fördern, denn die Synchronisierung trägt dazu bei, daß die Molekülkombination der Tochterzellen derjenigen der Mutterzelle ähnelt (JOHN MAYNARD SMITH – EÖRS SZATHMÁRY: *Evolution*, 57).

Was wir aus diesen Überlegungen lernen, ist mehrererlei: *Biologisch* sehen wir, daß die Kompartimentierung selbstreplizierender (RNA-)Moleküle (auch ohne Hyperzyklus!) ein effizientes Verfahren zur Integration von Information darstellt; und zudem wird deutlich, welch eine Bedeutung von Anfang an der *Individuierung* der Lebensbausteine zukommt – eine Einsicht, die *philosophisch* richtungsweisend ist: An jeder Stelle des Lebens wird die Selektion Individualität fördern und zerstören, Individuen hervorbringen und verschleißen; was aber ist, wenn individuelle Systeme sich bilden, die nicht nur selbstreplizierend, sondern selbstreflektierend sind? Das gesamte Bemühen der Religionsgeschichte der Menschheit scheint zentral der Lösung dieser Frage gewidmet! Und es findet sich darüber hinaus Gelegenheit, das Zerrbild des DARWINISMUS als einer Ideologie des brutalen Egoismus ein Stück weit geradezurücken: Selektion führt eben nicht nur zu Konkurrenzverhalten, sondern kann bereits auf den ersten Stufen sich bildender Bausteine des Lebens (der RNA-Moleküle) kooperative Strategien bevorzugen; ja, es scheint, als sei der Aufbau einer Zelle und gar die Bildung eines mehrzelligen Organismus überhaupt nur verstehbar durch eine Synthese zwischen den beiden Prinzipien: der Individualisierung (der Abtrennung von der Außenwelt) und der Kooperation miteinander; freilich geht das Prinzip der Konkurrenz immer mit und treibt die individuellen Einheiten des Lebens auf immer höheren Stufen ihrer Organisation in immer neue und immer verheerendere Formen der wechselseitigen Auslöschung zugunsten der Selektion der generativ «Tüchtigsten» hinein. Für *Theologen* ist es unerläßlich, diese Widerspruchseinheit, in welcher das Leben bereits in seinen Ursprüngen sich darstellt, möglichst ungeschminkt anzuerkennen und bei der Frage nach einem Gott als «Schöpfer» niemals aus den Augen zu verlieren.

γ) Die RNA als Urgen und der Umfang des genetischen Alphabets

So verfügen wir also über Modelle, die uns die Entstehung, die Selbstreplikation und die vertikale Weitergabe von Informationen in Gestalt von RNA-Molekülen hinreichend zu erklären vermögen; wir verfügen zugleich über verschiedene Theorien zur Entstehung von Proteinen; wie aber kommt es dahin, daß RNA-Moleküle die Bildung von Proteinen instruieren? Das ist der nächste Schritt der Evolution, den wir plausibel zu machen haben.

Als erstes sollten wir die These rechtfertigen, daß es Nucleinsäuren früher gab als Proteine und daß die RNA (nicht etwa die DNA) tatsächlich das erste genetische Material darstellte.

Für den Primat der Nucleinsäuren sprechen die zwei bereits erwähnten Tatsachen: ihre Replizierbarkeit und ihre enzymatische (katalytische) Aktivität. Das letztere ist nicht verwunderlich: Enzyme verfügen ganz allgemein über eine dreidimensionale flexible Struktur, die sich aus ihrer Primärstruktur ergibt; die Bindung ihrer Substrate erfolgt duch die funktionellen Gruppen an ihrer Oberfläche, wozu die Reaktionspartner sich in räumlicher Nähe zueinander befinden müssen; ihre geringe räumliche Distanz und damit ihre hohe lokale Konzentration ist daher identisch mit Reaktionsbeschleunigung. Alles das kennen wir schon vom Aufbau der Proteine (s. o. S. 80). Aber es gilt auch für die RNA: auch sie verfügt über eine dreidimensionale Struktur mit funktionellen Gruppen an der Oberfläche. Allerdings haben die enzymatischen Aktivitäten der Ribozyme (der einsträngigen Ribonucleinsäuren, die als Enzyme wirken) ausschließlich Nucleinsäuren zum Substrat, und die Interaktion zwischen Substrat und Enzym verläuft jeweils über Basenpaarungen. Daraus ergibt sich die außerordentlich wichtige Frage, ob Ribozyme überhaupt andere Reaktionspartner als Nucleinsäuren haben können (vgl. JOHN MAYNARD SMITH – EÖRS SZATHMÁRY: *Evolution*, 62).

Trotz aller noch bestehenden Unsicherheit in der Beantwortung dieser Frage gibt es Hinweise darauf, daß Ribozyme früher einmal, vor der Evolution der Translation (also der Übersetzung der genetischen Information der Boten-RNA [mRNA] in die entsprechenden Aminosäuresequenzen), als Enzyme bei sehr viel mehr Reaktionen als nur mit Nucleinsäuren beteiligt waren. So hat H. B. WHITE (*Coenzymes as fossils of an earlier metabolic stage*, in: Journal of Molecular Evolution, 7, 1976, 101–104) darauf hingewiesen, daß sich in vielen Coenzymen Nucleotidanteile finden, und er betrachtete diese Nucleotidanteile als Relikte ehemaliger Ribozyme. Für diese Deutung spricht, daß diese Nucleotidsequenzen bei der Katalyse selbst keine Rolle spielen, sondern nur die Bindung des Coenzyms an das Enzym vermitteln. S. A. BENNER, A. D. ELLINGTON und A. TAUER (*Modern metabolism as a palimpsest of RNA world*, in: Proceedings of the National Academy of Sciences, USA, 86, 1989, 7054–7058) haben zudem auf enzymatische Reaktionen verwiesen, bei denen manchmal Nucleotidcofaktoren beteiligt sind, die mitunter durch einfachere Cofaktoren ersetzt werden können; auch diese Autoren kommen zu dem Schluß, die Nucleotidcofaktoren seien die noch durchschimmernde Grundschrift, das Palimpsest, eines urzeitlichen komplexen Ribozymmetabolismus. Natürlich hat man experimentell versucht, die enzymatischen Fähigkeiten von RNA-Strängen systematisch (mit Hilfe der Affinitätschromatographie) zu testen; die Erfolge sind bisher durchaus vielversprechend (vgl. JOHN MAYNARD SMITH – EÖRS SZATHMÁRY: *Evolution*, 63–66).

Wir dürfen also annehmen, daß die noch heute anzutreffenden Nucleotidcofaktoren uns wie durch ein Fenster in eine Welt zurückschauen lassen, in welcher primitive Riboorganismen dominierten – eine RNA-Welt, wie W. GILBERT (*The RNA-World*, in: Nature, 319, 1986, 618) sie genannt hat. Wir sind zugleich dabei, die ersten Stellen zu betrachten, in denen die Gebirge der Chemie in die Sphäre der Biologie hineinragen. Und wir stellen mit Erstaunen fest, daß die Chemie zur Beantwortung historischer Fragen doch nicht so gänzlich ungeeignet ist, wie es anfangs schien; zumindest ist sie der Schlüssel zur Eintrittspforte der Paläobiologie.

Ja, wir sind jetzt auch imstande, die Frage nach der *Eigenart des genetischen Codes* aufzunehmen; denn als erstes stellt der «genetische Code» eine Form dar, in welcher RNA-Moleküle die Bildung von Aminosäureketten katalysieren. Nun aber müssen wir uns daran erinnern, daß die ersten RNA-Moleküle in überwiegender Zahl aus den Basen Guanin (G) und Cytosin (C) zusammengesetzt waren. Durch diesen «strategischen Anfangsvorteil» der G- und C-Sequenzen wird bereits *eine* Eigentümlichkeit des genetischen Codes verständlicher. Ein Blick auf die Tafel von S. 91 zeigt, daß die Basentripletts GGC und GCC die chemisch einfachsten und deshalb häufigsten Aminosäuren Glycin und Alanin codieren; es scheint plausibel, auch in dieser Tatsache ein Relikt aus der Anfangszeit der Geschichte des Lebens zu sehen, als zum ersten Mal «Codewörter» mit bestimmten Aminosäuren verknüpft wurden. MANFRED EIGEN (*Stufen zum Leben*, 90) zieht daraus den Schluß: «Die Logik des Codeschemas resultiert... aus physikalischen beziehungsweise chemischen Gegebenheiten und ihrer Realisierung in der Natur.»

Aufgrund der unterschiedlichen Häufigkeit der Nucleinsäurebasen verstehen wir zudem, warum *das Verfahren der komplementären Basenpaarung* zur Informationsspeicherung notwendig wurde: Wenn die Basen sich selbst identisch reproduzieren könnten, würden sie natürlich die Vorherrschaft des häufigsten Bausteins favorisieren; es ist aber nicht möglich, mit einem einzigen Symbol Nachrichten zu speichern; die komplementäre Replikation hingegen bietet gleich zwei Vorteile: sie führt ein notwendiges zweites Informationssymbol ein und sorgt zugleich dafür, daß die beiden komplementären Symbole trotz unterschiedlicher Häufigkeit in den Polymeren letztlich mit einer gleichen mittleren Häufigkeit «ausgedruckt» (exprimiert) werden, da ein Überschuß in dem einen Strang notwendigerweise zu einem Unterschuß in dem komplementären Strang führt. Die Frage bleibt lediglich, warum der genetische Code ausgerechnet mit vier Symbolen arbeitet, wo an sich (wie etwa beim Morsealphabet) zwei Symbole zur Informationsspeicherung und -übertragung vollkommen ausreichen würden. Die wahrscheinlichste Antwort lautet, daß das (noch unvollkommene) «Leseverfahren» des genetischen Codes in den Anfängen der Evolution zur besseren Differenzierung (also «Lesbarkeit») Nucleinsäuresequenzen von unterschiedlicher Stabilität benötigte – eine Bedingung, die mit einem einzigen komplementären Basenpaar von relativ homogener Stabilität kaum gegeben war. Zwei komplementäre Basenpaare hingegen lassen sich so vielfältig kombinieren, daß ein enormes Spektrum an unterschiedlichen Stabilitäten und damit an Differenzierungsmöglichkeiten entstehen konnte. Der Aufbau der «Codewörter» und ihre Zuordnungen zu den jeweiligen Aminosäuren läßt sich am einfachsten aus solchen Gegebenheiten der Entstehung lebender (sich replizierender und evolvierender) Strukturen erklären. Dann aber ging es zu, wie wir es immer wieder beobachten konnten: die Notlösungen des Anfangs blieben erhalten, weil allfällige «Umbaukosten» des einmal erreichten Systems viel zu «teuer» geworden wären.

Ein eher biophysikalisches als informationstheoretisches Argument für die Codierung der genetischen Information in vier Buchstaben hat EÖRS SZATHMÁRY (*What is the optimum size for the genetic alphabet?*, in: Proceedings of the National Academy of Sciences, USA, 89, 1992, 2614–2618) beigebracht. Die Grundidee besteht in einem Kompromiß zwischen zwei gegensätzlichen Tendenzen: In der RNA-Welt fungierten die RNA-Sequenzen zugleich als genetische Informationsträger wie als Enzyme (Ribozyme); die katalytische Fähigkeit der RNA-Stränge mußte indessen um so größer werden, aus je mehr verschiedenen Einzelbausteinen (Monomeren) sie sich zusammensetzten; Stoffwechsel wie Wachstum der frühen Riboorganismen wurden also durch eine Zunahme des genetischen Alphabets gefördert und trugen unter dem Selektionsdruck ihrerseits zu einer solchen Zunahme bei; das ist die *eine* Seite. Die *andere* Seite ist das Selbstverständliche: Je größer die Anzahl der «Buchstaben» des genetischen Alphabetes wird, desto mehr «Abschreibefehler» wird es geben – die Kopiergenauigkeit wird abnehmen, die Mutationsrate steigen. Die Replikation des genetischen Materials erfolgt je nach dem Prinzip der komplementären Basenpaarung, beruht also auf der Ausbildung von Wasserstoffbrückbindungen. Wir sagten bereits, daß sich hierzu jeweils ein positiv polarisiertes H-Atom und ein O- oder N-Atom gegenüberliegen müssen. Auf diese Weise kommen jeweils zwischen Adenin und Thymin (bzw. Uracil) genau zwei und zwischen Guanin und Cytosin genau drei Wasserstoffbrückenbindungen zustande (s. o. Abb. 17). Es ist aus den chemischen Strukturen leicht zu ersehen, daß bei den zwei Basenpaaren A–T (bzw. A–U) und G–C die Paarung «falscher», das heißt nichtkomplementärer Basen nicht möglich ist, denn es bestehen zwar die H-Brücken zwischen G und C, aber wollte man G und T (bzw. U) paaren, so lägen sich jeweils zwei O-Atome und zwei positiv polarisierte H-Atome gegenüber und würden sich entsprechend abstoßen und die «falsche» Paarung verhindern.

Zwischen nur *zwei* Basenpaaren kann also die Replikationsgenauigkeit hoch sein. Fügen wir indessen ein *drittes* Paar hinzu, so kann es leicht zu Fehlpaarungen kommen, da dann auch zwischen falsch gepaarten Basen ein gewisser Gad an Komplementarität und Anziehung zwangsläufig wäre. Kopierfehler würden unvermeidlich. Die Kopiergenauigkeit nimmt daher mit wachsendem Umfang des genetischen Alphabets ab, und zwar «stärker als exponentiell» (JOHN MAYNARD SMITH – EÖRS SZATHMÁRY: *Evolution*, 77). Da es in der RNA-Welt noch kein Korrekturlesen und noch keine Fehlerreparatur gab, dürfte die Genomgröße deshalb bei maximal $10^3$ bis $10^4$ Basen gelegen haben, *vier* Basen als «Buchstaben» aber waren für die frühen Riboorganismen optimal.

Es ist vor diesem Hintergrund bemerkenswert, daß für heutige Organismen mit ihren hochwirksamen Proteinenzymen und den Möglichkeiten der doppelsträngigen DNA zum Korrekturlesen und zum Korrigieren von Kopierfehlern eine höhere Zahl von Buchstaben der genetischen Information durchaus vorteilhaft sein könnte; offenbar ist auch das genetische Alphabet in der Art, in der es heute vorliegt, ein historisches Relikt aus einer Zeit, da die einzige Form der Enzyme Ribozyme (enzymatische RNA-Stränge) waren. Auch an dieser Stelle eröffnet die Biochemie mithin überraschenderweise einen Einblick in die historischen Bedingungen der Entstehung des Lebens und demonstriert erneut den «konservativen» Hang der Natur in Gestalt des Ordnungsprinzips der *Tradierung* über mehr als 3,5 Milliarden Jahren (vgl. EÖRS SZATHMÁRY: *Four letters in the genetic alphabet: a frozen evolutionary optimum?*, in: Proceedings of the Royal Society of London, B 245, 1991, 91–99).

Rein historisch als ein lebendes «Fossil» aus der Anfangszeit des Lebens ist desgleichen die *Chiralität:* die «Rechtshändigkeit» der Nucleinsäuren und die «Linkshändigkeit» der Proteine, zu betrachten. Nichtinstruierte (beim Aufbau nicht informationsgesteuerte) Aminosäuren, wie sie in Meteoriten anzutreffen sind, weisen bezeichnenderweise ohne Bevorzugung jeweils zur Hälfte rechtsdrehende und linksdrehende Aminosäuren auf, da es physikalisch in der Tat keinen Grund gibt, warum die eine Drehrichtung vor der anderen bevorzugt sein sollte. Rein zufällige, sich selbst selektiv verstärkende Schwankungen in den Anfängen des Lebens dürften deshalb zu dem Aufbau der Proteine ausschließlich aus linksdrehenden Aminosäuren sowie zur «Rechtshändigkeit» der Nucleinsäuren geführt haben. Vielleicht gab es zum Beispiel primitive stereospezifische Katalysatoren, die jeweils die eine oder die andere Drehrichtung begünstigten. Da die Chiralität der Nucleinsäuren durch die «Rechtshändigkeit» der eingebauten Zucker (Ribose in der RNA, Desoxyribose in der DNA) bestimmt wird, gab es vermutlich eine Phase der Evolution, in welcher achirale RNA-Vorläufer sich bereits über komplementäre Basenpaarung reproduzieren konnten; sie unterlagen damit der Selektion, die dann irgendwann zu dem, wie wir sahen, nicht unproblematischen Einbau ausschließlich der β-D-Ribofuranose führte.

Auf der Suche nach der frühesten Stufe des Lebens erscheint alles in allem die RNA als «eine aussichtsreiche Kandidatin auf das frühe Supermolekül des Lebens... Sie kann sich vermehren und mutieren, als Gen oder Enzym agieren und damit Operationen ausführen, in denen sie sich fortentwickelt. – Wir können uns nun vorstellen, daß es umhüllte RNA mit der Fähigkeit zur Vermehrung und Informationsweitergabe war, die auf der archaischen Erde, in Öltröpfchen abgesondert, den Weg zur Autopoesie antrat. Die DNA-Welt allen Lebens heutzutage muß sich in RNA-Zellen einer ‹RNA-Welt› entwickelt haben» (LYNN MARGULIS – DORION SAGAN: *Leben*, 64).

Darüber hinaus trägt die Struktur und Funktionsweise der Grundeinrichtungen des Lebens noch deutlich sichtbar die Spuren ihrer eigenen Geschichte an sich, und es kommt «nur» darauf an, sie mit den Methoden heutiger Biochemie zu erkennen und richtig zu interpretieren.

Die nächste Frage ergibt sich logischerweise jetzt wie von selbst: wie entstand die «Translation», die Übersetzung des in Form der mRNA geschriebenen genetischen Informationsmaterials in die Sprache der Aminosäuren und

Proteine; wie verlief der Weg von einem Molekül RNA zu einem Instrument des genetischen Codes; und wie entstand der Code selbst, nach dem Nucleinsäuren (Peptide und) Proteine (aus Aminosäuren) synthetisieren und mithin Informationen Funktionen instruieren? Erst wenn wir diese Frage beantwortet haben, haben wir den entscheidenden Teil des Entstehungswegs des Lebens auf dieser Erde wirklich verstanden. Alles weitere: die Entstehung von Protozellen durch den Aufbau einer Membran sowie die Zusammenfügung des Genoms zu den Chromosomen ist, genau betrachtet, bereits ein Teil des Aufstiegs, nicht mehr der Entstehung des Lebens.

δ) Translation und genetischer Code

Das wichtigste wissen wir bereits: daß RNA-Stränge überhaupt an Proteine binden können. Aber wir müssen zugeben: viel ist das noch nicht. Der genetische Code ist so komplex und zugleich so universell, daß die Frage, wie er sich gebildet haben könnte, zu den schwierigsten der Biologie überhaupt gehört. Wie also verlief der Weg von der RNA-Welt, in der Ribozyme als Katalysatoren wirkten, in eine Welt, in der diese enzymatische Funktion durch Proteine übernommen wurde und die RNA sich auf die Weitergabe genetischer Information spezialisierte?

Um diesem Weg nachzugehen, ist als erstes der heute leicht entstehende Eindruck zu korrigieren, der genetische Code sei eine starre, ein für allemal bestehende Einrichtung. Tatsächlich gibt es Hinweise darauf, daß der Code Wandlungen unterlegen war und noch weiter unterliegt, und natürlich ist es unerläßlich, die Art dieser Veränderungen zu begreifen, um die Mechanismen zu verstehen, die den Code selber hervorgebracht haben könnten. Verschiedentlich sind die Veränderungen im genetischen Code wegen ihrer weitreichenden Konsequenzen für die Proteinsynthese als «Argument» *gegen* die Evolutionstheorie verwandt worden (vgl. REINHARD JUNKER – SIEGFRIED SCHERER: *Evolution. Ein kritisches Lehrbuch*, 162), doch in Wirklichkeit läßt sich in einer werdenden Welt das, was ist, überhaupt nur durch die Veränderungen und Übergänge erklären, durch die es geworden ist. «DARWINismus» ist nichts anderes als die Beachtung dieses Grundsatzes in der Evolutionsbiologie.

Tatsächlich ist der genetische Standardcode nicht so universell wie ursprünglich angenommen; es gibt zwei Arten von Ausnahmen. Wenn wir uns noch einmal die Tabelle von Abb. 30 anschauen, so finden wir sogenannte

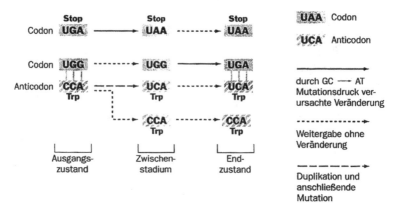

203 *Das Codon UGA wird von einem Stopcodon zum Codon für Tryptophan.*
Durch Mutationsdruck von GC nach AT wird aus dem UGA-Stopcodon UAA, ohne daß die Proteine dadurch verändert würden – das Codon UGA spielt in diesem Stadium keine Rolle mehr. Das übliche Codon für Tryptophan ist UGG, dessen Anticodon das komplementäre Codon CCA. Dieses Anticodon der einen Tryptophan-tRNA nun mutiert zu UCA; das Codon UGA wird dann auf dem «Sinnstrang» als Tryptophan «gelesen». Das Ergebnis: Mutationen von UGG zu UGA sind möglich, ohne die entsprechenden Proteinsequenzen zu verändern!

Stopcodons, die an sich wie «Pausenzeichen» zwischen «Satz»ende und «Satz»anfang wirken und das Ende bzw. den Anfang einer neuen Proteinkette setzen; es kann nun aber vorkommen, daß ein bestimmtes Stopcodon des genetischen Standardcodes ausnahmsweise eine Aminosäure codiert; und es kann sein, daß ein Codon eine andere Aminosäure codiert als üblich. Dabei ist es relativ einfach zu erklären, wie ein Stopcodon einer Aminosäure zugeordnet werden kann: da ein Stopcodon (wie der Name sagt) stets am Ende einer codierten mRNA-Sequenz steht, kann es allenfalls dazu beitragen, daß am Ende einer Proteinkette noch ein oder zwei weitere Amuinosäurebausteine angehängt werden; folgt dann kein weiteres Codon mehr, so ergibt sich daraus von selbst der Stop-Befehl. Abweichungen vom universellen Standardcode wurden z. B. im Zellkern von Ciliaten *wie Paramecium* und in den Mitochondrien bestimmter Organismen gefunden. Das Basentriplett AAA etwa codiert in den Mitochondrien von Plattwürmern *(Plathelminthes)* und Stachelhäutern *(Echinodermata)* nicht, wie sonst üblich, die Aminosäure Lysin, sondern Asparagin. Wie es dahin kommen kann, haben T. OHAMA, S. OSAWA, K. WATANABE und T. H. JUKES (*Evolution of the mitochondrial genetic code, IV. AAA is an asparagine codon in some animal mitochondria,* in: Journal of Molecular Evolution, 30, 1990, 329–332) gezeigt: die Veränderung erfolgt über ein Zwischenstadium, in dem das Codon AAA (und das entsprechende Anticodon UUU) nicht genutzt wird, während es später mit veränderter Bedeutung wieder auftaucht. Der Grund für das vorübergehende «Verschwinden» des Tripletts ist ein Mutationsdruck – in diesem Falle von AU → GC. In Abb. 203 etwa ist die Neuzuordnung eines Stopcodons zum Codon für Tryptophan unter einem Mutationsdruck von GC nach AT dargestellt.

Veränderungen im genetischen Code sind also möglich, indem Codons durch Mutationsdruck für eine Weile «verlorengehen», um dann mit veränderter Bedeutung wieder zum Vorschein zu kommen, währenddessen die Proteinsequenzen sich dabei *nicht* verändern. Man darf davon ausgehen, daß in den Anfängen des genetischen Codes solche Änderungen häufiger vorkamen als heute, wo der Code relativ fest etabliert ist; und es scheint nun, als wenn von solchen Veränderungen her sich sogar die Entstehung des genetischen Codes selbst verständlich machen ließe.

Vor über 30 Jahren schon stellte T. M. SONNEBORN (*Degeneracy of the genetic code: extent, nature, and genetic implications,* in: V. Bryson – J. H. Vogel: Evolving Genes and Proteins, New York 1965, 377–379) die These auf, das heutige Muster des genetischen Codes habe sich durch Neuzuordnungen von Codons entwickelt. Günstig für diese Ansicht ist der aus Tabelle 30 zu entnehmende Eindruck, daß ähnliche Codons auch ähnliche Aminosäuren codieren. Denn wenn es tatsächlich so wäre, würden Mutationen, die ja meist nur eine Base eines Codons verändern, sich weniger schädlich auswirken; zudem hat R. SWANSON (*A unifying concept for the amino acid code,* in: Bulletin of Mathematical Biology, 46, 1984, 187–203) gezeigt, daß unter diesen Voraussetzungen auch die Auswirkungen von Translations*fehlern* so niedrig wie möglich bleiben würden; beides zusammen hat zu der Theorie von der «Belastungsminimierung» geführt, und man nahm an, die Evolution hätte den ursprünglichen Code nach und nach dahin verändert, daß die Belastung durch Mutationen und Translationsfehler sukzessive abgenommen hätte. Eine solche Entwicklung würde allerdings voraussetzen, daß immer wieder Zuordnungen von Codons und Aminosäuren verändert worden wären, und man sollte trotz der Untersuchungen von OHAMA u. a. doch annehmen, daß dabei immer wieder in zahlreichen Proteinen Aminosäuren ausgetauscht worden wären; – es ist schwer, sich vorzustellen, wie eine solche Entwicklung möglich gewesen sein sollte. Und doch *war* sie möglich!

Überraschenderweise nämlich sind Codeveränderungen möglich, ohne daß dabei notwendigerweise Aminosäuren ersetzt würden. Ausgangspunkt dafür sind die «Wobble-Regeln» (von engl. *wobble* = wabbeln, wackeln). Damit ist gemeint, daß die Eindeutigkeit der komplementären Basenpaarungen nach dem WATSON-CRICK-Modell für die Paarung von Nucleinsäuren nicht ausnahmslos erfüllt ist: das dritte am 5'-Ende gelegene Nucleotid eines tRNA-Anticodons verfügt über die Fähigkeit, Wasserstoffbrücken mit *verschiedenen* Basen am 3'-Ende eines Codons auszubilden (s. o. Abb. 16). Das eigentliche Problem, das mit der *Wobble-Hypothese* gelöst wird, ergibt sich aus der Anzahl der tRNAs: gäbe es für jedes der mRNA-Codons, die eine Aminosäure festlegen, jeweils eine eigene tRNA, welche die Übersetzung des Codons auf der mRNA in die zugeordnete Aminosäure durchführt, so müßten 61 verschiedene tRNAs existieren; tatsächlich aber gibt es nur zwischen 31–45 tRNA-Moleküle. Diese von Organismus zu Organismus schwankende Zahl «reicht aus, weil einige tRNAs Anticodons besitzen, die zwei oder mehr Codons erkennen... Die vielseitigsten tRNA-Moleküle enthalten Inosin (I), ein modifiziertes Nucleotid, in der Wobble-Position ihres Anticodons. Inosin entsteht durch enzymatische Veränderung eines Adenosins... an der fertigen tRNA. Wenn sich Anticodon und Codon vereinigen, kann die Base Inosin mit jeder der drei Basen U, C oder A Wasserstoffbrücken ausbilden. Daher kann ein tRNA-Molekül mit dem Anticodon CCI an die Codons GGU, GGC und GGA binden, die alle für die Aminosäure Glycin stehen. Die Wobble-Hypothese erklärt, warum synonyme Codons für eine bestimmte Aminosäure, die sich lediglich in ihrer dritten Base, nicht aber in ihren anderen Basen unterscheiden, nur eine einzige tRNA benötigen... Das ‹Wobbeln› auf der tRNA-Ebene wird durch die Redundanz des genetischen Codes möglich» (NEIL A. CAMPBELL: *Biologie*, 335).

Unter dieser Voraussetzung lassen sich alle benachbarten Codons (die sich nur in einer Base unterscheiden) austauschen. Und diese Möglichkeit eröffnet einen Rückblick auch auf die Geschichte des Lebens; denn die Wobble-Regeln, das ungenaue Paarungsverhalten an der 3. Codonposition, ist offenbar selber durch evolutive Basenmodifikationen entstanden. Wenn wir annehmen, daß die *frühe* Codon-Anticodon-Paarung den WATSON-CRICK-Regeln folgte, dann könnte die Hälfte aller benachbarter Codongruppen (und mehr!) in der Evolution ausgetauscht worden sein. Der Prozeß der *Codonverschiebung* würde mithin erklären, wie es zum Aufbau der jetzigen Form des genetischen Codes kam (vgl. EÖRS SZATHMÁRY: *Codon swapping as a possible evolutionary mechanism*, in: Journal of Molecular Evolution, 32, 1991, 178–182).

Einen anderen Vorschlag zur Lösung des Problems der Codeverschiebung hat C. R. WOESE (*On the evolution of the genetic code,* in: Proceedings of the National Academy of Sciences, USA, 77, 1965, 1083–1086) mit der These unterbreitet, die heutige Form des genetischen Codes verdanke sich einer wachsenden Reduktion anfänglicher Mehrdeutigkeit. Vermutlich konnten «die frühesten Analoga der heutigen Aminoacyl-tRNA-Synthetasen... (also der Zuordnungskatalysatoren, s. o. S. 89, d. V.) nicht sicher zwischen chemisch ähnlichen Aminosäuren unterscheiden... Daher codierten Gruppen von Codons Gruppen von Aminosäuren» (JOHN MAYNARD SMITH – EÖRS SZATHMÁRY: *Evolution,* 86). Die Spezifität des genetischen Codes wurde auf diese Weise im Laufe der Evolution erhöht. Und beides nun: Belastungsminimierung und Erkennungsoptimierung, dürfte die Selektionsrichtung markiert haben, welcher der genetische Code seine Form verdankt. LESLIE E. ORGEL (*The origin of polynucleotide – directed protein synthesis,* in: Journal of Molecular Evolution, 29, 1989, 465–474) hat, wenn diese Annahme zutrifft, zu Recht die Evolution des genetischen Codes als die «Scharfeinstellung eines verschwommenen Bildes» betrachtet.

Mit alldem haben wir freilich nur erst bestimmte Wege zur *Verbesserung* des genetischen Codes erörtert und keinesfalls schon seine Entstehung erklärt. Einen gewissen Einblick in die *Entstehung* des genetischen Codes bietet jedoch eine genauere Analyse der tRNA und ihrer Funktionsweise. So haben M. EIGEN, B. F. LINDEMANN, M. TIETZE, R. WINKLER-OSWATITSCH, A. DRESS und A. v. HAESELER (*How old is the genetic code? Statistical geometry of tRNA provides an answer,* in: Science, 244, 1989, 673–679) die Ursequenzen der tRNAs für alle Aminosäuren bis auf eine bestimmt und nachgewiesen, daß zehn Nucleotidpositionen sich seit der Fixierung des Codes sehr gut erhalten haben. Andere Beziehungen zwischen den Nucleotidbasen des Codons und den einzelnen Aminosäuren scheinen deutlich älter zu sein als das tRNA-Ribosomen-System. Dazu paßt die Annahme von R. SWANSON (s. o. S. 715), daß die *erste* Base eines Codons über die Größe der Aminosäure entscheidet – eine Purinbase bedeutet eine große, eine Pyrimidinbase eine kleine Aminosäure, und daß die *mittlere* Base die Lage im Protein festlegt – Purin bedeutet eine Lage an der Oberfläche, Pyrimidin eine Lage im Inneren (vgl. JOHN MAYNARD SMITH – EÖRS SZATHMÁRY: *Evolution,* 88). Das alles ist interessant und wichtig, doch drängt sich die entscheidende Frage jetzt unabweisbar auf, *wie* die spezifischen Zuordnungen zwischen Nucleotiden und Aminosäuren möglich wurden, genauer: wie der Weg von den ersten Ribozymen zu den Proteinenzymen verlaufen sein könnte.

Die heute plausibelste Theorie zu dieser Frage stammt von EÖRS SZATH-

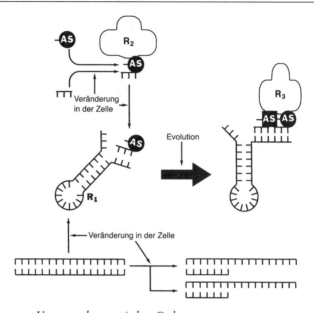

**204** *Schema zum Ursprung des genetischen Codes.*
AS = Aminosäure; $R_1$ = Ribozym mit Cofaktor, der Vorläufer der mRNA; $R_2$ = Ribozym, das Aminosäure und Oligonucleotid miteinander verknüpft – das Zuordnungsenzym, ein frühes Analogon der heutigen Aminoacyl-tRNA-Synthetasen; $R_3$ = Ribozym, das Aminosäuren verknüpft, ein sog. RNAsom, der Vorläufer der Ribosomen.

MÁRY (*Coding coenzyme handles: a hypothesis for the origin of the genetic code*, in Proceedings of the National Academy of Sciences, USA, 90, 1993, 9916–9920). Danach wurden Aminosäuren von den ersten RNA-Organismen zunächst als *Coenzyme* von Ribozymen verwandt. «Wir vermuten,» schreiben JOHN MAYNARD SMITH und EÖRS SZATHMÁRY (*Evolution*, 89), «daß es Cofaktoren gab, die jeweils aus einer Aminosäure und einem oder mehreren daran gebundenen Nucleotiden bestanden.» Die Aminosäuren verhalfen den Ribozymen, vielfältigere und spezifische Wirkungen zu erzielen, und die Nucleotide bildeten einen «Griff», durch den die Cofaktoren mit Hilfe der Basenpaarung an das Ribozym gebunden wurden (vgl. Abb. 204).

Wenn es sich so verhielte, so stellte die Bindung der Aminosäuren an spezifische tRNAs erneut ein «lebendes Fossil» der Synthese von Aminosäurecofaktoren aus der Urzeit des Lebens dar, und die Ribozyme, die diese Synthese katalysierten, bildeten selbst die ersten Zuordnungskatalysatoren. Alles weitere legte sich dann wie von selbst nahe: Da Aminosäuren weit mehr Funktionen übernehmen können als Nucleotide, war es natürlich von Vorteil, möglichst viele Arten von Cofaktoren zu verwenden. Dabei banden die Ribozyme die Cofaktoren über ihren «Griff», und gleichzeitig damit kam es zu eindeutigen Zuordnungen zwischen bestimmten Aminosäuren und bestimmten «Griffen», so daß die jeweils «richtigen» Cofaktoren wirksam werden konnten. Die «Griffe» selbst dürften aus nur kurzen Nucleotidsequenzen (aus *Oligonucleotiden,* von griech. *oligos* = wenig) bestanden haben. Überlegungen von MANFRED EIGEN (*Selforganization of matter and the evolution of biological macromolecules,* in: Naturwissenschaften, 58, 1971, 465 – 523) weisen darauf hin, daß jeweils *drei* Nucleotide (*Trinucleotide*) ideale Griffe zur Bindung von Cofaktoren gewesen sein könnten. Damit fände die Codierung über ein Basen*triplett* (s. o. S. 90) ihre biochemische Erklärung ebenfalls in den historischen Bedingungen der Entstehung des Lebens. Da so gut wie alle Funktionen von Ribozymen durch Proteine effizienter erledigt werden können, dürften sich auf den Ribozymen längere Stränge aus nebeneinanderliegenden Aminosäuren gebildet haben – eine Urform zum heutigen Translationsapparat, wobei die entsprechenden Ribozyme die Aufgabe von Ribosomen übernahmen; man nennt sie deshalb auch *RNAsome.* Die ehemaligen Nucleotidgriffe aber wurden zu den ersten «Adaptoren», zu den ersten Analoga der tRNA.

Ein weiterer größerer Vorteil in der Entwicklung dürfte darin gelegen haben, die «Griffe» aus Trinucleotiden dahin umzuformen, daß sie als *Katalysatoren* für die Bildung von Oligopeptiden fungieren konnten; aus einem «Schraubenschlüssel» wurde gewissermaßen die Paßform zur Herstellung von «Muttern». Zu diesem «Zweck» (das heißt zu dem selektiv bevorzugten Ergebnis) dürften die Ribozymgene ihre Aufgaben untereinander geteilt haben: Einige Varianten des ursprünglichen Ribozymgens «lieferten tRNAs, die zu effizienteren Botenmolekülen wurden, dabei aber an katalytischer Potenz verloren, während andere weiterhin Untereinheiten funktionierender Ribonucleoproteinenzyme produzierten... Ribozyme, welche die Peptidsynthese katalysierten, wären ebenfalls von Vorteil gewesen und könnten zu Vorläufern der ribosomalen RNAs geworden sein» (JOHN MAYNARD SMITH – EÖRS SZATHMÁRY: *Evolution,* 91).

Bei einer solchen Rekonstruktion der Anfänge und Veränderungen des genetischen Codes muß vor allem noch *ein* Problem gelöst werden: die Proportionen stimmen (noch) nicht. Ribozyme sind *viel kleiner* als die heutigen Botenmoleküle, und sie konnten nur Peptide bilden, die viel kürzer waren als heutige Proteinenzyme. Eine Lösung des Größenproblems könnte (wenigstens zum Teil) in einer Eigenart des codierenden Systems liegen: Bei einem Code mit feststehender Codonlänge, also auch beim Triplettsystem des genetischen Codes, führt die Wiederholung desselben Codons in Folge (eine «Tandemwiederholung») dazu, ein Polypeptid aus einer entsprechenden Tandemwiederholung zu bilden. «Das wiederholte Oligonucleotid AGCAA beispielsweise codiert in allen Leserastern das wiederholte Peptid Ser-Lys-Ala-Lys-Gln. Dies trägt dazu bei zu erklären, welche Peptidlänge zu einer Zeit codiert werden konnte, als viele Tripletts noch keiner Aminosäure zugeordnet waren und daher als Stopcodons wirkten. Ein bloßes Anfügen von Nucleotiden nach dem Zufallsprinzip hätte bald zur Termination geführt, eine Vervielfältigung kurzer Peptidabschnitte dagegen nicht» (JOHN MAYNARD SMITH – EÖRS SZATHMÁRY: *Evolution*, 92).

Das Bild der «Ribonucleoproteinwelt», das wir auf diese Weise gewinnen, ist gewiß noch recht lückenhaft – nicht einmal in der Geschichte des Lebens wird es gelingen, die Vergangenheit als solche wieder lebendig zu machen; und doch zeigt sich in Spuren, daß vieles von dieser Vergangenheit in den Strukturen des Lebens lebendig geblieben ist – so etwa in den Ribosomen, wo die Ribonucleoproteinkomplexe noch heute und bezeichnenderweise an entscheidender Stelle existieren. Mit dieser allerorten zu beobachtenden *konservativen* Natur der Evolution (mit RUPERT RIEDLS Ordnungsprinzip der *Tradierung*) werden wir uns auch in den beiden abschließenden Fragekomplexen zur Entstehung des Lebens beschäftigen müssen, wenn es um die Bildung der ersten Zellen (Protozellen) mit einer eigenen Membran und einem in Chromosomen zusammengefügten Genom geht.

### c) *Protozellen mit Membranen und Chromosomen*

Wir haben bereits gesehen, daß die frühesten Lebensformen nicht hätten entstehen können ohne die Bildung abgeschlossener Reaktionsräume, ohne *«Kompartimentierung»*. Alle wichtigen Theorien zur Entstehung des Lebens, ob die «Koazervate» OPARINS oder die «Wolkenchemie» WOESES oder der «eingeschlossene Hyperzyklus» EIGENS, arbeiteten mit der Vorstellung von dem *passiven* Einschluß autokatalytischer Prozesse; nur WÄCHTERSHÄUSERS Theorie vom Oberflächenmetabolismus, von der Entstehung der «Ur-Pizza» des Lebens auf Pyrit, setzte voraus, daß Stoffwechselvorgänge sich genügend miteinander vernetzen können, wenn nur die Entropieabnahme (s. o. S. 699) bei der Verknüpfung von Molekülen durch die Bindung der reagierenden Moleküle an eine geeignete Fläche möglichst klein bleibt und wenn nur die Bindung der Reaktionspartner an die Oberfläche zu hinreichend hohen lokalen Konzentrationen führt, so daß die Reaktion kinetisch begünstigt wird. Doch auch dann bleibt zu klären, wie eine *aktive* Kompartimentierung, mithin die Bildung einer *Zellmembran,* hat erfolgen können, als die Stoffwechselvorgänge sich von der Oberfläche lösten; auch für jedes andere Konzept von der Entstehung des Lebens stellt sich diese wichtige Frage.

Die Zellmembran *heutiger* Organismen besteht aus einer doppelten Schicht von Lipiden – wasserunlöslichen Verbindungen, zu denen Fette, Phospholipide und Steroide (Strukturen aus vier miteinander verbundenen Kohlenstoffringen mit verschiedenen funktionellen Gruppen, von denen wir das Androstenol und Androstenon schon kennengelernt haben) gehören. Lipide können entstehen aus der spontanen Kondensation von Fettsäuren, Glycerin und Phosphat; doch bedarf es zur Membranbildung Fettsäuren mit einer ausreichend langen (mehr als 10 C-Atome umfassenden) linearen hydrophoben (wasserabweisenden) Kette. Und eben darin liegt ein Problem: Unter den Bedingungen der «Ursuppe» bilden sich nur verzweigte Fettsäuren, von denen nicht klar ist, wie sie jemals Biomembranen bilden könnten. Dann aber untersuchte CYRILL PONNAMPERUMA jenen Meteoriten, der 1969 über Australien niedergegangen war, und fand nicht nur verschiedene (links- und rechtsdrehende) Aminosäuren (vgl. HARENBERG: *Schlüsseldaten Astronomie,* 451–452), sondern es konnten in dem Meteoriten auch lipidähnliche Substanzen nachgewiesen werden, die an sich zur Membranbildung tauglich wären; es muß also *abiotische* Synthesewege für «membranogene» Lipide geben, die von den Bedingungen der «Ursuppe» abweichen und die auch aus biochemischen Gründen wohl eher in Frage kommen.

Näherhin besteht die Lipid-Doppelschicht einer Zellmembran aus «amphipathischen» (zweifach empfindsamen) Phospholipiden – Lipiden also, die sowohl eine hydrophile (wasseranziehende) Region in Gestalt einer Phosphatgruppe aufweisen als auch eine hydrophobe (wasserabweisende) Region in Gestalt einer langen unpolaren Kohlenwasserstoffkette besitzen: Moleküle dieser Art tragen einen hydrophilen «Kopf» und einen hydrophoben «Schwanz», der vom Wasser verdrängt wird, da die Wechselwirkung zwischen den Wassermolekülen untereinander weit stärker ist als zwischen Wasser und hydrophoben Verbindungen. In der Folge bilden sich im Wasser Aggregate, in denen die «Schwänze» vom Wasser so weit wie möglich abgeschirmt sind. Auf diese Weise können *Micellen-* und *Lamellen-*Anordnungen entstehen, die energetisch allerdings nicht sehr günstig sind (vgl. Abb. 205 a und b).

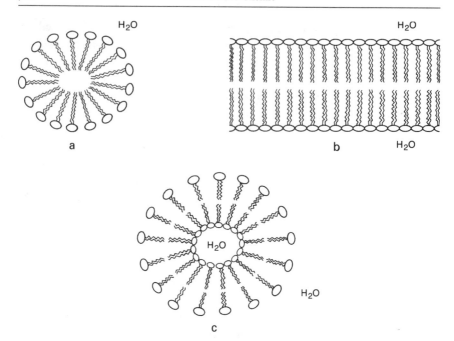

205 Anordnung von Lipiden im wäßrigen Medium. **a** Micellenbildung; die Größe der Micellen ist oft durch den Platzbedarf der Moleküle bestimmt und damit begrenzt. **b** Lamellenbildung – flächig ausgebreitete Doppelschicht. **c** In wäßriger Umgebung bilden sich aus flächigen Aggregaten spontan Vesikel.

Energetisch günstig und deshalb am meisten stabil hingegen ist die in den Membranen denn auch anzutreffende Bildung eines Lipid-*Vesikels,* bei dem in der inneren Schicht kationische (positiv geladene) und anionische (negativ geladene) Kopfgruppen miteinander wechseln und infolgedessen durch die Anziehung zwischen den entgegengesetzten Ladungen nahe beieinander bleiben, während in der äußeren Schicht die positiv geladenen Kopfgruppen einander abstoßen und daher weiter auseinanderstehen (vgl. Abb. 205 c).

Die Frage lautet natürlich, wie ein Syntheseweg entsprechender Lipide zustande gekommen sein könnte.

Einen wichtigen Lösungsvorschlag hat G. WÄCHTERSHÄUSER (*Before enzymes and templates: theory of surface metabolism,* in: Microbiological Reviews, 52, 1988, 452–484) unterbreitet. Er wies darauf hin, daß Lipide, die erst einmal auf einer präbiotischen Oberfläche synthetisiert worden sind, das chemische Milieu ihrerseits verändern: indem sie Wasser verdrängen, erzeugen sie eine verstärkt hydrophobe Umgebung, und dieser Umstand wiederum fördert Kondensationsreaktionen, aus denen nicht allein Nucleinsäuren, sondern auch Anhydride (griech.: wasserfrei; Verbindungen, die mit Wasser Säuren oder Laugen bilden) wie Pyrophosphat ($PP_i$) und ATP entstehen. Die Strukturformel von Pyrophosphat gibt Abb. 206 wieder.

$$HO-\overset{\overset{O}{\|}}{\underset{\underset{O^-}{|}}{P}}-O-\overset{\overset{O}{\|}}{\underset{\underset{O^-}{|}}{P}}-O^-$$

206  Pyrophosphat

Dadurch werden die Lipide mit den nötigen Pyrophosphatgruppen versehen. Sind erst einmal Oberflächen mit Lipiden bedeckt, so werden sich auf ihnen irgendwann auch Stellen bilden, an denen Wasser in Fett eingeschlossen ist; es entstehen *semizelluläre Strukturen*, deren Metabolismus aufgrund der autokatalytischen Zyklen der «Urpizza» (chemo)autotroph ist – er benötigt (noch) keine organischen Bestandteile, sondern erhält sich durch die Ionen, die von der Pyritoberfläche geliefert werden. Doch am wichtigsten nun: So wie es möglich ist, von «Semizellen» zu sprechen, so kann man von dieser Stufe der Entwicklung an auch bereits von *«Semiorganismen»* reden. Denn sobald die Lipidlamellen beginnen, sich von der Mineraloberfläche abzuschnüren (vgl. Abb. 207), werden aus den «Semizellen» echte Protozellen.

Die membranbildenden Moleküle werden dabei von dem eingeschlossenen autokatalytischen Zyklus selber hergestellt. Dadurch aber dehnt die doppelschichtige Membran sich immer mehr aus – es kommt zu einem synchronisierten Wachstum von Stoffwechsel und Membran, so daß Volumen und Oberfläche des Vesikels gleich schnell zunehmen werden; nun wächst aber die Oberfläche einer Kugel mit dem Quadrat des Radius ($r^2$), das Volumen aber bekanntlich mit dem Kubik ($r^3$), so daß die energetisch begünstigte Kugelgestalt des Vesikels nicht unbegrenzt bestehen kann: sobald das Gesamtvolumen und die Gesamtoberfläche sich verdoppelt haben, werden sich daher aus der einen zwei neue gleich große Protozellen bilden (vgl. T. GÁNTI: *Chemical systems and supersystems III. Models of self-reproducing chemical supersystems: the chemotons*, in: Acta Chimica Academiae Scientiarum Hungarica, 98, 1978, 265–283). Experimente konnten zeigen, wie bereits durch bloße Temperaturveränderungen sich Lipidvesikel verändern (vgl. Abb. 208).

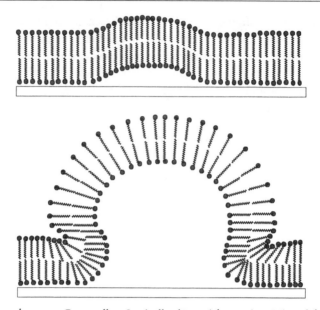

207 Entstehung von Protozellen: Semizellen lösen sich von einer Mineraloberfläche.

208 Verformung von Vesikeln durch Temperaturänderung.
a) Sprossung, b) Endocytose

Mit der Bildung einer geschlossenen Membran entsteht jedoch sogleich ein neues Problem: solange der Stoffwechsel des Systems autotroph von dem Ionenzustrom einer Oberfläche in Gang gehalten wurde, mußte das System nur kleine Moleküle wie Schwefelwasserstoff ($H_2S$) und Kohlendioxid ($CO_2$) aufnehmen, die vermutlich durch die Membran diffundieren können, wie G. WÄCHTERSHÄUSER in seiner Arbeit von 1992 (s. o. S. 702) gezeigt hat. Für eine Semizelle mag ein solches Verfahren genügen; geht man davon aus, daß Protozellen vielleicht nicht mehr unbedingt chemoautotroph gewesen sein müssen, sondern heterotroph gewesen sein könnten, so hätten sie organische Moleküle aufnehmen müssen; wie aber hätten sie das können sollen, wenn ihre Lipiddoppelschicht-Membran für hydrophile Moleküle und viele Elektrolyte weitgehend impermeabel (undurchlässig) war? (Zur Frage des Transports durch Zellmembranen vgl. HARVEY LODISH u. a.: *Molekulare Zellbiologie*, 661–697.)

Eine Lösung dieser Schwierigkeit ergibt sich einfach dadurch, daß wir die Hypothese von den oberflächengebundenen Semizellen konsequent weiterverfolgen. Semizellen, die imstande gewesen wären, den Oberflächenstoffwechsel seitlich auch auf andere eisenhaltige Mineralien als Pyrit (Eisendisulfid, $FeS_2$) auszudehnen, zum Beispiel Eisensulfide (FeS) mit absorbierten Phosphationen, hätten auch ein relativ ionenarmes Milieu besiedeln können; die Energie zur Kohlenstoffixierung hätten sie aus der Oxidation von Eisensulfid beziehen können. In «diesem Stadium wäre jede Verbindung – ob groß oder klein –, welche die Diffusion von Ionen erleichtern konnte, in die Membran integriert worden und hätte die Fitneß der Semizelle erhöht» (JOHN MAYNARD SMITH – EÖRS SZATHMÁRY: *Evolution*, 105). Die Voraussetzung dafür war allerdings eine stark salzhaltige Umgebung, denn sonst hätten die Semizellen Ionen verloren statt aufzunehmen. In diesem Umstand dürfte die Erklärung dafür liegen, daß das Leben *im Meer* und nicht etwa in Süßwasserseen entstand: «In weniger salzhaltige Bereiche konnte das Leben erst vordringen, als es die Fähigkeit zum aktiven Membrantransport unter Verbrauch von ATP erworben hatte – vermutlich erst nach der Entstehung der Translation» (a. a. O., 105).

W. STILWELL (*Facilitated diffusion of amino acids across biomolecular lipid membranes as a model for selective accumulation of amino acids in a primordial protocell*, in: Biosystems, 8, 1976, 111–117) hat nun im einzelnen gezeigt, daß Lipiddoppelschichten relativ durchlässig (permeabel) für die Aminosäuren Glycin, Lysin und Histidin sind, vorausgesetzt, daß man dem Medium Aldehyde (Verbindungen mit der funktionellen Gruppe $-C{\lessgtr}_H^O$ ) zufügt, wobei der Diffussionsfluß stets in Richtung des Konzentrationsgradienten verläuft. «Substanzen, die in ein Vesikel hineintransportiert werden sollen, müssen in dessen Innerem in geringerer Konzentration vorliegen als im Medium. Diese Bedingung läßt sich erfüllen, wenn sie im Stoffwechsel verbraucht werden» (JOHN MAYNARD SMITH – EÖRS SZATHMÁRY: *Evolution*, 105). Die Diffusion von Eisenionen durch die Membran von Semizellen könnte zum Beispiel durch die Katalyse von Lipidmolekülen mit mehreren Hydrogensulfid-(Thiolgruppen, SH-)Gruppen erfolgt sein. Desgleichen könnten auch RNA-Fragmente, die an membranbildende Moleküle gebunden waren, als «Carrier» gedient haben.

Protozellen werden sich demnach erst haben entwickeln können, als die Semizellen über entsprechende Ionentransportmechanismen in ihren Membranen verfügten.

In all dem gehen wir von einer entscheidenden Voraussetzung aus: daß nämlich Protozellen chemoautotroph waren und sich aus dem autotrophen Oberflächenmetabolismus entwickelt haben. Anders allerdings kann es kaum gewesen sein: heterotrophe Protozellen wären vermutlich an der unzureichenden Durchlässigkeit (an der Impermeabilität) ihrer Membran zugrunde gegangen. G. WÄCHTERSHÄUSER (*Evolution of the first metabolic cycles*, in: Proceedings of the National Academy of Sciences, USA, 87, 1990, 200–204) nimmt denn auch an, daß der archaische autokatalytische Zyklus chemoautotroph war und aus oberflächengebundenen Zwischenprodukten (Intermediaten) bestand, die sich nach und nach von der Pyritoberfläche gelöst hätten; dabei erscheint ihm *folgender* Weg am plausibelsten: Als erstes entstanden Katalysatoren mit lipophilen und kationischen (positiv geladenen) Gruppen; dann entwickelten sich spezielle Reaktionen zur Entfernung der oberflächenbindenden Gruppen. Nun war es natürlich nicht möglich, alle Coenzyme gleichzeitig von der Oberfläche zu lösen, und diese simple Tatsache scheint den Grund dafür zu bilden, daß noch heute der Stoffwechsel mit den zwei verschiedenen Nicotinamid-Coenzymen $NAD^+$ und $NADP^+$ arbeitet: «Während $NADP^+$ noch an die Oberfläche gebunden war, wurde $NAD^+$ zunehmend im Cytosol (sc. in der wäßrigen Phase des Cytoplasmas, d. V.) genutzt. Seither wird (mit wenigen Ausnahmen) im Katabolismus (sc. bei den energieliefernden, ‹abbauenden› Stoffwechselreaktionen, d. V.) stets $NAD^+$, im Anabolismus (sc. bei den energieverbrauchenden, dem Aufbau von Zellbestandteilen dienenden Reaktionen, d. V.) $NADP^+$ verwendet. Die Gärung entwickelte sich vermutlich im Cytosol, ist also erst relativ spät in der biochemischen Evolution entstanden» (JOHN MAYNARD SMITH – EÖRS SZATH-

MÁRY: *Evolution*, 108; vgl. T. CAVALIER-SMITH: *The origin of cells; a symbiosis between genes, catalysts, and membranes,* in: Cold Spring Harbor Symposia on Quantitative Biology, 52, 1987, 805–842).

Es gibt zudem noch eine zweite Voraussetzung, die wir nicht vergessen dürfen: wir «leben» bei unseren Darstellungen immer noch in einer reinen RNA-Welt! Tatsächlich haben S. A. BENNER, A. D. ELLINGTON und A. S. TAUER (*Modern metabolism as a palimpsest of RNA world,* in: Proceedings of the National Academy of Sciences, USA, 86, 1989, 7054–7058) gezeigt, mit welchen katalysierten Stoffwechselprozessen wir bei den *Riboorganismen* (also noch vor der Evolution der Translation und der codierten Proteinenzyme) rechnen müssen, und zwar schon deshalb, weil sie sich noch heute bei den Eubakterien, aber auch bei Archaebakterien und Eukaryoten finden. Am wichtigsten dabei sind diese vier möglichen Stoffwechselprozesse der Riboorganismen:

a) Riboorganismen waren womöglich imstande, *Tetrapyrrole* zu synthetisieren. Pyrrol ist eine «heterocyclische» Verbindung, weil in ihrem Kohlenstoffring ein C-Atom durch ein «fremdes» (Hetero)Atom, nämlich hier ein N-Atom, ersetzt worden ist (Abb. 209):

209 Pyrrol

(Es handelt sich dabei um eine farblose Flüssigkeit, die man im Steinkohlenteer findet; industriell wird Pyrrol hergestellt, indem man eine Mischung aus Furan [eine heterocyclische Verbindung, in der ein C-Atom durch ein O-Atom ausgetauscht ist], Ammoniak [$NH_3$] und Wasserdampf [$H_2O$] über erhitztes Aluminiumoxid [$Al_2O_3$] führt.) Beim Tetrapyrrol sind die vier Pyrrolringe über jeweils eine $CH_2$-Gruppe miteinander verbunden; mit dem C-2- und C-3-Atom ist ein Acetat- ($H_3C-C{\overset{=O}{\underset{O^-}{}}}$) bzw. ein Propionat-Molekül ($H_3C-CH_2-COO^-$) verknüpft, so daß die Kette von Abb. 210 entsteht.

210 Lineares Tetrapyrrol

Der $C_5$-Syntheseweg zum Tetrapyrrol umfaßt die Reduktion eines RNA-gebundenen Glutaminsäuremoleküls und dient zudem bei den photosynthetisch aktiven Eubakterien und Eukaryoten zur Synthese von Chlorophyll (vgl. Abb. 43) durch Ringschluß aus dem linearen Tetrapyrrol, eine sehr bemerkenswerte Tatsache, die den nächsten Punkt wahrscheinlich macht.

b) Riboorganismen trieben wahrscheinlich selber bereits *Photosynthese.* Dafür spricht nicht nur die Verwendung des $C_5$-Syntheseweges bei der Chlorophyllherstellung, sondern der enorme Vorteil, den die Photosynthese gegenüber der Chemosynthese besaß; außerdem ist die Photosynthese, so kompliziert wir sie auch geschildert haben, immer noch weit einfacher als die Translation (die Übersetzung der Information der mRNA in die Protein«sprache»).

c) Riboorganismen synthetisierten *Terpene.* Terpene sind Kohlenwasserstoffe, die aus Isoprenbausteinen ($C_5H_8$) aufgebaut sind. Theoretisch zerfallen deshalb alle Terpene in eine verschieden große Anzahl von Isoprenmolekülen mit der Strukturformel von Abb. 211.

Terpene kommen z. B. in Apfelsinen *(Limonen)* vor; Sauerstoffderivate von zyklischen Terpenen sind Menthol und Kampfer. Bemerkenswert ist, daß der Syntheseweg für höhere Terpene bei allen Organismen ähnlich ist; er muß also sehr alt sein. «Falls Riboorganismen Terpene synthetisieren konnten, war eine Synthese von Fettsäuren nicht nötig... Dies beweist jedoch nicht, daß die Fettsäuresynthese sich erst spät entwickelt hat; wie wir bereits gesehen haben, läßt sie sich aus dem Oberflächenmetabolismus ableiten» (JOHN MAYNARD SMITH – EÖRS SZATHMÁRY: *Evolution,* 110).

d) Am wichtigsten: Noch vor der Evolution von Translation und Proteinenzymen wurde *DNA zum genetischen Material* der Riboorganismen. Für diese Annahme spricht, daß auch die DNA-Synthese viel einfacher ist als zum Beispiel der Vorgang der Translation. Für die Bildung der DNA ist in jedem Falle die Existenz von Ribose unerläßlich; die Desoxyribose entsteht ja in den Zellen durch Reduktion von Ribose, also durch Abgabe eines Sauerstoffatoms aus der Ribose; und allem Anschein nach hat der DNA-Zuckerstoffwechsel sich überhaupt nur auf diese Weise entwickeln können. Es

$$CH_2 = C - CH = CH_2$$
$$\phantom{CH_2 = }|$$
$$\phantom{CH_2 = }CH_3$$

211  Isopren

ist dann erneut als ein «lebendes Fossil» zu betrachten, wenn wir sehen, daß alle Organismen *Ribonucleotidreduktasen* besitzen, um die Reduktion von Ribonucleotiden zu Desoxyribonucleotiden zu ermöglichen, obwohl zu deren Synthese auch andere Verfahren zu Gebote stünden. Da alle Zellen in der Lage sind, Desoxyribose herzustellen, dürften in der Tat die «ältesten Zellen ... RNA-Wesen gewesen sein, die später DNA-Systeme ausgebildet haben» (LYNN MARGULIS – DORION SAGAN: *Leben – Vom Ursprung zur Vielfalt*, 63).

Insofern heute in den Organismen drei verschiedene, nicht homologe Ribonucleotidreduktasen vorliegen, darf man annehmen, daß die ursprüngliche Reduktase ein Ribozym war, das erst relativ spät durch Proteine ersetzt wurde. Auch und gerade an dieser wichtigen Stelle in der Evolution des Lebens hat sich demnach ein Teil der Anfangsbedingungen bis heute unverändert erhalten: Nach wie vor müssen die Bauelemente der DNA durch Abwandlung von RNA-Bausteinen erzeugt werden; nach wie vor hat die DNA es nicht «gelernt», sich selbst zu reproduzieren; und so ist insbesondere die Transkription offenbar nur deshalb nötig geworden, weil die ursprüngliche RNA-Welt nach und nach durch die DNA-Welt ersetzt wurde; die reverse Transkriptase der Retro-Viren, zum Beispiel des AIDS-Virus, macht deutlich, in welch einer Richtung die «Umschrift» ursprünglich einmal verlief: nicht von der DNA zur RNA, sondern «umgekehrt».

Einmal in Gang gekommen, muß die verbesserte Replikationsgenauigkeit der Gene dazu geführt haben, die Anzahl der Kopien pro Gen (die «Gendosis») zu erhöhen und damit auch die entsprechenden Enzymkonzentrationen zu steigern, und *das* war wohl auch der Weg, um die Stoffwechselrate zu erhöhen und die Effizienz der Enzyme selbst zu verbessern: Wenn man die «Kosten» der erhöhten Gendosis und der Stoffwechselrate in Rechnung stellt, so gibt es für jedes Gen eine optimale Kopienzahl oder eben eine optimale Gendosis; ist diese erreicht, so muß das System jeweils nur *eine* Kopie eines Gens variieren und kann deshalb (anders als ein System, in dem die Gene nur in einfacher Ausfertigung vorliegen) experimentieren; wie H. KACSER und R. BEEBY (*Evolution of catalytic proteins: or, on the origin of enzyme species by means of natural selection*, in: Journal of Molecular Evolution, 20, 1984, 38–51) herausfanden, entsteht auf diese Weise durch Duplikation und Divergenz von Genen eine Aufteilung der Stoffwechselarbeit zwischen den Enzymen und mithin eine immer höhere Enzymspezifität, an deren Ende ein Satz hochspezifischer Enzyme steht. Es ist dann erneut als ein Zeichen für den «Egoismus» der Gene zu werten, wenn die DNA-Gene, als sie erst einmal etabliert waren, bald kein «Interesse» mehr daran fanden, mit den wenig effizienten Ribozymen weiter zusammenzuarbeiten, sondern es darauf anlegten, mit Hilfe der RNA, der sie ihre Existenz verdankten, nunmehr Proteinenzyme herzustellen und damit selber das «Kommando» in der Protozelle zu übernehmen.

Wie Protozellen ausgesehen haben können, zeigen uns möglicherweise die sog. *Negibakterien,* in denen sich die urtümlichste Form des Lebens bis heute erhalten hat. Negibakterien nennt man die «gramnegativen» Bakterien, also die Bakterien, die bei der Gramfärbung (nach dem dänischen Arzt H. Chr. Gram, 1853–1938) ihre blauviolette Einfärbung nach Behandlung mit Alkohol wieder verlieren und durch anschließende Kontrastfärbung rot erscheinen – *Gonokokken* (Neisseria genorrhoeae) z. B., die Erreger der Genorrhoe (des Tripper), zählen zu den Negibakterien. Wichtig in unserem Zusammenhang ist die Tatsache, daß diese Bakterien über *zwei* Membranen verfügen: die äußere Membran und die Plasmamembran, denn es steht zu vermuten, daß sich darin eine Einrichtung aus den Anfangstagen des Lebens erhalten hat. Die Entstehung der beiden Membranen läßt sich am einfachsten mit dem Bild von der «gewendeten» Zelle bzw. der *Obzelle* erklären, das G. Blobel (*Intracellular membrane topogenesis,* in: Proceedings of the National Academy of Sciences, USA, 77, 1980, 1496) entworfen hat. Danach könnten sich die Negibakterien durch Abflachung und Krümmung einer ursprünglichen Obzelle sowie durch anschließende Verschmelzung der beiden so entstandenen Ränder gebildet haben, wie Abb. 212 es darstellt.

Insbesondere T. Cavalier-Smith hat in seiner soeben erwähnten Arbeit (s. o. S. 727) diese Idee aufgegriffen. Er meint, daß der Stoffaustausch zwischen den beiden Membranen über die *Bayerschen Flecken* hätte erfolgen können – an den Kontaktregionen also, an denen die Zellwand fehlt. Vor allem die Evolution der *Porine* (der porenbildenden Proteine in der äußeren Membran, die alle Moleküle mit einem Molekulargewicht unter 600 Dalton – der Atommasseneinheit – durchlassen) sollte in dieser Phase der Umformung aus einer Obzelle erfolgt sein. John Maynard Smith und Eörs Szathmáry (*Evolution,* 113) rechnen mit einer allmählichen Evolution von Semizellen mit Doppelmembran an einer (Pyrit)Oberfläche: um den effektiven Transport von Nährstoffen ins Innere der Semizelle zu fördern, sei der Einbau von porinähnlichen Molekülen in die äußere Membran und schließlich die Entstehung der Bayerschen Flecken als Kanäle eines gerichteten Stroms zwischen den beiden Membranen begünstigt worden. «Durch Lösung solcher Semizellen von der Oberfläche würden Protozellen entstehen, deren Hülle derjenigen der heu-

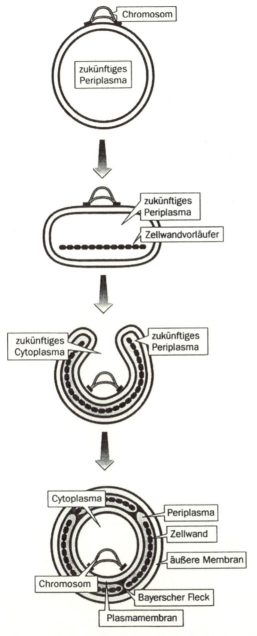

212 Der Ursprung der gramnegativen Bakterien aus abgeflachten Obzellen.

tigen Negibakterien ähnelt» (a. a. O., 113). Eine schematische Darstellung dieses Vorgangs versucht Abb. 213.

In Abb. 201 ist *das genetische Material* allerdings nicht dargestellt, und das aus gutem Grund: es ist noch im ganzen Cytoplasma verstreut. Um so mehr lautet die Frage jetzt: Wie, das heißt biologisch gefragt: durch welche Art von Selektion und auf Grund welcher molekularer Mechanismen, wurden aus nicht-gekoppelten Genen gekoppelte Gene, *Chromosome*, wie sie im Laufe der Evolution der Protozellen gebildet wurden? Ein mathematisches Modell, das diese Frage lösen könnte, wurde von JOHN MAYNARD SMITH und EÖRS SZATHMÁRY (*The Origin of chromosomes I. Selection for linkage*, in: Journal of Theoretical Biology, 164, 1993, 437–466) entwickelt; doch ist es zum Verständnis ihrer Überlegungen zunächst nötig, das eigentliche Problem richtig zu erfassen.

Wir gehen (wie stets) von dem einfachsten Fall aus: eine einfache Protozelle mit zwei wichtigen Genen; Frage also: wann wird es von Vorteil sein, die beiden zu koppeln?

Als erstes bedeutet die Koppelung einen schweren Nachteil für die beiden Gene in der Konkurrenz mit anderen Genen, denn ihre Replikationszeit wird sich erheblich vergrößern, sagen wir: sie wird sich in etwa verdoppeln, und dieser Selektionsnachteil könnte nur durch den Einsatz von ungefähr doppelt so vielen Replikationsmolekülen wett gemacht werden. Das aber scheint in der Natur nicht der Fall – die Replikation von Chromosomen dauert wirklich länger. Gleichwohl sind «Chromosome» *einzelnen* Genen überlegen, wenn *beide* Gene für die effiziente Reproduktion der Zelle benötigt werden und wenn die Anzahl der Moleküle in der einzelnen Protozelle gering ist; der Grund, warum das so ist, liegt ganz einfach darin, daß nur gekoppelte Gene sich mit Sicherheit in den Tochterzellen wiederfinden werden, also jede der Tochterzellen jeweils beide erhält. Nehmen wir an, A und B seien zwei einander ergänzende Gene und AB sei das Chromosom; dann wird A in der Zelle schneller repliziert als AB, doch dafür kann es in der nächsten Generation sich in einer Tochterzelle ohne B, also mit geringerer Fitneß, wiederfinden. Wir haben hier also (wieder) den Fall vor uns, daß die Selektion Zusammenarbeit fördert, wenn Kooperation dem «Egoismus der Gene» besser dient als Konkurrenz! *Soweit* die Frage der Selektion.

Wie aber steht es sich mit den molekularen Mechanismen?

Die *Koppelung* von RNA-Genen zu RNA-Chromosomen könnte am einfachsten durch ein Lipase-Ribozym erklärt werden. Weit schwieriger ist es zu verstehen, wie die Replikation gesteuert wurde, so daß das Verfahren der

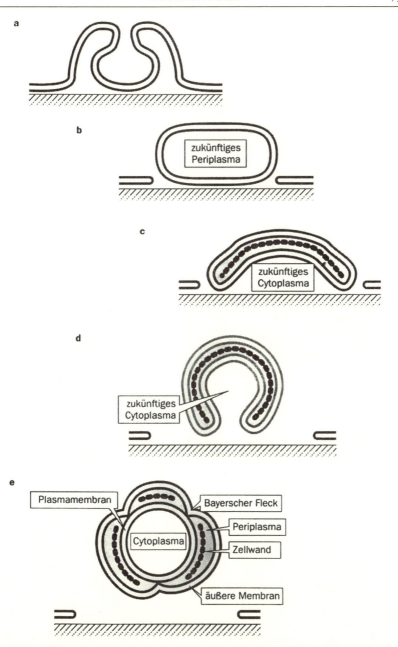

213 Ursprung der gramnegativen Bakterien auf einer Mineraloberfläche.

*Transkription* gekoppelter Gene dabei entstand. Die entscheidende Entdeckung, um diese Frage beantworten zu können, machten A. M. WEINER und N. MAIZELS (*3'terminal tRNA-like structures tag genomic RNA molecules for replication: implication for the origin of protein synthesis*, in: Proceedings of the National Academy of Sciences, USA, 84, 1987, 7383–7387); sie fanden das «*Modell der genomischen Etikettierung*»: Replizierbare Genome müssen an ihrem 3'-Ende ein tRNA-artiges «Etikett» *(tag)* besessen haben, das von der Replikase, deren Leserichtung von 5' nach 3' orientiert ist, erkannt wurde. Tatsache ist, daß alle RNA-Viren, die ohne ein DNA-Zwischenprodukt repliziert werden, ein solches Etikett besitzen. Darauf fußend, entwickelten J. MAYNARD SMITH und E. SZATHMÁRY die folgende Dynamik: Wir gehen einmal von einzelsträngigen RNAs aus und bezeichnen das Gen mit (+), das Ribozym, also das Produkt der «Genexpression», als (–); der (+)-Strang wird vom (–)-Strang abgelesen und umgekehrt; und wir nehmen an, das Etikett des (+)-Stranges sei eine attraktivere Replikase als das Etikett des (–)-Stranges; dann würden selbstredend durch die Bevorzugung der (+)-Stränge die komplementären (–)-Stränge beizeiten in der Überzahl sein. Benötigt wird jetzt nur noch ein Enzym, das die Moleküle von ihren Etiketten befreit; ein solches Enzym ist von Bakterien her als *RNAse P* bekannt: es spaltet die ungenutzte 5'-Region der Prä-tRNAs (s. u. S. 756), ab, so daß nur die dadurch aktivierte Restsequenz als Ribozym wirken kann. Dabei darf die RNAse P natürlich nicht zu effektiv arbeiten, da sonst alle Stränge unreplizierbar würden. Aber wir nehmen an, daß die RNAse P den (–)- Strang effektiver bearbeitet als den (+)-Strang: Am Ende erhalten wir dann eine Protozelle, in der die Ribozyme in stärkerer Konzentration vorliegen als die Gene, wie es für einen effizienten Stoffwechsel erforderlich ist.

Was schließlich die Entstehung von *DNA-Chromosomen* angeht, so wird sie durch eine spezielle reverse Transkriptase erleichtert worden sein, die sowohl RNA- als auch DNA-Stränge zu kopieren vermochte. Als Argument für die Bildung der DNA-Chromosomen hat man geltend gemacht, daß sie es erlaube, Einzelstrangschäden ebenso zu reparieren wie Fehlpaarungen: das ist zwar richtig, ließe sich aber auch mit einer doppelsträngigen RNA erreichen. Der Hauptgrund dafür, daß die DNA sich durchsetzen konnte, liegt vermutlich darin, daß Desoxyribose chemisch stabiler ist als Ribose und wiederum die DNA-Base Thymin stabiler als die RNA-Base Uracil. Aufgrund dieses Vorteils gelang es der DNA, sich durchzusetzen, und zwar derart früh und derart erfolgreich, daß die Speicherung der genetischen Information in der «Doppelhelix» DNA (so gut wie) universell das Leben auf Erden bestimmt.

*d) Der lange Weg von den Protozellen zu den Eukaryoten*

Damit haben wir so ziemlich alle Fragen berührt, die für die Entstehung des Lebens grundlegend sind. Alles weitere jetzt bezieht sich schon nicht mehr auf die Entstehung des Lebens, sondern auf seine Entfaltung.

Wir können die Bedeutung dieses Satzes schwer überschätzen, sehen wir doch, wie der Grundgedanke DARWINS (eine Entwicklung von Systemen in kleinen Schritten, die, an sich ungerichtet, von der Selektion zu einer steten Optimierung des Informationsgehaltes dieser Systeme im Dienste ihrer Selbstreproduktion gedrängt wird) uns den Übergang von chemischen über präbiotische und schließlich zu biotischen Einheiten als das logische Ergebnis des Ineinandergreifens physikalischer, chemischer und biologischer Gesetzmäßigkeiten verständlich macht. Das Neue in der Betrachtungsweise der letzten 30 Jahre besteht im wesentlichen darin, den Selektionsgedanken DARWINS bereits auf die physikalischen und chemischen Vorgänge anzuwenden und damit die Gesetze, nach denen das Leben selbst sich entwickelt (hat), auch zur Erklärung seiner Entstehung heranzuziehen.

Alle Vorgänge der Natur erscheinen damit (trotz der Emergenz neuer Gesetze auf den hierarchischen Stufen der Evolution) in sich weit einheitlicher, als es noch vor einem halben Jahrhundert den Anschein hatte. Die meisten der im letzten Abschnitt zitierten Arbeiten sind kaum älter als 10–15 Jahre, und sie machen deutlich, in welch einem rasanten Tempo sich die Erforschung der Anfänge des Lebens – ihrem Abschluß nähert! Schon sind die noch offenen Fragen so präzise zu stellen, daß es möglich wird, Experimente und Algorithmen zu ihrer Beantwortung vorzuschlagen, und man darf die Erwartung hegen, daß das kommende Jahrhundert (das wir durch den Zufall der abendländischen Kalenderrechnung vollmundig – und ein wenig ängstlich – mit einem neuen Jahrtausend verknüpfen) den Weg endgültig abgesteckt und ausgeleuchtet haben wird, auf dem das Leben gegangen ist, um selber ins Dasein zu treten.

Denn von dieser theologisch wichtigsten Einsicht müssen wir nun ausgehen: Es zeigt sich, daß es zur Erklärung des Lebens keines vorgängigen oder begleitenden äußeren oder inneren «Willens» bedarf, ja, daß es absurd wäre, angesichts der Zufallswege und Winkelzüge, die das Leben tatsächlich gegangen ist, einen (göttlichen oder metaphysischen) «Willen» voraussetzen zu wollen. «Wie soll es möglich sein, daß etwas derart Komplexes wie zum Beispiel die Verfahren der Transkription und der Translation jemals ‹spontan› sich hätte bilden können?» fragten wir am Anfang dieser Arbeit. Unsere Antwort jetzt klingt fast wie ein Bonmot: Niemals wären die Grundeinrichtungen des Lebens derart kompliziert geworden, wenn sie *nicht* «spontan» entstanden, sondern von einem (vernunftgeleiteten) Willen «geplant» worden wären! Je genauer wie begreifen, wie das Leben «arbeitet», desto häufiger stoßen wir auf «lebende Fossilien» – eingefrorene Zufälle, die, erst einmal eingetreten, die Weichen für die weitere «Richtung» der Evolution gestellt haben. An vielen dieser Weichen (Bifurkationsstellen) hätten auch andere Lösungswege an sich erfolgreich sein können, doch konnten sie sich aufgrund von zufälligen Schwankungen der jeweiligen Ausgangsbedingungen nicht durchsetzen.

Gerade weil das Leben *nicht* das Ergebnis einer «Planung» darstellt (einer «Vorsehung», einer «Finalität», einer «Entelechie», einer «Orthogenese» oder wie immer die Worte heißen mögen, in denen das alte kreatianistische Dogma sich theologisch, philosophisch oder mystisch verkleidet), eben deswegen besitzt es eine solch zauberhafte Vielfalt und zugleich eine solch zynische Einfalt. Nichts von dem, was wir sehen, *mußte* so kommen, wie es kam, doch gibt es gute Gründe dafür, daß etwas kam, und selbst wer mit dem Ergebnis so wenig zufrieden ist wie ARTHUR SCHOPENHAUER, wird doch zugeben müssen, daß es sehr schwer ist, etwas «Schlechtes» zu ändern, wenn es für seine Existenz gute Gründe gibt. Es konnte offenbar nicht besser kommen, als es kam, und es durfte auch nicht schlechter kommen, damit Leben zustande kam. Selbst SCHOPENHAUERS den Wesen immanenter *«Wille zum Leben»* hat sich uns längst schon als der (auf *allen* Ebenen der Wirklichkeit zu beobachtende) Widerstand von Systemen gegen ihre Auflösung zu erkennen gegeben; und der *«Schöpfungswille»* eines Gottes, der (nach jüdisch-christlicher Vorstellung) seine Weisheit, Macht und Güte im «Werke» seiner «Schöpfung» hätte «offenbaren» wollen, hätte eine solche Welt nicht schaffen können, nicht schaffen *dürfen*, wie wir sie vor uns sehen. Wir müssen nur die Worte «Mutation» und «Selektion» in das übersetzen, was sie für die Lebewesen selber allzumeist bedeuten: in Schmerz nämlich und Grausamkeit, und wir begreifen ein für allemal, wie weit entfernt die Wirklichkeit der Welt von dem Bild ist, das sie als Abbild Gottes im Sinne der kirchlich verordneten Theologie an sich tragen sollte. Erst in dieser stets wiederholten und stets zu wiederholenden Feststellung läßt sich der Ausgangspunkt einer religiösen Neubesinnung formulieren.

Denn alles, was wir an naturwissenschaftlichen Daten und Theorien entlang der Geschichte des Lebens auf dieser Erde vor dem Hintergrund der Gottesfrage darlegen mußten und wollten, schließt sich nun zu einem Kreis, der an jedem Punkt seiner Peripherie die Erwartungen *ausschließt*, die von seiten der kirchlich verordneten «Schöpfungslehre» mit göttlichem Wahrheitsanspruch in den Herzen der «Gläubigen» erweckt werden. Schon weil die Enttäuschungen an dem offensichtlich falschen, zu keiner *äußeren* Erfahrung passenden Gottesbild der christlichen «Dogmatik» so schmerzhaft sind und weil sie immer wieder gerade die Besten, die Nachdenklichsten unausweichlich in den Atheismus treiben, müssen wir in einem abschließenden Kapitel dieses Buches uns fragen, welche *inneren* Erfahrungen es erlauben, den «Mittelpunkt» jenes «Kreises» so zu malen, daß von daher seine «Peripherie» besser (re)konstruierbar wird.

Ehe wir das tun, müssen wir nur noch erwähnen, daß das Leben so weitergehen wird, wie es entstanden ist: in einem phantastischen Spiel von Zufällen und Zwängen, von «stochastischen Korrekturen» und «eingefrorenen Atavismen», in einem Dahin-Kriechen in unglaublichen Zeitmaßen.

Jeder, der sich die Idee eines «planenden Handelns» in der Geschichte des Lebens noch irgendwie bewahrt hat, sollte gewiß glauben, daß das Leben jetzt, mit den Protozellen beginnend, nachdem vor 3,5 Milliarden Jahren bereits Prokaryoten existiert haben, nunmehr in rascher Folge Treppe für Treppe sich «höher» entwickelt habe. Doch wieder fällt die Wahrheit anders aus als die Erwartung: Die Entstehung des Lebens erfolgte offenbar in einem relativ kurzen Zeitraum, ja, man kann sagen, daß die Geschichte der *Anfänge* des Lebens (der Bildung erster Aminosäuren und RNA-Moleküle) nahezu identisch war mit der Geschichte der Erde selbst; der *Aufstieg* des Lebens aber erfolgte überaus schleppend, so als wollte das Leben sich noch einmal überlegen, ob es auf diesem Planeten wirklich Fuß fassen könnte und sollte. Ganze zwei Milliarden Jahre gehen dahin, ehe die ersten Eukaryoten vor 1,5 Milliarden Jahren sich nachweisen lassen, und dann dauert es noch einmal rund eine Milliarde Jahre bis zur «kambrischen Explosion», ehe endlich *das* Leben sich bildet, in dessen Bau«plänen» wir (unter anderem auch!) die Lebensformen wiedererkennen, von denen wir heute umgeben sind. Der Grund für diese merkwürdige «Zeitdehnung» dürfte darin liegen, daß der Konkurrenzkampf auf den Anfangsstufen des Lebens es neuen «Erfindungen» relativ leicht machte, sich gegenüber den weniger «tüchtigen» Vorgängern durchzusetzen, während die Prokaryoten bereits einen so hohen Grad der Anpassung an die Lebensbedingungen auf der Erde besaßen, daß es immer schwerer fiel, an diesem Zustand wirklich etwas zu «verbessern». Das Leben, mit einem Wort, fing an, als erstes sich selbst das Leben schwerzumachen; man kann allgemeiner auch sagen: das Gute ist der Feind des Fortschritts; zu fragen aber bleibt, worin dieser «Fortschritt» denn eigentlich bestand?

So viele Gedanken haben wir uns soeben um den Aufbau der Zellmembran gemacht, daß man nur schwer darauf kommt, der entscheidende Schritt von den Prokaryoten (Bakterien) zu den Eukaryoten könnte darin bestanden haben, das bereits Erreichte in gewisser Weise wieder *zurückzunehmen;* und doch, wenn die Thesen von T. CAVALIER-SMITH (*The origin of eukaryotic and archaebaterial cells,* in Annals of the New York Academy of Sciences, 503, 1987, 17–54) sich bestätigen sollten, muß es sich gerade so verhalten haben!

### α) Der Verlust der Zellwand

Prokaryoten nämlich unterscheiden sich in einem wichtigen Punkt von den Eukaryoten: sie verfügen über eine Zellwand mit einer festen Stützschicht, die aus *Murein,* einem Peptidoglycan, gebildet wird (vgl. Abb. 214); Peptidoglycan ist, wie man sieht, ein Polymer, das aus modifizierten Zuckern aufgebaut ist, die durch kurze Polypeptidketten quervernetzt sind (vgl. HARVEY LODISH u. a.: *Molekulare Zellbiologie,* 148–149).

Interessant ist nun, daß Archaebakterien niemals eine solche mureinhaltige Zellwand besitzen, und es spricht vieles dafür, daß sie enger mit den Eukaryoten als mit den Eubakterien verwandt sind. Mehr noch! Den Namen «Archae»bakterien gab man ihnen in dem Glauben, es handle sich bei ihnen um Lebensformen, die älter seien als die Eubakterien; neuerdings aber hält man sie für stammesgeschichtlich *jünger* als die Eubakterien (vgl. R. POOL: *The third kingdom of life,* in: Science, 247, 1990, 158–160), und ein entscheidender Grund dafür

**214** Schematische Darstellung eines Peptidoglycans. Die Sechsecke sind Zuckermoleküle, die vier Dreiecke sind jeweils Tetrapeptide, die fünf Rechtecke sind Pentaglycinbrücken.

| **Imperium Bacteria** | **Imperium Eukaryota** |
|---|---|
| zyklische an die Zellwand gebundene DNA, ohne Zellkern, ohne Endomembranen, ohne Cytoskelett oder Cytose | Zellkern mit linearer, an die Kernhülle gebundener DNA, Cytoskelett, Endomembranen, Cytose, Cilien mit 9+2-Struktur |
| Reich 1: Eubacteria: Negibacteria, Spirochaeta, Togobacteria, Posibacteria | Großreich 1: Archaezoa (ohne Mitochondrien, Peroxisomen und Chloroplasten) |
| Reich 2: Archaebacteria (kein Murein): Sulphobacteria, Methanobacteria, Halobacteria | Großreich 2: Metakaryota (mit Mitochondrien und Peroxisomen; gegebenenfalls Chloroplasten) |
| | Reich 1: Protozoa (Einzeller) |
| | Reich 2: Chromista |
| | Reich 3: Fungi (Pilze) |
| | Reich 4: Plantae (Pflanzen) |
| | Reich 5: Animalia (Tiere) |

215   Eine mögliche Klassifikation der Lebewesen. (Unter Cytose fallen alle Prozesse, die auf einer durch das Cytoskelett bewirkten Membrandeformation beruhen, darunter auch die Phagocytose.)

liegt in der Tatsache, daß auch die Eukaryoten nicht generell eine feste Zellwand besitzen. Nach Meinung von T. CAVALIER-SMITH (*Eukaryote cell evolution:* in: Proceedings 13th International Botanical Congress, 1988, 203–223) war es nun gerade der Verlust der stützenden Zellwand, der paradoxerweise die Eukaryoten hervorbrachte, denn dieser – äußerst gefährliche – Verlust konnte nur durch eine Reihe innerer Umbaumaßnahmen ausgeglichen werden.

Alles könnte damit begonnen haben, daß irgendein Prokaryot ein Antibiotikum «erfand», das (ähnlich dem Penicillin) die Synthese von Peptidoglycan und damit den Aufbau der mureinhaltigen Zellwand blockierte. Die rezenten Bakterien verfügen über eine hohe Antibiotika-Resistenz; sie haben sich der Herausforderung offenbar erfolgreich angepaßt, ohne sich strukturell verändern zu müssen, und bilden auch heute noch immer vielfältigere Resistenzen aus; andere Bakterien aber «lernten» es, ohne eine feste Zellwand auszukommen, und wurden damit die Vorläufer der Eukaryoten (und Archaebakterien). Damit ergibt sich eine Klassifikation der Lebewesen, die unsere früher gegebene Einteilung (s. o. S. 153 ff.) in systematischer Absicht verbessert; denn die Eukaryota lassen sich einteilen in die Großreiche der *Archaezoa* (die ohne Mitochondrien, Peroxisomen und Chloroplasten leben) und der *Metakaryota* (mit den fünf Reichen der *Protozoa* – Protista, also meist einzelliger Eukaryoten mit geringer morphologischer Differenzierung –, *Chromista* – Braunalgen, Goldalgen und Diatomeen [Kieselalgen] –, *Fungi* – Pilze –, *Plantae* – Pflanzen – und der *Animalia* – der Tiere; vgl. Abb. 215).

Entscheidend für die Entwicklung der Eukaryoten scheint gewesen zu sein, daß sie den Verlust der festen Zellwand durch den Aufbau eines «Endoskeletts» ausgleichen mußten, das den Druck- und Scherkräften sowie den osmotischen Kräften widerstand. Ein Netzwerk aus Microtubuli, Mikrofilamenten und Intermediärfilamenten, das sog. Cytoskelett, übernahm die mechanische Stützfunktion, und Actomyosin verhinderte das osmotische Anschwellen der Zelle (vgl. NEIL A. CAMPBELL: *Biologie,* 142; 145).

β) Organellen als Symbionten (oder Sklaven)

Wichtig wurde insbesondere, daß der Verlust der Stützschicht die Aufnahme von fremdem Material (die *Phagocytose*) ermöglichte. Nur durch Phagocytose ist es erklärbar, daß die Metakaryoten über so wirkungsvolle Organellen wie *Mitochondrien* und *Chloroplasten* verfügen: beide besitzen neben einer eigenen Doppelmembran auch eigene DNA-Genome und einen eigenen Proteinsyntheseapparat (also die nötigen Polymerasen, tRNA und Ribosome); die Ribosome vor allem ähneln nicht denen der Eukaryoten, sondern denen der Bakterien. Sie sind offenbar einmal gramnegative Bakterien gewesen, ähnlich den Cyanobakterien und den Nichtschwefel-Purpurbakterien, die dann zu Symbionten innerhalb der Eukaryotenzellen wurden (s. o. S. 218; vgl. LYNN MARGULIS: *Symbiosis in Cell Evolution,* San Francisco 1981).

Allerdings ist die Rede von der «Symbiose» euphemistisch, – *«versklavt»* scheint richtiger. Was C. MERESCHOWSKY (*Theorie der zwei Pflanzenarten als Grundlage der Symbiogenesis, einer neuen Lehre der Entstehung der Organismen,* in: Biologisches Zentralblatt, 30, 1910, 278–303, 321–347, 353–367) bereits vermutete, läßt sich heute *en detail* zeigen: «Der Nutzen, den die (sc. protometakaryotische, d. V.) Wirtszelle aus der Symbiose (sc. mit den Protomitochondrien und den Protochloroplasten, d. V.) zog, wurde erst durch den Einbau spezifischer ‹Zapfstellen› *(taps)* in die Hüllmembranen der Organellen möglich. Diese Proteine – der Adeninnucleotid-Carrier bei den Mitochondrien und der Organophosphat-Carrier bei Plastiden – ermöglichen die Abgabe von Stoffwechselprodukten der Organellen ins Cytosol; sie werden stets vom Zellkern codiert. Da für ihre Funktion kein vorhergehender Gentransfer aus den Organellen erforderlich ist, haben sie sich wahrscheinlich aus Wirtsproteinen entwickelt» (JOHN MAYNARD SMITH – EÖRS SZATHMÁRY: *Evolution*, 144). Da die Ausbildung der *taps* selbstredend Zeit benötigte, könnte es eine Phase gegeben haben, in der die heutigen «Symbionten» Parasiten waren. In diesem Falle sollten Wirtszellen ohne «Symbionten» eigentlich im Vorteil gegenüber Zellen mit Symbionten gewesen sein; doch es läßt sich vorstellen, «daß es einen sehr einfachen Weg gab, aus den Parasiten Sklaven zu machen, nämlich gemäßigten intrazellulären Beutefang. Protometakaryotische Wirtszellen könnten sich Protomitochondrien gehalten haben, wie Menschen Schweine halten: zur kontrollierten Nutzung. Später könnte diese primitive Art der Ausbeutung durch die raffiniertere Nutzung von Stoffwechselprodukten mit Hilfe von *taps* ersetzt worden sein» (a. a. O., 144).

Diese Ansicht widerspricht der Vorstellung vom «Mutualismus», von dem wechselseitigen Vorteil, den Wirtszellen wie Endosymbionten voneinander gehabt hätten. Zwar steht der Nutzen für die Wirtszelle außer Frage, doch zu behaupten, «daß Organellen von der Verbindung profitieren, weil sie ohne die Wirtszelle absterben, heißt, obligatorische Abhängigkeit mit Nutzen zu verwechseln», schreiben JOHN MAYNARD SMITH – EÖRS SZATHMÁRY (*Evolution*, 144) und fügen hinzu: «Wir sind daher geneigt anzunehmen, daß endosymbiontische Organellen eingeschlossene Sklaven sind.»

Der Aufstieg des Lebens von den Prokaryoten zu den Metakaryoten basiert demnach auf «verinnerlichter Gewalt». Zu Recht wandte MERESCHOWSKY gegen den Lobpreis der «friedvollen» Pflanzen ein, daß die Idylle trügt: es ist nicht nur, daß zwischen den Pflanzen der gleiche Überlebenskampf (der Kampf um Energie, der Kampf um Standorte, der Kampf um Fortpflanzungschancen) wie unter den Tieren tobt, es kommt hinzu, daß die Pflanzen ihre «Autotrophie» einzig und allein dem Umstand verdanken, daß es einer Gruppe von Protometakaryoten gelungen ist, Cyanobakterien durch Phagocytose gefangenzusetzen und seither in Form der Chloroplasten als energieliefernde Sklaven zu halten (vgl. Abb. 78).

In bestimmter Weise läßt sich der Einbau der Zellen, die zu Mitochondrien und Chloroplasten wurden, sogar noch genauer nachzeichnen. Die Nichtschwefel-Purpurbakterien sind wie die Cyanobakterien sowohl zur Photosynthese als auch zur Sauerstoffatmung (Respiration) imstande; theoretisch hätte es also genügt, einen einzigen Symbiontentyp durch Phagocytose zu «versklaven» und für beide Zwecke einzusetzen. Allerdings sind Purpurbakterien in Anwesenheit von Sauerstoff zur Photosynthese außerstande – als Energielieferanten aus Sonnenlicht sind sie in aeroben Zellen daher nicht zu verwenden; Cyanobakterien wiederum verwenden zur Photosynthese wie Sauerstoffatmung die gleiche Elektronentransportkette, es ist daher schwierig, das eine vom anderen isoliert in Dienst zu nehmen. T. CAVALIER-SMITH (*The simultaneous symbiotic origin of mitochondria, chloroplasts, and microbodies*, in: Annals of the New York Academy of Science, 503, 1987, 55–71) sieht darin einen Grund, warum die Nichtschwefel-Purpurbakterien als Mitochondrien die Fähigkeit zur Photosynthese verloren haben könnten, während die Cyanobakterien als Chloroplasten die Sauerstoffatmung aufgaben. Von daher dürfte sich auch erklären, warum alle Eukaryoten, die Chloroplasten besitzen, auch über Mitochondrien verfügen, während umgekehrt etwa das gesamte Reich der Tiere nur Zellen mit Mitochondrien, doch ohne Chloroplasten aufweist. LYNN MARGULIS (*Symbiosis in Cell Evolution*, San Francisco 1981) entwickelte aus dieser Tatsache die These, die Mitochondrien seien etwa 500 Millionen Jahre früher in die Zellen aufgenommen worden als die Chloroplasten; doch kann es sich auch um ein einfaches Ergebnis der Selektion handeln: photosynthetisierende Organismen ohne Mitochondrien «würden von solchen mit Mitochondrien verdrängt werden, weil ihre Atmung ineffizient wäre» (JOHN MAYNARD SMITH – EÖRS SZATHMÁRY: *Evolution*, 145).

Insgesamt scheint es, als wenn alle Mitochondrien von einem einzigen Prokaryoten abstammten, während der Einbau von Chloroplasten mehrfach erfolgt sein dürfte. Alle Plastiden stammen vermutlich von Verwandten der Cyanobakterien ab; einige Eukaryoten haben indessen ihren Photosyntheseapparat nicht durch Aufnahme (Phagocytose) eines Prokaryoten erworben, sondern sie haben allem Anschein nach einen bereits Photosynthese treibenden Eukaryoten «versklavt». «So hält man die Plastiden der Eugleniden (sc. *Euglenophyta*, d. V.) für ehemalige Grünalgen (sc. *Chlorophyta*, d. V.) und die der Chromisten (sc. der Braunalgen, Goldalgen und Diatomeen – Kieselalgen, d. V.) und der Dinoflagellaten (sc. Panzeralgen, *Dinophyten*, d. V.) für phagocytierte Rhodophyten (sc. Rotalgen, d. V.). Im Falle der Chromisten, deren Plastiden von vier Membranen umgeben sind, ist diese Vermutung besonders plausibel» (JOHN MAYNARD SMITH – EÖRS SZATHMÁRY: *Evolution*, 145).

So bleibt die Frage nach den *Mikrotubuli* (den hohlen Stäben aus Tubulin im Cytoskelett der Eukaryoten, das das Cytoplasma als Netzwerk durchzieht; Abb. 79): sind auch die Geißeln (Flagellen) und Cilien (Wimpern) sowie der Spindelapparat der Mitose (die Centriolen) aus Symbiose entstanden? Und was ist mit den *Mikrosomen:* sind auch die Peroxisomen (ein spezieller Mikrosomentyp, sog. Microbodies) letztlich als Symbionten zu betrachten?

In der Tat gibt es Beispiele für Bewegungssymbiosen zwischen Prokaryoten und Eukaryoten: Spirochaeten, die an der Zellmembran eines Eukaryoten andocken, können ihre Wirtszelle mit synchronen Schlägen in Bewegung setzen; LYNN MARGULIS (*Symbiosis in evolution: origin of cell motility*, in: S. Osawa – T. Honjo: Evolution of Life: Fossils, Molecules, and Culture, Tokyo 1991, 305–324) nahm dieses Beispiel zum Anlaß für die These, die Geißeln der Eukaryoten hätten sich aus Spirochaeten gebildet, die einmal mit einer archaebakterienähnlichen Wirtszelle in Ectosymbiose verbunden gewesen wären. Doch so bestechend dieser Vorschlag auch sein mag, so stehen ihm doch eine Reihe biochemischer und struktureller Tatsachen entgegen. So enthalten die eukaryotischen Cilien und Geißeln das Protein Tubulin, die Geißeln der Prokaryoten hingegen das Protein Flagellin; der Aufbau der prokaryotischen und der eukaryotischen Geißeln und Cilien ist unterschiedlich: bei den Prokaryoten ein einfacher Zylinder mit einem molekularen Motor in der Plasmamembran, bei den Eukaryoten zwei axiale Tubuli, die von einem Ring aus neun Zweiergruppen von Mikrotubuli umgeben sind (9+2-Struktur) und sich aktiv krümmen, indem die Mikrotubuli unter Verbrauch von ATP aneinander vorbeigleiten (vgl. NEIL A. CAMPBELL: *Biologie*, 141–144). Beide Strukturen sind voneinander so verschieden, daß man die Geißeln und Cilien der Eukaryoten mit einem anderen Namen als bei den Prokaryoten bezeichnet und sie Undulipodien nennt. Freilich, negativ entschieden ist die Spirochaeten-Hypothese noch nicht; hat man doch bei einem Spirochaeten inzwischen ein Protein gefunden, das dem Tubulin ähnelt (vgl. G. HINKLE: *Status of the theory of the symbiotic origin of undulipodia (cilia)*, in: L. Margulis – R. Fester: Symbiosis as a Source of Evolutionary Innovation, 1991, 135–142).

Was die *Centriolen* angeht, so sind sie aus neun ringförmig angeordneten Dreiergruppen von Mikrotubuli ohne axiale Fibrillen aufgebaut; während sie im *Centrosom* (in der Nähe des Zellkerns) von Pflanzenzellen für gewöhnlich fehlen, sind die paarweisen Centriolen bei der *Mitose* (Zellteilung) von Tierzellen zumeist wesentlich beteiligt, indem von ihnen die aus Mikrotubuli bestehenden Spindelfasern ausgehen, die die beiden Schwesterchromatiden (die beiden identischen Hälften eines Chromosoms nach der Replikation) bei der

Zellteilung im Centromer, also in dem Bereich, in dem die Schwesterchromatiden miteinander verbunden sind, auseinanderziehen und auf die Tochterzellen verteilen (vgl. NEIL A. CAMPBELL: *Biologie*, 228). Centriolen bilden auch die Basalkörper (die *Kinetosomen*) der Undulipodien, «und es ist wahrscheinlich, daß Cilien und Geißeln sich nur in Gegenwart einer Centriole entwickeln können» (JOHN MAYNARD SMITH – EÖRS SZATHMÁRY: *Evolution*, 147). Praktisch sind Basalkörper und Centriolen identisch: «Beide sind Mikrotubuli-Organisationszentren (MTOCs...), erstere für die Mikrotubuli der Undulipodien und letztere für die der Mitosespindel» (a. a. O., 146). Insofern muß die Antwort auf die Frage nach der Entstehung der Centriolen ebenso offenbleiben wie bei den Cilien und Geißeln der Eukaryoten.

Und woher stammen die *Peroxisomen* (die «Microbodies») in den Metakaryoten? Peroxisomen sind Vesikel, die darauf spezialisiert sind, mit Hilfe von speziellen Enzymen, den sog. Oxidasen, Wasserstoff von verschiedenen Verbindungen abzuspalten und auf molekularen Sauerstoff zu übertragen; dabei bildet sich Wasserstoffperoxid ($H_2O_2$) – daher der Name: «Körper (griech.: *somata*), an denen (Wasserstoff)Peroxid sich bildet.» Die Wirkung dieser Reaktion kann sehr vielfältig genutzt werden, etwa zum Abbau von Fettsäuren oder zur Entgiftung von Alkohol in der Leber. An sich ist Wasserstoffperoxid sehr giftig, doch enthalten die Peroxisomen zugleich das Enzym Katalase, das $H_2O_2$ in Wasser und Sauerstoff umwandelt. Der Form nach sind die Peroxisomen nahezu kugelförmig, besitzen oftmals einen körnigen Kern aus dichtgedrängten Enzymmolekülen und sind von einer einzigen Membran, einer Lipiddoppelschicht, umgeben. «Die Abschirmung der Enzyme, die Wasserstoffperoxid produzieren, in einem Organell, in dem auch das Enzym für die Beseitigung dieses Stoffwechselprodukts angereichert ist, ist ein weiteres Beispiel dafür, wie die Kompartimentstruktur der Zelle entscheidend zu ihrer Funktion beiträgt» (NEIL A. CAMPBELL: *Biologie*, 138).

Die Peroxisomen vermehren sich wie prokaryotische Zellen durch Wachstum und Teilung, sie verfügen aber über keine eigene DNA. T. CAVALIER-SMITH (*The simultaneous symbiotic origin of mitochondria, chloroplasts, and microbodies*, in: Annals of the New York Academy of Science, 503, 1987, 55–71) hielt es für möglich, daß die Peroxisomen durch Symbiose aus grampositiven Bakterien entstanden seien und *deshalb* nur über eine Hüllmembran verfügen (da die grampositiven Bakterien nur eine Plasmamembran besitzen, im Gegensatz zu den gramnegativen Bakterien, die zusätzlich noch eine äußere Membran aufweisen; vgl. NEIL A. CAMPBELL: *Biologie*, 550).

Ihr Einbau könnte durch die Oxidation von Fettsäuren die Phagotrophie (die Ernährung durch Phagocytose, von griech.: *phagein* = essen, *trophä* = Ernährung) verbessert haben. Wenn die Symbiontentheorie auch für die Peroxisomen zutrifft, so müßte es zwischen ihren Proteinen und den Proteinen von grampositiven Bakterien Homologien geben; es scheint heute nur eine Frage der Zeit zu sein, wann derartige mikrobiologische Entsprechungen sich bestätigen oder widerlegen lassen (vgl. JOHN MAYNARD SMITH – EÖRS SZATHMÁRY: *Evolution*, 143).

Die wichtigste Frage auf dem Weg zu den Eukaryoten gilt indessen der Bildung eines *Zellkerns* – ist auch er vielleicht das Ergebnis einer Symbiose? Und: wie entstand die *Mitose* (die Zellteilung bei Eukaryoten, bei der die Chromosomen repliziert werden und gleichmäßig auf die neu entstehenden Tochterzellen verteilt werden)?

### γ) Die Entstehung der Mitose

Um mit der letzteren Frage zu beginnen, ist es hilfreich, in einem schematischen Vergleich einmal eine prokaryotische und eine eukaryotische Zelle einander gegenüberzustellen, wie Abb. 216 es versucht.

Um das Problem zu verstehen, das die Evolution lösen mußte, damit aus Bakterienzellen Eukaryotenzellen werden konnten, müssen wir uns noch einmal an die Art und Weise erinnern, wie die Replikation der DNA vor sich geht (s. o. S. 76); wir sagten damals, daß sich nach dem Auseinanderschrauben der Helix der DNA-Doppelstrang reißverschlußartig öffne, so daß einsträngige DNA-Abschitte, sog. *Replikationsgabeln* sich bildeten, und wir haben auch von der chemisch definierten Orientierung der Nucleinsäureketten gesprochen, in denen jedes Nucleotid am C-$5'$-Atom des Zuckers seine eigene Phosphatgruppe trägt, während es am C-$3'$-Atom des Zuckers die Phosphatgruppe des benachbarten Nucleotides bindet. Daraus ergibt sich die definierte Orientierung, die «Polarität» des DNA-Strangs (s. o. S. 73): das $3'$-Ende trägt am C-$3'$ des Zuckers eine freie Hydroxylgruppe (OH), während das $5'$-Ende mit einer Phosphatgruppe abschließt, die an das C-$5'$-Atom des letzten Nucleotids gebunden ist. (Wir erinnern uns, wie die fünf Kohlenstoffatome der Desoxyribose von $1'$ bis $5'$ durchnumeriert werden und das Strichzeichen speziell zur Bezeichnung der Kohlenstoffatome des Zuckers im Unterschied zu denen der Stickstoffbase verwandt wird.) Wir hatten damals allerdings noch keinen Grund zu erwähnen, daß die beiden DNA-Stränge *antiparallel* gepaart sind, wie Abb. 217 es verdeutlicht.

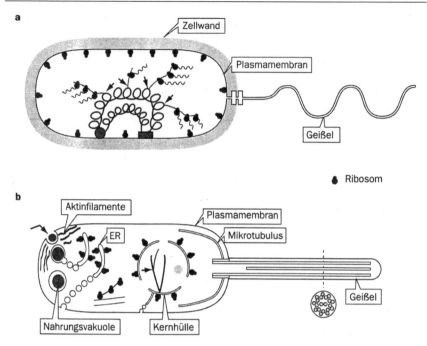

216 *Schematische Darstellung einer a) prokaryotischen und b) eukaryotischen Zelle.*
Man sieht die feste Zellwand der Bakterienzelle, die den Eukaryoten fehlen kann; unterschiedlich sind die Geißeln (s. Text); sichtbar ist das komplexe Cytoskelett der Eukaryoten; besonders wichtig: Bakterien haben ein einziges ringförmiges Chromosom, das an die Plasmamembran angeheftet ist, während Eukaryoten über lineare Chromosomen verfügen, die von einer Kernhülle eingeschlossen sind, so daß Transkription und Translation räumlich voneinander getrennt sind; Poren in der Kernhülle ermöglichen den Stoffaustausch zwischen Zellkern und Cytoplasma; Intermediärfilamente (die Proteinfilamente des Cytoskeletts, deren Größe zwischen Mikrotubuli und Mikrofilamenten liegt) bilden die strukturelle Basis für den Aufbau der Kernhülle und helfen, den Zellkern im Cytoplasma zu verankern. Zu den inneren Membranen, die nach Ermöglichung der Phagocytose durch den Verlust der Zellwand entstanden, zählt bei den Eukaryoten auch das Endoplasmatische Retikulum (ER), ein Membrannetzwerk, das mit der äußeren Kernmembran verbunden ist und zum Teil mit Ribosomen besetzt ist («rauhes ER»), zum Teil nicht («glattes ER»). Die Mikrofilamente, auch Actinfilamente genannt, bilden in manchen Teilen der Zelle Actomyosinkomplexe und stellen so das kontraktile Element der Zelle dar. Actin ist ein globuläres Protein, das sich zu Ketten verbindet, die sich paarweise helixartig umschlingen; in die Zwischenräume zwischen die parallel nebeneinanderliegenden Actinfilamente werden Myosinfilamente eingelagert; das Actomyosinsystem setzt chemische Energie in Bewegung um und steuert so die Phagocytose, die amöbenartige Bewegung, aber auch die Kontraktilität, die einem osmotischen Anschwellen der Zelle entgegenwirkt. Nicht abgebildet sind Mitochondrien und Chloroplasten (über deren Herkunft s. Text).

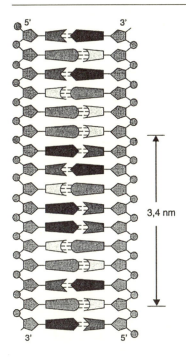

217 *Gepaarte DNA-Stränge sind antiparallel.*
Die 5' nach 3'-Richtung des einen DNA-Stranges verläuft entgegensetzt zu der des anderen Stranges.

Entscheidend ist nun, daß die DNA-Polymerase nicht von sich aus die Synthese eines Polynucleotids beginnen kann, sondern nur am 3'-Ende eines schon existierenden Stranges neue Nucleotide anzuheften vermag; sie kann daher DNA-Stränge nur in 5'-nach-3'-Richtung verlängern. An der Replikationsgabel entstehen aber *zwei* Stränge; der Strang, der kontinuierlich in 5'-nach-3'-Richtung gebildet wird, heißt der *Leitstrang;* was aber ist es mit dem zweiten antiparallelen Strang? Wie kann er überhaupt gebildet werden, wo er doch ein 5'-Ende besitzt? Die Antwort darauf fand der Japaner OKAZAKI mit dem Konzept der diskontinuierlichen Synthese: Um den komplementären DNA-Strang zu replizieren, muß die DNA-Polymerase in die genau umgekehrte Richtung arbeiten, also entgegengesetzt zur Laufrichtung der Replikationsgabel; an der Öffnungsstelle der Replikationsgabel synthetisiert die DNA-Polymerase ein kurzes DNA-Stück, dann wandert die Replikationsgabel weiter und es entsteht ein zweites DNA-Stück, wieder in Richtung weg von der Laufrichtung der Replikationsgabel; die Einzelstücke, die auf diese Weise entstehen, die sog. OKAZAKI-Fragmente, werden dann von einem eige-

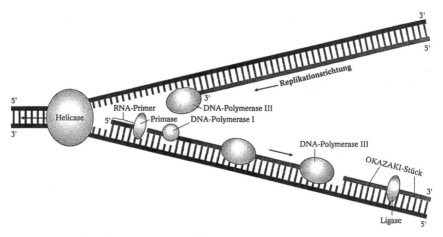

**218** Die Synthese des Leitstranges und des Folgestranges bei der DNA-Replikation.
Die DNA-Polymerase I entfernt die Ribonucleotide des RNA-Primers und ersetzt sie durch Desoxyribonucleotide. Die DNA-Polymerase III ist für die Verknüpfung (Polymerisation) der Desoxyribonucleotiden zuständig. Allerdings kann sie die Nucleotide an der Matrize nur in 5' → 3'-Richtung verknüpfen, d. h. sie kann nur 3'-Enden verlängern. Die DNA-Neusynthese verläuft daher am elterlichen DNA-Strang, dem sogenannten **Leitstrang**, kontinuierlich: Die DNA-Polymerase III katalysiert hier die Bindung von Desoxyribonucleotiden an das 3'-OH-Ende des wachsenden neuen Stranges.
Der zweite elterliche DNA-Strang, der sogenannte **Folgestrang**, kann jedoch nicht kontinuierlich kopiert werden. Dieser Strang wird *diskontinuierlich* synthetisiert: Die DNA-Polymerase III kann nur in 5' → 3'-Richtung von der Replikationsgabel weg verknüpfen. Hierzu stellt die Primase zunächst an verschiedenen Stellen kurze RNA-Primer her, die durch DNA-Polymerase III zu Fragmenten, den **OKAZAKI-Stücken**, verlängert werden. Anschließend werden die RNA-Primer von der DNA-Polymerase I entfernt und durch Desoxyribonucleotide ersetzt.
Die OKAZAKI-Stücke sind allerdings noch nicht miteinander verbunden. Die Herstellung der Phosphodiesterbindung zwischen direkt aufeinander folgenden OKAZAKI-Stücken wird von dem Enzym *DNA-Ligase* bewirkt.

nen Enzym, der *DNA-Lipase*, zusammengesetzt (vgl. Abb. 218). Auf diese Weise entsteht der sogenannte *Folgestrang*.

Nun ist es nicht allein, daß die Replikation der DNA nur am 3'-Ende eines schon existierenden Nucleotidstranges ansetzen kann, die Replikation eines DNA-Moleküls beginnt überhaupt nur an bestimmten Stellen, den *Replikationsstartpunkten;* und hier erlangt ein Unterschied zwischen Bakterien und Eukaryoten eine fundamentale Bedeutung. Das Chromosom eines Bakteriums besitzt nur einen einzigen Replikationsstartpunkt, der aus spezifischen Proteinen besteht und zuerst an die Zellwand, später an die Plasmamembran gebunden ist; die Replikation eines Bakterienchromosoms erfolgt, indem *zwei* Replikationsgabeln bzw. *Replisome* vom Replikationsstartpunkt aus das Chromosom in Richtung zum Replikationsterminus entlangwandern und dabei den neuen Startpunkt mitnehmen, den sie, wenn das Chromosom vollständig repliziert ist, an *dem* Ende der Zelle an die Zellwand heften, das dem alten Startpunkt gegenüberliegt; dann löst sich der Replikationsterminus von der Zellwand und wird – vermutlich durch die Spiralisierung des Chromosoms – in der Mitte zwischen den beiden Startpunkten wieder angeheftet; nachdem er sich selber repliziert hat, führt die Ausbildung einer neuen Zellwand zwischen dem alten und dem neuen Terminus zur endgültigen Teilung der Zelle, die bei Bakterien in etwa 20 Minuten vor sich geht. Abb. 219 versucht, den Vorgang schematisch darzustellen.

Entscheidend an diesem Vorgang ist, daß bei der Chromosomenteilung und -replikation in einer Bakterienzelle der neue Replikationsstartpunkt vom Replisom in die Nähe des Terminus transportiert werden muß, so daß die Replikase (die DNA-Polymerase) den ganzen Weg vom Startpunkt zum Replikationsterminus zurückzulegen hat. An diesem Verfahren liegt es, daß es für ein bakterielles Chromosom nur einen einzigen Replikationsstartpunkt geben kann, denn sonst würde die Replikase, nachdem die Replikation an einem Startpunkt begonnen hat, innehalten, sobald sie zu einem weiteren Startpunkt käme, und den Terminus nicht erreichen. Und daraus wieder folgt, daß der Gesamtgröße eines Bakterienchromosoms recht enge Grenzen gesetzt sind; ja, es scheint, als seien gerade durch diese Begrenzung der Genomgröße die Prokaryoten an einer weiteren Entwicklung gehindert worden. Um so wichtiger ist es, daß gerade der *Wegfall* der festen Zellwand, verbunden mit dem Aufbau eines Cytoskeletts, die Entwicklung der *Mitose* bei den Eukaryoten möglich machte; denn erst damit entfiel die Beschränkung auf einen einzigen Replikationsstartpunkt (für in aller Regel ein einziges Chromosom): Während das Bakterium *Escherichia coli* zum Beispiel *ein* Chromosom aus rund 4 Millionen Basenpaaren besitzt, enthält die Zelle von uns Menschen 46 DNA-Moleküle (Chromosome) mit insgesamt 7 Milliarden Basenpaaren. Vieles, sehr vieles also scheint von der Etablierung der *Mitose* abzuhängen, die ihrerseits an das Vorhandensein des Cytoskeletts gebunden war (das ebenso aus Mikrotubuli besteht wie der für die Mitose erforderliche Spindelapparat), das wiederum in Reaktion auf den Verlust der Zellwand entstanden sein dürfte. Bei dieser Form der DNA-Replikation, wie sie für die Eukaryoten charakte-

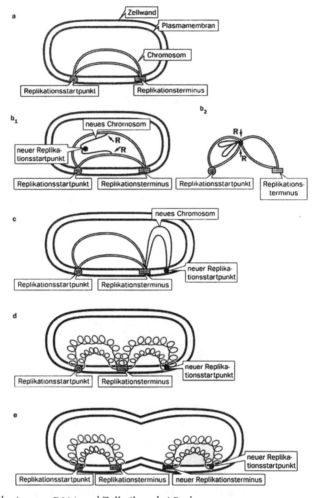

**219** *Replikation von DNA und Zellteilung bei Prokaryoten.*
a) Bakterium vor der Replikation.
b) In beide Richtungen fortschreitende Replikation. Startpunkt und Replikationskomplex sind getrennt dargestellt; tatsächlich ist der neue Startpunkt aber an die Replikasen gebunden (wie in b2 gezeigt) und wird so zum Replikationsterminus getragen.
c) Abgeschlossene Replikation, der neue Replikationsstartpunkt ist an die Zellwand angeheftet.
d) Der Replikationsterminus wird in der Mitte zwischen altem und neuem Startpunkt an die Zellwand neu angeheftet.
e) Der Replikationsterminus teilt sich, und die Bildung eines *Septums* (einer Trennwand) führt zur Teilung des Bakteriums.

ristisch ist, bildet sich von den beiden Centrosomen (die durch Verdoppelung eines Centrosoms entstanden sind) die Kernspindel aus, welche die Chromosomen nach ihrer Replikation und Anordnung in der Äquatorialebene zu den beiden Polen der Kernspindel auseinanderzieht und somit jeweils die beiden Schwesterchromatiden zu den beiden entgegengesetzten Polen der Zelle transportiert. *Dieses* Verfahren ist von der Replikation einer bakteriellen DNA so sehr verschieden, daß es schwer scheint zu erklären, wie aus dem einen das andere entstanden sein könnte.

Eine *Zwischenstufe,* die bei einigen Protisten gebräuchlich ist, könnte die sog. *Pleuromitose* (von griech.: *pleura* = Seite) darstellen (vgl. I. B. Raikov: *The Protozoan Nucleus,* Heidelberg 1982). Für die Übergangsform von der bakteriellen DNA-Replikation zur Pleuromitose läßt sich folgende Annahme machen: das Chromosom sei nach wie vor ringförmig, die Replikation beginne, wie bei den Bakterien, an *einem* Startpunkt und verlaufe dann in beiden Richtungen; gleichwohl gebe es jetzt eine wichtige Änderung: der neue Startpunkt werde von der Replikationsgabel nicht in die Nähe des Replikationsterminus getragen, sondern er werde, unter dem Einfluß des Cytoskeletts, von dem alten Startpunkt getrennt und neben demselben (statt ihm gegenüber) an die Plasmamembran geheftet; die Zellteilung erfolge dann zwischen dem alten und dem neuen Startpunkt (vgl. Abb. 220).

Von diesem (hypothetischen) Modell ausgehend, könnte der Weg zur *Pleuromitose* dann so verlaufen sein, daß das ringförmige Chromosom in ein lineares Chromosom mit einem zentral angeordneten Centromer verwandelt worden wäre (Centromer ist der Bereich, in dem die Schwesterchromatiden, also die homologen Schwesterstränge der Chromosome, miteinander verbunden sind); der Ring wäre am Startpunkt auseinandergebrochen, und die so entstandenen freien Enden hätten sich vom Centrosom gelöst; das Centrosom müßte als eine Weiterentwicklung des ursprünglichen Replikationsstartpunktes betrachtet werden, während das Centromer dem ursprünglichen Replikationsterminus entsprechen würde. Bei der Pleuromitose verfügt das auseinandergebrochene Chromosom über zwei freie Enden *(Telomere);* sein Centromer aber liegt an der «Spitze» des Chromosoms – es ist «akrozentrisch» (von griech.: *akros* = die Spitze) angeordnet. Das Wichtige an dieser geringfügig erscheinenden Änderung (vgl. Abb. 220 mit Abb. 221) liegt darin, daß von jetzt an auch weitere Chromosomen in der Zelle gebildet werden können.

Ein letzter Schritt zur Mitose der Eukaryoten bestand dann offenbar darin, die zwei Centrosome nebst dem bipolaren Spindelapparat (Kernspindel,

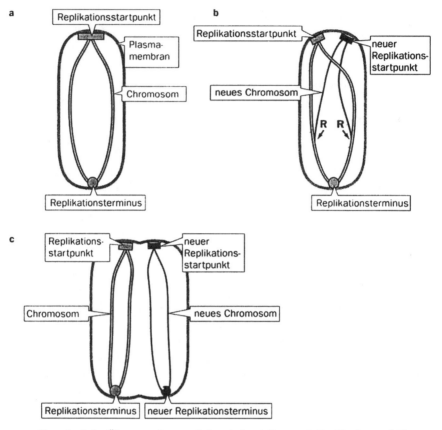

220 *Hypothetische Übergangsform zwischen bakterieller DNA-Replikation und Pleuromitose.*
a) Zelle vor der Teilung.
b) Replikation in beiden Richtungen; neuer und alter Startpunkt haben sich voneinander entfernt; R = Replikase.
c) abgeschlossene Replikation.

Mitosespindel) für die Replikation und Segregation mehrerer Chromosome gleichzeitig auszubilden.

Inzwischen hat sich ergeben, daß manche Bakterien auch über *mehr* als ein Chromosom verfügen – *Rhodobacter spheroides* zum Beispiel besitzt zwei Chromosome; freilich ist es nicht nötig, das vor allem von T. CAVALIER-SMITH (*Bacterial DNA segregation: its motors an positive control*, in: Journal

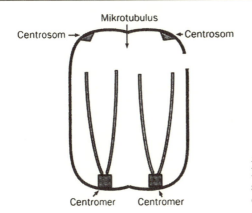

221 *Pleuromitose.*
Die freien Enden des Chromosoms sind nicht mehr mit dem Centrosom verbunden.

of Theoretical Biology, 127, 1987, 361–372) entworfene Bild deswegen zu verändern; im Gegenteil: eine Verdoppelung der Chromosomenzahl bietet den Vorteil, die Replikationsdauer zu halbieren, und könnte sich schon von daher manchen Prokaryoten empfohlen haben; ausschlaggebend ist, daß die Bakterien nie mehr als einen Replikationsstartpunkt pro Chromosom ausgebildet haben und daß von daher der Umfang ihres Genoms (die Gesamtzahl an DNA) notwendig beschränkt bleiben mußte.

δ) Die Bildung des Zellkerns – und was Theologen davon lernen können

Ein Hauptkennzeichen von Eukaryotenzellen besteht in dem Aufbau einer Kernhülle und damit in der Trennung von Transkription (der Umschreibung der DNA in mRNA) und Translation (der Übersetzung der Sprache der mRNA mit Hilfe von tRNAs in die Proteinsprache); die weiteren Folgen für die Evolution hingen vor allem mit der verbesserten Kopiergenauigkeit und, daraus folgend, mit der enormen Erweiterung der genetischen Information zusammen; doch von diesen «Folgen» konnten die ersten Zellen nichts wissen, als sie die Kernhülle «erfanden»; warum also «taten» sie es, das heißt: welche selektiven Faktoren zwangen sie zur Kompartimentierung des genetischen Materials? Die Antwort darauf kennen wir im Grunde bereits, denn sie ist identisch mit den Vorteilen, die es hatte, überhaupt eine Zelle mit einer Membranhülle zu bilden. Der Vorteil liegt in der Abgrenzung von der «Umwelt», jetzt also des Genoms vom Cytoplasma, sowie in der Regelung der Reaktionsabläufe.

Der Aufbau eines integrierten Genoms setzte, wie wir sahen, bereits voraus, daß die einzelnen Gene, die verschiedene, einander ergänzende Funktionen repräsentieren, nicht miteinander konkurrierten, sondern kooperierten, so daß die Selektion an der *Gesamtbewertung* des genetischen Ensembles ansetzen kann. MANFRED EIGEN (*Stufen zum Leben*, 107; 232–237) sieht die Voraussetzung dazu in einer Kombination von Hyperzyklus (s. o. S. 704) und Kompartimentierung gegeben. «Der Hyperzyklus», schreibt er (a. a. O., 108), «vermag zwar mittels seiner Selbstorganisation schnell eine Rückkopplungsschlaufe zu etablieren und zu verfestigen, bleibt aber dennoch funktionell ineffizient – es sei denn, er findet einen Weg, die in den Übersetzungsprodukten sich günstig auswirkenden Mutationen ebenfalls selektiv zu nutzen. Eine derartige Rückkopplung gelingt erst durch den Einschluß aller Komponenten in ein Kompartiment.» Denn erst dann, so die Überlegung, muß die Reproduktionsgenauigkeit an die gesamte Informationsmenge des Kompartiments angepaßt sein (a. a. O., 236).

Näherhin konnte eine Integration aller Gene zu einem riesigen Genom wie bei den Bakterien erst erfolgen, als das Enzym-Instrumentar weit genug entwickelt war, um die Fehlerquote bei der Replikation zu begrenzen. «Für Mikroorganismen (sc. wie den Prokaryoten, d. V.) ist eine maximale Fehlerrate von $10^{-6}$ bis $10^{-7}$ erforderlich. Derart kleine Werte sind ohne Korrekturlesen nicht zu erreichen. Daraus ergab sich die Notwendigkeit zur Einführung doppelsträngiger Replikatoren. Der Elternstrang dient als Vergleichsmaßstab für eine Fehlerkorrektur im Tochterstrang. Abgeschlossen ist die Phase des Übergangs vom molekularen zum zellulären Replikator erst, wenn nicht nur sämtliche Gene zum Genom vereinigt sind, sondern wenn zusätzlich die Verdopplung des molekularen Replikators mit der Teilung der Zelle synchronisiert ist» (MANFRED EIGEN: a. a. O. 109–110). Dieser Stand war in der Entwicklung des Lebens mit den Prokaryoten erreicht. Daß es dennoch weitergehen *mußte*, lag anscheinend an dem *Nachteil*, der gerade mit dem soeben gewonnenen Vorteil verbunden war; gerade weil die «Zentralisierung der Legislative», die Integration des Genoms, nur bei einer äußerst *niedrigen* Fehlerrate bei der Replikation der DNA erfolgen konnte – eine Fehlerkatastrophe mußte um jeden Preis vermieden werden! –, ging mit dem Reproduktionsmechanismus der Bakterien zugleich auch eine gewisse Unwandelbarkeit des einzelnen Gens einher. Unter dieser Voraussetzung, bei einer Fehlerrate von weniger als eins zu einer Million, *konnte* die Evolution der relativ invarianten Prokaryoten nur langsam verlaufen. Die Ausbildung eines membranumhüllten Zellkerns verfolgte offenbar den «Zweck», aus dieser Klemme zu helfen.

Wir entsinnen uns, daß die Transkription der DNA aufgrund des Zusammenspiels einer Vielzahl von Enzymen in sich selber bereits als ein autokatalytischer Prozeß zu verstehen ist, für dessen Aufbau die Kompartimentierung eine wesentliche Voraussetzung darstellte; je wirkungsvoller jedoch die Enzyme die Transkription zu steuern begannen, desto niedriger ließ sich die Fehlerrate absenken: bei den Eukaryoten um den Faktor 100 auf $10^{-9}$; doch gleichzeitig mit dieser phantastischen Verbesserung ließ sich auch das Genom, verteilt auf viele Chromosome (DNA-Moleküle), ins geradezu Üppige erweitern. Die Gene begannen selber so etwas zu werden wie die Partitur einer vielseitig zu interpretierenden Symphonie. Die Voraussetzung dafür aber bot anscheinend die strikte Trennung und damit die genaue Kontrolle über die Drucklegung (Transkription) und Aufnahme (Translation) der «Komposition» der Gene; – die «Aufführung» bzw. das «Abspielen» des «Tonträgers» erfolgt dann auf der Ebene der Phäne.

Wie scheinbar überflüssig kompliziert das Eukaryotengenom aufgebaut ist, zeigt sich insbesondere an der *Mosaikstruktur* der Gene, die eine eigene Bearbeitung der RNA notwendig macht; wir haben den Transkriptionsvorgang von DNA in mRNA früher bereits insoweit beschrieben (S. 85), wie es zum Verständnis des Prinzips *order on order* notwendig war; jetzt aber, zum Verständnis des Wegs, den das Leben zu seiner Entstehung und Weiterentwicklung genommen hat, müssen wir eine spezielle Modifikation der mRNA beachten, die erfolgt, ehe die mRNA den Zellkern verläßt und die nur bei den Eukaryoten anzutreffen ist.

Zur «*RNA-Prozessierung*» gehört (neben dem Anheften einer «Kappe» – engl.: *cap* – aus einem modifizierten Guanosin-Triphosphat – am 5'-Ende zum Schutz der mRNA vor hydrolysierenden Enzymen sowie dem Anheften eines *Schwanzes* aus 30–200 Adeninmolekülen am 3'-Ende zu dem gleichen Zweck) auch das, was man als RNA-*Spleißen* bezeichnet. Im Seemannsdeutsch ist mit Spleißen das Verflechten von zwei Tauenden (Tampen) durch Unter- und Übereinanderstecken der Kardeelen (der Einzelstränge) gemeint; biologisch ist damit ein Schneide- und Klebevorgang bezeichnet, dem die RNA unterzogen wird. Der Grund dafür ist eigenartig und für Eukaryoten charakteristisch: Die Länge, in der ein DNA-Molekül transkribiert wird, also eine Transkriptionseinheit, beträgt durchschnittlich 8000 Nucleotide, und entsprechend lang ist demnach auch der mRNA-Strang; für die Codierung eines durchschnittlich großen Polypeptids von 400 Aminosäuren werden aber (pro Aminosäure je ein Basentriplett) nur 1200 Nucleotide benötigt. Die meisten Eukaryoten-Gene (und ebenso ihre RNA-Transkripte) besitzen daher nichtcodierende Nucleotidsequenzen, die sogenannten *Introns*, die demnach auch nicht translatiert werden.

Diese *Introns* sind mosaikartig zwischen die codierenden Sequenzen, die sogenannten Exons, eingestreut; seit RICHARD ROBERTS und PHILIP SCHARP 1977 diese Anordnung entdeckten, spricht man deshalb von *«Mosaikgenen»*. Bei der Transkription der DNA geht diese Mosaikstruktur von Introns und Exons auch in die Struktur der mRNA ein, die man jetzt als «vorläufige *mRNA» (Prä-mRNA)* oder als *«heterogene nucleäre RNA» (hnRNA)* bezeichnet. Diese *hnRNA* verläßt niemals den Zellkern, vielmehr ermöglicht die Kompartimentierung des Genoms eine Weiterbearbeitung durch das RNA-Spleißen, noch bevor die Translation erfolgen kann. Die sehr komplizierten Vorgänge selber müssen noch näher untersucht werden, doch weiß man, daß an beiden Seiten eines Introns Erkennungssequenzen liegen: GT am Beginn und AG am Ende, und daß nach dieser GT-AG-Regel (die allerdings nur für Introns in solchen Genen des Zellkerns gilt, die zu mRNA – nicht also zu tRNA oder rRNA – transkribiert werden) Enzyme die Introns aus dem Originalmanuskript herausschneiden und die Exons zu einer translatierbaren mRNA zusammenfügen (verspleißen). Eine entscheidende Rolle spielen dabei «kleine (engl.:) *small* n*ucleäre* R*ibonucleoproteine»* (snRNPs, auch *«snurps»* genannt), die im Zellkern lokalisiert sind (deshalb «nucleär») und aus mindestens sieben Proteinen sowie aus RNA bestehen, nämlich aus snRNA – uracilreichen RNA-Molekülen aus 150 RNA-Nucleotiden. Einige dieser snRNPs vereinigen sich zu einem größeren Komplex, dem *Spleißosom*, das mit den Enden der RNA-Introns interagiert und das, indem es die Introns herausschneidet *(Excision)*, die an beiden Seiten befindlichen Exons zusammenklebt. Ein solches Spleißen wird auch den tRNA- und den (ribosomalen) rRNA-Vorläufern vorgenommen, allerdings nach einem anderen Mechanismus, wobei die Intron-RNA in einigen Fällen den Prozeß sogar selber als Ribozym katalysiert (vgl. NEIL A. CAMPBELL: *Biologie,* 342–345).

Natürlich stellt sich unter diesen Umständen die Frage, wozu Introns in den Nucleinsäure-Strängen «gut» sein sollen, wenn sie *entfernt* werden müssen, damit die mRNA zur Translation tauglich wird. Vorweggesagt: eindeutige Antworten darauf sind (noch?) nicht möglich. *Vermuten* läßt sich, daß die Intron-DNA «irgendwie» die Genexpression reguliert und der Spleißprozeß selbst daran beteiligt ist, die mRNA aus dem Zellkern durch die Poren in der Kernhülle in das Cytoplasma zu schleusen. «Es gibt (sc. zudem sogar, d. V.) Beispiele, wie durch Introns in verschiedenen Zellen von ein und demselben Gen unterschiedliche Proteine gebildet werden..., indem in einem Zelltyp alle Introns aus einem bestimmten Transkript entfernt werden, in einem anderen Zelltyp dagegen Introns in demselben Transkript verbleiben» (NEIL A. CAMPBELL: *Biologie,* 345). Die Existenz von Introns könnte demnach die Diversität von Proteinen erhöhen, ohne daß Mutationen oder Kopierfehler nach dem Alles-oder-Nichts-Prinzip zufällig (in einem verschwindenden Bruchteil der Fälle) zu einer neutralen bzw. vorteilhaften Änderung führen müßten.

Dabei ist zu bedenken, daß manche Proteine einen «modularen Aufbau» zeigen: sie bestehen aus in sich einigermaßen abgeschlossenen Untereinheiten mit unterschiedlichen Funktionen (sogenannten *Domänen*), so daß zum Beispiel *eine* Domäne eines Proteins das aktive Zentrum des Enzyms bildet, während eine andere Domäne das Protein in der Membran verankert (vgl. Quartärstruktur, S. 83). «Es gibt Beispiele, wie im Verlauf der Evolution offenbar durch genetische Rekombination die Funktion eines Proteins verändert wurde, indem ‹einfach› eine seiner Domänen durch eine andere ersetzt, die übrigen aber beibehalten wurden.» Aus dieser Tatsache läßt sich ein wichtiger Schluß ziehen: «Weil die codierenden Regionen eines bestimmten Proteins auf der DNA weit voneinander getrennt sein können, ist die Rekombinationshäufigkeit innerhalb eines Mosaikgens höher als in einem kontinuierlichen Gen ohne Introns» (NEIL A. CAMPBELL: *Biologie,* 345). Die Introns erhöhen mithin die Wahrscheinlichkeit, daß durch *Crossing-over* ein bestimmtes Exon durch das Exon eines anderen Allels (einer von mehreren Zustandsformen eines Gens) auf seinem homologen Chromosom ersetzt wird. W. GILBERT (*Why genes in pieces?,* in: Nature, 271, 1978, 501) hat daraus die Theorie vom Gen-Shuffling (von engl. *shuffle* = hin und her schieben) entwickelt, wonach funktionsfähige Gene gebildet werden können, indem schon bestehende Gene umgeordnet werden. Andererseits sprechen neuere Untersuchungen von A. STOLTZFUS, D. F. SPENCER, M. ZUKER, J. M. LOGSDON und W. F. DOOLITTLE (*Testing the exon theory of genes: the evidence from protein structure,* in: Science, 265, 1994, 202–207) gegen die Möglichkeit, das «Gen-Shuffling» als ein Argument für die These zu verwenden, die Exons seien ursprünglich eigenständige Gene gewesen, die Peptide mit einer eigenen Funktion codiert hätten, so als wenn die Introns heute die Grenzen zwischen den ursprünglichen Genen markieren würden (vgl. JOHN MAYNARD SMITH – EÖRS SZATHMÁRY: *Evolution,* 134–135); überhaupt scheinen die Anzeichen sich zu mehren, «dass Introns ‹kommen und gehen, fast wie sie wollen›, und auch von ihrer Lage im Gen her in keiner Weise Grenzen zwischen Proteindomänen entsprechen» (NEIL A. CAMPBELL: *Biologie,* 345). Um so mehr stellt sich natürlich die Frage, woher die Introns stammen und welch einen «Sinn» ihr Einbau im Genom der Eukaryoten haben soll.

Wir setzen einmal die These (vielleicht vorschnell) als widerlegt voraus, die Introns seien lediglich die Klebestellen zwischen ursprünglich eigenständigen Genen – wenn es so wäre, müßte es ja zumindest Fälle geben, in denen Prokaryotengene einzelnen Exons von Eukaryotengenen entsprechen würden; tatsächlich aber wurden solche Fälle (bisher noch) nicht gefunden. Wie dann?

Nach T. CAVALIER-SMITH (*The origin of eukaryotic and archaebacterial cells,* in: Annals of the New York Academy of Sciences, 503, 1987, 17–54) sind die Introns erneut lebende Fossilien aus der Zeit, als sie *nach der Evolution der Kernmembran* in das Genom eingedrungen sind. Die ersten Introns waren vermutlich selbstspleißend; in Gestalt der mRNA-Introns könnte es sich bei ihnen daher um Relikte der RNA-Welt handeln, die sich als harmlose Parasiten in das Genom eingenistet hätten (vgl. LESLIE E. ORGEL – FRANCIS H. C. CRICK: *Selfish DNA: the ultimate parasite,* in: Nature, 284, 1980, 604–607); später dann müßte die Fähigkeit zum Selbstspleißen verlorengegangen sein, und die *spleißosomalen Introns,* die bemerkenswerterweise ausschließlich in der Prä-mRNA der Zellkerne von Metakaryoten vorkommen, hätten sich entwickelt; möglicherweise fand dieser Prozeß bereits «in den Vorfahren der Archaezoen statt, nach der Entstehung des Zellkerns» (vgl. JOHN MAYNARD SMITH – EÖRS SZATHMÁRY: *Evolution,* 137). Die proteingespleißten Introns, die nur bei bestimmten tRNA- und rRNA-Genen sowie bei den Archaebakterien und in den Zellkernen von Metakaryoten vorkommen, dürften in einem gemeinsamen Vorfahren von Archaebakterien und Archaezoen entstanden sein (a. a. O., 136).

Was wir mit Bezug zu unserer theologischen Fragestellung auf diese Weise gewinnen, ist – bei aller Mühsal in der Schilderung molekularbiologischer und genetischer Details – eine ebenso wichtige wie schmerzhafte Erkenntnis. Immer noch gibt es (zum Beispiel im Schatten der römischen Dogmatik) Theologen, die in den grausamen Zügen der Evolution die Folgen irgendeines «Fehlers»: einer dämonischen oder menschlichen *Ver*fehlung erkennen wollen; wir haben bereits bei der Schilderung des Kampfs der Lebewesen um Energie und um Reproduktion gezeigt, wie elementar und fundamental das «Fressen und Gefressenwerden» und die «Selektion der Fittesten» den Gang des Lebens bestimmen; dabei haben wir freilich wesentlich vom Prinzip des Mangels her gedacht: *Mangel* an Energie, *Mangel* an Raum usw. – selbst ein *Überschuß,* zum Beispiel bei der Zuckerproduktion am Beginn des «Landgangs» der Pflanzen, läßt sich in der Geschichte des Lebens als *Not,* als Mangel an «Platz wohin damit» interpretieren. Immer aber konnte noch die fiktive Hoffnung bleiben, daß irgendwie die Anfänge des Lebens, seine Ursprungsformen, denn doch «unschuldiger», «harmloser», weniger «grausam» erscheinen könnten: Pflanzen wirken auf uns Menschen weniger rücksichtslos als Tiere, die Pflanzen fressen; die Vegetarier unter den Tieren (und Menschen) scheinen uns weniger zerstörerisch als die Raubtiere (und Fleischkonsumenten). Dabei stand uns natürlich die ganze Zeit vor Augen, daß dieser Anschein trügerisch ist, da er ganz und gar auf der erkennbar unangemessenen Sichtweise unserer menschlichen Qualifikationen basiert. Doch was wir jetzt zu sehen bekommen, ist denn doch erstaunlich, wenngleich im Grunde schon nicht mehr sehr verwunderlich: von Anfang an, so müssen wir feststellen, haben die Lebewesen, wenn irgend sie konnten und wann immer es ihnen nützte, andere Lebensformen in sich aufgenommen und in ihren Dienst gestellt. Der Verlust der festen prokaryotischen Zellwand eröffnete – neben der Notwendigkeit des Aufbaus des Cytoskeletts und der damit verbundenen Ermöglichung der Mitose – die Chance zur *Phagocytose:* es wurde möglich, Vakuolen an der Plasmamembran abzuschnüren und in der Zelle einzuschließen. «Dieser Prozeß und seine Umkehrung – die Verschmelzung einer Vakuole mit der Plasmamembran oder mit einer zweiten Vakuole – haben zur Entwicklung eines komplexen Systems intrazellulärer Membranen geführt» (JOHN MAYNARD SMITH – EÖRS SZATHMÁRY: *Evolution*, 127). Ja, sogar die Entstehung des Zellkerns selbst könnte dadurch zustande gekommen sein, daß ein gramnegatives Eubakterium ein Archaebakterium verschlungen hätte (vgl. J. A. LAKE – M. C. RIVERA: *Was the nucleus the first endosymbiont?*, in: Proceedings of the National Academy of Sciences, USA, 91, 1994, 2880–2881). Die Argumente für diese Idee scheinen nicht zwingend; doch bereits die bloße Möglichkeit einer solchen These liegt ganz und gar auf der Linie dessen, was jeden religiös suchenden Menschen beunruhigen, ja, irritieren muß. Denn es bestätigt nur allzu deutlich das bisher gewonnene Bild:

Die Anfänge des Lebens verliefen nach den gleichen Methoden wie der Aufstieg des Lebens. Von Anfang an, wie wir sehen, herrschte das gleiche «Spiel» aus Zufall und Notwendigkeit, aus ungerichteten «stochastischen» Prozessen, aus Konkurrenz und Selektion bereits auf der präbiotischen Ebene, aus Verschlingen und Verschlungenwerden schon auf der Stufe der Bakterien... – wen kann es da wundern, daß das Leben so weiterging, wie begonnen, und daß es sich in all seinen Erscheinungsformen eben so darstellt, wie es entstanden ist? Wunder nehmen muß rückbildend einzig die Naivität, mit der Theologen jemals eine andere Erde, eine andere Welt, ein anderes Leben für möglich, für «uranfänglich gegeben», für mit der Wirklichkeit Gottes einzig vereinbar haben erklären können. Sie projizierten, so zeigt sich deutlich, ganz einfach *menschliche* Erwartungen in die Reste einer noch nicht genügend erforschten Vergangenheit zurück. Fest steht: sie verwechselten Metaphysik mit Physik (Chemie) und hielten ihre Wünsche und Sehnsüchte für Formen der Erklärung der Wirklichkeit. Erst aus diesem Schritt für Schritt sichtbar(er) werdenden *Kontrast* stellt sich die alles entscheidende Frage nach der Wahrheit der Religion; sie ist identisch mit der Frage: Wie begründen wir unsere Sehnsucht nach Menschlichkeit.

# V. ... nur ein leises Wort davon (Hiob 26,14)

## 1. Vom Zusammenbruch der rationalen Gotteserkenntnis aus der Natur

«Ich träumte», erzählt IWAN TURGENJEW (*Gedichte in Prosa*, in: Erzählungen 1857–1883, S. 908–909) einmal, «ich hätte einen großen, unterirdischen Raum mit hohem Gewölbe betreten. Er war von einem seltsamen, gleichmäßigen, unterirdischen Licht erfüllt. – In der Mitte dieser Stätte saß eine majestätische Frau in einem wallenden, grünen Gewand. Den Kopf auf die Hand gestützt, schien sie in tiefe Gedanken versunken. – Ich begriff sofort, daß diese Frau die Natur war, und eine ehrfurchtsvolle Scheu schlich sich kalt in meine Seele. – Ich nahte mich der Sitzenden und verbeugte mich tief. ‹O du unsere gemeinsame Mutter!› rief ich aus. ‹Woran denkst du? Etwa über das zukünftige Schicksal der Menschheit? Oder darüber, wie der Mensch zur Vollkommenheit und zum Glück gelangen könnte?› – Die Frau wandte mir langsam ihren düsteren, drohenden Blick zu. Ihre Lippen bewegten sich, und ich vernahm eine laute, metallene Stimme: ‹Ich grübele darüber, wie ich den Muskeln der Flohbeine mehr Kraft verleihen könnte, damit die Flöhe sich leichter vor ihren Feinden retten! Das Gleichgewicht zwischen Angriff und Verteidigung ist gestört. Ich muß es wiederherstellen.› – ‹Wie!› flüsterte ich. ‹Darüber denkst du nach? Sind etwa nicht wir Menschen deine Lieblingskinder?› – Das Weib runzelte die Stirn. – ‹Alle Lebewesen sind meine Kinder›, erwiderte sie. ‹Und ich umgebe jedes mit der gleichen Fürsorge... vernichte es aber auch, das eine wie das andere.› – ‹Aber Güte... Vernunft... Gerechtigkeit›, lispelte ich. – ‹Das sind Menschenworte›, ertönte die harte Stimme der Frau. ‹Ich kenne weder das Gute noch das Böse... Die Vernunft ist mir kein Gesetz, und was ist die Gerechtigkeit überhaupt? Ich habe dir das Leben gegeben, und ich werde es dir wieder nehmen, um es anderen zu schenken, Würmern oder Menschen, das ist mir gleich... Du aber verteidige dich vorläufig, und störe mich nicht!› – Ich wollte widersprechen... doch da stöhnte die Erde dumpf und bebte – ich wachte auf.»

Wer die Wirklichkeit einmal nicht mit den tröstlichen Vorurteilen des (all)täglichen Bewußtseins betrachtet, sondern es wagt, die «unterirdische», «nächtliche» Seite der «Mutter» Natur wahrzunehmen, dem muß, meint der russische Dichter, die Welt wie ein Alptraum erscheinen: – als kalt, drohend und, wenn überhaupt, dann nur mit «metallener Stimme» (wir würden heute sagen: in Computer-Sprache) zum Menschen redend. Da gibt es kein Anrecht auf Leben, Glück oder Güte, vielmehr buchstäblich «gleichgültig» erscheint unter den Augen der allen Lebewesen «gemeinsamen Mutter» Natur die Existenz von allem, was sie ins Dasein ruft. Die Beine der Flöhe – wir haben sie mit demselben «sorgenvoll»-teilnehmenden Blick zu betrachten gelernt, den die «majestätische» «Mutter» in ihrem «grünen, wallenden Gewande» unterschiedslos auf jedes ihrer Geschöpfe zu werfen pflegt; denn wir mußten erkennen: es kann der Natur nicht gehen um den Schutz des Menschenwesens; wenn ein «Gesetz» in ihr liegt, so besteht es einzig in der «Optimierung von Information», das heißt in der Hervorbringung von Strukturen, Funktionen und Verhaltensweisen, die es den einzelnen Lebewesen erlauben, immer wirkungsvoller im Kampf ums Überleben (bei der Verbreitung ihrer Gene) sich durchzusetzen. Erbarmen, Mitleid, Gerechtigkeit, Güte – das alles sind fremde, unangebrachte, irrige Worte, mit denen wir Menschen etwas zu begreifen versuchen, das menschlichen Begriffen sich niemals erschließen wird.

Und eben darin liegt das Problem. Was tun, wenn die immer bessere *Erklärung* der Natur im Rahmen der modernen Biologie uns als Menschen zutiefst in Frage stellt? Was, wenn der *Gegensatz* zwischen der menschlichen Suche nach Sinn bzw. dem Verstehen der Welt und den Erklärungsmustern der Naturwissenschaften zu einem *absurden Paradox* gerät? Was, wenn die gesamte religiöse Interpretation der Welt als der Schöpfung eines gütigen, weisen und mächtigen Gottes in ihrer bisherigen Form durch die Sprache der Fakten auf das bitterste als eine bloße Fiktion enttäuscht wird, enttäuscht werden *muß*? Es mag sein, daß in recht kurzer Zeit schon die vorliegende Arbeit an zahlreichen Details vor allem aus den Bereichen der Geologie, Meteorologie, Paläontologie und insbesondere der Biochemie mit ihren Ansichten über die präbiotische Evolution zugunsten genauerer, besser begründeter Ansichten ergänzt oder korrigiert werden muß (das Tempo der derzeitigen Entwicklung naturwissenschaftlichen Wissens ist – nicht nur für Geisteswissenschaftler – geradezu atemberaubend), doch an dem grundsätzlichen Konflikt, auf den wir in diesem Buch gestoßen sind, wird sich dadurch nicht nur nichts ändern, dieser Konflikt kann im Grunde nur zunehmen: Was uns speziell die christliche Schöpfungstheologie über die Welt gelehrt hat, ist in der gesamten Anlage schlechterdings falsch.

Der entscheidende Fehler, noch einmal gesagt, bestand in dem Versuch schon der frühchristlichen Apologeten des 2. Jahrhunderts, den Schöpfungsgedanken der Bibel mit Hilfe der griechischen Philosophie, mit den Lehren von PLATON und ARISTOTELES, für den Verstand, für das rationale Denken plausibel machen zu wollen. Insbesondere die mittelalterliche Scholastik versuchte mit Hilfe der berühmten «fünf Wege» des «Kirchenlehrers» THOMAS VON AQUIN anhand der verschiedenen Kausalbegriffe der ARISTOTELischen Metaphysik Gott als die oberste Ursache, als die Ursache seiner selbst *(ens causa sui)*, aufzuweisen oder zu beweisen. Die Argumentationsmuster schienen einfach und naheliegend, und es lohnt sich schon deshalb, sie sich kurz zu vergegenwärtigen, auch um den Unterschied zwischen dem Denken des Mittelalters und der Moderne desto besser zu verstehen.

Alle Dinge weisen unterschiedliche Grade ihrer Vollkommenheit, mithin *eine Stufenfolge von Werten* auf; es sollte demnach einen obersten Wert geben – Gott als das höchste Gut (das *summum bonum*) bzw. als das vollkommenste Sein *(ens perfectissimum)* – der «Beweis» aus der Werteordnung (die *demonstratio e gradibus*). – Erkennbar basiert die gesamte Überlegung auf einem nicht-evolutiven Denken, das die *Übergänge* zwischen den «Stufen» ignoriert (sonst müßte Gott selbst zu einem *Endprodukt* der Evolution erklärt werden, was gerade nicht beabsichtigt war!); zudem nimmt dieser Gottes«beweis» die Maßstäbe für die «Stufenordnung» der «Werte» nicht aus der Natur, sondern er legt sie nach menschlichen Vorstellungen der Natur auf – ein offenbarer *circulus vitiosus*.

Doch weiter. Alle Dinge (Lebewesen) handeln eines Zieles wegen *(omne agens agit propter finem);* wenn alles einem Ziel folgt, so muß die ganze Welt als zielgerichtet betrachtet werden, und es muß dieses Ziel, um dessentwillen alles ist, logisch früher sein als alles, was ist – Gott als das letzte Ziel der Welt *(demonstratio e finibus).* – Dieser («physikoteleologische») «Beweis» erschien selbst seinen Kritikern wie IMMANUEL KANT als der bestbegründete von allen; – wir sagten eingangs bereits, daß es *vor* DARWIN so gut wie unmöglich war, bei der Betrachtung der außerordentlichen Komplexität der Lebensformen *keine* Finalursache als waltendes Prinzip ihrer Hervorbringung anzunehmen; doch die Natur folgt, wie wir sahen, keinen vorgegebenen Zielen, sie ist nicht der Ausdruck (die Manifestation) eines «planvoll handelnden Willens», und wenn es manchmal so scheint, als verfolge die Evolution tatsächlich bestimmte «Tendenzen», so ergeben sich diese aus einem Zusammenspiel von Zufällen und Notwendigkeiten, die sich zu entsprechenden Ordnungsprinzipien wie der Tradierung und Kanalisierung einmal getroffener «Entscheidungen» ausgestalten. Die «Ziele», mit einem Wort, sind das Spätere, nicht das Fühere; sie sind, wie KANT erkenntnistheoretisch ganz richtig einwandte, nur der Eindruck, den ein Prozeß bei einem Beobachter hinterläßt, der sich selber als das gewollte Ergebnis des Geschehens betrachten möchte; es ist, wie wenn jemand an jeder Stelle des Strandes die Wellen auf sich zulaufen sieht und daraus die Folgerung zieht, daß die Wellen just nur auf ihn hin in Bewegung gesetzt worden wären. Die «Beweis»führung von den «Zielursachen» war von daher mit der jüdisch-christlichen *Anthropozentrik* unauflöslich verknüpft: Die Welt hatte den Zweck (zu haben), *uns Menschen* hervorzubringen, und eben dadurch vor allem erwies sich ihr «göttlicher» Ursprung. Schon in *Der sechste Tag* (207; 255–259; 465) indessen hat sich gezeigt, daß es an keiner Stelle der Anthropogenese sich so verhält, wie die Theologen besonders der römischen Kirche es glaubten und glauben machen wollten.

Ein weiterer «Beweis» – diesmal nach dem Kausalitätsprinzip: Alles, was ist, existiert einer Ursache wegen, die es hervorgebracht hat; alles Seiende stammt nicht aus sich selber, sondern verdankt sich einem anderen Seienden (es ist ein *ens ab alio*); wenn das für alle Dinge der Welt gilt, so folgt, daß die gesamte Welt von einem anderen abhängt und daß dieses (oder dieser) Andere aus sich selbst heraus existierend (ein *ens a se*) sein muß. – In diesem Gedanken sind gleich *zwei* «Beweis»führungen enthalten: zum einen der «Beweis aus den Ursachen» *(e causis)*, der in den Augen der römischen Kirche als so unwiderleglich galt, daß sie ihn im 1. Vatikanischen Konzil sogar zum formellen Glaubenssatz (Dogma) erhob (vgl. H. DENZINGER: *Enchiridion*, 3004; 3026); seither obliegt einem Katholiken die Pflicht zu «glauben», daß man Gott aus den geschaffenen Dingen «beweisen» könne – und zwar, wie man ausdrücklich hinzufügte, mit Hilfe des Kausalsatzes. Gott ist demnach als die erste Wirkursache *(prima causa efficiens)* zu erkennen, und außerdem ist er der *absolute Seinsgrund,* der die Seinszufälligkeit, die Nicht-Notwendigkeit, die radikale Kontingenz der Dinge überwindet: Da kein geschaffenes Ding (Lebewesen) sein *muß,* muß es ein allernotwendigstes Wesen (ein *ens necessarium*) geben, dessen Dasein und Handeln begründet, warum es jedes einzelne an sich unbegründete Seiende gibt. – Diese «Beweisführung» folgt, wie leicht zu sehen ist, einem logischen Fehler, und sie enthält zudem eine falsche Voraussetzung: Wenn alles (in der Welt) von etwas anderem stammt, muß alles (die gesamte Welt) etwas anderes zur Ursache haben als sich selbst – das ist ein Schlußverfahren von der Art: «weil alle Menschen eine Mutter haben, muß die ganze Menschheit eine Mutter haben»; man verallgemeinert bei dieser «Argumentation» etwas, das für die Teile eines Ganzen gilt, zu einer Aussage über dieses Ganze selbst; man hielt es dabei (im Mittelalter ohnedies, doch in der Kirche Roms noch heute) für absolut ausgeschlossen, daß es Systeme geben könnte, die sich selbst begründen. Doch wenn es möglich ist, für *Gott* zu behaupten, er begründe sich selber, wieso soll es dann unmöglich sein, von der Entwicklung des Lebens (und wie wir im nächsten Band dieser Arbeit noch sehen werden: vom *Universum*) zu sagen, es begründe sich selbst? Wer mit dem einen leben kann, kann es wohl auch mit dem anderen, meint lakonisch der Physiker JOHN D. BARROW (*Die Natur der Natur*, 106–107; 350–359; 546–550), und er hat recht. Das «Argument» aus der «Kontingenz», aus der Zufälligkeit der Dinge (Lebewesen) aber hat es in sich: gerade *weil* die «Ursachen» zur Hervorbringung und Gestaltung der Lebensvorgänge derartig *blind* mit den (für uns Menschen) «sinnwidrigsten» Zufällen verwoben sind, ist es *unmöglich*, die «Kontingenz der Welt», wie wir sie heute kennenlernen, zu einem Beweisgrund für die Existenz Gottes zu erklären; ganz im Gegenteil: gerade die buchstäblich blinde Zufälligkeit der Dinge spricht ganz entschieden *gegen* einen Gott, der als ein «allervollkommenstes Wesen» diese höchst unvollkommene Welt hätte geschaffen haben können.

Die Schwierigkeiten, sich «autokatalytische Zyklen» vorzustellen, hat indessen noch zu einem weiteren Gottes«beweis» geführt: dem «Beweis aus der Formursache» (der *causa formalis*). Da ARISTOTELES die «Materie» für rein passiv erachtete, bedurfte er in seiner *«Metaphysik»* einer ideellen, geistigen Ursache, welche den Einzeldingen (Lebewesen) ihr Gepräge verleihen sollte. In der Adaption dieser Vorstellung durch die römische Theologie wurde daraus ein Dogma, das noch heute in der Diskussion etwa um die Abtreibungsfrage eine überraschende Aktualität gewinnt: Nach der Auffassung von der «Formursache» kommt menschliches (und sonstiges) Leben überhaupt nur zustande, indem Gott «im Augenblick» der Befruchtung der Eizelle durch die Samenzelle der so entstehenden Zygote eine (beim Menschen unsterbliche) Seele als «Formprinzip» «einpflanzt». – Man weigert sich mit diesem «Argument» zu begreifen, daß die Materie nach allem, was wir inzwischen von ihr wissen, sich höchst aktiv selber die Form verleiht, in der Leben erscheint. Richtig gesehen hat ARISTOTELES, daß Leben nicht «materiell» begründet werden kann, sondern auf den besonderen Konfigurationen von Materie basiert, doch irrte der große Grieche darin, daß er den «Stoff» (die *hyle*) für unfähig hielt, auf sich selber formend zu wirken. Es ist das *Prinzip* der «Selbstorganisation», das methodisch wie inhaltlich den Gottes«beweis» aus den «Formursachen» als endgültig unhaltbar darstellt.

So verbleibt nur noch *ein* Gedanke, der für IMMANUEL KANT zu einem

Hauptgrund wurde, trotz allem an einen Gott zu glauben – das ist der «Beweis» aus der Moral: daß der Mensch ein Gesetz der Sittlichkeit in sich trägt, ist aus der Welt scheinbar nicht zu begründen, daher bedarf es eines obersten «Gesetzgebers», der die Gesetze der Sittlichkeit erlassen hat; – so die ursprüngliche theologische Version. Für KANT erschien ein «Gesetzgeber» außerhalb der menschlichen Vernunft als eine unerträgliche Einschränkung der menschlichen Freiheit; ja, weil die Sittlichkeit, wie er meinte, sich überhaupt nur aus der *Autonomie* des Menschen ableiten lasse, bot in seinen Augen ein Gott als oberster Gesetzgeber das gerade Widerspiel der Sittlichkeit (*Grundlegung zur Metaphysik der Sitten*, Werke, VII 7–102, S. 77–78); gleichwohl hielt dieser «aufgeklärte» Idealist daran fest, daß es notwendig sei, die Existenz eines Gottes, der sich objektiv nicht demonstrieren lasse, aus *subjektiven* Gründen zu *postulieren*, damit der *Vollzug* des Sittengesetzes durch den Menschen als sinnvoll vorgestellt werden könne; selbst die Freiheit des Menschen, meinte KANT, sei nicht «objektiv» zu erkennen, auch sie stelle ein *Postulat* dar, das jedoch unerläßlich sei, damit das «Sittengesetz» eine Grundlage finde; ja, sogar die Unsterblichkeit der Seele, glaubte KANT postulieren zu müssen, damit das Streben des Menschen durch Gerechtigkeit und Vollkommenheit nicht auf unendliche Weise ins Leere ziele (*Kritik der praktischen Vernunft*, Werke, VII 103–302, S. 252–253; *Die Metaphysik der Sitten*, Werke, VII 305–634, S. 541). Die Existenz Gotes, die objektiv unerkennbar bleibt, muß demnach «postuliert» (gefordert) werden aus Gründen der Moral! Das ist alles andere als ein «Beweis«, aber ein ausgezeichnetes Argument, über das weiter nachzudenken sich sehr lohnt.

Denn tatsächlich läßt sich bei Durchsicht all dieser «Beweisgründe» für die Existenz Gottes in Anbetracht der Welt überaus deutlich erkennen, zu welchem *Zweck* (aus welchen «Finalursachen») *sie selber* geführt wurden und warum sie scheitern *mußten* – wir sprechen dabei bereits in der Vergangenheit, weil die «Stützung» bestimmter Argumentationsmuster durch ein noch so mächtiges, sich in göttlicher Unfehlbarkeit dünkendes kirchliches «Lehramt» gewisse als falsch erwiesene Gedanken ein für allemal nicht «richtiger» zu machen vermag. Der Grund all der Versuche, Gott aus der Welt zu demonstrieren, lag selbst, wie wir erkennen müssen, in dem durchaus subjektiven Bemühen begründet, dem Menschen einen sinngebenden «Ort» in der Welt anzuweisen, und man glaubte, in einem gewissermaßen naiven Narzißmus, daß ein solcher «Ort» für den Menschen nur ein zentral bevorzugter sein könne; darüber hinaus dachte man sich Gott objektiv nach dem Vorbild eines griechischen Bildhauers, der aus dem Marmorblock (als Materialursache) entsprechend seiner Vorstellung (als Formursache) ein Kunstwerk zu erschaffen beliebte; man ahnte nicht, daß man auf diese Weise nicht Gott bei der Erschaffung der Welt «bewies», sondern gewissermaßen dem griechischen Künstler *Phidias* zuschaute, als er den Zeus von Olympia schuf: Was am Ende solcher Beweisführungen steht, ist nicht ein Gott, der die Welt und den Menschen erschafft, sondern umgekehrt: am Ende steht ein Mensch, der aus Unkenntnis der Welt sich einen Gott erschafft. Je besser wir die Welt begreifen, desto klarer wird, daß die Theologenversuche, Gott aus der Welt zu «beweisen», lediglich von einem Zustand des menschlichen Bewußtseins Zeugnis ablegen, innerhalb dessen man zur Erklärung der Welt eines Gottes bedurfte, weil das eigene Denken (noch) nicht in der Lage war, die Vorgänge (in) der Welt aus der Welt selbst heraus zu verstehen.

Und sogar noch mehr: Was wir gerade erleben, ist keinesfalls nur der Zusammenbruch einer bestimmten Denktradition in der (römischen) Theologie; was wir erleben, markiert zugleich die Unmöglichkeit, in der Welt, wie sie objektiv sich uns darstellt, die «Selbstoffenbarung» Gottes (als eines «allgütigen», «allweisen», und «allmächtigen») zu erblicken. Der Gott jener Theologien, die den biblischen Schöpfungsglauben mit philosophischen Mitteln zu denken (zu demonstrieren) suchten, wird von der Welt her gerade nicht «bewiesen», er wird von der Welt widerlegt. Das ist die geistige Ausgangslage im Hintergrund des modernen Atheismus.

Freilich ergibt sich diese Aporie aus einem Grund, den bereits IMMANUEL KANT in seiner Erkenntniskritik in aller Klarheit herausgestellt hat: Alle empirische Erkenntnis kommt zustande durch den Gebrauch der Verstandeskategorien, die es ermöglichen, den Datenstrom sinnlicher Erfahrung unter die Einheit des Bewußtseins zu bringen; gerade die *Objektivität* naturwissenschaftlicher Erkenntnis, ihr konsequenter *Verzicht* auf alle Beimengungen menschlicher (subjektiver) Sinnerwartungen bildet die Basis ihres Erfolges, ja, sogar in gewissem Sinne die Grundlage einer neuen Ethik, wie JACQUES MONOD (*Zufall und Notwendigkeit*, 215–218) nicht zu Unrecht hervorgehoben hat: alle naturwissenschaftliche Erkenntnis hat zur Voraussetzung, daß sie die Reste einer animistischen, mythischen Vermenschlichung (und damit Vergöttlichung!) der Welt als irrig entlarvt und das Sprechen von Ziel, Absicht und Plan, von Seele, Geist und Idee, von Gut und Böse, von Belohnung und Strafe, von Fortschritt und Gerechtigkeit durch rein objektive Erkenntniskategorien und Erkenntnismodelle zu ersetzen versucht. Eine (fast mönchische) Wahrheitsaskese, eine strikte Enthaltsamkeit von jeglicher Aussage, die nicht in wissenschaftlichem Sinne beweisbar (oder widerlegbar) ist, bestimmt diese

Haltung, die in der Moderne für das naturwissenschaftliche Denken verbindlich und vorbildlich geworden ist. Und doch beginnen, wie der Deutsche Idealismus von zweihundert Jahren bereits ganz richtig geahnt hat, die eigentlichen Probleme für den Menschen damit überhaupt erst wirklich – keineswegs sind sie durch den Fortschritt naturwissenschaftlicher Erkenntnis bereits gelöst, ja, sie können von dorther gar nicht gelöst werden. Denn das Kernproblem, auf das alles zusteuert, bildet der erkennende Mensch für sich selbst; er ist – als ein erkennender – *Subjekt* und eben dadurch radikal fremd der Objektwelt, der er im Erkennen selbst gegenübersteht. JACQUES MONODS Aussage von dem Menschen als einem «Zigeuner am Rande des Weltalls» (*Zufall und Notwendigkeit*, 211; 219) hat man immer wieder (auch von seiten mancher Biologen) vorgeworfen, sie unterschlage die *Einheit* und die *innere Konsequenz* der Prozesse, denen auch und gerade wir Menschen unsere Existenz verdankten; doch was der französische Molekularbiologe sagen wollte, war ja nicht eine bestimmte Nuance im Selbstverständnis der Biologie, auch nicht nur eine Beschreibung naturwissenschaftlicher Methodologie, es enthielt ein zutiefst existentielles Problem, das mit dem Dasein des Menschen aufbricht und das von Existenzphilosophen wie ALBERT CAMUS und anderen schon vor einem halben Jahrhundert treffend beschrieben wurde (vgl. *Der sechste Tag*, 39–40; 367–368). Worum es geht, ist die Entdeckung der grenzenlosen Einsamkeit, «Geworfenheit» und Absurdität der menschlichen Existenz inmitten einer Natur, die uns zwar ermöglicht, doch niemals wirklich gemeint hat; worum es geht, ist der radikale Widerspruch zwischen den Erwartungen des Menschen nach «Führung», «Fügung» und «Sinn» und dem offenbar Führungslosen, Ungefügten und Unsinnigen der Welt; worum es geht, ist (in den Worten IMMANUEL KANTS) der schmerzhafte *Kontrast* gerade zwischen dem «sittlichen Gesetz in uns» und dem «bestirnten Himmel über uns»: – es ist nicht zu sehen, wie diese beiden «Ordnungen»: der Natur und des menschlichen Herzens aus ein und derselben Quelle stammen könnten. Wenn es möglich (und *sinnvoll*) sein soll, einen Gott zu glauben (von «beweisen» ist ein für allemal nicht länger die Rede mehr!), so nicht aufgrund der Welt, wie sie uns erscheint, sondern *trotz* der Welt, *gegen* die Welt, buchstäblich und absolut *jenseits* der Welt, in der wir leben und aus der wir kommen.

Wohlgemerkt ist es heute durchaus möglich, nach denselben Methoden, mit denen die Entstehung der ersten Zellen als Informationsträger sich begründen läßt, auch die Entstehung zum Beispiel der menschlichen *Sprache* als eines Informationssystems plausibel zu machen (vgl. JOHN MAYNARD SMITH – EÖRS SZATHMÁRY: *Evolution*, 285–318); nach denselben Regeln der Erfolgsoptimierung im Tierreich läßt sich unter anderem auch das Verhalten von Wirtschaftsbetrieben und Banken untersuchen; und auch das «Sittengesetz» des Menschen, das heißt, weniger absolut und formal als KANT es sich dachte, *die Verhaltensnormen* menschlichen Zusammenlebens in Gruppen unter bestimmten Bedingungen lassen sich mit HAMILTONS Berechnungen zum «Egoismus der Gene» oder mit E. O. WILSONS Betrachtungen zur Sozialbiologie von Tieren und Menschen sehr wohl in Einklang bringen. Was wir von daher benötigen, ist nicht eine immer noch bessere Erklärung der Funktionszusammenhänge der Welt und des Menschen *in der Welt*, was wir brauchen, ist vielmehr eine Antwort auf die radikale *Kontingenz, in welcher der Mensch sich selber im Gegenüber der Welt entdeckt*, entdecken *muß*. Die Naturwissenschaften können heute in etwa erklären, wie und warum das Leben entstand, und sie können, wie in *Der sechste Tag* schon gezeigt, desgleichen in etwa auch erklären, wie und warum der Mensch, die Spezies *homo*, entstand. – Was aber soll aus uns *werden*? Das sagen Naturwissenschaftler uns nicht und können es uns auch nicht sagen. Denn hier handelt es sich (erneut) um eine Frage, die ganz und gar nur ein erkennendes *Subjekt* sich selbst zu stellen vermag.

Da es am Ende des 20. Jahrhunderts wesentlich Naturwissenschaftler (jedenfalls nicht Theologen) waren, von denen die wichtigsten philosophischen Impulse zu einer Neubesinnung ausgegangen sind, liegt es fast verführerisch nahe, die Erkenntnisse der Naturwissenschaften selber sowie die Methodologie ihres Vorgehens für die letzte Form und für den Inhalt jeder uns heute noch möglichen Antwort auch auf die religiöse Frage des Menschen zu verstehen. Den Glauben an eine letzte Ordnung in den Dingen, das «verzückte Staunen über die Harmonie der Naturgesetzlichkeit», betrachtete ALBERT EINSTEIN (*Mein Weltbild*, hg. v. C. Seelig, 15–18) in sich selber als religiös, und in diesem Sinne hielt er sich durchaus für einen religiösen Menschen. Der Gott des SPINOZA, der nur ein anderes Wort für die Natur(ordnung) ist, bleibt in der Sichtweise der Physik als der Grundwissenschaft aller naturwissenschaftlichen Erkenntnis offenbar unüberschreitbar. Andere Physiker wie FRIEDRICH CRAMER (*Chaos und Ordnung*, 178–211; DERS.: *Symphonie des Lebendigen*, 209–216) verweisen auf die Schwingung, die *Resonanz*, die in allen Dingen und Erscheinungsformen des Lebens sichtbar wird, und sie deuten dieses wechselseitige Einschwingen aufeinander als eine Art kosmischer «Liebe» und Harmonie. Wieder andere, wie ILYA PRIGOGINE (*Die Erforschung des Komplexen*, 5. Kap., 261–287), erinnern daran, daß gerade die moderne Physik die alte erkenntnistheoretische Zweiteilung von Subjekt und

Objekt *aufgehoben* habe und von daher die uralte Dichotomie von Geist und Materie, Seele und Körper, Freiheit und Notwendigkeit, Ordnung und Chaos etc. insgesamt zu überwinden vermöge. In der Tat ist es aus vielen Gründen unerläßlich, das alte gegenstandsgerichtete Denken durch eine integrale Form des Erkennens zu erweitern, wie es sehr schön NORBERT SCHMIDT: *Die Evolution von Geist und Gesellschaft*, 190–239; 270–304) anhand einer Reihe von Beispielen aus Physik, Psychotherapie und Bibelhermeneutik verdeutlicht hat; im 3. Band dieser Arbeit, wenn wir auf die Fragen der Kosmologie und des menschlichen Geistes (der Bioneurologie) zu sprechen kommen, werden wir unbedingt noch ausführlich auf diese Ansätze eingehen.

Doch was wir an *dieser* Stelle zu sehen bekommen, führt uns vorerst in eine gründlich andere Richtung als zur Identifikation des Göttlichen mit der Ordnung der Welt. Gewiß ergibt sich zum Beispiel aus dem brutalen Fressen und Gefressenwerden innerhalb einer Biozönose, wie wir sahen, recht bald die «Ordnung» einer «Nahrungspyramide»; doch hat diese «Ordnung» absolut nichts zu tun mit dem, was wir Menschen mit diesem Wort für gewöhnlich meinen; irgend etwas in uns – womöglich das Beste darinnen – *weigert* sich ganz einfach, eine solche «Ordnung» (für uns Menschen!) zu akzeptieren. Die Populationsdynamik von Hasen und Bussarden – ein weiteres Beispiel – läßt sich gewiß als *«Resonanz»* zweier Arten aufeinander interpretieren, doch was hat dieses «Schwingen» in der Computergraphik der Bevölkerungsdichte der einen oder der anderen Art mit der Angst, dem Hunger und dem Leid der Akteure zu tun, die in diese Graphik als statistisches Material «eingehen»? Es ist nicht möglich, den *subjektiven Faktor* des Erlebens auch nur in der Tierreihe mit Begriffen wir Ordnung und Resonanz (oder wie *Schönheit* und *Harmonie* oder mit einer SPINOzistischen oder HEGELianischen *Notwendigkeit*) abtrösten zu wollen. Was verlangt wird, ist eine Antwort, die *aus der Sicht des fühlenden, leidenden, hoffenden, denkenden Subjekts* Orientierung und Halt bietet.

Nichts weiter als dies mochte und möchte die Religion seit altersher. Sie redet von Gott als einem *Subjekt* (nicht als von einem objektiven Ordnungszustand), um auf die Infragestellung des *Subjekts*, welches der Mensch ist, zu antworten; und worauf wir jetzt, nach dem Zusammenbruch all der «objektiven» Theologenrede (sowie, ineins damit, nach dem Zusammenbruch der «objektiven» Gottesverwaltung durch den Lehr- und Kultbetrieb kirchlicher Behörden), *notwendig* stoßen, ist lediglich die unvermeidliche Gewißheit, daß es für den Glauben an Gott *als Subjekt* absolut keine anderen als *rein subjektive Gründe* gibt noch geben kann.

Es war SÖREN KIERKEGAARD, der (gegen HEGEL) diesen radikal subjektiven, das heißt personalen, existentiellen Charakter des Religiösen wiederentdeckt hat, und zwar in einer Weise, die es uns, offen gestanden, in dieser Arbeit allererst möglich gemacht hat, die Demontage der bestehenden Form von Theologie so weit zu treiben, wie es hier geschehen ist. Freilich hat der dänische Religionsphilosoph (anders als HEGEL) sich um Fragen der Naturerkenntnis durchaus nicht gekümmert – «instinktiv» stand ihm das negative Resultat jeder Gotteserkenntnis auf dem Wege der Naturerkenntnis von vornherein so sicher fest wie die Vergeblichkeit des Bemühens, die Gültigkeit der Botschaft Jesu und die Göttlichkeit seiner Person mit historischen Mitteln als eine «objektive Tatsache» in der Geschichte erforschen und «feststellen» zu wollen; worauf uns der «Vater der Existentzphilosophie» verwiesen hat, ist für uns Heutige, hundertfünfzig Jahre danach, indessen nicht anders aufzugreifen als durch eine Weiterentwicklung vor allem der *psychologischen* Implikationen, die in seinem Denken angelegt waren (ohne daß sie von ihm, über die Begriffe «Angst» und «Verzweiflung» hinaus, weitergeführt worden wären), sowie durch eine Nacharbeitung heutiger naturwissenschaftlicher Erkenntnisse, die das existentielle und religionsphilosophische Anliegen KIERKEGAARDS als überaus berechtigt und wegweisend erscheinen läßt.

Was, so müssen wir uns fragen, geschieht eigentlich, wenn Menschen sagen, sie glauben (an) Gott?

Sie reklamieren damit, so wissen wir jetzt, nicht eine bestimmte Form der Welterkenntnis oder der Welterklärung; sie treffen damit überhaupt keine Aussage auf der Ebene gegenstandsgerichteten Erkennens; sie legen es sich mit einem solchen Bekenntnis vielmehr nahe, das Insgesamt möglicher Welterkenntnis auf eine bestimmte Weise zu *deuten*. «Gott», meinte IMMANUEL KANT, sei keine Kategorie des Verstandes, sondern eine Idee der Vernunft, doch glaubte er noch, daß die «Vernunft» mit ihren Ideen das menschliche Erkenntnisvermögen zur Vollständigkeit seines Forschens antreiben sollte; KANTS Vernunft blieb deshalb gebunden an das, was er als das «transzendentale Subjekt» bezeichnete, an die Vorstellung des «Ich denke», die alles Denken begleite; was denkende Menschen *fühlen* und *empfinden*, wenn sie von Gott sprechen, stellte demgegenüber für KANT keine religionsphilosophisch zu erörternde Frage dar. Am Menschen interessierte ihn wesentlich sein Denken und Wollen; alles andere war ihm *zu* subjektiv, *zu* irrational, *zu* «unvernünftig». Tatsächlich aber brauchen wir KANTS «Vernunftidee» Gott, sein «Postulat» von der Existenz Gottes zugunsten des «Sittengesetzes», nur mit den Mitteln der Existenzphilosophie und der Religionspsychologie ein Stück weiter zu denken, und wir werden begreifen, daß die erste Frage des Menschen nicht lautet: «Was muß ich tun?», nicht einmal: «Was darf ich hoffen?», auch nicht: «Was ist *der* Mensch?», so als suchten wir in allem ein Was, ein Wesen, statt einer Person; auf dem Hintergrund der KIERKEGAARDschen «Angst» und «Verzweiflung» ist es durchaus kein «Etwas», kein ins Absolute gesteigertes «Erkenntnisobjekt», auf das die religiöse Sehnsucht der Menschen sich richtet; die erste Frage des Menschen geht auf ein *Subjekt*, das ihn, jeden Einzelnen, selber als Subjekt versichert, *sein* zu dürfen, *gewollt* zu sein und *akzeptiert* zu werden. Gott zu glauben hat damit zu tun, eben *die Worte zum Sein* zu vernehmen, die einem Menschen die Natur *nicht* zu sagen vermag.

«Gott» ist von daher in der Tat keine Kategorie des Erkennens, kein Begriff (keine «Idee») der Vernunft, sondern «nur» ein Wort, eine Chiffre, mit deren Hilfe der Mensch sein eigenes Dasein als in sich berechtigt zu *deuten* versucht. Genauer gesagt: Das Wort Gott dient nicht dem Erfassen der Wirklichkeit, sondern der Interpretation der menschlichen Existenz im Angesicht der Wirklichkeit. Gott ist ein religiöses *Symbol,* dessen Grund nicht in der Struktur des Seins, sondern in der Grundlosigkeit des menschlichen Daseins liegt, und die alles entscheidende Frage stellt sich von daher, welch eine Wahrheit und welch eine Wirklichkeit in dem *Symbol Gott* enthalten sein kann.

Dabei müssen wir bedenken, daß es in der Geschichte der Religionen der Menschheit niemals das Wort «Gott» als ein «Symbol an sich» gegeben hat; offenbar war (und ist) es nicht möglich, die Deutung des menschlichen Daseins mit Hilfe der Chiffre Gott anders zu vermitteln, als indem das Gottessymbol selber durch bestimmte personhafte Symbole verdichtet und damit dem menschlichen Fühlen und Vorstellen nähergebracht wurde. Insofern stellt sich uns jetzt als erstes die Frage, *welch* ein Symbol zur Deutung der menschlichen Existenz *angesichts der Ergebnisse heutiger Biologie* denn nun am ehesten sich anbietet und wie wir uns in das Verständnis der entsprechenden Symbolsprache bis zu dem Punkt einüben können, an dem die Frage nach der Wahrheit des Gottes(bildes) sich allererst stellt und dann auch (vielleicht) sich beantworten läßt.

*Zwei* Symbole sind es dabei, die wir durchsprechen müssen: das *erste* drängt sich bei der Betrachtung der Geschichte des Lebens auf dem Planeten Erde wie von selbst auf und liegt sogar – wenn auch negativ – TURGENJEWS «Alptraum» zugrunde: das uralte Bild von der *«Mutter» Natur:* – was, müssen wir fragen, waren die (außerbiblischen, *heidnischen*) Vorstellungen, die sich, Antwort auf die Infragestellung des menschlichen Daseins suchend, mit dieser

Chiffre verbanden? Anhand der *griechischen* Götterlehre, insbesondere der *Mysterien von Eleusis,* wollen wir den Umgang mit der Symbolik von der «Großen Mutter» wiedererlernen, um hernach auch die Grenzen des *Umfangs* der Geltung dieser Symbolik zu ermitteln; denn es wird, zum *zweiten,* deutlich werden, daß wir eines noch gänzlich anderen, konträr gegenläufigen *Bildes* bedürfen, um auf die Infragestellung des Menschen zu antworten, und daß dieses Bild, wie in der Bibel, eher *väterliche* Züge aufweist. Aber in welchem Sinne sprechen wir da von «mütterlich» oder «väterlich»? Und wie sind beide Bilder, als «Frau» und als «Mann», aufeinander zu beziehen? Das sind die Fragen, die bei einer Verhältnisbestimmung von *Biologie* und Theologie sich an dieser Stelle am deutlichsten zu Wort melden. (Die Frage der Physik, der Kosmologie später wird eine andere sein.) Nach dem Verlust der alten, sinnlos gewordenen Theologensprache von Gott muß es uns (nach der Mystik der Leere, der Liebe und des Augenblicks in *Der sechste Tag*) jetzt also zunächst darum zu tun sein, die ältere Symbolsprache des Mythos in eine heute verstehbare konkrete Poesie lebendigen Vertrauens rückzuübersetzen.

## 2. Das Bild der Großen Göttin

Betrachten wir noch einmal das Bild von der Venus von Willendorf (*Der sechste Tag*, Tafel 3), so sehen wir das Portrait einer «Urmutter» vor uns, deren Gestalt «schön» ist durch ihren siebenfältig geflochtenen Haarkranz, doch deren Haupt gesichtslos bleibt: ohne Augen, ohne Mund, ohne Nase, ohne Ohren – unfähig zu sehen, zu sprechen, zu atmen, zu hören –, ein bloßer Körper mit allen Organen zum Gebären von Kindern und zum Aufziehen von Kindern. Es gibt allem Anschein nach kein treffenderes Symbol, um *in einem Bild* zusammenzufassen, was wir von seiten der Biologie in diesem Buch in Richtung der religiösen Frage gelernt haben: Die Natur selber erscheint da als ein Ensemble, das *aus sich selber,* «jungfräulich» also in der Sprache des Mythos, das Leben und die Vielzahl der Lebewesen aus seinem «Schoße» «gebiert», um sie in einem ewigen Kreislauf wieder zurückzunehmen. Leben ist Töten und Töten ist Leben – sagt dieses beschwörende eiszeitliche Bild im Verein mit den Jagdszenen in den Höhlen bereits des Solutréen; was aber sagen Menschen, die derartige Bilder *glauben,* damit über sich selber? Wie können sie leben *mit* solchen Bildern? Wie «wahr» wird *ihr Leben,* wenn sie es tun? *Das* wollen wir in Erfahrung bringen.

Eines vorweg: Die Chiffre der Großen Göttin ist *zu* groß, um sie als (reaktivierte) Mythologie für die Gleichberechtigung (oder Dominanz) der Frau in Gesellschaft und Kirche zu nutzen. Es ist (dem Autor) keine Frage, daß die patriarchale Unterdrückung der Frau weltweit nach wie vor ein schweres Übel darstellt; doch läßt sich ein sozialpolitisch und sozialpsychologisch so wichtiges und richtiges Anliegen wie die Frauenemanzipation nicht gut mit schlecht begründeten, wo nicht falschen Argumenten betreiben: es ist alles andere als gesichert, ob es so etwas wie ein «Urmatriarchat» jemals gegeben hat – J. J. BACHOFENS *«Gynaikokratie»* dürfte in ihrer generalisierten Form historisch so wenig existiert haben wie der *«Urkommunismus»* in der Geschichtsphilosophie von KARL MARX. Das Bild von der *«Großen Mutter»* jedenfalls existiert in *zahlreichen* Kulturen, unabhängig von der Frage der sozialen Rollenzuordnung von Mann und Frau, als eine *menschheitliche* Chiffre zur Deutung einer Natur, deren «Kinder» wir Menschen *alle* sind.

## a) Drei griechische Göttinnen

Gehen wir, um ein Ausufern der Thematik zu vermeiden, einmal speziell den *griechischen* Bildern weiblicher Gottheiten nach, so können wir allerdings unschwer erkennen, daß mit dem Wandel der Kulturen sich natürlich auch das Verständnis der Bilder selber gewandelt hat, indem die immer gleiche Fragestellung nach der *Bedeutung* von Leben und Tod, Gebären und Sterben, Essen und Opfern, Blühen und Welken je nach dem Kontext mit bestimmten Gegebenheiten der zeitgeschichtlichen «Umwelt» als zusätzlichen Symbolen verschmolzen wurde.

### α) Artemis

Als erste von drei griechischen Göttinnen, in deren Gestalt die Natur (in bestimmten Aspekten) durch die Symbolsprache des Mythos einmal zu Menschen zu reden vermochte, sollten und wollen wir (freilich nur insoweit, als es in unserem Zusammenhang von Belang ist) die *«Herrin der Tiere»*, die große Göttin von Ephesos, *Artemis* zu Wort kommen lassen; denn ihrem ganzen Wesen nach stammt sie «aus den fernsten Fernen der Vorzeit, der prähistorischen Zeit der Jäger und Sammler», so daß «im Vergleich zu dieser Herkunft ... die historischen Jahrhunderte, in denen wir ihre Verehrung überblicken, nur eine kurze Spanne» darstellen (ERIKA SIMON: *Die Götter der Griechen*, 147). Allein von der Bedeutung her, die den Vorläuferinnen der *Artemis* als Jagdgottheiten unter den Jägervölkern der Steinzeit offenbar einmal zukam, läßt sich verstehen, daß die Popularität dieser Göttin auch im 2./1. Jahrtausend in der Ägäis nicht nachließ, als für die Menschen das Töten von Tieren zur Nahrungsbeschaffung nicht mehr unerläßlich war und die Jagd (wie noch heute!) zu einem «Sport» und zu einer Repräsentations«pflicht» der «Herrschenden» wurde.

Bezeichnenderweise ergibt sich die «Botschaft», die *«Artemis»*, vielleicht schon durch ihren Namen, vermittelt, aus der Gleichstellung von Tier und Mensch in ihrem natürlichen, kreatürlichen Schicksal.

Woher der Name «Artemis» kommt und was er bedeutet, ist in der Forschung bis heute umstritten (vgl. die Liste der Vorschläge bei WOLFGANG FAUTH: *Artemis*, in: Der Kleine Pauly, I 618–625); doch plausibel (und zumindest dem Sinn nach nicht falsch) scheint nach wie vor die Ansicht, die bereits von CARL ROBERT (und L. PRELLER: *Griechische Mythologie*, 1887,

S. 296, Anm. 2) geäußert wurde: die Griechen hätten aus dem Namen «Artemis» das Wort *artamos,* «der Schlächter», herausgehört. M. P. NILSSON (*Geschichte der griechischen Religion,* Bd. 1, Handbuch der Altertumswissenschaft V 2, München ²1955, 308 ff.) verband diese Deutung mit der Vorstellung von dem willkürlichen Zerstückeln der Tiere bei den Opfern, die der Göttin dargebracht wurden, doch ist offenbar das Gegenteil richtig. Wie nämlich KARL MEULI (*Griechische Opferbräuche,* Ges. Schriften, hg. v. Th. Gelzer, Bd. 2, Stuttgart – Basel 1975, 211 ff.) herausgearbeitet hat, erfolgte das Töten von Tieren bei den steinzeitlichen Jägern nach strengen Regeln, die das unerläßliche Töten davor bewahrten, zu einem frevelhaften Morden zu degenerieren. «Mensch und Tier», schreibt ERIKA SIMON (*Die Götter der Griechen,* 149), «standen sich in der Steinzeit und noch bei den Jäger- und Hirtenvölkern Asiens viel näher als in unseren Kulturen. Wer auf die Jagd ging oder ein Herdentier schlachtete, unterwarf sich einem genau festgelegten Ritus, in den das Tier als gleichberechtigter Partner einbezogen war. Der Töter mußte sich vorher reinigen, und das Tier mußte freiwillig sterben, es durfte nicht gequält, seine ‹Seele› durfte nicht zerstört werden. Deshalb walteten auch über der Zerlegung des geschlachteten Tieres strenge Regeln. Man achtete auf das Fell, bestattete oder verbrannte die Knochen unzertrümmert und hängte die Schädel auf. Es sind die Teile, die später den olympischen Göttern zufielen, als das Schlachten zum Opferfest geworden war. Auf die steinzeitliche Jagdgöttin übertragen heißt dies, daß sie auch in der Hirtenkultur streng das Töten überwachte, daß sie regelloses, grausames Verfahren unerbittlich strafte.»

Statt einer blindwütigen Schlächterin wachte die «Herrin der Tiere» mithin ganz im Gegenteil darüber, daß, entsprechend dem Ethos steinzeitlicher Jäger, Tiere, wenn überhaupt, dann möglichst schmerzlos getötet wurden. Sie selber, *Artemis,* die «Schützerin der Pfeile», bildete ‹treffliche Jäger› aus, um «all das Wild, das der Wald in den Bergen ernährt, zu erlegen», wie HOMER (*Ilias,* V 51–53, nach R. HAMPE) sagt. «Was Artemis in ihren Vorläuferinnen aus der fernen Vorzeit mitbrachte, war also nicht, wie man immer wieder bei modernen Autoren lesen kann, urtümliche Grausamkeit. Es war im Gegenteil die Rache an grausamer Tötung, oder, positiv ausgedrückt, die enge Verbundenheit mit jedem Lebewesen, sei es Mensch oder Tier, die Ehrfurcht vor seinem Leben und seinem Sterben» (ERIKA SIMON: *Die Götter der Griechen,* 152).

Im Zusammenhang mit den rituellen Speisegemeinschaften wurde *Artemis* auch zur Göttin politischer Ratsversammlungen. Insbesondere ihre «Fürsorge für alles wehrlose junge Leben» ergab sich nicht aus ihrer vermuteten Stellung in einem «Fruchtbarkeitskult», sondern «aus einer noch heute jedem

Jäger selbstverständlichen Haltung jungen Tieren gegenüber. Da sie zwischen dem Leben von Mensch und Tier keinen Unterschied machte, übertrug sie das liebende Hegen der heranwachsenden Brut auch auf den menschlichen Nachwuchs. Als Nährerin der Kinder... wurde Artemis vielerorts verehrt. Die Spartaner feierten für sie ein Ammenfest. Die Athener stellten ihre kleinen Mädchen als ‹Bärinnen› in ihren Schutz, machten ihre Kinder auf diese Weise zu Lieblingen der Göttin... Als Herrin der wilden Tiere trat die Göttin auch innerhalb des Tierreichs als Rächerin auf, strafte sie die Vernichtung wehrloser Junger durch Raubtiere» (a. a. O., 155).

So erzählt AISCHYLOS in seinem Drama *Agamemnon* (135–145) davon, wie die «mitfühlende und keusche» Göttin den «Flügelhunden des Vaters», einem Adlerpaar, grollt, weil diese eine trächtige «arg klagende Häsin» «vor dem Wurf» gerissen haben und es «ihr graust» vor einem solchen Mahl:
«Ist so voll Huld die Hehre dem
Geheck, dem hilflosen, gewaltiger Berglewn,
All des flurenbewohnenden Wilds auch
Brüstesäugenden Jungen liebreich» (Übers. v. O. WERNER).
Da der gütig-strafenden Göttin die wilden wie die zahmen Tiere gehorchten, konnte *Artemis* sich in Tierorakeln mitteilen, etwa durch Zugvögel, die wandernden Völkern vorauszogen.

Indem die Gestalt der *Artemis* weit in die Zeit steinzeitlicher Jäger zurückreicht, kann man im Grunde nicht fragen, *woher* die Göttin kam. Immerhin verweist ihre Verbindung zu den Bären in die Steppen Eurasiens, die Hirschkuh mit dem goldenen Geweih aber, die *Artemis* begleitet, läßt einzig an weibliche Rentiere und damit an die Rentier-Züchter des Nordens denken. So viel jedenfalls steht fest: «Die indogermanischen Einwanderer, die den Zeuskult in Hellas einführten, müssen die strengen Forderungen der prähistorischen Jagdgöttin gekannt haben, denn sie verbrannten die Schenkelknochen der Opfertiere an großen Aschenaltären... Wahrscheinlich stammt von jenen Neuankömmlingen aus dem Norden der Name Artemis. Aber Vorläuferinnen der Göttin waren längst auch in der Ägäis heimisch. Bei der Begegnung der vielen artemisähnlichen Gestalten kam es zu mannigfachen Überlagerungen, aus denen sich die Vielschichtigkeit und Vielnamigkeit der historischen Artemis ergab» (ERIKA SIMON: *Die Götter der Griechen*, 160).

Was die Gestalt der *Artemis* für uns an dieser Stelle als so lehrreich erscheinen läßt, ist die Tatsache, daß mit dem Kult dieser Göttin ein erster Grundzug der menschlichen Existenz im Raum der Natur mit den Mitteln des Mythos auf beeindruckende Weise zum Ausdruck kommt. Es ist die – für TURGENJEW erschreckende! – *Gleichbehandlung*, die Menschen wie Tiere von seiten der naturhaften Göttin erfahren. Die «Artemis» der Jäger ist durchaus noch keine «matronale» Göttin, wenngleich beides, Leben wie Tod, von ihr ausgeht. In *Der sechste Tag* (176–190) schon haben wir gesehen, wie Töten und Befruchten im Erleben der eiszeitlichen Künstler als eine (magisch rituelle) Einheit verstanden werden konnten, und so trägt auch *Artemis* «die ambivalenten Züge der großen Förderin und Vernichterin des Lebens» (WOLFGANG FAUTH: Artemis, in: Der Kleine Pauly, I 620–621). Zeus selbst, läßt HOMER (*Ilias*, XXI 483–484) ihre Widersacherin Hera sagen, hat sie «für die Weiber zur Löwin» gemacht und ihr gegeben «zu töten, wen du nur möchtest» (nach R. HAMPE); und schon daß ihre Waffe zum Töten der *Bogen* bleibt, zeigt sie als weit ursprünglicher, als es in der Deutung des Todes in den Mythen der Ackerbau-Kulturen, die wir sogleich in der Gestalt der *Demeter* kennenlernen werden, zum Ausdruck kommt. Zu den Lebewesen nicht sinnlos grausam zu sein, ist *das Ethos* dieser Einheitslehre von Mensch und Tier im *Artemis*-Kult, und dieser Zug ist nicht ungewöhnlich.

Ethnologen haben auf den noch heute bei Jägervölkern verbreiteten *«Tiertöterskrupulantismus»* hingewiesen (vgl. EUGEN DREWERMANN: *Strukturen des Bösen*, II 198–202; RUDOLF BILZ: *Über die menschliche Schuld-Angst*, in: Paläoanthropologie, I 351–369, S. 360–361); gerade Kulturen, die auf die Tötung von Tieren angewiesen sind, empfinden ein elementares Gefühl der Schuld bei der Tötung lebender Wesen, sind doch die Tiere selber mit den Menschen verwandt! Anders etwa als in der Moraltheologie des Christentums gibt es in der Religion der *Artemis* wohl eine unabwendbare Notwendigkeit, Tiere zu töten, doch gibt es nicht so etwas wie ein «gutes Recht» dazu. Eben weil der Mensch, so betrachtet, *nicht* im Mittelpunkt der Welt steht, bedeutet für ihn jeder Eingriff in die Natur eine «Schuld», die noch vor der Tat «gereinigt» sein will.

Wir haben es insofern offenbar zu tun mit der ältesten Religionsform, die sich in den schriftlichen Zeugnissen der Antike noch eruieren läßt; und doch antwortet das Bild der *Artemis* auf ein Problem, das uns bei der Frage nach dem Verhältnis von Biologie und Theologie auf Schritt und Tritt begleitet hat: Wie ist es möglich, an einen Gott als «Schöpfer» der Welt zu glauben, wenn in der Natur so viel an Grausamkeit wie unvermeidlich liegt. Die Antwort der griechischen Göttin ist nicht die einer welterklärenden Schöpfungsmacht; – *Artemis* hat die Welt so wenig «gemacht» wie ihr Vater *Zeus*, der sie (und ihren Bruder *Apoll*) mit der Nymphe Leto gezeugt hat; doch deutet und ordnet die Macht der Göttin das Leben der Menschen in der Natur und den Umgang der

Menschen mit der Natur: da alle Lebewesen nur Sterbliche sind, die einander töten müssen, um sich am Leben zu erhalten, ist jeder Tod wie ein «Opfer», das «Reinheit» und Milde bei seiner Darbringung fordert.

Von daher fällt es nicht leicht, einen ethischen Impuls zu benennen, der im Erbe der Antike für uns Heutige im Verständnis und Umgang mit der Natur aktueller sein könnte als diese Weisung der *Artemis*. Noch niemals haben Menschen von der sie umgebenden Welt so viel gewußt wie wir am Ende des 20. Jahrhunderts; wie aber nutzen wir dieses unser Wissen? Die Antwort ist beschämend. Wir nutzen dieses Wissen, um die Tiere (und Pflanzen) immer «effizienter» auszubeuten, zum Beispiel, indem wir die seit dreißig Jahren gewonnenen Kenntnisse auf dem Gebiet der Molekularbiologie und Genetik zur Veränderung des Genoms der Lebewesen verwenden – mit unabsehbaren Folgen für viele Jahrtausende, statt daß wir sie nutzen würden zu einer vertieften Form der Empathie und der «Sympathie»; und das ist nur *ein* Beispiel für die schrankenlose Nutzung unseres Herrschaftswissens zum Zwecke der Umwandlung lebender, fühlender Wesen in rentable Biomasse. Wir werden auf diese Frage sogleich noch einmal zurückkommen.

Noch ein anderes liegt in dem Bild der Göttin *Artemis:* das ist die Art, den Tod anzunehmen. Die Pfeile der Göttin ereilen als «sanfte Geschosse», wie HOMER (*Odyssee,* XV 411) sich ausdrückt, die Menschen, um sie von Alter und Siechtum zu erlösen und nicht zuletzt auch von den Schmerzen der Seele; so bittet Penelope, des Wartens auf ihren umherirrenden Gemahl, den göttlichen Odysseus, überdrüssig, die Göttin um einen «so sanften *Tod»,* wie «ein milder und tiefer Schlaf» (HOMER: *Odyssee,* XVIII 201–202). Leidvermeidung gegenüber den leidenden Kreaturen und Tapferkeit gegenüber dem unvermeidlichen Tod – beide Haltungen sind enthalten in der Stimme der Natur, wenn sie mit uns redet im Mythos der *Artemis*.

Hinzuzufügen bleibt nur, daß die Göttermythen der Griechen keine Heiligenlegenden im Sinne des Christentums waren: – sie malten die Götter nicht schon selber als himmlische Tugendbeispiele.

Gerade *Artemis* konnte zum Beispiel aus gekränkter Eifersucht furchtbare Rache an den Kindern der Niobe nehmen (vgl. HOMER: *Ilias,* XXIV 606–617), weil diese sich der Artemis-Mutter Leto gleichgestellt und ihr gegenüber sich ihrer vielen Kinder gerühmt hatte. Dann wieder, wie ein kleines verängstigtes Mädchen, einer Taube gleich, die «unter dem Habicht... in die felsige Höhle» auffliegt (HOMER: *Ilias,* XXI 493), flüchtet Artemis weinend in dem Moment auf den Schoß ihres Vaters Zeus, als dessen Gemahlin Hera ihr (verärgert wegen der Parteinahme gegen den Trojabeschützer Poseidon) den Boden von der Schulter nimmt und ihn der Göttin um die Ohren schlägt. Weder weitherzig noch mutig ist demnach selber mitunter die Göttin, und doch kann ihr Bild – das heißt der Aspekt der Natur, der in ihr durch die Sprache des Mythos zum Menschen redet – uns helfen, beides in unserem Leben als Weisheit reifen zu lassen. Der Unterschied des Originals jedenfalls zu der späteren Kopie, welche die griechische Gestalt der *Artemis* von Ephesos in der *Madonnen*-Verehrung der römischen Kirche bis heute gefunden hat, wird erst vor diesem Hintergrund wirklich bemerkbar.

### β) Hera

Auch *Hera*, die zweite Göttin, in der wir einen bestimmten Aspekt der Natur repräsentiert finden, ist, wie HERODOT (*Historien*, II 50) berichtet, nichtgriechischen Ursprungs, sondern sie wurde von der Urbevölkerung, den «Pelasgern», übernommen, die den einwandernden hellenischen Stämmen im Ackerbau überlegen waren (vgl. HERODOT: *Historien*, VI 137). Anders als *Hera*s Gemahl Zeus, der im Eichen-Heiligtum von Dodona (nebst seiner *dortigen* Göttin Dione) unter freiem Himmel verehrt wurde, ist *Hera* mit dem *Haus* verbunden, und es scheint, als habe die griechische Tempel-Architektur in der ersten Hälfte des 1. Jahrtausends sich vor allem im Kult der häuslichen *Hera* entwickelt (vgl. ERIKA SIMON: *Die Götter der Griechen*, 38). Insbesondere galten *Rinder* als die heiligen Tiere der «kuhäugigen» Göttin, wie HOMER (*Ilias*, I 568 u. ö.) sie nennt. Ein Stammheiligtum der Hera lag denn auch im Weideland zwischen Argos und Mykene; der Hügel neben dem *Hera*heiligtum von Argos hieß Euboia, wie die Insel im Osten Attikas, deren Name so viel bedeutet wie «die gute Rindergegend». Auch das Rinderland Böotien war berühmt für seinen *Hera*kult; und HOMER (*Ilias*, IV 51–52) läßt die «rinderäugige» *Hera* selbst als die drei ihr liebsten Städte Argos, Mykene und Sparta benennen (vgl. KARL KERÉNYI: *Zeus und Hera*, 94–95). Das Rinderfest von Argos hieß *Hekatombaia*, da man dort «hunderte von Rindern» opferte.

Von daher war *Hera* ursprünglich wohl eine von Zeus unabhängige Göttin, die in den großen Ebenen zu «Hause» war und als *Herrin des Großviehs*, der Rinder sowohl wie der Pferde, galt. «Zugleich aber», schreibt ERIKA SIMON (*Die Götter der Griechen*, 45; 46–47) «war sie eine Göttin der Seefahrer, denn ihre Tempel erhoben sich in der Nähe des Meeres oder sogar am Hafen, wie die beiden Tempel von Perachora. Dort hatte Hera den Beinamen Akraia und

Limenia, Göttin am Kap und Hafengöttin.» «Hera, die Schützerin der Seefahrer und die Herrin der Weiden, muß die reichste griechische Göttin der Frühzeit gewesen sein, wenn man bedenkt, daß bei den Bewohnern der Ägäis Besitz und Reichtum im Seehandel oder in den Herden lag. Mit Rindern wurde bezahlt, und um Weiden und Herden wurden im Mythos und noch in der historischen Zeit Kriege geführt. Und als sich der Übergang zur Geldwirtschaft vollzog, war Hera wiederum beteiligt. Die Ausgräber fanden sowohl in Argos (sc. auf der Peloponnes, d. V.) als auch in Perachora Bündel von Metallspießen (Obeloi), dem frühesten griechischen Geld, in Perachora... sogar mit einer Weiheinschrift für Hera.» Deutlich war damit der Wirkungsbereich der *Hera* von dem einer anderen Göttin, der dem Haupte des Zeus entsprungenen Göttin *Athene*, getrennt, die ihrerseits als *Schützerin der Städte und der Olivenhaine* galt; beide Göttinnen freilich mußten in diesen unterschiedlichen Rollen kulturell miteinander kooperieren, und dem griechischen Mythos nach taten sie das auch.

Auf der Suche nach den frühesten Darstellungen der *Hera* muß man wohl sehr weit zurückgehen, vermutlich bis zu den Brettform-Idolen der frühen Bronzezeit im 3. Jahrtausend, die sich der Form nach in Böotien in Gestalt von Holzpuppen beim *Hera*fest, den *Daidala*, am häufigsten erhalten haben. *Daidelon* ist, wie PAUSANIAS (*Beschreibung Griechenlands*, IX 4; Bd. 2, S. 440) berichtet, die Bezeichnung für «Holzbild» und meint die Darstellung einer Frau im Brautschmuck, die Zeus auf den Rat Kithairons hergestellt hatte, um *Hera*s chronische, allerdings zumeist auch nur zu begründete Eifersucht gegenüber ihrem Gatten unter einem Scheinbild lächerlich zu machen und die Gunst der verärgerten Göttin zurückzugewinnen.

Zeus seinerseits war offenbar als der höchste Gott der hellenischen Einwanderer nach Griechenland gekommen und dort erst auf den Kult der *Hera* gestoßen. Der Mythos erzählt, Zeus habe als Kind des Kronos und der Großen Mutter Rhea überhaupt erst das Licht der Welt erblickt, als von der Urmutter bereits drei Töchter: *Hestia, Demeter* und *Hera*, geboren worden seien; gleich nach seiner Geburt dann habe die ältere Schwester *Hera* ihren jüngsten Bruder zum Gatten genommen (vgl. HESIOD: *Theogonie*, 453–459, in: Sämtliche Gedichte, 51–52). HOMER (*Ilias*, XIV 292 ff.) erzählt weiter, wie *Hera* auf dem Berge Gargaros, dem höchsten Gipfel des kleinasiatischen Idagebirges, den Zeus zur Wiederholung der Hochzeit verlockte, und verweist damit indirekt noch einmal auf «die führende Rolle der Göttin bei dieser Eheschließung» (KARL KERÉNYI: *Die Mythologie der Griechen*, 1. Bd., 77).

Tatsächlich spricht manches dafür, daß der Name *Hera* sogar in Beziehung zur Göttermutter Rhea selber steht, «denn Rhea und Hera, im griechischen Mythos Mutter und Tochter, hatten in der Frühzeit viele gemeinsame Funktionen», und am Fuße des Kronoshügels von Olympia wurde womöglich eine Göttin verehrt, «die Rhea und Hera zugleich war» (ERIKA SIMON: *Die Götter der Griechen,* 39–40). Fest scheint jedenfalls zu stehen, daß Zeus die Macht der Großen Göttin bei der Urbevölkerung nur unter Kontrolle zu bringen vermochte, indem er sich gleich zweimal mit ihr verband: «Als Rhea wurde sie seine Mutter, als Hera aber seine Gemahlin» (a. a. O., 50).

Dieses Moment der *Gemahlin* in seinen verschiedenen Möglichkeiten als Mutter und Schwester sollte für die Rolle der *Hera* zumindest im griechischen Mythos bestimmend werden. Zu Recht hat KARL KERÉNYI (*Zeus und Hera,* 78) darauf hingewiesen, daß die Geschwisterehe zwischen *Hera* und Zeus «vom griechischen Gesichtspunkt aus» hätte anstößig wirken müssen, «wenn sie erst konstruiert und als mythologische Gegebenheit nicht schon dagewesen wäre». Was aber ist der «Sinn» dieses Motivs? Fest steht, daß *Heras* Hochzeit *kein* kosmogonischer Akt war. Um Kinder zu zeugen, bedurfte die Göttin in souveräner Größe absolut keines Mannes: als *Jungfrau,* «ohne Dazutun eines Mannes» (in den Worten, mit denen die Dogmatik der römischen Kirche die Geburt Jesu aus der «immerwährenden Jungfrau» Maria verkündet!), gebar sie drei Söhne: *Hephaistos,* den Gott der Schmiede, *Typhaon,* den Drachen von Delphi, und *Ares,* den Gott des Krieges – lauter «mißratene» Kinder, doch immerhin...; die Töchter, die sie gebar, waren ihre Doppelgängerinnen: *Eileithyia,* die minoische Frauen- und Geburtsgöttin, an deren Stelle *Hera* einmal getreten sein wird (KARL KERÉNYI: *Zeus und Hera,* 138), und *Hebe,* «ein im Alter der Pubertät erstarrtes Doppel der Göttin» (a. a. O., 80, Anm. 4). Die Vereinigung von *Hera* und Zeus war daher kein Akt der Fruchtbarkeit, keine «heilige Hochzeit» (kein *hieros gamos*) im üblichen Sinne. «Korrekter ist zu sagen, daß der *gamos*... im Sinne der Hera geschah, daß sie darin den sterblichen Frauen als Beispiel vorausging und daß es davon auch Mythen gab... Es liegt auf der Hand, daß der Mythos in diesem Fall keine ‹heilige Geschichte› der Zeusreligion, sondern... des Herakultes war. Ein zeugender Vatergott... Zeus... hatte zahllose ‹Hochzeiten›. Doch keine einzige Hochzeit besitzt im Dasein des Mannes dieselbe Bedeutung wie eine Hochzeit in der Existenz der Frau» (a. a. O., 81).

«Wie kann ein Mann wissen, was eine Frau ist?» fragt eine Abessinierin in der Sammlung von LEO FROBENIUS (*Der Kopf als Schicksal,* München 1924, 88) und fährt fort: «Das Leben der Frau ist ganz anders als das der Männer... Der Mann ist der gleiche von der Zeit der Beschneidung an bis zu seinem

Verwelken. Er ist der gleiche, bevor er zum erstenmal eine Frau aufgesucht hat und nachher. Der Tag, an dem eine Frau aber die erste Liebe genossen hat, schneidet ihr Leben in zwei Teile. Sie wird an dem Tag eine andere... Das bleibt im ganzen Leben so. Der Mann nächtigt bei einer Frau und geht dann fort. Sein Leben und sein Leib sind immer gleich. Die Frau empfängt. Sie ist als Mutter eine andere als die Frau ohne Kind. Erst trägt sie die Folgen der Nacht neun Monate lang im Körper. Es wächst etwas. Es wächst etwas in ihr Leben heraus, das nie wieder daraus verschwindet. Denn sie ist Mutter. Sie ist und bleibt Mutter auch dann, wenn das Kind, wenn alle ihre Kinder sterben. Denn erst trug sie das Kind unter dem Herzen. Nachher aber, wenn es geboren worden ist, trägt sie es im Herzen. Und aus dem Herzen geht es nicht wieder heraus. Auch nicht, wenn es gestorben ist. Das alles kennt der Mann nicht; er weiß es nicht. Er kennt nicht den Unterschied vor der Liebe und nach der Liebe, vor der Mutterschaft und nach der Mutterschaft. Er kann nichts wissen. Nur eine Frau kann das wissen und darüber sprechen. Deshalb lassen wir uns auch von unseren Männern nicht hineinreden. Eine Frau kann nur eines tun. Sie kann auf sich achten. Sie kann sich anständig erhalten. Sie muß immer sein, wie ihre Natur ist. Sie muß stets Mädchen sein und Mutter sein. Vor jeder Liebe ist sie Mädchen, nach jeder Liebe ist sie Mutter. Daran kannst du sehen, ob sie eine gute Frau ist oder nicht. Ob es nämlich vor und nach der Liebe so ist. Einige sind nur Liebe. Sie sind nur Begierde. Diese werden schlecht. Sie werden zuchtlos. Andere sind nur Mutter, die sind langweilig und gute Tiere. Sie sind gut für das Land und taugen als Bäuerin. Eine gute Frau... wird sie nie. So steht es um uns Frauen, und unsere Männer wissen davon nichts.»

Was die «Natur» der *Hera* angeht, so trifft diese Beschreibung des weiblichen Wesens nur teilweise zu. In ihren periodischen Hochzeiten wurde *Hera* immer wieder zur Jungfrau, danach aber war sie nicht die (Große) «Mutter», sondern «die Vollkommene». *Teileia*, die «Vollkommene» (Frau als Gemahlin), ist deshalb auch das häufigste Beiwort der *Hera* im Kult (vgl. M. P. NILSSON: *Geschichte der griechischen Religion*, Bd. I, Handbuch der Altertumswissenschaft V 2, München ²1955, 429). «Für die Frau», meinte KARL KERÉNYI (*Zeus und Hera*, 81–82), indem er die Worte jener Abessinierin modifizierte, bedeutet «die Vollkommenheit... nicht unbedingt Mutterschaft, was innerhalb jener Vollkommenheit vielmehr etwas Normales, eine verehrungswürdige Qualität für sich ist, sondern *das volle Frausein selbst,* dessen Erfüllung durch den Mann. Darum bedeutet die Liebesvereinigung, die ihr solche Daseinserfüllung gibt, für die Frau unvergleichbar mehr als für den Mann. Und sooft dadurch Erfüllung erreicht wird, ist es immer wieder Hochzeit, vor der die Frau ein Mädchen war.»

«Unter allen Göttinnen war Hera (sc. also, d. V.) die Gattin, die bei dem Gatten nicht Mutterschaft, sondern Erfüllung suchte» (KARL KERÉNYI: *Die Mythologie der Griechen*, I 79). Nur deshalb ergab sich *Hera*, die Göttin, ihrem Brudergatten Zeus. Aus mutterrechtlicher Herkunft brachte sie den Rang und die Würde einer Königin der Götter buchstäblich als «die bessere Hälfte» in die Ehe mit; und so spiegelte ihr Mythos auch und gerade den Frauen in der vaterrechtlichen Stadt Athen «die Vollendung, die Erfüllung ihrer Ganzheit, in einer (sc. der Geschwisterehe wegen, d. V.) nicht erreichbaren, doch als *telos*, als Ziel in ihrer Frauennatur angelegten Form vor» (KARL KERÉNYI: *Zeus und Hera*, 90).

In der *Geschwisterehe* zwischen *Hera* und Zeus liegt, weit älter wohl als die Gründung des griechischen Mythos der *Hera*, entsprechend den Untersuchungen, die BRONISLAW MALINOWSKI (*Sexual Life of Savages in North-Western Melanesia*, London 1932, 460) auf den Trobriandinseln anstellte, auch die *Ambivalenz*, die *unfreiwillige Tragik* der Beziehung zwischen *Hera* und Zeus begründet, die in einer *melanesischen Weltentstehungsmythe* in der «Geschichte des ersten Liebeszaubers» sich ausspricht. Das Motiv des Liebeszaubers, der die gesellschaftlichen Schranken durchbricht, ist in Europa durch die mittelalterliche Erzählung von Tristan bekannt, der unschuldig-schuldig in Isolde, in die Gattin seines Oheims Marke von Tintajol, sich verliebt. HOMER (*Ilias*, XIV 295–296) erzählt, daß die erste Vereinigung von *Hera* und Zeus sich ohne das Wissen der Eltern (Kronos und Rhea) heimlich – in Samos – ereignete, so als haftete ihr von vornherein etwas Verbotenes, Zwiespältiges an; und dann (*Ilias*, XIV 335 ff.) erzählt er des weiteren, wie es der *Hera* gelang, «die Aufmerksamkeit des Zeus von den Kämpfen um Troja abzulenken. Sie betört den auf dem Ida Thronenden mit dem Zaubergürtel der Aphrodite, Liebe und Schlaf bezwingen den obersten Gott. Aber das Paar verliert dabei nichts von seiner Würde.» (ERIKA SIMON: *Die Götter der Griechen*, 53; vgl. zu *beiden* Geschichten KARL KERÉNYI: *Zeus und Hera*, 82–86.)

Die Liebesvereinigung zweier Geschwister drückt, so besehen, eben sowohl eine starke Intensität wie Scheu aus und kann in der Tat als die Hochzeit des «ersten Paares» in den Weltentstehungsmythen eine Rolle spielen. In der Geschichte von der Verführung des Zeus auf dem Ida-Gebirge indessen ist die Zwiespältigkeit der Beziehung noch darin erhalten, daß die Göttin scheinbar sich weigert, mit dem Gott *unter freiem Himmel* zusammen zu sein; *ihr* Hozeitsort wäre das Haus. Und doch kann man kaum sagen, HOMER habe bei seiner Erzählung von einem Urzeit-Mythos wie dem auf den Trobrianden sich anregen lassen; das «Problem» seiner *Hera* ist nicht moralischer, sondern ästhetischer Natur: trotz ihrer offensichtlichen Schönheit hält die Göttin es für angebracht, mit dem Busenband der Aphrodite den verlockenden Liebreiz ihrer Gestalt für den so schwer freilich nun auch nicht zu betörenden Zeus schier unwiderstehlich zu machen. «Aphrodite», meinte KARL KERÉNYI (*Zeus und Hera*, 92), «ist diejenige Göttin, mit der verbunden in der griechischen Mythologie die Zweigeschlechtlichkeit erscheint: ein Motiv, dem vor der Geschwistervereinigung sozusagen eine genetische Priorität zukommt. Die Liebe eines Geschwisterpaares tendiert noch mehr als die normale Liebe zur Wiederherstellung einer zweigeschlechtlichen Ganzheit, die durch jene mächtige gegenseitige Anziehung gleichsam vorausgesetzt wird. Darin besteht die befürchtete Gefährlichkeit der zugleich gewünschten Geschwisterehe. Diese steht an der Grenze zwischen dem Wiedereingehen in die unbewegliche Einheit eines Urzustandes einerseits und der Fortbewegung durch Mehrwerden in Kindern andererseits.»

Unter diesen Umständen gewinnen auch die eingangs geschilderten Orte und Tiere im Kult der *Hera* ihren Sinn. Als Herrin der Rinder, deren Hörner mit dem Symbol der Mondsichel in Verbindung standen, besaß die Göttin selber «Mondcharakter» (KARL KERÉNYI: *Zeus und Hera*, 103 ff.). Insofern stand sie als Hera «*Akraia*» (als «Göttin am Kap») zugleich mit dem Vollmond in Verbindung (a. a. O., 100): «*Akraia* besagt topographisch das gleiche, wie *Teleia* im Mythos und am Himmel, wenn der Mond in die Phase seiner Fülle tritt» (a. a. O., 99). Auch die Gestalt der *Hera Limenia* (der «Hafengöttin») ist womöglich nicht nur von der örtlichen Lage des Kultortes her zu verstehen, sondern es könnte sein, daß sie ein symbolisch konträres und komplementäres Gegenbild zu der *Akraia* bildet (vgl. KARL KERÉNYI: *Zeus und Hera*, 97, Anm. 3; 133). Wie Berg und Sumpf, wie leuchtturmhaft strahlend und ins Dunkel verströmend umschließt die Gestalt der «weißarmigen» und der «kuhäugigen» *Hera* demnach die höchste wie die tiefste Phase im Zyklus des Mondes ebenso wie im Auf und Ab des menschlichen Lebens. Es ist deshalb kein Zufall, daß der Göttin, im süditalienischen Paestum ebenso wie auf Samos, «zwei heilige Bezirke» gehörten, «von denen der untere seinen mit der Unterwelt verbundenen Charakter deutlich zeigt» (a. a. O., 137).

In dieselbe Richtung weist die Verbindung *Heras* mit einer blühenden Pflanze. «Diese Verbindung an sich wird durch den Kultnamen *Hera Antheia* bezeugt, den die Göttin in der Stadt Argos und auch anderswo trug» (a. a. O., 124). Die ältesten Hera-Statuetten vom Ende des 7. Jahrhunderts zeigen die

Göttin «flach, wie ein Brett... doch hält sie ein Kind in der Linken, einen Granatapfel in der Rechten... Charakteristisch für diesen Kult sind kleine Terracottabüsten der Göttin, die sich bis zu den freien Brüsten aus Blättern erhebt und eine große, lilienartige Blüte auf dem Kopf trägt, als wäre sie selbst eine Blume... die Epiphanie der Göttin als Blume war zugleich ein Aufflammen, eine Lichterscheinung. Als Herrscherin der Unterwelt zeigen Votivstatuetten die thronende Hera... Mütterliche Bilder hielten dazu das Gleichgewicht: Darstellungen als stillende Frau, sicher die Angleichung an eine altitalische Göttin, später auch Gleichsetzung mit Kybele, der großen Mutter der Götter. Die Funktion der großen vorgriechischen Frauengöttin, der Eileithyia, deren Machtbereich sich auf die Hilfe bei der Geburt reduziert hatte, wurde von Hera in Argos übernommen» (a. a. O., 137–138).

Womit also haben wir es in der Gestalt der *Hera* im Umkreis unserer Fragestellung zu tun? Wir haben gesehen, wie die Sexualität sich in der Evolution gebildet hat, um bestimmte Überlebensvorteile (gegenüber der Gefährdung durch Viren und Bakterien bzw. der erhöhten Mutationsrate durch den Anstieg des Sauerstoffgehalts in der Atmosphäre) mit Hilfe einer verbesserten Korrektur von Lese- und Übersetzungsfehlern bei der Transkription und Translation der DNA sowie einer verbreiterten Immunabwehr erzielen zu können. Doch einmal «erfunden», so sahen wir, wurde die Sexualität zu einem für alle höheren Lebewesen grundlegenden Motor der Evolution. Seither entwickelte «das» Leben sich zu immer höheren Formen der wechselseitigen Ergänzungsbedürftigkeit von «männlichen» und «weiblichen» Lebensformen; ja, wir haben miterlebt, wie schon bei den Tieren erste Formen von «liebeanalogem» Verhalten existieren (vgl. *Glaube in Freiheit*, I 479–502). Was also ist die Antwort, die uns die Natur, zusätzlich zu den Strategien des Nahrungserwerbs in Gestalt der *Artemis,* nun durch die Tatsache der Polarität «des» Weiblichen und «des» Männlichen in Gestalt von *Hera* und *Zeus* mitzuteilen vermag?

Die «Botschaft» der *Hera* liegt nach allem Gesagten in einem Paradox. Alles spräche dafür, daß die Personifikation *Hera*s als der «Gattin» eintauchte in ihrer Rolle als Mutter; – wofür sonst sollte «Sexualität» im «Schoße» der «Mutter Natur» (auf der Stufe vielzelliger Lebewesen) dienlich sein? Selbst wenn ursprünglich unabhängig von Fragen der Fortpflanzung entstanden, ist doch die Beziehung von Mann und Frau biologisch, soziologisch und psychologisch von der Vater- und Mutterrolle kaum zu trennen; – noch heute lehrt die Doktrin der römischen Moraltheologie, daß «die eheliche Gemeinschaft» die «Nachkommenschaft» zum «Hauptzwecke» habe. Und nun zeigt uns die

Gestalt der Göttin *Hera,* im Abstand von mehr als dreitausend Jahren, daß es zum Verständnis dessen, was eine Frau (oder ein Mann) ist, durchaus *nicht* genügt, den Inhalt des Lebens in der Fortpflanzung zu sehen. In der Gestalt der *Hera,* in der Zeit der ersten bäuerlichen Dorfkulturen, dämmerte die Ahnung auf, daß ein Mensch sich bestimmt als «Selbstwert» der Liebe, nicht als ein Glied in der Kette seiner Nachkommen. Die Natur selbst hat die Gestalt der *Hera* in den Bildern von Mond und Stiergehörn, von Berg und Flußmündung, von Geburt und Unterwelt ermöglicht und hervorgebracht; doch um so wichtiger und eigentümlicher ist es, daß die Gestalt einer Göttin wie *Hera* Anspruch macht auf *Individualität. Hera* will gerade nicht in der Mutterrolle aufgehen, sie will geliebt sein als Frau und in *diesem* Sinn als Gemahlin.

In dem Übermaß des göttlichen (Vor)Bildes der *Hera* reflektiert sich mithin ein Anspruch, der weit über das hinausgeht, was sich in den Begriffen von «Mutterrecht» oder «Vaterrecht» fassen läßt. Eine neue unerhörte Vorstellung vom Menschsein bricht sich in der Gestalt der griechischen *Hera* Bahn. Es ist die Idee des *persönlichen Anrechts auf Liebe,* die sich in all den so kennzeichnenden Gekränktheiten, Eitelkeiten und Eifersüchteleien der *Hera* verbirgt – und mitteilt! Hier in *Hera* tritt eine Göttin hervor, die *mehr* sein will und die durch ihren Willen auch weit mehr sein *wird* als ein bloßer Übergang im Kommen und Gehen der Geschlechter. Das Stillstehn der Zeit in der angedeuteten Zweigeschlechtlichkeit ebenso wie das Vorangetriebenwerden in der Chronologie der Geschlechter formt sich in der Gestalt der *Hera* zu einer Einheit: sie *ist* Mond und Pflanze, Flußmündung, Unterwelt und immer neue Geburt, sie *ist* die mögliche Austauschbarkeit einer Hochzeitspuppe des Mannes am Rande des Lachhaften, und doch ist sie auch und zugleich der Protest, der gegen das ungestaltete Holzfigurdasein sich geltend macht: *Hera* besteht auf ihre Unvertauschbarkeit, sie lehnt mit dem Recht ihres neugewonnenen Frauseins sich auf gegen die «Treulosigkeit» ihres Gatten, und sie leidet erkennbar unter der Frage, mit welchen Attributen als Frau sie die Liebe eines Mannes zu erringen vermöchte.

In *Hera,* mit einem Wort, beginnt die menschliche Individualität sich selbst zum Problem zu werden; was oder wer ist sie im Rahmen einer Natur, die keinerlei Scheu trägt, über das Einzelwesen im Namen der Gattung hinwegzugehen, ja, die, wie wir sahen, nicht einen Augenblick zögert, zugunsten der Gene die Phäne zum Experimentierfeld ihrer Durchsetzbarkeit (ihrer «Fitneß») zu erklären? Das Persönliche in der Gestalt einer *Hera* wächst aus dem «Pflanzenhaften», aus dem «Tierhaften», aus dem «Naturhaften» insgesamt deutlich heraus; wie aber hält dieses Persönliche, Individuelle und unersetzliche Einmalige sich im Strom der Gene, im Kommen und Gehen der Geschlechter tatsächlich durch? Welchen Wert hat das Individuum angesichts des Todes? In diese *Frage* hinein leuchtet notwendig auch schon das Bild der *Hera*; doch Antwort darauf zu geben versucht das Bild einer anderen Göttin: der *Demeter* und ihrer Tochter *Persephone*.

### γ) Demeter und Persephone

Das «Korn der Demeter» ist die Speise der Sterblichen, weiß HOMER (*Ilias*, XIII 322; XXI 76), und er schildert in einem Vergleich, wie «Demeter, die (weizen-)blonde», «auf den (sc. der Göttin, d. V.) heiligen Tennen» «von den worfelnden Männern» «sondert die Frucht von der Spreu im Wehen der drängenden Winde» (*Ilias*, V 499–502, nach ROLAND HAMPE). *Demeter* war die Mutter der (bebauten!) Erde, «eine den agrarischen Aspekt stark betonende Sonderform der Erdgottheit» (WOLFGANG FAUTH: *Demeter*, in: Der Kleine Pauly, I 1459–1464, Sp. 1460), und gerade so wurde sie zu einem symbolischen Sinnbild des menschlichen Lebens.

Auch *Demeter* ist eine Tochter des Kronos und der Rhea, eine Schwester also der Hera und des Zeus (HESIOD: *Theogonie*, 454). «Doch spricht manches dafür, daß ihre Macht, ehe die Zeusreligion nach Hellas kam, größer gewesen war. Diese Macht potenzierte sich (sc. erneut, d. V.) in einer Zweiheit. Neben Demeter stand ihre Tochter, welche die Griechen Kore (Mädchen) oder Despoina (Herrin) nannten. Sie galt meist als Tochter des Zeus, in Arkadien war (sc. der Erd- und Meeresgott, d. V.) Poseidon ihr Vater. Das ist gewiß die frühere Version, denn Poseidon war in der Ägäis älter als Zeus. Aber der Vater spielt bei Kore im Grunde keine Rolle. Sie ist das über alles geliebte Kind der Demeter. Zweiheiten von Mutter und Tochter, in denen die Tochter die verjüngte Mutter war, scheinen für die ägäische Religion bezeichnend gewesen zu sein» (ERIKA SIMON: *Die Götter der Griechen*, 91). So haben wir vorhin schon Rhea und Hera kennengelernt oder Hera und Hebe. Es scheint die Idee des Fortlebens in den Kindern zu sein, die hier als Chiffre auf das Problem der Sterblichkeit antworten soll. Doch wie weit trägt diese Antwort?

Gleich hier schon müssen wir sagen: die Gestalten der *Demeter* und der *Persephone* gehen weit über eine nur naturhafte Deutung des menschlichen Daseins hinaus, bzw. sie machen das Ungenügen einer solchen Deutung über alles Maß spürbar.

Der Name der *Persephone*, der bei den Athenern *Pherrephatta* hieß, bedeutete wohl soviel wie die «Ferkeltöterin» (vgl. VLADIMIR GEORGIEV: *Die Träger der kretisch-mykenischen Kultur, ihre Herkunft und ihre Sprache*, Sofia 1937, 22–29). Man versteht diesen Namen, wenn man den Ritus der *Thesmophorien* mit der Anrufung der «beiden Göttinnen» vor Augen hat. Der Name dieses verbreitetsten griechischen Festes überhaupt, dessen Feier einzig von Frauen begangen wurde, bedeutet das «Tragen« bzw. das «Heraufholen» der (in die *Megara*, in die Höhle) «Niedergelegten» – nämlich der *Ferkel*, die an den *Stenia*, einem Fest im Oktober, zur Aussaatzeit des Getreides, lebend in Grotten geworfen worden waren und die nun von besonders dafür ausersehenen Frauen zusammen mit zapfentragenden Pinienzweigen und Nachbildungen von Phallen und Schlangen aus Weizenteig heraufgeholt wurden; *Demeter* und *Kore* selber hießen die «Thesmophoroi», auf deren Altäre die verwesten Tierkadaver zusammen mit den anderen Opfergaben der neuen Saat beigemischt wurden. «Der urtümliche Ritus sollte den Äckern die Fruchtbarkeit sichern, aber auch den Frauen, denn der dritte Tag der Thesmophorien hieß Kalligeneia. Er bezog sich, wie sein Name sagt, auf Empfängnis und glückliche Geburt. Die Frauen saßen und lagerten während des Festes auf dem Boden» (ERIKA SIMON: *Die Götter der Griechen*, 92; DIETRICH WACHSMUTH: *Thesmophoria*, in: Der Kleine Pauly, V 751–752).

«Heil'ge Fackeln, ihr Mädchen, nehmt zur Hand jetzt die Göttinnen,
Die im Erdreich behaust, tanzt und dazu singt euer Lied»,
mit dieser Aufforderung schildert ARISTOPHANES (*Die Thesmophoriazusen*, 101–102, in: Sämtliche Komödien, 423) den Gang der Frauen zum Thesmophorentempel. Der Sinn des Festes lag zweifellos darin, in angegebenem Sinne die Fruchtbarkeit der Früchte wie der Menschen zu fördern, doch verbirgt sich in eben dieser Gleichsetzung von Feldfrucht und Mensch eine kulturgeschichtlich äußerst bemerkenswerte Deutung des menschlichen Daseins.

HERODOT (*Historien*, II 171) hat nicht unrecht, wenn er das *Demeter*fest aus Ägypten ableitet und seine Übernahme in vorgriechische Zeit datiert; besonders ein bemerkenswertes Detail scheint ihn dabei zu bestätigen. Die Ägypter hatten, berichtet der griechische Historiker (*Historien*, II 14), das Saatkorn von Schweinen in den sumpfigen Boden des Nildeltas einstampfen und auch die geschnittenen Ähren von Schweinen dreschen lassen. HERODOTS Angaben werden von ägyptischen Wandbildern belegt, doch ist die Verbindung von Feldfrucht, Schwein und Mensch weit ursprünglicher, als es in solch äußerlich-praktischen Zuordnungen zum Ausdruck kommt. In prähistorischen Siedlungen konnten die *Schweinezucht und der Getreideanbau*, zwei Errungenschaften des Neolithikum, von Archäologen auch in Griechenland nachgewiesen werden (vgl. W. BURKERT: *Griechische Religion der archaischen und klassischen Epoche*, Stuttgart 1977, 34–41). Vor allem im Vorderen Orient war der Kult der «Muttergöttin» als einer Vorläufergestalt der *Demeter* weit verbreitet – schon das griechische Wort für die Kulthöhle *Megara* ist semitischen Ursprungs (me$^c$ara); und vor allem *ethnologisch* läßt sich die Einheit von Schwein, Feldfrucht und Kore (dem jungen Mädchen *Persephone*) geradezu weltweit belegen.

ADOLF E. JENSEN (*Mythos und Kult bei Naturvölkern*, Wiesbaden 1951, 200–218) hat anhand von Kulturen und Mythen in Indien, Ost-Indonesien, Neu-Guinea sowie in Nord- und Südamerika schon vor einem halben Jahrhundert gezeigt, daß den steinzeitlichen Wurzelknollenzüchtern ein gemeinsames Weltbild zugrunde lag, das von einer Urzeit erzählte, in welcher der heutige Zustand der Welt noch nicht bestand. «Damals lebten auf Erden nicht Menschen, sondern Dema, die zuweilen als menschengestaltig, oft auch als pflanzen- oder tierhaft aufgefaßt zu werden scheinen. Unter ihnen ragen die Dema-Gottheiten hervor. Das Kernstück der Mythe ist die Tötung der Dema-Gottheit. Das Motiv der Tötung bleibt in der Mythe undeutlich. – Wir können zunächst nur hinnehmen, daß sie von den Dema-Wesen getötet wird, somit die Urzeit-Verhältnisse beendet sind und die heutige Seinsordnung beginnt. Die Dema werden zu Menschen – und zwar zu sterblichen und sich fortpflanzenden (dies ist eine sehr wichtig genommene Erscheinung) –, die Gottheit existiert seitdem im Totenreich oder verwandelt sich selbst in das Totenhaus. Aus dem Leichnam der getöteten Gottheit entsteht die Nutzpflanze, und das Essen der Pflanze ist darum in Wahrheit ein Essen der Gottheit. Da jene oberste Dema-Gottheit neben ihrer menschlichen Gestalt auch die von Tieren – vor allem die des Schweines – hatte, so ist auch das Töten des Schweines eine vollgültige ‹Darstellung› jenes erschütternden Urzeit-Vorganges, den immer wieder darzustellen für die Menschen nichts anderes bedeutete, als sich stets von neuem an jenes göttliche Geschehen zu erinnern, das am Anfang der Dinge steht, von dem sich alles das ableitet, was heute auf Erden ist» (a. a. O., 203–204).

Eine Vielzahl von Kulthandlungen gehen auf dieses Ereignis, die Tötung der Dema-Gottheit, zurück: Reifezeremonien, Totenzeremonien, Menschen- und Tieropfer, Kopfjagd und Kannibalismus, kurz: das gesamte menschliche Dasein wird von diesem Urzeitereignis her *gedeutet,* so wie in der römischen Kirche das Leben eines katholischen Christen mit den sieben «Sakramenten» aufgrund der «Heilstatsache» von «Tod und Auferstehung» des Gottes(sohnes) interpretiert werden soll, der im Brot als «Hostie» gegessen wird. Insbesonders der Mythos der *Hainuwele* auf der Molukkeninsel Ceram diente ADOLF E. JENSEN (*Hainuwele. Volkserzählungen von der Molukkeninsel Ceram*, Frankfurt/M. 1939; ders.: *Das religiöse Weltbild einer frühen Kultur*, Stuttgart 1948) zum Beleg dieser seiner These (vgl. EUGEN DREWERMANN: *Strukturen des Bösen*, II 594-615, S. 603 ff.). Das Ergebnis seiner Untersuchungen lautet, daß in den frühen Pflanzerkulturen die Menschen selber sich nach dem «Modell» der Hackfrucht betrachtet haben, die zerstückt und begraben werden muß, um im Erdreich «fruchtbar» zu werden; und so spricht vieles dafür, «daß gewisse religiöse Bereiche in den Hochkulturen ... durchaus sinnerfülltes Kulturerbe aus älteren Schichten darstellen» (ADOLF E. JENSEN: *Mythos und Kult bei Naturvölkern*, 211).

Was den Mythos der *Demeter* und der *Kore (Persephone)* angeht, so hat KARL KERÉNYI (*Das göttliche Mädchen*, 50-58) die indonesische *Hainuwele*, wohl zu Recht, als eine Parallelgestalt der griechischen *Persephone* in den Mysterien von Eleusis gedeutet, in denen der *Demeter*-Mythos in Griechenland seine wichtigste Ausdrucksform gefunden hat.

Halten wir fest: Da sind Menschen, die ihr Schicksal zwischen Geburt und Tod gänzlich nach dem Vorbild *der Kultur-Pflanzen* deuten: so wie Ähren geschnitten werden und wie das Korn in die Erde versenkt wird, um «vielfältige Frucht» zu bringen (Joh 12, 24), so sind auch im Dasein des Menschen Tod und Leben nur zwei Momente in dem nie endenden Zyklus des Entstehens und Vergehens. Das Leben ist nur durch den Tod, und der Tod ist nur als ein Teil des Lebens – beides bildet eine Einheit. Insbesondere die *Gleichwertigkeit von Hochzeit und Tod* im *Persephone*-Mythos macht das deutlich: Sexualität hat nur Sinn, um durch das Zeugen von Kindern die Sterblichkeit zu kompensieren, und die Sterblichkeit der Einzelwesen ist es, auf welcher die Sexualität basiert. Wenn irgend die Natur auf die Rätselfrage des Todes im (menschlichen) Leben zu antworten vermochte, so geschah es in der Symbolsprache eines solchen Weltbildes. Und doch bleibt es die Frage, ob eine solche naturhafte Antwort dem Menschen als Individuum gerecht werden kann. Diese Problemstellung ist es, an welcher die Mysterien von Eleusis einsetzen.

Der Mythos der beiden Göttinnen, wie *die* HOMERische *Hymne an Demeter* ihn überliefert, erzählt davon, wie *Demeters* Tochter *Persephone*, als sie in der Ebene von Nysa Blumen pflückte, von dem Totengott Hades, einem Bruder des Zeus, geraubt und in die Unterwelt entführt wurde. Neun Tage lang suchte *Demeter* sorgenvoll nach ihrer Tochter, und als sie erfuhr, daß Zeus selber den Hochzeitsraub des Hades beschlossen hatte, weigerte sie sich, auf den Olymp zurückzukehren. Mit dem Äußeren einer alten Frau setzte sie sich am

Jungfrauenbrunnen von Eleusis nieder. Als die Töchter des Königs Keleos sie fanden, nannte sie sich Doso und gab vor, von Piraten entführt worden zu sein. Im Palast des Königs, wo einzig die Dienerin Jambe sie mit zotigen Witzen zum Lächeln zu bringen vermochte, übernahm sie für Demophoon, das jüngste Kind der Königin Metaneira, die Aufgabe einer Amme. Sie rieb das Kind mit Ambrosia ein und legte es wie einen glühenden Holzscheit ins Feuer. Doch Metaneira, als sie eines Nachts ihr «Kind im Feuer» erblickte, klagte auf; *Demeter* mußte ihre Handlung, die Demophoon hatte unsterblich machen sollen, unterbrechen, und so sollte das Kind ein Sterblicher bleiben. Die Göttin aber zeigte sich gerade in diesem Moment in ihrer lichtvollen Schönheit und verlangte, daß man ihr einen Tempel baue, auf daß sie die Menschen ihre Riten lehren könne. – Zurückgezogen in diesen Tempel und voller Trauer um ihre Tochter, bewirkte *Demeter* eine Dürre, die die Erde zu zerstören drohte. Auf den Olymp, erklärte sie Zeus, werde sie so lange nicht zurückkehren, bis sie ihre Tochter wiedergesehen habe. Widerwillig nötigte Zeus daher Hades, die geraubte *Persephone* wieder freizugeben. Doch gelang es dem Totengott noch, der Kore ein Granatapfelstück in den Mund zu stecken, um nach dessen Genuß ein gewisses Recht über seine (geraubte) Braut zu behalten: jedes Jahr muß *Persephone* fortan für vier Monate zu ihrem Gemahl in die Unterwelt zurückkehren. – *Demeter* indessen, nachdem sie überglücklich ihre Tochter wiedergefunden hatte, kehrte auf den Olymp zurück; die Erde begann wieder zu grünen. Zuvor freilich hatte sie Triptolemos und andere ihre unaussprechlichen und unerforschlichen Mysterien gelehrt, die jedem Menschen, der sie erschaut, zu einem glückseligen Leben nach seinem Tode zu verhelfen vermögen. (Vgl. KARL KERÉNYI: *Die Mythologie der Griechen*, I 182– 196; die HOMERische *Hymne an Demeter* ist übersetzt in R. GORDON WASSON – ALBERT HOFMANN – CARL A. RUCK: *Der Weg nach Eleusis*, 82–103.)

Betrachtet man diesen Mythos, so fällt vor allem *die Trauer der Mutter* um ihre verlorene (vom Tode geraubte) Tochter auf. Man hat in dem Hinabstieg der *Persephone* in die Unterwelt gern ein Bild für das Verschwinden der Vegetation in den Tagen der Dürre sehen wollen, doch ist es nicht wirklich das, was der Mythos erzählt; dieser berichtet vielmehr, daß die Trockenheit ausbrach, als *Demeter* in ihrem eleusinischen Tempel um ihre Tochter klagte, und daß die Erde sich mit neuem Grün bedeckte, als die Göttin ihre Tochter zurückerhielt. Es ist mithin die Trauer der *Demeter*, welche die Dürre, und es ist ihre Freude, welche das Erblühen der Erde bewirkt. Ganz deutlich sind die Zustände der Vegetation Gefühlszustände der Erdgöttin! Auch ist nicht ohne weiteres vom Schicksal des Getreides die Rede. Zuvor wird Triptolemos von der Göttin gesandt, die Griechen im Ackerbau zu unterweisen; doch sprach «der ursprüngliche Mythos» wohl «vom Verschwinden der Vegetation, nicht aber des Getreides..., denn vor der Entführung Persephones war das Getreide noch unbekannt. Zahlreiche Texte und figurative Darstellungen bestätigen, daß Demeter das Getreide erst *nach* dem Persephonedrama gestiftet hat. Hier läßt sich der archaische Mythos erkennen, der die Erschaffung der Samenkörner durch den ‹Tod› einer Gottheit erklärt. Da Persephone aber die Seinsweise der olympischen Unsterblichen teilte, konnte sie nicht mehr wie die Gottheiten vom Typ *dema* oder wie die Vegetationsgottheiten ‹sterben›» (MIRCEA ELIADE: *Geschichte der religiösen Ideen,* I 270). In den Mysterien von Eleusis, die wir allerdings bedauerlicherweise nur bruchstückhaft kennen, wurde offenbar der mythische Zusammenhang «zwischen Götterhochzeit, gewaltsamem Tod, Ackerbau und der Hoffnung auf ein seliges Leben im Jenseits» szenisch dargestellt (a. a. O., 271; zur Darstellung der *Kleinen* und der *Großen* Mysterien vgl. a. a. O. 272-273; KARL KERÉNYI: *Das göttliche Mädchen,* 58-77); doch wie läßt sich dieser «Zusammenhang» verstehen?

KARL KERÉNYI (*Das göttliche Mädchen,* 20-22) verweist darauf, daß die Gestalt der Göttin Kore «in ihrer Knospenhaftigkeit» geeignet sei, einen «besonderen Kosmos» zusammenzufassen. «Ihre Welt», sagt er, «ist die wilde Naturwelt, und die Weltwirklichkeiten, die in ihr im Gleichgewicht sind – jungfräuliche Ungebrochenheit und die Schrecken des Gebärens – sind in einem rein *naturhaften,* weiblichen Weltaspekt mächtig.» «Sie ist Kore nicht, indem sie über jeder weiblichen Beziehung – in der Beziehung zur Mutter und zum Mann – steht, sondern um diese Beziehungen als zwei Daseinsformen auf der äußersten Grenze zu zeigen: in einem Gleichgewicht, in dem die eine Daseinsform (die Tochter bei der Mutter) wie Leben, die andere (die junge Frau bei dem Mann) wie Tod erscheint. Mutter und Tochter bilden hier eine Lebenseinheit in Grenzsituation: eine naturhafte Einheit, die die Möglichkeit ihrer Zerstörung ebenso naturhaft in sich trägt.» Die Gestalt der *Persephone,* der Kore auf der Hadesgrenze, faßt insofern Hochzeit und Tod zu einer Einheit zusammen. Die Allegorie von dem Ende ihres Mädchentums, dem Geraubtwerden vom Manne, läßt den Tod aufscheinen im Augenblick der Erfüllung; zugleich aber ist *Persephone* auch die Unterweltherrscherin. Ohnmacht als Tod und Herrschaft im Tod treten in ihrer Widersprüchlichkeit in der Gestalt der *Persephone* zu einer zyklischen Einheit zusammen.

Genauer betrachtet, gehört zu dem Mythos von *Demeter* und *Persephone* noch die Gestalt der Unterweltgöttin *Hekate,* die – wie im indonesischen *Hainuwele*-Mythos – mit dem Mond verbunden ist: «den inneren Zusammenhang der drei Gestalten Demeter Kore Hekate – und damit auch die zutiefstliegende Grundidee des Mythologems –» erfaßt man, meint KARL KERÉNYI (*Das göttliche Mädchen*, 29), «in der Gestalt der *scheinbar* kleinsten Göttin, der am meisten untergeordneten von den dreien», eben in *Persephone*, in der Einheit von Mädchen und Mond, von Hochzeit und Tod.

In ihrer symbolistischen Dichtung *Proserpina* hat ELISABETH LANGGÄSSER die (römische) Einheitsgestalt der todesnahen und todesmächtigen Kore *Persephone* dem Gefühl und der Anschauung nahezubringen versucht, indem sie das Mädchen *Proserpina* in den Bereich «zwischen den wimmelnden Unformen der Erde» versetzt, «dort, wo die Dinge noch keine Bezeichnung haben und unentschlossen zögern, Mann oder Weib zu werden; sie nahm sich keinen Teil mehr, sondern vermählte sich dem Ganzen» (39), schreibt ELISABETH LANGGÄSSER und erläutert: «Dort, wo der üppige Rasen des Gartens von der Nässe der Brunnenwasser getränkt wurde und in tauben Binsen aufzuschießen begann, lagen Grottensteine, unter denen die feuchten und dämmerfarbenen Tiere der Erdmutter hausten: hastige Käfer, welche mit schauerlicher Süße die grabenden Hände besuchen, Unken, deren wimperlose Augen die Feuer der Tiefe zu bergen scheinen, Puppen, Eier und Larven. – Hier war das Gedränge der Unfertigen und die Maskerade des Werdenden. Aus der hohlen Schale des Todes kroch das weiße Fleisch der Maden, das Verhärtete starb ab wie eine Hülsenfrucht, welche die Göttin entgegennimmt, um sie zwischen den Handflächen zu öffnen; und wie lebendiger Same floß die Vorgeburt durch die Erde. Doppeldeutig war das blinde Dasein dieser Tiere, und von den gärenden Toten unterschied sich ihre Verwandlung nicht. Hier entsprang das Geschlecht und war Sprung in dem Leben, Schärfe und Milde, Mann und Weib.» «Dies war die Aussaat des Hades, und es schien, als ob er selber hindurchgestiegen sei, um sich klein und rührend in den Augen eines Kindes zu spiegeln.» «Dieser Zustand fing damit an, daß der Himmel, den sie mit erdwärts gerichteten Augen so erblickte, als ob ihr hundert andere am Ende der Schlangenhaare säßen, wie wolkige Milch gerann und in zerfließenden Bildern – Männern, die ihre Speere kreuzten, segelnden Schiffen und geflügelten Ungeheuern – wogte, während die Gespielen des Gartens vor ihr sich aufzuhellen begannen und pflanzenhaft durch die purpurne Finsternis wucherten. Nahe den schwärzlichen Asseln, war sie ihnen nicht nahe genug, und um ihresgleichen zu werden, bedurfte es einer tieferen Versenkung. Den gesammelten Einblick verströmend, fühlte sie ihre Glieder entlaufen, die Haut sich verschalen und ihren Körper nacheinander übergehen in Vogel, Reptil und Wassertier; sie bedeckte sich mit Federn, Schuppen und Schleim, sah durch die Augen des Käuzchens, der Lazerte und der tausendspiegeligen Spinne, atmete durch Lunge und Kiemen und kreiste zuletzt wie eine leuchtende Kugel mit zitternden Lichtfäden in sich selbst, angerührt und bewegt von den Kräften des Alls. Nun wollte sie nichts mehr und genügte sich ganz, aber diese Ruhe war das Schweigen verzauberter Seelen, welche die Würde der Sprache verloren haben... durch die wandelnden Körper war ihre Seele hinabgesunken und hatte sie an Schwere übertroffen... – in ihr fiel die Natur, und dieser Fall endigte erst an der Sanftmut der Moose und den demütigen Gräsern, welche eigne Bewegung nicht haben und nur von den Winden gebogen werden» (33–35).

Mit größerer Empathie läßt sich die «naturhafte Einheit» von *Persephone* und *Hades,* von Hochzeit und Tod, läßt sich die Ganzheit des Lebens in der «Urform» und «Unform» ewigen Werdens nicht schildern. Und doch ist die Todessehnsucht der *Persephone* begleitet auch von dem kreatürlichen Schmerz all der Wesen, die doch nur sind wie verlöschende Formen im Übergang. «Unter Wehmut», fährt ELISABETH LANGGÄSSER (*Proserpina,* 33) fort, «löste sich jede Frucht und hauchte, wie das Weidenrohr in den Händen des Schäfers, ihr duldende Seele aus.» Und sie verbindet, religionsgeschichtlich durchaus korrekt, den Mythos von *Demeter* und *Persephone* mit dem Mythos von *Dionysos,* dem Gott des «*unzerstörbaren Lebens*», wie KARL KERÉNYI ihn genannt hat: «Von allen Hängen kam ein seufzendes Echo», schildert ELISABETH LANGGÄSSER (*Proserpina,* 33) das taumelselige Erleben der Weinernte; «immer stärker vermischten sich die windfüßigen Melodien mit dem großen Gesang der Berge, während Blitz auf Blitz in die Fülle herniederfuhr, die Traubenernte sich häufte und von den schwankenden Lesern bacchantisch zertreten wurde. Wie in einer grollenden Kelter dumpf tönendes Holzgefüge ging die Träumerin (sc. Proserpina, d. V.) in sie ein, vernahm das Rauschen der Säfte in ihren Ohren, fühlte die Umarmung des Todes und ergab sich in das Verbrausen der Sinne.»

Dabei ist es nicht allein die Melancholie aller sterblichen Wesen, die sich in dem Schicksal einer *Persephone* ausspricht, es ist vor allem der Schmerz um die Vergänglichkeit des individuellen, personhaft geliebten Lebens, das, parallel dazu, in der Mutter *Demeter* Gestalt gewinnt. Dieser Schmerz ist um so erstaunlicher, als die Göttin selber unsterblich ist; trotzdem leidet sie die Trauer aller Sterblichen angesichts ihrer unsterblichen geraubten Tochter; es ist der offenbar gleiche Ursprung, der Götter wie Menschen in griechischer Weltsicht verbindet und der die einen menschlich fühlen und die anderen göttergleich handeln läßt, wie PINDAR es zu Beginn der 6. nemeischen Ode

(*Oden,* 205–207) darstellt: «Ein und dieselbe ist der Menschen und der Götter Abkunft; von einer einzigen / Mutter her atmen wir beide, doch trennt sie gänzlich verschiedenes / Vermögen. Denn das eine ist ein Nichts, wohingegen der eherne Himmel als ewig unzerstörbare Stätte / Bestand hat. Doch gleichwohl vermögen wir gewissermaßen den Göttern / hohen Sinn oder großes Wesen entgegenzuhalten, / auch wenn wir weder für den Tag noch die Nacht über wissen, / welches Ziel uns / das Schicksal vorschrieb, zu dem wir laufen.»

In der Gestalt der *Demeter,* deren Brot die Sterblichen essen, ist die Gabe der Feldfrucht und die Mütterlichkeit der Göttin selbst nur die symbolische Hülle jener geheimen Einsicht, die sich allegorisch mit dem Säen und Ernten des Korns verband, die sich aber in den Mysterien von Eleusis als eine symbolische Offenbarung des menschlichen Daseins tröstlich vor den Augen der Eingeweihten enthüllte. Worin bestand dieses Geheimnis? Zur Beantwortung dieser Frage müssen wir noch einmal auf die Schlüsselszene des *Demeter*mythos zurückkommen.

Als *Demeter* vor Metaneira dabei überrascht wurde, wie sie Demophoon dem Feuer überließ, entgegnete die erzürnte Göttin: «Alle Menschen sind Narren! Ihnen fehlt das Verständnis, das Schicksal vorauszusehen, das auf sie zukommt, sei es gut oder schlimm... Ich hätte diesen Sohn für alle Zeiten unsterblich gemacht und ihm unvergängliche Ehre gewährt, doch nun kann er nie mehr den Dämonen entrinnen, die ihm den Tod bringen. Aber er hat in meinem Schoß geruht und in meinen Armen geschlafen, das wird ihm für immer zu unvergänglicher Ehre gereichen: Zu seinem Gedenken werden im Lauf der Zeit, immer wenn der Frühling wiederkehrt, die jungen Eleusinier sich zu Wettkampf und Schlacht zusammenfinden, wieder und wieder. Ich bin Demeter, die hochgeehrte; ich bin die Quelle von Leben und Freude für Sterbliche und Unsterbliche» (HOMERische Hymne an Demeter, 255–270, in: G. GORDON WASSON – ALBERT HOFMANN – CARL A. P. RUCK: *Der Weg nach Eleusis,* 92–93). Entscheidend an dieser Szene scheint der Umstand, daß *Demeter* ihren Pflegesohn im Feuer dem Schicksal *des Getreides* überläßt, das erst als gebackenes Brot seine Vollendung erhält; «der Feuertod gehört zum Schicksal des Getreides. Trotzdem ist jede Getreideart ewig», schreibt KARL KERÉNYI (*Das göttliche Mädchen,* 33) und zitiert einen Mythos der mexikanischen Coraindianer, deren Maisgott sagt: «Ich bin nicht gestorben... Meine jüngeren Brüder (die Menschen) erscheinen nur einmal. Sterben sie nicht für immer? Ich aber sterbe nie, ich erscheine dauernd (auf Erden).»

Es ist vor diesem Hintergrund wichtig, das Bild der geraubten Tochter im *Persephone*-Mythos von daher nicht als eine bloße Allegorie des zur Aussaat bestimmten Korns zu erblicken, das, in die Erde versenkt, wieder «aufersteht»; es verhält sich vielmehr umgekehrt: «für den antiken religiösen Menschen war das *Korn* die Ausdrucksweise für eine unaussprechliche göttliche Wirklichkeit, nicht aber die große Göttin, die Tochter der Demeter der bildliche Ausdruck für das Korn.» «Die von der Mutter getrennte Tochter und die abgemähte Ähre sind zwei Symbole von etwas unsagbar Schmerzlichem, was der Demeteraspekt der Welt in sich birgt; aber auch von etwas sehr Beruhigendem. Die Idee der Demeter faßt jenes Beruhigende ebenfalls in sich, und die Göttin offenbart es in Eleusis... Die Korngestalt ist Gestalt des Ursprungs *und* des Ergebnisses, der Mutter *und* der Tochter, und sie weist eben dadurch über den Einzelfall hinaus auf das Allgemeine und Ewige. Es ist immer ‹das Getreide›, das in der Erde versinkt und wiederkehrt, das in seiner goldenen Fülle abgemäht wird und als volles, gesundes Korn doch heil bleibt, Mutter und Tochter *in einem*» (KARL KERÉNYI: *Das göttliche Mädchen*, 34–35).

Schaut man von daher auf die Mysterien von Eleusis, so enthalten sie ein Paradox. Aufgeführt wird in ihnen das Wiederfinden der *Persephone*, doch dieses Wiederfinden durch die Mutter ist *Geburt* (vgl. KARL KERÉNYI: *Das göttliche Kind,* 72). Wieder kann sich dieses Bild beziehen auf die «Multiplikation des ‹gestorbenen› Korns im Reichtum *(Plutos)* der Ähren; aber es ist zugleich mehr; es ist eine Andeutung für «die Fortdauer des Lebens in der Einheit von Mädchen – Mutter – Kind, einem *sterbend – gebärend – entstehenden* Wesen» (a. a. O., 75). Daneben stand, wie man vielfach annimmt, wohl ein anderes Bild: «schweigend wurde eine abgemähte Ähre gezeigt. Ein Bild und Beispiel des Entstehens in Sterben und Gebären: des Persephoneschicksals, das der Sinn des Demeterschicksals ist» (a. a. O., 75). (Zu den Zweifeln an diesem Ritus vgl. MIRCEA ELIADE: *Geschichte der religiösen Ideen*, I 275.) Was aber sagen diese Bilder zur Daseinsdeutung?

Zwei Wirkungen waren es, die den Quellen zufolge durch die Feier der Schau (der *Epoptie)* in Eleusis vermittelt wurden. *Was* (als Zeichen) geschaut wurde, war lediglich diese abgemähte Ähre, die schweigend, wie die Hostie nach der «Wandlung» in einer römischen Meßfeier, dem Volke gezeigt wurde als ein Bild und Vorbild des Entstehens in Tod und Geburt, das, in dem das Schicksal der beiden Göttinnen sich erfüllte (vgl. KARL KERÉNYI: *Das göttliche Mädchen,* 75). «Wer unter den Menschen, die auf der Erde gehen, dieses Mysterium gesehen hat, ist selig, aber wer nicht eingeweiht ist und nicht an dem Ritual Anteil hatte, dem wird nicht dasselbe Los beschieden sein wie den anderen, wenn er einmal tot ist und sich im Moder aufhält, so die Sonne untergeht», urteilt *die* HOMERi*sche Hymne an Demeter* (480–485, a. a. O., 102).

Dies war die erste und wichtigste Wirkung der Mysterien. Man hat versucht, die überwältigende Erfahrung des Mysten in Eleusis auf die halluzinogene Wirkung eines Pilzes zurückzuführen, ähnlich dem Mutterkorn in der Getreideernte (CARL A. P. RUCK: *Dokumentation*, in: R. Gordon Wasson – Albert Hofmann – Carl A. P. Ruck: Der Weg nach Eleusis, 104–184, S. 152). Doch selbst wenn Pilzgenuß bei den Mysterien in Eleusis eine Rolle gespielt hätte – berichtet davon wird nichts in den antiken Quellen! –, so würde von daher doch immer noch nicht verständlich, worin der Segen der *Demeter* und die alles verändernde «Schau» in Eleusis bestanden haben soll. Es gibt indessen noch eine andere Wirkung der Mysterien: «Als die Göttin unter den Göttinnen (sc. Demeter, d. V.) ihnen (sc. den Menschen, d. V.) alles beigebracht hatte», erzählt *die* HOMER*ische Hymne an Demeter* (483–489, a. a. O., 102), «ging sie auf den Olymp, um in der Gesellschaft der übrigen Götter zu verweilen. Dort leben die beiden Göttinnen bei Zeus, der sich am Donnerschlag ergötzt, und sie sind heilig und hochverehrt. Selig ist unter den Menschen, die auf der Erde gehen, der, den die (sc. beiden, d. V.) Göttinnen lieben, denn bald senden sie Plutos (sc. den Gott des Reichtums, d. V.) in sein großes Haus als Gast an seinem Herd; Plutos, der den sterblichen Menschen Reichtum bringt.»

Keine Frage also: es ist ganz gewiß auch *irdisches* Glück, das die «Schau» in Eleusis dem «Liebling» der *Demeter* und der *Persephone* zuteil werden läßt. Immer wieder wird der Myste erschauen, wie *Persephone* für zwei Drittel des Jahres aus dem Hades-Reich zu den Unsterblichen zurückkehrt – «wenn die Erde von all den duftenden Blüten übersät ist, die der Frühling bringt, dann wirst du (sc. Persephone, d. V.) vom sonnenlosen Westen (sc. dem Bezirk des Todes, d. V.) aus der dunklen Macht (sc. des Hades, d. V.) emporsteigen als großes Wunder für die Götter und sterblichen Menschen» (HOMER*ische Hymne an Demeter*, 400–403, a. a. O., S. 98-99). Aber wir wissen bereits: alles das ist nur ein Gleichnis!

Entscheidend ist dieses: Bei der Schau der «wiedergeborenen» Vegetation wird derjenige, der das Wesen der *unsterblichen Persephone* «gesehen» hat, selbst seiner eigenen Unsterblichkeit inne, und *das* offenbar macht das Geheimnis der Eleusinischen Mysterien aus: Auch der Gläubige selber wird leben in den drei Phasen des Mondes und der Erde nach der Weise von Mädchen, Mutter und Kind; er wird inne des Lebens, dem er selbst zugehört und an dem er selbst teil hat: *des* Lebens, das sich im Tode erhält, das sich im Grabe wie in einer heiligen Hochzeit vermehrt und das in Kommen und Gehen ebenso furchtbar wie fruchtbar sich als zerstörerisch-unzerstörbar zu erkennen gibt. Wer dieses Geheimnis fühlt und begreift, der wird, so verhießen und vermittelten die Mysterien, ein *unendlich Getrösteter,* ein mit dem bitteren Schicksal des Todes *Versöhnter.* Er hat, und zwar unabhängig von seinem sozialen Rang, eine Antwort gefunden auf die alles entscheidende Frage, warum es ihn gibt zwischen Geburt und Tod. «Bei den Großen Mysterien von Eleusis ... wurde die Gewißheit eines seligen Lebens nach dem Tode Menschen aller Schichten, Armen und Reichen, zuteil», meint ERIKA SIMON (*Die Götter der Griechen,* 109). Doch das ist so «gegenständlich» nicht zu sagen. Genauer sagt KARL KERÉNYI (*Das göttliche Mädchen,* 80): «Der Myste sah das Überindividuelle, dessen Erleider er war, wurde davon nicht erlöst, sondern darin geborgen und glücklich, indem er zu wortlos Wissendem wurde... Man erlebte ... ein überindividuelles Schicksal, dasjenige des organischen Wesens, als eigenes Schicksal... Die ‹unendliche Reihe› bedeutet... unendliches Sein.... Man erlebte es... als eigenes Sein... Und man beanspruchte für sich als Schauend-Wissenden sogar eine Ausnahmestellung in bezug auf das Sein... Er persönlich wird (sc. als Schauender, bewußt Gewordener, d. V.) die Dauer haben, die logisch dem unpersönlichen Kern des Kerns zukommt.»

Doch gerade deshalb noch einmal gefragt: wie weit trägt oder trügt dieses Bild der beiden Göttinnen von Eleusis? Kein Zweifel: Dieses Bild versuchte und vermochte zu trösten gegen die Sterblichkeit des individuellen Lebens, doch bestand seine religiöse Versicherung nicht nur in einem Symbol der Natur, es führte den Menschen selbst zur Anerkennung seiner unüberschreitbaren Identität mit der Natur. Der Mensch ist nicht Gott, er ist sogar in gewissem Sinne weniger als die (einzig den Göttern) mögliche Synthese von Natur und Kultur, wie sie das Bild des im Feuer gerösteten Korns beschreibt. Die entscheidende Frage daher lautet: Gibt es da wirklich für den Einzelnen *als Person* ein «seliges Leben nach dem Tode»? Die Antwort muß heißen: Das gerade nicht!

Die Erkenntnis des Gläubigen von Eleusis besteht in dem Gefühl der Geborgenheit, daß das Leben, das in ihm erscheint, in seinem Tod nicht verlöscht, sondern in sich selber (für menschliche Erfahrungen so gut wie) niemals verlöschen wird. Aber was ist es mit ihm als *Person?*

Die Weitergabe der Gene stellt das *Gegenteil* des Fortlebens der individuellen Existenz dar, und so verdichtet sich im Bilde der Ähre im Grunde nur der Wunsch, es möchte den Menschen *anders* ergehen als dem gedroschenen und zermahlenen Korn. Es ist, wie wenn die Sehnsucht nach Unsterblichkeit sich in Eleusis selber dazu verurteilen würde, mit der Trauer und der Freude der *Demeter* beim Verlieren und Wiederfinden ihrer Tochter in ewigem Kreislauf zu verschmelzen, *ohne* daß es im Menschen eine wirkliche Entsprechung zu der Gestalt der *Persephone* gäbe und geben könnte, die als unsterbliche Göttin immer von neuem als eine einzelne Gestalt aus dem Hades zurückkehrt. Was die Menschen indessen religiös suchen, ist die Einmaligkeit ihrer Existenz und damit zugleich auch die Einmaligkeit ihres persönlichen Schicksals angesichts des Todes. Nicht die Periodizität der Naturabläufe auf dem (die Sonne und ihre eigene Achse umkreisenden) Planeten Erde kann ein gültiges Bild menschlicher Hoffnung bilden – *Demophoon* wird nie im Feuer unsterblich, und auch sein Gedächtnis an heiliger Stätte ermöglicht (bestenfalls!) eine geschichtliche «Unsterblichkeit» im Bewußtsein (der Kultgemeinde), nicht des Seins der Person. Vonnöten wäre die Zuversicht in die Unvergänglichkeit der individuellen Existenz. Wie aber soll diese gewonnen werden?

An dieser Stelle liegt erkennbar die Erfahrungsgrenze jeder Religion, die in der «Mutter Natur» ihr Zentrum besitzt. Gewiß, der Kreislauf von Geburt und Tod, entstanden mit der Bildung der Vielzeller, mit der Trennung von Somazellen und Keimzellen, wird auf der Erde wohl noch lange sich fortsetzen; doch welch ein Halt soll in dieser Erfahrung liegen für einen Menschen, der als Person, in seiner Individualität, ein für allemal aus der Natur *herausgetreten* ist? Er *als Person* wird im Kommen und Gehen der Natur ganz sicher nicht weiterleben. An dieser Tatsache führt auch die womöglich tiefsinnigste Feier aller Mysterien: die Feier der Muttergöttin in Eleusis, nicht vorbei.

### b) *Vom weiblichen Antlitz Gottes oder: Von einer Religiosität jenseits der Projektionen*

Das Christentum, wie gesagt, hat im Bild des *Brotes* (und des *Weines*) die sakramentalen Zeichen aus dem Kult der *Demeter* (und des *Dionysos*) mit der Gestalt Jesu als des «Christus» verbunden: – der Tod und die Auferstehung des «Gottessohnes» wurden zum *Grund* der Unsterblichkeit, und die «Mahlfeier» mit dem «erhöhten Herrn» machte aus der «Kommunion» die «Ursache unserer glorreichen Auferstehung» (JOHANNES BRINKTINE: *Die Lehre von den heiligen Sakramenten der katholischen Kirche*, I 419). Sagte nicht Jesus selber bereits in der Rede zu Kapharnaum: «Wer mein Fleisch ißt..., hat das ewige Leben, und ich werde ihn auferwecken am Jüngsten Tage» (Joh 6,55)? Zwar ist die Stelle erkennbar «eine sekundäre Deutung des Lebensbrotes (sc. das Jesus durch sein Wort brachte, d. V.) auf das Herrenmahl» (RUDOLF BULTMANN: *Das Evangelium nach Johannes*, 174); aus der existentiellen Aneignung des «Brotes», das Jesus – durch das Wort Gottes – als Gabe des «wahren Lebens» schenkte, wurde jetzt eine materielle Aufnahme von Speisen, in denen fortan göttliche Kraft zu glauben war; doch sprach bereits IGNATIUS VON ANTIOCHIEN um 110 n. Chr. von einem «Heilmittel der Unsterblichkeit», von einem «Gegengift, daß wir nicht sterben, sondern leben in Jesus Christus immerdar» (*Brief an die Epheser* 20,2; in: FRANZ ZEILER: *Die Apostolischen Väter*, 125). Das war ohne Zweifel ein weiter Schritt weg von Eleusis und ein noch weiterer Schritt weg von dem Juden Jesus von Nazareth, indem zu dem Sakramentendienst der priesterliche Opferdienst trat (vgl. ADOLF VON HARNACK: *Lehrbuch der Dogmengeschichte*, III 452–467). Aus Fragen des Lebens wurden jetzt Fragen der Sakramente(nmagie), aus Fragen der Person wurden jetzt Fragen der (richtigen) Institution (wer kann und darf die Eucharistie «spenden»), und aus Fragen individueller Hoffnung und menschlicher Gemeinsamkeit wurden jetzt dogmatische Festlegungen des «wahren» Glaubens und «wirksamen» (rituellen) Handelns. Doch gerade so führt(e) dieser (Ab)Weg der «sakramentalen» «Aneignung» Christi im Mahle auf sonderbare Weise in den Bannkreis der Großen Mutter *Demeter* zurück und verweist uns speziell in der Frömmigkeitshaltung des römischen Katholizismus damit auf ein bibeltheologisch zwar unbegreifbares, *psychologisch* dafür aber um so besser verständliches Suchen nach dem «weiblichen» Antlitz Gottes in der «Schöpfung».

Gesucht wird im Hintergrund des sakramentalen Ritus, wie in Eleusis, ein Aspekt der Welt, der die «Mutter» Natur aus dem Kreislauf von Geburt und Zerstörung herausnimmt und in ihr, ganz entgegen aller naturhaften Erfahrung, ausschließlich etwas Behütend-Schützendes erblicken möchte. In der römischen Kirche hat diese Rolle des Mütterlichen in der Natur, in der Gottheit, seit dem 5. Jahrhundert, seit der Verurteilung des NESTORIUS auf dem Konzil in Ephesus, die *«Mutter Gottes»* – die «allzeit reine Jungfrau» Maria übernommen. (Zu der üblichen theologischen «Begründung» der Geburt Christi aus einer *«Jungfrau»* seit TERTULLIAN: *De carne*, 18: «Der Same eines Mannes fehlte – sc. war überflüssig, d. V. – bei jemandem, der Gottes Samen – sc. seinen Geist, d. V. – besaß», bemerkt ADOLF VON HARNACK: *Lehrbuch der Dogmengeschichte*, I 597, Anm. 4 zu Recht, sie sei «unter aller Kritik». Zur Lehre von der Maria und ihre Verehrung vgl. DERS.: a. a. O., II 476–478; III 655–659.) Es war vor allem der «Kirchenvater» CYRILL VON ALEXANDRIEN, der gegen NESTORIUS die Lehre von der *realen* «Menschwerdung Gottes» in Christus durchsetzte, wonach der Gott-Logos die ganze Menschennatur sich «wie Feuer die Kohle» einverleibt hatte (vgl. a. a. O., II 349–368; HUBERT

JEDIN: *Kleine Konziliengeschichte,* 23); doch mit dieser Ansicht «trat Maria neben Christus in den Mittelpunkt (sc. des theologischen Interesses und des Frömmigkeitslebens, d. V.). Sie war der Fels, aus dem der vergötterte Leib des Gott-Logos gehauen war. Vergebens rief Nestorius dem Cyrill und mit ihm der ganzen Kirche zu: ‹Mache die Jungfrau nicht zur Göttin›; Cyrill hat sie zu Ephesus (sc. im Konzil von 431, d. V.) für immer in der katholischen Kirche über alles Creatürliche, über Cherubim und Seraphim erhoben und zur Rechten des Sohnes gestellt. Er hat die permutatio nominum (sc. die Übertragbarkeit der Begriffe, d. V.) begonnen, nach der man, was vom Sohne gilt, zu einem großen Theile auch von der Mutter sagen darf, weil es ohne sie keinen Gottmenschen gegeben hätte... mit dem Namen ‹Gottesgebärerin› (Braut des heiligen Geistes) wurde Ernst gemacht. Man darf in mancher Beziehung sagen, was die Arianer von Christus gelehrt hatten, das lehrten die Orthodoxen jetzt von Maria (sc. daß sie von Gott als das höchste Wesen der ganzen Schöpfung und als Mittler des göttlichen Wirkens geschaffen worden sei, d. V.); sie ist die halbgöttische Vermittlerin zwischen Gott und Menschen» (ADOLF VON HARNACK: Lehrbuch der Dogmengeschichte, II 477).

Ja, man kann, was die Weiterentwicklung der römischen Mariologie angeht, nur unumwunden feststellen, daß Maria mehr und mehr *die* Rolle übernimmt, die – in jüdischem Erbe – im Neuen Testament der «Geist» Gottes spielte. Der «Vater», den Jesus zu bringen kam, verhüllt sich mehr und mehr hinter den Dunkelwolken der «Opfertheologie»: – was für ein Gott, der seinen «Sohn» in den Tod geben muß, um die «Leiden» der Menschheit zu «sühnen»! Aber auch der «Sohn» wird als «Christus», als «Messias»-König, nunmehr eine alle Welt beherrschende und richtende Instanz – in gewissem Sinne das ideologische Vorbild der Kaiser (von Konstantin bis zu den Habsburgern) und der Päpste (von Leo dem «Großen» im 5. Jahrhundert über Gregor VII. im 11. Jahrhundert bis in die Gegenwart); Maria aber wurde die eigentliche Kristallisationsgestalt des flehentlichen Suchens der Menschen nach Mitleid und Barmherzigkeit. Die Pieta unter dem Kreuz (erneut erwachsen aus dem Mißverständnis einer Szene des Johannesevangeliums, 19,25) – erinnerte sie nicht schon an *Demeter* und ihre Trauer um *Persephone* oder an *Kybele* und ihre Trauer um den getöteten *Attis* oder an *Isis* auf der Suche nach dem ermordeten Geliebten, Gatten und Bruder *Osiris?*

Theologisch hat sich im 20. Jahrhundert gerade der Bezug zu den alten Vegetationsriten in einer merkwürdigen «Dennochdurchsetzung des Verdrängten» geltend gemacht, denn es ist wesentlich die Verknüpfung von «Meßfeier» und «Marienfrömmigkeit», die das religiöse «Leben» des Katholizismus bestimmt. Die «Begründung» für einen solchen Zusammenhang mutet abenteuerlich an, dient aber offenbar dazu, starke religiöse Sehnsüchte zu kanalisieren: «Die erste und fundamentale Wahrheit», erläuterte JOHANNES BRINKTRINE (*Die Lehre von den heiligen Sakramenten der katholischen Kirche*, I 421) unmittelbar vor dem 2. Vatikanischen Konzil, «ist die, daß der Leib des Herrn, den wir in der Meßfeier dem Vater aufopfern und in der hl. Kommunion empfangen, derselbe ist, der von Maria der Jungfrau geboren wurde.» Folgerichtig konzedierte denn auch die römische Ritenkongregation am 25. April 1955 ein eigenes Fest «unserer Herrin vom allerheiligsten (Altars)Sakrament» (a. a. O., 423). Es kommt die Vorstellung hinzu, daß zwar Christus durch seinen Tod am Kreuz alle Gnaden Gottes für die schuldige Menschheit «rechtmäßig» «verdient» habe, daß aber «die allerseligste Jungfrau» diese Gnaden «angemessenermaßen» (de congruo) «mitverdient» habe und jedenfalls durch ihr Fürbittgebet dafür Sorge trage und tragen müsse, daß die Menschen der Gnaden Christi «auch wirklich teilhaftig» würden (a. a. O., 422). Es ist demnach im Grunde die *«Mutter Maria»*, die uns – ähnlich wie in Eleusis die Göttin *Demeter* – das «Brot des Lebens», ihren verstorbenen Sohn, unter dem Zeichen der Hostie reicht und darin uns alle «Gnade», im letzten: das ewige Leben zuteil werden läßt.

Man könnte denken (und wünscht protestantischerseits natürlich fast flehentlich), daß mariologische Spekulationen dieser Art nach dem 2. Vaticanum schleunigst einer biblisch besser fundierten Nachdenklichkeit Platz machen dürften; doch genau das ist nicht der Fall. Im Gegenteil: unter dem Pontifikat von Papst JOHANNES PAUL II. treibt die marianische Frömmigkeit Blüten üppiger und seltsamer denn je. Die leidende Madonna und das Werk der Erlösung durch das freiwillige Leiden ihres Sohnes bilden unverkennbar die religiöse Erlebnismitte des römischen Pontifex, den seine Getreuen gerne als einen «Mystiker» schildern. Und doch läßt sich nicht verkennen, daß die römische Mariologie zunehmend von den «heidnischen» Elementen aufgesogen wird, denen sie selber entstammt. Was sich fernab von der vatikanischen Zentrale in dem Marienkult vor allem der lateinamerikanischen Kirchen geltend macht, ist die mehr oder minder bewußte Anknüpfung *an* oder Rückkehr *zu* dem Glauben an die Große Mutter, deren Bild als größer und ursprünglicher empfunden wird denn die Gestalt Gottes als des Vaters. Die Natur, die aus sich selbst gebiert, bedarf keines «zeugenden» männlichen Prinzips; sie ist einfach da und bietet in ihrer «Mütterlichkeit», so scheint es, zugleich den Hintergrund unverstellter Natürlichkeit, heiterer Kindlichkeit und unschuldiger Sinnlichkeit.

Der wohl sprachmächtigste Verkünder einer solchen Religion der Großen Mutter (im Schoße der römischen Kirche!) ist der brasilianische Erfolgsautor PAULO COELHO in seinem Roman *Am Ufer des Rio Piedra saß ich und weinte* (Rio 1994).

Man muß vorausschicken, daß der Kult der Maria in den lateinamerikanischen Ländern stark in älteren afro-indianischen Riten verwurzelt ist, *in Brasilien* etwa in der Verehrung der Göttin des Meeres, der *Iemanjá*, die in ekstatischen Tänzen von Macumbagruppen zum Neujahrsfest am Strand von Rio umtanzt wird und deren Herkunft man zum Teil in der westafrikanischen Gottheit *Orixa* vermutet, zum Teil auch in dem «Unberechenbaren Wassergeist» der indianischen Mythologie (vgl. COLIN HENFREY: *Macumba und die afro-brasilianischen Kulte in Brasilien,* in: Bild der Völker, V. Bd.: Südamerika östlich der Anden. Die Andenländer, 76–83); *in Mexiko* ist die Madonna von Guadelupe ganz offensichtlich eine christlich «getaufte» Nachfahrin der aztekischen «Göttermutter» *(Teteo innan),* die im Norden von Tenochtitlán verehrt wurde (vgl. WALTER KRICKEBERG: *Altmexikanische Kulturen,* 189–191).

Der Titel des Buches von PAULO COELHO indessen ist bewußt als Zitat aus dem Exil-Psalm 137,1 gestaltet: «An den Wassern von Babel saßen wir und weinten, wenn wir dein gedachten, Zion.» Der brasilianische Dichter möchte erklärtermaßen die *christliche* Glaubensüberzeugung zu einer Frömmigkeitshaltung transformieren, die nicht länger Gott als dem «Vater», als vielmehr unverstellt der Großen Mutter gilt. Für COELHO geht es um nichts Geringeres, als die vertriebene Seele des Menschen aus ihrem Verbannungsort inmitten einer vom (männlichen) Verstand regierten und regulierten Welt zu ihrem «Jerusalem»: zu der Erfahrung von absichtsloser Liebe, zärtlicher Hingabe und einer alles erwartenden, doch nichts planenden, kindlichen Freiheit des Willens zurückzuführen; – alles, was wir in *Der sechste Tag* als Mystik der *Leere,* der *Liebe* und des *Augenblicks* beschrieben haben, gewinnt bei dem brasilianischen Dichter auf diese Weise eine «matriarchale» Konnotation. Das «Exil» bildet für ihn der Zustand, da man – in «Babylon» – die «Harfen an die Bäume» hängt, weil man die Musik nicht mehr zu spielen vermochte, die das Herz verlangt. Die Musik des Herzens – das wäre die Symphonie einer Welt, die vom Gefühl statt vom Gedanken, vom Wünschen-Dürfen statt Wollen-Müssen, von der Freiheit der Person statt von den Pflichten gesellschaftlicher Positionen gelenkt würde, eine Welt, in welcher die Menschen von innen heraus zu leben berufen wären, statt daß sie von außen, kirchlich wie gesellschaftlich, gelebt würden. Eine solche Welt, ohne Zweifel, ist als «maternal» zu bezeichnen, und sie entspricht in vielen Zügen sowohl den Desideraten der Psychoanlayse ERICH FROMMS als auch einer Reihe von Erfahrungen und Inhalten, die sich ganz zu Recht mit der Botschaft Jesu verbinden lassen (vgl. *Jesus von Nazareth,* 511–518).

Doch bezeichnenderweise spricht COELHO nicht eigentlich von Jesus und der Bibel, er erzählt von einem Seminaristen, der die Verehrung der Mutter Gottes zum Ausgangspunkt einer religiösen Verwandlung nimmt, und von seiner Jugendgefährtin Pilar, in der er sich selbst und die Wahrheit der Liebe wiederentdeckt, so wie auch sie, die Verfasserin des Roman-Tagebuchs, in ihrem Jugendgeliebten ihr weibliches Wesen wiedererlangt. «Wir», läßt COELHO gleich zu Beginn eine hübsche Frau mit langem rotblondem Haar am Kybele-Platz in Madrid sagen, wir «kennen das weibliche Antlitz Gottes... Wir, die Frauen, die wir die Große Mutter verstehen und lieben. Wir haben unser Wissen mit Verfolgung und Scheiterhaufen bezahlt, doch wir haben überlebt. Und nun begreifen wir ihr Geheimnis... Während die Männer auf die Jagd gingen, blieben wir in den Höhlen zurück, im Leib der Mutter, und kümmerten uns um unsere Kinder... Und es war die Große Mutter, die uns alles lehrte» (*Am Ufer des Rio Piedra saß ich und weinte,* 22–23). Und im Schein des Vollmonds, am Brunnenrand, beim Rauschen des Wassers und beim Klang der Flöte, erklärt sie der erstaunten Pilar das Geheimnis der Göttin Kybele als einer der Verkörperungen der Großen Mutter: «Sie herrscht über die Ernte, erhält die Städte, gibt der Frau ihre Rolle als Priesterin zurück... Ich gehöre zu denen, die die Mutter Erde als höchste Gottheit betrachten» (a. a. O., 24–25).

In gleichem Sinne erläutert auch Pilars Jugendgeliebter, jener revolutionär wirkende Seminarist, «daß es diese Frau, die Göttin, die Jungfrau Maria, die jüdische Schechinah (sc. in der jüdischen Mystik die ‹Einwohnung› des – weiblich vorgestellten – Geistes Gottes, d. V.), die Große Mutter, Isis, Sophia, Dienerin und Herrin, in allen Religionen der Welt gibt. Sie wurde vergessen, verboten, verborgen, doch wurde sie in den Jahrtausenden immer weiter verehrt» (a. a. O., 81). Schon im Schöpfungsvorgang, «als Gottes Geist über den Wassern schwebte», vollzog sich, so meinte er, «die mystische Vermählung von Himmel und Erde» (a. a. O., 81). Gott, ist dieser Missionar der Madonna überzeugt, hat zwei Gesichter, «und eines ist das Antlitz einer Frau» (81). Ja, dieses Antlitz der Großen Mutter ist höchst eigentlich «das barmherzige Antlitz Gottes» (103).

Von daher gewinnt insbesondere die Lehre von der «Jungfräulichkeit» Mariens einen deutlich anderen symbolischen Gehalt als in der «orthodoxen»

Lehre der römischen Kirche; mehr als die Verkörperung eines asexuellen Tugendideals erscheint die Madonna jetzt – sie hatte (vgl. Mk 6,3) neben Jesus bekanntermaßen noch eine Reihe anderer Kinder – als «die kosmische Braut, die Erde, die sich dem Himmel öffnet und sich befruchten läßt»; so leitet Maria «eine neue Ära der Gnade ein», und indem sie «macht, daß Gott auf die Erde kommt», verwandelt sie sich selbst in die Große Mutter, wird sie «das weibliche Antlitz Gottes», besitzt sie «seine Göttlichkeit» (a. a. O., 79). Auch die leidige Sünden- und Opferlehre der römischen Kirche erscheint bei dieser Betrachtungsweise in einem anderen Lichte. Es geht darum, Gott zu «akzeptieren», indem «wir unseren Träumen und der Stimme unseres Herzens folgen» (156); denn wir «sind Teil Seines Traumes, und Er will, daß es ein glücklicher Traum sei», erklärt jener Seminarist. Wenn wir uns aber eingestehen, «daß Gott uns zum Glück geschaffen hat, müssen wir annehmen, daß alles, was uns Traurigkeit und Niederlagen bringt, unsere eigene Schuld ist. Deshalb töten wir Gott immer wieder. Sei es am Kreuz, im Feuer, im Exil, sei es in unserem Herzen» (157). Allein: nur unter solchen «Opfern», die es uns Menschen kostet, Glück, Freiheit, Poesie und Liebe zuzulassen, verändert sich die Welt.

Gott, von daher, ist auf *jedem* Weg erreichbar, der von ehrlichem Glauben geprägt ist, gleich, in welcher Religion sich dieser Glaube findet: Im Umkreis der Großen Mutter ist Religion allumfassend, nicht dogmatisch ausgrenzend. «Gott ist derselbe, auch wenn er tausend Namen hat», versichert uns Pilars Geliebter (105); allenfalls, daß man eine – durch persönliche Zufälle bedingte – Auswahl zwischen den verschiedenen Religionsformen treffen muß. Aber selbst und vor allem der römische Katholizismus (für den der brasilianische Autor sich entschieden hat) bedarf unter solchen Voraussetzungen einer *Weiterentwicklung* der Mariologie in Richtung eines gänzlich veränderten Gottesbildes. «Wir haben schließlich schon anerkannt», schreibt er, «daß Jesus sein (sc. also Gottes, d. V.) männliches Antlitz ist... Wie lange wird es noch dauern, bis wir eine heilige Dreifaltigkeit haben, in der die Frau vorkommt? Eine Dreifaltigkeit aus heiligem Geist, der Mutter und dem Sohn?» (169)

Wir stellen einmal dahin, daß eine solche «Dreifaltigkeitslehre» jedem «ordentlichen» römischen «Dogmatiker» als ein Haufen haarsträubender Häresien erscheinen muß. Und doch ist das, was sich darin ausspricht, gleichwohl das Suchen nach einem Weltbild, in dem die «Vernunft» in der Schöpfung (der «Geist») sich «mütterlich» darstellt, indem es dem Menschen erlaubt wird, «versöhnt» in der Natur zu leben. Die Person Jesu und das Bild seiner Mutter Maria als der *Großen* Mutter verschmelzen in dieser Sicht zu den beiden uns

Menschen zugewandten Aspekten jener an sich gestaltlosen Gottheit, die «reiner» Geist ist.

Warum wir uns mit derartigen abseitig scheinenden Spekulationen beschäftigen?

Nun, der «Vorteil» einer solchen «unorthodoxen» dichterischen (bzw. quasi-mythischen) Sicht auf das Bild Gottes liegt vor allem darin, daß uns der *projektive* Anteil dieser Art von Gottesrede geradezu grell vor Augen geführt wird. Die «beiden» «Angesichter» Gottes von «Mutter» und «Sohn» sind klar erkennbare Widerspiegelungen menschlicher Erfahrungen und Sehnsüchte; mehr noch: psychoanalytisch läßt sich die «Vergeistigung» des «Vaters» in COELHOS Liebesgeschichte kaum anders verstehen denn als Versuch einer «magischen Tötung» bzw. «Kastration» des alten strafenden, lustfeindlichen, die Triebwünsche des Es ebenso wie die Persönlichkeitsentfaltung unterdrückenden «Gottes» der tradierten kirchlichen «Trinitätstheologie». Die Verschmelzung von «Sohn» und «Mutter» indes weist vor diesem Hintergrund deutlich ödipale Züge auf, und die «Sehnsucht» dieser romantischen «Verschmelzungsliebe» beruht augenscheinlich auf nie abgelösten inzestuösen Wünschen, die an die Stelle einer «partnerschaftlichen» Beziehung die »Mystik» einr stark identifikatorischen, spiritualisierten, im «Geiste» «aufgehobenen» Form der Liebe setzen.

Für diese Auffassung spricht nicht zuletzt, daß Pilars Zuneigung eben dem Manne gilt, den sie *in Kindertagen* schon kennengelernt hat und der seinerseits einen merkwürdigen Kompromiß zwischen mönchischer Sexualaskese und marienfrommer Muttersehnsucht zu erreichen sucht. Gerade weil der brasilianische Autor seine Romangestalten ohne den Hauch auch nur einer psychologischen Selbstreflexion (und Selbstkritik) zeichnet, tritt in seinem Roman *die Wiederkehr* der (in Kindertagen verdrängten) Wünsche um so klarer in Erscheinung.

Und nun sollten wir denken, eben diese Psychologie male sich strukturell in den Desideraten einer entsprechenden Frömmigkeit! Dann müßten wir urteilen, daß es sich in COELHOS Roman im wesentlichen um eine Umkehrung, um eine *Reaktionsbildung* auf die römisch-katholisch sozialisierte Form des Ödipuskomplexes mitsamt seinen patriarchalen Implikationen handelt; und die Frage, die wir uns stellen müssen, lautet gleich zweifach: a) wie ist eine Religion möglich, die aus einem solchen Wechselspiel von (ödipaler) Unterdrückung und Reaktionsbildung heraustritt? und b) wie ist eine Gottesvorstellung möglich, die dem Vorwurf, «nichts als» Projektion zu sein, tatsächlich standhält?

Die erste Frage läßt sich noch relativ leicht beantworten, doch die zweite Frage entscheidet über die Möglichkeit des Glaubens an einen personalen Gott überhaupt.

Eine Frömmigkeitshaltung *jenseits* des Ödipuskomplexes sollte nicht nur *möglich* sein, sie erfüllt im Grunde das Programm, das im Neuen Testament Jesus selber verkörpert und vermittelt. Keine Frage, daß der Gott, den er als den «Vater» uns nahebringen wollte, religionspsychologisch betrachtet, die Zwiespältigkeiten, die Ambivalenzgefühle überwinden sollte, die mit der patriarchalen Form des «Vatergottes», insbesondere im Umfeld priesterlicher Opferrituale, notwendig verknüpft sind. Ein Gott, der gerade die Ausgestoßenen, die Verzweifelten, die am Boden Liegenden aufsucht, aufnimmt und aufhebt, zeigt psychologisch all die Züge, die gemeinhin für «maternal» gehalten werden; und es ist im Namen *dieses* «väterlichen» Gottes, daß Jesus die ödipale Vaterangst ebenso auflösen mochte wie die gleichermaßen angstfixierte Bindung an die Mutter. In Mt 23,9 etwa kann der Mann aus Nazareth ausdrücklich fordern: «Laßt ihr euch nicht ‹Vater› nennen; ein einziger sei euer Vater, – der im Himmel ist» (vgl. E. DREWERMANN: *Das Matthäus-Evangelium*, III 143–160, DERS.: *Jesus von Nazareth*, 375). In solchen Worten wird Gott geradewegs als Grund und Inbegriff der *Freiheit* von aller entfremdenden, ängstigenden, unterdrückenden («kastrierenden») Vaterautorität verstanden. Und dann wieder (Mk 3,20–21.31–35) kann derselbe Jesus gegenüber Maria und seinen Geschwistern, die ihn als «wahnsinnig» nach Nazareth zurückholen möchten, in aller Öffentlichkeit erklären, *wen* er als «Mutter», «Bruder» und «Schwester» betrachtet: einzig diejenigen, die auf seine Weise mit Gott verbunden sind (vgl. E. DREWERMANN: *Das Markus-Evangelium*, I 311–321).

Auf dieser Stufe einer verinnerlichten Frömmigkeit ist es *unerheblich*, ob man sich Gott «männlich» oder «weiblich» vorstellt, als «Vater» oder «Mutter»; entscheidend ist, daß Gott als das Gegenüber eines Vertrauens erfahrbar wird, in dem die Angst vor den Menschen sich ebenso aufhebt wie die Angst vor der Natur, die uns umgibt; in der Erfahrung eines solchen Gottes liegen erkennbar alle «mütterlichen» Grundeinstellungen verborgen, die mit der Bedürftigkeit des Menschen nach einer vorbehaltlosen Akzeptation (nach einer «reinen Gnade») verknüpft sind; und es liegen darin ebenso all die Momente von Unabhängigkeit und Freiheit enthalten, die wir mit der «Vatergestalt» des Göttlichen verknüpfen.

Entscheidend in alldem ist dreierlei:
– um einen Grund des Vertrauens und der Geborgenheit zu finden, bedarf es eines Gegenübers *jenseits der Natur;*

- um einen Grund der Unabhängigkeit von den (ödipalen) Autoritäten in Elternhaus, Kirche und Gesellschaft zu finden, bedarf es eines Gegenübers *jenseits der Menschenwelt;* und
- um einen Grund für die Möglichkeit von Freiheit und Liebe zu finden, bedarf es eines Gegenübers, das selber in absoluter Weise *Person* ist (und sich deshalb absolut von all dem unterscheidet, was wir psychologisch entlang einer Kette von Projektionen und Introjektionen im Rahmen der Psychogenese als «Person» bezeichnen).

Nur in dieser *dreifachen Transzendenz* (von Natur, Kultur und Psyche, methodisch gesprochen: von Naturwissenschaft, Soziologie und Psychologie) läßt sich die Wirklichkeit entdecken, die mit Gott bezeichnet zu werden verdient (läßt sich, methodisch gesprochen, Theologie treiben).

## 3. Was heißt: an Gott zu glauben?

Die Folgerungen, die sich aus dem bisher Gesagten ergeben, sind außerordentlich weitreichend.

Die gesamte Auseinandersetzung mit den Naturwissenschaften, insbesondere in diesem Buche mit der Biologie, der Biochemie und der Geologie, hat uns zu einem Schritt für Schritt sich erhärtenden *Negativurteil* geführt: Es ist nicht möglich, Gott als «Ursache» aus der Natur zu erkennen (zu «demonstrieren» im Sinne von «erweisen» oder «beweisen»). Es ist – noch einmal – eine solche *demonstratio Dei* aus der Natur nicht möglich, weil kein Gott, der in Weisheit, Güte und Macht *diese* Welt, wie wir sie mit den Mitteln der Naturwissenschaften heute zu erkennen vermögen, hätte schaffen können, sie auch nur hätte schaffen *dürfen*. ARTHUR SCHOPENHAUER hat recht: «Wenn ein Gott die Welt gemacht hat, so möchte ich nicht der Gott seyn: ihr Jammer würde mir das Herz zerreißen» (Nachlaß, München 1985, III 57). Natürlich ist es *naturphilosophisch* möglich, den Begriff Gott mit dem Insgesamt der Evolutionsdynamik identisch zu setzen. Das SPINOZISTISCHE «Gott oder die Natur» *(deus sive natura)* ermöglicht es ohne weiteres, das Universum, das heißt das komplexe Zusammenspiel der Naturkräfte und Naturgesetze an jedem Ort und zu jedem Zeitpunkt der Welt mit «Gott» zu identifizieren. Das Wort «Gott» läßt sich dann beziehen auf die *Einheit* der Welt, wie sie CARL FRIEDRICH VON WEIZSÄCKER (*Die Einheit der Natur*, Wien 1971) eindrucksvoll beschrieben hat; darin eingeschlossen ist ein quasi organizistisches Verständnis der Naturzusammenhänge: wie in einem lebenden Gebilde, so sahen wir, ist bereits in der unbelebten Natur alles mit allem verbunden, wirken die Wirkungen verändernd auf ihre eigenen Ursachen zurück, bilden sich autokatalytische Systeme in der präbiotischen Welt der organischen Chemie und führt das *Prinzip* der Selbstorganisation komplexer Strukturen zu Erscheinungen, die sich, wenn überhaupt, dann nur in nicht-linearen Gleichungssystemen beschreiben lassen. Nur weil das so ist, konnte und mußte, wie im letzten Abschnitt gezeigt, das Leben unter den Voraussetzungen des Planeten Erde entstehen. Die *Erklärung* der Entstehung des Lebens selbst ist von daher identisch mit der Entdeckung des vollkommenen Ungenügens eines Denkens in den Modellen einer linearen Logik und bedeutet schon deshalb das Ende des mechanistischen Modells in den Naturwissenschaften. Legt sich *naturphilosophisch* da nicht wie von selbst der Gedanke nahe, das ganze Weltall nach Art eines autokatalytischen Prozesses aufzufassen – als eine Art Superorganismus, der sich selber hervorbringt und der, nach vorne offen, zu immer neuen, überraschenden und vor allem: zu immer komplexeren Formen der Selbstdarstellung sich stetig vorantreibt? Und sollte man diesen «Superorganismus» nicht selber für das halten dürfen, was vormals in den Religionen als «Gott» bezeichnet wurde?

Ein derartiger «prozeßtheologischer» Ansatz (vgl. PAUL DAVIES: *Der Plan Gottes*, 217–221) erscheint schon deshalb als äußerst verlockend, weil er ein hohes Maß an Ehrfurcht, Staunen und Dankbarkeit für die Welt, wie sie (geworden) ist und wie sie sich aller Voraussicht nach (weiter)entwickelt, dem menschlichen Betrachter zu vermitteln imstande ist – Empfindungen, die unstrittig in den Erfahrungsraum des Religiösen hinüberreichen! Ermöglichen läßt sich auf diese Weise eine Weltenfrömmigkeit, die Naturwissenschaft und Religion, nach Jahrhunderten unseliger «Auseinandersetzungen» (in wörtlichem Sinne!) im Abendland unter dem dogmatischen Regime der Kirche, nun endlich in eine glückliche Einvernahme, ja, in eine notwendige Einheit zu setzen scheint. Und verrät nicht die mythennahe Suche nach der (Wiederkehr der) Großen Göttin, verrät nicht die Absage an den patriarchalen Vater-Gott der biblischen Frömmigkeit im Grunde die gleiche Sehnsucht, wie sie in dem Suchen moderner Naturwissenschaftler nach dem «Einen» hinter der Erscheinungswelt sich ausspricht? Was da in den nüchternen Begriffen naturwissenschaftlichen Erkennens sich anzeigt, malt sich dort in den glühenden Farben von Muttersehnsucht und Liebesverlangen, und in beiden Tendenzen, in Wissenschaft wie Mystik, drängt sich dieselbe Suche nach einem Gott hervor, der nicht länger nötig, von der Welt *abzusehen*, um seiner seligen «Anschauungen» teilhaft zu werden. Ein Gott, der die Welt erschafft, um sich darinnen (dem Menschen!) in seiner Majestät zu «offenbaren», und der dann eine solche (unmenschliche!) Welt «erschafft», hinter der er sich eher verhüllt, als daß er sich in ihr enthüllte, ist nicht länger ein glaubhafter Gott. Ist es da nicht wirklich weit richtiger, einfacher und plausibler, Gott und die Welt einander gleichzusetzen und die religiöse Sinnsuche des Menschen mit der Erkenntnis all der evolutiven Strategien zu verbinden, denen wir offenbar all das verdanken, was wir als Schönheit, Leben und Geist, ja, selbst als Liebe und Güte bezeichnen? Wenn ehedem gesagt wurde, «das alles» sei das Werk eines Gottes, so müssen wir allem Anschein nach die Gesetze der Evolution selber als «göttlich» verstehen, denn es ist schon lange kein Zweifel mehr: *ihnen* entstammt all das, was wir vormals als Werke des «Schöpfers» im christlichen Dogma preisen hörten. Die Evolution selbst ist «schöpferisch», und die Natur, in der sie sich darstellt, ist selber der «Schöpfer»...

Es gibt gleichwohl einen Punkt, an welchem dieses inzwischen vielfach beliebte Konzept einer möglichen Einheit von Naturwissenschaft und Religion sich selber zum Scheitern verurteilt. Dieser Punkt liegt keinesfalls, wie man meinen könnte, in der Frage der Kosmologie nach dem *Anfang* des Universums – wir werden im dritten abschließenden Band der hier vorgelegten «Schöpfungstheologie» dem Problem der Entstehung und Entwicklung des Weltalls sowie den entsprechenden physikalischen Theorien noch ausführlich nachgehen müssen und werden dann sehen, daß die Frage nach dem Ursprung der Welt sich sowenig zu einem «Gottesbeweis» eignet wie die – bis vor Jahrzehnten noch unbeantwortete – Frage nach dem Ursprung des Lebens. Der Punkt liegt paradoxerweise *im Menschen*, genauer gesagt in dem Bruch, der zwischen der Welt des Erkennens und der Welt des Erkennenden selber besteht, in dem *Gegensatz* zwischen der Sphäre der erkannten Objekte und der Sphäre des erkennenden Subjekts. Eben jene Konzeption des Göttlichen, die naturphilosophisch sich so überaus plausibel nahelegt, offenbart ihr gänzliches Ungenügen an den Fragen der menschlichen Existenz.

*a) Vier paradoxe Gründe, an Gott als Person zu glauben*

Im letzten liegt dem gesamten bisher dargestellten (Miß)Verhältnis von Biologie und Theologie, von naturwissenschaftlicher Erkenntnis und gläubiger Erwartung immer wieder die gleiche unvermeidbare Enttäuschung zugrunde: Im Sinne der christlichen Glaubenslehre darauf vorbereitet, einer Welt voller Güte und Weisheit zu begegnen, enthüllt sich uns, zumeist widerwillig, nicht selten angewidert, dann aber auch wieder fasziniert, ja, begeistert, eine Wirklichkeit, die sich unter unendlichen Qualen selber vorantreibt und deren von außen aufgezwungene, keinesfalls innerlich angelegte Entwicklungs«richtung», je länger sie währt, einzig in der Hervorbringung von immer ausgeklügelteren und grausameren, weil wirkungsvolleren Strategien der Konkurrenz um die Durchsetzung der Gene der eigenen «Sippe» zu bestehen scheint. Eine Geschichte des Lebens ist vor unsere Augen getreten, die in ihrer ungeplanten Zufälligkeit, in der Fülle ihrer absurden Zerstörungen, in der offenbaren Flickschusterei selbst ihrer Grundeinrichtungen, in der infamen Bedenkenlosigkeit bei der Wahl und Erzeugung ihrer Mittel das gerade Widerspiel der Manifestation (der «Selbstoffenbarung») eines unendlich sorgsam überlegenden und unendlich liebevoll überlegenen Gottes darstellt. An diesem harten Tatbestand führt kein Weg mehr vorbei: die Erkenntnis der Welt, im Abendland ursprünglich einmal von gläubigen Gelehrten auf der Suche nach den Spuren Gottes (den *vestigia Dei*) in «seiner» «Schöpfung» geleitet, *widerlegt* jenen Gott, der in der Weltwirklichkeit dem endlichen Geist des Menschen sich selbst zu seinem dankbaren Lobpreis hätte zu erkennen geben wollen: – Seine «Moral» hält dem nicht stand, was wir von einem Gott als Grund aller Sittlichkeit verlangen müssen! Der «Schöpfer» der Welt und der «Schöpfer» dessen, was uns für «Menschlichkeit» gilt, scheinen schier unvereinbar. Das in der gesamten Theologiegeschichte stets nur verdrängte, niemals gelöste Problem des großen Theologen und Kirchengründers MARCION meldet sich erneut zurück und verlangt gebieterisch eine Antwort (vgl. *Glauben in Freiheit*, I 227–244): wie kann der «böse Demiurg», der diese Welt geschaffen hat, etwas zu tun haben mit dem *Vater*-Gott, den Jesus dieser Welt zu bringen kam? Wie lassen diese beiden einander konträren «Götter»: der Vater und der Sohn, sich jemals miteinander versöhnen (vgl. *Der sechste Tag*, 43)?

Die Antwort jetzt kann nur darin liegen, daß wir als erstes damit aufhören, darüber nachzudenken, wie oder wer Gott wohl «an und für sich» selbst sei! Das gesamte theologische Desaster der «objektiven» Theologenrede in diesem Buch verweist so massiv wie nur möglich auf eine äußerst wichtige Konsequenz: daß wir die Widersprüche, auf die wir zwischen dem «objektiv» gedachten Schöpfer und seiner objektiv erkannten Schöpfung unvermeidbar stoßen, nicht länger ins Unendliche verlängern, sondern als erstes in uns selber und mit uns selber auszutragen suchen. Was im Hintergrund der «atheistischen» Schlußfolgerungen aus der tradierten Schöpfungstheologie sichtbar wird, ist, genau gesprochen, nicht der Gegensatz von Gott und Welt; was sich hinter dem MARCIONitischen Problem verbirgt, ist in Wirklichkeit der Unterschied zwischen der Welt, wie sie uns «objektiv» erscheint, das heißt, wie wir sie mit den Kategorien des Verstandes, naturwissenschaftlich, zu erfassen versuchen, und einer Betrachtungsweise, die vom «subjektiven» Erleben her geprägt wird und *seiner* Erfassung dient. Der Grund, warum es nicht möglich ist, Gott als das Insgesamt der Welt beziehungsweise als die Einheit der in ihnen niedergelegten Gesetzmäßigkeiten zu verstehen, ergibt sich aus der einfachen Tatsache, daß ein *so* vorgestellter Gott ein lediglich ins Unendliche erhobenes Gedankenobjekt wäre, der Inbegriff und die Synthese aller objektiven Naturerkenntnis, nicht mehr und nicht weniger; niemals wäre dieser «Gott» ein Subjekt; er wäre mithin gerade *das* nicht, weswegen Menschen überhaupt sich Religion ersonnen haben: ein Gegenüber ihrer eigenen Subjektivität.

Weswegen «glauben» Menschen an Gott? Wir sagten in *Der sechste Tag* (349–360) bereits, daß das Bekenntnis: «Ich glaube an Gott» oder: «Ich glaube *nicht* an Gott» identisch sei mit dem Empfinden, im ganzen der Existenz von dem getragen zu sein, was wir Menschen (heute!) als «Liebe» bezeichnen, oder eben davon nicht getragen zu sein. Es ist die notvolle Spaltung zwischen dem Sein, das einfach nur ist, und der Sphäre des Seins, das Bewußtsein ist, um derentwillen Religion in der Kulturgeschichte der Menschheit notwendig wurde. Diese Spaltung ist irrevidierbar; sie gehört dazu, daß wir Menschen sind, doch sie bewirkt, mit JEAN PAUL SARTRE (*Das Sein und das Nichts*, 131) gesprochen, daß wir dazu verurteilt sind, im «Null-Abstand» von uns selbst zu existieren; – es wird uns nie vergönnt sein, nach der Weise der Identität eines Steins oder eines Baums mit der Tatsache unseres Seins zu verschmelzen. Mit dem Bewußtsein ist etwas in die Welt getreten, das sich «objektiv», als bloßes An-sich-Sein, nicht mehr beschreiben läßt, weil es gekennzeichnet ist durch ein radikales Für-sich-Sein. Mit dem Bewußtsein ist etwas in die Welt getreten, das den Zusammenhang der Welt durchbricht: es wird nicht mehr durch Kausalität gesetzt, es ist selbst das Vermögen, Kausalität durch eigene Entscheidung setzen zu können. Mit dem Bewußtsein ist in die Sphäre der Notwendigkeit mithin ein vollkommen Neues, ein Moment der *Freiheit* getreten. Und eben sie: die Freiheit, läßt sich nicht von außen verstehen; sie verwirklicht sich einzig in dem Entwurf ihrer selbst, und nur wer den Standpunkt des so Entwerfenden einnimmt, ist imstande, den anderen zu verstehen.

Man hat JACQUES MONOD (*Zufall und Notwendigkeit*, 211) den Ausdruck von dem Menschen als dem «Zigeuner am Rande des Universums, das für seine Musik taub ist und gleichgültig gegen seine Hoffnungen, Leiden oder Verbrechen», von seiten mancher Theologen als Ausdruck eines puren Atheismus oder gar Zynismus vorgehalten; doch deckt sich das, was der französische Biochemiker vor jetzt schon einem viertel Jahrhundert beschreiben wollte, durchaus mit einer Grunderfahrung des menschlichen Daseins, die selbst im Neuen Testament die Grundlage der religiösen Suche nach Heimat und Halt bildet: «Führt euer Leben», schreibt etwa der *1. Petrus-Brief* (1,17), «solange ihr hier *in der Fremde* seid, in Gottesfurcht.» Schon RUDOLF BULTMANN (*Das Urchristentum im Rahmen der antiken Religionen*, IV. Der Hellenismus, 127–162) hat gezeigt, wie das Lebensgefühl der griechisch-römischen Spätantike von dem Empfinden der Ausgesetztheit, der Andersartigkeit, der Fremdheit des Menschen gegenüber der ihn umgebenden Natur geprägt war; «Welt» hieß in dieser Zeit zwar immer noch nach dem altgriechischen Wort *«kosmos»*, doch war es eher Unordnung als Ordnung, was die Menschen im Ausgang der hellenistischen Kultur immer deutlicher unter diesem Wort zu spüren bekamen. Es bedeutete indessen einen schweren Fehler, in diesen Empfindungen der *Fremdheit* des Menschen inmitten der Natur, wie HANS JONAS (*Das Prinzip Leben*, 353–357) es tut, nur den Niederschlag einer kulturgeschichtlich bedingten Erfahrung der «Entzweiung von Mensch und Welt» erblicken zu wollen; denn tatsächlich spricht sich in dem Weltgefühl der «Gnosis» etwas Wesentliches von der unentrinnbaren Daseinsnot menschlicher Existenz überhaupt aus. – In wenigstens *vier Aspekten* sei die Situation des Subjekts Mensch in der «Fremde» der Welt mit dem Instrumentar des modernen Existentialismus kurz beleuchtet.

### α) Subjektivität

Wir haben bisher von Bewußtsein und Subjektivität gesprochen, ohne uns jedoch die «Umstülpung» der gesamten Betrachtungsweise zwischen Subjekt und Objekt genügend zu vergegenwärtigen. Der Übergang von der Form des objektiven Erklärens zu der Weise des subjektiven Verstehens vollzieht sich nicht durch graduelle Annäherung, sondern nur alternativisch. Alle naturwissenschaftliche Betrachtung, selbst wenn sie – wie in der Quantenmechanik oder wie in der Beschreibung nicht-linearer Systeme – den Standpunkt des Betrachters (des Subjekts) erkenntnistheoretisch als wesentlich miteinbezieht, bleibt doch insofern äußerlich, als sie Wert legen muß auf objektivierbare allgemeingültige Methoden, Meßverfahren und Argumentationsmuster. Das «Phänomen» auch des subjektiven Erlebens, der *Liebe* zum Beispiel, läßt sich in dieser Weise biochemisch in Form von Phenylethylamin, darstellen (s. o. S. 351); die Dunkel*angst* etwa läßt sich mit einer Ausschüttung von Skotophobin induzieren bzw. erklären; die Glückgefühle im *Nahtod-Erleben* lassen sich mit einem vermehrten «Bombardement» des Gehirns mit Serotonin und Dopamin erklären – usw. Es gibt nach allem, was wir heute wissen, überhaupt kein subjektives Erleben, das nicht mit dem Zusammenspiel bestimmter chemischer Substrate einherginge. Diese Erkenntnis ist zweifellos richtig, und sie bildet die unerläßliche Basis zum Beispiel für die Psychiatrie: eine verbesserte Kenntnis der «Chemie» der Gefühle erlaubt es, mit chemischen Mitteln (mit Hilfe von Psychopharmaka) Fehlsteuerungen des Gehirns, mithin pathologische Bewußtseinszustände, medikamentös zu behandeln. Aber nun geschieht etwas Entscheidendes, das speziell für den Aufenthalt vieler seelisch Kranker in einer psychiatrischen Anstalt sich geradezu alptraumartig auszuwachsen vermag: Sie *weigern* sich ganz einfach, unter den Augen der behandelnden Ärzte als nichts weiter vorkommen zu sollen als ein biochemischer Testfall; sie weigern sich, gerade in dem, was ihnen kostbar ist, *in ihrem subjektiven Erleben,* als ein bloßer Casus psychiatrischen Wissens sozusagen hinwegerklärt zu werden; sie weigern sich, diese Umkehrung beziehungsweise diese Verkehrung ihres Subjektseins zu dem simplen Anwendungsfall einer stereotypen «Medikation» als menschlich hilfreich zu akzeptieren; – ich selber kenne eine Reihe von Menschen, die sich lieber das Leben genommen hätten – und in einem «Falle» sogar genommen haben –, als diese Totalauslieferung ihres Subjektseins an die objektivierende Fachkompetenz des behandelnden Ärzteteams über sich ergehen zu lassen.

Und nun im konkreten: Natürlich ist es außerordentlich wichtig, in Grenzsituationen psychiatrischer Erkrankungsformen, wenn die Subjektivität des Bewußtseins zu einem nicht mehr mitteilbaren Chaos unzusammenhängender Inhalte verkommt, die verursachenden oder verursachten biochemischen Begleitumstände im Gehirn durch entsprechende pharmazeutische Dosen unter Kontrolle zu bringen; doch für das Subjekt selber bleibt es als Teil seiner Selbstbehauptung entscheidend, in der therapeutischen Intervention des Arztes nichts weiter zu sehen als einen Ausnahmefall, bedingt durch einen begrenzten oder vollkommenen Selbstverlust, der in der Tat durch die *Aufhebung* der Subjektivität Krankheitswert besitzt. Keinesfalls kann das Subjekt sich damit einverstanden erklären, diese Entfremdung des Für-sich-Seins als seine «Normalität» oder gar als seine «Wahrheit» hinzunehmen; das medizinische Handeln selbst rechtfertigt sich einzig durch die Absicht, diesen in jeder Hinsicht «unerklärlichen» Status des Subjektseins aus seinen Einschränkungen zu lösen und sich selber als die eigentliche Form von Gesundheit zurückzugeben. Dabei spielt es nicht die geringste Rolle, daß Arzt wie Patient nur allzu deutlich um die biochemische Bedingtheit und Begrenztheit des subjektiven Erlebens wissen: – ein weniges an Schlafentzug von auch nur ein paar Nächten genügt, um eine maniforme oder depressive Gestimmtheit zu einer Psychose sich auswachsen zu lassen; schon ein geringfügiges Ansteigen der Körpertemperatur langt aus, die eigentümlichsten Irritationen der Wirklichkeitswahrnehmung zu erzeugen; kaum etwas anderes scheint weniger «stabil» als das Erleben des Subjekts; und dennoch liegt in diesem flüchtig erscheinenden Sujet der Subjektivität das ganze Geheimnis und die ganze Unabgegoltenheit des menschlichen Daseins beschlossen.

Die *Liebe* zum Beispiel – wie soll sie anders beschreibbar sein als in der Perspektive des leidenden, hoffenden, glückseligen, verzweifelten Subjekts? Verobjektiviert, in nüchterner Distanz beschrieben, ist schon der Kuß zweier Verliebter eine gewissermaßen lächerliche Veranstaltung, wie THOMAS MANNS Hochstapler Felix Krull bereits feststellen mußte (*Bekenntnisse des Hochstaplers Felix Krull,* 3. Buch, 10. Kap., bes. S. 283–289). Nichts scheuen die Liebenden deshalb mehr als den Blick der Öffentlichkeit, die *von außen* betrachtet, was nur *von innen* beachtet sein will. Es gibt aber zwischen der einen oder der anderen Betrachtungsweise, wie gesagt, nur eine Entscheidung auf Entweder-Oder; alle Werbung, alles Verlocken, alle Verführung bestehen gerade in dem Versuch, die objektiv feststellende, subjektiv unbeteiligte Beobachtungshaltung eines anderen Menschen in eine subjektiv gleichermaßen betroffene Weise der Begegnung, ja, der Verschmelzung umzukehren und aus «Sinneseindrücken» Sehnsüchte, aus rationalen «Feststellungen» emotionale Stellungnahmen und aus dem «So ist es an sich» ein «So bist du für mich» zu formen. Es *ist* möglich, mit chemischen Formeln die Substrate zu bezeichnen, die das Gefühl der Liebe verursachen; doch wie die Liebe sich *anfühlt* und was sie aus den Geliebten macht, das sagt uns keine Chemie, das sagt uns nicht einmal die Psychologie, das kann nur das liebende Subjekt einem anderen liebenden Subjekt verraten. – Es war JEAN PAUL SARTRE (*Das Sein und das Nichts,* 3. Teil, 3. Kap., S. 464–548), der in der Subjekt-Objekt-Struktur des Bewußtseins einen Beweis für die Unentrinnbarkeit des Sadomasochismus im Feld des Zwischenmenschlichen erblickte; die *Liebe* aber ist gerade jenes *«Zwischen»* unter den Menschen, das zwei Subjekte auf eine Weise miteinander verbindet, die das Subjektsein beider unter Ausschluß aller objektivierenden Betrachtungsweisen wechselseitig *verstärkt.*

Und nun muß man nur bedenken, daß dieses verschwindende Subjektsein der Lebewesen für die Natur, wie wir sie «an und für sich» mit den Mitteln der Naturwissenschaften zu erkennen versuchen, nicht die geringste Bedeutung besitzt, und wir dürfen der *Unangemessenheit* der Subjektwelt zu der sie tragenden Welt der «Dinge» gewiß sein. Geist und Gefühl, Seele und Empfinden werden in dieser Welt notwendig bezahlt mit Heimweh, Angst und Einsamkeit. *Hier,* nicht in der Erklärungsbedürftigkeit der Naturzusammenhänge selber, die das Subjektsein ermöglichen, entspringt, jenseits der Zweideutigkeiten mythischen Symboldenkens (s. u. S. 847ff.), eine der Hauptquellen des Religiösen.

## β) Individualität

Doch nicht genug damit; es ist *die Individualität*, die dem Gang des Lebens und seinen Gesetzen zutiefst widerstreitet. Im Grunde sind alle materiellen Gebilde oberhalb der Ebene bloßer Elementarteilchenphysik individuierte Einheiten; – jeder Schneekristall ist etwas im ganzen Weltall Einmaliges; doch macht es in der Evolution des Lebens einen zunehmend größeren Unterschied, ob das individuell Seiende in bloßer Selbstidentität einfach nur ist oder in reflektierter Form sich als Individuum fühlt und fühlen will. Zwar haben wir S. FREUD konzediert, daß er schon den untersten Lebensformen einen eigenen «Willen» (zur Rückkehr ins Anorganische, in den Tod also) beimaß (s. o. S. 672), doch liegt zwischen dem Willen eines dynamischen Systems zu seinem «Selbsterhalt» und dem Kampf etwa eines Luchses gegen den Angriff eines Wolfes ein so weit klaffender Unterschied, daß es nicht möglich scheint, den Begriff des «Willens» univok auf das eine wie auf das andere zu beziehen.

Bezeichnen wir mit Individualität die Seinsweise eines Subjekts, das um seine Einmaligkeit weiß und sie, in Abgrenzung von allem anderen Seienden, selber will, so ist es augenscheinlich, daß der Dichter FRIEDRICH HEBBEL nicht unrecht hatte, als er den Willen zu Individuation selber als ein zutiefst *tragisches* Verlangen beschrieb (*Mein Wort über das Drama*, 1843, in: Werke, hg. v. Th. Poppe, VIII 53–57). Denn es ist nicht nur, daß in G. W. F. HEGELS *Phänomenologie des Geistes* (158–171; 347–422) das seiner selbst als individuelles Wollen bewußtwerdende Subjekt als «unglückliches Bewußtsein» inmitten der *geistigen* Welt erscheint (vgl. E. DREWERMANN: *Strukturen des Bösen*, III 79; 205), es ist vor allem, daß auf der Ebene des Seins dem Individuum in der Ordnung der Natur lediglich ein Übergangswert zukommt.

Wir sahen bereits, daß in der «Welt des Dionysos» (s. o. S. 259ff.) das individuelle Leben nichts weiter darstellt als eine Art Überlebensmaschine zur Verbreitung eben jener Gene, die sich diesen «Apparat» eines einzelnen Lebewesens zum «Zwecke» ihres Selbsterhalts im Verlaufe der Evolution nach und nach «konstruiert» haben. Selbst die «Erfindung» der Sexualität diente, wie wir sahen (s. o. S. 327ff.), ursprünglich *nicht* der Ermöglichung eines immer höheren individuellen Seins, sondern dem Genaustausch zur Verbesserung von Fehlerkorrekturen bei der Replikation und zur Verbreiterung der Immunabwehr. «Unsterblichkeit» jedenfalls als ein potentiell unbegrenztes Fortexistieren in der Zeit ist nichts, das dem Individuum, in angegebenem Sinne, zukäme, sie ist eine bloße Mitgift der Gene, dieser «aperiodischen Kristalle», die in ihrer Fühllosigkeit ihre Auflösung nicht einmal zu «erleiden» vermögen. Es ist schwerlich ein größerer Widersinn denkbar, als daß die Natur Lebewesen mit Empfindungen, Gefühlen, Erinnerungen, Sehnsüchten und Gedanken hervorbringt, nur um all die erreichte Größe und Schönheit ihrer Erscheinungen mit unerbittlicher Notwendigkeit in kürzester Zeit wieder zurückzunehmen und die gesamte Vielfalt des Lebens periodisch immer von neuem auf das Niveau von Einzellern zurückzudrücken. Von den Individuen, diesen alleinigen Trägern aller Ängste, aller Nöte, aller Leiden und Leidenschaften, *soll* nach diesem Verfahren überhaupt nichts überleben, was nicht durch die Keimbahn sich fortzeugt. Für diese Art von «Ökonomie» der Natur haben, so betrachtet, BEETHOVEN, KANT oder SCHOPENHAUER so gut wie niemals gelebt, und auch das Umgekehrte gilt: was von LUTHER, MOZART oder HEGEL biologisch noch fortleben mag, hat seinerseits nicht das geringste zu tun mit der Größe jener Personen, die *als Individuen* in einer bestimmten Welle des Lebensstroms vor vielen Generationen einmal aufgetaucht sind.

Ein Individuum zu sein bedeutet in dieser Welt, in einem unentrinnbaren Gefängnis zu leben und, wie ein unschuldig zum Tode Verurteilter, ohne Appellationsinstanz, dem willkürlich festgesetzten Tag der Hinrichtung entgegenzuwarten. Es ist, als hätte in einem grausamen Zynismus die Natur das Experiment Mensch (bzw. bewußtes individuelles Sein) überhaupt nur unternommen, um endlich und endgültig herauszufinden, ob ein solches Lebewesen, wie der Mensch, überhaupt zum Leben fähig ist oder ob es nicht, über kurz oder lang, an den Bedingungen seiner eigenen Hervorbringung, verbittert vor lauter Kummer und Schmerz, notgedrungen wahnsinnig werden wird.

An *dieser* Stelle erneut meldet sich das Bedürfnis nach Religion. Es hat nicht zu tun mit der Frage, wie die Entstehung individuellen Lebens auf der Erde sich *erklären* lasse – es geht bei der Religion, wie wir sehen, überhaupt nicht um eine Erkenntnisbeziehung zwischen Bewußtsein und Sein –; die Religion gründet vielmehr unter anderem in der *Unangemessenheit* der Zuordnung von Individuum und Gattung in der gesamten Geschichte des Lebens: – die Lebewesen, je höher sie sich entwickeln, werden nach und nach viel zu kostbar, um auch weiterhin «nichts anderes als» das bloße «Material» zur Erzeugung von weitgehend identischem Leben sein zu sollen. Und hier liegt der Ansatzpunkt des Glaubens. Nicht der besseren Erkenntnis der Natur dient die Religion, noch entstammt sie wesentlich einer bloßen Unkenntnis der Naturzusammenhänge (selbst wenn die tradierte Theologie noch immer ihre eigene Unwissenheit zum Argument des Glaubens erklärt); *wesentlich* gründet die Religion in dem Versuch, der Zufälligkeit und Sinnlosigkeit der individuellen Existenz Grund und Halt zu verleihen.

Wir haben vorhin gesehen, wie der «Gottesbeweis» aus den Wertstufen der Welt *(e gradibus)* notwendig scheitern muß (s. o. S. 763); doch erleben wir jetzt gewissermaßen eine paradoxe Umkehrung dieses Gedankens: eines Gottes bedarf es nicht, um zu erklären, warum die Natur in immer höheren Seinsstufen sich gliedert, eines Gottes bedarf es der Schnödigkeit wegen, mit der die Natur in völliger Gleichgültigkeit das Höchste dem Niedrigsten opfert – da stirbt ein SCHUBERT an dem *Trepanosoma pallidum* der Syphilis und ein HEGEL (vermutlich) an Cholera; doch was weiß schon ein Einzeller von dem, was er da tötet! Ja, ein Virus «tötet» nicht einmal; er weiß überhaupt nicht, was mehrzelliges (geschweige gar geistiges) Leben bedeutet; – es löst ganz einfach auf; es assimiliert die Energie und die Nahrung seiner Umgebung, es ändert die genetischen Programme seiner Wirtsorganismen im Dienst der Verbreitung seiner eigenen Gene, es tut mit einem Wort letztlich nichts anderes, als was auch wir Menschen nur in weit größerem Maßstab in «unserer» Umgebung tun.

Wie ist es in einer solchen Welt der permanenten Wertezerstörung möglich, die individuelle Existenz mit einem Selbstwert im Dasein auszustatten? *Darauf* zu antworten, bildet die dringend notwendige Aufgabe der Religion; die Erklärungen der Biologie, gerade weil sie als Erklärungen *zutreffend* sind, muten ungeheuerlich an zum Beispiel im Munde eines Arztes am Krankenbett.

### γ) Freiheit

Und die nächste Herausforderung stellt sich schon um die Ecke: *die* (menschliche) *Freiheit*. Für einen Moment könnte man meinen, es lasse ein gewisser Wert des individuellen Lebens sich auch außerhalb des Religiösen einfach im Rahmen der sozialen Rollenzuweisung etablieren: die Kulturgeschichte der Menschheit basiert auf einer immer weiter fortschreitenden Differenzierung und Spezialisierung der Funktionen, die von einzelnen übernommen werden müssen, und je differenzierter und spezialisierter diese Funktionsübernahmen sind, desto schwerer ersetzbar wird zugleich der einzelne Funktionsträger. In der Tat kann durch gesellschaftliche Prozesse die *Kontingenz*, die radikale Zufälligkeit und Beliebigkeit der individuellen Existenz, im subjektiven Erleben daher ein Stück weit abgemildert werden; doch gänzlich verschwinden wird sie niemals. Im Gegenteil, sie kehrt in der Selbstwahrnehmung des Subjekts verschärft als die Unentrinnbarkeit von Freiheit zurück.

Es war SÖREN KIERKEGAARD, der als erster den Zusammenhang von Freiheit («Geist») und *Angst* entdeckte (*Der Begriff Angst*, 47): es zeuge von Geistlosigkeit, meinte er, wenn jemand die Angst nicht spüre, die es koste, ein Individuum in Freiheit zu sein; existentiell sei es unmöglich, die Flucht in die HEGELsche «*Logik*», in das «allgemeine Individuum», anzutreten. Denn eben dies, daß ein Mensch in seiner Freiheit *nicht* identisch sein kann mit dem Sittlich-Allgemeinen der Gesellschaft, macht die Größe ebenso wie die Abgründigkeit der menschlichen Existenz aus (vgl. SÖREN KIERKEGAARD: *Furcht und Zittern*, 49–62).

Wie hält ein Mensch es überhaupt aus, «zur Freiheit verurteilt» zu sein, wie JEAN PAUL SARTRE (*Ist der Existentialismus ein Humanismus?*, in: Drei Essays, 16) sich ausdrückte?

Bereits KIERKEGAARD hatte gezeigt, wie die Angst vor der Freiheit dahin drängt, die widersprüchlichen Konstituenten, denen sie selber entstammt (Endlichkeit – Unendlichkeit, Notwendigkeit – Möglichkeit), in Gestalt eines einseitigen Selbstentwurfes zu isolieren und damit die Freiheit selber zu destruieren (*Die Krankheit zum Tode*, 14; 28 ff.; 35 ff.). So kann beispielsweise die Angst, durch eine falsche Entscheidung *schuldig* zu werden, einen Menschen so sehr bestimmen, daß er sich *verzweifelt* an das «Allgemeine»: die Gesetze der Sittlichkeit, die Paragraphen des Gesetzes, die Vorschriften einer staatlichen oder kirchlichen Behörde, klammert; und doch ist er gerade so augenblicklich der Gefahr ausgesetzt, in dem Bestreben, nur ja alles richtig zu machen, am Ende alles falsch zu machen; denn es ist der schlimmste mögliche Fehler, wenn es einem Menschen an eigener Persönlichkeit zu fehlen beginnt, und er muß notwendig in allem schuldig werden, wenn er sich selber ein eigenes Sein in Verantwortung und Freiheit schuldig bleibt (vgl. E. DREWERMANN: *Strukturen des Bösen*, III 420–425; 476–479).

«Wer bin ich selbst?» und: «Wer soll ich sein?» – diese beiden Fragen im Grund und im Kern der menschlichen Freiheit beantworten sich durch keine Art von Naturwissenschaften. Wir werden im abschließenden dritten Band der hier vorgelegten «Schöpfungstheologie» noch sehen, auf welchen Wegen vor allem die Bioneurologie derzeit den *Eindruck* von Bewußtsein und Freiheit zu erklären versucht; doch eines läßt sich an dieser Stelle vorweg schon behaupten: Keinerlei Erklärung für das Zustandekommen bestimmter Freiheitsgrade von sich selbst evolvierenden Systemen erlaubt irgendeine Aussage darüber, in welch eine Richtung sich die einmal etablierte Freiheit entscheiden soll. Sie *wäre* keine Freiheit, wenn die Gründe ihrer Ermöglichung sie auf eine bestimmte Entscheidungsrichtung festlegen würden.

In der aktuellen Situation unserer Gesellschaft gewinnt diese simple Feststellung eine geradezu dramatische Dimension. Denn die fortschreitende Verdrängung der Religion durch die Naturwissenschaften führt unausweichlich zu einer tiefen Orientierungslosigkeit. Die tradierten Antworten der Theologie diskreditieren sich durch ihre erkennbare Unrichtigkeit, die Richtigkeiten naturwissenschaftlicher Erkenntnisse aber erklären stets nur bis zur Erklärung hin: sie sagen im besten Falle, wie und warum etwas notwendigerweise so wurde, wie es ist, und sie sagen, was (wahrscheinlich) werden wird, *wenn* alles so ist, wie es ist; sie sagen gerade nicht, was im Raum des Möglichen wählbar sein könnte, und noch weniger sagen sie, welch eine Wahl unter dem Wählbaren wirklich zu treffen wäre.

In diesem Vakuum sinnvoller Antworten legt es sich nahe, die Bedingungen, unter denen Naturwissenschaft heute betrieben wird, selbst für das Ziel der Naturwissenschaften zu nehmen. Die *Hochenergiephysik* zum Beispiel verschlingt ungeheure Geldmengen bei der Erforschung der Grundlagen der Materie, und nichts scheint selbstverständlicher zu sein, als daß die Physiker sich unter die «Pflicht» gestellt sehen, durch entsprechend vertretbare Forschungsergebnisse das vorgeschossene Kapital ihrer Geldgeber maximal zu vermehren; – schon warten an den Vorzimmern der Elementarteilchenbeschleuniger die Vertreter der Atomindustrie, der Rüstungsindustrie und der sie tragenden Banken und Aktionäre; am Ende verfolgt die Physik scheinbar nur noch den Zweck, aus immer mehr Wissen immer mehr Macht und Geld zu machen – eine Perversion der Wissenschaft, ohne Zweifel; doch was ist zu tun, wenn nicht einmal Hiroshima oder der Wahnwitz der atomaren Hochrüstung in der Zeit des von den USA für «gewonnen» erklärten «kalten Krieges» zu einem Umdenken zu führen vermochte? Und dieselbe Frage stellt sich nicht minder an die *biologische* Grundlagenforschung: an die Genetik: – Was dürfen wir tun? Was sollen wir tun? Was ist richtig und was falsch? Auf all diese überaus drängenden Fragen, die von den Naturwissenschaften aufgeworfen werden, können diese selbst keine Antwort erteilen.

Anders als die überkommene Theologie könnte indessen eine Form von Religiosität, die den Erkenntnissen heutiger Naturwissenschaften entspricht, angesichts solcher Fragen darauf verweisen, daß Subjektivität, Individualität und Freiheit keinesfalls nur «Errungenschaften» der Species *homo sapiens sapiens* darstellen, sondern daß sie als «vektorielle Größen» in der Geschichte des Lebens selbst zu betrachten sind: je höher das Leben sich entfaltet, desto größer wird die Evidenz und Bedeutung der Tatsache, daß wir es fortschreitend mit Lebewesen zu tun haben, die sich selber fühlen und wollen und die innerhalb bestimmter Freiheitsgrade Entscheidungen zu treffen vermögen. Freilich sind die Übergänge (nicht anders als in der Geschichte der Menschwerdung) *gleitend:* – es ist nicht klar, wieviel «Individualität» wir einem Regenwurm zusprechen sollen, obwohl er objektiv ohne Zweifel ein «Individuum» ist. JOHN ECCLES (*Wahrheit und Wirklichkeit,* 124; 131) meinte einmal, daß wir keinerlei Chance hätten, uns vorstellen zu können, wie Tiere fühlen und was in ihren Köpfen vor sich geht. Das stimmt nur begrenzt. Wir müssen im Gegenteil davon ausgehen, daß dieselben Strukturen im Gehirn eines Säugetiers in etwa auch denselben Funktionen und wohl auch denselben subjektiven Erlebnisformen zuzuordnen sind. Wir können sehr wohl «wissen», was Müdigkeit, Hunger, Sexualverlangen, Zorn oder mütterliche Fürsorglichkeit im Leben und Erleben einer Katze oder eines Hundes bedeuten, und nun käme es einfach darauf an, diesen subjektiven Faktoren einen eigenen Wert zuzusprechen. Es ist genau die Stelle, an der wir die naturwissenschaftliche objektivierende Beobachtungsdistanz *verlassen* müssen, um überhaupt so etwas wie «Wert» und Bedeutung zu entdecken, existieren doch beide, Wert wie Bedeutung, einzig für das *subjektive* Erleben von Lebewesen. Es ist aber dieser Schritt hinüber zu der Perspektive des Subjekts, des Individuums und der Angst seiner Freiheit *identisch* mit der Entdeckung des Raums des Religiösen: Mit einem Mal erscheint Leben als etwas an sich selbst Schützens- und Erhaltenswertes, mit einem Mal beansprucht ein Huhn oder ein Kälbchen als ein empfindendes, fühlendes Subjekt ein Recht auf Rücksichtnahme gegenüber seinen Empfindungen und Gefühlen; mit einem Male sind Schmerz oder Lust, Qual oder Freude keine neutralen Beobachtungstatsachen mehr, die sich in neuralen Aktivitätspotentialen ableiten ließen, sondern sie stellen etwas dar, das in sich selbst, weil für sich selbst, belangvoll ist. – Allmählich, nicht wahr, beginnt es zu dämmern, was es heißen könnte, an *Gott* zu glauben! Es wäre identisch damit, in der Ernstnahme des Subjektiven selbst Führung und Halt zu gewinnen!

Dabei radikalisiert das Problem der Freiheit die Not der menschlichen Existenz buchstäblich ins Unendliche. Man hat SÖREN KIERKEGAARD vorgeworfen, er habe der Absurdität des Daseins durch einen Sprung in den Glauben an Gott entkommen wollen (vgl. ALBERT CAMUS: *Der Mythos von Sisyphos,* 36–39), doch kann davon keine Rede sein. Die Frage des dänischen Religionsphilosophen ging nicht dahin, wie man der Freiheit entrinnen, sondern wie man sie erträglich, das heißt subjektiv überhaupt vollziehbar machen könnte: Um die Angst zu überwinden, die den subjektiven Reflex der Freiheit im Bewußtsein bildet, bedarf es eines absoluten Subjekts als der Bedingung der Möglichkeit einer unbedingten Bejahung und Bindung. Kein Ding, keine «Pflicht» im Rahmen des Ethisch-Allgemeinen, keine selbstgefaßte Entscheidung vermag die Angst der Freiheit vor sich selber zu beruhigen, nur eine andere, ebenfalls freie Person, die in ihrer Wahl (in ihrer *Liebe*) eine Wahl als (liebende) Antwort in Freiheit vermittelt, hebt die Freiheit aus ihrer Angst heraus und befreit sie damit, ohne sie zu vernichten, zu ihrem eigentlichen Glück, zu ihrer Vollendung. Nur «in der Liebe ist keine Furcht» (1 Joh 4,18), und nur ein absolutes Subjekt der Liebe ist imstande, die Unendlichkeit der Angst zu beruhigen.

Dabei ergibt sich erneut an dieser Stelle die Notwendigkeit, die Argumentationsrichtung der traditionellen Theologie umzukehren. Bestrebt, mit ihren Gottes«beweisen» immer auch ein Stück Kirche ideologisch mitzubegründen, versuchte man im Rahmen des «moralischen Gottesbeweises» Gott als einen obersten Gesetzgeber und als einen Garanten des Sittengesetzes zu demonstrieren (s.o. S. 766); schaut man richtig nach, so scheint diese Art von «Dienstleistung» übrigens das einzige noch verbliebene Desiderat der bürgerlichen Gesellschaft an die (vom Staat subventionierte) (Kirchen)Religion zu sein: sie soll die «Werte» des Zusammenlebens begründen. Kann zum Beispiel ein Krieg wie der Nato-Angriff auf Jugoslawien im April 1999 moralisch gerechtfertigt sein? Für solche und ähnliche geistige «Schützenhilfe» ist es immer noch ratsam, für einen nicht unbeträchtlichen Teil der Bürger das Votum (gewiß nicht das Veto!) der verfaßten Kirchen und ihrer Bischofskonferenzen einzuholen. Worauf wir indessen jetzt stoßen, ist das gerade Gegenteil dieses so beliebten Denkansatzes: Um die (sich stets wandelnde) «Moralität» der Gesellschaft zu schützen, langt der HEGELsche «Volks»- oder «Weltgeist» allemal aus; er demonstriert sich ganz einfach von Fall zu Fall in der «Objektivität» seiner (pragmatischen und juristischen) Vernunft und verringert somit die Aufregung, als individuelle Freiheit niemals nur der Anwendungsfall des Allgemeinen zu sein. Der Glaube an einen *persönlichen Gott* hingegen ist nötig um der Unableitbarkeit der menschlichen Freiheit willen.

Ein Hauptmoment der Angst (vor) der Freiheit ist die Sorge, in der Differenz zwischen dem Individuellen und dem Allgemeinen, in der Nichtfestgelegtheit des Subjektiven durch das Objektive *schuldig* werden zu können. Noch bis in die Lehre KANTs von den «Postulaten» hinein geht die Vorstellung von Gott als dem «Gesetzgeber» und «Richter», und selbst G. W. F. HEGELs *Grundlinien zur Philosophie des Rechts* (§ 220, S. 189–190) konstruierten als Ausweis der Selbstbewegung des Geistes ein Gedankenautomaton von Recht, Verfehlung und Strafe, das in aller Schärfe und Strenge jegliche Schuld zu ahnden befiehlt. Es geht im Deutschen Idealismus, wie SÖREN KIERKEGAARD richtig einwandte, die Frage nicht, wie denn *subjektiv* ein Mensch seine Freiheit überhaupt zu vollziehen vermag – wenn die Möglichkeit von Schuld und Strafe ihn ständig wie ein Raubtier verfolgt und belauert! Statt im Sinne der Moralphilosophie in Gott den *Gesetzgeber* zu sehen, legt sich der Gottesgedanke gerade vom anderen Ende her nahe: Es kann existentiell, wie gesagt, gerade die *Schuld* eines Menschen sein, nur als ein «allgemeines Individuum», nicht aber *selber* zu leben; Gott als *Person* ist nötig, um den Einzelnen in seine unableitbare Freiheit zu rufen; nur ihm als dem absoluten Subjekt gegenüber kann es Schuld sein, sich in dem Versteck des Allgemeinen lebenslänglich zu verkriechen; doch ihm gegenüber ist es auch möglich, in der eigenen Individualität den Ruf zu einer Freiheit zu vernehmen, die nur in der Person dieses Einzelnen, der ich selbst bin, zur Austragung kommt. Auch und gerade dabei ist es möglich, sich zu irren, Fehler zu begehen oder, gemessen an der Aufgabe, zu versagen; Gott als Person ist nötig – nicht als Verkörperung des Sittlich-Allgemeinen, er ist nötig, damit Freiheit subjektiv möglich werde, er ist not*wendig* als Vergebender – als jemand, der etwas tut, das alles Gesetzliche, alles nur Ethische gerade niemals zu tun vermag: den Automatismus von Vergehen und Strafe zu *unterbrechen* und die Perspektive des handelnden Subjektes einzunehmen. Gott als Person, nicht als Weltgesetz, ist erforderlich allein zur Begründung des Einzelnen in seiner angefochtenen Freiheit.

### δ) Scheitern

Und, zum letzten, in seinem *Scheitern*. Die äußerste Infragestellung der menschlichen Existenz ergibt sich aus der jederzeit zu gewärtigenden Möglichkeit, selbst beim besten Bemühen und richtigsten Tun am Ende *erfolglos* zu bleiben. Keinesfalls erlaubt uns G. W. F. HEGELS *Vernunft in der Geschichte* (86–90), die Weltgeschichte für das Weltgericht zu halten; vielmehr finden wir im Verlauf der Geschichte die spätjüdische Betrachtungsart Zug um Zug bestätigt, wonach gerade der «Gerechte» an den Zeitläuften, wie sie nun einmal sind, geradewegs «leiden», das heißt zugrunde gehen *muß* (zu dem Typos der «leidenden Gerechten» vgl. L. RUPPERT: *Jesus als der leidende Gerechte?* Stuttgart 1972). Er verfügt schon aufgrund seiner moralischen Skrupel offensichtlich nicht über die nötigen «Durchsetzungsstrategien», deren Muster die Evolution schon im Tierreich ebenso reichhaltig wie bedenkenlos ausgearbeitet hat.

Schon der Maßstab dessen, was für *«Erfolg»* gilt, bleibt in der menschlichen Geschichte äußerst zweifelhaft. PLATON zum Beispiel war gewiß das, was man in der Geschichte des Abendlandes einen «Erfolgsautor» nennen muß; aber hätte nicht auch DEMOKRIT etwa verdient, daß man zumindest etliche seiner Werke vollständig überlieferte? Und könnte sich nicht sogar eines baldigen Tages erweisen, daß das Genie PLATONS auf mehr als zweitausend Jahre hin die Gedanken der Theologen in die Irre gelenkt hat, während der atheistische Atomist DEMOKRIT zumindest eine richtige Intuition über die *«Natur der Dinge»* (LUCREZ) besaß? Oder: hundertfünfzig Jahre lang hielten die Schriften von KARL MARX die Menschheit in Atem – derzeit sind sie für DM 1,– in zahlreichen Museen in Ostdeutschland käuflich, und wer weiß, ob sich das Bild nicht noch einmal ändern wird? Entgegen der Meinung HEGELS, in der Geschichte der Menschheit werde alle geistige Wahrheit (zudem noch in logischer Abfolge!) aufbewahrt, zeigt sich vielmehr, daß eben diese Geschichte ganze Völker mitsamt ihren kulturellen Leistungen erst dem Untergang, dann dem Vergessen anheimgeben kann. Bei allem, was Menschen tun, bleibt es fraglich, was über kurz oder lang als «Erfolg» zählt. Es geht in der Geschichte der Menschheit halt nicht anders zu als in der Evolution auch: die «Vorteile» von heute sind die «Nachteile» von morgen (s. o. S. 111), und wenn der Hauptmaßstab des «Erfolges» in der Dauer des Bestands einer etablierten «Information» (der Gene oder «Meme», der biologischen oder kulturellen Informationseinheiten) gesehen werden muß, so ist uns doch deutlich geworden, daß allein schon der Faktor des Zufalls (etwa der Einschlag eines Meteoriten am Ende der Kreidezeit) jede «Gerechtigkeit» in der Bewertung des Erreichten vermissen läßt.

Und unterhalb dieser «großen» Formen des *Scheiterns* spielen die «kleinen» Tragödien sich ab: Einer Katzenmutter, die gerade sechs Junge geworfen hat, nimmt man nach wenigen Tagen die Tiere fort, um sie «einzuschläfern»; eine Frau im Sudan muß hilflos mitansehen, wie ihre zwei Kinder von einer Meningitis-Epidemie betroffen werden usw. Ein Mann bewirtschaftet recht und schlecht mit seiner Familie einen kleinen Bauernhof, nur um zu erleben, daß nach einer Mißernte die Banken seinen gesamten Besitz, Haus und Hof, sich, schlimmer als Raubtiere, «unter den Nagel reißen» – und doch geschieht alles völlig legal, es gilt für die Pflicht der Bankiers, das eingelegte Guthaben ihrer Kunden sachgerecht zu verwalten...

Am meisten beeindrucken sollte in christlicher Sicht das Beispiel Jesu: Er scheiterte unter anderem wegen seines Einspruchs gegen die Schuldeneintreiberei der Hannas-Clique am Jerusalemer Tempel (vgl. *Jesus von Nazareth,*

458–467); er scheiterte, weil seine unverstellte Menschlichkeit die kasuistische Gesetzlichkeit der Theologen seiner Zeit provozierte; er scheiterte, weil seine Haltung und sein Verhalten ihn zwischen alle Stühle von «oben» und «unten» und «rechts» und «links» bugsieren mußte – er sah halt als erstes *Menschen,* nicht Parteigänger des Herodes, des Hohen Rates, der Pharisäer, der Sadduzäer, der Zeloten oder welcher Bezugsgruppen auch immer. Wie aber ist es einem Menschen möglich, sehenden Auges ins Scheitern zu gehen, im Bewußtsein, gerade so «den Willen Gottes zu erfüllen» (Röm 8,32; Phil 2,8)?

Die ganze Zeit über, nach dem Buch über *Jesus von Nazareth,* haben wir uns gefragt, wie glaubwürdig der Glaube Jesu an Gott als seinen «Vater» angesichts von so viel Leid und Unrecht eigentlich ist; wir haben uns inzwischen, so gut es irgend gehen mochte, mit den Mitteln moderner Naturwissenschaften auf Erden umgesehen, und wir haben das Problem der «Theodizee» letztlich nur verschärft gefunden: es *ist* nicht möglich, Gott von der «Schöpfung» her zu denken! Was aber «beweist» uns dann die Existenz eines Gottes? Die Antwort an dieser Stelle ist paradox, logisch ein Zirkelschluß, existentiell aber die einzig mögliche Form einer Selbstvergewisserung: Während die Tatsache der vielfältigen Notwendigkeiten des Scheiterns die Idee eines gütigen, weisen und mächtigen Gottes stracks widerlegt, basiert die Fähigkeit, aus den «richtigen», menschlich wertvollen Gründen zu scheitern, auf der Voraussetzung, daß es *jenseits* von Evolution und Geschichte trotz allem, ja, gerade deshalb eine Instanz gibt, unter deren Augen all die so sinnlos scheinenden «Opfer» ihre angemessene Bewertung erhalten und ihren unverbrüchlichen Wert behalten.

Warum glauben wir einem Mann wie Jesus seinen Gott?

Nach Durchmusterung aller «Beweis»gründe herkömmlicher Theologie läßt sich nur sagen, daß sich ein solcher Glaube nur nahelegt für denjenigen, der von dem Beispiel des Mannes aus Nazareth derart angetan ist, daß er ihm so nahe wie möglich zu kommen und ein ähnliches wie er zu tun wünscht. Das Scheitern am Karfreitag, gemäß dem Urteil des Hohen Priesters, scheint (den) Gott (Israels) ein für allemal zu widerlegen, und doch ist es gerade die Art des Scheiterns, welche den Glauben an ebendiesen Gott zur Voraussetzung hat. «Wer mich sieht, sieht den Vater», heißt es im *Johannes*-Evangelium (14,9) einmal, und immer wieder hat die kirchliche Dogmatik diesen Satz auf die göttliche Wesenseinheit von «Vater» und «Sohn» in dem «innergöttlichen Mysterium» der «Dreifaltigkeit» Gottes gedeutet, doch wären derartige Prärogationen, Komplikationen, ja, absurde Spekulationen dem Juden aus Nazareth historisch mit aller Sicherheit nicht nur vollkommen fremdartig, sondern schlicht und einfach gotteslästerlich erschienen (vgl. *Jesus von Nazareth*, 607–632); versteht man den Satz jedoch *existentiell*, so bietet er die klarste und beste, ja, die einzig mögliche Auflösung des Problems der Gottesfrage: der Glaube an einen persönlichen Gott läßt sich, nach allem, was wir bisher gesehen haben, durchaus *nicht* gewinnen aus der Betrachtung der durch und durch unpersönlichen Natur, er findet seinen Grund letztlich in nichts anderem als in der Evidenz der Menschlichkeit einer Person, die bis in Innerste von ihrem Glauben an die Personalität Gottes selbst durchdrungen und geformt ist.

Wir werden diesen Ansatz jetzt durchhalten müssen: Wenn es der Glaube an die Personalität Gottes ist, der die Person des Menschen selbst vermenschlicht, so ist, vom Standpunkt des Glaubens aus formuliert, Gott zu betrachten als die «Bedingung der Möglichkeit» von Menschlichkeit; und umgekehrt begreifen wir, daß es in alle Zukunft nicht mehr möglich sein wird, vom «Glauben an Gott» in einer rein theologischen, «objektiv» sich gebenden Gelehrtenmanier zu sprechen; wem Gott weniger oder etwas anderes ist als die Formung seiner Gesamtpersönlichkeit, der redet nicht von Gott als einem «lebenden» (Mk 12,27), sondern von einer Theorie, die – schon aufgrund ihrer existentiellen Unbeteiligtheit! – das Subjekt tötet, dessen Existenz sie als Möglichkeit «erörtert» und «verwörtert».

In all den vier paradoxen Gründen, Gott als Person zu glauben, erweist sich der Gottesglaube als die entscheidende Ermutigung, *anders* zu «existieren» (in wörtlichem Sinne!), als die «Strategien der Genesis» es vorsehen. Der Gott, der sich im Hintergrund der Welt *verbirgt*, ist gerade *nicht* der Gott, der sich in «Christus» *«offenbart»* – *das* zumindest ist die Wahrheit, die *post festum* MARCION zugebilligt werden muß.

Rekapitulieren wir, so ist es die *Subjektivität* des Bewußtseins, die im Widerspruch zum objektiven Gang der Welt im Hintergrund der «Schöpfung» ein absolutes Bewußtsein, einen Gott, der selbst Subjekt und niemals Objekt ist, erfordert; so ist es die *Individualität*, die als Grund ihrer existentiellen Ermöglichung eine absolute Person verlangt, die durch ihre Gegenwart das Individuum in seiner Einmaligkeit bestätigt, wertschätzt und *liebt;* so ist es die *Freiheit,* die zur Aufhebung der mit ihr verbundenen *Angst* eines Gegenübers bedarf, das unendlich viel *mehr* ist als die mythische Verkörperung der Naturgesetzlichkeiten oder des Moralgesetzes, sondern das zu dem Allerfreiesten und Allerindividuellsten fähig ist, das es im Umgang mit «Gesetzen» geben kann: zur «Ausnahme» der *Vergebung;* und ist es die Notwendigkeit des *Scheiterns* an den stets zu engen Wänden dieser Welt, die nach einem Gott ausgreifen läßt, der als unendlicher doch jedem Endlichen in gleicher Weise nahe ist; denn nur ein solcher Gott bildet den Grund einer Geborgenheit, die selbst Zerbruch, Sinnlosigkeit und Tod, wenn nötig, noch als Aufbruch, Sinnstiftung und Anfang wahren Lebens glauben läßt.

Von diesem *Vertrauen* ausgehend, fragen wir jetzt noch einmal, wie eine solche im Glauben gefundene Menschlichkeit sich bewahren und bewähren läßt gegen eine ganze Welt. Nach dem vollständigen Desaster der tradierten Kosmotheologie in der Auseinandersetzung mit den Ergebnissen moderner Biologie verbleibt uns, wie wir sehen, allein der existenzielle Grund einer Selbstvergewisserung im Dasein, um an eine subjekthafte (personhafte), individuelle (liebende), freie (vergebende) und mittragende (verstehende) Gottheit im Hintergrund der Welt und gegen alle Welt zu glauben. All die genannten «Gründe» sind erkennbar nicht logischer Natur – sie haben nichts mehr zu tun mit den (im Rückblick naiv anmutenden) syllogistischen Demonstrationsverfahren der Hochscholastik des Mittelalters und der Neuscholastik der römischen Kirche im 19. und 20. Jahrhundert; sie sind, schon weil sie ganz und gar vom denkenden, fühlenden, leidenden, zerbrechenden Subjekt ausgehen, weit eher als «Beweggründe» (Motive) zum «richtigen» Dasein des Menschen denn als «Beweisgründe» zur Bestätigung der Existenz einer an sich seienden Gottheit zu verstehen. Und doch ist klar, daß es für eine lebendige Religion nicht genügen kann, bei den existenziellen Grunderfahrungen und der mit ihnen korrespondierenden Sehnsucht nach Gott stehenzubleiben. Die Frage bleibt, welche *Vorstellungen* sich über die so gefundene Gottheit entwickeln lassen, ja, welche Vorstellungen wir uns über Gott geradewegs machen *müssen*, damit er unserem menschlichen Bewußtsein und Fühlen nahe genug kommt, um psychologisch die Probleme auch wirklich zu lösen, die wir als denkende und fühlende Wesen in dieser Welt unabwendbar mit uns selber haben müssen. Die Frage geht noch einmal nach dem *Wert der Bilder*.

### b) *Drei Bilder, Gott sich vorzustellen*

Es geht an dieser Stelle, wohlgemerkt, *nicht* darum, in den Mythos auszuweichen, um, wie HANS JONAS (*Das Prinzip Leben*, 394) sich ausdrückte, in einer Zeit «der großen Pause der Metaphysik» mit den Bildern eines nicht-existierenden Gottes eine Vorstellung von einer Welt zu vermitteln, in welcher der Mensch schon durch die Tatsache, daß er Leben ist und daß es Leben gibt, sich geistig als mit der Natur verbunden und als verbindlich mit der Natur handelnd sich zu begreifen vermag, so als sei der Mensch (nach Gen 1,26–27) «nicht so sehr ‹im› Bilde wie ‹für› das Bild Gottes geschaffen». Für uns *gibt* es die große «Indifferenz der Natur» (a. a. O., 371–372): «Daß die Natur sich nicht kümmert... Daß nur der Mensch sich kümmert, in seiner Endlichkeit nichts als den Tod vor sich, allein mit seiner Zufälligkeit und der objektiven Sinnlosigkeit seiner Sinnentwürfe...» – dieses Daseinsverständnis des Existentialismus scheint uns nach allem Gesagten auf der Ebene der Biologie unwiderlegbar zu sein; es bildet für uns deshalb den *Ausgangspunkt*, um die Gottesfrage vom anderen Ende her, in gewissem Sinne illusionsloser, radikaler, *verzweifelter* zu stellen; denn auch darin stimmen wir SÖREN KIERKEGAARD zu, wenn er, im Gegensatz zu der geistmetaphysischen Mediation HEGELS, im Glauben eine «durch Verzweiflung vermittelte Unmittelbarkeit» erblickte. Für uns ist es gerade die Unhaltbarkeit, weil Ungehaltenheit der menschlichen Existenz inmitten der Welt, die es unmöglich macht, mit SPINOZAS Gleichsetzung von Gott und Natur menschlich zu leben; und so gehen wir mit dem Versuch, um des Menschen (und der ihm nahestehenden Tiere und Pflanzen) willen an einen *persönlichen* Gott zu glauben, auf die Welt zu und fragen uns, welche *Bilder* des Mythos sich eignen, die Person eines solchen weltjenseitigen Gottes fühlbar und erlebbar zu machen.

*Ein* Einwand stellt einem solchen Vorhaben sich sogleich entgegen: Wir haben bei der Beschreibung der *weiblichen* Gesichtszüge des Göttlichen aus der griechischen Mythologie die Gestalt dreier Göttinnen gemalt, die, wie es für den Mythos charakteristisch ist, *aspekthaft* bestimmte Seiten der «Mutter Natur» zu erkennen gaben; doch es war natürlich von vornherein klar, daß wir es in diesen Bildern lediglich mit Spiegelungen des menschlichen Bewußtseins auf der wie ein See daliegenden Projektionsfläche der Natur zu tun hatten; – nichts «Objektives», Bewußtseinsunabhängiges oder Bewußtseinsjenseitiges war in diesen Bildern gelegen; worum es sich handelte, war im Sinne LUDWIG FEUERBACHS (*Das Wesen der Religion*, Nr. 8, 9, in: Werke, IV 86–87) lediglich eine verunendlichte Selbstanschauung des Menschen «in seinem Anderen». Eben deswegen erschien es uns unmöglich, daß etwa die Mysterien von Eleusis *mehr* darzustellen vermöchten, als daß sie, bei dem Versuch, die Untröstlichkeit des menschlichen Daseins angesichts des Hades, angesichts von Raub, Vergewaltigung und Tod, durch das Zeichen der Unvergänglichkeit des Lebens selber zu trösten, nur desto deutlicher die *Trostlosigkeit* der individuellen Existenz im «Haushalt» der *Demeter*, der «Mutter» Natur, offenbarten; eben deswegen auch sahen wir uns genötigt, den Glauben an einen personalen Gott *jenseits* der Natur überhaupt ins Gespräch zu bringen, nicht auf daß er uns durch seine «Schöpfermacht» die Welt erkläre, sondern im Gegenteil, auf daß er im Ghetto dieser ganz und gar nicht «göttlichen» Welt das Gegenüber einer sonst sich verlierenden Menschlichkeit bilde. Die Frage freilich erhebt sich damit um so dringlicher, ob wir es bei der Vorstellung eines solchen personalen Gegenübers nicht erneut bloß mit einem projektiven Monolog, mit dem Echo eben jenes Gesprächs zu tun haben, das der Mensch in seiner Not mit sich selber führt.

Wir lassen diese Frage im Moment einmal stehen und heben nur erst einen wichtigen *Unterschied* in den Ausgangspositionen hervor: Die Beschäftigung mit bestimmten Bildern der *Großen Göttin* konnte uns zeigen, welch ein Bedürfnis im Menschen nach Geborgenheit, nach persönlicher Liebe und nach Leben im Gegenüber des Todes liegt; das Göttliche selber, um als göttlich erlebbar zu sein, *kann* nur, so sahen wir, in der Weise des Personseins erscheinen – und doch, je klarer die personenhafte Seite des Göttlichen sich mitteilt, desto ungemäßer erscheint die Natur als ihr Träger; vielmehr je deutlicher der Mensch sich aus der Natur, die ihn umgibt, *herauslöst*, desto eindeutiger verlangt ihn nach einem Gott, dessen Personsein *in Differenz* steht zu der Unpersönlichkeit der Natur.

Es ist dies der Schritt, der kulturgeschichtlich in der *Bibel* getan wurde. Ihre Religion ist die erste in der Geschichte der Menschheit, die Gott als eine Person jenseits der Naturmächte vorstellt. Wenn sie «Gott» dabei speziell als «männlich» definierte, so lagen darin gewiß eine Fülle von zeitbedingten patriarchalen Anschauungsformen und ideologischen Rechtfertigungen enthalten (und haben sich z. B. in der römischen Kirche bis heute erhalten!), doch beruht die zeitübergreifende Aktualität der «Offenbarung» des biblischen Gottesglaubens wesentlich nicht *darauf*, sondern sie besteht in etwas anderem: Gott ist nicht länger ein Teil der Natur oder identisch mit der Natur; Gott kann eben deswegen nicht die «Mutter Natur» sein; vielmehr wenn der Mensch seine Subjektivität, seine Individualität, seine Freiheit und die Vergeblichkeit all seines Mühens entdeckt, so muß Gott, soll Religion je imstande sein, die Not des Menschen zu lindern, eine Person jenseits der Natur sein, um die Krise des Personseins des Menschen inmitten der Natur zu beantworten. *Deshalb*, nicht irgendwelchen «sexistischen» Implikationen zuliebe, legte es sich der Sprache der Bibel nahe, Gott in Abkehr von der «Mutter Natur» in einem *männlichen* Bild zu malen. Es darf dabei allerdings nicht untergehen, was wir in den «weiblichen» Gesichtszügen Gottes soeben betrachten konnten: daß es die wesentlich *gütigen*, eben die *mütterlichen* Züge sind, die wir mit diesem «männlichen» Gott verknüpfen müssen, der allerdings *jenseits* der

Natur vorgestellt werden muß, weil sein Bild als persönlich in der Natur so nicht geschaut werden kann.

*Drei Erfahrungsmomente* dieser «männlichen» Gottheit verdienen dabei in Entsprechung zu den drei geschilderten weiblichen Bildern und in Antwort zu den vier «paradoxen» Gründen, an Gott zu glauben, besonders herausgestellt zu werden: der *Vater* im Gegenüber zu der Subjektivität und Individualität des Menschen, der Hirte im *Gegenüber* der menschlichen Freiheit und der *Richter* im Gegenüber des menschlichen Scheiterns.

α) Der Vater oder: Die Sphäre der Berechtigung

Wir haben in *Jesus von Nazareth* (162–176) bereits gesehen, wie stark die Bedeutung der gesamten Botschaft Jesu darin gelegen war, den Menschen Gott als *Vater* nahezubringen, und so brauchen wir die bibeltheologischen und religionsgeschichtlichen Hintergründe der Vorstellung von Gott als dem Vater an dieser Stelle nicht zu wiederholen. Wichtig aber ist, zu betonen, daß das Bild des «Vatergottes» wesentlich *nicht* der Interpretation der Natur entstammt.

Wohl gab es im alten Ägypten in der Götterneunheit von Heliopolis das Mythem von dem Gott *Atum*, der die Welt durch Selbstbefriedigung schafft: ebenso selbstgenügsam, wie die Große Göttin die Welt gebiert, so erzeugt der männliche Schöpfergott aus reiner Lust an sich selbst die überströmende Fülle der Wirklichkeit in Gestalt des Luftgottes *Schu* und der *Tefnet* (von altägyptisch *ischesch* und *tef* = speien) als reine Emanation seiner selbst (vgl. ADOLF ERMAN: *Die Religion der Ägypter*, 90); doch spielen derartige Vorstellungen von der schöpferischen Potenz Gottes für die biblische «Theologie» durchaus keine Rolle. Desgleichen sind die «väterlichen» Gottheiten in den altägyptischen Triaden aus Vater, Mutter und Kind (zum Beispiel aus *Amun*, *Nut* und *Chons* in Theben) für das biblische Denken ohne Bedeutung.

Hoch bedeutsam hingegen ist die Entdeckung, die ALBRECHT ALT in seiner Arbeit aus dem Jahre 1929 *Der Gott der Väter* (in: Kleine Schriften, I 1–78) gemacht hat: daß es nämlich einmal eine gemein-semitische Religionsstufe gegeben haben muß, die darin bestand, denjenigen unter den Göttern zu verehren, der sich dem Stammesvater, in der Bibel dem *Abraham*, geoffenbart hat. Als «Vatergott» galt in diesem kulturellen Umfeld mithin wesentlich der «Gott des Stammesvaters». Es ging bei dem Glauben an den «Gott der Väter» zentral um die Verehrung *des* Gottes, der den eigenen Stamm gegenüber allen anderen «erwählt» und ihn mit seiner Gunst belehnt hatte; und der Stamm wiederum sah sich durch die Tatsache eines solchen Glaubens zur Erhaltung der kultischen Riten verpflichtet, die der Legende nach von dem Stammvater «gestiftet» worden waren.

Entscheidend in unserem Zusammenhang ist der *Ausgangspunkt,* den wir in der Geschichte der biblischen Religion antreffen: Ort der religiösen Selbstvergewisserung des menschlichen Daseins ist jetzt *nicht* länger mehr die Natur, sondern, in herbem Kontrast zu den herrschenden Naturreligionen des «Kulturlandes», die menschliche Geschichte bzw. die Geschichte des eigenen Stammesverbandes oder, anders gesagt, die Geschichte des «Großichs», das sich darin verkörpert. Natürlich haben wir es bei dieser «Wahl» des Ausgangspunktes nicht etwa mit einer weltüberlegenen geistigen Reflektiertheit oder mit einer gewissermaßen philosophischen Abgeklärtheit zu tun, ja, es steht jedem Kritiker frei, in dem Glauben an die «Offenbarung» der (Stammes)Gottheit an den Stammvater nichts weiter zu sehen als eine sogar besonders primitive Form des Clandenkens und des Gruppenegoismus; auch daß die Natur nicht als primärer «Ort» der Gottesbegegnung erfahren wird, ergab sich ganz einfach aus der Kulturstufe von Kleinviehnomaden in den Steppenrandgebieten des altorientalischen Kulturlandes: die Menschen dieser Kultur- und Religionsstufe waren keine Jäger mehr, um etwa an die *«Artemis»* zu glauben, sie waren aber auch noch keine Ackerbauern, um an die *«Hera»* oder an die *«Demeter»* in ihren vielfältigen Namen und Erscheinungen zu glauben. Und doch konnten sich, wie stets in Evolution und Geschichte, aus derartigen rein zufälligen Ausgangsbedingungen bedeutsame, alles weitere bestimmende Entwicklungsrichtungen kanalisieren: Indem die hebräischen Stammesverbände nach der «Landnahme» um 1200–1000 v. Chr. ihre Religion auch auf die bronzezeitliche Ackerbaukultur Kanaans ausdehnten, waren sie gehalten, ihren Stammesgott Jahwe nunmehr auch (in Konkurrenz zu der Religion des *Baal*) als den «Schöpfer» der Fruchtbarkeit des Landes zu erklären (vgl. Hosea 2,10.18) und ihn schließlich sogar zum Schöpfer der ganzen Welt zu erheben, wie es merkwürdig spät erst im 6./5. Jh. v. Chr. in der Konzeption des «ersten Schöpfungsberichtes» der *«Priesterschrift»* in Gen 1,1 geschieht.

Rein religions*geschichtlich* betrachtet, hat man es bei der Erhöhung Jahwes zum Schöpfergott demnach mit einer Machtausdehnung der Jahwe-Religion über die kanaanäische Fruchtbarkeitsreligion des Baal zu tun; *religiös* betrachtet indessen stellt es der heute vorherrschenden «historisch-kritischen» Bibelauslegung auf den Lehrstühlen der Theologie ein Armutszeugnis aus, wenn auch sie nichts anderes in dem biblischen Schöpfungsglauben zu sehen vermag als den ideologischen Reflex des Machtanspruchs der israelitischen Stämme über das Kulturland. Uns jedenfalls scheint gar nichts anderes übrigzubleiben, als daß wir den Weg der biblischen Frömmigkeitsgeschichte von einer Stammesreligion zu einer Schöpfungsreligion *existentiell* nachbilden, indem wir die Grundlage des Glaubens *nicht* in der Lehre von Gott als dem Schöpfer, sondern von Gott als dem *Vater* erblicken. Diese ganz und gar in der menschlichen Existenz gründende Überzeugung von einem persönlichen Gott im Gegenüber der menschlichen Person bildet den Ausgangspunkt, um menschlich der Unmenschlichkeit der Natur standzuhalten und den Gottesglauben allererst zum Schöpfungsglauben zu erweitern.

*Metaphysisch* gedacht, scheint es freilich das erste, den Ursprung des Seins alles Seienden zu erforschen und sich die klassische Frage vorzulegen: Warum existiert etwas und nicht vielmehr nichts? Aber MARTIN HEIDEGGER (*Sein und Zeit*, § 14, S. 63–66) hatte ganz recht, als er den Begriff «Welt» zunächst eben nicht als das «Insgesamt» des «vorhandenen Seienden» deutete, sondern darin den Inbegriff der Selbstauslegung des menschlichen Daseins erblickte. Auch die Bibel, wenn sie von «Welt» spricht, meint damit nicht den «Kosmos» der Griechen, sondern die vom Menschen her gedeutete Wirklichkeit (vgl. RUDOLF BULTMANN: *Theologie des Neuen Testamentes*, § 26, S. 254–260). Ein väterlicher Gott als «Schöpfer» der «Welt» meint deshalb zunächst das Gegenüber menschlicher Daseinsauslegung, von dem her es möglich wird, eine in qualifiziertem Sinne «menschliche» «Welt» zu bewohnen. Der Glaube an den «Vater» ist mithin der Grund eines Weltentwurfs der Güte, und so versteht es sich von daher fast wie von selbst, daß nur gütige Menschen, wie Jesus einer war, einen solchen Weltentwurf des Glaubens an Gott als den Vater zu beglaubigen vermögen.

Doch mehr noch: die Existenzphilosophie hat gezeigt, daß die «Welt» als ein Bündel von «Bewandtniszusammenhängen» und Verwendungszwecken stets nur – mit HEIDEGGER gesprochen – als ein «deprivierter (sc. herabgekommener, d. V.) Modus eines ursprünglicheren Sich-Verhaltens» verstanden werden kann; und noch weiter «herabgekommen» ist die scheinbar von jedem subjektiv persönlichen Interesse befreite «Objektivität» der Naturwissenschaften im Betrachten dessen, was ihr für «Welt» als Einheit aller von den Naturgesetzen geregelten Energiezustände gilt. Die Naturwissenschaften selber sind offensichtlich am weitesten von dem Ursprung existentiellen Fragens und «Seinsvernehmens» entfernt, und es markiert vor allem eine solche existentielle Differenz, dann erst einen auch historischen Abstand, wenn wir sehen, wie mit Beginn der Neuzeit die Astronomie sich endgültig aus der Astrologie herausentwickelt, die Physik aus der Metaphysik, die Chemie aus der Alchemie und die Biologie – aus der Religion! Die Naturwissenschaften selbst konnten sich überhaupt nur entfalten, indem sie die unmittelbare Frage des Menschen nach sich selbst hinter sich ließen. Natürlich ist es deshalb schon rein methodisch unmöglich, religiöse Fragen an die Naturwissenschaften zu richten oder solche Fragen sich von ihnen beantworten zu lassen. Der «Ort», an dem die Fragen der Religion sich stellen, ist die Infragestellung des menschlichen Daseins, und nur dort (oder nirgendwo!) findet sich auch eine Antwort.

Von daher war es von Anfang an ein schwerer Fehler, die Religion mit den Mitteln philosophischer oder naturwissenschaftlicher Naturerkenntnis haben stützen zu wollen, indem man Gott als den Urheber des Seins und als Schöpfer des «Soseins» des Seienden zu erweisen suchte. Die Frage lautet jetzt schon lange nicht mehr, wie man von der Welt her Gott als den «allmächtigen Vater» demonstrieren könnte, vielmehr hat das nicaenische und AUGUSTINISCHE Glaubensbekenntnis aus dem vierten nachchristlichen Jahrhundert die biblisch und existentiell «richtige» «Reihenfolge» sich bewahrt, wenn es als erstes sagt: «Ich glaube an Gott, den allmächtigen Vater», und erst dann hinzufügt: «(als an) den Schöpfer des Himmels und der Erde (bzw. von allem Sichtbaren und Unsichtbaren, sc. der ganzen Welt, d. V.)» (vgl. HENRICUS DENZINGER – ADOLFUS SCHÖNMETZER: *Enchiridion Symbolorum*, Nr. 21–22; 27–30; 40–48; 50–51; 125).

REINHOLD SCHNEIDER, der an der Natur mit der Fülle ihrer Grausamkeiten so sehr gelitten hat, daß er das Bild des «Vaters» völlig verdunkelt sah (vgl. *Der sechste Tag*, 45–47), konnte doch, ganz entsprechend zu der Umkehrung des Ansatzes, wie wir sie hier vorschlagen, in einer Meditation über das *«Vaterunser»* schreiben: «Das Vaterunser beginnt mit einem großen Trost; wir dürfen Vater sagen... Da wir beten wollen, blicken wir auf, und es ist, als ob auf dieses eine Wort hin, das noch kaum über unsere Lippen kam, eine Überfülle des Lichtes über uns niederstrahlte. Nun ist alles gut; der Himmel erwartet uns, Gott ist unser Vater; wir sind beschützt... Das Leid, die Sorge, die uns aus der Mitte des Daseins drängten, werden beschwichtigt, das Unten ist mit dem Oben verbunden... Wie sich der Himmel in seiner Unendlichkeit öffnet..., so entschleiert sich nun die Erde unter der Güte des Vaters; Licht geht durch die ganze Schöpfung... Dieses eine Wort stellt alle Zusammenhänge wieder her; die Welt fügt sich in Gottes Hände.» «Die Welt ist uns fremd geworden. Aber wir sind Deine Kinder in dieser fremden Welt und wollen uns bewähren. Alles andere steht bei Dir» (*Das Kreuz in der Zeit*, 9–10; 15).

Der Kreis beginnt sich zu schließen. Wir hatten uns vorgenommen, eine Theologie zu entwerfen, die auf die Fragen eines gläubig suchenden Menschen wie REINHOLD SCHNEIDER in der Mitte dieses in vielem furchtbaren 20. Jahrhunderts ehrlich antwortet und die seiner abgrundtiefen Verzweiflung standhält; wir mußten dabei die traditionelle «Schöpfungslehre» der kirchlichen Dogmatik auflösen, und so entspricht das, was wir jetzt finden, in etwa dem Weg, den der betend klagende und fragende Dichter selber gegangen ist: niemals wird man von der Welt her zu einem «väterlichen» «Schöpfergott» gelangen; einzig wer den Glauben an Gott als den «Vater» schon mitbringt, wird diese Welt als «Schöpfung» betrachten; und wir müssen uns einzig noch fragen, in welch einem Sinne dieses Wort dann gemeint sein kann.

β) Der Hirte oder: Die Sphäre der Begleitung

Während mit dem Bild von Gott als dem «Vater» das Gefühl einer Geborgenheit vom «Ursprung» her assoziiert ist, betont eine andere im alten Orient und dann auch in der Bibel sehr beliebte Vorstellung den begleitenden Schutz auf dem Weg des Lebens in Gestalt des Gottes, der dem Menschen als ein *Hirte* gegenübersteht.

Insbesondere im alten Ägypten konnte das persönliche Verhältnis des Einzelnen zu «seinem» Gott sich in dem Hirten-Bild aussprechen. «In einem Liederkranz rammessidischer Zeit auf (sc. den Wind- und Geist-Gott, der mit dem Sonnengott Re verschmilzt, d. V.) Amun geschieht das an mehreren Stellen», schreibt SIEGFRIED MORENZ (*Gott und Mensch im alten Ägypten*, 98–99) und zitiert: ‹‹(Amun) leitet die Leute› oder ‹ist es, der die Leute auf jedem Wege leitet›. Damit wir uns einmal klarmachen», fährt MORENZ fort, «daß diese wie wohl jede solcher Vorstellungen von irdischen Erfahrungen hergenommen sind, sei darauf hingewiesen, daß Amun im Textzusammenhang als Sonnengott gefaßt erscheint. Seine Leitung versteht sich also als vergeistigte und zugleich verallgemeinerte Form der zunächst ganz sinnenhaft gegebenen Führung durch das Licht der Sonne, ohne die sich ja der Ägypter nach mancherlei Selbstzeugnissen so elend und hilflos fühlte. Doch wir schreiten noch einmal zeitlich weit zurück und treffen dann inmitten der ersten Wirre (sc. in der 1. Zwischenzeit um 2150–2040 v. Chr., d. V.) ein zwar nur mittelbares, aber ebenso erfolgreiches wie eindrucksvolles Zeugnis für Gott als Leiter der Menschen ohne Ansehen der Person. Es findet sich in der vielgenannten Lehre für Merikare (10. Dynastie) und bezeichnet die Menschen als ‹Kleinvieh

Gottes›, die durch die Güte ihres Herrn und Schöpfers ‹wohlversorgt sind›. Man braucht kaum besonders hervorzuheben, daß mit diesem Bild Gott als der Hirte seiner menschlichen Herde gezeigt wird. Tatsächlich haben die Ägypter in der Folgezeit eine große Vorliebe für ein solches Gottesbild bewiesen, in dem ja Hingabe und Zutrauen des Behüteten gegenüber seinem Hüter so voll zum Klingen kommen. Auch hier waren es die Geschlechter der Ramessidenzeit (sc. der 19./20. Dynastie von 1306–1075, d. V.), die sich den unmittelbar erfahrenen transzendenten Gott als ihren Hirten erträglich, ja vertraut zu machen versuchten. Damals wurden Lobpreisungen gedichtet, die als Hohelieder auf den guten Hirten gelten können...: ‹Amun, Hirte, der sich früh um seine Rinder kümmert, der den Hungrigen zum Kraute treibt. Es treibt der Hirte die Rinder zum Kraute – Amun, du treibst mich, den Hungrigen, zur Speise, denn Amun ist ja ein Hirte, ein Hirte, der nicht träge ist.› Oder: ‹Wie schön ist dein Erscheinen, Re, mein Herr, der handelt als Hirte in seinem Kraute. Man trinkt an seinem Wasser. Siehe, ich atme von der Luft, die er gibt... Re, großer Hirte! Komme, du Gesamtheit von all euch Rindern! Seht doch, ihr verbringt den Tag an seinem Futter vor ihm, nachdem er alles Böse entfernt hat.›»

Dabei ist zu bedenken, daß die Erfahrung des «Geführtwerdens» durch den «Hirten» kulturgeschichtlich wohl aus dem Königtum abgeleitet ist: der König war es, der, wie der Hirt die Schafe, «sein» «Volk», seine «Herde» leiten sollte; der Akzent lag dabei von Anfang an weniger auf der Macht des Königs als auf der Verantwortung, die er gegenüber der «Herde» trug; «und so», meint SIEGFRIED MORENZ (*Gott und Mensch im alten Ägypten*, 99), «begreifen wir es recht gut, daß in späterer Zeit das auf Gott und Mensch bezogene Hirtenbild geeignet war, die schrankenlose Willkür des über alle Kreaturen erhabenen Gottes durch die Elemente sorgender Güte zu mildern.»

In unserem Zusammenhang bei der Frage nach dem Verhältnis von Gott, Natur und Kreatur sollten wir etwas anderes formulieren und sagen: die naturwissenschaftlich vermittelte Ansicht einer Natur, die für uns Heutige keinerlei «göttliche» Spuren mehr verrät, indem sie mit den Lebewesen «willkürlich» schaltet und waltet, wie sie «will», das heißt: *ohne* zu wissen, was sie will, und *ohne* überhaupt etwas zu wollen, kann nur erträglich bleiben durch ein Gegenbild, das gerade diejenigen Züge betont, um derentwillen Religion allererst «nötig» wird: Was wir Menschen in der Natur gerade *nicht* erleben: ein sorgsames Behütetwerden und planvolles Geleitetwerden, eben das spricht sich in dem Kontrastbild von Gott als dem *Hirten* aus.

Bereits das Alte Testament hat immer wieder diese Chiffre aufgegriffen, ursprünglich offenbar auch, weil damit der Raum der hergebrachten Stammesreligion von Kleinviehnomaden sich auf die Sphäre von Kulturland, Staatengründung und (theokratischer) Monarchie erweitern ließ. Es mag dabei durchaus sein, wie manche vermuten, daß die Vorstellung von Gott als dem Guten Hirten, wie der kostbare *Psalm 23* sie in ein Gebet gefaßt hat, sich einmal auf den Mond (und nicht auf die Sonne) bezog und daß der Gott Jahwe als ein Führungs- und Wegegott galt, der beim nächtlichen Viehtrieb den Nomaden Richtung und Weg wies; zudem hütete der Mond die Wolken als seine «Schäfchen» und versammelte das Heer der Sterne als «Herde» um sich (vgl. I. GOLDZIHER: *Der Mythos bei den Hebräern und seine geschichtliche Entwicklung*, 45–50; 67–72). Vor allem aber wurde in der Zeit während und nach dem babylonischen Exil, im 6. Jh. v. Chr., Jahwe von den Propheten als der «Hirte» schlechthin geschildert, der sein Volk, das wie Schafe über die Hügel verstreut ist (Ez 34,6) oder das, anstelle von verantwortungsbewußten Führern, vom «Wind» geweidet wird, von allen Enden der Welt zurückholen und sammeln wird (Ez 34,12); und natürlich wird er es dann zu üppigen Weiden und klaren Wasserstellen geleiten und es gegen jeden Beutegreifer in Sicherheit bringen.

Am eindrucksvollsten hat der Prophet *Ezechiel* (34,2) nach der ersten Deportationswelle im Jahre 597 v. Chr. die «Hirten» zur Rede gestellt, die «nur sich selbst weiden», indem sie das Verwundete nicht verbinden, das Kranke nicht heilen, das Schwache nicht stützen, das Verlorene nicht suchen, dafür aber das Starke niedertreten (Ez 34,4); diese nichtsnutzigen, ja, schädlichen und schändlichen Hirten wird Jahwe selber bestrafen, und wegen ihrer erwiesenen Unfähigkeit und Untätigkeit wird er ihr von vornherein nur «geliehenes» Amt nunmehr selbst übernehmen; rein im Umkehrschluß wird er dann all das tun, was jene eben nicht getan (Ez 34,16).

Es leidet keinen Zweifel, daß *im Neuen Testament* Jesus von Stellen wie diesen in seinem Selbstverständnis sich zutiefst geprägt sah: Er *wollte* «das Verlorene suchen» und «das Kranke heilen» und «das Schwache stärken». Man warf ihm eben deshalb vor, daß er ein «Freund der Zöllner und der Sünder» sei (Mt 11,19), und tatsächlich lud er sie alle ohne Vorleistung zum Mahle ein (Mt 9,9–13); zur Rechtfertigung seines Verhaltens aber fiel ihm keine passendere Stelle der Bibel ein als gerade dieses Bild des Ezechiel von Jahwe, dem «Hirten»; und so erzählte er zur Begründung seines Verhaltens entgegen seinen Gegnern in einem seiner schönsten Gleichnisse die Geschichte vom Guten Hirten (Lk 15,1–7): wenn Gott so ist, daß er, wie ein Hirt einem am Wegrand versprengten Schaf, dem «Verlorenen» nachgeht und das Entkräftete auf den Schultern zurückträgt (vgl. Jes 40,11), muß dann nicht er, Jesus selber, sich ganz genauso verhalten? (Vgl. JOACHIM JEREMIAS: *Die Gleichnisse Jesu*, 132–135.) Das *Johannes*-Evangelium (10,1–30) schließlich hat Jesus überhaupt als den «guten Hirten» gezeichnet, der seine «Herde» ohne jeden Zwang und ohne jede Gewalt durch den bloßen Ruf des «Namens» und durch den vertrauten Klang seiner Stimme zu leiten vermag.

Für unsere Fragestellung jetzt lernen wir aus der Chiffre vom Hirten erneut etwas Wichtiges: Wir wollten wissen, wie es möglich sei, trotz dieser Welt den Glauben Jesu an einen gütigen, väterlich behütenden Gott zu glauben; die Antwort, auf die wir stoßen, lautet auch jetzt wiederum, daß wir einen Gott, wie Jesus ihn uns nahebringen wollte, durchaus von der Natur her nicht werden finden können; das einzige «Argument», über das wir zu Gunsten eines solchen Glaubens verfügen, liegt darin, daß wir als Menschen es einzig im Umfeld eines bedingungslosen Behütetseins lernen werden, mit uns selbst und mit den Lebewesen an unserer Seite so umzugehen, wie die Natur mit uns und mit ihnen gerade nicht verfährt: behutsam! Den Glauben Jesu finden wir bestätigt einzig in der Vermenschlichung, die von den Vorstellungen dieses Glaubens selbst in unserem Leben ausgeht. Alles, was wir von den Gesetzen des Lebens in diesem Buch kennengelernt haben, redet die absolut gegensätzliche Sprache des DARWINismus, es spricht von Zufall und Notwendigkeit, denkt in den Begriffen von Mutation und Selektion, von Konkurrenzdruck und Kampf ums Dasein, von Genoptimierung und Gendurchsetzung, und es legt Zeugnis ab von ungeheuren Zahlen an Opfer und Leid, an Schmerz und Tod, an Destruktion und Vergeblichkeit. Und doch, offenbar läßt die Bühne der Welt auch die Aufführung eines ganz anderen Schauspieles zu, das sich allerdings erst ermöglicht, indem wir eine andere Grundlage der Welt irgend für möglich halten – «Welt» wiederum zunächst als Inbegriff unserer «Daseinsauslegung» und erst in übertragenem, abgeleitetem Sinne als «Kosmos» in der griechischen Bedeutung des Wortes.

### γ) Der Richter oder: Die Sphäre der Bestätigung

Was mit dem Bild Gottes als des «Vaters» sich in der Geborgenheit des ganzen Daseins vom Ursprung her verband und was in der Gestalt des «Hirten» als Weise und Weisung von «Behütetsein» und «Behutsamkeit» erschien, gewinnt nun in einem dritten Aspekt einer «männlich» dominierten Gottesvorstellung den Charakter von Ende und Endgültigkeit; es geht um die für die altägyptische ebenso wie für die neutestamentliche Frömmigkeit so wichtige Idee eines persönlichen «Gerichts» nach dem Tode; es geht um Gott als *den Richter*.

Noch ehe wir dazu kommen, diese dritte Chiffre inhaltlich zu würdigen, läßt sich bereits eine wichtige Feststellung treffen, denn all die drei erwähnten Gottesbilder verhalten sich erkennbar zueinander wie Anfang, Reifung und Abschluß; sie vermitteln in sich eine *geschichtliche* Dimension der Daseinsdeutung, und das müssen sie offenbar auch, da sie nur so auf die Infragestellung des menschlichen Daseins in seiner Geschichtlichkeit, in seiner so problematischen Erstreckung zwischen Geburt und Tod, tröstend zu antworten vermögen.

Mit den *weiblichen* Bildern der Gottheit schien etwas Vergleichbares so nicht möglich zu sein. Wohl entstammen die Gestalten der Jägerin, der häuslichen Gemahlin oder der Leben und Tod umschließenden Kornmutter erkennbar verschiedenen kulturgeschichtlichen Epochen, doch ist das Thema, das sich im Bilde der Großen Göttin ausspricht, buchstäblich urgeschichtlich und somit ungeschichtlich; es drückt etwas aus, das von den jeweiligen kulturgeschichtlichen Rahmenbedingungen von Fall zu Fall in einen neuen Zusammenhang gestellt wird, doch das als Bild selber kaum verändert werden kann: – immer von neuem geht es um das Mysterium von Zeugen und Töten, von Lieben und Sterben, von Regeneration und Degeneration, von Entstehen und Vergehen; immer von neuem dreht sich das Leben in diesen polaren Kontrasten im Kreise. Die *«männlich»* assoziierten Bilder des Göttlichen indessen umgreifen die Thematik der menschlichen Geschichte selbst; sie antworten auf das jeweils Neue, das mit der und in der individuellen Existenz geschieht, im Unterschied etwa noch zu der Welt in HOMERS *Ilias:* dort sind es die Göttinnen und Götter selber, aus deren einander widerstreitenden Motiven das Geschehen der menschlichen Geschichte, der Trojanische Krieg, sich gestaltet, und die menschlichen Akteure konfigurieren darin wie Marionetten am Faden der Willensentscheidungen der Olympier. Menschliche Geschichte mit den Augen HOMERS als mythische Göttergeschichte zu betrachten – das bedeutete in der Religionsgeschichte der Menschheit gewiß nicht nur ein notwendiges Durchgangsstadium der Bewußtwerdung, es öffnete offenbar einmal auch den so notwendigen Schutzraum, den «Garten», in dem das so bedrohte (und bedrohliche!) Gewächs der menschlichen Freiheit gedeihen konnte.

Jetzt aber hilft uns der Mythos mit dem Zauber seiner symbolischen Einheitsschau durchaus nicht mehr weiter; denn genauso wie die Evolution des Lebens durch die Sicht der Naturwissenschaften vor unseren Augen «entgöttlicht» wurde, so ist uns auch keine Geschichtsbetrachtung mehr möglich oder auch nur noch erlaubt, in welcher der Gott oder die Götter in das Getriebe des Weltenlaufs fördernd oder verhindernd «eingreifen» könnten; es gibt keine göttlichen Interventionen mehr, die uns davor zu bewahren vermöchten, das Tun unserer Freiheit in restloser Einsamkeit *verantworten* zu müssen. Es ist diese Stelle, an welcher das Bild von Gott als dem *Richter* zu sprechen beginnt.

«Ersonnen» wurde es nicht eigentlich im Alten Testament, sondern wiederum im alten Ägypten. Wohl kennt die jüdische Bibel ihren Gott Jahwe als belohnend und strafend – immer von neuem schlägt er mit dem ausgestreckten Arm seines Zornes dazwischen, und vollends für den «Tag Jahwes» stellt die «eschatologische» und «apokalyptische» Prophetie in Bildern, die aus Szenen des Heiligen Krieges genommen wurden (vgl. GERHARD VON RAD: *Theologie des Alten Testamentes,* II 133–137), in Aussicht, Gott werde als Weltenherrscher und Weltenrichter die Völker zur Rechenschaft ziehen und seine Macht endgültig in seinem Volk Israel vor den Augen aller erzeigen. Das Problem dieser Vorstellung aber liegt eben darin, daß sie Gott immer noch «innergeschichtlich», also im Grunde doch mythisch agieren läßt; was wir indessen benötigen, ist die Vorstellung eines Gottes, der auf die stete Ungewißheit des eigentlichen Werts der Entschlüsse und Entwürfe unserer Freiheit eine klärende Antwort erlaubt und dessen Gestalt uns vor allem in dem jederzeit möglichen Scheitern einer Wahrheit *bewahrt,* für die wir bereit sind, das Äußerste, uns selbst mit allem, was wir sind, endgültig aufs Spiel zu setzen.

Für die alten Ägypter besaß die Vorstellung vom Totengericht eine zunehmend sich intensivierende moralische Bedeutung. Ursprünglich langte es aus, die richtigen Formeln zu kennen, um ein Fortleben nach dem Tod zu gewährleisten; doch je stärker die individuelle Persönlichkeit sich entfaltete – einer der Gründe womöglich, die den Zusammenbruch des Alten Reiches von 2150 v. Chr. einleiteten! –, desto genauer wurden die Szenen des Totengerichtes mit Fragen der individuellen Lebensführung verknüpft: nur wessen Herz auf der Waage der Göttin *Maat* für *leichter* befunden ward als eine Feder aus ihrem Haar (vgl. CHRISTINE SEEBER: *Untersuchungen zur Darstellung des Totengerichts im Alten Ägypten,* 139), indem er «niemanden weinen gemacht» hatte (vgl. ERIK HORNUNG: *Das Totenbuch der Ägypter,* Spr. 123,25, S. 234), durfte erwarten, in die Mannschaft der Barke des Sonnengottes *Re* bei seiner Fahrt durch die Unterwelt aufgenommen zu werden und mit ihm nach den zwölf Stunden der Nacht an seiner Seite zum Himmel emporgehoben zu werden (ERIK HORNUNG: *Ägyptische Unterweltsbücher,* 37).

Die Idee des Totengerichtes bedeutet als erstes die Etablierung unbestechlicher Gerechtigkeit. Bereits in der *Lehre des Ptahhotep* um 2350 v. Chr. heißt es: «Man straft den, der die Gesetze (der Ordnung, der Maat) übertritt, (doch) dem ‹Habgierigen› (= Bösen) scheint das etwas Fernes. Die Bosheit kann (zwar) die Lebenszeit andauern, doch nie ist das Vergehen unversehrt (im Jenseits) gelandet» (zit. n. SIEGFRIED MORENZ: *Gott und Mensch im alten Ägypten,* 66; vgl. HELLMUT BRUNNER: *Altägyptische Weisheit,* V 82, S. 113). – In dieser Konzeption wird religiös in radikaler Weise dem «Postulat» IMMANUEL KANTS (*Kritik der praktischen Vernunft,* Werke VII, 254–264) Genüge getan, es müsse, damit Sittlichkeit *subjektiv* möglich sei, eine höchste Gerechtigkeit vorgestellt werden, die als welttranszendent das offenbare Unrecht inmitten der Welt ausgleiche; zwar, meinte KANT, fügten die Vorstellungen von Lohn und Strafe der Sittlichkeit selbst objektiv keinerlei Inhalt hinzu und sie sollten auch nicht die Motive des sittlichen Handelns bilden, doch scheint das Gute solange nicht wirklich getan werden zu können, als es so oft hilflos und wehrlos der Bosheit gegenübersteht. – Was die altägyptische Frömmigkeit anlangt, so konnte die Strenge des moralischen Denkens freilich nach wie vor durch das Ritual abgemildert, ja, umgangen werden – die Sicherung des Fortlebens nach dem Tode durch magische Praktiken bildete die Größe und schließlich die Grenze der ägyptischen Religion insgesamt –, und doch breitete sich in den Jahrtausenden des Osiris-Glaubens der Gedanke eines persönlichen, die Taten eines jeden Einzelnen «abwiegenden» Gerichtes immer deutlicher aus.

«Vertraue nicht auf die Länge der Jahre», heißt es bei *Merikare* um 2100 v. Chr., «die Totenrichter sehen die Lebenszeit als eine Stunde an. Wenn der Mensch übrigbleibt nach dem Landen (= Sterben), so werden seine Taten in Haufen neben ihn gelegt» (zit. n. SIEGFRIED MORENZ: *Gott und Mensch im alten Ägypten,* 168; vgl. HELLMUT BRUNNER: *Altägyptische Weisheit,* Nr. 4, 106–110, S. 145). Wie grundlegend die Einhaltung der «Ordnung», der Maat, für das (glückliche) Fortleben nach dem Tode gesehen wurde, macht die persönliche Grabinschrift des *Petosiris* von Hermopolis deutlich, in der es heißt: «Keiner gelangt dahin (das heißt zum heilvollen Jenseits), wenn nicht sein Herz rechtschaffen war dadurch, daß er die Maat tat. Es wird dort nicht der Geringe vom Höheren unterschieden, (es gilt) nur, daß einer fehlerlos befunden wird, wenn die Waage und die beiden Gewichte vor dem Herrn der Ewigkeit stehen. Keiner ist frei davon, daß er nicht berechnet würde. Thot (sc. der ibisköpfige Schreiber im Totengericht, d. V.) trägt als Pavian (sc. als das schreibekundige Tier des Mondes, d. V.) (die Waage), um jeden Mann zu berechnen nach dem, was er auf Erden getan hat» (zit. n. SIEGFRIED MORENZ: *Gott und Mensch im alten Ägypten,* 168).

Die Art der «Bestrafung» malt sich dabei in den Phantasien eines grausamen Zerstückelt- und Gefressenwerdens (vgl. CHRISTINE SEEBER: *Untersuchungen zur Darstellung des Totengerichts im Alten Ägypten*, 171–184) durch die «Totenfresserin», eine Mischgestalt aus Krokodil, Löwe und Nilpferd; daneben existierte zugleich von altersher aber auch die Vorstellung von dem «Feuersee» (a. a. O., 184–186), dessen Wasser Feuer ist für die Verdammten und vor dessen Gestank selbst die Vögel fortfliegen.

Derartige Anschauungen über das «Jenseits» der «Verdammten» waren es, die vom Spätjudentum und vom Christentum nur noch aufgegriffen werden mußten. Über die Unterweltsschilderungen VERGILS (*Aeneis*, VI 269 ff., S. 147 ff.) fanden sie ihre Fortsetzung bis hin zu DANTES «Inferno» in der *Göttlichen Komödie* und bis in die dogmatischen Doktrinen der römischen Kirche der Gegenwart über die «Hölle» (*Katholischer Erwachsenenkatechismus*, 422–424; vgl. SIEGFRIED MORENZ: *Die Begegnung Europas mit Ägypten*, 54 ff.; 109 ff.). Verknüpft wurde das «Gericht» in der kirchlichen Lehre allerdings, in Abweichung von der Meinung Jesu selber, mit der Gestalt des «Christus», der als «König schrecklicher Gewalten» am «Jüngsten Tag» als «Richter der Lebenden und der Toten» «wiederkehren» werde (vgl. ADOLFUS SCHÖNMETZER – HENRICUS DENZINGER: *Enchiridion Symbolorum*, Nr. 10–17; 19; 21–23; 25; 27–30; 40; 41–42; 44).

Und eben darin liegt zugleich das Problem, das die christliche Theologie mit sich selbst hat. In Mt 25,31–46 etwa schildert Jesus in einem Gleichnis, wie er das große «Gericht» sich vorstellt; angelehnt ist seine Bildrede noch einmal an die Abrechnung mit den Hirten in Ez 34,10: Gott, schreibt der Prophet, wird nicht nur die Führer des Volkes sich vornehmen, sondern auch unter den Schafen diejenigen zur Rechenschaft ziehen, die selbst noch im Überfluß die Schwächeren von Weide und Wasserstelle meinten verdrängen zu müssen. In die gleiche Richtung zielt Jesu Gleichnis vom Großen Weltgericht, wenn es als einzigen Maßstab der Bewertung unseres Lebens unter den Augen Gottes die Frage stellt, wie wir mit den Notleidenden in jeder Form verfahren sind; in ihnen allein war Gott gegenwärtig, und haben wir sie übersehen, so werden wir auch Gott in unserem Leben so «unansehnlich» und «unsichtbar» geblieben sein, wie es jetzt im «Gericht» von Gott selber zur «Strafe» festgesetzt wird, wenn er die «Missetäter» aus seinem Angesicht verbannt (zu dem Gleichnis selber vgl. E. DREWERMANN: *Das Matthäusevangelium*, III 222–244).

Doch obgleich die Grundgedanken des «Gerichtes» im Munde Jesu in dieser Weise ganz und gar von Güte und Menschlichkeit getragen sind, so haben sie doch in der Dogmengeschichte des Christentums schreckliche Ängste provoziert: es läßt sich nicht leugnen, daß die *Trennung,* die der göttliche Richter in diesem Gleichnis zwischen den «Schafen» und «Böcken» vornimmt, identisch ist mit «ewiger» Belohnung im «Himmel» und «ewiger» Verdammnis in der «Hölle»; – kaum eine gotische Kathedrale gibt es, über deren Eingangspforte nicht diese endgültige Zweiteilung der Menschheit zwischen Gut und Böse in Stein gehauen sich fände. Ja, die Furcht vor der Verdammnis wuchs – nicht zuletzt in Verbindung mit der rigiden Sexualmoral der römischen Kirche – zu einer solchen Größe auf, daß viele Menschen im 20. Jahrhundert der verfaßten Kirche den Rücken gekehrt haben einfach schon deshalb, weil sie den Terror der klerikal geschürten Höllenängste nicht länger mehr zu ertragen vermochten. Der Richter-Gott wurde zum Grund, lieber gar keinen Gott mehr zu glauben.

Doch um so wichtiger scheint es, den eigentlich äußerst hilfreichen, ja, buchstäblich «notwendigen» Kern der Vorstellung von Gott als dem Richter von den Verfremdungen und zwangsneurotischen Obsessionen des verordneten Kirchenglaubens zu befreien; wir brauchen, um das zu tun, das Gleichnis Jesu tatsächlich nur ein Stück weit «wörtlicher» zu nehmen, als es in den Worten der Erzählung selber zum Ausdruck kommt: Wenn der einzige Maßstab des göttlichen «Gerichtes» die Güte ist, so wird man auch die Art der «Beweisaufnahme» und der «Urteilsverkündung» nicht anders als ein Werk der Güte verstehen dürfen; übersetzt in unsere durchaus irdische Erfahrungswelt, besagen die mythischen Bilder dann etwas menschlich sehr Wahres und Gültiges: Statt Gott als einen «Richter von außen» sich vorzustellen, sollten wir vielmehr denken, daß es einem Menschen überhaupt nur möglich ist, ehrlich Rechenschaft über sich abzulegen, wenn er sich *nicht* wie «angeklagt» und schon im voraus verurteilt fühlt. Einzig wenn der «Richter» erscheint als der «Vater» und «Hirte», wenn er spürbar nichts weiter verkörpert als eine vorbehaltlose, an keine Ambivalenz von Angst und Strafe mehr gebundene Zuwendung, wenn von ihm ein Wohlwollen und eine Güte ausgehen, gerade wie sie in bezug zu den «Schwachen», «Verlorenen», «Gefangenen» und «Kranken» nun eingefordert wird, vermag ein Mensch seine eigene «Schwäche», «Verlorenheit», «Gefangenschaft» und «Krankheit» sich einzugestehen und vor einem anderen ohne Wenn und Aber zu gestehen.

Mit einem Wort: es ist nicht anders denkbar, als daß jenes «göttliche Gericht» am «Jüngsten Tag» eben darin besteht, daß wir endlich unter die Augen *der* Macht treten, der wir selbst uns verdanken und unter deren Blick wir es lernen, uns selber liebevoller, verständnisvoller, gütiger und freier anzuschauen. Vieles, was wir getan haben, wird uns dann als fehlerhaft, bedauernswert, schlechterdings falsch und unseres eigentlichen Wesens wie unwürdig vorkommen, und doch wird in dieser Erkenntnis zugleich der Impuls liegen, in der Kraft einer solchen fühlbaren Liebe weiterzureifen. Keine «Hinrichtung», eher eine «Aufrichtung» und «Ausrichtung» in die «richtige» Richtung liegt in einem solchen «Gericht».

Und was vielleicht jetzt am wichtigsten ist: die Vorstellung von dem «Gericht» Gottes am «Ende» des Lebens kann nicht länger in dem engen Rahmen einer bloßen Schwarz-Weiß-Moral verbleiben. Entscheidend stellt sich das göttliche «Gericht» als ein umgreifendes Sich-endlich-verstanden-Fühlen dar, aus dem allererst die Kraft erwächst, sich selbst zu verstehen und darin zunehmend zu sich zu stehen. Nicht um ein Einsortieren des Lebens in die starren Schablonen von «Gut» und «Böse» geht es, sondern wesentlich um ein Begreifen der Motive des eigenen Handelns. Ein solches Reifen durch Begreifen ist zweifellos in vielen Punkten schmerzhaft; doch verbietet sich die Drohung mit einer ewigen «Höllenstrafe» in diesem Zusammenhang wie von selbst. Vielmehr zeigt sich, wie verschlungen und widersprüchlich das menschliche Leben sich gestaltet, und daß es alle «Höllen» längst in sich trägt. So vieler Menschen Schicksale sind vorstellbar, die von Kälte, Lieblosigkeit, Verzweiflung, Trotz oder Resignation geprägt sind, und es ist einfach *zu* einfach, solche Menschen moralisch zu verurteilen und juristisch abzuurteilen; in Wahrheit kann ein Mensch nur gut sein durch eine Güte, die ihn vorbehaltlos will und meint, und es steht offensichtlich nicht in Menschenhand, den Zeitpunkt zu bestimmen, an dem die Begegnung mit einer solchen Güte erfahrbar wird. Statt mit dem «Richter»-Gott zu drohen, sollte die Gestalt dieses Gottes viel eher als ein Versprechen verstanden werden, daß es niemals ein Leben gibt, das in Lieblosigkeit und Selbstzerstörung enden könnte oder enden müßte; was uns beim Anblick all der Verwüstungen und Verfälschungen des menschlichen Daseins oftmals als völlig unwahrscheinlich anmutet, formt sich in dem Bilde des alles «richtenden» Gottes zu der Überzeugung, daß unser Leben selbst im Tod nicht verendet, sondern die Chance erhält, sich zu vollenden.

IMMANUEL KANT beklagte es ganz zu Recht einmal als eines der größten Übel des Lebens, daß wir, wie zu leben sei, oftmals erst lernten, wenn es längst schon zu spät sei, und so postulierte er (*Kritik der praktischen Vernunft*, Werke VII, 252–254) die Unsterblichkeit der Seele; das Bild von Gott als dem «Richter» ermöglicht es allererst, trotz all der Irrungen und Wirrungen unseres Lebens das Streben nach Selbsterkenntnis und Reifung niemals aufzugeben.

Nur in dieser Überzeugung läßt sich die Problematik des *Scheiterns* wirklich lösen: Allemal kann es sein, daß jemand, wie etwa der Prophet *Ezechiel,* zu einem Auftrag sich «berufen» fühlt, von dem er schon im voraus ganz genau weiß, daß er bei dessen Ausführung nicht den geringsten Erfolg haben wird (Ez 3,4–9); und trotzdem wird er genau diesem Auftrag mit aller Kraft zu entsprechen suchen, in dem Bewußtsein, daß es nur so für ihn möglich ist, wahr zu werden und wahrhaftig zu bleiben. Solange es darum geht, «Erfolge» zu haben, wird man stets nach den «richtigen», das heißt erfolgversprechenden Mitteln der Selbstdarstellung, der Selbstdurchsetzung und der Selbstsicherung suchen, und immer mehr wird man dabei von der Meinung der Menge abhängig werden; wirklich wahr wird man nur, wenn jegliches Kalkül der «Wirkung» nach außen entfällt und es einzig wichtig wird, ob das, was man tut, auch inwendig stimmt. Dann allerdings kann selbst das Scheitern wie ein Beweis für die folgenreiche Gültigkeit eines scheinbar «erfolglosen» Lebens sein. Ja, selbst wenn sich zeigen sollte, daß ein Mensch in allem, was ihm wesentlich schien, sich *objektiv* irrte, so lautet die Frage für den Wert seines Daseins religiös und menschlich doch nicht, wieviel an *objektiv* Richtigem er anderen beizubringen vermochte, sondern wie er das, was er glaubte, *subjektiv* lebte. Einzig die Religion vermittelt diesen entscheidenden Trost unseres Lebens, akzeptiert zu sein auch und gerade im Scheitern unserer Wahrheiten und in dem Fehlgehen unserer oft besten Absichten.

Sören Kierkegaard, als er den Unterschied zwischen «objektiver» und «subjektiver» Wahrheit verdeutlichen wollte, notierte in seinem *Tagebuch* von 1848 (3. Bd., 50): «Das Christentum ist keine Lehre (So kam das ganze Unwesen der Orthodoxie auf, mit dem Streit um dies und jenes, während die Existenz völlig unverändert bleibt, so daß man um das, was das Christliche sei, streitet ebenso wie um das, was platonische Philosophie und dergleichen sei), sondern eine Existenzmitteilung. Aus dem Grund wird mit jeder Generation von vorn begonnen, das ganze Wissen um die vorhergehenden Generationen ist wesentlich überflüssig, aber nicht zu verachten, wenn es sich selbst und seine Grenze versteht, äußerst gefährlich, wenn es das nicht tut... Folglich ist es (da das Christentum keine Lehre ist) im Verhältnis zu ihm nicht, wie im Verhältnis zu einer Lehre, gleichgültig, wer es vorträgt, wenn er nur (objektiv) das Richtige sagt. Nein, Christus hat keine Dozenten eingesetzt – sondern Nachfolger. Wenn das Christentum (eben weil es keine Lehre ist) sich in dem Darstellenden nicht verdoppelt, so stellt er nicht das Christentum dar; denn das Christentum ist eine Existenzmitteilung und kann nur dargestellt werden – durch Existieren.» – Es versteht sich, daß nur ein solches Existenz-

und Glaubensverständnis den Glauben an die Existenz eines persönlichen Gottes nötig macht.

Stellt man die drei «männlichen» Gottesbilder einmal nebeneinander, die wir zur Begründung des Subjektseins inmitten der Welt jetzt gefunden haben: den «Vater», den «Hirten» und den «Richter», so legt es sich, wie in *Der sechste Tag* (452–490), natürlich auch an dieser Stelle nahe, die drei Aspekte des Göttlichen mit der Formel von der «Dreifaltigkeit» Gottes in Beziehung zu setzen und damit so etwas wie eine «Rettung» dieser Symbolik vorzuschlagen. Es scheint heute in der Tat ein für allemal unmöglich, die «klassische» Konzeption der *«Trinitätstheologie»* in irgendeiner Weise noch weiterzusagen oder weiterzuentwickeln; – ihre logischen Aporien sind schlechthin zu groß (vgl. *Glauben in Freiheit*, I 161–173). Doch ohne jeden Zwang legt es sich nahe, in Gott, dem «Vater», zugleich im Sinne des *Ezechiel* den «Hirten» zu erblicken, der in der Person Jesu Gestalt gewinnt («inkarniert»), und im gleichen damit die reine Zuwendung dieses Gottes, seinen «Geist», seine «Liebe» zum Richtmaß unseres Lebens zu nehmen und als Grund der Vollendung unseres Daseins zu verstehen. *Mehr* in existentiell verbindlichem Sinne hat eigentlich die ganze dogmatische Dreifaltigkeitsdoktrin auch nicht zu sagen gewußt, nur daß für die Durchsetzung dieser Doktrin endlose Kriege geführt und unzählige Menschen als «Ketzer» verbrannt wurden, um ein klerikales Herrschaftswissen in Gottesstellvertreterschaft über den Menschen zu errichten; selbst die bosnische Tragödie, die Massaker der römisch-katholischen Kroaten vom Jahre 1942 an, verübt an über 600 000 orthodox-katholischen Serben mit all den Folgewirkungen in der Gegenwart, hat unmittelbar mit den Fragen der Trinitätsstreitigkeiten schon im 11. Jahrhundert n. Chr. zu tun: Geht der «Heilige Geist» nun vom Vater durch den Sohn oder vom Vater und vom Sohne hervor? Wahrlich, «die Hirten weiden sich selbst».

### c) *Von der transzendentalen Funktion der Symbole*

Was wir jetzt gewonnen haben, ist zweierlei; zum einen: wir sehen, *in welch einem Zusammenhang* die Frage nach Gott sich stellt und auf welch eine Infragestellung des menschlichen Daseins der Glaube an Gott eigentlich antwortet; und zum anderen: wir sehen uns endlich in der Lage, *eine Sprache* zu entwickeln, in welcher von Gott als dem Schöpfer angesichts der modernen Naturwissenschaften, insbesondere der Biologie, ehrlicherweise und ohne geistige Brüche die Rede sein kann.

Klar ist, daß weder die Natur zu ihrer Erklärung einen Gott benötigt, noch daß ein Gott, wenn er denn ist, einer Religion bedarf; einer Religion als einer Form des Glaubens an einen persönlichen Gott bedürftig ist einzig der Mensch; und so beschreibt denn der «Schöpfungsglaube» im Grunde nichts weiter als *die Ausdehnung des Vertrauens*, das ein Mensch zum Leben braucht, *auf die Welt*, in der er lebt. Den entscheidenden Zwischenbegriff dabei bildet das Wort «*Welt*». Es bezeichnet, wie wir sahen, als erstes in existenzphilosophischem Sinne den Bewandtniszusammenhang, den alle Dinge im Rahmen eines bestimmten menschlichen Selbstentwurfes bilden. «Ich glaube an Gott, den allmächtigen Vater, Schöpfer des Himmels und der Erde» bedeutet in diesem Zusammenhang so viel wie: «Ich entwerfe eine ‹Welt›, die *nicht* getragen ist von Angst und Aggression, von Kampf und Konkurrenz, von Regeneration und Degeneration, sondern die bestimmt ist von Vertrauen und Versöhnung, von Mitleid mit Leid und von der Wertsetzung und Wertschätzung der Persönlichkeit eines jeden Einzelnen; ich entwerfe eine ‹Welt›, in der mein eigener Entwurf nicht länger von den Besorgungen der Sorge und den Notwendigkeiten der Not geprägt ist, sondern in der ein jeder selbst sich umfangen weiß von einer angstlösenden, kreativen, ‹väterlichen› Fürsorge, die nicht ‹alles›, aber das Ganze durchwaltet; ich entwerfe eine ‹Welt›, in der nicht länger mehr der ‹Erfolg› bei der Weitergabe der Gene entscheidet, sondern in der eine Liebe möglich wird, die einen anderen Menschen als einen absoluten Selbstwert im Dasein entdeckt; ich entwerfe eine ‹Welt›, in der ‹Fehler› nicht sogleich mit Vernichtung bestraft werden, sondern in der Absichten wichtiger sind als Ergebnisse, in der Lernen und Reifen wichtiger ist als der Anspruch auf Perfektion und Routine und in der ein verständnisvoller Umgang miteinander wichtiger ist als das zielgenaue Ausnutzen der Schwächen des anderen.» Dies alles und vieles mehr in gleichem Sinne und in gleicher Richtung bedeutet es, an Gott als «Schöpfer» unserer «Welt» in der Welt zu glauben.

Das entscheidende daran ist, daß es *erst* in einer solchen «Welt» des Vertrauens möglich wird, die «objektiv» bestehende Welt als «Schöpfung» zu erleben und zu interpretieren. Bereits in *Der sechste Tag* (34–35) haben wir am Beispiel von J. W. VON GOETHES *Werther* gesehen, wie unterschiedlich ein Mensch die Welt *erleben* kann, je nachdem, ob er sich von der Woge der Sympathie und der Hoffnung emporgehoben oder ob er sich von dem Strudel der Schuld und der Aussichtslosigkeit hinabgezogen fühlt; in dem einen Falle erscheint ihm die Welt wie ein Geschenk aus Gottes Hand, redet sie selber zu ihm die Sprache der Liebe, die er in seinem Herzen spürt, ist sie für ihn eine überwältigende Manifestation von Fügung und Führung, Weisheit und

Schönheit, Güte und Glück, im anderen Falle erscheint ihm dieselbe Welt wie eine tote Mechanik, spricht sie zu ihm von Tod und Zerstörung, gilt sie ihm als eine Stätte von Unsinn und Sinnlosigkeit, von Gräßlichkeit und Grauen, von Häßlichkeit und höhnischer Absurdität. Weder in dem einen noch in dem anderen Falle haben wir es mit einem «objektiven» Urteil über die Welt zu tun, vielmehr ist deutlich, daß in beiden Fällen eine beliebige Menge objektiver Gegebenheiten ausgewählt und arrangiert wird, um ein bestimmtes gefühlsmäßig vorgegebenes Urteil zu bestätigen. Unter dem Druck starker Gefühle wird einem Menschen eine *bestimmte* Weltsicht evident, er hat Augen nur noch für eine bestimmte «Färbung» der Dinge, und alle Dinge im Raum werden zu bloßen Spiegeln seines Seeleninnenraums. Nicht um ein distanziertes Feststellen, Nachprüfen, Analysieren oder Erforschen von wert- und erlebnisneutralen Sachverhalten geht es, eher um eine Erweiterung der subjektiven Gefühlswelt über die gesamte Sphäre der Dinge und Menschen. Die «Gegenstände» der Erfahrung verwandeln sich in Facetten eines Bildes, das innerlich schon besteht, ehe es sich mit ihrer Hilfe als *erlebte* Realität zusammensetzt.

Wohlgemerkt, sprechen wir hier nicht von «Erfahrung» als Ermöglichung objektiver Erkenntnis, sondern von einem – durch und durch subjektiv getönten – Erleben, von einer Form der Wirklichkeitsbegegnung also, in der die «Erfahrung» der Realität unabtrennbar verknüpft ist mit der *Bedeutung,* die das Erfahrene für den Betroffenen als Subjekt besitzt. Dabei basiert diese Bedeutung auf einer unbewußt vorgenommenen Deutung, die, weil sie unbewußt ist, dem Subjekt im Moment des Erlebens wie eine Qualität der Dinge bzw. des Zusammenhangs der Dinge und der Menschen selbst erscheint.

Von daher könnte man meinen, ein solches bloßes «Erleben» sei eine insgesamt *zu* subjektive Form von «Erfahrung», um als Grundlage einer allgemeinen, verbindlichen Aussage in bezug auf die Gottesfrage tauglich zu sein; – jeder «erlebt» halt die Welt auf seine Weise, jeder erlebt etwas anderes; bliebe man dabei stehen, so enthielte jede religiöse Aussage ganz offensichtlich ein zu hohes Maß an «Beliebigkeit». Doch es ist weder nötig noch möglich, bei dieser vorläufigen Beschreibung stehenzubleiben; vielmehr ist uns bereits deutlich geworden, daß einzig der *subjektive Faktor* die Religion hervorbringt; und nun müssen wir lediglich, präzisierend, hinzufügen: In dem Glauben an einen persönlichen Gott projiziert sich die Grundhaltung von Vertrauen in eine Welt hinein, die «objektiv» ein solches Vertrauen nie und nimmer verdienen würde. In dem Glauben an Gott erlebt der Mensch trotz aller nur möglichen Formen von Katastrophen die Welt schließlich im ganzen als «zuverlässig», ja, als «dankenswert»; – er selber ist «froh» über die unverdiente Tatsache seines Daseins, die er zusammen mit der Welt, in der er lebt, als «Geschenk» empfindet. Und das Wichtigste: Er setzt in dem Glauben an einen persönlichen Gott der «Willkür» ein Ende, mit der ihm die Welt mal glücklich, mal unglücklich, mal selig, mal unselig, mal «himmlisch», mal «höllisch» erscheint; er erhebt sich gerade über die «Beliebigkeit» des «mal so, mal so» der Weltsicht.

Zu sagen: «Ich glaube an Gott» geht mithin zurück auf die «Tat» einer Freiheit, die sich zu einer im ganzen vertrauensvollen *Deutung* der Welt *entwirft*. Ein solcher Freiheitsentwurf entnimmt – noch einmal sei es gesagt – seine «Argumente» keinesfalls der erfahrbaren Welt, er läßt sich durchaus nicht mehr von der Zwiespältigkeit treiben, die allen weltimmanenten Erfahrungen von Augenblick zu Augenblick notwendig anhaftet, sondern er geht, ganz im Gegenteil, von eben jenem Bezugspunkt aus, der, als absolute Freiheit, der Ungesichertheit menschlicher Freiheit allererst Halt und Festigkeit schenkt.

Auf diese Weise wird die Welt gewissermaßen zu dem Ort eines *Zwiegesprächs zwischen zwei Freiheiten:* einer absoluten Freiheit, die jede relative (menschliche) Freiheit allererst ermöglicht, und jener relativen Freiheit, die nur in dem Gegenüber einer absoluten Freiheit sich gehalten weiß. Anders ausgedrückt: eine positive, vertrauensvolle Zuwendung zur Welt ist dem Menschen nur möglich aufgrund einer vorausgesetzten positiven Zugewandtheit zu ihm, die er als «Bejahung» durch einen «väterlichen» Gott glaubt. Dieser als Person im Glauben vorausgesetzte Gott «sagt» dem Menschen all das, was die Natur ihm niemals zu sagen vermag: daß er, dieses im Haushalt der Natur so überaus überflüssige Individuum, dieses überhaupt nur als Übergangswesen hervorgebrachte Subjekt, *gemeint* und gewollt, berechtigt, ja, *geliebt* ist.

Als erster philosophisch durchgearbeitet hat den Gedanken der Begründung der Freiheit (des Menschen) in einer absoluten Freiheit JOHANN GOTTLIEB FICHTE in seiner *Grundlage der gesamten Wissenschaftslehre* von 1794: «Durch kein Naturgesetz», schrieb er, «und durch keine Folge aus dem Naturgesetz, sondern durch absolute Freiheit erheben wir uns zur Vernunft, nicht durch *Übergang*, sondern durch einen *Sprung*. – Darum muß man in der Philosophie notwendig vom Ich ausgehen, weil dasselbe nicht zu deduzieren ist; und darum bleibt das Unternehmen der Materialisten, die Äußerungen der Vernunft aus Naturgesetzen zu erklären, ewig unausführbar» (3. Teil, § 9, I 1, S. 215). Dabei ist die (menschliche) Freiheit, gebunden im Ich, stets nur, wie das Ich selber, als eine «sich selbst bestimmende Kraft» «bestimmt und bestimmend zugleich» (3. Teil, § 10, 21, S. 228-229); insofern setzt die endliche Freiheit stets eine unendliche Freiheit voraus, deren Bild sie selber im (schöpferischen) Handeln wird. Doch um die reflexionsphilosophischen Ansätze des Deutschen Idealismus theologisch verbindlich weiterzuinterpretieren, genügt es nicht, sie in eine Art «Ersatzmetaphysik» umzuformulieren; den entscheidenden Schritt zu einer nicht-metaphysischen Begründung des Gottesglaubens hat, als Wegbereiter des modernen Existentialismus, SÖREN KIERKEGAARD getan, indem er, wie wir sahen, die Selbstreflektiertheit der Freiheit als *Angst* bestimmte. Es ist nicht die idealistisch gesetzte Freiheit «an und für sich», es ist die konkret *geängstete* Freiheit, die sich nur gehalten weiß, wenn und solange es eine andere Freiheit gibt, die sich – in Freiheit – zu ihr entscheidet; und nur dieser religiöse Glaube macht es möglich, am Ende zu dieser Welt ja zu sagen, in welcher der Tod ein Jäger ist und in welcher die Todesboten an jeder Stelle lauern.

Wie wichtig eine solche religiös vermittelte Beziehung des Menschen zur Welt ist, zeigt sich daran, daß der weitaus größte Teil unserer naturwissenschaftlichen Kenntnis nicht eigentlich einem besseren Verständnis, sondern einer effektiveren Ausbeutung der Natur dient; nahezu alles Wissen über die schier unbegrenzten Zusammenhänge der Natur verwenden wir derzeit als Herrschaftswissen für begrenzte Zielsetzungen, mit denen wir die erkannten, zumeist höchst komplexen Wirkungskreisläufe der Natur zum Zwecke einfacher linearer Konstrukte auflösen und zerstören; unsere technische Vernunft bleibt auf diese Weise weit unterhalb unserer wissenschaftlichen Vernunft, der wir all die Grundlagen von Technik und Industrie allererst verdanken. Eine Hauptursache für dieses gefährliche Auseinanderdriften von wissenschaftlicher Forschung und technischer Nutzung liegt gewiß in der Struktur unseres monetären und wirtschaftlichen Systems, das darauf abzielt, vorgeschossenes Kapital (für die Forschung z. B.) mit möglichst hoher Gewinnspanne (bei der Serienproduktion bestimmter Waren z. B.) in Umlauf zu halten (s. o. S. 822); doch daß man überhaupt derart kapitalfixiert denken kann, hat offenbar damit zu tun, daß der stete Anstieg unserer objektiven naturwissenschaftlichen Kenntnisse das Gefühl der Fremdheit und Ungeborgenheit auf dem Planeten Erde, ja, im gesamten Kosmos geradezu dramatisch gesteigert hat.

Schon eingangs dieses Buches haben wir gezeigt, was der Einsturz des PTOLEMÄischen Weltbildes vor vierhundert Jahren bedeutete: die Tröstungen der Kirche verflogen wie Spreu vor dem Wind, und geblieben ist eine abgrundtiefe Angst, eben jenes «Zigeunergefühl», das JACQUES MONOD ganz zutreffend als Grundbefindlichkeit des Menschen in der Moderne beschrieben hat: Wir fürchten uns vor der Natur, die aufgehört hat, unsere gottgegebene Heimat zu sein, und so schieben wir das Gehäuse unserer technischen Fertigungen wie eine Megaprothese in die Natur hinein, um uns vor ihrer Unheimlichkeit: vor ihrer «Heimtücke», vor ihrer Unberechenbarkeit, vor ihrer «Skrupellosigkeit» und vor ihrer Gleichgültigkeit, so gut es irgend geht, zu schützen.

Und der Teufelskreis, der auf diese Weise entsteht, dreht sich immer rascher und immer verhängnisvoller.

Wie weit, um nur ein Beispiel zu geben, sollen und dürfen, in den nächsten Jahrzehnten auch nur, genchirurgische Eingriffe gehen, um einen Menschen vor erblich bedingtem *Diabetes mellitus* (Zuckerkrankheit) – und das Gesundheitswesen vor einem Dauerpatienten – zu bewahren? Inwieweit kann es statthaft sein, das Genom eines Menschen, das nach dem Prinzip von Versuch und Irrtum im Verlauf von Jahrmillionen «zusammengebastelt» wurde, nun gezielt in wenigen Jahren zu «verbessern» und vor allem: nach Belieben zu völlig neuen, unbekannten Möglichkeiten zu erweitern? – Entscheidungen dieser Art sind nicht biologisch determiniert, sie werden durch gesellschaftliche Bedingtheiten getroffen. Wonach aber soll die Gesellschaft sich richten? So viel scheint sicher: Wir werden zu neuem ruhigem Gleichmaß mit der Natur nur finden, wenn wir religiös das «Kontingenzloch» zu schließen vermögen, das der unaufhaltsame Zusammenbruch der (kirchengebundenen) Metaphysik hinterlassen hat.

Existentiell betrachtet, tasten wir uns auf der Suche nach Vertrauen und Geborgenheit in eine Welt hinein, die so nicht ist, wie wir sie brauchten, um in ihr als Menschen leben zu können, und wir scheinen vor der Alternative zu stehen, entweder diese Welt mit Hilfe von Wissenschaft und Technik auf Menschenmaß zurechtzustutzen – inklusive der Ausrottung aller Formen von Leben, die dem menschlichen Überleben nicht unmittelbar dienlich sind, oder wir empfangen unsere Menschlichkeit aus einem Weltentwurf, der es erlaubt, von einem «väterlich» – «behütenden» – «aufrichtenden» Gott her uns in dieses Leben auf dieser Erde zu getrauen. Vor diese Wahl scheinen wir heute gestellt: entweder wir «vermenschlichen» diese Welt aus lauter Angst vor der Wirklichkeit in uns und um uns auf unmenschliche Weise mit den Mitteln schrankenloser Ausbeutung und Zerstörung, oder wir finden zu einer Haltung, die uns in unserer Subjektivität, in unserer Freiheit und in unserem Scheitern die Welt erleben läßt als das – kurzzeitige – «Geschenk» eines Gottes, der uns, unbekannt, warum, in seiner grundlosen Güte, wie wir wohl glauben, gemocht hat «von Anbeginn».

Eine tragende Rolle spielen dabei, wie wir gesehen haben, die religiösen

*Symbole.* Sie verhelfen uns, so müssen wir noch einmal betonen, zu keinerlei objektiver Erkenntnis, und doch sind sie religionspsychologisch von entscheidender Bedeutung. Ganz richtig hat IMMANUEL KANT (*Kritik der reinen Vernunft*, in: Werke, III 187–194) in seiner «*transzendentalen*» (d. h. alle Erkenntnis auf die «Bedingungen der Möglichkeit» von Erkenntnis zurückführenden) *Analytik* die Bedeutung bestimmter vorgegebener «Schemata» der «sinnlichen Vorstellung» hervorgehoben, die zwischen den «Kategorien des Verstandes» und den apriorischen Anschauungsformen von Raum und Zeit vermitteln sollten. *Symbole* sind keine derartigen Formen der «Sinnlichkeit» zum Zwecke objektiver Erkenntnis; doch für das religiöse Leben erfüllen sie eine ganz analoge Funktion: Während die Schemata der Wahrnehmung dazu dienen, eine Fülle von Sinneseindrücken dem Urteil des erkennenden Verstandes zugänglich zu machen, dienen die Symbole der Religion dazu, eine Vielzahl von Erkenntnissen einer menschlich plausiblen Bedeutungsverleihung zugänglich zu machen. Symbole bilden mithin keine Formen der (objektiven) Wahrnehmung, sie bilden Schemata des (subjektiven) Erlebens; sie sind Interpretationsformen des Wahrgenommenen.

Insofern ist die Ebene der Symbolik jetzt denn auch deutlich unterschieden von der Ebene der *Mystik*. In *Der sechste Tag* (303–429) haben wir in Antwort auf die Nicht-Erkennbarkeit Gottes in der Welt mit den Erfahrungen der *Leere*, der *Liebe* und des *Augenblicks* zu antworten versucht. Wenn wir an *dieser* Stelle, in der Diskussion mit der Biologie, die Symbolsprache der Religion ins Spiel bringen, dann deshalb, weil die Geschichte des Lebens selber eine Fülle solcher Symbole in der menschlichen Psyche angelegt hat (vgl. *Glauben in Freiheit*, I 385–502). Allein mit Hilfe von Symbolen gelingt es, mythische Erzählungen über die Welt zu formen, in denen die Natur selber (der Mond, die Sonne, die Tiere, die Früchte der Bäume und der Felder, die Einrichtungen von Tod und Geschlechtlichkeit usw.) dem Menschen einen «Ort» seines Daseins sowie ein hinnehmbares Schicksal anzuweisen scheint. Für die Mythenerzähler selber ist dabei der Unterschied von Begriff und Bild, von Verstandeskategorie und religiösem Symbol, von Erklärung und Deutung (noch) nicht existent, und stets drohen die Mythen deshalb jeden Kredit zu verlieren, sobald ein Akt der «Aufklärung» die mythische Welt«erklärung» als «falsch» entlarvt. Vor ebendieser Situation stehen wir heute in der biblisch-christlichen Weltdeutung: die in zweitausend Jahren immer feiner ziselierten metaphysischen Theorien zur «Rettung» des überkommenen mythischen Weltbildes der Bibel von einem jederzeit «eingreifenden» Gott führen nicht länger an der Einsicht vorbei, daß alle Aussagen über das, was Gott sich als

Schöpfer «gedacht» und was er alsdann vom «Beginn» der «Schöpfung» an bis heute «gemacht» haben könnte, von Grund auf falsch sind, sobald man sie als «Erklärungen» statt als Deutungen des Daseins versteht. Doch um so wichtiger ist es immer wieder, die Eigenart und den Eigenwert der Symbolsprache selbst hervorzuheben: Die Sprache des Mythos von den «innerweltlichen» Taten der «weltjenseitigen» Gottheit verweist (entgegen dem Fundamentalismus kirchlicher Dogmatik) durchaus nicht auf etwas «objektiv» Bestehendes – sie enthält keinerlei Informationen über bestimmte Sachen und Sachverhalte; sie enthält vielmehr eine *Interpretation* der Wirklichkeit; sie ist etwas ganz und gar «subjektiv» Bestehendes, und nur deshalb ist sie, wie wir inzwischen wissen, für eine religiöse Aussage überhaupt tauglich.

Aber ist die Sprache von Gott als dem «Schöpfer» dann nicht doch, eben weil sie nur «subjektiv» ist, objektiv «unwahr»? LUDWIG FEUERBACH (*Das Wesen der Religion*, Nr. 32, in: Werke, IV, 81–153, S. 112) vertrat entschieden diese Meinung, indem er – völlig richtig! – bemerkte: «Im Affekt – und nur im Affekt, im Gefühl wurzelt die Religion – setzt der Mensch sein Wesen außer sich, behandelt er das Leblose als Lebendiges, das Unwillkürliche als Willkürliches, beseelt er den Gegenstand mit seinen Seufzern, denn es ist ihm unmöglich, im Affekt an ein gefühlloses Wesen sich zu wenden. Das Gefühl bleibt nicht auf der Mensur, die ihm der Verstand vorschreibt; es übersprudelt den Menschen; es ist ihm zu enge im Brustkasten; es muß sich der Außenwelt mitteilen und dadurch das fühllose Wesen der Natur zu einem mitfühlenden Wesen machen. Die vom menschlichen Gefühl *bezauberte* Natur, die Natur, die ist, wie es das Gefühl wünscht, die dem Gefühl entsprechende, assimilierte, also selbst gefühlvolle Natur ist die Natur, *wie sie Gegenstand der Religion, göttliches* Wesen (sc. oder auch ‹Schöpfung› Gottes, d. V.) ist. Der Wunsch ist der *Ursprung*, ist das *Wesen selbst der Religion. – Das Wesen der Götter* (sc. und das Wesen Gottes, d. V.) *ist nichts* anderes als das Wesen des Wunsches.» Psychologisch kann man FEUERBACH in dieser seiner Meinung von dem Wunschcharakter der Religion nur beipflichten. Die entscheidende Frage aber lautet eben deswegen, ob nicht zum Menschen eine ganze Reihe von «Wünschen», also von geistigen und emotionalen Bedürfnissen, ebenso gehören wie die Vielzahl seiner leiblichen und sinnlichen Bedürfnisse.

Niemand bezweifelt, daß unser Denken, dessen Strukturen von der Evolution hervorgebracht wurden, imstande ist, Wahrheit zu erkennen; unsere «Wünsche» aber sind gewiß ebenso ein Erzeugnis der Evolution, und *sie* sind es, die unser Denken unter dem Druck des Bewußtseins unserer Lage in der Welt immer wieder über «die Mensur des Verstandes» hinaustreiben. Man mißversteht sie, wenn man sie für Erkenntnisorgane nimmt; aber man mißversteht auch die Fähigkeiten unseres Denkens, wenn man ihm zutraut, etwas erkennen zu können, daß jenseits aller möglichen «sinnlichen Erfahrung» liegt, – IMMANUEL KANTS erkenntniskritische Grenzziehung behält für uns durchaus ihre Gültigkeit: – es gibt keine (erfahrungs)«transzendenten» Erkenntnisgegenstände. Doch wozu die «Sprache» unserer «Wünsche» und der sie religiös verdichtenden «Symbole» uns auffordert, ist in Wahrheit auch etwas ganz anderes, als mit ihrer Hilfe «Gegenstände» (Objekte) der Wirklichkeit zu erblicken. Was wir in ihnen abgebildet finden, ist etwas Grundlegendes *im Menschen*, das man bei aller historischen Relativität seiner Ausdrucksformen durchaus als «Wesen» des Menschen bezeichnen kann – schon weil gerade die emotionalen und affektiven Gegebenheiten der menschlichen Psyche sich in unglaublichen Zeiträumen geformt haben und weil sie schon von daher gegenüber allem, was menschliche Geschichte sein kann, für «überzeitlich gültig» gelten dürfen.

Die Frage also lautet, wie wir mit all diesen «Wünschen», die zu unserem Menschsein gehören, inmitten einer Welt zu leben vermögen, die an jeder Stelle die Unerfüllbarkeit dieser «Wünsche» signalisiert.

KANTS Gedanke in der Theorie von den «Postulaten» lautete, wie gesagt, daß es für das menschliche Subjekt bestimmte Voraussetzungen geben müsse, unter denen allein es möglich sei, das «Sittengesetz» zu erfüllen; nicht als Tatsache zu «erkennen», doch als «gegeben» vorauszusetzen seien: die Existenz Gottes, die Existenz der Freiheit sowie die Unsterblichkeit der Seele. Sprechen wir statt von «Sittlichkeit» erneut lieber von «Menschlichkeit», indem wir KANTS Betonung von Vernunft und Wille um die Bereiche von Gefühl und Affekt erweitern, so hat sich uns gezeigt, daß wir insbesondere dem «Postulat» der Freiheit, verbunden mit den dazugehörigen Komponenten der Subjekthaftigkeit, der Individualität und der Unausweichlichkeit des Scheiterns, die Annahme der Existenz Gottes in Gestalt des «Vaters», des «Hirten» und des «Richters» hinzufügen müssen. In KANTischer Terminologie verweisen diese drei Symbole auf die «Bedingung der Möglichkeit» der Bewahrung von Menschlichkeit inmitten einer unmenschlichen Welt. Diese Symbole, noch einmal sei es gesagt, verhelfen uns *nicht zu der Erkenntnis eines transzendenten* (alle Erfahrung der Sinne übersteigenden) Gegenübers, doch verweisen sie auf eine *transzendentale* (das heißt: alle Erkenntnis auf die Bedingungen der Möglichkeit von Erkenntnis hin übersteigende) im Subjekt gelegene und für das Subjekt notwendige Voraussetzung: daß Gott als Grund unserer Existenz existiert.

Wir sagten früher, daß Gott unserem Erkennen nicht als ein Erkenntnis«gegenstand» zur besseren Erklärung der Welt gegenüberstehe, sondern sich gewissermaßen in unserem «Rücken» befinde, so daß wir «von ihm her» in diese Welt hineingingen (s. o. S. 416); die Ebene der transzendentalen Voraussetzungen des Erlebens zum Erhalt von Menschlichkeit fügt diesem «horizontalen» Bild eine sozusagen «vertikale» Dimension hinzu: – Gott nicht als «Hinter»grund, sondern als «Ur»grund bzw. als «Ermöglichungs»grund unserer Menschlichkeit.

*Mehr* als ein solcher transzendentaler Verweis auf eine Wirklichkeit, die, obzwar objektiv unerkennbar, doch subjektiv in einer Reihe von Symbolen sich dem Gefühl nahelegt, wird sich weder in religionsphilosophischer noch religionspsychologischer Argumentation plausibel machen lassen. Worauf wir uns im Glauben beziehen, ist, abweichend von den Verstandesurteilen der kirchlichen Dogmensprache, kein (metaphysisches) Erkenntnisobjekt – Gott ist nicht länger erkennbar als Grund für das «Sein des Seienden»; das einzige, was wir zeigen können, ist ein subjektiv anzunehmender Grund für ein menschliches Dasein des Menschen.

Alles hängt dabei natürlich von der Voraussetzung ab, daß das, was wir als Menschsein bezeichnen, in den Parametern von Subjektivität, Individualität, Freiheit und Scheitern überhaupt (noch) existiert. Bald schon könnte zum Beispiel eine Zeit kommen, in welcher man die neuronalen Netze im Kopfe von «Androiden» (oder wie immer wir uns selbst dann bezeichnen) mit Computerchips kompatibel zusammenschließt, die ihrerseits von zentralen Großrechnern gesteuert werden – Ideen, wie STANISLAW LEM sie in seinen *«Sterntagebüchern»* mit der Idee vom «Sompsuter», vom Somatisch-Psychischen Computer in der 21. Reise bereits für das 27. Jahrhundert vorausgenommen hat; für solche «Menschen» wird es vermutlich das nicht mehr geben, was wir heute noch als Religion bezeichnen; für eine solche «Menschheit» oder besser: für eine solche Gesellschaft biotechnischer Intelligenzen wäre Gott buchstäblich tot – das bloße Datum einer noch gar nicht so weit zurückliegenden Kulturgeschichte. Doch solange es das noch gibt, was wir Religion nennen, *stützt* sie das, war wir Menschsein nennen, so wie sie selbst nur im Rahmen der Form dieses Menschseins sich plausibel machen läßt.

In dem hier entwickelten Ansatz liegt, wie man leichthin erkennen kann, eine wichtige Bescheidung. Wir können die «Trennstriche», die wir in *Der sechste Tag* (280–282) zwischen Gott und Welt gezogen haben, nicht überschreiten. Wohl erklären uns die Naturwissenschaften inzwischen, wie Mensch und Natur «wirklich» miteinander «zusammenhängen», doch hat dieser biologisch erklärte «Zusammenhang» nichts zu tun mit den Problemen, die sich dem Menschen als solchem jenseits der Naturwissenschaften stellen. VIKTOR VON WEIZSÄCKER in seiner berühmt gewordenen Vorlesung aus dem Winter 1919 zu Fragen der Naturphilosophie (*Am Anfang schuf Gott Himmel und Erde,* 101–102) hatte recht, als er im Rückblick seiner eigenen Gedanken bemerkte: «dies war doch das Schlimmste unter allem: der Zufall regiert die Welt, wo sie zum höchsten Sinn sich zu steigern schien in meinem bewußten Ich, denn der Zufall schlägt mich tot, ein Bazillus, eine verirrte Kugel. Und was regiert den Zufall? Das ewige Naturgesetz, die festeste *Notwendigkeit,* die die Welt kennt. *Sie* ist mein Zufall, und mein Sinn ist ihr Unsinn, und ihr Sinn ist mein Unsinn. Was hier Sinn ist, ist dort Unsinn und umgekehrt, und so stehen wir in der Tat vor dem Unsinn des Sinnes: man kann mit dem gleichen Recht schließen, es gebe nur Sinn in der Welt, und mit dem gleichen, es gebe nur Unsinn in der Welt.»

Eben deswegen auch wird es der biblisch christlichen Theologie nie mehr gelingen, aus der Religion eine Ideologie des Anthropozentrismus, der Mittelpunktstellung des Menschen in der Welt, zu machen, wie LUDWIG FEUERBACH (*Das Wesen der Religion,* Nr. 43, in: Werke, IV 126) es der Religion insgesamt vorwarf: «Der *Anfang* der Natur», schrieb er, «fällt... nur da in *Gott,* wo das *Ende* derselben in den *Menschen* fällt, oder die Lehre: *Gott* ist der *Schöpfer der Welt,* hat ihren *Grund* und *Sinn* nur in der Lehre: Der *Mensch* ist der *Zweck* der Schöpfung... Nur *das* Licht, das um des Menschen willen leuchtet, ist das Licht der Theologie, nur das Licht, das lediglich wegen des sehenden Wesens da ist, setzt auch als Ursache ein sehendes Wesen voraus.» Natürlich hat FEUERBACH recht, wenn er eine solche «kleinliche... Vorstellung» «unwürdig» nennt: «Gott auf die Erde konzentrieren, Gott in den Menschen versenken heißt den Ozean in einen Tropfen, den Saturnring in einen Fingerring fassen wollen» (a. a. O., Nr. 44, Werke, IV 127).

Ein für allemal nach dem Ende der metaphysisch «argumentierenden» Theologie werden wir den Glauben an Gott nicht mehr dazu verwenden können, um die Natur erklären zu wollen; es genügt, doch es ist viel, es ist das Entscheidende, daß die Religion uns einen «Ort» zeigt, an dem menschliches Dasein möglich ist. Daß dieser «Ort» «objektiv» nicht das Zentrum der Welt ist, zeigt uns – jeder krankheitserregende Bazillus.

### d) «Eine Art von Licht» oder: Wie spricht man zu bzw. von Gott als dem Schöpfer?

Was uns am Ende dieser Arbeit noch übrigbleibt, ist eine Klärung der religiösen Sprache: an jeder Stelle, da sie zu «erklären» vorgibt, wird sie notwendig falsch, indem sie transzendentale Voraussetzungen menschlicher Existenz in transzendente Erkenntnisse eines göttlichen Wesens verwandelt und dabei Symbole behandelt wie Verstandeskategorien. Die herrschende Theologie (in kirchlichem Auftrag) ist voll von solchen logischen und erkenntnistheoretischen Verzerrungen – eben darin liegt ein Hauptgrund für den Massenexodus der Menschen aus den verfaßten Kirchen in der Moderne. Wie also *übersetzen* wir all die Aussagen, die Gott zum Subjekt haben und die dieses Subjekt mit bestimmten Eigenschaften und Tätigkeiten verknüpfen, in die Sprache einer *dichterischen* Selbstaussage menschlichen Erlebens (das heißt: in Richtung auf die Bedingungen der Möglichkeit von Menschlichkeit)?

Nehmen wir einmal ein einfaches, kleines Gedicht von THEODOR FONTANE (*Guter Rat*, in: Werke, I 9); es eignet sich für unsere Frage besonders gut, denn es beschreibt ganz wörtlich, wie ein Mensch in die Natur «hineingeht» und wie die Natur auf ihn dabei zu wirken vermag. Das Gedicht lautet:

> An einem Sommermorgen
> Da nimm den Wanderstab
> Es fallen Deine Sorgen
> Wie Nebel von Dir ab.
>
> Des Himmels heitere Bläue
> Lacht Dir ins Herz hinein,
> Und schließt, wie Gottes Treue,
> Mit seinem Dach Dich ein.
>
> Rings Blüten nur und Triebe
> Und Halme von Segen schwer,
> Dir ist als zöge die Liebe
> Des Weges nebenher.
>
> So heimisch alles klinget
> Als wie im Vaterhaus,
> Und über die Lerchen schwinget
> Die Seele sich hinaus.

Das Faszinierende dieses Gedichtes liegt in den wenigen Linien, die Mensch und Natur im *Erleben* miteinander verknüpfen. Die «objektive» Natur (die Bläue des Himmels, die Blüten und Halme, die Lerchen) wird auf ein Minimum reduziert; sie kommt zwar vor, doch nur als Anregung menschlichen Empfindens. Kein Zweifel: diese Natur ist nicht nur dem Menschen gemäß, sie ist zugleich sein erweitertes Ich: – sie ist der Raum seiner Selbstvergessenheit, die Stätte der Entlastung von der selbstgeschaffenen Plage der menschlichen Geschichte, ein Ort virtueller Geborgenheit. Und gerade so ist sie der Raum einer quasi göttlichen Erfahrung! Denn kaum ist der Mensch des Gewichts seiner Sorgen für den Augenblick ledig, da hebt sein Blick sich zum «Himmel» empor, und es ist dieses Wort «Himmel», das den Ort im Raum und den «Ort» des Göttlichen gleichermaßen beschreibt. Die blaue Farbe des Firmaments verschmilzt mit der heiteren Gestimmtheit der Seele und vermittelt ihr das Gefühl einer unendlichen Geborgenheit.

Merkwürdig, dieses ganze Buch über haben wir tausendundeinen Grund kennengelernt, sich in dieser Welt als unbehaust, als ungeborgen und als gehetzt von Angst zu erleben, und jetzt brauchen – diesem kleinen Gedicht zufolge – wir nur einen einzigen Sommertag, und es ist, als ob das Versprechen der Religion von der «Treue» Gottes seine Bestätigung in der sinnlichen Empfindung dieses wunderschönen blauen Himmels fände! Da wird der offene Himmel zu einem bergenden Dach, und man spürt, wie die religiöse Erwartung in diesem Moment sich bestätigt, ja, wie beides, diese neue Erfahrung der Welt und der schon mitgebrachte, doch nur erst katechismusartig formulierte Glaube an Gottes «Treue» sich wechselseitig bedingen. Wohl, ein Gefühl der Behaglichkeit würde an einem solch «heiteren» Tage sich auch ohne jede Religion ausbreiten können; für den Moment, gewiß, entstünde eine betörende sinnliche Faszination durch all das, was uns für «Schönheit» gilt – ein ästhetisches Vergnügen in höchster Vollendung, freilich so wetterwendisch eben darum wie der Wechsel von Sonne und Regen in der Natur: keinerlei tragende Überzeugung könnte aus einem solchen nur sinnenhaften Erleben erwachsen. Umgekehrt: es ist jetzt die religiöse Redensart (war es je mehr?) von Gottes «Treue», die sich in solchem Augenblick dem Erleben der Natur buchstäblich einbildet; ja, die Frage entsteht, ob wir den freien Blick auf die «Wirklichkeit» uns mit unseren Ängsten und «Sorgen» nicht bisher wirklich nur «vernebelt» haben. Jetzt jedenfalls unter dem Dach des Himmels glauben wir, klarer zu sehen!

Und vor allem das Wiedererwachen der Vegetation, die Pracht ihrer Blüten, die Reife des Korns – es ist nicht nur die betäubende Fülle der Farben, die bedrängende Woge der Gerüche, der verwirrende Überreichtum an Vielfalt – es ist, daß von all dem üppigen Leben ein tiefes Einverständnis ausgeht: so, gerade so soll es sein, und es ist gewiß, daß dieses Einverständnis Schritt um Schritt uns durch die gesamte Natur begleitet! Unmöglich scheint es, all das, gerade so wie es ist, und schon für die Tatsache, daß es ist, etwa nicht auf das innigste *lieb* zu gewinnen; ganz sanft möchte man es berühren, so wie das Sonnenlicht, so wie der Wind, so wie der Tau es vermag. Und dieses Empfinden der Zärtlichkeit trägt der «Wanderer» nicht nur in die Natur hinein, es kommt im Erleben von der Natur zu ihm zurück. Diese von uns so oft als «lieblos», «unmenschlich» und «gleichgültig» betrachtete Natur – jetzt scheint sie von Liebe erfüllt in all der Fülle ihrer Hervorbringungen.

Freilich, FONTANE weiß um die subjektive Bedingtheit dieses Eindrucks, um das «Als-ob» dieser Empfindung. Und doch kehrt, wie der Ruf des Echos am Berg, gerade diese Woge des Glücks und der Liebe an den Wänden der Wirklichkeit wieder und redet nun selber tröstlich zum Menschen, «wie wenn» eben diese Natur, auch ohne die anregende Schwingung des menschlichen Herzens, von sich her Worte der Wärme und Güte zu sagen vermöchte: Eine echte *«Resonanz»* (im Sinne von FRIEDRICH CRAMER) hat sich gebildet, die den Menschen einlädt, sich in dieser Welt «zu Hause» zu fühlen. Nein, er wird sich deshalb nicht wieder «einbilden», diese Welt sei nur für ihn «gemacht» worden oder auf ihn hin «geschaffen»; es ist nur, daß er diese Welt nicht länger mehr angstbesetzt von den Obsessionen seiner «Sorgen» zu Haus und Heimat allererst «umschaffen» muß. Vielmehr entdeckt er auf seiner «Wanderung», daß er, selbst wenn er wollte, auf solche Weise durchaus nicht länger «verfahren» dürfte; diese Welt *ist* nicht *sein* Haus. Ganz im Gegenteil. Sie hat im Empfinden der «Liebe» sich in etwas gewissermaßen Unantastbares, Heiliges verwandelt. Sie hat sich enthüllt als *das* Haus, das der (ewige) «Vater» sich selber errichtet hat, und der Mensch, ein kurzzeitiger Gast, darf darin einkehren und verweilen und wird doch niemals, nicht einmal in dem beseligenden Glück seiner Sinne, sein Genügen darin finden. Vielmehr trägt ihn gerade das Empfinden seliger Geborgenheit immer höher empor, hinein in diesen wunderbar blauen «Himmel», so als enthüllte nun *er* sich als der eigentliche «Ort» seiner Heimat. Denn so wie die Lerchen wird jetzt seine Seele: Diese kleinen braungrauen Federbälge, die wie von einer Woge der Wonne in den Himmel geworfen werden, dort für einen Augenblick in der Sonne stehenbleiben und jubilierend von oben herab das Lied ihrer Freiheit singen, fordern den Menschen geradezu auf, es sehnsuchtsvoll ihnen gleichzutun. Auf Erden zu Hause und verlangend zum Himmel – nicht länger «Zigeuner» des Weltalls, eher schon «Wanderer» zwischen zwei Welten, so sind seit diesem «Sommermorgen», wenn die «Nebel» verschwinden, wir Menschen.

«Was aber liebe ich, wenn ich dich liebe?» fragte sich vor sechzehnhundert Jahren AURELIUS AUGUSTINUS (*Bekenntnisse*, X 6, Schriften, VII 220–221) im Gegenüber Gottes und beteuerte: «Nicht körperliche Wohlgestalt noch zeitliche Anmut, nicht den Glanz des Lichtes, das unseren Augen so angenehm ist, nicht die lieblichen Melodien des ganzen Reiches der Töne, nicht den Duft von Blumen, Salben und Gewürzen, nicht Manna und Honig, nicht Glieder, die zu freundlicher Umarmung einladen: nicht das liebe ich, wenn ich meinen Gott liebe. Und dennoch liebe ich eine Art von Licht und Klang und Duft und Speise und Umarmung, wenn ich meinen Gott liebe; das Licht, den Klang, den Duft, die Speise, die Umarmung meines inneren Menschen. Dort leuchtet meiner Seele, was kein Raum faßt, dort tönt, was keine Zeit hinwegrafft, dort duftet, was kein Wind verweht, dort schmeckt, was kein Genuß verringert, dort bleibt vereint, was kein Überdruß trennt. Dies ist, was ich liebe, wenn ich meinen Gott liebe. – Und was ist dies? Ich fragte die Erde, und sie sprach: ‹Ich bin es nicht›, und alles, was auf ihr ist, bekannte das gleiche. Ich fragte das Meer und die Abgründe und das Gewürm, das darinnen lebt, und sie antworten: ‹Wir sind nicht dein Gott, suche ihn über uns›. Und ich fragte die wehenden Winde, und der gesamte Luftkreis mit seinen Bewohnern sprach: ‹... ich bin nicht Gott›. Ich fragte Himmel, Sonne, Mond, Sterne; sie antworteten: ‹Auch wir sind nicht Gott, den du suchest›. Und ich sprach zu allen Dingen, die sich meinen Sinnen darbieten: ‹Sprechet zu mir von meinem Gott, weil ihr selbst es nicht seid, sprechet zu mir etwas über ihn›. Und sie antworten mit lauter Stimme: ‹Er selbst hat uns geschaffen (sc. nach Ps 99,3, d. V.)›. Meine Frage bestand aber in sinnender Betrachtung, und ihre Antwort war ihre Schönheit.»

Wir haben gesehen, daß die «Schönheit» (bzw. die Komplexität) der «Dinge» (und Lebewesen) keinesfalls schon ein «Argument» für den «Schöpfungsglauben» bietet. Und doch vermag uns AUGUSTINUS' suchende Sehnsucht nach «seinem Gott» nicht nur den «lerchengleichen» «Aufschwung» der «Seele» im Erleben eines ekstatischen Entzückens im Stil einer antiken Anmutung philosophisch anschaulich zu machen, dieser PLATONisch (und MANIchäisch) geprägte Lehrer der Kirche kann uns mit diesem Zitat aus den *«Bekenntnissen»* vor allem zeigen, was er mit seiner genial richtigen Formel vom *«amare in Deo»*, vom «Lieben in Gott» bezeichnet hat: ausgehend von Gott und getragen in Gott erschien es am Ende selbst einem Manne wie Au-

GUSTINUS möglich, diese so lieblose Welt mitsamt all ihren leidenden und – für kurze Momente – so glücklichen Geschöpfen wirklich zu *lieben*.

Ja, es wird sogar möglich, auch umgekehrt Gott in seinen «Geschöpfen» und in seiner «Schöpfung» zu lieben. Längst schon wissen wir nicht mehr, wie und warum ein Gott diese Welt «geschaffen» hat, und so ist auch die Möglichkeit dahin, nach dem Vorbild des biblischen *Hiob* Gott diese Welt zum Vorwurf zu machen. Und doch weist die geistige Situation, in der wir leben, eine fast fatale Ähnlichkeit mit den Klagen dieses so modern wirkenden Buches der Bibel auf: Gerade die bittere Erfahrung von Zufall, Unrecht und Gewalt schreit, wie eh und je, zum Himmel und findet keine Antwort, solange man eine solche in den überkommenen Auskünften einer sich immer noch absolut wähnenden, doch obsolet wirkenden Theologie sucht. Wenn in unseren Tagen uns zur geistigen Orientierung etwas weiterhelfen könnte, so müßte es etwas sein, das einer vollkommen neuen «Selbstmitteilung» Gottes gleichkäme.

In der Bibel war es geistesgeschichtlich für revolutionär zu erachten, daß diese neue «Manifestation» Gottes im Buche *Hiob* sich *nicht* mehr auf der gewohnten Bühne der menschlichen Geschichte ereignete, sondern im Raum der Natur. Es war das Bild einer Natur, die in ihrer überwältigenden Größe all die Maßstäbe menschlichen Erkennens und Urteilens von Grund auf in Frage stellte; wie ein unwissendes ägyptisches Kind mußte Hiob deshalb staunend und schweigend am Ende den Finger an den Mund legen (Hi 40,4) und seine «Torheit» bekennen: – was weiß schon ein Mensch! Von all dem, was Gott «macht», begreifen wir bestenfalls «nur ein leises Wort davon» (Hi 26,14).

*Alle* Rede von dem, was Gott in seiner «Allmacht» «gemacht» und in seiner «Weisheit» «gewirkt» hat, wie er «wunderbar» «eingriff» und die Welt zu der Komposition ihres «Kosmos» «fügte» und «lenkte», sind, so sagten wir immer von neuem, nicht länger zu lesen als Formen gegenstandsgerichteter Welterklärungen, sie machen nur Sinn als dichterische (symbolische) Rede, die das menschliche Dasein inmitten der Welt zu deuten versucht.

Was aber ist es dann mit all den Bitten der Psalmen und Kirchengebete, die da nicht aufhören zu bitten und zu betteln: «Höre», «siehe», «neige dich», Gott, «rette», «steh auf», «geleite» und «schütze»? (Oder auf gut amerikanisch: tu was!)

All diese Gebete, müssen wir sagen, meinen nicht etwas «Objektives». Gott «hört» nicht, daß er erst «hörig» gemacht werden müßte, Gott «tut» nichts, daß er erst «tätig» gemacht werden müßte; worum wir wirklich flehen, ist denn auch etwas anderes: daß wir uns selber – trotz allem! – als Menschen fühlen können, die einer «Anhörung» wert sind, die, egal was geschieht, ein «Ansehen» behalten, die, trotz Demütigung, Schande und Schuld «aufrecht» zu stehen vermögen, die in aller Verlassenheit «nicht allein» und in aller Haltlosigkeit niemals gänzlich «führungslos» sind ... in solche subjektiven Sprachbilder als erstes müßten all jene «Gebete» der Bibel zurückübersetzt werden, um ihre Wahrheit wiederzufinden. Denn so erst versteht man, daß *alle* Gebete nicht Gott «herbeirufen» können oder «auf den Plan» rufen müssen, allenfalls daß sie dazu beitragen können, in uns und um uns die «Nebel» zu lichten und uns nach und nach «Ziel» und «Sinn» anzuweisen.

In einem nächsten Schritt dann ist freilich die gesamte objektivierende, apodiktisch definierende und metaphysisch räsonierende Rede der überkommenen Theologie in die Sprache «existentieller Lyrik» umzuformen. Ein solcher Schritt vom Dogma zur Dichtung ist schon deshalb dringend nötig, weil das «Lehramt» insbesondere der römischen Kirche mit seinen vermeintlich «unfehlbaren» «katholischen Wahrheiten» nichts weiter erreicht, als Doktrinen zu etablieren, die wirkliches Denken durch behördliche Anweisungen ersetzen und wirkliches Fühlen mit öder Magie zu befriedigen suchen. Die Folge eines solchen Lehrgehabes und -gebäudes besteht in einer endlosen Kette von Ausgrenzung, Unterdrückung und Gewalt – und reaktiv natürlich in Aberglauben, Unglauben und Gleichgültigkeit. Demgegenüber müssen wir verstärkt in Erinnerung rufen, was wir bereits in *Glauben in Freiheit* (I 259–261) gesagt haben: es ist nicht möglich, dem Allerhöchsten über die Schulter zu blicken und dann mit göttlichem Wissen und Anspruch den Sterblichen zu «verkünden», woran sie zu glauben haben. Was uns im Gespräch mit den modernen Naturwissenschaften verbleibt, ist ein sehr behutsames Künden davon, trotz allem «vielleicht behütet» zu sein. Einzig das ist es, was wir in allem Beten erhoffen, erflehn und ersehnen, und das ist es auch, was wir meinen, wenn wir «bekennen»: ‹Ich glaube an Gott, den allmächtigen Vater, der Himmel und Erde gemacht hat.»

Allerdings Obacht! Gesprochen haben wir bisher nur von der *Erde;* vom *Himmel* als «Ort» wissen wir durchaus noch gar nichts. Kann es denn aber nicht sein, daß die Beschäftigung mit den Fragen des Kosmos: seiner Entstehung, seiner Entfaltung, mit den Gesetzen, die ihn regieren, uns auch die Gottesfrage noch einmal ganz neu stellen läßt? Manche Naturwissenschaftler glauben das. Die Biologie, sagen sie richtig, ist keine wirklich fundamentale Wissenschaft, auch nicht die Geologie oder die Meteorologie, auch nicht die Chemie, einzig die Physik und die sie tragende Mathematik. Könnte es da nicht wirklich sein, daß Gott sich weit klarer, weil ursprünglicher, in den wenigen fundamentalen Gesetzen der Welt und in den einfachen Strukturen ihrer Mathematik zu erkennen gibt?

Wir müssen diesen Fragen in einem dritten abschließenden Band nachgehen, zum einen, weil derartige Problemstellungen wirklich verlockend und in sich selbst lohnend sind, und dann auch, um allen noch möglichen theologischen oder esoterischen Mystifikationen im Zusammenhang mit den Fragen von Welt und Mensch und Körper und Geist einen Riegel vorzuschieben. *Die Frage freilich stellt sich dann nur um so mehr: Wer eigentlich sind denn im Weltall wir Menschen?* Allzu sicher jedenfalls haben auch wir noch bisher von Subjekt, Bewußtsein, Person und von Freiheit gesprochen, ganz so als wüßten wir wirklich, was denn alles das sei. Dabei zeichnet sich längst ab, daß die Sphäre von «Seele» und «Geist» genauso einer naturwissenschaftlichen Untersuchung und Erklärung zugänglich und bedürftig ist wie die Sphäre der «Schöpfung» Gottes.

Es hilft daher nichts, wir müssen neben den Fragen des Kosmos zugleich auch die Frage nach der Person des Menschen aufgreifen und mit den Mitteln von Bioneurologie, Hirnphysiologie, Psychoanalyse und Psychiatrie, so gut es geht, zu beantworten suchen.

Was ist die «Seele»? «Was ist der Mensch?» «Was dürfen wir hoffen?»

Keine Theologie, die darüber nicht mit den heutigen Naturwissenschaften sich austauscht, vermag sich noch länger als Deutung der «Schöpfung Gottes» zu legitimieren. So schließen wir dieses Buch mit dem dringenden Wunsch, ein neues zu öffnen.

# Anhang

# Bibliographie

## 1. Naturwissenschaften

*a) Astronomie, Kosmologie, Mathematik, Chaosforschung, Naturphilosophie*

PETER W. ATKINS: The Creation, Oxford 1981; dt.: Schöpfung ohne Schöpfer, aus dem Engl. v. H. Kober, Hamburg (rororo sachbuch 8391) 1991.
JOHN D. BARROW: Die Natur der Natur. Wissen an den Grenzen von Raum und Zeit (The World Within the World, Oxford-New York 1988), aus dem Engl. v. A. Ehlers, Vorw. v. W. Neuser, Heidelberg-Berlin-Oxford 1993.
JOACHIM-ERNST BEHRENDT: Die Welt ist Klang. Nada Brahma, Frankfurt o. J.
HENRI BERGSON: Evolution Créatrice, Paris 1907.
JOHN BRIGGS - F. DAVID PEAT: Turbulent Mirror. An Illustrated Guide to Chaos Theory and the Science of Wholeness, New York 1989; dt.: Die Entdeckung des Chaos. Eine Reise durch die Chaos-Theorie, aus dem Amerik. v. C. Carius, Wien 1990.
GIORDANO BRUNO: La cena de la ceneri (1584); Das Aschermittwochsmahl, übers. v. F. Fellmann, eingel. v. H. Blumenberg, Frankfurt (it 548) 1969.
FRITJOF CAPRA: The Tao of Physics, 1975; dt.: Der kosmische Reigen. Physik und östliche Mystik - ein zeitgemäßes Weltbild, aus dem Amerik. v. F. Lahmann, München 1977.
JOHN H. CONWAY - RICHARD K. GUY: Gewinnen: Strategien für mathematische Spiele, Bd. 4: Solitärspiele, Braunschweig 1985.
FRIEDRICH CRAMER: Chaos und Ordnung. Die komplexe Struktur des Lebendigen, Suttgart 1988.
FRIEDRICH CRAMER: Symphonie des Lebendigen. Versuch einer allgemeinen Resonanztheorie, Frankfurt/M-Leipzig (1996), (it 2188) 1998.
PAUL DAVIES: Der Plan Gottes. Die Rätsel unserer Existenz und die Wissenschaft (The Mind of God. The Scientific Basis for a Rational World, New York 1992), aus dem Amerik. v. A. Ehlers, Frankfurt-Leipzig 1995.
HOIMAR VON DITFURTH: Im Anfang war der Wasserstoff, Hamburg 1972.
HOIMAR VON DITFURTH - DIETER ZILLIGEN: Das Gespräch, Düsseldorf 1990.
HANS DRIESCH: Philosophie des Organischen, 2 Bde., Leipzig 1909.
HANS DRIESCH: Der Begriff der organischen Form, Berlin 1919.
JOHN ECCLES: Wahrheit und Wirklichkeit. Mensch und Wissenschaft (Facing Reality. Philosophical Adventures by a Brain Scientist, 1970), aus dem Engl. v. R. Liske, New York-Heidelberg-Berlin 1975.
ALBERT EINSTEIN: Mein Weltbild, hrsg. v. C. Seelig. Frankfurt/M-Berlin-Wien (Ullstein 65) 1972 (neue vom Verf. durchges. u. wesentl. erw. Aufl., Erstdruck: Amsterdam 1934).
M. FEIGENBAUM: Quantitative Universality for a Class of Nonlinear Transformation, in: J. Stat. Phys. 19, 1978, 25.
GALILEO GALILEI: Sidereus nuncius, Venedig 1610; Sidereus nuncius. Nachricht von neuen Sternen, übers. v. M. Hossenfelder, hrsg. u. eingel. v. H. Blumenberg, Frankfurt/M 1965.
GALILEO GALILEI: Dialogo. Florenz 1632; Dialog über die beiden hauptsächlichen Weltsysteme, das ptolemäische und das kopernikanische, übers. v. E. Strauß, Leipzig 1891.

M. GARDNER: Mathematical Games, in: Scientific American, 223, Okt. 1970, 120–123.

JAMES GLEICK: Chaos-Making. A New Science, New York 1987; dt.: Chaos – die Ordnung des Universums. Das Auf und Ab des Lebens. Vorstoß in Grenzbereiche der modernen Physik, aus dem Amerik. v. P. Prange, München (Knaur 4078) 1990.

ERICH JANTSCH: Die Selbstorganisation des Universums. Vom Urknall zum menschlichen Leben, Vorw. v. P. Feyerabend (München 1979), München (dtv 4397) 1982.

HANS JONAS: Das Prinzip Leben. Ansätze zu einer philosophischen Biologie (Organismus und Freiheit. Ansätze zu einer philosophischen Biologie, Göttingen 1973), Frankfurt/M (st 2698) 1997.

HARTMUT JÜRGENS – HEINZ-OTTO PEITGEN – DIETMAR SAUPE (Hrsg.): Chaos und Fraktale. Spektrum der Wissenschaft: Verständliche Forschung, Heidelberg 1989.

HANS-ULRICH KELLER: Astrowissen. Zahlen – Daten – Fakten, Stuttgart 1994.

H. VON KOCH: Une méthode géométrique élémentaire pour l'étude de certaines questions de la théorie des courbes planes, in: Acta Mathematica 30, 1906, 145–174.

ARTHUR KOESTLER: Die Nachtwandler. Das Bild des Universums im Wandel der Zeit (The Sleepwalkers), aus dem Engl. v. W. M. Treichlinger, Bern–München–Wien 1959.

ARTHUR KOESTLER: Das Gespenst in der Maschine, Wien–München–Zürich 1968.

ARTHUR KOESTLER: Janus. A Summing Up, London 1978; dt.: Der Mensch – Irrläufer der Evolution. Die Kluft zwischen unserem Denken und Handeln – eine Anatomie menschlicher Vernunft und Unvernunft, aus dem Engl. v. J. Abel, München (Goldmann 11272) 1981.

NIKOLAUS KOPERNIKUS: De revolutionibus orbium coelestium libri VI; Nürnberg 1543; Über die Kreisbewegungen der Himmelskörper, hrsg. v. G. Klaus, lat.-dt., angem. v. A. Birkenmajer, Berlin 1959.

A. LINDENMAYER: Mathematical models for cellular interaction in development, Parts I and II, in: J. Theor. Biology 18, 1968, 280–315.

BENOIT MANDELBROT: The Fractal Geometry of Nature, New York 1982.

R. MAY: Simple Mathematical Models with Very Complicated Dynamics, in: Nature 261, 1976, 459.

JACQUES MONOD: Zufall und Notwendigkeit. Philosophische Fragen der modernen Biologie (Le hasard et la nécessité, Paris 1970), aus dem Franz. v. F. Griese, München 1971.

ISAAC NEWTON: Philosophiae naturalis principia mathematica, London 1687; Mathematische Prinzipien der Naturlehre, übers. v. J. Ph. Wolfers (1872), Darmstadt 1963.

GRÉGOIRE NICOLIS – ILYA PRIGOGINE: Die Erforschung des Komplexen. Auf dem Weg zu einem neuen Verständnis der Naturwissenschaften, übers. aus dem engl. Manuskript v. E. Rebhan, München–Zürich 1987.

FELIX R. PATURI: Schlüsseldaten der Astronomie. Von den Sonnenuhren der Babylonier bis zu den Raumsonden im 21. Jahrhundert, Dortmund 1996.

HEINZ-OTTO PEITGEN – HARTMUT-DIETMAR SAUPE: Fractals for the Classroom, New York 1992; dt.: Bausteine des Chaos, aus dem Amerik. v. A. M. Rodenhausen, Berlin–Heidelberg 1994.

ILYA PRIGOGINE – ISABELLE STENGERS: Dialog mit der Natur. Neue Wege naturwissenschaftlichen Denkens, übers. aus dem engl. u. franz. Manuskript v. F. Griese, München $^5$(erw.) 1986.

BERNHARD RENSCH: Das universale Weltbild. Evolution und Naturphilosophie, Frankfurt/M (Fischer Tb 6340) 1997.

NORBERT SCHMIDT: Die Evolution von Geist und Gesellschaft. Hoffnung, Chance und Aufgabe, Olten–Freiburg 1991.

HANS GEORG SCHUSTER: Deterministisches Chaos (Deterministic Chaos), Weinheim–New York 1988.

CARL FRIEDRICH VON WEIZSÄCKER: Die Einheit der Natur. Studien (Wien–München 1971), München (dtv 4660) 1995.

VIKTOR VON WEIZSÄCKER: Am Anfang schuf Gott Himmel und Erde. Grundfragen der

Naturphilosophie (1919–1920), Göttingen 1954, ⁵1961.
G. WOLSCHIN: Wege zum Chaos, in: Chaos und Fraktale, Heidelberg (Spektrum der Wissenschaft) 1989, 21.

### b) Physik, Geologie, Meteorologie, Ozeanographie

ISAAC ASIMOV: Die exakten Geheimnisse unserer Welt. Kosmos, Erde, Materie, Technik (Asimovs New Guide to Science, New York 1984), aus dem Amerik. v. K. H. Siber, München 1985.
T. BERGERON: Physik der troposphärischen Fronten und ihre Störungen, in: Wetter 53, 1936.
J. BJERKNES – H. SOLBERG: Life cycle of cyclones and polar front theory of atmospheric circulation, in: Geofys. Publ. 3/1, 1922.
LUDWIG BOLTZMANN: Der zweite Hauptsatz der mechanischen Wärmetheorie, 1886.
FRIEDRICH L. BOSCHKE: Die Welt aus Feuer und Wasser. Ein Vulkan-Reisebuch, Stuttgart 1981.
ROLAND BRINKMANN: Abriß der Geologie, 2 Bde.; 1. Bd., Stuttgart ¹³(neubearb. v. Werner Zeil) 1984; 2. Bd.: Erd- und Lebensgeschichte Stuttgart ¹⁴(neubearb. v. Karl Krömmelbein, durchges. v. Friedrich Strauch) 1991.
AMBROS BRUCKER: Die Erde. Entstehung und Entwicklung der Kontinente und Ozeane, München 1966.
MARIO V. CAPUTO – JOHN C. CROWELL: Migration of Glacial Centers across Gondwana during Paleozoic Era, in: Geological Society of America Bulletin, 96, 1985, 1020–1036.
PRESTON CLOUD: Die Biosphäre, in: Fossilien, Bilder frühen Lebens, Heidelberg (Spektrum der Wissenschaft) 1989, 32–43.
FELIX VON CUBE: Was ist Kybernetik (1967), München (dtv wr 4079) 1970.
ROBERT DECKER – BARBARA DECKER: Volcanoes, New York–Oxford 1981; dt.: Vulkane. Abbild der Erddynamik, aus dem Amerik. v. B. Klare, Heidelberg–Berlin–New York 1992.
ROBERT DECKER – BARABRA DECKER: Von Pompeji zum Pinatubo. Die Urgewalt der Vulkane, Basel 1993.
GÜNTER DIETRICH: Wärme- und Stoffhaushalt des Meeres, in: Geophysik, hrsg. v. J. Bartels, Frankfurt/M (Fischer Lexikon 20) 1960, 274–282.
G. DIETRICH: Zirkulation der Ozeane, in: Geophysik, hrsg. v. J. Bartels, Frankfurt/M (Fischer Lexikon 20) 1960, 343–354.
L. EISSMANN – CHR. HÄNSEL: Klimate der geologischen Vorzeit, in: P. Hupfer (Hrsg.): Das Klimasystem der Erde. Diagnose und Modellierung. Schwankungen und Wirkungen, Berlin 1991, 297–342.
A. EMMERT: Luftelektrizität, Blitz, Gewitter, in: Geophysik, hrsg. v. J. Bartels, Frankfurt/M (Fischer Lexikon 20) 1960, 196–203.
LEONHARD ENGEL: The Sea, New York 1961; dt.: Das Meer, aus dem Engl. v. H. Reichs, bearb. v. J. Volbeding, Hamburg (rororo sachbuch life 43) 1975.
RICHARD T.-W. FIENNES: Ecology and Earth History, London 1976.
ROBERT FITZROY: Weather Book, London 1863.
G. FLEMMING u. a.: Eigenschaften und Komponenten des Klimasystems, in: P. Hupfer (Hrg.): Das Klimasystem der Erde. Diagnose und Modellierung. Schwankungen und Wirkungen, Berlin 1991, 37–156.
HEINZ HABER: Unser Wetter. Einführung in die moderne Meteorologie (Stuttgart 1971), Hamburg (rororo sachbuch 6831) 1973.
HERMANN HAKEN: Erfolgsgeheimnisse der Natur. Synergetik: Die Lehre vom Zusammenwirken, Frankfurt/M–Berlin (Ullstein 34220) 1981.
*Harenberg:* Kompaktlexikon in 3 Bden., Dortmund 1996.
M. HENDL: Globale Klimaklassifikation, in: P. Hupfer (Hrsg.): Das Klimasystem der Erde. Diagnose und Modellierung, Schwankungen und Wirkungen, Berlin 1991, 218–266.
ECKHARD HUBER: Physik. Bewegung und Energie. Telekolleg II, München ³1987.

PETER HUPFER – WILHELM KUTTLER (Hrsg.): Witterung und Klima, begr. v. E. Heyer, 10. Aufl., neu bearb. v. F. M. Chmielewski, P. Hupfer, W. Kuttler, H. Pethe, Leipzig 1998.

HANS DIETRICH KAHLKE: Das Eiszeitalter, Leipzig 1981.

W. KÖPPEN: Klassifikation der Klimate nach Temperatur, Niederschlag und Jahreslauf, in: Peterm. geogr. Mitteilungen 64, 1918.

H. H. LAMB: Volcanic Dust in the Atmosphere; with a Chronology and Assessment of its Meteorological Significance, in: Phil. Trans. Roy. Soc. of London 266, 1970, 425–533.

A. STARKER LEOPOLD: The Desert, New York 1961; dt.: Die Wüste, aus dem Engl. v. W.-D. Bach, G. u. G. Hartmann, bearb. v. J. Volbeding, Hamburg (rororo sachbuch life 44) 1975.

GÖSTA H. LILJEQUIST: Meteorologi, Stockholm 1962; dt.: Allgemeine Meteorologie, übers. u. bearb. v. Konrad Cehak, Wiesbaden 1984.

CHARLES LYELL: Grundlagen der Geologie, 1830–1833.

E. N. LORENZ: Deterministic Nonperiodic Flow, in: Jour. Atmospheric Sciences 20, 1976, 69.

HORST MALBERG: Meteorologie und Klimatologie. Eine Einführung, Berlin–Heidelberg–New York $^3$(erw.) 1997.

BASIL J. MASON: The Physics of Cloud, London 1972.

E. J. OPIK: Ice Ages, in: D. R. Bates: The Planet Earth, London 1957.

FRANK PRESS – RAYMOND SIEVER: Understanding Earth, New York 1994; dt.: Allgemeine Geologie. Eine Einführung, übers. u. hrsg. v. V. Schweizer, Heidelberg–Berlin–Oxford 1995.

HEINZ REUTER: Die Wettervorhersage, Wien 1976.

DIETER M. RICHTER: Geologie, Braunschweig $^5$(neubearb. u. erw.) 1997.

M. SCHIDLOWSKI: Die Geschichte der Erdatmosphäre, in: Fossilien: Bilder frühen Lebens, eingel. v. H. D. Pflug, Heidelberg (Spektrum der Wissenschaft) 1989, 20–31.

MARTIN SCHWARZBACH: Das Klima der Vorzeit. Eine Einführung in die Paläoklimatologie, Stuttgart (1973) $^5$1993.

H. SEILKOPF: Wetter, in: Geophysik, hrsg. v. J. Bartels, Frankfurt/M (Fischer Lexikon 20) 1960, 307–327.

STEVEN M. STANLEY: Earth and Life Through Time, New York 1989; dt.: Historische Geologie. Eine Einführung in die Geschichte des Lebens, aus dem Amerik. v. E. Kraatz, R. Kraatz u. V. Schweizer, hrsg. v. V. Schweizer u. R. Kraatz, Vow. zur dt. Ausg. v. St. M. Stanley, Heidelberg–Berlin–Oxford 1994.

ARTHUR N. STRAHLER – ALAIN H. STRAHLER: Environmental Geoscience, Santa Barbara (California) 1973.

PAUL A. TIPLER: Physik, aus dem Amerik. v. M. Baumgartner, hrsg v. D. Gerlich u. G. Jerke, Heidelberg–Berlin–Oxford (1994), $^2$korr. 1998.

JAMES TREFIL: Meditations at 10 000 Feet: A Scientist in the Mountain, New York 1986; dt.: Physik in der Berghütte. Von Gipfeln, Gletschern und Gestein, aus dem Amerik. v. H. Mennicken, bearb. v. K. Krause, Hamburg (rororo sachbuch 9383) 1992.

JAMES TREFIL: 1001 Things Everyone Should Know About Science, New York 1992; dt.: 1000 Rätsel der Natur, aus dem Amerik. v. H. Mennicken, Hamburg 1993.

HANS GEORG WUNDERLICH: Das neue Bild der Erde. Faszinierende Entdeckungen der modernen Geologie, Hamburg 1975.

*c) Chemie, Biochemie, Biologie*

ISAAC ASIMOV: Asimov's New Guide to Science, New York 1984; dt.: Die exakten Geheimnisse unserer Welt. Bausteine des Lebens, aus dem Amerik. v. K. H. Siber, München 1986.

DAVID ATTENBOROUGH: The living Planet, London 1984; dt.: Lebensräume der Natur. Die faszinierende Welt der Tiere und Pflan-

zen, aus dem Engl. v. A. Feilhauer u. a., Stuttgart–Zürich–Wien 1989.
DAVID ATTENBOROUGH: Spiele des Lebens? Verhaltensweisen und Überlebenskampf der Tiere (The Trials of Life. 1: Nature History of Animal Behaviour, London 1990), übers. v. J. Taaks, Niedernhausen 1991.
ANITA BACH: Chemie für Biologie, Telekolleg II, München ²1995.
R. J. BAGLEY: The Functional Self-Organisation of Autocatalytic Network in a Model of the Evolution of Biogenesis, San Diego 1991.
F. BALTZER: Experimentelle Beiträge zur Frage der Homologie, Experientia 8, 1952, 285–297.
F. BALTZER: Über Xenoplastik, Homologie und verwandte stammesgeschichtliche Probleme, in: Mitt. Naturforsch. Ges., Bern 15, 1957, 1–23.
H. BATES: Naturalist on the Amazons, in: Trans. Linnean Soc., London 1862.
G. BEAUCHAMPS – K. YAMAZAKI – E. A. BOYSE: The chemosensory recognition of genetic individuality, in: Scientific American, 253, 1985, 66–72.
A. BELLAIRS: Die Reptilien, in: H. W. Parker – A. Bellairs: The Life of Amphibians – The Life of Reptiles, 1972, dt.: Die Amphibien und Reptilien, Wiesbaden o. J. (Enzyklopädie der Natur, Bd. 10) S. 135–336.
ANNEROSE BENDER u. a.: Biologie 2, Gymnasium, Nordrhein-Westfalen, Berlin 1995 (entwickelt von der Redaktion Biologie, Heidelberg).
S. A. BENNER – A. D. ELLINGTON – A. TAUER: Modern metabolism as a palimpsest of RNA world, in: Proc. of the National Academy of Sciences, USA, 86, 1989, 7054–7058.
H. BERNSTEIN – F. A. HOPF – R. E. MICHOD: Is meiotic recombination an adaption for repairing DNA, producing genetic variation or both?, in: R. E. Michod – B. R. Levin (Hrsg.): Evolution of Sex: An Examination of Current Ideas, Sunderland, Mass. 1988, 106–125.
L. VON BERTALANFFY: Die Evolution der Organismen, in: D. Schlemmer. Schöpfungsglaube und Evolutionstheorie, Stuttgart 1956, 53–56.
*Biologie heute S II*, hrsg. v. Wolfgang Miram – Karl-Heinz Scharf, Hannover 1997.
G. BLOBEL: Intracellular membrane topogenesis, in: Proc. of the National Academy of Sciences, USA, 77, 1980, 1496.
BARABRA BLOCK – ROLF WEIDENFELD: Chemie, Ergänzungsband, Telekolleg II, München ²1985.
A. BOGENRIEDER: Pflanzenschutz – Risiko ohne Alternative, in: D. Todt (Hrsg.): Biologie 2: Systeme des Lebendigen, Frankfurt/M 1974, 214–238.
R. VON BREDOW: Mikrobe aus dem Baukasten, in: Der Spiegel, 5, 1999, 164.
CARSTEN BRESCH: Zwischenstufe Leben, Evolution ohne Ziel?, München 1977.
A. BRESINSKY: Übersicht des Pflanzenreiches, in: Lehrbuch der Botanik für Hochschulen, begründet von E. Strasburger, F. Noll, H. Schenk, A. F. W. Schimper, 32. Aufl. neubearb. v. Dietrich von Denffer, Hubert Ziegler, Friedrich Ehrendorfer, Andreas Bresinsky, Stuttgart–New York 1983, 549–757.
G. D. BURCHARD: Der unaufhörliche Kampf gegen Malaria, in: Spektrum der Wissenschaft, Dossier 3/97: Seuchen, 100–105.
A. BUTLEROW: Formation synthétique d'une substance sucrée, in: Comptes rendus de l'Académie des Sciences, Paris, 53, 1861, 145–147.
A. GRAHAM CAIRNS-SMITH: The Life Puzzle, Edingburgh 1971.
NEIL A. CAMPBELL: Biology, 1996; dt.: Biologie, aus dem Amerik. übers. v. A. Dorresteijn u. a., hrsg. v. J. Markl, Heidelberg–Berlin–Oxford 1997.
E. U. CANNING: Nuclear division and chromosome cycles in microsporidia, in: Biosystems 21, 1988, 333–340.
J. D. CARTHY: Zwischenartliche Beziehungen, in: J. E. Smith – R. B. Clark – G. Chapman – J. D. Carthy: Die wirbellosen Tiere (The Invertebrate Panorama, London 1970), dt. bearb. v. P. Tardent, G. Heller,

U. Roesler, (Lausanne 1971), Wiesbaden (Löwit) o. J., (Enzyklopädie der Natur, Bd. 6), 251–272.

T. Cavalier-Smith: The simultaneous symbiotic origin of mitochondria, chloroplasts, and microbodies, in: Annals of the New York Academy of Science, 503, 1987, 55–71.

T. Cavalier-Smith: Bacterial DNA segregation: its motors and positive control, in: J. Theor. Biology, 127, 1987, 361–372.

T. Cavalier-Smith: The origin of cells; a symbiosis between genes, catalysts, and membranes, in: Cold Spring Harbor Symposia on Quantitative Biology, 52, 1987, 805–842.

T. Cavalier-Smith: The origin of eukaryotic and archaebacterial cells, in: Annals of the New York Academy of Sciences, 503, 1987, 17–54.

T. Cavalier-Smith: Eukaryote cell evolution, in: Proc. 13th International Botanical Congress, 1988, 203–223.

T. Cavalier-Smith: The evolution of cells, in: S. Osawa – T. Honjo: Evolution of Live: Fossils, Molecules, and Culture, Tokyo 1991, 271–304.

L. R. Cleveland: The origin and evolution of meiosis, in: Science 105, 1974, 287–289.

Edred J. H. Corner: Das Leben der Pflanzen (1964, Lausanne 1971), dt. bearb. v. H. P. u. M. Giesen, Wiesbaden o. J., (Die Enzyklopädie der Natur, Bd. 4).

Paule Corsin: Die Flora, (Lausanne 1971), dt. bearb. v. M. Boidol, Wiesbaden o. J., (Die Enzyklopädie der Natur, Bd. 5).

M. Courtenay-Latimer: My Story of the First Coelacanth, Occasional Papers der California Academy of Sciences, Nr. 134, San Francisco 1979.

G. Czihak – H. Langer – H. Ziegler: Biologie. Ein Lehrbuch, Heidelberg–Berlin–New York ²(verb. u. erw.) 1978.

S. Daan: Agamen und Chamäleons, in: Grzimeks Tierleben, Bd. 6: Kriechtiere (München 1970), München (dtv) 1979, 207–245.

R. Dancoff – H. Quastler: The information content and error rate of living things, in: H. Quastler, Hrsg: Information theory in biology, Univ. Illinois Press, Urbana 1953, 263–273.

Charles Darwin: On the Origin of Species by Means of Natural Selection or The Preservation of Favoured Races in Struggle for Life, London 1859; dt.: Die Entstehung der Arten durch natürliche Zuchtwahl, aus dem Engl. v. C. W. Neumann, Nachw. v. G. Heberer, Stuttgart (reclam 3071–80) 1974.

Charles Darwin: Biologie in neuem Licht, hrsg. u. komm. v. L. Hauska, Wien 1980.

Richard Dawkins: The Blind Watchmaker, 1986; dt.: Der blinde Uhrmacher. Ein neues Plädoyer für den Darwinismus, aus dem Engl. v. K. de Sousa Ferreira (München 1987), München (dtv 30558) 1990.

D. von Denffer: Morphologie, in: Strasburger Lehrbuch der Botanik für Hochschulen, begr. v. E. Strasburger – F. Noll – H. Schenck – A. F. W. Schimper, 32. Aufl. neubearb. v. Dietrich von Denffer – Hubert Ziegler – Friedrich Ehrendorfer – Andreas Bresinsky, Stuttgart–New York 1983, 7–214.

B. Derrida – G. Weisbuch: Evolution of Overlaps Between Configurations in Random Boolean Networks, in: J. de Physique, 47, 1982, 1297–1303.

W. Dierl: Die Schmetterlinge, in: Grzimeks Tierleben, Bd. 2: Insekten (München 1970), München (dtv) 1979, 306–370.

Jean Dorst: The Life of Birds, London 1971; dt.: Das Leben der Vögel, 1. Bd., bearb. v. G. Spitzer, Wiesbaden o. J., (Enzyklopädie der Natur Bd. 12).

Irene Dowald – Ulrike Fulda – Ilse Hanns – Rudolf Hausmann – Manfred Neumann: Biologie, Telekolleg II, München ³1986.

Freeman J. Dyson: Origins of Life, Cambridge 1985.

Manfred Eigen: Stufen zum Leben. Die frühe Evolution im Visier der Molekularbiologie (München 1987), München (Serie Piper 765) 1992.

Manfred Eigen: Selforganization of matter and the evolution of biological macromolecules, in: Naturwissenschaften, 58, 1971, 465–523.

MANFRED EIGEN: Was bleibt von der Biologie des 20. Jahrhunderts, in: M. P. Murphy – L. A. J. O'Neill: What is life?, Cambridge 1995; dt.: Was ist Leben?, aus dem Engl. von S. Kuhlmann-Krieg u. a., Heidelberg–Berlin–Oxford 1997, 15–34.

MANFRED EIGEN – PETER SCHUSTER: The Hypercycle – A Principle of Natural Selforganization, Heidelberg 1979.

MANFRED EIGEN – RUTH WINKLER: Das Spiel. Natugesetze steuern den Zufall, München–Zürich 1975.

M. EIGEN – P. SCHUSTER – W. GARDINER – R. WINKLER-OSWATITSCH: Ursprung der genetischen Information, in: Spektrum der Wissenschaft, 6, 1981, 36–56.

M. EIGEN – B. F. LINDEMANN – M. TIETZE – R. WINKLER-OSWATITSCH – A. DRESS – A. v. HAESELER: How old is the genetic code? Statistical geometry of tRNA provides an answer, in: Science, 244, 1989, 673–679.

A. D. ELLINGTON – A. TAUER: Modern metabolism as a palimpsest of RNA world, in: Proc. of the National Academy of Sciences, USA, 86, 1989, 7054–7058.

CLAUS EMMECHE: Det levende Spil: Biologisk form og kunstigt liv (Kopenhagen 1991); dt.: Das lebende Spiel. Wie die Natur Formen erzeugt, aus dem Dän. v. R. Elsässer, Hamburg (rororo sachbuch 9618) 1994.

J. D. FARMER – ST. A. KAUFFMAN – N. H. PACKARD: Autocatalytic Replication of Polymers, in: Physica, 22 D, 1986, 50–67.

J. FISCHER: Früh übt sich, was uns gesund erhält, in: Geo Wissen 1/1988: Abwehr, Aids, Allergie, 24–31.

R. A. FISHER: The genetical theory of natural selection, Oxford 1930.

SIDNEY W. FOX – D. DOSE: Molecular Evolution and the Origin of Life, San Francisco 1972.

S. W. FOX: Proteinoid experiments and evolutionary theory, in: M. W. Ho – P. T. Saunders: Beyond Neo-Darwinism, New York, 1984, 15–60.

W. FRESE: Wie das Licht zum Leben kommt, in: Max-Planck-Gesellschaft Spiegel 3, 1986, 1–4.

G. E. FREYTAG: Schwanzlurche und Blindwühlen, in: Grzimeks Tierleben, Bd. 5: Fische 2. Lurche (München 1970), München (dtv) 1979, 313–358.

K.-E. FRIEDRICH: Beziehungen zwischen Bau und Funktion bei pflanzlichen Organismen, in: D. Todt (Hrsg.): Biologie 2: Systeme des Lebendigen, Frankfurt/M 1976, 89–110.

T. GÁNTI: Chemical systems and supersystems III. Models of selfreproducing chemical supersystems: the chemotons, in: Acta Academiae Scientiarum Hungarica, 98, 1978, 265–283.

GEORGE G. GAUSE: The struggle for existence, Baltimore 1934.

V. GIACOMINI: Von der Zelle zum Menschen, in: Die Wunder der Erde. Ihr Ursprung und die Entstehung des Lebens (Grande Enciclopdia Fabbri della Natura, Milano 1991), aus dem Italien. v. V. Corsini-Neipp, Klagenfurt 1991, 43–58.

W. GILBERT: Why genes in pieces?, in: Nature, 271, 1978, 501.

MARTIN GLAESSNER: The dawn of animal life, Cambridge 1984.

M. GLAUBRECHT: Evolution macht den Tieren Beine, in: Die Welt, 12. Nov. 98, S. 32.

G. N. GODSON: Molekularbiologische Suche nach Malaria-Impfstoffen, in: Spektrum der Wissenschaft 7, 1985, 66–74.

STEPHEN JAY GOULD: The Spread of Excellence from Plato to Darwin, New York 1996; dt.: Illusion Fortschritt. Die vielfältigen Wege der Evolution, aus dem Amerik. v. S. Vogel, Frankfurt/M 1998.

W. GREGORY: Evolution emerging, 2 Bde., New York 1951.

MICHAEL GROSS: Exzentriker des Lebens. Zellen zwischen Hitzeschock und Kältestreß, Heidelberg–Berlin–Oxford 1997.

B. GRZIMEK: Ordnung Kloakentiere, in: Grzimeks Tierleben, Bd. 10: Säugetiere 1 (München 1970), München (dtv) 1979, 37–48.

B. GRZIMEK – A. PEDERSEN: Der Braunbär, in: Grzimeks Tierleben, Bd. 12: Säugetiere 3 (München 1970), München (dtv) 1979, 118–127.

C. E. HACK: Das Komplementsystem, in: Jan J. van den Tweel u. a.: Immunologie, Maastricht 1988; dt.: Immunbiologie. Das menschliche Abwehrsystem, aus dem Niederl. v. E. Gleichmann, Heidelberg 1991, 59–69.

ERNST HÄCKEL: Generelle Morphologie der Organismen, 2 Bde., Berlin 1866.

D. HAIG: Alternatives to meiosis: the unusual genetics of red algae, microsporidia and others, in: J. Theor. Biology 153, 1993, 531–558.

W. D. HAMILTON: Sex versus nonsex versus parasite, in: Oikos 35, 1980, 282–290.

B. HASSENSTEIN: Ungelöste Probleme und Grenzfragen der Biologie, in: D. Todt (Hrsg.): Biologie 2: Systeme des Lebendigen, Frankfurt/M 1974, 373–391.

H. R. HEUSSER: Die Froschlurche, in: Grzimeks Tierleben, Bd. 5: Fische 2. Lurche (München 1970), München (dtv) 1979, 359–463.

THEODOR HIEPE: Lehrbuch der Parasitologie, Bd. 1: Allgemeine Parasitologie, Stuttgart 1981.

G. HINKLE: Status of the theory of the symbiotic origin of undulipodia (cilia), in: L. Margulis – R. Fester: Symbiosis as a Source of Evolutionary Innovation, 1991, 135–142.

R. F. HOEKSTRA: On the asymmetry of sex: evolution of mating types in isogamous populations, in: J. Theor. Biology 87, 1982, 785–793.

R. F. HOEKSTRA: The evolution of male-female dimorphism older than sex?, in: J. of Genetics 69, 1990, 11–15.

H. HÖLDER: Das Jura-System, in: G. Heberer – H. Wendt (Hrsg.): Entwicklungsgeschichte der Lebewesen. Grzimeks Tierleben. Ergänzungsband, Zürich 1972, 306–371.

BERT HÖLLDOBLER – EDWARD O. WILSON: Journey of the ants, Massachusetts 1994; dt.: Ameisen. Die Entdeckung einer faszinierenden Welt, aus dem Amer. v. S. Böll, Basel 1995.

L. D. HURST – W. D. HAMILTON: Cytoplasmic fusion and the nature of the sexes, in: Proc. of the Royal Society of London B 247, 1992, 189–194.

L. D. HURST – P. NURSE: A note on the evolution of meiosis, in: Jour. Theor. Biology 150, 1991, 561–563.

G. F. JOYCE – A. W. SCHWARTZ – L. E. ORGEL – S. L. MILLER: The case for an ancestral genetic system involving simple analogues of the nucleotides, in: Proc. of the National Academy of Sciences, USA, 84, 1987, 4398–4402.

HANS JUNG: Chemie, Telekolleg II, Lektion 1–13, München ²1985.

REINHARD JUNKER – SIEGFRIED SCHERER: Evolution. Ein kritisches Lehrbuch, Gießen ⁴(neu bearb.) 1998.

H. KACSER – R. BEEBY: Evolution of catalytic proteins: or, on the origin of enzyme species by means of natural selection, in: J. of Molecular Evolution, 20, 1984, 38–51.

H. KACSER – J. A. BURNS: The control of flux, in: Symposia of the Society for Experimental Biology 32, 1973, 65–104.

P. KÄHSBAUER: Die Fische, in: Grzimeks Tierleben, Bd. 4: Fische 1 (München 1970), München (dtv) 1979, 45–85.

DIETMAR KALUSCHE: Wechselwirkungen zwischen Organismen. Basiswissen Biologie 2, Stuttgart–New York 1989.

ERIC R. KANDEL – JAMES H. SCHWARTZ – THOMAS M. JESSEL (Hrsg.): Essentials of Neural Science and Behavior, Oxford 1995; dt.: Neurowissenschaften. Eine Einführung, aus dem Engl. v. S. Benner u. a., Berlin–Heidelberg 1996.

F. S. KANTOR: Bekämpfung der Zecken-Borreliose, in: Spektrum der Wissenschaft, Dossier 3/97: Seuchen, 50–57.

PETER KARLSON: Kurzes Lehrbuch der Biochemie für Mediziner und Naturwissenschaftler, unter Mitarbeit von D. Doenecke, G. Fuchs, J. Krolmann, G. Schäfer, Stuttgart ¹³(neubearb.) 1988.

STUART A. KAUFFMAN: The Origin of Order: Self Organisation and Selection in Evolution, New York 1993.

ST. A. KAUFFMAN: Autocatalytic sets of proteins, in: J. Theor. Biology, 119, 1986, 1–24.

St. A. Kauffman: «Was ist Leben?» hatte Schrödinger recht?, in: Was ist Leben? Die Zukunft der Biologie, Heidelberg–Berlin–Oxford 1997, 99–133; aus dem Engl. (M. P. Murphy – L. A. J. O'Neill: What is life? Cambridge 1995) übers. v. S. Kuhlmann-Krieg u. a.

J. Kay: Self-Organization in Living Systems, Ontario 1984.

J. Kiger: The bithorax complex – a model for cell determination in Drosophila, in: J. Theor. Biology 40, 1973, 455–467.

Motoo Kimura: The Neutral Theory of Molecular Evolution, Cambridge, 1983.

A. S. Kondrashov: Deleterious mutations and the evolution of sexual reproduction, in: Nature 336, 1988, 435–440.

O. Kraus: Die Spinnentiere und ihre Verwandten, in: Grzimeks Tierleben, 1. Bd.: Niedere Tiere (München 1970), München (dtv) 1979, 403–433.

St. W. Kuffler: Discharge patterns and functional organization of mammalian retina, in: J. of Neurophysiology 16, 1953, 37–68.

H. Kühl: Die Kieferlosen, in: Grzimeks Tierleben, Bd. 4: Fische 1 (München 1970), München (dtv) 1979, 160–167.

Konrad Kunsch: Autotrophie der Organismen, Basiswissen Biologie 3, Stuttgart–New York 1989.

R. Kurth: HIV-Vermehrung – Entdeckung natürlicher Botenstoffe mit Hemmwirkung, in: Spektrum der Wissenschaft, Dossier 3/97: Seuchen, 90–91.

J. A. Lake – M. C. Rivera: Was the nucleus the first endosymbiont?, in: Proc. of the National Academy of Sciences, USA, 91, 1994, 2880–2881.

Jean-Baptiste Lamarck: Philosophie zoologique, Paris 1809; dt.: Zoologische Philosophie, Leipzig 1909.

M. Land: Optics and vision in invertebrates, in: H. Autrum (Ed.): Handbook of Sensory Physiology, Berlin 1980, 471–592.

C. Langton: Studying Artificial Life with Cellular Automata, in: Physica, 22 D, 1986, 120–149.

J. A. Leon: Life histories as adaptive strategies, in: J. Theor. Biology, 60, 1976, 301–335.

W. M. Jr. Lewis: Nutrient scarcity as an evolutionary cause of haploidy, in: American Naturalist 125, 1985, 692–701.

*Linder Biologie.* Lehrbuch für die Oberstufe, hrsg. v. Horst Bayrhuber – Ulrich Kull, zusammen mit Johannes Hopmann u. Wolfgang Rüdiger, Hannover [21](neubearb.) 1998.

Carl von Linné: Systema Naturae, Stockholm 1748.

Harvey Lodish – David Baltimore – Arnold Berk – S. Lawrence Zipursky – Paul Matsudaira – James Darnell: Molecular Cell-Biology, [3]1995 New York; dt.: Molekulare Zellbiologie, aus dem Amerik. v. L. Träger u. a., Berlin [2]1996.

Christine Lossow – Hermann Wernet: Chemie, Telekolleg II, Lektion 1–13, München [2]1989.

Christine Lossow – Hermann Wernet – Hein-Jörg Haury: Chemie, Telekolleg II, Lektion 14–26, München [2]1989.

Alfred J. Lotka: Elements of physical biology, 1924; Neuauflage: Elements of mathematical biology, New York 1956.

David MacDonald: The Velvet Claw. A Natural History of Carnivores, 1992; dt.: Mit Zähnen und Klauen. Leben und Überleben der Raubtiere, aus dem Engl. v. A. Held, Köln 1995.

Lynn Margulis: Origin of Eucaryotic Cells, New Haven 1970.

Lynn Margulis: Symbiosis in Cell Evolution. Life and its environment on the earth, San Francisco 1981.

L. Margulis: Symbiosis in evolution: Origin of cell motility, in: S. Osawa – T. Honjo: Evolution of Life: Fossils, Molecules, and Culture, Tokyo 1991, 305–324.

L. Margulis D. Sagan: Origins of Sex: Three Billion Years of Recombination, New Haven 1986.

Lynn Margulis – Dorion Sagan: Leben – Vom Ursprung zur Vielfalt (What is life, New York 1995), aus dem Amerik. v. K. Beginnen u. a., Vorw. v. N. Eldredge, Heidelberg–Berlin–Oxford 1997.

Hans Marquardt: Natürliche und künstliche Erbänderungen. Probleme der Mutationsforschung, Hamburg (rde 44) 1957.
Norman B. Marshall: Das Leben der Fische (1965), 2 Bde., Enzyklopädie des Lebens Bd. 8–9, deutsche Bearb. v. R. Bretthauser, Wiesbaden o. J.
Ernst Mayr: Population, species and evolution, Cambridge, Mass., 1970.
Ernst Mayr: Die Entwicklung der biologischen Gedankenwelt, Heidelberg 1984.
H. Mehlhorn – G. Piekarski: Grundriß der Parasitenkunde, Stuttgart 1985.
W. Meise: Die Vögel, in: Grzimeks Tierleben, Bd. 7: Vögel 1 (München 1970), München (dtv) 1980, 17–69.
W. Meise: Familie Kuckuck, in: Grzimeks Tierleben, Bd. 8: Vögel 2 (München 1970), München (dtv) 1980, 348–376.
C. Mereschowsky: Theorie der Zwei Pflanzenarten als Grundlage der Symbiogenesis, einer neuen Lehre der Entstehung der Organismen, in: Biologisches Zentralblatt 30, 1910, 278–303, 321–347, 353–367.
St. L. Miller: A production of amino acids under possible primitive earth conditions, in: Science, 117, 1953, 528–529.
Stanley L. Miller – Leslie E. Orgel: The Origins of Life on Earth, Englewood Cliffs 1974.
Jacques Monod: Le hasard et la nécessité, Paris 1970; dt.: Zufall und Notwendigkeit. Philosophische Fragen der modernen Biologie, aus dem Franz. v. F. Griese, eingel. v. M. Eigen, München 1971.
Lennart Nilsson: Eine Reise in das Innere unseres Körpers. Das Abwehrsystem des menschlichen Organismus, in Zusammenarbeit mit J. Lindberg, Text von K. Lindquist u. S. Nordfeldt (Stockholm 1985), engl. Übers. v. C. James, aus dem Engl. v. E. P. Fischer, Hamburg–Zürich 1987.
N. W. Nimoféeff-Ressovsky – K. G. Zimmer – M. Delbrück: Über die Natur der Genmutation und der Genstruktur, in: Nachrichten der Gesellschaft für Wissenschaften zu Göttingen, Fachgruppe VI, 1/3, 1935, 189–245.

M. A. Nowak – A. J. Mc Michael: Die Zerstörung des Immunsystems durch HIV, in: Spektrum der Wissenschaft, Dossier 3/97: Seuchen, 82–89.
Wilhelm Nultsch: Allgemeine Botanik, Stuttgart–New York [10](neubearb. u. erw.) 1996.
Eugene P. Odum: Fundamentals of ecology, Philadelphia 1971.
E. P. Odum: Tropic structure and productivity of Silver Springs, Florida, in: Ecological Monographes 27, 1957, 55–112.
Chr. Oelrich: Zeitbombe im Körper, Neue Westfälische, 3. Juli 98.
T. Ohama – S. Osawa – K. Watanabe – T. H. Jukes: Evolution of the mitochondrial genetic code, IV. AAA is an asparagine codon in some animal mitochondria, in: J. of Molecular Evolution, 30, 1990, 329–332.
Alexander I. Oparin: Proiskhozhdenie Zhisny – Der Ursprung des Lebens, Moskau 1924.
L. E. Orgel: Evolution of the genetic apparatus, in: J. of Molecular Biology, 38, 1968, 381–393.
L. E. Orgel: The origin of polynucleotide – directed protein synthesis, in: J. of Molecular Evolution, 29, 1989, 465–474.
L. E. Orgel – F. H. C. Crick: Selfish DNA: the ultimate parasite, in: Nature, 284, 1980, 604–607.
Leslie E. Orgel – Stanley L. Miller: Evolution of Catalytic Function, Cold Spring Harbor Series, 1987.
G. Osche: Grundzüge der allgemeinen Phylogenetik, in: F. Gessner: Handbuch der Biologie, III/2, Konstanz 1966, 817–907.
J. R. Page – G. E. Robinson: The genetics of division of labour in honeybees, in: Advances in Insect Physiology, 23, 1991, 117–169.
G. A. Parker – R. R. Baker – V. G. F. Smith: The origin and evolution of gamete dimorphism and the male-female phenomenon, in: J. Theor. Biology, 36, 1972, 529–553.
A. Paul – E. Voland: Die Evolution der Zweigeschlechtlichkeit, in: Liebe, Lust und Leidenschaft. Sexualität im Spiegel der Wissenschaft, hrsg. von Bernulf Kanitschneider

unter Mitw. von Berthold Suchan, Stuttgart 1998.

THEODORE W. PIETSCH – DAVID B. GROBECKER: Fühlerfische – getarnte Angler, in: Spektrum der Wissenschaft 8, 1990, 74–82.

R. POOL: The third kingdom of life, in: Science, 247, 1990, 158–160.

E. POPP: Kranzfühler: Hufeisenwürmer, Moostierchen und Armfüßer, in: Grzimeks Tierleben, Bd. 3: Weichtiere. Stacheltiere (München 1970), München (dtv) 1979, 236–265.

ADOLF PORTMANN: Biologische Fragmente zu einer Lehre vom Menschen, Basel–Stuttgart ³(neu bearb.) 1969.

ADOLF PORTMANN: An den Grenzen des Wissens. Vom Beitrag der Biologie zu einem neuen Weltbild, Wien–Düsseldorf 1974.

I. B. RAIKOV: The Protozoan Nucleus, Heidelberg 1982.

INGO RECHENBERG: Evolutionsstrategie, Problemata frommannholzboog, Stuttgart–Bad Cannstatt 1973.

HEINZ-HERMANN REICHENBACH-KLINKE: Krankheiten der Amphibien, Stuttgart 1961.

JOSEF H. REICHHOLF: Der schöpferische Impuls. Eine neue Sicht der Evolution (München 1992), München (dtv 30423) 1994.

ADOLF REMANE – VOLKER STORCH – ULRICH WELSCH: Systematische Zoologie, Stuttgart–Jena–Lübeck–Ulm ⁵(bearb. u. erw.) 1997.

B. RENSCH: Die Evolutionsgesetze der Organismen in naturphilosophischer Sicht, in: Philosophia Naturalis 6 (3), 1961, 288–362.

RUPERT RIEDL: Die Ordnung des Lebendigen. Systembedingungen der Evolution (Berlin–Hamburg 1975), München (SP 1018) 1990.

RUPERT RIEDL: Die Strategie der Genesis. Naturgeschichte der realen Welt (München 1976), München (SP 290) 1984.

R. RIETSCHEL: Klasse Bandwürmer, in: Grzimeks Tierleben, Bd. 1: Niedere Tiere (Zürich 1970), München (dtv) 1979, 299–311.

H. RÜBSAMEN-WAIGMANN: Neue Konzepte von AIDS und der HIV-Infektion, in: Spektrum der Wissenschaft, Dosier 3/97: Seuchen, 94–99.

L. VON SALVINI-PLAWEN: Die Schnecken, in: Grzimeks Tierleben, Bd. 3: Weichtiere. Stacheltiere (München 1970), München (dtv) 1979, 50–135.

L. VON SALVINI-PLAWEN: Muscheln, in: Grzimeks Tierleben, Bd. 3: Weichtiere. Stacheltiere (München 1970), München (dtv) 1979, 143–186.

HANS G. SCHLEGEL: Allgemeine Mikrobiologie, Stuttgart–New York ⁷(überarbeitet unter Mitarbeit von Christiane Zaborosch) 1992.

HANS JÜRGEN SCHMIDT: Chemie 11 konkret, Frankfurt/M 1998.

E. SCHNEIDER – J. KAY: Live is a Manifestation of the Second Law of Thermodynamics, in: Mathematical and Computer Modelling 19/6–8, 1994, 25–48.

E. D. SCHNEIDER – JAMES J. KAY: Ordnung aus Unordnung: Die Thermodynamik der Komplexität in der Biologie, in: Was ist Leben? Die Zukunft der Biologie; aus dem Engl. (M. P. Murphy – L. A. J. O'Neill: What is life? Cambridge 1995) übers. v. S. Kuhlmann-Krieg u. a., Heidelberg–Berlin–Oxford 1997, 183–196.

J. WILLIAM SCHOPF: How old are the Eukaryotes?, in: Science, 193, 1976, 120–143.

P. SCHOPFER: Die Photosynthese der grünen Pflanze – Kraftwerk des Lebendigen, in: D. Todt (Hrsg.): Biologie 2: Systeme des Lebendigen, Frankfurt/M 1974, 147–182.

ERWIN SCHRÖDINGER: What is Life? The Physical Aspect of the Living Cell, Cambridge 1944; dt.: Was ist Leben? Die lebende Zelle mit den Augen des Physikers betrachtet (Berlin 1951), München (SP) 1993.

A. W. SCHWARTZ – L. E. ORGEL: Template-directed synthesis of novel, nucleic acid-like structures, in: Science, 228, 1985, 585–587.

P. W. SHERMAN – J. U. M. JARVIS – ST. H. BRAUDE: Die enge Gemeinschaft der Nacktmulle (Spektrum der Wissenschaft, Oktober 1992), in: Biologische Vielfalt, hrsg. v. B. König u. K. E. Linsemair, Heidelberg (Spektrum der Wissenschaft) 1996, 124–132.

G. G. SIMPSON: Der Ursprung der Säugetiere, in: G. Heberer – H. Wendt: Entwicklungsgeschichte der Lebewesen. Grzimeks Tierleben. Ergänzungsband, Zürich 1972, 298–305.

LAWRENCE B. SLOBODKIN: Growth and regulation of animal populations, 1981.

J. L. B. SMITH: The Search Beneath the Sea, New York 1956.

JOHN MAYNARD SMITH: The Evolution of Sex, Cambridge 1987.

J. M. SMITH: Selection for recombination in a polygenic model – the mechanism, in: Genetical Research, Cambridge 51, 1988, 59–63.

JOHN MAYNARD SMITH – EÖRS SZATHMÁRY: The major transitions in evolution, Oxford–New York 1995; dt.: Evolution. Prozesse, Mechanismen, Modelle, aus dem Engl. v. J. Raschke, Berlin–Heidelberg–Oxford 1996.

J. M. SMITH – E. SZATHMÁRY: The Origin of chromosomes I. Selction for linkage, in: J. of Theor. Biology, 164, 1993, 437–466.

T. M. SONNEBORN: Degeneracy of the genetic code: extent, nature, and genetic implications, in: V. Bryson – J. H. Vogel: Evolving Genes and Proteins, New York 1965, 377–379.

Der Spiegel 43/1998, 248–250: Triumph der Mikroben.

S. C. STEARNS: Life-history tactics: A review of the ideas, in: Quart. Rev. Biol., 51, 1976, 3–47.

W. STILWELL: Facilitated diffusion of amino acids across biomolecular lipid membranes as a mode for selective accumulation of amino acids in a primordial protocell, in: Biosystems, 8, 1976, 111–117.

A. STOLTZFUS – D. F. SPENCER – M. ZUKER – J. M. LOGSDON – W. F. DOOLITTLE: Testing the exon theory of genes: the evidence from protein structure, in: Science, 265, 1994, 202–207.

G. STORCH: Die Säuger von Messel: Wurzeln auf vielen Kontinenten, in: Fossilien: Bilder frühen Lebens, Heidelberg (Spektrum der Wissenschaft) 1989, 190–203.

VOLKER STORCH – ULRICH WELSCH: Systematische Zoologie, begründet von Adolf Remane – Volker Storch – Ulrich Welsch, ⁵(bearb. u. erw.) Stuttgart–Jena–Lübeck–Ulm 1997.

Strasburger Lehrbuch der Botanik für Hochschulen, begründet von E. Strasburger, F. Noll, H. Schenk, A. F. W. Schimper, 34. Aufl. neubearb. v. Peter Sitte, Hubert Ziegler, Friedrich Ehrendorfer, Andreas Bresinsky, Stuttgart–Jena–Lübeck–Ulm 1998.

LUBERT STRYER: Biochemistry, New York ⁴1995; dt.: Biochemie, aus dem Amerik. v. G. Stoll u. a., Heidelberg–Berlin–Oxford ⁴1996.

BOGDAN STUGREN: Grundlagen der allgemeinen Ökologie, Jena 1972.

R. SWANSON: A unifying concept for the amino acid code, in: Bull. of Mathematical Biology, 46, 1984, 187–203.

E. SZATHMÁRY: The eukaryotic cell as an information integrator, in: Endocytobiological Cell Research, 3, 1986, 113–132.

E. SZATHMÁRY: The emergence, maintenance, and transitions of the earliest evolutionary units, in: Oxford Surveys in Evolutionary Biology, 6, 1989, 169–205.

E. SZATHMÁRY: Codon swapping as a possible evolutionary mechanism, in: J. of Molecular Evolution, 32, 1991, 178–182.

E. SZATHMÁRY: Four letters in the genetic alphabet: a frozen evolutionary optimum?, in: Proc. of the Royal Society of London, B 245, 1991, 91–99.

E. SZATHMÁRY: What is the optimum size for the genetic alphabet?, in: Proc. of the National Academy of Sciences, USA, 89, 1992, 2614–2618.

E. SZATHMÁRY: Do deleterious mutations act synergistically? Metabolic control theory provides a partial answer, in: Genetics 133, 1993, 127–132.

E. SZATHMÁRY: Coding coenzyme handles: a hypothesis for the origin of the genetic code, in: Proc. of the National Academy of Sciences, USA, 90, 1993, 9916–9920.

E. THENIUS: Stammesgeschichte der Weichtiere, in: Grzimeks Tierleben, Bd. 3: Weichtiere. Stacheltiere (München 1970), München (dtv) 1979, 233–28.

E. Thenius: Stammesgeschichte der Kieferlosen, in: Grzimeks Tierleben, Bd. 4: Fische 1 (München 1970), München (dtv) 1979, 40–44.

E. Thenius: Stammesgeschichte der Säugetiere, in: Grzimeks Tierleben, Bd. 10: Säugetiere 1 (München 1970), München (dtv) 1979, 33–36.

Wolfgang Tischler: Ökologie der Landtiere, Handbuch für Biologie, Bd. III/2, Konstanz 1957.

T. L. Trivers – H. Hare: Haplodiploidy and the evolution of social insects, in: Science, 191, 1976, 249–263.

J. W. Valentine: Adaptive strategy and the origin of grades and ground-plans, in: Amer. Zool., 15, 1975, 391–404.

A. Vandel: Biospéologie. La biologie des animaux cavernicoles, Paris 1964.

Günter Vogel – Hartmut Angermann: dtv-Atlas zur Biologie. Tafeln und Texte. Graphische Gestaltung der Abbildungen von Inge und István Szász, Bd. 1, München (dtv 3221) 1984.

G. Wächtershäuser: Before enzymes and templates: theory of surface metabolism, in: Microbiological Reviews, 52, 1988, 452–484.

G. Wächtershäuser: Evolution of the first metabolic cycles, in: Prodeedings of the National Academy of Sciences, USA, 87, 1990, 200–204.

G. Wächtershäuser: Groundworks for an evolutionary biochemistry: the iron-sulphur world, in: Progress in Biophysics and Molecular Biology, 58, 1992, 85–201.

Conrad H. Waddington: The strategy of the genes, London 1957.

G. Waddington: Genetic assimilation of the bithorax phenotype, in: Evolution 10, 1956, 1–13.

Talbot H. Waterman: Animal Navigation, New York 1989; dt.: Der innere Kompaß der Tiere. Sinnesleistungen wandernder Tiere, aus dem Amerik. v. B. Achauer u. U. Loos, Heidelberg 1990.

James D. Watson: The Double Helix, London 1968; dt.: Die Doppelhelix, eingef. v. A. Fölsing, aus dem Engl. v. W. Fritsch (Hamburg 1969), Hamburg (rororo sachbuch 60255) 1997.

Rüdiger Wehner – Walter Gehring: Zoologie, begr. v. Alfred Kühn, Stuttgart–New York [23](neubearb.) 1995.

A. M. Weiner – N. Maizels: 3'terminal tRNA-like structures tag genomic RNA molecules for replication: implication for the origin of protein synthesis, in: Proc. of the National Academy of Sciences, USA, 84, 1987, 7383–7387.

August Weismann: Über Leben und Tod, Jena 1892.

August Weismann: Das Keimplasma, Jena 1892.

Ch. Weissmann – E. Domingo – D. Sabo – T. Taniguchi: Nucleotide Sequence Heterogeneity of an RNA-Phage Population, in: Cell, 13, 1978, 735.

H. Wendt: Gibbons oder Langarmaffen, in: Grzimeks Tierleben, Bd. 10: Säugetiere 1 (München 1979), München (dtv) 1979, 468–484.

H. Wermuth: Systematische Gliederung der Kriechtiere in: Grzimeks Tierleben, Bd. 6: Kriechtiere, (München 1970), München (dtv) 1979, 28–29.

H. B. White: Coenzymes as fossils of an earlier metabolic stage, in: J. of Molecular Evolution, 7, 1976, 101–104.

Wolfgang Wickler: Mimikry. Nachahmung und Täuschung in der Natur (München 1968), Frankfurt/M (Fischer Tb 6192) 1973.

W. Wickler: Zur Stammesgeschichte funktionell korrelierter Organ- und Verhaltensmerkmale. Ei-Attrappen und Maulbrüten bei afrikanischen Cichliden, in: Zeitschr. f. Tierpsychologie, Bd. 19, 1962, 129–164.

W. Wickler – Ute Seibt: Prinzip Eigennutz. Ursachen und Konsequenzen sozialen Verhaltens, Hamburg 1977.

Vincent B. Wigglesworth: Das Leben der Insekten Edition Rencontre Lausanne 1971, Wiesbaden o. J., (Enzyklopädie der Natur, Bd. 7).

H. Wilbert: Über Festlegung und Einhaltung der mittleren Dichte in Insektenpopulationen, in: Zeitschr. für Morphologie und Ökologie, 50, 1962.

G. C. WILLIAMS: Sex and Evolution, Princeton 1966.

C. R. WOESE: On the evolution of the genetic code, in: Proc. of the National Academy of Sciences, USA, 77, 1965, 1083–1086.

C. R. WOESE: A proposal concerning the origin of life on the planet Earth, in: J. of Molecular Evolution, 13, 1979, 95–101.

W. WÜLKER: Parasitismus und Symbiose, in: D. Todt (Hrsg.): Biologie 2: Systeme des Lebendigen, Frankfurt/M 1974, 1–29.

W. WÜLKER: Biologische Gleichgewichte, in: D. Todt (Hrsg.): Biologie 2: Systeme des Lebendigen, Frankfurt/M 1974, S. 183–215.

W. WÜLKER: Die großen Kreisläufe der Natur, in: D. Todt (Hrsg.): Biologie 2: Systeme des Lebendigen, Frankfurt/M (Fischer 6292) 1976, 111–145.

HERMANN WURMBACH – ROLF SIEWING: Lehrbuch der Zoologie, 2 Bde, Stuttgart 1985.

T. YOUNG: On the theory of light and colours, in: Phil. Trans. Roy. Soc. of London 95, 1802, 12–48.

B. J. M. ZEGERS: Immunmangelkrankheiten, in: Jan J. van den Tweel u. a.: Immunbiologie, Maastricht 1988; dt.: Immunbiologie. Das menschliche Abwehrsystem, aus dem Niederl. v. E. Gleichmann, Heidelberg 1991, 241–255.

H. ZIEGLER: Physiologie, in: Strasburger Lehrbuch der Botanik für Hochschulen, begründet von E. Strasburger, F. Noll, H. Schenk, A. F. W. Schimper, 32. Aufl. neubearb. v. Dietrich von Denffer, Hubert Ziegler, Friedrich Ehrendorfer, Andreas Bresinsky, Stuttgart–New York 1983, 215–483.

*d) Paläontologie*

L. W. ALVAREZ – W. ALVAREZ – H. V. MICHEL – E. G. KAUFMAN – F. SURLYK – F. ASARO: Impact Theory of Mass Extinctions and the Invertebrate Fossil Record, in: Science, 223, 1984, 1135–1141.

W. ALVAREZ – F. ASARO: Die Kreide-Tertiär-Wende: ein Meteoriteneinschlag?, in: Spektrum Digest 5: Saurier und Urvögel, Sondernummer 1/1997, 104–112.

ROBERT T. BAKKER: The Dinosaur Heresies – a revolutionary view of dinosaurs, Harlow/England 1987.

S. BENGTSON: Early Cambrian button-shaped phosphatic microfossils from the Liberian platform, in: Palaeontology, 20, 1977, 751–762.

MICHAEL BENTON: Der Aufstieg der Fische, in: Das Buch des Lebens (The Book of Life, London 1993), hrsg. v. St. J. Gould, aus dem Engl. v. W. Bansemer-Hoffmann, Köln 1993, 65–77.

M. BENTON: Mit vier Füßen auf dem Boden, in: Das Buch des Lebens (The Book of Life, London 1993), hrsg. v. St. J. Gould, aus dem Engl. v. W. Bansemer-Hoffmann, Köln 1993, 78–125.

ROBERT L. CARROLL: Paläontologie und Evolution der Wirbeltiere (Vertebrate paleontology and evolution, 1. Vertebrates, Fossil; 2. Vertebrates-Evolution, 1988), übers. u. bearb. v. W. Maier u. D. Thies, Stuttgart 1993.

R. CIFELLI: Radiation of Cenozoic Planktonic Foraminifera, in: Systematic Zoology, 18, 1969, 154–168.

V. E. COURTILLOT: Die Kreide-Tertiär-Wende: verheerender Vulkanismus?, in: Spektrum Digest 5: Saurier und Urvögel, Sonderausgabe 1/1997, 113–122.

A. V. DHONDT: Campanian and Maastrichtian Inoceramids: A review, in: Zitteliana, 10, 1983, 689–701.

F. EHRENDORFER: Übersicht des Pflanzenreiches, in: Strasburger Lehrbuch der Botanik für Hochschulen, begr. v. E. Strasburger, F. Noll, H. Schenk, A. F. W. Schimper, Stuttgart–New York $^{32}$(neubearb. v. Dietrich von Denffer, Hubert Ziegler, Friedrich Ehrendorfer, Andreas Bresinsky) 1983, 758–915.

A. A. EKDALES – R. G. BROMLEY: Sedimentology and Ichnology of the Cretaceous-Tertiary Boundary in Denmark: Implications for the Causes of the Terminal Cretaceous Extinction, in: J. of Sedimentary Petrology, 54, 1986, 681–703.

P. GARRETT: Phanerozoic Stromatolites: Noncompetitive Ecological Restriction by Grazing and Burrowing Animals, in: Science, 167, 1970, 171–173.

STEPHEN J. GOULD: Zufall Mensch. Das Wunder des Lebens als Spiel der Natur (Wonderful Life: The Burgess Shale and the Nature of History, New York 1989), übers. v. F. Griese, München–Wien 1991.

A. HALLAM: The End-Triassic Bivalve Extinction Event, in: Palaeogeography, Palaeoclimatology, Palaeoecology, 35, 1983, 1–44.

A. HALLAM: The Pliensbachian and Tithonian Extinction Events, in: Nature, 319, 1986, 765–768.

M. K. HECHT – J. H. OSTROM – G. VIOHL – P. WELLNHOFER: The Beginning of Birds. Jura-Museum, Eichstätt 1984.

J. R. HORNER: Brutpflege bei Dinosauriern, in: Spektrum Digest 5: Saurier und Urvögel, Sondernummer 1/1997, 68–76.

E. G. KAUFMAN: The Ecology an Biogeography of the Cretaceous-Tertiary Extinction Event, in: K. Christensen – T. Birkelund: Cretaceous-Tertiary Boundary Events, Bd. 2, Kopenhagen 1979, 29–37.

G. KELLER: Biochronology and Paleoclimatic Implications of Middle Eocene to Oligocene Planktic Foraminiferal Faunas, in: Marine Micropaleontology, 7, 1983, 463–468.

WILHELM KLAUS: Einführung in die Paläobotanik. Fossile Pflanzenwelt und Rohstoffbildung, Bd. 1: Grundlagen – Kohlebildung – Arbeitsmethoden/Palynologie; Bd. 2: Erdgeschichtliche Entwicklung der Pflanzen, Wien 1987.

A. H. KNOLL: Patterns of Extinction in the Fossil Record of Vascular Plants, in: M. H. Nitecki: Extinctions, Chicago 1984, 21–68.

JÜRGEN KREMER: Chinas Mister Dino, in: Der Spiegel, 1, 1999, 148–149.

O. KUHN: Reptilien der Urzeit, in: Grzimeks Tierleben, Bd. 6: Kriechtiere (Zürich 1970), München (dtv) 1980, 38–72.

EMIL KUHN-SCHNYDER – HANS RIEBER: Paläozoologie, Morphologie und Systematik der ausgestorbenen Tiere, Stuttgart–New York 1984.

S. LUCAS: The rise of dinosaur dynasty, in: New Scientist, 6. Okt. 1990.

G. R. MCGHEE: The Frasnian-Famennian Extinction Event: A Preliminary Analysis of the Appalachian Marine Ecosystems, in: Geological Society of America Special Paper, 190, 1982, 491–500.

D. J. MCLAREN: Time, Life and Boundaries, in: J. of Paleontology, 44, 1970, 801–815.

MARK MCMENAMIN: The Garden of Ediacara. Discovering the First Complex Life, New York 1998.

M. MCMENAMIN: Das Erscheinen der Tierwelt, in: Fossilien, Bilder frühen Lebens, Heidelberg (Spektrum der Wissenschaft) 1989, 56–64.

J. F. MILLER: Cambrian and Earliest Ordovician Conodont Evolution, Biofacies, and Provincialism, in: Geological Society of America Special Paper, 196, 1984, 43–67.

SIMON CONWAY MORRIS: A new metazoan from the Cambrian Burgess Shale, British Columbia, in: Palaeontology, 20, 1977, 623–640.

S. C. MORRIS – H. B. WHITTINGTON: Die Tierwelt der Burgess-Schiefer, in: Fossilien: Bilder frühen Lebens, Heidelberg (Spektrum der Wissenschaft) 1989, 66–74.

DAVID NORMAN: Prehistoric Life, London 1994; dt.: Ursprünge des Lebens, aus dem Engl. v. Ch. Arndt u. U. Rennert, München 1994.

M. J. NOVACEK – M. NORELL – M. C. MCKENNA – J. CLARK: Die Fossilienschätze der Gobi, in: Spektrum Digest 5: Saurier und Urvögel, Sondernummer 1/1997, 79–87.

RUTH OMPHALIUS: Planet des Lebens. Meilensteine der Evolution, übers. aus dem Engl. v. D. Kuhaupt, Köln 1996.

A. R. PALMER: The Biomere Problem: Evolution of an Idea, in: J. of Paleontology, 58, 1984, 599–611.

ERNST PROBST: Deutschland in der Urzeit. Von der Entstehung des Lebens bis zum Ende der Eiszeit, Vorw. v. W. Ziegler, München 1986.

W. RIEGEL: Die stammesgeschichtliche Entwicklung der Pflanzen, in: Grzimeks Tierleben. Ergänzungsband: Entwicklungsgeschichte der Lebewesen, hrsg. v. G. Heberer u. H. Wendt, Zürich 1972.

ALFRED S. ROMER: Vertebrate paleontology, ³1960 Chicago.

ALFRED S. ROMER: Entwicklungsgeschichte der Tiere, 2 Bde., Editions Rencontre Lausanne 1970, dt. Bearb. v. J. Niethammer, Enzyklopädie der Natur, Bd. 2-3, Wiesbaden (Löwit) o. J.

A. YU. ROZANOW: Problematica of the Early Cambrian, in: A. Hoffmann - M. Nitecki: Problematic fossil taxa, New York 1986, 87-96.

OTTO H. SCHINDEWOLF: Grundformen der Paläontologie, Stuttgart 1950.

MATTHIAS SCHULZ: Piepmatz in der Pampa, in: Der Spiegel, 48, 1998, 292-293.

H. P. SCHULTZE: Die Wirbeltiere des Erdaltertums, in: Grzimeks Tierleben. Ergänzungsband: Entwicklungsgeschichte der Lebewesen, hg. v. Gerh. Heberer u. Herb. Wendt, Zürich 1972, 231-251.

A. SEILACHER: Late Precambrian Metazoa: Preservational or real extinctions?, in: H. D. Holland - A. F. Trendall: Patterns of change in earth evolution, Berlin 1984, 159-168.

J. J. SEPKOSKI: Startschuß: Das Leben in den Meeren, in: Das Buch des Lebens (The Book of Life, London 1993), hrsg. v. Stephen Jay Gould, aus dem Engl. v. W. Bansemer-Hoffmann, Köln 1993, 37-63.

P. M. SHEEHAN: The Relation of Late Ordovician Glaciation to the Ordovician-Silurian Changeover in North American Brachiopod Faunas, in: Lethaia, 6, 1973, 147-154.

D. SKEVINGTON: Controls Influencing the Composition and Distribution of Ordovician Graptolite Faunal Provinces, in: Palaeontological Association Special Papers in Palaeontology, 13, 1974, 59-73.

R. E. SLOAN: Periodic Extinctions and Radiations of Permian Terrestrial Faunas and the Rapid Mammalization of Therapsids, in: Geological Society of America Abtracts with Programs, 17, 1985, S. 719.

*Der Spiegel* 34/1998: Weichlinge am Meeresgrund, 148-150.

Z. V. ŠPINAR: Leben in der Urzeit. Die Entwicklung des Lebens auf unserer Erde von den frühesten Tieren bis zum Menschen, (Prag 1973), übers. v. E. Echsnerová., überarb. v. K. Rothausen, Hanau ¹⁰1984.

STEVEN M. STANLEY: Extinction, New York 1987; dt.: Krisen der Evolution. Artensterben in der Erdgeschichte, Heidelberg 1989.

ERICH THENIUS: Paläontologie. Die Geschichte unserer Tier- und Pflanzenwelt, Stuttgart 1970.

E. THENIUS: Die Kreidezeit, in: Grzimeks Tierleben. Ergänzungsband: Entwicklungsgeschichte der Lebewesen, hrsg. v. G. Heberer u. H. Wendt, Zürich 1972, 387-418.

G. VIDAL - A. H. KNOLL: Radiations and Extinctions of Plankton in the Late Proterozoic and Early Cambrian, in: Nature, 297, 1987, 57-60.

CH. D. WALCOTT: Apurpt appearance of the Cambrian fauna on the North American continent, in: Cambrian Geology and Paleontology, II. Smithsonian Miscellaneous Collections, 57, 1910, 1-16.

CH. D. WALCOTT: Middle Cambrian Branchiopoda, Malacostraca, Trilobita and Merostomata, in: Cambrian Geology and Paleontology, II. Smithsonian Miscellaneous Collections, 57, 1912, 145-228.

CH. D. WALCOTT: Appendages of trilobites, in: Cambrian Geology and Paleontology, II. Smithsonian Miscellaneous Collections, IV., 67, 1918, 115-216.

O. H. WALLISER: Die Formationen des Erdaltertums, in: Grzimeks Tierleben. Ergänzungsband: Entwicklungsgeschichte der Lebewesen, hrsg. v. G. Heberer u. H. Wendt, Zürich 1972, 122-154.

O. H. WALLISER: Die Entwicklung der Wirbellosen im Erdaltertum, in: Grzimeks Tierleben. Ergänzungsband: Entwicklungsgeschichte der Lebewesen, hrsg. v. Gerhard Heberer u. Herbert Wendt, Zürich 1972, 175-230.

PETER DOUGLAS WARD: On Methuselah's Trail, Vorw. v. St. M. Stanley, New York

1992; dt.: Der lange Atem des Nautilus. Warum lebende Fossilien noch leben, aus dem Amerik. v. R. Birenheide, Heidelberg–Berlin–Oxford 1993.

P. D. WARD – P. W. SIGNOR: Evolutionary Tempo in Jurassic and Cretaceous Ammonites, in: Paleobiology, 9, 1983, 183–198.

P. WELLNHOFER: Die fliegenden Saurier, in: Spektrum Digest 5: Saurier und Urvögel, Sondernummer 1/1997, 10–27.

P. WELLNHOFER: Archaeopteryx, in: Spektrum Digest 5: Saurier und Urvögel, Sondernummer 1/1997, 28–46.

H. WHITTINGTON: Redescription of *Marrella splendens* – Trilobitoidea – from the Burgess Shale, Middle Cambrian, British Columbia, in: Geological Survey of Canada Bulletin, 209, 1971, 1–24.

H. WHITTINGTON: *Yohoia* Walcott an *Plenocaris* n. gen., arthropods from the Burgess Shale, Middle Cambrian, British Columbia, in: Geological Survey of Canada Bulletin, 231, 1974, 1–21.

H. WHITTINGTON: The enigmatic animal Opabinia regalis, Middle Cambrian, Burgess Shale, British Columbia, in: Phil. Trans. Roy. Soc. of Lodnon, B 271, 1975, 1–43.

H. WHITTINGTON – D. E. G. BRIGGS: The largest Cambrian animal, Anomalocaris, Burgess Shale, British Columbia, in: Phil. Trans. Roy. Soc. of London, B 309, 1985, 569–609.

W. S. WOLBACH – E. ANDERS – R. S. LEWIS: Cretaceous Extinctions: Evidence for Wildfires and Search for Meteoritic Material, in: Science, 230, 1985, 167–170.

*e) Verhaltensforschung, Psychologie, Psychoanalyse*

R. ALEXANDER: The search for a general theory of behaviour, in: Behav. Science, 20, 1973, 77–100.

M. A. BELLIS – R. R. BAKER: Do females promote sperm competition? Data for humans, in: Animal Behaviour, 40, 1991, 997–999.

D. BENTON: The influence of androstenol – a putative human pheromone – on mood throughout the menstrual cycle, in: Biological Psychology, 15, 1982, 249–256.

BRIAN C. R. BERTRAM: Kin selection in lions and in evolution, in: Growing points in Ethology, Cambridge 1976.

R. BILZ: Über die menschliche Schuld-Angst. Erörterungen über die Tat und das Motiv-Objekt (1958), in: Paläoanthropologie. Der neue Mensch in der Sicht einer Verhaltensforschung, 1 Bd., Frankfurt/M 1971, 351–369.

HERMANN BOLLOW: Ameisen und Termiten, München (Orionbücher Bd. 6) 1947.

WILLIAM H. CALVIN: The Cebral Symphony. Seashore Reflections on the Structure of Consciousness, 1989; dt.: Die Symphonie des Denkens. Wie Bewußtsein entsteht, aus dem Amerik. v. F. Griese (München 1993), München (dtv 30 467) 1995.

NOAM CHOMSKY: Language and mind, 1968; dt.: Sprache und Geist, aus dem Amerik. v. S. Kanngießer u. a.; mit einem Anhang: Linguistic and Politics, 1969; dt.: Linguistik und Politik, übers. v. A. Kamp. (Frankfurt/M 1970), Frankfurt (stw 19) 1973.

VITUS B. DRÖSCHER: Nestwärme. Wie Tiere Familienprobleme lösen, Düsseldorf–Wien 1982.

IRENÄUS EIBL-EIBESFELD: Menschenforschung auf neuen Wegen. Die naturwissenschaftliche Betrachtung kultureller Verhaltensweisen, Wien–München–Zürich 1976.

L. ELLIS: Monoamine oxidase and criminality – Identifying an apparent biological marker for antisocial behaviour, in: J. of Research in Crime and Delinquency, 28, 1991, 227–251.

SIGMUND FREUD: Totem und Tabu (1912), Gesammelte Werke IX, London 1940.

SIGMUND FREUD: Vorlesungen zur Einführung in die Psychoanalyse (1917), Ges. Werke XI, London 1940.

SIGMUND FREUD: Jenseits des Lustprinzips (1920), Ges Werke XIII, London 1940, 1–69.

SIGMUND FREUD: Das Ich und das Es (1923), Ges. Werke XIII, London 1940, 235–289.

Karl von Frisch: Aus dem Leben der Bienen, Berlin ⁶1959.
Richard Gerlach: Die Geheimnisse im Reich der Insekten (Hamburg 1967), München (König FWF 5) 1973.
Jane Goodall: Ein Herz für Schimpansen. Meine 30 Jahre am Gombe-Strom (Through a Window. Thirty Yaers with the Chimpanzees of Gombe, London 1990), übers. v. J. Strasmann, Hamburg 1991.
Karl Grammer: Signale der Liebe. Die biologischen Gesetze der Partnerschaft (1993), München (dtv 30 498) 1995.
W. D. Hamilton: The genetical theory of social behaviour, in: J. Theor. Biology, 7, 1964, 1–25.
Peter Hayden: Wenn Tiere zu Kannibalen werden, NDR 3, 1996, 7. 6. 98.
Oskar Heinroth: Die Triebhandlungen des nestjungen Kuckuck, schwarzweißer Stummfilm 1940, IWF Göttingen, C 385.
B. C. L. Holdt – M. Schleidt: The importance of human odour in non-verbal communication, in: Zeitschr. f. Tierpsychologie, 43, 1977, S. 225 ff.
B. S. Hrdy: Male-male competition and infanticide among the langurs (Presbytis entellus) of Abu, Rajasthan, in: Folia Primat., 22, 1974, 19–58.
J. N. Labours – G. Preti – E. Hoelzle – E. Leyden – A. Kligman: Steroid analysis of human apocrine secretion, in: Steroids, 34, 1979, 249–258.
Reinhard Lempp: Frühkindliche Hirnschädigung und Neurose, eingel. v. H. Meng, Bern–Stuttgart 1964.
M. R. Liebowitz: The chemistry of love, Boston 1983.
J. L. Lightcap – J. A Kurland – R. L. Burgess: Child abuse: A test of some predictions from evolutionary theory, in: Ethology and Sociology, 3, 1982, 61–67.
Konrad Lorenz: Das sogenannte Böse. Zur Naturgeschichte der Aggression, Wien 1963.
P. A. McCollough – J. W. Owen – E. J. Pollak: Does androstenol affect emotion? in: Ethology and Sociobiology 2, 1981, 85–88.

R. P. Michael – R. W. Bonsall – M. Kutner: Volatile fatty acids, «Copulins», in human vaginal secretions, in: Psychoneuroendocrinology, 1, 1975, 153–163.
Desmond Morris: Körpersignale. (Bodywatching. A Field Guide to the Human Species, London 1985), aus dem Engl. v. M. Curths u. U. Gnade, München 1986.
J. F. Oates: The social life of a black and white Colobus Monkey, in: Zeitschr. f. Tierpsychologie, 45, 1977, 1–60.
George B. Schaller: The Serengeti Lion, Chicago 1972.
John M. Smith: The theory of games and the evolution of animal conflicts, in: J. Theor. Biology, 47, 1974, 209–221.
J. Maynard Smith – G. A. Parker: The logic of asymmetric contests, in: Animal Behaviour, 24, 1976, 159–175.
J. M. Smith – G. R. Price: The logic of animal conflict, in: Nature, 246, 1973, 1–9.
J. M. Smith – E. Szathmáry: Sprache und Leben, in: M. P. Murphy – I. A. J. O'Neill (Hrsg.): What is life? The next fifty years, Cambridge 1995; dt.: Was ist Leben? Die Zukunft der Biologie, aus dem Engl. v. S. Kuhlmann-Krieg, J. Meyerhoff, I. Raschke und M. Stöltzner, Heidelberg–Berlin–Oxford 1997, 83–94.
T. T. Struhsaker: Infanticide and social organisation in the redtail monkey in the Kibale Forest, in: Zeitschr. für Tierpsychologie, 45, 1977, 75–84.
D. Tennov: Love and limerance, Chelsey 1979.
M. J. West Eberhard: The evolution of social behaviour by kin selection, in: Quart. Rev. Biol., 50, 1975, 1–32.
Vincent B. Wigglesworth: Das Leben der Insekten, Editions Rencontre Lausanne 1971, dt. bearb. v. H. Jungen, E. Hauschteck, H. Balmer, Enzyklopädie der Natur, Bd. 7, Wiesbaden (Löwit) o. J.
V. C. Wynne-Edwards: Animal dispersion in relation to the social behaviour, London 1962.

## 2. Geisteswissenschaften

*a) Philosophie, Theologie, Zeitgeschichte*

A. ALT: Der Gott der Väter (1929), in: Kleine Schriften zur Geschichte des Volkes Israel, 3 Bde., München ³1963, I 1–78.

AURELIUS AUGUSTINUS: Bekenntnisse (Confessiones, um 400 n. Chr.), in: Augustinus' ausgew. Schriften, VII. Bd., aus dem Lat. v. A. Hoffmann, Kempten–München (BKV 18) 1914.

HANS URS VON BALTHASAR: Theodramatik, II/1: Der Mensch in Gott, Einsiedeln 1969.

JOHANNES BRINKTRINE: Die Lehre von der Schöpfung, Paderborn 1956.

JOHANNES BRINKTRINE: Die Lehre von den heiligen Sakramenten der katholischen Kirche, 2 Bde., Paderborn 1961–1962.

RUDOLF BULTMANN: Das Evangelium des Johannes, Göttingen (1941) ¹⁴1962.

RUDOLF BULTMANN: Theologie des Neuen Testamentes (1958) Tübingen ⁴1961.

RUDOLF BULTMANN: Das Urchristentum im Rahmen der antiken Religionen, Hamburg (rde 157–158) 1962.

LEE BUTLER: «Wir handelten wie Betrunkene», Spiegel-Gespräch, 32, 1998, 138–141.

ALBERT CAMUS: Der Mythos von Sisyphos. Ein Versuch über das Absurde (Le Mythe de Sisyphe, Paris 1942), übers. v. H. G. Brenner – W. Rasch (1950), komm. v. L. Richter, Hamburg (rde 90) 1959.

CATÉCHISME DE L'ÉGLISE CATHOLIQUE («Weltkatechismus»), Paris 1992.

TEILHARD DE CHARDIN: Le Phénomène Humain, Paris 1947; dt.: Der Mensch im Kosmos, aus dem Franz. v. O. Marbach, München 1959.

CODEX JURIS CANONICI. Codex des Kanonischen Rechtes, lateinisch-deutsche Ausgabe, Kevelaer 1983.

MARK COLLINS (Hrsg.): The Last Rain Forests, 1990; dt.: Die letzten Regenwälder, Vorw. v. D. Attenborough, übers. v. Chr. Arndt, Gütersloh 1990.

HENRICUS DENZINGER – ADOLFUS SCHÖNMETZER: Enchiridion Symbolorum, Definitionum et Declarationum de Rebus Fidei et Morum, ³²Freiburg–Rom 1968.

RENÉ DESCARTES: Discours de la méthode (1637); Abhandlung über die Methode, in: Descartes, ausgew. u. eingel. v. I. Frenzel, Frankfurt (Fischer Tb. 357) 1960, 47–91.

EUGEN DREWERMANN: Strukturen des Bösen. Die jahwistische Urgeschichte in exegetischer, psychoanalytischer und philosophischer Sicht.

1. Bd.: Die jahwistische Urgeschichte in exegetischer Sicht, Paderborn 1977; ²1979, erw. durch ein Vorwort: Zur Ergänzungsbedürftigkeit der historisch-kritischen Exegese; ³1981, erg. durch ein Nachwort: Von dem Geschenk des Lebens oder: das Welt- und Menschenbild der Paradieserzählung des Jahwisten (Gn 2,4b–25), S. 356–413.

2. Bd.: Die jahwistische Urgeschichte in psychoanalytischer Sicht, Paderborn 1977; ²1980 erw. durch ein Vorw.: Tiefenpsychologie als anthropologische Wissenschaft; ⁷1981: Neudruck der 2. Aufl.

3. Bd.: Die jahwistische Urgeschichte in philosophischer Sicht, Paderborn 1978; ²1980, erw. durch ein Vorw.: Das Ende des ethischen Optimismus; ³1982: Neudruck der 2. Aufl.

EUGEN DREWERMANN: Das Markus-Evangelium. Bilder von Erlösung, 2 Bde., Olten–Freiburg 1987–1988.

EUGEN DREWERMANN: Ich steige hinab in die Barke der Sonne. Alt-Ägyptische Meditationen zu Tod und Auferstehung in bezug auf Joh 20/21, Olten 1989.

EUGEN DREWERMANN: Der tödliche Fortschritt. Von der Zerstörung der Erde und des Menschen im Erbe des Christentums, Regensburg ⁶(erw. u. aktualisiert) 1990.

EUGEN DREWERMANN: Das Matthäusevangelium. Bilder der Erfüllung, 3 Bde., Solothurn–Düsseldorf 1992–1995.

EUGEN DREWERMANN: Glauben in Freiheit oder Tiefenpsychologie und Dogmatik, 1. Bd.: Dogma, Angst und Symbolismus, Solothurn–Düsseldorf 1993.

EUGEN DREWERMANN: Jesus von Nazareth. Befreiung zum Frieden. Glauben in Freiheit, Bd. 2, Zürich–Düsseldorf 1996.

EUGEN DREWERMANN: Der sechste Tag. Die Herkunft des Menschen und die Frage nach Gott. Glauben in Freiheit, Bd. 3: Religion und Naturwissenschaft, 1. Teil: Paläontologie und Theologie, Zürich–Düsseldorf 1998.

WALTER EICHRODT: Theologie des Alten Testaments, Göttingen–Stuttgart, 1. Teil: Gott und Volk ($^5$1957) $^7$(durchges.) 1962; 2.–3. Teil: Gott und Welt, Gott und Mensch $^5$(durchges.) 1964.

LUDWIG FEUERBACH: Das Wesen der Religion (1846), in: Werke in 6 Bden., hg. v. E. Thies, Frankfurt/M 1975, 4. Bd.: Kritiken und Abhandlungen III (1844–1866), 81–153.

JOHANN GOTTLIEB FICHTE: Grundlage der gesamten Wissenschaftslehre (1794), hg. v. F. Medicus (1922), Hamburg (Philos. Bibl. 246) 1961.

A. VON HARNACK: Lehrbuch der Dogmengeschichte, 1. Bd.: Die Entstehung des kirchlichen Dogmas, Tübingen $^4$neu durchgearb. u. verm. Aufl. 1909; Neudruck Darmstadt 1983; 2. Bd.: Die Entwicklung des kirchlichen Dogmas I, Tübingen $^4$neu durchgearb. u. verm. Aufl. 1909; Neudruck: Darmstadt 1983; 3. Bd.: Die Entwicklung des kirchlichen Dogmas II/III, Tübingen, neu durchgearb. u. verm. Aufl. 1910; Neudruck: Darmstadt 1983.

GEORG WILHELM FRIEDRICH HEGEL: Phänomenologie des Geistes (1808), hrsg. v. J. Hoffmeister (1937), Hamburg (Philos. Bibl. 114) $^6$1952.

GEORG WILHELM FRIEDRICH HEGEL: Grundlinien der Philosophie des Rechts (Berlin 1821), hrsg. v. J. Hoffmeister, Hamburg (Philos. Bibl. 124a) 1962.

GEORG WILHELM FRIEDRICH HEGEL: Die Vernunft in der Geschichte (Vorlesungen von 1822, 1828, 1830 sowie Zusätze aus dem Wintersemester 1826–27), hrsg. v. J. Hoffmeister, $^5$1955, Hamburg (Philos. Bibl. 171a) 1963.

MARTIN HEIDEGGER: Sein und Zeit (1927), Tübingen 1963.

IGNATIUS VON ANTIOCHIEN: Die sieben Briefe, in: Die Apostolischen Väter, aus dem Griech. übers. v. F. Zeller, Kempten–München (BKV 35) 1918, 107–156.

HUBERT JEDIN: Kleine Konziliengeschichte. Die 20 ökumenischen Konzilien im Rahmen der Kirchengeschichte, Freiburg (Herder Tb. 51) 1961.

JOACHIM JEREMIAS: Die Gleichnisse Jesu ($^1$1947), Göttingen $^6$(neu bearb.) 1962.

IMMANUEL KANT: Allgemeine Naturgeschichte und Theorie des Himmels, oder Versuch von der Verfassung und dem mechanischen Ursprung des ganzen Weltgebäudes nach Newtonschen Grundsätzen abgehandelt (1746), in: Werke in 12 Bden., hg. v. W. Weischedel, Frankfurt/M 1960, Bd. I 225–396.

IMMANUEL KANT: Kritik der reinen Vernunft (1781), in: Werke in 12 Bden., hrsg. v. W. Weischedel, Frankfurt/M 1978, Bd. III–IV.

IMMANUEL KANT: Grundlegung zur Metaphysik der Sitten, Riga 1785 (A); 1786 (B), in: Werke in 12 Bden., hrsg. v. W. Weischedel, Frankfurt/M 1968, Bd. VII, 7–102.

IMMANUEL KANT: Kritik der praktischen Vernunft, Riga 1788: in: Werke in 12 Bden., hrsg. v. W. Weischedel, Frankfurt/M 1968, Bd. VII 103–302.

IMMANUEL KANT: Die Metaphysik der Sitten. 1. Blatt: Die Metaphysik der Sitten; 2. Blatt: Metaphysische Anfangsgründe der Rechtslehre; Königsberg 1797 (A); 1798 (B), in: Werke in 12 Bden, hrsg. v. W. Weischedel, Frankfurt/M 1968, Bd. VIII 303–634.

SÖREN KIERKEGAARD: Furcht und Zittern. Dialektische Lyrik, von Johannes de Silentio (Kopenhagen 1843), in: Kierkegaards Werke in 5 Bänden, in neuer Übertragung u. m. Kommentar vers. v. L. Richter, Hamburg (rk 71; 81, 89; 113; 147) 1960–64, Hamburg (rk 89) 1961.

SÖREN KIERKEGAARD: Der Begriff Angst. Eine simple psychologisch-hinweisende Erörterung in Richtung des dogmatischen Problems der Erbsünde, von Vigilius Haufniensis (Kopenhagen 1844), aus dem Dän. übers. u. kommentiert v. L. Richter, Hamburg (rk 71) 1960.

Sören Kierkegaard: Die Krankheit zum Tode. Eine christliche psychologische Entwicklung zur Erbauung und Erweckung, von Anti-Climacus; Kopenhagen 1849; aus dem Dän. v. L. Richter, Hamburg (rk 113) 1962.

Sören Kierkegaard: Die Leidenschaft des Religiösen. Eine Auswahl aus Schriften und Tagebüchern, aus dem Dän. übers. v. H. Küpper, eingel. v. L. Richter, Stuttgart (reclam 7783/84) 1953.

Sören Kierkegaard: Tagebücher, ausgew., neugeordnet und übers. v. H. Gerdes, 5 Bde., Düsseldorf–Köln; Bd. 1, 1962, $^2$1975; Bd. 2, 1963; Bd. 3, 1968; Bd. 4, 1970; Bd. 5, 1974.

Gottfried Wilhelm Leibniz: Essais de théodicée sur la bonté de Dieu, la liberté de l'homme et l'origine du mal (1710); dt.: Die Theodizee, aus dem Franz. v. A. Buchenau, eingef. v. M. Stockhammer, Hamburg (Philos. Bibl. 71) $^2$1968.

Gottfried Wilhelm Leibniz: La Monadologie (1714); Die Mondalogie, neu übers., eingel. u. erl. v. H. Glockner, Stuttgart (reclam 7853) 1954.

Nicolas de Malebranche: Meditations chrétiennes et métaphysiques, Köln 1683; Christlich-metaphysische Betrachtungen, Übers. ungen., Münster 1842.

Friedrich Nietzsche: Götzendämmerung. Wagner-Schriften. Der Antichrist. Ecce Homo. Gedichte, mit einem Nachw. v. W. Gebhard, Stuttgart (Kröner Bd. 77) $^8$1990.

Friedrich Nietzsche: Wille zur Macht. Versuch einer Umwertung aller Werte. Ausgew. u. geordnet v. P. Gast, unter Mitwirkung von E. Foerster-Nietzsche, Nachw. v. A. Baeumler, Stuttgart (Kröner 78) 1964.

Gerhard von Rad: Theologie des Alten Testamentes, 2 Bde., München $^4$1957/1960.

Karl Rahner: Geist in Welt. Zur Metaphysik der endlichen Erkenntnis bei Thomas von Aquin, München $^2$(überarb. u. erg. v. J. B. Metz) 1957.

Lothar Ruppert: Jesus als der leidende Gerechte?, Stuttgart 1972.

Jean-Paul Sartre: Das Sein und das Nichts. Versuch einer phänomenologischen Ontologie (L'être et le néant. Essai d'ontologie phénoménologique, Paris 1943), übers. v. J. Streller – K. A. Ott – A. Wagner, Hamburg 1962.

Jean-Paul Sartre: Ist der Existentialismus ein Humanismus (L'existentialisme est un humanisme, Paris 1946), Zürich 1947, in: Drei Essays, Nachw. v. W. Schmiele, Frankfurt/M (Ullstein 304) 1960, 7–51.

Friedrich W. J. Schelling: System des transzendentalen Idealismus (1800), mit einer Einleitung von W. Schulz, Hamburg (Philos. Bibl. 254) 1957.

Arthur Schopenhauer: Die Welt als Wille und Vorstellung, 1. Bd. (1819), hrsg. v. A. Hübscher; Sämtliche Werke, Bd. 2, Wiesbaden, 1949.

Arthur Schopenhauer: Die Welt als Wille und Vorstellung, 2. Bd., welcher die Ergänzungen zu den vier Büchern des ersten Bandes enthält ($^2$1844), hrsg. v. A. Hübscher; sämtliche Werke Bd. 3, Wiesbaden 1949.

Albert Schweitzer: Kultur und Ethik. Unter Einschluß von: Verfall und Wiederaufbau der Kultur; München 1960.

Herbert Spencer: System der synthetischen Philosophie (Principles of Biology, 1864/67, 2 Bde.), dt.: 1876/77.

Baruch (Benedictus) de Spinoza: Die Ethik nach geometrischer Methode dargestellt (Ethica ordine geometrico demonstrata, 1677, postum), übers. u. angemerkt v. O. Baensch (1905), eingel. v. R. Schottlaender, Hamburg (Philos. Bibl. 92) 1955.

H. L. Stoll: Naturverträgliche Nutzung im Tropenwald? in: Kurt G. Blüchel: Tropischer Regenwald. Der Garten Eden darf nicht sterben, hrsg. v. der Schutzgemeinschaft Deutscher Wald e. V., München (Pro Terra) o. J., 291–293.

*b) Religionswissenschaft, klassische Philologie, Völkerkunde, Archäologie, Altes Ägypten, Mittelamerika*

AISCHYLOS: Agamemnon, in: Tragödien und Fragmente, übers. u. erl. v. O. Werner, Hamburg (rk 213–215) 1966, 7–49.
ARISTOPHANES: Die Thesmophoriazusen (Die Weiber am Thesmophorenfest, 411 v. Chr.), in: Sämtliche Komödien, hrsg. v. H.-J. Newiger, Neubearbeitung der Übers. v. L. Seeger (Frankfurt/M 1845–1848) und Anmerkungen v. H.-J. Newiger u. P. Rau, München (dtv 6066) 1976, 415–462.
JOHANN J. BACHOFEN: Das Mutterrecht. Eine Untersuchung über die Gynaikokratie der Alten Welt nach ihrer religiösen und rechtlichen Natur (¹1861; ²1897); hg. v. K. Meuli, Basel ³1948.
HELLMUT BRUNNER: Altägyptische Weisheit. Lehren für das Leben, eingel., übers. u. erl. v. H. Brunner, Zürich–München 1988.
JULIUS CÄSAR: Der gallische Krieg, übers. u. erl. v. C. Woyte, Stuttgart (reclam 1012–1015) 1951.
MIRCEA ELIADE: Geschichte der religiösen Ideen, 1. Bd.: Von der Steinzeit bis zu den Mysterien von Eleusis, aus dem Franz. v. E. Dorlap, Freiburg–Basel–Wien 1978: 2. Bd.: Von Gautama Buddha bis zu den Anfängen des Christentums, aus dem Franz. v. A. Müller-Lissner u. W. Müller, Freiburg–Basel–Wien 1979; 3/1. Bd.: Von Mohammed bis zum Beginn der Neuzeit, aus dem Franz. v. Cl. Lanczkowski, Freiburg–Basel–Wien 1983; 3/2. Bd.: Vom Zeitalter der Entdeckungen bis zur Gegenwart, hg. v. I. P. Culianu, aus dem Franz. v. G. Wollmann u. a., Freiburg–Basel–Wien 1991.
ADOLF ERMAN: Die Religion der Ägypter. Ihr Werden und Vergehen in vier Jahrtausenden, Berlin–Leipzig 1934.
W. FAUTH: Artemis, in: Der Kleine Pauly. Lexikon der Antike in 5 Bden., hrsg. v. K. Ziegler u. W. Sontheimer (München 1975), München (dtv 5963) 1979, I 618–625.
W. FAUTH: Demeter, in: Der Kleine Pauly. Lexikon der Antike in 5 Bden., hg. v. K. Ziegler u. W. Sontheimer (München 1975), München (dtv 5963) 1979, I 1459–1464.
LEO FROBENIUS: Der Kopf als Schicksal, München 1924.
VLADIMIR GEORGIEV: Die Träger der kretisch-mykenischen Kultur, ihre Herkunft und ihre Sprache, Sofia 1937.
IGNAZ GOLDZIHER: Der Mythos bei den Hebräern und seine geschichtliche Entwicklung. Untersuchungen zur Mythologie und Religionswissenschaft, Leipzig 1876.
HEINZ HABER: Unser Sternenhimmel. Sagen, Märchen, Deutungen, München 1981.
C. HENFREY: Macumba und die afro-brasilianischen Kulte in Brasilien, in: Bild der Völker, hrg. v. E. Evans-Pritchard (Peoples of the World, vol. VI, VII, 1974), V. Bd.: Südamerika östlich der Anden. Die Andenländer, Wiesbaden 1974, 76–83.
HERODOT: Historien, aus dem Griech. v. J. Feix, Wiesbaden (Vollmer) o. J.
HESIOD: Sämtliche Gedichte. Theogonie, Erga, Frauenkataloge, übers. u. erl. v. W. Marg, Zürich–Stuttgart 1970.
THOR HEYERDAHL: Kon-Tiki Ekspedisjonen; dt.: Kon-Tiki. Ein Floß treibt über den Pazifik, übers. v. K. Jettmar, Frankfurt/M–Berlin–Wien (1949), (Ullstein 3276) 1976.
HOMER: Odyssee, übers. v. R. Hampe, Stuttgart (reclam) 1979.
HOMER: Ilias, in der neuen Übers. v. R. Hampe, Stuttgart (reclam) 1979.
ERIK HORNUNG: Ägyptische Unterweltsbücher, Zürich–München 1972.
ERIK HORNUNG: Das Totenbuch der Ägypter, eingel. u. erläutert v. E. Hornung, Zürich–München 1979.
ADOLF E. JENSEN: Hainuwele. Volkserzählungen von der Molukkeninsel Ceram, Frankfurt/M 1939.
ADOLF E. JENSEN: Mythos und Kult bei Naturvölkern, Wiesbaden 1951.
ADOLF E. JENSEN: Die getötete Gottheit. Weltbild einer frühen Kultur, Stuttgart–Berlin–Köln–Mainz (Urban 90) 1966.
KARL KERÉNYI: Die Mythologie der Griechen, 2 Bde., 1. Bd.: Die Götter- und Menschheitsgeschichten; 2. Bd.: Die Hero-

engeschichten (München 1958), München (dtv 1345–1346) 1966.

KARL KERÉNYI: Zeus und Hera. Urbild des Vaters, des Gatten und der Frau, Leiden (Studies in the History of Religions, XX) 1972.

KARL KERÉNYI (– C. G. JUNG): Das göttliche Kind in mythologischer und psychologischer Beleuchtung, Amsterdam–Leipzig (Albae Vigiliae VI–VII) 1940.

KARL KERÉNYI (– C. G. JUNG): Das göttliche Mädchen. Die Hauptgestalt der Mysterien von Eleusis in mythologischer und psychologischer Beleuchtung, Amsterdam–Leipzig (Albae Vigiliae VIII–IX) 1941.

WALTER KRICKEBERG: Altmexikanische Kulturen. Anhang: G. Kutscher: Zur Kunst Altmexikos, Berlin 1975.

CLAUDE LÉVI-STRAUSS: Das Ende des Totemismus (Le Totémisme aujourd'hui, Paris 1962), aus dem Franz. v. H. Naumann, Frankfurt/M (edition suhrkamp 128) 1968.

LUKREZ: Über die Natur der Dinge (de rerum natura), lat.-dt. v. K. Büchner, Zürich 1956.

LUDWIG MADER: Griechische Sagen. Apollodoros. Parthenios. Antoninus Liberalis. Hyginus, eingel. u. übertr. v. L. Mader, Zürich–Stuttgart 1963.

BRONISLAW MALINOWSKI: Sexual Life of Savages in North-Western Melanesia, London 1932.

SPYRIDON MARINATOS: Kreta, Thera und das mykenische Hellas, mit Aufnahmen von Max Hirmer, München ³1976.

JAMES MELLAART: Çatal Hüyük. Stadt aus der Steinzeit (Çatal Hüyük – A Neolithic Town in Anatolia, London 1967), aus dem Engl. v. J. Rehork, Bergisch Gladbach 1967.

KARL MEULI: Griechische Opferbräuche, in: Ges. Schriften, hg. v. Th. Gelzer, Bd. 2, Stuttgart–Basel 1975.

SIEGFRIED MORENZ: Die Begegnung Europas mit Ägypten. Mit einem Beitrag von M. Kaiser über Herodots Begegnung mit Ägypten, Zürich–Stuttgart 1969.

SIEGFRIED MORENZ: Gott und Mensch im alten Ägypten, Vorw. v. E. Blumenthal, Zürich–München–Leipzig ²(erw.) 1984.

MARTIN P. NILSSON: Geschichte der griechischen Religion, Bd. 1, Handbuch der Altertumswissenschaft V 2, München ²1955.

PAUSANIAS: Beschreibung Griechenlands, 2 Bde., übers. u. hrsg. v. E. Meyer (Zürich 1954, 1967), München (dtv 6008, 6009) 1972.

PINDAR: Oden, griechisch-deutsch, übers. u. hrsg. v. E. Dönt, Stuttgart (reclam 8314) 1986.

PLATON: Timaios, in: Sämtliche Werke, Bd. 5, nach der Übers. v. F. Schleiermacher u. H. Müller, hrsg. v. W. F. Otto – E. Grassi – G. Plamböck, Hamburg (rk 47) 1959, 141–213.

PLINIUS DER JÜNGERE: Aus dem Alten Rom. Ausgewählte Briefe, übers. v. M. Schuster, Stuttgart (reclam 7787) 1957, 35–39.

CARL ROBERT – L. PRELLER: Griechische Mythologie, 1887.

WOLFGANG SCHADEWALDT: Die Sternsagen der Griechen, Frankfurt/M 1956.

M. SCHULZ: Das Puzzle des Philosophen, in: Der Spiegel, 53, 1998, 156–167.

CHRISTINE SEEBER: Untersuchungen zur Darstellung des Totengerichts im Alten Ägypten, München–Berlin (Münchner Ägyptologische Studien, Heft 35) 1976.

ERIKA SIMON: Die Götter der Griechen, Aufnahmen von M. Hirmer, München 1985.

VERGIL: Aeneis (ca. 29–19. v. Chr.), unter Verwendung der Übertr. v. L. Neuffers übers. u. hrsg. v. W. Plankl unter Mitwirkung v. K. Vretska, Stuttgart (reclam 221–224) 1976.

DIETRICH WACHSMUTH: Thesmophoria, in: Der Kleine Pauly. Lexikon der Antike in 5 Bden., hrsg. v. K. Ziegler u. W. Sontheimer (München 1975), München (dtv 5963) 1979, V 751–752.

R. GORDON WASSON – ALBERT HOFMANN – CARL A. RUCK: Der Weg nach Eleusis. Das Geheimnis der Mysterien (The Road to Eleusis. Unveiling the Secret of the Mysteries, New York 1978), aus dem Amerik. v. A. Linder, Frankfurt/M 1984.

*c) Belletristik*

DANTE ALIGHIERI: Göttliche Komödie, Übertr. v. K. Falke, Wiesbaden (Löwit) o. J.

BERTOLD BRECHT: Leben des Galilei (geschrieben 1938–39), Berlin 1951; Frankfurt/M (sv 1) 1963.

BARTHOLD HINRICH BROCKES: Irdisches Vergnügen in Gott (1738), Gedichte, Ausw. u. Nachw. v. A. Elschenbroich, Stuttgart (reclam 2015) 1963.

LUIS BUÑUEL: Mein letzter Seufzer. Erinnerungen (Mon dernier soupir, Paris 1982), übrs. v. F. Grafe u. E. Patalas, Königstein 1983; Frankfurt/M–Berlin (Ullstein 27537) 1991.

PAULO COELHO: Am Ufer des Rio Piedra saß ich und weinte (Na margem do rio Piedra eu sentei e chorei, Rio de Janeiro 1994), aus dem Brasilian. v. M. Meyer-Minnemann, Zürich 1997.

WALT DISNEY: Die Wüste lebt, nach dem Film beschrieben von Manfred Hausmann, Stuttgart 1955.

EUGEN DREWERMANN: Giordano Bruno oder Der Spiegel des Unendlichen, München 1992.

THEODOR FONTANE: Gedichte, in: Werke in 4 Bden., hrsg. v. H. Geiger, Bd. 1: Gedichte – Romane – Erzählungen, Wiesbaden (Emil Vollmer) o. J., 5–109.

JOHANN WOLFGANG VON GOETHE: Die Leiden des jungen Werther (1774), hrsg. u. eingel. v. W. Migge, 2 Bde., Frankfurt/M 1967.

JOHANN WOLFGANG VON GOETHE: Maximen und Reflexionen (1833, 1840), Text der Ausgabe von 1907, mit den Erläuterungen und der Einleitung Max Heckers, Nachw. von Isabella Kuhn, Frankfurt/M (it 200) 1976.

JOHANN WOLFGANG VON GOETHE: Gedichte, komm. u. hrsg. v. E. Trunz (Goethe: Werke, Bd. I, Hamburger Ausgabe, durchges. u. komm. v. E. Trunz), München $^{10}$1974.

FRIEDRICH HEBBEL: Mein Wort über das Drama, 1843, in: Werke, hrsg. v. Th. Poppe, VIII 53–57.

ELISABETH LANGGÄSSER: Proserpina (1949), mit einem Nachw. v. E. Horst, Frankfurt/M–Berlin–Wien (Ullstein 37027) 1982.

GERTRUD VON LE FORT: Am Tor des Himmels (1954), in: Die Erzählungen, Frankfurt (Insel)–München (Ehrenwirth) 1968, 395–451.

STANISLAW LEM: Sterntagebücher (Dzienniki Gwiazdowe, Warschau 1971), aus dem Poln. v. C. Rymarowicz (Berlin 1971), Frankfurt/M (st 459) 1979.

THOMAS MANN: Bekenntnisse des Hochstaplers Felix Krull. Der Memoiren erster Teil (1954), Frankfurt/M (Fischer Tb 639) 1965.

GUY DE MAUPASSANT: Le Verrou (1882); dt.: Der Riegel, in: Madame Baptiste und andere Novellen, Gesamtausgabe der Novellen und Romane II, aus dem Franz. v. E. Sander (München 1963), München (Goldmann 8561) 1987, 119–125.

GUY DE MAUPASSANT: Miss Harriet (1883); dt.: Miss Harriet, in: Miss Harriet und andere Novellen, Gesamtausgabe der Novellen und Romane III, aus dem Franz. v. E. Sander (München 1963), München (Goldmann 8562) 1987, 171–193.

REINHOLD SCHNEIDER: Das Kreuz in der Zeit. Das Vaterunser. Der Kreuzweg. Die sieben Worte am Kreuz, Freiburg 1947.

REINHOLD SCHNEIDER: Winter in Wien. Aus meinen Notizbüchern 1957–1958, Freiburg 1958.

LISA TETZNER: Märchen der Völker, Frankfurt/M (Fischer Tb 222) 1985.

IWAN S. TURGENJEW: Erzählungen 1857–1883. Gedichte in Prosa, aus dem Russ. v. E. von Baer, M. Gras-Racić, Nachw. u. Anm. v. B. Conrad, Düsseldorf–Zürich $^{2}$1998.

THORNTON WILDER: The Bridge of San Luis Rey, 1927; dt.: Die Brücke von San Luis Rey, übers. v. H. E. Herlitschka, Frankfurt (Fischer Tb 1) 1952.

# Bildnachweis

*Schwarzweiße Abbildungen*
1 aus: Biologie 2 für Gymnasien in Nordrhein-Westfalen. © Büro für Gestaltung Biste u. Weißhaupt, Schwäbisch Gmünd 1995. – 2 aus: Biologie 2 für Gymnasien in Nordrhein-Westfalen. © 1995, Cornelsen Verlag, Berlin, S. 200. – 3 aus: W. H. Calvin, Die Symphonie des Denkens, Carl Hanser, München 1993. © W. H. Calvin. – 4 aus: Det Levende Spil. Biologisk Form og Kunstigt Liv, Munksgaard Kopenhagen. © 1991 by Claus Emmeche. – 5/6 aus: Chaos und Fraktale, Spektrum der Wissenschaft, Heidelberg 1989. © H.-O. Peitgen. – 7/8 aus: R. Dawkins, The Blind Watchmaker, Longman, Harlow GB 1986. © Savile House, Oxford. – 18 aus: H. G. Schlegel, Allgemeine Mikrobiologie. © [7]1992 Georg Thieme, Stuttgart. – 19/50/53 aus: I. Dowald, Biologie, Telekolleg II, TR Verlagsunion, München [3]1986. – 20 aus: Ch. Lossow u. H. Wernet, Chemie, Telekolleg II, TR Verlagsunion, München [2]1989. – 22/23/28/55/68/69/78/79/189/217 aus: Linder Biologie, Metzler, Stuttgart [20]1989, [21]1998. © Schroedel Verlag GmbH, Hannover. – 24 nach: Czihak, Lang u. Ziegler. – 26/29/49/218 aus: W. Miram, Biologie heute II. © 1997 Schroedel Verlag GmbH, Hannover. – 27/35 aus: R. Wehner u. W. Gehring, Zoologie. © [22]1990 Georg Thieme, Stuttgart. – 30/32/34/36/37/38/41/155/159/163 aus: Alfred S. Romer, Entwicklungsgeschichte der Tiere I/II, Editions Rencontre, Lausanne 1970. – 31 © Jacques Monod, Le hasard et la nécessité, Seuil, Paris 1970. – 33 aus: D. Norman/J. Sibbick, Prehistoric Life, Macmillan, London 1994. © J. Sibbick. – 39/40 aus: Rupert Riedl, Die Ordnungen des Lebendigen. © 1975 Verlag Paul Parey, Hamburg u. Berlin. – 45/67/72/153 aus: Günter Vogel/Hartmut Angermann: dtv-Atlas Biologie. Graphiken von Inge u. István Szász. © 1984 Deutscher Taschenbuch Verlag, München. – 46 aus: W. Nultsch, Allgemeine Botanik. © [9]1991 Georg Thieme, Stuttgart. – 48 aus: Molecular Cell Biology by Lodish et al. © 1986, 1990, 1996 by Scientific American Books, Inc. Used with permission by W. H. Freeman and Company. – 51 aus: Biochemistry by Stryer. © 1995, 1988, 1981, 1975 by Lubert Stryer. Used with permission by W. H. Freeman and Company. – 52 aus: Biologie. Ein Lehrbuch, herausgegeben von G. Czihak, H. Langer, H. Ziegler, [2]1978. © by Springer Verlag Berlin, Heidelberg 1976 and 1978. – 76/77 aus: Die Geschichte der Erdatmosphäre, in: Fossilien. Bilder frühen Lebens, Spektrum der Wissenschaft, Heidelberg 1981. © M. Schidlowski. – 80 aus: John Briggs, F. David Peat, Die Entdeckung des Chaos. Mit Abbildungen von Wilfried Blecher. © 1990 Hanser, München/Wien. – 82/86/96/98/99/100/101 aus: D. Kalusche, Wechselwirkungen zwischen Organismen, Gustav Fischer, Stuttgart 1989. © Spektrum Akademischer Verlag, Heidelberg. – 83/84/87/88/89/90/91 aus: W. Wülker, Die grossen Kreisläufe der Natur/Biologische Gleichgewichte, in: D. Todt, Funk-Kolleg Biologie I/II, Fischer Tb, Frankfurt a. M. 1976. © W. Wülker. – 85 nach Leslie and Gower. – 92/93/94/95/97 aus: W. Wickler, Mimikry. Nachahmung und Täuschung in der Natur. © Kindler Verlag, München 1968. – 102/103 aus: L. Nilsson, Eine Reise in das Innere unseres Körpers. © Albert Bonniers Förlag, Stockholm 1985. – 104/105/202/203/212/213/216/219/220 aus: The Major Transitions in Evolution by Smith and Szathmáry. © 1995. Used with permission by W. H. Freeman and Company. – 106/200/204/207/208/221 nach J. M. Smith u. E. Szathmáry. – 111/114/115/116 aus: H. G. Wunderlich, Das neue Bild der Erde. © 1975 by Hoffmann und Campe Verlag, Hamburg. – 112/117 A. Brucker, Die Erde. Entstehung und Entwicklung der Kontinente und Ozeane. Kösel-Verlag, München 1966. – 113 aus: Volcanoes by Decker and Decker. © 1981, 1989, 1988. Used with permission by W. H. Freeman and Company. – 118/151 aus: Brinkmanns Abriss der Geologie, Band 2, Ferdinand Enke Verlag, Stuttgart 1956, 1977. © Georg Thieme, Stuttgart. – 119 aus: D. M. Richter, Geologie. © Westermann Verlag, Braunschweig 1997. – 120/126/128/129/130 aus: G. H. Liljequist u K. Cehak: Allgemeine Meteorologie, Vieweg, Wiesbaden 1962. © Liber AB, Stockholm. – 121 aus: H. Haber, Unser Wetter, DVA, Stuttgart 1971. © H. Haber. – 122/123/124/127 aus: H. Malberg, Meteorologie und Klimatologie. © [3]1997 Springer-Verlag, Berlin/Heidel-

berg; Abbildungen 4.3, 4.7, 7.3a-g, 10.l. – **125** nach W. Köppen. – **131** aus: P. Hupfer/W. Kuttler (Hrsg.), Witterung und Klima. Begründet von E. Heyer. © [10]1998 B. G. Teubner, Stuttgart/Leipzig. – **132/133/136** aus: L. Engel, Das Meer, Time Life International, Holland 1969. – **134/165** aus: M. Schwarzbach, Das Klima der Vorzeit: Eine Einführung in die Paläoklimatologie, Ferdinand Enke Verlag, Stuttgart 1988. © Georg Thieme, Stuttgart. – **135** aus: P. Hupfer (Hrsg.): Das Klimasystem der Erde. © Wiley-VCH Verlag GmbH, Weinheim 1991. – **137** Grafik «Die Urgesellschaft» (Weichlinge am Meeresgrund), aus: Spiegel 34/1998, Seite 150. – **138** aus: Die Geschichte der Erdatmosphäre, in: Fossilien. Bilder frühen Lebens, Spektrum der Wissenschaft, Heidelberg 1981. © P. J. Wynne. – **139** aus: Die Geschichte der Erdatmosphäre, in: Fossilien. Bilder frühen Lebens, Spektrum der Wissenschaft, Heidelberg 1981. © T. Prentiss. – **140** aus: A. Y. Rozanov: Problematica of the Early Cambrian, in: A. Hoffman u. M. H. Nitecki (Hrsg.), Problematic Fossil Taxa, Oxford University Press, Oxford. – **141** aus: R. C. Moore, C. G. Lalicker and A. G. Fischer: Invertebrate Fossiles. © by McGraw-Hill Companies, New York. – **142/143/144/145/146/147** aus: Wonderful Life: The Burgess Shale and the Nature of History by S. J. Gould. Copyright © 1989 by Stephen Jay Gould. Reprinted by permission of W. W. Norton & Company Inc., New York. – **148/162/173/174/175/177** aus: Grzimeks Tierleben, Ergänzungsband: G. Heberer u. H. Wendt (Hrsg.), Entwicklungsgeschichte der Lebewesen, Kindler, Zürich 1972. – **149** nach S. M. Stanley. – **150** Illustration von Adolf Böhm aus: Ernst Probst, Deutschland in der Urzeit. © 1986 C. Bertelsmann Verlag, München, in der Verlagsgruppe Bertelsmann GmbH. – **152/157/160/161/168/171** aus: V. Storch u. U. Welsch, Systematische Zoologie, Gustav Fischer, Stuttgart [5]1997. – **154/164** aus: Z. V. Spinar, Leben in der Urzeit, Aventium Verlag, Prag 1973. – **156/166/176/178/180** Illustrationen von Adolf Böhm aus: Ernst Probst, Deutschland in der Urzeit. © 1986 C. Bertelsmann Verlag, München, in der Verlagsgruppe Bertelsmann. – **158/169/170/179** aus: E. Kuhn-Schnyder u. H. Rieber, Paläozoologie. © 1984 Georg Thieme, Stuttgart. – **160** nach Remane, Storch, Welsch. – **167** Illustration von Burkard Pfeifroth aus: Ernst Probst, Deutschland in der Urzeit. © 1986 C. Bertelsmann Verlag, München, in der Verlagsgruppe Bertelsmann. – **181** aus: G. Storch, Die Sänger von Messeln, in: Fossilien. Bilder frühen Lebens, Spektrum der Wissenschaft, Heidelberg 1981. – **182** aus: L. A. Frakes, Climates Throughout Geologic Time, Elsevier, Amsterdam 1979. © L. Frakes. – **183/184/185** aus: Keller, Astrowissen, Zahlen, Daten, Fakten, Franckh-Kosmos, Stuttgart 1994. – **186/187/188** aus: J. Trefil, Meditations at 10 000 Feet, Macmillan, New York 1986. – **190** aus: H. J. Schmidt, Chemie, 11 konkret, Frankfurt a. M. 1998. – **193** aus: H. Wernet, Telekolleg I, Chemie, TR Verlagsunion, München. – **194/195/196** aus: H. Haken, Erfolgsgeheimnisse der Natur. © DVA, Stuttgart 1986. – **197/198/199** aus: Murphy u. O'Neill, What is Life, The Next Fifty Years, Cambridge University Press, Cambridge 1995. – **205** aus: Peter Karlson, Kurzes Lehrbuch der Biochemie für Mediziner und Naturwissenschaftler. © 1994 Georg Thieme, Stuttgart. – **215** aus: T. Cavalier-Smith, The evolution of cells, in: S. Osawa u. T. Honjo, Evolution of Live, Tokyo 1991.

*Vorsätze*

Vorne, links u. rechts oben aus: R. Wehner, W. Gehring, Zoologie. © [22]1990 Georg Thieme, Stuttgart. – Vorne, rechts unten aus: R. Ehrendorfer, Evolution und Systematik, in: Strasburger Lehrbuch der Botanik für Hochschulen, [32]1983. © Gustav Fischer, Stuttgart. – Hinten: nach Alan Iselin u. Brenda Booth.

*Farbtafeln*

Farbtafeln 1 bis 6 aus: W. Wickler, Mimikry. Nachahmung und Täuschung in der Natur. © 1968 Kindler Verlag, München. – Farbtafeln 7 u. 8 aus: Grzimeks Tierleben, Ergänzungsband: G. Heberer u. H. Wendt (Hrsg.), Entwicklungsgeschichte der Lebewesen, Kindler Verlag, Zürich 1972.

Einige Rechteinhaber konnten nicht ermittelt werden. Berechtigte Ansprüche werden selbstverständlich vom Verlag abgegolten.

# Register

## Autoren

Aischylos 777
Alexander, R. 405
Alt, Albrecht 832
Alvarez, Luis Walter 604, 606f., 609f., 613, 624
Anders, Edward 606
Andrews, Mahala 103
Aristophanes 789
Aristoteles 25, 125f., 135, 145, 166, 654, 658, 675, 763, 765
Asaro, Frank 604, 606
Asimov, Isaac 453, 463, 466
Atkins, Peter W. 627
Attenborough, David 244, 262, 359
Augustinus, Aurelius 835, 861

Bachofen, J. J. 774
Bagley, R. J. 663
Baker, R. R. 346, 354
Bakker, R. T. 567
Balthasar, Hans Urs von 204
Baltzer, F. 119
Barrow, John D. 765
Bates, Henry 262f.
Baude, Stanton H. 397
Beauchamps, G. 356
Beeby, R. 729
Beethoven 257, 819
Behrendt, Joachim-Ernst 258
Bellairs, Angus 550
Bellarmin, Robert 20
Bellis, M. A. 354
Belousov, B. P. 650f., 665
Bénard 648, 650
Bengtson, S. 497
Benner, S. A. 709, 727
Benton, D. 354

Benton, Michael 540, 550ff.
Bergeron, T. 458
Bergson, Henri 126, 669
Bernhard, K. 607
Bernstein, Harris 329ff.
Bertalanffy, Ludwig von 126
Bertram, B. C. R. 369, 374, 379
Bilz, Rudolf 778
Bjerknes, J. 453
Blobel, G. 730
Blüchel, Kurt G. 447
Bogenrieder, Arno 228
Bollow, Hermann 111
Boltzmann, Ludwig 631, 649, 669, 673, 677
Bonsall, R. W. 354
Boole, George 95, 664–667, 680, 692
Boschke, Friedrich L. 423
Boyse, E. A. 356
Brecht, Bertolt 20f., 23
Bredow, Rafaela von 660
Bresinsky, Andreas 575
Briggs, D. E. G. 502
Briggs, John 229ff., 232f., 463, 644
Brinktrine, Johannes 135, 800, 803
Brockes, Barthold Hinrich 211
Bromley, R. G. 606
Brown, Robert 223
Brunner, Hellmut 842
Bruno, Giordano 18, 21, 24ff.
Budyko, M. J. 623
Bultmann, Rudolf 201, 800, 814, 834
Buñuel, Luis 27–30
Burchard, Gerd Dieter 295
Burgess, R. L. 353
Burkert, W. 790
Burns, J. A. 335
Butler, Lee 607
Butlerow, A. 698

Caesar, Cajus Julius 275
Cairns-Smith, A. G. 701

Calvin, Melvin 181ff., 185f., 192, 199f., 203f., 206ff.
Campbell, Neil A. 153f., 159, 162, 164, 181, 194, 199, 210, 213, 215, 217f., 220f., 248, 251, 297f., 300–303, 305f., 308, 312, 318f., 321–326, 328, 344, 351f., 398, 420, 550, 671, 716, 740, 743f., 756f.
Camus, Albert 234, 768, 823
Canning, E. U. 337
Capra, Fritjof 625
Caputo, Mario V. 546f.
Carnegie, Andrew 594
Carnot, Sadi 634ff.
Carroll, R. 553, 557
Carthy, J. D. 286, 290
Cavalier-Smith, T. 727, 730, 738f., 742, 744, 752, 758
Cehak, Konrad 440, 445f., 455ff., 465, 467, 469f., 479, 485
Cifelli, Richard 606
Clark, James 593, 595
Clausius, R. 634f., 636, 637
Cleveland, L. R. 330
Coelho, Paulo 804f., 807
Collins, Marianne 499, 501
Collins, Mark 447
Corda, A. J. 533
Coriolis, Gaspard 442, 445f., 452, 472, 476ff.
Corner, E. J. H. 518, 522
Corsin, Paule 518, 521, 524ff., 531ff., 575, 588, 590
Courtenay-Latimer, M. 103
Courtillot, Vincent E. 598
Cramer, Friedrich 233f., 769, 860
Crick, Francis 632, 758
Crowell, John C. 546f.
Cube, Felix von 238
Cyrill von Alexandrien 801
Czihak, G. 131, 159

Daan, S. 571
Dante, Alighieri 436, 843
Darwin, Charles 13, 27, 92, 99, 109f., 112, 127, 129, 134, 145, 149, 150f., 217, 221, 261ff., 267, 269, 283, 310, 332, 345, 357–360, 367f., 372, 382, 386f., 399, 414, 453, 495, 498, 504, 569, 571, 582, 604, 633, 648, 669, 675, 680f., 684, 686, 707, 713, 735, 763, 839

Davies, Paul 811
Dawkins, Richard 98, 113, 339, 340, 357, 360, 402, 675
Decker, Barbara 423, 436f.
Decker, Robert 423, 436f.
Delbrück, M. 631
Demokrit 826
Denffer, Dietrich von 523
Denzinger, Henricus 135, 138, 764, 835, 843
Derrida, B. 666
Descartes, René 26
Dhondt, Annie V. 605
Dierl, W. 228
Dietrich, Günter 477, 482
Dietz, Robert 424f.
Disney, Walt 225f.
Ditfurth, Hoimar von 136f., 140, 212
Domingo, E. 683
Dong Zhiming 595
Doolittle, W. F. 757
Dorst, Jean 583
Dose, K. 694
Dostojewski, Fjodor M. 140
Dress, A. 717
Drewermann, Eugen 20, 25, 164, 228, 238f., 419, 778, 791, 808, 818, 821, 843
Driesch, Hans 126
Dröscher, Vitus B. 401
Dyson, Freeman 136, 695f.

Eccles, John 823
Eddington, Arthur 636
Eibl-Eibesfeld, Irenäus 274
Eichrodt, Walter 227
Eigen, Manfred 314, 653, 680, 683, 685ff., 689ff., 693–697, 703ff., 709, 717, 719f., 754
Einstein, Albert 769
Eismann, L. 576f., 623
Ekdales, Alan A. 606
Eliade, Mircea 793, 797
Ellington, A. D. 709, 727
Ellis, L. 355
Elton, Ch. 246
Emmert, A. 467
Encke, Johannes Franz 612
Engel, Leonard 480, 482
Engelmann, Th. 167
Erman, Adolf 832

Eschenmoser, Albert 697
Euklid 644
Euler, Leonhard 472

Faraday, Michael 470
Farmer, J. D. 663
Fauth, Wolfgang 775, 778, 788
Feduccia, A. 583
Feigenbaum, Mitschell 233
Feuerbach, Ludwig 830, 854, 857
Fichte, Johann Gottlieb 850
Fiennes, Richard T.-W. 520
Findeisen 468
Fischer, Joachim 308
Fisher, R. A. 335, 400
Fitzroy, Robert 452 f.
Flemming, G. 437
Fontane, Theodor 858, 860
Fourier, Jean-Joseph 633 ff.
Fox, Sidney W. 694 f.
Franklin, Benjamin 466, 470 f., 477, 479
Frese, W. 165
Freud, Sigmund 111, 351, 408 f., 414, 672–676, 818
Freytag, G. E. 382
Friedrich, Karl-Ernst 197, 521
Frisch, Karl von 111
Frobenius, Leo 782
Fromm, Erich 805

Galilei, Galileo 18, 21, 23–26, 443
Gánti, T. 723
Gardiner, W. 705
Garrett, Peter 506
Gause, G. G. 241
Georgiev, Vladimir 789
Gerlach, Richard 111
Giacomini, Valerio 210
Gilbert, W. 709, 757
Glaessner, Martin 490 f.
Glaubrecht, Matthias 108
Gleick, James 644
Godson, G. N. 295
Goethe, J. W. von 5, 848
Goldziher, I. 838
Goodall, Jane 384
Gordon, Malcolm S. 542
Gould, Stephen Jay 410 f., 489, 495 f., 503

Gower 242
Gram, H. Chr. 730
Grammer, Karl 352, 354 ff.
Grobecker, David B. 269
Groß, Michael 157
Grzimek, B. 383, 571

Haber, Heinz 462, 473, 616
Hack, C. E. 307
Haeckel, Ernst 96, 117, 543
Haeseler, A. von 717
Haig, D. 337
Haken, Hermann 638, 645, 648, 650, 652 f.
Haldane, J. B. S. 406
Hallam, Anthony 598, 600
Haller 287
Hamilton, W. D. 336, 343, 373, 379, 382, 386, 390, 397, 769
Hamming, Richard W. 688
Hampe, Roland 776, 788
Hänsel, Chr. 576, 577, 623
Hare, H. 390
Harenberg 612, 625, 721
Harnack, Adolf von 801 f.
Hassenstein, Bernhard 227
Hayden, Peter 357, 371, 382
Hebbel, Friedrich 818
Hecht, M. K. 580
Hegel, G. W. F. 95, 124, 664, 770 f., 818–821, 824 ff., 830
Heidegger, Martin 834
Helbig, A. 607
Helmholtz, H. 634
Helmont, Franciscus M. van 166 f.
Hendl, M. 448
Henfrey, Colin 804
Heraklit 259
Herodot 780, 789
Hesiod 781, 788
Hess, Harry 424 f.
Heusser, H. R. 382
Heyerdahl, Thor 481
Hiepe, Th. 287
Hill, Robert 169, 172
Hinkle, G. 743
Hipparch, von Nikaia 617
Hoekstra, R. F. 341
Hoelzle, E. 353

Hofmann, Albert 792, 796
Holdt, B. C. L. 353
Hölldobler, Bert 394
Homer 476, 776, 778–781, 784, 788, 791 f., 796 ff., 840
Hopf, Eberhard 644
Hopf, Frederick A. 329 ff.
Horner, John R. 593
Hornung, Erik 841
Hrdy, B. S. 384
Huber, Eckhard 443
Humboldt 481 f.
Hume, David 410
Hupfer, Peter 476, 484, 486 ff.
Hurst, L. D. 332, 343
Huxley, Thomas A. 453

Ignatius von Antiochien 801
Ingenhousz, Jan 166

Jantsch, Erich 156, 217
Jarvis, Jennifer U. M. 397
Jayakar, S. D. 406
Jedin, Hubert 801
Jenkins, Richard 493
Jensen, Adolf E. 790 f.
Jeremias, Joachim 839
Johannes Paul II. 315, 803
Jonas, Hans 815, 829
Joyce, G. F. 700
Jukes, T. H. 714
Junker, Reinhard 713
Jürgens, Hartmut 233

Kacser, H. 335, 729
Kahlke, H.-D. 613
Kähsbauer, P. 545
Kalusche, D. 281, 285
Kant, Immanuel 13, 17, 138, 250, 763–769, 771, 819, 824, 842, 845, 853, 855
Kantor, Fred S. 286
Kauffman, Stuart A. 659 ff., 663, 667, 680, 695
Kaufmann, Erle G. 605 f.
Kay, James J. 670 f.
Keller, Gerta 605
Kepler, Johannes 615 f., 621
Kerényi, Karl 780–785, 791–797, 799

Kierkegaard, Sören 140, 771 f., 821, 823, 825, 830, 846, 851
Kiger, J. 114
Kimura, Motoo 685
Klaus, Wilhelm 532
Kleist, Ewald Georg von 465
Kligman, A. 353
Knoll, Andrew H. 507, 558, 560
Koch, Robert 300
Koestler, Arthur 18, 127, 416
Kondrashov, A. S. 335
Kopernikus, Nikolaus 17 f., 24
Köppen, W. 447
Kraus, Otto 385
Kremer, Jürgen 595
Krickeberg, Walter 804
Kühl, H. 545
Kuhn, Oskar 551, 595
Kunsch, Konrad 165
Kurland, J. A. 353
Kurth, Reinhard 316
Kutner, M. 354
Kuttler, Wilhelm 486 f., 488

La Place, Pierre Simon 24
Labours, J. N. 353
Lake, J. A. 759
Lamarck, Jean-Baptiste 127 f., 387
Lamb, H. H. 437
Langer, H. 132, 159
Langgässer, Elisabeth 794 f.
Langton, C. 667
Le Chatelier, Henry 681
le Fort, Gertrud von 18
Leibniz, G. W. 26, 125 f., 136, 145, 691
Lem, Stanislaw 856
Lempp, Reinhart 133
Lenard, Ph. 468
Leon, J. A. 407
Leslie 242
Lévi-Strauss, Claude 406
Lewis, Roy S. 606
Lewis, W. M. Jr. 331
Leyden, E. 353
Liebowitz, M. R. 351
Lightcap, J. L. 353
Liljequist, Gösta H. 440, 445 f., 455, 457 ff., 465, 467, 469 f., 479, 485

Lindemann, B. F. 717
Linné, Carl von 227
Lodish, Harvey 88, 91, 159, 160, 172, 174, 180f., 183, 190ff., 199, 204, 206f., 218, 246, 536, 641, 725, 738
Logsdon, J. M. 757
Lorenz, Edward N. 462
Lorenz, Konrad 359
Lossow, Christine 191
Lotka 241f., 276
Lucas, S. 611
Lucrez 145, 826
Luther, Martin 819
Lyell, Charles 604

Macdonald, David 241
Maizels, N. 734
Malberg, Horst 445, 448f., 451ff., 462, 469f., 472, 474f., 483, 623
Malebranche, Nicolas de 26
Malinowski, Bronislaw 784
Mandelbrot 644
Mani 861
Mann, Thomas 817
Marcion 417, 813, 828
Margulis, Lynn 218f., 330, 712, 729, 740, 742f.
Marinatos, Spyridon 435
Marquardt, Hans 123
Marshall, N. B. 544, 579
Marx, Karl 774, 826
Mason, B. J. 467
Maupassant, Guy de 133, 141, 143f.
Maxwell, James Clerk 223, 672
May, Robert 232
Mayer, J. R. 634
McCollough, P. A. 353
McGhee, George R. 545f.
McKenna, Malcom C. 593, 595
McLaren, Digby J. 545
McMenamin, Mark 494, 504
McMichael, Andrew J. 314
Mehlhorn, H. 286
Meise, W. 275, 579, 580
Mellaart, James 413
Mereschowsky, C. 163, 218, 740f.
Meuli, Karl 776
Michael, R. P. 354
Michel, Helen V. 606

Michod, Richard E. 330f.
Milankovic, Milutin 615f., 622, 624
Miller, James F. 508
Miller, Stanley L. 463, 693f., 700, 703
Monod, Jacques L. 93, 95, 664, 767f., 814, 851
Montagnier, Luc 314
Morenz, Siegfried 836f., 842f.
Morgan, Thomas 397
Morris, Desmond 275
Morris, Simon Conway 502f.
Mozart, Wolfgang Amadeus 819
Muschenbroek, Peter van 465

Nestorius 801
Newton, Isaac 17, 25, 223, 609, 615f., 630, 633, 636f., 644, 672
Nicolis, Grégoire 649f., 655
Nietzsche, Friedrich 225, 259–262, 269, 283, 294, 358, 409, 675
Nilsson, Lennart 299, 308, 311f.
Nilsson, M. P. 776, 783
Nimoféeff-Ressovsky, N. W. 631
Norell, Mark 593, 595
Norman, David 103
Novacek, Michael J. 593, 595
Nowak, Martin A. 314
Nurse, P. 332

Oates, J. F. 384
Odum, E. P. 246, 248
Oelrich, Christiane 315
Ohama, T. 714f.
Okazaki 747
Omphalius, R. von 157, 210, 218f., 537, 540, 544
Oparin, A. L. 694, 699, 720
Opik, E. J. 623
Orgel, Leslie E. 694, 700, 702f., 717, 758
Osawa, S. 714
Osche, G. 118
Ostrom, J. H. 580
Owen, J. W. 353
Owen, Richard 104

Packard, N. H. 663
Page, J. R. 658
Palmer, Allison R. 508
Panisset, M. 327

Parker, G. A. 346ff., 365
Paul III. 18
Paul, Andreas 317f., 321, 324, 328, 399
Pausanias 781
Peat, F. David 229–233, 463, 644
Peckham, E. G. 267
Pedersen, A. 383
Peitgen, Heinz-Otto 233
Piekarski, G. 286
Pietsch, Theodore W. 269
Pindar 795
Platon 227, 259, 435, 658, 763, 826, 861
Plinius der Ältere 424, 471
Plinius der Jüngere 424
Poisson, Simon Denis 687
Pollak, E. J. 353
Ponnamperuma, Cyrill 721
Pool, R. 738
Popp, E. 597
Portmann, Adolf 133, 262, 675
Preller, L. 775
Premoli Silva, Isabella 606
Press, Frank 428, 430, 436, 539, 560
Preti, G. 353
Price, G. R. 360, 364
Priestley, Joseph 166
Prigogine, Ilya 633, 636, 649f., 655, 769
Probst, Ernst 548, 568, 570ff., 576, 592, 604
Prusinkiewicz, Przemyslaw 53
Ptolemäus 18, 851

Rad, Gerhard von 841
Rahner, Karl 135, 513
Raikov, I. B. 751
Rechenberg, Ingo 688
Reichenbach-Klinke, H.-H. 285
Reichholf, J. H. 157f., 161, 163, 209, 212, 275, 282, 514, 516, 520, 535, 566, 573f., 584f.
Reifenscheid 468
Remane, Adolf 552
Rensch, Bernhard 127
Reuter, H. 463
Reynold, Osborn 644
Riedl, Rupert 92f., 95 – 99, 107, 109f., 111, 116, 118, 120f., 124ff., 127f., 133, 135, 411, 413, 504, 680, 720
Riegel, W. 507
Rietschel, P. 292

Rivera, M. C. 759
Robert, Carl 775
Roberts, Richard 756
Robinson, G. E. 658
Romer, Alfred S. 101, 103–106, 108, 537, 544, 548
Rozanow, A. Yu. 497
Rübsamen-Waigmann, Helga 314
Ruck, Carl A. P. 792, 796, 798
Ruppert, L. 825

Sabo, D. 683
Sagan, Dorion 330, 712, 729
Salvini-Plawen, L. von 596f.
Sartre, Jean Paul 814, 817, 821
Saupe, Dietmar 233
Saussure, Nicolas Théodore de 166f.
Schadewaldt, Wolfgang 616
Schaller, G. B. 369, 379
Scharp, Philip 756
Schelling, F. W. J. 129
Scherer, Siegfried 713
Schidlowski, Manfred 154, 209, 214
Schlegel, Hans G. 155–159, 162ff., 210, 217, 221, 251–255, 535
Schleidt, M. 353
Schmidt, Norbert 770
Schneider, Eric C. 670f.
Schneider, Reinhold 278f., 835f.
Schönmetzer, Adolfus 138, 835, 843
Schopenhauer, Arthur 13, 145–152, 225, 245, 260, 269, 283, 294, 358, 408f., 416f., 674ff., 736, 810, 819
Schopf, J. William 506
Schopfer, Peter 166, 209
Schrödinger, Erwin 121, 631ff., 637f., 659, 663, 666, 668
Schubert 820
Schulz, Matthias 435, 594
Schuster, P. 703ff.
Schwartz, A. W. 700, 702
Schwarzbach, Martin 577, 622f.
Schweitzer, Albert 149
Seeber, Christine 841, 843
Seibt, Uta 346, 360f., 365ff., 372, 378, 384, 391, 396, 400, 402, 406ff.
Seilacher, Adolf 491f., 494
Seilkopf, Heinrich 473f.

Senebier, Jean 166
Sepkoski, J. John 522f.
Shabotinsky, A. M. 650f., 665
Sheehan, Peter M. 512
Sherman, Paul W. 397
Siever, Raymond 428, 430, 436f., 539, 560
Signor, Philip W. 605
Simon, Erika 775ff., 780, 782, 784, 788f., 799
Simpson, G. G. 572
Skevington, David 512
Sloan, Robert E. 558
Slobodkin, L. B. 248
Smith, J. L. B. 103
Smith, John Maynard 92, 327, 329, 331, 334–335, 341, 344, 360, 363ff., 518, 658, 695, 698ff., 702, 704f., 707ff., 711, 717ff., 725f., 728, 730, 732, 734, 741f., 744f., 757, 758f., 768
Smith, V. G. F. 346
Solberg, H. 453
Sonea, S. 327
Sonneborn, T. M. 715
Spencer, D. F. 757
Spencer, Herbert 358
Spinar, Z. V. 551, 592ff.
Spinoza 145, 769f., 810, 830
Sprigg, Reg 490
Stanley, Steven M. 505, 510, 538, 544, 547, 553, 556, 558f., 562, 565, 567, 571, 587f., 596ff., 600, 605
Starker, Leopold A. 483
Stearns, S. C. 407
Stengers, Isabelle 633, 636
Stilwell, W. 725
Stoll, Heinrich 447
Stoltzfus, A. 757
Storch, Volker 544f., 551f., 584
Strasburger, E. 524–527, 530–533, 575, 588
Struhsaker, T. T. 383
Stryer, Lubert 88, 90f., 165, 169, 171, 173, 176f., 179, 182, 185, 187, 196, 203f., 207
Surlyk, F. 606
Swanson, R. 715, 717
Szathmáry, Eörs 92, 327, 329, 331, 334–337, 341, 344, 518, 658, 695, 698ff., 702, 705, 707–712, 716–720, 725f., 728, 730, 732, 734, 741, 742, 744f., 757ff., 768

Taniguchi, T. 683
Tauer, A. S. 709, 727
Teilhard de Chardin 126, 421, 668
Tennov, D. 352
Tertullian 801
Tetzner, Lisa 434
Thenius, E. 545, 572
Thomas von Aquin 654, 735
Thomson, William 633ff., 637
Tietze, M. 717
Timocharis 617
Tipler, Paul A. 443, 615
Trefil, James 469, 641
Trivers, R. L. 390
Turgenjew, Iwan 761, 772, 777

Urey, H. C. 463

Valentine, J. W. 408
Vandel, A. 120
Vergil 843
Verhulst, P. R. 229f., 232, 234f., 657
Vidal, Gonzalo 507
Viohl, G. 580
Virchow, Rudolf 632
Voland, Eckart 317f., 321, 324, 328, 399
Voltaire 430f.
Volterra, V. 241f., 276

Waal, Frans de 317
Wachsmuth, Dietrich 789
Wächtershäuser, G. 698ff., 702, 720, 722, 725f.
Waddington, C. 114
Walcott, Charles Doolittle 496f., 498–501
Wall, William 466
Ward, Peter D. 605
Wasson, R. Gordon 792 796
Watanabe, K. 714
Waterman, Talbot H. 412, 584
Watson, James 632
Watson-Crick 716
Weiner, A. M. 734
Weisbuch, G. 666
Weismann, August 372, 408
Weissmann, Charles 683
Weizsäcker, Carl Friedrich von 810
Weizsäcker, Viktor von 857
Wellnhofer, Peter 571, 580, 583

Welsch, Ulrich 544f., 551f., 584
Wendt, H. 404
Wermuth, H. 551
Werner, O. 777
Wernet, Hermann 191
West Eberhard, M. J. 401
Westoll, Stanley 103
White, H. B. 708
Whittington, Harry B. 498f., 500, 502f.
Wichmann 468
Wickler, Wolfgang 262–266, 269, 271ff., 278, 282, 346, 360f., 365ff., 372, 378, 384, 391, 396, 400, 402, 406ff.
Wigglesworth, Vincent B. 111, 535, 591
Wilbert, H. 236
Wilder, Thornton 30
Williams, G. C. 339
Wilson, Edward O. 394, 769
Winkler-Oswatitsch, R. 705, 717
Woese, C. R. 699f., 717, 720
Wolbach, Wendy S. 606
Wolschin, Georg 232
Wülker, Wolfgang 244, 246, 251f., 293
Wynne-Edwards, V. C. 359, 368

Yamazaki, K. 356

Zegers, B. J. M. 315
Zeiler, Franz 801
Ziegler, Hubert 132, 159, 518
Zilligen, Dieter 136, 140
Zimmer, K. G. 631
Zuker, M. 757

# Naturwissenschaftliche Begriffe und Sachverhalte

Aa-Lava 434
Aasfresser 247–248
Abbau der Ozonschicht 164, 607
Abbauer s. Destruenten
Abbaureaktionen 195, 726
– Atmung 155–158, 194–200, 215–217
– Gärung 160–161, 215–217, 726
– Glycolyse 196, 215–217
– von Kohlenhydraten 160–161
abiotische Synthese 158, 162, 164, 213
– s. a. präbiotische Evolution
Abkühlung des Klimas 509–510, 513, 546, 560, 562
Abort 322
Absorption von Licht
– bei der Photosynthese 162, 164, 169–174
– in der Atmosphäre 152, 607–609
– retinal 37–40
Absorption von Nährstoffen, Pflanzen 251, 255–256
Abstoßungsreaktion, Transplantate 119
Abwanderung 235ff.
Abwehr 299–316
– s. a. Immunbiologie
Abwehrmechanismen
– Atemtrakt 308, 311
– spezifische 305, 307
– unspezifische 300, 302–303, 306
Abwehrproteine s. Antikörper
Abwehrstrategien s. Mimikry
Abwehrsystem s. Immunsystem
Abweichung vom Mittelwert 631
Acetat-Rest 727
Achsensystem, Embryo 118
Acritarchen-Sterben 507–508
Actomyosin 740
Adaption 112, 628
– Ko-Adaption 112
adaptive Radiation 544, 558, 586, 588
– Angiospermen 586, 588
Adenin (A) 69, 74, 177–179, 693, 697–698, 711, 755
– Struktur 70, 179

Adenin-Nucleotid (A) 72, 73
Adeninnucleotid-Carrier 741
Adenosin 177, 179
 – Struktur 179
Adenosindiphosphat s. ADP
Adenosinmonophosphat s. AMP
Adenosintriphosphat s. ATP
Adoptivkinder 353
ADP 177–180
 – Phosphorylierung 177, 179
Adrenalin 351
Adriatische Platte 428
aerob 158, 159, 330, 331, 336
Aerosol 437
äußere Befruchtung 345, 550
Affinitätschromatographie 709
Afterflosse 272–273
Agameten 296
Aggregate 721
Aggregatzustände 638
Aggression s. Verhalten
AIDS 314–316, 729
aktives Zentrum, Enzym 82, 176, 757
Akzeptorchinon s. primärer Elektronenakzeptor
Alanin 79, 463, 709
 – s. a. Aminosäuren
Albedo-Effekt 562, 614, 623
Alcoholus dehydrogenatus 184
Aldehyde 188, 725
 – Struktur 188
 – Nachweis 188
Aldehydgruppe (–CHO) 184, 187
Aldosen 188
Aleuten 428
Algen
 – Entwicklungszyklus 323
 – Photosyntheseaktivität, Ökosystem 246
 – Pigmente 171
Algenblüte 256
Algenwachstum, Phosphor als limitierender Faktor 256
alkalisch 177
Alkohol 160, 730, 744
 – primärer 184, 190
 – sekundärer 189
Alkohole (R–OH) 182

alkoholische Gärung 160–161, 215
Allantois 550
Allele 325, 344, 757
 – dominante 325–326
 – mutante 325
 – rezessive 325–326, 334
 – Sichelzellenallel 327
 – sister-killer-Allel 336–339
Allergene 311
Allergien 302, 311–312
Alpen 428
alpha($\alpha$-)Helix 82–83
Alphatier 365
Alternativ-oder Dichotom-Hierarchie 99
Alterspolyethismus, Honigbiene 658
Altostratus 461
Altruismus
 – bei Replikatoren 707
 – Helferverhalten 353, 401
Aluminium 209
Aluminiumoxid 727
Alvarez-Theorie 606–607, 610–612, 624
Aminoacyl-tRNA-Synthetasen 88–89, 660, 717–718
Ameisen
 – Brutpflege 390–394
 – Eiablage 394
 – Geschlechtsbestimmung 387, 398
 – Nahrungssuche 656–659
 – Paarungsverhalten 395–396
 – Soziobiologie 386–387, 389–396, 655–659
 – Tod der Königin 394
Aminogruppe (–NH$_2$) 80, 351
Aminosäuren 79, 251, 463, 693–695, 699, 708–710, 712–720, 721, 725, 737
 – Chiralität 80–81, 712
 – in Meteoriten 712, 721
 – präbiotische Evolution 693–694
 – Struktur 79, 80
Ammoniak (NH$_3$) 727
 – Ausscheidungsprodukt 251
 – Stickstoffkreislauf 251, 254
 – Uratmosphäre 153, 463
Ammonifikation 252
Ammoniumion (NH$_4^+$) 251–252, 254
 – Ausscheidung 251
 – Stickstoffkreislauf 251–252, 254

Amnion 549
amniotisches Ei 549–550
Amöben, Phagocytose 219
AMP 178, 179
– s. a. cAMP 652
amphetaminähnliche Stoffe 351
Amphibien
– Erdkröte als Wirt für Lucilia 284–285
– Evolution 104–105
– Exkretion 251
– in der Kreide 592
– Unterschiede zu Reptilien 549–550
amphipathisch 721
α-Amylase 191
Amylose, Stärke 191
Amylopectin, Stärke 192
Anabolismus 195, 726
Anachorese 108
anaerob 156, 158, 160, 213
anaerobe Atmung 155, 156
anaerobe Energiegewinnung 156, 160–161
Anaerobier 156
Anden 428
Andesit 428
Androstenol 353–354, 721
Androstenon 353–354, 721
Androstenon-Androstenol-Signalsystem 353–354
Anemometer 460–461
angeborenes Abwehrsystem 308–309
Angiospermen, Bedecktsamer 280
– Bestäubung 280–282
– Koevolution mit Tieren 280–282, 578, 585, 591
– Radiation in der Kreide 586–592
Angler, Mimikry 267–269
Angriffs-Mimikry s. Peckhamsche Mimikry
Anhydride 723
Anionen, anionisch 699, 722
Anisogamie 349
Anometer 460–461
anorganisches Phosphat s. Phosphat
anoxische Bedingungen 546
anoxygene Photosynthese 165, 208
Anpassungen
– an die Umwelt 107–108, 203–206, 321–322, 345, 358
– an Haartypen, Ektoparasiten 290–291

– der Beinlänge, Leguane 106–107
– Voranpassung (Präadaption) 292
– während der Evolution 326–327, 358, 569
Anregung s. Absorption von Licht
Anregungsstoffe, Wachstum 78, 653
Anstieg
– der Sauerstoffkonzentration 152–153, 204, 206, 209–214, 491, 506, 520–521
– der Kohlendioxidkonzentration 254
Antennenpigmente s. Pigmente
anthropogene Störungen der Umwelt 205, 239, 242, 253, 254, 256, 266, 299
– s. a. Umweltprobleme
Antheridium 525–526
Antibabypille 317, 357
– Nebenwirkung auf Geruchsinstinkt 357
Antibiotika-Resistenz 327, 739
Anticodon 87–89, 714–716
Antigen 299, 303, 305–308, 310–311
antigenpräsentierende Makrophagen 305
Antigen-Rezeptoren 305, 307–308
Antihistamine, Medikamente 312
Antikörper 78, 299, 305–311, 694
– Immunglobulin-Klassen 306, 308–309, 311
– primäre Antikörper, IgM 306
– spezifische Abwehr 305, 307
– Überwindung der Placentaschranke 308–309
antiparallele Stränge, DNA 745, 747
Antizyklone 451–452, 457
aperiodischer Festkörper 632, 638, 659, 666
Aperiodizität 632
Äquator 438, 440
äquatorialer Tiefdruckgürtel s. Innertropische Konvergenzzone
Äquatorzone 440
Äquinoktialpunkte 616–617
Arbeit 634
Arbeiterinnen 386–387
– s. a. Ameisen
– s. a. staatenbildende Insekten
arboreale Theorie 582
Archaebakterien 153, 155, 156, 158, 159, 164, 727, 738, 739, 740, 758, 759
– halophile 155, 156, 159, 164
– Lebensräume 153, 156

- methanogene 155–156, 215
- thermo(acido)phile 155, 158
Archegonium 526–527
Arginin s. Aminosäuren
Argon 153
Art, Definition 369
Artbildung, durch Mimikry 262–263
Arten
- Entstehung 109–110, 150
- Gendurchsetzung gegen Arterhalt 357–360, 369–373, 382–386, 400, 404, 409–410
- Koevolution 161, 315, 578, 585, 591
- ökologische Nische 108, 110, 245, 285, 289
- Pionierarten 245
- s. a. Massensterben
artübergreifende Evolution 109–110, 125
Artenzusammensetzung
- in Lebensgemeinschaften 243
- Artensukzession 244–245
asexuelle Fortpflanzung 317–318
- Algen 323
- bei Pflanzen 340, 558
- bei vielzelligen Tieren 317–318, 340
- Einzeller 317
- Hydra 653
- Knospung 317, 653
- Quer- und Längsteilung 317
- Schizogonie 295–297
- Schleimpilze 652
- Verbreiterung der Immunantwort 318
- Vergleich mit sexueller Fortpflanzung 318, 321–322, 324
- Zellige Schleimpilze 323
asexuelle Vermehrung s. asexuelle Fortpflanzung
Asparagin 714
- s. a. Aminosäuren
Asparaginsäure 79
- s. a. Aminosäuren
Assimilation 195, 199, 637
assortative Paarung 352–353, 356
Asteroide s. Meteoriten
Asthenosphäre 424,
Asymmetrie 666
asymmetrisches Kohlenstoffatom 80, 81
asymmetrisches Mutantenspektrum 687

Atavismus, Pferd 114–116, 118
Atdabanian-Fauna 498
Atmosphäre
- Abbau der Ozonschicht 164, 607
- Absorption der Sonnenenergie 152, 607–609
- Aufbau der Erdatmosphäre 439–440
- Anstieg der Sauerstoffkonzentration 152, 204, 206, 209–214, 491, 506, 520–521
- barotrope / barokline Atmosphäre 456–457
- Sauerstoffgehalt 212
- Staub in der Atmosphäre 607–609
- Stickstoffgehalt 153, 252, 254
- Zusammensetzung 212, 252, 254
Atmung 155–158, 194–200
- anaerobe 155, 156
- Atmungskette 195, 197, 199
- Sauerstoffatmung 155, 194–200, 215–217
Atmungskettenphosphorylierung s. Phosphorylierung
atomarer Winter s. nuklearer Winter
Atommasseneinheit, Dalton 730
Atomkrieg 591, 607–609
- Haupteffekte 607–608
- Sprengkraft 609
ATP 71, 173, 176, 723
- Bildung bei der Atmung 197–200, 216–217
- Bildung bei der Gärung 215–217
- Bildung bei der Glycolyse 198, 215–216
- Bildung bei der Photosynthese 177–179
- Funktion als universelles Zahlungsmittel 177, 180, 201
- Gewinn bei der Gärung 215–217
- Gewinn bei der Atmung 198, 215–217
- Hydrolyse und Regeneration 178–180
- Struktur 179
- Verbrauch, $C_4$-Weg 208
- Verbrauch im Calvin-Zyklus 181, 183–186
- Verbrauch zur Geißelbewegung 743
- Verbrauch zur Umwandlung von Ammoniak 251
ATPase 198
ATP/ADP-Zyklus 177, 180

ATP-Synthase 177–178, 198
Attraktor, Chaos 230–232, 637, 664–667, 670
Attrappen
- Augenattrappen, Mimikry 265–266
- Blütenattrappen, Bienenragwurz 281–282, 591
- Köderattrappen, Angeln, Mimikry 267–268
- Ei-Attrappen 273
- Weibchenattrappen, Bienenragwurz 281–282
Aufplustern 365–366
Auftrieb 537
Auge 35–40
- Aufbau und Funktion 35–37
- epigenetisches System des Auges 116
- Evolution des Auges 44, 58–60
- Facettenauge 60
- falsche Verdrahtung der Photozellen 44
- Grubenauge, Schnecken, 44
- Linsenauge, 60
- Loch-Kamera-Auge, Nautilus 60
- Rückbildung bei Vertebraten 120
Augenblase 118
Augenflecke, Mimikry 265–266
Auseinanderbrechen von Pangäa 577, 599–600
Ausgangssymbol s. Axiom
Auslese s. natürliche Selektion
Ausprägung von Merkmalen 324–327
Ausscheidung 251
Außenparasiten s. Ektoparasiten
Aussterben s. Massensterben
Austreibungsphase, Geburt 352
Autoimmunkrankheiten 311–314
Autokatalyse 630, 650, 663
autokatalytische Netzwerke 695–696, 698
- Proteinnetzwerke 696
- Zuckersynthese 698
autokatalytische Prozesse 203, 629, 680, 700, 720, 755
- autokatalytische Bildung von Nucleinsäurepolymeren 700, 704
- s. a. Hyperzyklus
autokatalytische Systeme 660–661, 669
autokatalytische Verbände 662–663
autokatalytischer Zyklus 695–696, 704, 723, 726

- bei der Membranbildung 723
- einfacher Peptide 695
- Mutation 696
Autopoiese 630
- s. a. Autokatalyse
Autosomen 397
autotroph 155, 195, 723, 725, 726, 741
- s. a. Bakterien
- s. a. Organismen
Autozyklen-Hypothesen 623
Axiom, fraktale Geometrie 50, 52
Axon, Auge 38
Azorenhoch 440

Babymord s. Kindstötung
Bacteriochlorophyll 165
Bacteriorhodopsin 164
Bakterien
- aerobe heterotrophe 159
- als Destruenten 161, 251–252
- Antibiotika-Resistenz 327, 739
- autotrophe 155
- Bakterien-Virus Qb 684
- Bodenbakterien 253
- chemoautotrophe 156, 158
- chemotrophe 154
- chemoheterotrophe 158, 159–161, 215
- Chromosom 328–329, 749
- Cyanobakterien 163, 165, 170–171, 208, 210, 212–213, 218, 220, 253, 283, 506, 516, 518, 628, 740, 741, 742
- denitrifizierende 252
- DNA-Transfer 328
- Eisenbakterien 157–158, 161
- Ernährungsformen 154–155, 158–162
- Escherischia coli, Operonsystem 93, 749
- Eubakterien 153, 162–163, 218, 727, 738, 739, 759
- Fossilien 210
- Generationszeit 749
- genetische Rekombination 327–329
- Genomgröße 749
- grampositive Bakterien 744, 745
- gramnegative Bakterien 730, 731, 733, 739, 740, 744, 759
- Größe 218
- grüne Schwefelbakterien 162, 165, 208
- heterotroph 155, 159–161

- Knöllchenbakterien 253
- Konjugation 328
- Negibakterien 730, 731, 733, 739, 740, 744, 759
- Nichtschwefel-Purpurbakterien 740, 741, 742
- nitrifizierende 251
- pathogene 161, 222
- photosynthetisierende 208–210, 212–215
- Purpurbakterien 162, 165, 208, 215, 742
- Rhizobium 253
- Sauerstoffbedarf 214, 217
- Schwefelbakterien 157, 506
- Stickstoff-fixierende 252–253
- Streptococcus pneumoniae 301
- Superorganismus 318, 327–329
- symbiontische 161, 218–220, 253, 740
- Symbiose 156, 161, 218–220, 253, 329, 518, 740
- Transduktion 328
- Transformation 328
- Zellwand 738–739
- Zweiteilung 745–751
- s. a. Archaebakterien
- s. a. Immunbiologie 299–316, 327

Bakterienchromosom 328–329, 749
Bakteriengemeinschaften 210, 219
Bakterienkapseln 301
Bakterienkolonien 221
Bakterien-«Organismen» s. Superorganismus
Bakterienrasen 210
Bakterienzelle 745, 746, 749
- schematische Darstellung 746

Bakteriophagen 328, 684
Balzverhalten
- Brautgabe 386
- Buntbarsche 272–273
- Spinnen 385–386

Barbitursäurederivate 81
barokline Atmosphäre 456–457
Barometer 461–462
barotrope Atmosphäre 456
Basalkörper 744
Basalt 428, 434, 437
Basedow-Krankheit 312
Basen
- Definition 71–72

- Purine 69, 70, 698, 717
- Pyrimidine 69, 70, 698, 702, 717

Basenpaare, DNA 74
Basenpaarsubstitution 681
Basenpaarung 74, 75, 708, 710–712, 716, 718
Basensequenz s. DNA, s. Gene
Basentripletts 86–87, 89–90, 714–715, 719–720
Basophile 302
Batessche Mimikry 263
Baumgrenze, Klima 450
Bayersche Flecken 730
Beckengürtel
- Wal, Abbau des Beckengürtels 120
- Frau, Geburt 133

befruchtete Eizelle s. Zygote
Befruchtung 319–320, 323, 329, 332–334, 337, 341, 345, 529–530, 550, 588
- äußere 345
- Erkennung bei Befruchtung 192
- innere 345, 588
- Treffwahrscheinlichkeit der Gameten 346–349
- Zufälligkeit 319–320

Begattung
- Bienen und Ameisen 389–390, 395–396
- Spinnen 385–386

Begattungsorgane
- Bienen und Ameisen 390
- Spinnen 385

Behaarung 556
Beine
- Evolution 100–106
- Anpassung der Länge 107–108

Belastungsminimierung, Translation 715
Belousov-Shabotinsky-Reaktion 650–651, 665
Bénardsche Zellen 648–649, 670
Benguelastrom 481, 482
Berechnungen
- der Möglichkeiten der genetischen Rekombination 319–321
- der Verwandtschaftsgrade von Ameisen 387–393, 395–396
- der Verwandtschaftsgrade von Löwen 373–381
- des Verwandtschaftsgrades des Mutterbruders 405–406

- zur Keimzellenbildung (Größe/Anzahl) 346–349
- zu innerartlichen Konkurrenzkämpfe 359–368

Bering-Landbrücke 603
Beschädigungskampf 360
Beschleunigung 444, 609
Beschwichtigungsgesten 273–275
Besiedlung
- Pioniere 245
- Krakatau 244
- Bikini-Atoll 591

Bestäubung 530
- Windbestäubung 280, 531
- Tierbestäubung 280–282

Bettelverhalten, Vögel 277
Beute
- s. Räuber-Beute Beziehungen
- s. Mimese
- s. Mimikry

Beutepopulation, Regulation s. Populationen
Beutetiere, Schutzstrategien
- s. Mimese
- s. Mimikry

Bevölkerungsexplosion 419–420
Bewegungen
- amöboide, Neutrophile 301
- Geißelbewegung 743–744
- Spermazellen 344–345

Bewegungssymbiose 743
B-Gedächtniszellen 305, 307
Bifurkation, Chaos 231–233, 647, 736
binäre Schaltfunktionen 664
Bindungen
- Atombindung s. Elektronenpaarbindung
- Einfach- und Doppelbindungen 171
- Elektronenpaarbindung 74, 639–640
- Esterbindung 69, 171
- glycosidische 69, 70, 190–192, 700–701
- Ionenbindung 699
- kovalente s. Elektronenpaarbindung
- N-glycosidische 69
- Peptidbindung 72, 80, 88, 699
- Phosphodiesterbindung 71, 72, 701
- Phosphorsäureanhydridbindung 178–179
- polare kovalente 639–640
- Wasserstoffbrückenbindung 74, 638, 640–642, 697, 711

Bindungswinkel, Wasser 639
biogenetisches Grundgesetz 96, 117, 543
Biokatalysatoren s. Enzyme
biologische Regelsysteme s. Regulation
Biomassepyramide 246–248
Biomorphe 55–57, 686, 688
Biosynthese s. Proteinsynthese
Biozönose 243–245
- Gleichgewichtszustände 243–244
- interspezifische Konkurrenz 236, 245
- Pionierarten 245
- Sukzession 244–245
- Trophiestufen 247–249
- Zwei-Arten-Systeme 240–242

bit 40, 65
Bithorax-Mutante 114–115
Birthrate 229–230, 233–234, 236
- s. a. Populationen

Black smokers 157, 698
Blasteme 118
Blattgrün s. Chlorophyll
Blaualgen s. Cyanobakterien
Blaualgenfriedhof s. Stromatolithe
Blausäure (HCN) 697–698
Blinddarmentzündung 121
Blitz 465–466, 468–470
Blitzableiter 470–471
Blitzkanal 468–469
Blüte
- der Gymnospermen 531–532
- der Angiospermen 590

Blut als Nahrung für Parasiten 286, 289, 291
Blutkörperchen
- Anzahl 300
- Basophile 302
- Bildung 300, 304–305, 308–309
- B-Lymphocyten 297, 303–305, 307, 309, 312, 315
- cytotoxische T-Zellen ($T_c$) 303–305, 307
- Deformation 298
- Differenzierung 302–305
- Eosinophile 302
- Erythrocyten 295, 300
- Leukocyten 300–302
- Lymphocyten 302–305, 307–308, 315
- Makrophagen 301–303, 305, 315

- Monocyten 301–302
- Neutrophile 300–302, 311
- Phagocyten 300–302, 306, 309
- rote s. Erythrocyten
- Sauerstofftransport 198, 300
- T-Lymphocyten 303–305, 307, 309, 312, 315
- weiße 300–302

Blutkreislaufsystem 579
B-Lymphocyten 297, 303–305, 307, 309, 312, 315
Boden
- s. globale Kreisläufe 161, 251–257
- s. Bodenbakterien 253

Boolesche Algebra 95, 664, 667
Boolesche Funktionen 664–666
Boolesche Zufallsnetzwerke 664, 666, 680
Borreliose 286
Boten-RNA s. mRNA
Botenstoffe s. Hormone
Brasilstrom 479, 481
Brennstoffe, fossile 254
Brenztraubensäure s. Pyruvat
Bronchien
Bronzezeit 413
Brunstschwellung 273–274
Brutfürsorge s. Brutpflege
brutparasitische Mimikry
- Kuckuck 275–277, 398
- Sporocysten 278–279

Brutpflege
- Dinosaurier 567, 593
- Einfluß der Geschlechtsverwandtschaft 398
- Hautflügler 390–394
- Lucilia 285
- Maulbrüter, Buntbarsche 272
- soziale Hilfeleistung 401
- Stiefkinder 353

Bündelscheidenzellen 207–208
Bürde 99–100, 107, 108, 120, 124, 126
Bürdegrad 97, 100, 108, 109
Bürzeldrüse 580
Buntsandstein 565
Buntsandstein-«Wüste» 577
Burgess Shale 495–496, 498–504
- Diskussion der Klassifikation 498–504

Bursa fabricii 304

Buttersäure 287, 354
B-Zellen
- B-Lymphocyten 297, 303–305, 307, 309, 312, 315
- Gedächtniszellen 305, 307

Calcium (Ca) 209, 542
Calciumcarbonat ($CaCO_3$) 209, 254–255
Caldera-Einsturz 435
Calvin-Zyklus 181, 183, 185–186, 192, 203–204, 206–208
cAMP 652
cap, RNA-Prozessierung 755
Carbonsäuren (R–COOH) 80, 182
Carbonat-Atmung 155–156
Carbonylgruppe s. Aldehydgruppe
Carboxylase 204
Carboxylgruppe (–COOH) 80, 182, 184
Carnotsche Maschine 634–636
Carrier 173, 726, 741
- RNA-Fragment 726
- Plastocyanin, Trägerprotein 173

Catecholamine 351
$CF_0CF_1$-Komplex 177, 200
Cellulase 535
Cellulose 186, 192–193, 517, 520, 535–536, 700
- Pflanzenzellwand 193, 519
- Struktur 192
- Mikrofibrillen 192

Cenomanium 586, 604
Centriolen 743, 744
Centromer 743, 751
Centrosom 743, 751, 753
Cephalon 499
Cercarie 278
Chagas-Krankheit 312
Chaos
- Beziehung zur Ordnung 123, 131, 232–235, 643–644, 646–647, 666–668, 695
- Chaosrand 667
- chaotische Populationsdynamik 232–234
- deterministisches Chaos 232–234, 463, 562
- in der Meteorologie 462–463
- in der Plattentektonik 562–563

Cheliceren 286
chemische Uhr 651
chemisches Gleichgewicht 682–683
chemoautotroph 156, 158, 723, 725, 726
- s. a. Bakterien
- s. a. Organismen
chemoheterotroph 158, 159–161, 215
- s. a. Bakterien
- s. a. Organismen
Chemolithoautotrophie 157
Chiasmata 334
Chiralität 80–81, 187, 712
Chitin 193, 286, 495, 536–537, 548
- Struktur 536
Chlamydomonas
- Entwicklungszyklus 323
- uniparentale Vererbung von Organellen 343–344, 345
Chlor 164
Chlorophyll 163, 165, 170–172, 245, 728
- Anregung durch Licht 170–172
- Photosynthese 170–172
- Struktur 170
Chloroplasten
- Ähnlichkeit mit Mitochondrien 199, 218, 740
- als Orte der Photosynthese 163, 181, 192, 194
- Entstehung 218–220, 628, 742–744
- Struktur 167–169
- uniparentale Vererbung 343–344, 345
Chlorwasserstoff 153
Chorda dorsalis 119
Chordaanlage 118
Chorion 550
Chorea Huntington 325–326
Chromatographie
- Affinitätschromatographie 709
- Papierchromatographie 181
Chromosomen
- Autosomen 397
- Bakterienchromosom 328–329, 749
- bei Mitose 743–745, 749–753, 755, 757
- Crossing over 321, 332, 334–337, 339–341, 757
- Drosophila, Taufliege 397–398
- Entstehung 732, 734
- eukaryotische 397–398

- freie Rekombination 319–320
- Geschlechtschromosomen 277, 397
- homologe 320, 325–326, 332, 334–335, 397, 757
- Mensch 320, 398, 749
Chromosomenmutationen 91
Chromosomensatz (haploid/diploid) 297, 319–320, 387, 397
Cilien, Wimpern 743, 744
Cirrus(=Faser)wolken 461
Citrat-Zyklus 159, 197–200, 216
Cistron 68
Cluster 472
Code, genetischer s. genetischer Code
Codon 86–87, 89–90, 714–717, 720
Coenzyme 176, 185, 708–709, 726
- Aminosäuren als erste Coenzyme 718–719
- Nucleotidcofaktoren 708–709
- s. $FADH_2$
- s. $NAD^+/NADH$
- s. ATP
Cofaktoren s. Coenzyme
Colostrum 308
Computer 644
- Computersimulationen 364, 462–463, 663
Consensus-Sequenz 689
Corioliskraft 442–446, 452, 476–478
- Ableitung 442–445
Cornea 120
Cosubstrat s. Coenzym
$C_3$-Pflanzen 207–208
$C_4$-Pflanzen 203, 206–208
Cristae 195–198, 218
Crossing over 321, 332, 334–337, 339–341, 757
- Bedeutung für die genetische Rekombination 320–321
- Evolution des Crossing over 334–335, 757
Cumulonimbuswolken 458, 462
Cumulus(=Haufen)wolken 454–455, 458, 461, 464, 469
Cupulen 531
cursoriale Theorie 582–583
Cuticula 536
Cyanwasserstoff (HCN) 697–698

Cystein 79
- s. a Aminosäuren
Cysticercus, Finne 293
cystische Fibrose 326
Cytochrom bf-Komplex 173, 177–178
Cytokine 303
Cytoplasma 85, 153, 726
- Cytoplasmabrücke 328
- Cytoplasmafusion 344
Cytosin 69, 693, 697–698, 709, 711
- Struktur 70
Cytosin-Nucleotid (C) 72, 73
Cytoskelett 740, 743–744, 745, 759
- Aufbau 743–744
Cytosol 194, 197, 515, 520, 726, 741
cytotoxische T-Zellen ($T_c$) 303–305, 307

Dalton 730
Darmparasiten 278, 292–294
Darwinismus s. Evolutionstheorie
dATP, Desoxyadenosin-5'-triphosphat 69–71
- Struktur 71
Dauerfrostboden 562
Dazit 428
degradieren, von Ordnung 637
Deklinationen des Mondes 619
Deletion, Mutation 681
Denitrifikation 252
Dependenzmuster 124
- s. a. morphologische Ordnungsmuster
Deposition, atmosphärische 254
Desensibilisierung 312
Desoxy-ATP (dATP) 69, 71
Desoxyadenosin 69
- Struktur 70
Desoxyadenosin-5'-triphosphat (dATP) 69–71
- Struktur 71
Desoxyguanosin 69
Desoxyribonucleinsäure 69
Desoxythymidin 69
Desoxycytidin 69
Desoxyribose 69, 186, 693, 697, 712, 728, 734
- Struktur 69
Destruenten 161, 247–249, 251–252
Determinationsentscheidungen 65, 95, 98, 116
Determinationsgehalt (D) 64, 65, 66, 124
- maximaler 40

- von Organismen 41
Determinationsgeschehen 67
Determinationskomplexe 113, 118, 120
Determinationssystem 67
Detritus 247, 256
Devon
- Landgang der Tiere 535–544
- Klimaveränderungen 546–547
- Massensterben, Oberdevon 544–546
- Verteilung der Landmasse 538–540, 546–547
Devon und Karbon
- Landgang der Tiere 535–544
Diabetes 312
Dichte von Eis 642–643
Dichotom-oder Alternativ-Hierarchie 99
dichteabhängige Faktoren,
  Populationen 235–237
dichteunabhängige Faktoren,
  Populationen 235–237
Differentialrechnung
- Unterschied zu rekursiven
  Gleichungssystemen 50, 230
Differenzierung
- Blutkörperchen 302–305
- des Pflanzenkörpers 520
- Embryonalentwicklung 55
- Schleimpilze 652
- Zellen 654
Diffusion 725
digitale Ja/Nein-Entscheidung 65
Dihydrogenphosphatanion 72
Dinosaurier
- Brutpflege 567, 593
- lebendgebärende 568–569
- in der Trias 565–571
- in der Kreide 593–595
- Sozialverhalten 567
- Warmblütigkeit 567
- Theorien zur Erklärung des
  Aussterben 604–613
diploid 323, 324, 326, 330–334, 522
diploider Chromosomensatz 319–320, 387, 397
diploide Organismen 325, 387
diploide Sporophyten 324
Diploidie 397
- Entstehung 330–334

Dipol, elektrischer 640
Disaccharide 186, 190
– Struktur 190
Dissimilation 195, 199, 215–217, 637
– s. a. Sauerstoff-Atmung
Dissipation 635, 671
dissipative Strukturen 649–651, 654, 659, 669, 677
dissipative Systeme 670
dissipierte Energie 635
Divergenz
– Chaos 667
– Zyklone 452
divergierende Plattenbewegung 426–427, 434
Diversifikation 586
Diversität
– kritische Diversität 661
– von Molekülarten 661, 663
DNA 54
– als aperiodischer Festkörper 632, 638
– als Informationsträger 680
– antiparallele Stränge 745, 747
– Aufbau der Chromosomen 319
– Basenpaare 74
– DNA-Welt 712, 729
– Doppelhelix 75, 632
– Durchmesser 75
– eigene DNA der Mitochondrien u. Chloroplasten 218, 343, 740
– einzelner DNA-Strang, Struktur 68, 72, 73
– Entstehung der DNA 659–660, 680
– Entwindungsproteine 76
– Gene 319, 632, 732
– Grundprinzip von Ordnung 71, 90, 92
– komplementäre Basenpaarung 74, 75, 85
– komplementärer Strang 331
– Koppelung zu DNA-Chromosomen 734
– Ligase 748
– Korrekturlesen 711
– Matrize 76
– Matrizenstrang 76, 331
– Operons 93–96
– Plasmide 328, 686
– Polymerase 76, 747–749
– Reparatur durch Enzyme 92
– Replicons 329

– Replikation 75–77, 329, 337, 628, 660, 682, 684, 745–753
– Schäden 329–332, 339, 734
– Struktur 75
– Synthese s. Replikation
– Transfer bei Bakterien 328–329
– Transkription 84–86, 95, 628, 753, 755
– Translation 84–91, 628, 753, 755, 756
Dogma der Molekularbiologie 84–85
Dolomit 600
Domäne 757
Dome 434
dominante Erbkrankheiten 325–326
dominante Merkmale 325–326
dominante Sequenz 683
– s. a. Wildtyp
Donner 465–466, 469–470
Dopamin 351
Doppelbildung, homöotische Mutationen 114–115
Doppelhelix s. DNA
Drehmoment 619
Drehzahl 443
Drei-Arten-Mimikry 278–279
Drosophila
– Doppelbildung, Bithorax-Mutante 114–115
– Chromosomen 397–398
– Mutationsschäden 631
Druck (p) 635
Duftspur, Löwinnen 370–371
Dunkelreaktion s. Photosynthese
Durchschnitt, Ordnung 631
dynamisches Gleichgewicht 228, 243–244, 249, 366, 633, 680–681

Edelgase 153
Ediacara-Fauna 489ff., 504, 540, 556
Effektorzellen 305
Egoismus der Gene 294, 340, 349, 357, 385, 400–401, 405, 413, 655, 675, 729, 732
Ei-Attrappen 273
Eierstock 319
Eigengesetzlichkeit 125, 127
Eigens Paradox 702–705
Einfachzucker s. Monosaccharide
Ein-Schritt-Meiose 332–334
Einwanderung 235 ff.

Einzelmutation, Ersatzbildungen 115
Eis
- Dichteanomalie 642–643
- Eiskristalle, Meteorologie 466–468
- Struktur 642–643
Eisen (Fe) 157, 209
Eisenatmung 155, 161
Eisendisulfid, Pyrit 699–700, 720, 723, 725–726, 730
Eisenerz 158, 213
Eisen(III)-hydroxid 157
Eisenionen 155, 157, 167, 170–171, 210, 213, 726
Eisenoxid 213
Eisen-Schwefel-Proteine 173
Eisensulfid (FeS) 725
Eiskristalle, Meteorologie 466–468
Eisprung 350, 354–355
Eiszeitbereitschaft 622
Eiszeiten
- Entstehung 485
- Konzept der multilateralen Eiszeit-Entstehung 623
- Massensterben 625
- Milankovic-Theorie 615–624
- Periodizität 615
- s. a. Vereisung
Eiter 301
Eiweiß s. Proteine
Eiweißsynthese s. Proteinsynthese
Eizelle s. Keimzellen
- befruchtete Eizelle s. Zygote
Ekliptik 616–618
Ektoparasiten 284, 288, 292
- Anpassung an Haartypen 290–291
Ektosymbiose 743
ektotherme Tiere 556, 567
- Räuberanteil 567
El Chichon 436
elektrischer Dipol, Wasser 640
elektrische Doppelschicht 467
elektrische Entladungen 463, 465–469
elektrisches Feld 466–467
Elektrizität 466–470
Elektrolyt 725
elektromagnetische Energie, Strahlung 152
Elektronegativität 640–641
Elektronenakzeptoren 171–174, 177

Elektronencarrier s. Elektronenüberträger
Elektronendon(at)or 698
Elektronenmikroskop 167–168, 195, 197, 218
Elektronenquelle 162
Elektronentransportketten 155
- Atmungskette 195, 197–199, 215, 742
- während der Photosynthese 173–176, 215, 742
Elektronenüberträger 173–174, 176
Elektronenverteilung 640
Elemente
- Kohlenstoff (C) 153, 209, 254–255, 606
- Stickstoff (N) 251–254, 516
- Phosphor (P) 255–257, 516
Elle 102–104
El Niño 485–486
Embryo, dormant 530
Embryonalentwicklung 55, 113, 117–119, 494, 543, 672
- Bedeutung der Interphäne 119
- Anlage der Kiemenspalten 119
- verlängerte Embryonalzeit 133
Empfängnisoptimum, Frau 273, 350, 354–355, 356
Empfängnisverhütung s. Antibabypille
Enantiomere 81, 187, 694
enantiomere Kreuzhemmung 701
Enckescher Komet 612
Endakzeptor für Elektronen 155
endergonische Reaktion 180, 194
Endomitose 330, 332, 333, 334, 336
Endoparasiten 284, 292, 295
endotherme Tiere 556, 567, 579–580, 583
- Räuberanteil 567
Endorphine 351–352
Endosperm 530, 590
Endosymbiontentheorie 218–220, 743, 745
- Entstehung der Chloroplaten 741–742
- Entstehung der Mikrotubuli 742–744
- Entstehung der Mitochondrien 740–741, 742
- Entstehung der Peroxisomen 744–745
Endosymbiose 220, 331, 518, 628, 740–741, 742
- sukzessive 220
Endwirt
- Mensch für Bandwürmer 294
- Mücke für Plasmodien 298

- Vögel für Trematoden 278–279
Energie
- (bio)chemische 152, 180, 181, 198, 201
- des Sonnenlichtes 669, 676, 677
- dissipierte Energie 635
- elektromagnetische 152, 180
- freie 179–180, 681
- innere Energie 635
- ist konstant 634, 637
- mechanische Energie 635
- thermische Energie 425, 464, 609
Energieangebot 235
Energiedegradation 671, 677
Energiegradient 669, 671, 674, 677
Energiezufuhr 637, 682
Energiefluß durch die Nahrungskette 248–249
Energiegewinnung
- aerobe 161
- anaerobe 156, 161, 196–197
- Gärung 161, 215–217
- Glycolyse 159–160, 196–197, 215–217
Energiekrise 225
Energielieferant, Zucker 186, 189, 190, 192
Energiemangel 225–226
Energiepyramide 247–248
Energiespeicherung, Zucker 186, 190, 192, 225
Energieübertragung in der Nahrungskette 248–249
Energieumwandlung 633
Energieverlust in der Nahrungskette 249
Entropie (S) 633, 635–637, 649, 666, 668, 669, 677, 698–699, 720
- bei Oberflächenreaktionen 698–699, 720
- negative Entropie (Negentropie) 637
- strebt einem Maximum zu 633, 637, 677
Entropieänderung (dS) 635
Entropieerzeugung ($d_iS$) 636
Entropiefluß ($d_eS$) 636
Entropie-Theorem 633
Entropievermeidung 637
Entstehung der Erde 611–613
Entstehung der Eukaryotenzelle
- Bedeutung der Phagocytose 740–745, 759
- Bedeutung der Endosymbiose 740–745

- Bedeutung des Cytoskeletts 740, 749, 751, 759
- Entstehung der Chloroplaten 741–742
- Entstehung der Mikrotubuli 742–744
- Entstehung der Mitochondrien 740–741, 742
- Entstehung der Mitose 745–759
- Entstehung der Peroxisomen 744–745
- Entstehung des Zellkerns 753–759
- Verlust der Bakterienzellwand 738–740
Entstehung des Lebens 694–702
- auf der Ur-Pizza 700, 720, 723
- Bildung der Eucyte aus Protozellen 735–759
- Bildung der Semi- und Protozellen 720–734
- erste Gene aus RNA 696–701, 702
- erste Gene aus Ton 701
- in der Tiefsee 698
- in der Uratmosphäre 698
- in der Ursuppe 699–700, 721
- in Meer- oder Süßwasser 725
- in Wolken-Wassertröpfchen 699–700, 720
- Ordnung aus Unordnung 669–672
- präbiotische Evolution 694–708, 712–720
- Theorie vom Oberflächenmetabolismus 698–700, 720
- Sprung «tot» zu «lebendig», Dyson 695
- Urey-Miller-Versuch 463, 693–694
- Wassertröpfchen-Konzept 699–700, 720
- s. a. präbiotische Evolution
Entwicklung 671
- Gehirn 649, 654
Entwicklungszyklus
- Aale 412–413
- Algen, Chlamydomonas 323
- Bandwurm 292–293
- Flöhe 289
- Läuse 290–291
- Moose 324, 523, 527–529
- Plasmodium 295–298
- Samenpflanzen 530–532
- Schleimpilze 651–652
- Sporenpflanzen 525–529
- Zecke 287

- Zellige Schleimpilze 323
Entwindungsproteine, DNA 76
Entzündungsreaktion 302
Enzephalitis s. Frühsommer-Meningoenzephalitis
Enzyme
 - aktives Zentrum 82, 176, 757
 - Aminoacyl-tRNA-Synthetasen 88–89, 660, 717–718
 - Carboxylase 204
 - Cellulase 535
 - DNA-Ligase 748
 - DNA-Polymerasen, matrizenabhängig 76, 747–749
 - DNA-Reparatur 92, 329–330, 336
 - DNA-Replikation 76
 - Enzymaktivität 335, 708
 - β-Galactosidase 93
 - hydrolytische Enzyme 191, 755
 - induzierte Anpassung 82
 - Katalase 744
 - Lecithinase 297
 - Ligase 663, 748
 - lytische Enzyme 302
 - matrizenabhängiges Enzym 76
 - Monoamin-Oxidase (MAO) 355
 - Multienzymkomplexe 195, 197
 - Nitrogenase 252
 - Oxidasen 744
 - Oxygenase 204
 - Phospholipase 297
 - Polymerasen 703
 - Regulation der Synthese von Enzymen 93–94
 - Replikase 704–706, 734
 - reverse Transkriptase 314–316, 734
 - RNA-Polymerasen, matrizenabhängig 85
 - RNAse P 734
 - Rubisco 182, 203–207
 - Schlüssel-Schloß-Mechanismus 82
 - Substratbindungsstelle 82, 708
 - Substratspezifität 82, 688
 - Wirkungsspezifität 82, 191, 688
Enzymkomplexe 82, 84
Enzym-Substrat-Komplex 82, 84
Eosinophile 302
Epidermis 521

epigenetisches System 95–96, 110, 113, 116–117, 118–121, 124–127
Epistasie 335–336
Epithelien 285
Erbfaktoren s. Gene
Erbinformation, Fluß 84–85
Erbkrankheiten
 - Chorea Huntington 325–326
 - cystische Fibrose 326
 - dominante 325–326
 - pränatale Diagnostik 326
 - rezessive 326
 - Sichelzellenanämie 297–298, 326–327, 681, 688
Erbmerkmale s. Merkmale
Erbveränderung s. Mutagenese 632
Erdbeben 426, 430–431, 433
Erde
 - als offenes System 669
 - Entstehung 611–613
Erdkröten
 - als Wirt für Lucilia-Larven 284–285
Erdkruste 424
Erdumlaufbahn 615
Erdrotation 442, 444
Ereignis 40, 65, 124, 127
 - s. a. Zufallsereignis
Erhaltung der Energie 634
Ernährungstypen 154–155
Ersatzbildungen, homöotische Mutationen, 114–116
Erstzuwanderer s. Pioniere
Eruption
 - phreatomagmatische 435
 - pyroklastische 434
Erythrocyten s. rote Blutkörperchen
Escherichia coli
 - Operonsystem 93
 - Genomgröße 749
Essigsäure 354
Esterbindung 69, 171
Ethanol s. Alkohol
Ethnologie 405
Eucyte s. Eukaryotenzelle
Eukaryoten 213, 218–220, 329, 331–332, 336, 506, 628, 727, 737–746, 749, 751, 753, 755, 758
 - Chromosomen 319–321, 397–398

- Entstehung 213, 218–220, 735–759
- Größe 218–219
- Zelle, Aufbau 219, 221, 746
- s. a. Entstehung der Eukaryotenzelle

Euler-Wind 472
Eurasische Platte 426–427, 430
Eusozialität 397
Eusthenopteron
- Flossen zu Beinen 102–103

Eutrophierung 256
Evolution
- Auge 44, 60
- Anpassung der Beinlänge, Leguane 107–108
- artübergreifende (transspezifische) 109–110, 125
- Bakterien als Superorganismus 318, 327–329
- $C_4$-Weg, Photosynthese 204–206
- der DNA 659–660
- der Sexualität 318, 329–341
- der Vogelfedern 580–582
- des genetischen Codes 717–719
- durch Mutationen und Selektion 27, 45–46, 58, 110, 123–125, 127, 129, 321–322, 358, 628, 682–691, 707
- durch unterschiedlichen Fortpflanzungserfolg
- durch Wechselwirkung von Genen und Phänen 62–63, 126
- durch Zufall und Notwendigkeit 27, 138, 689
- Entstehung der Eukaryoten 218–220, 735–759
- Gendurchsetzung gegen Arterhalt 357–360, 369–373, 382–386, 400, 404, 409–410
- genetischer Raum, Biomorphe 55–57
- genetische Variabilität als Grundlage 321–322, 326
- Glycolyse und Atmung 159, 213, 215
- Insektenflug 548
- Koevolution 161, 280, 282, 578, 585
- kumulative Selektion statt Ein-Schritt-Selektion 45, 109–110, 123
- Lamarcksche Theorie 127, 128
- Mitose 745–759
- Paarungstypen 341–344
- Photosynthese 152, 162–165, 209–210, 728
- präbiotische Evolution 650, 694–707, 717–720
- Säugetiere 571–575
- Sozialverhalten 389
- Therapsiden 105–106, 555–557
- typogenetische und typostatische Phase 107
- Vögel 579–586
- Vogelflug 582–584
- von AIDS-Viren 314
- von Flossen zu Gliedmaßen 100–106
- von Hufen 110
- von Insektenstaaten 389
- Ziel, Verbreitung der Gene 409
- s. a. Entstehung des Lebens
- s. a. Entstehung der Eukaryotenzelle
- s. a. natürliche Selektion

evolutionäre Sackgassen 162, 212–213
Evolutionsbahnen 64, 125
Evolutionstheorie
- Darwinsche 127, 128, 357–360, 372, 386–387, 569, 648, 680–681, 713
- Lamarcksche 127, 128, 387
- Synthetische s. Synthetische Evolutionstheorie

Evolutionsstabile Strategien 359–368
- innerartliche Konkurrenzkämpfe 363, 365–366
- Mundräuber 366
- zwischen treuen und untreuen Partnern 402–405
- Zahlenverhältnis von Männchen und Weibchen 400

Evolutionsstrategien
- Gendurchsetzung gegen Arterhalt 357–360, 369–373, 382–386, 400, 404, 409–410
- Funktionswechsel eines Organs 102–107, 536, 542, 549, 571, 586
- Kannibalismus 382–383, 385–386
- Kindstötung 370–371, 383–384, 406–407

Excision 756
exergonische Reaktion 179–180, 194
Exkretion 251
Exon 703, 756–758

Exoskelett, Arthropoden 536
exponentielles Populationswachstum, Mensch 235, 419–420
externe Befruchtung s. äußere Befruchtung
Extrapaarkopulation 354–355
extrauterines Frühjahr 133
Exzentrizität der Erdbahn 621

$F_0F_1$-ATPase 198, 200
FAD/FADH$_2$ 174, 197–200
Fächernervatur 531
Fäulnisbewohner s. Destruenten
Fall out
 – Iridium 606
 – radioaktiver 607–608
β-Faltblatt 82–83
Faradayscher Käfig 470
Farbstoffe s. Pigmente
Farbwahrnehmung, Auge 37–39
Faserproteine 76
Federn
 – Aufplustern vor einem Kampf 366
 – Evolution 580–582
 – Funktionen 583–584
Feedback s. Rückkopplung
Feigenbaum-Zahl, Chaos 233
Fehlgeburt s. Abort
Fehler s. Mutation
Fehlerrate 754–755
 – s. a. Mutationsrate
Fehlerschwellenbeziehung 703
Feldstärke 466
Ferredoxin, Photosynthese 173–174
Fertilisation s. Befruchtung
Fettdrüsen 584
Fette 693, 721, 723
Fettsäuren 721, 728, 744
Fetus s. Fötus
Feuchtigkeitsmesser 460–461
Feuersbrünste 607
Feuerring 432–433
Findeisen-Reifenscheid-Wichmann-Theorie 468
Finnen 293
Fischer-Projektion, Zucker 187, 700
Fischton (fish Clay) 606
Fitneß 334, 336, 354, 373, 689–690, 725, 732
 – Gesamtfitneß s. Gesamteignung

Fixierung von atmosphärischem Stickstoff 252–253
Fixierung von Kohlendioxid 158, 181–183, 185–186, 203–204, 206–208
Fixierung, Ordnung 97, 99–100, 107–108, 109, 111
 – fixierung des genetischen Codes 717
 – fixierung von Wirbeltiermerkmalen 100
 – fixierung von Merkmalskombinationen, Säugetiere 112
Fixierungsweg der Vorderextremitäten 100–107
Fixierungsgrad 99–100, 116–117
Flachbeben 430
Flagellen, Geißeln 743, 744
Flagellin 743
Flavin-Adenin-Dinucleotid s. FAD
Flavoprotein 355
Fleischverzehr 248
Fliegende Organismen
 – Flugsaurier 570–571
 – Insektenflug 548
 – Vogelflug 582–584
Fliehkraft 444–445
Fließgleichgewicht 126, 244, 249, 284, 310, 698
Floridastrom s. Golfstrom
Fluchtmutanten 314
Fluorwasserstoff (HF) 153
Flutbasalte 437
Flutwelle 436
Fötus
 – Aufbau des Immunsystems 308–309
Folgeschaltung s. molekulare Schaltmuster
Folgestrang, DNA 748
Formaldehyd 698
Formosereaktion 698
Formylgruppe (–CHO) 171
Fortbewegung s. Bewegung
Fortpflanzung
 – s. asexuelle Fortpflanzung
 – s. sexuelle Fortpflanzung
Fortpflanzungschance 347
 – für Brutpflegeverhalten 402–404
 – für innerartliche Konkurrenzkämpfe 361–364, 367–368
 – für Treue/Untreue zwischen Partnern 402–404

Fortpflanzungserfolg 327, 354, 369, 407
- maximaler, idealer Lebenslauf 407
Fortpflanzungsgemeinschaft s. Art
Fortpflanzungswahrscheinlichkeit 229
Fossilien
- älteste eukaryotische 220
- älteste prokaryotische 210
- lebende 153, 163, 736, 758
Fraktale 49–53
- Definition 49
- fraktale L-Systeme 50–53
- Koch-Kurve 50–51
- Konstruktion einer Karottenpflanze 53
- Sierpinski-Dreieck 52
Frau
- Empfängnisoptimum 273
- Brüste 273, 275
- Kopuline 354–355
- s. a. Zyklus, weiblicher
freie Energie 179–180, 681
freie Rekombination von
  Chromosomen 319–321
Freiheitsgrad, Ordnung 99, 116
Fremdsubstanzen s. Antigene
Freßfeinde s. Räuber
Freßzellen s. Phagocyten
Frostklima 448–450
Fruchtbarkeit s. Populationen
Fruchtblätter 531
Fruchtblattgehäuse 526
Fruchtknoten 588, 590
Fruchtkörper, Schleimpilze 652
Fruchtzucker s. Fructose
Fructose 189–191
- Fructofuranose 189
Fructose-6-phosphat 186
Frühlingspunkt 616–617
Frühsommer-Meningoenzephalitis 286, 288
Führungsgröße, Regelkreis 237, 239
Fütterungssignal 277
Funktion 638
funktionelle Gruppen 708
- Aldehydgruppe (–CHO) 184, 187
- Carboxylgruppe (–COOH) 80, 182, 184
- Hydroxylgruppe (–OH) 69, 71, 182, 187, 189, 700
- Ketogruppe 189

- Thiolgruppe (–SH) 726
funktionelle Kausalität 68
Funktionstauglichkeit 686
Funktionswechsel eines Organs 102–107, 536, 542, 549, 571, 586
Furan 727
Furcula 580

Gabelbein 580
Gärung 726
- alkoholische 160–161, 215
- Energiegewinn 161, 215–217
- Milchsäuregärung 160–161, 215–217
Galactose 93, 160, 187–188, 190
- Struktur 187
Galactosid-Permease 93
β-Galactosid, Lactose 93
- s. a. Lactose
β-Galactosidase 93
Gametangium 525–526
Gameten s. Keimzellen
- s. a. Paarungstypen
Gametocyten s. Gamonten 296
Gametophyt 324, 523, 527, 530
Gamogonie 297
Gamonten 296
Gasaustausch, Blätter 205–206
Gebirgsbildung 428–430
Geburt 133, 352
Geburtenrate 229–230, 233–234, 236
Gedächtniszellen 305, 307
Gefäße 520–521
Gefieder s. Federn
Gegenüberstellung
- von Photosynthese und Atmung 200
- von Atmung und Gärung 216
- von Säugetieren und Reptilien 572
Gehirn, Entwicklung 649
Gehörknöchelchen, Evolution 112, 120, 571, 573
Geißeln, Flagellen 743, 744
Gelbfieber 288
Genaktivität, verschiedene Zelltypen 667–668
Gendosis 729
Gene, Informationsträger, 54, 124, 319
- Allele 325–327, 757
- als Informationsträger 679

- als Systemeinheiten 675
- Antibiotika-Resistenz 327, 729
- aperiodischer Festkörper 632, 638
- Entstehung der Gene 679–680
- erste Gene aus RNA 696–701
- erste Gene aus Ton 701
- erste Gene aus Tribonucleinsäuren 702
- geschlechtsgebundene 277, 397
- Immungene 356
- Kerngene 343
- Koppelung zu Chromosomen 732, 734
- Optimierung der Gene 684, 690
- Ordnungszustand eines Gens 632, 638
- Regulatorgene 94
- Strukturgene 94
- und Verhalten 369–370, 372–382, 384–398, 399–402, 404–407
- Ur-Gen 684, 688, 702
- Vorkommen 54
- s. a. Chromosomen
- s. a. DNA
- s. a. RNA
- s. a. Replikatoren

Gen-Egoismus s. Egoismus der Gene
Gen-Entscheidungen 124
Gen-Shuffling 757
Generationswechsel 324, 522–523, 529
genetische Neukombination s. genetische Rekombination
genetische Rekombination 318–319, 323, 327–330, 335–336, 344–345, 757
- bei Bakterien 318, 327–329
- bei Eukaryoten 319
- Berechnung der Möglichkeiten 319–321
- Selektion der genetischen Rekombination 335–336
- s. a. genetische Variabilität

genetische Speicher-Hypothese 109
genetische Variabilität 318, 324, 325–326, 344
- als Grundlage für die natürliche Selektion 318, 321–322, 324, 326
- durch Mutationen 318, 321, 344
- durch Rekombination 344

genetische Vielfalt s. genetische Variabilität
genetischer Code 91, 628, 632, 682, 709–720
- Belastungsminimierung 715–717
- Erkennungsoptimierung 716–717
- Evolution 717–719

- Redundanz 716–717
- Universalität 682, 713–715

genetischer Raum, Biomorphe 55–57, 688
genetisches Alphabet s. genetischer Code
Genexpression 325
Genitalschwellung 274
Genloci 325, 397
Genmanipulation 205
Genom
- als Riesenmolekül 691
- Bakterien 749
- Escherichia coli 749
- Eukaryoten 397–398
- Drosophila 397–398
- Genomregulationssystem 667–668
- in der RNA-Welt 711
- Kryptotypus 118
- Mensch 320, 398, 749
- Mindestgröße 660–661
- Mycoplasmen 660
- Plasmodium falciparum 297

Genorrhoe, Tripper 730
Genorte s. Genloci
Genotyp 96, 328, 398, 681
- Männchen/Weibchen 398

Genpool 113, 344, 369
Gen-Selektion s. Verwandtenselektion
Gentechnik 205
Gentransfer, horizontaler 328–329
geologische Hebung 256
Geruchssignalstoffe 350, 353–357
- s. a. Pheromone 353–355
- s. a. Synchronisation des Zyklus 370

Geruchssinn
- Aale 412
- Säugetiere 574

Geruchswirkung 349–350, 353–357
Gesäßschwellung 274
Gesäßpräsentation 274–275
Gesamteignung 373, 380–382, 391–392, 396
Geschlechter, Evolution 341–349
Geschlechterverhältnis 400
geschlechtliche Fortpflanzung s. sexuelle Fortpflanzung
Geschlechtsapparat
- Bandwürmer 292–293
- Spinnen 385

Geschlechtsbestimmung 397–398

- bei Ameisen und Bienen 387, 398
- bei Drosophila 397–398
- beim Menschen 398
- bei Vögeln, Kuckuck 398
- haplo-diploides System 387, 398
- XY-System 398

Geschlechtschromosomen 397–398
- Gene für Aussehen des Eis, Kuckuck 277, 398

Geschlechtsdifferenzierung, Keimzellen 343
Geschlechtsdimorphismus 349
geschlechtsgebundene Vererbung 397
- Aussehen des Eis, Kuckuck 277, 398

Geschlechtspartner, Auswahl
- assortative Paarung 352–353, 356
- Extrapaarkopulation 354–355

Geschlechtsverkehr
- Infektionsgefahr 315, 318, 324

Geschlechtsverwandtschaft 398
Geschlechtszellen s. Keimzellen
geschlossenes System 636, 680
Geschwindigkeit 442–446, 634
Geschwister s. Verwandtschaftsgrad
Gesetz 62–67
- biogenetisches Grundgesetz 96, 117, 543
- Definition 66, 68
- Eigengesetzlichkeit 125, 127
- Gesetz der Wärmeleitung 633
- Gesetzesentscheidung 66
- Gesetzesgehalt 97
- Gesetzeswahrscheinlichkeit 67
- Keplersche Gesetze 615, 616
- 2. Newtonsches Axiom 609
- Newtonsches Gravitationsgesetz 615
- s. a. Thermodynamik

Gesetzmäßigkeit 66
Gestaltbildung 651
- Organisation, Insektenstaaten 651, 655–659
- Regenerationsfähigkeit, Hydra 651, 652–653
- Schleimpilze, Entwicklung 651–652

Gesteinsschicht s. Lithosphäre
Gewebetransplantate 119
Gewitter 463–470
- Blitz 465–466, 468–470
- Druckwelle 469
- Gewitterwolke 465–468

- Gewittertheorien 467–468

Gitter, Kristalle 632, 642, 701
- Fehler im Gitter 701

Gleichgewicht 633, 637, 643, 666–667, 669–671, 674–676, 677
- chemisches 682–683
- dynamisches 228, 243–244, 249, 366, 633, 680–681
- Entfernung aus dem Gleichgewicht 669–671, 674–676
- thermisches Gleichgewicht 633, 643
- thermodynamisches Gleichgewicht 649, 654, 659, 669–671, 674–676
- und Gradient 670, 676

Gleichgewichtskontante (K) 681
Gleichgewichtszustand 681
Gleichschaltung s. molekulare Schaltmuster
globale Klimakatastrophe 608, 623
globale Kreisläufe 161
- Kohlenstoffkreislauf 254–255
- Stickstoffkreislauf 251–254
- Phosphorkreislauf 255–257

Glucose 159–162, 186–192, 194, 198–199, 215–216, 225, 517
- a- und b-Glucopyranose 188–190
- Struktur 187–189

Glutamin s. Aminosäuren
Glutaminsäure 728
- s. a. Aminosäuren

Glycerin, Struktur 182, 721
Glycerin-3-phosphat 702
Glycerinaldehyd-3-phoshat 184–186
Glycin 79, 463, 709, 716, 725
- s. a. Aminosäuren

Glycogen, tierische Stärke 192, 225
Glycolyse 159–160, 196–197, 215–216
- Energiegewinn 215–216

Glykolaldehyd 698
Glykolyse s. Glycolyse
glycosidische Bindung 69, 70, 190–192, 700–701, 700–701
Golfstrom 412, 479–480, 483–484
Gonaden 319
Gondwana 507–509, 513–514, 546–547, 559–561, 576, 597, 600–602
Grabensenke 430–431
Gradient
- und Gleichgewicht 670, 676

- Energiegradient 669, 671, 674, 677
- Konzentrationsgradient 515, 726
- Protonengradient 177, 198
- Temperaturgradient 633, 645

Gramfärbung 730
Granulen 648
Granulocyten 302
Gravitation 536, 615–616, 618–619, 621
Grippewellen 228
Größendifferenzierung, Keimzellen 343
Größendimorphismus 343, 345, 347
Großhirn 355
Großkontinent Pangaea 558–563, 576–577, 599–600, 611
Groß-Mutationen 114
Grubenauge, Schnecken 44
Gruppenselektion 359
- s. a. Verwandtenselektion

Guanin (G) 69, 73, 693, 697–698, 709, 711
- Struktur 70
- Guanin-Nucleotid (G) 72, 73, 755

Guano 256
Gubernator 240
Gymnospermen, Evolution 280, 526–527, 530–533

Haare 82, 97, 290, 291
- Anpassung von Ektoparasiten an Haartypen 290–291
- Aufstellen der Haare 366
- Keratin 82
- Normen-Ketten, Aufbau 97

Haarfollikel 97
Haber-Bosch-Verfahren 253
Hagelkörner 467
Hamiltons Theorie 386, 390, 397
Häm-Molekül 170–171
Hämoglobin 170–171, 198
Hämolymphstrom 297
Hämorrhagisches Krimfieber 288
Häufigkeitsverteilung, Wildtyp 687
Halbacetalbildung, Zucker 188, 189
Hallersches Organ, Zecke 287
haplo-diploides System, Geschlechtsbestimmung 387, 398
haploid 297, 319–320, 323, 324, 387, 521–523, 527, 529
haploide Gametophyten 324, 527

haploide Organismen 297, 344–345
haploider Chromosomensatz 297, 319–320, 387
Haploidie, Entstehung 330–334
Haremshaltung
- Löwen 369–381
- Weißnasen-Meerkatzen 383–384

Harnsäure 251
Harnstoff 251
Hautkrebs 92
2. Hauptsatz der Thermodynamik 633, 635, 637, 669–670, 672
Haworthprojektion 68, 69
Hefen, diploide und haploide 331
α-Helix 82–83
Helligkeitswahrnehmung, Auge 37–40
- Neurotransmitter 38
- Stäbchen 36, 37

Hemicellulose 193
hemimetabol 291
Hemmstoffe 653
Hemmung 230, 234–237, 657
Heroin 351
Herz
- Autoimmunreaktion 312
- Herzkreislaufsystem 579, 584
- Herzschlag 651

heterocyclische Verbindungen 727
heterogen nucleäre RNA, hnRNA 756
Heterosis 334
Heterosporie 524, 527, 529
heterotroph 725, 726
- heterotrophe Organismen 155, 159–161, 195

Heterotrophie 494, 504
heterozygot 327
Heterozygote 334, 337
Heterozygotenvorteil 327, 334
Hexosen 185–187, 189
Hierarchie s. morphologische Ordnungsmuster
Hill-Reaktion, Photosynthese 169–170, 172
Himalaya 428
Himmelsäquator 616
Hirnhautentzündung 286, 288
Histamin 311
Histidin 311, 725
- s. a. s. Aminosäuren

hnRNA, heterogen nucleäre RNA 756
Hoch (Hochdruckgebiet) 438, 447, 451–452, 461–462
Hochdruckrinne 440–441, 446
Hoden 319
Hodenbläschen, Bandwurm 292
holometabol 289
Holz 520, 526, 522
homöostatische Stabilität 666–667
Homöostase
fließgleichgewicht 126, 244, 249, 284, 310, 698
– s. Gleichgewicht
homöotische Mutationen 114
– Doppelbildung 114
– Ersatzbildung 114–115
– spontaner Atavismus, Pferd 115–116, 118
homologe Chromosomen 320, 325–326, 332, 335, 397, 757
Homosporie 527
homozygot, Homozygote 327, 334
horizontaler Gentransfer, Bakterien 328–329
Hormone 78
– Adrenalin 351
– Catecholamine 351
– Endorphine 351–352
– Hypophysenhinterlappen-Hormon 352
– Insulin 78
– Juvenilhormon, Honigbiene 658
– Kontrolle der Geburt 352
– Noradrenalin 351
– Oxytocin 352
– Peptidhormone 78
– Reaktionen auf Stress 351–352
– Stresshormone 351
– Testosteron 355
Hornhaut 120
Horoskope 616–617
Hufe 110
Humboldtstrom 481, 486
Humerus, Oberarmknochen 102–103
Hurrikane 471–475
Huxleysche Schichte, Haar 97
Hydridion (H⁻) 174
Hydrogencarbonat ($HCO_3^-$)
Hydrolyse
– ATP 178–180
– Stärke 191

hydrolytische Enzyme 191, 755
hydrophil 721, 725
hydrophob 721, 723
Hydroxid-Ionen (OH⁻) 157
Hydroxylgruppe (–OH) 69, 71, 182, 187, 189, 700
Hygiene 239
Hygrometer 460–461
Hyperzyklus 704–705, 707, 720, 754
Hyphen 518
Hypophysenhinterlappen-Hormon 352
Hypostom 286
hypotonisches Milieu 515–516, 519
Hypothalamus 352
Hypothese
– genetische Speicher-Hypothese 109
– Hypothesen über die Entstehung des Lebens 678
– Reparatur-Hypothese 329–330
– Spirochaeten-Hypothese 743
– Wobble-Hypothese 716
hypertonisches Milieu 515, 517
H.-Zwiebel, H.-Schicht, Haar 97

ideal 634–636
Ig s. Immunglobuline
Imagines 284, 286, 287, 289, 291
Imago s. Imagines
Immunantwort
– humorale 303–306
– primäre 307
– sekundäre 307
– zellvermittelte 297, 303, 305, 307
Immunbiologie
– Abwehr, Fluchtmutanten 314
– Abwehr, parasitischer Würmer 302
– Antigene 299, 303, 305–308, 310–311
– Antikörper 299, 305–311
– B-Lymphocyten 297, 303–305, 307, 309, 312, 315
– cytotoxische T-Zellen ($T_c$) 303–305, 307
– Effektorzellen 305
– Entzündungsreaktionen 302
– Fehlfunktionen 311–314
– fötales Immunsystem 308–309
– Gedächtniszellen 305, 307
– Immunglobuline 306, 308–309, 311

- Immunität gegen Krankheiten 308
- Komplementsystem 306–307, 309
- lymphatische Organe 305
- Makrophagen 301–303, 305, 315
- Neugeborene 308–309
- Partnerwahl zur Verstärkung der Immunabwehr 356
- passive Immunisierung 309
- Phagocyten 300–302, 306, 309
- psychosomatische Beeinflussung 303
- Selbst-Fremd-Erkennung 186
- T-Lymphocyten 303–305, 307, 309, 312, 315
- Wirkungsweise cytotoxischer T-Zellen 303
- s. a. Abwehrmechanismen
- s. a. Blutkörperchen
- s. a. Immunantwort

Immunglobuline (Ig)
- IgA 306, 308–309
- IgD 306
- IgE 306, 311
- IgG 306, 309
- IgM 306, 309
- s. a. Antikörper

Immunschranke 318
Immunschwächesyndrom, erworbenes s. AIDS
Immunsystem 299–316, 327
- s. a. Immunbiologie

impermeabel 725, 726
Impfungen 307
inclusive fitness s. Gesamteignung
Indeterminationsgehalt ($I_D$) 64, 65, 66
Indeterminationsereignisse s. a. Zufallsentscheidungen 65
Indisch-Australische Platte 426–427
individual fitness s. individuelle fitneß
Individualität 409–410, 413, 417
Individualselektion 359
individuelle fitneß, Tauglichkeit 373, 380–381
Individuierung 707
Individuum, Begriff 323
Induktionsbefehle, Transplantate 118
Induktor 93
induzierte Anpassung, Enzyme 83
induzierter Wettbewerb 355
Infektionen, Bekämpfung 300–302

Information 630, 637, 652, 679–680, 684, 694, 705, 708, 710, 712
- des Wildtyps 682–683, 685–687, 689, 691
- Entstehung aus Ordnung 679, 682
- Fehlerschwellenbeziehung 703
- Optimierung der genetischen Information 684, 690
- zur Selbstreproduktion 679

Informationsgehalt (I) 65, 66
- maximaler ($I_1$) 64
- von Kristallen 632
- von Genen aus RNA/Ton 701

Informationsmenge 683
- Zunahme der Informationsmenge 702–707

Informationsträger s. Gene
Initiationssignal, genetischer Code 91, 628, 632
Innenparasiten s. Endoparasiten
innerartliche Konkurrenzkämpfe 236–237, 359–368, 370–371, 379–380
- Aufplustern etc. vor Kampf 365–366
- versteckte Unsymmetrien 365

innere Befruchtung 345, 550
innere Energie (U) 635
Innertropische Konvergenzzone 440, 445–446, 471–472
Innertropische Tiefdruckzone s. Innertropische Konvergenzzone
Inosin (I) 716

Insekten
- als Bestäuber 280–282
- Eier 229, 287, 289, 290, 291
- Evolution 548–549
- Imagines 284, 286, 287, 289, 291
- Insektenflug, Evolution 548
- flugmuskulatur 196
- Entwicklungszyklus 229, 285, 287, 289, 290–291
- Exkretion 251
- Geschlechtschromosomen, Drosophila 397–398
- Hautflügler 111, 386–387, 389–396
- hemimetabol 291
- holometabol 289
- Koevolution mit Pflanzen 280–282, 578, 585

- Larven 229, 286, 287, 289, 291
- Nymphen 286, 287
- Puppe 229, 289. 291
- staatenbildende 386–398, 651, 655–659
- Insektenvernichtungsmittel 242
- s. a. Ameisen

Insektenflug, Mitochondrien 196
Inselbögen 428–430
Insertion, Mutation 681
Inversion, Mutation 681–682
Intrusivgestein 428
Iteration 230, 685
Instabilität, Chaos 231, 462–463
Interdependenz s. morphologische Ordnungsmuster
Intermittenz, Chaos 233
interspezifische Wechselbeziehungen
- Konkurrenz 129, 236, 245
- Parasitismus 275–277, 278–279, 284–285, 286–293
- Sukzession 244–245
- Symbiose 253
- Wirkung auf die Populationsdichte 236–237

intraspezifische Evolution 110
intraspezifische Konkurrenz s. innerartliche Konkurrenzkämpfe
Intron 703, 756–758
Inversion, Meteorologie 464–465, 608
Iod/Kaliumiodid-Lösung, Stärkenachweis 192
Ion 701
Ionenbindung 699
Ionentransport durch Membranen 725–726
Iridiumanomalie 606, 610, 612
irreversibel 633, 635–636
Isobare 451, 456–457
Isogamie 341
Isoleucin s. Aminosäuren
isoliertes System 636–637
Isomer 698, 700–701
isomere Verunreinigungen 701
Isopren 728
Isosporie 524, 529
Isotherme 456
isotonisches Milieu 515
Istwert, Regelkreis 236

Jagdtechniken s. Peckhamsche Angriffsmimikry
Jod s. Iod
Joule (J), Einheit der Energie 156
Jungenaufzucht s. Brutpflege
Jungensterblichkeit, Löwen 370–371
Jungfernzeugung s. Parthenogenese
Jura
- Arten 577–579
- Evolution der Vögel 579–586
- Klimaveränderungen 577, 601
- Massensterben 600–601
- Verteilung der Landmasse 599–600

Juvenilhormon 658

Känozoikum 505, 565
Kaledonische Kollision 538–539
Kalk 209, 211–212, 255, 510, 562, 596, 600
Kalzit 548
Kalorien (cal), Einheit der Energie 156
kaltblütige Tiere 556, 567
Kaltfront 453–455, 457–458, 461
Kanalisation, Ordnung 95
Kambrium
- Atdabanian-Fauna 498
- Burgess Shale 495–496, 498–504
- kambrische Explosion 410–411, 494, 737
- Klimaveränderungen 508–510
- Massensterben 507–510
- Tommotian-Fauna 497–498
- Verteilung der Landmasse 494–495, 507–510

Kampf
- Beschädigungskampf 360
- der Geschlechter 355
- innerartliche Konkurrenzkämpfe 359–368, 370–371, 379–380
- Kommentkampf 360
- ums Dasein 133, 149–151, 224, 226–227, 241, 257, 262, 269, 278, 283, 292, 294, 316, 358, 366–367, 387, 399, 409, 504, 573, 585, 669, 675
- um Durchsetzung der Gene 294, 356–357
- um Energie 152, 202, 225, 741, 758
- um Entropie 669
- um Licht 171, 224

- um Nahrung 278
- um Reproduktion 278, 316, 741, 758
- um Selbsterhalt 285, 316
- zwischen Parasit und Wirt 299, 301, 316, 327

Kampfer, Terpen 728
Kampftypen 360, 364
Kampfweisen 364
Kannibalismus 382–383, 385–386
- bei Hornfröschen 382
- bei Spinnen 385–386
- bei Tigerquerzahnmolchen 382–383

Kapsel 301, 521
Karbon 535–544, 547–557
- s. a. Perm
Karbonwälder 156
Karpelle 590
Katabolismus 195, 726
- s. a. Abbaureaktionen
Katalase 744
Katalysatoren, Katalyse 659, 661, 694, 703, 719
- s. a. Autokatalyse
- s. a. Enzyme
- s. a. Proteinoide
- s. a. Ribozyme
Kationen, kationisch 699, 722, 726
Keimbahn 134
Keimblätter 590
Keimgewebe 118
Keimzellen 134, 296–297, 319–320, 323–324, 341, 344–349, 522–523, 530
- Anisogamie 349
- Bewegung, Spermazellen 345
- Eizellen 344–346, 349
- Größe gegen Anzahl 346–349
- Isogamie 341
- männliche und weibliche 344–346, 349
- potentielle Unsterblichkeit 323, 408–409, 411, 674–675
- Spermazellen 344–346, 349, 354
- Spermienkonkurrenz 354
- Überlebensdauer, Spermien 345
- s. a. Geschlechtsdifferenzierung
- s. a. Größendifferenzierung
- s. a. Meiose
Keplersche Gesetze 615, 616
Keratin 82, 583

Kern 85
Kernhülle s. Kernmembran
Kernladung 640
Kernmembran 85, 753, 756, 758
Kernphasenwechsel 329–332
Kernspindel s. Spindelapparat
Kernwaffen s. Atomkrieg
Ketogruppe, Ketosen 189
Keuper 565
Kiefergelenk, Evolution 571, 573
Kieferklauen 286
Killerzellen
- natürliche 302
- cytotoxische T-Zellen ($T_c$) 303–305, 307
Kindersterblichkeit, Löwen 370–371
Kindstötung 370–371, 383–384, 406–407
- Affen 383–384
- Bären 383
- Löwen 370–371
- Menschen 406–407
- Rabenkrähen 383
kinetisch 699
Kinetosomen 744
kin selection s. Verwandtenselektion
Klassifikation
- Burgess Shale 498–504
- der Lebewesen 738–740
- Eukaryoten 221
- hierarchische 98, 106
- Prokaryoten 153
- Tierstämme 489
Klaste 562
Kleeblattstruktur, tRNA 86–87
Klima
- heiß und trocken, $C_4$-Pflanzen 206
- Klimagebiete 447–450
- Vegetation 448–450
Klimaveränderungen 437–438, 505
- Auswirkungen von Vulkanausbrüchen 437–438
- Kambrium 508–510
- Ordovizium 513
- Devon 546–547
- Perm 560–562
- Trias 576–577, 600
- Jura 577, 601
- Kreide 586
Klone

- B-Gedächtniszellen 305, 307
- Effektorzellen 305
- Klonieren von Mutanten 686
- Plasmazellen 305–307
- T-Gedächtniszellen 305, 307

Knochen
- als Mineraliendepot 542
- Phophor als Bestandteil 255, 542

Knochenmark
- Bildung der Blutkörperchen 300, 302, 304–305, 309
- fötales Knochenmark 308

Knospung 653
Ko-Adaption 112
Koazervatentheorie 694, 720
Koch-Kurve, fraktale Geometrie 50–51
Körper
- Abwehr, spezifisch 305, 307
- Abwehr, unspezifisch 300, 302–303, 306

Körperzelle s. Somazelle
Koevolution
- Angiospermen und Bestäuber 280–282, 578, 585, 591
- Einzeller und Vielzeller 161
- HIV und Grüne Meerkatzen 315
- Insekten, Vögel, Blütenpflanzen 585, 591
- Wirt und Parasit 315–316

Kohlendioxid
- Absorption durch Meere 254–255
- Calvin-Zyklus 181–183, 185–186, 203–204, 206–208
- Gasaustausch durch Membranen 725
- Gasaustausch in Blätter 205–206
- Gehalt der Atmosphäre 204, 206, 212, 436
- Gehalt der Uratmosphäre 153, 155, 204, 206
- Photorespiration 203–204, 206, 208
- Photosynthese 181–183, 185–186, 254

Kohlenhydrate 158, 693
- Bedeutung beim Landgang der Pflanzen 516
- Aufbau durch Photosynthese s. Calvin-Zyklus
- Aufbau von Di- u. Polysacchariden 162, 186, 190–194
- Abbau 160–161
- Definition 189

- Struktur 187–194
- s. a. Ribose

Kohlensäure-Bicarbonat-System 254
Kohlenstoffatom, asymmetrisches 80, 81
Kohlenstoff-fixierung 158
- Calvin-Zyklus 181–183, 185–186, 203–204, 206–208
- $C_4$-Pflanzen 203, 206–208

Kohlenstoffkreislauf 254–255
Kohlenstoffquelle
- autotrophe Organismen 195
- heterotrophe Organismen 159, 195

Kokon s. Puppe
Kollagen 76
kollektiv autokatalytische Systeme/Verbände 660–663
kollidierende Platten 426–430, 432–434
Komenteneinschlag s. Meteoriteneinschlag
Kommentkampf 360
Kompartimente 695, 705–707, 744
Kompartimentierung 720–721, 753–755
komplementärer Strang, DNA 331
komplementäre Basenpaarung 74, 75, 85, 708, 710–712, 716, 718
Komplementsystem 306–307
Komplexität
- Enstehung von Komplexität 650
- Komplexitätsgrad der Wirbelsäule 99
- Komplexitätsgrad von Photozellen 40
- Komplexitätsgrad von Organismen 41, 43
- Komplexität und Fixierung in Systemen 99
- und Tod 408–409
- und Zufall, Auge 35–40
- Zuwachs an Komplexität 504

Kondensation, Wasser 700
Kondensationskern 700
Kondensationsreaktion 72, 186, 694, 697, 722–723
Kondensationswärme 465, 471–473
Kondensator 465–466
Kondom 315
β-Konfiguration 700–701
Konjugation, Bakterien 328
Konkurrenz 129, 236–237, 245
- als Grundprinzip der Evolution 366
- in der unbelebten Materie 649

- permanente, auch in Überschuß-
  situationen 366
- um Geschlechtspartner 355, 400
- um Licht 171, 224
- um Nahrung 235–237, 239
- Verdrängung der Beuteltiere 129
- zwischen Replikatoren 683
- s. a. innerartliche Konkurrenzkämpfe
  359–368, 370–371, 379–380
- s. a. Kannibalismus
- s. a. Kindstötung

Konstruktionsmängel der Morphologie 121, 132, 134–135

Konsumenten
- Destruenten 161, 247, 249, 251–252
- Primärkonsumenten 246–249
- Sekundärkonsumenten 246, 249
- Tertiärkonsumenten 248, 249

Kontinentaldrift 424–433
Kontinentale Kollision s. Kontinent-Kontinent-Kollision
Kontinentalklima 487, 562–563
Kontinentalplatte 428
Kontinente 425
Kontinent-Kontinent-Kollision 426–430
Konvektionsströmung 514, 645, 647
- Geologie 425–426
- Meteorologie 442, 608
- Wasser kochen 645, 647

Konvektionstheorie, Gewitterentstehung 468
Konvektionszellen 425
Konvergenz
- Chaos 667
- Zyklone 452

konvergierende Plattenbewegungen 426–430, 432–434
Konzentrationsgefälle s. Konzentrationsgradient
Konzentrationsgradient 515, 726
Kooperation
- bei männlichen Löwen 371–372, 380–381
- zwischen Replikatoren 683, 702–704, 706–707, 732, 734, 754
- s. a. soziale Hilfeleistung 401

Kopieren s. Replikation
Kopierfehler s. Mutation
Kopulationsaufforderung 274

Kopuline 354–355
Kosmos s. Weltall
Kotyledonen, Keimblätter 590
kovalente Bindungen 74
Kraft 444, 609
Krakatau, Vulkan 244, 435–437
Krankheiten
- AIDS 314–316, 729
- Allergien 302, 311–312
- Autoimmunkrankheiten 311–314
- bakterielle 161
- Basedow-Krankheit 312
- Chagas-Krankheit 312
- Chorea Huntington 325–326
- chronische Polyarthritis 312
- cystische Fibrose 326
- dominant vererbte 325–326
- Frühsommer-Menigoenzephalitis (FSME) 286, 288
- Gelbfieber 288
- Gonorrhoe, Tripper 730
- Hämorrhagisches Krimfieber 288
- Immunität gegen Krankheiten 308
- insulinabhängige Diabetes 312
- Krebs 92, 302–304
- Lungenentzündung 301
- Lupus erythematosus 312
- Malaria 295–298, 302, 327
- multiple Sklerose 312
- rezessiv vererbte 326
- rheumatoide Arthritis 312
- Schlafkrankheit 295, 298–299
- Sichelzellenanämie 297–298, 326–327, 681, 688
- Syphilis 308
- Tripper, Gonorrhoe 730
- Virusinfektionen 286, 288
- rezessiv vererbte 326
- s. a. Populationsdichte 235–328

Krankheitserreger 161, 222, 284–285, 286, 288, 295–298, 298–299, 301, 315–316, 335
Krebs
- Krebszellen 302–304
- Hautkrebs 92

Kreide
- Amphibien 592
- Auftreten und Radiation der Angiospermen 586–592

- Dominieren der Dinosaurier 593–595
- Dominieren der Gymnospermen 591
- feuchtes, warmes Klima 591
- Klimaveränderungen 586
- Leben im Meer 595–597
- Massensterben 597, 604–606
- Säugetiere 592–593
- Theorien zum Massensterben 604–613
- Verteilung der Landmasse 601–604
- Vögel 592
- s. a. Meteoriteneinschlag
- s. a. Alvarez-Theorie

Kreiselgesetze 618
Kreisprozeß 635
Kreiszahl 233
Kreuzungstypen s. Paarungstypen
Kristalle 632, 638, 642, 701
Kröten
- als Wirt für Lucilia-Larven 284–285
Krustentiere, Augen 60
Kryptotypus 118
kumulative (natürliche) Selektion
- Beispiel Auge, falsche Verdrahtung der Photozellen 44
- Rückkopplungsmechanismen 63, 123–124, 128
- statt Teleologie 43–46
- statt Ein-Schritt-Selektion 45
- über kumulative Ausleseeffekte 46, 123, 131
- und artübergreifende Entwicklung 109–110

Kumulonimbuskomplexe 472
Kumulus- u. Kumulonimbuswolken s. Cumulus- u. Cumulonimbuswolken
Kupfer 157
Kuro Shio-Strom 480
Kybernetik 236–240

Lac-Operon, Lactose-Operon 93–94
Lac-Repressor 94
Lactase s. b-Galactosidase
Lactat 160
Lactose 93, 94, 159, 187, 190
- Struktur 190
Ladungstrennung 465–468
Lahare 436
Lamarcksche Evolutionstheorie 127, 128, 387

Lamellen, Lipide 721–723
laminare Strömung 644
Landgang
- Pflanzen im Silur und Devon 192, 514–534
- Tiere im Devon und Karbon 535–544

Larven 229, 286, 287, 289, 291, 412
- Oncosphaera 293

Larvenstadien 293
Laser 650
Laubwald, Biozönose 243
Laurasia 576, 600, 601
Laurentia 538
Lava 424, 428, 434, 437, 648
Leben
- Entstehung s. Entstehung des Lebens
- lebende Fossilien 153, 163, 737, 758

Lebensspiel, Conway 46–49
- Spielanleitung 47
- Selbstbezüglichkeit 48

Lebensgemeinschaften s. Biozönosen
Lebenszyklus s. Entwicklungszyklus
Leber 295–297, 744
- Glycogen 192
- fötale 308–309

Lecithinase s. Phospholipase 297
Leguane, Anpassung der Beinlänge 107–108
Leidener Flasche 465–466
Leitfossilien
- Trilobiten, Paläozoikum 499

Leitstrang, DNA 747
Lenard-Effekt 468
Lernvorgang
- Unterscheidung der Eier, Wespen 393

Leucin 79
- s. Aminosäuren

Leukocyten 300–302
- s. a. Blutkörperchen

Licht s. Absorption von Licht
lichtempfindlicher Punkt 59
Lichtenergie, Umwandlung in chemische Energie 170, 172
Lichtquant 172
Lichtreaktionen, Photosynthese 170–172, 180
Lichtrezeptoren s. Photorezeptoren
Lichtsammelkomplex 171
Ligase 663, 748

Lignin 520
Liebe-, Lust- und Glücksempfindungen
 – Mittel zur Gendurchsetzung 399–400
 – Wirkung der Endorphine 351–352
 – Wirkung von Oxytocin 352
 – s. a. limerance
limbisches System 355
limerance 352
Limonen 728
Linearität 230, 234
 – lineares Denken 630
Linse, Auge 35–36
Lipide 721–726
 – Aufbau von Membranen 721–726
 – Fette 721
 – Phospholipide 721
 – Steroide 721
 – Vesikelbildung 721–724
Lipid-Doppelschicht 721–722, 724–725, 744
lipophil 726
Lithosphäre 424–425, 428, 430
Lochkamera 60
Lockstoffe, Eizelle 345
Löwen
 – Berechnungen der Verwandtschaftsgrade 373–381
 – Brunst 371–372
 – Gene und Verhalten 369–370, 372–382
 – Jagd 369
 – Jungensterblichkeit 370–371
 – Kindstötung 370–371
 – Lebensdauer 370
 – Paarung 371
 – Rivalenkämpfe 371
 – Rudelgröße 369
 – Sozialverhalten 369–373, 378–380, 382
 – Tragzeit 370
 – Verwandtschaftsgrade 373–381
L-Systeme 50–53
 – Ersetzungsregeln 50, 52
 – Fibonacci-Folge 52
 – Koch-Kurve 50–51
Luft s. Atmosphäre
Luftbewegungen 645, 679
Luftdruck 439, 451, 460–461
Luftfeuchtigkeit 460–461
Lunge 120, 544, 550
 – Evolution 120, 544

Lungenentzündung 301
Lunisolarpräzession 618
Lupus erythematosus 312
Lymphgefäße 308
lymphatische Organe 305
Lymphflüssigkeit 305, 308
 – Antikörper 299, 305–311
Lymphknoten 305
Lymphocyten 302–305, 307–308, 315
 – B-Lymphocyten 297, 303–305, 307, 309, 312, 315
 – B-Zellen s. B-Lymphocyten
 – cytotoxische T-Lymphocyten 303–305, 307
 – Differenzierung 302–305
 – Gedächtniszellen 305, 307
 – Knochenmark 300, 302, 304–305, 309
 – Milz 305
 – Thymus 303–304
 – T-Lymphocyten 303–305, 307, 309, 312, 315
 – T-Zellen s. T-Lymphocyten
Lymphsystem 300, 305, 308
Lyse 302–303, 519
Lysin 79, 714, 725
 – s. Aminosäuren
Lystrosaurus-Fauna 558
lytische Enzyme 302

Magmen 428–429
Magmakammer 434–435
Magnesium (Mg) 157, 542, 703
 – im Chlorophyll 170
Makromoleküle, Polymere 71
Malaria 295–298, 302
 – Resistenz 298, 327
 – Erreger 295
Malat, $C_4$-Pflanzen 206–208
Mangan (Mn) 157
Mantelpavian, Brunstschwellung 274
maritimes Klima 487
Maschinen
 – Carnotsche Maschine 634–636
 – ideale Maschinen 634–636
 – reale Maschinen 635–636
Maß an Ungewißheit 65
 – s. a. Informationsgehalt (I)
Masse 444, 609

Massen-Hierarchie 99, 111
Massenausrottung und Artensterben
  – Dinosaurier 505
  – Devon 544–546
  – Ediacara-Fauna 495, 504
  – Jura 600–601
  – Kambrium 507–510
  – Kreide 597, 604–606
  – letzte Eiszeit 625
  – Ordovizium 512
  – Perm 557–560
  – Populationsdynamik 231
  – Theorien zum Massensterben in der Kreide 604–613
  – Trias 577, 598–599, 601
  – Übersicht 505–506
  – Weichtierfossilien, Burgess Shale 504
Massenwirkungsgesetz (MWG) 681, 687–688
Massenwirkungskonstante (K) 681
Mastzellen 311
Materiefluß durch ein Ökosystem s. globale Kreisläufe
mathematische Modelle
  – Boolesche Algebra 95, 664–667
  – Berechnung von Verwandtschaftsgraden von Ameisen 387–393, 395–396
  – Berechnung von Verwandtschaftsgraden von Löwen 373–381
  – Berechnung des Verwandtschaftsgrades für den Mutterbruder 405–406
  – für ESS bei innerartlichen Konkurrenzkämpfen 359–361
  – Nahrungssuche bei Ameisen 656–659
  – Populationswachstum 228–235, 236–240
  – Räuber-Beute-Beziehungen 241–242
mathematischer Raum
  – Land der Biomorphe, genetischer Raum 57, 688
  – Sequenzraum 686, 688–690
  – Zustandsraum, Boolesche Algebra 665
Matrix, Mitochondrien 197
Matrize 76, 695–697, 701, 703
Matrizenstrang, DNA 76, 331
Maulbrüter, Mimikry 272–273
Maulheld, Kampftyp 364
Mauna Loa, Hawaii 434
maximale Voraussichtslosigkeit 65

  – s. a. maximaler Informationsgehalt ($I_1$)
Mechanik 633, 634–637
  – Dynamik der Gravitation 633
mechanische Arbeit 634
mechanische Energie 635
Medullarplatte 118
Medullar-Reaktionsgewebe 118
Meere
  – Absorption von Kohlendioxid 254–255
  – Sedimente 254, 255, 256
Meeresspiegel, Absinken 505, 513, 546, 562
Meeresströmungen 476–486
  – Beziehung zu Wüsten 482–483
  – Einfluß der Temperatur 481
  – Einfluß des Salzgehaltes 481–482
  – El Niño 485–486
  – Kaltwasserauftrieb 485–486
  – Kontinentalklima 487
  – maritimes Klima 487
  – und Monsun 487–488
  – Zusammenspiel Atmosphäre und Wasser 485–488
Megasporangium 525, 530
Megasporen 525–526, 530
Mehrfachzucker s. Polysaccharide
Mehrzeller s. Vielzeller
Meiose 323, 324, 329, 344–345, 521, 522, 530
  – Ablauf 319–321
  – Ein-Schritt-Meiose 332–334
  – Entstehung 332–339
  – Zwei-Schritt-Meiose 336
Membranen
  – Aufbau von 721–726
  – Transport durch Membranen 725–726
Meningitis 286, 288
Mensch
  – als Primärkonsument 245
  – als Wirt für Parasiten 286–299
  – Auge 35–40
  – Beschwichtigungsgeste 275
  – Bevölkerungswachstum und Probleme 419–420
  – Chromosomenzahl 320, 398, 749
  – Geburt 133, 352
  – Geruchssinn 350, 353–357
  – Geschlechtsbestimmung 398
  – kulturelle Evolution 117
  – Partnerwahl 351–357

- Präsentation von Brüsten und Gesäß 275
- Sexualverhalten 350–357
- Sterblichkeit, Schätzungen der WHO 299–300, 315
- Verhalten, Stiefkindern gegenüber 353
- Überbevölkerung 231, 235, 239, 419–420
- Verhalten 111, 117, 273, 275, 350–357, 398–399, 401–402, 405–407
- Vergleich mit Schimpansen 399

Menthol 728
Merkmale
- als Ereignisse 124, 127, 128
- dominante 325–326
- rezessive 325–326

Merkmalsausprägung 324–327
Merkmalsmuster 95
Merozoiten 295–297
Mesophyllzellen 207–208
Mesophytikum 586
Mesozoikum 505, 527, 565, 569
Messenger-RNA s. mRNA
Metabolismus 682
Metamorphose 550
Metaphäne 119–120
- Tradierung ohne Außenfunktion 120

Meteoriteneinschlag 545, 559, 601, 604, 606–607, 609–613, 624, 712, 721
- Aufschlagskraft 609
- Aminosäuren in Meteoriten 712
- lipidähnliche Substanzen in Meteoriten 721

Methan(gas) 153, 156, 463
Methylbutansäure, Kopuline 354
Methylpropansäure, Kopuline 354
Methylgruppe (–CH₃) 171
Micellen
- Cellulose 192, 193
- Lipidanordnung 721–722

Microbodies 743, 744
Mikroben
- Abwehr gegen Phagocytose, Schleimkapsel 301
- s. a. Bakterien
- s. a. Viren

Mikrofibrillen, Cellulose 192, 193
Mikrofilamente 740
Mikroorganismen s. Mikroben

Mikroskop 167–168, 195, 197, 218
Mikrosom 743
Mikrosporangium 525, 530
Mikrosporen 525–526, 530
Mikrotubuli 742–744, 749
Mikrotubuli-Organisationszentrum (MTOC) 744
Milankovic-Theorie 615–624
Milchsäure s. Lactat 160, 215–217
Milchsäuregärung 160–161, 215–217
Milchzucker s. Lactose
Milz 305
Mimese
- mimetische Kollektive, Langkopfzirpen 267
- Plattfische 266–267

Mimikry
- Angriffs-Mimikry s. Peckhamsche Mimikry 267–271
- Augenflecke bei Schmetterlingen/ Raupen 265–266
- Batessche Mimikry, Schmetterlinge 262–263
- Brutparasitismus, Kuckuck 275–277, 574
- Brutparasitismus, Sporocysten 278–279
- Buntbarsch, Maulbrüter 272–273
- Drei-Arten-Mimikry 278–279
- Ei-Mimikry, Buntbarsch 272–273
- Ei-Mimikry, Kuckuck 276–277
- innerartliche Mimikry 272–275
- Peckhamsche Mimikry 267–271
- Schmetterlinge, Heliconiden 262–263
- Schnabel-Mimikry, Paradieswitwe 277
- Schwanzmimikry bei Beutetieren 265
- Schwanzmimikry beim Beutefang 264–265
- symbiontische Mimikry, Blüten-Insekten 279–282
- zur Aufzucht der Brut 275–279
- zur Paarung 272–273
- Zwei-Arten-Mimikry 277

Mimikry-Entstehung 263
Mimikry-System 263–264
Mineraloberfläche 723–725
Mischpopulation
- innerartliche Konkurrenzkämpfe 363, 367–368

- treue/untreue Partner 404
Mittelwert 631
Mitochondrien 40, 195–200, 343–344, 346, 740–741, 742
 - Ähnlichkeit mit Chloroplasten 199, 218, 740
 - Aufbau 197
 - Cristae 195–198
 - eigene DNA 197, 218, 343, 740
 - Entstehung 740–741, 742
 - Matrix 197
 - Membran 195
 - Muskelzellen 196
 - uniparentale Vererbung 343–344, 345
Mitose 319, 323, 336–338, 522–523, 743, 745, 749, 751, 759
 - Ablauf
 - Endomitose 330, 332, 333, 334, 336
 - Entstehung 745–759
Mitosespindel s. Spindelapparat
Mittelatlantischer Rücken 424
Mittellamelle, pflanzliche Zellwand 193
mittelozeanische Rücken 424–425
mittlerer Verwandtschaftsgrad s. Verwandtschaftsgrad
Modelle
 - der genomischen Etikettierung 734
 - der stochastischen Korrektur 705–707
 - DNA-Replikation 75–77
 - Evolutionsmodell vom Superorganismus der Bakterien 327–329
 - Nahrungspyramiden 246–249
 - von der Quasispezies 683, 685–686, 689–691
 - von der Quasispezies und vom Sequenzraum 686, 688–690
 - vom Wildtyp 682–683, 685–687, 689, 691
 - Watson-Crick-Modell 75–76, 716
 - s. a. mathematische Modelle
Moden 648–649
molekulare Schaltmuster 63–64, 95–96
 - Folgeschaltung 96
 - Gleichschaltung 93, 96, 116
 - Repetierschaltung 67, 96
 - Vorschaltung 67, 96
 - s. a. morphologische Ordnungsmuster
Mol, Einheit der Stoffmenge 156

Monamine 351
Mond 619
Monoamin-Oxidase (MAO) 355
Monocyten 301–302
Monogamie 354
Monomer 710
Monosaccharide 186, 191
Monsun 437, 487–488, 608
Morphine 351
Morphogenese 654
morphologische Ordnungsmuster 63–64, 119, 124
 - Norm 68, 90, 92, 96, 97
 - Hierarchie 96, 98, 109–111, 389
 - Interdependenz 96, 112–113, 115–117
 - Tradierung 96, 117, 120–122, 219, 712, 720
Interphäne 118–120
 - und Kiemenspalten 119
Mortalität s. Sterberate
Mosaikgene 755–757
Mosaik-Pleiotropie 113
Mount St. Helen 434
mRNA 85–90, 708, 712, 714, 716, 753, 755
 - Prä-mRNA 756
 - Strukur 85
 - s. a. RNA
 - s. a. Transkription und Translation
Mucopolysaccharide 517
Mukoviszidose s. cystische Fibrose
Multienzymkomplexe 195, 197
multiple Sklerose 312
Mundraub-Mutante 366
Murein 738–739
Muschelkalk 565, 577
Muskelkater 160–161
Mutagenese 632
mutagene Strahlung s. UV-Strahlung
Mutagenität 681
Mutantenensemble 683, 686, 689
Mutantenraum 686
Mutantenspektrum 687–689
Mutantenverteilung 684, 686
Mutationen
 - als Entscheidungen 124, 127, 128
 - als Kopierfehler 682, 711–712
 - als Ursache der genetischen Variabilität 318, 321, 344

- als winzige Veränderungen 45, 46
- Auswirkung bei Haplonten/Diplonten 332
- Basenpaarsubstitution 681
- Beziehung zur Selektion 27, 45–46, 58, 110, 123–125, 127, 129, 321–322, 358, 628, 682–691, 707
- Chromosomenmutation 91
- Deletionen (Auslassungen) 681
- Doppelbildung, Drosophila 114
- Ersatzbildung 114–115
- fluchtmutanten 314
- Groß- oder System-Mutationen 114
- homöotische Mutationen 114
- in einem autokatalytischen Zyklus 696
- Insertionen (Einfügungen) 681
- Inversion 681–682
- Klonieren von Mutanten 686
- neutrale 685–686, 690
- Punktmutation 681
- Rasterschubmutationen 91
- Realisationschance 67
- Realisationsvorteil 116
- rezessive 334
- schädliche 334, 339
- spontaner Atavismus, Pferd 114–116, 118
- somatische Mutationen 54
- synergistischer/antagonistischer Einfluß 335–336
- Unterschied zur DNA-Schädigung 330
- Wahrscheinlichkeit eines Mutationserfolges ($P_e$) 124
- Wertverteilung der Mutanten 685, 687
- zufällige Mutationen 123, 321

Mutationsdruck 715
Mutationsrate 318, 321, 344, 682–684, 689, 711
- höhere Organismen 54
- mittlere Mutationsrate ($P_m$) 67, 116, 124

Mutationssprünge 685
Mutterbruder 405–406
Mutterinstinkt/Mutterliebe 352, 379, 401
Muttermilch 308
Mutualismus 741
Mycoplasmen 219
- Genom 660

Nachahmung s. Mimikry
Nachkommen s. Fortpflanzung
$NAD^+/NADH$ 174–176, 197–200, 726
- Struktur 175
- Funktion 174–176
$NADP^+/NADPH$ 173–176, 180, 726
- Struktur 175
- Synthese während Lichtreaktionen 173–176
- Verbrauch im Calvin-Zyklus 181, 183–186

Nagana-Krankheit 299
Nährstoffe s. globale Kreisläufe
Nährstoffkreisläufe s. globale Kreisläufe
Nahrungsangebot 235
Nahrungsaufnahme s. Phagocytose
Nahrungskette 243, 245, 494
Nahrungsnetze 248, 596
Nahrungspyramide 245–246, 637
Nahrungsknappheit 652
Narbe 590
Nasentiere 574
Natalität s. Geburtenrate
Nationalparks, Serengeti 369, 374
natürliche Auslese s. natürliche Selektion
natürliche Killerzellen 302, 304
natürliche Selektion 335
- Artbildung durch Mimikry 262–263
- bei haploiden Organismen/Keimzellen 344–345
- des Genoms (nicht des Individuums) 356–357
- Evolutionsmechanismus 358
- evolutionsstabiler Strategien 363, 368
- genetische Variabilität als Grundlage 321–322, 326
- Gendurchsetzung gegen Arterhalt 357–360, 369–373, 382–386, 400, 404, 409–410
- der Anisogamie 345–349
- der Rekombination/sexuellen Fortpflanzung 335–336
- s. a. Verwandtenselektion
- s. a. Gesamteignung

natürliche Zuchtwahl s. natürliche Selektion
Nazca-Platte 426–428
n-dimensionaler Punktraum 688–689
- s. a. Sequenzraum

negative Rückkoppelung 230, 234–235, 657
Negentropie 637
Neodarwinismus 127, 128
neolithische Revolution 413
Neophytikum 586
Nervatur, Blätter 531
Nervensystem 556, 653
- Zentralnervensystem 654
Nervenwachstumsfaktor 78, 653
Nervenzellen s. Neuronen
Neutral-Theorie 690
Netzhaut, Auge 36, 37, 44
Neugeborene, Immunsystem 308–309
Neuronen 309, 654
- neuronale Netzwerke 654
Neurotransmitter 38
neutrale Mutanten 685–686, 690
Neutrophile 300–302, 311
2. Newtonsches Axiom 609
Newtonsches Gravitationsgesetz 615
Nichtgleichgewichtssysteme 664
Nichtlinearität 229–230, 462, 644
Nickel 612
Nicotinamid-Adenin-Dinucleotid s. $NAD^+$
Nicotinamid-Adenin-Dinucleotidphosphat s. $NADP^+$
Nidation 132
Niederschlags- oder Wasserfalltheorie, Gewitterentstehung 467–468
Nieren 540
Nimbus 461
Nische, ökologische 108, 110, 245, 285, 289, 655
Nissen 290
Nitrat ($NO_3^-$) 251–252, 254
- Auswaschung 252
- Nitratatmung 252
- Stickstoffkreislauf 251–252, 254
Nitrifikation 251
Nitrit ($NO_2^-$) 251
Nitrogenase-Enzym 252
Noradrenalin 351
Nordamerikanische Platte 426–427
Nordatlantischer Strom 479–480
Norderde s. Laurasia
Nordlicher Äquatorialstrom 412, 479
Nordsee 412
Norm s. morphologische Ordnungsmuster

North Pole, Stromatolithe 210
Nucleinsäuren 70, 693–694, 696–697, 702–703, 708–710, 711–712, 716, 723
- Chiralität 712
- präbiotische Evolution 697–707
- s. DNA und RNA
Nucleoside 68, 70, 697–698, 701
- Struktur 70
Nucleosid-5'-phosphate 69
Nucleotide 68, 69, 72, 73, 684, 688, 698, 691, 700–702, 716, 718–720
Nucleotidbasen, Triplets 86–87, 89–90, 714–715, 719–720
nuklearer Sommer 608
nuklearer Winter 559, 607–610
nukleares Chaos 608
Nutation 619–620
Nutzpflanzen, Genmanipulation 205
Nymphen 286, 287

Oberflächenmetabolismus 698–700, 720, 721, 722–726, 728
Oberflächen-Volumen-Verhältnis 330–331, 723
Obzelle 730, 731
offene (thermodynamische) Systeme 664–665, 675, 681
ökologische Nischen 108, 110, 245, 285, 289, 655
ökologische Pyramide s. Nahrungspyramiden
ökologische Sukzession 244–245
Ökosystem 243
- Bedeutung der Destruenten 161, 251–252
- Energiefluß 248–249
- Entstehung 671
- Kohlenstoffkreislauf 254–255
- Konsumenten 246–249
- Nährstoffkreisläufe 251–257
- Nahrungsnetz 245
- Nahrungspyramide 245–246
- Phosphorkreislauf 255–257
- Photosyntheseleistung
- Primärproduktion 245, 247
- Primärproduzenten 246, 249
- Selbstorganisation 671
- Stickstoffkreislauf 251–254
- Trophiestufen 248–249, 671

## Naturwissenschaftliche Begriffe und Sachverhalte

Ohrläppchen, Vererbung 324–325
Okazaki-Fragmente 747, 748
Okklusion 454–455, 457–458
olfaktorische (geruchspezifische) Reize 350, 353–357
Old Red 538–541, 543–544, 560
omnis cellula e cellula 632
Oncosphaera, Larven 293
Ontogenese 117, 121, 543
Oocyste 296–297
Ookinet 296–297
Operator 94
Operatorgen 93–94
Operatorsegment s. Operatorgen
Operon(system) 93–96, 664
Opiate, körpereigene 351–352
order on order 632–633, 681, 755
Ordner 646, 651, 652, 654, 655, 679
Ordnung
– aus Energieverlust 643
– aus Energiezufuhr 643, 647
– aus Ordnung 637
– aus Unordnung 638, 643, 644–647, 663, 668–669, 677, 679
– Beziehung zu Gesetz und Anwendung 66, 68
– Beziehung zum Chaos 123, 131, 232–235, 643–644, 646–647, 666–668, 695
– degradieren von Ordnung 637
– der Hierarchie 98, 109–111, 389
– der Norm 97
– durch Gesetzeswiederholung, Beispiel DNA 90, 92
– durch Wechselwirkung 93
– fixierung 97, 99–100, 106
– Gestaltbildung, biologisch 651–659
– Grundprinzip Ordnung auf Anordnung, Beispiel DNA 90, 92
– in Gestalt von Informationen 682
– molekulare Schaltmuster 63, 96
– morphologische Ordnungsmuster 63–64, 96
– order on order 632–633, 681, 755
– Ordnung des Durchschnitts 631
– Ordnung in Organismen 665
– Ordnungszustand eines Gen 632, 638
– Selbstordnung 125, 128, 135–136

– und Thermodynamik 631, 668, 677
– Ursprung von Ordnung 633
– s. a. Thermodynamik
Ordovizium
– Arten 510–512
– Klimaveränderungen 513
– Massensterben 512
– Verteilung der Landmasse 513
Organellen 220, 221
– s. a. Chloroplasten
– s. a. Mitochondrien
organische Verbindungen 154
– abiotische Synthese 158, 162, 164, 213
– Zucker als häufigste organ. Verb. 186
– s. a. präbiotische Evolution
Organismen
– aerobe, Mindestgehalt an Sauerstoff 214, 217
– älteste, Archaebakterien 153, 155–156, 158–159
– autotroph 155, 195
– chemoautotrophe 156, 158, 723, 725, 726
– chemoheterotrophe 158, 159–161, 215, 224
– chemotrophe 154
– diploide 325
– haploide 297, 344–345
– heterotrophe 155, 159–161, 195
– heterozygote 327
– homozygote 327
– phototrophe 154
– photoheterotrophe 215
Organophosphat-Carrier 741
Orientierungssinn, Aale 412
Orkane 451, 459, 472–473
Orthophosphat ($P_i$) 179
Osmose 515, 517, 519–520
osmotischer Druck 331
ostafrikanischer Grabenbruch 431, 483
Ovarium 292
Ovulation 350, 354–355
Oxalacetat, $C_4$-Pflanzen 206–208
Oxidasen 744
Oxidation 154, 169, 172, 194, 195, 697
– Oxidationsmittel 172
– oxidierende Atmosphäre 209–210, 212
Oxygenasen 204
oxygene Photosynthese 165, 208

Oxytocin 352
ozeanische Ringströme 256, 476, 478
 - s. a. Meeresströmungen
Ozean-Kontinent-Kollision 426–430
Ozean-Ozean-Kollision 426–430
Ozon ($O_3$) 164, 211, 520
 - Abbau 164, 607
 - Schutz vor UV-Strahlung 164, 211, 440, 520

$P_{680}$, $P_{700}$ s. Photosysteme
Paarbindung 350, 352, 401–405
 - assortative Paarung 352–353, 356
 - Treue 352, 401
 - Untreue 356, 401, 404–405
 - s. a. Extrapaarkopulationen
Paarung, homologe Chromosomen 320, 332, 334
Paarungsbereitschaft 273
Paarungstypen 323, 341–344
 - Evolution 341–342
Paarungsverhalten s. Verhalten
Pahoehoe-Lava 434
Paläozoikum 505, 524, 527
palingenetische Strukturen 118
Panama, Schließung der Straße von 129, 412, 483
Pangäa 558–563, 576–577, 599–600, 611
Panthalassa 576
Papierchromatographie 181
Parasiten
 - Bandwürmer 292–294
 - Beziehung zur Immunbiologie 284
 - Brutparasiten, Kuckuck 275–277, 574
 - Brutparasiten, Trematoden 278–279
 - Brutparasiten, Larven von Lucilia 284–285
 - Ektoparasiten 284, 288, 292
 - Endoparasiten 284, 292, 295
 - Entwicklungszyklen 285, 287, 289, 290–291, 292–293
 - Endwirt 278–279, 294
 - flöhe 288–290
 - Goldfliegenlarven (Lucilia) auf Erdkröten 278–279
 - Holzbock s. Zecke 286–288
 - Läuse 290–291
 - parasitische Protozoen 295–299

 - Pflanzenparasiten 289
 - Plasmodium 295–298, 302
 - Plattwürmer 278
 - Replikatoren 705–707
 - Saugwürmer 278–279
 - Sporozoa 295–298
 - Trematoden, parasitische Saugwürmer 278–279
 - Voranpassung (Präadaption) 292
 - Wirtswechsel 296
 - Zecke 286–288
 - Zwischenwirt 278–279, 288, 293, 294, 298
 - s. a. Immunsystem 299–316
 - s. a. Populationsdichte 236–237
 - s. a. Endosymbiose
Parenchym 295
Partialladung 640
Partnersuche 342–343
Partnerwahl 356, 357
 - assortative Paarung 352–353, 356
 - antagonistische Tendenzen 356
Parthenogenese 335, 387
Passatwinde 440–441
passive Immunisierung 309
pathogene Bakterien s. Krankheitserreger
Pazifische Platte 426–427
Pazifischer Feuerring 432–433
Pectin 193
Pedipalpen 286, 385
Peckhamsche Angriffs-Mimikry 267–271
 - Anglerverfahren 267–269
 - Fangschrecken, Blütenform zur Tarnung 270–271
Penicillin 739
Pentose 68, 69
PEP s. Phosphoenolpyruvat
PEP-Carboxylase 207–208
Peptidbindung 72, 80, 88, 699
Peptide 80, 695, 699, 719
Peptidhormone, Insulin 78
Peptidogycan 738–739
Perianth 532, 590
Periode, Chaos 232
Periodizität 613, 615
 - periodische Schwingung, Ordner 651
Periodenverdoppelung, Chaos 232–233
Periodit 428

Perm
- Insekten im Karbon und Perm 548–549
- Klimaveränderungen 560–562
- Kontinentalklima 562–563
- Massensterben 557–560
- Radiation im Karbon und Perm 547–557
- Reptilien im Karbon und Perm 549–557
- Verteilung der Landmasse 560–562

Permafrostboden 562
Permeabilität 725
Permease 93
Peroxisomen 743–745
Person s. Individualität
Peru-Strom s. Humboldtstrom 481, 486
Pest 238
Petalen 590
Pfau, Schwanzfeder 63, 99, 112
Pflanzen
- als Primärproduzenten 246–249
- $C_3$-Pflanzen 207–208
- $C_4$-Pflanzen 203, 206–208
- Koevolution mit Insekten 280–282, 578, 585, 591
- Landgang im Silur 192, 514–534
- Pionierpflanzen 245
- Zellwand 193, 519–520

Pflanzenzelle, Aufbau 221
Pflanzenzellwand 193, 519–520
Phanerozoikum 505, 512
Phäne 124, 127
Phänotyp 96, 117, 324–326, 681–682, 685
Phagen 328–329, 684
- Bakterien-Virus Qb 684

Phagocyten 300–302, 306, 309
Phagocytose 300, 302, 307, 740–742, 745, 759
Phagotrophie 331, 744, 746
Phanerozoikum 505, 512
Phasen
- Aggregatzustände 638
- von Wasser 638

Phasenraum, Chaos 232–233, 644
Phasensprung 690
Phasenübergang 638, 642–643, 649, 661, 666–667
Phasenverdopplung, Chaos 230
Phenylalanin s. Aminosäuren
Phenylethylamin (PEA) 351
Pheromone 353–355

- Androstenon-Androstenol-Signalsystem 353–354
- Kopuline 354–355

Phloem 520, 523
Phosphat ($PO_4^{3-}$) 255–257, 542, 721
- bei Oberflächenmetabolismus 699, 723, 725
- Eutrophierung, Algenblüte 256
- Phosphorkreislauf 255–257
- s. a. Pyrophosphat und Orthophosphat

Phosphatester 69
Phosphodiesterbindung 71, 72, 701
Phosphoenolpyruvat (PEP) 207–208
3-Phosphoglycerat 181–185, 203, 207
Phospholipase 297
Phospholipide 255, 721
Phosphor, limitierender Nährstoff 256
Phosphorkreislauf 255–257
Phosphorsäure ($H_3PO_4$) 71, 72
Phosphorsäureanhydridbindung 178–179
Phosphorsäureester 693
Phosphorylierung
- Atmungskettenphosphorylierung 197–198
- oxidative Phosphorylierung 197–198
- Substratkettenphosphorylierung 197–198
- von ADP zu ATP 255
- von Nucleosiden zu Nucleotiden 698

Phosphotriose 702
Photoatmung s. Photorespiration
photoheterotrophe Organismen 215
Photon s. Lichtquant
Photorespiration 203–204, 206, 208
Photozellen 40
- falsche Verdrahtung der Photozellen 44

Photorezeptoren 37–38
- Stäbchen, Auge 36, 37
- Zapfen, Auge 36, 37

Photosynthese
- Ablauf 166–186
- Ähnlichkeit mit Atmung 199–200, 217, 218
- ATP-Synthese
- Calvin-Zyklus 181, 183, 185–186, 192, 203–204, 206–208
- Chlorophyll 163, 165, 167, 170–172, 245, 728

- Chloroplasten, Ort der
  Photosynthese 163, 167–169, 181, 192
- Dunkelreaktion 180–186
- Evolution 152, 162–165, 209–210, 728
- fixierung von $CO_2$ 181–183, 185–186, 203–204, 206–208
- geologische Konsequenzen 209–214
- Gesamtbilanz 167
- Geschichte der Entdeckung 166–169
- Hill-Reaktion 169–170, 172
- Kohlenstoffkreislauf 254–255
- Lichtreaktionen 180
- NADPH-Synthese 173–174
- Photosysteme 162, 172–174
- Reaktionsgleichungen 162, 167
- Sauerstoff 152–153, 162–164
- Vergleich mit Atmung 194, 200
- Wasserspaltung 162, 171–174
- Wirkungsgrad 165
- Zusammenbruch im nuklearen Winter 608

Photosynthesepigmente 162–165, 170–172
Photosyntheseprodukte s. Kohlenhydrate
photosynthetisierende Prokaryoten 208–210, 212–215
Photosysteme 162, 172–174
phototrophe Organismen 154
phreatomagmatische Eruptionen 435
pH-Wert 177
- s. a. Protonen
Phylogenese 117, 120–121, 543
Phytol 171
Pigmente 162–165
  - Bacteriochlorophyll 165
  - Bacteriorhodopsin 164
  - Chlorophyll 163, 165, 170–172, 245, 728
  - Rhodopsin 78, 164
Pilbara, Stromatolithe 210
Pille s. Antibabypille
Pinatubo 436
Pionierpflanzen 245
planetare Nutation 619
planetares Windsystem 438–442, 445–446
Planetenpräzession 618
Plasmabrücke s. Cytoplasmabrücke
Plasmamembran 221, 515, 519, 743, 751, 759
Plasmazellen 305–307
Plasmid 328, 686

Plasmodium 295–298
- Genom 297
Plastide, Chloroplasten 163, 740–742
Plateaubasalte 437
Platingruppe 606
Platten 426–430, 433–434
Plattenbewegung 425–430
Plattendivergenz 426–427
Plattengrenzen 426, 433–434
Plattenkollision 426–430
Plattenkonvergenz 426–430
Plattentektonik 425, 505, 514, 560, 598
- Drift über den Polen 505–506, 546–547, 560, 610, 614
Plazenta 308
Pleiotropie 54, 113
Pleuromitose 751–753
Pliensbach-Sterben 600
Ploidiephasenwechsel 329–332
Porine 730
Poissonsche Fehlerverteilung 687
polare kovalente Bindung s. Bindung
polare Ringströme s. subpolare Tiefdruckzone
Polarfronttheorie 453, 456
Polarfrontzyklone 453, 457
- Lebenslauf 453–455
Polarstern(e) 616–617
Pole 440–441
Pollen 303, 311
- Allergie 311
- s. a. Mikrosporen
polyandrische Gesellschaften 405
Polyarthritis, rheumatoide 312
Polygenie 55, 113, 336
Polygynie 405–407
Polymerasen 703
Polymere
- Nucleinsäuren 71, 72, 73, 710
- Polypeptide 78, 80, 694, 720
- Proteine 661
Polymerisation 700
Polypeptide 78, 80, 694, 720
- Peptidsynthese 719
- Polypeptidkette 81, 80
Polyphänie s. a. Pleiotropie 54, 113
polyphyletisch 292
Polyribosom 88–89
Polysom s. Polyribosom

Polysaccharide 186, 191, 694
Populationen
 – Regulation der Populationsdichte
   235–240
 – Geburtenrate 229–230, 233–234,
   236
 – Sterberate 236
 – Wachstumsrate 232–233
 – s. a. Populationsdynamik
Populationsdichte 235–239
 – dichteabhängige Faktoren 235–237
 – dichteunabhängige Faktoren 235–237
 – Einfluß auf Konkurrenz 236–237
 – Einfluß auf Wachstumsrate 232–233
Populationsdynamik 228–235
 – chaotische Populationsdynamik
   232–234
 – dichteabhängige Faktoren 235–237
 – dichteunabhängige Faktoren 235–237
 – exponentielles Wachstum 419–420
 – fördernde Faktoren 236–237
 – Größe 229
 – hemmende Faktoren 228, 236–237
 – Heuschreckenschwärme 226–227, 231
 – kybernetisches Modell 236–240
 – mathematische Modelle 228–235,
   241–242, 359–368
 – Mensch 235
 – Räuber-Beute-Beziehungen 241–242
 – Schwammspinner 228–229, 231
 – unkontrolliertes Wachstum 227–235,
   419–420
 – Wachstumsrate 232–233, 420
Populationsgröße 229
Porus genitalis 293
positive Rückkoppelung 464, 657
Präadaption, Parasiten 292
präbiotische Evolution 694–720
 – Bedeutung der Selektion 695–696
 – der Translation 713–720
 – des genetischen Codes 717–719
 – erste Gene aus RNA 696–701
 – erste Gene aus Ton 701
 – von Aminosäuren 693–694
 – von Lipiden 721–724
 – von Nucleinsäuren 697–707
 – von Proteinen 708, 712–720
 – von Proteinoiden 694–696

 – von organischen Nährstoffen 158, 162,
   164, 213
 – von Zuckern 158, 162, 697–698, 700–701
 – s. a. Entstehung des Lebens
präbiotische Symbiose, RNA/Ton 701
Prägung, frühkindlich 352
Präkambrium
 – Ediacara-Fauna 490–495
 – Massenaussterben 495
 – Verteilung der Landmasse 494–495
Prä-mRNA 756
 – s. a. mRNA
Präzession der Erdrotationsachse 616–620
primäre Immunantwort 307
primärer Elektronenakzeptor,
   Photosythese 171–174, 177
Primärproduktion 245, 247
Primärstruktur s. Proteine
Primitivgesellschaften 406
Prinzip vom kleinsten Zwang 681, 683
Prinzip von Le Chatelier 681
Probabilität s. Wahrscheinlichkeit
Probionten 694
Procyte s. Prokaryotenzellen
Produzenten 246
Proglottiden 292–293
Progymnospermae 527
Prokaryoten s. Bakterien
Prokaryotenzelle s. Bakterienzelle
Proliferationszone 292
Prolin s. Aminosäuren
Promotor-Segment 94
Propansäure 354
Propionat-Rest 727
Prothallien 525, 530
Proteine 78, 80
 – Antikörper 78, 299, 305–311, 694
 – Enzyme 76, 82–84, 628, 688
 – Faserprotein 76
 – Funktionen 76, 78, 688
 – Hormone 78
 – in der präbiotischen Evolution 694–695,
   702, 745,
 – Insulin 78
 – Keratin 82
 – Kollagen 76
 – Komplementsystem 306–307, 309
 – Porine 730

- präbiotische Evolution 708, 712–720
- Primärstruktur 81, 83, 688, 708
- Regulation der Synthese 93–96
- Repressorprotein 94–95
- Rezeptorproteine 78
- Rhodopsin 78, 164
- Rubisco 182, 203–207
- Seide 82
- Sekundärstruktur 81–83
- Struktur 81–83
- Synthese 84–91
- Tertiärstruktur 82, 83
- Transportproteine 76
- Nervenwachstumsfaktor 78, 653

Proteinoide
- als Katalysatoren 694–695
- präbiotische Evolution 694–695

Protochloroplasten 740
Protometakaryoten 741
Protomitochondrien 740, 741
Protonen 71, 72, 169, 173–178, 198
- Protonenakzeptor, Base 71, 72
- Protonendon(at)or, Säure 71, 72
- Protonengradient 177, 198
protonenmotorische Kraft 177, 198–200
Protoplasma 167
Protoplast 519
Protozellen 723–726, 730, 732, 734–735
- Entstehung aus Semizellen 723–726, 730
Provokateur, Kampftyp 364
psychosomatischer Einfluß auf Immunsystem 303
Ptyalin s. a-Amylase
Pubis 566, 580
Punktmutation 681
Pupille, Auge 36
Puppe 229, 289, 291
Purine, Purinbasen 69, 698, 717
- Struktur 70
- s. DNA
Purininversion 702
Pygidium 499
Pygostyl 580
Pyrimidine, Pyrimidinbasen 69, 698, 702, 717
- Struktur 70
- s. DNA
Pyrit (FeS$_2$) 699–700, 720, 723, 725–726, 730
pyroklastisches Material 424, 434

Pyrophosphat (PP$_i$) 179, 723
Pyrrol, Struktur und Synthese 727
Pyruvat 160–161, 197–198, 215–216

Quantenmechanik 631, 632
Quartärstruktur 82–83
Quarz 209
Quasispezies 683, 685–686, 689–691

radioaktive Markierung 181, 207
Rächer, Kampftyp 364
Räuber
- Schwanzzucken beim Beutefang, Mimikry 264–265
- Räuberanteil bei endo-/ektothermen Tieren 567
Räuber-Beute-Beziehungen
- in Zwei-Arten-Systemen 241–242
Rangordnung 365
Rasterelektronenmikroskop s. Elektronenmikroskop
Raumangebot, Population 235
Reaktionen
- auf die Umwelt 321–322
- auf Oberflächen 699–700, 720, 721, 722–726, 728
- endergonische 180, 194
- exergonisch 179–180, 194
- Formosereaktion 698
- Ringbildung bei Zuckern 188–189
- Kondensationsreaktion 72, 186, 694, 697, 722–723
Reaktions-Diffusions-Gleichungen 651
Reaktions-Diffusionsvorgänge 653
Reaktionszentrum, Photosynthese 171, 173
real 635–636
Realisations-Erfolgs-Nachteil ($V_{ve(neg)}$) 124
Realisations-Erfolgs-Vorteil ($V_{ve}$) 124
Realisationschance, Mutation 67
Realisationsvorteil, Mutation 67
Redoxreaktionen 154, 158, 194
Reduktion 154, 169, 172, 195
Reduktionsäquivalente 174, 176, 180, 199
Reduktionsmittel 164, 698
Reduktionsteilung s. Meiose
reduktive Biosynthesen 174, 176
redundante Enscheidungen 67
Redundanz 64–67, 124

- Definition 66
- Redundanzentscheidung 66
Redundanzgehalt 67
Regelgröße 236–237
Regelkreis, Population 236–240
Regelsysteme 236–240
Regenerationsfähigkeit, Hydra 652–653
Regulation
  - der Transkription 95
  - der Proteinsynthese 93
  - des Genoms 667–668
  - Populationsdichte 235–239
Regulatorgen-Operon-System s. Operonsystem
Regulatorgene 94
Reibung 472–473, 634
Reifeteilung s. Meiose
rekursive Gleichungssysteme und Programme
  - Baummodell rekursiver Verzweigungen 55–57
  - Entwicklungsspiele mit Biomorphen 55–57
  - fraktale Geometrie 49–53, 644
  - Meteorologie 457
  - Populationsdynamik 229–230, 234–235
  - Unterschied zur Differentialrechnung 50, 230
Rekombination s. genetische Rekombination
Rekombinationsknötchen 334
Relations-Pleiotropie s. Mosaik-Pleiotropie
relative Abweichung vom Mittelwert 631
relativer Fehler 631
Reparatur-Hypothese 329–330
Repetierschaltung s. molekulare Schaltmuster
  - Repetierschaltung der Gene 68
Replikase 704–706, 734
Replikation 75–77, 329, 337, 628, 660, 682, 684, 694–698, 701, 703–704, 706–708, 710–711, 729, 745–754
  - Blockierung der Replikation 701
  - Genauigkeit 753, 754
  - Kopierfehler 711–712, 734, 757
  - Korrekturlesen 711, 754
  - Mechanismus 745, 746–753
Replikationsgabel 76, 745, 747–749, 751
Replikatoren 682–683, 754
  - altruistische 707
  - kooperierende 683, 702–704, 706–707

- parasitäre 705–707
Replisom 749
Repressor 95
Repessorprotein 94–95
Reproduktion
  - von genetischer Information 683
  - s. a. Fortpflanzung
Reproduktionserfolg s. Fortpflanzungserfolg
Reptilien
  - Amniotenei 549–550
  - Evolution und Radiation im Karbon und Perm 105, 549–557
  - Exkretion 251
  - Stammbaum 554, 564
  - Unterschiede zu Amphibien 549–550
  - Unterschiede zu Säugetieren 571–574
  - Vergleich mit Archaeopteryx 580–581
  - s. a. Dinosaurier
Resistenz
  - bei Bakterien 327
  - gegen Parasiten durch Mischerbigkeit 356
Respiration s. Atmung
Ressourcenmangel 366
Retina, Auge 36, 37, 44
Reverse Transkriptase 314, 734
reversibel 633–634, 680
rezeptives Feld, Auge 38, 39
  - Zentrum-Randzonen-Struktur 39
Rezeptoren
  - auf Lymphocyten 307–308
  - Endorphin-Rezeptoren im Gehirn 352
  - Histamin-Rezeptoren auf Gewebezellen 312
  - Photorezeptoren s. a. Pigmente
  - Stäbchen, Auge 36, 37
  - Zapfen, Auge 36, 37
rezessive Allele 325–326, 334
rezessive Erbkrankheiten 326
rezessive Merkmale 325–326
rezessive Mutationen 334
rheumatische Polyarthritis 312
Rhizoide 521, 529
Rhizom 523
Ribonucleinsäure s. RNA
Ribose 68, 69, 85, 177, 186, 693, 697, 700, 702, 712, 728, 734
  - Struktur 68, 69, 179

- Ribofuranose 700, 712
ribosomale RNA s. rRNA
Ribonucleoproteinpartikel 88, 720
Ribonucleoproteinwelt s. RNA-Welt
Rioorganismen 709–711, 718, 727–729
- Stoffwechselprozesse 727–729
Ribosomen 88–90, 660, 719–720
Ribozyme 703–704, 708–711, 713, 717–719, 729, 732, 734, 756
Ribulose-1,5-bisphosphat 182–183, 185, 203
Ribulose-1,5-bisphosphatcarboxylase s. Rubisco
Riechhirn 355
Rift 424
Riftstruktur 430–431
Rift-Valley 430–431
Ringströme, ozeanische 256
ritualisiertes Verhalten 117
- ritualisierter Wettkampf 359–360
Rivalenkampf 359, 361
RNA 54, 84, 85, 628
- Koppelung zu RNA-Chromosomen 732, 734
- präbiotische Evolution 697–707, 737
- Prä-tRNAs 734
- RNA-Prozessierung 755
- RNA-Sequenzen als Parasiten, 696
- RNA-Sequenzen als Symbionten 696, 701
- RNA-Spleißen 755–756, 758
- rRNA 88, 719, 734, 756, 758
- Struktur 68ff, 85
- tRNA 86–91, 660, 697, 716–719, 753, 756, 758
- s. a. mRNA
RNAse P 734
RNA-Organismen s. Rioorganismen
RNAsome 719
RNA-Viren 314, 734
RNA-Welt 709–713, 720, 727, 729, 758
- Genomgröße 711
RNA-Polymerasen 84
Rohrzucker s. Saccharose
Roßbreiten s. Subtropischer Hochdruckgürtel
Rost 210
rote Blutkörperchen 295, 300
- Anzahl 300, 579
- Bildung 300, 304

- Hämoglobin 170, 198
- Malariainfektion 295–298
- Sauerstofftransport 170, 198, 300
rotierende Systeme, Ablenkung 442–446
Rotsandsteine 214
rRNA s. RNA
Rubisco 182, 203–207
Rudimentation s. Rückbildung
Rückbildung
- Auge 120
- Beckengürtel-System der Wale 120
Rückensaite s. Chorda dorsalis
Rückkoppelung 591, 654, 657, 754
- bei der Sebstorganisation 63, 123–124, 128, 238
- bei Systemisierung 68, 95, 110, 124–128
- bei Populationsdynamik 230, 234–239
- negative 230, 234–235, 657
- positive 464, 657
- Verhulst 657
- zwischen Genen und Phänen 62–63, 110, 124
- zwischen Genen 113
Rückkoppelungsmechanismen 63, 123–124, 128, 238–239, 654, 657
Rückstoßprinzip 510

Saccharose 181, 186, 190–191, 194
- Struktur 190
Sackgassen s. evolutionäre Sackgasse
Säugetiere
- Evolution 571–575
- in der Kreide 592–593
- Unterschiede zu Reptilien 571–574
Säure, Definition 71
Säure-Base-Paar 71, 72
Säuren 71
- Aminosäuren 79, 80
- Phosphorsäure 71, 72
Säuregruppe s. Carboxylgruppe
Sahelzone 299
Sakralregion 594
Salinität 515
Salz 699
Same 526–527, 530–532, 588
Samenzellen s. Keimzellen
Sammel-Hierarchie s. Massen-Hierarchie 99, 111

San Andreas-Störung 426, 430
Santorin 435
saprophag 285
saprotroph 247
Sargasso-Meer 412–413, 480
sauer 177
Sauerstoff
– als Oxidationsmittel 209
– atmosphärischer Anstieg 152–153, 209–214, 491, 506, 520–521
– Bildung der Ozonschicht 162, 520
– geologische Veränderungen durch Sauerstoff 209–214
– Photosynthese 152–153, 162–164, 171–174
– Schutzmechanismen gegen Sauerstoff 213–214
– Transport im Blut 170, 198
Sauerstoff-Atmung 155, 215
– s. a. Atmung
Sauerstoffmangel
– Oberdevon 546
– Jura 600
saure Schmelzen 434
Schachtel-Hierarchie 98, 111
Schädeltypen, Reptilien 551–553
Schätzungen zur Sterblichkeit, WHO 299–300, 315
Schallgeschwindigkeit 470, 609
Schaltmuster s. molekulare Schaltmuster
Schambein 566, 580
Schichtvulkan 434
Schiefe der Ekliptik 617–619
Schiffsche Probe für Aldehyde 188
Schilddrüse, Embryonalentwicklung 119
Schildvulkan 434
Schizogonie 295–297
Schizonten 295, 297
Schlackenkegel 434
Schläfenfenster 551–553
Schlafkrankheit 295, 298, 299
– Bekämpfung der Tsetse-fliege 299
Schleim s. Mucopolysaccharide 517
Schleimhäute, zur Abwehr, Immunsystem 308
Schleimkapsel, zur Abwehr der Phagocytose 301
Schlüssel-Schloß-Mechanismus, Enzyme 82

Schmarotzer s. Parasiten
Schmelzen, Vulkane 434
Schmerzempfinden, körpereigener Opiate 351–352
Schmetterlinge
– Mimikry 262–263, 265–266
Schmetterlingseffekt 475
Schnabel-Mimikry 277
Schnee-Eis-Klima 448–449
Schnee-Wald-Klima 448–450
Schutzimpfungen 307
Schutzstrategien, Beute
– s. Mimese
– s. Mimikry
Schwangerschaft 322, 352
Schwanzmimikry 264–265
– bei Beutetieren (falscher Kopf) 265
– Schwanzzucken beim Beutefang 264–265
Schwefel 155, 157, 162, 209, 436
Schwefel-Atmung 155, 637
Schwefeldioxid ($SO_2$) 153
Schwefelkies ($FeS_2$) 699–700, 720, 723, 725–726, 730
Schwefelwasserstoff ($H_2S$) 153, 157, 162, 256, 436, 725
Schweiß 288, 353
Schwermetalle, Resistenz bei Bakterien 327
Schwerkraft s. Gravitation
Schwesterchromatiden 743, 744, 751
Schwingung
– Chaos 231
– Räuber-Beute-Beziehungen 241–242
Scolex 292
Seafloor-Spreading 424–427
Sediment als Nährstoffsenke 253
Sedimentation 256
Sehen
– s. Auge 35–40
– Farbwahrnehmung 37
Sehgrube s. Grubenauge
Sehnerv 38
Sehpigmente, Rhodopsin 78, 164
Seide 82
Seitenkette der Aminosäuren 79
Seitensprung s. Extrapaarkopulation
sekundäre Immunantwort 307
sekundäres Dickenwachstum 522, 526

Sekundärinfektionen 292
Sekundärkonsumenten 246, 249
Sekundärstruktur 81–83
Selbstähnlichkeit 49–53
– s. a. Fraktale
Selbstbeschleunigung s. Autokatalyse
Selbstbezüglichkeit 48, 235, 630
– Conways Lebensspiel 48
– s. a. Autokatalyse
Selbstinduktion 468
Selbstkontrolle, Verhalten 355
Selbstorganisation 630, 652–655, 658–659, 668–671, 682, 754
– der Materie 123, 128–129, 135–136, 138, 139, 668–671, 692
– des Lebens 238, 249
– s. a. Autokatalyse
Selbstreferentialität 630
– s. a. Autokatalyse
Selbstreplikation 705–708
Selbstreproduktion 632, 659, 661, 682
Selbststeuerung, Kybernetik 238
Selbstverstärkung 623, 654, 690
Selektion 124–125, 127, 129
– bei der präbiotischen Evolution 695–696, 710–711, 717
– Wirkung in Richtung von Informationserzeugung 680–691
– s. a. kumulative Selektion
– s. a. natürliche Selektion
– s. a. Verwandtenselektion
– s. a. Überselektion
Selektionsdruck 116, 163
Selektionsvorteil 54, 68, 110, 162
– von Mutationen 54
– bei Repetierschaltung 68
Semiorganismen 723
Semizellen 723–724–726, 730
Sender s. Signalsender
Sepalen 590
Septum 750
Sequenzanalyse, genetisches Material 686
Sequenz-Hierarchie s. Schachtel-Hierarchie 98, 111
Sequenzlänge, genetisches Material 684
Sequenzraum 686, 688–690
Serengeti-Nationalpark 369, 374
Serin 79

– s. a. Aminosäuren
Sexualität
– als Ichtrieb 408–409
– Evolution 329–341
– Trennung Sexualität und Fortpflanzung 274, 317–318, 328–329
Sexualpheromone s. Geruchssignalstoffe
Sexualverhalten
– hormonelle Steuerung (u. a. olfaktorische Reize) 350–357
– Mensch 317, 350–357, 401–402, 405–406
– Mimikry 273–275
– Trennung von der Fortpflanzungsfunktion 317
– Partnerwahl zur Verstärkung der Immunabwehr 356
– Selbstkontrolle 355
sexuelle Fortpflanzung 323, 329, 334, 335, 339–340, 522
– Abhängigkeit von Umweltfaktoren 321, 323
– Berechnung der Möglichkeiten der genetischen Rekombination 319–321
– Evolution der sexuellen Fortpflanzung 318, 329–341
– Evolution der Geschlechtlichkeit 341–349
– Vergleich mit asexueller Fortpflanzung 318, 321–322, 324
– Vor- und Nachteile 318, 321–322, 324
sexuelle Rekombination s. genetische Rekombination
sexuelle Selektion s. natürliche Selektion
Sichelzellenanämie 297–298, 326–327, 681, 688
sichtbares Licht 164
Signale 263–264
– chemische 301, 303, 345
– Fütterungssignal, Sperr-Rachen-Signal 277
– olfaktorische (geruchspezifisch) 350, 353–357, 370
– sexuelle 273–274
– Sperr-Rachen-Signal 277
– s. a. Mimikry
Signalempfänger 263–264, 343

Signalsender 263-264, 343
Signalstoffe s. a. Hormone
Silicium 209
Siliciumdioxid 209
Silur und Devon
 - Landgang der Pflanzen 514-534
Sinnesorgane
 - s. Augen 35-40
Siphylis 308
Sippen-Selektion s. Verwandtenselektion
sister-killer-Allel 336-339
small nucleäre Ribonucleoproteine, snRNP 756
Smog 464-465, 608
snRNA 756
snRNP, small nucleäre Ribonucleoproteine 756
snurps 756
Sollwert, Regelkreis 236-237, 239
Solfataren 436
Soma 408, 411
somatische Mutationen 54
Somazellen 134, 319, 320, 408
Sommermonsun 488, 608
Sonneneinstrahlung 435, 437, 607-609, 677
Sonnenbrand 92
Sonnenenergie
 - Absorption in der Atmosphäre 152, 607-609
 - Grundlage für Photosynthese 162, 164, 247
 - Umwandlung in chemische Energie 152, 170
Sonnenlicht s. Sonnenenergie
Sozialdarwinismus 358, 368
soziale Hilfeleistung 401
Sozialverhalten s. Verhalten
Soziobiologie
 - Ameisen 386-387, 389-396, 655-659
 - Löwen 369-373, 378-380, 382
 - Menschen 111, 117, 273, 275, 350-357, 398-399, 401-402, 405-407
Spalteneruptionen 437
Spaltöffnungen s. Stomata
Spannung 466, 469
Speiche 102-104
Speicher-Hypothese 109
 - s. genetische Speicher-Hypothese

Speicherung von Stärke 191, 194, 517
Spermanetz, Spinnen 385
Spermatophyta s. Samenpflanzen
Spermatozoid 324, 526-527, 530
Spermien s. a. Keimzellen
 - Überlebensdauer 345
 - Spermienkonkurrenz 354
Spezialisierung 95, 245, 271, 285
Sperr-Rachen-Signal 277
Spezies s. Art
Sphaeromorphe 507
Spiegelbildisomere s. Enantiomere
Spiele
 - Conways Lebenspiel 46-49
 - Entwicklungsspiel mit Biomorphen 55-57, 686, 688
Spindelapparat, Mitose 743, 744, 749, 571-572
Spindelfasern 743
Spirochaeten-Hypothese 743
Spleißen 703, 755-756, 758
Spleißosom 756
spontaner Atavismus, Pferd 114-116, 118
Sporangium 324, 520, 524, 527, 652
Sporen 324, 520-521, 524-429
Sporenpflanzen 324, 522, 524,
Sporocyste o. Sporozyste 278-279
Sporogonie 297
Sporophylle 525, 529
Sporophyllstände 525, 529
Sporophyt 324, 522-524, 527, 530
Sporozoiten 295-297
Sprossungszone, Bandwurm 292
Spreizung des Meeresgrundes s. Seafloor Spreading 424
Spurenelemente
staatenbildende Insekten 386-398, 651, 655-659
Stabilität
 - homöostatische 666-667
 - im Chaos, Vorhersagbarkeit 233, 234, 644
 - von genetischer Information 683-684
Stäbchen, Auge 36, 37
Stärke 181, 186, 191-192, 194, 517, 700
 - Hydrolyse 191
 - Nachweis 192
 - Struktur 191

Stammzellen 308
Staub, Atmosphäre 607–609
Staubblätter 531
Staudruck 473–474
Staukuppe 434
Steinkohlenteer 727
Stellglied, Regelkreis 236, 239
Sterberate 236
Stereoisomere 81, 187, 700
Stereoselektivität 81
Stereospezifität 694
Sterilisation von Tsetse-Fliegen 299
Sterilität durch Autoimmunreaktion 312
Sternbilder 616–617
Sternum 580
Steroide 721
Stetigkeit s. Überdetermination
Stickoxide 607
Stickstoff
 – Exkretion 251
 – fixierung von atmosphärischem Stickstoff 252–253
 – für Pflanzen verfügbare Form 251, 516
 – Gehalt in Atmosphäre 153, 212, 252
 – Kreislauf des Stickstoff 251–254
Stiefkinder 353
Stigmen 286
Stillen 308
Störgröße, Regelkreis 237, 239
Stoffkreisläufe s. globale Kreisläufe
Stoffmenge (n) 156
Stoffwechsel s. a. Anabolismus/Katabolismus/Metabolismus
 – $C_4$-Stoffwechselweg von Pflanzen 203, 206–208
 – Energiequelle für Ernährung 154
 – fließgleichgewicht 126, 284
 – heterotrophe Stoffwechselwege 158–161
 – Kohlenstoffquelle für Ernährung 154
 – Lactose-Stoffwechsel bei E. coli 93–94
 – Nahrungsbeschaffung 154
 – Regulation mit Operonsystem 93–96
 – von Riboorganismen 727–729
Stoffwechselkontrolltheorie 335–336
Stomata 205–206, 521
Stopcodon 714–715, 720
Strahlung
 – s. elektromagnetische

 – s. UV-Strahlung
Strahlungsflußdichte der Sonne 607–608
Strahlungskurven 623
Stratopause 439–440
Stratosphäre 439–441, 607
Stratovulkan 434
Streß
 – dichteabhängiger Faktor 236–237
 – Selbstorganisation in Ökosystemen 671
 – Streßhormone 351
Strömung
 – laminare 644
 – turbulente 644
Stroma 167–168, 170–174, 177–178, 181, 192, 194
Stromatolithen 210, 492, 494, 506
Stützfunktion 186, 192–193, 520
 – s. a. Cellulose
(9+2)-Struktur 743
Strukturformeln s. entsprechende Verbindungen
Strukturgene 94
Strukturen mit dem Wert von Informationen 630
Subduktion 426–430
Subduktionszone 424–425
Subpolare Tiefdruckfurchen 441, 446–447
Subsolar-Punkt 438, 440
Substrat 176
Substratkettenphosphorylierung s. Phosphorylierung
Substratbindungsstelle 82
Substratspezifität von Enzymen 82
Subtropen, Klima 447
Subtropische Divergenzzonen s. Subtropische Hochdruckgürtel
Subtropische Hochdruckgürtel 440–441, 446
Südäquatorialstrom 481
Süderde s. Gondwana
Süßwasserpolyp, Hydra
 – Vermehrung 653
 – Regenerationsfähigkeit 651
Sukzession 244–245
 – Pionierarten 245
Sulfat ($SO_4^{2-}$) 155, 209
Summenformeln s. entsprechende Verbindungen
Sumpfgas s. Methan

Superkontinent s. Pangäa
Supernova 612–613
Superorganismus 318, 327–329
Suppressor-T-Zelle (T$_s$-Zellen) 303, 312
Suppressorzellen (T$_s$-Zellen) 303, 312
Symbiose 156, 161, 253, 329, 740
 – bei Flechten 518
 – Blattläuse/Ameisen 289
 – Bewegungssymbiose 743
 – Insekten/Blüten 280–282, 591
 – Leguminosen/Rhizobium 253
 – Prokaryoten 156, 218–220
 – präbiotische Symbiose (RNA/Ton) 701
 – s. a. Endosymbiontentheorie
symbiontische Stickstoff-fixierung 253
Symmetriebrechung 653
Symmetriebruch 700
Synapsen 654
synaptischer Komplex, Meiose 334, 337
Synchronisation des Zyklus 370
Synergetik 649
Synergismus 630
 – s. a. Autokatalyse
Syngamie s. Befruchtung
Synorganisation 112, 116
Synthese, abiotische 158, 162, 164, 213
 – s. a. präbiotische Evolution
Synthetische Evolutionstheorie 62, 63, 125, 129
Syphilis 308
System 636–637
 – (ab)geschlossenes 636, 680
 – isoliertes 636–637
 – offene (thermodynamische) Systeme 664–665, 669, 675, 681
Systemerhalt 675
Systemisierung 67, 95, 124–128
 – s. a. molekulare Schaltmuster
 – s. a. Rückkopplung
Systemisierungsmuster 95
System-Mutationen 114
s. Groß-Mutationen 114
s. homöotische Mutationen 114
Systemtheorie s. Synthetische Evolutionstheorie
Systemwiderstand 669–676, 736

Täuschung s. Mimikry
Tag-Nacht-Rhythmus 442
Taifune s. Hurrikane
taps, Zapfstellen 741
Tarnung
 – zu Schutzwecken s. Mimese
 – zum Angriff s. Peckhamsche Angriffs-Mimikry
Tarsen 288
tatsächlicher Informationsgehalt 65, 66
 – s. a. Indeterminationsgehalt (I$_D$)
Teilladung 640 s. Partialladung
Teilung
 – von Bakterienzellen 745–751
 – von Kompartimenten 706–707
 – von Zellen s. Mitose
Telomere 751
tektonische Bewegungen s. Plattentektonik
Temperatur 634–635
Temperaturgradient 633, 645
Teologie
 – gegen kumulative Selektion 43–46
Termination 720
Terminationssignal, genetischer Code 91
 – s. a. Stopcodon
Terpene 728
Tertiärkonsumenten 248–249
Tertiärstruktur s. Proteine
Testosteron 355
Tests, genetische 325
Tethys 558, 560–562, 576–577, 600, 602–603
Tetraeder 639, 641–642
Tetraederwinkel 639
Tetrahydrofuran 189
Tetrahydropyran 189
Tetrapyrrol 726–727
T-Gedächtniszellen 305, 307
T-Helferzellen (T$_H$) 297, 303, 305, 312, 315
Theorien
 – Alvarez-Theorie 606–607, 610–612, 624
 – Endosymbiontentheorie 218–220
 – Entstehung der Vögel 582–583
 – Gewittertheorien 467–468
 – HamiltonsTheorie 386, 390, 397
 – Hyperzyklentheorie 704–705, 707, 720
 – Koazervatentheorie 694, 720
 – Kontinentaldrift-Theorie
 – Milankovic-Theorie 615–624

- Neutral-Theorie 690
- Plattentektonik
- Polarfronttheorie 453, 456
- Seafloor-Spreading
- Stoffwechselkontrolltheorie 335–336
- Theorie der baroklinen Instabilität 456
- «Theorie von allem» 137
- von der Belastungsminimierung 715–717
- zur Entstehung des Lebens 698–700
- s. a. Evolutionstheorie
- s. a. Synthetische Evolutionstheorie

thermische Energie 425, 464, 609
thermisches Gleichgewicht 633, 643
- s. a. thermodynamisches Gleichgewicht

Thermodynamik 475
- Dynamik der Wärme 633–637
- Entropie 633, 635–637, 698–699
- Entropie-Theorem 633
- Gesetz der Wärmeleitung 633
- 1. Hauptsatz 634, 637
- 2. Hauptsatz 633, 635, 637, 669–670, 672
- und Ordnung 631, 668, 677
- und Philosophie 672–676

thermodynamisches Gleichgewicht 649, 654, 659, 669–671, 674–676
Thiolgruppe (-SH) 726
Thorax 499, 548
Thylakoide 167–168, 181, 218
Thylakoidlumen 167–168, 173, 177–178
Thylakoidmembran 167–168, 170–174, 177–178, 181
- Aufbau und Ort der Photosynthese 173

Thymin (T) 69, 73, 693, 698, 711, 734
- Struktur 70

Thymin-Nucleotid (T) 72, 73
Thymusdrüse 119, 303–304
- Embryonalentwicklung 119

Tief (Tiefdruckgebiet) 438, 447, 451–455, 461–462, 471–474
Tiefdruckrinne 440–441, 446–447, 452
Tiefsee
- Black smokers 157, 698
- Entstehung von Leben 698
- Tiefseegräben 108, 424–425

tierische Stärke s. Glycogen
Tierkreiszeichen 616–617

Tierstämme und -klassen, Übersicht 489
T-Lymphocyten 303–305, 307, 309, 312, 315
- Bekämpfung von HIV-Viren 314–316
- cytotoxische ($T_c$) 303–305, 307
- Helferzellen ($T_H$) 297, 303, 305, 312, 315
- Lyse von Krebszellen 303
- Rezeptoren auf Lymphocyten 307–308
- Suppressorzellen ($T_s$-Zellen) 303, 312

Tochterzellen, haploide 320
Tod, als Folge der Vielzelligkeit 408–409
Tötungskampf s. Beschädigungskampf
Tonerden 209
Tonga-Graben 424
Ton, erste Gene 701
Tornados 475–476
Toxine, bakterielle 306, 307
Tracheen 286, 548
Tracheiden 521
Tragblätter 531
Trajektorie 637, 665
Transduktion, horizontaler Gentransfer bei Bakterien 328
Transfer-RNA s. tRNA
Transformation, Bakterien 328
Transformstörungen 430
Transkription 84–86, 753
- Ablauf 84–86
- DNA in RNA 84–86
- Kontrolle 93–95

Transkriptionsfehler 734
Translation 84–91, 708, 712, 715, 725, 727, 728, 753, 755, 756
- Ablauf 84–91
- präbiotische Evolution 713–720

Translationsfehler 715
Transpiration 518, 520
Transport
- durch Membranen 725–726
- Sauerstoff im Blut 78, 170–171, 198

transspezifische Evolution s. artübergreifende Evolution
Traubenzucker s. Glucose
Trauerreaktionen s. limerance
Treibhauseffekt 153
Trennungsangst s. limerance
Treue s. Paarbindung
Trias
- Evolution der Säugetiere 571–575

- Klimaveränderungen 576–577, 600
- Massensterben 577, 598–599, 601
- Pflanzen 575–576
- Saurier 565–571
- Verteilung der Landmasse 576–577, 599–600

Tribonucleinsäuren 702
Trinitrotoluol (TNT) 435
Triosen 184–186
Tripper 730
Triplett-Code 86–87, 89–90, 91, 714–715, 719–720
tRNA s. RNA
Trockenklimate 448–450
Trophiestruktur 245–249
Trophiestufen 248–249
Tropikluft 457, 471
Tropische Regenklimate 447–449
tropische Wirbelstürme 451, 471–476
- s. a. Hurrikane 471–475
- s. a. Tornados 475–476
Tropopause 439–442, 464
Troposphäre 439, 464
Trypanosomiasis s. Schlafkrankheit 298
Tryptophan 715 s. Aminosäuren
Tsetse-fliege, Bekämpfung 299
Tsunami 436
T-Suppressorzellen ($T_s$-Zellen) 303, 312
Tubuli 743
Tubulin 743
Tuffgestein 434
Tumorzellen, Bekämpfung 302–304
Tundrenklima 448–450
Turbulenz 643–644
turgeszent 519
Turgor 519
typogenetische Phase, Evolution 107
typostatische Phase, Evolution 107
T-Zellen s. T-Lymphocyten

Ubichinon (Q) s. primärer Elektronenakzeptor
Überbevölkerung 231, 235, 239, 419–420
übereinstimmende Paarung s. assortative Paarung
Überempfindlichkeitsreaktion s. Allergie
Überdetermination 109, 125
- s. a. Fixierung

Überlebensstrategie s. Mimikry und s. Mimese
Überlebensvorteil 95
Überselektion 95, 125, 271
ultraviolette Strahlung s. UV-Strahlung
umkehrbar s. reversibel
Umkippen, Gewässer 256
Umlaufbahnen von Planeten 615
Umwandlung der Arten 109–110
Umweltfaktoren
- Auswirkungen auf die Populationsdichte 229, 235–237, 239
- s. Populationsdynamik
Umweltprobleme
- Abholzung 239
- Ausbreitung der Wüsten 299
- Eutrophierung 256
- Gentechnik 205
- Grundnetzfischerei 266
- Hochwasser 239
- Insektenvernichtungsmittel 242
- Überdüngung 253, 256
- Verbrennung fossiler Brennstoffe 254
Umweltveränderungen
- Anstieg des atmosphärischen Sauerstoffgehaltes 152–153, 209–214, 491, 506, 520–521
Undulipodien 743, 744
ungeschlechtliche Fortpflanzung s. asexuelle Fortpflanzung
ungeschlechtliche Vermehrung
- Schizogonie 295–297
- s. a. Fortpflanzung
uniparentale Vererbung von Organellen 343–344, 345
universelles Zahlungsmittel, ATP 177, 180, 201
universeller genetischer Code 682, 713–715
Unordnung 635
unspezifische Abwehr, Immunsystem 300, 302–303, 306
Untreue s. Paarbindung
Unwahrscheinlichkeit s. Zufallswahrscheinlichkeit
Uracil 70, 85, 693, 697–698, 711, 734, 756
- Struktur 70
Uratmosphäre 153, 204, 206, 212, 463, 698
Urey-Miller-Versuch 463, 693–694

Ur-Gen 684, 688, 702
- aus Tribonucleinsäuren 702
- erste Gene aus RNA 696–701
- erste Gene aus Ton 701

Urknall 136
Urpazifik 576
Ur-Pizza 700, 720, 723
Ursuppe 699–700, 721
Uterus 292
UV-Strahlung 154, 164, 211, 212, 463, 607
- DNA-Schäden 329–332, 339
- Schutz vor UV-Strahlung 164, 211, 440

Vaginalsekret s. Kopuline
Valin 79
- s. a Aminosäuren

Van-der-Waals-Kräfte 75
Variscische Faltung 560–561
Vegetation, in Klimazonen 448–450
vegetative Fortpflanzung s. asexuelle Fortpflanzng
Veitstanz s. Chorea Huntington
Venus 153
Veränderung der Umlaufbahn der Erde 621
Verbrennung, Reaktion mit Sauerstoff 194
Verdrängung durch einwandernde Arten 129
Verdunstung s. Transpiration
Vereisung 505, 508–509, 513, 546–547, 562
Vererbung
- Chromosomen 319–321
- geschlechtsgebundene 397–398
- s. a. Erbkrankheiten

Vergleich
- zwischen asexueller und sexueller Fortpflanzung 321–322, 324
- zwischen Gärung und Atmung 216
- zwischen Photosynthese und Atmung 200
- zwischen prokaryotischer und eukaryotischer Zelle 745–746

Vergleichskampf, Vorraussetzungen 360
Vergletscherung s. Vereisung
Verteilung der Landmassen
- Präkambrium und Kambrium 494–495
- Kambrium 507–510
- Devon 538–540, 546–547
- Perm 560–562
- Trias 576–577, 599–600
- Jura 599–600
- Kreide 601–604

Verhalten
- altruistisches 353
- Attrappenversuche 277
- Balzverhalten 272–273, 385–386
- Beschädigungskampf 360
- Beschwichtigungsgeste 274–275
- Brutparasitismus 275–277
- Egoismus der Gene 357, 385, 655
- gegenüber Stiefkindern 353
- Gene und Verhalten 369–370, 372–382, 384–398
- Hautflügler 111, 386–387, 389–396, 655–659
- Helferverhalten s. soziale Hilfeleistung 401
- hierarchische Muster 111
- hormonelle Steuerung 658
- Hornfrösche 383
- innerartliche Konkurrenzkämpfe 359–368, 370–371, 379–380
- Kannibalismus 382–383, 385–386
- Kindstötung 370–371, 383–384, 406–407
- Kommentkampf 360
- Kooperation 380–381
- Löwen 369–373, 378–380, 382
- Mensch 111, 117, 273, 275, 350–357, 398–399, 401–402, 405–407
- Mundraub 366
- Partnerwahl 351–357
- Rabenkrähen 383
- ritualisiertes Verhalten 117
- ritualisierter Wettkampf 359–360
- Selbstkontrolle 355
- Sexualverhalten 350–357, 401–402, 405–406
- Stiefkindern gegenüber 353
- soziale Hilfeleistung 401
- Sozialverhalten 369–373, 378–380, 382
- Spinnen 385–386
- Täuschung s. Mimese/Mimikry
- Tigerquerzahnmolche 382–383
- Trennung Sexualität und Fortpflanzung 274, 317–318, 328–329
- Weißnasen-Meerkatzen 383–384
- s. a. Soziobiologie

Verhütung s. Antibabypille
Verhulst-Gleichung 229–232, 234–235, 657
 – Prinzip von der Vermehrung der Entropie im Kosmos 633
Vermehrung s. asexuelle Fortpflanzung
Vermehrungsrate 246
Verschleierung des Eisprungs 273, 350, 354
Verschmelzung s. Befruchtung
versteckte Unsymmetrien 365
Verwandtenselektion 373, 384, 397
Verwandtschaft
 – Geschlechtsverwandtschaft 398
 – unsymmetrische 388
Verwandtschaftsgrad
 – Berechnungen bei Ameisen 387–393, 395–396
 – Berechnungen bei Löwen 373–381
 – Halbgeschwister 374
 – Geschwister 373–374
 – Mutterbruder 405–406
 – Zwillinge 373
Verwandtschaftskoeffizient s. Verwandtschaftsgrad
Vesikelbildung, Lipide 721–724
Vesuv 424, 434
Vielzeller 217, 220–221, 408, 652
 – Entstehung 217, 220–221, 707
 – Ediacara-Fauna 490–495
 – Evolution, Beispiel Schleimpilze 652
virale Infektionen 314–316
Viren
 – AIDS-Virus 314–316, 729
 – Affenviren 314
 – Arboviren 288
 – Bakterien-Virus Qb 684
 – Bakteriophagen 328, 684
 – fluchtmutanten 314
 – Grippeviren 228, 229
 – HIV 314–316
 – Retroviren 314, 729
 – RNA-Viren 314, 734
 – Untersuchung des Wildtyps 686–687
 – s. a. Immunbiologie
Vögel
 – Brutparasitismus, Kuckuck 275–277, 398, 574
 – Entstehung der Federn 580–582
 – Evolution 579–586

 – Evolution des Vogelfluges 582–584
 – Radiation in der Kreide 592
Volumen (V) 635, 723
Voranpassung s. Präadaption 292
Vorschaltung s. molekulare Schaltmuster
Vulkane 426, 428–429, 432–437
Vulkanausbrüche
 – El Chichon 436
 – klimatische Auswirkungen 437
 – Krakatau 244, 435–437
 – Mount St. Helen 434
 – Nevado del Ruiz 436
 – Pinatubo 436–437
 – Santorin 435
 – Tambora 437
 – Vesuv 424
Vulkangase 153
Vulkanismus 254
Vulkanstaubindex (DVI) 437

Wachstum 228, 653, 670–671
Wachstumsfaktor s. Nervenwachstumsfaktor
Wachstumsrate 232, 331, 420
 – kollektiver Bewegungsformen 648–649
Wahrscheinlichkeit
 – für Asymmetrie 666
 – für die Entstehung des Lebens 677
 – Gesetzeswahrscheinlichkeit 67
 – s. Verwandtschaftsgrad
 – s. Zufallswahrscheinlichkeit
Wahrscheinlichkeitsrechnung s. Zufallswahrscheinlichkeit
Wahrscheinlichkeitstheorie 638
Wandel der Arten 110
Wärme 634
Wärmeausbreitung 633
Wärme-Ausgleichsströmungen s. Konvektionsströme
Wärmeenergie 643
Wärmefluß 633
Wärmegleichgewicht 634
 – s. a. thermisches Gleichgewicht
Wärmegewitter s. Gewitter
Wärmehölle 153
Wärmekraftmaschine 634–635
Wärmetod 635, 637, 666
Wärmetransport 645
warmblütige Tiere 556, 567, 579–580, 583

Warmfront 453–455, 457–458, 461
Warmgemäßigte Regenklimate 448–449
Wasser
 – Endprodukt bei Dissimilation 194, 198, 215
 – Gehalt in Uratmosphäre 153, 212, 463
 – in der Atmosphäre 212, 447
 – Kochen von Wasser 645–648
 – Spaltung bei Photosynthese 162
 – Strukturformel 639–640
 – Struktur von flüssigem Wasser 641–642
 – Struktur von Eis 642–643
 – Wasserabspaltung bei Kondensationsreaktion 72, 186
 – Wasseraufnahme und -abgabe bei Pflanzen 515–516
 – Wechselwirkung mit Lipiden 721–723
Wasserkreislauf 257
Wasserpotential 519
Wasserstoff
 – Bedeutung beim Urknall 136
 – Uratmosphäre 153, 155, 212, 463
Wasserstoffbrückenbindungen 74, 638, 640–642, 697, 711
Wasserstoffionen s. Protonen
Wasserstoff-Methan-Kreislauf 156
Wasserstoffperoxid 744
Wassertröpfchen-Konzept, Woese 699, 720
Wasserverlust
 – Bedeutung der Schließzellen, Blätter 205–206
Watson-Crick-Modell, DNA 68, 75–76, 632, 716
Wechsel der Funktion eines Organs 102–107, 536, 542, 549, 571, 586
Wechsel der Ploidiephasen 329–332
Wechselfieber s. Malaria
Wechselschaltung 93
 – s. a. Gleichschaltung
Wechselwirkungen
 – Epistasie 335–336
 – hydrophile/hydrophobe 721–723
 – zwischen elektrischen Dipolen 640–641
 – zwischen Genen und Phänen 62–63, 126
 – zwischen Genen 110, 116–117, 335

weiße Blutkörperchen s. Leukocyten 300–302
Weltall, Entstehung 136–137
Weltgesundheitsorganisation s. WHO
Wertfunktion 684
Wertlandschaft, Mutanten 687–688
Wertverteilung der Mutanten 685
Wettbewerb, induzierter 355
Wetterprognose, 460–461, 462–463
Wettrüsten
 – Räuber-Beute 504, 540, 555–556
 – Krankheitserreger-Immunsystem 284, 336, 339
WHO, Schätzungen 299–300, 315
Wiederkäuer 535
Wildtyp 682–683, 685–687, 689, 691
Wimpern, Cilien 743, 744
Windbestäubung 280–281, 531
Windgeschwindigkeitsmesser 460–461
Winkelgeschwindigkeit 442–445, 474, 475
Wintermonsun 487–488
Wirbelsäule, Ordnung der Hierarchie
Wirkstoffe s. Hormone
Wirkungsgrad
 – Atmung 216–217
 – Photosynthese 162
 – Verbrennungsmotor 216–217
 – Wärmekraftmaschinen 634, 636
Wirkungsspezifität von Enzymen 82, 191
Wirt 278–279, 284–285, 286–291
Wirt-Parasit-Beziehung 276, 284, 336
Wirtswechsel 296
Wirtszelle 741
Witterungseinflüsse, Population 235
Wobble-Hypothese 716
Wolken
 – Altostratus 461
 – Cirrus(=Faser)wolken 461
 – Cumulonimbuswolken 458, 462, 475
 – Cumulus(=Haufen)wolken 454–455, 458, 461, 464, 469
 – Gewitterwolke 465–468
 – Nimbus 461
 – Quellbewölkung 464
 – Schäfchenwolken (Cirrocumulus) 461, 645, 679
Wolkenstraßen 645

Wüsten 447, 450
Wurmfortsatz, Blinddarm 121
Wurzel 523–524

xenoplastische
　Transplantationsexperimente 119
X-Chromosom 397–398
XY-System, Geschlechtsbestimmung
　397–398
Xylem 520, 523

Y-Chromosom 397–398

Zähne
　– Phosphor als Bestandteil 255
Zahlenpyramide 246
Zapfen, Auge 36, 37
Zapfstellen, taps 741
Zecken-Borreliose 286
Zeitalter 505, 512
Zellaggregate 221
Zellatmung 215–217
　– Ablauf 194–200
　– Ähnlichkeit mit Photosynthese
　　199–200, 217, 218
　– ATP-Gewinn 197–200
　– Citrat-Zyklus 159, 199, 216
　– Kohlenstoffkreislauf 254–255
　– Vergleich mit Photosynthese 194,
　　199–200, 217
　– Wirkungsgrad 215–217
Zelldifferenzierung 654
Zelle
　– Aufbau 221
　– s. a. Bakterienzelle
　– s. a. Eukaryotenzelle
Zellen, Bénardsche 648–649, 670
Zellkern 40, 85, 153, 319, 714, 753, 754, 756,
　758
　– Entstehung des Zellkerns 753–759
Zellmembran s. Membran
Zellplasma s. Cytoplasma
Zellteilung 55, 68
　– bei Prokaryoten 748–750
　– Bedeutung für die Embryonalent-
　　wicklung 55
　– Dauer 749
　– Mitose bei Eukaryoten 745, 749, 751, 759

– Pleuromitose bei Protisten 751–753
– s. a. Meiose
– s. a. Mitose
Zelltypen 667–668
Zellwand
– Bakterienzellwand, Aufbau 738–739
– Bakterienzellwand, Verlust 738–740
– Pflanzenzellwand, Aufbau 193
– Pflanzenzellwand, Funktion 519–520
Zellverbände 516, 653
Zentraleruptionen 434–436
Zentralgraben 424
Zentralnervensystem 286, 288, 654
Zentrifugalkraft 444–445
Zerkarien 278
Zersetzer s. Destruenten
Zinkionen 703
Zottenhaut 550
Zucker s. Kohlenhydrate
Zucker-Phosphat-Rückgrat s. DNA
Zuckersynthese s. Photosynthese
zufällige Schwankungen 631, 646–647
Zufälligkeit
– bei der Befruchtung 320, 346–349
Zufallsentscheidungen s. a. Indeterminations-
　ereignisse 65
Zufallsentstehung biologischer Gebilde 43
Zufallsereignisse 40, 67, 124
Zufallsgeschehen 40, 67
Zufallsgitternetzwerke 666
Zufallskollisionen 699
Zufallswahrscheinlichkeit (P) 40, 41, 65, 116,
　124
– für das Auftreten einer Mutation
　($P_m$) 116, 124, 344
– für das Auftreten eines Mutationserfolges
　($P_e$) 124
– für die Möglichkeiten der genetischen
　Rekombination 319–321
– für Goethe-Zeile 42–43
– relative Abweichung vom Mittelwert
　631
Zuordnungskatalysatoren 717, 718
Zusammenbruch der Photosynthese 608–609
Zusammenhang Struktur/Funktion s.
　Struktur und Funktion
Zusammenleben s. Lebensgemeinschaften
Zustandsänderung 633

Zustandsfunktion 635
Zustandsraum 665, 668
Zustandszyklus 665, 667
Zwei-Arten-Systeme 240–242
– s. a. Räuber-Beute-Beziehungen
Zweifachzucker s. Disaccharide
Zwei-Schritt-Meiose 333, 336
Zweiteilung
– Bakterien 218, 748–751
– Mitochondrien u. Chloroplasten 218
– s. a. Mitose
– s. a. Zellteilung
zwischenartliche Beziehungen s. Wechselbeziehungen, interspezifische
Zwischenwirt 279, 288, 293, 294, 298
Zygote 132, 296–297, 319–320, 322, 323, 345–348
– Größe und Überlebenschance 346–348
zyklisches Adenosinmonophosphat s. cAMP 652
Zyklone 451, 452–458, 471–473, 484–485
Zyklogenese, Entstehung 456–457
Zyklus, weiblicher
– Empfängnisoptimum 273, 350, 354–355, 356
– Synchronisation 370
– Zyklusabhängigkeit des Vaginalsekretes 354–355
– zyklusabhängiges sexuelles Appetenzverhalten 355

# Tier- und Pflanzennamen

Aale («Glasaale», «Gelbaale», «Silberaale»), *Anguilliformes* 412f, 596
*Acanthodii* (Stachelhaie) 100, 101
*Acarina* (Milben) 286
*Acrasiomycetes* (Zellige Schleimpilze) 323
Acritarchen 506ff., 545
*Actinopterygii* (Strahlenflosser) 101, 541ff.
Adler 246, 777
Affen 40ff., 274, 282, 314, 315, 383, 386
*Agamidae* (Agamen) 570f., 582
Agamen (*Agamidae*) 570f., 582
*Agnathen* (Kieferlose) 100, 538, 540f.
Algen 170, 171, 181, 221, 246ff., 256, 323, 341, 343, 494, 506f., 518, 522, 596, 628, 742
Allosaurus (die «verschiedenartige Echse») 578, 593
*Alnus* (Erle) 588
*Ambystomatiden* (Querzahnmolche) 382
*Ambystoma tigrinum* (Tigerquerzahnmolche) 382f.
Ameisen *(Formicidae)* 111, 146, 289, 386ff., 401, 591, 651ff., 655ff.
Ameisenigel, Schnabeligel *(Tachyglossidae, Tachyglossus)* 106, 571
Ammoniten, Ammonoideen 60, 547, 548, 558, 578, 595, 598, 601, 604, 605
Amnioten 549f.
Amöben 219
Amphibien *(Lurche)* 104, 119, 244, 251, 284, 285, 382, 398, 536, 543f., 549f., 557, 592, 598
*Amphioxus* (Lanzettfischchen) 118, 138
Amsel 243
Anamnia 550
Anapsiden 552, 553
*Angiospermae* (Bedecktsamer) 280ff., 527, 533, 585, 586ff., 591
Anglerfisch, *Phrynelox scaber* 268
Anglerfische, *Lophiiformes* 267f.
*Anguilla anguilla* (flußaale, europäische) 412
*Anguilliformes* (Aale, «Glasaale», «Gelbaale», «Silberaale») 412f, 596
Animalia (Tiere) 739, 740
*Ankylosauria* (Panzer-Dinosaurier) 594
*Annelida* (Ringelwürmer) 318, 490, 491, 494

Anolis-Leguane (Kleinleguane) 107f.
Anomalocaris 502, 504, 540, 556
Anopheles-Mücke 295, 296f.
*Anthopleura elegantissima* (Seeanemone) 261, 317
*Anthozoa* (Korallentiere, Blumentiere) 317
*Anura* (Frösche, Froschlurche) 119, 269, 382, 550, 592
*Apis mellifera* (Honigbiene) 658
*Apoidea* (Bienen) 111, 146, 262, 280, 289, 386ff., 401, 591, 648, 655, 658
*Arachnida* (Spinnentiere) 286, 288, 385, 503, 537f.
*Araneae* (Spinnen, echte) 244, 269, 385, 386, 537, 795
Araukarien *(Araucaria)* 523, 525, 578, 589
*Araucaria* (Araukarien) 523, 525, 578, 589
Arboviren 288
Archaebakterien (Ur-Prokaryoten) 153, 155, 156, 158, 159, 164, 727, 738, 739, 740, 758, 759
*Archaeocyathiden* (Urbecher) 498, 508
*Archaeopteris* 522, 526, 533
*Archaeopteryx* (Urvogel) 580, 581 f.
Archaezoen 337, 739, 740, 758
Archosaurier 551, 552, 553
*Ardeiformes* (Reiher) 592
*Ardipithecus ramidus* 438
*Arecaceae, Palmae* (Palmen) 588, 590, 592
Argentinosaurus 594
Armfüßer, «Lampenmuscheln» *(Brachiopoden)* 508, 510, 511, 512f., 545, 547, 558, 579, 596, 597, 598, 606
*Arthropoden* (Gliederfüßer) 288, 408, 490, 491, 495, 496, 499, 500f., 503, 536ff., 597
Asseln 503, 508, 794
*Asteroidea* (Seesterne) 510
*Astraspis* 545
Atdabanian-Fauna 498
Aurakarien 525, 589
Australischer Lungenfisch *(Epiceratodus)* 103
*Automeris memusae* (Pfauenspinner) 266
*Aves* (Vögel) 119, 134, 135, 147, 244, 251, 257, 263, 266, 275 ff., 278, 280, 282, 287, 288, 304, 346, 398, 549f., 553, 557, 564ff., 574, 579ff., 591, 592, 598, 656, 672, 777, 794, 843

Bachstelzen 275
Baiera 575, 589
Bakterien (Prokaryoten) 537, 737, 738, 739, 740, 741, 742, 743, 748 f., 754, 758
Bakterien-Virus Qβ 684
Bakteriophagen 328, 684
*Baltisphaeridium* 507
Bandwürmer *(Cestoda)* 278, 283, 292ff., 491
Barbulanympha 330
Bären *(Ursinae)* 120, 383, 777
Bärenklau 280
Bärenmakaken *(Macaca arctoides)* 384
Bärenpavian *(Papio ursinus)* 384
Bärlappbäume *(Lepidodendrales,* auch: *Lepidophyten)* 5252, 533
Bärlappgewächse *(Lycopodiopsida)* 524f., 529, 534, 575, 576
Bastardsaurier, Paddelechsen *(Nothosaurier)* 553, 564, 568
*Bathyergidae* (Sandgräber) 397
Bauchfüßer, Schnecken *(Gastropoden)* 44, 251, 278, 491, 510, 517, 536, 537, 547, 597, 598
Bäume 244, 283, 522, 587, 590, 592, 612, 804
Baumfarne 524, 526, 533
Baummarder 243
Becherkoralle, Hornkoralle, «Runzelkoralle» *(Rugosa)* 510, 558
Bedecktsamer *(Angiospermae)* 280ff., 527, 533, 585, 586ff., 591
*Belemniten* («Donnerkeile») 579, 596
*Bennettitidae, Bennettitales, Bennettiteen (Blumenpalmfarne)* 532, 578, 588, 591 f.
*Bennettitopsida* 532
Berg-Guerezas *(Colobus guereza)* 384
Bernsteinschnecke *(Succinea)* 278f.
*Betula* (Birke) 49, 138, 450, 588, 591
*Betulaceae* (Birkengewächse) 588
Beuteltiere *(Marsupialier)* 129, 572, 573, 592, 603
Bienen *(Apoidea)* 111, 146, 262, 280, 289, 386ff., 401, 591, 648, 655, 658
Bienenragwurz *(Ophrys apifera)* 281–282, 591
Birken *(Betula)* 49, 138, 450, 588, 591
Birkengewächse *(Betulaceae)* 588
*Bivalvia* (Muscheln) 157, 491, 510, 511, 547, 596, 597, 598, 600, 601, 605 f.

Blattfußkrebse *(Branchiopoden, Phyllopoda)* 496, 500, 549
Blattläuse 289, 340, 656
*Blattodea* (Schaben) 535, 548
Blumenpalmfarne *(Bennettitidae, Bennettitales, Bennettiteen)* 532, 578, 588, 591 f.
Blumentiere, Korallentiere *(Anthozoa)* 317
Boas *(Boinea)* 592
Bockkäfer 243
Bodenbakterien 253
*Boinea* (Boas) 592
Bonobos (Zwergschimpansen) 317
Borkenkäfer 243
*Borrelia burgdorferi* 286
Borstenwürmer (Polychaeten) 317 f.
*Brachiopoden* (Armfüßer, «Lampenmuscheln») 508, 510, 511, 512 f., 545, 547, 558, 579, 596, 597, 598, 606
*Brachiosaurus brancai* 594
*Brachycera* (Fliegen) 244, 281, 289, 386, 578
*Branchiopoden, Phyllopoda* (Blattfußkrebse) 496, 500, 549
Braunalgen 740, 742
Brontosaurus 578, 593 f.
Brückenechsen 553, 598
*Bryophyten* (Moose) 324, 450, 527, 523, 528, 529, 533, 541, 795
*Bryozoen* (Moostierchen) 510, 511, 512, 558, 597, 606
Buchecker 243
Buchen 450, 470
Buchenspringrüßler 243
*Bufo bufo* (Erdkröten) 284, 285
Buntastrild *(Pytilia melba)* 277
Buntbarsche *(Cichlidae)* 272, 273
Bussarde 227, 770

Calamitaceae 524, 533
*Callograptus* 512
Camarasaurus 578
Carnivoren 553
*Caudata* (Schwanzlurche) 382
Cephalopoden (Kopffüßer) 510, 596
*Ceratophrys* (Hornfrösche) 382
*Ceratopsia* (Horn-Dinosaurier) 595
Ceratosaurus 566
*Cercopithecus ascanius* (Weißnasen-Meerkatzen) 383 f.

*Cestoda* (Bandwürmer) 278, 283, 292 ff., 491
Charnia 490
*Cheilostomata* (Lippenmünder) 597
*Cheirolepis* 541 ff.
*Cheliceratae* (Scherenfüßer) 385, 496, 503, 538
Cladoselache 541
*Chlamydomonas* (einzellige Grünalge) 248, 323, 343
*Chlorophyta* (Grünalgen) 323, 343, 507, 518, 742
*Chondrichthyes* (Knorpelfische) 101, 550
Chordaten (Chordatiere) 106, 118, 119, 489
Chromisten 739, 740, 742
*Cichlidae* (Buntbarsche) 272, 273
Ciliaten (Wimpertierchen) 241, 714
*Cnidaria* (Nesseltiere) 317, 491
Coccidia 295
*Collembola* (Springschwänze) 244, 537
*Colobus guereza* (Berg-Guerezas) 384
*Conchostraca* (Schalenkrebse) 549
*Coniferae, Pinidae* (Coniferen) 533, 559, 563, 578, 586, 592
Coniferen *(Coniferae, Pinidae)* 533, 559, 563, 578, 586, 592
*Coniferophytina* (gabel- und nadelblättrige Nacktsamer) 527, 532 f.
Conodonten 437, 508, 545, 598
Cooksonia 521, 533
Cordaiten, Cordaitidae 532, 533, 534, 575
*Corvus corone corone* (Rabenkrähen) 383
Cotylosaurier («Stammreptilien») 550 f.
Credneria triacuminata 589
*Crinoidea* (Seelilien) 510, 547 f., 578, 597
*Crocodilia* (Krokodile) 104, 105, 264, 551, 553, 564, 565, 566, 567, 569, 578, 595, 598, 601, 843
*Crossopterygii* (Quastenflosser) 103 f., 106, 108, 121, 543, 544, 545
*Crustaceen* (Krebstiere) 495, 496, 500, 503
*Ctenocephalides canis* (Hundeflöhe) 290
*Cupliferae, Fagaceae* 588
Cyanobakterien («Blaualgen») 163, 165, 170 f., 208, 210, 212 f., 218, 220, 253, 283, 506, 516, 518, 628, 740 ff.
Cycadales 532, 575
*Cycadaceae, Cycadeen* (Palmfarne) 575, 576, 578, 586, 591
Cycadeen, Cycadaceen (Palmfarne) 575 f., 578, 586, 591

Cycadeoidea 534
*Cycadeoidea marshiana* 589
Cycadophytina (fiederblättrige Nacktsamer) 527, 531, 532
*Cycadopsida* 532, 575
Cyclokorallen, Hexakorallen 564, 596
Cynognathus 106, 573
*Cypriniformes* (Karpfen) 345, 596

*Daphnia* (Wasserfloh) 248
Delphine 401, 568
Dewalquea trifoliata 589
Diadectes 555
Diapsiden 552, 553, 566
Diarthrognathus 573
*Diatomeen* (Kieselalgen) 596, 740, 742
Dickinsonia 490, 491, 494
Dicynodontia 559
*Didinium nasutum* 241
Dikotylen 590, 591
Dimetrodon 555, 573
*Dinoflagellaten, Dinophyten* (Panzeralgen) 742
*Dinophyten, Dinoflagellaten* (Panzeralgen) 742
Dinosaurier («Schreckensechsen») 282, 551, 553, 564 ff., 569, 577 f., 593 ff., 604 f., 610, 611, 613
Diplodocus Carnegii 594
*Dipnoi* (Lungenfische) 103, 544
*Dipterus* 544
Docodonten 572
«Donnerkeile» *(Belemniten)* 579, 596
*Draco* (Flugdrachen) 570 f., 582
*Drosophila, Drosophila melanogaster* (Obstfliege, Taufliege) 114, 397, 631
Drosselrohrsänger 276
Dryophyllum subfalcatum 589
Dunkleosteus 541, 545

*Echinodermata* (Stachelhäuter) 714
Echsen und Schlangen, Schuppenkriechtiere, eigentliche *(Squamata)* 107, 551, 553, 564, 574, 595, 598
Echsenbecken-Dinosaurier *(Saurischia)* 551, 553, 566, 593, 594
Ediacara-Fauna 489 ff., 504, 540, 556
Eichen *(Quercus)* 450, 470, 523, 588, 780

Eichhörnchen 243
Eidechsen *(Lacertilia)* 244, 264, 551, 553, 566, 592
Eierleger *(Prototheria)* 572
Einzeller (Protisten) 221, 341, 739, 740
Eisenbakterien 157–158, 161
Elefantenfuß-Dinosaurier *(Sauropoden)* 566, 567, 577, 578, 593 f., 601
Elephanten 246
Emietta 490
Entenschnabel-Dinosaurier, Schnabeldrachen *(Hadrosauriden)* 567, 593
Eohippus 116
*Eosuchia* (Urschuppensaurier) 553, 564, 565
Eozostrodon 573
*Epiceratodus* (Australischer Lungenfisch) 103
*Equisetopsida*, auch: *Sphenopsida* (Schachtelhalmgewächse) 524, 533, 576
*Equisetites* 576
*Equisetum* (Schachtelhalm) 524
Erdkröten *(Bufo bufo)* 284, 285
Erle *(Alnus)* 588
Eryops 104, 105, 555 f.
Escherichia coli 93, 749
Eubakterien 153, 162–163, 218, 727, 738, 739, 759
Eudimorphodon 570
Eugleniden *(Euglenophyta)* 742
*Euglenophyta* (Eugleniden) 742
Eukaryoten 738, 739, 743, 748, 758
Euryapsiden 553
Eusthenopteron 102, 103, 543, 545
Eutheria (Placentalia, plazentale Säugetiere) 129, 593

*Fagaceae, Cupliferae* 588
Falter 229
Fangschrecken *(Mantodea)* 270, 271
Farne, echte *(Pteridopsida*, auch: *Filicopsida)* 524, 526
Farnpflanzen *(Pteridophyta)* 244, 523, 524 ff., 527, 529, 530, 533, 576, 578, 591
Feldwespen *(Polistes)* 393
Feliden (Katzen) 227, 234, 264, 265, 826
Fichten 586, 592
*Filicopsida*, auch: *Pteridopsida* (Farne, echte) 524, 526
Filzläuse, Schamläuse *(Phthirus pubis)* 291

Fingerhirse 206
Fische 119, 120, 121, 268, 273, 398, 538, 550, 592, 672
Fische, kieferlose *(Agnatha)* 100, 538, 540f.
Fischsaurier *(Ichthyosaurier)* 552, 553, 564, 568, 569, 578, 595, 598f., 601
Fischschädellurche *(Ichthyostega)* 104, 105, 543f.
*Flagellaten*, Zooflagellaten (Geißeltierchen) 298, 330
Flamingos *(Phoenicopteriformes)* 592
Flechten 450, 518
Fledermäuse 135, 244, 280, 290, 549
Fleischflosser *(Sarcopterygii)* 101, 103, 543
Fliegen *(Lucilia)* 283, 284f., 292
Fliegen *(Brachycera)* 244, 281, 289, 386, 578
Flöhe *(Siphonaptera)* 283, 286, 288ff., 762
Flugdrachen *(Draco)* 570f., 582
Flugsaurier, Flugechsen *(Pterosaurier)* 551, 553, 564, 569, 570, 571, 592
Flundern 266
Flußaale, europäische *(Anguilla anguilla)* 412
*Foraminiferen* («Kammerlinge») 548, 557, 578, 596, 605f.
Forellen 267
*Formicidae* (Ameisen) 111, 146, 289, 386ff., 401, 591, 651ff., 655ff.
Frauenhaarmoos 417
Frösche, Froschlurche *(Anura)* 119, 269, 382, 550, 592
*Fulgoriden* (Zikaden, Langkopfzirpen) 265, 267
Fungi (Pilze) 221, 323, 341, 518, 739, 740
Fusuliniden 548, 557, 558

*Gallionella ferruginea* 157
Gartengrasmücken 275
Gartenrotschwanz 276
*Gastropoden* (Schnecken, Bauchfüßer) 44, 251, 278, 491, 510, 517, 536, 537, 547, 597, 598
*Gaviiformes* (Seetaucher) 592
Geckos 264
Gefäßpflanzen *(Tracheophyten)* 171, 324, 520, 521, 523, 533
Geier 246
Geißelalgen 507
Geißeltierchen *(Flagellaten*, Zooflagellaten) 298, 330

Gemsen 100
Geparde 246
Getreide, Korn 789ff., 796ff.
Gibbons *(Hylobatidae)* 404f.
Giganotosaurus 593
*Ginkgo biloba* 575
Ginkgoales (Ginkgobäume) 575
Ginkgoopsida (Ginkgogewächse) 533, 592
Ginkgobäume 533, 575, 578
Ginster 267
Giraffe 49
Gliederfüßer *(Arthropoden)* 288, 408, 490, 491, 495, 496, 499, 500f., 503, 536ff., 597
Globigerinen 596, 605
*Glossina* (Tsetse-Fliege) 298, 299
*Glossopteris, Glossopteridaceae* (Samenfarn) 532, 533
*Gnathostomata* (Wirbeltiere mit Kiefern) 100f.
Gnus 100
Goldalgen 740, 742
Goldfliegen *(Lucilia)* 284f., 292
Gonokokken *(Neisseria genorrhoeae)* 730
Gorgosus liberatus 593
Gottesanbeterinnen *(Mantiden)* 270, 271
gramnegative Bakterien (Negibakterien) 730, 731, 733, 739, 740, 744, 759
grampositive Bakterien 744, 745
Graptolithen 512
Gräser 244, 280, 283, 523, 586, 588, 795
Grasmücke 243
Graugänse 399
Grippeviren 228, 229
*Gruiformes* (Kraniche) 592
Grünalge, einzellig *(Chlamydomonas)* 248, 323, 343
Grünalgen *(Chlorophyta)* 323, 343, 507, 518, 742
Grüne Meerkatzen 315
grüne Schwefelbakterien 162, 165, 208
*Gymnospermae (Nacktsamer)* 280, 526, 527, 531, 533, 559, 575, 585, 586, 588, 589

Hadrosauriden (Entenschnabel-Dinosaurier) 567, 593
Haie *(Selachii)* 101, 251, 541, 545, 596, 597
*Halobacterium halobium* 164
*Halobacterium cutirubrum* 164

Halophile Archaebakterien 155, 156, 159, 164
Hallucigenia 502, 503
Hamster 263
Haramiya 575
Hasel 280
Hasen 770, 777
Hauspferd 115
Hautflügler *(Hymenoptera)* 111, 386–387, 389–396
Hechte 101
Hefen 196, 331
Heliconiden, Schmetterlinge 262 f.
Hepaticaephyton 521
*Herse convolvuli* (Windenschwärmer) 281
Hesperornis 592
Heterodontosaurus 566
*Heterocephalus glaber* (Nacktmulle) 397
Heterostraci 545
Heuschrecken 227 f., 231
Hexakorallen, Cyclokorallen 564, 596
Hirsch 777
HIV-Virus (humanes Immunschwächevirus) 314–316
Hohltiere 490 f.
Holzbock, Zecke *(Ixodes ricinus)* 283, 286 ff., 292
Hominiden 111
*homo ergaster* 413, 483
*homo sapiens* 283, 355, 438
Honigbiene *(Apis mellifera)* 658
Horn-Dinosaurier *(Ceratopsia)* 595
Hornfrösche *(Ceratophrys)* 382
Hornkoralle, Becherkoralle, «Runzelkoralle» *(Rugosa)* 510, 558
Hornmoose 523
Huftiere 111
Hühner 23
Hulmans *(Presbytis entellus)* 384
Hülsenfrüchte *(Leguminosen)* 253, 794
humanes Immunschwächevirus (HIV) 314–316
Hummeln 281, 387, 391, 591
Hummelschweber 281
Hunde 23, 290, 777
Hundeflöhe *(Ctenocephalides canis)* 290
*Hydra* (Süßwasserpolypen) 317, 651 ff.
*Hydrozoa* 317
*Hylobatidae* (Gibbons) 404 f.

*Hylonomus* 552, 553, 557
Hymenoptera (Hautflügler) 111, 386–387, 389–396
*Hyolithellus* 497

Ichthyornis 592
*Ichthyosaurier* (Fischsaurier) 552, 553, 564, 568, 569, 578, 595, 598 f., 601
*Ichthyosaurus, Ichthyosauridae* 569
*Ichthyostega* (Fischschädellurche) 104, 105, 543 f.
*Idolum diabolicum* (afrikanische Teufelsblume) 270
*Iguanodon* (Leguanzahn-Dinosaurier) 594
*Iliciaceae* (Stechpalmen) 587
Immunschwächevirus, humanes (HIV) 314–316
Inoceramiden 605
Insekten 112, 149, 196, 228, 232, 244, 251, 265, 266, 280 ff., 503, 535, 537 f., 548, 564 f., 578, 585, 591, 651 ff.
*Invertebraten* (Nicht-Wirbeltiere) 512, 598
*Isoptera* (Termiten) 111, 397, 535, 658
*Ityraea negrocincta*, Zikadenart 267
*Ixodes ricinus* (Holzbock, Zecke) 283, 286 ff., 292
*Ixodidae* (Schildzecken) 286

Jagdspinne *(Pisaura listeri)* 386
Javaneraffen *(Macaca irus)* 384
*Juglandaceae, Juglans regia* (Walnußbaum) 588, 591

Käfer 244, 280 f., 794
Käferwurm 536
Kakteen 450
«Kammerlinge» *(Foraminiferen)* 548, 557, 578, 605 f.
Kammuscheln *(Pecten)* 579
Kaninchen 227 f., 309
Karottenpflanze 53
Karpfen *(Cypriniformes)* 345, 596
Katzen *(Feliden)* 227, 234, 264, 265, 826
Kaulquappen 550
Kieferlose *(Agnathen)* 100, 538, 540
Kiefern *(Pinaceae)* 533, 586, 592
Kieselalgen *(Diatomeen)* 596, 740, 742
Kimberella 490, 491

Klapperschlange 265
Kleiderläuse, Kopfläuse *(Pediculus humanus)* 290f.
Kloakentiere (Monotrematen) 106, 108, 571
Knochenfische *(Osteichthyes)* 101, 106, 251, 541f., 543, 548, 551, 550
Knochenfische, echte *(Teleostei)* 579, 595, 597
Knöllchenbakterien *(Rhizobium)* 253
Knorpelfische *(Chondrichthyes)* 101, 550
Kokospalmen 244
Kolibris 282
Kopffüßer *(Cephalopoden)* 510, 596
Kopfläuse, Kleiderläuse *(Pediculus humanus)* 290f.
Korallen 490, 491, 513, 557, 558, 564, 579
Korallentiere, Blumentiere *(Anthozoa)* 317
Korallennattern 265
Korkeichen 450
Krabben 597
Kraken *(Octopodidae)* 60, 510
Krallenfrosch *(Xenopus laevi)* 697
Kraniche *(Gruiformes)* 592
Kräuter 283, 588, 590
Krebse 157, 244, 496, 503
Krebstiere *(Crustaceen)* 495, 496, 500, 503
Kreuzspinnen 385, 386
Kriechtiere, terrestrische Tetrapoden *(Reptilien)* 105, 251, 398, 549f., 551ff., 564ff., 577f., 597, 598, 601, 794
Krokodile *(Crocodilia)* 104, 105, 264, 551, 553, 564, 565, 566, 567, 569, 578, 595, 598, 601, 843
Kröten 549
Krötenechsen 264
Krötenköpfe 264
Krustentiere 60
Kuckuck 243, 275ff., 398, 574
Kuh 780

Labyrinthodontia (Labyrinthodonte Amphibien) 104, 105, 121, 550, 555f., 598
Lachse *(Salmoniformes)* 596
*Lacertilia* (Eidechsen) 244, 264, 551, 553, 566, 592
«Lampenmuscheln», Armfüßer *(Brachiopoden)* 508, 510, 511, 512f., 545, 547, 558, 579, 596, 597, 598, 606
Langarmaffen 404

Langkopfzirpen, Zikaden *(Fulgoriden)* 265, 267
Lanzettfischchen *(Amphioxus)* 118, 138
Lappentaucher *(Podicipediformes)* 592
Lärche 533
*Latimeria chalumnae* (Quastenflosser, Crossopterygii) 104, 538
Laubbäume 586
Laubmoose 523, 528, 529
Läuse *(Phthiraptera)* 283, 286, 288, 290ff.
*Lebachia piniformes* 534
Lebermoose 523
Leguanzahn-Dinosaurier *(Iguanodon)* 594
Leguminosen (Hülsenfrüchte) 253, 794
Lenargyrion 497
*Lepidocarpon* (Sonnenbärlapp) 529
*Lepidodendraceae* (Schuppenbäume) 525, 533
*Lepidodendrales,* auch: *Lepidophyten* (Bärlappbäume) 525, 533
*Lepidoptera* (Schmetterlinge) 228, 244, 262f., 265, 266, 281, 289, 398, 578, 591
*Lepidosaurier* (Schuppenkriechtiere) 551, 553
*Leptalis* (Weißling) 262f.
*Leptodactylidae* (Südfrösche) 382
*Leucochloridium macrostomum* 278
Libellen *(Odonata)* 548, 578
Linde 224
Lippenmünder (Cheilostomata) 597
*Lophiiformes* (Anglerfische) 267f.
Löwen *(Panthera leo)* 246, 264, 369ff., 383, 386, 777, 778, 843
*Lucilia* (Goldfliegen) 284f., 292
*Lucilia silvatica* 284f., 292
Lungenfische *(Dipnoi)* 103, 544
Lupinen 267
Lurche *(Amphibien)* 104, 119, 244, 251, 284, 285, 382, 398, 536, 543f., 549f., 557, 592, 598
*Lycopodiopsida* (Bärlappgewächse) 524f., 529, 534, 575, 576
*Lyginopteridopsida,* auch: *Pteridospermae* (Samenfarne) 531, 534
*Lymantria dispar* (Schwammspinner, Zigeunermotte) 228f., 231
*Lystrosaurus* 558, 559

*Macaca arctoides* (Bärenmakake) 384
*Macaca irus* (Javaneraffen) 384
*Macaca mulatta* (Rhesusaffen) 384

Macchie 450
Maden 794
*Magnoliaceae* (Magnolien) 592
Magnolien *(Magnoliaceae)* 592
Maikäfer 243
Mais *(Zea mays)* 168, 206, 208, 450, 796
Malacostraca 496
Mamenchisaurus 578
*Mammalia* (Säugetiere) 111f., 119, 129, 132, 244, 251, 287f., 350, 383, 397, 550, 557, 564ff., 571, 572ff., 579, 592, 598, 603, 605, 610, 653
Mammutbäume *(Sequoien)* 592
Mandibulaten 495
Mantelpaviane *(Papio hamadryas)* 274, 384
Manteltiere *(Tunicata)* 317
*Mantiden* (Gottesanbeterinnen) 270, 271
*Mantodea* (Fangschrecken) 270, 271
Marella 499ff.
Marienkäfer 289
*Marsupialier* (Beuteltiere) 129, 572, 573, 592, 603
Mauereidechsen 264
Maulbeergewächse *(Morus)* 592
Maulbrüter 272
Maulwurf 146, 243
Mäuse 149, 166, 167, 227, 236, 246, 263, 264
Mausmakis 282
Medusoiden 490
Meerschweinchen 352, 592
*Meganeura monyi*, Fluginsekt 548
Meise 243
Menschenfloh *(Pulex irritans)* 289
Merostomata 496
*Mesosaurier* (Rechengebißechsen) 552
Metakaryota 739, 740, 744, 758
Methanogene Archaebakterien 155–156, 215
Microsporidien 337f.
Mikroben 287, 288
Milben *(Acarina)* 286
Minze 166
Miracidium-Larve 278
Mistkäfer 243
Mixosaurus 569
Molche 119
Mollusken 408, 564, 596
Monokotylen 590
Monotrematen (Kloakentiere) 106, 108, 571

Moose *(Bryophyten)* 324, 450, 523, 527, 528, 529, 533, 541, 795
Moosfarne *(Selaginellales)* 525f., 529
Moosfarn *(Selaginella)* 529
Moostierchen *(Bryozoen)* 510, 511, 512, 558, 597, 606
Morganucodon 573
Morus (Maulbeergewächse) 592
Mosasaurier 595
Mücken *(Nematocera)* 578
Muscheln *(Bivalvia)* 157, 491, 510, 511, 547, 596, 597, 598, 600, 601, 605f.
Muschelkrebse *(Ostracoden)* 549
Musciphyton 521
Mycoplasmen 660
Mykorrhizapilze 518
Myrmica, Ameisen 391
*Myrtaceae* (Myrtengewächse) 592
Myrtengewächse *(Myrtaceae)* 592
*Myxinoidea* (Schleimaale) 545
*Myxomyceten* (Schleimpilze) 651ff.

Nacktmulle *(Heterocephalus glaber)* 397
Nacktsamer *(Gymnospermae)* 280, 526, 527, 531, 533, 559, 575, 585, 586, 588, 589
Nacktsamer, gabel- und nadelblättrige *(Coniferophytina)* 527, 532f.
Nacktsamer, fiederblättrige *(Cycadophytina)* 527, 531, 532
Nadelhölzer *(Pinopsida)* 532f., 534, 558, 559, 575
Nattern 264
Nautiloideen 510, 512
Nautilus, «Perlboot» 60, 510
*Necrophorus Vespillo* (Todtengräber) 146
Negibakterien (gramnegative Bakterien) 730, 731, 733, 739, 740, 744, 759
*Neisseria genorrhoeae* (Gonokokken) 730
*Nematocera* (Mücken) 578
Nesseltiere *(Cnidaria)* 317, 491
Neunauge *(Petromyzon)* 100, 545
Neuweltaffen 282
Nichtschwefel-Purpurbakterien 740, 741, 742
Nicht-Wirbeltiere *(Invertebraten)* 512, 598
Nilpferd 843
*Nothosaurier* (Paddelechsen, Bastardsaurier) 553, 564, 568
*Nymphaeaceae* (Seerosen) 592

Obstfliege, Taufliege *(Drosophila, Drosophila melanogaster)* 114, 397, 631
*Oecophylla*, Ameisen 391
Octopodidae (Kraken) 60, 510
Odonata (Libellen) 548, 578
Offenbrüter 272
Ölbäume 450
Oleniden 450, 510
Opabinia 500, 501
*Ophideres fullonica* (Schmetterling, malayischer) 266
*Ophrys apifera* (Bienenragwurz) 281–282, 591
Orchideen 281–282
Ornithischia (Vogelbecken-Dinosaurier) 551, 553, 566, 593, 594
*Ornithorhynchus anatinus*, Ornithorhynchidae (Schnabeltiere) 106, 571
Orthograptus 512
Osteichthyes (Knochenfische) 101, 106, 251, 541f., 543, 548, 551, 550
Osteostraci 545
Ostracoden (Muschelkrebse) 496
Ostracodermen (Schalenhäuter, gepanzerte Fische) 540f., 545
Otter 264
Oviraptor 593

Paddelechsen *(Nothosaurier und Plesiosaurier)* 553, 564, 568, 578, 595, 599
*Panthera leo* (Löwen) 246, 264, 369ff., 383, 386, 777, 778, 843
*Palmae, Arecaceae* (Palmen) 588, 590, 592
Palmen *(Palmae, Arecaceae)* 588, 590, 592
Palmfarne *(Cycadeen, Cycadaceen)* 575, 576, 578, 586, 591
Pantoffeltierchen *(Paramecium)* 241, 714
Pantotheria 572
*Pan troglodytes* (Schimpansen) 123, 384, 399, 483
Panzeralgen *(Dinoflagellaten, Dinophyten)* 742
Panzer-Dinosaurier *(Ankylosauria)* 594
Panzerfische, Plattenhäuter *(Placodermen)* 101, 541, 545, 548
Papierwespen 391
*Papio hamadryas* (Mantelpaviane) 274, 384
*Papio ursinus* (Bärenpavian) 384

Paradieswitwe (Steganura paradisaea) 277
*Paramecium* (Pantoffeltierchen) 241, 714
Paraplacodus 568
*Pasmodium falciparum* 279
Paviane 274
*Pecten* (Kammuscheln) 579
*Pediculus humanus* (Kopfläuse, Kleiderläuse) 290f.
*Pelicaniformes* (Ruderfüßer) 592
*Pelycosaurier* (Segelrücken-Reptilien) 551, 553, 555, 556, 564, 565
*Pennatularia* (Seefedern) 491
*Peripatus* (Stummelfüßer) 535f.
*Peteinosaurus* 57
*Petromyzon* (Neunauge) 100, 545
Pfaue 112
Pfauenspinner *(Automeris memusae)* 266
Pferde 110, 115, 118, 135, 780
Pflanzen (Plantae) 739, 740
Pflasterzahnsaurier *(Placodontier)* 553, 564, 567, 568
*Phanerogamen*, heute: Spermatophyta (Samenpflanzen) 523, 526, 527, 530–532, 588
*Phoenicopteriformes* (Flamingo) 592
*Phrynelox scaber*, Anglerfisch 268
*Phthiraptera* (Läuse) 283, 286, 288, 290ff.
*Phthirus pubis* (Filzläuse, Schamläuse) 291
*Phyllopoda*, Branchiopoden (Blattfußkrebse) 496, 500, 549
Phyllozoon 490
*Pieridae* (Weißlinge) 262f.
Pilze *(Fungi)* 221, 323, 341, 518, 739, 740
Pinaceae (Kiefern) 533, 586, 592
Pinguin 592
Pinidae, Coniferae (Coniferen) 533, 559, 563, 578, 586, 592
*Pinnipedia* (Robben) 107
*Pinopsida* (Nadelhölzer) 532f., 534, 558, 559, 575
Pinselschwanzbeutler 572
Piranha *(Serrasalmines)* 596
*Pisaura listeri* (Jagdspinne) 386
Placentalia, plazentale Säugetiere (Eutheria) 129, 593
*Placodermen* (Panzerfische, Plattenhäuter) 101, 541, 545, 548

*Placodontier* (Pflasterzahnsaurier) 553, 564, 567, 568
Placodus 568
Plasmodien 283, 295 ff., 302, 310
Plantae (Pflanzen) 739, 740
Plantanaceae 587
Platanen *(Platanus)* 587
*Platanus* (Platanen) 587
Plateosaurus 567
*Plathelminthes* (Plattwürmer) 278, 714
Plattenhäuter, Panzerfische (Placodermen) 101, 541, 545, 548
Plattfische 266
Plattwürmer *(Plathelminthes)* 278, 714
Plesiosaurier (Paddelechsen, Schlangenhalssaurier, Schwanenhalsechsen) 553, 564, 568, 578, 595, 599
*Pleuromeia*, Bärlappgewächs 576
*Podicipediformes* (Lappentaucher) 592
*Polistes* (Feldwespen) 393
*Polychaeten* (Borstenwürmer) 317 f.
*Polypodiaceen* (Waldfarne) 528, 529
*Porifera* (Schwämme) 317, 491, 492, 546, 579
*Presbytis entellus* (Hulmans) 384
Primaten 110, 111, 120, 139, 282
Progymnospermen 526, 533
Prokaryoten (Bakterien) 537, 737, 738, 739, 740, 741, 742, 743, 748 f., 754, 758
*Propsilophyta* (Vorgänger der Urfarne) 521
Protisten 221, 740, 751
Protoceratops 595
*Prototheria* (Eierleger) 572
Protozoen (Einzeller) 221, 341, 739, 740
*Pseudosuchia* («Scheinkrokodile») 565
*Psilophytopsida, Psilophytinae*, Psilophyten (Urfarne, Urfarngewächse) 521, 522, 526, 533, 534
*Psilophyton princeps* 534
*Pteraspis* 540, 541
Pteridinium 490
*Pteridophyta* (Farnpflanzen) 244, 523, 524 ff., 527, 529, 530, 533, 576, 578, 591
*Pteridopsida*, auch: *Filicopsida* (Farne, echte) 524, 526
*Pteridospermae*, auch: *Lyginopteridopsida* (Samenfarne) 531, 534
*Pterosaurier* (Flugsaurier, Flugechsen) 551, 553, 564, 569, 570, 571, 592

*Pulex irritans* (Menschenfloh) 289
Purpurbakterien 162, 165, 208, 215, 742
Pusteblume 224
*Pyrodictium brockii* 155
*Pyrodictium occultum* 155
*Pythoninae* (Pythonschlangen) 592
Pythonschlangen *(Pythoninae)* 592
*Pytilia melba* (Buntastrild) 277

Quastenflosser *(Crossopterygii)* 103, 104, 106, 108, 121, 543, 544, 545
Quastenflosser *(Crossopterygii, Latimeria chalumnae)* 104, 538
Querzahnmolche *(Ambystomatiden)* 382
*Quercus* (Eichen) 450, 470, 523, 588, 780
Quetzalcoatlus 592

Rabenkrähen *(Corvus corone corone)* 383
Rangea 490
Ratten 236, 244
Raubsaurier, Raubtier-«Füßer» *(Theropoden)* 566, 578, 593, 594
Raubtierzähner *(Theriodontia)* 553
Raupen 243, 265, 266, 275, 278
Rechengebißechsen *(Mesosaurier)* 552
Regenwürmer 243, 536
Reh 243
Reiher *(Ardeiformes)* 592
Reis 156
Rentiere 777
Reptilien (Kriechtiere, terrestrische *Tetrapoden*) 105, 251, 398, 549 f., 551 ff., 564 ff., 577 f., 597, 598, 601, 794
Retroviren 314–316, 729
*Rhamphorhynchus* («Schabelschnauze») 570
Rhesusaffen *(Macaca mulatta)* 384
Rhinozeros 97
Rhipidistia 103, 545
*Rhizobium* (Knöllchenbakterien) 253
*Rhizopoden* (Wurzelfüßer) 548, 578, 596, 605 f.
*Rhodobacter spheroides* 752
*Rhodophyten* (Rotalgen) 171, 337, 742
*Rhynia gwynnevaughanii* 534
*Rynchocephalia* (Schnabelköpfe) 553
Riesenkrabben 537
Riesenschlangen 265
Rinder 293, 299, 780 f., 837

Rinderbandwurm *(Taenia rhynchus saginatus)* 293
Ringelwürmer *(Annelida)* 318, 490, 491, 494
RNA-Viren 314, 734
Robben *(Pinnipedia)* 107
Rochen 101
Rose 523
Rotalgen *(Rhodophyten)* 171, 337, 742
Rotschwänzchen 275
Rückenplatten-Dinosaurier *(Stegosauria)* 594, 601
Ruderfüßer *(Pelicaniformes)* 592
Rudisten 596, 605
*Rugosa* (Becherkoralle, Hornkoralle, «Runzelkoralle») 510, 558
«Runzelkoralle», Becherkoralle, Hornkoralle *(Rugosa)* 510, 558

Salamander *(Salamandroidea)* 549, 592
*Salamandroidea* (Salamander) 549, 592
Salicaceae *(Weiden)* 592, 795
*Salmoniformes* (Lachse) 596
Samenfarn *(Glossopteris)*
Samenfarne *(Pteridospermae*, auch: *Lyginopteridopsida)* 531, 534
Samenpflanzen *(Spermatophyta*, früher auch: *Phanerogamen)* 523, 526, 527, 530–532, 588
Sandgräber *(Bathyergidae)* 397
*Sarcopterygii* (Fleischflosser) 101, 103, 543
Sasafras-Lorbeer *(Sassafras progenitor)* 589
Sassafras progenitor (Sasaffras-Lorbeer) 589
Säuger, echte *(Theria)* 572
Säugetiere *(Mammalia)* 111 f., 119, 129, 132, 244, 251, 287 f., 350, 383, 397, 550, 557, 564 ff., 571, 572 ff., 579, 592, 598, 603, 605, 610, 653
Säugetiere, plazentale (Placentalia, Eutheria) 129, 593
Saugwürmer 278 f.
*Saurischia* (Echsenbecken-Dinosaurier) 551, 553, 566, 593, 594
*Sauropoden* (Elefantenfuß-Dinosaurier) 566, 567, 577, 578, 593 f., 601
Schaben *(Blattodea)* 535, 548
Schachtelhalm *(Equisetum)* 524
Schachtelhalmgewächse *(Sphenopsida*, auch: *Equisetopsida)* 524, 533, 576
Schafe 100, 299, 660, 837 f., 843

Schalenhäuter, gepanzerte Fische *(Ostracodermen)* 540 f., 545
Schalenkrebse *(Conchostraca)* 549
Schalentiere 59
Schamläuse, Filzläuse *(Phthirus pubis)* 291
«Scheinkrokodile» *(Pseudosuchia)* 565
Scherenfüßer *(Cheliceratae)* 385, 496, 503, 538
Schildkröten *(Testudines)* 244, 269, 552, 564, 567, 573, 592, 598
Schildzecken *(Ixodidae)* 286
Schimpansen *(Pan troglodytes)* 123, 384, 399, 483
Schizoneura 576
Schlangen *(Serpentes)* 244, 264, 265, 551, 553, 564, 592, 598, 652, 789, 794
Schlangenhalssaurier, Schwanenhalsechsen, Paddelechsen *(Plesiosaurier)* 553, 564, 568, 578, 595, 599
Schleimaale *(Myxinoidea)* 545
Schleimpilze *(Myxomyceten)* 651 ff.
Schlupfwespe *(Hymenoptera)* 591
Schmetterling, malayischer *(Ophideres fullonica)* 266
Schmetterlinge *(Lepidoptera)* 228, 244, 262 f., 265, 266, 281, 289, 398, 578, 591
Schnabeldrachen, Entenschnabel-Dinosaurier (Hadrosauriden) 567, 593
Schnabeligel, Ameisenigel *(Tachyglossidae, Tachyglossus)* 106, 571
Schnabelköpfe *(Rynchocephalia)* 553
«Schnabelschnauze» *(Rhamphorhynchus)* 570
Schnabeltiere *(Ornithorhynchus anatinus, Ornithorhynchidae)* 106, 571
Schnaken *(Tipulidae)* 578
Schnecken, Bauchfüßer *(Gastropoden)* 44, 251, 278, 491, 510, 517, 536, 537, 547, 597, 598
Schollen 266
«Schreckensechsen» *(Dinosaurier)* 282, 551, 553, 564 ff., 569, 577 f., 593 ff., 604 f., 610, 611, 613
Schuppenbäume *(Lepidodendraceae)* 525, 533
Schuppenkriechtiere *(Lepidosaurier)* 551, 553
Schuppenkriechtiere, eigentliche; Echsen und Schlangen *(Squamata)* 551, 553, 574
Schwämme *(Porifera)* 317, 491, 492, 546, 579
Schwammspinner, Zigeunermotte *(Lymantria dispar)* 228 f., 231

Schwanenhalsechsen, Schlangenhalssaurier, Paddelechsen *(Plesiosaurier)* 553, 564, 568, 578, 595, 599
Schwanzlurche *(Caudata)* 382
Schweine, Ferkel 789f.
Schwefelbakterien 157, 506
Scolosaurus cutleri 593
*Scorpiones* (Skorpione) 503, 537
Seeanemone *(Anthopleura elegantissima)* 261, 317
See-Elefanten 400
Seefedern *(Pennatularia)* 491
Seegras 280
Seehunde 107, 120
Seelilien *(Crinoidea)* 510, 547, 558, 578, 597
Seerosen *(Nymphaeaceae)* 592
Seespinnen 537
Seesterne *(Asteroidea)* 510
Seetaucher *(Gaviiformes)* 592
Segelqualle *(Velella)* 491
Segelrücken-Reptilien *(Pelycosaurier)* 551, 553, 555, 556, 564, 565
*Selachii* (Haie) 101, 251, 541, 545, 596, 597
*Selaginella* (Moosfarn) 528, 529
*Selaginellales* (Moosfarne) 525f., 529
*Sepiidae* (Tintenfische) 60, 510
*Sequoien* (Mammutbäume) 592
*Serpentes* (Schlangen) 244, 264, 265, 551, 553, 564, 592, 598, 652, 789, 794
*Serrasalmines* (Piranha) 596
Shinosaurus 568
Siegelbäume *(Sigillariaceae)* 525, 533, 534
Siegelbaum *(Sigillaria)* 534
*Sigillaria* (Siegelbaum) 534
*Sigillariaceae* (Siegelbäume) 525, 533, 534
*Siphonaptera* (Flöhe) 283, 286, 288ff., 762
*Siphonophora* (Staatsquallen) 491
Skorpione *(Scorpiones)* 503, 537
Sonnenbärlapp *(Lepidocarpon)* 529
Sonnenblume 208
Spargel 79
Specht 243
Sperber 243
*Spermatophyta*, früher auch *Phanerogamen* (Samenpflanzen) 523, 526, 527, 530–532, 588
*Sphenobaiera* 575
*Sphenodon punctatus* 553

*Sphenopsida*, auch: *Equisetopsida* (Schachtelhalmgewächse) 524, 533, 576
Spinnen, echte *(Araneae)* 244, 269, 385, 386, 537, 795
Spinnentiere *(Arachnida)* 286, 288, 385, 503, 537f.
Spirochaeten 308, 310, 743
Spitzhörnchen 572
Sporenbäume 524
Sporenpflanzen 324, 522, 527–529
Sporentierchen *(Sporozoen)* 295
*Sporozoen* (Sporentierchen) 295
Spriggina 490, 491, 493
Springschwänze *(Collembola)* 244, 537
*Squamata* (eigentliche Schuppenkriechtiere, Echsen und Schlangen) 551, 553, 574
*Staatsquallen* (Siphonophora) 491
Stachelhaie *(Acanthodii)* 100, 101
Stachelhäuter *(Echinodermata)* 714
«Stammreptilien» *(Cotylosaurier)* 550f.
Stechmücke *(Anopheles)* 295, 297f.
Stechpalmen *(Iliciaceae)* 587
*Stegosauria* (Rückenplatten-Dinosaurier) 594, 601
*Stegosaurus* 601
Stelzvögel 592
*Stenopterygius* 578
Störe 101
Strahlenflosser *(Actinopterygii)* 101, 541ff.
Strandvögel 592
Sträucher 52, 590
*Streptococcus pneumoniae* 301
Strudelwürmer *(Turbellaria)* 278, 292
Stummelfüßer *(Peripatus)* 535f.
*Succinea* (Bernsteinschnecke) 278f.
Südfrösche *(Leptodactylidae)* 382
Sumpfzypressen *(Taxodiaceae)* 592
Süßwasserpolypen *(Hydren)* 317, 651ff.
Swartpuntia 490
Synapsiden (auch: *Theromorpha, Theropsida*, säugerähnliche Reptilien) 105, 551, 552, 553, 566

Tabulaten 510
*Tachyglossus, Tachyglossidae* (Ameisenigel, Schnabeligel) 106, 571
*Taenia rhynchus saginatus* (Rinderbandwurm) 293

Tannen 525, 533, 578, 586
Tapir 115
Tarbosaurus bataar 593
Tauchente 592
Taufliege, Obstfliege *(Drosophila, Drosophila melanogaster)* 114, 397, 631
Tausendfüßer 503, 508
*Taxodiaceae* (Sumpfzypressen) 592
*Teleostei* (Knochenfische, echte) 579, 595, 597
Termiten *(Isoptera)* 111, 397, 535, 658
Tesseraspis 545
Testudines (Schildkröten) 244, 269, 552, 564, 567, 573, 592, 598
Tetrapoden (Vierfüßer) 556, 557
Teufelsblume, afrikanische *(Idolum diabolicum)* 270
Thecodontia (Urwurzelzähner) 551, 553, 564, 565, 598
Therapsiden (säugetierähnliche Reptilien) 105, 106, 551, 553, 556, 557, 558, 559, 565, 571, 577, 598
Theria (Säuger, echte) 572
Theriodontia (Raubtierzähner) 553
Thermo(acido)phile Archaebakterien 156, 158
Theromorpha, Theropsida, säugerähnliche Reptilien (Synapsiden) 105, 551, 552, 553, 566
Theropoden (Raubsaurier, Raubtier-«Füßer») 566, 578, 593, 594
Theropsida, Theromorpha, säugerähnliche Reptilien (Synapsiden) 105, 551, 552, 553, 566
Thuja (Lebensbäume) 533
Tiere (Animalia) 739, 740
Tigerquerzahnmolche *(Ambystoma tigrinum)* 382 f.
Tintenfische *(Sepiidae)* 60, 510
*Tipulidae* (Schnaken) 578
Totengräber *(Necrophorus Vespillo)* 146
Tommotian-Fauna 497 f.
*Tommotia* 496
Tracheophyten (Gefäßpflanzen) 171, 324, 520, 521, 523, 533
Trachodontiden 593
Trauben 160, 795
Trematoden, parasitische Würmer 278
Tribrachidium 490, 491, 492

Triceratops 595
Trigona-Bienen 391
Trilobiten 496, 499, 500, 502, 503, 504, 508, 510 ff., 545, 548, 557
Truthähne 401
*Trypanosoma brucei* 299
*Trypanosoma gambiense* 298
Trypanosomen 283, 310
Tsetse-Fliege (Glossina) 298, 299
*Tunicata* (Manteltiere) 317
*Turbellaria* (Strudelwürmer) 278, 292
Tyrannosaurus rex 593

Ulmen 340
Ultrasaurus 594
Urbecher *(Archaeocyathiden)* 498, 508
Urfarne, Urfarngewächse *(Psilophytopsida, Psilophytinae, Psilophyten)* 521, 522, 526, 533, 534
Urschuppensaurier *(Eosuchia)* 553, 564, 565
Ursinae (Bären) 120, 383, 777
Urvogel *(Archaeopteryx)* 580, 581 ff.
Urwurzelzähner *(Thecodontia)* 551, 553, 564, 565, 598

Velella *(Segelqualle)* 491
Vertebraten (Wirbeltiere) 35, 44, 58, 60, 100, 101, 106, 118, 119, 244, 257, 382, 397, 408, 538, 540, 549, 571 f., 579, 585
Veryhachium 507
Vierfüßer *(Tetrapoden)* 556, 557
Vögel *(Aves)* 119, 134, 135, 147, 244, 251, 257, 263, 266, 275 ff., 278, 280, 282, 287, 288, 304, 346, 398, 549 f., 553, 557, 564 ff., 574, 579 ff., 591, 592, 598, 656, 672, 777, 794, 843
Vogelbecken-Dinosaurier *(Ornithischia)* 551, 553, 566, 593, 594

Wachholderdrosseln 275
Waldfarne *(Polypodiaceen)* 528, 529
Wale 97, 120
Walnußbaum *(Juglandaceae, Juglans regia)* 588, 591
Walrosse 107
Wanzen 244
Waran 244
Wasserfloh *(Daphnia)* 248
Weichtiere 60, 498

Weiden *(Salicaceae)* 592, 795
Weißling (Gattung: *Leptalis*) 262f.
Weißlinge *(Pieridae)* 262f.
Weißnasen-Meerkatzen *(Cercopithecus ascanius)* 383f.
Wespen *(Hymenoptera)* 281, 387, 390, 578
Wildblumen 586
Wildkräuter 586
Wildschwein 243
Wimpertierchen *(Ciliaten)* 241, 714
Windenschwärmer *(Herse convolvuli)* 281
Wirbeltiere *(Vertebraten)* 35, 44, 58, 60, 100, 101, 106, 118, 119, 244, 257, 382, 397, 408, 538, 549, 571f., 579, 585
Wirbeltiere mit Kiefern *(Gnathostomata)* 100f.,
Wiwaxia 502, 503
Würmer 59, 157, 300, 302, 408, 535, 536, 597
Wurzelfüßer *(Rhizopoden)* 548, 578, 596, 605f.

*Xenopus laevi* (Krallenfrosch) 697

Yohoia 500, 501

*Zea mays* (Mais) 168, 206, 208, 450, 796
Zebras 49, 653
Zecke, Holzbock *(Ixodes ricinus)* 283, 286ff., 292
Zellige Schleimpilze *(Acrasiomycetes)* 323
Ziegen 100, 299
Zigeunermotte, Schwammspinner *(Lymantria dispar)* 228f., 231
Zikaden, Langkopfzirpen *(Fulgoriden)* 265, 267
Zikadenart, *Ityraea negrocincta* 267
Zooflagellaten, *Flagellaten* (Geißeltierchen) 298, 330
Zooxanthellen 596
Zuckerrohr 206, 208
Zwergschimpansen *(Bonobos)* 317
Zwergsträucher 450
Zypressen 450

# Theologische Begriffe und Sachverhalte

Abraham 832
Absurdität der Existenz (s. Sinnlosigkeit) 768, 823, 830
Abtreibung 132, 322, 345, 765
Alterserwartung (s. Tod) 413, 419
Amun 831, 836f.
Angst (s. Freiheit, Hölle, Individuum, Subjekt) 821, 823, 828, 843, 848, 851
Anthropozentrik 18ff., 211, 239, 290, 414, 493, 764, 857
anthropisches Prinzip 137
Anthropogenese 140, 438, 852
Aphrodite 784f.
Apoll 778
Ares 782
Artemis 775–780, 833
Astrologie 616f., 834
Attis 802
Atum 832
Autonomie (s. Freiheit) 766

Baal 833
Bewußtsein, unglückliches 818
Bronzezeit 413

Chaos 29, 131, 232f., 234
Chons 832
Christentum
  als Existenzmitteilung 846
Christus 18, 201f., 488, 828, 843
  – als Ziel der Geschichte (s. Orthogenese) 126
  – unerkennbar aus der Geschichte (s. Jesus) 771

Deismus 137
Dema-Gottheit 790
Demeter 788ff., 802, 830, 833
Demophoon 792, 800
Deutscher Idealismus 123, 135, 768, 825
Dialektischer Materialismus 123
Dialektik 95, 124
Dionysos 795

- dionysisches Weltbild 225, 259ff.
Dogma(tik) 131, 211, 271, 284, 737, 811, 836, 843, 856
Donar 465
Dreifaltigkeit 806f., 827, 832, 847
Dualismus
   von Geburt und Tod (s. Sexualität) 799, 840
   von Geist und Materie (s. Seele) 27, 78, 129, 135, 770, 864
   von Gut und Böse (s. Teufel, Theodizee) 130f., 161, 202, 223, 271
   von Kultur und Natur 415, 856f.
Dunkelangst 815

Eisenzeit 413
élan vital 126, 669
Eleusis, Mysterien von 773, 788–800, 830
Erbsünde (s. Teufel, Theodizee) 201f., 225, 283, 758
Erlösung durch (s. Christus) 19, 202
Eucharistie 790, 797, 800f., 802f.
Evolution
- Engpässe der 212f., 628
- Fehlerhaftigkeit 133, 245, 310, 493, 514, 812
- Richtungslosigkeit (s. Mutation, Zufall) 123, 127, 131, 163, 563
- ohne Langzeitziel (s. Harmonie) 45, 128, 514
- ohne Steuerung (s. Selbstorganisation) 92
Ewigkeit (s. Seele, Unsterblichkeit, Vergänglichkeit) 418f.

Finalität (s. Kausalität) 44, 763ff.
Freiheit (des Menschen) 766, 814f., 820–825, 828, 832, 850, 852
Fremdheit (s. Absurdität) 814f., 817, 851
Fronleichnamsprozession (s. Gebet) 228, 459
Fruchtbarkeitskult 776

Gebet 238, 411, 459, 464
Geldwirtschaft (s. Kapitalismus) 781
Genmanipulation 779
Germanen 413
Gerechter, leidender 825
Getreideanbau 789
Gleichberechtigung

- von Mann und Frau 774
Gleichgültigkeit der Natur (s. Individuum) 250, 761
Gott
   als allervollkommenstes Wesen 765
   als böser Demiurg (s. Theodizee) 813
   als «Dorfphilosoph» 142
   als Gesetzgeber (s. Menschlichkeit) 825
   als hermeneutische Chiffre 416, 625f., 772, 849
   als Hirte 836–839, 855
   als Natur 769f., 810
   als oberste Ursache 30, 145, 415, 433, 628, 763
   als religiöses → Symbol 772, 849
   als Richter (s. Hölle, Vergebung) 839–847, 855
   als Seinsgrund 764, 835
   als → Subjekt (s. Person) 139f., 418, 823, 825, 829ff., 850
   als Vater 808, 832–836, 850, 855
   als Vernunftidee (s. Postulate) 250, 771
   als Weltenlenker 228
- Eigenschaften und Tätigkeiten
   - Eingreifen in die Natur und Geschichte 136, 227, 238, 841
   - Freiheit (s. Theodizee) 250, 547, 808
   - Güte (Liebe) 13, 28, 204, 222, 234, 349, 474, 488, 493, 610, 736, 761f., 808
   - Herrlichkeit 204
   - Macht 227, 474, 610
   - Offenbarung 628f.
   - Planung (s. Evolution, Theodizee) 13, 27, 35, 132, 163, 209, 213, 217, 219, 223f., 227f., 278, 283, 610, 627, 693, 767
   - Vorsehung 30f., 136, 204, 235, 238, 474, 513, 563, 624
   - Weisheit 13, 130, 204, 222, 224, 249, 488, 493, 736, 848
   - Wille 222, 240, 250, 290, 474, 514, 547
- getötete Gottheit (s. Eucharistie, Eleusis) 790
- Gott der Vater 832f.
- Muttergottheit (s. Marienfrömmigkeit) 761ff., 772, 805ff., 811, 830f., 840
- Glauben an Gott (s. Symbol) 814, 823, 848

Gottesbeweise 763, 812, 829
  aus der Formursache (s. Dualismus)
    765f.
  aus der Materialursache 766
  aus dem Sittengesetz 766, 824
  aus den Werten 763, 820
  – e negativo 693
  – kausal (wirkursächlich) 138f., 145, 240,
    764
  – teleologisch (s. Evolution, Finalität,
    Orthogenese, Zweck) 43, 136, 145, 211,
    217, 493, 496, 627, 676, 763, 766
Grausamkeit der Natur (s. Individuum, Leid,
  Sinnlosigkeit, Theoidzee) 137, 145, 201,
  225, 227, 235, 278, 294, 736, 758
Großich 833
Grundlosigkeit der menschlichen Existenz
  (s. Absurdität, Kontingenz) 416
Gynaikokratie 774

Hades (s. Tod) 791f., 798
Hainuwele 791, 793
Harmonie 226f., 366, 769
  – poststabilisierte 125, 128, 228
  – prästabilierte 125f., 136, 228
Hebe 788
Heilige Hochzeit 782, 798
Hekate 793f.
Hellenismus 815
Hephaistos 782
Hera 779, 780–788, 833
Herrschaftswissen 851
Hierarchie 98ff., 109, 111
homo ergaster (s. Anthropogenese) 413
Hölle (s. Strafe, Totengericht) 19, 25, 423, 436,
  843, 845
Huitzilopochtli 258
Hylemorphismus (s. Dualismus von Geist und
  Materie) 135, 765

Iemanjá 804
Individuum 139f., 146, 150, 323, 358, 408ff.,
  417, 474, 707, 787, 800, 818ff., 822f., 828
  – gleichgültig für die Natur (s. Person,
    Subjekt) 235, 240, 411, 421, 707, 831
Indra 465
Isis 802, 805

Jagd 774f.
Jägervölker 775f., 833
Jahwe 227
  als Berggottheit 423, 471
  als Mondgottheit 838
  als Gott des Stammvaters 832–833
  als Wegegott 838
  als Wettergott 460, 471
Jazz 258
Jesus 808, 826f., 838f., 843
Jungfrauengeburt 774, 782, 801f.

kanaanäische Hymnen 460, 833
Kannibalismus 790
Kapitalismus 358, 822, 826, 851
Kausalität 63, 126, 129, 238, 417
  – exekutive 123
  – funktionelle (s. Harmonie, Mechanizis-
    mus, Selbstorganisation) 68, 810
  – formursächliche (s. Seele) 654
  – lineare 68, 137, 630f.
  – wirkursächliche (s. Gottesbeweise) 145
  – zielursächliche (s. Gottesbeweise) 145
Komplexität 35, 44f., 71, 123, 127, 136f., 421,
  702, 861
Kontingenz (s. Sinnlosigkeit, Zufall) 820
Kooperation 707
Kosmologie 17–20, 136f., 612–615, 627
Kreatianismus (s. Gottes Eingreifen) 630
Kreislaufdenken (s. Dionysos, Mythos) 259f.
Krieg 259, 300, 359, 406, 824
  – atomare «Kampfmittel» 24, 607ff.,
    822
  – biologische «Kampfmittel» 24
  – heiliger 841
Kronos 784, 788
Kybele 786, 802, 805
Kybernetik 236ff.

Leid 131, 150, 152, 222, 225, 835, 839
  durch Mutation 131
  durch evolutive Bedingtheiten 133, 135
  durch Kampf ums Dasein 134, 209, 222,
    225f., 234f., 241, 245, 249, 262, 269, 493,
    737
  durch Lebensmühsal 146f.
  durch Scheitern 234
Leto 778f.

Liebe 32, 143, 234, 285, 349, 787, 811, 814f.
  817, 828, 862
Liebeszauber 784f.
Logos 801
Luzifer (s. Teufel) 130

Maat 842
Mädchentum 793
Mangel 148, 152, 758
  an Energie 222ff.
  an Raum 235
  an Ressourcen 366
Marienverehrung 780, 782, 801–804
Mathematik 863
  – «blutige» 234
Mechanizismus (s. Kausalität, Selbstorganisation) 25f., 138
Menschlichkeit 240
  – religiös begründet (s. Postulate) 240, 250, 414, 416, 819, 828, 857
Merikare, Lehre für 836, 842
Mitleid 269, 285, 294, 417, 488
Mutterschaft 782ff., 786f.
Mythos (s. Symbol, Urzeit, Weltentstehung) 130, 774
  – fälschliche Metaphysizierung des 130, 460

Nut 832

Objektivitätsideal der Naturwissenschaften 767, 834
Ödipuskomplex 807f.
Okkasionalismus (s. Dualismus) 26
Opfertheologie 802
Orixa 804
Orthogenese 126, 421
Osiris 802

Panpsychismus (s. Vitalismus) 630
Papst, römischer 365, 802
Persephone (Proserpina) 788ff., 802
Person (s. Freiheit, Gleichgültigkeit der Natur, Individuum, Subjekt) 410, 800, 819, 824, 828
Petosiris, Grabinschrift des 842
polare Typologie (s. Dualismus) 223
Poseidon 779, 788

Postulate (s. Gott, Freiheit, Seele, Unsterblichkeit) 766, 824, 855
Priesterschrift 833
Projektion 830f., 854
Prozeßtheologie 811
Psychiatrie 816, 864
Ptahhotep, Lehre des 842

Re 841
Reduktionismus 126, 258
Religion
  als Hermeneutik 415
  als Herrschaftsinstrument 21, 23
  als Stützung der (s.) Menschlichkeit 766
  als Trost in sozialem Elend 22
  als Trost der Zukurzgekommenen 144
  – Wunschcharakter der 854f.
Resonanz (s. Harmonie) 769f., 860
Revolution 111
Rhea 782, 784, 788

Sadomasochismus 818
Schechinah 805
Scheitern (s. Absurdität, Freiheit, Individuum, Subjekt, Tragik) 825–829, 846
Schönheit 261, 269, 294, 411, 849, 861
  – ästhetische Rechtfertigung der Welt 261
  – Selbstdarstellungsprinzip 262
Schöpfung (s. Liebe, Welt) 14, 130, 145, 211, 225, 310, 430, 460, 812ff., 833, 835, 848, 856
Schu 832
Schweinezucht 789
Seele 138, 654, 845, 855, 864
Seele-Körper-Problem (s. Dualismus, Okkasionalismus, Unsterblichkeit) 25ff., 143, 654
Selbstdarstellungsprinzip 262
Selbstorganisation der Materie und des Lebens 63, 123, 128, 627, 630, 655, 659, 765, 810
Selbstregulierung der Lebensvorgänge 226, 236ff., 421
Sexualität
  – mythischer Sinn der 791
Sinn 129, 857
Sinnlosigkeit (s. Absurdität, Scheitern) 139, 420, 422, 830, 857
Sittengesetz (s. Menschlichkeit, Postulate) 766, 769, 771

Sophia 805
Sozialdarwinismus 358, 367
Strafe (s. Angst, Hölle, Leid) 227, 240, 284,
    423, 436, 843
Subjekt(ivität) 140, 146, 410, 418, 767, 770,
    771f., 814, 815–818, 823, 828, 849, 852
  – transzendentale, das 771
Subjekt-Objekt-Spaltung 769f.
Symbol 773, 817, 829ff., 858f., 862
  – transzendentale Funktion des 847–858

Tefnet 832
Teteo innan 804
Teufel (s. Dualismus, Erbsünde, Strafe,
    Theodizee) 130ff., 152, 162, 201f., 209, 271,
    283, 718
Tezcatlipoca 258
Thanatos 271
Theodizee 27, 130, 134, 201, 204, 222, 240,
    278, 431, 514, 624f., 736, 827
Theorie von allem 137
Thesmophorien 789
Thor 465
Tiere
    als Subjekte 823
  – vermeintliches Recht des Menschen, sie
    zu töten 13, 778
  – Gleichbehandlung von Mensch und Tier
    778
  – Herrin der - 775, 777
  – Herrin des Großviehs 780
  – Töten der - 776
Tieropfer 776
Tierorakel 777
Tiertöterskrupulantismus 776
Tod 201, 322, 408ff., 417f., 779, 799, 819, 830
  – Nahtoderlebnis 815
Todestrieb 673ff.
Totengericht, ägyptisches 841ff.
Tradierung 117ff.
Tragik 818
Treue 402ff., 787, 859
Triptolemos 792
Typhaon 782

Übermensch 225
Unfehlbarkeit von Papst und Bischöfen
    18
Unsterblichkeit 134f., 140, 766, 796f., 800,
    841, 855
  – der Gene 134, 408f., 818
Urmatriarchat 774
Urkommunismus 774
Urzeitmythen 790

Vatikanisches Konzil
  – erstes 138
  – zweites 803
Vegetarismus 248, 759
Venus von Willendorf 774
Verderbnis der Natur (s. Teufel, Dualismus
    von Gut und Böse, Leid, Theodizee) 161,
    201f., 209, 225f.
Vergänglichkeit (s. Individuum, Tod, Unsterb-
    lichkeit) 201
Vergebung (s. Hölle, Strafe, Totengericht)
    828, 845
Vertrauen 829, 835, 848
Verzweiflung 821, 830
Vitalismus 630

Welt
  – griechisch 834, 839
  – existenzphilosophisch 834f., 839, 848
Weltentstehungsmythe 784
Weltfrömmigkeit 811
Wille zum Leben 145, 148ff., 259, 283, 294,
    409, 676, 736, 818
Wille zur Macht 261, 264, 269
Wurzelknollenzüchter 790

Zarathustra 259
Zeus 465, 777f., 780, 782, 784, 786, 788, 791
Zufall 27f., 35, 40, 66, 123, 137, 140, 693,
    736
Zufallsunwahrscheinlichkeit 40ff., 630
Zweck der Welteinrichtung (s. Anthropozen-
    trik, Gottesbeweise, Kausalität, Sinnlosig-
    keit) 17f., 764

# Notizen

Notizen

# Notizen

# Notizen

Notizen

## Notizen

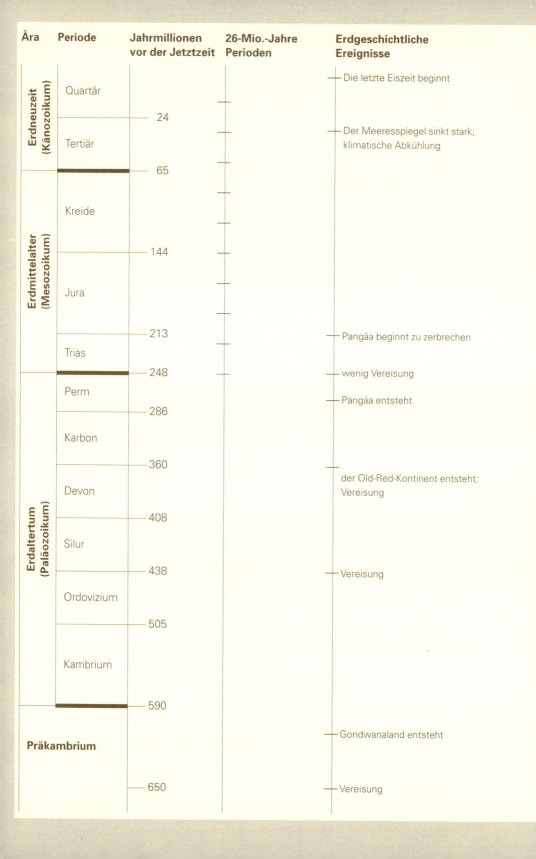